世界上下五千年

符文军◎主编

〔上卷〕

时事出版社
北京

图书在版编目（CIP）数据

世界上下五千年：全三册/符文军主编．—北京：时事出版社，2018.10

ISBN 978-7-5195-0261-4

Ⅰ．①世… Ⅱ．①符… Ⅲ．①世界史—通俗读物
Ⅳ．①K109

中国版本图书馆 CIP 数据核字（2018）第 211558 号

出 版 发 行：时事出版社
地　　　址：北京市海淀区万寿寺甲 2 号
邮　　　编：100081
发 行 热 线：（010）88547590　88547591
读者服务部：（010）88547595
传　　　真：（010）88547592
电 子 邮 箱：shishichubanshe@sina.com
网　　　址：www.shishishe.com
印　　　刷：北京旺都印务有限公司

开本：880×1230　1/32　印张：43　字数：1350 千字
2018 年 10 月第 1 版　2018 年 10 月第 1 次印刷
定价：98.00 元（上、中、下）

前 言

“让世界了解中国，让中国走向世界!”这是我国改革开放的最终目标。那么，如何才能让世界了解中国，如何才能让中国走向世界呢？我们认为就是要了解世界的历史！因为。只有了解了世界的历史，才能更好地学习和借鉴世界各国的长处。才能扩大与国际社会的交往。当然这也是我们编写这部《世界上下五千年》的宗旨。

月来日往，斗转星移。几千年来，人类历史经历了从原始社会、奴隶社会、封建社会、资本主义社会到社会主义社会这样一个漫长而又曲折的发展过程。

原始社会没有剥削、没有压迫，为人类创造了最初的文明。奴隶社会为人类历史揭开了新的一页，同时也给后人留下了许多血淋淋的、恐怖的场面。从原始社会到奴隶社会是历史的进步。它为古代文化的繁荣创造了条件。

公元476年，西欧奴隶制灭亡，封建制产生。人类进入了“黑暗”的中世纪，中世纪的历史是封建社会从产生、确立、发展到灭亡的历史。1640年英国爆发的那场资产阶级革命，具有世界历史意义，它对世界历史的进程产生了重大影响。20世纪初，也就是第一次世界大战末爆发的俄国十月革命，建立了世界上第一个社会主义国家。社会主义国家的出现是世界现代史上重要的一页。

人类经过第一次世界大战和第二次世界大战血与火的洗礼，世界上每一个国家都在寻求和平与发展，都在用合作与对话的方式与别国交往。因此，当今世界将会发展成一个整体，任何一个国家和地区都不可能离开其他国家和地区而求得孤立的发展。

人类发展的道路虽然漫长、曲折、艰难，每一个阶段都是那么的耐人寻味，但还是改变不了向前发展的总趋势。历史发展到21世纪的今天。人类社会虽然出现了遨游太空、电子信息、生物克隆、基因工程，但仍然面临着许多令人担忧的人口膨胀、资源短缺、局部战争、自然灾害、环境污染等问题，这些正在日益威胁着人类的生存。在浩瀚的历史长河中，因为涌现出了许许多多流传百代、沉浮史海的人和事，才铸成了人类社会灿烂的现代文明。我们学习世界的历史，了解人类的昨天，是为了把握今天，创造明天。当然更是为了走向世界，让世界了解中国。

在本书中，我们用通俗易懂的语言，以故事的形式，跨越时空，浓缩了世界上下五千年的沧海桑田，同时也向青少年读者展示了从古至今人类文明的辉煌。该书是一部生动翔实的历史画卷，是新世纪青少年必读的历史教科书。

该书由于横跨了世界上下五千年的历史，涉及的史实较多．我们在编写过程中参考了大量的资料，在此，对研究历史、编写历史的有关专家和学者表示衷心的感谢！同时，也对为编写本书付出艰辛的教育、出版部门的朋友致以诚挚的谢意！该书由于各方面的影响，难免有错误和令人遗憾的地方，在此，希望读者和有关专家予以理解和赐教。

五千年的辉煌历史，五千年的科学文化，五千年的人类文明——恢宏壮阔，源远流长，令人叹为观止！

主　编

目录

古老的美索不达米亚

波斯帝国

希伯莱文化

金字塔之光

佛陀世界

西方之源

罗马帝国

伊斯兰文化

东亚文明

封建时代

文艺复兴

世界上下五千年
shijie shangxia wuqiannian

古老的美索不达米亚

哪里才是人类最早的文明

人类不是从猿进化到人就进入了文明时代的，而是从原始的部落文化转向奴隶制的时候，人类文明才开始真正地诞生。

人类的古文明，是人类真正的童年。多少令人神往的传说一直留在后代子孙断续的记忆中，人们执著地试图通过岁月的残片去找寻第一缕文明之光。

曾经在很长的时期里，人们一直在寻找最古老的文明。越过长江、黄河，走过恒河，离开爱琴海，整个人类的思维触角最后伸向了古老尼罗河水的潮起潮落。

有人认为，古埃及是最古文明的起源。于是，那上埃及与下埃及的神鹰吸引了众多的目光。

尼罗河默默无语。

它见得太多了。沧海桑田，一个错误不过是一个小小的玩笑。

人类确实错了。

人类只知道欧洲文明的源头是古希腊罗马，人类只知道东方四大文明古国的历史都远远地领先于古希腊，但人类却把东方四大古文明搞错了位置。

在《旧约全书》中，记载了“希纳国”，那就是苏美尔，神秘的“美索不达米亚”，这里才是人类文明的摇篮。

随着考古发掘的不断发现。越来越多的历史学家证实了两河流域文明的久远与古老超过了人们熟知的古埃及文明。

至少在公元前5000年至公元前4000年间，苏美尔人就已在此定居，播撒了第一批文明的种子。两河流域的文明影响了埃及，影响了希腊，影响了犹太人……

两河，是指幼发拉底河与底格里斯河。古代两河流域北部为亚述，南部为巴比伦尼亚。巴比伦尼亚的北部是阿卡德，南部就是苏美尔。

这是一片“肥沃的新月地带”，农耕条件具有天然的优越性。有据可证：两河流域的南部，春冬季雨水泛滥，扎格罗斯诸山的高山雪水融入两河，河水疯狂上涨，淹没一望无际的平原。而南部平原的尽头，地势较高，成为天然的堤坝，淤泥的土地适宜农耕，丛生的沼泽芦苇适宜畜牧，真是水草丰美的沃土。两河流域南部的确适合于安居。

无论这块沃土最早的居民是谁，可能有欧贝德人、闪族部落，还有苏美尔人，我们把这最早的文明称为苏美尔文明。

在公元前2250年左右，苏美尔文明达到顶峰。经历了城邦制、阿卡德王国、乌尔第三王朝后，约公元前2006年，由于阿摩利人与埃兰人的夹攻，美索不达米亚文明第一阶段结束。

阿摩利人占据了巴比伦城，约在公元前1894年建立了古巴比伦王国。到了第六代，国王汉谟拉比称雄天下，创立了奴隶制大帝国，后来经历了巴比伦第二朝、第三王朝，美索布达米亚文明第二阶段告终。

美索布达米亚文明的第三阶段，是亚述帝国的崛起和覆灭。

公元前626年，迦勒底人建立了新巴比伦王国。这就是古代两河文明的最后阶段。“空中花园”高达25米，成为世界第一大奇观。公元前538年，波斯人攻下巴比伦城，古巴比伦于是瓦解。

两河流域的文明不断向周围地区传播，埃及人借鉴了它的文字与建筑，希腊人学习了它的哲学和科学，犹太人丰富了神学，等等。在古代文明史上，两河流域文明具有深远的意义。

“楔形文字”是古代两河流域众多民族的通用文字。苏美尔人是最早的文字发明者。他们把文字刻在石板上，后来，他们在湿润的泥板上刻痕，然后用火烧或利用太阳晒干。因为笔画呈楔形，所以又称“钉头字”或“箭头字”。许多刻在泥板上的文字留存至今。十分珍贵。

楔形文字影响了埃及文字和腓尼基文字，后者是整个世界字母文字的起源。因为有了文字，苏美尔人中的英雄故事流传到了巴比伦时期就被编定成了书。世界上最早的史诗就是古巴比伦文学的杰出作品《吉尔伽美什》。

古巴比伦时期，天文学知识很发达。早在苏美尔人时期，就在观察月亮运行的基础上编制了阳阴历。巴比伦时代命名的有些星座的名字一直流传至今。人们还绘成黄道十二宫，用来标志太阳在恒星天空中的运行变化。新巴比伦时期。确定了一个星期共7天的概念，一直流传到现在。

两河流域居民信神，他们认为大自然的各种现象都是神，大地是神，山林也是神，日月水火都无一不是，而每个人生下来也都有自己的保护神，他们认为，人没有来世。

巴比伦人代数比几何好，他们解决问题时即使是几何题也尽可能转化成代数。他们已经知道一元二次方程，也知道部分或全部解法。

新巴比伦的王官富丽堂皇，王宫边上就是世界闻名的空中花园，那是国王尼布甲尼撒为了使他的王妃高兴而建立的。据说远嫁而来的妃子是一位来自米底的公主，对巴比伦的烈日和风沙不能忍受，思念故国。所以，国王下令建了人工堆砌的假山。

新巴比伦最高的建筑是巴别塔，古希腊的希罗多德记载：

“它有一座主塔，是实心的，约一弗隆（将近201平方米）见方，共八层。外缘有条螺旋形通道，绕塔而上，可达塔顶。约在半途中设有座位，可以歇息”。在塔顶是“一座大的神庙，庙中是精致的大睡椅，铺陈华丽，旁边有一张金桌子。神殿内没有实际塑造的神像”，因为人们认为神会亲自在睡椅上休息。

两河流域的民族自公元前3000年起就开始立法，现存最完整最著名的是《汉谟拉比法典》。两河流域民族的楔形文字法典，是目前已知最早的成文法律。

由于底格里斯河与幼发拉底河发水日期不确定，古巴比伦人从苏美尔人起就祈祷上天，靠占星来卜算命运，探寻自然。他们因此具有了发达的天文学。

两河盛产石油而缺乏石料，建筑多用土制和沥青浇铸，从遗址中可窥见其宏伟的面貌。

他们的书是泥板书，看书是需要智慧加“力气”才可以完成的，因为要不停地搬动，很有意思。

人类最早的文明已取得了很大成就。在它之后，第二个文明即埃及文明才出现。亚述学这门学科．就是了解两河流域人类文明之初的学问。

汉谟拉比法典

所谓西亚，是指亚洲及西部的一大片土地而言。今天的伊拉克一带就是古代的两河流域，古希腊人把两河流域叫作“美索不达米亚”，意思是“两河之间的地方”。这两条河名叫底格里斯河和幼发拉底河。

两河流域东边是伊朗高原，南临波斯湾，西面与叙利亚草原和阿拉伯沙漠相接，北部为亚美尼亚山地。两河流域北部叫亚述，南部称巴比伦尼亚。巴比伦尼亚也分两部分，其中北部称阿卡德，南部为苏美尔地区。两河流域最早的居民就是苏美尔人。

苏美尔人到底是什么人，他们来自何方，至今仍是个谜。

公元前2750年左右，苏美尔人繁荣的城邦全盛时代过去了，相继出现了阿卡德王国、乌尔第三王朝。直到公元前2006年，又分裂成许多小国。大约于公元前1894年，以苏姆阿布门为首领的阿摩利人占据了巴比伦尼亚，建立了古巴比伦王国。

古巴比伦起初只是一个小邦，在与周围国家的争斗中经常屈居人下，但它交通便利，贸易逐渐繁荣。到第六代王汉谟拉比时，他励精图治，首先整顿内部的经济，积蓄力量。公元前1761年前后，汉谟拉比统治本国已长达30余年，他采用闪电般的突袭战，攻克邻邦拉尔萨，随后数年他接连攻占邦国，最终建立了以巴比伦尼亚为中心的奴隶制国家。

1901年，法国考古队在伊朗苏萨古城遗址发现了一个椭圆形石柱，高约两米半。石柱上方是一些人物浮雕，石柱下方刻着古怪的符号和线条。

大石柱被运到巴黎卢浮宫，古文字和历史学者们研究得知，这是一部宏大的法典。

石柱上端的图画是正义之神沙马什和汉谟拉比，象征着汉谟拉比的权力是至高无上的太阳与正义之神所赐。浮雕的下部是文字，叫做楔形文字，因为这些字每一笔都是从粗到细，像木楔一样。人们破译了大部分楔形文字，发现了其中记载的各种裁决方法和法律规则，这就是“汉谟拉比法典”。

汉谟拉比法典用的是阿卡德人流行的“塞姆族”（又被称为“闪族”）方言，刻在玄武岩的石柱上，对当时的财产继承、婚姻家庭、租佃雇佣等等关系都有明确规定。古巴比伦的社会复杂程度令人惊叹。由于汉谟拉比法典是目前人类现存最早而完整的法典，所以又称为“世界第一法典”。

汉谟拉比法典的黑色玄武石出土时表面已有损坏，刻在石上的282条共52栏中损毁了7栏35条。幸运的是后来发现了楔形文字泥板，记载的也是汉谟拉比法典内容，两者一比，人们终于弄清楚了全文。

法典有开篇、序言、正文和结尾四部分组成。有1/5是用华美的语言称赞汉谟拉比并令后世国王也要遵守他的命令，因为是神给汉谟拉比以崇高的权威。如果对法典不敬就是对神不敬，神就会降灾。其实这样说是为了加强自己的统治。

法典的主要内容是各种条文，这些条文的规定已被现代文明社会所不用，但它却代表了当时人们的认识。

不同的人被分为三个等级，三个等级的人在法律面前并不平等。最受残害的是奴隶。如规定中有这样的条款："如果一个人伤了贵族的眼睛，就应毁了那人之眼；如果一个人折了贵族的手足，就应折断那人的手足。"但是若有贵族伤了奴隶，则不用"以牙还牙，以眼还眼"，只要赔钱甚至什么都不付。

贵族、自由民、奴隶在法律面前很不平等，奴隶处在牛马地位由此而知。如法典第 203 条、205 条还规定，贵族之间殴斗要罚银两，但奴隶若是打人就要割耳。

两河流域的民族自苏美尔人到古巴比伦都有立法的传统。因为有了法律，从而标志着人们已由原始社会进化到更加文明的奴隶社会。汉谟拉比法典就是完备发达的奴隶制度法典，但汉谟拉比没能让后世永远听从自己的命令，历史不是一个人能永远控制的，但黑色的石刻法典却比人的肉体保存久远，它清楚地向后人展示了一个阶级文明的奴隶社会图画。

寻求永生的《吉尔伽美什》

巴比伦位于底格里斯河与幼发拉底河之间，是世界人类文明最古老的发源地之一。巴比伦文化的起源可追溯到远古的苏美尔和阿卡德文明时期，苏美尔和阿卡德文化对巴比伦文化有着深远的影响，因此有许多学者认为巴比伦文化更确切地应称为苏美尔—巴比伦文化。

巴比伦文学源远流长，是巴比伦文化的重要组成部分。是世界上最古老的文学之一。而英雄史诗《吉尔伽美什》更是古巴比伦文学的代表作，是世界文学史上最古老的史诗。

但《吉尔伽美什》长期堙灭，不为人所知。直到 18 世纪末期，法国人发现了带有楔形文字的泥板，才引起了欧洲学者对巴比伦文化的研究兴趣，他们相继在尼尼微等地的古代遗址中发掘出了大量的粘土泥板和残片。80 多年后，楔形文字才被译读成功。1872 年，英国的乔治·史密斯从清理尼尼微宫殿遗址出土的泥板残片里，偶然发现了《吉尔伽美什》的第十一块泥板，即“洪水传说”部分。经过半个多世纪的努力，到20世纪20年代，《吉尔伽美什》的原文才大体齐全。全诗3000多行，由12块泥板组成。不过专家大多认为第十二块泥板是后人加上去的。目前，已被译为10多种文字，被公认为是最古老的世界文学名著。

《吉尔伽美什》是一部神话传说和英雄故事的汇集，从基本内容来看，在公元前3000多年的苏美尔和阿卡德时期就已经初具规模。据专家鉴定，它最初的写定本可能最迟诞生在第一巴比伦王朝时期，比人所共知的荷马史诗早了1000多年；即使其最完备的编辑本，也比荷马史诗最后一次编订本早了500多年。

史诗的情节可分为四部分。

在第一部分里，史诗的主人公吉尔伽美什在乌卢克城实行残暴统治，他凭借权威，欺男霸女，压迫老百姓，激起了贵族和居民们的愤怒。诗中写道：

吉尔伽美什不给父亲们留下儿男，

[黑夜白天] 他的残囊从不收敛。

[吉尔伽美什] 是拥有环城的乌卢克的保护人？

难道这就是 [我们的] 保护人？[强悍、聪颖、俊秀]。

[吉尔伽美什] 不给做母亲的留下女儿，

[无论是] 武士的闺秀，[或者是贵族的配偶]！

于是人们祈求天上诸神拯救自己。大神阿卢卢便创造了一个半人半兽的勇士恩奇都来与吉尔伽美什对抗。恩奇都原来生活在野兽中间，与虎狼为伴。后来在神的引导下来到乌卢克城。恩奇都和吉尔伽美什经过激烈搏斗之后，不分胜负，两人惺惺相惜，结成好友。

到了第二部分．吉尔伽美什与恩奇都结成好友之后，就放弃王位，一起浪迹天涯，为民除害。他们先后战胜了沙漠中害人的狮子，杀死了杉树林中危害人民的怪人芬巴巴，又共同杀死了残害乌卢克居民的天牛等等。

吉尔伽美什为给人民造福，将生死置之度外。在征战芬巴巴的前夕，他勉励自己的战友恩奇都：

“我的朋友啊，谁曾超然人世升了天？在太阳底下永 [生者] 只有神仙。人的 [寿] 数毕竟有限，人的所作所为，都不过是过眼云烟！你在此竟怕起死来，你那英武的威风为何消失不见？让我走在你前！你的嘴要喊：‘不要怕，向前！’我一旦战死，就名扬身显——‘吉尔伽美什征讨可怕的芬巴巴，战斗在沙场才把身献’，为我的子孙后代，芳名永传。”

这些话至今听起来仍使人热血沸腾。

但芬巴巴可“非比寻常”，“吼声就像洪水，他嘴一张就是火焰一片，吐口气人就死掉。”吉尔伽美什毫不畏惧，终于在天神舍马什的帮助下打死了芬巴巴。

诗中这样描写：

天神舍马什听了古尔伽美什的祷告，
便朝芬巴巴卷起强有力的风暴。
大风，北风，[南风，旋风]，
暴风雨的风，冰冻的风，卷起怒涛的风，
热风，八种风朝着他刮起，
直冲着［芬巴巴］的眼睛打去。
他既不能前进，又不能退却，
于是芬巴巴只好投降。
……
但是。恩奇都对［吉尔伽美什］说：
“不要听芬巴巴［所说的］话，
不能让芬巴巴［活下去］！

吉尔伽美什长得英俊、威武。这在史诗第一部分就有过描写：

自从古尔伽美什被创造出来（?）
大力神［完成］他的神态，
天神舍马什赐给他［俊美的面容］，
阿达德授予他堂堂威风，
诸大神使吉尔伽美什丰姿［秀丽］，
［他身高］11 步尺，胸宽［9 指尺］，
……
他 2/3 是神，［1/3 是人］，他手执武器的风度无与伦比，
他的‘鼓’会使他的伙伴们奋起。

大女神伊什妲尔对其萌生爱意，向吉尔伽美什表露时却遭到拒绝。于是伊什妲尔恼羞成怒，升上天国，要挟父亲天神阿努制“天牛”残杀吉尔伽美什的人民。

吉尔伽美什和恩奇都面对凶狠的“天牛”，强压怒火，机智勇敢，

战而杀之：

"天牛"第三次喘着鼻息，[扑向]恩奇都，

恩奇都[躲开了]它的冲击。

恩奇都跳起，将"天牛"的角抓住，

"天牛"脸色惊慌，

用尾巴将[恩奇都]拂去。

恩奇都开口[说话]，

[对吉尔伽美什]说：

"我的朋友啊，我们[已经取得胜利]。"

……

[他]将剑[刺进]颈和角中间，

杀了牛，他们扒出心肝。

奉献于舍马什之前。

杀死天牛之后，吉尔伽美什把满腔怒火对准了伊什妲尔，把天牛大腿掷向了伊什妲尔的脸。这个极度侮辱的动作激怒了本觉理亏的天神，她使恩奇都猝死。吉尔伽美什悲痛万分，也感觉到死亡的可怕，决心寻求永生之术，探索生命的奥秘。

第三部分中，吉尔伽美什开始了寻找长生之术的旅途。当他来到沙索利人把守的"上抵无边"、"下通阴间"的马什山，沙索利人明明白白告诉他此事不会成功。

然而他说：

"纵然要有悲伤和痛苦，纵然要有奇寒和酷暑，纵然要有叹息和眼泪，我也要去，来，给我打开入山门户！"

他取得仙草之后，兴奋异常，并想要把它带给更多的人，以让他们重返少年，青春永葆。但好景不长，就在他洗澡的时候，仙草被蛇叼走了。吉尔伽美什对着江水悲痛大哭。

虽然他空手而归，但是这种"不到黄河不死心"的进取精神难能可贵。他是人类远祖对生命憧憬和向往的化身，无数年来，人们对死亡都无法逃避。

第四部分（第十二块泥板），写了吉尔伽美什和好友恩奇都的灵魂对话。他请求恩奇都把大地的法则告诉他。然而恩奇都的回答却十分的悲痛，人的生命是有限的，谁也控制不了。

吉尔伽美什史诗反映了远古时代人同大自然的斗争，为后人提供了

生动的历史图画。

史诗对洪水描写道：

海水平静了，暴风雨住了，洪水退了。

瞅瞅天，已然安静如故，

而所有的人却已葬身粘土。

在高如平房屋脊的地方，有片草原出现，

刚打开舱盖，光线便照射我的脸。

我划船而下，坐着哭泣，

我泪流满面，

在海的尽头．我认出了岸。

在史诗中还表现了很强的哲理，像探求长生，这在人世间直至目前尚还是奢望，但是却早已成为千古的生命与哲学的话题。

《吉尔伽美什》经过亚述帝国和波斯帝国的传播，对东西方文学都产生了巨大影响。希伯莱文学中的大洪水故事，显然是受到了苏美尔文化影响，后又成为基督教传说。

在苏美尔一巴比伦文学里，尤其是公元前19世纪至前16世纪古巴比伦王国的泥板上的作品，是极其丰富的。

其中《埃努玛·埃立什》是世界上最古老的创世神话，全部刻在七块泥板上，这就是《七块创世泥板》，约千余行的内容讲述了古巴比伦王国的保护神玛尔都克创造天地万物。在旧约中记载的人类远祖犯罪，上帝7天创世等等都可从中找到原型。

亚述帝国的盛衰

两河流域的第一阶段历史，是由苏美尔人开创的，苏美尔人势力所到达的地方，是两河下游的施纳平原，其中心为尼帕。之后。闪族人也在两河下游发展，其中心为巴比伦城。

第二阶段历史是由亚述人创造的。

《民族竞争》一书中描述：

“亚述本身，比起其四邻来，不过是一个贫穷而不重要的地方。其所跨的土地，在底格里斯河中游的西岸，介于北纬35°—37°之间。其自成完整而健全的一区：气候变化不明显，土地肥沃，又无河水泛滥的危险。其东部为许多小河所灌溉，这些小河或流入伊朗高原，或流入较低的丘陵地带。河床很低，水流平静；只有春夏之交，雨量增加，山雪也溶入其中的时候，河水才溢出到附近各地。水退后，菜蔬等物相继萌芽，几天之中，一片嫩绿。不过这种好景，历时并不是很长：太阳的热力，很快就把潮湿的肥地晒干；菜蔬之类，因之也常有不能成熟的危险。为免此弊，亚述人就掘有许多小小的运河及储水之处，某些痕迹至今仍可发现，旱季到来之时，灌溉也极方便。所有土地，都是这样灌溉的，非常肥沃。每年所出谷物，如大麦、小麦、粟子、胡麻等类，其丰富可与巴比伦相媲美。至于果树，则有阿月浑子、苹果、石榴、杏梅、葡萄、扁桃以及无花果等类。在这样的自然环境之内，很早就有城市产生。多数的城市都在底格里斯河左岸；当地的资源，足以维持这些城市中相当密集的人口。故此，所有城市，都是人口繁盛的中心；在亚述人的势力达到全盛之时尤其如此。至于底格里斯河右岸，仅有若干小城零星分布着，显然是农民耕种之地。”

在公元前3000年，来自沙漠湾的游牧闪族亚述人就占领了这块地方。他们操着闪族土语，受到苏美尔人的影响。

起初亚述是一个小王国，东南是巴比伦，西北是赫梯人。公元前1000多年左右，亚述人击退了许多骑猎游牧民族，势力逐渐扩大。但是地中海东岸以实力雄厚的阿勒米人为主，切断了亚述西向发展之路。所以，亚述人在帝国建立之前。并不能到达地中海东岸。

亚述民族一直酝酿自己的势力，直到公元前8世纪前后才成为西亚全境的主人。历时100余年。

亚述人武力雄厚，使用铁器，骁勇善战。在石刻图画中可看到他们的战斗野性：

“他们面孔上的表情，毫无和蔼之像，这与埃及帝国时代之图象截然不同。事实上，亚述人也根本不以和蔼之状为可取：他们不爱同类，不如埃及人之所为；他们心肠硬如铁石，不知怜悯他人，亦复不知怜悯自己；他们毒辣好斗，一如加尔提人，且更受得起严格的训练。他们之出身，无论是出自民间，或出自贵族，天生是士兵坯子。”

亚述人发动的亚述战争是亚述鼎盛时期进行的侵略战争。约发生在公元前9—7世纪。

亚述国王亚述那西尔帕二世（公元前884—前859年）曾多次远征北

叙利亚和南高加索。在南高加索，遇到了建国于此的乌拉尔图的抵抗。公元前9世纪中叶，几个毗邻国家组成了以大马士革为首的反亚述大同盟。卡尔激战（公元前854年）之后，亚述军撤退。但不久亚述又开始推行对外扩张政策。公元前8世纪中叶，国王提格拉特帕拉沙尔三世和他的继承者（萨尔贡二世和辛那赫里布）征服了大马士革、南叙利亚和巴勒斯坦，直至加沙城。继他们之后，国王阿萨尔哈东又侵占了南腓尼基和沿海大城市西顿。他在远征到达尼罗河河谷之后，曾一度征服埃及。亚述巴尼帕在位时（公元前669—约前633年），亚述处于极盛时期，成为独霸前亚细亚的大国，始终保持着高水平的军事组织与兵器。

军队是国家机器中最重要的组成部分，军队的成员包括村杜社员、农民、手工业者和小商人，出征时由民军组成。在边境和特别危险地区获有分地的移民在出征期间也须服兵役。

公元前8世纪，提格拉特帕拉沙尔三世在位时，对中央和地方的政权机构进行了重要改革，以适应军事的需要，常备军取代了民军。公元前8世纪中叶，由于骑兵成了重要兵种，军队变得机动灵活了，骑兵常常迅猛追击并快速歼灭敌人。步兵由重装和轻装的兵士组成，在军队中起着主要作用。他们身穿铠甲，有盾牌和头盔防护，以弓箭、短剑和长矛为武器。军队中有专门筑路、架桥和设营的部队。筑城技术也得到了发展。亚述人以擅长构筑工事、围城和强攻敌人而著称。他们会使用一种带轮子的攻城器。

长期的战争促进了亚述人军事学术的发展。他们能巧妙地采用正面攻击和侧面攻击，已会将部队排成一定的队形，并知道奋力抢占狭窄的山隘口、山间通路以及在前亚细亚山区和荒漠地区至为重要的水源。一些编年史常把亚述人屡战屡胜的原因归结于他们能迅速进攻，又能迅速地追歼敌军。亚述人还广泛地进行军事侦察和谍报工作。驻外特使均按时向国王报告别国的详细情况，如备战、军队调动、缔结秘密同盟、接见和派遣使节、密谋和起头、要塞的构筑、叛逃人物、牲畜的总头数及收成情况等。亚述人十分重视保障交通线和通讯联络。他们精心维护道路。遇有战况，则在高台上点燃木柴，用烽火报警。通过荒漠地带的通路均筑有堡垒防护，并备有水井。大居民点都设有特别官员和专门“为国王传送公文”的急使。有些地方至今还保存有当时的路标残片，上面载明各城市间的距离和路程所需时日。亚述是内陆国，由于没有自己的舰队而要利用邻国腓尼基的舰队，因此总想占领腓尼基和叙利亚的重要沿海城市。

亚述人广泛地吸取了邻国的作战经验。他们从米坦尼人和赫梯人那里学会了使用骑兵和战车；从巴比伦人那里学会了在国境上建立军屯（每个军屯户都得到一块土地，享有各种特权，为此须服兵役）。同样，叙利亚人在军事上所取得的成就也被邻国所采用。例如，波斯人从亚述人那里学会了筑城技术，学会了用攻城器攻城，以及修筑“供车辆和军队通行的道路”的方法。后来，罗马人又从波斯人那里学会了筑路、架桥和开辟营地。

为了加强专制政权并为其军事侵略政策辩护，亚述也像古代东方其他奴隶制国家一样，广泛地利用宗教观念。亚述神被视为亚述人的最高神。根据当时的宗教信仰，亚述神使所有的部落和民族都听命于亚述的统治。人们常把亚述神描绘为张弓欲射的武士。

在造型艺术中，特别是在宫壁浮雕中，常常有表现战争场面、会战、围攻和部队调动等情景。有关亚述的军事实力及后代暴君镇压被征服人民反抗的骇人听闻的残暴行为，当时及后代的书籍中都有明确的记载。但是，觊觎世界统治地位的强国亚述，其内部却很虚弱：被征服的领土十分辽阔，在经济上互不联系；被征服的部落和民族为自身的解放不断奋起斗争。乌拉尔图人和依兰人连续不断地反抗亚述的统治，始终不屈不挠地争取获得独立，加之国内阶级斗争日益尖锐，亚述国家终于渐渐走向覆灭。公元前 7 世纪末（亚述巴尼帕死后不久），米底人和巴比伦人的军队打败亚述人，加速了亚述的灭亡。

神秘的巴比伦城

古代巴比伦有着悠久的历史，是世界古代四大文明发源地之一。古老神秘的巴比伦城就是在这漫长的时间内逐步建成的。

据考古学证实，早在公元前 31 世纪，在两河流域就出现了几十个奴隶制小城邦。巴比伦就座落在底格里斯河与幼发拉底河之间。后来，这个小城邦经历了苏美尔、阿卡德、乌尔第三王朝的统治。大约在公元前 18 世纪，阿摩利人占据了巴比伦城，建立了古巴比伦王国。在建国初期的一个世纪内，古巴比伦仍然只是一个小邦。不时地臣服他国。直到第六代王汉谟拉比统治时期，汉谟拉比励精图治．一跃而成为显赫一时的大国。这时，巴比伦城初具规模。但是，汉谟拉比死后，王国立时衰落。到公元前13世纪后半叶，亚述王国复兴，进军幼发拉底河畔，洗劫了巴比伦城。巴比伦城遭到巨大破坏，巴比伦重新沦为任人欺辱的小城邦。直到公元前10世纪初，原居波斯湾沿海的迦勒底人定居两河流域，才受到巴比伦文化的影响，逐渐同巴比伦人融合。公无前626年，迦勒底人首领那波帕托沙尔受亚述人的指派，率军进驻巴比伦。但是当他到巴比伦之后，却举行了反对亚述统治的起义，建立了新巴比伦王国。公元前612年，迦勒底人联合米底，攻陷了亚述帝国首都尼尼微。公元前605年，又攻陷亚述西部据点卡尔赫末什，亚述帝国灭亡。新巴比伦王国日渐强盛。那波帕拉沙尔死后，其子尼布甲尼撒二世继位。这时，新巴比伦王国到达鼎盛。尼布甲尼撒二世大兴土木，扩建巴比伦城。新城颇为壮观，称为新巴比伦城。

新巴比伦城横跨幼发拉底河两岸，位于今伊拉克中部。新巴比伦城的繁荣与美丽在当时是无与伦比的。它的平面近似方形，占地约100平方公里。周围有高大的城墙。由于缺少良好的木材与石料，城墙与建筑物均为土坯砌筑，表面贴琉璃砖。城墙厚重坚固。城墙顶上可供四驾马车奔跑转弯。城墙外设护城壕沟。每隔数十米筑有一塔楼。全城共有塔楼250座，可从容应付来敌侵犯。城墙的西端屹立于底格里斯河上，是一道天然的屏障。

新巴比伦城四周有100个青铜大门，十分坚固。正门即伊什塔门，位于城市北端。伊什塔门为南北两重，大约建于公元前575年，各由一对向前凸出的方形碉堡夹持着中央拱券门洞组成。城门高14米。门楼表面装饰着彩色琉璃砖拼砌成的浮雕，有狮子、公牛、仙兽等动物，均为侧面形象，造型生动，程式化。雕像排列得均匀整齐，共13行，约500多只。进入城门是一条笔直的中央大道，中央大道贯通南北，宽约22米，石板铺筑。两侧墙壁上排列着狮子浮雕，近1公里长。塔楼城墙顶端均作成雉堞，转角、边缘部位用浅色琉璃勾勒，具有浓厚的装饰效果。

城内道路宽阔平坦，纵横交错，均用石板砌成。西侧有高耸的观象台与马都克神庙。皆以敷釉砖瓦砌成，色彩缤纷夺目。宫殿居于城北，装饰华丽，金碧辉煌，自有一种皇家气派。

宫中最有名的当数“空中花园”，又称为“悬苑”，是人工筑起的一座高达25米的人造梯形小山。山上层层种植奇花异草，人工浇灌。小山上碧树藤萝，花果飘香。清晨是薄薄晨雾，枝青叶翠。夜晚时，皎皎月光，淡淡青霭，宛如仙境。在幼发拉底河沿岸缺少树林的旷野上，更加引人注目，被希腊人誉为世界七大奇迹之一。相传这一人间奇境是尼布甲尼撒为取悦爱妃阿米蒂斯而修建的。阿米蒂斯是当时的美女，被尼布甲尼撒二世从伊朗抢到巴比伦。美人终日不语，暗自垂泪，她想念那草木繁茂的故乡。为博得美人一笑，尼布甲尼撒二世征集几万奴隶，摹仿伊朗风光，建造了这一人间仙境。

但是，美景不长在，尼布甲尼撒二世死后不久，国内发生严重的政治危机。公元前538年波斯人长驱直入，一举毁灭了巴比伦城。新巴比伦灭亡。从此，新巴比伦城湮没在荒草之中。但是巴比伦文明却流传下来，对西亚乃至欧洲文明的发展都产生了巨大影响。

“人头牛身怪”画

公元前2000年前的苏美尔，留下来一张牛头琴。人们在牛头琴的琴箱里发现了奇怪的画面。画上有三个人物：两个“人头牛身怪”拥抱着一个人，而这个人生着蝎子的尾巴。更有意思的是，相邻的一幅画上画着送酒菜的“仆人”，这两位“仆人”是狮子和狼。在一旁演奏乐器的是熊、驴、鹿。

这些画让我们想到儿童的头脑中那些奇奇怪怪的念头，和动画片中的想象出奇地相似，真是生动有趣。但这些画究竟代表了什么意思，至今没有人明白。

今天的巴格达“伊拉克”博物馆中，有一座青铜头像。它是号称“世界四方之王”的萨尔贡一世之塑像。阿卡德王萨尔贡一世是一位骠悍骁勇的人，它的面部刻画得十分简练，寥寥数笔的刻塑，让人感到了一股强悍之气迎面袭来，栩栩如生。

在两河流域出土的汉谟拉比时代的法典刻石，为后人研究巴比伦艺术提供了丰富的资料。石柱上方是日神和他背后的光焰，汉谟拉比向日神祈礼，以示顺应天意。从这些人物中，我们看到古代西亚对埃及的影响，即人物的双肩都过于平展。

亚述的雕塑具有凶猛威勇的特点，人们把强力作为赞美的对象。为了表示力的伟大，亚述人将人和兽的形象结合在一起。在萨尔贡二世的皇宫门口，矗立着守护神“人首飞牛”。把力大无穷的牛添上翅膀，正是神勇的象征。巴比伦人的牛有没有特殊意义不得而知。

古代的埃及、西亚与希腊半岛隔海相望，在文化上走在前面的西亚和埃及，对希腊文明有很大影响。

西亚的绘画中，我们对其奴隶制早期时代资料的了解还很少。从雕刻上可以看出，苏美尔人雕像的典型特点是鹰钩鼻、大眼睛、圆头颅。为了使脸部表情更具活力，有些贵族或地位较高的头像用宝石镶成双眼。

苏美尔人的建筑代表是多级寺塔。他们的雕刻，往往是静态的，线条比较单调、僵化。

古巴比伦人的雕刻更近一步。

赫梯人则不同，他们在山区生活，多石料。所以，天然的石刻很多，场面也更加广阔、宏大。

亚述帝国时，动物的造型尤其突出，因为他们崇武善猎。在王宫墙上著名的浮雕是《垂死的牝狮》，描绘了一只勇猛的狮子，它的两条后腿已经拖在地上，但却依然用两只前爪支撑在地上，仰天长啸，“困兽犹斗”，场面十分惨烈。狮身上的箭牢牢地嵌着，似乎仍在流血。

也许因为西亚是农耕文化，所以牛是力与可信的象征，飞牛可能有此含义。

西亚农耕文化向欧洲大陆的波及影响一般经历了三条线路：

其一是由西亚经里海西侧到达黑海东岸，然后越过高加索山脉波及整个东欧；

其二是由西亚到达巴尔干半岛，再沿着黑海的西岸，跨过多瑙河进入西欧；

其三是由西亚绕巴尔干半岛或经地中海诸岛到达意大利，影响南欧，同时又分成两路，一路北非，一路经西班牙抵法国等西欧诸地。

古代世界是一个比新世界更神秘，更透射着吸引的舞台。我们只知道苏美尔人是有着高鼻子和暗白皮肤的民族，还知道他们中僧侣的地位最高，至于其他，所知甚少。

当然，在文明时代到来以前的旧石器时代以及更早的时代，更加漫长而广阔。

紫红色的航海人

在地中海东岸位于叙利亚的地方，现今黎巴嫩境内，生活着一个民族，距今约4000年前，他们就在小亚细亚沿岸、爱琴海诸岛、黑海沿岸建立联络站，开始商业贸易。

古希腊人称这些人叫“腓尼基”，意思是“紫红色”，这个邦国也就被称作“紫红之国”，居民也因此得名。

据说，有一位腓尼基的放牧人，从海边拾到很多海螺，煮熟后准备享受美味，随手扔了几个喂他的猎狗。狗一咬贝壳，突然鼻子、嘴上都是鲜红一片，牧人以为狗受了伤，赶紧为它治疗清洗。可发现怎样也洗不掉血迹，仔细一看。狗没有受伤，而是被染红的。牧人拣了拣自己煮的海螺，逐一查看，发现壳内有两块鲜红的颜色。就这样他发现了一种天然染料。

在当时人们还不会自己制造提炼颜色。所以天然染料就很走俏。从此人们争先恐后地去捕捞这种海螺，用它的贝壳来做颜料染布，结果染成鲜艳的紫红色。

腓尼基的居民们穿上这种染料染过的衣服，即使穿破了，颜色也还不褪掉。这种现象被周围邦国的人注意到了，都来购买他们的布料做衣服穿。

因为当时的埃及、巴比伦以及希腊、赫梯的贵族、僧侣都喜爱紫红色袍子，所以腓尼基人的布料很受欢迎，人们也就把盛产这种染料的地方称为“腓尼基”（紫红色）了。

因为染料和布料销路特别好，腓尼基人渐渐地放弃了种田，开始经商。他们的航海技术就是在经商的过程中发展起来的。由于他们经商的通路以海路为主，所以又被称为“海上马车夫”。

腓尼基人曾经进行过人类最早的非洲环行。他们的非洲环行发生在公元前2600多年前。

有一天，埃及法老召见一批优秀的舵手和航海家，对他们说：“你们不是常说自己航海是一把好手吗？我命令你们从埃及出发，沿着大陆的边沿在海中航行，不许回头，如果能回来就重赏你们。”

腓尼基人不敢违抗法老的命令，他们也对无人走过的航线产生了冒险猎奇的心理，于是驾着三艘优质大船，装备好水、粮食、商品及必要的工具出发了。

3 年之后，奇迹出现了，这些航海人又回到了埃及！法老得知消息后十分吃惊，以为是腓尼基人骗了他。然而腓尼基人把沿途所见描绘了一番并拿出风格各异的物产和珍宝，法老终于确信无疑，重赏了腓尼基航海者。从此腓尼基的航海技术更加声名远播。他们造出的双层桨和装备有冲角的战船为希腊人所摹仿。

由于腓尼基人的流动性强，他们只建立过一个一个的小城邦。若干年后他们向西部地中海扩张，在西西里、北非、西班牙以及直布罗陀海峡南北，建立了很多商业据点和殖民城市，他们不仅销售木材、布料和粮食等，还从事海盗活动，拐卖人口，贩运奴隶。

腓尼基的最初居民可能是胡里特人。公元前 3000 年，迦南人迁入，二者融合混居，建立了乌加里特、西顿、推罗等城邦。公元前 1400 年的时候. 一场大地震摧毁了乌加里特。在地中海活动了 2000 多年的腓尼基人渐渐消亡了。

腓尼基人是一个商业民族，航海发达。他们有自己的文字，而他们创造的腓尼基字母，正是现在欧洲拼音字母的祖先。

世界上下五千年

shijie shangxia wuqiannian

波 斯 帝 国

波斯帝国开国君主——居鲁士

波斯王居鲁士，是一个传奇式的英雄人物。公元前 626 年，居住在伊朗高原的米底人联合其他国家，一举攻破亚述帝国的首都尼尼微，亚述从此灭亡。因此，米底人崛起，成为西亚强国。不久，米底人征服了伊朗高原南部的波斯人，成为统治伊朗高原和亚述的又一个帝国。

在一个神秘的晚上，米底的第四代国王阿斯提亚格斯做了一个梦。梦中，女儿曼丹妮公主，撒了一泡尿，竟然酿成了洪灾，顿时淹没了爱克巴坦那城。于是，他叫了一个僧侣来占卜。僧侣口吐凶言：“您的女儿公主殿下将来要危及国家。”

从此。米底国王对女儿怀有戒心。待到曼丹妮长大成人，国王下令把她嫁给了一个老实而温顺的波斯贵族冈比西斯，而不把她嫁给本国王公子弟。这个用意是十分明显的。

曼丹妮婚后一年，国王又梦见女儿肚里长出葡萄藤，并遮盖住了整个亚细亚！

国王心中的恐惧是自不待言的，他又叫来了僧侣。僧侣说，公主的儿子，日后将取代国王。

这还得了！

国王急忙派人去波斯探听消息，果然公主已经怀孕。无毒不丈夫，他立刻派人把公主接回宫中，准备把新生儿杀死于襁褓之中。

不久，公主生了一子，取名居鲁士。国王阿斯提亚格斯获悉后。派王室总管哈尔帕哥斯把居鲁士带出宫去杀死埋掉。

谁知哈尔帕哥斯没有这么做。他把孩子交给一个放牧的奴隶去处理。结果，奴隶的妻子，出于母性，把居鲁士拉扯大。

后来，居鲁士辗转回到了波斯，回到了亲生父母身边。

长大后，居鲁士凭借其贵族地位，逐渐地将波斯 10 个部落的青壮年贵族都团结在他周围。当时波斯人对米底人的统治十分不满，人们纷纷起来造反。公元前 550 年。居鲁士率领波斯兵一举灭掉了米底，米底国灭亡。

公元前 539 年，居鲁士又下令进攻新巴比伦王国的首都巴比伦。

巴比伦国王不以为然："居鲁士自不量力，他要敢来，我就叫他们统统淹死在幼发拉底河里。"

原来，巴比伦的城墙宽厚而高大，的确易守而难攻。而且还装有非常特殊的灌水系统，双方若要交战，只要一放水闸，幼发拉底河的汪洋大水就会把城外的敌人冲到200里以外。

居鲁士大军如期而至。

巴比伦国王无心与居鲁士对阵，只是下令"放水"。谁知到了半夜，波斯兵竟然入城了。

怎么会这样呢？

原来，巴比伦国分为三个等级：王室、富商显贵和祭司。平时，这三个等级的人，勾心斗角，互相拆台，有很大的矛盾。居鲁士略施小计，花费重金收买了富商，让他们打开城门，保证进城后不损害他们的既得利益。商人重利，置国家利益和民族大义于不顾，立即俯首贴耳，在国王下令"放水"的同时，把河水引向别处。一切顺理成章，波斯人顺利地占领了巴比伦。

居鲁士踌躇满志。他看见城池高大而富丽，有帝都气象，就果断地下令在此地定都，并且自称为"宇宙之王"，气派大得很。有"小人得志"的意味。

埃及是居鲁士大帝下一个远征的目标。既得陇，复望蜀，是一切人尤其是帝王的本性。

作为远征的前期工作，他要先行解除后顾之忧，又向里海进军，目的在于消灭那里的马萨盖特国。

马萨盖特国的政权由女王执掌。女人毕竟是女人。她听说波斯兵入侵本国的消息后，万分悲痛地对臣下们说："波斯人占我国土，杀我人民，此恨难消。不报此仇，誓不为人。"

"是，不报此仇，誓不为人！"

"诸位爱卿有何退敌良策？"

"女王陛下，正面强攻或防守，都有极大难度……不如诱敌深入。"

如此这般，这般如此，一个锦囊妙计形成于密室之中。

居鲁士大军压境。马萨盖特兵败如山倒。

居鲁士见马萨盖特人如此不堪一击，大喜过望，亲率一队骑兵长驱而进。

马萨盖特人逃到了草原深处。

悲剧诞生了。居鲁士及其将士在一处险要之地陷入重围。号称为“宇宙之王”的居鲁士此时即使有天大能耐也无计可施，叫天天不应，叫地地不灵，徒唤奈何。一代枭雄，被卫兵绑得结结实实，押至女王脚下。

女王指着居鲁士的鼻子，破口大骂：“你这个嗜血的魔王！你贪血，就用血来把你染红浸透！”于是她断然下令，割下居鲁士的头颅，把它装进了有血的口袋里。这种血袋，可能就是中国清朝雍正皇帝发明的“血滴子”的雏形或母体罢。

居鲁士死后，其尸被运送归国。他的儿子冈比西斯仰承大统，为其父修葺了一个高大而华丽的坟墓。而今西风残照，不胜凄凉。居鲁士同一世之雄也，如今安在哉！

波斯癫痫病皇帝——冈比西斯

居鲁士死后，其子冈比西斯继位（公元前529—前522年在位），做了波斯帝国皇帝。由于他患有癫痫病，精神极不正常，因此也成为一个刚愎自用、暴戾骄奢的君主，就像中国古代的商纣王一样。

他不再穷追杀死父亲的马萨盖特人和斯基太人，却以征服埃及为首务。说到冈比西斯征伐埃及，免不了又要引出一个传说来：

当年居鲁士听说埃及出名医，遂向埃及法老阿玛西斯讨要一名医生。阿玛西斯精挑细选选中了一位眼科高手，让他背井离乡远离埃及为居鲁士服务。这名医生便对法老怀恨在心，在波斯宫廷许多年，他深知冈比西斯好女色。在其继位后，便在冈比西斯面前进言，讲述埃及法老阿玛西斯的女儿是如何千娇百媚，国色天香。冈比西斯动了心，便向法老求亲。

法老阿玛西斯深知这名癫痫国王的脾气，怎能把金枝玉叶的女儿向火炕里推。于是便让前国王的公主尼太提丝冒名顶替，嫁给冈比西斯。冈比西斯不知真假，但尼太提丝对阿玛西斯恨之入骨，便向冈比西斯捅破了法老的换人把戏。冈比西斯大怒，便决定进军埃及。

这只是一个传说。没有这些事情，冈比西斯迟早也会征伐埃及。

公元前525年，远征军到达埃及。阿玛西斯病亡，其子新法老普撒美尼托斯率军会战，战败，被冈比西斯生擒。

冈比西斯这个暴君在失去国家的埃及人面前露出了狰狞的嘴脸。

他首先给自己加上法老头衔，遂使埃及历史上出现一个波斯王朝，亦即27王朝（公元前525—前404年）。

他把埃及高官贵人的女儿都贬为奴隶，让她们当着父母亲的面干苦力活，从肉体和精神两方面摧残她们。接着他又下令处死法老之子和2000多名贵族子弟。但法老普撒美尼托斯保住了性命，后在复辟造反失败后自杀身亡。冈比西斯余怒未消，将法老阿玛西斯的木乃伊扒出，拔掉头发，用棒子戳刺，最后用一把火烧掉。

他不但对埃及人如此，就是对他的亲兄妹，也毫不留情。他久征埃及，深怕波斯本土被其弟巴尔狄亚篡位，于是就派人秘密返同波斯，杀死了巴尔狄亚；有一次，他的皇后规劝了他几句，他却一时性起将其杀死，而这位皇后就是他的亲妹子，因为波斯不容许兄弟姊妹通婚，于是冈比西斯将其带到埃及，在这个兄妹通婚合法的国度和自己亲妹子结为夫妻。由此可见冈比西斯残暴淫乱到了何种地步。

冈比西斯还想以埃及为据点，向西向南远征利比亚和埃塞俄比亚，扩大波斯在非洲的统治，结果遭到失败，导致其癫痫病越发严重，神经过分敏感，喜怒无常。

有一次，他问自己的近臣普列克撒斯佩斯说："你说波斯人都谈论我什么，认为我是怎样一个人？"近臣小心回答："他们无不称赞陛下，但也说您嗜酒过分。"冈比西斯立刻火冒三丈："那波斯人以前不是说谎吗？上次我问几个波斯大臣，他们都说我比父亲居鲁士还强，只有克诺伊索斯表示反对，他说我不如父亲，因为我还没有像父亲一样，有我这样一个好儿子。怎么他们现在又认为我有缺陷呢？我要判断一下。现在你儿子在门外，我一箭射中他心脏的话，波斯人就错了；如果射偏了，那就是我失去了理智，他们对了。"结果一箭正中孩子心脏，就这样，这位近臣的儿子死在了暴君手里。接着又下令杀了12名波斯贵族。

之后，他的病情越来越严重，性情也愈来愈暴躁。他放肆地取笑各民族的风俗，杀死埃及人崇拜的圣牛，让希腊人吃自己死去的父亲，让不许火葬的印度人火葬死去的人……

终于，他的暴行激起了人们的反对。在波斯有一个叫高墨达的僧侣，曾被居鲁士割去双耳，他利用人们对暴虐无道的冈比西斯的不满和自己为王室工作熟悉内幕的条件，假冒被杀的巴尔狄亚在波斯发动政变，自称波斯皇帝。那是公元前522年3月发生的事。他痛斥冈比西斯的罪行，豁免了各族人民三年赋税和兵役，赢得了民心，伊朗高原和两河流域的民族都纷纷拥戴冒名顶替的高墨达。

冈比西斯听到波斯发生政变，气急败坏，召集军队，准备杀回西亚在，平定叛乱。但高墨达在国内已深得民心，声势已经非常浩大，已非失去人心的冈比西斯所能镇压得了的。在归国途中，冈比西斯看到这种情景，深知大势已去，后悔不及，自杀身亡。

冈比西斯的猝亡更助长了起义的高潮，起义浪潮由波斯本土传到各省各地，巴比伦、埃兰、亚述、埃及都纷纷脱离波斯，宣告独立。刚刚建立起来的阿黑门尼德王朝面临灭亡的巨大危险。

乱世出英雄，这时阿黑门尼德族出了一位惊天动地的英雄，那就是大流士，他是冈比西斯的堂兄弟。由于他手中紧紧掌握了作为帝国统治核心的波斯军队，又善用谋略，于是终于杀死了冒充巴尔狄亚的高墨达，平息了叛乱，继承了王位，迎来了波斯帝国的又一个盛世。

万邦之王——大流士

冒名顶替巴尔狄亚发动起义的拜火教僧侣高墨达，在冈比西斯死后，便以为坐稳了天下。但是这时却出现了麻烦。由于高墨达夺了王位，接管了前国王的全部妻妾。按照波斯宫廷的规定，王妃平时在宫外住宿，定期入宫陪伴国君。有一次轮到王妃帕伊杜美入宫，其父欧塔涅斯嘱咐她注意皇上有没有耳朵。原来新皇帝即位以来，由于他曾被居鲁士斩去双耳，因此就绝不在公众面前露面，也拒绝会见波斯贵族。于是，许多人都对他的身份产生怀疑，认为新国王很可能是以前的僧侣高墨达，欧塔涅斯就是其中之一。

晚上，高墨达睡后，帕伊杜美果然发现丈夫没有耳朵。得知真相的欧塔涅斯便找到六名贵族同党，其中就包括后来的大流士一世。他们七人商定在某个时间率领士兵突袭王宫。

不久之后，京城就传出了巴尔狄亚是假冒的传言，高墨达恐怕漏馅，便从京城转移到米底的西迦耶胡瓦提堡居住。大流士等人尾随而至，在公元前522年9月利用一个宗教节庆日冲入宫内，将高墨达及其党羽杀了个精光。从登上王位到遇害身亡。高墨达只做了8个月的皇帝，王权就又回到了阿黑门尼德家族手中。

这时大流士等人所面对的局面简直糟透了，居鲁士一手开创的大帝国到现在只剩下伊朗高原的部分地区，其他省份像埃兰、巴比伦、米底等已纷纷独立，波斯帝国面临分崩离析的局面。

于是，建立一个什么政体的国家，由谁来治理国家，就成了摆在大流士等七人面前的首要问题。

欧塔涅斯主张在特权贵族成员中间实行民主制，大家集体统治民族，以防冈比西斯独裁统治的复现。欧塔涅斯后又有发言，主张实行寡头统治，即政权集中在少数有才能的人手中，这些人是民族的精华，这要比让愚昧无知的群众统治强。大流士仍然认为君主制最佳，他认为民主制会使坏人朋比为奸，造成混乱，而寡头统治会造成派系争端，容易引起国家分裂，只要有人能代表人民利益，成为人民的偶像和领袖，那他就应该成为国家的君主，大权集于一身。

后来七人在表决中，大多数同意仍沿用君主专制制度。于是，欧塔涅斯退出王位竞争，只要求自己家族不受任何人统治，其他六人自然同意。六人最后商定次日早晨在郊外汇合，谁的马先嘶叫谁就成为国王。

结果，第二天大流士让其马夫耍了个手腕，待六人一到齐，那马便仰天长嘶，于是其他五人便一致承认大流士为王。这样大流士就成为阿黑门尼德族统治波斯帝国的第三任国王，统治时间从公元前522年至前486年。

从此，大流士便率领波斯军队，在8位得力助手（波斯人6名，米底人和亚美尼亚人各1名）的辅佐下，用了一年多时间，逐一平定了帝国内的叛乱，奇迹般地恢复了居鲁士和冈比西斯所征服的全部国土。这场平定战争，共经历了18次战役，斩杀和擒获了8个暴动首领。

看到帝国恢复统一，大流士真是踌躇满志，于是，就命人在米底都城爱克巴坦那通往巴比伦的大道上，在贝希斯敦村附近一雄伟宽阔的山崖上刻石纪功，这就是著名的《贝希斯敦铭文》。

铭文上部为一组浮雕，表现被俘获的叛乱首领被押解至大流士面前。浮雕中大流士昂首直立，脚踏高墨达，左手持弓，右手伸向天空，向波斯主神敬礼，被俘的8个头领在大流士面前背缚双手，鱼贯俯首而行，与大流士形成了鲜明对比。

铭文下部是用波斯楔形文字刻写的全文，在浮雕与正文左侧，又有巴比伦楔形文（上部）和埃兰楔形文（下部）的对应译文。铭文开头就显示了大流士的骄傲与自信：

“我，大流士，伟大的王，万邦之王，波斯之王。诸省之王，叙斯塔斯帕之子，阿尔沙马之孙……按阿胡拉·马兹达的意旨，我是国王。”

大流士以后又继续征讨，扩大领土面积：东面，他攻打至印度东北部，以印度河为界；南面，他扩充埃及面积，把北非的利比亚一带划归波斯；在北面和西面，他组织了东起中亚，西达欧洲多瑙河口的远征，同斯基太人作战。公元前513年，大流士亲率大军横渡博斯普鲁斯海峡，水陆齐发，攻入了欧洲大陆。这场远征虽然没有取胜，却把国界线推到欧洲色雷斯地区一带，形成了对希腊本土的夹击之势。波斯帝国在大流士的不断征讨中达到了空前规模。

地方大了是不错，但也难以控制，假如和居鲁士与冈比西斯一样，只靠军事手段，肯定无法长久维持统治。于是大流士对帝国统治体制进行了一次较为全面的改革。

首先。他把整个帝国划分为23个行省，每个省派一名省长，执掌本省行政、司法和税收大权，但无军权。另设督军统领军权，二者互不隶属，直接听命于中央。

其次就是改革了税制。以前税无定制，随意规定纳贡数量，大流士明确规定各省贡税数额，除波斯省享免税特权外，所有行省都必须交足额的华币税。

大流士还改革军事，建立了一支由波斯人组成的“敢死队”做近卫军；把全国分为5个军区，每一区辖几个省督军，便于皇帝控制。

大流士为了便于调遣军队，传达政令和收取信息，又增修了许多驿道，以帝国4个首都（苏萨、巴比伦、波斯波里、埃克巴塔纳）为核心，形成通向四面八方的驿道网。传说通过驿道传递，大流士甚至能吃到爱琴海刚刚打出的鲜鱼。并且，他喜爱喝苏萨的泉水，无论到了何地。都非此泉水不饮，于是苏萨的泉水总是源源不断地送到他所在的地方。

经过大流士一系列的改革，波斯帝国进入了它的全盛时期。但是盛极必衰，由于统治并没能根本改变帝国内民族混杂、经济发展不平衡的局面，随着专制统治的加强就引起了各族人民的反抗。处于欧洲的希腊城邦便揭竿而起，发动起义，大流士虽然镇压了这次起义，却引发了著名的希波战争。在马拉松希腊军队把波斯军队杀得大败。大流士，一代英豪，也因此饮恨而亡。这次失败也成为波斯帝国由盛转衰的转折点，埃及乘机脱离帝国，保持独立。同时，帝国内部不断发生争夺王位的宫廷政变，地方官不顾法令，总揽军政大权，联兵叛乱，帝国瓦解的预兆开始出现。此时，马其顿王亚历山大率领军队借口报希波战争之仇，侵入波斯，帝国就迅速崩溃了。公元前330年，波斯帝国最后一王大流士三世为部下所杀，盛极一时的波斯帝国正式宣告灭亡。

光明使者——摩尼

一天晚上，一位怀孕的少妇从梦中醒来，她推醒沉睡的丈夫，说："我刚才做了一个梦，梦到了天使陶恩，他告诉我说咱们会生一个儿子，而且他将负有崇高的使命。"丈夫听了，又紧张又高兴地注视着妻子。这一对夫妇是帕提克和马尔·梅丽，夫妻二人是伊朗名门，而那个孩子便是摩尼教的创始人摩尼，他生于公元216年。

公元1至3世纪，浸礼派是流行于两河流域下游的所谓"诺斯提派"的一个支派，大致主张是：可见的现实世界是由黑暗和恶的势力形成的；人只有靠"去识"，即神秘的直觉知识，才能够了悟自己具有神性。这种宗教气氛弥漫的环境对摩尼的思想有深刻影响。

公元228年，摩尼12岁那年，天使陶恩指示他脱离浸礼教会。公元240年，摩尼24岁，天使陶恩向他作第二次指示，要他公开出面建教。这时他自视为圣灵和一切知识的化身，是由神派遣到人世的"光明使者"。他开始向周围人传教时并不成功，只有他父亲和另外两个信徒听信他。于是他决定出去周游，最先是到萨珊朝都城泰锡封，随后远游至梅克兰、印度西北部和中亚，大约过了一年多，他回到伊朗和巴比伦。

公元242年，萨珊朝开国君主阿达希尔逝世，其子沙卜尔一世继位。摩尼献给沙卜尔一部书，叫作《沙卜尔干》。他在此书开端写道："智慧和善行时时由明神的使者传到人间。有一个时代由名叫佛陀的使者传到印度；又一个时代由名叫耶稣的使者传到西方。时至今日，启示又降下来，在最后这个时代，先知的职分落在我摩尼身上，由我作向巴比伦传达神的真理的使者。"

摩尼不只自认为是神所派遣的最后一个使者，他还要建立一个包含一切现存宗教的要义，不受地区和国界限制而为世人普遍信奉的宗教，他的思想深受沙卜尔一世欣赏。"普遍"宗教适合沙卜尔缔造帝国的需要。沙卜尔支持摩尼传播他的“普遍”宗教。

摩尼所宣扬的教义通常称为“二宗三际论”. 所谓“二宗”是指宇宙的两种根本存在，即光明与黑暗：“三际”是指由光明与黑暗贯穿着的三个时代。他的神学的宇宙观内容大致如下：

初际，即第一个时代，“世界未立以前，尚无可见世界，只有无限的光明与无限的黑暗两界并存”，明界住着“大明尊”或“明父”，他拥有五个国土，叫作“微妙相”（官能），“微妙心”（理性），“微妙念”（思维）；“微妙恩”（想象）；“微妙意”（意志）。这五个国土其实就是光明的五种品质。暗界住着黑暗三王，明暗两界只有一面相接，原本各自相安，宁静状态由于暗界的分子冲人明界而被破坏，初际于是告终。

中际，即中间的时代，也就是明暗二宗或两种势力长期反复斗争的时代。明界既遭黑暗侵入，大明尊于是召唤善母（即生命之母），善母又召唤先意（即初人）抵御黑暗，保卫明界，摩尼说“召唤”或“化出”，不说“生出”，因生产或创造都会将光明分裂。先意披挂着所谓“五明子”甲胄御敌，战斗失败。五明子被众暗魔全部吞掉。先意请求明父救援。

明父又作第二次召唤。这一次召唤出来的是“明支”，“大般”（建筑者）和净风（活跃的精灵），净风深入暗界，救出先意，杀死并支解众暗魔，暗魔吞下的光明分子被挤出来，由净风造成日月星辰；被支解了的暗魔，由善母用它们的皮肉、骨造成十天八地，为的是可以从中挤出更多的光明。大般是建筑者，他的任务应是修筑囚禁暗魔的“铁围四院”。可见世界于是开始形成。

最后，为了彻底解放被暗魔吞食的全部光明分子，大明尊又作第三次召唤。这一召唤出来的是惠明使。惠明使以其美妙的像出现在男女暗魔之前，在男暗魔之前现女像，在女暗魔之前现男像，使他们和她们因贪爱而吐出所有的光明分子。惠明使开动日月二大“明船”，由光明之柱运载“善子”回到光明的本界。但暗魔吐出光明分子时，还随着吐出了“罪恶”，那黑暗的东西落在大地上：一半在湿地（海洋）上，生出一个凶恶的妖怪，被杀死；一半在干地上，生出五树，是为一切植物的起源。原已怀孕的女暗魔的胎儿流产，落在大地上，产生陆海空中的各种动物。斗争至此尚未完结。黑暗之王和他的配偶仿照惠明使的形象生下亚当。亚当身上集中了被黑暗囚禁的光明分子的大部分。随后，夏娃也生下来，她的光明分子少些。就是由黑暗恶魔生下来的亚当和夏娃，他俩成为人类的祖先。亚当和夏娃有光明分子形成圣洁的灵魂，却被禁闭在不圣洁的肉体内。因此，大明尊派遣夷数（耶稣）下界唤醒沉睡中的亚当，使他认识他自己的光明本性和宇宙的由来。夷数叫亚当尝生命树（知识树）的果实。亚当于是彻悟，悲痛呼号道："愿灾害降给创造我身的妖魔，愿灾害降给将我灵魂囚禁在肉体里的妖魔，愿灾害降给那使我成为奴隶的反叛者！"

亚当虽然痛楚肉体囚禁了他的灵魂，因而决定恢复纯洁的本性，但后来终于忘却自制，又与夏娃生了悉特。人类是悉特的后裔，于是光明又遭闪禁。摩尼以为，人必须克制情欲，抛弃物质享受，锻炼纯洁的本性，成为"新人"，以便上升永远光明境界，永享极乐。

但上升并不是一件简单的事。依照摩尼的教义，人有三类：第一类是他的教团中的僧众"电忽那"，那"虔诚信教者"，严守戒律，不婚，不拥有私产，"平一易衣，日受一食"，不肉食，不杀生，不能采摘果实乃至种植谷物。因为这一切都有碍于解放光明。为此，他们常被称为"清静电那勿"，他们死后，还由"光明三柱"引向明界。第二类是摩尼教的一般教士，即所谓"听者"。他们虽然也遵守某些戒律，但仍过着一般的世俗生活，死后要经过多少次轮回，等到完全净化，才得上升。第三类是恶人。他们死后只有在凄惨绝望中飘荡，直到世界末日，到那时，一切光明分子重返明界，恶人堕入无明深坑。宇宙崩溃，熊熊烈火，无边无际，延烧 1468 年。这就是中际的最后结局，也是后际这最后一个时代的开端。

后际实际上是初际的重现，光明与黑暗永远分离。光明与黑暗在中际的多次反复斗争，结果只是恢复到初际两者并存的状态。光明毕竟不能照亮黑暗，使无明世界出现光明。

总的来看，摩尼的教义是极端的二元论神学和悲观主义的世界观。它在本质上反映伊朗奴隶制危机时期被压迫被奴役的人民大众对现实的不满。当然，这种寄希望于虚幻的明界天堂的宗教不可能给人民大众指引摆脱压迫和奴役的出路。但在教人忍受残酷的现实的同时，它也指出了一个消极抵抗现实的原则，那就是对生育和生产概予否定，这一点确为摩尼教义所独有，而也就是由于这一点，使得它不能长久见容于萨珊朝的统治者。

摩尼被关进伊朗西南部恭德沙卜尔城的监狱，受尽酷刑，于公元 277 年 2 月 27 日死在狱中。

世界上下五千年
shijie shangxia wuqiannian

希伯莱文化

古希伯莱人及其宗教的兴起

古希伯莱人是闪米特人的一支，很久以前，他们就一直在自己的发源地——阿拉伯沙漠上游牧。艰苦的沙漠生活使希伯莱人极为厌恶，他们如同其他各支闪米特人一样，一直渴望能找到一块水草丰美、土地肥沃的“福地”，能够使他们永享幸福。

这时的希伯莱人仍处于原始氏族部落时期。他们的宗教信仰依然是原始的多神崇拜，雷雨风暴、树木、石柱、火等自然力量都是他们崇拜的对象。在长期的自然生活中，他们尤其以为火、雷电、风等自然力量最为强大，为了解除这种令人恐怖的自然力量对本部族人的威胁，他们在“先知”的引领下，拜倒在这些自然力量的淫威下，把它们称为自己部族的保护神，并取了一个象征性的名称——“耶和华”，即为“永存者”的意思。从此，耶和华便成为希伯莱人共同信仰的神。

大约到了公元前2000年时，希伯莱部族的族长是亚伯拉罕，他一直有个宏大的理想，即带领族人离开沙漠。但是，首先要加强族人的团结以及确立自己在部族中绝对的统治地位。这样，全族人民在自己的领导下，共同努力，才能找到一块“福地”，并且能够占领它。亚伯拉罕一直被此困扰，用什么方法解决这个问题呢？当时私有制已经出现，每个族人都有自己的私人利益，而且由于生活艰苦，互相劫掠的事经常发生，整个部族一直不是很团结，经常有一些复仇的矛盾冲突。亚伯拉罕怎么才能重新统一部族，向理想中的“福地”进发呢？

这一天，亚伯拉罕突然召集族人，宣称自己与显灵现世的保护神“耶和华”订立了规约。根据约定，耶和华立亚伯拉罕为多国之父，并使其子孙后裔繁多，将“迦南福地”赐给亚伯拉罕及其子孙永远为业。而希伯莱人应尊耶和华为“全能之神”，男子都要受割礼，从肉体上作永远的守约，以表示对耶和华的信仰。不受割礼者，即为背约，必从民中剪除。而且，亚伯拉罕还宣布，耶和华为自己的儿子雅各取名为“以色列”，意为“上帝的卫士”。从此，希伯莱人自称为以色列，其后雅各的几个儿子成为希伯莱人各支派的首领，因而以色列一词便成为希伯莱民族各支派的总称。

保护神耶和华的许诺对厌倦了沙漠生活的希伯莱各部族人来说，具有很强的吸引力，因此，他们相信了亚伯拉罕的话。从此，他们把耶和华作为自己的神，团结在多国之父——亚伯拉罕的周围，而且逐渐排斥其他的神灵，而把耶和华作为了自己唯一的神。

经过了充分的准备之后，希伯莱人便在亚伯拉罕的领导下出发了。经过艰苦的跋涉，希伯莱人来到了巴勒斯坦地区，这里土地肥沃，水草丰茂，正符合亚伯拉罕所描绘的“福地”，于是，他们便在此定居下来。但这里原有喜克索斯人与迦南人居住，于是，希伯莱人为了这块福地与当地人进行了长期的斗争，渐渐占领了许多地方，安定下来，与当地人也渐渐融合，但是仍有一部分当地人长期与他们敌对，生活并不十分安定。

公元前16世纪，埃及人强大起来，他们打败了喜克索斯人，乘机扩张到叙利亚与巴勒斯坦等地。希伯莱人也不能幸免，成为埃及的属民。这时，又一次不幸袭击了希伯莱人。巴勒斯坦发生饥荒，许多人开始对耶和华产生怀疑，大批的希伯莱人离开巴勒斯坦，迁居埃及，留居那里达几百年之久，但埃及人十分轻视他们，他们沦为埃及的奴隶。向来忍受惯了的希伯莱人虽仍贪图这里的食物，但渐渐又想念起自己民族的保护神耶和华许诺的“迦南福地”来了。

公元前13世纪，埃及法老拉美西斯二世为修建庙宇，对希伯莱人实行强迫劳役，进行残酷的剥削。受尽欺侮的希伯莱人有许多悲惨地死去了，希伯莱人眼看就要有灭族的危险。这时，他们的首领摩西挺身而出，要带领希伯莱人返回自己的“福地”——巴勒斯坦去。他宣称，希伯莱人所受的苦难完全是因为贪图物欲，违背了全能的耶和华的意愿，因而受到了惩罚。如果人们重新回到耶和华的身边，全能的神一定会怜悯自己的子民。让他们重新返回自己的“福地”。

但是，由于希伯莱人久作奴隶，对耶和华的信仰久已被废弛，只是在内心深处依稀还有一个耶和华的影子，而且，他们的首领摩西本人也沦为奴隶，这让许多希伯莱人怀疑摩西是否是耶和华派来的使者。摩西为了希伯莱民族的利益，四处奔走，劝说希伯莱人跟随他走。经过了不懈的努力，他的周围总算聚起一批愿意重新信仰耶和华，跟随他回归“迦南福地”的希伯莱人。经过周密的准备，摩西带领着他的族人逃离了埃及。但希伯莱奴隶的叛逃很快被埃及国王知晓，随后率兵追来。当希伯莱人逃到海边时，便绝望了。面前的一望无际的海面上一只船也没有，而后面埃及追兵的旗帜已隐约可见。这时，摩西向耶和华祈祷。上帝显示了奇迹，让红海水面分开一条路，摩西随即率领部族人逃过了红海，到达了对岸。不久，海面重新闭合，正在追赶的埃及军队全部被海水淹没。

这一奇迹极大地提高了耶和华的威望。人们也更把摩西当作了先知，人们相信他就是耶和华的使者。到达西奈山时，摩西称他见到了耶和华。耶和华向他传授了十条戒律，要希伯莱人遵行，这就是著名的《摩西十诫》：除耶和华以外，以色列人不可有别的神；不可制作或侍奉偶像；不可妄称耶和华上帝的名；当纪念安息日守为圣日；当孝敬父母；不可杀人；不可奸淫；不可偷盗；不可作假见证诌害人；不可贪恋别人的妻子与一切财物。

这十条戒律前四条是关于宗教信仰方面的，强化了对上帝耶和华的信仰。在这里虽然没有否认别的神的存在，但已完全否定了以色列人对别的神的信仰，使耶和华逐渐发展为绝对的惟一神，为犹太教一神信仰奠定了基础。十诫的后六条是关于社会伦理方面的内容，为以色列人确立了明确的行为规范与生活准则。

从此，希伯莱人对于万能之神耶和华的信仰更为明确。摩西死后，约书亚继承其位，他率领以色列人返回了“迦南福地”。

公元前 11 世纪左右，希伯莱人回到“迦南福地”之后，才发现这里已被非利士人占领。非利士人是爱琴海上的一个民族，被称为“海上民族”。他们原来住在克里特岛与小亚细亚沿海地区，可能遭受外族入侵，被迫离开家乡。他们在入侵埃及未成之后，便来到这里，把迦南改名为“巴勒斯坦”，意思是“非利士人的土地”。他们在沿海地区定居下来，并建了几个设防城市，如加沙、加多、亚实突、亚斯卡兰等。他们已经知道使用铁器，武器比较厉害。非利士人成为希伯莱人恢复“迦南福地”最大的敌人。长久以来，两个部族一直相互征战，但是由于希伯莱人不是那种惯战的民族，他们只能躲在山地里，过着艰难的生活。在他们后来的《圣经·士师记》中记载着许多他们在这个时代中的不幸与失败。

公元前 10 世纪左右，希伯莱人中出现了一位英雄。他就是以色列族便雅悯部落的英雄扫罗。他把以色列族与原居此地的希伯莱人后裔联合起来，形成一个初具规模的统一王国。扫罗被各部选举为第一个国王。他领导希伯莱人共同对付非利士人。但是，南北两方并没有真正团结起来。内部矛盾重重。在季尔河阿山一战中，希伯莱人大败，扫罗与他的三个儿子都战死。他的盔甲被收存在非利士人的维纳斯神庙中，尸体则被钉在伯珊的城墙上。伯珊城原来是埃及人在以色列腹地的城堡，后来被非利士人夺取了。

希伯莱人南北的宗派偏见早就存在，北方的以色列人与南方的犹太人时常发生冲突。扫罗是北方人，南方人不太信任他。扫罗的败死，与他的部下、那个从南方犹太部落出身的青年将领大卫有关。

扫罗死后，国内一片混乱。大卫利用以色列与犹太各部落贵族中不满分子的合作，从而登上了王位。大卫是很有谋略的，他在扫罗开创的事业基础上，采取办法消除了北方以色列人对南方犹太人的积怨，使以色列人臣服于他。另一方面，他与推罗城结盟，开始了反对非利士人的战争，并最终战胜了非利士人。大卫又从迦南人手中夺取了耶路撒冷。在推罗王希兰的保护下，在耶路撒冷建起了城垣、王宫及庙宇．并定都于耶路撒冷。

耶路撒冷位于犹太部落的境内，是一座耸立于高山上的天然堡垒。大卫定都此处之后，以此为砦堡，开始同四周的部落进行战争。大卫在位 40 年，经常发动对外战争，他首先征服了一些小部族，如摩押人、亚扪人以及以东人。战争的结果，大卫的王国强大起来，同时，奴隶人数大增，奴隶制度也大大发展了。在巩固了胜利成果之后，大卫率领手下人大力推进，占领了名城加多，把非利士人逐出了以色列与犹太境内。在同盟国推罗的帮助下，大卫控制了从埃及边界及亚喀巴湾直到幼发拉底河畔的土地，而且还控制了从推罗到埃及的商队大道，从而带动国内商业繁荣起来。从此，犹太人逐渐有了善于经营商业的传统。

这样，第一个统一的以色列犹太王国便建立起来，而且逐渐繁荣强盛起来。政治、经济的繁盛，促进了希伯莱文化的发展，历经无数痛苦与不幸之后，终于迎来了民族的繁盛。这使得希伯莱人更加深了对万能之神耶和华的信仰。

犹太教的形成

大卫建立以色列犹太王国之后，与同盟腓尼基推罗城共同开发商路航道。因为，以往腓尼基人到红海去需要路过埃及，但此时，埃及正在内乱之中，原来的商路受阻。因而推罗王希兰与大卫联盟，先帮助大卫安定了国邦，然后，希兰同大卫共同开发了从腓尼基经希伯莱王国到达红海的安全商业航道，并在红海中建造航船，于是便有了南北往来于耶路撒冷的商运。这样一来，带动起以色列犹太王国的商业发展，南方的许多犹太人都从事经商，大卫更是从商运中获得了大量财富。从而，整个以色列犹太王国便逐渐繁盛起来。

公元前973年，大卫的儿子所罗门继位，所罗门继其父志。继续与推罗王希兰交好。他对外不用武功，他通过外交途径确保了以色列犹太王国在当时毗邻大国中享有平等地位。同时，他与又兴起的埃及交好，娶了法老的女儿为妻。从而与埃及和推罗共同积极发展海外贸易，特别是红海一带的贸易。此后王国更为稳定和富足。在国家内部，所罗门尽量歌舞升平，大兴土木，建筑豪华的圣殿、宫室与要塞，而且还不惜耗费巨资完成了由大卫时代开始的在耶路撒冷的锡安山上建造的豪华宫殿与耶和华神庙。

这时，希伯莱人的文化也发展起来。受尽苦难的希伯莱人聪明好学。尤其是文学方面的学习。他们直接从叙利亚商人，间接从腓尼基商人那里学会了拼音字母，学会了埃及方面行之已久的书写方法。于是抛弃砖制文书，而采用巴比拉纸作为书写工具。这使得书写大为方便，于是产生了文学，并逐渐繁荣起来，把他们所见所闻所感都记录成篇。希伯莱人对文学有独特偏爱，而对于其他的艺术，如图画、雕刻、建筑等则不感兴趣。

所罗门造就了以色列犹太王国的鼎盛时代。所罗门的传说也传遍了世界各地，如“所罗门的宝藏”、“所罗门的智慧”等已成为世界性的成语。

但是，希伯莱民族的繁荣太短暂了。

所罗门以经商致富，生活奢靡。到了他统治后期则奢靡至极，商业上的财产已不够这个南方游牧贫民出身的国王挥霍，他开始暴敛于民。宫廷贵族对于北方以色列族的剥削更加残酷，引起以色列人的强烈不满。南北局势又尖锐地对立起来，酿成了由耶罗波安领导的以色列人起义。起义很快被所罗门镇压下去，耶罗波安逃亡埃及。

这时，推罗王希兰已经去世，耶路撒冷不能再得到推罗的援助了，而这时埃及又强大起来，周围的叙利亚、亚述等国也逐渐兴起。以色列犹太王国岌岌可危了。

公元前933年，所罗门去世，其子罗波安继位，国内更加混乱。公元前930年，北方以色列族的耶罗波安带头的起义又爆发了。因有埃及法老示撒的帮助，早对南方政权不满的北方以色列人攻陷了耶路撒冷。这一年，即公元前922年，以色列犹太王国分裂为南北对峙的两国。南方由大卫王朝继续统治，以耶路撒冷为中心，称为犹太；北方以撒马利亚为中心，称为以色列。

其实，北方以色列人与南方犹太人之争由来已久，以色列人居住的北方，土质肥沃，经济发达。但在政治上处于劣势，国家的赋税、劳役大部分落在以色列人的头上。犹太人居住的南方，土地较劣，物产不丰，除耶路撒冷外，极少城市，人民仍有游牧生活的传统。但是，国王大卫、所罗门都是出自南方的犹太人，因而对北方有君临之势。这样，必然引起北方以色列人的不满。同时，由于君王穷奢极侈，在行省摊派徭役与征收苛捐杂税，迫使广大民众过着颠沛流离的困苦生活，因而激起人民的普遍不满。

而更为重要的一个原因是南北希伯莱人的宗教信仰不同。北部希伯莱人因与原有的甘纳尼人邻居乃至混居，所以大都放弃了原来的对于万能之神耶和华的信仰，而转信了甘纳尼神，名叫“尼尔”，即主宰之意。南方的希伯莱人则依然信仰原来的万能之神耶和华。这主要是因为南北方希伯莱人的经济地位不同造成的。北方比较富有，因而北方的神被认为是保护城市富人的；南方比较贫穷，因而南方的神被认为是保护游牧贫民的。因此，南北希伯莱人冲突时起。归根到底，这还是游牧贫民与城市富豪的斗争。

希伯莱人最终分裂为富裕的以色列与贫穷的犹太两个对立的国家。

以色列与犹太分裂后，南方犹太一直在大卫后代的统治之下，北朝以色列则频繁更换王朝。由于历代王朝所推行的军事政策与经济政策，加剧了社会贫富的分化，使得贵族更加富有，而农民纷纷破产，贫民沦为奴隶。剥削越来越残酷，阶级矛盾越来越尖锐，从而爆发了大规模的先知运动，这些先知们假托耶和华的启示，痛斥富人对穷人的强取豪夺，预言巴勒斯坦必将受到惩罚。

南北分裂不到100年的时候，北方以色列王阿哈曾残害其人民纳波，劫夺其葡萄园以扩大自己的宫苑。此一惨剧，激怒了富有游牧传统的人民，有个叫伊利耶的人，住在约旦河以东的沙漠上，仍披羊皮，未忘游牧习惯。他跑到阿哈王前，指着已遭蹂躏的葡萄园，宣布国王的罪状。

这一行为，引起了耶和华的信徒与城市富豪间的战争。拥护伊利耶的群众，不但把北方以色列王室的人全部杀了，而且杀了许多侍奉尼尔神的祭司。

频繁的内乱耗蚀了以色列小王国的力量，而南北希伯莱人的对峙更使以色列雪上加霜。日渐强大起来的亚述见有机可乘，便发动了对以色列的进攻。公元前722年。亚述攻陷了撒马利亚，亚述王萨尔贡二世虏其王何细亚以及臣民27000多人去美索不达米亚，并迁移巴比伦等地的人占领了撒马利亚，以色列王国从此便从历史中消失了。

犹太王国以大量金银献给亚述才得以苟延残喘。但是，犹太国内的阶级矛盾和斗争也越来越尖锐。公元前7世纪，犹太发生了一次贫民奴隶大暴动，国王被杀。新王约西亚继位后，励精图志，整顿内政，实行改革。他召集长老会议与民众会，重申古代律法，对希伯莱的债务奴隶制度做了某些规定与限制。同时，他把耶和华神奉为全国主神，以耶路撒冷为崇拜的中心，使犹太教的法规开始形成。他强调爱国主义精神，从而使国内阶级矛盾得以缓和。这时，亚述已经衰落下去，犹太王约西亚明白自己所处的位置，乘机加强自己，想走上一条强国之路。

约西亚领导犹太王国首先拿埃及开刀，但很不幸，一战便大败，约西亚被虏至米吉多，于公元前608年被杀。犹太重新沦为埃及的属国。这时，新巴比伦王朝已经强大起来，他想要对付埃及，便首先拿巴勒斯坦开刀。公元前597年，新巴比伦大军攻占了耶路撒冷，迫使犹太等国纳贡称臣，并留下了一些监督官吏。但不久之后，埃及再次出兵巴勒斯坦，推罗投靠埃及，其他一些小国也投向埃及，犹太人四面对敌，不得已也倒向埃及，并杀死了新巴比伦的官吏，以示忠心。新巴比伦王大怒。公元前587年，尼布甲尼撒二世再次进军巴勒斯坦。公元前586年，巴比伦人攻陷耶路撒冷，拆除城墙，焚毁神庙，灭掉了犹太王国。浩劫之后的5万余众全部被掳至巴比伦，这就是历史上有名的“巴比伦之囚”。从此，犹太国家不复存在。

希伯莱人艰辛、悲惨的经历，使他们逐渐认识到，要想在强邻四布的土地上保持自己民族的独立与特性，唯有加强共同的宗教信仰。于是，犹太教关于对万能之神耶和华的信仰进一步得到强化。

希伯莱人沦为“巴比伦之囚”期间，并不都是做奴隶，其中有许多人从事手工业、建筑业的活动。但那种亡国之苦、思乡之情、受异族欺压的苦痛，深深地刺痛着他们的心，使他们渴望返回故土，重建家园。

特别是被囚于巴比伦城时日愈久，学得的知识愈多，眼界愈宽，便愈加认识到本民族的屈辱历史，愈加怀念本民族原来的自由幸福。他们渴望回到故里。这时，先知们的政治、宗教活动越来越频繁。有一位著名的先知以西结甚至还做出了复国建都的详细方案。但是，在强大的巴比伦军队的监视下，这显然是不可能的。

希伯莱人重建家国的愿望在残酷的现实生活中寻不到出路，不得不至宗教中去寻找安慰与寄托。这时，犹太先知们为了加强犹太人的团结，极力宣扬耶和华必能拯救犹太人的信念，夸张耶和华的权能，把耶和华说成是宇宙间独一无二的真神。同时还训诫人们，说犹太人之所以受苦都是由于不遵守与上帝立约时应承担的义务，不遵上帝的诫命而受到万能之神耶和华对自己子民的惩罚。因此，犹太人只有反省己过，虔信耶和华，才能得到上帝的拯救。

这些说教使犹太人成为更狂热的耶和华的崇拜者。同时，先知们还极力宣扬救世主观念，即耶和华将派“弥赛亚”（即“救世主”之意）降临人世，解救他们的苦难。这样，在他们的宗教信仰中又增加了对救世主的信仰。于是，犹太教逐渐形成了。该教以上帝耶和华为宇宙惟一主宰，以犹太人为其特选子民，并将希伯莱人的大量历史资料与文学资料汇集起来，成为自己民族宗教的经典——《圣经》。但这时《圣经》中的内容很少，大约只包括：“摩西王经”，即《创世纪》、《出埃及纪》、《利未纪》、《民数纪》、《申命纪》等经律部分。

公元前538年，波斯灭了巴比伦。波斯王居鲁士决定恢复耶路撒冷，作为征服埃及的立足点，于是把被囚在巴比伦的犹太人一批一批地放回去重建都城，成立了傀儡政权。这时的犹太人已经是开化的文明人了，他们紧密地团结在耶和华脚下，往返于耶路撒冷，建立庙宇，开展宗教组织，建立起政治上隶属于波斯的神权与政权合一的政府。

其后，《圣经》内容不断增添。在波斯人统治期间，他们又从波斯的琐罗亚斯德教中吸收了许多宗教思想，诸如宇宙间善与恶、光明与黑暗的二元神论，讲求来世等信仰。这样，犹太教又逐渐从现实转向虚幻，形成了天国与来世的观念，认为人死后，灵魂是不灭的，依据生前的行为，或升天堂，或堕地狱，到世界末日来临时，进行最后审判。至此，犹太教信奉耶和华为宇宙间惟一的最高神，相信救世主、来世、灭国、末日审判等教义以及与此相适应的教规，教义便最终确定下来了。而犹太教的经典——《圣经》也得以充实，又增加了“先知”与“圣著”两部分，与原来的“经律”共同构成了犹太人的《圣经》。

“先知”包括史书与先知书。其中史书包括《约书亚纪》、《士师纪》、《撒母耳记》上下两卷、《列王记》上下两卷、《历代志》上下两卷、《以斯拉纪》、《尼希来记》等共10卷，是以色列与犹太立国到亡国的历史。先知书包括《以赛亚书》、《耶利来书》等15卷。

“圣著”部分是一些诗文集。包括抒情诗集《诗篇》、《雅歌》，哲理诗集《箴言》、《传道书》，剧诗《约伯纪》及小说《路得纪》、《以斯贴纪》、《但以理书》等。

希伯莱人原来把《经律》、《先知》、《圣著》三部分分为24卷编为《圣经》。此外还有《次经》即《逸经》14卷，《伪经》若十卷，因为成形时代较晚，没有及时编入《圣经》。

至此，犹太教便达到了成熟阶段。但是，犹太人的悲惨生活并没有结束。

公元前4世纪初，犹太人刚刚安稳下来，马其顿的亚力山大东侵又开始了。公元前332年，亚力山大率军击败了波斯，占领了西亚广大的地区。不久，亚历山大病死，国土被三分鼎立，西亚地区大部分由塞琉古王朝统治。犹太人不堪残酷的压迫，于公元前142年起义，成立了马卡比王朝。但是，这复国的犹太人王朝只如昙花一现，不久又被征服。

公元前64年，罗马的庞培东侵，又将犹太夷为自己的属国。公元后不久，犹太人不堪罗马奴隶主的残酷压榨、剥削，在首领的领导下，起义抗战达7年之久，从公元66年一直到公元73年，最后才被残暴地镇压下去，重新建立起来的宫殿、神庙又被夷为平地，城墙被拆，故园再一次成为一片废墟。至此，犹太人流落到世界各地。古希伯莱民族的历史到此结束。但是，犹太人的宗教信仰已根深蒂固。无论他们走到哪里，都坚持着自己的民族信仰，把犹太教传播到世界各地，最终为基督教的兴起奠定了基础。

基督教的产生

犹太人自从历经千辛万苦在巴勒斯坦安居下来之后，仅仅享受了大卫、所罗门统治下的一段短暂的“幸福”生活，不久又先后遭到埃及人、亚述人、巴比伦人、希腊人的残酷侵略与奴役。犹太人流离失所，倍受欺辱与剥削。但顽强不屈的犹太人坚守自己的信仰，相信耶和华神与他们的祖先亚伯拉罕订立的约规，相信他们一定会重建“迦南福地”的幸福家园。

公元前64年。刚刚复苏的犹太又被罗马的庞培占领，犹太沦为罗马的属国。罗马的统治者更为残暴，犹太人所遭受的灾难简直达到苦难的顶峰。犹太人为捍卫自己民族的独立与尊严，与侵略者进行了无数次可歌可泣的斗争，但都遭到了失败，人民被杀戮，田园被毁坏，神庙被践踏，无数犹太人背井离乡，散居异地，忍辱偷生。可他们心中依然存在着复国的幻想。但是，在罗马历代君主的残暴压榨下，这种希望已非常渺茫。他们只好把自己的愿望寄托于宗教之中去。这时，在小亚细亚与巴勒斯坦等地的犹太人居民中，渐渐流行起一种宣称“救世主弥塞亚将要降临”的传说。坚守信仰的犹太人对于先知所预言的复国救世主弥赛亚必将来临，复兴犹太国家的教义坚信不移，于是这种关于救世主的传闻越来越风行于犹太人民之中。弥赛亚被认为是耶和华的使者，是耶和华的化身，他将亲临人间，拯救自己的子民摆脱罗马的残暴奴役。

这时，耶稣降生了。但是，关于耶稣本人的生平我们所知甚少，因为耶稣已被基督教神化，他所有的事迹，都已成为神迹了。他出生的那一年，被作为红年的标志，也就是现在世界各国通行的公元纪年法。当时，是罗马的开国之君屋大维，也就是奥古斯都（意为神圣庄严）在位之时。传说，当时屋大维听到耶稣降生，并将最终取代自己的位置、解放犹太人时，非常恐慌，他下令要把全城两岁以下的婴儿统统杀死，幸好，耶稣的父母带着他逃到埃及去了。但无数人家的幼儿惨遭杀害，母亲抱着他们死去的婴儿，痴呆着、疯狂着、痛哭流涕着，其情形惨不忍睹。

据说，生于这个灾乱年代的耶稣，其父母是约瑟与玛丽娅。玛丽娅与约瑟都是犹太人。玛丽娅受上帝圣灵感动而怀孕，以处子之身生下耶稣，因而被尊为圣母。耶稣就是圣子（上帝的儿子及人间的化身)。

耶稣在屋大维的儿子——提比略王在位后期时开始传教，耶稣的教义都是从犹太教中转化过来的，例如关于灭国、创世纪、末日审判等，教与犹太教极为相近。但也有很大区别。耶稣开始时传的教很简单，就是“爱人”、“安贫”与“自谦”。他知道以暴力绝不可能推翻罗马的残暴统治，不如以爱力代替暴力。他说，要爱一切人，爱邻人，爱仇人，这才是爱主、爱神的表现，“有人打你的右脸，你就把左脸也送过去”。耶稣要人们不贪财，要安于贫困，把不必要的财富都施舍给别人。耶稣轻视那些聚敛钱财的富人，说最伟大的人是仆人，受神保佑的是穷人，天国是属于穷人的，有一次，有一位富人跑来跪在耶稣面前。问道：“善良的夫子，我当做什么事，才可以承受永生？”耶稣对他说：“你为什么称我是善良的？除了神一位之外，再没有善良的。诫命你是晓得的，不可杀人，不可奸淫，不可偷盗，不可作假见证，不可亏负人，当孝敬父母。”富人对耶稣说：“夫子，这一切我从小都遵守了。”耶稣望着他。眼中充满怜爱，对他说：“你还缺少一件，去变卖你所有的，分给穷人，就必有财宝在天上，你还要来跟从我。”富人听了这话，脸上就变了色，忧忧愁愁地走了，因为他的产业很多。耶稣向四周一看，对门徒说：“有钱财的人进神的国，是何等的难哪！”耶稣见大家不解，又对他们说道：“小子，依靠钱财的人进神的国。是何等的难哪！骆驼穿过针的眼，比财主进神的国还容易呢。”

在耶稣要建的伟大的天国中，他很厌恶那种重形式的宗教与上帝立约现实的交易，他反对那种为了表示虔诚而恪守戒律的行为，他教导人们要真心向善。一次法利赛人与文上门对他说：“你的门徒为什么不照古人的遗传，却用俗手吃饭呢？”耶稣说：“以赛亚指着你们假冒为善之人所说的预言，是不错的。《圣经》上说：‘这百姓用嘴唇尊敬我，心却远离我，他们将人的吩咐当作道理教导人，所以拜我亦是枉然。你们是离弃神的诫命，拘守人的遗传。’”他又对他们说：“你们诚然是废弃神的诫命，要守自己的遗传。”

耶稣所宣讲的，不但有一种道德与社会的革命，而且还暗示着伟大的政治革命倾向。耶稣说他的天国中没有王位，人与人都是平等的。天国不在世界上，而在人心中。耶稣指明，不论在什么地方。天国在人心里影响到什么程度，外部世界也会有同样程度的变革，从而建立一个新的世界。耶稣要融合扩大全人类的生活，他要消除人间的一切偏见与仇视，建立一个人间的乐园。

但是，因为耶稣的教义太深奥了，许多人一听到要他们不但爱仇敌，还要放弃自己的财产，便骇而远之，骂耶稣是疯子。但耶稣心怀大志，早料到会有这种结果，他毫不介意。这位衣衫不整、不名一文的穷牧师，流浪在骄阳似火、灰尘扑面的犹太土地上，不遗余力地宣传着他的教义，靠别人随意的施舍而度日。在他坚持不懈的努力下，他的周围渐渐聚起了一群虔诚的教徒，其中有12个门徒最为著名，他们忠心地跟随着他，这些信徒多为奴隶、贫苦的农民以及失业流浪者，他们对于今世的幸福早已失去了信心，他们把耶稣当作了犹太教中所说的为了拯救人类而降生世间的“救世主”（古希腊文称为“基督”），因而跟随他，遵守他的简单的教义，成为他的教徒，以期望死后能进入“幸福的乐园”——“天堂”。

据说，耶稣显示了许多奇迹，从而使他的教众越来越多。

传说有一天，他去参加一位邻居的宴席。但是，因为客人多，主人家酿的酒快喝光了。剩下的最后一点也刚被端到席上，但依然不够，主人正愁眉苦脸地站在酒缸旁，不知所措，因为如果扫了客人的兴致，那对于主人来说可丢尽脸了。这时，耶稣在外面迟迟不见酒送上来，便明白了是怎么同事，他径直来到厨房，舀起一瓢清水，倒入了酒缸，对主人说，把它端上去罢，这就是美酒。主人将信将疑，他舀了一点尝了尝，真是美酒，简直比家酿的醇酒还香甜，于是急忙高高兴兴地端了上去，客人们一尝这种酒，直叫喊好喝，开玩笑说主人有私心，先把普通酒端来，大家都喝差不多了，才把好酒端来，叫喊着非要把主人家的酒喝干。只有主人明白其中的奥秘。厨房里，耶稣随舀随添，把酒缸里添满了清水，都变成了美酒，客人们大醉，也没喝完这么多的美酒。

还有一次，耶稣带了门徒渡海，忽然，狂风巨浪骤起. 眼看着航船快要翻沉，门徒惊得抖作一团。耶稣安慰他们说：“不要怕！”他平稳地走到船头，大声责备了一顿大海，海风、海水马上平静了下来。

据说，耶稣还能治百病。无论是得什么病的人只要一接触到他的身体甚至一片衣角，也会立刻痊愈。盲人眼睛会复明，哑巴会开口说话，瘸子两腿会恢复正常，健步如奔，其他的各种内疾、外疾都会立刻消失得无影无踪。

由于种种神奇的传闻，耶稣的教众越来越多，常常有几百人、几千人跟随他身旁。有一次，大家实在找不到足够的食物来填饱肚子。这时，耶稣就拿了几个饼，用手一掰，变成了同样大的两个；再一掰，又变成4个，他不停地掰下去，分给众人食用，大家都吃饱了，还剩下不少。这个奇迹使他的门徒成倍地增长。在他3年的传教生活中，教徒达到几万人，各地都有秘密的宗教组织，势力渐渐强大起来。

但是，因为基督耶稣的教徒都是不信奉罗马教的，而且鄙视崇拜现实的偶像，这种不合作的势力引起了罗马统治者的恐慌。此外，耶稣否认了犹太教中关于上帝耶和华与亚伯拉罕订立约规，把犹太人选为优秀民族的教义，说什么一切人都是平等的。这引起受尽屈辱的犹太民族，尤其是犹太祭司们的强烈不满，而富人们更是因为耶稣的“富人要进天堂比骆驼穿过针眼还难”的言语而更为仇视他。

一天，耶稣回到耶路撒冷来会见他的门徒并且传教，由于他的一个门徒告密，耶稣被犹太祭司与官吏们捉住，他们为了讨好罗马统治者而把耶稣处死，与他一块受绞刑的是两个强盗。这位出生于犹太伯利恒的犹太人，最终被犹太人自己杀死了。正因为如此，后来的基督教极端仇视犹太人，因为是犹太人杀了人类的“救世主”，而毫不顾及基督耶稣本身也是犹太人的事实。

耶稣死后，人们认为他的影响将从此结束，他的教徒也会消失殆尽。但是，耶稣死后三天，关于他复活的传闻骤起，并传闻在他复活的40 日内，曾多次与弟子们待在一起，并说只要你们遵照我的吩咐去做，我会永远跟你们在一起。耶稣复活后又升天了，据说，他将再次从天上来到人间，结束现世，建立天国，按每个人的德行，决定他应呆的地方，这就是末日审判。据说，耶稣复活的那一天，是在春分月圆之后的第一个星期日，以后这天就被规定为基督教的“复活节”，星期日又被称为“礼拜日”、“礼拜天”。而耶稣的生日，则被作为“圣诞节”，即每年的 12 月 25 日。

关于耶稣复活的事件被教徒们描述得活灵活现。这种传闻很符合当时人们的愿望，很快在各地流行。在耶稣的几位大弟子的推动下，各地纷纷建立秘密的宗教组织，教徒大量地增长。罗马统治者非常恐慌。残暴地处死大批的基督教徒，于是基督教活动转变为地下活动。但人们都坚守自己的信仰，相信救世主耶稣会再次来到他们中间. 这给了他们精神上无限的力量。虽然罗马统治者残暴镇压，但由于众教徒们的宣传，特别是教徒圣保罗的宣传与推广，基督教的影响越来越大。

圣保罗原名扫罗，在耶稣被钉上十字架时，他还以迫害基督徒而著名。他也是希伯莱人的后裔，他没有见过耶稣，也没有听过耶稣说教。只是在接触基督门徒过程中，被基督耶稣的精神与思想所感化，他说，耶稣不仅是上帝给我们的救世主与犹太人的领袖，而且他的死更是一种牺牲，以使人类得救，正如原始文明时代祭祀上的牺牲者一样。于是，他更名为保罗，皈依基督教。保罗的加入无疑使基督教如虎添翼。因为，早期的基督教徒多为下层劳动人民，会写字懂知识的人很少，而保罗对各宗教深有研究，如犹太教、密司刺教及拜王教等。保罗对基督教的教义教规作了明确的记载并使之完善，从而使基督教义更为清晰。明确的教义吸引着无数人，许多富人权贵也开始加入了基督教，成为了基督徒，从而更加坚固了基督教的社会基础。

基督教从一产生就受到罗马统治者的鄙视与镇压。罗马皇帝尼禄在位时，残忍凶暴，骄奢淫逸，不理政事，胡作非为。公元 64 年，罗马发生火灾，全城 14 个区只有 4 个区保存下来。人们传闻这场大火是因尼禄厌弃简陋的旧城而纵火焚城的。凶暴的尼禄为了制止流言，将大批基督徒当成纵火犯逮捕起来，并用最残酷的手段把他们处死。尼禄的倒行逆施，引起各地各阶层人民的普遍不满。公元 66 年，巴勒斯坦爆发了大规模的犹太人武装起义。在耶路撒冷，起义者打败了罗马总督，全歼罗马驻军。这时，军队与元老院也反对尼禄。尼禄不得已，自杀身亡，其后继者韦伯芗对犹太人民的起义进行了野蛮的镇压。耶路撒冷城被攻陷，7 万居民被卖为奴隶，财产被洗劫一空，无辜居民惨遭杀戮。凄惨的境遇使更多的人加入了基督教。

哈德良在位时，公元 132 年，犹太人又掀起大规模起义，占领了罗马殖民地，杀死了殖民者。起义坚持了 3 年，最后被镇压下去，其后的统治者对于基督教与犹太人的态度各不相同，或通融或仇视。到了第二与第三世纪，由于罗马帝国又处于平稳时期，镇压基督教这种新信仰的倾向日渐增加。戴克里先当政时，他以崇拜朱庇特（即宙斯）为其统治的思想支柱，大规模地迫害基督教徒。公元 303 年，他颁布法令，禁止基督教举行自己的宗教仪式。不久，他又乘某地发生群众暴动与宫殿被焚毁之机，公开逮捕刑讯与处死基督教徒，捣毁教堂、没收教会的财产，一切圣典与宗教著作都被禁止或销毁。但是，戴克里先皇帝对基督教社会的压迫终于失败。在很多地方皇帝的命令不能发生效力，因为居民与官吏中有许多基督教徒。

基督教势不可挡地发展起来。这一方面是由于基督教的教义与礼仪打破了民族与国家的界限与隔阂，具有世界宗教的因素；另一方面，它所宣扬的平等博爱之说，实行的共济互助、患难相恤的宗教生活，以及鄙视权贵、相信救世主必将降临世间的信念，都极大地吸引着呻吟在痛苦之中的广大劳动群众。

随着基督教的日益壮大，一些富有的农民、工商业者、奴隶主，乃至社会上层人士也参加进来，信奉基督教。这主要是由于社会日益动乱造成的，人人都希望救世主再次降临，创造一个和平幸福的家园。这些富有者有文化知识而且向教会捐献财物，渐渐取得了基督教的领导地位。这使得基督教组织与教义也发生了很大变化，日渐完善起来，形成了古代公教会与主教、长老、执事三级教职制，规定了一套教规，崇拜仪式与圣礼也逐步程式化，最后编定了《新约圣经》正典。随着基督教的逐步完善，《新约圣经》也日益扩展，最后成为27卷，后来到了中世纪时还收入了《后典》7卷。《新约圣经》中主要包括四大福音书以及《使徒行传》等一些传记、书信等。四大福音书包括：《路加福音》、《马太福音》、《马可福音》、《约翰福音》四种。最终，脱胎于犹太教的基督教圣典便逐步完成了。基督教《圣经》包括原来犹太教的《圣经》（称之为《旧约》）共39卷，《新约》27卷．以及后来的《后典》7卷。这成为基督教徒必备的经书。

随着罗马帝国的日益衰落，基督教势力的日益增人，罗马统治者对于基督教的态度日益缓和。公元313年，罗马皇帝君士坦丁颁布“米兰敕令”，承认基督的合法地位，返还被没收的财产，并授予一系列的特权。公元317年，伽利略皇帝也颁布了关于信仰自由的条文。公元323年，君士坦丁废止了“四帝共治制”，成为了罗马帝国的唯一统治者。公元324年，君士坦丁在具有战略意义与经济意义的拜占廷遗址上建立了新都，把帝国的首都由罗马迁至拜占廷，后改名为君士坦丁堡。公元325年，君士坦丁在尼西亚亲自主持召开了基督教的“救世主教大会”，确定正统教义。而且君士坦丁抛弃了一切神圣的称号，将基督教的符号加在了他军队的旗帜与盾牌上，以求得上帝神威，无往不胜。君士坦丁临死时受洗成为了正式的基督徒，以求得入天堂。公元337年君士坦丁死后，没过几年，基督教已成为罗马人公认的国教，其他各教众都被吸收了过来。到了公元375年，狄奥多西一世以罗马帝国名义正式宣布基督教为国教，将亚历山大城的朱庇特、赛累匹斯等神像拆毁，建成了基督教堂。从此之后，罗马帝国内存在的全部寺院与僧侣都成为基督教的了。

公元395年，由于罗马帝国内战，正式分裂为西罗马帝国（首都罗马）、东罗马帝国（首都拜占廷，即后来的君士坦丁堡），统一的罗马帝国在历史上不复存在了。而基督教却随之传播开来，并分裂为两个教派，即西罗马的天主教及东罗马的东正教两派。这两个教派前者属拉丁语系，后者属于希腊语系，各自壮大了起来，最终成为了西方社会最大的两个教派。基督教义深刻地影响了西方世界生活与社会的方方面面。

世界上下五千年

shijie shangxia wuqiannian

金字塔之光

尼罗河的赠礼

埃及以古老悠久的文明著称于世。它位于非洲东北部，北临地中海，南邻努比亚（现在的埃塞俄比亚和苏丹），东濒红海，西接利比亚。

没有水就没有生命，没有大河就没有文明，是大江大河哺育了人类，广阔丰饶的平原是大自然带给人类的厚礼，埃及的古老文明就是尼罗河的丰赐。

尼罗河有两个源头：一条为白尼罗河，一条是青尼罗河。它们在苏丹的喀土穆交汇形成浩荡洪流，曲折向北流贯埃及全境，注入地中海。由于地理面貌的不同，尼罗河的上游多是连绵起伏的山峦，森森的悬崖峭壁和无边的沙漠，而尼罗河的下游有许多支流，散铺在平地上，像扇面一样。那里湖泊沼泽星罗棋布，是丰饶的尼罗河三角洲。

我们把靠近下游三角洲的地方叫下埃及，靠近上游大沙漠的地区叫上埃及。

在尼罗河下游，每年夏季 6 月底开始泛滥涨潮。冬季 11 月份河水低落。这 100 天左右的定期涨落，淹没了河谷两岸的土地，留下厚厚的淤泥，大量的矿物元素和腐殖质藏在河泥之中，特别有利于庄稼的生长。尼罗河两岸的人们远在五六千年前，就开始过播种收获的农耕生活了。

当克里特岛上的米诺斯人在诺萨斯建造宏伟宫殿的时候，古埃及已经在他们之前 1000 年成为一个大国；当意大利半岛的部落还在第伯河畔过着原始生活的时候，古埃及已经强大繁荣起来了。

公元前 3000 年以前，距今大约 5000 多年以前，埃及的文明时代到来了。富人和穷人也产生了。在埃及各地，有 40 多个小国，他们互相之间展开争夺与战争，主要是为了扩大领地，掠夺财富和抢夺奴隶供自己驱使劳作。

这些小国家的首领就是本国国王，他们头藏王冠，人称蝎王。蝎王之间的争夺，最终没能统一埃及。直到公元前 3100 年左右，埃及形成两个大的王国，即下埃及王国和上埃及王国。这时，两个王国都有了专职的行政官员，还有士兵、艺人和宗教头领。

这段时期被历史学家叫做早王朝时期。

从公元前3100—2270年，持续了8个多世纪，这样稳定的时期共产生了埃及的六个王朝。第一王朝的建立者，是传说中的美尼斯，人们常常也认为他就是纳尔迈或阿哈，因为没有具体的记载，所以他是久远的传说之中的国王，统领上埃及王国，头戴白冠。当时的下埃及王国头戴红冠，他和白冠国王美尼斯展开决战，尼罗河成为他们的战场。

上埃及与下埃及的士兵手持长矛混战在一起，鼓声螺号声悲鸣，杀声震天。上埃及军队挥动百合花旗，下埃及军队摇舞着蜜蜂国旗，双方伤亡惨重，一时难分胜负。

远古的人们都有自己的崇拜动物，他们往往把崇拜物作为自己的图腾，上埃及人崇拜展翅高飞的雄鹰，他们认为鹰神会保佑他们战无不胜。

厮杀了一天的白冠王美尼斯率领将士臣民祭拜所崇敬的鹰图，他们虔诚地祷告："无所不能的神鹰，你带着我们，你的忠实信徒，征服整个尼罗河吧！"

传说又经历了三天三夜的血战，下埃及的国王支持不住了，军队溃败，红冠王投降。美尼斯高傲地接过下埃及王的红冠，下埃及举国跪拜。从此，统一的埃及王国建立了。为了纪念这次战役，也为了记载自己的辉煌的战绩，美尼斯把决战地点命名为白城，在白城建立了城郭，成为著名的孟斐斯城。

虽然美尼斯取得了很大胜利，头戴白冠与红冠，自称"上下埃及之王"。可他没有完完全全地征服北方。直到第二王朝结束，埃及的统一才完全确立，早王朝时代完结，开始了古王国时期。

以后的第三至第六王朝在一、二王朝基础上继续统治，他们都把孟斐斯作为都城。这段时期政治动乱绝少，国王拥有了至高无上的权力，中央集权的专制统治制度逐渐建立起来。因为南方白冠王美尼斯众民崇拜神鹰，所以在他胜利的基础上，国王成为神鹰的化身，以后历代国王被画成神鹰，这在石刻岩画上被保留至今。

为了进一步统治臣民，国王又被神化成太阳的儿子。太阳神成为众神之王，国王是众民之王，代表天的意志。于是人们也不能直呼国王而必须尊称为法老。

到了第四王朝，法老们生前的尊贵也被带到了死后，他们的坟墓不再是泥砖建成的长方形坟墓，而是金字塔。所以第三至第六王朝的古王国时期又称金字塔时代。

《金字塔铭文》中记载："为他（法老）建造起上天的天梯，以便他可由此上到天上。”一级一级的金字塔就好比梯子，使得法老成为神，沿梯登天。

从早王朝（第一、二王朝）至古王国（第三至第六王朝）时期。埃及文明创造了人类早期的辉煌，此后埃及经历了中王国、新王国共31个王朝，有分裂也有统一，再也没有第一至第六王朝这样持续稳定了。埃及逐渐衰落，先后被利比亚、亚述等国入侵。公元前7世纪中叶，埃及重新独立，但好景不长，又被波斯帝国和马其顿国奴役。公元前30年，埃及成为罗马一省，古埃及消亡了。到公元7世纪阿拉伯帝国兴起，埃及成为阿拉伯帝国的一部分。

古埃及消失了，但它是人类早期辉煌文明的花朵，马克思恩格斯曾经认为，尼罗河水的涨落使人们创立了天文学。不仅如此，古老的金字塔与狮身人面像至今仍默默矗立在尼罗河畔，散发着幽古的神秘气息，告诉人们高潮与低落，辉煌与湮没，还有风沙与文明。

侵略狂——图特摩斯三世

图特摩斯三世是古埃及新王国时代第18王朝的第五位国王。在他统治埃及期间，发动了多次远征，埃及的版图达到了历史上空前绝后的广大程度。他建立了庞大的奴隶制帝国，并在他的花岗岩尖碑上自夸为“胜利之王，诸国之王”。他确实是历史上一位杰出的统帅、政治家、行政官，而且也是最熟练的射手、骑手，以及他那个时代的一切方面的优秀运动员。有人把他称为“古埃及的拿破仑”。

图特摩斯三世在位时间大约为公元前1504年至前1450年，他在大约10岁时继承了王位。

当他年幼的时候，王权被野心勃勃的王后哈特舍普苏特所控制。这个女人不同凡响，她按照她的愿望管理全国的事务。她代替了图特摩斯三世成为埃及唯一的女王。并自称“太阳之子”，因为她懂得适应传统习惯，终日把自己打扮成男性。为了巩固政权，她身着男装，脸带假胡须，为自己雕的像也是男性面目。正当她的权势如日中天的时候，却不明不白地死了。

这时，图特摩斯三世已不再是从前那个柔弱无力的小男孩了。他已成长为一名精通箭术、马术及一切军事技艺的健壮青年。他的地位很快便恢复了。

刚刚复位的图特摩斯三世便面临着米丹尼、叙利亚、巴勒斯坦等王国组成的反埃及联盟的威胁。在军队支持下，图特摩斯三世仅用了短短3个月的时间便安定了局势。他的声名和威望立刻树立起来。他的雄心也猛烈滋长起来。

随后，图特摩斯三世厉兵秣马，发动了他的第一次远征。在巴勒斯坦北部的美吉多附近，图特摩斯三世取得了他第一次战役的巨大胜利。在史书的记载中有这样生动的描绘："陛下驾着金银战车，配备着自己的战斗武器，像常胜者荷鲁斯，像威力的主宰，像底比斯的蒙特，出发了……当敌人看到陛下战胜他们时。就带着恐惧的面孔毫无秩序地逃往美吉多去，他们抛弃了自己的马和金银制的战车。"

但是，埃及军队只顾劫掠敌人抛下的金银财物，而贻误了战机，没能及时拿下城堡。又花费了7个月的时间才最终攻陷了美吉多。

此后，图特摩斯三世多次发动远征，接连占领了叙利亚、巴勒斯坦、卡叠什一带。在他执政的22年中，先后远征西亚15次。随着对外战争的胜利，埃及的版图不断扩大，其北部推进到叙利亚的北端，幼发拉底河畔的夫赫朱什城。在南方，他的足迹也达到了尼罗河的第四瀑布。

他除去对外大举远征外，还对内大兴土木。首都底比斯在他的统治下变得格外壮丽，许多新的建筑物如雨后春笋般冒了出来，图特摩斯三世用它们来炫耀和记载自己的战功。在繁柱厅的墙壁上，各种珍禽异兽和多姿多彩的植物被栩栩如生地描绘在上面，那是他们的国王多次出征亚洲带回来的战利品。事实上，他带回的战利品远不止这些小玩意。在20年的对外战争中，他所到之处城镇被毁，村庄荒芜，大批的反抗者被屠杀，余下的人都被当作俘虏带回国内，卖为奴隶。远征的胜利给埃及输入不可估量的财富和源源不断的奴隶，图特摩斯三世统治下的帝国达到了空前的繁荣。

被征服的叙利亚、巴勒斯坦和努比亚各地的王公每年都要向埃及进贡。其他一些周边国家诸如克里特、塞浦路斯、巴比伦、亚述、赫梯等慑于埃及的威力，也不断地奉献礼品。图特摩斯三世为巩固他的统治，采取了两种手段：一种是把被征服国家的王公子弟带回国内作为人质，并给予他们以埃及宫廷的教育，从而使之成为埃及的忠实仆从，消除了后患；另一种就是在被征服地区派遣国王的代理人，并在显要领地驻扎军队，时刻让人感到武力的威胁。

图特摩斯三世耀武扬威了一辈子，在他统治的后期，又如愿以偿地享受着安宁富足的太平盛世。只是岁月流逝，盛年不再，他同样摆脱不了衰老和死亡的自然之法的审判。应当指出，图特摩斯三世的显赫功绩是建立在侵略的基础上的，他多年的侵略战争给西亚和努比亚人民带来了深重的灾难。每当他为自己的功绩增加一个筹码时，他的罪恶也在随之俱增。

宗教狂——埃赫那吞

古埃及王国分三个时期：古王国时期、中王国时期、新王国时期。埃赫那吞是新王国时期 18 王朝（公元前 1570 —前 1320 年）的一位法老，在他执政的 18 年里，他致力于宗教改革，在埃及引起一场翻天覆地的宗教革命。

埃赫那吞原名阿蒙霍特普四世，是阿蒙霍特普三世与泰伊所生的幼子。他身材瘦削，目光深邃，从小爱看书，满腹经纶。他这个人挺有个性，自己认准的理，就是几匹马拉也拉不回来。他执政后，要把阿吞神列为全国惟一信仰的神，而把先前所信奉的阿蒙神和其他神打人冷宫，惟“阿吞”独尊，那么他为什么要搞这样的宗教改革呢？

埃赫那吞的母亲泰伊是一位贵族，而不是王族中人，那时在宫廷里实行的是族内婚或者是兄妹通婚，因此埃赫那吞在王族中势单力薄。本来他的父亲要把王权传给他当祭司长的哥哥，不幸的是，他的哥哥早亡。因此，他自然而然成了王位的继承人。他即位后，面对的是陌生的大臣，办起事来总觉得不如自己人顺当。而且他对阿蒙神庙的僧侣互相勾结的做法十分不满，这些僧侣也因颇有势力而显得特别骄横，因此他一上台就想削减旧势力，巩固自己的政权。这样，埃赫那吞就同阿蒙神庙关系紧张起来了。此外，埃及帝国的军事实力也在加强，那些贵族军官们对于法老政权和阿蒙神庙的结合历来不满，他们希望法老政权摆脱阿蒙神庙，通过加强军事实力来提高他们的地位。因此，军事贵族和阿蒙神庙也处在尖锐的冲突中。这些情况就使埃赫那吞下决心以宗教改革的方式来打击阿蒙神庙以巩固王权。但宗教改革遭到保守势力的强烈反对，改革派和保守派的激烈斗争最终使两派走向了分裂。埃赫那吞反对阿蒙神，提出了新的崇拜的对象——阿吞神。

在埃及宗教神话中，有两个天神可以代表太阳，一是拉神。另一个是阿吞神。由于拉神与传统信仰的千丝万缕的联系，最后埃赫那吞确立阿吞神为全国惟一崇拜的神。阿吞神不再像其他天神以人形或动物形状出现，而是以自然界太阳的形象出现，位于中天、光芒四射，赋予万物以生命。埃赫那吞利用了太阳这一形象，获得许多的追随者，他们写就了热情洋溢的诗来赞颂太阳神——阿吞神。有一首诗是这样写道：

在天涯出现了您美丽的形象，
您这活的阿吞神。生命的开始呀！
当您从东方的天边升起时，
您将您的美丽普施于大地。
黎明时，您，阿吞神，
从天边升起而在白天继续照耀，
您赶走了黑暗，光芒四射，
上下埃及每天都在欢乐，
人们苏醒了，站起来了，
他们洗身穿衣，高举双臂欢迎您。
您在地上造了一条尼罗河，
您按照自己的意愿把它给了人民，
来养育人民，
就像您创造他们那样。
您是一切人的主人，您为他们操劳，
您是大地之主，为它而升于天空，
一切远方的外国，您也给它们以生命。

全国上下掀起了打倒阿蒙神、建立阿吞神的轰轰烈烈的浪潮。埃赫那吞原名叫做阿蒙霍特普四世，由于名字中有阿蒙二字，因此才改名为埃赫那吞。改革运动引起了自上而下、自内而外的巨大的变化，触及了众多人的利益。许多原先信奉阿蒙神和其他神的埃及民众十分诧异：“这是怎么回事？怎么好端端的阿蒙神不让拜了？我们自己的神也不让拜了？”而阿蒙庙的僧侣念经时说：“无所不能，万寿无疆的阿蒙神啊，邪恶的手企图遮住你的光辉，疯癫的狂人埃赫那吞要改变您忠诚奴仆的信仰，惩罚他吧！拯救我们吧！”一时流言四起，仿佛人类的末日到了。而那些在宗教改革运动中得益的军官贵族、地主阶级则唱着对埃赫那吞的颂歌，对阿吞神的颂歌。有个官员在铭文中自述：“我——按父母双方来说，都是个涅木呼，法老成全了我，使我成为（显贵）而我（本来）是不名一文的人。”“他加到我身上的恩惠，像砂子那样数不清。我是在人民之上的百官之长，我的统治者提拔我，因为我遵循他的教诲，我又经常听他所讲的话，我的眼睛每天都洞察你的美丽。”“你那像阿吞一样圣明，以真理为满足的法老呵！遵从你的处世教导的人，会过着多么幸福的生活！”

其实，埃赫那吞宗教改革的阻力太大了。改革并不像切西瓜。一刀下去，两面光。宗教改革也触动了王族内部的利益，王族同阿蒙神庙有着千丝万缕的联系，阿蒙神庙受到了强烈的打击，王族中的一些人也坐不住了，他们央求阿蒙霍特普三世和泰伊劝一劝他们的儿子——埃赫那吞，不要让他再这样搞下去了。老法老和泰伊出于国家的安全和对儿子的关心，在埃赫那吞向他们请安的一个晚上，对埃赫那吞晓之以理，动之以情，可就是不能劝说得埃赫那吞放弃。埃赫那吞对父亲说，他知道阿蒙神是底比斯的保护神，阿蒙神庙僧侣及其家人关系盘根错节，牵三挂四，使他的政令难以实行，因此他决定迁都，一则避开可蒙神庙僧侣的纠缠，一则便于管理好埃及和亚洲行省。老法老不同意迁都，但埃赫那吞执意如此，他们也拿他没办法，只好由他去了。

埃赫那吞回到自己的府内，仔细想想父母对他说的话，思忖再三，觉得阿蒙神僧反正已经得罪了，如果现在自己再向他们示弱的话，他们肯定看不起他，而自己也有不少支持者，况且军队握在自己的手里，这更加坚定了他把宗教改革进行到底的决心。这天晚上，他做了一个梦，梦见阿吞神把生命、健康和幸福给予了埃及和他自己，埃及国泰民安，埃及人民处在一片祥和之中。他与王后携手并肩，共赏人间美景。突然一阵风吹过来，他站立不稳，差点摔倒，忙拉王后。王后“啊呀”一声，把他从梦中惊醒。他醒来一看，原来他抓着王后的手睡着了。

第二天，法老上朝召集文武百官，发布敕令：“由于阿吞神的感召和阿蒙神庙祭司拒不服从朕的命令，自本日起关闭全国各地非阿吞神的神庙，将僧侣赶出庙门回家，还俗为民。一切公共建筑物和纪念场上的阿蒙的名字必须彻底清除。在全国各个城市必须建起至少一座阿吞神庙，各级地方官员要带头向我的父亲阿吞神献祭、宣誓，永远忠于英明、伟大的造物主阿吞。已没收的其他神庙的土地划归阿吞神庙，禁止僧侣参政。首都迁往底比斯以北300公里的希尔摩。朕已为新都取名‘埃赫塔吞’，意为‘阿吞垂青的地界’。特令阿伊负责新都营建事宜，赫伦希布负责取缔一切非阿吞崇拜。各级官员必须听从调遣，消极怠工或拒不服从者须严加惩处。”法老颁布完法令就回去了，留下文武百官悄悄议论。

在埃赫那吞的强硬措施下，都城迁到希尔摩，埃赫那吞把政事交给了大臣，自己却沉浸在宗教幻想中。在幻想中与他所认为的神父相交谈，“认为自己是同阿吞神相联系的惟一的人间使者”，他酷爱颂歌和雕刻艺术，整日沉浸在艺术的幻想中，全然不顾外界的现实。他是一个诗人，他的资质管理不了国家。底比斯的僧侣们暗暗集会，举行了向阿蒙神献祭的活动，亚洲被征服的民众也不断反抗，全国的形势并不如埃赫那吞那样看好。埃赫那吞的母亲泰伊专程从底比斯到希尔摩，劝埃赫那吞不要沉迷于幻想，而是要切实地做些实事。而埃赫那吞对母亲的警告置之不理，他认为全国形势一片大好。在他和母亲一同坐车去阿吞庙祭祀的路上，遇到一个青年拦在路上要见他。要送给他一纸草卷。他让卫士去拿，可青年不愿意，非要面呈法老，于是法老允许了，未想到那青年拔出匕首向法老刺去，所幸卫士机灵勇敢，一枪把青年扎死。回到宫中后，他的母亲再次劝他，不要结怨太多，还是放了那些阿蒙神庙的僧侣吧，把他们的财产归还他们。可埃赫那吞仍置之不理。晚上睡觉时，王后也劝埃赫那吞不要再一意孤行了，可他不听，愤而离去。后来王后携带几个儿女离开了埃赫那吞，搬到城北的宫殿去住了。

埃赫那吞仍然推行他的宗教改革，但是他手下的大臣却都敷衍了事。埃赫那吞后来娶了自己钟爱的三女儿安开逊巴阿吞为王后，乱了人伦。不久，埃赫那吞的女儿、女婿遇刺身亡，他也忧郁成疾，身旁只有女儿兼王后安开逊巴阿吞携小女儿在旁守候。公元前1362年，埃赫那吞在寂寞中去世，他的宗教改革也告失败。

十二万生命换来的尼科运河

众人皆知苏伊士运河打通了地中海与红海，为世界航运提供了极大的便利，是人类改造自然的光辉灿烂的壮举。但很少有人知道，早在苏伊士运河开凿的20多个世纪之前。就有一条运河用曲曲折折的碧波把浩瀚的地中海和狭长的红海连接了起来，它就是尼科运河。

尼科是古埃及的后埃及时代第 26 王朝的第二位国王。他于公元前 610 年到公元前 594 年在位。在他当权期间，开凿了尼科运河。

尼科运河从帕托莫斯（即今天的扎加齐格附近）的尼罗河起，向东经过沙石散布的平地到达俾特湖，再折向南，流经今天的苏伊士港而注入红海。尼科运河不仅把尼罗河与红海连接起来，而且由于尼罗河的布巴斯提斯支流最终流人地中海，从而使地中海与红海联通起来。

关于尼科运河，据古希腊史学家希罗多德的记载："这条运河的长度是 4 天的旅程，它挖掘的宽度足够三列桨船并排行进。"他还提到，由于工程浩大，"在尼科统治期间，死于挖掘工程的有 12 万名埃及人"。希罗多德的记载经过现代学者的考证，基本上是符合事实的。

然而，在尼科统治期间，这条运河并没有最终完成，直到波斯帝国大流士一世征服埃及后，开凿运河的工程才全部最后完成。尼科为什么没有完成运河的工程，照希罗多德的说法是，尼科接受了布陀神庙的神谕，说开凿运河有违神的旨意，于是便把进行了大半的工程废止了。但这种说法是靠不住的。比较可信的一种说法是：国王的工程技术人员警告他，由于红海的海面比地中海的更高些，如果运河开通，则埃及有被淹没的危险。

至于尼科当初开凿运河的动机，则牵扯到古埃及的政治与经济。

在尼科之前，他的父亲普撒美提克一世建立了第 26 王朝。他结束了后埃及时期以来几百年的分裂局面，重新统一了埃及。尼科便在父亲开创的统一局面上开始他的内政外交。

当时新巴比伦王国正在大肆扩张，亚述帝国在它的强力攻势下濒于灭亡，一旦新巴比伦王国攻占了亚述帝国，则它的势力必将会向西大面积扩张，埃及将危在旦夕。尼科当机立断，迅速派兵出征亚洲，援助风雨飘摇的亚述帝国。然而最终却以埃及亚述联军的失败告终，卡赫米什被新巴比伦王国占领。

为了夺回失地，尼科于公元前 609 年亲自率军远征西亚，途中遭遇了已与新巴比伦王国结盟的犹太国王约西亚的阻击，双方在美吉亚平原交战。约西亚负伤而死，尼科取得了胜利，罚犹太国银子 100 塔兰特，金子 1 塔兰特，并在叙利亚和巴勒斯坦统治了三四年。

公元前 606 年，埃及打败了新巴比伦王国。但不久又被该国王子打败，并从此一蹶不振，不仅失去了对外扩张的力量，而且本身也受到了威胁，便退而加强防守。在尼罗河三角洲东部的达夫耐要塞，地势险要，左侧濒临大海，一大片难以通行的沼泽地是其天然防护，其右侧和南侧贯穿着一条山谷，堪称出入埃及的咽喉要道。尼科便选择了达夫耐要塞，派出重兵镇守。

虽然尼科企图恢复埃及历史上盛大王朝和辽阔版图的梦想没能实现，他多年的军事扩张也未能取得最后胜利，但是他复兴帝国的政策还是表现在了积极发展商业和对外贸易上。与失败的军事行动形成鲜明对照的是，尼科的商业行动做得如火如荼。

为了从事海外贸易，尼科十分重视发展海上势力。他在地中海和红海海岸建造了三列桨战舰，组织了一支强大的舰队，以此作为军事保证。他雇佣腓尼基水手环绕非洲航行了一圈，开辟了海上贸易线。腓尼基人乘坐三只船舰，用了两年多的时间，成功地完成了历史上第一次环行非洲的伟大创举。他们随船带来了沿途各海岸港口的特色产品，受到尼科的隆重接待，并获得丰厚的奖赏。

在同附近亚洲各国做生意时，尼科把埃及的特产运送出去，换回大量银子，大宗的贸易往来加重了运输的复杂性和负担。在当时，陆路交通极不方便，于是尼科便把目光投到了水路交通上。经过一番细致的考察后，他便作出了开凿从尼罗河到红海的运河的决定。这样一来，不仅适应了埃及特别是尼罗河三角洲贸易的需要，而且在一定程度上也为军事活动提供了方便。尼科运河便在酝酿成熟之后投入了实施。虽然尼科运河与现代苏伊士运河河道不同。但是仍不失为现代苏伊士运河的前身，为古代社会文化的交流、文明的进步做出了不可磨灭的贡献。

非洲最大的陵墓——金字塔

坐落在尼罗河畔的大金字塔被公元前1世纪西西里的狄奥多洛斯列为“世界七大奇迹”之一。“金字塔”一词是我国对古埃及的角椎体陵墓的形象称呼，因为角椎体陵墓的每一面都呈三角形，类似于汉字的“金”字形。故称为“金字塔”。

在尼罗河西岸，以孟斐斯为中心，形成了一大片王家墓地。除最主要的萨卡拉和吉萨外，还包括达赫舒尔、阿里安和阿布拉瓦西等地。从开罗附近的吉萨至上埃及的希拉康坡里斯一带分布着大大小小的金字塔，据报导至今为止已发现的金字塔大概有97座。那么这些金字塔是用来做什么的？仅仅是为了让人们观赏吗？不，金字塔是古代埃及法老们的陵墓，它象征着法老的统治力量。

在这些金字塔中，以埃及古王国时期第四王朝的国王胡夫所建的金字塔最大。胡夫的金字塔位于古王国首都孟斐斯以北，今之首都开罗附近的基泽地方。胡夫的金字塔高146.5米，由于几千年来在自然风化作用下，金字塔顶受到严重损毁，现高仅有137.18米；塔基边长230多米，由于塔基被沙石掩埋，现仅为227米；整个塔身由平均2.5吨重的大约230万块巨石砌成，这个庞大的锥体矗立在埃及的土地上，使埃及增添了不少神秘感。

这么雄伟的建筑是怎样建造的呢？在古埃及，没有现代化的机械装备，如吊车、汽车和先进的建筑技术，居然能够建造起一座200多米高的塔，真是不可思议。许多学者提出了各种各样的观点：有的说采用“斜面上升法”，即从采石场用麻绳牵引移动石块到场地，再在金字塔的每一阶层的每一边上建筑起一个同样高的斜坡通路运送石材；有的说仅在金字塔的一个侧面采用梯形斜面的更简便的方法；还有的学者认为几千年前，古埃及人是在外星人的帮助下才建成了金字塔。

建造这么宏伟的建筑应该需要多少人呢？一些专家对此进行了测算。人们根据一些铭文，推测金字塔可能是按照“队”来进行的。每个劳动队通常都用国王的本名或荷鲁斯名命名，如“友善的孟考拉队伍”，“伟大的荷鲁斯卡赫特的队伍”等。这些劳动队通常由“班”和“组”组成。有人认为，每个队分为4—5个班。赖斯讷做了近似的计算，认为每个组可由10—15个人组成，而每个班由200—250人组成，一个劳动队由800—1000人组成。在一个采石场上有1600人劳动。希罗多德曾经谈到建筑金字塔，他说：“他们分成10万人的大群来工作。每一个大群要工作3个月。在10年间人民都是苦于修筑可以使石头通过去的道路……金字塔本身的建筑用了20年。”

关于金字塔的建造有许许多多的传说，希罗多德说，第四王朝的国王胡夫在建筑金字塔时，耗尽了财力，这个荒淫无耻的国君竟然让自己的女儿去卖淫，以便勒索报酬，来完成自己的陵墓。又说，他的女儿除了按照她父亲的吩咐去做外，也想给自己留点纪念物，因而请求每一个想和她交媾的人都要给她的营造物提供一块石头。而这些石头便用来修建了正对着大金字塔的三座金字塔中间的一座。这个故事可能是虚构的，但是我们可以从这个故事中看出法老是多么的昏庸，而这些一心想要长寿的人们，这些“尊贵”的人，为建造金字塔付出了多么沉重的代价。更不用说那些用生命和鲜血建造金字塔的底层人民所付出的代价了。

提到金字塔，就不得不提到狮身人面像。这位狮身人首的怪物叫做斯芬克斯。在埃及文献中，这座纪念物一般被称为 Horemalchet（“地平线的荷鲁斯”）。因此。“斯芬克斯”或许表示太阳神或国王，而国王去世则和太阳神结为一体。狮身人首像坐落在哈夫拉金字塔的东侧，紧靠河谷庙的西北，似乎是塔陵的守卫者，但也可能是哈夫拉死后与太阳神结为一体的象征。狮身人首像意味着人的智慧和狮子的勇猛力量的结合。狮身人首像身高约 20 米，长为 55 米，据说是由一块巨石雕刻而成。如果把另外加上的匍匐在地面上的两只前爪计算在内。共 73.5 米长。它的头部有 5 米长，其耳、鼻的长度超过普通人的身长。关于“斯芬克斯”也有许多传说。据说“斯芬克斯”在路口向行人问问题，其实就是猜谜，如果你猜错了，斯芬克斯就把你吃掉，如果你猜对了，斯芬克斯就死。好多人因此而枉送了性命。后来有一个年青人去找斯芬克斯。斯芬克斯就问他：“一种动物早上四条腿，中午两条腿，下午三条腿。请问这是什么动物?”这个青年略一思索，说：“人。”斯芬克斯大叫一声昏死过去。这就是著名的“斯芬克斯之谜”的神话。这个神话中展示的是古代哲学家对人的思考，人这一生，小时候，用四肢爬还不会走路；长大了，开始直立行走；晚年，老了不中用了，得有一把拐棍。这个故事形象地反映了人的一生，也展现了古代埃及人的智慧。

最后有必要提一下神秘而又让人感到恐怖的木乃伊，那么木乃伊究竟是什么？它是怎样制造出来的呢？其实木乃伊就是干尸。古代的法老们幻想死后仍可继续享福，因此千方百计地保存好尸体，不让它腐烂。为了保存好尸体，必须把尸身涂上香料，取出全部内脏，然后放在盐水里浸泡，然后再填塞防腐物品，最后用麻布绷带把尸体扎好。放进棺材内。埃及的金字塔就是埃及法老存放木乃伊的地方。

有关金字塔仍然有许多谜等待人们去揭开。古代埃及人民所建造的金字塔给埃及带来了不朽的声誉。

古代埃及文学

埃及位于非洲东北部和亚洲西南部，是世界四大文明发源地之一。古埃及的人们凭借他们的聪明才智建造了金字塔和狮身人面像，同时，他们凭借聪明才智写就了不朽的诗篇，创造了光辉灿烂的古埃及文学。古埃及文学是人类文化史上一份宝贵的遗产。

埃及人大约在公元前3300年发明了文字。经过不断的完善，由原先的象形文字逐步发展成用字母、音符、词组组成的复合文字。凭借这些文字。就可把大量流传在民间或者宫廷的文学作品记录和保存下来。

在埃及的古王国时期（公元前3200—前2780年）就已产生了歌谣、诗歌、故事等。这个时期流传下来的比较突出的文学遗迹有：金字塔祷文，即刻在金字塔墓壁上祈祷法老死后升天获福的诗歌；大臣墓地上的碑传；此外还有流传于民间的歌谣、故事，反映普通群众的生活，展现普通人的生命情怀。中王国时期（公元前2780—前1778年）文学作品的质量、数量都得到了极大的提高。一些埃及的文学史家认为，这个时期的文学作品是最精彩的，它在表达、描绘、修辞等各方面均是后来各时期文学的典范，这个时期成为古埃及文学的鼎盛时期。新王国时期（公元前1570—前1090年）最突出的文学体裁是写实的作品，同时还留下一些对神和统治者的赞美诗。

古代埃及文学中取得巨大成就的是诗歌和故事，下面就详细谈谈。先谈一谈诗歌创作。诗歌的主要功能是展示人的内在生命情怀，表现人的蕴藏很深的人性，但是，另一方面它也承担了反映社会生活的功能。古埃及的诗歌大多是反映社会生活的，从内容上分。有世俗诗、宗教诗和赞美歌等。其中有些诗作是对神的颂歌，有些是下层群众对生活坎坷的哀吟，有些则反映人们对生活的热爱和畅想。

真正的诗歌几乎大都是悲痛之作，只有在悲痛中，生命的诗歌才会被吟出来。古代埃及的下层人民、奴隶、穷苦的手工业者和贫民等，他们在劳动中唱出了反抗之歌。《庄稼人的歌谣》是这方面的代表作。诗中这样写道：

赶快，领队的人，

快驱打那群公牛！
瞧，王爷正站在那儿，
正望着我们呢。

这样的诗作还有《搬谷人的歌谣》：

难道我们应该整天搬运大麦和小麦吗？
仓库已经装得满满，
一把把谷子流出了边沿：
大船上也已经装得满满，
谷子也都滚到了外面，
但还是逼着我们搬运，
好像我们的心是用青铜铸成！

这些诗作真实地反映了下层群众的苦难和心声，真实地反映了那个时代残酷的阶级斗争。《庄稼人的歌谣》写农业奴隶看到监工来了时的那种胆战心惊的心理，生怕监工的鞭子抽打在他们的身上。这里已明显地看出奴隶、奴隶主两个阶级的对立。《搬谷人的歌谣》则展现了一幅“有余者”对“不足者”的剥削图。奴隶们愤怒地抗议着，仓库已经装满了，大船也装不下了，为什么还要没完没了地搬，这些人的心真是狠毒啊！

除了反映苦难的诗以外，还有爱情诗。其实爱情本身就是一首诗嘛。古埃及的这些爱情诗写人间的忧伤、甜蜜、焦急、渴盼、痛苦，真实地描摹了相爱的人各种各样的复杂心态。例如有一首男子唱给女子的情歌：

我没病装病，
为的是邻居——我的妹妹
好来看望我。
她见到为我治病的医生，
将会嘲笑我，
因为她知道我的病根。
这是妹妹的家，
但愿我是她的看门人。
即使这会使她生气，
听到她的嗔怪我也感到惬意。
我在她面前，
敬畏地如同孩童站立。
但愿我是伴侍她的女奴，

整天形影不离，
目睹韵华，幸福无比。
……

这首情歌听起来同中国的那首“我愿做一只小羊”的那首情歌的意思差不多，都是想让心爱的人把鞭子轻轻地打在他身上。爱情是人类永远吟唱的对象，爱情过程中的酸甜苦辣，以及对爱情的思考是文学表现的永恒的内容。

古埃及的诗歌创作除了劳动歌谣和爱情诗外，还有一些对神的颂歌。在古埃及，太阳神被奉为最高神，中王国时期《阿吞太阳神颂诗》是古代颂歌中的名篇，其中一首这样写道：

他创造出世界上所有的一切，
从他的眼里出来了人类，
从他的嘴里出来了诸神，
为牛群．他创造了青草，
为人类，他创造了果树。
他把生命赋予河中的游鱼，
以及空中的飞鸟，
他给蛋壳中的小鸡以呼吸，
还保存了虫卵的生命。

这里的太阳神成了基督教中的上帝——创世者，被作为万物的创造者来崇拜和歌颂。

除了上面的这些诗作之外，歌咏尼罗河历来也是埃及文学的重要主题之一，尼罗河养育了埃及的人民，养育了埃及的艺术文化。尼罗河是埃及文明的摇篮。众多的诗人采用最美的诗句来歌颂尼罗河。古代埃及有名的尼罗河颂诗，当数拉美西斯二世之子麦尔讷普塔时期的《尼罗河颂》。其中第一节这样写道：

万岁，尼罗河！
你在这大地上出现，
平安地到来，给埃及以生命；
阿蒙神啊，你将黑夜引导到白天，
你的引导使人高兴！
繁殖拉神所创造的花园，
给一切生物以生命，

不歇地灌溉着大地，
从天堂降下的行程。
食物的爱情者。五谷的赐予者，
普塔神啊，你给家家户户带来了光明！

古埃及的诗歌创作让人感到人类文明初期的朴实、天真，让人感到古埃及人多情善良的一面。而古埃及的故事创作则让人感到古埃及人极大的想像力和他们对世界最初的认识。古埃及留下了不少扣人心弦的故事。

中王国时期第十王朝的《能说善道的农夫的故事》，是故事体文学的优秀作品之一。这个故事说一个农夫从瓦迪·奈泰隆赶着驮盐巴的驴子到附近的村子去卖盐，结果路上遇到大官的仆从，这些仗势欺人的仆从把农夫的盐一抢而光。于是农夫到衙门里告状，县令对能言善辩的农夫无可奈何，又不敢得罪大官，只好把这桩公案专呈法老。法老下旨不予决断，除非这个农夫能提出有理有据、说服力更强的辩词。农夫靠着自己的聪明才智，终于说服了法老，法老宣判农夫告得有理，要严惩抢劫者。这个故事通过农夫的遭遇，揭示了古代埃及贵族怎样地剥削农民，欺压下层群众。歌颂了普通群众的聪明才智，敢于同上层贵族斗争的精神。

中王国时期另一个颇为流行的故事是《沉舟记》，说一个埃及水手。为完成法老交给的某项任务乘船到远方某地去。中途遇到大风浪，船只沉没，飘到一个没有人烟的荒岛上。醒来后遇到一条大蛇。这条蛇没有伤害他，而且帮助他回到了埃及。这部作品充满了神话色彩，作品在艺术上颇富特色。在描写巨蛇时运用了拟人化的手法。巨蛇对他说："不要害怕，神保全你的生命，把你带到这座遍地是好东西的岛上。"当他将要离开荒岛时，巨蛇对他说："平安回家吧。回去看你的女儿，并且给我在你的城里留下一个好名声。这就是我所要向你要求的。"这个故事表达了美好、善良的愿望。通篇充满惊险场面和主人公勇敢斗争、不怕困难的精神，真实地反映了当时水手的生活和埃及人民对祖国的热爱之情。

新王国时期留下了许多有趣的故事。如《两兄弟的故事》描写了昂普、瓦塔兄弟俩不寻常的经历。由于嫂嫂的诬陷，弟弟被迫同哥哥分开，前往据说是叙利亚的胶树谷。他行前告诉哥哥，他的灵魂在那棵胶树所开的花上，他一旦遇难，要哥哥找到那朵花放进一杯冷水中。弟弟在胶树谷住下后，胶树谷中的九位神仙给他塑造了一个女子伴他生活。后来这个女子被大海吞没，由于她的美丽又被呈献给埃及法老。由于她的背叛，胶树被砸倒，瓦塔便突然倒地而死。他的哥哥前来搭救，并按照弟弟所说的去做，瓦塔复活了，兄弟两人相拥而泣。后来瓦塔变为一头公牛。又变为两棵贝尔赛阿树，最后投胎到王后的肚中，即背叛他的那个女子。于是他成了法老的儿子，法老死后把位子传给了他。他召集大臣会议，把王后叫来，当面审问她。他封哥哥为一国嗣君。而他当了埃及王。他病故后，哥哥代替了他的位置。在这个故事中，弟弟瓦塔是个善良、正直的人，但是他多次遭女人的陷害、背叛，遭受种种磨难和屈辱，但最终正义得到伸张。弟弟的形象影射了古代植物与水之神、自然界死而复苏之神奥西里斯。奸诈的女人屡次置他于死地，而他却如种子得水，复苏萌生，这说明了邪恶是战胜不了正义的，事物发展的趋势是正义一定战胜邪恶，从某种程度上反映了古代埃及人的是非观。

总之，古代埃及文学是人类历史上的光辉一页，它真实记载了埃及人民的生活，为后来的埃及文学打下了坚实的基础。

世界上下五千年

shijie shangxia wuqiannian

佛陀世界

佛教鼻祖——释迦牟尼

释迦牟尼，原名乔达摩·悉达多，生于公元前566年，卒于公元前486年。“释迦牟尼”印度语为Sakyamuni，意思是“释迦族隐修的圣哲”。“释迦”为当时的王族名，意为“能仁”，“牟尼”意为“寂默”，合起来意为“能仁寂默”，也可以译为“释迦族的寂默的贤人”。

乔达摩属于刹帝利种姓，而悉达多则是南亚次大陆北部的一个叫迦毗罗卫城（此城在现在的尼泊尔境内）净饭王的儿子。

关于释迦牟尼，佛教有着各种各样的传说。相传他的母亲摩耶夫人在45岁时才怀胎。按照印度的习俗，妇女要回娘家分娩，于是摩耶夫人赶回娘家。但走到半途中，一个名叫兰毗尼的地方，她就分娩了，生下了释迦牟尼。那一天正是印度的吠舍月15日，也就是我国的农历四月初八。

释迦牟尼出生7天以后，摩耶夫人就死了。他由姨母波波提抚养长大。他从小喜爱学习，聪颖过人，过目成诵，对于文学、哲学、算学有着浓厚的兴趣，颇为精通。同时，他又喜欢武术、骑马、射箭、击剑。他的父亲非常高兴，以为释迦牟尼将来一定能有所做为，便决定以后把王位传给他，并希望他能光宗耀祖，成为一个“转轮王”——统一天下的大王。

释迦牟尼自幼过着优越的生活，锦衣玉食，无忧无虑。16岁时。和拘利城公主耶输陀罗结婚，一年以后，有了一个儿子，名叫罗罗。这一时期，释迦牟尼过着奢侈和舒适的生活。

然而，释迦牟尼并不喜欢权势。他满脑子想的全是人世间种种不平的现象：为什么全印度要把人分四等？为什么白人要统治其他肤色的人？为什么混血儿是人人唾弃的贱民？

相传有一天，他乘车出游，看见田野里的农民正在烈日下种地。他们一个个面黄肌瘦，汗流浃背，流露出又饿、又渴、又困、又累的神情。那头老耕牛正在地里劳动，疲惫不堪，软弱无力，但是他前面有人拉穿在它鼻子里的绳索，后面还有人用鞭子狠狠地抽打。老牛痛苦地摇晃着双角。气喘吁吁地拉着犁头，犁头插入很深的泥土，慢慢地向前移动。

当他看到这种情形时，不知不觉地喊出一句话："苦啊！"

以后。他看到了老人、残废者、死人，由此而体会到了人生的痛苦，他的内心翻腾着阵阵波澜："人世间为什么会有生、老、病、死，怎样摆脱这种痛苦?"他读了许多书，也不能解答这个问题。他知道权力再大的国王都不能解决这个问题，于是他便决心放弃王位的继承权，去出家修道。巨大的权势，豪华的生活，美丽的娇妻，可爱的儿子，都不能阻挡他出家的决心。

29 岁那年的 12 月 8 日深夜，释迦牟尼悄悄地骑马奔出都城，到了别国的森林里。他换掉王子的衣服，剃掉自己的头发，做了一个修道者。

老国王不见了自己的儿子，非常着急，派出了 5 个人去寻找，终于在森林里找到了释迦牟尼，但他坚决不回家。

最初他向一些著名的婆罗门教学者求教。他们的说法是，通过祈祷、奉献和举行宗教仪式，灵魂可以得救。释迦牟尼认为这样不能超出生死，永远脱离轮回。

而实际上当时处于公元前 6 世纪，印度经济有了显著的发展，突出表现在工商业方面。纺织、武器、金属器皿和珠宝等等手工业非常发达。在恒河中下游，出现了王会城、会卫城、婆罗捺斯和波等繁华城市，一定重量的金属块开始充当货币流通。经济的发展引起了阶级的变化。在奴隶主阶级中。产生了一个新的工商业阶层（富有的吠舍）。他们和武士贵族（刹帝利）在一起，反对居于社会顶端的祭司贵族（婆罗门）。同时，随着社会的分化，农民、工匠和其他劳动者（下层吠舍）的境况恶化，他们反奴隶主阶级的斗争也日益高涨。面临这种情况，武士贵族和工商业阶层一方面反对祭司贵族。另一方面又希望清除受他们剥削的劳苦大众的斗争。

这一切导致思想领域的重大变化，即涌现出一些新思潮、新教派。当时的新思潮、新教派有"六大师"、"六十二贝"或"九十只种"等。他们在思想领域展开"争鸣"和激烈斗争，斗争的矛头都指向婆罗门教、旧的等级制度、传统观点以及它们的积极维护者——婆罗门僧侣贵族。

释迦牟尼正是在这样的情况下探索教义的。他到尼连禅河畔的森林中苦修，奔波了 6 年，澡也不洗，历经了千辛万苦。由于营养不良和体力过度消耗，在某一个夜间，他突然晕倒了。醒来以后，他知道苦修得不到什么正果。一天，他走到一条河边，决心下去洗一个澡，把 6 年来积在身上的污垢统统洗净。河边牧牛的姑娘看到这种情景，给他喝了许多牛奶，释迦牟尼终于恢复了元气。

他离开了尼连禅河，向婆罗捺斯走去。在离开了这座城市不远的伽耶（后称佛加伽耶），看见一棵菩提树，于是他在地上铺上了吉祥草，面向东方，盘膝而坐，对天发誓："如果我不能彻底觉悟，宁可粉身碎骨，也决不从这个座位上起来!"这样，他在菩提树下冥思苦想着解脱世间痛苦的答案。

在他35岁那年的2月8日夜间，当一颗明亮的星星从东方升起来的时候，他突然想通了，大彻大悟，创立了佛教的基本教义。这棵菩提树的遗迹，现在印度的比哈尔省。

教义创立以后，释迦牟尼就开始了他的传教生活。他先后在婆罗捺斯的鹿苑、王会城的竹林精舍、会卫城的的祇精舍等处说法。他被称为"佛陀"（意为"觉者"，汉语简称为"佛"）。在长达40年的传教生活中，足迹北达迦比罗卫，南抵婆罗捺斯，东至瞻波，西迄拘弥。

释迦牟尼所创的佛教教义的核心是"四谛"，意为四条道理：

1. 苦谛。释迦牟尼传教，从现象论起。他说，人间一切，莫不为苦。生、老、病、死，与亲爱的人别离，同怨恨的人会面，有所求而不得等一切身心现象都是苦。

2. 集谛。佛以集谛说明苦的原因。他认为，人生的苦产生于人们的欲爱。有欲爱的而达不到目的就感到苦。他还宣扬，有欲爱就会有思念和行动，有思念和行动就会造成后果，就是所谓"造业"，而造了业就不免生死轮回，永堕苦海。

3. 灭谛。这是佛教追求的目的，就是悟彻产生苦的原因，并达到一种"涅"的境界。"涅"的意思是"寂天"，佛教用这个词来表示他们宣扬的所谓"不生不灭"的境界。

4. 道谛。佛教认为要达到"涅槃"，就要修道。道谛是讲他们的修道途径的。

这样，人们通过修行、断惑、涅槃，成为阿罗汉（意为"不生"），再不堕入轮回。

另外还有"十二因缘"（亦称十二缘尘）。是集、灭二谛的详细说明，其主要内容是分析苦因和论述三世轮回之理。这一理论认为：世界万物皆因具备各种"因"（事物生灭的主要条件）"缘"（事物生灭的辅助条件）才能生长和破灭。因缘结合就生；因缘分散则灭。人是世界万物之一，也是因缘结合的产物或表现。基于这一理论，早期佛教把整个人生分为十二个互为条件和因果联系的环节：即“无明”（愚昧无知），“行”（善恶行为）、“识”（精神活动），“名色”（精神和肉体的合一），“六人”（眼、耳、鼻、舌、身、意），“触”（接触事物）、“受”（感受苦乐等），“爱”（贪欲），“取”（追求取著），“有”（生存环境），“生”，“老死”。在十二个因缘中，每个前者都是后者之因，后者都是前者之果。如“无明”是“行”的因，“行”是“无明”之果，“行”是“识”的因，“识”是“行”的果，“识”是“名色”的因，“名色”是“识”的果……其中，“无明”与“行”是前世因；“识”，“名色”，“六人”，“触”，“受”是现世果；“爱”，“取”，“有”，是现世因，“生”，“老死”是来世果。这样轮流不息就构成三世二重因果业报轮回。“十二因缘”着重论述的是：人生之苦都源于“无明”而引起的造业果报，生死轮回不息，因而只有消灭“无明”，皈依佛法，才能得到解脱，达到不生不灭的理想境界——涅槃。

从此，释迦牟尼走遍了印度半岛的许多地方，传授佛教的教义，据说还一直到达锡兰和缅甸。他反对把人分成等级，反对不平等的现象，同情不幸的人们，同时，宣扬因果报应，认为今世做了善事，后世就有好报，今世做了坏事，后世就有恶报。释迦牟尼的这些主张，有积极的一面，也有消极的一面。他还主张用自我解脱的方法来消除烦恼，否定斗争。

由此可见，释迦牟尼的教义正反映了武士贵族和新工商业阶层的要求。他一方面反对祭司贵族的权威，这一点是有其进步意义的；而另一方面，他又引导劳动人民逃避现实的阶级斗争，对他们起了麻醉作用。

佛教虽然是在反对婆罗门教中产生的，但是，还是不可避免地从后者吸取了一些东西。早在《粤义书》中，就提出了欲念产生人们的愿、行动及其后果，四谛中集谛就继承了这个说法。同时，婆罗门教宣扬生死轮回说，也被佛教继承下来。

由于佛教符合刹帝利和富有的吠舍的要求，并以“众生平等”为号召，在一定程度上吸引着劳动大众，所以，很快地就得到广泛的传播。最早皈依佛教的是两个商人：一个叫提；一个叫婆利迦。接着曾与释迦牟尼一起在尼连禅河畔苦修的 5 个人也信奉了佛教。后来一些婆罗门教祭司、释迦牟尼的姨母和儿子都成了他的信奉者。信奉佛教的人陆续增多，在释迦牟尼传教的第一年中，就拥有信徒 1000 多人。后来人数更多，其中有国王、贵族和富豪，也有处于社会底层的群众。

信仰佛教而出家修行的男子称为苾刍（或译称比丘，意为“乞士”，兼有乞法和乞食两种意义）；女子称为刍尼（或译称比丘尼）。在家修行的男子称为波奈迦，意为“清男”，女子称为波斯迦，合称“四”。出家后信徒组成社团，社团称为僧伽。参加社团的人不得拥有私产，而靠布施生活。社团并订有戒律，其中团员有宣扬佛教的义务。

释迦牟尼一生从事传教活动。公元前485年，释加牟尼快要80岁了，重病缠身，但还在到处传教。2月15日那天，他来到一条河边，病情加剧，知道自己不行了，就洗了一个澡。弟子们在几棵婆罗树之间架起了一张床，释迦牟尼侧身而卧，枕着右手，谆谆教导弟子们，不要因为失去导师而自暴自弃，而要以佛为指导，努力前进。说完，他就逝世了。以后，人们为了怀念他对弟子的苦心教导，就在寺庙里塑造了释迦牟尼的卧像，并把释伽牟尼诞生那天（四月初八）称为“络佛节”，把他修道的那一天（十二月八日）称为“腊八节”。

释伽牟尼的遗体火化之后，骨灰结成若干颗粒。佛教把这种颗粒叫做“舍利”。后来，八个国王分取舍利，把它珍藏在特地建造起来的塔中供奉，以表示对释伽牟尼的景仰。这种塔用金、银、玛瑙、珍珠等九种宝物装饰。

公元1世纪时，佛教传到中国汉族地区，以后，再从中国传到朝鲜和日本。然而，在公元8世纪以后，印度的婆罗门教重新得势，改名为印度教。所以现在印度国内反倒很少有信佛的人了。但是，发源于印度半岛的佛教，依然受到全世界的重视。在北京西郊灵光寺的塔里，据说藏着释迦牟尼的一颗牙齿，人们把这座宝塔称为“佛牙塔”。

政论天才——考底利耶

考底利耶生活在公元前4世纪，是古代印度的政治家和政论家，他所著的《政事论》非常著名。他也因此而成名。

考底利耶，印度语为Kautilys，别名那迦和毗湿笈多。具体生卒年代正史没有记载，已无法考证了。他具备卓越的政治才能，协同旃陀罗笈多在旁遮普一带组织人民起义，推翻了希腊——马其顿侵略者的政权。旃陀罗笈多在他的辅助下，于公元前324年在印度西北部称王，接着率军东征，推翻了腐朽的难陀王朝，定都于华氏城，即现在的巴特那。考底利耶作为国王的大臣、顾问和国师，辅佐国王建立和统治着这个新兴起的庞大的奴隶制国家。是孔雀王朝的奠基人之一。

考底利耶原籍是古代印度西北部文化中心咀叉始罗城，出身在一个婆罗门家庭。他出生后不久父亲就去世，由母亲抚养成人。母亲对他影响很大，她希望儿子成为一个有教养的教师。他经过刻苦学习后，精通三部《吠陀经》，通晓天文、地理，熟悉有关冶金学的知识。他更关心政治活动和国家事务。但他的才华没有得到王室重视，反而引起难陀王朝宫廷的嫉妒和轻视。他决心脱离难陀王朝，另外开辟一个施展自己才能的新天地。考底利耶碰到失意的旃陀罗笈多之后，便把他带到咀叉始罗城，对他施以教育，从而成为旃陀罗笈多的导师和顾问。

从反对亚历山大的入侵开始，考底利耶就支持旃陀罗笈多的事业。最初，他们在咀叉始罗城同亚历山大的希腊——马其顿驻军进行斗争。他们组织边区部族，发动印度人推翻外族入侵者的政权。考底利耶在他的《政事论》中充分地表明了对外族统治者的民族仇恨。他指出外族征服者怎样榨干了这个国家的财富。当公元前 323 年亚历山大在巴比伦死去的消息传来时，考底利耶抓住时机，让旃陀罗笈多提出反对外族侵略者的号召。这种呼吁给他带来了同盟者，众多的印度人民集中在他的麾下，同外族入侵者拼杀。希腊军队于公元前 322 年被驱逐出去，咀叉始罗城被收复。旃陀罗笈多在考底利耶的协助下，取得了反对侵略的胜利，并在斗争中壮大了自己的军事和政治势力。

在驱逐了亚历山大的侵略军之后，旃陀罗笈多在考底利耶的劝导和协助下，攻打腐败无能的难陀王朝。在战争中，考底利耶进一步施展了自己的军事才能。他毫无顾忌地认为，为了达到目的不择手段。他利用敌营中的矛盾，进行分化瓦解，进而消灭敌人。尽管缺乏这方面的史实材料，史剧《罗刹娑与指环印》却从侧面描写了考底利耶为获得旃陀罗笈多的政敌罗刹娑的合作所采取的权术和计谋。他终于笼络和迫使这位难陀王朝末代重要大臣为旃陀罗笈多服务。考底利耶的策略使难陀王陷于孤立。由于考底利耶的谋划，在不到两年的时间内。难陀王朝被打败了，新的王朝——孔雀王朝建立起来了，旃陀罗笈多登上了王位宝座。旃陀罗笈多死后，考底利耶又辅佐他的儿子和继承人宾头沙罗（公元前 300 年—前 273 年在位）继续工作了一段时间。

公元前 311 年前后，塞琉古继承了亚历山大在巴比伦的统治后，转而向东方扩张。公元前 304 年，他的军队渡过了印度河，孔雀王朝迎击入侵之敌。考底利耶的军事策略发挥了作用，战败了塞琉古。塞琉古把印度河西部一直到喀布尔各省都割给了旃陀罗笈多，相传塞琉古还把女儿嫁给他，而后缔结了和约。孔雀王朝与西亚的希腊人保持着密切联系，这对孔雀王朝的巩固与发展好处极大。塞琉古派往华氏城的使者麦斯特湿斯在那里住了5年，他写的《印度志》一书，成为研究印度古代史的重要资料。

考底利耶的另一重大贡献是给后世留下了不朽著作《政事论》。这部著作的内容涉及到内政、外交、民政、军事、商业、财产和司法等方面，甚至包括度量衡和历法等。从《政事论》中，我们可以看出考底利耶的智慧和他的多方面的学识，以及他的范围广泛的统治艺术。在以后的许多世纪中，《政事论》引起了众多政治家、研究者的广泛注意。到20世纪初，它的完整的手抄本被发现后，又引起学者的注目，它被整理出版并翻译成多种文字。研究者对它提出许多新的见解，有人认为这部著作不可能是一个人的观点，有着后世人士的许多修定和增删。大多数学者认为它出自考底利耶的手笔，但经过后人修改，大约在公元2世纪最后修定。

《政事论》是一部巨著，包括15卷，共180篇（按另一种分法为150章）。最重要的内容是关于国家组织的问题，它论述了国家各个部门的职能。国家有会计、财政、矿业、兵工、农业、贸易、航运、畜牧和税收等部门，这些部门涉及社会生活的各个方面。农村按照征税原则加以组合。《政事论》并提到各种不同的交通道路，以及国家和人民在维护交通道路方面的责任。

《政事论》涉及到政府理论和实际方面的许多题目。它论述了国王、大臣、顾问、政府各部及其在外交、战争与和平方面的各种职责。为了加强奴隶主的政权，考底利耶主张国王有绝对权力。国王是最高的统治者、军队的统帅、法律的执行者，他有任命官吏的最高权力，国家是为国王而设的，国王是至高无上的。《政事论》第六部中很明确地叙述了构成“国家”的七种要素，即国王、大臣、土地、要塞、国库、军队和同盟者。他同时提出国王应是精力饱满而头脑清醒的人．国王要调配军队。注意国家收支的核算，留心乡村发展的事务，任命高级官员，下达命令，接受侦探所搜集的秘密情报。制定和执行作战计划。因此，他主张国王必须学习，还要花些时间用于自省。《政事论》论述了一套森严的政治结构，国王、军队、官吏及各部的组织，需要十分周密而又雷厉风行的制度和作风。它特别强调对各省行政机构的控制，从而强调加强侦探活动。

考底利耶在《政事论》中也提到货币等经济问题，有一章专门论及钱币的铸造与货币制度的采用，并规定国王在土地的产品中征收1/6的赋税，有的甚至高达1/4。它规定：全印度都是国王的财产，国王征收赋税、罚金及买卖上的什一税。

《政事论》所谈及的问题十分广泛，从某些侧面反映了孔雀王朝的历史，也是当代印度政治历史经验的概括和总结。它一反印度其他文献的常态，脱离了连篇累牍的宗教规范和神话传说的窠臼，而成为论述国家机构与组织问题的一部政治论著。

《政事论》论述了孔雀王朝的整个政治制度，同时也提到了与外国的联系，提到中国的丝绸。据考证，孔雀王朝时代，印度和中国还没有接触，有的学者据此认为这部著作足孔雀王朝以后时期编成的。但《政事论》论述的基本上是孔雀王朝的社会情况和制度。虽然不能排斥此书有后人修改、编纂的成份，但它最初确实出于考底利耶之手却是比较可信的。

《政事论》的作者极端地宣扬了国王在国家中的作用，并强调了使用暴力的恐怖统治，把古代奴隶制印度的政治体制加以理想化。这是由作者的奴隶主阶级立场所决定的，也反映了他的历史局限性。印度以后的历代奴隶主和封建王的专制国家，在官僚政治、警官制度和赋税制度等方面，大体都沿袭了孔雀王朝的制度，作为他们统治和压迫人民的工具，因而不能不肯定《政事论》在这方面所起的作用。印度历史学家也承认："古代印度关于政府的学说，在《法治》和考底利耶的《政事论》中已奠定了主要基础。"

考底利耶这位古代印度政论家的业绩和他的著作《政事论》，已成为印度的历史遗产为后人重视。

阿育王传奇

公元前4世纪晚期，马其顿王亚历山大率军侵入印度西北部，并派总督和驻军进行统治。此后北印度政局动荡不安。公元前324年，孔雀家族出身的旃陀罗笈多，在领导印度河流域人民反抗马其顿入侵者取得胜利之后，自立为王，即月护王。后来，他挥师东进，攻克华氏城，灭了难陀王朝，建都华氏城。公元前305年，旃陀罗笈多击败塞琉古王国的入侵，合并了印度西北部广大地区，从而建立了印度历史上第一个统一帝国——孔雀帝国。他的后继者宾头沙罗统治时期，又征服了南印度一些地方。到第三代君主阿育王统治时期（公元前273—前236年），又征服了南印度的大国羯陵伽。至此，孔雀帝国成为一个幅员辽阔的大帝国，进入了它的全盛时期。

阿育王只是宾头沙罗王众多王子之一。他从小就特别崇敬佛教始祖释迦牟尼，喜欢听佛祖如何经过许多肉体和内心的痛苦而终于成佛的故事。他对他的兄弟们说："佛教可以教人消灭个人欲望，使人安分守己，这对治理国家很有好处。"

公元前273年，宾头沙罗王病逝。不久，为了夺取王位，王子和公主们进行了残酷的内战，其中最激烈的是阿育王和长兄之间的战争。在这场争夺王位的斗争中，阿育王曾经谋杀掉的兄弟姐妹有99人。最后阿育王夺取了王位，但直到称王后的第四年，阿育王才举行正式的登基典礼——灌顶信仰式。

孔雀帝国是一个君主专制国家，最高统治者国王集军事、行政、司法大权于一身。阿育王自称是"诸神的宠爱者"。国王之下设有庞大的官僚机构，有许多大臣分管中央各部，地方划分为若干行省，设总督进行统治。为了强化统治，建有由步兵、骑兵、战车兵和象兵组成的庞大军队。孔雀帝国的君主善于采用宽猛相济、恩威并用的统治政策。阿育王在征服大国羯迦陵的战争中，杀死10万人，俘虏15万人。

羯迦陵战争对阿育王影响极大。战争结束不久，阿育王同佛教高僧优波毱多进行了多次长谈。最后，在其感召下，他皈依了佛教，成了一名虔诚的教徒。

阿育王成为佛教徒后，对残酷的战争给人民所造成的灾难感到万分后悔。他曾经发布过一个敕令说："战鼓的响声"沉寂了，代替它的将是"法的声音"。今后代替暴力统治和侵略的，将是不遗余力地宣扬佛法。从此以后，他将不再向邻国派遣军队，而是宣扬佛法的高僧。

阿育王所说的"法"，就是以佛教的伦理道德观为基础，强调仁慈的实践和虔诚的思想。他认为，对于每一个人来讲，信仰佛法，重要的在于行动，一个人能否向善，不是看他参加了多少次佛教的仪式，而是看他在每一件事情上是否能按照佛法去做。

阿育王希望每一个人都能以家庭作为人生的基点，首先在家庭中体现他所说的那些道德。主要是要服从父亲，尊崇老师和长辈；对亲朋好友要慷慨和友好；对待仆人和贫苦的人要乐善好施；对待动物要仁慈，不能滥杀。

平心而论，阿育王这些措施，都是有一定进步意义的。

阿育王率先垂范，以身作则。首先，他宣布在全国范围内废除斗兽之类的血腥娱乐，不允许用动物做杀生祭礼，在宫廷里对王公大臣们喜欢的狩猎游戏也加以限制。

阿育王定佛教为国教。他下令在王宫和印度各地树立石柱，开凿石壁，将他的诏令刻在上面。他还召集了全国的一大批佛教高僧，编纂整理佛教经典，在各地修建了许多佛教寺院和佛塔。盛况空前，真是佛教之大幸。

阿育王为了弘扬佛法，他派出了包括王子和公主在内的大批使者和僧侣，到邻近的国家和地区去传教。印度公主在去锡兰（今天的斯里兰卡）传教时，不仅带去了许多僧侣和佛典，还带去了一枝神圣的菩提树的树枝，并亲自种植在锡兰，这棵菩提树在锡兰一直生长到今天。

经过阿育王的一番努力，佛教不仅传遍了锡兰，而且很快传到了埃及、叙利亚、缅甸、中国和世界各地。

除了宣传佛教，阿育王还为老百姓做了许多的好事，如扩大灌溉工程、修筑道路、建立医院等等。阿育王在位的40多年，在国内外都享有很高的声誉。在印度和其他一些国家的历史著作里，他被称为“伟大的阿育王”。印度的孔雀王朝也成了印度历史上第一个强大的统一帝国。就连中国的宁波，也曾经有过阿育王寺，说明阿育王在中国也是有影响的。

佛教的创始当然应该归功于释迦牟尼，但它的大规模传播，则要归功于阿育王。

阿育王的确可称得上是世界史上一位伟大而富有特色的君主。他治下的孔雀帝国包括了除南端以外的整个印度半岛。孔雀帝国的版图和履行的职责已在旃陀罗笈多的私人教师考底利耶所著的《政治经济理论》一书中予以阐明。考底利耶是一位彻底的现实主义者，他献身于“成千上万的国王拒绝接纳的财富之女神”，他的目的是要将“像不妊的母牛那样不结果实”的荒原改变成一个“美好的国家”，他对美好的国家作了如下的解释：

“在王国的中心区和边围的地区拥有首府和省会……力量强大，足以压服邻近地区的国王；没有一片片泥泞的、多岩石的、凹凸不平的荒芜的土地. 也没有阴谋家、虎狼之徒、野兽和大片的旷野……拥有肥沃的土地、矿山、树林、成群的大象和牧场……用水不靠下雨……商品丰富多样；能够承担起供养庞大的军队和交纳繁多的赋税的重任；居住的农民都具有乐善好施、积极肯干的品质……这些就是一个美好的国家所应有的优点。”

无论如何，这些优点在孔雀帝国可见到一些。养护很好的公路上，成群的商人、士兵、王室信使和行乞的托钵僧往来不绝，车辆众多，使正式的公路法成为必需。对东海岸羯陵伽的征服促进了贸易，成立了一个海事部专门维护航道和港口。许多寺院的题词证实了向寺院捐款的商会和行会的富有和慷慨。首都华氏城被称为“花城”，以它的公园、公共建筑物、九哩多长的河边地和吸引国内外学生的教育制度而闻名于世。所有的这一切，均靠“国王提取的1/6”的收成来供养，不过，国王提取的收成实际上常提高到1/4，留给农民的仅够维持生存。法律是严厉的。维持秩序的手段也是无情的。军队号称有70万人，配备9000头大象和113000辆战车。精干的密探无处不在，通过信使和信鸽将一连串的报告送交首都。总而言之，这是一个高效率的、严厉的、官僚政治的社会，充分体现了考底利耶所说的名言：“政治学是惩罚的科学。”

阿育王的统治表明，传统型的帝国统治发生了根本而独特的变化。他在通过特别残忍的战争之后，内心经历了一番强烈而微妙的变化，如前所述。他在刻于岩石的第13条敕令中这样写道：

“15万人作为俘虏被带走，10万人被杀死，许多倍于这个数字的人死去。……为诸神所爱的羯陵迦的征服者，感到很懊悔，感到深深的悲伤和悔恨，因为征服一个以前未被征服过的民族，包含着屠杀、死亡和放逐……即使那些躲过灾难的人，也由于他们始终热爱的朋友、熟人、同伴和亲属所遭到的不幸而极度痛苦。因之，所有的人都承受着不幸，而这使国王的心情十分沉重。”

由此可见，阿育王的忏悔还是相当真诚的。

推广佛教的目的在于创造一个“安全、理智、所有人内心都很平静、温和”的未来。他仿效波斯的统治者，将自己的敕令刻在岩石山洞和专门建造的柱子上。这些敕令与其说是正式法令，不如说是具有国家训诫的性质。它们的共同特点是，告诫人们发扬佛的美德——朴素、同情、相互宽容和尊重名种生命。阿育王还兴办了许多并不给国家带来直接利益的公共事业——医院和国家公费治疗。

阿育王并不像现在某些时候人们所宣称的，是印度的君士坦丁。他对婆罗门和耆那教也予以慷慨的资助，并帮助各教各派的杰出人士。这不是宗教上的变革，而是一般意义上的改变。他强调的是宽容和非暴力主义，不仅因为这两者是合乎道德需要的东西，而且因为它们会促进他那庞大且复杂的帝国的和谐。这在阿育王统治期间证明是很成功的，因为他在民众的欢呼声中统治了长达41年的时间。

孔雀王朝已成为到现在为止的印度历史的一个模式。印度与中国不同，在中国，是长期的帝国统一间隔以短暂的分裂；而在印度，则恰恰相反——是短暂的统一和长期的分裂。这并不是说印度就没有统一，印度有统一，但这是文化的而不是政治的。印度文化强调的是忠于社会秩序而不是忠于国家，正如种姓等级制度的地位比任何政治制度都高这一点所证明的。因而，在一个范围内增进了统一的文化又在另一范围内破坏了统一。

阿育王统治时期，佛教建筑和佛教美术得到空前的发展，这也是顺理成章的。佛寺、佛塔、石窟、石柱、雕像等，其数量之多，制作之精，造型之美，均为以往所不能比拟。其中尤以阿育王法敕与石柱、桑寺佛塔、阿旃陀石窟艺术最富有代表性。阿育王石柱的造型图案现已作为印度的国徽，印度的货币亦以它作为标志。

孔雀帝国的创立者——旃陀罗笈多

旃陀罗笈多是古代印度国王，是古代印度的孔雀帝国的创建者。他的父亲是一个氏族首领，母亲是一个村长的女儿，在他幼年时，父亲死于边境冲突中，因而他幼年时孤苦伶仃。但长大一些，他在青少年中间才能出众，被政治家考底利耶所看重。考底利耶把他带到咀叉始罗并使他受教育。

在旃陀罗笈多出现在历史舞台的时代，北印度正处在由小邦分立逐渐趋向统一的时代。

公元前4世纪，恒河下游的摩揭陀国建立了难陀王朝，相传它的建立者出身于社会下层，通过斗争才取得统治地位。他们的势力不仅控制了恒河流域，而且扩张到德干高原。

这以后不久，马其顿的亚历山大率领他的远征军进入印度的西北部，当地人虽曾奋起反抗，终因缺乏统一的指挥，力量分散，而被击败。马其顿的侵略者占领了印度的西北部，残酷地压迫当地人民，破坏了生产力，并且切断了印度与外界商业往来的通路。

奴隶主阶级为抵御危及他们政治和经济利益的外族入侵，要求建立一个统一的强有力的国家，其中工商业阶层更需要政治统一，以发展经济和保护商路，广大的农民、手工业者也渴望统一，以抗击外敌和发展生产。虽然各自的目的不同，统一已成为印度各阶层共同的迫切要求，这也是历史发展的必然趋势。由于难陀王朝后期的统治者很腐败，得不到人民的支持，因此，统一印度的历史任务就落到奴隶主阶级的代表旃陀罗笈多的肩上了。

据说，旃陀罗笈多曾在旁遮普访问过亚历山大，因惹怒了亚历山大而逃走，随后他和考底利耶召集军队，反对马其顿。印度的西北部一些尚处于氏族社会的人和过去的散兵游勇都参加到他们的队伍中来。这时，马其顿侵略者的处境非常困难。公元前 326 年，坎大哈人民爆发起义，杀死了马其顿总督。第二年，印度地区的另一个马其顿总督又被起义者杀死。亚历山大撤离后，马其顿在印度的统治濒于崩溃。

旃陀罗笈多利用这个机会，扩大其军队。公元前 324 年，他自立为王，开始了反马其顿的斗争。直到公元前 317 年，马其顿大将埃于德穆斯被迫撤退，旃陀罗笈多收复了印度西北部。

马其顿侵略者不甘心失败，公元前 305 年，塞琉古王国国王塞琉古进军印度，战争的经过情况不详。结果是塞琉古将今天阿富汗境内的赫拉特、坎大哈和喀布尔让予旃陀罗笈多。传说塞琉古还把一个女儿嫁给旃陀罗笈多，此外，塞琉古还派遣麦加斯特涅斯出使印度。

旃陀罗笈多还向南印度进军，在他的时代，孔雀帝国的疆界可达南达迈索尔。于是印度历史上第一次出现了大体统一的帝国，旃陀罗笈多成为这个帝国的第一个国王。

为了统治和管理这一庞大的帝国，旃陀罗笈多在考底利耶的辅佐下，建立了一套中央集权的专制政治体系。国王是最高的统治者，独揽军事、行政、立法和司法大权。据麦加斯特涅记载："旃陀罗笈多日理万机，甚至在更衣和盥洗时，亦须处理政务，接见使臣。"在国王之下，设立御前会议，作为咨询机关。此外，还有负责专门事务的一些文武大臣。他又把全国划分为若干省，作为地方的最高行政单位，任命省长或总督治理。他们都是王族成员或国王的亲信。旃陀罗笈多保留了原来的农村自治公社，它作为社会的基层组织为帝国提供税收和兵源，同时也是专制政治的基础。

据说旃陀罗笈多建立了一支包括60万名兵士的常备军，其中分步、骑、车、象、辎重后勤等兵种。士兵由国家供给武甲装备，并按时发给他们薪饷。

旃陀罗笈多还成立了一个密探组织，让其成员向国王告密。以加强专制统治。

统一的帝国促进了经济的发展，旃陀罗笈多对农业非常注意，专门设立了一个水利部，管理许多运河。麦加斯特涅斯记载道："由于河渠水量丰富，各物生产茂盛。以致可以这样说，饥馑从来没有降临过印度。由于食物充足，那里也从来没有出现过大规模的灾荒。"这段记载可能有些夸大，但也在一定程度上反映了当时农业的发展情况。

手工业也发展起来了。麦加斯特涅斯曾提到印度地下蕴藏金、银、铜、铁和其他金属，可以用来制造各种器皿、装饰品和武器。此外，纺织、珠宝、象牙制品等工艺都有突出的发展。被称为"脂那帕塔"的中国丝的输人，使印度的丝织品更加精美。

这时印度的商业也趋繁荣，出现了华氏城、王舍城、咀叉始罗和婆罗捺斯等大城市。旃陀罗笈多又统一了度量衡，更有利于经济的发展。

总之，旃陀罗笈多统治时期，是印度经济繁荣的时期，他的一系列措施使印度发展壮大。他一生的活动都和印度由分散的小邦发展为统一的奴隶制帝国密切联系着，无论是驱逐马其顿入侵者，还是消灭难陀王朝。

孔雀帝国时代印度经济的发展，说明了旃陀罗笈多的活动顺应了当时的历史潮流，对社会发展起了一定的积极作用。然而，他创建的帝国依旧是奴隶主国家，广大劳动者的境遇仍非常悲惨。除了受到奴隶主的经济剥削、政治压迫，还要受国王密探组织的监控，人身自由得不到保障，而奴隶主则拥有大量的财富。旃陀罗笈多的宫廷生活极为奢侈。外出时乘坐金轿，前面有很长的仪仗队，队内还有犀牛、大象等巨兽。宫殿等建筑皆饰以金银。服侍国王的都是宫娥，甚至狩猎时亦由女卫士护驾。这一切都反映出他的政权本质是维护奴隶主阶级的专制统治。

旃陀罗笈多死于公元前300年，据耆那教文献称，他在死前曾随耆那教教长跋陀罗巴乌到迈索尔，在那里过隐居生活。

种姓制度下的印度

古老的印度是世界四大文明发祥地之一，它在创造了辉煌灿烂的文明的同时，也创造了一些负面的东西，如其长期以来形成的种姓制度，对社会形成了消极的影响。

“种姓”一词，在印度梵文中称“瓦尔那”，意为颜色、品质。这是怎么回事呢？

原来，印度的原始居民叫做达罗毗荼人，这个人种皮肤黝黑，他们创造了哈拉帕文化。在公元前2000年代中叶，属于印欧语系的许多部落，从中亚细亚经由印度西北方的山口，陆续涌入印度河中游的旁遮普一带，征服了当地大部分达罗毗荼人。入侵者是白种人，自称“雅利安”，意为高贵者，从一开始就带有种族歧视的意味。

雅利安人对达罗毗荼人的征服和奴役，以及雅利安人内部阶级分化的结果，在社会上形成了森严的等级制度，即种姓制度。

古印度有四个种姓：婆罗门、刹帝利、吠舍和首陀罗。

婆罗门地位最高，是祭司贵族，掌握神权，占卜祸福，垄断文化和报道农时季节。刹帝利是军事贵族，包括国王以下的各级官吏，掌握行政权与军事权，地位仅次于婆罗门。这两个种姓占有大量生产资料，靠剥削为生，构成统治阶级。

吠舍是小生产者，即自由民的中下层，包括农民、手工业者和商人，他们必须向国家缴纳赋税。首陀罗是指那些失去土地的自由民和被征服的达罗毗荼人，实际上处于奴隶地位。

各个种姓职业世袭，互不通婚，保持严格的界限。凡是不同种姓的男女所生的子女被视为贱民，或叫不同接触者。贱民不包括在四个种姓之内，最受鄙视。

婆罗门教宣称把人分为四个种姓完全出于神的意志。《吠陀》是婆罗门教的经典，其中的神话故事被利用来解释种姓产生：造物神“梵天”用口创造婆罗门，用肩和手创造出刹帝利，用膝创造出吠舍，用脚创造出首陀罗。因此种姓的贵贱之别是天经地义的。

婆罗门教宣扬轮回之说，为奴隶主阶级的统治服务：凡安分守己地忍受今生的苦难的人，来生可升为较高级的种姓，否则，即降为较低的种姓。这实际上是在以宗教恐吓被剥削的人，使他们放弃抗争，逆来顺受，在对来世的虚幻渴求中变得麻木不仁。

不仅如此，印度的奴隶主阶级还制定了种种严酷的法律，维护其种姓制度。《摩奴法典》是其典型代表。“摩奴”是婆罗门教神话中梵天的儿子。取这个名字的用意是很明显的，就是借着神的名义进行残酷的统治。

《摩奴法典》首先确认婆罗门是“一切创造物的主宰”，可以强迫首陀罗劳役，首陀罗要温顺地为其他种姓服务。首陀罗不能积累个人财产，婆罗门有权夺取首陀罗的一切。

《摩奴法典》还制定了众多残酷的刑罚，专门镇压低级种姓吠舍、首陀罗的反抗。如“低级种姓用肢体的哪一部分伤害了高级种姓的人，就须将那一部分肢体斩断。动手的要斩断手，动脚的要斩断脚。”还规定首陀罗如果评论婆罗门祭司的品行，就要用沸油灌入他的嘴里和耳朵里。杀死婆罗门的人应处以最痛苦的死刑。但是，高级种姓杀死首陀罗可用牲畜抵偿，或者只简单地净一次身就行了。

此外，法典还对各个种姓的职业、婚姻、服饰、起居、饮食等做了繁琐的规定。如不同种姓的人不能同室而居，不能同桌而食，甚至不能同饮一口井里的水；不同种姓的人严格禁止通婚，从而使种姓的划分固定化和永久化。

每个种姓在各地都有自己的组织，并有种姓长、种姓长老会以及种姓全体大会，处理有关种姓内部的事务，并监督本种姓的人严格遵守《摩奴法典》及传统习惯。倘有触犯者，轻则由婆罗门祭司给予处罚，重则被开除出种姓之外。那些被开除种姓的人也归于贱民之列。

贱民是印度社会中最受歧视的人，他们毫无尊严可言。贱民从事着被人认为是最低贱的职业，如抬死尸、清除粪便等。走在路上，贱民必须要佩带特殊的标记，口中不断发出一种特殊的声音，或敲击某种器物，以标示出自己的身份，通知那些高级种姓的人及时躲避。婆罗门如果接触了贱民，则认为是一件倒霉的事，回去之后要举行净身仪式。

印度的种姓制度实质上是阶级压迫的表现。虽然历经了几千年，种姓制度的影响至今依然存在。并且演变得越来越复杂。

坚战和难敌的故事

坚战和难敌是印度史诗《摩诃婆罗多》中的两个主要人物。“摩诃婆罗多”的意思是伟大的婆罗多族，它是首长达40万行左右的史诗，是目前整理编订成书的史诗中最长的一首，它来自民间口头流传。

坚战和难敌这两个有着血缘关系的堂兄弟，性格迥然不同，在史诗中演绎了一段复杂的故事：

婆罗多族的奇武王生有两个儿子，长子叫持国，由于自幼双目失明，长大后，国事被奇武王交到次子般度手里主持。后来，般度到林中修行，把政事交给了哥哥持国。

持国有100个儿子，人称俱卢族，为首的长兄叫难敌；修行的般度留下5个儿子，人称般度族，他们的长兄叫坚战。

持国公平地对待自己的儿子和弟弟的儿子们，并为这105个子弟请了一位身手不凡的师傅，传授武艺。不料，般度的5个儿子成绩突出，远远超过了持国100个儿子中的任何一个。持国对此倒没有什么意见，只是他的长子难敌非常嫉妒他们。难敌总想谋害般度五子，他使出各种阴谋诡计，甚至想放火把他们活活烧死在紫胶宫中。结果难敌样样都未能得逞，反而暴露了他丑恶的用心。

般度族在长兄坚战带领下逃走了。这时遮罗国王为美丽的黑公主开设了选婿大典，各路英豪相聚一堂，为争夺黑公主展开了一场激烈的较量。最终般度族的五兄弟以超凡的箭法获得胜利，并合娶了黑公主。

持国不忍般度族流亡在外，便派人接回了五兄弟和黑公主。五兄弟欢天喜地回国了，而且还得到了虽然很贫瘠但占总面积一半的国土。他们开始了艰苦的创业。经过一番努力，荒芜的土地变得富饶、美丽。五兄弟受到当地人的崇敬和热爱，特别是他们的长兄坚战还被尊为王中之王。

难敌在一边看着，不禁妒火中烧。他知道，这次不能再使用暴力，必须想个好主意。经过一番密谋，他设计了掷骰子的骗局，而坚战又上了钩，般度族的一切财富被难敌剥夺了。黑公主与般度族一起沦为难敌的奴隶。得意洋洋的难敌指使他的俱卢族百般虐待、侮辱般度族，甚至想在众目睽睽之下剥光黑公主的衣服，想以此使般度族声名扫地。

持国看到事情闹得太不成体统了，也唯恐这是家庭灾难临头的前兆。于是，他下令恢复般度族的自由，并且归还了他们原有的国土。但是，难敌更加容不下坚战兄弟了，又一次利用掷骰子的赌博术使般度族再次失去土地，并且遭到13年的流放处罚。

坚战采取容忍的态度，带领般度族又过了13年的流浪生活，第13年还是在隐姓埋名中度过的。流放期满之后，坚战按照原先同难敌的约定要求归还般度族的土地。但是，难敌背弃约定，坚决不履行诺言。于是坚战就做了退让，只要求原有土地的一半，即使如此，难敌也不答应，坚战继续退让，只要求几个村庄，难敌就恶狠狠地告诉坚战，连立锥之地都不会给他。

坚战忍无可忍，终于，双方僵持到了必须要用战争来解决问题的地步。经过18天刀光剑影、血流成河的鏖战，俱卢族的兄弟相继阵亡，般度族取得了最后的胜利。

但坚战兄弟并不贪恋权势，他们把国家交给子孙管理，自己则跑到遥远的雪山上去修道。当他们死后，在天堂中同俱卢族相会，双方尽弃前嫌，凡间的愤怒和仇恨都烟消云散，他们都成了天神。

《摩诃婆罗多》描写了婆罗多家族内部的矛盾和斗争。坚战是“仁慈的化身”，他的人生信条是“容忍是最高美德”。他总是很理智地控制自己的愤怒，对别人的轻慢和侮辱总能忍耐和宽恕。在他身上，体现出古老的士族道德遗风：言行一致，大公无私，不追随邪恶，不同朋友争吵，不贪图别人的财产，不受贪欲支配，也不留恋世间的无常之物。但是，当战争爆发后，坚战却变得狂暴、虚伪了。他用谎言和诡计扭转了不利的战局，干了些违反正法的勾当。坚战的性格发展变化真实地反映了原始社会转变为奴隶社会时军事酋长是怎样转变为奴隶主的。

难敌从刚刚出场就是一个反面人物。他狡猾奸诈、心狠手辣、贪婪无度、野心勃勃，为了夺取权势不惜一切手段谋害亲人，是个典型的政治野心家。难敌的嫉妒心理表现得格外突出。嫉妒是私有观念的反映，是卑劣贪欲的产物，对别人财产的贪欲和嫉妒，使难敌常常产生无法忍受的痛苦和忧愁，他露骨地宣称：“刹帝利的责任是不断追求胜利，不管道德不道德。”难敌是一个最早出现在印度文学史上的奴隶主贵族形象。

《摩诃婆罗多》通过以坚战和难敌为代表的般度族和俱卢族的冲突，反映了人民群众的爱憎好恶，反映了他们坚持善行，反对邪恶，追求和平、安宁、富足生活的美好愿望。

长诗最后写五兄弟回到了战场。他们于昨夜被俱卢族偷袭，只有他们五人跑了出去。这五人看到地上血流成河，尸横遍野，景象十分悲惨。于是联想到兄弟家族互相仇杀，给全印度带来严重的灾难。就这样，般度与俱卢讲和，化仇恨为友谊。

最后是火葬，柴火像小山一样堆得高高的，尸体也像小山一样堆得高高的，火焰疯狂地冲上天空。如果人们贪婪和互相仇恨。就像这火一样疯狂，而这时的火所燃烧掉的正是贪婪。

《摩诃婆罗多》是印度古代社会的百科全书，对正义的歌颂是印度人民理想的化身，其结局正是他们团结统一的愿望的反映。

印度史诗——《罗摩衍那》

美猴王孙悟空的大名传扬四方，也许你还不知道，他这个猴王在世界上可不是独一无二的一份。在印度史诗《罗摩衍那》中，就曾出现过本领高强的猴王形象。据说，他还有可能就是孙悟空的前身呢！只是不是主角。

《罗摩衍那》是一首由10万句诗构成的洋洋洒洒的长篇史诗。它在印度长期的民间口头基础上发展起来，描绘了一个具有神幻色彩的动人故事。

故事讲道：阿逾陀城的十车王多年求子，祈心敬意，终于感动了毗湿奴大神，大神便化身为四份，下凡托生为十车王的四个儿子。当王子们长大之后，面临着选立太子的问题。经过群众大会的推选，十车王宣布：立罗摩为太子，继承王位。小王后吉迦伊受人教唆，要弄手腕，挟制国王，逼着他下达了两个命令：一是让她的儿子婆罗多继承王位，二是流放罗摩14年。

罗摩不愿让父王违背自己的诺言，甘愿忍受被排挤的痛苦，他同妻子悉多、三弟罗什曼那共同去流浪，最后住到森林里。

不久之后，忧郁痛苦的十车王死去了。被立为太子的婆罗多不同意继承王位，决定把住在森林中的罗摩追回来。二人相见后，罗摩坚持不同意婆罗多让位于他的请求。不得已，婆罗多只得将罗摩的鞋带回放在王位上，供起来。他认为这样他才可以权且代兄摄政。

在森林中，十首罗刹王的妹妹热烈地追求罗摩，但遭到严辞拒绝，她转而又去追求罗摩的弟弟罗什曼那，结果被割掉耳鼻。她向哥哥十首罗刹王诉苦，要他为自己报仇。十首罗刹王化身为一头金鹿，出现在森林里，罗摩和罗什曼那为它所吸引，追赶而去，却正中了十首罗刹王的调虎离山之计。他趁机将罗摩的妻子悉多劫掠到他的领地——楞伽城，并诱逼悉多嫁给他。悉多坚贞勇敢，大胆地反抗，誓死不从。

罗摩四处寻找悉多，在这个过程中，他结识了猴王国之君，并结成盟友。罗摩帮助这个猴王打败了篡夺王位、霸占弟媳的不义兄长，因此，他得到了猴王国的帮助，明白了悉多被劫的真相。

于是，罗摩和猴王的军队开始了营救悉多的行动。在天神的帮助下，他们翻山过海，攻入楞伽城，最终消灭了十首罗刹王。悉多获救后，夫妻团圆。

这时，正赶上罗摩 14 年的流放时期已满，他们夫妻乘坐着云车回到国内，顺理成章地登上王位。而此时，在度过了崎岖坎坷的患难生活之后，罗摩一再怀疑悉多的贞洁，这令悉多非常伤心，她向地母求救，并最终投入大地的怀抱。

大梵天预言：罗摩全家将在天上团圆。

故事情节大概就是这样。

在史诗中，罗摩被描写成最完美的英雄典型，他智谋出众，道德超凡，武力过人，勇敢善战，善于保护人民，深受群众爱戴。人们称颂他："这些品德在身上闪耀，像太阳那样发出万道光彩。"

罗摩高尚的品德，使他能够平静地面对尽人皆争的王位。为了妥善解决家族内部的纷争，维护父亲十车王的良好声誉，他不惜丢弃一切近在眼前的权势和利益，荣华富贵对他来说轻如过眼云烟。他脱下华美的衣裳，换上树皮缝制的遮身物，走进了森林，接受了 14 年的艰苦考验。他这种不谋私利，克己待人，宽恕忍让的精神，体现了人民群众对美德的认识。

关于罗摩的英勇，在史诗中作了生动的描叙。有一段史诗表现了罗摩以盖世的膂力拉断一张需要 5000 名壮汉才能拉动的宝弓：

成千上万的人们，
看到虔诚的罗摩，
把弓弦装到弓上，

仿佛在游耍欢乐。
这有力的人装上弓弦，
把弓一直拉到耳边：
这光辉的人中英豪，
把这张弓从中间拉断。
迸出了巨大的响声。
像是扫过来的飓风：
又像是那大山崩裂，
大地为之激烈震动，
被这声音所震撼，
所有的人都跪在地上，
只有罗摩兄弟俩除外，
还有牟尼立尊和国王。

罗摩从来不把自己的勇武运用于贪婪的掠夺和罪恶的征伐上。他同猴王建立的是生死与共的友谊，发动的是正义之战——营救悉多，杀死吃人的魔王。

然而，当罗摩当上国王之后，怀疑起他那忠贞的妻子，并把怀孕的妻子冷酷地遗弃在河边。可见，英雄是没有完美的。

悉多虽没有罗摩的形象那样光彩夺目，却也是生动感人的。

悉多的意思是犁沟，她的母亲是辽阔大地。由于遮那竭国王的收养，她成了公主。但她身上丝毫没有宫廷的腐朽气息，有的只是坚强的意志、勇敢的精神和对爱情的忠贞。她有自己独立的见解和主张，遇事绝对不顺从于人。她说服了曾劝她回家的丈夫，同他一起去流浪，她拒绝了企图用荣华富贵、锦衣玉食诱惑她的十首罗刹王，她更愤怒地斥责了最后怀疑她不贞而抛弃了她的冷酷无情的丈夫，无畏地投进了熊熊的烈火之中。

悉多的故事是可歌可泣的，在她身上凝结着被压迫妇女的理想和愿望。

史诗是人类童年时期的艺术。《罗摩衍那》无疑创造了这一艺术的一个不可企及的高峰。

诗情画意的《吠陀本集》

人类以善感的心灵体味世间万象，倾听万籁和鸣。

一只小小的青蛙，在千姿百态的生物群中毫不起眼，也很难称得上美丽可爱，似乎难进大雅之堂。然而，一旦它被诗人的慧眼捕捉，经过妙手的点染，就会脱胎换骨，容光焕发，俨然是美丽的化身了。

中国宋词："稻花香里说丰年，听取蛙声一片。"

日本徘句："古池塘，青蛙跳入水声响。"

这两则是传神写意的简笔勾描，还有一则，是精致细腻的工笔之作：

雨季到来了，雨落下来了。
落在这些渴望雨的青蛙身上。
像儿子走到了父亲的身边。
一个鸣蛙走到另一个鸣蛙身旁。
一对蛙一个揪住另一个，
他们在大雨滂沱中欢乐无边，
青蛙淋着雨．跳跳蹦蹦，
花蛙和黄蛙的叫声响成一片。

这朴素而又生动活泼的诗句出自印度的圣典——《吠陀本集》。

吠陀是梵语的译音，古译为"明"或"知识"，即学问，是"神圣的知识"之意，也可译为"智慧书"。《吠陀本集》的产生源于古代印度的祭祀活动。婆罗门祭司在主持大型的祭祀典礼时吟唱诗句和经文。长期积淀下大量的诗歌。为了使祭祀时有经可据，祭司们将自古流传下来的诗歌（包括自己的作品）编订成四部《吠陀本集》，奉为圣典，成为祭祀中必不可少的工具。四部分别是：《梨俱吠陀》、《娑摩吠陀》、《夜柔吠陀》、《阿闼婆吠陀》。

最富于文学性的是公元前15世纪左右编成的《梨俱吠陀》。是印度现存最古老的一部诗歌总集，共收集诗歌1028首。前面那首描写青蛙欢迎雨季到来的诗即出自这里。

《梨俱吠陀》的核心部分是颂神赞歌。有1/4的篇幅歌唱古印度民族的主神因陀罗。他是一位手持雷杵，给人类带来甘润的霖雨、消灭旱魃和黑暗的伟大天神。印度人用气势磅礴的优美诗篇赞颂他的恩惠和功德：

他使摇荡的地球恒定。
他给原始的山岳形体，
他举起拱环的穹苍，
他划分浩瀚的天空，
他是——听着我的歌——
因陀罗，宇宙的统治者！

在上古的印度人眼中，变幻莫测的自然界是神奇的，可敬又可怕的，他们把日、月、水、火、天、地、风、雷都奉为神祇，热烈地歌唱礼赞，祈求能得到神的庇佑，如一首赞颂黎明女神的诗歌：

这个光华四射的快活的女人．从她的姊妹那儿来到我们面前了，天的女儿啊！

像闪耀着红光的牝马似的黎明，是奶牛的母亲，黎明啊！你又是财富的主人。

你是驱逐敌人的。欢乐的女人啊！我们醒未了，用颂歌迎接你。

欢乐的光芒。像刚放出栏的一群奶牛，现在到我们面前了。黎明弥漫广阔的空间。

光辉远照的女人啊！你布满空间，用光明揭破了黑暗。黎明啊！照你的习惯赐福吧！

你用光芒遍覆天穹。黎明啊！你用明朗的先耀广阔的太空。

诗中那奔放热烈的情感，那丰富巧妙的修辞，以及自然力量的人格化表现，都同中国的《楚辞》中瑰丽的诗篇有异曲同工之妙。

除了《梨俱吠陀》之外，《阿闼婆吠陀》中也有一些清新喜人的小诗。《阿闼婆吠陀》是用以攘灾去病的，大部分诗是巫师的咒语，如一首治咳嗽的咒语：

像太阳的光芒，
迅速飞向远方，
咳嗽啊！远远飞去吧，
跟着大海的波浪。

真是不看不知道，原来想象中可怕的巫师和那些恐怖的咒语，居然可以是这样词句清新，境界开阔．想象丰富，韵律流畅．令人回味再三。

还有一首求雨诗：

雷啊！怒吼吧。请你使大海的波涛汹涌。

雨啊！请你用甜蜜的乳水浇洒大地。

请在求庇护的人身上浇下倾盆大雨：

让那些瘦牛的主人快快回家去。

这些诗是古印度人艺术才华的展示，如同源源不断的甘泉水，给印度文学以丰厚的滋养，更是世界艺术圣坛上一支独放异彩的奇葩。

此外的《娑摩吠陀》和《夜柔吠陀》则是工具性强一些，文学价值稍逊于前两部。

西方之源

特洛伊之战

西方文化的源头是古代希腊，现代欧美的许多观念、精神都源于古希腊。希腊历史的第一篇章是爱琴文明，在希腊的土地上，出现了全欧洲最早的国家。

公元前2000年至公元前1200年间，在爱琴海地区的岛屿上出现了奴隶制的城邦，先后以克里特城和迈锡尼城为中心，希腊的社会发展起来。

在公元前1700年至公元前1400年的300年间，克里特最为繁盛。以克诺索斯城为中心，传说中的米诺斯王建立了海上霸权，控制了整个爱琴海地区并且还同埃及保持着密切联系。

公元前1450年，克里特岛被来自南希腊的迈锡尼人占领。公元前1400年至前1300年间，迈锡尼文化繁荣，然而经过一场10年之战，迈锡尼人元气大伤。希腊的爱琴文明也逐渐结束，古希腊揭过了历史文明的第一页。

在公元前12世纪前后，希腊人远征特洛伊城，目的是为了抢夺特洛伊的财富。但这件事的起因有一个传说，故事也就从此开始：

小亚细亚西北部有个特洛伊王国，国王为普里阿摩斯，他众多的子女中，最受宠的是王子帕里斯。帕里斯和他的父亲一样爱慕美色。有一天，帕里斯出使希腊去接回自己的姐姐赫西俄涅团聚。

王子到了希腊，在斯巴达遇到了美貌的女子海伦，海伦的丈夫是墨涅拉俄斯，他是斯巴达的新王，老王是海伦的父亲。

帕里斯英俊风流，海伦被帕里斯吸引，而墨涅拉俄斯恰好不在宫中，海伦以王后的特殊身份接待了帕里斯。他们一见钟情，海伦竟然上了帕里斯的船逃离了斯巴达，而帕里斯也忘记了自己的使命，最后他们回到特洛伊城。

战争打响了，希腊联军远征特洛伊城，帕里斯与墨涅拉俄斯对阵而受伤，在另一场战斗中却射死了希腊英雄阿喀琉斯。最后，帕里斯被希腊神箭手菲罗克特斯用毒箭射死。

双方交战无数，希腊人虽然杀死了罪魁祸首，但是复仇的火焰正熊熊燃烧，不肯退兵，交战双方都看不到胜利的尽头。在特洛伊城里面，有人主张把海伦交出去讲和，但这是不可以的，因为她有了第三任丈夫，是特洛伊城的一个将领。在希腊那边，也有人主张撤军，但复仇派占大多数。

夜深人不寐，希腊联军统师阿加门农的大帐中，将领们商量妙计……

没出几天，一个奇怪的早晨。

平常喧嚣的战场，突然间变得死一般地寂静，特洛伊人向城外眺望，只见希腊联军的大营在一夜之间拆得干干净净，旷野上空无一人，远远地，威猛的战舰似乎在大海里，隐约能辨认出来希腊旗帜。

哨兵们先从城中出来，小心翼翼地搜寻，结果一个人影也没找到。

“希腊人逃回去啦，希腊人进回去啦！”“我们胜利了，我们胜利了！”特洛伊士兵不敢相信眼前的情景，但又不得不相信，他们最终欢呼起来。

城里的将军、士兵们都听到了欢呼声，纷纷拥出城来庆祝。来到海滩下，他们准备再打探一下敌情。突然，看见一座高大的木马矗立在那里。

“这是什么？”

人们面面相觑。

“用矛刺一刺。”有人提议。

结果没扎动。

突然，“这儿有个人！”士兵中有人叫道。

只见木马下面有一个人哆哆嗦嗦地走出来：“求求你们，不要杀我，不要杀我！”

特洛伊老国王让人把他带过来，这个人下跪禀明实情：“我，我躲在这里，因为我没有地方去了，阿加门农要杀我！”

老国王问：“这是为什么？”

“有一个希腊将领要退兵，他反对进攻特洛伊，阿加门农很残暴，听不得反对意见，所以把他杀了。他还要把我们，这些将领的亲戚都杀掉，幸亏我趁乱跑到山林里了，可是刚才你们搜山，我，我没地方去了！”这个人悲号不止。

老国王是一个善良的人，他让人把这个希腊人放了，并且准许他留在特洛伊城生活。这个人千恩万谢，磕头不止。

“这个大木马是做什么用的？”老国王问到。

“这是希腊人做出来为了祭天的，大王如果您把他们的祭品当成战利品拉回去，您亲自祭神，会得到好运的。”

“对呀，这是我们的最大的战利品。”人们兴高采烈地说。

老国王信以为真，令人把木马抬进城里。这个木马真的好大，根本不能从城门进去，于是就把城墙拆了个大缺口，把大木马运进城里，准备祭祀天神，以求好运。

晚上，人们点火跳舞，举杯痛饮，狂欢不止，一直闹到疲劳不堪，有的回到宫中，有的躺在街边，有的就睡在了酒席之上。全城静下来了，到处杯盘狼藉，酣睡的人随处可见。

夜深了，有一个人没有睡觉，就是那个希腊人。他悄悄地溜出城来，从白天砸开的豁口爬出来，到了一座山丘，点燃了信号火光。

他又迅速奔回城里，来到大木马前，在木马身上轻轻地敲了三下。只见本来严丝合缝的木马肚子忽然打开了一个小门，20名勇士全副武装，鱼贯而出。他们冲到城门下，打开了城门并且到处放火。

在远处海面上的希腊军队看到大火燃起，知道计策成功，他们以迅雷不及掩耳之势杀了回来。他们冲进王宫，斩下老国王的头颅。斯巴达国王冲进海伦的卧室，把那个将领刺死，然后挥剑斩向海伦。

可是，突然问他的剑落在地上，他的手无力地垂下来，原来他看到海伦的美丽，下不了手。这时，人们纷纷嚷道：“杀了她！杀了她！”斯巴达国王一狠心，再次举起剑，但仍下不了手。

正在进退维谷之际，联军统帅阿加门农发话了：“饶了她吧，弟弟！”

别看这轻描淡写的一句话，可使斯巴达国王得了赦令。他把剑扔在了地上。

10年战争终于结束，特洛伊城被毁。特洛伊的男人们大多被杀死，妇女、儿童成了奴隶。

3000年以来，木马计一直流传不衰。“特洛伊木马”成为一个特有名词，意为挖心战。作为一个成语，其意是“为了消灭敌人而送给敌人的礼物”。

欧洲最伟大的英雄史诗
——《荷马史诗》

《荷马史诗》是欧洲第一部伟大的文学巨著，它的主要搜集整理者荷马因而也成为最伟大的诗人。

大约在公元前15世纪，在希腊半岛南部，希腊人的一个部族阿卡亚人在这里创造了辉煌的迈锡尼文明。公元前14世纪左右，迈锡尼文明进入全盛时期，成为希腊各城中最为强大的部族。在其领地中心，建起坚固的城堡。作为国王贵族的居住地，城内广修宫殿，考古学家在其遗址上发掘出了精美的金面具、金杯、银器及锐利的青铜剑，由此可以想象当年它的繁盛。至今，卫城正门——“狮子门”的残迹仍然雄踞在那里。

在公元前13世纪末，迈锡尼联合希腊各城邦，远征小亚细亚地区的特洛伊，进行了长达10年之久的战争，最后希腊人一方获胜，但他自己的力量也被大为削弱。战争结束后，在小亚细亚一带便流传着许多歌颂这次战争中英雄事迹的短歌。在传诵过程中，英雄传说又同希腊神话交织在一起，由民间歌者口头传诵代代相传。每逢节日或盛宴，便在氏族贵族的宫邸中咏唱，一直到公元前9世纪的荷马时代。

相传荷马是古希腊的盲诗人，天资聪慧。当时有许多演唱特洛伊战争的歌者。荷马广泛搜集、整理，把原来片断式的短歌围绕一个主题用一条线索联结起来，并穿插了一些有趣的神话故事，使之成为具有高度艺术价值的长篇叙事史诗。荷马编成之后，各地歌者争相演唱。因为经过荷马的整理，线索更清晰，语言更优美，故事更生动。此后，歌者仍是口头传诵，并没有记录成文字。直到公元前6世纪中叶，在雅典执政者庇士特拉妥的领导下，史诗才有了最初的文字记录。公元前3至2世纪左右，亚历山大城的几位学者为之校订、整理，有了最后的定本，一直流传至今。

传说，阿喀琉斯的父母举行盛大婚礼的时候，邀请了所有的神灵，却单单把不和女神厄里斯给忘掉了。满心愤恨的厄里斯不请自来，在席上扔下一个“不和的金苹果”，上面写着“给最美的女人”。天后赫拉、智慧女神雅典娜、爱神阿佛络狄忒三位女神争执不下，一同去找宙斯。宙斯让她们去找特洛伊小王子帕里斯评判。三位女神为了得到金苹果，都向帕里斯许诺了好处。天后许诺他成为最伟大的君主，雅典娜许诺他成为最伟大的英雄，爱神许诺他得到最美貌的妻子。帕里斯把金苹果判给了爱神。后来，爱神帮助帕里斯拐走了斯巴达国王墨涅拉俄斯的妻子海伦，并抢走大批财物，引起希腊各城邦的愤怒。他们公推迈锡尼王阿加门农为首领，渡海远征特洛伊。

《荷马史诗》分为两部，第一部《伊利亚特》（也称为《伊利昂纪》），原意为“伊利翁之歌”，分为 24 卷。叙述了特洛伊战争第十年最后 51 天的故事。第二部也分为 24 卷，称为《奥德赛》（也称为《奥德修斯记》），原意为“奥德修斯之歌”，叙述了特洛伊战争后，英雄奥德修斯回国的历险故事。

《伊利亚特》开篇以希腊内部的矛盾冲突展开，英雄阿喀琉斯是神之子，骁勇善战，非常重视个人的荣誉。当时希腊军队中瘟疫蔓延。为了避免希腊全军在瘟疫中毁灭，他要求统帅阿加门农送还日神祭司的女儿，阿加门农依仗自己城邦的强大，当众辱骂了阿喀琉斯，并夺走了他的女俘。阿喀琉斯一怒之下退出战场。此后希腊联军屡战屡败，阿喀琉斯的好友帕特洛克罗斯借他的盔甲与盾牌出战，结果被特洛伊第一勇将赫克托耳杀死。阿喀琉斯万分悲痛，他抛弃私愤，以大局为重，重返战场，发誓要杀死赫克托耳，为好友报仇。最终阿喀琉斯誓言实现。他疯狂地用战车拖着赫克托耳的尸体绕城奔驰。特洛伊老王跪着哭求阿喀琉斯归还儿子的尸体，阿喀琉斯恻隐之心油然而生，答应了老王的请求。特洛伊的英雄赫克托耳的尸体被运回城中，全城为之举哀。后来，阿喀琉斯被特洛伊小王子赫克托耳的弟弟帕里斯用暗箭射中脚跟而死。阿喀琉斯出生后，被他母亲在冥水中洗过，全身都不惧刀枪，只有脚跟处被其母亲抓着，没有洗到，成为致命的要害，使得帕里斯为哥哥报了仇。后来帕里斯被希腊英雄菲罗克忒斯射死。希腊联军采用英雄奥德修斯的“木马计”攻克特洛伊城，结束战争。

《奥德赛》正是叙述了特洛伊战争之后，希腊英雄、聪明、勇敢的伊大卡岛国王奥德修斯渡海回国的故事。奥德修斯乘船率队返乡，但是一次次的艰难险阻却让他在海上飘流了 10 年。过巨人岛时，奥德修斯设计用酒灌醉了独眼巨人吕菲摩斯，刺瞎了巨人的独眼，藏身于羊肚子下逃出山洞。为了闯过以歌声迷人然后又使人葬身海底的女妖之岛，他用蜡封住伙伴们的耳朵，又将自己捆在桅杆上，使大家免受女妖塞壬歌声的迷惑。海神为了替独眼巨人复仇，掀起狂风巨浪使他们覆舟，飘流到太阳岛上。因禁不住诱惑，伙伴们宰食了太阳神的神牛。太阳神大怒，以雷霆击碎了他们的航船。在女巫喀尔刻的岛上，伙伴们都被变成了猪，奥德修斯制伏了女巫喀尔刻，救出了中了魔法的伙伴。最后，又被多情的仙女卡吕薄索留住。直到宙斯出面，才让这位漂泊多年的英雄回家。但是，日月如梭。他回到家乡时，家乡的一切都变了。许多贵族青年聚集在他的家里，挥霍他的财产，争着向他的妻子珀涅罗珀求婚。奥德修斯了解到妻子的坚贞，深为感动，他用计杀死了贪婪的求婚者与出卖主人的奴隶，最后一家人终于团聚。

《荷马史诗》是一部伟大的史诗，展示了古希腊氏族社会时期广阔的生活画卷，具有高度的艺术性。《荷马史诗》又是古希腊的一部百科全书，描写了那时的手工业、农业与商业，展示了那时的政治、军事与文化，成为后代了解古代生活的最形象的资料。《荷马史诗》是古代最伟大的史诗，恩格斯称之为希腊人“由野蛮时代带入文明时代的主要遗产”。

全民皆兵的斯巴达城邦

斯巴达是古希腊的一座奴隶制城邦，它地处伯罗奔尼撒半岛东南部的拉哥尼亚地区。这是一个三面环山的美丽处所，中间有一块土地丰饶的小平原，碧波荡漾的欧洛河由北而南纵贯全境，因此这里的农业生产非常发达。

公元前2000年的时候，有一批名叫亚该亚人的希腊部落来到拉哥尼亚地区定居，从此就在这里休养生息，世代繁衍，并且建立起了经济文化比较发达的城市，社会制度也逐渐由氏族公社向阶级社会过渡。这些城市中就有著名的斯巴达。

公元前11世纪左右的时候，一批名叫多利亚人的希腊部落入侵伯罗奔尼撒半岛。进入拉哥尼亚地区的多利亚人分作三个部落，并在一个多世纪之后，于已毁的斯巴达旧城附近，联合成为一个新的政治中心，于是多利亚人的斯巴达城就建成了，这部分多利亚人被称做斯巴达人。

拉哥尼亚地区原有居民都被斯巴达人变为奴隶，并冠以希洛人的称呼，被驱逐到边远地区，同那里的居民合称为皮里阿西人。皮里阿西人被斯巴达人剥夺了公民权，并禁止同斯巴达人通婚，但他们却要承担纳税和服兵役的义务。

随着斯巴达对外征战的胜利，大批被征服者都沦为希洛人。希洛人作为一个整体，是所有斯巴达人的公共财产。平均四五户希洛人供养一户斯巴达人，一半以上的收获物被斯巴达人攫取走了。

斯巴达人无权买卖希洛人，但可以任意伤害希洛人，实行残暴的奴隶主统治。在节日里，斯巴达人常常格外开恩，赏给希洛人一些劣质酒，待到希洛人被灌醉之后，便拖到公共场所，对其施行肆意的侮辱。希洛人即使没有犯任何过错，也每年要被鞭笞一次，以使其记住自己的奴隶身份。

更为惨无人道的是，斯巴达施行一项“克里普提”，意为秘密勤务，即派遣一些身藏利刃的斯巴达人潜伏到希洛人居住的地方，伺机捕捉每一个碰到的希洛人并杀死他，有时竟肆无忌惮地跑到希洛人正在耕作的田地里，把最优秀最强壮的那些人杀死。

面对如此悲惨的境遇，希洛人的反抗连绵不断。斯巴达为了维持自己的统治，便在内部实行严格的军事训练，整个斯巴达变成了一座冷酷的军营，这可是前无古人后无来者的一项举动。

首先，斯巴达严格把持人口素质的关口。每一个斯巴达婴儿呱呱坠地之后，都要过两道生死关，第一关是由长老给要儿检查身体，必须是强健合格的，才能得到父母的养育，如果先天不足或畸形丑陋，则将被丢弃在山谷里。第二关由母亲用烈性酒给婴儿浇身，如果婴儿出现昏厥，经不起考验，则任其死去。

幼儿在 7 岁之前由母亲抚养，从小就培养他不哭、不挑食、不怕黑暗、不怕孤独的习性，以便长大后成为效劳国家的勇敢斗士。

当男孩子年满 7 岁时，就被编入儿童队，离开家庭，过集体生活，严格的体育训练和军事训练从此便成了他们生活中的主要内容。他们学习跑步、掷铁饼、拳击、击剑、殴斗等等各项技能。所有的儿童必须服从他们所在队的队长，甚至包括责罚在内。队长则由一名公认的最勇敢的儿童担当。他们的教官都是 20 岁以上的公民。为了训练儿童的服从和忍耐，斯巴达人制定了一项鞭笞制度，即选择一个节日，所有儿童都跪在神殿之前，用长长的皮鞭猛烈地抽打他们，并且不许出声，谁要是喊叫或求饶，将会受到更加残酷的虐待。这种活动每年都要举行一次。

过了儿童队的关，男孩长到 12 岁时，便升人少年队。要进入少年队，必须通过一次测验。测验项目中最激烈的就是搏斗：两组儿童列队站好，都是赤手空拳，没有任何防护措施。一声令下，双方就冲上前去，拳打脚踢，撕咬抠挖，为了显示自己的力量、智慧和凶猛，他们竭尽全力。无所不用其极。进入少年队的生活更加严酷，连最基本的衣食都被政府有意地减缩了，他们吃不饱，穿不暖，便生出偷窃的行为来。当统治者知道这一现象后，不但不加以制止，反而有所纵容，因为他们认为偷窃能训练人的机智和敏捷。

20 岁时，斯巴达男青年正式成为军人，30 岁允许成亲，60 岁退伍，列入预备役，终其一生都离不开军事操练。

斯巴达女孩不需要参军，但她们一样要学习竞走、掷铁饼、搏斗等运动形式，从事体育锻炼的时间远远多于她们做家务的时间。斯巴达人认为只有刚强的母亲才能生育刚强的战士，在这种思想影响下，斯巴达人崇尚在战争中流血牺牲。母亲们并不为儿子的负伤或死亡而伤感，当她送儿子去打仗时，没有祝福的赠言，只是交给他一面盾牌，并说："要么拿着。要么躺在上面。"意思就是要么凯旋而归，要么光荣战死，被人用盾牌抬回来。

斯巴达人作战确实很勇猛。他们从小就被灌输了反动的思想，"希洛人是低贱的，应该被高贵的斯巴达人统治"的思想在他们脑海中根深蒂固。长期的军事训练和对文化教育的轻视，使斯巴达人显得更加愚昧、凶残。他们连说话都像军事口令一般简短，没有连续性。

在持续不断的武力扩张中，斯巴达控制了伯罗奔尼撒半岛上的各个城邦，并结成了以它为主的伯罗奔尼撒同盟。在公元前 431 年至前 404 年的伯罗奔尼撒战争中，斯巴达战胜了希腊的另一个有影响的城邦——雅典，从而确立了它在整个希腊的霸权地位。

斯巴达对希洛人的残酷压迫，不断激起希洛人大规模的反抗，有的时间长达十几年之久。在公元前 464 年，又一场希洛人武装斗争的烈火熊熊燃烧起来了。起义军一度进逼斯巴达城下，最后退守伊汤姆山，坚持斗争了 10 年，终于迫使斯巴达统治者向他们妥协。起义军携带着眷属离开伯罗奔尼撒半岛，获得了梦寐以求的自由。

斯巴达的反动统治在声势浩大的希洛人起义中慢慢动摇了。到公元前 4 世纪中叶以后，斯巴达一天天地无可挽回地衰落了下去。

梭伦改革

梭伦（约公元前638—前558年）出身于没落贵族家庭。他年轻时曾经从事工商业，到过小亚细亚等地。他不满氏族贵族的专横，曾作了许多诗篇加以揭露与抨击。为了维护雅典的利益，梭伦遇事挺身而出，因而在工商业奴隶主和下层平民中的威望很高。公元前594年，在下层平民的强大压力下，氏族贵族被迫同意由梭伦担任雅典的首席执政官，授予他改革法律的权力。

梭伦担任了首席执政官后，利用掌握到手的最高权力，从上层建筑到经济基础，向氏族贵族发动了一系列猛烈的进攻。

梭伦所处的时代奴隶制度已经确立，但氏族制度的残余还严重存在。当时的古希腊雅典城邦即梭伦所在国家的氏族贵族凭借血缘门第，飞扬跋扈。贵族会议是城邦的统治机构，其成员全由氏族贵族担任，终身任职。执政官是城邦的首脑，从氏族贵族中选举。先前曾作为最高权力机关的公民议事会，随着贵族权力的增长，已形同虚设。

氏族贵族利用他们所掌握的政权，残酷剥削广大的下层平民。广大农民为生活所迫只得以土地作抵押向贵族借债，如果债务人到期不能偿清债务，就将土地折价卖给贵族，再以佃农身份租种土地，向贵族交纳土地上5/6的出产。甚至债务人还要变卖子女或卖自身为奴还债。下层平民与氏族贵族矛盾日益尖锐。

氏族贵族的专权引起了平民的上层——新兴工商业奴隶主的不满。工商业奴隶主的经济实力不断增长，但由于他们大多出身卑微，在政治上受氏族贵族的歧视，享受不到什么政治权利。经济上，由于氏族贵族的残酷剥削，人口外流，农业生产萎缩，国内市场狭小，从而影响工商业经济的发展。因此，工商业奴隶主迫切要求取消氏族贵族的世袭特权，铲除氏族制度的残余，要求参与掌握城邦的政权，进一步发展奴隶制经济。

在这个反对氏族贵族的斗争中，工商业奴隶主与下层平民一起结成同盟，梭伦就是在这样的历史背景下，领导了一场斗争锋芒直指氏族贵族的“政治革命”，通常被称为梭伦改革。

梭伦利用首席执政官的权力，在政治上按财产多寡把公民划分为四个等级，每个公民依其等级高低而享有不同的政治权利。收入一般是以粮食来计算（工商业者则按其货币收入折合成实物来计算）：凡收入500 墨狄那粮食的，列为第一等级，称 500 单位者；收入 300 墨狄那的，便入第二等级，称骑士；收人 200 墨狄那的，列为第三等级，称兵士；其余财产不多或没有财产的公民（不包括奴隶），一律列为第四等级，称为雇工。第一第二等级的公民有资格担任最高官职——执政官，第三等级可担任低级官职，第四等级则不能担任任何官职。

梭伦为了限制和削弱贵族会议的权力，又恢复公民会议作为最高权力机关。公民会议决定城邦大事，选举执政官。此外，又成立两个新机构：400 人会议和公民陪审法庭。

这样，氏族贵族的显赫门第和世袭特权受到了重大的冲击。他们丧失了古城邦统治机构中的垄断地位，而新兴工商业奴隶主则凭借手中的私有财产，跻身于城邦政权。

梭伦还采取措施削弱氏族贵族的经济势力。他规定永远禁止把欠债的小农和他们的子女卖为奴隶。小农因欠债沦为奴隶一律释放，债契全部废除，抵押掉的土地重新归还原主，但是这项规定只适用于原为雅典公民的债务奴隶，因战争被俘或被拐卖来的外族奴隶，不在这个保护范围之内。梭伦还规定了个人占有土地的最高限额，这对氏族贵族刮起的土地兼并之风也是一个打击。

梭伦在改革的过程中，同时采取了一系列有利于发展工商业经济，保护新兴工商业奴隶主利益的政策措施，如改革币制和统一度量衡；提倡每个雅典人学会一种手工艺技术；奖励外邦手工艺人移居雅典；鼓励葡萄酒和橄榄油输出，禁止谷物外销；降低粮价等。此外，梭伦还对贵族的丧葬排场和费用加以限制，并规定没有子嗣的人死时可以用遗嘱自由处理其财产，不必像以前那样只准遗留给本族人。

梭伦改革是一场重大的社会变革，它搅乱了氏族贵族的酣梦，剥夺了他们享有的种种世袭特权。但是，不甘失败的氏族贵族必然要以各种形式进行疯狂反扑，斗争是不可避免的。

梭伦制定的法律在城邦的中心广场上一公布，广大小农、手工业者和工商业奴隶主就表示热烈支持和拥护。而氏族贵族却恨得要命，立即四出活动，借助传统势力，煽动一些人起来闹事，围攻梭伦，反对改革。在这之后，又经过近 100 年的曲折反复的斗争，到了公元前 509 年，另一个工商业奴隶主的政治代表克利斯提尼实行了一次新的改革，最终打垮了氏族贵族的反动势力，在雅典确立了奴隶主民主政治。

梭伦改革是符合历史潮流的。改革后，雅典农村中的高利贷及土地兼并之风受到一定限制，奴隶制经济得以迅速发展。同时，奴隶制经济的发展和民主政治的初步建立，促进了文学艺术及自然科学的发展。

应当指出，梭伦改革和他开创的民主政治，在促进奴隶制经济、文化和发展方面虽然有一定的进步意义，但他要维护的只不过是工商业奴隶主的利益；所谓民主政治，也只不过是维护工商业奴隶主的民主，是奴隶主阶级专政的另一种形式。对于下层平民来说，境遇虽有所改善，但十分有限，仍不免受到生活的煎熬。尤其应当指出，雅典经济、文化的繁荣，主要是建筑在奴役外族奴隶的基础之上的。这一切与梭伦改革所代表的工商业奴隶主的阶级本质是分不开的。

浴血温泉关

“过路的客人啊，请告诉斯巴达同胞，我们尽忠死守，在这里粉身碎骨。”

在希腊半岛中部的德摩比利山口（温泉关）有一座古老的坟墓，墓前的碑文便是这段感人肺腑、催人泪下的文字。它讲述的是发生在2500年前的一曲慷慨的英雄悲歌，那一战风云因而变色，草木为之悲伤。

公元前492年，亚洲的西部有一个强盛的波斯帝国。随着国力的强盛，波斯国王决定开疆拓土，建立一番名垂千古的千秋伟业。他挟持着强大的兵力向外扩张，在爱琴海地区挑起了一场持续绵延14年之久的战争，史称“希波战争”。

公元前492年和前490年，波斯大军两次远征希腊，但均以失败而告终。但波斯并没有放弃征服希腊的野心。新继位的波斯王为了巩固自己的王位，实现雄霸天下的野心，进行了4年精心的准备，动员了百万兵力，千艘战舰，于公元前480年春天，亲率大军，渡过达达尼尔海峡，进入欧洲。波斯大军沿着爱琴海浩浩荡荡向西进发，一路上烧杀抢掠，使希腊许多的城邦遭到了灭顶之灾。整个希腊面临着亡国灭种的危险。

当时希腊各城邦之间没有一个统一的指挥和调度，但大敌当前，只有团结起来，才能保家卫国。雅典城邦的民主派首领泰米斯托利克在科林斯召开大会，联合 30 多个希腊城邦，组成了反波斯同盟，由斯巴达率领希腊联军迎击波斯军队。

波斯王薛西斯亲统大军，占领了希腊的狄萨利亚之后，继续向南进发，一路跋山涉水，兵势如虹，在温泉关北面驻扎下来。

温泉关地势险要，历来是兵家必争之地。它的东面是一片茫茫的沼泽地，一直通向海边，西边是陡峭的高山，插翅难飞。温泉关就是打通北、中希腊的咽喉要道，素有中希腊“钥匙”之称，具有重有的军事地位。但是，希腊统帅却并没有充分认识到温泉关守备的重要性，所以只派了三四千人驻守。其中战斗力最强的是斯巴达国王烈奥尼达率领的 300 名斯巴达勇士，他们就像 300 只猛虎雄狮一样，等待着波斯百万大军的进犯。从数量上来看，对峙双方的力量对比是绝对悬殊的，可以说根本就不在一个对比层次上。

第一天，波斯军队发动猛烈的冲锋，士兵亢奋、狂怒的喊杀声，刀枪猛烈的撞击声，相互夹杂在一起，回荡在温泉关上空。但波斯军队的数次进攻都被希腊守军击退，希腊守军借助有利的地形，使波斯士兵的尸体垒满了关前。

第二天，悍猛的波斯军队又发动了数次冲锋，但结果同前一天一样，只是使温泉关前多增加了一些波斯士兵的尸体而已。正当薛西斯一筹莫展的时候，一个希腊叛徒前来求见，献计经小路从背后包抄关上守军。波斯王闻言大喜，马上命令“长生队”星夜兼程，顺着那条小路，直扑希腊军营，以图使温泉关守军腹背受敌。

烈奥尼达听到这个消息后，马上意识到问题的严重性，他当机立断，立即命令联军撤退，自己则率领 300 名斯巴达勇士坚守阵地，决心战斗到底。

第三天清晨，波斯士兵发起了更猛烈的进攻，他们喊着号子，从自己人的尸体上踏过向关上猛冲。斯巴达战士进行了顽强的、艰苦卓绝的回击。他们先是用长矛刺，长矛断了用剑来砍，剑折了就用牙齿和拳头同敌人肉搏。在战斗中，烈奥尼达牺牲了，他的勇士们为了夺回他的遗体奋不顾身，连续 4 次打退敌人的进攻。最后，从背后偷袭的波斯军队赶到了。斯巴达勇士们陷入了重重包围，但他们没有一个人逃跑，没有一个人投降，最后，全部壮烈战死。

温泉关虽然被攻占了，但是波斯军队也付出了沉重的代价。薛西斯一想到英勇顽强、宁死不屈的斯巴达勇士，就心惊肉跳地问他的手下人：“难道斯巴达人都是这样的吗?”

最后，希腊联军终于战胜了不可一世的波斯军人，但人们永远不会忘记烈奥尼达和他的300名斯巴达勇士，他们是整个希腊引以为傲的英雄。他们被隆重地安葬在温泉关上，安葬在这块他们为之浴血奋战的土地上，在他们的墓碑上镌刻下那句流传千古的碑文，作为希腊人民对英雄们永久的怀念。

“过路的客人啊，请告诉斯巴达同胞，我们尽忠死守，在这里粉身碎骨。”

世界最早的海战

萨拉米海峡是一个宁静的小海峡。现在它很不起眼，十分平凡。但在2000多年以前，这里曾发生了一次人类历史记载上最大规模的海战。在这场海战中，希腊的胜利导致了希波战争的大转折。

公元前521年，大流士一世继承波斯王位。波斯军队连年入侵希腊领土达50余年，这就是希波战争。

公元前492年，波斯王的女婿马尔多纽斯率领海陆两军入侵希腊。结果遭遇风暴，退回了亚洲。

公元前490年，波斯军队再次进犯希腊，希腊取得马拉松战役的胜利。

10年之后，希腊陷入内乱之中。只有雅典人比较明智，他们听从了预言家、哲人提米斯托克利斯的建议，防患于未然。他们用罗马尼亚银矿的收入建造了1500艘三层桨座的战舰，长可达41米，高36米，船头有突出的冲角，就像恐龙的巨齿，用铁皮包上，十分锋利。这种船是希腊军中的重要武器。

后来在波斯薛西斯统治时候，发生了德摩比利山温泉关之战，希腊烈奥尼达与300名近卫军全部壮烈牺牲。

与此同时，波希海军于阿提苏米姆海峡展开了大战。波斯舰队雄壮浩大，数量众多，希腊人拼死力敌。波斯派出约200艘军舰由腓尼基人率领绕过优卑亚岛，企图截断希腊舰队的后路。

这时海上起了一场风暴，台风呼啸着卷起巨大的海浪，冲过西爱琴海海面，将腓尼基舰队毁灭殆尽。这个转变使希腊军队松了口大气，可以全力正面对付波斯人。

双方激战两天，难分胜负，互有伤亡。波斯军号称30万，由100多个民族联合组成，各种战船1200多艘，运输船达3000多只。希腊人的船质量好，威力大，但是数量上比不过波斯，难以取胜。

面对比自己强大数倍的敌人，军中开始出现了悲观动摇的议论，失败就在眼前。海军统帅是雅典的提米斯托克利斯，他十分机智英勇，但一时也没有了主意。这时，一个军士惊慌地冲上主帅大船，连报不好。原来温泉关失守，将士全部战死。这无疑雪上加霜，一时间军心涣散，大家乘夜色逃向南方的萨拉米。

希腊残余的海军集中在萨拉米的海峡中。它位于雅典城西的埃莱夫西斯湾南面，在萨拉米岛和希腊本土之间。海峡东端有个叫普西塔利亚的小岛，将海峡分为东西两段，西段宽800米，东段宽1200米，是一片很窄的小水面。

波斯已胜利在望，攻人希腊的宫殿、城池。希腊的陆地兵力全军覆没，只剩下海军孤军被困，已无多大希望。

这时所剩的兵力是怎样呢？

全体希腊联合舰队总共只有三层楼的战舰358艘，50支桨的战舰7艘。波斯大军对于他们来说，好比巨象踩蚂蚁。一时间，投降的观念弥漫军中。大部分士兵开始逃跑，就连斯巴达城邦的领袖欧里拜德斯也开始盘算后路。

大家纷纷主张逃跑，只有海军统帅提米斯托克利斯主张战斗。领袖欧里拜德斯心神不宁，主张召开军事会议。海军统帅支持欧里拜德斯召开大会，并亲自坐镇中心。

会上，提米斯托克利斯陈述萨拉米海峡的有利环境："希腊的军队，我们可以在窄窄的水面上以少抵多，以寡胜众。如果逃跑、敌人会在广阔的水域围攻我们，那就会寡不敌众。我们要抓住这个险要关口，发挥我们的长处，让敌人的百万大军使不上劲儿，这才有希望胜利！"

这个道理是"一夫当关，万夫莫开"的守险战策。

提米斯托克利斯是英明的。多亏了他，希腊才成为西方的繁荣古邦，不然早就被波斯消灭了。

希腊大历史学家修昔底德曾这样夸他："显示出无比的天才，尤其是在危急的时刻，他是一个最好的决断者。他还是一个优秀的预言家，他能对实践经验加以理论上的解释，对于没有经历过的事件，他有洞察和预见的能力。”

但在当时，提米斯托克利斯的主战论受到其他将领的反对，他们认为在萨拉米是等死，逃跑还有一线生机。

关键时刻，这位雅典海军首领使用激将法，他对主帅欧里拜德斯说：“如果你勇敢地留在这里厮杀，前途会很光明。如果你是个懦夫，我所带领的雅典海军将撤退到意大利。”

雅典海军是希腊联军的主力，如果真的撤退，整个希腊联军的前途真的就会完了。这样一来，欧里拜德斯决定背水一战。

公元前480年9月22日，情况又变了。各个将领犹豫不决，想要用贝壳投票表决。提米斯托克利斯急了：“大军压境，拖延战机，势必招致败亡。”但他的说法不被采纳，人们仍然在讨论战与跑甚至降的问题。

提米斯托克利斯只好走了一步险棋。他叫来自己的心腹亲兵，让他去送信。这信是送给敌人——波斯王薛西斯的。他想迷惑波斯王，但很危险，万一被自己的人发现，就解释不清了。

信使来到波斯大营，说道：“大王，您的实力使您已经稳操胜券了，我们首领让我来向您密报，希腊联军要撤退，请您拦住他们，以绝后患，若你能为雅典军队开恩，便感激不尽了。”

波斯王薛西斯心想，该不是有诈吧。但转念一想，希腊联军已经气息奄奄，又能有什么诡计呢。只见信上写着：

等待夜幕降临，
希腊人不沉稳。
他们要趁天黑，
向别处忙逃遁。

薛西斯心想，他们已经没多少实力了，我还怕有埋伏不成？这时，间谍报告，说希腊的船只准备打点行囊要逃跑。波斯王大喜，命令军中的埃及舰队绕过萨拉米岛，封锁海峡西口，把希腊军队堵死在海峡中来个瓮中捉鳖。这是在前几场战役中他常用的方法，于是有200艘埃及舰执行命令去了。波斯王又命令所有战舰并列在一起，抛下锚来停着，等希腊军队溃散后进攻。毕竟希腊的军舰比较厉害，波斯王决定趁乱打劫而避其锋芒。

夜晚到来后，波斯王上了岸，在皮劳斯河口旁的一座小山上搭起帐篷饮酒作乐。他以为就会听到敌人投降的消息了，可以高枕无忧了。军舰里三层外三层，把从萨拉米岛上的赛罗苏拉角直到皮劳斯河口以及萨拉米海峡东端全部堵得严严实实的，真是铜墙铁壁，密不透风，连只苍蝇都飞不出去，希腊舰队已为刀俎之鱼肉。

这时的希腊大营，还在忙于争吵。一位反战将领冲进大帐："大家别争了，我改变主意了，快打吧，因为跑不了了。"提米斯托克里斯心中宽慰了许多。大家一听急忙问原因，这位将领说："我们被围住了，不打只有死路一条。"

"对，死路一条，但只有绝处才能逢生。"提米斯托克利斯接过他的话说。"现在我们已经到了无路可走的地步，只有奋死一拼，才能成功。牺牲了的斯巴达将士是我们的楷模，我们必须拼了！"

这番话说得群情激荡。大家热血沸腾，立时军心团结，要和敌人血战到底。

提米斯托克利斯告诉大家："我已经布置好了战略，现在请大家来执行，勇敢还要有智慧，才能立于不败之地。"

提米斯托克利斯用的正是背水一战的思想。正如俗话所说，"狭路相逢勇者胜"。

很快，作战方案被具体地分派，将士们踊跃执行，空前团结。一支科德斯舰队被调到萨拉米海峡西端去抗击埃及人，希腊军的主力在东端对付正面的波斯大军。

180 艘雅典战舰担任左翼，欧里拜德斯的 16 艘斯巴达军舰担任右翼，中间是其他城邦的军舰。

公元前 480 年 9 月 23 日，萨拉米海战惨烈的场面拉开了序幕并迅速激化。

800 艘波斯战舰一看到敌人有动静，都集中到海峡东口去做好战斗准备。战斗开始了。波斯陆战队首先占领了宽仅 1800 米的普西塔利亚岛。但是这个岛横在海峡中间，于是，波斯舰队被分成两队。结果阵形有些混乱。腓尼基分队从东绕，而一队伊洪人只能走西边，造成拥挤。由于战舰的木桨很多。在这狭窄的水域互相磕碰，甚至绞在一起，船开始晃动。由于海上风浪渐大，岛两端的军队互相之间不能通话，结果失去指挥，像没头苍蝇式地乱撞。

希腊联军一看，机会来了，两军厮杀在一起。

雅典的军舰较宽，他们早就开始建造力猛船沉的大舰准备海战了。

因此异常凶猛。他们的船头是威力很大的尖尖的大角，撞在波斯船上，常把波斯船撞得骨断筋折，波斯士兵还没能短兵相接便落海而亡。

波斯人是远征而来，船也没有希腊的巨大威猛，因此十分不利。而希腊军队异常团结，他们在提米斯托克的临战指挥下撞断了敌手的划桨，结果波斯战船无法控制，只有任人宰割。

波斯舰队由杂牌军队组成，比之希腊联军是混乱不堪，交锋之下开始后退。由于通讯不便，主要是由于杂牌军指挥无法统一，前锋急速后撤，但是赶来支援的后队人马却不知晓。一边是鼓足劲儿向后跑，一边是张起帆向前冲，结果撞了个正着。1000 多米宽的海峡被堵了个水泄不通。越乱越遭袭击，被希腊军队片刻之间，撞沉了数艘大舰，撞伤了不少小艇。

雅典军队开始打船上短兵相接的战斗。每艘雅典战舰上是 18 名步兵，其中 14 名是重装步兵，4 名是弓箭手，远近配合，十分得力。久经训练的希腊兵善长“角斗”，他们杀得敌军横尸船舷，血流汇入海中，海水渐渐泛起红色。

希腊军左翼主力是雅典战舰，他们在整个战斗中起核心作用。按照部署，希腊军舰和爱吉尼坦舰队沿海岸前进，就从波斯王的帐前驶过。波斯王还以为希腊人来投降了呢，没想到希腊军队却迅速地把腓尼基舰队分割开来。

由于速度太快，海军中雅典部提米斯托克利斯一支与总率领人欧里科德斯失去了联系。提米斯托克利斯当机立断。不去理会腓尼基舰队，先冲过去支援希腊右翼和中央部队。

就这样，希腊军队相互呼应起来。波斯军左翼慌忙后退，把中央部队扔在海面上。这下可惨了，波斯中央军队腹背受敌。很快，希腊战舰围攻波斯核心军舰。舰上是波斯王的王后，她急命突围，但已经不可能了。

波斯王后阿提米西亚急中生智，命令旗舰用冲角撞击本军中的战舰。这样一来迷惑了希腊军舰，纷纷转向去对付其他敌人。阿提米西亚一看有机可趁，利用这个封锁线的缺口逃离了战斗，突出重围。

太阳落山了，海风呜呜地吹着。海面被鲜血染红，破桨败舷，死尸漂零，一幅凄惨的景象。打了一天的萨拉米海战结束了。

波斯王放声痛号。

希腊联军势如破竹，一鼓作气攻破波斯陆军阵营，激战 8 个小时，取得了胜利。

这次大战成为希波战争中的转折点。波斯军队虽然人多势众，但军心涣散，而希腊军绝处逢生，正所谓“天时不如地利，地利不如人和”。多民族组成的波斯联军中。很多民族不堪波斯王的粗暴统治，逃跑者有之，准备起义者也有之，这使得薛西斯十分恐惧。

兵败如山倒。十几万大军供给不足，人心惶惶，斗志全无。

波斯王扩张至兴都库什雪山和中亚荒原，南到非洲沙漠，何曾想兵败西邻，最后只得长叹一声，大军全线溃退。

本来，波斯拥有强大的陆军，此战之后，元气大衰，公元前 479 年，普拉提亚会战波斯彻底溃败。

公元前 449 年，双方签订卡里阿斯和约。

希腊经此一役，繁荣昌盛起来。

雅典的伯里克利时代

伯里克利是古希腊奴隶主民主政治的杰出代表者。在他的领导之下，雅典进入了“黄金时代”。

伯里克利出生于名门，长在豪贵之中，却没有染上一般纨绔子弟的种种恶习。他教养良好，学识渊博，品格端正，结交的都是堪称良师益友的当代英才，如智者达蒙、哲人泽诺、博学广识的阿纳克萨哥拉斯等等，他们对伯里克利思想道德的培养起到了举足轻重的作用。他刚正不阿、廉洁奉公、胸怀宽阔、目光远大，他坚韧不拔、冷静沉着、器宇轩昂、擅长演说，这一切都构成了他作为一名优秀政治家的品质。

对内，他以加强民主政治为核心。伯里克利代表雅典工商业奴隶主和中下层自由民的利益。公元前 462 年，伯里克利为健全奴隶主民主政体施行了一系列改革政策，诸如：把国家的政权从战神山议事会转移到公民大会、500 人会议和陪审法庭三个部门之下；各级官职向广大公民开放，雅典全体男性公民都可以通过抽签、选举和轮换而获得担任官职的机会；实行公薪制；规定只有父母双方都是雅典公民的人才能获得雅典公民权。

对外，伯里克利为扩大雅典的势力范围和所得利益，加强控制提洛同盟，积极争取雅典在希腊世界海陆两方面的优势和霸权。因此，雅典与斯巴达为首的伯罗奔尼撒同盟成为势不两立的敌人。在伯里克利的主持之下，雅典的军事连连取得胜利，并于公元前 454 年把海军势力伸展到了伯罗奔尼撒半岛周围地区。雅典在希腊半岛的威势达到顶点。

雅典的另一个强敌波斯也被打败，并于公元前 449 年双方签订和约。

伯里克利把他控制之下的提洛同盟变为“雅典海上帝国”，并将同盟金库由提洛岛迁到了雅典，盟金变成了“贡金”，雅典成了众盟邦中发号施令的“君主国”。

但是，伯里克利的“帝国”统治激起了一些盟国的不满。于是，他的政敌借机集合保守势力，在对待斯马达、提洛同盟和建设雅典卫城等重大问题上同他进行了针锋相对的斗争。但伯里克利得到了大多数雅典公民的支持，他击败了对手，连年当选并出任雅典最重要的官职——首席将军，完全掌握了国家政权。此时，雅典的奴隶制经济、民主政治、海上霸权和古典文化臻于极盛，璀璨辉煌，堪称“黄金时代”。

雅典的殖民地遍布爱琴海岸，强大的舰队经常出没于辽阔的黑海领域，战争的胜利使它获得大宗的战略物资和赔款。伯里克利迫使各盟邦统一使用雅典的银币和度量衡制，经济飞速发展起来。贸易往来范围既广，商品种类又繁多。充裕的财政收入为民主政治提供了坚实的经济基础，公职人员和服役军人都能从国家领取足额的公薪和津贴，低等级的公民的经济政治地位也得到了改善。

尤其值得雅典人骄傲的是，在伯里克利的倡导推崇之下，他们创造出了足以令千秋万代景仰的高度繁荣的古典文化。

伯里克利这个政治家的不同凡响之处就在于：他的理想和抱负是要使雅典不仅登上希腊霸主的宝座，而且要成为“全希腊的学校”。在他身边，聚集了希腊大批著名的学者文人和艺术大师，杰出的哲学家阿纳克萨哥拉斯、雕塑家菲狄亚斯和悲剧家索福克勒斯都与伯里克利过往尤密。他们在雅典这一安宁和谐的人间圣地相互交游、传道、授业、解惑，寻求真善美，探索宇宙的奥秘和人生的真谛。

伯里克利有一个美丽出众的妻子，她才华超人，灵心慧性，举止典雅，不少哲学家和艺术家都愿与她交流，包括苏格拉底都对她很重视，许多人都跑来向她求教，可谓名噪一时。

为了培养民众的艺术情趣，伯里克利专门颁布政策，发给贫苦公民以观剧津贴，使他们有机会走进剧院欣赏戏剧。他还规定每个节日都要举行音乐会，并附加上一些趣味性的竞赛，这以后就成了雅典人长久以来的传统。为配合音乐演出，奏乐馆也被修筑出来。

大规模修建雅典卫城是伯里克利为发扬光大希腊古典文化做出的流芳百世的贡献。公元前447年，一场浩大的工程拉开了帷幕。一大批出色的雕塑家、建筑师、工艺学者齐集雅典，在以同盟金库的贮存作为经济后盾的基础上，先后兴建了帕特隆神庙、雅典卫城正门、赫准斯托斯神庙、苏尼昂海神庙、埃列赫特伊昂神殿，以及附属于这些建筑的各种塑像浮雕等精美绝伦、千古不朽的造型艺术杰作。

位于雅典中心的卫城是最出色建筑的集合。它建立在150米高的陡峭的山巅之上。全部用大理石修建而成，庄严精美，辉煌灿烂。智慧女神雅典娜的铜像是其中最著名的一尊雕塑，它出自古希腊最负盛名的雕刻家菲狄亚斯之手。这尊神像高12米，形象威严而又优美。雅典娜身穿黄金战袍，头戴黄金头盔，胸前的护身甲上嵌着女妖美杜莎的头像，端正地站立着。她左手持着一柄长矛，右手托着胜利女神尼凯的小雕像，身边放着一面圆形女神盾，盾上雕刻有一条盘旋而卧的巨蛇。神像裸露出来的肢体部分都是用上等的象牙雕刻而成。但这尊雅典娜神像在公元146年被罗马帝国的皇帝安东尼·庇乌搬走，至今下落不明。

伯里克利的文化政策是与其政治、经济和对外政策紧密相连的。无论是修建公共工程还是举办节日演出，其目的都是为了巩固民主政治，改善广大公民的物质文化生活，促进工商业的发展，以及树立雅典的光辉形象来吸引希腊各邦的景仰和向往。应该说伯里克利的行动是卓有成效的。

雅典的繁荣发展和不断的扩张，引起斯巴达的不安和干预。伯里克利对这一切都心中有数。公元前431年，战争爆发，伯里克利审时度势，沉着应战，第一年的战争基本上按他的计划进行。在为阵亡将士举行的国葬典礼上，伯里克利发表了具有历史意义的重要演说。他从根本制度和生活方式上热情歌颂了雅典的伟大成就，清晰透彻地表述了他的政治思想，应当是他40年政绩的最后总结。伯利克利骄傲自豪地宣布："我们的制度之所以被称为民主政治，因为政权是在全体人民手中，而不是在少数人手中。"

正当他充满信心地领导雅典人继续应战时，一场可怕的瘟疫袭击了雅典城。顿时，城内尸体堆积如山，人心涣散，再加上外敌进逼，怨声四起。在伯里克利政敌的活动下，人们把罪过归咎于他。但雅典仍需他的领导，不幸的是，不久之后，瘟疫也夺去了伯里克利的生命。

在他死后，雅典失去了坚强的领导。伯里克利苦心经营的统一大业功败垂成，古希腊的“黄金时代”一去不复返了。

鬼斧神工的菲狄亚斯

雅典卫城的一处广场上，聚集了来自四面八方的兴致勃勃的人群，众人都在纷纷议论着，等待着一个时刻的到来。

原来，著名雕塑家菲狄亚斯接受了他的学生阿尔卡麦涅斯的挑战，两人商定好各自制作一尊应该放置在高柱顶端的雅典娜像，由观众的意见来裁决胜负。现在，一切都准备就绪，只等着在众人面前亮相。

“阿尔卡麦涅斯，这个毛头小子，胆子可真大呀！居然敢向菲狄亚斯挑战！”

“可不是吗。菲狄亚斯可是他的老师，大名鼎鼎的艺术大师，这小子真是不自量力，这回准有他的好戏看。”

不少人抱着这样的看法等待着，但也有一些人认为这也不一定，毕竟有青出于蓝胜于蓝的时候。

这时，罩在两尊雕像上的布幔缓缓地拉开了。当雕像完全裸露出来的时候，人群沸腾了。人们睁大了眼睛，惊呼道：“天哪！那尊雕像怎么那么难看，简直不成比例，它的腿太长了，个头也太高了。”

首先盯住别人的缺点，这是人们的通病。“那一定是阿尔卡麦涅斯的作品。”有人这样断言。

另外一尊雅典娜雕像造型优美，比例匀称，高矮适度，雕刻精细，得到人们一致的称赞，并被认定是菲狄亚斯的作品。

当这师生二人分别站到自己的雕像作品前时，众人不禁大吃一惊，原来事实恰恰与他们的想象相反！他们用疑惑的目光看着师徒二人，纷纷表示不可思议。

只见阿尔卡麦涅斯十分得意，他喜不自禁地向那些投来赞赏目光的人频频致意，他偷眼瞧了瞧他的老师菲狄亚斯，发现他依然镇定自若，满怀信心，嘴角处还挂着隐隐的笑容。

不久，当两尊雅典娜神像都被安放到高柱顶端后，情况出现突变。

原本那尊在平地上看起来很标致的雕像。此时显得又矮又小，毫无生气；而另一尊原本看上去不成比例的雅典娜，此时站立在高柱上，匀称得体，神采奕奕，气度非凡。

人群中立时爆发出了掌声，人们为精湛的艺术品喝彩，为真正成熟的艺术家喝彩，为自己亲身领悟了艺术的真谛而喝彩。

菲狄亚斯依然很平静地站在那里……

这个小故事仅仅是菲狄亚斯艺术生涯中一个小小的插曲。作为一名雕刻家，他在他生活的希腊古典时代最负盛名，他的成就灿烂夺目，是繁荣鼎盛的希腊古典艺术宝库中一颗弥足珍贵的宝石。

菲狄亚斯生活在伯里克利时代。约于公元前 490 年出生，公元前 430 年逝世。

他早年曾师事两位古典艺术大师：一位是阿格斯拉德斯，伯罗奔尼撒铜雕艺术的伟大代表。从公元前 6 世纪起，在伯罗奔尼撒半岛上，以奥林匹亚、阿尔哥斯等地为中心，发展起来一个主要雕刻体育运动家像的流派，阿格斯拉德斯是其集大成者。另一位是波吕格诺托斯，他的画艺在当时是首屈一指的，亚里斯多德认为他笔下的人物超凡脱俗，优于现实，曾称誉他为画圣。菲狄亚斯在这两位技艺高超的老师引导下，一步步迈进了艺术的殿堂。

当伯里克利发起建设雅典卫城的工作时，菲狄亚斯已是一名富有声望的雕刻家。他在十多年的时间里，作为伯里克利的主要助手，一直主持卫城的重建工作。他总管全部工程，并参与建筑设计，直接负责了许多重要塑像的雕刻。

雅典卫城广场上的戎装雅典娜女神像，是菲狄亚斯早期作品的优秀代表。雅典娜作为战争和城邦守护之神的英姿被菲狄亚斯艺术地表现出来，女神仪态端庄，造型优雅自然，忠贞、坚毅而又充满智慧。只可惜原物目前已不存在，我们只能通过后世的仿制品中窥得全豹之一斑。

供奉雅典娜女神的圣殿是卫城最高处的帕特隆庙。“帕特隆”是古希腊文的音译，意思是“处女庙”，为雅典最为重要的建筑。它的整个布局是古希腊杰出建筑师伊克提诺斯设计的。菲狄亚斯则参加了用各种雕像、浮雕装饰整个建筑的工作。这项工程历时 16 年，堪称壮观浩大。

在这座富丽堂皇的神殿里，菲狄亚斯的贡献占据显要地位。他率领他的学生承担了三样工作：一是立于殿堂的雅典娜女神巨像；二是神庙前门、后门以及两面山墙上的装饰性群像；三是神庙房檐上的 92 块浮雕板和长160米、包括550多个人物像的浮雕带。

这尊位于帕特隆神庙殿堂正中的雅典娜神像是以黄金和象牙镶饰木胎而成，极其光辉夺目。它是一尊高12米的女神戎装站立像，除了女神本身精妙的雕塑外，她身上的盔甲、手上托的胜利女神尼凯呈献光荣冕的小像、以及盾牌上的盘蛇浮雕都令亲眼见到的人叹为观止，遗憾的是，现代人已看不到它的英姿了，甚至连仿制品都难得一见。

浮雕作品也破损严重，幸运的是，尚有山墙上的奥林匹斯山神像和两位命运女神像保存了下来，我们可以从中依稀领略到菲狄亚斯真迹的神韵。

与帕特隆神庙的雅典娜神像可以相媲美的，是菲狄亚斯雕刻的奥林匹亚宙斯像。它也是用黄金象牙镶嵌而成，但却高达14米，而且是采取端坐姿势。比之雅典娜神像、宙斯神像更加气魄雄伟、威严华贵、摄人心魄，俨然一位至尊天神正襟危坐于一片金光灿灿的圣境之中。古希腊人把菲狄亚斯的这一杰作列入“世界七大奇迹”之一，如今我们若想一睹他的宙斯雕像的神姿，只能去寻找奥林匹亚发行的一种钱币，在那上面，有一个源于它的小小缩影。

菲狄亚斯不但技艺精湛，而且诲人不倦，在他的一生中，可谓桃李满天下。他的学生中不乏自有建树之辈，如阿哥拉克利特斯、克列西拉德斯，以及发明了科林斯式柱型的卡里马霍斯等等，他们深受菲狄亚斯艺术的影响，虽然各有创新发展，但从整体看来，还是具有潜在的统一性的。

菲狄亚斯的艺术优雅自然，形象完美，达到了近代文艺批评家盛赞的“高贵的单纯与静穆的伟大”的古希腊艺术典型境界。正如有人所说：“这些作品特别令人佩服之处，就在于它们虽属人工之作，却具有永恒生命。它们的美丽与秀雅，即使在完成的瞬间，已像是千古不朽的杰作。它们的生动和新鲜，甚至在今天看来，仍仿佛刚刚出自艺术家的斧凿。它们像是年年常青的神物，能够摆脱岁月的折磨，在它们的结构之中，似乎蕴藏着永生的活力和不死的精神！”

菲狄亚斯的艺术体现了雅典城邦繁荣时代的社会理想和古典现实主义的高峰，他本人在艺术史上也成为整个时代的象征。因而，希腊这一古典艺术的黄金时代往往被人们称为“菲狄亚斯时代”。

杀父娶母谁之过

很久以前，在希腊的远古时代，有一个忒拜国。

忒拜国的老王拉伊俄斯有一天得到了一个神示：他的儿子将要杀父娶母。拉伊俄斯吓得出了一身冷汗。他的王后伊俄卡斯忒正在怀孕期间，不久即将临盆。当孩子生下来之后，果然是个男孩，老王拉伊俄斯便狠心地把孩子交给一个仆人，命令他扔到山沟里去。

心肠善良的仆人不忍心对这个无辜的孩子下毒手，便把他送给了邻国科任托斯的一个牧羊人。在牧羊人的抚养下，这个男孩长得健壮活泼。一个偶然的机会，科任托斯的国王收养了这个还不能记事的小男孩，取名为俄狄浦斯。因为王后无子，所以，俄狄浦斯成了他们的独生子，享受着得天独厚的生活环境。

俄狄浦斯受到良好的教育，掌握了高超的武艺，养成一副正直、诚实、英勇的品性，堪称人中俊杰。

在一次酒宴上，俄狄浦斯的一位朋友偶然不经意地说出他不是国王的亲生子，俄狄浦斯大为震惊，他急忙去向父母寻问，但国王和王后都不愿让他知道这个真相，因此并没有确切地答复他。

为了将事情弄个水落石出，俄狄浦斯追问到了阿波罗神庙中。阿波罗依然没有正面回答他的问题，只是告诉他，他将杀父娶母。

面对这个晴天露雳般的神示，俄狄浦斯痛苦万分。巨大的灾难突然从天而降，而他却无法确定对策，因为他连自己的身世还搞不清楚。

静思默想之后，俄狄浦斯为自己设计了三条道路：一是认定自己是养子，那就可以继续做王子，将来继承王位，安享富贵荣华；二是认定自己为亲生子，但处处避免和父母接触，继续留在科任托斯境内，享受王子的待遇，等父亲死后，自己再继位；三是不管是否王子，为彻底杜绝灾难的发生，努力脱离命运的摆布，放弃王子的身份，远远离开科任托斯，到异国他乡去凭着自己的才华与本领，闯开一片天地，建立下功绩，不枉生了一世。

然而。俄狄浦斯心中很明白，神示是绝对要应验的，无论他走哪一条路，都逃不出噩运的掌心。虽然结果肯定都一样，俄狄浦斯却还是放弃了前两种舒适安逸的道路，而选择了第三条路。

俄狄浦斯结束了王子养尊处优的生活，放弃了垂手可得的金灿灿的王冠，毅然踏上了茫茫征程，开始浪迹天涯。

有一天，俄狄浦斯一行人来到了一个岔路口，正巧忒拜国王拉伊俄斯带着巡行队伍也赶到这里，路窄人多，必须一方先让路。拉伊俄斯身为国王，当仁不让；俄狄浦斯也曾贵为王子，桀骜不驯。于是，双方展开一场恶斗。凭借高强的本领，俄狄浦斯将忒拜国王拉伊俄斯及其仆人几乎全部打死，只跑掉了一个人。这人恰好就是当年奉命抛弃小王子的老仆。

俄狄浦斯继续前行，不久便到了忒拜。此时，忒拜的人正处于一片惶恐之中。一个狮身人面的女妖把持着城门，她叫斯芬克司。只要有人从她眼前经过，必然会被她叫住，猜一个谜语："早晨有四条腿，中午有两条腿，晚上有三条腿的是什么东西?"无数的人因为回答不上来，惨遭横死。忒拜成了一座不能出入的死城。

当俄狄浦斯来到时，同样被问了这个问题。这难不住智慧超群的俄狄浦斯，他说："这是人。幼年时只能在地上爬，所以是四条腿走路；成年后站立行走，所以只有两条腿；老了就要拄拐棍，当然变成三条腿啦!"斯芬克司的千古之谜被当众点破，这个女妖无地自容，跳崖自尽了。

俄狄浦斯为忒拜人除了大害，被人们拥戴做了国王。按照古老的习俗规定，他娶了先王之妻为王后。至此，神示完全兑现，杀父娶母的大罪已酿成。

光阴荏苒，弹指一挥间，俄狄浦斯已经做了16年的忒拜国王。他才干超群、管理有方，勇于为国之安危、民之冷暖负责，在他的治理之下，忒拜国泰民安、欣欣向荣。俄狄浦斯受到人民真挚的爱戴。

正在这时，又一场灾难降临了忒拜：牲畜不繁殖，妇女不生育，庄稼树木凋零殆尽，江河湖泊渐渐枯竭。面对这毁灭性的灾难。俄狄浦斯比谁都焦急。他几天不吃不睡，静候神的指示。

俄狄浦斯的妻弟克瑞翁负责去请示阿波罗，终于他带回了神的回答：只有惩罚杀害先王的凶手，才能清除灾难。俄狄浦斯立即对天发誓：追查凶手，严惩不殆，即使是自己的亲属也决不手软。

先王被杀一案在当年就扑朔迷离，不了了之。事隔十几年后，更成了一件无头案。由于无从下手，俄狄浦斯只得请来预言者加以指点。预言者非常爱戴他的国王，不忍心告诉他事实真相。无奈俄狄浦斯消灾心切，逼迫他讲出了实情。俄狄浦斯震惊之余还是不敢相信，他以为这是克瑞翁蓄意谋害于他，一场激烈的争吵展开了。王后来劝架，她安慰俄狄浦斯对预言不要太在意，神示有时也未必灵验，因为老王是在 16 年前被一伙强盗杀死在一个岔路口的。

一向坚信自己无罪的俄狄浦斯，这下陷入了不祥的预感之中。正在这时，科任托斯的使者来到忒拜，澄清了俄狄浦斯的身世之谜。各种迹象表明，他确实就是凶手。只差找来当年的老仆人做最后的确认了。俄狄浦斯不顾王后的苦苦劝阻，火速找到了老仆人，一切真相大白了。

俄狄浦斯严格履行诺言，刺瞎了自己的双眼，自我放逐。

这个英雄的故事就是古希腊著名悲剧作家索福克勒斯所作的《俄狄浦斯王》。

《俄狄浦斯王》是一部命运悲剧。古希腊人认为世界的主宰是劫数，人类难以逃脱命运的安排。索福克勒斯写俄狄浦斯王杀父娶母的悲剧，正是当时人们这一观念的反映。

在希腊神话中，有许多杀父娶母的情节。如天娶地母为妻，克洛诺斯杀父得王位等等。经过学者分析，上古时期，族长衰老，不能从事生产了，子杀父而代之，是合乎初民社会的要求的。既然子杀父是合理的，那么新王继承旧王的一切遗产，包括妻子在内，也是合理的。由此可见，杀父娶母的现象是远古社会发展规律的必然结果，在当时具有普遍性。不仅无罪，而且会被当作英雄行为，世代演绎发展，在子孙中传扬、歌颂。但是，当人类走出荒蛮时代，历史发展到古希腊的“文明”时期，杀父娶母就不再被人所理解了，俄狄浦斯就成了罪人。于是，俄狄浦斯的后裔——忒拜人就为先人的罪行进行辩护，把“杀父娶母”说成是在不知不觉之中做出来的，这样他们的先王的形象依然是光彩的，古老的传说也显得更合理。最终，人们把“不知不觉”的作为归咎于神意，归咎于命运的安排，谁也逃脱不了命运之掌，哪怕是英雄。

古希腊人就是这样把一切不可理解的事情及不合情理的事情都化解、为可理解的与合情合理的。

西方第一个科学家——泰勒斯

泰勒斯出生于米利都一个名门望族，他有腓尼基人血统，是当时希腊的著名人物，名列“七贤”之一。

泰勒斯做过雅典的执政官，与梭伦等共同被列为“七贤”，为人所尊敬。他不仅仅具有政治事务上的聪明才智，而且是西方历史上第一个著名的哲学家和科学家。他的学生阿那克西曼德和阿那克西米尼与他一起，形成西方第一个哲学学派——米利都学派。

米利都在现在的土耳其境内，地处入海口。希腊历史学家希罗多德多次说：“米利都是海上的霸主。”在这种发达的交流中，泰勒斯受到巴比伦、埃及等古文化的熏陶，学到了许多天文学知识，他把埃及的几何学知识与巴比伦的天文学知识结合起来，开创了希腊的天文学。

关于泰勒斯有很多有趣的故事与传说。

柏拉图在《泰阿泰德篇》中记述了一段故事，说泰勒斯观察夜晚的天空十分专注，他仰头看星星，边看边移动着，没留神脚底下，结果一脚踩空，掉到了井里。他的女奴看到了，说：“主人，您只管天上的飘缈，却不顾脚下的实际。”但这件事表明了泰勒斯的精神专注和他不懈的追求精神，女奴又怎么能明白呢？

泰勒斯因为潜心钻研知识，想弄明白大自然的奥秘，把时间大部分花在思考和计算上，所以他不像别人那样有很多时间去经商致富。泰勒斯一度很贫困，遭到人们轻视。有一次，他穿着破旧的衣服走在大街上，一个集市里的富商冲他大喊：“喂！尊敬的泰勒斯先生，哲学有什么用，知识有什么用，你看你上知天文下知地理，渊博过人，到头来还不是一贫如洗？没有金子也没有面包，你真是一个傻瓜呀！”

泰勒斯很气愤，对他说：“你才是真正的蠢人呢. 我是在潜心钻研更深的奥秘，没有你这样的利令智昏的糊涂头脑！”

一年冬天，泰勒斯运用他的天文、农业及数学知识推算出来年橄榄会大丰收，而冬天橄榄榨油机的租金很贵，于是他投入资金租了当地所有的榨油房。等大量的油橄榄丰收后，商人们收购了大量的油橄榄但榨油机奇缺，他们都必须到泰勒斯那里去租。泰勒斯提高几倍的租金，依然供不应求。泰勒斯对曾经嘲笑过他的商人说：“自以为是的富翁，瞧见了吗？这一切都是知识的力量？它可以让你由穷到富，也可以让你由富到穷，但我追求的不是穷也不是富，而是知识的真理，它能使我们洞察大自然。我的抱负与你不同，明白了吗?”

公元前585年，传说居住在安托利亚高原（现在的土耳其高原）上的吕底亚人和迷迪斯人之间进行了一场浩大的战争，这场战争持续了长达30年之久，弄得民不聊生。泰勒斯很厌恶残酷的战争，他利用人们对自然知识的愚昧想出一个办法，他对主将们说：“上帝对你们进行战争已经震怒了，他要让太阳失去光辉，来警告你们。”

果真，日食如期发生了，士兵们惶恐万分，丢下武器纷纷逃命，主将们也被这个场面吓坏了。日食过后，双方签订了和约，商定永不征战。泰勒斯就这样利用自己的智慧结束了一场战争。

泰勒斯的详细生卒年月已无法准确考证，一是因为年代太久，有关的记载已经失传；二是因为那时世界上没有统一的纪年，参照不同事件的纪年所给出的年代彼此不一致。

根据现代天文断代学的方法，在泰勒斯预言日食的地区约发生了三次日食，一次是公元前610年，一次是公元前597年，一次是公元前585年，我们前面说到的日食就是采用的其中最后一种说法。根据这个时间，可以知道泰勒斯生活的大致时代。

泰勒斯第一个把埃及的测地术引进希腊，并且发展成几何学。有人说他成功地运用了相似三角形的办法测量出了埃及金字塔的高度，方法就是当人的身高与影长相等的时候，那么塔的影长就是塔的高度，这时只需量出地面上的塔影而不必去量金字塔。

泰勒斯首次提出了“地圆说”。当时的人相信“天圆地方”，而泰勒斯认为地像个盘子，地是整个宇宙的中心，太阳月亮都围着地球转。他还认为水包围着大地。这些说法现在来看是不科学的，但却表明了他对流行习惯的不盲从态度，这一点还是值得肯定的。

泰勒斯有一句名言：“万物源于水。”这句话很有意义。粗略看这话并不完全正确，可能是因为泰勒斯看到水无处不在无处不有而想到的，比如人离不开水，动物离不开水，植物生长也离不开水，并由此断定万物源于水，这是过于肤浅的。但是这为人们打开了思维的新天地，人们开始走向科学探索大自然的道路，而不是盲目认为世界是由神创造的，是某位大神开凿或变化出的。

泰勒斯提出太阳的直径是日道的1/720，这个数字比我们今天所知道的太阳直径只略差一点，太阳直径如此之大而当时人们并没有先进的测量仪器，全靠数学方法的推算，由此可以想见泰勒斯的数学成就。

据说泰勒斯写过关于春分秋分和夏至冬至的书，观测到太阳在冬至点和夏至点之间运行时速度并不均匀，还发现了小熊星座，方便了导航等等。

总之，泰勒斯是西方第一个有文字记载下来的科学家和哲学家，他开启了唯物主义思想传统，开创了第一个唯物主义学派——米利都学派。

“数即万物”——毕达哥拉斯

毕达哥拉斯，公元前570年左右出生于爱奥尼亚地区的萨莫斯。这里是希腊人的殖民城邦之一，与米利都仅一海之隔。在年轻时，毕达哥拉斯就游历求学，他出身豪门，有足够的钱财去周游巴比伦、埃及等等，后来他创建了毕达哥拉斯学派。

毕达哥拉斯学派从公元前6世纪末到公元3世纪一共持续了800多年，为数学做出了巨大贡献。但在毕达哥拉斯生前，无论谁的发现或成果，只要是他这个学派的成员，所做的贡献都记在毕达哥拉斯名下，所以现在人们不能确切地知道毕达哥拉斯本身的重大发现。

毕达哥拉斯学派在研究音乐的基础上，认为世界是数。传说毕达哥拉斯有一次走过铁匠铺，里面打铁的声音高低粗细各不相同，他走进去细看，原来是不同重量的铁相碰发出不同的声音，于是他用琴弦做试验，发现弦长和音律是有关系的，用3条弦发出某1个乐音以及它的第5度音、第8度音时，这三条弦的长度之比为6：4：3。总之，只要符合简单的整数比的弦长，就能发出和谐动听的乐音来。

他还发现自然数的前四名相加，即1、2、3、4相加为10，所以10是最完美的数字。

传说有一次毕达哥拉斯去朋友家做客，客人们高谈阔论，又吃又喝，唯独毕达哥拉斯独自一个人望着方砖地面沉思。他用棍子在地上勾出一个图形，一个直角三角形。在直角三角形每条边上都有一个正方形，结果发现两条直角边上的两个正方形的面积之和恰好与斜边上的正方形面积相等。

方砖地上的图形启发了毕达哥拉斯，他认为这个定理太重要了，一定是神启发他发现的，于是他下令杀100头牛祭祀天神，并定名为“百牛定理”，也叫“毕达哥拉斯定理”，这就是大名鼎鼎的“勾股定理”。

当然，勾股定理实际上也许并不是这样发现的，这只是一个传说，很多民族的科学家都曾独立地发现过这个定理。

毕达哥拉斯本人到底生卒年是何时，因为年代久远同样也无法考据，只知他在公元前500多年时在世。毕达哥拉斯学派是一个神秘的带有宗教性质的流派，集科学、宗教、政治于一身，其教义秘不外传，就是当时的人也很难对他们了解得很清楚。

但自毕达哥拉斯开始，他们崇拜自然数，认为世界万物的关系都可归结为整数与整数的比，也就是分数或无限循环小数。有一位年轻的成员希帕苏斯发现若等腰直角三角形直角边是1的话。那么斜边长很特殊，不能表示成分数，这下可犯了大忌，他因坚持真理而被投入了大海。后来数学发展证明，希帕苏斯是正确的，他所发现的是无理数，以上说明了毕达哥拉斯的局限。

在天文学上，毕达哥拉斯首次提出地球是圆的。人们以前只认为是一块平整的大地，而毕达哥拉斯告诉人们地球是一个圆球，这是很了不起的，虽然他的认识不完全正确，但已经迈出了惊人的一步。毕达哥拉斯还认为整个宇宙也是大球，它由10个半径不等的同心球组成，每一个球面是一个行星的运行轨道。因为他认为“10”是完美数，所以天体有10个，天球也是10个，每一个天体在天球上运动。这个假设统治了西方观念长达2000多年，一直认为完美的圆形是天体运行轨道。直到1609年才发现是椭圆形的轨道。

这表明了毕达哥拉斯学派是形式哲学，他们把事物关系尽可能简化成数量，这种方法作为一种研究角度被发展完善，成为一种常用的思维方法。

毕达哥拉斯曾经向泰勒斯学习，开创了米利都学派之后影响深远的大学派——毕达哥拉斯派，为数学、天文学的发展做出了贡献。

历史之父——希罗多德

在小亚细亚的西南海滨，气候温暖湿润，和风吹拂，终年四季如春，古老的哈利卡尔纳索斯城就坐落在这里，它是剽悍勇健的古希腊人在海外开拓的年代里所建立的一座殖民城市。

大约公元前484年，当地一家名门望族吕克瑟司家中诞生了一名男婴，起名叫希罗多德。希罗多德是幸运的，因为他出生在一个豪富的奴隶主家庭，为他从物质上提供了接受良好教育的后盾。他的叔父帕息斯是当地一位著名的诗人，浓厚的家庭文化氛围对他早早就起了潜移默化的影响，从少年时代起，他就博览群书，勤奋学习，尤其酷爱史诗。以后他就走上了研究文化、钻研历史的道路，并创造出杰出的成就，他的史学名著《历史》奠定了西方史学的基础，希罗多德本人也被尊称为“历史之父”，影响至今。

在意大利南部的塔林敦海湾附近，有一座图里奥伊城，城中有一座墓碑，上面镌刻着这样的铭文：

“这座坟墓里埋葬着吕克瑟司的儿子希罗多德的骸骨。他是用伊奥尼亚方言写作的历史学家中之最优秀者，他是在多里亚人的国度里长大的，可是为了逃避无法忍受的流言蜚语，他使图里奥伊变成了他的故乡。”

这一铭文可谓是对希罗多德一生的高度概括。

原来，希罗多德的家族因反对本城邦统治者对波斯的附庸态度，相继遭受迫害，他的诗人叔父被杀，多人遭受被逐的惩罚，包括希罗多德在内。

于是，希罗多德从大约30岁左右就开始了长期的流浪。在交通极不发达的古代，他不辞辛苦，足迹踏遍北至黑海北岸、南达埃及最南端、东迄两河流域下游、西抵意大利半岛及西西里的广阔天地。每到一处，希罗多德都要通过向导和译员，认真了解当地的风土人情，凭吊名胜古迹，细心考察文物，多方探寻民间传说和历史故事，研究地理环境，并及时记载下来。他的视野在广泛的游历过程中大大开阔了，这些为他以后写作《历史》准备了丰富的素材。

约在公元前477年，希罗多德来到了希腊的政治、经济和文化中心雅典。当时的雅典正逢伯里克利开创的黄金时代，灿烂辉煌的文化称雄于希腊世界，希罗多德在这里结识了各界名流，包括伯里克利和悲剧家索福克勒斯。他积极地参加了雅典的文化政治活动，他写作的诗文，在这里一度享有盛誉。

希罗多德崇拜雅典的民主政治，对于以雅典为首的希腊城邦在希波战争中打败奴隶制大国波斯的侵略，十分钦佩。在伯里克利和众友人的支持和鼓励下，希罗多德决心写一部完整叙述希波战争的历史著作，以便把这伟大的历史流传后世。

公元前 443 年，雅典人在意大利南部的塔兰托湾沿岸建立了一座新城——图里奥伊。希罗多德也跟随移民到了那里，成了这个城邦的公民，并在此潜心著述《历史》，度过了他的晚年时光。公元前 425 年，59 岁的希罗多德平静地离开了人世。

希罗多德的《历史》是一部开创性著作。在他之前，曾有盲诗人荷马的《伊利亚特》和《奥德赛》把民间流传的神话传说整理汇编成史诗，合作《荷马史诗》。作为文学作品，《荷马史诗》以高超的艺术手法描绘了特洛伊战争，对希罗多德产生了深刻影响，但它毕竟不是历史著作。公元前七八世纪之交，出现了希里阿德的教谕诗《田功农时》，在这部古希腊首次以现实生活为题材的长诗中，出现了历史发展的概念。随后在小亚细亚的希腊城邦出现了一种记述神话传说、家族系谱和风土人情的散文，以说故事的方式口头流传于民间。希罗多德吸取了史诗和散文的优长之处，再加上他对历史事件的深入探究，写出了划时代的著作《历史》。

《历史》又称《希腊波斯战争史》，分为九卷，被后人分别冠以九位缪司女神的名字，因此这本书又称《缪司书》。

《历史》按内容可分为两部分：第一部分叙述了吕底亚、米底、巴比伦、埃及、波斯、斯基泰等地区的情况，并介绍了希波战争爆发的原因；第二部分记述了希波战争的经过，从小亚细亚伊奥尼亚城邦起义反对波斯，战争拉开帷幕，到马拉松之战，再到萨拉米斯之战，普拉特亚之战，米卡列之战，一直到公元前 478 年希腊人占领位于色雷斯的塞斯托斯城为止。

《历史》取材丰富，俨如一部“百科全书”。西亚、北非及希腊的地理环境、民族分布、经济生活、风土人情、政史宗教、名胜古迹无所不包，又引证了大量政府档案文献、碑铭石刻以及前辈学者的研究成果，当然，最有份量的当数希罗多德亲身采访和实地调查中得来的第一手资料。

希罗多德为史学贡献了一种崭新的编纂方法：即以历史事件为中心，记事系统连贯，叙事生动有趣，具有较大的灵活性。《历史》就是这样一部真实性和艺术性相结合的历史巨著。这种体制深刻影响了西方史学界，被奉为正宗，延用至今。一位评论者写道：“希罗多德懂得：如果喋喋不休地专谈一个题目，描述得很长，无论如何总会使人生厌。但是，如果在适当的地方停顿一下，夹以他语，就会使人觉得妙趣横生。于是，他就模仿荷马，使他的著作显得丰富多彩。”

希罗多德不愧为一位杰出的历史学家，他胸襟开阔，目光远大，对历史表现出远见卓识。例如，关于希波战争的性质，他谴责波斯远征希腊的侵略行为，认为波斯的失败是因为它的军队成分太复杂，又加上外线作战的困难；雅典获得胜利的原因是实行民主政治，每个人都为自己的权利而奋力拼搏，誓死不屈。但他又不以社会制度的差异来评价民族优劣，他以相对主义的观点为基础，认为习惯成自然，各民族都把各自的习惯视为最佳的，应当彼此尊重。又例如，希罗多德摒弃当时被希腊人蔑视称为“蛮族”的其他民族的偏见，虽然他最推崇雅典，但他认为东方是一切文化和智慧的摇篮。埃及的太阳历要比希腊的历法准确；希腊人使用的日晷最早是由巴比伦人发明的；希腊字母是从腓尼基人那里学来的。

希罗多德在《历史》中首次提出“法律面前人人平等”的问题，他对雅典的奴隶主民主政治存有热忱的向往，热情歌颂它的民主自由和权利平等，认为这是一种合理公正的制度，并把它当作孜孜以求的政治目标。这表明希罗多德是一位思想敏锐的进步思想家。

由于历史时代和阶级的局限，希罗多德不可避免地带有缺陷：如他对古代世界的真正主人——奴隶，以及奴隶反抗奴隶主的斗争，不屑一提；对少数帝王将相，如波斯国王居鲁士、大流士等，他极尽热情讴歌的能事，把他们描绘成历史的主宰，笃信“英雄史观”；他还具有浓厚的宗教迷信和宿命论思想，他对神示、梦兆、预言、占卜记载津津乐道，并声称“当城邦或是民族将要遇到巨大灾祸的时候，上天总会垂示某种征兆的”。在他眼中，世事变幻无常，是神安排好了一切，个人幸福与国家的盛衰兴败，都只能听从上天的安排。

有时，《历史》中对于遗闻轶事的记录过于枝蔓，便有人苛刻地称他为“谎言之父”。但这是不公正的。近代的考古学和人类学、历史学的发展，正在逐一证实着希罗多德的认真谨慎的治学态度和渊博的学识。

尽管希罗多德的史学观点是唯心主义的，但他依然以其杰出的成就而无愧于“史学之父”的称号。

科斯岛的神医

你可能没有听说过希波克拉特斯，但你一定知道心理学上将人的气质分为多血质、粘液质、胆汁质、抑郁质四种的说法，它的提出者就是被柏拉图称为“科斯岛的神医”、被亚里士多德称为“伟大的医生”的古希腊人——希波克拉特斯。

你可能不知道他的影响，那么请看公元1948年，世界医学大会通过了日内瓦宣言，并在次年把这个宣言定为国际医务道德规则，而这个宣言是以希波克拉特斯誓词为蓝本的。

誓词的主要内容是：我以阿波罗及诸神的名义宣誓，恪守誓约，矢志不渝。对授业之师，敬若父母，倘若需要。我要与他分享钱财，赡养其身，对其子嗣视若手足，如愿学医，我要热心教导，不图报酬。对我的儿子、老师的儿子以及宣誓立约的门生，我要悉心传授医学知识。我要恪尽全力，采取我认为有利于病人的医疗措施，不给病人带来痛苦和危害。不把毒药给任何人。我要清清白白地生活和行医。进入别人的家，只是为了看病，不为所欲为，不受贿赂，不勾引异性。对我看到或听到的不应外传的私生活，不管与我的医务是否相关，我决不泄露，严加保密。

2000多年来，这个誓词一直在流传着。世世代代的医生都这样宣誓过，它深远地影响着医务道德的建立。它的提出者希波克拉特斯被尊为“医学之父”，是欧洲医学的奠基人。

希波克拉特斯出生于小亚细亚岛的一个医学世家，他从小便跟随父亲学医，日后又在广泛的游历过程中孜孜不倦地学习各地的民间医学，曾在故乡的科斯岛的医学学校里任教。

他的功绩主要在于把医学从宗教迷信中解放出来，奠定了科学的基础。在他之前，医学还禁锢在宗教迷信和巫术之中。人们认为疾病是神的“谴责”．得了病就去求神问卜，念符诵咒，不仅被骗走大量钱财，甚至还经常被延误治疗而死亡。癫痫症曾被人看作是“神病”，希波克拉特斯却说，这种疾病一点也不比其他疾病神秘，而是与其他疾病一样，具有同样的性质和相似的起因。

他提出体液的学说，认为疾病是由构成人类机体的血液、粘液、黄胆和黑胆四种液体的不平衡引起的，体液的失调是由外界引起的。

他很注重研究自然环境同人的健康的关系。在著名的《论风、水和地方》一书中，希波克拉特斯指出，当一个医生进入一座城市时，首先应考虑这座城市坐落的方向、土壤、气候、风向、水源、水质、饮食习惯、生活方式等等，因为这些自然环境因素对人的健康状况起着重大的影响。他的这种看法很科学，至今仍为医学界一致称道。

希波克拉特斯把疾病看作是发展的现象，认为医生医治的不仅是疾病，更重要的是病人，不能见病不见人，舍本逐末。不仅要把握住疾病的症状，还要了解病人的气质、特征、生活方式等因素。他的名言“寄希望于自然”、“相信自然的康复力”表达了他所主张的“自然疗法”。他主张不要轻易用药，应尽量使身体自行恢复健康。为了使机体自行康复，他认为调理好病人的饮食、摄取丰富的营养是非常重要的。由此，他驳斥了一些庸医让病人挨饿的荒唐做法。

希波克拉特斯对外科手术研究也有开创性的贡献。在他所生活的时代，解剖尸体被宗教和习俗所不容，但他大胆地冲破禁令，秘密进行了人体解剖，从而获得了许多关于人体结构的知识，为外科学的发展积累了宝贵的资料。他留下了《骨折》、《关节复位》等著作，记载了各种骨折病例和脱臼复位的方法。他最珍贵的外科著作是《头颅创伤》，希波克拉特斯根据亲自实践得来的经验，用精确的语言记载了对头骨损伤和裂缝等病症施行手术的方法。

医学概念“预后”是由希波克拉特斯第一次提出来的，他有一篇名为《预后》的专著，讲到医生不但要对症下药，而且还要根据对病因的解释，预告疾病发展趋势及可能产生的后果和康复的情况。这种思想是很先进的。

希波克拉特斯终其一生留下了十分丰富的医学著作，留传至今有60卷，涉及解剖学、病理学、各种临床诊断、妇科、儿科疾病、外科手术、饮食与药物治疗、预后、医务道德等许多方面，总名为《希波克拉特斯文集》。他的著作表现出朴素唯物主义辩证法的思想，在近代医学产生之前，一直被当作医学教学的基本教材而广泛流传。

希波克拉特斯的《箴言》也被人们广泛传扬着。如“人生短促，技艺长青”、“机遇诚难得，试验有风险，决断更可贵”、“无故困倦是疾病的前兆”、“沉疴需猛药”、“暴食伤身”、“简单而可口的饮食比精美但不可心的饮食更有益”等至理名言对于人们的养生、保健、事业等方面都有积极的作用。

希波克拉特斯的精湛的医术、高尚的人品获得人们普遍的尊重。曾有一个动人的小故事反映了希波克拉特斯在人民心目中的光辉形象：传说希波克拉特斯与古希腊杰出的唯物主义哲学家德谟克利特交情颇深。由于德谟克利特专心于他钟爱的自然科学和哲学研究之中，他的族人为了霸占他的财产，便以患疯癫症以及败家的罪名对他提出控告。希波克拉特斯信以为真，立刻赶来为好友治病，可是见面之后，德谟克利特侃侃而谈，涉及哲学、政治、外交各个方面，更谈到了医学。他对医学有精深的研究，并用他创立的原子论来解释疾病。希波克拉特斯恍然大悟，明白了这是一个骗局，在他面前的德谟克利特是一位非凡的思想家，而不是他族人所说的疯癫病患者。于是，希波克拉特斯心中充满义愤，他决心一定要为好友清洗冤屈。法庭上，希波克拉特斯义正辞严地指出：“德谟克利特不是疯子，如果非要说有什么毛病的话，那就在你们这些居心不良的人身上，我以我的名誉做保证！”那些被希波克拉特斯说中的人无可奈何地垂头不语，法庭最终宣告德谟克利特无罪释放。从此这两位巨人联系得更紧密了。

可惜的是关于希波克拉特斯生平的材料很少，连他的生卒年月都不能很精确地了解，约为公元前460年到公元前377年。但毫无疑问，希波克拉特斯将永远名垂青史。

审判苏格拉底

公元前399年的一天，在希腊雅典城，阳光、空气和风都一如往昔，可是城里的人却与往常相比有些不同，他们显得有些紧张，一条消息刚刚传遍全城：雅典法庭要审判苏格拉底了！

“苏格拉底？是那个经常出现在街头或市场、运动场的怪人吗？”

“对，就是他，就是那个经常和人谈论问题的苏格拉底。他不论和什么人都能谈上一番。”

“他的知识面很丰富吗？战争、政治、友谊、艺术，他都能讲得头头是道，但他好像最关心伦理问题。”

“他还收了很多弟子呢。青年人都爱跟随他。”

“可不是吗，他是一个很有影响的人物。”

“就是因为他太有影响了，所以今天被告到了法庭上。”

原来，苏格拉底的罪名正是“不敬国家所奉的神，并且宣传其他的新神，败坏青年”。

众多的人涌向法庭，他们都想看看这将是怎样的一场审判。

法庭庄严地开庭了。大法官威严地扫视了一下全场，然后把目光停留在苏格拉底脸上。他说：“被告苏格拉底，据悲剧作家米列托斯和他的两位同伴的指控，你整日不但胡思乱想，而且还编造歪理邪说，对神明极其不敬重，大批的青年人都受到你的蛊惑，对国家造成了潜在的危害，你可知罪？”

众人听法官这么一说，不禁大吃一惊。要知道，在古希腊的法律中，败坏青年和亵渎神灵的罪名是要被判死刑的，不知道苏格拉底为什么要干这样的事情。大家都把复杂的目光投向苏格拉底，那个已经有了71岁高龄、须发皆白但依然傲立在被告席上的老人。

两道锐利而又倔强的目光从苏格拉底那深陷的眼窝中射了出来，他用浑厚的嗓音理直气壮地答道：“我无罪！”

立时，全场哗然。法官平定了一下场内的气氛，然后说：“既然你认为自己无罪，那你如何解释你的那些歪理邪说？”

睿智的苏格拉底心想，趁着众人都在场，我正好把我的观点陈述出来，作一番宣扬。于是，苏格拉底清了清嗓子，一番慷慨激昂的演说开始了：“我并不制造歪理邪说，也不衰渎神灵，我只是钟爱我的哲学思维，我终日思考人生、思考道德、思考政治、思考自然，我始终在探求人类合理的生存方式，我的言行不但绝对不属于犯罪，而且还是有利于社会的。”

众人被他从容大度的气魄震慑住了，连法官都让他继续讲下去。

“我想请问在座诸位，什么是幸福？什么是美德？它和知识的关系怎样？人生在世，怎样才能获得知识？……

“我认为知识和道德要合而为一。正确的行为来自正确的思想，美德基于知识，源于知识，没有知识便不能为善，也不会有真正的幸福。

“知识涉及一般和典型，而不涉及特殊、个别和偶然。我所谓的美德是慈爱、明智、谨慎、勇敢、正直、节制等等的抽象。我认为知识和美德是可以通过教育而获得的。但最大的困难也是唯一的困难，就是这个世界上缺乏既通晓美德概念而又能通过言传身教而施教于他人的人。多年来，我都在努力地向这个方向迈进，并做出一些尝试……

“我知道我一无所知，但我并不悲哀，因为我认为从怀疑自己的知识开始的自我认识是认识美德的来源。

“我提倡认识世界不要借助感官，因为那样会被事物表象蒙住双眼，应该通过你灵魂的眼睛——你的内心世界去了解事物，发现真理，这样才是可靠的……

“为了探求真理，我提出了一个方法，即通过问答的形式使对方纠正、放弃原来的错误观念，并帮助他产生新的思想。我不同意智者学派否认真理存在的观点。尽管人们的思想有差异，但应从对立中找到共同之处，找出为大家所遵守的共同原则。

“我的方法就是通过讽刺、助产术、归纳、定义四个步骤从个别现象中抽象出普遍的东西。‘讽刺’就是通过不断追问，使对方自相矛盾，承认对此问题无知。‘助产术’即帮助对方抛弃谬见，找到正确、普遗的东西，即帮助真理出世。‘归纳’即从个别事物中找出共性，通过对个别善行的分析比较来寻找‘一般’。通过这种方法可以阐明伦理观念。‘定义’即把单一的概念归到‘一般的东西’中去……

“此外，我认为天上和地上的事物，它们的生存和毁灭，都是神特意安排的。因此，研究自然界是渎神的。所以我的哲学不以自然界为研究对象，我的目的在于教导人们过道德的生活。”

听了苏格拉底振振有词的演说，众人虽不能完全理解，却也认为他没有犯什么大罪。但这时法官开口了：“那么你的政治观点呢，为什么不敢公之于众？”

苏格拉底闻听此言，不禁一笑，他说：“在这方面，我更加问心无愧。我主张各行各业乃至国家政权都应由经过训练、有知识有才干的人来管理，我反对以抽签选举法实行的民主，这种民主有很大可疑性。

“因为，那些握有权柄、仗势欺人的人往往操纵着民主选举，而真正有才干的人却得不到重用，他们懂得管理，却不能成为管理者，这难道是合理的吗？

“正如一条船应由熟悉航海的人管理，土地所有者懂得农业，运动员懂得运动和锻炼。当纺织羊毛时，妇女应当管理男子，因为她们精于此道，而男子则不懂。

“那些最优秀的人是能够胜任自己工作的人。精于农耕者，便是一个好农夫；精通医术者，便是一名良医；精通政治之道者，便是一个优秀的政治家。

“因为美德即知识，愚昧是罪恶之源，所以我倡导专家治国论。”

苏格拉底的言论引起许多人默默称许，但却没有人敢站出来公开表示支持。这时，原告米列托斯站起来，气急败坏地说道：“你怎么能反对我们神圣庄严的民主选举制呢，就冲这一点，你就是有罪的。你还犯有渎神罪，我是有证据的！”

听了这话，苏格拉底虽然心中疑惑，但依然镇定自若地站在那里。在法官的允许下，米列托斯开始发言：“我的证据就是大名鼎鼎的阿里斯托芬创作的《云》。阿里斯托芬通过《云》一剧把你这个虚伪的人揭露得淋漓尽致，你伤风败俗、不敬宙斯、专教别人干坏事，完全是一个无赖，口中却宣讲着冠冕堂皇的哲理。《云》在23年前就已经上演了，这些年来久演不衰，大家一定都很清楚。可是，苏格拉底，直到今天你才被推上被告席，我们的人民对你实在是太宽容了！”

面对米列托斯的叫嚣，苏格拉底陷入了沉思。原来，阿里斯托芬是他的好友，只是由于他留恋过去的“黄金时代”，对当时十分活跃的智者学派深恶痛绝，于是他在喜剧《云》中不加区别地把苏格拉底当作他们的化身而尽情嘲弄攻击。苏格拉底明白，阿里斯托芬不是在蓄意害人。可是万万没想到，今天，他的剧本竟被人利用，拿来作为攻击苏格拉底的证据，而且米列托斯要求判处他死刑。

按照雅典的法律，在法庭对被告进行判决之前，被告有权提出一种不同于原告所要求的刑罚，以便法庭二者选一。但苏格拉底坚持认为自己是有功无罪的，他觉得只有让他终生在卫城的圆顶厅享受国家提供的免费餐，才算合理。在朋友的规劝下，他才提议对他罚款30明那。然而最终，他还是被判处了死刑。

事有凑巧，本该立即执行的死刑却因为宗教的原因而暂停了下来。原来，每年5月，雅典都要派圣船“帕拉洛斯”号满载祭品去提洛岛的阿波罗神庙朝圣，往返的30天内，不得处决犯人。苏格拉底的判决之日适逢圣船启航之时。

在收监的日子里，苏格拉底的学生和朋友们积极筹划着营救他的计划。不久，他们买通了狱卒，制定好了越狱方案，单等着苏格拉底动身。可是，苏格拉底却坚决拒绝了这一生存的希望，无论大家怎样劝说，他都坚持认为自己应该服从国家的法律。

就这样一直拖到了临刑的前夜，他打发走苦苦哀求他的亲人，留下自己的学生，畅谈了一番人生哲理之后，他接过毒酒，一饮而尽……

古希腊三大数学难题

古希腊三大数学难题其实都是几何难题。

大约2300多年前。在古希腊的第罗斯岛发生了可怕的瘟疫，人们纷纷向神祈祷。神庙的祭司对人们说，神要保佑人们，但有一个条件，就是要把正方体祭坛的体积扩大到原来的两倍。神嫌原来的祭坛太小，但不能做成别的形状，还要是正方体。

人们开始忙起来，但凭有限的工具不是体积增得太大就是形状被改变了。有的人把正方体的棱长扩大成原来的两倍，可是这样一来，体积就成为原来的8倍。

于是人们请教柏拉图，结果这成为一道几何难题。

这当然只是一个传说，但是三大几何作图难题却都是与古希腊学者有关。

希波战争使得伊奥尼亚的城邦相继陷落，伊奥尼亚的精英学者大都逃到了雅典，于是在雅典出现了著名的智者学派。

智者在发展语言和诡辩时，注意逻辑，他们当中有很多是几何学家，在长期的思辩中，他们提出了三大几何难题：

1. 化圆为方。画出面积与已知圆面积相等的正方形。

2. 正方倍积。画出体积为已知立方体体积两倍的立方体的边长。

3. 三等分任意一角。只用直尺和圆规，不标刻度，三等分任意角。

2000年来，这三道题难倒了无数人。

从公元前5世纪开始，古希腊的学者们就开始研究这些问题。这些问题其实是被希腊人解决了的几何问题的延伸，由于他们可以二等分任意角，自然想到三等分，直到任意等分。由于平面上以原正方形对角线为边长的正方形是原正方形面积的 2 倍，自然推广到立体几何，想找出 2 倍的正方体。由于圆的面积可知，那么自然想到找出与圆面积相等的正方形。

据记载，最早研究这些问题的是阿拉萨哥拉，后来梅纳奇马斯、欧几里得、阿基米德这些大几何学家也都研究了这个问题，但都没能成功。直到 17 世纪，笛卡尔发明了解析坐标系，人们才找到了解析几何的工具。

这三个题目用任何手段均可解出来，但古希腊学者附加了一个前提：尺规作图。而实质上，在尺规限定的条件下，这些问题都是不可能解决的。

比如说 2 倍立方，其实要求几何学家用直尺和圆规把长度为 2 的线段开 3 次方，要画 2 厘米、2 分米、2 米等等都行，但要求用直尺和圆规把线段的立方根画出来是不可能的。

笛卡尔最早指出这是不可能的，法国数学家范齐尔于 1837 年严格证明了用尺规不能作出 2 的立方根长度。但若是方法不限，工具可以任意标刻，或者用别的物理及代数等方法，结果都可以求出来。

三等分任意角，如果抛开尺规限制，也可以办到。至于化圆为方，1882 年德国数学家林德曼证明了，用尺规作图办不到。但是用别的方法当然能办到。公元前 460 年出生的智者希匹阿斯就设计了割圆曲线来完成了三等分任意角，但不是用尺规画出来的。

从历史上看，最迷人的莫过于三等分任意角。每年都有大批人，特别是青少年向科学院寄送大批稿件，声称解决了三等分角问题。当然这是不可能的，而他们的方法确实能够任意三等分角。这是怎么回事呢？前面已经讲过，有很多其他方法都可以三等分任意角，这并不是不可能的。青少年们犯的错误主要是把自己的方法误认为是尺规作图法，这主要是由于没有明白尺规作图的含义。也有的人由于对问题了解较少，认为三大难题就是没有限制的，所以求出了解。

也就是说，真正的三大难题是不能求解的，因为均限制在尺规作图范围内。而抛开限制，这三大难题就成为数学游戏，都可以解决，不过需要巧妙的办法和足够的数学思想与知识。

有兴趣的人可以认真了解一下尺规作图的含义，从而得知尺规作图的不可能原理。

柏拉图学院

柏拉图（公元前427—前347年）出生于雅典的名门世家，他的母亲是梭伦的后裔，父亲所在的这族则可以追溯到古雅王卡德鲁斯，在这样一个高贵的家庭里，柏拉图受到了当时所可能达到的最好的教育。

柏拉图的老师是著名的哲学家苏格拉底，柏拉图留下的很多对话著作，多数以苏格拉底为主要角色。然而这位可亲可敬博学多智的老师被雅典的当政者判处了死刑，说他“败坏青年”。苏格拉底宁死不屈，饮毒酒而死，柏拉图由此认识到了政治的丑恶与肮脏，他离开了雅典，开始周游世界。

柏拉图到了埃及、南意大利等地方，他认真地学习了毕达哥拉斯派的很多知识。经过约10年左右的时间，柏拉图回到了雅典。正当壮年的柏拉图开始招生讲学。学院建在阿卡德米，在雅典不远的西北郊。

柏拉图是唯心主义的最伟大代表。柏拉图特别重视数学，在柏拉图学院有一块牌子，上面写着：“不懂数学者不得入内”，证明了柏拉图对数学重视的程度。

柏拉图认为真正的实在是理解，如我们所西的、所看到的圆，其实纯粹的圆是不存在的，但我们认为是圆，而忽略那些误差，这就是理念。用现代科技观点来看，柏拉图很多具体的理论是荒唐的，但是他的很多思想给后世带来巨大影响，其中也不乏有价值的想法。

柏拉图形成了他特有的唯心主义，后世称为“唯实论”，他开创的雅典学院一直维持了9个世纪之久——直到公元529年，罗马查士丁尼大帝才把它封闭。

在柏拉图学院中，有两位十分杰出的人物，他们在天文学、数学上贡献杰出：一位是欧多克斯，一位是亚里士多德。

欧多克斯（公元前409—前356）约于公元前368年加人柏拉图学院，在加入学院之前，欧多克斯名声已经很大，是很多人的老师了。现在遗留下来的有欧多克斯的纸草著作残篇。

柏拉图受毕达哥拉斯影响，认为圆、球这些形状是最完美的，天体都是神圣的，所以它们的轨道是圆周。

从地球是宇宙的中心出发，欧多克斯建立了一个宇宙模型。他认为宇宙是由透明的同心球叠加而成的。每个运动的天体都遵循一层天球的表面，这个球的轴两端固定在外层较大的球上。这样，最最外层的球一转动，会带动它内侧的球转，内侧的球再带动更内侧的球，于是宇宙中的天体就这样运动了。欧多克斯认为当时所见的五大行星又加上日、月等等，共为 27 个同心球。这 27 个同心球由最外层的大球转动引起转动，天体也是这样运动的。

其实他的出发点就已经是错误的了，因为他以地球为中心，实际上茫茫宇宙有无数中心，无数个星系，何况地球也不是太阳系、银河系的中心。最有趣的现象是越向后发展，球越多，因为欧多克斯是建立在当时肉眼所及的星体之上的，随着观察的越来越多，这个模型不断地变，人们加来加去、不厌其烦，最终心灰意冷，抛弃了这种学说。

但是欧多克斯提出了一种可贵的思想，就是著名的“拯救”方法。当人们面对自然界的变幻莫测时，怎样找到根本规律呢？建立一个模型，建立一个规则，把杂乱的现象加以规整，有助于整理归纳，从而认清规律。这样的一种模式思维方法，就是拯救观念。

柏拉图之后，希腊世界最伟大的思想家是亚里士多德，亚里士多德是欧洲科学史上的里程碑。他是古代知识的集大成者，被人们称作“百科全书式的大学者”。

亚里士多德公元前 384 年出生，他的父亲是马其顿国王的御医。亚里士多德很不幸，幼年时父母双亡，是亲戚把他抚养大的。17 岁时，亚里士多德到雅典的柏拉图学院学习，前后长达 20 年，直至柏拉图去世。

亚里士多德提倡归纳法，提倡进行科学研究要有目的，讲究系统和组织。他在知识分类方面成绩巨大。在各门科学和哲学领域内，亚里士多德著作丰富，在物理、天文、气象、生理及胚胎等等领域都留下了许多真知灼见。当然，亚里士多德的错误是很多的，如伽利略后来推翻了他的一些理论。

在逻辑学上，亚里士多德开创了三段论。他开创了演绎形式。在伦理学上，文学研究，政治研究上，都留下不朽著作。

我们今天常说的“吾爱吾师，吾更爱真理”这句话，就是从亚里士多德那里来的，因为他后来开创了与他的老师不一样的知识体系，他说过这样的话：“我敬爱柏拉图，但我更爱真理。”

公元前 343 年，亚里士多德做了亚历山大的老师，亚历山大就是历史上所向披靡的大帝，人称亚历山大大帝。亚里士多德常常在散步时和学生讨论学术，因此又被称为“逍遥学派”。

希腊最伟大的启蒙运动者
——伊壁鸠鲁

在雅典一座花园的大门上刻有这样的题词：客人，你在这里将生活得很好；这里将给予你幸福，最高的奖赏，这里的学生被称为“来自花园的哲学家”。这座花园是一所学校，但这所学校有时被称为“伊壁鸠鲁的花园”。

伊壁鸠鲁是古代希腊杰出的唯物主义哲学家，马克思誉之为“希腊最伟大的启蒙运动者”。

他出生于萨摩斯岛，自称 14 岁开始研究哲学。18 岁的时候，他为了接受雅典青年在取得公民资格之前必须经过的两年军训而到了雅典。

伊壁鸠鲁曾经师从柏拉图的弟子帕姆菲洛斯，后来又在罗德斯岛就学于普拉克西丰涅斯，对他影响最大的是德谟克利特的唯物主义哲学，不过，他对自己的老师、德谟克利特的弟子瑙昔芬尼却并不怎么尊重，甚至轻蔑地称他为“软保运动”。

公元前 311 年，伊壁鸠鲁在米特林创办了学校，并亲自执教。办了一年以后，校址迁往拉姆普萨库斯。公元前 306 年，伊壁鸠鲁定居雅典，买了一所房子和一个花园，继续办学，学校被称为“伊壁鸠鲁的花园”。

伊壁鸠鲁主办的学校是一种特殊团体，其成员力图通过哲学获得安宁、幸福的生活。伊壁鸠鲁是他们崇敬的对象。他是学校的首脑，有三个大弟子协助他，下面还有一批工作人员，其中包括他的哥哥和两个弟弟。学生有男有女，甚至还有妓女和奴隶。一些有文化的奴隶在学校中担任秘书、抄写员之类的工作。学校内的生活是非常简朴的，饮食主要是面包和水。

学校的收入至少有一部分是靠自愿捐助的。伊壁鸠鲁在一些信里向有名望的人请求资助，向学生索取食物和现金。有一次他写道：“请你给我送一些干酪来吧，以便我在高兴的时候可以宴客。”在另一封信中他说："请你代表你自己和你的孩子送给我们一些为我们神圣的团体所必须的粮食吧。""我需要的惟一捐助就是这些——要命令弟子们给我送来，纵使他们是在天涯海角也要送来。我希望从你们每个人那里每年收到220个德拉赫麦，不要再多。"

伊壁鸠鲁著述丰富，约有300篇。其中最重要的是有37章之多的《论自然》一书。可惜他的著作绝大多数已经散失，流传至今的只有少数残篇，约100多条警语和一些书信。在流传下来的书信中，按内容的重要性而说，主要有3封：《致赫罗多特斯》主要论述的是原子学说，也涉及认识论的影像问题；《致皮托克列斯》是讨论气象学和天文学的；《致麦诺凯奥斯》除讨论理学，还论述了他自己的生死观。1888年在梵蒂冈的一座教堂内发现了87条伊壁鸠鲁派的警语，其中大部分是伊壁鸠鲁本人的。这些警语在学术著作中有时被称为《梵蒂冈格言》，除陈述伦理问题外，也探讨了国家起源问题。伊壁鸠鲁规定弟子必读的40条伦理格言，也保存了下来，称为"要义"。他的著作普遍结构松弛，表述通俗，缺乏文采。

伊壁鸠鲁继承和发展了德谟克利特的唯物主义学说。

他坚持德谟克利特的原子论，强调原子的存在决定一切事物存在的实在性，是事物的本质。他发展了德谟克利特的学说，认为原子除了有绝对充实性（即不能破裂或分割）外，还有大小、形状和重量的不同，物质的差别就是由这些不同决定的。

伊壁鸠鲁发展德谟克利特的原子说，还表现在另一方面，那就是有关原子运动的问题。德谟克利特只承认原子由于重量关系产生的直线运动，即机械运动；而伊壁鸠鲁认为原子的直线运动是跟原子的内部自动地脱离直线运动的偏斜运动相结合的。他的这种主张，以朴素的形式表达了他关于物质运动由其自身内部原因决定的天才猜测。这一主张作为初次尝试，自发地辩证地克服了德谟克利特的决定论所具有的宿命论倾向，是对唯心主义的沉重打击。德谟克利特认为世界上的一切都是由严格的必然性决定的，否认偶然性和自由的存在。伊壁鸠鲁的这种观点否定了斯小噶等派鼓吹的宿命论。他从唯物的原子论出发，认为自然规律的必然性决不意味着人是命运的玩物。

按照伊壁鸠鲁的看法，宇宙是无限的，是由无限多的天体所组成的，神只是存在于无数天体的中间地带，过着幸福的生活，并不对宇宙和人类的生活发生任何影响。

在认识论方面，伊壁鸠鲁是唯物主义的哲学论者。对于伊壁鸠鲁来说，哲学的目的是通过研究和思考使人们得到幸福。他认为，老年人通过研究哲学，才可以回忆过去的愉快，像青年人那样朝气蓬勃。青年人研究哲学则可以懂得未来，无所畏惧而更加成熟。他说：“不能医治人们痛苦的哲学家的话是空洞的，不能医治心灵疾病的哲学和不能医治躯体疾病的医学一样无益。”为了获得幸福，必须摆脱各种偏见。

由于伊壁鸠鲁的哲学体系所具有的现实目的，所以在这个体系中，作为向人们阐释幸福生活所应遵循的伦理学占有首要地位。

他的伦理学说的核心是快乐论，使人摆脱痛苦。他的所谓快乐，并不是指粗鄙的生活享受。他指出：“当我们说快乐是最终目的的时候，我们并不是指某些人所想的放荡的快乐或肉体享受的快乐，这些人或者是不知道，或者是曲解了我们的意思。我们所谓的快乐是指身体的无痛苦和心灵的无纷扰。”他认为对快乐的选择应该服从理智，由理智派生出所有其他善行。不是理智地、有道德地、正直地生活，生活是不会愉快的；反之亦然。

伊壁鸠鲁的伦理学具有明显的个人主义倾向，追求的是个人心灵的宁静。这里表现了他作为奴隶主阶级思想家的阶级局限性。同时，也反映了伊壁鸠鲁所生活的时代特点。由于城邦的瓦解和社会生活的动荡，人们不再像古典时代那样关心重大的社会政治问题，而是局限于个人的小圈子里面。正因为如此，伊壁鸠鲁的生活准则之一便是：“不为人们注意地生活。”

他的哲学思想的静观性质也是他阶级局限性的一种反映。

马克思指出：国家起源于人们相互间的契约……这一观点就是伊壁鸠鲁首先提出来的。他以“公正”为例，认为“公正没有独立的存在，而是由相互约定而来，在任何地点、任何时间，只要有一个防范彼此伤害的相互约定，公正就成立了”。

伊壁鸠鲁的这种“充分契约”的政治思想，在当时具有积极的进步意义，旨在反对马其顿人的统治，反对以非人道待遇对待奴隶和妇女。然而，这种思想也有阶级妥协的烙印。

伊壁鸠鲁一生多病，但他能以极大的毅力战胜病魔。公元前 270 年他病逝于雅典。

伊壁鸠鲁的唯物主义哲学具有巨大的进步意义，因而不断遭到唯心主义者的激烈反对。列宁揭露过黑格尔对伊壁鸠鲁学说的歪曲。伊壁鸠鲁的后继者曾经同古代世界形形色色的唯心主义者作过长期顽强的斗争。文艺复兴以来，伊壁鸠鲁的哲学著作对欧洲哲学思想的发展产生了重大影响。

旷世演说家——德摩斯梯尼

“德摩斯梯尼，如果你有与你的智慧相当的权力，马其顿人的战神就不可能在希腊握有权柄。”

这是一段铭文，镌刻在一尊青铜像上。这尊青铜赡像塑造的就是古希腊卓越的演说家、著名的政治家德摩斯梯尼。

这位演说家兼政治家曾有一名言：“辞令的灵魂就是行动、行动、再行动。”他的一生就是遵照这句话去做的。他不断采取积极的行动，与马其顿进行针锋相对的斗争，维护自己的祖国希腊的利益。

当德摩斯梯尼登上雅典政坛的时候，希腊各城邦发生了严重危机。希腊北方的马其顿，在国王腓力二世的治理下迅速崛起，它四处扩张，咄咄逼人。而以雅典为首的希腊各城邦内部对待马其顿的态度形成两大截然对立的主张：一种表示欢迎马其顿干预希腊事务；另一种竭力反对马其顿的扩张，主张消除各城邦之间以及城邦内部的不和，维护独立和民主。

德摩斯梯尼作为后一派的代表，他多次登上雅典公民大会讲坛，发挥全部演讲才能和精力声讨马其顿国王腓力二世，维护雅典的主权和尊严。在一系列演讲中，他力图激发雅典公民保卫城邦的热情，号召全体希腊人团结一致，跟企图奴役希腊人的马其顿国王作殊死的斗争。

德摩斯梯尼反对腓力的演说总计 8 篇，通称“腓里皮卡”，其措辞之缜密，逻辑之严谨，构成强大的鼓动力和说服力，对腓力的行为进行了猛烈的抨击和无情的揭露。从此以后，“腓里皮克”（“腓里皮卡”一词的单数）成了一个专门名词，专指猛烈抨击和揭露政治的演说。如有名的西塞罗反对安东尼的演讲词就被他自己称作“腓里皮克”。

公元前 341 年，德摩斯梯尼发表了他最著名的第三篇反腓力演说。他指出：“关于马其顿人的狡猾阴谋是勿庸置疑的，腓力所力求实现的唯一目标是劫掠希腊，夺去天然的财富、商业和战略据点。腓力利用希腊人中间的分裂和内讧作为达到他卑劣意图的手段。”他认为，尽管目前局势极端险恶，但仍然有可能制止马其顿的扩张。他打了个生动的比喻：“当雅典之舟尚未覆没之时，舟中的人无论大小都应动手救亡。一旦巨浪翻上船舷，那就一切都会同归于尽，一切努力都是枉然。”

德摩斯梯尼通过这篇演说辞阐述了自己对雅典政治制度的认识。他极度推崇雅典的民主宪法和公民政治自由，他认为这种政治制度有潜在的巨大力量。而雅典的现状是，公民对社会事业的关心和勇于奉献的精神正在渐渐减退，代之以不纳税、不服兵役，一味期望国家的资助，这导致了国家的衰微。在一针见血地指出国家面临的困境和社会的症结之后，他用激动人心的词句鼓舞雅典的公民：“即使所有民族同意受奴役，就在那个时候我们也应当为自由而战斗！”

受这篇演说词的鼓舞，雅典人民群情振奋，在隆重召开的公民大会上作出重要决定：派遣使者联络友邦。很快，雅典拥有了自己的反马其顿同盟。在援助拜占廷的战斗中，腓力国王遭到希腊军队的重击，败退而走。

德摩斯梯尼赢得了极大声誉，雅典人把胜利的花环奖给他，作为对他的肯定。他被任命为海军总监，进行了一系列有益于军事行动的改革。但此时，腓力的军队仍然在希腊的领土上不断推进着。希腊组织的反马其顿同盟联军由于各怀私心，不能团结一致，又被腓力在喀罗尼亚发生的决定性战斗中打败。

公元前336年秋天，由于腓力被刺杀，事情又出现了转机，德摩斯梯尼从失败的压抑中抬起头来，积极参加各种公共事务。雅典的公民大会决定为他的功绩做出赞颂，并决定授予他一顶象征荣耀的金冠，而这却遭到了埃斯希涅斯的强烈反对。埃斯希涅斯是亲马其顿的主要将领，同时也是负有盛名的演说家。于是，一场空前激烈和精彩的辩论在这两位难分上下的演说家之间展开了。最终，德摩斯梯尼还是技高一筹，他以充沛的感情和有力的论证赢得了广大听众的支持，而埃斯希涅由于略逊一筹，败给了德摩斯梯尼，他羞愧难当，不得不离开雅典，远走他乡。

从此，德摩斯梯尼享受着崇高的荣誉，应该说是他出众的演说才华为他立下汗马功劳。然而令人意想不到的是，德摩斯梯尼的演说才华并非天生就有，相反，应该说他在这一方面的天然资质是很差的。

少年时的德摩斯梯尼沉默寡言，一旦说起话来，还发音不清，逻辑不明，疲软无力。最终使他走上杰出演说家道路的原因，是源于一场财产纠纷。

德摩斯梯尼的家庭非常富有。他7岁的时候，父亲就去世了。他父亲去世时，给他留下了一大笔遗产（一个武器作坊、一个家具作坊和其他财产）。由于德摩斯梯尼尚处幼年，遗产被他父亲指定的监护人管理。贪婪的监护人肆意侵吞了他的财产，德摩斯梯尼成年之后，只得到了全部遗产的1/12。他多次索求，也毫无结果，即使通过法庭打赢了官司，也得不到实质性的补偿。为此，德摩斯梯尼决定向雅典著名的演说家、擅长撰写关于遗产问题讼词的伊塞学习演说术。

多年的官司使德摩斯梯尼变成了著名律师。为谋生计，他又代人撰写法庭辩护词，这使他的辩论技艺得到突飞猛进的增长。渐渐地，德摩斯梯尼开始向往政治生活，逐渐向一名演说家迈进。

最初，德摩斯梯尼登上讲坛时，虽然准备好了精彩的演说辞，却因吐字不清，含含混混，说不出一句有力度的话来，而被挑剔的雅典人毫不客气地赶下了讲坛。而且这样的事情发生了不止一次。

然而失败打消不了德摩斯梯尼的决心。他痛定思痛，对自己的缺陷认真地总结了一番，然后对症下药。为了训练发音，他向著名的演员请教朗读的方法，并把小石子含在嘴里，迎着呼啸的大风和汹涌的波涛大声朗诵；为了克服气短，他故意选择陡峭的山坡，一面攀登一面不停地吟诗；为了纠正姿态，他专门装了一面大镜子，随时观察自己的举动。并在头顶上悬挂一柄锋利的剑，以改掉那些多余的动作，尤其是没事就爱乱耸肩的习惯；为了潜心于练习，他把自己的头发剃掉一半，难以见人，于是便留在家中终日练习；为了写出精彩的演说词，他刻苦读书，把修昔底斯的《伯罗奔尼撒战争史》抄写了8遍，连他的政敌都不得不夸赞他的修养深厚。他那篇有名的反腓力演说，连腓力本人看到后都说："如果我自己听德摩斯梯尼演说，我也会投票赞成选举他当我的反对者的领袖。"

由此可见，杰出的成就来源于背后刻苦的锻炼，没有一蹴而就的成功，也没有不劳而获的天才。

马其顿王国的军事天才——亚历山大

马克思曾说过：希腊内部极盛时期是伯里克利时代，外部极盛时期是亚历山大时代。

亚历山大（公元前356—前323年）。古代马其顿国王，杰出的军事家和政治家。他少时即有征服世界的野心，并表现出了卓越的军事政治才能。据说，每当他得悉父亲胜利的消息时就发愁，唯恐自己会因而不能享到征服世界的光荣。公元前336年夏天，亚历山大继位，时年20岁。当时国内环境十分困难，宫廷骚乱，北方各部落暴动，希腊、马其顿起义，此伏彼起。亚历山大果决地击败了各种反对势力。在占领忒拜后，把居民全部出卖为奴，只有神庙和诗人品达之家幸免。使希腊再度屈从于马其顿的统治之下，他以马其顿—希腊联军最高统帅的身份，组织对东方的侵略性战争。

公元前334年春，亚历山大藉口波斯人曾经蹂躏过希腊的圣地，又参与刺杀腓力二世的行动，而大举东征。他以解放者自居，利用波斯统治下的希腊人、埃及人等等的不满，许诺帮助他们摆脱波斯的羁绊。实质上，东侵是为了满足马其顿贵族和希腊奴隶主从战争中掠夺领土、财富和奴隶的愿望。

马其顿—希腊联军渡过赫勒斯滂海峡，进入亚洲，在马尔马拉海南岸格拉尼科斯河附近，亚历山大和波斯军队首次交锋。亚历山大不顾军队长途跋涉的困难，亲自率军作战，击败波斯军队。这一役的胜利，为亚历山大打开了向小亚细亚进军的通道。不少城邦归顾，只在少数地方，他遇到了希腊雇佣军的顽强抵抗。公元前333年夏，亚历山大的军队在伊索斯城附近和波斯军队发生了第一次激战。波斯国王大流士三世亲率军队以逸待劳，亚历山大集中优势兵力，直捣波斯军中锋。大流士三世溃逃，亚历山大占据了大流士三世的军营。

公元前332年，亚历山大继续向南进军，攻陷许多城市。在此期间，大流士曾向亚历山大提议媾和，表示愿割地赔款，但亚历山大表示当可能取得波斯帝国的全部领土时，他不希望只得到其中的一部分，他并且自称为“全亚洲的统治者”。

公元前332年冬，亚历山大由腓尼基南下，侵入埃及，他特别注意笼络埃及的祭司支持他的统治，对他们大献殷勤，慷慨馈赠。他在尼罗河三角洲，即现在亚历山大城所在的地方建立了一座城市，并用自己的名字命名为亚历山大里亚。

公元前331年春，亚历山大在埃及补充了自己的军队后，率军向东进发，经过巴勒斯坦、叙利亚，来到了美索不达米亚。在尼尼微附近加于加麦拉村，与波斯的军队发生一场决定性的战斗。10月1日清晨，战争开始了。波斯军队首先发动了攻势。大流士三世命令绑着锋利刀剑的战车全力冲扑过去，指望以数目众多、装备精良的战车一举击溃马其顿的方阵，结果扑了空，却被亚历山大的军队击得溃不成军。

亚历山大继续向东推进，深入了波斯腹地。他进行了惊人的掳掠，洗劫了巴比伦、苏萨和波斯利斯的王宫，夺得无数金银和财宝，还下令焚烧了波斯国王的王宫。此后，亚历山大移兵北上，占领了米底首府埃克巴坦那。为了追踪大流士三世，他率军经过险峻的山岭和无水的荒漠，来到了帕提亚和巴克特里亚。这时，巴克特里亚的总督比索斯拥兵自立，擒杀了大流士，自称波斯国王。不久，比索斯为共谋者所弃，被亚历山大擒获。他召开了有巴克特里亚贵族参加的审判大会，并以公诉人身份指控比索斯竟对自己的君主和亲戚大流士三世下毒手。他把自己打扮成波斯帝国政制的维护者，依照波斯习惯处比索斯以极刑。

大流士三世死后，波斯阿黑门尼斯王朝便告终结。亚历山大以阿黑门尼斯王朝的“合法继承人”自居。

为了慑服东方的反抗，建立更大的霸权，他继续兴师北方，转战于中亚细亚。在行进过程中虽遭到反抗，但都被亚历山大残酷地镇压下去了。

为了巩固对被征服地区的统治，他在东方建立了许多要塞城市，并且都用亚历山大命名，派兵驻守。

亚历山大深深懂得，仅仅依靠马其顿人和希腊人的军事力量，是无法统治广袤的帝国疆土的。随着征战的胜利，统治地区的扩大，他越来越多地沿袭波斯帝国及其各地的旧制，擢用东方的降臣。但亚历山大用极其严厉的手段惩办军中的反对者，甚至不惜诛杀一些战功卓著的老将和近臣。

公元前327年，亚历山大率领军队离开中亚，向印度进发。由于对印度的气候不适应和军中瘟疫流行，军队开始拒绝前进，要求回家。马其顿军队开始回撤。

公元前324年初，将近10年的亚历山大远征结束。

亚历山大经过大规模的军事远征，在辽阔的土地上建立起一个前所未有的庞大帝国。它的版图西起希腊、马其顿，东到印度河流域，南临尼罗河第一瀑布，北至药杀水，首都设在巴比伦。

亚历山大竭力鼓励马其顿人和东方女子结婚，以促进马其顿人和东方人的融合。

在巴比伦，亚历山大还积极准备继续进行远征，企图进一步征服地中海西部和南印地区、北非、意大利和西班牙。但是，正在此时，亚历山大突然患恶性疟疾病逝（公元前323年6月13日），终年33岁。

亚历山大作为一个历史人物，对人类社会的发展产生过一定的影响。通过远征，他使希腊同西亚、中亚、印度等地的贸易更密切了；他在被征服地区建立的城市后来发展成各地的经济中心；以往波斯王宫储存的大量金银被铸成货币，促进了商品的流通。这一切在一定程度上促进了东西方经济交流和生产发展。文化上，远征前后，不少希腊学者来到东方，研究东方的科学技术和文化艺术，搜集地理学、植物学和动物学的资料和标本。在社会政治方面，亚历山大的某些措施，尽管对缓和征服者与被征服者之间的尖锐矛盾产生过某些影响，但从根本上说，只是沿袭了东方专制帝国的旧规。

亚历山大并不是“超人”，不应该将其理想化。他之所以能够取得远征东方的胜利，与当时的社会历史条件有关，是当时的时势造成的。

使用了二千多年的教科书

——《几何原本》

公元前336年，亚历山大即位，开始南征北战。他征服波斯帝国，打到印度河流域，建立了横跨欧亚非的大帝国。亚历山大十分重视学术，他铁蹄所到之处，学者们收集历史、地理、生物方面的资料和知识，文化迅速繁荣发展起来。

在埃及，亚历山大建立了亚历山大里亚城，古代世界最杰出的科学就在东西方文化的交汇中产生。

埃及的尼罗河水经常泛滥，洪水过后，地界被淹没，人们就要重新测量土地。为了计算地积，人们逐渐掌握了一些方法，几何的萌芽就这样产生了。

公元前320年左右，罗德斯的欧德谟写了一部几何学的历史，这部著作的残篇一直保留到现在。从中可以看出公元前300年左右，在亚历山大里亚生活的欧几里德已经把知识搜集起来，并加以发展和系统化。

在欧几里德那里诞生了一本书，这本书流传使用了2000多年，堪称历史上使用时间最长的教科书。这本几何书被重版过成千上万次，传到欧亚大陆，堪与《圣经》媲美。当传到我国时，正值明代。我国杰出的科学家徐光启与西洋传教士利玛窦合作，翻译了这本书，定名为《几何原本》。“几何”一词，就是徐光启在中国首先使用的。

欧几里德是一个令人尊敬的大数学家，他的具体生平无人知晓，但他的故事流传至今。

欧几里德曾经在柏拉图学院学习，后来在几何学上取得巨大成就，成为希腊三大数学家之一。有一次，托勒密王请欧几里德讲授几何学，讲了一段时间，托勒密听不懂，于是就向欧几里德发问：“有更简单快捷的方法，不费多大力气就能学会的吗?”欧几里德答道：“在几何学中，没有为国王设置的捷径。”另有一件事情，记载了一位青年向欧几里德学习。刚刚学习了几个初级命题，这个青年就问学习几何能对自己有什么好处。欧几里德对旁边的人说，给这个青年三个钱币，让他离开，因为他妄想在几何学中得到实利。欧几里德和他之前的一些大学者一样，也和他的老师柏拉图相似，都强调一种追求真理的精神。

《几何原本》13篇，共467个命题。爱因斯坦说：“一个人当他最初接触欧几里德几何学时，如果不曾为它的明晰性和可靠性所感动，那么他是不会成为科学家的。”

书中讲到了直边形的全等定理、平行定理、勾股定理以及初等作图法，还讲到了用几何方法解代数问题，包括求面积和体积，对圈、比例和相似进行了基础定理的讨论，对数论和立体几何也设有专章。其中穷尽法的思想是近代微积分的来源。这一切基本上包括了我们现在使用的数学入门教科书的全部内容。

欧几里德与他身后100年的阿波罗尼（据说是欧几里德学生的学生），以及公元前287年出生的阿基米德并称为希腊数学家三杰。

希腊最伟大的天文学家
——希帕克斯

历史上把亚历山大帝国建立（公元前330年）至罗马征服希腊为止的一段时间称作希腊化时期。这一时期诞生了天文学之父——希帕克斯。

希帕克斯在公元前160年至前127年间先后在罗德斯和亚历山大里亚工作。他的著作和生平事迹都不完整，在托勒密的著作里，人们可以窥见希帕克斯的早期开创性工作。

他利用早期希腊和巴比伦的记录进行了天文研究，准确性很高。他还发明了许多仪器，进行科学的观测。这一时期的天文学已经进入“观测天文学”阶段，天文学进入科学意义上的研究，而希帕克斯正是这种意义上的天文之父。

希帕克斯本来生活在亚历山大里亚，但埃及托勒密王朝走向衰落，人们对学术不像原来那样关心，统治者也不加重视，所以希帕克斯来到了爱琴海南部的罗得岛。在这座岛上，他建立了观象台，开始天文观测。他运用三角函数等方法计算出月地距离，还编制了世纪太阳月亮运动表，用来推测日食、月食十分准确。他求出了1年的准确时间，与现在的精确时间几乎一般无二，只差6分钟。在希腊人中，希帕克斯是第一个按照巴比伦的方式把天文仪器上的圆周分成360度的。

希帕克斯创立了球面三角这门数学工具，使几何模型精确成数学描述，希帕克斯还提出了把恒星划分成6个级别。

希帕克斯先假设地球是中心，然后说明只要假定日、月、行星等每一个天体都在一个轨道，即本轮上运动，而这一轨道又在一个大得多的圆轨道，即均轮上，围绕着地球运行，这就可以解释行星的亮暗问题。根据直接观察，可以确定这些轨道的大小。这就是本轮均轮系统，比起繁琐的同心球宇宙模型要更科学更简单。虽然他的出发点也有很多错误，但是这种思路却是更接近真实正确了。

希帕克斯根据相似三角形的成比例原理，发明了三角函数，提出了正弦、正切等概念。他把三角平面推广成球面，这是一个创举。

希帕克斯提出的天文运行系统在托勒密那里集为大成，直到1400年后才让哥白尼推翻。他虽然有很多错误，但是他继神话天文学和经典天文学后，取得了观测天文学的巨大成就，这是划时代的，他仍然是希腊最伟大的天文学家。

数学家之首——阿基米德

世界上最伟大的三名数学家是阿基米德、牛顿、高斯。如果举出第四位的话，那就再加上欧拉。在够得上伟大称呼的数学家里，阿基米德是第一人。

阿基米德是真正的数理科学巨匠，他在物理、数学及工程技术领域都有崇高建树。

人们最熟悉的是他发现浮力定律的故事。据说，国王派人打造纯金王冠，王冠制成后，国王想确定王冠是否由纯金制成，但是又不能毁坏王冠，于是把这个任务交给了当时已经很出名的阿基米德。

阿基米德日夜思考这个问题，没有结果。有一次他洗澡时仍然在想办法，他涂满了泡沫进入澡盆，突然间发现身子向下沉，水被挤出澡盆，哗哗地向外流。这一瞬间，阿基米德猛然顿悟，他忽然站起来，这时身上的泡沫还没洗掉。阿基米德不顾自己形象，高兴地大喊着“尤里卡”，在大街上跑着，要把这个重大发现公布于众。

原来，阿基米德想到只要把王冠放入水中，再将同样重的纯金也放人水中，如果王冠是纯金，那它溢出的水应该和同样重的金子溢出的水一样多。这就是著名的浮力定律，现在人们也称为阿基米德定律。“尤里卡”一词，是希腊语“找到了”，这个词现在则成了科学发现的代名词，世界最著名的发明博览会就以它命名。

从阿基米德开始，算术和代数成为了严密的科学学科。阿基米德发现了圆锥体积计算方法，这一发现被刻在他的墓碑上。

他在《论数沙》一书中说：“有人认为，无论是在叙拉古城，还是在整个西西里岛，或者在全世界所有有人烟和无人迹的地方，沙子的数目是无穷的，也有人认为沙子的数目不是无穷的，但是想表示沙子的数目是办不到的。可我的计算表明，如果把所有的海洋和洞穴都填满了沙子，这些沙子的总数不会超过1后面有100个零。”

如果读出来，这是一万亿亿亿亿亿亿亿亿亿亿亿！这是数学史上第一个大数，人们叫它“古戈”。

阿基米德利用杠杆原理解释了为什么人可以用一根棍子撬起很大的石头。他的名言是：“给我一个支点，我可以撬动地球。”当时的国王听了表示怀疑，阿基米德于是进行了一场表演，他在港口事先安装好一组滑轮，叫人把绳子的一端拴在港口里一只装满货物的船上，自己却坐在一张椅子上轻松地用一只手将船拖到岸边。国王像看魔术一样，随即下令：“今后无论阿基米德说什么，都要相信他。”

公元前3世纪末叶，罗马与伽太基开战，历史上著名的布匿战争爆发了。身处西西里岛的叙拉古也卷入了这场战争。

罗马人进攻叙拉古，阿基米德为了保卫自己的邦国，贡献智慧。他年纪已经很大了，但是仍然大显身手。他发明了投石机，军民们依样制作，打得罗马人伤亡惨重。他还发明了大吊车，竟然能把罗马战船从水中提了起来。还有一次，阿基米德让全城所有的妇女老幼手持镜子，排成一个扇面形，按照他的设计恰好把太阳光聚焦在一起，烧着了罗马战舰。罗马军队当中都流传着阿基米德的威力。主将苦笑着说，这是罗马整个舰队和阿基米德一人的战争。

三年圈城，罗马人奈何不了叙拉古，由于内奸的出卖，才终于使城池沦陷。罗马士兵冲进城大肆杀掠。罗马主将正要下令活捉阿基米德，但已经晚了。一个士兵冲进了阿基米德家里，他不认识阿基米德，只见一个老人在沙图上绘制图形，老人冲他说：“不要踩坏了我的圆。”这时士兵过来一剑把老人刺倒在地。

阿基米德就这样去世了，他所代表的希腊科学精神就这样被崇尚武力的罗马人所毁灭。

地心说与日心说在古代

地心说束缚人类长达1400年，直到哥白尼才把人类从地球中心论的迷梦中惊醒。

在希腊时代，可以找到日心说的先驱，他就是亚历山大里亚城的著名天文学家阿里斯塔克。关于他，我们仍然是不知其详，而仅从阿基米德的著作中窥见他的理论和生平。阿里斯塔克约公元前310年出生，与毕达哥拉斯出生地相同。他认为，并非日月星辰绕地球转动，而是地球和日月星辰一起绕太阳转动。他还发现了地球绕轴自转，这个说法实在令人惊讶佩服，在当时这实在是石破天惊的理论。天才往往是超乎时代的，所以天才往往也是不幸的，人们谁也不相信阿里斯塔克。人们为什么不相信阿里斯塔克呢？主要是受亚里士多德的理论束缚。亚里士多德的很多物理学理论是从观察中来，但他只停留在事物的现象和想当然的推理，而没有认识到本质规律。例如，人们认为如果地球自转的话人就会被抛开，而如果地球还在匆匆忙忙绕着太阳飞速奔跑的话，地球上的很多东西应被甩在后面。还有天文学家提出，如果地球在动，为什么观测到的恒星的位置不变呢？

阿里斯塔克对第二个问题的回答是十分科学准确的，他说，恒星离我们太远，不是位置没变，而是仪器不精确，没能测量出来，况且地球轨道本来也显得像沙粒与皮球对比一样微不足道。至于第一个问题，我们无法得知当时的回答，因为记载已经失传。但现在我们知道是惯性所致。其实只要想想，在匀速奔跑的车上，乘客跳起来，但不会被车甩下，而是又落回车上，跟在平地差不多，就有点明白了。

近代人们最熟的古代天文学家是托勒密，他约生于公元100年，托勒密是希腊天文学集大成者。他的成名之作是《天文学大全》。在整个中世纪的欧洲，这本书一直被当作权威之作，不容置疑。托勒密把前辈学者亚里士多德、希帕克斯等人的学说加以整理发挥，建立了整个地心体系，达到了当时人们理想中的最高境界，所以获得了权威地位。

有人说托勒密抄袭希帕克斯，但这些都无法证实。托勒密也好，希帕克斯也好，并不影响人们对理论的理解和评价。

《天文学大全》共13卷，被阿拉伯人认为“伟大之至”，结果书名也慢慢变成为《至大论》。这部书系统总结了希腊时代的天文学成就奠定了托勒密作为希腊化时期希腊天文学家的地位。

托勒密认为，地球是宇宙的中心，天体围绕地球运行；最接近地球的是月亮，以下依次是水星、金星、太阳、火星、木星、土星、恒星，最后是原动天，也就是九重天，是天神居住之地。当时人们肉眼所能观察到的天空没能有反例来推翻这个体系，而在中世纪，这恰好为神的存在提供了位置，因此地心说竟然统治人类思维长达千年之久。

《至大论》成为古代希腊天文科学的结尾音符。有意思的是，托勒密还写过《地理学入门》8 卷本，书中计算了地球的大小，他已经知道中国的存在。托勒密的地球数值比正确数值小得多，但因为他的权威，一直流传到哥伦布时代。从他的数值中看出，海洋的面积很小。而公元前 276 年出生的埃拉托色尼也计算过地球大小，与正确地球半径只相差 100 多公里，但当时没人相信，因为他的计算证明了地球上海洋约占3/4，而人们认为是陆地最多。

刻在墓碑上的方程

在《希腊诗文集》中有这样一则奇怪的墓志铭，是由麦特罗尔写的，诗歌内容是这样的：

过路之人，
这儿埋葬着丢番图。
请计算下列数字，
便可知他一生经历多少时日。
1/6 是他幸福的童年，
1/12 是快乐的少年，
再过去生命的 1/7，
他建立了和谐的家庭。
5 年后儿子出生，
不料儿子先于父亲 4 年而终，
只活到父亲岁数的一半，
晚年的老人异常悲痛。
丢番图啊，他到底活过几个春夏，
几个秋冬？

这个墓志铭就是古希腊大数字家丢番图简略的一生。对于他，我们知之甚少，只知他约出生在公元 3 世纪，在亚里山大里亚呆过。通过墓志铭的数字题，我们可以解方程得出他活了 84 岁。

1842 年，数学史专家把数学的发展分成三个时期：第一个原始阶段是用文字叙述代数，这时还没有代数符号；第二时期是用缩写的方法简化代数；第三个时期才是符号代数，人们用数字符号运算。其中第二个时期就是丢番图开创的。

丢番图大约生活于公元246年到公元330年之间，距现在有2000多年了，他可以称得上代数的最初奠基人。

丢番图的《算术》中（也可叫《数论》）记载有一元一次方程的解法，这是一个一般解法，他写道："如果方程的两边遇到的未知教的幂相同，但是系数不同的话，那么就要用等量减等量，直到得出含未知数的一项等于某个数为止。"

这就是现在方程中的移项方法。

丢番图善于从几何中脱离出来，以真正的代数形式推演。这样做就开辟了代数学科，使代数真正具备了自己的思想和方法。

丢番图有一个大的缺点，他的脑子很聪明，解题往往能从具体的题目出发而找到方法，这样固然展示了他的才华，但是从代数的立场看却是损害了科学。

因为一道题与一道题解法都不同，没有普遍的适用价值，没有规律可言，这样就会使探索性的价值降低，对人们研究演绎和应用都是不利的，推广更是难上加难。

德国史学家韩克尔说："近代数学家研究了丢番图100个题后，但解到第101道题，仍然感到困难。"

在丢番图那里，已经知道了负数运算的符号变化法则。在著作中，丢番图讲到："消耗散乘以消耗数得到增添数，消耗散乘以增添数得到消耗数。"

在此，消耗散指负数，增添数指正数。用通俗的话来说就是"负负得正，负正得负"。

在希腊，几何比代数发达，但从丢番图开始，代数作为一门独立的学科出现了，所以人们称他是代数的鼻祖。

丢番图6卷本《数论》一直流传至今，书中收集了189个代数问题。在第一卷中首先给出了代数符号和定义。他首先提出了三次以上的高次幂的表示法，这是划时代的成就。他研究了大量二次和三次的不定方程，人们为了纪念他，把整系数的不定方程称作"丢番图方程"。

民间文学的瑰宝——《伊索寓言》

希腊是西方文明的发祥地。公元前8—公元前6世纪时，氏族社会解体，奴隶主城邦逐渐形成，个人意识增强，个体情感要求多方面的表达。于是，在这一古风时代，文学、诗歌繁荣起来。在这一异彩纷呈的时代，希腊民间流传着许多以动物生活为题材的小寓言，相传为伊索所作，因而称为“伊索寓言”。

据说，伊索是生活在公元前6世纪的一个奴隶，天资聪明，常常编一些小故事，发人深省。主人特别喜爱他，见他才智过人，不忍让他与普通奴隶在一起受折磨，于是释放了他。从此，伊索成了自由人。他到处去讲一些小寓言、小故事，揭露统治者的残暴。故事生动形象，深受劳动人民喜爱。于是，这些小寓言故事便流传下来。

今天我们见到的《伊索寓言》，是后人收集改写的，其中掺杂了一些后代其他民族的故事。

《伊索寓言》共包括300多个小故事。这些小故事以动物象征人，表达的是人类社会的现实。《伊索寓言》是下层平民的生活经验与斗争教训的深刻总结。

例如，《龟兔赛跑》讲的是森林里举行动物体育大赛。乌龟与兔子比赛跑，那慢腾腾的乌龟当然追不上兔子啦！但是，由于兔子太轻敌，以为躺在树下休息一下也没关系，谁知一觉睡到了天黑，他见路上还没有乌龟的影子，便蹦蹦跳跳地跑到终点。谁知再一看，乌龟早就到了。兔子羞愧地低下了头。这个小寓言告诫人们不要骄傲，要像乌龟一样踏踏实实地做事，不要气馁，要有恒心。《猫与鸡》是要人们对敌人提高警惕，不要上当。《农夫和蛇》教导人们不能对敌人仁慈。《狗和公鸡与狐狸》告诉人们要善于运用智慧战胜敌人。《伊索寓言》中还有很多故事揭露了统治者的贪婪、残暴，如《捕鸟人与冠雀》、《两个锅》、《狮子与野驴》等。这些小寓言故事充满了智慧，寓意深刻。但是，《伊索寓言》中也掺杂一些消极的东西，如赞美向强者妥协的《芦苇与橄榄树》，提倡人要谦卑的《两只公鸡与魔》，宣传乐天知足的《说马幸福的驴子》等。这些寓言真实地反映了下层平民中固守的、只要活着就好”的消极思想。这是弱小的平民在强大的奴隶主专制社会中无力反抗后的必然选择。从历史角度来看，这是应该被理解的。

《伊索寓言》以生动的言语，向一代又一代人传播着生存斗争的经验，对现代文明有着巨大的影响力。《伊索寓言》不愧为民间文学中的珍宝，几千年来，她在人类文明的长廊中闪烁着独特的光芒。

帕特隆神庙

古希腊是欧洲文明的发源地。无论是文学、艺术、哲学，古希腊的杰出成就都被世人所瞩目，尤其在艺术方面，希腊的古典主义盛期将永远被世人所怀念。帕特隆神庙正是这一时代杰出的典范，她如一颗耀眼的明珠把希腊古典艺术的光芒洒向世界各地。

帕特隆神庙是希腊雅典卫城中最突出的建筑，她里面供奉着希腊雅典城邦的保护神雅典娜。帕特隆神庙自建造以来，经历了几千年的风雨，曾经一度被损坏。

据说，早在公元前 8 世纪以前，雅典就有了国家。从此，文明之星在这里慢慢升高，日益光明。不久，雅典人就在雅典城中央的一座 150 米高的山上修建了雅典卫城，并且造了自己城邦的保护神——雅典娜的神庙，称为帕特隆神庙，意译为“处女宫”。

但是，不幸在公元前 480 年的希波战争中，雅典城被波斯大军占领，各种建筑都被毁坏，财宝被洗劫一空。希腊军队齐心协力，在保护神雅典娜的激励下，奋勇作战，终于在公元前 479 年春天，把波斯军队全部赶出希腊，最终取得了战争的胜利。

为了纪念雅典人战胜波斯人，公元前 448 年，雅典统治者伯里克利在人民的强烈要求下，开始重建雅典卫城与帕特隆神庙，以感谢自己的保护神雅典娜。在伯里克利的主持下，一批出色的雕塑家、建筑家、画家及各种能工巧匠汇集雅典。在著名建筑家伊克提诺的主持下，帕特隆神庙开始动工，经过勤劳智慧的雅典人日夜的奋斗，终于在公元前 432 年建成。

帕特隆神庙平面呈长方形，建在一个长为 69.54 米、宽为 30.89 米的三级台基上。神庙全部用白色大理石砌筑，四面用 46 根多立安柱式的立柱环绕成四周回廊。入口设于东西两端，各有立柱 8 根，东西门廊上方形成三角形山花。外檐间隔布置着三陇板，施以鲜艳的红、黄、蓝三原色，嵌着青铜花环与剑盾图案的镀金饰件。陇间壁上是高浮雕，表现拉比斯人与半人半马之战以及希腊人与亚马逊人之战。内檐壁上是一圈带形线浮雕，题材为一年一度向雅典娜献衣礼的节日庆典行列，画面长约 150 米，高约 1 米，图中近 500 个人物与 100 多匹马、牛等牲畜列队前进，场面庞大，气氛隆重而热烈。东西山花分别描绘着雅典娜诞生的故事与雅典娜同海神波塞冬争夺对雅典城保护权的浮雕，这些作品均出自当时著名的雕塑大师菲狄亚斯之手。三角形构图巧妙自然，生动饱满。

而最为引人注目的则是供奉在帕特隆神庙正殿中的雅典娜立像。她是菲狄亚斯的传世名作。雕像高约 13 米，以大理石雕成（一说是以木雕成），表面镶嵌着黄金与象牙。雅典娜头戴战盔，金衣垂地，左手扶着盾牌，右手托着胜利女神尼凯。女神面部表情庄严肃穆，具有一种不可侵犯的神性，同时又有人间妇女那种安详、秀美的表情。雕像充分体现出雅典人战胜波斯大军的民族自豪感，体现了希腊全盛时期的民族精神。每当东方的天空映出第一道朝霞，殿内的雅典娜神像便鲜活起来，据说，会露出神秘的微笑，雅典重新沐浴在神的光芒之下。

但是，在公元 146 年，雅典娜神像被罗马帝国皇帝安东尼·庇乌抢走，至今下落不明。

1687 年，帕特隆神庙大部分被威尼斯人的炸弹摧毁。

18 世纪下半叶，欧洲列强纷纷来此盗运抢夺文物。19 世纪初，一些英国人雇佣大量劳工，几乎搬走了庙内所有的精美浮雕及其他他品并转卖给伦敦大英博物馆。

历经了几千年的风雨磨难，帕特隆神庙往昔的光辉荡然无存。如今，神庙只剩下那布满伤痕但依然挺立在四周的 46 根多立安式立柱。那威严秀丽的保护神已不知去向，那精美的雕刻也找不到痕迹，只留下岁月的沧桑，默记着往日的辉煌，默记着那曾经绚丽无比的雅典卫城中的明珠。

如今，明珠消逝了，每个到过希腊雅典的人莫不为之垂泪，面对一片废墟，依稀可记起曾经的壮丽。但是，帕特隆神庙依然是人类艺术的圣地。

奥林匹克运动会的起源

奥林匹克运动会是世界上规模最大的体育盛会。她之所以如此被人们关注，不仅是因为她声势浩大，参与人数的众多，也不仅是因为运动员们精彩的表演，更重要的是，奥林匹克运动会已成为世界人民相互交流、增进友谊的桥梁。五个连在一起的圆环，象征着世界五大洲人民大团结。奥林匹克运动会已成为和平的象征。但是，你可知道，现代的奥林匹克运动会起源于古希腊的奥林匹亚竞技会。

据说，早在公元前8世纪以前，当希腊人还没有国家的时侯，希腊人自由快乐地生活在小亚细亚地区。在南希腊，即伯罗奔尼撒半岛西部的伊利斯地区，有一片茂密的丛林，希腊人称之为奥林匹亚丛林。这里风景秀丽，花果飘香，被希腊人誉为最美丽的地方。为了感谢宇宙之主宙斯对希腊人的恩泽，希腊人在这里修建了奥林匹亚神庙，里面供奉着宙斯神像。希腊要把这片美丽的丛林献给自己的主人，企求主人与自己同在。神庙落成之后，希腊人举行了盛大的庆典活动，并举行了体育表演与竞赛活动，最初的项目有赛跑、角力、掷铁饼、投标枪等。后来这项活动保留下来，奥林匹亚宙斯神庙成为全希腊体育竞赛的中心。这是一项神圣的敬神活动。在举行体育竞技会期间，任何人不能杀生，一切战争必须停止。因为这是宇宙之王宙斯的节日，谁若违犯了规定，必将受到天神的惩罚。第一次奥林匹亚竞技会大约在公元前776年举行。以后每四年举行一次。全希腊的健康男子都刻苦锻炼身体，以求在会上取得荣誉。在竞技会前夕，雅典城派出使者举着圣火到各城邦通告，要求各城邦停止纷争，遵守规定。当圣火使者聚齐到宙斯神庙时，便点燃神庙中的圣火，一直到比赛结束时才熄灭。因此，在这圣会期间，全希腊都呈现出和平、安宁的氛围。因为这个圣会是宙斯王的节日，所有妇女都不许参加。竞技会上，参与者脱掉衣饰，充分展现男子壮美的体魄，各项比赛异常激烈。圣会结束后，胜利者被戴上桂冠，著名的诗人为他们献上赞美诗，雕塑家为他们制作精美的雕像。胜利者的名字迅速传遍希腊，他的家乡也因此而感到莫大的荣耀，像迎接英雄一样迎接他们的胜利归来。古希腊著名雕塑家米隆的作品《掷铁饼者》就是那时候产生的。

这种圣会一直持续到罗马统治时代。大约公元5世纪，奥林匹亚宙斯神庙内的宙斯像被罗马皇帝夺走，据说那是希腊古典盛期著名雕塑家菲狄亚斯的另一传世名作。但是不久，神像在君士坦丁被烧毁。公元394年，罗马大帝狄奥多西下令禁止举办奥林匹亚竞技会。至此，这项伟大的古代体育圣会销声匿迹。

又过了1000多年，那古老的圣会重新被人们记起。1896年，在希腊首都雅典举行了第一届奥林匹克运动会，这就是近代的世界性奥运会。她沿袭了古代奥林匹亚竞技会的旧制，每四年举行一次，同时又增加了许多新的规定，以适应世界的不断发展。例如，现代奥林匹克运动会，不再局限于希腊本地，她成为世界性的盛会，各个国家都能够参加。运动会不再限制女性，从此，不少优秀的女性都在奥林匹克运动会上展现了巾帼英姿。每届奥林匹克运动会要挑选一个不同的城市举行，以促进世界人民的交流。

如今，奥林匹亚宙斯神庙只剩下一堆残破的古迹，但是，奥林匹亚的精神已在世界各国人民心中留下深深的印迹。

纪念一个小传令兵的体育运动

每四年一次的世界性体育盛会奥运会让亿万人为之倾心。其中有一项重要的比赛更为引人注目，这就是马拉松长跑。这是一场体力与耐力的比赛，是对人类意志的一个考验，是关系一项重要的荣誉的比赛。当你看到这项激动人心的比赛时，你可会想到，这样浩大的比赛运动却是为了纪念一个小小的传令兵。

事情的根源要追溯到历史上最重大的一场战争——希波战争。

公元前6世纪初，波斯发展成为一个强大的帝国，开国大帝居鲁士率领大军四处征战，企图荡平亚、非、欧三大陆。公元前6世纪中期，波斯帝国征服了小亚细亚沿岸的希腊各城邦。公元前6世纪末，波斯王大流士企图征服多瑙河下游的游牧部落西叙利亚人，结果遭到失败。这动摇了波斯大军战无不胜的声威。处于波斯淫威下的希腊各城邦看见了一线摆脱枷锁、恢复自由的希望。起义首先在米利爆发，迅速扩大到各城邦，希腊本土雅典也派战舰助战，但因力量相差悬殊，起义被残酷镇压下去了。于是波斯王大流士又把矛头指向了雅典。从此开始了长达半个世纪的希波战争。

公元前492年夏天，波斯水陆两路大军沿色雷斯海岸第一次进攻雅典。但是，波斯舰队在卡尔息狄克半岛的阿托斯海角遭遇风暴，陆军又遭到色雷人的攻击，损失惨重，无功而返。大流士一面备战，一面派遣使者到希腊半岛，要求希腊各邦向波斯奉献“水与土”，企图凭以前的声威迫使希腊人屈服，仍像以前一样奴役希腊人。但是，希腊人已看见了光明，怎么会自己放掉这个机会。雅典人把波斯使者投人了深谷，斯巴达人把波斯使者抛入了水井，并讽刺道：“井里有土有水，想借你自己去拿吧！”波斯王大流士遭受这样的污辱，勃然大怒，派遣大军第二次出征希腊。

公元前490年9月，波斯大军横渡爱琴海，先摧毁了优卑亚岛上的爱勒特里亚城，然后在阿提卡东北部的马拉松平原登陆，直逼雅典城。情况危急，雅典向斯巴达紧急求援但遭到拒绝。在万分紧急的情况下，雅典司令官米太雅得临时征集了1万人的重装步兵，邻邦普拉提亚派出援军100名重装步兵。米太雅得把这些军队编在一起，士气高昂地去迎战波斯大军。但双方力量相差太多。米太雅得想出了一个奇妙的阵形：雅典军队布成方阵。两翼配备精锐步兵，中军兵力较弱。与波斯大军接触后，雅典中军边战边退，佯装败落，而两翼重兵则迅速包抄前进。雅典军队第一次为自由与波斯大军对阵，士气旺盛，他们浴血奋战，打得波斯军阵脚大乱，纷纷跳到海上战舰去了。而被包圈的波斯军队则成了瓮中之鳖，军心大乱，全部被歼灭在马拉松平原上。这一仗，雅典人取得了极大的胜利，歼灭波斯军6400多人，而自己仅损失了192人。雅典将士欣喜若狂，第一次对敌作战竟取得如此辉煌的胜利。司令官米太雅得随即派一名擅于长跑的战士腓力庇第斯去向正在焦急等待消息的雅典城报告这个天大的惊喜。腓力庇第斯当时已受了伤，但他把长官交给自己的这个任务当作莫大的荣誉，因为这1万多人中，只有他被选出去送这个胜利的消息，而且是一场以弱胜强的绝妙的战役的胜利。腓力庇第斯为了早些让雅典城分享胜利的快乐，他一刻不停地奔向雅典城。42公里的路程，腓力庇第斯被胜利的喜悦所鼓舞，一路上不曾歇息，经过3个小时的奔跑，腓力庇第斯踏上了雅典的中心广场，面对涌来的人群，腓力庇第斯挥舞着双手，用全身的力量欢呼道：“欢乐吧，雅典人，我们胜利了！”顿时人群沸腾起来。而这个不知名的小兵却慢慢倒在了地上，他脸上带着微笑，但再也没有醒来。

马拉松战役是希波战争的第一仗，希腊雅典人的胜利，极大地鼓舞了希腊各城邦，原来臣服于波斯的希腊小城邦纷纷独立，向雅典靠拢，希腊人组成了“希腊人同盟”，并肩作战，最终在公元前449年迫使波斯人签订了停战协议，承认希腊的独立自由。

为了纪念这场伟大的胜利与那个后来才知道姓名为腓力庇第斯的传递胜利之讯的英雄。1896年在雅典召开的第一届奥林匹克运动会上，雅典人规定了一个新的比赛项目，让参与者重新跑过当年腓力庇第斯跑过的路：从马拉松到雅典，称为马拉松赛跑。后来这个项目便保留下来，但路程并不太相同。直到1920年，经过仔细测量，规定路程为42.195公里。这就是现在的马拉松赛跑。

世界上下五千年

shijie shangxia wuqiannian

罗马帝国

罗马城建立的传说

在意大利罗马城的历史博物馆里，有一尊引人注目的青铜雕塑，名叫“卡皮托利尼山丘的母狼”。每一个前来罗马参观旅游的人都要前去瞻仰一番。这尊雕塑的造型是：一只健壮的母狼微张着嘴，两只耳朵警惕地高耸着，圆睁的双眼看着远方，在母狼身下，两个肥胖的小男孩正仰着头贪婪地吮吸乳汁。这其中有一个充满诗意的神话故事，讲述了罗马的起源。

相传古代希腊的特洛伊城覆亡之后，一群城市卫士在首领伊尼亚的带领下逃了出来。他们坐在一只船上在大海里漂流。许久以后，这些漫无目的的逃亡者看到了一块陆地。他们欣喜若狂，努力向陆地靠近，最后海风把他们吹到岸边。这是一块美丽的土地，太阳照耀着肥沃的平原。鲜花绿草遍布各处，湖泊中倒映出蔚蓝色的天空和洁白的云朵。逃亡者如愿以偿地上了岸，上岸的地方就叫拉丁区。以后，伊尼亚的儿子在拉丁区建立了一座城市，命名为阿尔巴·隆伽城。

许多年过去了，这座城市的统治者依然是伊尼亚的后代，名叫依米多尔。依米多尔的弟弟叫阿穆留斯，是一个阴险残暴的人，他一心想做统治者，哥哥成了他的眼中钉。阿穆留斯施展种种手段，设下层层埋伏，最终把依米多尔赶下台，窃取了垂涎多时的王位。阿穆留斯春风得意，骄横无比，根本不把他那平庸无能的哥哥放在眼里，便留下他一条性命。但唯一使他担心的是他哥哥的后代中会成长出精悍强干的人来报仇。为此，阿穆留斯残忍地杀死了他的侄子，并强迫他的侄女西里维亚去做不能结婚的维斯塔的女祭司。然而不久，西里维亚不但怀孕了，而且还生了一对孪生子。这令阿穆留斯恼羞成怒，同时也异常惊恐，他被不祥的预感笼罩着。他立刻采取了行动，处死了亲侄女，并让奴隶把孩子扔到台伯河里去淹死。恰巧此时的台伯河正在泛滥，不断上涨的大水汹涌着，激起冲天的白浪。这名奴隶不敢走进深水，就把装着双生子的篮子放在紧靠水边的河岸上，她以为随着水涨，篮子就会被淹没，于是便放心地走了。

然而事有凑巧，上涨的洪水并没淹死那双生子，原因是篮子被树枝挂住了，并且不久后洪水退去。双生子在篮子中大声哭叫，哭声吸引来了一只母狼。母狼丝毫没有伤害他们，反而把他们带回窝中，以乳汁喂养他们。一名放牧者不久后发现了这对双胞胎，他把他们带回家抚养，并起了名字，一个叫罗幕洛，另一个叫勒莫。

兄弟俩在牧人的抚养下很快成长起来。他们身体强壮，动作敏捷，头脑机智，是一对很有影响力的青年。当他们得知自己的身世之后，便下定决心复仇。而此时阿穆留斯的残暴统治已激起了人民的共同仇恨。罗幕洛和勒莫便借着这股反抗情绪组织人民起义，经过奋战，终于推翻了残暴的阿穆留斯。兄弟俩把政权交还给了他们的外祖父依米多尔，又在当初他们遇到母狼而获救的地方建立了新的城市。

这一对患难与共的双胞胎、亲兄弟，虽然在天灾人祸的迫害中都毫发无损，却在安详平静的生活中发生了内讧。他们为用谁的名字给新城命名而发生了争吵，各不相让，以至于刀兵相见，最终罗幕洛杀死了勒莫，用自己的名字命名了新城。这就是罗马城名字的来历。

罗幕洛建城之后，首先修建了帕拉丁城堡，扩大城区范围。接着召集人民开会，制定出一大套礼仪规范，其中包括专门显示其至高尊严的王者仪仗。他招募了大批精悍强壮的男子组成自己的武装卫队，以巩固自己的地位。来自各地的逃亡者都能在罗马城得到自由生存的权利，成为罗马的公民。罗幕洛还成立了世界上独一无二的元老院，由 100 人组成，这些人都是一些大家族的首脑，一旦当选为元老，他们的家族便被称为父族或贵族。

新建成的罗马城制度严明，人员精干，但遗憾的是人口始终得不到增加，尽管一批批的逃亡者不断涌来，但最终这里的性别还是严重失衡。罗马公民多为男性，而且大多数人曾干过杀人越货、偷窃赌博的勾当，名声极差，因此周围城邦的姑娘没人愿意嫁给他们。

作为一国之君的罗幕洛为此很是忧虑。有一次，他带领着罗马城的公民到周围城邦去诚恳地求婚，但得到的回答是："我们可不愿意把女儿嫁给一群强盗!"罗马人敢怒而不敢言，只得乘兴而去，败兴而归，再做别的打算了。

这一天，正在冥思苦想的罗幕洛突然松开紧皱的双眉，哈哈大笑起来。他招来左右的人，向他们说出了自己刚刚想出的一条妙计，众人无不欣喜若狂。很快，所有的罗马青年都得知了这一消息，他们三呼国王万岁之后，立刻投入紧张的准备之中，悄悄地布下了天罗地网。

不久，罗马城盛大的节日赛会如期举行了。周围部落的人纷纷赶来观看这一热闹的场面。萨宾部落因为靠得近，所以来的人格外多，而且许多爱热闹的妇女都结伴而来，真可谓盛况空前。精彩的游艺节目深深地吸引着观众。正在这时，罗幕洛看准时机发出了预定的信号，人群立刻骚乱起来。所有的罗马青年都冲进人群，每人抱住一个姑娘撒腿就跑，直至抢回家中。惊醒了的萨宾人恼怒异常，可是一切都为时已晚，他们只得忍恨撤退。据说这一次总共有683个青年妇女被抢劫，以萨宾部落的占多数，此外还有凯尼纳人、安提姆人及克卢斯图亚人。

萨宾人与罗马结怨最深。经过一年的修整准备，萨宾人的军队在首领塔提乌斯率领下，向罗马人宣战了。一场厮杀，刀光剑影，有死有伤。正在酣战之中，忽然远处传来了妇女的高声哭嚎，不一会儿，她们便冲到了战场上，原来正是那些被抢去的萨宾妇女。她们怀中还抱着吃奶的婴儿，苦苦地哀求停止厮杀。因为对她们来说，一方是自己的父兄，一方已是自己的丈夫，她们不能失去任何一方。就这样，战斗停止了，双方签订了合约。不久后，两个部落便合二为一了。

关于抢劫萨宾少女的传说，反映了当时社会掠夺财富和奴隶是战争的目的之一，同时也反映了罗马人和萨宾人两个部落联合的历史内容。

两个部落合并后，帕拉丁还由罗幕洛统治，而卡匹托尔月由萨宾首领塔提乌斯统治。过了5年，塔提乌斯死了，罗幕洛成为理所当然的惟一国君。他在位37年，为罗马人创立了城邦基础，功不可没。最终，罗幕洛被元老院杀害。

一张牛皮与一个国家

在碧波荡漾的地中海西南岸，广袤的北非大陆的东北角，有一个风光秀丽的地方，名叫突尼斯。历史上曾有腓尼基人在这里建立了一个迦太基国家。

迦太基，在腓尼基语中的意思是“新城”。据传统的说法，它是继腓尼基人先于它而建立的乌提卡而出现的，因此与迦太基相邻的乌提卡被称为“旧城”。

大多数学者把迦太基的建城时间定为公元前814年，但由于时代太久远了，而迦太基古城也太古老了，所以人们对它的建城时间也存在着许多不同意见。

关于迦太基建城，曾流传着一个富于传奇色彩的故事。据传说，迦太基的建立者是一名腓尼基泰尔族的妇女。这名妇女名叫埃利萨，她有一个幸福美满的家庭，生活很富足，丈夫在部族里很有声望，他们俩相亲相爱，共同组建着美丽的家园。可是突然间，她的丈夫不明不白地死了。从此埃利萨的生活一落千丈，她日夜思念着死去的丈夫，以至于感动了上天的神明。一天夜里，当她刚刚闭上眼睛，忽然，一位仙人从天而降。埃利萨赶紧扑上前去，向仙人诉说自己的不幸，诉说对死去丈夫的思念，并请求仙人帮助她。仙人告诉她："你的丈夫死于一个谋杀，主犯就是你们的统治者彼格美利翁，因为你的丈夫对他表示了不满，他派人暗杀了他。如果你要获得幸福，必须离开此地。让大海送你到该去的地方吧。"

埃利萨得知了这一令人震惊的事实真相后，激愤异常。她以自己的家财为后盾，联络了一大批不满彼格美利翁暴政的人，向他发起挑战。但终因寡不敌众，他们被迫开始了逃亡的生活。埃利萨率众登上船只，在地中海上飘流。船只到岸后，他们发现到达的地方叫阿非利加。阿非利加早已有了主人，他们只是外来户。他们明白，再也不可能回去了，只有在这里才能安家立户，可是这里却没有一寸土地属于他们。面对这个困境，埃利萨觉得有必要为众人谋取一块生存之地。可是，当地人怎么会答应呢？

心机聪慧的埃利萨不久便想出了一个绝妙的办法。这一天，她和几名代表一起求见了当地酋长："尊敬的酋长大人，请看看我们这一群无家可归的可怜人吧，求你施舍给我们一块容身之地，我们将感激不尽。"酋长懒洋洋地抬了抬眼皮说："这简直是痴心妄想，我没派人赶走你们，你倒奢求起土地来了，休想！"埃利萨见酋长口气如此之硬，依然不慌不忙地说："尊敬的酋长大人，您统治的疆域如此辽阔，您的威严远播四方，我们不敢有过分的要求，只请求您给我们一块小小的土地，供我们居住，不要很大，只需一张牛皮能圈得住的那么大的地方。"酋长听了，不禁感到很可笑，心想这个要求太微不足道了，若拒绝了他们，实在不值得。于是他在沉吟片刻之后问道："就要求一张牛皮能圈得住的地方，此话当真？"埃利萨见有了希望，不禁大喜，忙回答："千真万确，只要这么点儿地方，请酋长施恩惠于我们。"酋长看看左右，众人都是一副鄙夷不屑的模样，都感到这个要求渺小得可笑。于是，酋长传下令来：让腓尼基人自己选择一块用一张牛皮就能圈得住的地方。

埃利萨大喜过望。她立刻取出一张早已准备好的牛皮，顺着边缘把它剪成一根很细很长的皮带，用这根皮带圈住了一大片地方，她和她的同伴便住在了哪里。当地人分明知道上了当，却因话已出口，难于收回，只得自认倒霉。那根牛皮带圈住的地方就是迦太基卫城。因为这个故事，这个地方还被称做“比尔萨卫城”，意思就是“一张牛皮”。

从迦太基建城的故事中可以看出，当初当地土著与腓尼基人是和平共处的。因为占用了土地，腓尼基人每年都要向土著缴纳贡物。而且腓尼基人非常擅长做生意，他们的到来也使当地人的生活变得富足起来。

迦太基就这样逐渐立稳了脚根，并迅速壮大起来。到了公元前 7 世纪，迦太基已是一个囊括北非、南部西班牙、撒丁尼亚、科西嘉和西西里西海岸的大帝国。

迦太基城是地中海西部的一大商业枢纽。当地居民素以航海和经商著称。迦太基位于东西部地中海相互连接的主要海路上，凭借优越的地理位置，迦太基人主要从事中转贸易的商业活动。它的对外贸易范围之广，经营商品种类之多，所获利益之大，在古代世界是罕见的。它的殖民城市和商业据点几乎遍布于西部地中海沿岸。

他们从北非输入绛红、苏丹的象牙和奴隶、中非洲的驼鸟毛和金砂，由不列颠输入锡、西班牙的白银和咸鱼，从撒丁尼亚取得铅和粮食，从埃及和腓尼基取得传统的手工业制品。西西里的橄榄油和希腊的艺术品也都集散于迦太基。有的商人甚至还带着黄金、白银和食盐从中非洲越过沙漠来到迦太基。有的人从西班牙运来铁和锡，从遥远的波罗的海运来大量珍贵的琥珀。

这些商品在迦太基被重新装上船只，启运到地中海和各个地域转卖。为了追求暴利，迦太基商人还不惜冒险远航。如迦太基人汉诺就曾率领一支舰队出了地中海，进入大西洋，并且环行了非洲西海岸。广泛的贸易活动给迦本基带来大量财富，因此，它被称为“当时世界量富的城市”。

布匿战争

欧、亚、非三大洲环抱的地中海，自古以来就以其独特的地理位置而从来都没有平静过，一直是大国角逐的战场。早在2000多年以前，一场长达100多年的“帝国主义战争”就把地中海的海水搅得沸沸扬扬，从此它便没有平静的日子了。

布匿战争发生在公元前264年。古罗马和迦太基两个奴隶制强国为了争夺资源和奴隶，为了夺取地中海的霸权而斗争了100多年，史称“布匿战争”。这是因为罗马人称迦太基的腓尼基人为“布匿”，所以得名。

公元前3世纪初，罗马战胜了意大利中部和南部山地的一些部落以后，又征服了意大利南部的各个希腊城邦，统一了意大利半岛，从一个台伯河畔的小城邦一跃而成为地中海西部的奴隶制强国。由于贪欲的无穷，罗马的奴隶主阶层强烈地要求向地中海扩张，妄图把地中海变成它的“内湖”，而这必然同当时强大的迦太基帝国发生冲突。

迦太基人凭借充足的资源和经济后盾，建立了一支强大的军队，足以对付任何来犯之敌。他们的陆军装备精良，是职业的雇佣兵，其中有利比亚人、西班牙人、南意大利人、坎佩尼亚人和高卢人。海军拥有50支桨的战船几百艘，每艘船配备水兵120人，由专门造船工人装备和水手驾驶。公元前3世纪，迦太基海军牢牢掌握着从叙拉古到塔林敦的西部海域。

西西里富饶而肥沃，有谷仓之称。迦太基人为了占有它而与希腊人争斗了数百年，这次，罗马人也为之垂涎三尺。为争夺西西里，罗马人同迦太基人展开了第一次布匿战争。

罗马军队于公元前264年渡过了莫西拿海峡，马到成功，迅速占领了莫西拿城，并迫使迦太基军队后撤。迦太基人为收复失地，立即派出一支军队出征，并正式向罗马宣战。战争初期，罗马凭借自己的步兵优势，占领了西西里的大部分地区，但是它的海上力量远不能同迦太基相匹敌。为此，罗马大肆扩建海军，并充分发挥步兵的优势，于公元前260年首次在西西里海面上大败迦太基海军。接着，公元前256年，罗马以

330 艘战船和 4 万人组成的一支舰队远征非洲，企图一举消灭迦太基，但却未能如愿。双方自此以后都元气大伤，无力再战，于是便签订了和约。第一次布匿之战以罗马的胜利结束，西西里被罗马占领，成了罗马的第一个行省。

但和约并未彻底解决罗马同迦太基的争端，不久，新的战争又因为利益争夺而打响了。第二次布匿之战中涌现出一位杰出的战略家——迦太基军队的统帅汉尼拔。汉尼拔 25 岁时就当上了迦太基驻西班牙军队的最高统帅。他年轻力壮，精力旺盛，思想成熟，意志坚强，同时有良好的文化修养。他从小生活在军营环境中，接受了艰苦的锻炼，在他的父亲——迦太基大将哈米尔夫的培养下，具有吃苦耐劳的精神和坚韧不拔的毅力。他自幼便抱负非凡，立志长大后打败罗马，征服意大利，一洗迦太基战败的耻辱。在他掌权之后，几乎征服了希伯鲁斯河以西的整个地区，并做好了战争准备。

这时，汉尼拔看准了萨贡杜姆这个与罗马结盟的城市作为战争借口。他日夜围攻萨贡杜姆，终于占领了这个城市，引起罗马人向迦太基正式宣战。

罗马人计划分兵两路：一路以西西里为基地，派出水陆大军，进攻非洲，直取迦太基；另一路只用小股兵力进军西班牙，钳制汉尼拔的军队，使其不能援助非洲本土。汉尼拔不愧为杰出的军事家，他以惊人的胆略率部队翻越阿尔卑斯山，进入敌人境内，给罗马以出其不意的打击。公元前 216 年春，汉尼拔占领了坎尼城，他以极小的伤亡大败了敌军，使罗马一度处于极其危险的境地。但罗马人固守中部意大利，重整了军队。而且随着时间的推移，汉尼拔孤军深入的弱点也逐渐显露出来，兵力和粮食的补给日益困难。罗马借机收复了本土城市，不久，又夺取了西班牙。

公元前 205 年，罗马军队转到了非洲迦太基本土上，转入决定性的进攻。汉尼拔被紧急调回应战，最终以他有生以来的第一次失败告终。迦太基被迫于公元前 201 年接受了屈辱的和约。从此，迦太基丧失了非洲以外的所有领土，解除了主要军备，偿付大量的赔款，并且把对外战争的决定权交给了罗马。从此，迦太基一蹶不振，罗马取而代之，成了西部地中海的霸主。

第二次布匿战争之后，罗马势力日益膨胀，于公元前 2 世纪中叶征服了马其顿、希腊，削弱了叙利亚、埃及等国。随着罗马的东扩，迦太基也在渐渐地复苏，重新成为一座繁荣的城市。这引起罗马人的忌恨和不安。

为了永久消除这个对手，罗马人于公元前149年又挑起了对迦太基的战争，第三次布匿战争又爆发了。迦太基人在大敌压境之时被迫求和。而罗马人蛮横地命令迦太基人毁掉城市，移居到离海15公里以外的内地。迦太基人不能接受，于是便团结起来，万众一心，坚持抵抗了4年。最终在罗马军队的围困之下，发生了饥荒和瘟疫，迦太基被罗马军队攻占。城市被付之一炬，大火烧了15天，最后被夷为平地，并用犁耕出沟来。存活的迦太基人全部被卖为奴隶，迦太基的领土成了罗马的阿非利加行省的一部分。一个曾在历史上煊赫的大帝国就这样消失了。

格拉古兄弟的改革

“同胞们，大家想一想，在意大利，天上飞翔的每一只鸟雀，地上跑的每一头野兽，都有一个可以栖息的巢穴，而那些为意大利的光荣战斗和牺牲的人得到的待遇却连鸟兽都不如，他们只能享受阳光和空气。”

“他们没有自己固定的住所，终日里携妻带子到处流浪，处境如此之悲惨。”

“将军们欺骗士兵，号召他们为保卫祖坟、宗庙和家园去战斗，去挥汗流血，可是事实上，很多罗马人既无祖坟，又无家园了，他们是为别人的奢侈享乐和堆积财富去战斗，去牺牲的，这就是事实真相!”

“他们被称为世界的主人，可是却穷得没有立锥之地……”

公元前133年，古罗马城的中心广场上，一位英姿飒爽的青年人正在慷慨激昂地发表演说。这个人正是不满30岁的新上任的保民官、贵族改革家提比略·格拉古。这里正在召开平民大会。

会场上气氛异常热烈，广大的平民听了格拉古的演说，联系到自己悲惨的处境，不禁心潮澎湃，他们积聚了多年的委屈顷刻间爆发出来，他们振臂高呼：“我们要得到土地！我们要有自己的家园!”声音响彻云霄，此起彼伏，经久不息。

原来，随着罗马奴隶制的发展，土地兼并越来越严重，贵族奴隶主霸占了大量土地，平民纷纷破产，终日为维持生计而奔忙，同时还要面对服兵役的任务。法律规定服兵役的人必须自备服装和武器，这些平民连这个能力都没有。因此，罗马的军事力量也大大减弱了。

以格拉古兄弟为代表的罗马奴隶主贵族改革派认为，在这种情况下，必须限制一下过分集中的土地，并将贵族非法占有的国有土地收回一部分，分配给无地的平民耕种，以缓和日益紧张的社会气氛，适当解决罗马兵源枯竭的问题。于是，在公元前 2 世纪下半叶，格拉古兄弟毅然发动了一场以解决土地问题为中心的改革运动。

公元前 134 年，提比略 · 格拉古在平民支持下宣誓就任保民官。一上任，他就公布了他的改革提案，其中限制了一个家庭最多占有土地的数量，以及把国有土地分配给无地平民的政策。但提案遭到了保守派贵族的疯狂反对，因为这一提案损害了贵族的利益，正是这些贵族占用了大量的国有土地，而且实际上早就成为各家的私产。

为了阻挠这一提案的通过，他们派出另一个保民官、占据了大量国有土地的屋大维来出面行使否决权。然而，在平民大会上，屋大维被愤怒的平民群众撤了职。接着，大会立即通过了提比略的提案，使之上升为法律，并选举提比略、提比略的弟弟盖约 · 格拉古及提比略的岳父组成三人委员会，负责该提案的施行。

尽管三人委员会的工作遭到了贵族保守派千方百计的阻挠和破坏，但他们坚持不懈，取得了一定的成效。

一年后，任期已满的提比略为了使工作能延续下去，改革的成果不至于化为乌有，便决心竞选连任下一任保民官。而此时贵族保守派却正在伺机杀害他。

正当提比略在发表竞选演说之时，一名保守派的暗探借口提比略用手指了一下脑袋的动作是想戴王冠，要推翻共和国，他大叫大嚷，一群早已埋伏多时的武装暴徒一拥而上，对提比略下了毒手，广场上顿时展开了一场短兵相接的搏斗。结果提比略和他的 300 多名追随者惨遭杀害。

平民争取土地的运动并未因提比略之死而终止。公元前 123 年，提比略的弟弟盖约 · 格拉古当选为保民官。盖约提出的粮食法案规定，由国家供应城市平民以廉价粮食；土地法案规定，继续执行由提比略开创的土地改革政策。由于意大利境内土地已经不多，盖约提出了一项移民计划，以满足平民对土地的需求。

不料此计划一出，立刻被贵族保守派利用作为反对改革的武器。他们利用许多平民留恋故乡不愿离开意大利的心理，策动另一个保民官李维·德鲁斯编造谎言，保证平民不离开意大利本土，把移民点全设在意大利境内。实际上这是根本不可能的。而且李维还蛊惑人心地提出免去盖约所规定的获得国有土地的平民应向国库缴纳的租金。

平民中相当多的人上当受骗了，他们不再拥护盖约，而是倒向了李维。贵族保守派见一计得逞，便加紧步伐，以暴力来扼杀改革运动。在一次祭神仪式上，保守派爪牙公然向盖约和他的支持者挑衅，引起一场搏斗。结果保守派抓住这个借口，用利剑、标枪对改革派进行了疯狂的屠杀，3000 人死于非命，盖约逃入丛林后，绝望地自杀了。

一场进步的改革在血腥的镇压中归于失败。但格拉古兄弟的功绩不会被历史遗忘。他们的改革，在一定程度上限制了贵族对国有土地的兼并，改善了小农经济的地位。据记载，在改革期间约有 800 多破产平民获得了土地。然而，贵族保守派的势力还是大大强于改革派的，罗马的平民和奴隶并没有站在统一的立场上，他们的力量毕竟要虚弱很多。

公元前 111 年，罗马国家正式承认贵族霸占的国有土地永归私有，小农分到手的国有土地可以转让。于是，土地兼并之风又盛行起来了。

斯巴达克起义

公元前 1 世纪初，罗马已是一个领土相当广袤的奴隶制大国。在连绵不断的对外战争中，数以万计的战俘变成了奴隶，罗马到处都建立起大规模使用奴隶劳动的大庄园。

在罗马元老贵族的暴虐统治之下，奴隶的命运悲惨之极。法律规定，奴隶主对奴隶有生杀予夺的大权。奴隶主为了尽快收回买奴隶所花费的成本，便挥舞着皮鞭强迫奴隶一刻不停地劳动。在他们眼里，奴隶只是会说话的工具。为防止奴隶逃跑，奴隶主给奴隶戴上沉重的脚镣，套上坚固的项圈，圈上还写着："抓住我。不要让我逃跑。"奴隶没有婚姻权，只有少数人才有这个机会。奴隶所生的子女，也被看作是奴隶主的财产。老弱病残的奴隶，不是被卖掉，就是被送到台伯河中的一个荒岛上活活地冻饿而死。年轻力壮的奴隶也只有在监工的鞭笞下，一刻不息地劳动，直到死了为止。

处境最为悲惨的奴隶是角斗士。角斗是罗马统治者的一种最野蛮、最残酷的娱乐。罗马政府还专门建造了巨大的角斗场，如弗拉维半圈形角斗场，可同时容纳 50000 人观看角斗。经过专门训练的角斗士，被奴隶主强迫着手握利剑、匕首，两两相斗，或者是与饥饿的野兽格斗，以此让奴隶主观赏取乐。一场角斗的人数，起先只有几对，后来增至几十对，最多达到 300 多对，奴隶主在血流成河的搏杀中得到变态的愉悦。当角斗快要结束时，奴隶主以手势决定角斗士的命运：如果大拇指朝上，则打胜的角斗奴可以留下性命；如果大拇指朝下，则被残忍地杀死。角斗场上还设有专门的人来检查被打死的角斗奴，用烧红的铁猛刺死者，看他是否真正死去，倘若还有动静，就用沉重的大锤把他活活打死、扔掉。

血腥的统治使奴隶们忍无可忍，起义的火种一触即发。

斯巴达克，这个"具有高贵的品格，为古代无产阶级的真正代表"的英雄人物就在这个时候应运而生了。他本是色雷斯人。色雷斯位于巴尔干半岛东南部，濒临爱琴海和黑海。当罗马进兵北希腊时，色雷斯人奋起反击。斯巴达克参加了战斗，不幸被俘，最初在罗马辅助部队中服役，因不甘驱使，多次逃亡，而被卖为奴隶。他有魁伟的身材，健康的体魄，英俊的面貌，而且臂力过人，卡普亚的一所角斗士学校将其买下做了角斗士。

角斗士非人的待遇令斯巴达克忍无可忍，他决计率领同伴逃出牢笼。他说："宁可为自由而战死于沙场，决不为敌人取乐而丧身于角斗场。"在他的激励之下，200 多名角斗士串联起来，秘密商议起义计划。

不幸的是，由于叛徒告密，斯巴达克不得不果断采取行动，即刻提前率领七八十名角斗士以厨房里的刀叉、棍棒为武器，杀死卫兵，逃出了城市，一直奔到几十里以外的维苏威火山。在路上，他们截获了好几辆运载角斗武器的大车，装备了自己。就这样，公元前 73 年夏，震撼历史的斯巴达克大起义爆发了。

在意大利西南部的维苏威火山上，起义军安营扎寨，他们选出了三位领袖：斯巴达克为首领，高卢人克利苏克斯和日耳曼人恩诺马乌斯为副将。维苏威火山濒临那不勒斯湾，地势险峻，除一条崎岖小路可通山顶外，到处都是悬崖峭壁，易守难攻。起义军在这里积蓄着力量，并且不时走下山来，在附近的坎佩尼亚平原惩罚奴隶主，解放奴隶。

很快，许多奴隶和农民闻讯从四面八方投奔而来，起义队伍迅速扩大到 1 万多人。他们不仅在短短几个月内缴获了当地驻军的大量武器，而且从附近庄园里获得了大批给养。起义军纪律严明，作风良好，深得奴隶和平民的支持和欢迎。

这革命之火震撼了奴隶主阶级，他们开始惶恐不安。元老院急忙于公元前 72 年春派遣克罗狄率领 3000 名官兵包围维苏威火山。惟一的一条山路被封锁了，他们以为这样起义军会被困死山上。

斯巴达克临危不惧，他发出响亮的号令：“宁可战死，不愿饿毙。”形势十分严峻。起义军却出奇制胜，他们用山上的野葡萄藤编成绳梯，一直垂到谷底，顺着这绳梯到达了山底。趁着夜黑风高，起义军在斯巴达克率领下悄悄绕到敌人背后，一声令下，发起猛攻。敌人丢盔弃甲，溃不成军。克罗狄败逃而走。

斯巴达克起义军经过维苏威一战，声名大震，更多的人投奔而来。斯巴达克把扩大的军队整编为投枪兵、主力兵、后备兵和骑兵四大部分。随后，他们逐步控制了坎佩尼亚平原。在分析了敌我力量对比之后，斯巴达克认为，要在罗马国家的心脏地区建立巩固的奴隶政权是比较困难的。因此，他计划把起义军带出意大利，摆脱罗马的奴役。进军路线设置为：穿越坎佩尼亚平原，抵达亚得里亚海岸，然后沿着海岸线北上，再翻越横亘在意大利北部的阿尔卑斯山，进入罗马势力尚未达到的高卢地区。在那里建立起奴隶的乐园。

公元前 72 年秋，斯巴达克大军浩浩荡荡地出发了。元老院急忙派遣行政长官瓦里尼乌斯率领两个军团共 12000 人前去阻截。起义军针对瓦里尼乌斯的分进合围战术，制定出选择敌人薄弱环节、集中精兵逐个击破的方针。

交战开始了，斯巴达克精兵杀向瓦里尼乌斯副将博利乌斯带领的 2000 人马，并且迅速取胜。继而，起义军把矛头转向前来增援的科辛纽斯副将。科辛纽斯不仅全军溃败，而且命丧沙场。起义军节节胜利，但由于连日作战，需要适当休整。瓦里尼乌斯便借此时机，把起义军逼到一处荒无人烟、道路崎岖的山区角落里，并筑垒挖堑，妄图置起义军于死地。

此时的起义军缺粮少兵，精疲力尽，再加上天气寒冷，形势非常危急。然而斯巴达克召开紧急军事会议，策划出了一个巧妙突围的计策：夜里，起义军在营寨门前钉上一些木桩，把敌人丢下的一具具尸体绑在上面，旁边点起篝火，远远看去就像哨兵在站岗放哨，并且留下一名号兵按时吹号。在神不知鬼不觉的情况下，悄悄地撤离了营寨。他们沿着瓦里尼乌斯认为无法通行的山路迅速冲出了敌人的包围圈。

天亮之后，瓦里尼乌斯方知中计。他气急败坏地率军追击，不料起义军早已选择有利地势，设下埋伏，沉重打击了敌人。

起义军威震四方，又有大批奴隶带着马匹投奔而来。斯巴达克日夜督造武器，实行严格的军纪，平均分配战利品，保护人民生命财产，禁止军队抢劫，在征集军需物资和武器时，都给以十足的偿付。正当起义军风头正劲之时。领导层发生了意见分歧。克利克苏斯不同意斯巴达克主张的翻越阿尔卑斯山出境，他坚持让起义军留在意大利同统治者斗争到底。最终他们分道扬镳，克利克苏斯率领3万人马离开了斯巴达克。

公元前72年冬天，克利克苏斯率领的起义军在阿普里亚的加尔干诺山附近同罗马元老院派出的格里乌斯军队相遭遇。一场血战之后，终因寡不敌众，克利克苏斯英勇牺牲，军队损失大半。余下的人又重归了前来救援的斯巴达克起义军。

由斯巴达克率领的一支起义军经过辗转奋战，历经艰难终于冲破了敌人的围追堵截，胜利到达了阿尔卑斯山下。队伍发展到了12万人。此刻，再也没有敌人的围追堵截了，只要翻过山去，胜利就实现了。然而，阿尔卑斯山高耸入云，山顶终年积雪，气候恶劣异常，起义军辎重繁多，要想翻越大山绝非易事。而且此时的起义军斗志昂扬，信心倍增，他们认为自己有足够的力量战胜罗马的奴隶主。因此，斯巴达克又改变了进驻山北高卢的计划，掉转头来，挥师南下，直捣罗马。

惶恐的奴隶主得知消息后，慌忙召开了元老会，他们推来推去，谁也不敢担当重任。最后，手段强硬、狠毒无比的大奴隶主克拉苏出任了新执政官，他被委以“狄克推多”（意为独裁者）的大权。为整饬军纪，扭转败局，他实行了残忍的“什一抽杀律”，即把临阵脱逃的士兵分成10人一组，以抽签的方式每组处死一人，顿时有4000名士兵丧生。同时，克拉苏把兵力增至10万人。

克拉苏以为起义军会进攻罗马城，因此在相关大道上设下重兵，妄图歼灭起义军。然而，斯巴达克绕过罗马城，指挥义军纵穿意大利半岛，准备渡过摩萨纳海峡，占领富于战斗传统的西西里岛，以便与罗马统治者作长期的斗争。但是，这个计划却失败了。原来，为了解决渡海问题，起义军曾与西西里海盗达成协议，租用船只，但由于西西里总督维里斯收买了海盗，结果起义军上当受骗，船只落空。斯巴达克不得不再次率军北上。

而此时，狡猾阴险的克拉苏为了将起义军困死在半岛南端，命令士兵在布鲁提伊半岛的最狭窄地带挖出深、宽各四五米的一条深沟，长达50余公里，还用挖出来的土筑成一道又高又厚的土墙。起义军三面临海，一面受敌，处境相当危险。

一个风雪交加的夜晚，斯巴达克一面命令士兵们点起篝火，又唱又跳麻痹敌人，一面又率领1/3的步兵巧妙地利用树枝、柴草、泥土和敌人的尸体填平了一段壕堑，并且火速地通过了封锁线，敌人的阴谋又破产了。

脱险后，斯巴达克决定将军队带到布林的西港，从那里东渡亚得里亚海到希腊去。然而队伍内又出现分歧，两员部将公然率领12000人脱离主力，单独行动，结果被克拉苏消灭在鲁干湖畔。正当起义军急速向布林的西进发时，一支罗马军队已抢先占领了那里。起义军又一次腹背受敌。

斯巴达克深知东渡的计划已不可能，于是便果断地回身迎战克拉苏。公元前71年春，阿普里亚境内，一场鏖战开始了。起义军奋勇断杀，顽强不屈，但付出了惨重的代价，6万名奴隶壮烈牺牲。斯巴达克身先士卒，冲在阵线最前沿。最后只剩下1万人了，他们宁死不屈。突然，斯巴达克被一名罗马军官从背后猛刺了一刀，接着，他的大腿也被刺中，跌下马来。战士们冲上前去，救出斯巴达克，并让他骑一匹快马赶快突出重围，以图大计。可是，斯巴达克毅然刺杀了那匹战马，他要同生死与共的战友一起流尽最后一滴血。他站立不稳，便屈下一只膝，手持武器，坚持到了生命最后一刻，壮烈地牺牲了。

6000名起义军俘虏被凶残的克拉苏钉死在从卡普亚至罗马沿途的十字架上。一场气壮山河的奴隶大起义就这样不幸失败了。

但是，斯巴达克起义声势之大、力量之雄厚、影响之广泛，都是史无前例的，它给予罗马奴隶主阶级以沉重的打击，震撼了罗马奴隶制的基础。这次起义代表了罗马奴隶起义的最高水平。

斯巴达克作为起义军的组织者和领导者，是历史上一位杰出的领袖和统帅，表现出无比英勇的斗争精神和卓越的军事才能。他的光辉形象一直激励着世代热爱光明和自由的人勇敢地奋斗。

文武双全的政治家——恺撒

凡是初学拉丁文的人，都有一本必读之书，叫做《高卢战记》。这是一本用标准的拉丁文写作的著作，它文笔清新、结构严谨、叙事翔实、妙趣横生，记载了公元前58年到公元前50年共计8年时间内罗马军队出征高卢的历史事迹。它的作者便是大名鼎鼎的盖乌斯·尤利乌斯·恺撒，他是古罗马杰出的政治家、军事家和文学家，也是共和国著名的独裁者。

恺撒于公元前100年出生于罗马古老的显赫的尤利乌斯家族，少年时便有非凡的抱负，他崇拜权力和荣誉。由于良好的家庭背景，他受到高等的教育，曾到罗得斯岛学习修辞学和演说术，并且曾拜在古罗马著名的演说家毛路门下。因而恺撒不只拥有政治家的野心，而且拥有文学家的才华和雄辩滔滔的口才，这使得他在政治道路上如虎添翼。

恺撒生活的年代正处在罗马奴隶制社会各种矛盾激化、共和国发生严重危机的阶段，由于家族的优势，恺撒早早地就与政治结缘。13岁时他当选为朱比特神的祭司，18岁时又娶了著名民主派人物秦讷的女儿为妻。后来，为了躲避政治迫害，他不得不过了一段流亡的生活。

公元前78年，危险消除之后，恺撒踏上了回国之路。途中遭遇了一群海盗，海盗见他气宇不凡，料定是个有来历的人，便抬高价码向他索取20塔兰特作为赎金。不料恺撒竟对他们的要求不屑一顾，还提出愿意支付50塔兰特，海盗们连连称奇，不禁对他刮目相看。当恺撒刚刚获得自由后，他便领着一支军队清剿了那股捉他的海盗，并且从中获得大宗财物。

在政治道路上，恺撒还擅于以金钱铺路。他经常慷慨捐资，甚至不惜荡尽家财，欠下大笔债务。但这样一来，他也笼络了许多人心。

在西班牙任职期间，恺撒政绩卓著。他通过征服许多部落而使罗马统治的疆域大大地扩展了。而且战争的胜利使他发了财，他的部下包括士兵们也都分到了油水。大家对他很满意，宣布他为“英白拉多”，即胜利的统帅之意。恺撒开始向最高权力的目标一点点进发了。

恺撒雄辩的口才、改革派的形象、慷慨大度的品德和在西班牙等地的战功，在平民和相当一部分上层人士中间赢得了极高的声誉。同时，他也致力于拉拢声名显赫的权势人物以形成联盟。公元前60年的夏天，恺撒如愿以偿地同庞培、克拉苏这两位巨头达成相互支持的协议，史称“前三头同盟”。罗马这三位有巨大影响的政治家谁也不能单独掌权，于是他们便联合起来，同元老院相抗衡。

公元前59年，恺撒在庞培和克拉苏的支持下当选为执政官。在他执政期间，进行了一系列的有益于社会进步的改革。在遭到贵族派的激烈反对之后，恺撒凭借掌握的兵权和其他两位巨头的支持，取得了胜利。根据恺撒的命令，在罗马开始公布元老院和公民大会的决议，他要以这种形式影响社会舆论，于是历史上最早的官方报纸就诞生了。

执政官任期届满之后，恺撒于公元前58年出任了高卢总督。他利用当地部落间的重重矛盾，借口解决纷争而派兵入侵。他用分化瓦解和武力征服相结合的办法，逐渐吞并了整个高卢地区。这些都由他自己亲手记载在《高卢战记》之中。

对高卢的征战是恺撒政治生活的重要阶段，他把从高卢掠夺来的巨额财富用来进一步收买城市贫民和网罗党羽。随他征战多年的10个军团是他重大的政治依靠。这引起了克拉苏和庞培对他的嫉妒。好大喜功的克拉苏在对帕提亚的战争中阵亡了，而庞培则日益靠拢贵族派，殚精竭虑地打击恺撒。至此，“前三头同盟”彻底瓦解了。

很快，敌视恺撒的势力在元老院占了上风，庞培被授权招募军队。恺撒处于生死攸关的时刻。公元前49年1月10日，恺散带领少量兵力以迅雷不及掩耳之势突进罗马，夺得了罗马政权。他对政敌实行宽大怀柔的政策，获得了一部分元老贵族和骑士的支持。公元前48年，恺撒发动了同庞培争夺东方各行省的战争，在著名的法萨卢战役中，彻底击败了庞培。在途经埃及时，他把依附于他的埃及女王克丽奥帕特拉七世扶上了台。

一场内战过后，恺撒胜利回师罗马，被推举为集军、政、司法、宗教等大权于一身的独裁官，成了名符其实的无冕之王。

但是恺撒的独裁和实行的一系列措施，削弱了元老贵族的势力，更引起了他们强烈的不满。他们视恺撒为共和国的颠覆者和王权的觊觎者而加以反对，公元前44年3月15日，恺撒被密谋刺杀了，他身中23处剑伤，倒在庞培雕像的脚下。在政治的浪潮中乘风破浪了几十年的恺撒，尽管取得了至高的地位，最终还是丧身于政治的漩涡之中。

恺撒称得上是一个伟大的人物，堪称文武双全。在政治上他是一个伟大的改革家。在军事上他足智多谋，英勇善战，常常能身先士卒，以少胜多。在文化方面，他的贡献也不小，如恺撒于公元前46年对罗马的历法进行了改革，制定了通常所说的“儒略历”，这种历法影响深远，在西欧用到16世纪，在俄国用到1918年，至今还为许多东正教徒所使用。恺撒还堪称为一位文学家，他良好的文化修养使他在骑马行军的征战生活中还能进行文学创作。他留下过大量书信和演说辞，可惜都已散佚。据历史上一些文学家的记载，他曾写过《论类比》、《反加图》、《沿途杂记》等涉及面不同的著作，但流传至今的只有《高卢战记》和《内战札记》两部影响颇大的著作。这两部著作记载了恺撒亲身经历的事件及其生活的时代特色，既是战争回忆录，又是具有文学价值的重要史料。

儒略历和格里高里历

上小学时，我们就掌握了阳历月份的天数，都知道有两个新年：一个是元旦，一个是春节，还有就是2月份的天数很特别，其实，这里面有许多天文和历史原因。

古代埃及贡献给了人类重要的计时方法。由于天然的尼罗河水潮伏有序，埃及人为了计算它的时间，从观察自然界得出很多规律。他们发现三角洲地区尼罗河涨水与太阳、天狼星在地平线上升起同时发生，他们把这样的现象两次发生之间的时间定为一年，这一年有365个昼夜，也就是365天。他们把全年分成12个月，每月30天，余下的5天定为节日。因为尼罗河水变化，他们把一年分成三季，即“泛滥季”、“生长季”、“收割季”，每季4个月。埃及人把昼和夜各分成12个部分，每个部分为日出到日落或日落到日出时间的1/12。埃及人用石碗滴漏计算时间，石碗底部有个小口，水滴以固定的频率从碗中漏出。埃及人突出的时间观念是以太阳为标准，所以称阳历。

埃及人很早就知道一年不是整整365天，而是略为长一点，约长1/4天，但是因为保守的统治阶级坚持一年365天，所以，现在每4年就要闰一次年，闰年多出1天，以补足4年来少的那些时间。

当时世界上也有民族以月亮为准，然后增添时日，这就是阴历。希腊使用的就是阴历，阴历需要闰月。

公元前8世纪时，罗马历法更加混乱，罗马历法每年只有10个月，每月30天，剩下60天不算月，因为正赶上严冬。这样他们一年只有360天，弄得十分混乱。

儒略·恺撒征服埃及后，先进的埃及阳历被带到罗马，天文学家索西琴斯建议皇帝废掉混乱的罗马历，以古埃及的阳历为基础，重新编历。当时埃及的历法虽然先进，但是按一年365天过，4年就差出去1天而他们不加补足，所以时间长了就会弄错。亚历山大的天文学家注意到了这个问题，恺撒在颁布新历法时就有了这样的规定。

由于当时罗马人认为奇数是幸运的，所以把奇数月规定为大月，每月31天，偶数月为小月，每月30天，幸运月都多出一天来，为的是让幸运常在，但这样一来一年是366天，这一天藏在哪月呢？当时古罗马死刑必须在2月执行，所以就让这不好的2月少一天吧，2月就成为29天了。

到了奥古斯都帝，他的生日在8月，他想怎么能让自己在小月出生呢？于是下令将8月份以后的双月定为大月。单月定为小月，以表示自己出生所带来的不同。8月原来只有30天，变成31天就要从别的月减一天，所以又从2月份减了一天，2月就只有28天了。

儒略历是以恺撒命名的阳历，较符合节气变化。受到人们的普遍欢迎。但还不十分精确，因为它的一年是365天，其实真正的一年不是365.25天，而是365.25—0.0078天。到了公元1582年，日期会差出10天多。所以教皇格里高里又颁布了新的改动，改动之后的儒略历称格里高里历。他规定逢百之年只有被400整除的年份才是闰年，我们今天所采用的公历就是格里高里历。

自1912年中华民国起，我国也采用了现在的公历，但农历也同时在民间使用。

奥古斯都——屋大维

公元前63年的一天，在罗马的一位富裕而有声望的元老家庭中，诞生了一名健壮的小男孩，他就是日后青史流芳的古罗马杰出政治家——屋大维。

屋大维的母亲阿提娅是当时的罗马独裁者恺撒的姐姐尤利娅的女儿。凭着这层关系，15 岁时屋大维被选入极有权势的大祭司团。由于屋大维从小表现出聪慧机敏、果敢大胆的优秀资质，深得恺撒的喜爱。恺撒曾把 18 岁的屋大维送到伊利里亚的阿波罗尼亚学习，并把他收为养子。

公元前 44 年 3 月 15 日。恺撒被贵族共和派刺杀。他在遗嘱中已经把他的养子屋大维立为自己的继承人。屋大维闻讯赶回，依靠恺撒遗嘱留给他的财产和豪富亲友的资助，在元老院的支持下募集了一支军队。当时恺撒的部将安东尼自命为恺撒继承人，并占据了他的财产，对屋大维采取蔑视和敌对的态度。

屋大维首先在穆提那战争中将安东尼打败，收服了许多恺撒派部队。但此时却又遭到元老院的轻蔑和敌对，同时恺撒从前的一位骑兵长官雷必达也在迅速崛起。面对这种情况，公元前 43 年秋，屋大维同安东尼、雷必达在北意大利的波伦亚附近会晤，并缔结了协定，史称“后三头”同盟。这实际上是一个军事独裁集团，在“安定国家的三头政治”的名义下，夺取了国家最高权力。

然而，三头之间的矛盾日趋激烈，他们都想实现个人专政，尤其是发自安东尼方面的阴谋和斗争始终不断。但为了维护罗马的领土安全，大家还不得不保持暂时的相互妥协。三头在公元前 40 年于布隆迪西乌姆达成新的协议，决定在以后的作战行动中互相援助，并重新分配了行省。

屋大维在自己的势力范围内不断地扩大并巩固自己的权威，经过几年养精蓄锐，他打败了雷必达，并剥夺了他的军权。对于安东尼，屋大维自有手段。当时安东尼已与埃及女王克丽奥帕特拉七世结婚，并把罗马东方行省的部分地区赠给她及其子女，这种破坏罗马领土的行为激起了罗马人强烈的不满，屋大维抓住一切机会来煽动这种不满情绪。他不顾古老的习俗规定，从供奉灶神的贞女手中索得安东尼的遗嘱并公布于众，其内容包括安东尼要求把他葬在亚历山大里亚，批准他对克丽奥帕特拉七世的赠予等等。屋大维利用元老院和公民大会的名义。剥夺了安东尼的一切权力并宣布他为祖国之公敌。

公元前 31 年 9 月 2 日，屋大维在阿克提乌姆海角打败安东尼，次年进兵亚历山大里亚，安东尼伏剑自刎。至此，长期陷于内战和分裂的罗马重新统一起来，屋大维成了罗马唯一的统治者。在此后长达多年的时间里，屋大维改造了罗马世界，他的统治被称为罗马的“黄金时代”。

公元前 27 年 1 月 13 日，35 岁的屋大维在元老院发表了洋洋洒洒的长篇演说，出人意料地宣称放弃一切权力，把共和国交还给元老院和罗马人民，自己做一个普通公民退隐林下。这一着欲擒故纵，投石问路，果然激起了巨大反响。元老们惴惴不安，如履薄冰，弄不清屋大维葫芦里卖的是什么药。他们纷纷恳请屋大维收回成命，以免国家和人民重遭劫难。屋大维再三推脱，终于抵不过众人的苦苦请求，便宣布愿意为全体人民的利益继续执政。元老院不禁感恩戴德，于公元前 27 年 1 月 16 日授予他“奥古斯都”的尊号，意为神圣、庄严、伟大。同时，元老院还决定在会堂正中设置一面金盾，镌文称颂屋大维的“英勇无畏，宽厚仁慈和公正笃敬”。

机智谨慎的奥古斯都惟恐重蹈恺撒的覆辙，尽量把自己的政权用合法的外衣掩盖起来，因而在国家制度上还保存着共和的外壳，共和政体的机关如元老院、公民大会以及官员的选举制仍然保留着。奥古斯都从罗马人的传统习惯和情感角度出发，公开宣称他的权力是元老院和人民授予的。罗马人喜欢称呼他为“普林西斯”或“第一公民”，因为他创立的国家制度称为“元首制”，他本人自称为元首，即国家第一人，第一公民。在元老院名册上，他的名字列在第一位。事实上，奥古斯都创立的元首制，是一种隐蔽的君主制。元老院经过清洗，完全受奥古斯都的控制；公民大会除了在形式上选举指定的高级官职外，没有任何作用。奥古斯都总揽了军事、政治、宗教等方面的大权。

20 年内战结束了，罗马人民向往和平。国外的敌对行动终止之后，武装冲突的狂热在各个地区被平息，法律和秩序在恢复，和平被重建。罗马人产生一种恋古复古情绪，奥古斯都顺应潮流，提倡恢复古时淳朴的习俗。他采取了一系列引人注目的措施。为健全日益瓦解的罗马家庭，他奖励生育，与放荡行为做斗争。为恢复古老的宗教崇拜，他带头捐款从事大规模修旧建新工程，昔日破旧倾圮的神庙换上了庄严肃穆的新容。在他的倡导下，罗马贵族们竞相仿效，一年内，80 多座崭新神庙相继落成。最为宏伟的是用大理石建造的奥古斯都广场，广场周围环绕着柱廊和神庙；在帕拉提乌姆山上的是阿波罗神庙；在卡皮托利乌姆山上的是朱庇特神庙。奥古斯都的将领阿格里帕做得尤为突出，他除了修建剧场、水道和豪华的浴场以外，还修建了一座著名的万神殿。罗马城在这一番大刀阔斧的修整之下，面目焕然一新。奥古斯都曾自豪地说：“我接受了一座用砖建造的罗马城，却留下一座大理石的城。”

此外，奥古斯都宣布大赦，取消了内战期间所下达的一切非常性指令。从埃及带回的巨额财富使他有充裕的资金奖赏将士，广济平民，而不须求助于近几十年来所例行的没收财产的恐怖政策。他曾使约 30 万罗马贫民领到粮食和金钱，还有 30 万人得到土地和金钱。

奥古斯都很懂得社会舆论和心理因素的力量。他在内政外交频频得手的同时，没有忘记利用一切宣传手段来为巩固他的元首政治服务。

他通过他的密友盖乌斯·麦凯纳斯·基系尼乌斯，大力笼络社会名流。在麦凯纳斯周围集合了以维吉尔、贺拉西为代表的一批当时社会上最负盛名的作家和诗人。他慷慨地为他们提供各种帮助，同时又让他们为奥古斯都尽情讴歌，以文艺形式颂扬他的文治武功。奥古斯都自己也经常写诗做文，附庸风雅。在他到各行省巡视时，总要带几个诗人同行，以示宠幸。

铸币也被奥古斯都利用，充分发挥它的宣传功能，因为在古代世界，铸币是惟一的能够流传最广的东西。对外战争的每次重大胜利，每一项重要工程的兴建成功，以及发布每一个重要法令，几乎都在铸币上得到反映。随着货币的广泛流通，奥古斯都的大名和声望传遍了帝国的每一个角落。

慢慢地，奥古斯都成了人们心目中神圣不可侵犯的君主。几乎所有的行省都建立起了罗马女神庙和奥古斯都圣庙。人们每年都从省内各地汇集到省府举行隆重的祈祷仪式。奥古斯都对此不但不反对，反而暗地里加以鼓励和提倡。一批批为他而建的神庙如雨后春笋般地在意大利的大小城镇中矗立起来。

公元前 2 年，奥古斯都被元老院、骑士和平民一致宣布为“祖国之父”。

公元 14 年 9 月 14 日，奥古斯都在巡视意大利时，途中经过坎佩尼亚的诺拉城，突然染病去世，享年 77 岁。

奥古斯都生活在罗马奴隶制社会急剧变化和动荡不安的时代，他凭借着从苏拉开始到恺撒所奠定的社会、思想基础，凭借他那善于审时度势的政治目光、灵活机智的政治手腕和知人善任的组织才能，彻底结束了内战，顺应时代潮流，以元首制代替了共和制，创建了帝国，使罗马得到了长达 200 年左右的比较稳定的统治。罗马帝国呈现出繁荣昌盛的景象，为人类创造出辉煌灿烂的古代文明。奥古斯都本人虽有不少缺点，但他无愧于一代伟大政治家的称号。

埃及艳后——克丽奥帕特拉

在古代埃及有一位因美貌而闻名于世的女人，她的名字叫克丽奥帕特拉，她是埃及的女王。她的传奇般的一生构成了一道独特的风景。

当她39岁的时候，她被罗马军队战败，成为阶下囚。罗马统帅屋大维威胁她如果她自杀的话，就杀死她的子女。克丽奥帕特拉知道屋大维不会杀她，而是让她受百般的折磨，让她这个高贵的女王受尽污辱。她想自杀，可又不能死，因为那样将威胁到孩子的生命。她左右为难，最终她选择了死。她让自己的心腹侍女将一条小毒蛇放入送给自己的一堆水果中，让一个农民送进来。农民骗过了门卫，把水果篮交给了女王，并且示意她一切都已经做好。然后克丽奥帕特拉拿出纸和笔，给屋大维写了一封信，恳请他格外开恩，把她和安东尼葬在一起。写完信后，她又浓妆艳抹，换上女王的盛装，从容地从果篮里抓起那条毒蛇放在自己柔软的胸脯上，让小毒蛇咬了自己的乳头，顿时感到灼热的疼痛，在走向死亡的路途中，在她的脑海依依浮现出她辉煌而又坎坷的一生……

克丽奥帕特拉是埃及国王托勒密十二世的幼女，从小就聪明伶俐，美丽动人，而且经过良好的教育，会多种语育，可以说是一个极有才干的女人。她也自称为太阳神的女儿，觉得上天似乎把一切美好的东西赋予了她。

托勒密十二世可以说十分疼爱自己的这个女儿，宠着她，爱护着她，她有什么样的要求都尽量满足她，这就使这位聪明的公主从小就有极强的占有欲，特别自私自利。从小在王宫长大，宫里各派因争夺权力而互相斗争，使她耳濡目染，决定以后要当统治埃及的女王。她向她的父亲提出要当女王的要求，她的父亲不忍拂逆她的意愿，答应让她做女王。

公元前51年，托勒密十二世去世，克丽奥帕特拉与她的弟弟（也是她的丈夫）托勒密十三世共同执政于埃及。克丽奥帕特拉实现了她梦寐以求的愿望，成为了埃及王后。可惜好景不长，没过几年，两位君主为了彼此的利益而发生了冲突，“一山不能容二虎”，克丽奥帕特拉被迫逃亡到叙利亚。在叙利亚招兵买马，准备攻回埃及复辟她的王位。而她的丈夫托勒密十三世也做好了迎战准备……

克丽奥帕特拉等到羽翼渐丰，将要返攻埃及时，罗马的统治者庞培被恺撒追到了埃及。庞培想投靠托勒密十三世，借助埃及的军队同恺撒再战，可没有想到托勒密十三世自有他的想法，他想获取恺撒的信任和支持，坐稳自己的江山，于是他让他的重臣波希纽斯设计杀害了庞培，把庞培的首级割下来献给恺撒。可恺撒对于谁做埃及的君主倒未在意，反而对埃及人杀了庞培感到不满。因为庞培一则是罗马数一数二的人物，尽管是政敌可曾经也是自己的战友；二则庞培是他的女婿。因此，他厚葬了庞培，并严厉追查杀害庞培的凶手。

克丽奥帕特拉听说恺撒到埃及后，于是想见恺撒，希望得到他的支持。克丽奥帕特拉听说过恺撒的许多故事，十分崇拜他，认为他是自己心目中的英雄。她曾经听说过这么一件事，恺撒在 20 岁时，被海上的强盗抓走，强盗们向他索要 20 塔兰特的赎金。恺撒傲慢地对那些强盗说："难道我只值 20 塔兰特吗？我的身价要比 20 塔兰特多得多，你们应该要 50 塔兰特才对。"接下来几天，他整日吟诗，把他写的诗念给强盗们听，一点也不担心自己的生命安全。过了几日，他的家人用 50 塔兰特把他赎了回来。他回去之后，立即召集军队把海盗们给灭了。恺撒的自负和雄心深深地折服了克丽奥帕特拉。而恺撒的战绩更让克丽奥帕特拉为之倾倒。恺撒曾任罗马执政官、高卢总督。古代高卢分南北两部分，恺撒所任的高卢总督实际上只管辖南高卢，为了实现自己的雄心壮志，恺撒要征服北高卢人。他以 4 个兵团为后盾，历时 10 年，占领了 800 多个城堡，杀死和俘虏了 200 多万高卢人，把罗马的边界推到莱茵河岸边。之后，恺撒又带兵入侵日耳曼地区，攻入不列颠王国。恺撒为罗马立下了赫赫战功，也赢得罗马人的崇拜。

克丽奥帕特拉想依靠恺撒这棵大树来恢复自己的王位。公元前 47 年 3 月，21 岁的克丽奥帕特拉离开叙利亚，从海上悄然抵达塔尔塞斯。28 日登陆这天，克丽奥帕特拉仔细沐浴，让侍女在她的身体上涂满了香油，然后裹在一张毛毯里，献给恺撒。

一天晚上，恺撒正在看书，突然侍从跑来说埃及女王克丽奥帕特拉送礼物来了。按照埃及人当时的规矩，第一次送给客人礼物要送毛毯。恺撒看见两个人抬了一张毛毯进来放到地上就走了。当毛毯慢慢展开时，克丽奥帕特拉美丽的胴体展现在恺撒面前，恺撒一见这么美丽的女人顿时失态，不知该怎么办才好。克丽奥帕特拉娇羞地请恺撒屏退左右，然后说："我就是克丽奥帕特拉本人。"恺撒早闻埃及女王是如何如何的美貌，而且一心向往之，未想到今天会有如此艳福。恺撒被埃及女王的美丽深深折服了。两人尽鱼水之欢，不在话下。从此恺撒与克丽奥帕特拉整日待在一起，享受无尽的艳福。然后，这位埃及女王提出了她的要求，她要恢复她的王位，恺撒答应了她。没想到托勒密十三世已经得知克丽奥帕特拉的阴谋。他与他的重臣波希纽斯孤注一掷：调集埃及所有的部队围困了恺撒4000人的罗马军团。幸亏罗马援军及时赶到，否则恺撒会遭灭顶之灾。结果埃及军团被摧毁，托勒密十三世溺死，战争过后，恺撒扶持克丽奥帕特拉登基。

公元前44年，恺撒在罗马遇刺身亡。三年后。恺撒以前的部将——安东尼在奇利奇亚召见埃及女王，欲兴师问罪。未想到怒气冲冲的安东尼未跟女王交手，就被女王的美貌而折服，拜倒在女王的石榴裙下。公元前37年他们在埃及宣告结婚。

此时的安东尼，对克丽奥帕特拉的痴迷已到了疯狂的程度，他把罗马在东方的部分领土作为结婚礼物送给美丽的女王，这得罪了罗马法老院和罗马人民。他用一纸休书把自己的妻子屋大维娅休了，而屋大维娅是屋大维的姐姐，这激怒了屋大维，更加激化了他们两人的矛盾冲突。罗马元老院和屋大维联合，宣布安东尼为罗马的“公敌”，并对克丽奥帕特拉宣战。

公元前31年，安东尼与克丽奥帕特拉率舰队与屋大维在亚克兴海角展开会战。战争结果是安东尼战败而死，死在克丽奥帕特拉的怀里。当屋大维攻入埃及后，克丽奥帕特拉仍想以色相来勾引屋大维，但屋大维不理她。这样，她看到大势已去，自己终不免一死，与其受尽折磨而死，不如痛痛快快死去，她不顾屋大维的警告而自杀身亡，于是出现了本文开始的一幕。

她死之后，埃及人民厚葬了她。都说“红颜祸水”，然而又有谁能够真正理解她克丽奥帕特拉——这位埃及艳后呢?

“祖国之敌”——尼禄

在古罗马政坛上，可谓群星闪耀、流光溢彩，一代代杰出的政治家、伟大的领袖可谓层出不穷，令后人景仰赞叹。可是，罗马政坛并不是一个只出产黄金的地方，一些渣滓败类也混杂其间，尼禄便是其中最臭名昭著的一个。

公元1世纪中期的一天，罗马宫廷里正在举行一次盛大的婚礼。金碧辉煌的厅堂里，各路嘉宾云集，贺礼堆积如山。熊熊燃烧的火炬照亮了雕刻精细的妆奁和铺陈华丽的合欢床。正当人们兴高采烈地观赏这一切并默默祝福即将结为连理的新人时，证婚人出场了。场内立刻肃静下来。只听证婚人宣布："婚礼现在开始!"在热烈的掌声中，新人出场了。从新郎俊秀的外表上，人们暗自在心中描画着那蒙着面纱的新娘俊美的容颜。当面纱摘下来时，场内气氛霎时凝固了，人们呆在那里，原来，那暴露出来的新娘真面目，竟是他们的国君，一个十足的大男人——尼禄。

这场闹剧并不是演戏，而是荒淫无耻的尼禄为满足他放荡的欲望而真实操练的，他正在按照全部合法的婚姻形式，公开把自己嫁给一名叫华达哥拉斯的淫童为妻。他的荒唐行为达到了无以复加的地步。

尼禄是腐朽、没落的罗马社会上层分子的代表，在他身上曾演出了一幕幕的丑剧，可资为笑谈。

尼禄从小生活在克劳狄乌斯王朝宫廷里，他并非皇子，只是因为他那阴险多谋、贪权好势的母亲在他父亲死后嫁给了皇帝，并施展种种阴谋诡计和毒辣手段包括毒死皇帝克劳狄乌斯，才使他有机会登上皇帝宝座。

在充满腐朽虚荣和阴谋倾轧的环境里，尼禄早早就被腐化，放荡不羁。当他称帝后，奉行"君主所为，尽皆合法"的原则，生活荒淫无耻，罗马的任何一条街道都能变成他狂欢作乐的地方。

刚开始由于他年幼无知，不理政事，他的母亲把持着一切权势。公元58年，尼禄结识了轻狂毒辣的罗马贵夫人波培娅·萨宾娜。这个萨宾娜可是个非同寻常的一个人物，据说她什么都有，"美丽、聪明、财富，样样俱全，可就是缺少一颗正直的心"。尼禄被她深深地迷住了。可是他的母亲阿格里皮娜竭力反对，并扬言要公开宣布让他异父弟弟布里塔尼库斯来代替尼禄。尼禄怀恨在心，再加上萨宾娜的影响，尼禄决计干掉他的亲生母亲。

公元59年的一天，阿格里皮娜正坐在船上巡游，突然船身发生倾斜，所有人全都掉到了水里。阿格里皮娜拼命挣扎，终于爬到岸上，她正暗自庆幸捡了一条命，不料一队手持利刃的近卫军冲了过来，三下五除二结束了她的性命。这些当然都是尼禄干的。接下来他又杀死了他的妻子，同情妇萨宾娜结了婚。

从此，尼禄更加肆无忌惮地胡作非为。在他主持之下，来自世界各地的所有丑陋和淫猥的东西都能在罗马找到位置并且得以流行。

尼禄自诩多才多艺，举凡吟诗作赋、歌唱演奏、竞技角斗无所不能。他常在宫廷举办极端豪华的赛会，自己作为朗诵者、歌手、演奏师或者角斗士登台表演，可惜他演技拙劣，吸引不了几个人。他很不服气，认为罗马人缺乏艺术细胞，不懂得欣赏他的艺术，于是他便率领大批扈从到各地巡回演出。在希腊，他得到了观众给予的足够的赞赏和热情，便心满意足，激动不已，以为终于碰到了知音，他把希腊人当作惟一懂得他的艺术和尊重他的威势的人。作为回报，他赐给希腊自治权，这倒是人们始料未及的。

尼禄对艺术的热情和兴趣远远大于他应从事的政务。他对举办各种形式的宴会乐此不疲。据记载，尼禄的宠臣都挖空心思地投其所好。有一个叫提格利努斯的近卫军长官，制作了一只木筏，放在阿格里巴湖上，宴会就安排在筏上。他准备了一些木船作为拖船，拖动筏子在湖心荡漾。小船都是用黄金和象牙装饰的，荡桨者是一色的娈童，按年龄的大小和淫荡的程度来安排。他从山南海北搜罗各种珍禽异兽，甚至从大海捕来海上生物。在湖岸的一边设置了院舍，坐满了贵妇。对岸，一群裸体的娼妓搔首弄姿，猥亵地舞蹈着。当暮色渐深的时候，从湖滨所有的丛林和房屋里传出一阵阵歌声，相互唱和，到处都闪烁着灯光。尼禄就在这一片淫靡之光中乐不思蜀。

公元 64 年，一场大火几乎将罗马城完全吞噬。尼禄在火海中兴致勃发，登上高台，高声歌唱有关特洛伊毁灭的诗篇，安闲得意地观赏熊熊燃烧的大火和火中惊惶失措、奔忙逃窜的人群。

为了敷衍群众，他也采取了一些措施解救难民，以“慈善者”的身份做出庇护和供养受难者的姿态。其实他早就对罗马城的旧貌表示不满，正好借此机会准备按自己的意图修整一番。不过，他抢先修建的是自己豪华的“金屋”。这个“金屋”可谓非同凡响，它占据了罗马最中心的地区，而且整个宫殿内部用黄金、宝石和珍珠来装饰，餐厅的天花板以象牙饰边，而且可以转动，无数的花瓣和香水一起在转动时飘洒下来。而这座王宫的出奇之处，并不在于那些俗烂的金镶玉饰，而在于野趣湖光、林木幽邃、阔境别开、风物明朗。

住在如此美丽的人间仙境，尼禄的良心却并没有得到净化，他残暴无比。曾有流言说这场大火是尼禄为观赏火光而放，为洗清自己的罪名，尼禄抓住了一些纵火嫌疑犯，对他们施以最残忍的手段。如用兽皮蒙起来，让群犬撕咬而死，或绑在十字架上，天黑后点火燃烧，当火把用。此番暴行更让人看清了他禽兽的本质。

为了维持他无止境的奢侈生活，尼禄大肆搜刮钱财，无论是平民还是显贵，都是他勒索的对象，这激起社会各阶层对他的普遍反抗。同时，大规模的武装起义也此起彼伏。在各种力量的冲击之下，骄横一时又极度空虚的尼禄很快陷入四面楚歌的境地。

面对即将灭亡的命运，尼禄居然荒谬地认为他能用动人的歌喉打动他的反对者，他要以一个歌手和朗诵者的身份到起义者中去，希望靠表演和歌唱就能再次获得和平。

然而，此时民众的心中正像火山一样喷发着不满和愤怒。尼禄的禁卫军也起而反叛他，元老院宣布尼禄为“祖国之敌”，众多的军团纷纷竖起起义的旗帜。

尼禄失魂落魄地逃出罗马城，在一处阴暗潮湿的角落里，他暗自哀叹：“多么伟大的艺术家就要死了！”然后，他掏出一把匕首，眼一闭，结果了自己的性命。

一代别具一格的政治丑角就这样告别了人世。

贵族式的历史学家——塔西陀

罗马帝国时代有一位著名的历史学家、文学家和演说家，他是古代杰出的历史学家之一，他以高傲的贵族态度对待人民群众，对待学者。在他的视野之内，重要的只是皇帝、元老院、军队和罗马城，但他却名留青史，在史学上占有重要地位。他便是普布利乌斯·科尔涅利乌斯·塔西陀。

关于塔西陀的生平几乎没有什么记录流传下来，我们只是从他著作中偶尔的透露，以及他的朋友小普林尼的一些书信中得到一些线索。他大概出生在山南高卢或那尔旁高卢，父母情况不详。有的学者根据老普林尼的记载，推断塔西陀的父亲为骑士，曾任比利时高卢行省的高级官员。还有人从塔西陀的姓氏属于罗马最有名望的贵族，断言他出身于贵族家庭。但是单凭这个姓氏不足为信，因为行省的家庭时常采用颁给他们罗马公民权的总督姓氏。不过无论如何，塔西陀显然出生在行省的富裕家庭，受过良好的教育。他一生的大部分时间是在罗马度过的。他在少年时代，曾师承当时著名的修辞学家克文提利安努斯，学过修辞学、文学和散文写作。他的简练有力、灵活多变的文风主要得益于早年的严格培养。他还跟随著名的演说家马尔库斯·阿佩尔和尤利乌斯·塞孔杜斯学习法律和雄辩术，后来从事律师工作。从塔西陀作品中流露的高傲的罗马贵族思想也可以说明他属于社会上层。他对于当时社会下层民众不仅缺乏同情之心，还常常表露出轻侮的态度。

据塔西陀自己说，他最早参加政治活动是在韦斯帕西安怒斯皇帝时代，开始可能当一名低级官员，后来在军团中当参将。这些职位都是当时青年的进身之阶。公元 77 年，塔西陀和罗马显贵、执政官阿格里科拉之女结婚，阿格里科拉是当时军政界的要人，后来更因出任不列颠总督而享有声望。塔西陀宦途顺利，除了自己的才能之外，大概也得力于岳父的提携。大约在公元 81 年他出任财务官。公元 88 年又升任行政长官。与此同时，他还成为负责保存西比林承书的祭司团的成员。从公元 89 年到 93 年期间，他不在罗马，可能是在北方一个行省任职。所以阿格里科拉死时他们夫妇都不在死者身边。在这段时期内，他可能游历过罗马帝国北部边境，对于日尔曼人的知识大约就是在这时得到的。他回到罗马是在多米齐安努斯皇帝统治的最后几年，亲眼见到多米齐安努斯对元老贵族的残酷迫害，这导致他对世袭君主制产生极大的憎恶。

公元 97 年，在皇帝涅尔瓦治下，塔西陀达到了罗马官阶之顶峰，荣任执政官。这年他为著名的将军鲁福斯作了葬礼演说，据小普林尼书信所说，我们可知塔西陀在当时已是罗马著名的演说家和文学家，声誉很高。小普林尼曾盛赞说：鲁福斯的伟大须配以塔西陀的精彩演说才能相得益彰。塔西陀从执政官卸任到出任行省总督，等候了约莫十四五年之久。据 19 世纪末在加里亚的马拉萨城发现的一个铭文记载，公元 111 年之后不久，塔西陀担任罗马重要的亚细亚行省总督之职。在此之前，塔西陀在罗马开始了他的历史及文学创作活动。他的主要历史著作《历史》约在公元 104—109 年之间写成，与此同时，塔西陀作为元老还经常公开发表演说，出席法庭作辩护演说等。小普林尼的书信中多次提到他们两人互相观看演说稿的事。在这期间，塔西陀曾和小普林尼一起弹劾阿非利加香总督马里乌斯·普里斯库斯，这位总督终于以勒索枉法等重大案情遭到可耻的流放下场。在出任行省总督之后，他大概把主要精力集中在写作另一历史名著《编年史》上。

塔西陀共保存了五部著作，我们可以依次介绍：

《演说家对话录》是塔西陀最早的一部作品，大约完成于公元79年至81年，他在这部书中谈论的是罗马演说术衰落的原因，认为罗马帝国时期演说术之所以衰落下来，主要是由于社会生活的改变。

公元98年，塔西陀完成了两部著作，一本是《阿格里科拉传》；另一本是《日耳曼尼亚志》。《阿格里科拉传》是塔西陀为他的岳父所写的一部传记，文中记述他岳父的生平和事迹，尤其是他在不列颠任总督时期的作为以及后来在多米齐安努斯皇帝统治时期的情况，全文以颂扬阿格里科拉的人品道德、军功政绩为主旨。显然，塔西陀在这里是为其岳父表白。因为在多米齐安努斯统治之下，许多贵族遭到残害，而阿格里科拉能保住官爵未遭毒手，当时不免有所微辞，塔西陀竭力替他岳父作辩护，说明阿格里科拉和多米齐安努斯之间也有不和，只因他谦和谨慎才幸免于难，并指出“即使在暴君之下，也能有伟大人物”。

《日耳曼尼亚志》是《阿格里科拉传》的姊妹篇，它可能是塔西陀早年在行省做官时对自己感兴趣的日耳曼人所作的研究和观察的一篇总论。这篇作品详细地报道了罗马帝国时代莱茵河和多瑙河以外大日耳曼尼亚以及居住在该地区各部落的情况，其中所述的有关日耳曼人的经济生活、政治组织和社会生活，以及日耳曼人各部落的分布情况、风俗习惯和宗教信仰等，都是绝无仅有的珍贵材料。

他在公元104年至109年完成巨著《历史》一书，共有12卷或14卷（据说《历史》和《编年史》合起来共30卷，因大部分已散佚，卷数无法确知），此书包括的时间是从公元69年格尔巴当权开始到公元96年多米齐安努斯之死为止。塔西陀在晚年完成的另一篇名著《编年史》，显然是模仿李维，继承他的巨著《自建城以来》。塔西陀的这两部主要著作合起来是一部完整的公元1世纪罗马帝国史，而他们所保存下来的部分则是我们研究罗马帝国初期的重要史料。

从塔西陀的写作中我们可以看出他倾向于共和制度，对于帝制有着强烈的反感。他认为从奥古斯都死后直到图拉真以前的时代都是悖逆不道的，他厌恶鄙视这一时代的所有“元首”，对他亲身经历的尼禄和多米齐安努斯的暴攻更是深恶痛绝。他把暴君的出现归咎于世袭君主制，而在探究世袭君主制的成因时，他却囿于个别人物的作用，他认为奥古斯都始终是个独裁军人，提伯里乌斯才是专制君主制的奠基者。他对帝国初期的统治者的残暴、荒淫、丑恶和愚笨都作了无情的揭露和尖锐的讽刺，这些在当时被崇奉为神圣的皇帝，在塔西陀的笔下却成了微不足道的人物。

塔西陀对他生活的时代持有批判态度，他以历史学家特有的眼光和洞察力，对于帝国初期的统治者的狰狞面目，以及当时社会上各种矛盾和黑暗所作的揭露，使我们对当时社会情况具有较深刻的认识。

他写作史书时搜集史料细致认真，亲自采访。他为了弄清公元79年维苏威火山爆发的情况并核实老普林尼之死的传闻，曾两次写信给小普林尼，请他详尽讲述当时事件发生的过程。

像希腊和拉丁史学家一样，塔西陀在他自己的著作中喜欢编制重要人物的长篇演说辞。这些演说辞大多有史料依据，但也有一定的渲染和虚构。在《编年史》中有一篇克劳狄乌斯的演说辞，而后来在卢丹努发现的铜版铭文恰好也保存了克劳狄乌斯这篇演说辞的大部分。将两个文本对照时发现内容大抵相同，但用词和细节则存在差别。

虽然塔西陀作为一个历史学家比不上修昔底德，不能深刻揭示历史发展的基本原因，而且他总是以贵族的高傲态度对待人民群众，但他所描述的暴君形象，对后世政治思想的发展有一定的影响。怀有革命情绪的作家和政治家往往把他看作专制制度的挞伐者。法国大革命时期，塔西陀备受推崇。

君士坦丁大帝的时代

公元313年对基督教徒来说是一个十分重要的年份。因为在这一年，君士坦丁同当时据有巴尔干半岛和伊利里亚的另一奥古斯都李基尼乌斯在米兰会晤。李基尼乌斯前来米兰首先是为了实现他与君士坦丁的姊姊康士坦提娅的婚姻，并借此肯定他们间的联盟和友谊。在这次会见中，双方共同签署了一个著名的宗教宽容敕令——“米兰敕令”。敕令承认基督徒同其他异教徒具有信仰自由的同等权利，并把过去被没收的教堂和教会财产归还给他们。这是对流传日广的基督教的一个让步，也是向基督教寻求支持的一种表示。

这位向基督教作出巨大让步的君士坦丁即君士坦丁大帝，是罗马帝国后期著名的皇帝。

君士坦丁出生在上表西亚省的内索斯（今南斯拉夫东部的尼什城）。他是罗马帝国西方奥古斯都康士坦提乌斯与其第一个妻子赫莲娜所生的长子。当公元 293 年康士坦提乌斯被任命为恺撒时，君士坦丁年约 18 岁，可是他父亲被提升的幸运事件却同时伴以他母亲被离弃的不幸遭遇。在他父亲与西方奥古斯都马克西米安努斯的女儿提奥多拉的皇室婚姻盛典之后，君士坦丁继续在对埃及和对波斯的战争中为东方奥古斯都、“多米努斯”戴克里先效劳，并因显示了自己的勇武和才能而升任了高级军官的职位。在父亲于公元 305 年 5 月 1 日递补为西方奥古斯都，而他自己没有被任命为恺撒之后，君士坦丁才回到了父亲身边。当时康士坦提乌斯正在不列颠对蛮族加里多尼亚人作战。公元 306 年夏，康士坦提乌斯在担任奥古斯都 15 个月之后死于约克。君士坦丁被军队宣布为奥古斯都。这时已继承戴克里先皇帝的东方奥古斯都伽列里乌斯也被迫授予他恺撒称号。但是，君士坦丁为了确立自己在西方的统治地位，他还花了 6 年时间与其他三个竞争者斗争。公元 312 年，他在意大利击败了自称恺撒的马克森提乌斯，胜利地进入罗马，并占有了原属马克森提乌斯管辖的意大利、非洲和西班牙，从而成了西方名符其实的奥古斯都。他在击溃其对手的军事行动中，在他军队中的大批蛮族雇佣部队曾起了重要作用。

公元 313 年君士坦丁与李基尼乌斯在米兰会晤，双方共同签署“米兰敕令”，这是对流传日广的基督教的一个让步，也是向基督教寻求支持的一种表示。基督教从此成为帝国的合法宗教，变成了国家政权的精神支柱。后来，经过吞并战争，在全部罗马世界中，就剩下君士坦丁和李基尼乌斯并立的局面了。

在这两个奥古斯都并立的局面维持不满一年，他们之间就由于领地的边界问题和李基尼乌斯阴谋纵恿君士坦丁任命的恺撒反对君士坦丁而争吵起来，随即开始了战争（公元 314 年）。这次战争没有取得决定性的结果，彼此缔结了和约，和平局面又勉强维持了几年。战争于公元 323 年重新开始，君士坦丁取得了最后胜利：占领了巴尔干和小亚细亚，在尼科米底亚包围了李基尼乌斯。君士坦丁从此成了帝国的独裁统治者。

君士坦丁恢复了帝国的统一，但是真正的分裂因素并没有被消除。他虽然抛弃了戴克里先的四君共治制度，但是他驻扎在各地的军团实际上就是一个一个的小力量团体，这使他在事实上仍然实行了共治。

他的大儿子17岁，名叫克里斯普斯，奉命去保卫莱茵河边界和治理高卢。但是他受了别人的蒙蔽，把大儿子处死了。这样，君士坦丁与前妻的惟一儿子就死了，而他的新任妻子的三个儿子被委以重任，治理帝国的一些地区。

其中，君士坦丁二世掌管西班牙、高卢和不列颠，康士坦提乌斯二世掌管亚洲行省和埃及，康士坦斯掌管意大利、西伊利里亚和非洲。此外，君士坦丁的两个侄儿达尔马提乌斯和汉尼巴里阿努斯治理着较小的地区，前者驻在哥特前线，后者在黑海沿岸。

君士坦丁本人统治的只是巴尔干半岛和黑海附近，把主要的精力放在了边境多瑙河一线。

君士坦丁实质上也是分封，不过戴克里先分封的是异姓王，而君士坦丁分封的是同姓王。这样，罗马的君主制在君士坦丁手里到达了一个新的高度。这样做是为了不使皇权落入外姓手中，但是却引起家庭的分裂，大家为了夺权而相互残杀。帝国潜伏着危险，而且也必然爆发。

在君士坦丁那里，军队的战斗力加强了，所谓的蛮族（各游牧等部落）人在军队中当兵，使得军队骁勇的程度大大加强。由4万名哥特人组成了“同盟者”，这是一支特殊的队伍，从帝国的政府直接领取饷银，许多蛮族人在帝国军队中担任了高级军官的职位。

在君士坦丁帝国里，寄生性的官僚机构是十分臃肿的，官僚们享有很多特权，这些人都把效忠君主当成职责与信条，君主的意志就是法律。国家的较高公职人员同时担任宫廷的总管。帝国的政务和皇帝的私人事务混在一起，无法明确区分。宫廷中的开销很大，仆人众多，宦官太监占得最多。仆婢们担任各种差役，有的做理发师，有的是厨师。据载，理发师在宫中有1000多人，厨师也有1000多人，可以想象当时宫廷的庞大。

君主专制制度的最后确立，表现在修建君士坦丁堡上。拜占廷被修成了君士坦丁堡，它有很多有利条件。这个城处在经济文化较发达而危机的影响很小的东方，战略上可以巩固边防，与叙利亚和多瑙河相呼应。君士坦丁堡还直接控制着从黑海通向地中海的海峡，仿佛是亚洲通往欧洲的关口或桥梁。

君士坦丁时期接受了基督教，这为他自己的统治找到了很多理论。虽然君士坦丁本人在临死前才接受洗礼，但是他实际上对基督教是有心扶持的。

他赐给基督教会很多特权，积极参与教会内部的纷争。基督教的僧侣可以免除对国家的徭役，而主教有权审判教会案件。教会还有接受遗产、馈赠、购买以及释放奴隶的权利。君士坦丁以及后来的王位继承人还向教会慷慨地捐赠钱财。

不到100年的时间，教会日益富有起来，土地也越来越多。全部土地的1/10已属教会所有。那时，为了和阿里乌斯教派相对抗，君士坦丁于公元325年在尼西亚主持召开了大会，会议由主教参加，号称“全世界大会”。这次会议制定了所有基督徒都必须遵奉的信条，即圣子基督与圣父、圣灵三位一体，他们是永恒的。

君士坦丁于公元337年患病，最终接受了洗礼，但洗礼是阿里乌斯教派的教士给做的。因为这个教派极其拥护世俗政权，所以它在很大范圈内获得了君王支持。直至4世纪80年代中期，尼西亚教派才在全帝国范圈内取得了完全的胜利。

公元337年5月22日，君士坦丁在接受洗礼几天后死于尼科米底亚驻地。

著名的维纳斯雕像

阿芙洛蒂忒是希腊神话中爱与美的女神，她掌管人间的婚姻、爱情与生育。在罗马神话中，她被称为维纳斯。

从远古时期，人类就崇拜生育。繁殖之神到古希腊罗马时期，成为掌管人间生育、而且集爱与美于一身的女神维纳斯，更为人们所喜爱、崇拜。当时神庙中都供奉着维纳斯。那一时期杰出的雕刻家们创作出许多完美的维纳斯雕像。保存至今的则成为无价之宝。

在追求理想之美的古希腊时代，现存最早的维纳斯雕像是“女祖先维纳斯”，作于约公元前430年至前400年，原作已失，现仅存罗马时期的复制品，藏于巴黎卢浮宫。女神身披轻纱，头微垂，右手举过肩挑着衣服，左手轻抬，提着裙子，一只丰满的乳房裸露在外，整座雕像显现出一种怜爱与静穆。

而整个希腊时期最为著名的维纳斯雕像是古希腊最负盛名的艺术家

普拉克西特创作的“尼多斯的阿芙洛蒂忒”，原作创作于公元前370年，已失。现存罗马时期的复制品珍藏于罗马梵蒂冈博物馆。当时，普拉克西特在同一时期完成了两座维纳斯雕像。其一是穿衣服的，另一是裸体的。普拉克西特给两座雕像订了相同的价格，有权利选择的柯斯居民选择了穿衣服的，他们认为这一座雕像是严肃而朴素的。普拉克西特以创作充满明朗宁静情绪的雕像著称。他最著名的作品就是那一座裸体的阿芙洛蒂忒，这一座雕像被尼多斯公民买去。这座雕像由于它的漂亮——温柔的目光、喜悦的神色和高兴的表情——而受到高度赞扬。在许多赞美它的诗中，有一首借女神之口情不自禁地叫道：“普拉克西特，你究竟在哪里看过像我这样的裸体?”人们爱上了它，一位热心的收藏家——比西尼亚的希腊化的国王尼古米底被它弄得神魂颠倒，以致他提出以取消尼多斯人的公共债务（那是一笔巨额的债务）来换取这座雕像。但尼多斯人明智地拒绝了，因为这座雕像使他们的城市闻名。女神左手抓着脱下的衣服（衣服与装洗澡水的坛子连为一体）正准备洗澡，坛子的坚硬质感同柔软的充满生气的体型形成鲜明对照，右手微垂，指出她的力量的源泉，自然的外貌和宗教意义优美地结合，显现含蓄、柔婉的神性。

公元前4世纪中期还产生了半裸的维纳斯名为“卡普亚的阿芙洛蒂忒”。女神身体微侧，正举着一块盾牌，对着她的左边盾牌中的倒影，欣赏自己柔美的身姿，盾牌使腿上的织物保持在适当位置，造成了轻纱后面的神秘美与爱的提示。这座雕像的罗马复制品藏于那不勒斯国家博物馆。

而最为神秘的、影响最大的是米洛阿芙洛蒂忒，也称为米洛的维纳斯，是一座半裸的女神雕像。她显然是把卡普亚的阿芙洛蒂忒的姿势与部分裸体的普拉克西特的尼多斯的阿芙洛蒂忒的面部类型加以结合产生的。雕像上的题字证明，这件作品的作者是雕塑家亚历山大（也可能是亚赫山大，由于某几个字母已掉落，无法完全查明他的名字）。这件作品是没有两件的，目前还没有找到它的可靠的复制品，制作的年份也不很明确，这位谜一样的女神自从被发现以来，产生了巨大的影响。虽然她是希腊时期的作品，但却体现出希腊古典盛期的艺术特征。女神形象的高度完美、高度理想化，不但具有一切女性的气质，而且显示出一种神的完满自足、一种特殊的庄严高贵气质。形体的下部是漂亮的裙褶，具有较庄重厚实的纪念碑性质，而上体柔美的裸体，微昂的秀气的头部，丰满圆润的肢体既有女性的温柔，又有神的安详与伟大。特别是她的断臂之谜，吸引人们对它进行过各种猜测。有人说维纳斯的双手正扶着橄榄技或是战盾。有人说这是维纳斯出浴图景。她正在朝身上涂抹橄榄油，这是古希腊人的习俗。也有人说她的右臂正拉住下滑的衣裙，左臂扬过头，手里握一支金苹果。但所有的猜测都不尽人意，都不如断臂的维纳斯更完美。今天，这座谜一样的女神珍藏于巴黎的卢浮宫，而她的复制品则在世界各地都有出售。

罗马众神

古代罗马人信奉“万物有灵”，他们认为每个物体和每种现象都有各自的神祇，所以，古罗马的原始宗教是多神教。

在早期的以农业为基础的公社生活中，罗马人崇拜他们身边与生活密切相关的事物神祇，他们相信这些神祇是生活的保卫者。如家神拉里斯负责保护房屋和土地；谷神彭那特斯看守谷仓；维斯塔是灶神，使炉火燃烧；朱庇特主宰太阳和雨水；马尔斯在春天里使万物复苏，变得充满生机和活力。还有一些生物的主宰也是罗马人崇拜的对象，因为他们能帮助农民或牧民生产和劳动，在人出生、童年、结婚和死亡的紧要关头能给以引导，使其顺利度过。

罗马人特别崇拜两位神祇，一是家神拉里斯，一是谷神彭那特斯。为了祭祀他们，每个家庭都有自设的祭坛和祭典。女灶神维斯塔是罗马人尤其虔敬的神祇，因为她影响家中的祸福。罗马人专设女祭司在维斯塔女神庙里，负责看管祭坛上的灯火，使它终年永不熄灭。如果灯火突然熄灭了，对罗马人将是巨大的打击，他们认为那是社会灾难的一种预兆。

在罗马建城之后，城市居民的信仰又不大同于乡下人的信仰。他们对维斯塔、拉里斯、彭纳特斯和其他土地、牛羊监护者实行公共礼拜，而另外一些神的职责则发生了转换：如马尔斯成为战神，在战争年代赐福于罗马：朱诺守卫城门；朱庇特则是罗马幸福的保护者。

随着文明的发展，到公元前 6 世纪末的时候，罗马的神被人格化，并仿照人的形象制作出来，并且住到了神殿里，有偶像供人礼拜。由于受伊达拉里亚人的影响，罗马早期的神殿和礼拜的偶像都是属于伊达拉里亚类型的。

除了神祇崇拜外，罗马人还从伊达拉里亚人那里学来了占星术，凭借飞鸟、雷电和风雨的不同迹象来解释各种征兆。

当罗马文化同希腊文化相接触以后，受到希腊宗教的巨大影响，罗马宗教吸取了希腊的神话，并把希腊人信奉的神祇与自己的神祇相对照并揉合在一起。如希腊的天神宙斯同罗马的朱庇特，都是宇宙万物的主宰；宙斯的妻子赫拉同朱庇特的妻子朱诺，都是妇女、婚姻和生育的保护者；朱诺娃等同于雅典娜，是智慧女神；希腊神话中的阿芙洛狄特同罗马人的爱神维纳斯都掌管人间的爱情和美。希腊神话中独有的医药神也被罗马人接纳，并为它在台伯河附近的岛上建立了神龛。传说生病的人在医药神的神庙中睡上一宿，第二天就可痊愈。因为当他睡觉之时，神为他治好了病。

在连年的征战和与不同国家的接触中，来自各国的神祇都受到罗马人的崇拜。如：埃及的女神埃赛斯，掌管生育和繁殖，特别受到庞培士兵的崇拜。典籍中记载了布匿战争期间，罗马元老院为了向人民输入新的精神，而决定采用外国的仪式。公元前207年，为祭祀来自希腊的地狱神，罗马人准备了一批特别的节目。公元前204年，又引进了东方弗里基亚人的裸体女神，即地母神。密斯拉是真理的纯洁之神，他能引导人们走向光明，对于密斯拉神，罗马人的礼拜格外庄重，他们不允许妇女参加，以神圣的公牛作为献祭牺牲，所有的男人——包括富人和穷人、自由人和奴隶，只有男人才能作为信徒取得资格礼拜他。礼拜仪式是秘密进行的。信徒形成一个秘密的社会，使用他们自己的暗语，并履行宗教仪式和斋戒。

罗马的宗教仪式非常复杂，需要有较多的祭司来执行。祭司的作用很大，他们联合组成各种祭司团。大祭司团中的最高祭司是祭司长，作为全国祭司的首脑，他规定日历，主持祭典，并且有权解释法律，可谓权势显赫。其次是占卜祭司，掌管求神问题，遇事给人们作预言，他们往往利用这一点凌驾于一切之上。

凝固的音乐——罗马建筑

提到罗马的建筑，人们一定会首先想到那具有标志意义的巍峨雄壮的凯旋门和气势宏大的斗兽场以及圆形大剧场。

的确，罗马建筑的成就突出地表现在公共建筑物与纪念碑式的建筑方面。

为了纪念帝王的功勋，特别是为了炫耀他们对外征服的武功，凯旋门和纪功柱这两种建筑形式在罗马帝国时代兴起了。建于公元81年的“提图斯皇帝凯旋门”是最有名的一个。它是为纪念罗马战胜犹太人起义而建立的，凯旋门上的浮雕描写的是提图斯出征犹太人的胜利情景。在一块高2.4米的浮雕板上刻着皇帝提图斯乘坐着一辆由四匹彪悍健壮的大马拉着的战车，耀武扬威地凯旋而归，场面热烈，气势宏大。在皇帝的身后有一位胜利女神的雕像，她微微地张开双翅，飘飘欲飞。因为胜利女神的出现，这块浮雕的内容就更加醒目，而主题也更突出了。另一块浮雕表现的是战胜犹太人获得的战利品，以犹太人的士烛圣灯为主。这座凯旋门的浮雕是以现实主义和浪漫主义相结合的创造手法为特色的。

纪功柱中的代表性作品是“图拉真纪念柱”，大约建于公元114年。这个圆柱高达27米。柱身上的浮雕表现了图拉真皇帝对达西亚人（即今天的罗马尼亚）的战争，内容分为战斗、行进、攻城、渡河、牺牲、谈判等一系列活动，雕刻了2500多个人物，表现手法活泼有力，工艺技术也达到纯熟的境界。整个浮雕可以当作一幅200多米的连环画来看。

凯旋门和纪功柱就欧洲的造型艺术来说，当为首创，但若同中国古代的宫阙墓阙以及后来的牌坊、华表相比较，或同埃及神庙之前的石门相比较，则具有许多类似之处。这其间的联系与区别对人们来说，是一件值得细细玩味的事情。

圆形剧场原本兴起于希腊，曾一度是希腊的特产，但它深刻影响了帝国主义时代的罗马建筑艺术。

罗马的圆形剧场或斗兽场往往能容纳观众5万至10万人之多。它与希腊同类建筑的不同之处，在于演出场所不在中心而移到一边去了，中间成了一个“池子”，用来作为观众席。

最典型地代表了这种剧场结构的是罗马的“科罗赛姆大圆剧场”。这个大剧场始建于皇帝韦伯芗时代，即公元69年，最终完成于该帝之子提图斯皇帝时代，即公元80年。韦伯芗皇帝和提图斯皇帝为纪念他们镇压犹太人起义，便建造了“哥罗赛西姆”大剧场。从外面看来，该剧场有四层，然而，其内部层次很多并不与外部有一致的连属关系。剧场内可容纳8万余名观众，三层高大的拱门和80个出入口保证了众多观众出入畅通，不致拥塞在一起。剧场最下一层是通路，二层、三层都是用以照明的巨窗。中心舞台周长524米，场面宽阔。令人称奇的是，这个舞台可以灌水成湖，用以表演海战的场面。为此还专门配备了起重装置，可以吊起战船，真是一大奇观。

罗马人的公共浴场很有意思。它们一般面积广大，可容数千人，它不仅可供人们洗澡，同时也是公众集会的场所，还可以用来进行娱乐休闲活动。

保存最完好的罗马浴场是3世纪的“卡拉卡拉浴场”。它建成于公元235年，历时23年，占地27万平方英尺，可容纳1800人的中央大厅长170英尺、宽82英尺，在建筑上首次安装了天花板。此外，建于公元305年的“戴克里先浴场”可容纳3000人，其中有冷、温、热、蒸气四种浴池。热气由下边热空气房间供应，通过墙壁中间的竖式或卧式的管道把暖气输送过来，各式各样的露天娱乐场如角斗、赌博、演剧等等都有设置。浴场的外围部分还有演说的场所，这种建筑被这样的设置赋予了更大的政治性和社会意义。

罗马城的水道桥梁建筑也是反映其城市文化进步的标志。

公元前38年修筑的“克劳狄水道”至今还有残迹可寻，当时罗马城的城市用水正是通过这样的11条水道输送过去的。

桥梁中最著名的是法国南部尼姆地方的“加尔桥”，它是公元前19年由大将阿格里帕修建的，用以引导乌兹水到达尼姆城。这座桥由上、中、下三层构成，水管安置在最上层，它不同于一般渡河用的桥梁。类似这种桥梁之残存者有罗马的“密尔维阿桥”，以及黑来尼的“奥古斯都桥”，分别建于公元109年和公元140年。

在奥古斯都统治时期，为了显示新政权的强盛和恢复古代宗教信仰，他不但修了古庙，而且还修建了很多新的神庙和公共建筑。

那个时代最美丽的艺术品是奥古斯都和平祭坛，用鲜花和果实加以装饰。祭坛上的浮雕展现了奥古斯都和他的家族、教士、行政长官行进在国家行列中，他们正为迎接和平而贡献、牺牲。此外还有表现伊尼阿斯到达拉丁姆，大地母亲带着她的婴儿的内容，全部都是寓言中的神话人物，象征着帝国的富有、繁荣和强大。

在神庙中最出色的是供奉朱庇特等神的万神殿。万神殿建于公元前27年，规模宏大，略呈舟形。它的主要部分是一个高和直径相等的42米的大穹窿顶，内中不设神龛有特殊的空阔宏大之感。

罗马人在建筑艺术上的一项著名成就就是以拱顶代替了平顶，并发展了拱顶的类型：一种是半圆筒形拱顶；第二种是四方拱顶，即由两个圆筒拱顶交叉形成；第三种是圆屋顶。这是罗马建筑师解决房屋建筑结构问题的天才创造，是他们世代智慧的结晶。

罗马的建筑艺术堪称人类艺术的瑰宝。屋大维自称是他把泥砖的罗马变成了大理石的罗马，其实这里凝结着的是无数能工巧匠的心血和智慧、才华和灵魂，还有无数普通劳动者的辛劳与汗水。漫步在罗马城，处处都是凝固的音乐，等待着灵慧的眼睛来发现，等待着善感的心灵来品味。

古罗马大角斗场

角斗场又称为圆剧场，出现于罗马共和末期，是罗马统治者为满足奴隶主的娱乐及麻醉、转移自由民的反抗意志而建筑的。其平面多为椭圆形，由两个半圆剧场合二为一。古罗马时期的角斗场颇多，保留至今的尚有十多处。但其中最大、保存最好的是位于罗马市中心东南的大角斗场，称为科罗赛姆大圆剧场。

科罗赛姆大圆剧场始建于公元69年，当时古罗马帝国皇帝韦伯芗建立了强大的弗拉维王朝。他对犹太人民的起义进行了残酷的镇压。耶路撒冷城被攻陷，财产被洗劫一空，无数的无辜居民惨遭杀戮，7万多居民被贩卖为奴隶。韦伯芗大帝为了纪念自己的功绩，开始修建科罗赛姆大圆剧场。他驱赶8万名奴隶，历时8年，在公元80年建造完毕。其间共使用了约10万立方米石料与300吨用于勾联条石的铁条。据说，在这座大圆剧场落成之日的典礼上，用5000头老虎、狮子等凶猛野兽与3000名角斗士连续表演了100天。传说这座大圆剧场的设计师登齐奥就作为第一个牺牲品被投入场中，成为饿得已经疯狂的野兽的美餐。一时间，场上刀光血影，虎啸狼嗥，猛兽之间的撕咬、角斗士们之间的残暴杀戮以及人与兽之间的殊死搏斗，留下满地的残尸污血。后来，为了吸去竞斗中流下的污血，场地上铺满了沙子。因此，这里又被称为竞技场（arena），拉丁文原是“沙滩”的意思，即为竞技沙滩。竞技场下面有地下室，供角斗士逗留及关闭野兽之用。大圆剧场并不仅仅为奴隶主贵族表演人与兽的角斗，有时，剧场中心舞台还被灌满水，成为一个湖泊，用来表演各种海战的场面。

公元5世纪左右，由于雷击与地震，科罗赛姆大圆剧场遭到严重损坏。曾经进行过几次修复，但不久又遭地震破坏，最后成为一片废墟。不再有人在这里表演。后来一度成为罗马的采石场，很多石条被运走建成别的建筑，例如圣彼得大教堂，在它那里就能找到从大圆剧场搬来的基石。直到后来，教皇公内德托十四世于1740年颁布法令，宣布大圆剧场为圣地，任何人不得随意践踏破坏。这样，大圆剧场得以保存下来。1800年以后，经过几次修复，大圆剧场大体上恢复了原来的雄姿。

科罗赛姆大圆剧场是个椭圆形平面的露天大剧场。它的立面总高为48.5米，分为四层，全部用石灰华大理石贴面。下面三层是连续的券柱式围廊，底层是雄健的多立安柱式，第二层是秀美的爱奥尼柱式，第三层是华丽的科林斯柱式。最上层是实墙，装饰着科林斯壁柱，是公元3世纪加上去的。立面没有主次前后，适应人流的均匀集散。券柱柱廊产生明暗虚实的对比变化，又统一于整体的韵律、单纯的形体中，气势雄浑。椭圆形平面的长轴为188米，短轴为156米。观众席也分为四层，共有60圈大理石座位，可容纳8万名观众。剧场周围均匀分布着80个出入口，当表演结束或有紧急意外发生时，可以很快疏散观众。观众席从低向高分为四等。最低层为包厢，为皇帝、贵族、主教及其他高级官吏所设；第二层为地位尊贵的市民、小奴隶主所设；第三层是平民百姓的席位；第四层据说专门为妇女所设，座椅全为木制；再向上还有一个宽阔的平台，没有座位的人可以随意站在那里观看表演。中央表演区也呈椭圆形平面，长轴为86米，短轴为54米，周长524米。沙场周围是一圈5米高的坚固护墙，是为保护观众安全而设。

这个庞大的建筑由石块、铁条与混凝土建成。观众席架在底层七圈柱墩上，采用了筒形拱、交叉拱、环形拱、放射形拱的技术，结构简洁明了、完整统一，达到很高水平，代表了古罗马建筑艺术的杰出成就。

它的基本型制为现代体育场的建造树立了典范。

科罗塞姆大圆剧场作为古罗马奴隶制度的永恒象征炫耀一时。岁月流逝，它记载着劳动人民的血汗与智慧，也记载着无数个灵魂的哀鸣与不平。它作为一个时代的见证震撼着每一个善良的灵魂。

沉睡千年的古城——庞培

18 世纪初叶的一天，在地中海岸边的亚平宁半岛上，一群意大利的农民正在维苏威火山脚下不远的地方劳碌着。他们顶着火辣辣的日头在修筑一条水渠。天气很热，不一会儿，他们便都汗流浃背了。忽然，只听“当”的一声，一名农夫一锄头砸在一块坚硬的东西上面。他定睛一看，啊，那暴露在阳光下的闪闪发光的竟是一堆古钱币！工地立刻沸腾了，人们努力地挖着，果然不久后，又发现了一些钱币和许多经过雕刻的大理石碎块。这个消息不胫而走，意大利政府派出专人前来调查。

调查结果出来了，原来那些钱币都是古罗马时代的，据推测这里可能是庞培古城的遗址。果然不久以后，人们又在附近挖出了刻有“庞培”字样的石块。1748 年，意大利政府开始了对庞培古城的发掘工作。

庞培古城约建于公元前 7 世纪，它只是当时罗马帝国的一座小型城市，但它却能典型地反映罗马奴隶制经济、文化发展的情况。到公元 1 世纪时，庞培城已经相当繁荣。可是突然间它却从地球上消逝了，在长达 1900 年的时间里，被人们渐渐遗忘了。这是怎么回事呢？

原来就因为庞培城坐落在维苏威火山下。维苏威火山巍峨峻峭，挺立在亚平宁半岛的南端，俯瞰着波光粼粼的那不勒斯海湾。自有历史记载以来，直到公元 1 世纪，维苏威火山都是长时间地处于“休眠”状态，没有人想到它居然是一座活火山，因为从外表看去，它是那样平静，同普通的山峰一般无二。

但是，当时间走到公元 79 年 8 月 24 日下午 1 点多钟的时候，维苏威火山顶部突然喷出滚滚浓烟和无数火星，发出震耳欲聋的爆炸声。刹那间，天昏地暗，地动山摇，平静的那不勒斯海湾也掀起狂风巨浪，咆哮不止。山顶喷出的火星就是熔岩，当它们落到地上的时候，已凝固成坚硬的石块。一时间天崩地裂，大量的石块和火山灰从天而降，在地面上积了厚厚的一层。接着，火山喷出的大量水蒸汽升到寒冷的高空之后，遇冷凝结，一场倾盆大雨又铺天盖地地打下来。大雨引起山洪暴发，大量的火山灰和石块在山洪的裹挟下形成一股巨大的泥石流向山下奔去。很快，位于维苏威火山南麓的庞培城被整个淹没了。此后，维苏威火山每过若干年就喷发一次，庞培古城被越埋越深。从此，它只留存在典籍里，连它的遗址都被人们忘却了。

当人们重新发现庞培古城后，经过200多年的开掘，终于使这座在地下沉睡了数十个世纪的古城重见天日。由于庞培城是被泥石流埋没的，因此它的建筑、器具等等文物都得到了完好的保存。

庞培城占地约1.8平方公里，四周是坚固的石砌城墙，总长4800米，设有8座高大的城门。城里纵横方向各有两条笔直平坦的大街，呈井字形把全城分成9块地区。每块地区又有许多小街小巷。街巷的路面是用石块铺成的。大街铺的是石板，宽10米，非常平整。街道两旁还铺有人行道，设计十分合理。

可以想见，当年这里人流涌动，熙熙攘攘，奴隶主富豪们乘坐着6人扛抬的轿子招摇过市。运货的四轮车来来往往，连绵不绝，金属的车轮把坚硬的石板路面辗出了两道深深的车辙。这车辙至今还历历在目，仿佛历史的见证。

在街道的每个十字路口都设置了饰有精致雕像的石倒水池，用以储存清澈甘甜的泉水。泉水通过平地架起的渡槽，从城外山上引到城内最高点的一个水塔里，然后流向各个公用水池和富豪庭园中的喷泉池里。

至今在庞培城已见不到高大雄伟的建筑，原因是它们都毁于公元63年庞培还未被淹没时发生的一场大地震。从那些高大的石牌坊、雕刻精细的大理石门框、祭坛和高出地面三四尺的石板地基可以看出，当年这里的建筑物有多么雄伟壮观。

庞培城的官府、法院和庙宇都坐落在城西南部的一个长方形广场上，那里曾是政治、经济和宗教的中心。当年这里的商业已非常发达。从广场东北面的一座商场可以看出，当年这里店铺鳞次栉比，商品琳琅满目。在这里的一间水果铺里，货架上还摆着依稀能辨出形状来的各种果品。在一家药店里，还发现了正在制作的药丸。在一间面包房的烘炉里，一块烤熟了的面包不但保持着原有的形状，而且上面所印的面包商人的名字清晰可见。此外，还有大量自产自销的店铺兼手工作坊，加工呢绒、珠宝、石工、香料、玻璃、铁器等等。

奴隶买卖自然不可少，在商场上专门设有出售奴隶的高台。当年那些不幸沦为奴隶的人，胸前都挂着一块小木板，上面写着年龄、健康状况、价格等等，在奴隶贩子的监视之下，他们站在高台上任人选购，然后像猪狗一样被人任意践踏、驱使，一直劳作到死。

庞培城设有角斗士学校，发掘时发现了63具披枷戴镣的角斗士骨骸。显然，他们是在泥石流到来时无法逃脱而死在这里的，实在可怜。可是如果没有这一次天灾，他们的命运照样是凄惨的，他们将被送到庞培城东南角上的角斗场上去，在相互厮杀或与野兽的搏斗中，在奴隶主丧心病狂的残忍娱乐中，毫无价值地死去。

庞培城以凝固的遗址向世人表明，当年这里是奴隶主的天堂、奴隶的地狱。

世界上下五千年

shijie shangxia wuqiannian

伊斯兰文化

阿拉伯国家与伊斯兰教的兴起

阿拉伯半岛位于亚洲的西南部，东临波斯湾与阿曼湾，西滨红海，南濒阿拉伯海，即印度洋西北水域，北界美索不达米亚平原、叙利亚与巴勒斯坦等地。整个半岛为一辽阔的高原，沙漠绵亘，炎热少雨，土地干旱，除少许平原与绿洲外，不宜耕作。西部红海沿岸至赛拉山脉的希贾兹地区，水草较为丰盛，绿洲密布，宜于放牧，游牧的阿拉伯人大多聚居于此。希贾兹以南的也门地区，因受印度洋季风影响，雨量丰富，气候温和宜人，碧野葱翠，农业发达，素有“阿拉伯福地”之美称。

阿拉伯半岛是闪米特族的发源地。从遥远的上古时代起，闪米特族曾多次从阿拉伯半岛向埃及、地中海沿岸与美索不达米亚平原等地迁徙。

阿拉伯人属闪米特族的一支，是滞留在阿拉伯半岛故乡的最后一支闪米特族。前伊斯兰时代，阿拉伯人分为南方人与北方人两部分，南方阿拉伯人主要聚居在富庶的西南部也门地区及附近沿海一带，他们很早就发展起农业生产，并经营过商业贸易等，建立起一些经济文化水平都较高的城市。北方阿拉伯人主要以游牧业为主，生活在希贾兹与内陆地区，过着原始社会末期的公社制生活。他们逐水草而居，终年漂泊不定。骆驼与椰枣在他们的生活中具有重要意义：骆驼是运输、贸易与作战的重要工具，有“沙漠之舟”之称。驼肉可食，驼乳可饮，驼皮可制衣服，驼毛可做帐幕，驼粪可作燃料，驼尿可以护肤、驱蚊。而更重要的是骆驼能忍受干燥缺水的沙漠生活；椰枣是他们重要的食物，也是骆驼的饲料，椰枣用水浸泡发酵后，可制成甜美可口的饮料，椰枣树皮可制绳索，树干可做建筑材料。此外，马在阿拉伯人生活中也有重要作用，是阿拉伯骑兵不可缺少的作战工具。这时的阿拉伯半岛，在文明邻邦的眼中是游牧蛮族的偏僻之壤。

随着私有财产的增加，阿拉伯人社会内部日益分化，各氏族部落之间劫掠与复仇战争连绵不绝。战争成为男子夸耀荣誉、光宗耀祖的崇高事业。他们的民歌中唱道：

我们以劫掠为职业，
劫掠我们的敌人与邻居。

倘若无人供我们劫掠，

我们就劫掠自己的兄弟。

无休止的氏族部落战争加剧了阿拉伯社会的矛盾与对立，推动了阿拉伯氏族社会自野蛮状态向文明时代的过渡。

当时，阿拉伯人信仰的是多神的原始宗教。日月星辰、动植物、岩石与泉水等等都被视为某种神灵的化身而加以崇拜。他们的崇拜圣地是麦加。

麦加位于阿拉伯半岛西部希贾兹的南部，坐落在南北长约3公里、东西宽不足1公里的山谷之间，闷热少雨，渗渗泉是惟一的水源。麦加有座古老的克尔白神庙（意为立方体形的房屋，中国穆斯林称之为“天房”），供奉着安拉以及象征其他神灵的各种自然物，神殿东南壁上镶置着一块黑色陨石，传说是天使易卜拉欣的遗物，被麦加人奉为神圣，顶礼膜拜。这里每年朝圣者云集，同时举行市集，进行贸易。因此，麦加作为一个古老的宗教圣地而受到保护。

6世纪时，南方阿拉伯人聚集地也门地区先后沦为埃塞俄比亚与波斯帝国的属地，生产遭到破坏，城市残破，商业萧条，一度繁荣的南阿拉伯文明衰落了。这时，商业航道转移到埃及红海水域，麦加处于有利位置，商旅往来，迅速发展成为阿拉伯半岛经济文化的中心。住在麦加的古莱西部落作为克尔白神庙的监护者，掌握着麦加的统治权。古莱西人经营城内外贸易，往来于半岛各地以及叙利亚、巴勒斯坦、两河流域、东非等广大地区。广泛的商业活动，一方面加强了阿拉伯各地区之间的经济联系，确立了麦加作为阿拉伯经济文化中心的地位；另一方面加剧了阿拉伯氏族社会的分化与瓦解。在长期的商业活动中，形成了一个新的商人贵族阶级，他们在广泛的经历中，接触到许多先进事物与先进思想，其中包括从南阿拉伯文明时期传入的一种崇拜神的犹太教与基督教。同这些宗教信仰相比，阿拉伯半岛的多神崇拜、部落战争与政治分裂，对那些富有思想的阿拉伯人来说似乎太原始，简直是一种耻辱。他们深感阿拉伯社会的落后性，倾向于社会革新，特别是中小商人贵族阶层成为社会革新的中坚。时代正处于危机与变革时期。

公元569年，在麦加的古莱西部落哈希姆氏族的一个没落的商人贵族家庭，出生了一个小男孩，他叫穆罕默德。

穆罕默德刚生下不久，他父亲即去世了。6岁时，母亲又离他而去。他先跟着祖父、祖母生活，但不久祖父、祖母也逝世了。伯父收养了他。

穆罕默德的童年可以说是凄苦的，众多的亲人先后离他而去，一次次的创痛击打着他幼小的心灵。幼年贫苦的牧童生活，使他深深懂得了生活的艰辛。少年时，穆罕默德随伯父到各地经商，对流传很广的犹太教与基督教有了一些了解。他也参加过一些部落战争。他深为自己民族的落后而心痛。

25岁时，穆罕默德成为麦加富孀卡狄伽的商业代理人，不久便与其结为夫妻。这成为穆罕默德事业的转折点，从此，他有条件致力于阿拉伯社会革新的研究。穆罕默德先后到过叙利亚、巴勒斯坦、美索不达米亚等地，与各界人物广泛接触，增长了丰富的阅历。他逐渐接受了一些犹太教、基督教的思想，倾向于一神信仰。这时，不幸又袭击了穆罕默德，他的两个儿子先后夭折，只留下两个女儿。又一次经历了心灵的伤痛，使穆罕默德变得更加沉默了。他经常陷入一种沉思的状态，并且时常隐居于麦加附近的希拉山洞中。

公元610年，他开始在亲近的人中宣传新的一神教信仰，声称他在山洞中过夜时，安拉通过天使加百列向他颁降最初的启示，让他作为安拉的使者向众人传布主的真理：安拉是创造宇宙万物的惟一真主，人死后将受真主的审判；信仰安拉并行善者，死后复活，升入天堂；反对安拉及作恶者，将入火狱。这便是穆罕默德创立的伊斯兰教。

阿拉伯人中曾经出过几位先知，因此，人们习惯上是相信先知的话的。而且，穆罕默德的宗教理论很有吸引力，尤其是对于中下层贫民。因此，先是他的亲人伙伴，后来是邻居等先后接受了他的伊斯兰教。

"伊斯兰"一词在阿拉伯语中是"展服"的意思，特指顺服安拉的旨意。信仰伊斯兰教（中国旧称"回教"、"清真教"、"天方教"）的教徒，称为"穆斯林"，意为"顺服者"，即顺服安拉旨意的人。伊斯兰教的主要经典为《古兰经》，是穆罕默德死后，由教徒赛义德·撒比特根据穆罕默德生前的启示在公元652年记录编纂而成的，共114章，6200多节。《古兰经》内容丰富多样，除教义、仪式与生活准则等外，还涉及社会制度、经济状况、法律规章、伦理道德与社会生活等各方面。穆斯林认为《古兰经》是安拉通过先知颁降的神启，是神圣的永恒真理。此外，《圣训》（系穆罕默德及其主要弟子的言行录）也具有很大的权威性，在伊斯兰教经典中仅次于《古兰经》。

伊斯兰教基本教义分为宗教信仰与宗教义务两个方面。宗教信仰包括"主信"：即信安拉，信仰安拉是惟一的神；信使者，信穆罕默德是安拉的使者；信天使，信天使的启示；信经典，信《古兰经》是安拉的“启示”；信前定，信宇宙间一切事物皆为安拉前定；信末日，信“死后复活”及“末日审判”。宗教义务包括“五功”：第一为“念功”，穆斯林在礼拜和其他重要宗教活动中，必须首先口诵清真言：“除安拉外，别无神灵。穆罕默德是安拉的使者。”以此对自己的信仰进行公开的表白与作证。其次为“拜功”，穆斯林应每日礼拜五次，分别在晨、晌、晡、昏、宵五个时间内举行：脱掉鞋子，跪在一张地毯上，头叩地，面朝麦加方向祈祷。每星期五中午，在清真寺举行一次聚礼。每年举行两次会礼（开斋节、宰牲节）。通过礼拜以颂扬真主的仁慈与德性，祈祷神佑。第三为“斋功”。伊斯兰教规定每年9月（伊斯兰历）为斋月，斋月内从日出至日落，禁绝饭食与房事。以此使穆斯林尝试饥饿之苦，缅怀过去，节制私欲。第四为“课功”，即缴纳天课，凡穆斯林皆须以其财产之多寡，每年缴纳一定数额的天课。天课主要用于宗教活动及赈济方面，它是穆斯林表示对主的真诚与自我赎罪的一种形式。第五是“朝功”，即朝觐麦加克尔白神殿。有条件的穆斯林，一生至少要去麦加朝觐一次。平时个别的朝觐称为小朝，每年按规定的时间前往麦加举行集体朝觐称为大朝。届时来自各地的穆斯林，通过朝觐仪式，祈祷真主降福，瞻仰圣迹，以志缅怀。

此外，“圣战”也是穆斯林应尽的重要的宗教义务之一，《古兰经》有多处号召穆斯林为安拉进行“圣战”的训令。“圣战”原指穆罕默德率领穆斯林对异教徒进行的宗教战争，后来泛指在伊斯兰教旗帜下所进行的一切对异教徒的征战。

伊斯兰教独尊安拉，反对多种信仰与偶像崇拜，动摇了克尔白神庙的传统地位，损害了麦加统治者的权益。以阿布·苏非扬为首的麦加大贵族坚决反对伊斯兰教，采取各种手段迫害穆罕默德及其信徒，公元622年9月，穆罕默德及其信徒被迫离开麦加，秘密迁往麦地那。这一迁徙事件就是著名的“希吉拉”，是伊斯兰教发展史上一个重要转折点。公元639年，哈里发欧麦尔将希吉拉之年规定为伊斯兰教的纪元，并以公元622年7月16日为伊斯兰历的岁首。

麦地那原名雅兹里布，位于希贾兹北部的一处绿洲，距麦加以北约400公里左右。居民有两个阿拉伯部落与三个犹太人部落，阿拉伯人居于统治地位，其中有不少人早已皈依了伊斯兰教。穆罕默德迁来之后，以麦地那为基地，把从麦加迁来的穆斯林（称为迁士），与麦地那原居的穆斯林（称为辅士）组织起来，建立一个称为“乌马”的政教合一的穆斯林公社，同时把雅兹里布改名为“麦地那·乃比”，意为先知之城，简称“麦地那”。

乌马建立了17条组织条例，历史上称为《麦地那宪章》。在乌马内部，所有穆斯林不分氏族部落，皆为兄弟。乌马维护公共秩序，保护私有财产，禁止劫掠与仇杀，必须为主的事业竭尽忠诚。这样，乌马就打破了阿拉伯氏族部落的血缘关系，消除了氏族成员仅对本氏族忠诚的狭隘观念，把不同氏族部落的阿拉伯人统一在伊斯兰的旗帜下。乌马是以宗教与地区作为基础的、新的特殊形式的国家形态，即政教合一的阿拉伯国家的原始形态。穆罕默德作为安拉的使者，是安拉在大地上的代理人，掌握乌马的最高权力，集宗教、政治与军事大权于一身。

乌马成立之后，穆罕默德便以麦地那为根据地，对麦加的反动势力展开了积极的进攻。公元624年，穆罕默德率领穆斯林于麦加西南的白德尔，一举击败了麦加古莱西贵族的武装力量。

公元627年，麦加古莱西贵族联合麦加周围的游牧部落，集结了1万多人的武装队伍进攻麦地那。穆罕默德鉴于敌我力量悬殊，决定利用麦地那三面环山的天险地势，在绿洲的道路上深掘壕沟，据险固守。麦加联军久攻不下，给养供应困难，不得不退兵。穆罕默德乘势追击，俘敌400余人，斩杀无数，此即有名的“壕沟之战”。

壕沟之战，穆斯林取得奇迹般的胜利，因而被认为是神助的结果，影响巨大，以致麦加贵族亦不得不与穆罕默德谋求妥协。公元628年，双方签订10年休战条约。从此以后，麦加人皈依伊斯兰教者与日俱增，其中包括不少的古莱西贵族。穆罕默德的声望日益提高。迫于形势，麦加统治者决定承认穆罕默德的权威。公元630年1月，麦加贵族改宗伊斯兰教。

其后不久，穆罕默德下令：克尔白神殿中只保留黑石作为伊斯兰教的圣物，其他供奉之物均予清除，克尔白神殿改为清真寺，并规定麦加为伊斯兰教的圣城。

麦加的归顺，标志着伊斯兰教在阿拉伯的决定性胜利。麦加城是当时阿拉伯的政治、经济、文化中心，尤其因为有克尔白神殿，麦加更成为宗教中心。从此之后，阿拉伯半岛各地部落纷纷派遣代表来表示皈依伊斯兰教。到公元632年6月，阿拉伯半岛已大部分统一。

公元632年6月8日，穆罕默德于麦地那溘然逝去，终年62岁。死后葬于他在麦地那的住所，陵墓之上建有著名的麦地那圣寺。这里，也成为伊斯兰教的圣地之一。

至此，阿拉伯国家与伊斯兰教已初具规模。经过后代哈里发的扩张、征战，阿拉伯国家日益强盛起来，伊斯兰教及伊斯兰文化也因而得到广泛传播，最终成为世界性的大宗教之一。

阿拉伯哈里发的第一次扩张

公元632年6月，伊斯兰教创始人穆罕默德去世。这时，伊斯兰教陷入了分裂的危险。

因为穆斯林社会是穆罕默德天才的结晶。他死之后，各部落酋长认为，他们对穆罕默德的服从，已随他的死一起完结。于是，他们停止纳贡，开始不遵守教规，自由行动。伊斯兰教历史上称之为“变节”。于是，伊斯兰教的捍卫者开始进行攻打叛教部落的战争。但是，虽然战争制服了叛教部落，迫使他们回归伊斯兰教社会，但这些部落仍然心中不满，一有机会还会叛离。最理想的解决方法就是以利益为引诱，许诺每个伊斯兰教徒都能得到自己喜爱的战利品。依靠对外袭击，使各部落为自己的利益而共同征战，团结在穆罕默德的伊斯兰教中。由此，后来伊斯兰教的对外征战扩张并不是为了宣传教义，而只是为了保证伊斯兰教不分裂。随着后来征战的进行，伊斯兰教义不自觉地传播开来，到后来就变成主动的宣传教义行为。伊斯兰教能够广为人民信仰，这是穆罕默德所没有想到的。

率领各伊斯兰部落向外袭击的首领是哈里发，即代理人，代替先知穆罕默德的世俗地位。他不是宗教领袖，而只是世俗首领。由于在攻打叛教部落的斗争中，穆罕默德的岳父艾卜伯克尔担任了领导职位，护教有功，因此这第一个要率领各部落出征的首领职位便自然而然地由艾卜伯克尔担任了，他是第一任哈里发。但是在他的任期内，主要是力量的准备时期。艾卜伯克尔在公元632年继任哈里发之后，逐渐把各伊斯兰部落统一到伊斯兰教日月旗下，建立起一支强大的军队。不久，就对拜占廷与波斯两大帝国发起进攻，拉开了阿拉伯大征服的序幕。

公元634年，欧麦尔继承艾卜伯克尔当选为哈里发。在他的领导下，早期的侵略发展成正式的征服战争。之所以如此，是因为拜占廷帝国与波斯帝国在近几十年间长期进行战争，以致两败俱伤，而且国内矛盾重重，欧麦尔率领伊斯兰大军乘虚而人。欧麦尔东西挥戈，充分利用自己一方沙漠作战的丰富经验。他们不像拜占廷与波斯人那样骑马作战，而是骑骆驼作战。这样可以随意发动进攻，且一旦需要，又可撤回到沙漠的安全地带。因此，阿拉伯军队都是选择沙漠边缘的城市作为他们的主要根据地。公元 634 年 3 月，一小队阿拉伯骑兵，共约 800 人左右，横穿沙漠到达大马士革。增援部队到达后，阿拉伯人包围了该城。但由于缺乏围攻城市的经验，他们驻守城下达 6 个月之久。公元 634 年 9 月，城内弹尽粮绝，守城部队被迫投降。于是，阿拉伯人占领了大马士革。阿拉伯人在占领希拉之后，在伊朗曾经遭到几次失败，波斯军队用战象作为突击力量，一度使阿拉伯人深感恐惧。阿拉伯部队获得增援后，于公元 637 年 6 月 1 日在卡季西亚会战中获得大胜，不久即轻取波斯国都克泰西丰。由于对波斯军队作战连续取胜，他们占领了摩苏尔与讷哈范德两城，并使波斯并入了阿拉伯哈里发国的版图。

在西部，公元 636 年，阿拉伯人在约旦河支流耶尔穆克河谷与拜占廷联军对敌。阿拉伯人乘迷眼的沙暴发动进攻，几乎全歼希腊、亚美尼亚与叙利亚基督教混合部队。皇帝希拉克略逃进君士坦丁堡，将整个叙利亚丢给了阿拉伯人。哈里发欧麦尔随之转攻富裕的邻邦伊拉克。那里的闪米特人已部分地皈依基督教，他们对波斯与琐罗亚斯教统治都不满，这使阿拉伯人的进攻很轻松。而君士坦丁堡在被围两年之后，于公元 638 年向阿拉伯人投降。公元 640 年，阿拉伯人在夺取重要港口克萨里亚后，完成了对叙利亚与巴勒斯坦的占领。公元 641 年，阿拉伯人几乎未遇抵抗便占领了埃及。公元 641 年，占领了美索不达米亚。次年，阿拉伯人同亚历山大城签订了条约，未经战斗便进入该城。

征服战争给阿拉伯社会带来了很大变化。阿拉伯人在战争中获得大量的战利品，除土地交给国家统一支配外，其余财产一律按照《古兰经》的规定分配。为适应军事活动与被征服地区的日益增多，欧麦尔建立了一系列新的统治制度与机构。在军事方面，他建立起年俸制的常备军，并以氏族部落的组织形式作为军队编制的基础。在占领区建立军事城市，实行军事统治。这些军事城市既是一定地区的军事中心，又是政治中心。同时，为了在经济上确立阿拉伯征服者的特权地位，他建立了阿拉伯人的年金制度，即所有阿拉伯人每年都可以从国库领取一定数额的年金。

为管理国家各项事务，欧麦尔还建立了一系列行政机关，并且利用伊斯兰教的精神巩固权威、强化统治。他扩建了克尔白神殿，在各地兴建清真寺，他规定了伊斯兰历的纪元，并向各省区派遣伊斯兰学者，负责宗教事务或担任法官。他认真贯彻执行伊斯兰教教律，聘请伊斯兰学者做顾问，参与制定国家的大政方针。由此，欧麦尔的军事扩张及其创建的各种制度，为阿拉伯帝国的建立打下了基础。此外，由于他实行宗教统治，使得伊斯兰教传播出去，为伊斯兰教由地区性宗教变为世界性宗教打下了基础。

正当欧麦尔雄心勃勃，要大干一番事业时，不幸的事情发生了。公元 644 年 11 月 3 日，欧麦尔被一个波斯俘虏暗杀身亡。其后，奥斯曼继任为第三任哈里发。

奥斯曼继位后，在前辈的鼓舞下，继续扩张战争，并建立了海军，占领了呼罗珊、亚美尼亚、北非的利比亚以及拜占廷的海军基地塞浦路斯岛等地区。他在位期间，规定了《古兰经》的标准本，称为“奥斯曼定本”，沿用至今。

奥斯曼不仅掌握了军、政、教三大权，而且获得大量财富，并安排自己的亲信重臣去各地统治。他的这种专制统治引起了伊斯兰教内其他领导阶层的不满，其中以穆罕默德的女婿阿里一派为甚，他们组成一个新的宗教派别——什叶派。公元 656 年 6 月，什叶派刺杀了奥斯曼，推举阿里为第四任哈里发。但不久，这一派内部又产生分化，另立出军事民主派，他们不满阿里的专制统治，要求人人平等，不能再有特权阶层。后来两派矛盾激化，最终，军事民主派于公元 661 年刺杀了阿里。

这一时期，由于国内矛盾斗争频繁，被占领区的人民群众又时常起义，阿拉伯人只能把主要精力放在治理国内。这样，被占领区内的宗教信仰统治得到了加强，对外扩张的势头减弱，阿拉伯哈里发国的第一次扩张告一段落。

阿拉伯伍麦耶王朝的扩张

公元 661 年哈里发阿里死后，叙利亚总督摩阿维亚自称哈里发。摩阿维亚出身于伍麦耶家族。他掌握哈里发大权之后，取消了哈里发的选举制度，实行了伍麦耶家族专政，而且把首都从圣地麦地那迁到了叙利亚的大马士革，开创了伍麦耶王朝的统治。

伍麦耶王朝遵奉伊斯兰教的正统派。它的旗帜与衣着均为白色，古代称之为“白衣大食”。摩阿维亚当权之后，为了巩固哈里发的统治，残酷地镇压了什叶派与军事民主派的反抗。在国内平定之后，哈里发摩阿维亚打着“圣战”的旗号，继续大规模向外扩张。

摩阿维亚率领阿拉伯大军，继续向南高加索、中亚细亚、波斯东部与小亚细亚进攻，而且也侵入了欧洲境内。公元644年，东侵的阿拉伯军占领了阿富汗首府喀布尔，然后北上侵入中亚，征服布哈拉、撒马尔罕与花剌子模等地区，直至帕米尔才为唐军所阻。与此同时，另一支阿拉伯军队攻入印度河流域，占领信德。在北非，阿拉伯人尽挫拜占廷驻军，占领了突尼斯以西直到大西洋沿岸的整个北非地区，使得当地的摩尔人皈依了伊斯兰教。

公元711年，一支由300多名阿拉伯人与7000名信伊斯兰教的摩尔人组成的军队，被派遣到比利牛斯半岛深入侦察西哥特王国的领土。由于西哥特人在军事上软弱无力，加之王国内部产生矛盾，这支部队得以占领了比利牛斯半岛上很大的地区。

公元712年，阿拉伯主要部队在此登陆，在半岛上大部分地区建立了阿拉伯人的统治。公元732年，阿拉伯人穿过比利牛斯山，进攻法兰克王国。10月4日，阿拉伯军队同查·马德统率的法兰克人在普瓦提埃附近进行了大会战，结果，阿拉伯人大败而归。又由于当地居民进行了顽强不屈的抵抗，而且当时阿拉伯军队内部各部族之间产生矛盾，不久，阿拉伯人不得不退出了高卢，暂时中止了向欧洲的进军。

此外，在北非争夺战中，阿拉伯人还对君士坦丁堡进行了三次进攻。他们想依靠优良的攻城器材与强攻兵器，如可以拆卸后用骆驼运载的投石车与攻城器等，一举消灭拜占廷这个古老的国家。但是，由于拜占廷利用君士坦丁堡的天险以及“希腊火”（用松脂、硫磺等制成的一种高度可燃性混合物撒在海面上，在敌舰进攻时点燃，变成火海，以此御敌）顽强抵抗，而终究未能得逞。

阿拉伯的对外侵略，加速了阿拉伯社会封建化的进程。并建立了一些以哈里发为首的神权专制形式的中央集权封建主义国家。由于阿拉伯的侵略扩张，伊斯兰教在各个被侵略的国家得到了传播。同时，阿拉伯人广泛吸收被征服地区的先进文化，开始形成了具有多民族文化特色的阿拉伯伊斯兰文化。这时，社会比较稳定，许多学术研究工作也普遍展开。

但是，另一方面由于哈里发的封建统治和对农民的残酷欺压与剥削，以及民族压迫政策，许多人生活日益贫困。例如麦瓦利人与迪米人在自己耕作的土地上，要上缴收获物的1/3甚至1/2，并承担各种徭役。这大大激发了各种矛盾，导致了各地人民的不断起义。

公元747年，一个改信伊斯兰教的波斯人阿布·穆斯林在呼罗珊起义，得到当地农民、手工业者以及许多奴隶的响应，声势浩大。公元750年，居住在伊拉克的大贵族阿巴斯加入了起义军，他是先知穆罕默德叔父阿马斯的玄孙，他高举“还权于先知家族”的旗帜，以恢复神权政体为号召，在波斯人的支持下，消灭了伍麦耶王朝，建立了阿巴斯王朝，开始定都于库法，后于公元763年迁都至巴格达。

而被推翻的伍麦耶王朝的王子逃亡到西班牙，建立起后伍麦耶王朝，历史上称为科尔多瓦哈里发国家。公元10世纪时，经济文化日渐繁荣，科尔多瓦与巴格达成为伊斯兰世界东、西辉映的两颗明珠，对欧洲文化产生过巨大影响。

伊斯兰教统治盛期——阿巴斯王朝

公元750年，阿巴斯率起义大军击溃了伍麦耶王朝，建立了阿巴斯王朝，定都于大巴士革（也叫库法）。阿巴斯王朝旗帜为黑色，史称为“黑衣大食”。公元762年，王朝迁都至巴格达。这实际上意味着阿巴斯哈里发政权开始放弃地中海，接受波斯的传统，寻求波斯的支持。阿巴斯王朝的建立标志着阿拉伯帝国发展新时期的开端。

阿巴斯王朝的第二代哈里发是曼苏尔。在他统治时期，实行了大规模的政治改革。他把哈里发制度与波斯君主专制制度结合起来，建立了一种神权哈里发专制政治体制。曼苏尔声称，哈里发不再是先知的代理人，而是伟大的主——“安拉”在地上的代理人，即“安拉在地上的影子”，哈里发要代表安拉在地上行使神权，统治一切。从而，曼苏尔建立起了君主专制集权的统治制度。由于哈里发便是神，是先知，他说的一切都是真理名言，他代表的是无所不能的安拉。因此，伊斯兰教众在星期五举行聚礼时，必须为哈里发祈祷、祝福。

曼苏尔为了贯彻专制集权统治，建立了一套组织庞大而严密的官僚统治机构，而且设立首相一职作为政府最高长官，辅佐哈里发总理万机，权位极大。中央机关设各部门，分掌各种行政事务。

为了给这个严密的政权体系提供一种坚强的后备力量，阿巴斯王朝建立了最强大的军队。阿巴斯王朝的军队不同于前代伍麦耶王朝的模式，他并不是以阿拉伯部落作为基本的军事组织，而是从各地各民族中招募青壮年男子，经过严格的军事训练，按实际需要组建职业化常备军。军队的核心是近卫军，驻在首都巴格达，人数约 3 万。近卫军装备精良，待遇优厚，并享受政府提供的口粮与津贴。初期的近卫军主要由波斯呼罗珊人组成，后来改由突厥奴隶担任，军队更勇猛。

这时，虽然阿拉伯军仍然一直在外作战，但只是少数军队，已经没有能力继续扩张了。他们所做的无非是抢劫一些财物而已。

阿巴斯王朝经过一系列改革，又有强大的军事力量作后盾，因此，阿巴斯王朝逐渐繁盛起来。在这种社会稳定、经济富足的环境中，伊斯兰文化得到了迅速发展，呈现出一派欣欣向荣的景象。而巴格达、开罗、科尔多瓦则成为阿拉伯文化的三个中心。

从公元 8 世纪中叶到 9 世纪中叶的百年翻译运动是阿拉伯伊斯兰文化史上的重要里程碑，也是世界文化史上的重要事件。它促使阿拉伯伊斯兰文化体系最终得以完成，而且促进了东西方之间的文化交流。开展这个运动，既是社会生活的需要，也是文化发展与传播宗教和加强统治的需要。阿巴斯的几任哈里发都很重视这项工作，并且大力支持。其中曼苏尔是翻译工作的首倡者。文化的繁荣，一方面使阿拉伯帝国自身得到充实与发展，另一方面又使阿拉伯伊斯兰文化广为传播。政治、经济、文化等各方面都达到了阿拉伯帝国的鼎盛时期，成为当时世界上最富强的国家之一，几乎与当时中国唐朝不相上下。

阿拉伯帝国是一个包括多民族、多宗教与各具不同历史文化传统的庞大的政治联合体，虽然当时伊斯兰文化占绝对主体优势，但社会矛盾依然复杂而尖锐。为了维持这个大帝国得以正常运转以及统治阶级的豪华生活，阿巴斯王朝对广大人民进行了无情的搜刮与掠夺。

9 世纪初，国库存款多达 9 亿多第尔汗。这些财产中约有 1/3 用于庞大的军队与政府开支，其余的部分大多被皇室、贵族挥霍浪费掉了。哈里发拉西德的皇后左白黛去麦加朝觐，耗资 3000 万第尔汗。哈里发马门结婚时，用贵重的龙涎香照明，黑夜如同白昼，而且以金盘盛着千颗珍珠，撒向马门与皇后。贵族也十分富有，一个省级法官的月俸高达4000第尔汗，大贵族巴尔麦克家族仅是动产就有3亿多第尔汗。而所有这些财富，无一不是从下层劳动人民身上搜刮来的。

在这样残酷的剥削与掠夺下，劳动人民生活十分艰苦。农民饥寒交迫、衣食不周，手工业者工资很低，难以维持生计，而奴隶的命运更为悲惨。统治者的横征暴敛最终逼迫忍无可忍的劳动人民起来反抗。9世纪中叶之后，人民起义遍及全国。

公元816年，阿塞拜疆爆发了著名的巴贝克起义，提出了土地公有、废除租税与徭役、解放奴隶的口号。因此，起义军得到农民、手工业者与奴隶们的广泛响应与大力支持，起义大军达到30万。所到之处，人民莫不欢欣振奋。阿巴斯哈里发征集大军对起义军进行了残酷的镇压。但是，起义军民奋勇反抗，与反动军队进行了英勇顽强的斗争，前后持续了20多年，终因装备实力相差悬殊而失败，但也极大地削弱了反动力量。阿巴斯哈里发刚刚扑灭这一处火焰，别处又燃起了革命的烽烟。9世纪后期，在巴士拉地区爆发了黑奴大起义。这些黑人都是从非洲掠夺来的奴隶，他们承受不了繁重的劳动，终于在一个伊朗的阿拉伯人阿·伊·穆罕默德的领导下揭竿而起。阿·伊·穆罕默德提出了废除无道的哈里发，建立人人平等社会等更为激进的革命口号。起义军除了黑奴之外，还有农民与牧民。起义军很快发展到20万人，他们攻占了巴士拉城。然后以此城为大本营，四处出击破坏庄园，处死贵族、商贾，严重威胁着巴格达的安全。阿巴斯哈里发不得不又征调早已疲惫不堪的军队前去镇压，但几次都遭到失败。但是，正当起义力量逐渐壮大时，起义军内部出现矛盾，削弱了力量，反动军队乘虚而入，于公元883年攻陷巴士拉，血洗巴士拉城。统治者的残暴激起了人民更大的反抗。由于这个自称“真主安拉代言人”的哈里发的暴虐，使得许多人对伊斯兰教逐渐反感、厌恶，他们要恢复真正仁爱的安拉世界。9世纪中叶，在伊拉克、呼罗珊、巴勒斯坦与叙利亚等地，什叶派逐渐活动了起来，后来在领袖哈马丹·卡尔马特的领导下声势壮大起来，兴起了对阿巴斯王朝的反抗运动，称为卡尔马特派起义。这一派主要是农民，他们不恪守伊斯兰教仪式的一般规定，不奉行每日5次礼拜与整月的斋戒，也不赞同朝圣活动。

公元890年左右，卡尔马特派在伊拉克北部爆发起义，夺取波斯湾西岸的巴林，以哈萨为中心，建立了卡尔马特国家。阿巴斯王朝再也无力应付这些起义了。卡尔马特国家的声势逐渐壮大了起来，公元930年曾一度攻占圣地麦加，劫走了圣物黑陨石，后来虽然送回，但已大大削弱了阿巴斯王朝的声威。各地起义纷纷而起，西班牙、马格里布、埃及、叙利亚等地先后独立。阿巴斯王朝日渐衰落。到了10世纪以后，阿拉伯帝国已经四分五裂，徒有虚名。

1055年，十字军东侵，塞尔柱人攻陷巴格达，解除了哈里发的政治权力，只给他保留了宗教领袖的地位。1258年，蒙古大军西征，最终灭掉了阿巴斯王朝。

蒙古人的统治使阿拉伯伊斯兰文化遭到严重破坏，学者被驱逐，书籍被焚烧，成果被毁灭。1264年，元世祖忽必烈正式册封旭烈兀为伊儿汗，成为蒙古四大汗国之一。至此，阿拉伯帝国覆灭。但是，伊斯兰教却得到了广泛的传播。

伊斯兰教文化的再次兴起

蒙古大军攻占巴格达之后，虽然后来也都皈依了伊斯兰教，但是，蒙古人勇猛好战，在文化方面并没有什么发展。

伊斯兰文化要再次兴起，这个重任落到了奥斯曼土耳其帝国身上。

土耳其人是西突厥人的一支。原来居住在呼罗珊一带，信仰伊斯兰教。13世纪初，蒙古大军西征，土耳其人西迁到小亚细亚一带，依附于塞尔柱突厥人建立的罗马苏丹国，在小亚细亚西北部靠近拜占廷边境处获得一块领地。

13世纪中叶后，罗马苏丹国屡次遭受蒙古的侵略而趋于衰落。1299年，土耳其部落首领奥斯曼一世乘机独立，建立了奥斯曼土耳其国家。随后，奥斯曼一世开始了扩张战争，当时的拜占廷帝国与罗马苏丹国家衰弱不堪。从而为土耳其的扩张创造了极为有利的条件。

1326年，奥斯曼的儿子乌尔汉从拜占廷夺得了布鲁萨城，并且迁都至此。

布鲁萨是拜占廷在小亚细亚的军事重镇，位于小亚细亚西北角，隔着马尔马拉海与君士坦丁堡相对。但由于拜占廷帝国早已衰落不堪，已无力镇守此处，乌尔汉很容易地拿下了布鲁萨。这意味着拜占廷帝国在亚洲的统治结束了。

乌尔汉迁都布鲁萨之后，实行了一系列改革措施。他把传统的民兵制改为雇佣制的常备军，并且组建了装备精良、训练有素的步兵。在各方面准备好之后，乌尔汉打着“圣战”的名义不断进攻拜占廷帝国。土耳其军队势如破竹，轻而易举地攻占了大片领土。到14世纪中叶，乌尔汉大军已占领了拜占廷在小亚细亚的全部领土以及罗马苏丹国的大部分土地。奥斯曼土耳其国家日益壮大起来。

由于奥斯曼土耳其国家的强盛，拜占廷帝国内部为争夺皇位而引起的矛盾以及外部巴尔干邻国对拜占廷的侵略，往往依靠土耳其人帮助解决。奥斯曼土耳其国乘机占领了巴尔干大部分地区。1362年，奥斯曼土耳其把首都迁到了亚德里亚堡，改名爱德尔纳。1389年，土耳其大军在科索沃战役中大败巴尔干联军，巩固了自己在巴尔干的地位。这使得奥斯曼土耳其军威大振，引起了欧洲封建主的恐慌。为了阻止土耳其人继续深人欧洲大陆，德国、法国、捷克、波兰与匈牙利等国家组织了欧洲联军——十字军，征讨土耳其，企图消灭这一新的威胁力量。1396年，双方在尼科堡会战，奥斯曼土耳其大国气势高昂，又由于欧洲联军内部矛盾不断，土耳其人一举全歼了欧洲联军。至此，奥斯曼土耳其国家便成功地切断了君士坦丁堡与巴尔干内地的联系。君士坦丁堡也成为瓮中之鳖。

但是，这时奥斯曼土耳其帝国内部却出现了危机。

1402年，奥斯曼土耳其军队在与蒙古人的安哥拉会战中惨败而归，国王苏丹巴耶塞特也受伤而死。他的四个儿子为争夺王位发生了内战，国力大减。亚洲一些小地方纷纷独立。巴尔干联军瞅准时机又卷土重来，奥斯曼土耳其帝国处于危亡之中。

1421年，穆拉德二世力挽狂澜。他成功地粉碎了拜占廷皇帝支持他兄弟穆斯塔法的叛乱活动，很快恢复了帝国的声威，而且强迫拜占廷皇帝献出了除君士坦丁堡及城外供水地区以外的全部领土，并且每年要向土耳其帝国交纳3万杜卡特的岁贡。在亚洲，他迫使诸王公重新宣誓效忠苏丹，承认他的宗主权力。1448年10月，穆拉德二世在第二次科索沃会战中又一次严重挫败了欧洲十字军的进攻，巩固了其在巴尔干地区的地位。

1451年，穆罕默德二世继任苏丹，把夺取君士坦丁堡作为主要奋斗目标。他们做了大量的准备工作，尤其是增强了海军力量。因为，虽然这时的君士坦丁堡只不过是一个孤城了，但由于其地形险要，易守难攻。

1453年4月，苏丹穆罕默德集结17万精锐部队及400只战船，向君士坦丁堡发起总攻击。当时君士坦丁堡城内居民只有5万人，而能参加作战的居民不到1万人。但是，由于君士坦丁堡地势险要，设防坚固，而且守城军民顽强战斗，致使土耳其军队停滞不前。后来，穆罕默德以保障热那亚人的商业特惠为条件，在热那亚占据的加拉太地区铺设了一条涂油的木板滑道，把70只轻型战船拖上滑道，顺坡而下，到达金角湾，从侧背进攻君士坦丁堡，城内守军腹背受敌，难于防卫。5月29日，土耳其军队攻破罗马门，强行突入，君士坦丁堡陷落，国王也在混战中被杀死。至此，历时1000多年的拜占廷帝国彻底灭亡。

1453年6月1日，穆罕默德亲临君士坦丁堡，下令停止屠杀，把圣索非亚大教堂改为清真寺。不久，迁都君士坦丁堡，改名为“伊斯坦布尔”。从此，奥斯曼土耳其帝国正式建立起来。

穆罕默德二世在定都君士坦丁堡之后，采取一系列新的政治、经济、文化政策，吸引了大量的居民投奔而来。从而使政权更为巩固，经济与文化也逐渐发展繁荣起来。以后，穆罕默德二世继续向巴尔干扩张，先后征服塞尔维亚、波斯尼亚、黑塞哥维纳与阿尔巴尼亚。其后，土耳其人又打败威尼斯与萨非王朝的联盟，夺取了爱琴海的大部分岛屿，而且使得瓦拉吉亚、摩尔达维亚及南克里米亚臣服。

16世纪，土耳其人开始向东方扩张。1514年，塞里姆一世率领10万大军进攻萨非王朝。一度占领其首都大不里士与巴格达。1516年，土耳其大军对阵埃及马木路克军，在叙利亚阿勒颇附近把埃及军队打得落花流水，占领了阿勒颇，并且乘胜追击，把大马士革及叙利亚、巴勒斯坦地区全部踏在了自己的马蹄下。并且在1517年攻陷开罗，灭掉了埃及马木路克王朝。土耳其人还控制了包括圣城麦加与麦地那在内的希贾兹以及也门地区。这样，土耳其人不仅掌握了东地中海、红海的重要商道及埃及的巨大财富，而且成为伊斯兰教圣地的保护人。这样，塞里姆一世及其后继者们真正成为了伊斯兰教的哈里发，在为自己的政权增加了神圣性的同时，也开始了大力宣传伊斯兰教，把伊斯兰文化传播到他所占领的广阔土地上。

苏里曼一世时，奥斯曼土耳其帝国进一步加强征服战争，东西同时挥戈。在东方，苏里曼继续同伊朗萨非王朝作战。他率领大军多次侵入伊朗，夺取了萨非王朝的西部大部分土地。1555年双方议和，依约土耳其得到了伊拉克以及亚美尼亚与格鲁吉亚的部分土地。在西方，苏里曼以夺取欧洲腹地为目标。1521 年，占领了贝尔格莱德，进而攻击匈牙利与奥地利。1526 年 8 月，土耳其军队在摩哈奇附近打败捷匈联军。1529 年，土耳其向匈牙利中部发起进攻，9 月，占领了布达，入侵奥地利，并开始围攻维也纳。但是，土耳其军队屡攻不克，最后由于粮秣匮乏与疾病流行被迫撤退。1530 年，奥地利与土耳其进行和谈，但未能达成协议。1532 年，土耳其大军卷土重来。但是，查理五世统率的奥军在匈牙利中部成功阻止了土军进入。1533 年 7 月，在伊斯坦布尔签订和约，规定匈牙利西部和西北部仍归奥地利管辖，但奥地利每年必须向土耳其苏丹进贡 3 万杜卡特，并保证不进攻匈牙利东部受土耳其操纵的扬 · 查波尔斯基的军队。从此，这一战场暂归沉寂。直到 1540 年，土耳其再次挑起战事。在北非，苏里曼占领了的黎波里、突尼斯与阿尔及利亚等地。帝国极盛时期版图横跨亚、非、欧三大洲，东起波斯湾与高加索，西达摩洛哥，南自尼罗河中游，北至奥地利与俄罗斯边界，囊括了昔日拜占廷帝国与阿拉伯帝国的绝大部分领土以及匈牙利、摩尔达维亚与克里米亚等地。

奥斯曼土耳其帝国把如此广阔的土地统一在伊斯兰哈里发的日月旗下，使伊斯兰教达到前所未有的辉煌。

但是，在帝国内部，征服者与被征服者、各民族、各派宗教及各种社会矛盾纵横交错。尽管苏丹竭力强化集权统治，但奥斯曼帝国始终不是一个真正的中央集权国家。由于土耳其始终都在征战，恣意掠夺与聚敛财富，极度苛刻的捐税制度逼得广大劳动人民倾家荡产。16 世纪，人头税为 20 ~ 25 阿克切，到 17 世纪初，增加到了 140 阿克切，而且税使贪污，甚至把税额提高到 500 阿克切。除人头税之外，农民还要负担土地税、什一税、牲畜税与牧场税等等。不堪残酷奴役与压迫的各族人民不断爆发起义。而且伊斯兰教内部不同派别之间，斗争非常激烈，什叶派与正统派（逊尼派）进行了长达 1 个世纪的斗争，不但造成了穆斯林世界的分裂，而且严重地削弱了奥斯曼土耳其帝国在欧洲的统治力量。在这内乱频频的时候，欧洲各国乘机反攻。这时的奥斯曼土耳其国只能屡屡退败。

在苏里曼之后，许多苏丹沉湎酒色，生活腐化，任人惟亲，甚至公开卖官鬻爵，贿赂公行。这引起了军队的反抗与叛乱，甚至废黜或谋杀苏丹。穆斯塔法、巴耶济德、奥斯曼二世与易卜拉欣等都是因此而被废或谋杀的。苏丹大权旁落，禁卫军与大封建主掌握了实权。他们乘机扩大自己的权益，把封地变为世袭的私有领地，拒绝为苏丹提供捐税与兵役，直至割地自立。国家号令不行，纲纪废弛，曾经强大一时的奥斯曼土耳其大帝国，在内外交困的情况下，日趋衰落下去。

奥斯曼土耳其帝国统一了伊斯兰国家，使伊斯兰文化重新兴起。但由于苏丹王一直征战，对于伊斯兰文化、经济并没有多大发展。

世界最大奇书——《天方夜谭》

相传，在古代印度和中国的海岛中，有一个萨桑国。国王养着庞大的军队，宫中婢仆成群。国王有两个儿子，大儿子山鲁亚尔英武果断，他继承王位后为人公正，博得人民的拥护爱戴，国家不断地繁荣、富强，君民都过着快乐的生活。

但是有一天，山鲁亚尔去打猎回来，无意中看见王后与奴仆在花园中一起饮酒作乐，嬉戏歌舞，直到日偏。国王气极，因为，在古代，王后本应是尊贵的，不应与奴仆混在一起。于是山鲁亚尔愤怒地杀死了王后与奴仆们。从此，他讨厌妇女，讨厌她们的不忠。山鲁亚尔要报复所有的女人。他每天娶一个女子，睡过一夜便不问青红皂白地杀死她们，然后再娶，再杀死。从此，百姓惶惶不安，纷纷携带女儿逃走，城中十室九空，全国笼罩在恐怖之中。国王却依然迫令宰相去寻找女子，供他虐杀。宰相每天愁眉不展。他的大女儿山鲁佐德知书识礼，聪明贤淑，她要求父亲把自己嫁给国王，或许能凭自己的智慧拯救姐妹们，拯救这个衰落的国家。山鲁佐德与妹妹约定了一个计划，要妹妹进宫请求姐姐在最后一夜再给她讲一个故事，妹妹敦亚佐德依照做了。国王正心绪不宁，一听要讲故事，也就同意了山鲁佐德姐妹的请求，这样一直讲到天色微明，国王在一旁听得正着迷，山鲁佐德就住口不讲了。国王想继续听，决定暂时不杀她。第二夜，山鲁佐德讲到关键时刻又停住了。这样，一个故事一个故事地讲下去，一直讲了一千零一个夜晚。国王听后大为感动，认识到自己的错误，正式立山鲁佐德为王后，从此，这个国王又恢复了往日的幸福、快乐。而这一千零一夜讲的故事也被记录下来，称为《一千零一夜》，中文翻译为《天方夜谭》。“天方”，是我国明代以后对阿拉伯国家的称呼，又因阿拉伯人喜欢听故事，凉爽的夜晚常聚在一起，或讲故事，或朗诵诗歌，“夜谭”，即为“夜谈”，夜间谈话的意思。

《一千零一夜》实际上是古代阿拉伯人集体智慧的结晶。它经历了从人民群众口头创作到文人搜集整理的漫长过程。它的成书过程大致可分为三个阶段：最早起源于波斯文学故事集《一千个故事》，这是《一千零一夜》的起始部分。波斯人很爱讲故事，晚会、市集、宫廷都是他们讲故事的场所。早在公元10世纪中叶，在波斯民间就流传着这些故事；到了11世纪，《一千零一夜》被翻译为阿拉伯文，在阿拉伯地区广泛流传，又增添了不少阿拉伯地区的故事，主要是关于黑衣大食的故事。大食帝国是伊斯兰教创始人穆罕默德所建立的阿拉伯人的宗教神权国家，建立于公元630年。大食帝国又分为黑衣大食、白衣大食、绿衣大食。黑衣大食建立于750年，都城为巴格达。经过几百年的时间，黑衣大食就产生了不少传说，并最终被阿拉伯人收入《一千零一夜》中，这时，《一千零一夜》就基本定型了；到了14世纪，《一千零一夜》传到埃及，又增加了不少埃及人的故事。到16世纪末，这部书在埃及最后完成。这就是我们今天见到的《一千零一夜》。

《一千零一夜》故事形式多样，有动物故事、神魔故事、爱情故事、惊险故事以及寓言、童话等，她描写人物众多，展示了广阔的社会生活。例如最为著名的《阿里巴巴与四十大盗》的故事，显示了劳动人民的诚实、勤劳、勇敢与机智。阿里巴巴是一个勤劳、正直的农民，他靠砍柴为生，一日他在森林中无意得知了强盗的藏宝洞，于是他得到一些意外之财，从此富了起来。阿里巴巴把这个秘密告诉了哥哥，但贪财的哥哥被困在洞里，被强盗们杀死了。这伙强盗又来追杀阿里巴巴。强盗头子假装扮作卖油商人，让强盗们藏在油瓮中，到阿里巴巴家求宿，企图杀害其全家，但被聪明机智的女仆马尔基娜识破，她将计就计，用热油将强盗们全部烫死，从此过上幸福的生活。马尔基娜是古代阿拉伯人民高度智慧的化身，也是阿拉伯民族不可战胜的巨大力量的生动写照。

另一个《神灯》的故事也被世界人民所传诵。主人公阿拉丁在魔法师的指引下进入地下宝库，得到了一盏神灯。他借助魔戒指与神灯的法力，使自己转危为安，由贫而富，并且又与国王的女儿结婚，过上幸福生活。但是由于偶然，神灯被窃，他失去了一切，经过艰苦奋争，一切又失而复得。这表明了阿拉伯人民对美好生活的向往与追求，而这种追求也是几千年来世界各国人民共同的向往。

《一千零一夜》经过千百年的传诵，除旧增新，是古代人民心灵与智慧的结晶。她很久以前就为世界各国传诵，获得高度评价。《一千零一夜》是亚洲文明中璀璨的明珠，被称为世界最大奇书。

世界上下五千年
shijie shangxia wuqiannian

东亚文明

美仑美奂的泰姬陵

16世纪初，来自中亚草原的莫卧儿人侵入印度西北部，在德里建立了强大的莫卧儿王朝。这一王朝经济发达，文化繁荣。莫卧儿人的伊斯兰艺术是外来文化与印度传统文化的交汇融合中产生的，它兼收并蓄，新颖独特，体现在诸多方面。

皇陵建筑是莫卧儿伊斯兰文化的标志之一。在莫卧儿王朝为数众多的皇陵中，最典型、最壮观的要数泰姬陵。它坐落在古老的恒河支流亚穆纳河之滨，与著名的亚格拉古城隔河相望，气势磅礴，蔚为壮观。它被列为世界八大建筑奇迹之一。

这座陵寝的建造源于一段稀世难得的帝妃之恋。莫卧儿王朝的第五代帝王叫沙·贾汉，他的王后泰姬原名叫蒙泰姬·玛哈尔，意思是“宫廷之冠”，这是沙·贾汉赐给她的封号，但被讹传为泰姬·玛哈尔，这就是泰姬陵名字的来历。泰姬生于1592年，19岁时嫁给王太子古兰姆，封为贵人。古兰姆登基后，称沙·贾汉皇帝，泰姬亦荣升为皇后。她容貌出众，才华超群，与皇帝情深意笃，朝夕相处。她先后生下了14个皇子。1630年，又一次身怀六甲的泰姬随皇帝出征，途中遭遇难产而死去，时年仅38岁。沙·贾汉皇帝顿足痛惜，回天无力，为了满足皇后生前的宿愿，寄托自己深沉的哀思，他决定在亚穆纳河畔建造一座规模空前的陵墓。

泰姬陵的设计和构思是仿照德里东郊的胡马雍陵——莫卧儿帝国的第二代皇帝的陵墓，但泰姬陵比胡马雍陵更加巍峨，也更富有代表性。

1631年，来自印度各地、中亚、波斯、土耳其和欧洲国家的建筑大师、工匠、石匠、镶嵌技师和伊斯兰的书法家纷纷投入到泰姬陵的营造工作之中。由土耳其人建筑大师乌斯塔德·伊萨总揽全局，每天投入2.3万个劳动力，耗资4000万卢比（约合时价2.3亿美元），历时22年，于1653年竣工。其耗资之巨，历时之久，用工之多，都令世人咋舌。

泰姬陵布局严谨，造型优雅。陵长579.12米，宽304.8米，呈长方形，占地面积17.7公顷，陵周围用红砂石砌成的围墙环绕着。整体分为三大部分：陵墓位于最北端，中间是一个正方形的花园，南边是种植着花木的庭院和大门。陵寝的东西两侧各建有相同式样的两座建筑：一是清真寺，另一是答辩厅，左右呼应，对称均衡。陵的四边各有一座高达40米的尖塔。也称拜楼，在建筑设计上具有科学性。它们统一地向外略微倾斜着，这是为了防止一旦发生强烈地震，拜楼倒塌压毁泰姬陵，如果地震，它们只会向外倒塌，不会威胁到泰姬陵了。拜楼内有50层阶梯，可供阿訇和穆斯林拾级而上，颂诵《古兰经》，或向圣地麦加朝拜。

从大门到陵寝，有一条宽阔的红砂石铺成的通道，中间贯穿着前院、花园。通道两侧是人行道，一连串的喷泉组成的水池一路相伴，四周铺满鲜花和青草，池水倒映着洁白的陵墓，飘飘欲动，相映生辉。

整座陵墓修建在一座白色大理石的正方形台基之上，台基高约7米。边长约95米，寝宫居中。陵身高约74米，为一座有12个面的复杂形体，它的设计体现了伊斯兰教“天圆地方”的概念。陵墓平面为边长56.7米的抹角正方形，上空为一个直径17.7米的高耸、重叠的圆穹隆，在穹顶四角还环峙着4座小圈顶凉亭，以苍天为背衬，形状优美大方，犹如一朵朵飘浮的白云，人称“大理石之梦”。

寝宫的墙壁呈八角形，上面共有24扇小拱门，分上下两层。正前面是入口，各有一扇高达33米的大拱门。门框上用黑色大理石镶嵌着用伊斯兰书法写成的《古兰经》经文，其中有一句是“邀请心的纯洁者，进入天堂的花园”。

寝宫共有5间，在中央宫室砌有一条辐射状走廊，与其余4间小室相通。各宫室随处可见镶嵌着的金玉宝石，玲珑剔透，流光溢彩。寝宫四壁有精致的透雕花窗，传说其门扇窗棂系出自中国工匠之手。在中央宫室里还安放着一扇八角形的白色大理石镂空屏风，最初是用黄金镶嵌宝石制成的，后被奥朗则希皇帝拆换下来。但大理石的屏风四周也镶嵌着五色斑谰的宝石，其中有一朵用61块彩色宝石镶成的绚丽夺目的玫瑰花，是陵园中最珍贵的工艺品。

寝宫正中央，用8扇大理石屏风围着两具空石棺，真棺则安放于底下一间八角形的地下室内。石棺上有用翡翠、水晶、玛瑙、珊瑚、孔雀石和红宝石等20多种五颜六色的宝石镶嵌出的百合花、茉莉花等图案，花朵的枝干用黄金制成，其色彩之鲜艳，工艺之精细，纹路之清晰，可称巧夺天工，无与伦比。

由于整座陵墓系由纯白大理石砌成，一日之内，随着晨曦、正午和傍晚三时阳光的强烈明暗不同，照射在陵寝上的折光和色彩就会变幻莫测，呈现出不同的景致。正如沙·贾汉所称誉的：

人间若有幸福乐园，

即在此地，即在此地，舍此无他。

沙·贾汉皇帝曾梦想在亚穆纳河的另一侧为自己建造一座与泰姬陵一样的黑色大理石陵墓，再用黑白两色的大理石建造一座跨河大桥，把遥遥相对的两座陵墓连接起来。可以想象，如果这一切变成现实，那将是怎样一幅瑰丽的图景啊。事实上，在泰姬陵建成后的第五年，年迈的沙·贾汉皇帝就被他的第三子篡夺了王位，他的晚年在悲惨凄凉的囚禁生活中度过，死后只得到了一具比泰姬石棺还要小一号的棺椁。好在他被安葬在泰姬旁边，这种帝妃合葬的结果应该还是满足了他的心愿吧。

泰姬陵的构思和布局是一个完美无缺的整体，它充分体现了印度伊斯兰建筑艺术的气势宏伟、庄严肃穆、富于哲理和充满魅力的时尚。英国旧牛津学派的印度史专家阿瑟·史密斯认为，泰姬陵是“欧洲和亚洲天才结合的产物”，因为当时欧洲文艺复兴时代的一些建筑大师，如意大利的吉埃济尼莫·维济内奥、法国建筑师奥斯汀·德·博尔多等参与了设计。尽管西方艺术的某些因素对印度建筑风格有所影响，但毫无疑问的是，泰姬陵是印度文化的瑰宝，是莫卧儿伊斯兰建筑的典范。

日本掀起中国风——大化改新

日本是与中国一衣带水之邻国，是东亚文明的一部分，长期以来受中国的儒家文明的浸润，并结合自己的具体情况，成为东亚文明的一道美丽的风景线。

传说，在秦的时候，秦始皇为寻求长生不老药，遂命方士徐福带着3000童男童女到海上。徐福到达日本，但并未归来，而成为日本人的祖先。这些都是无稽之谈。虽属无稽之谈，但说明了中日交往由来已久。

据汉书记载，汉朝的时候和日本就有往来。在日本曾出土了东汉赐给日本一首领“汉倭奴国王”的印，说明当时东汉王朝视日本为自己的属国。

但是，日本和中国文化的深度融合则在隋唐时期。

这时隋唐重新实现统一，朝鲜的新罗亦崛起，这对日本产生了强烈的影响。本来大和国家可以凭借垄断从朝鲜半岛输入大陆文化的优势而统治全国，但是新罗却使日本在朝鲜半岛连续受挫，到公元562年，日本丧失了在朝鲜的最后据点。日本不能通过吸收中国大陆的先进文化和对中国商贸来维持经济的活力，使得朝廷和大贵族的威信大大降低了。

日本在朝鲜的战事失败后，统治阶级在国内的矛盾激化了，他们由对外掠夺改为对内压榨，各地豪强纷纷兼并土地，争战不休。由于中央贵族向地方扩张，引起了中央和地方关系的恶化。同时下层人民因为生活每况愈下，以至于“老者唤尊招，而死于道重。幼者含乳，与母共死”，因此亦对现状有强烈的不满。

在这时，日本就只有引进先进的中国文化——这对他们来说也是最现实的——才能够挽救危亡。

6世纪末叶以来，中国君主专制集权思想对日本影响日益加深。而中国的强大和稳定，更使得这些制度罩上了一层眩目的光环，为日本有识之士所推崇。

圣德太子致力于提高王权的措施，是大化改新的先声。

圣德太子自公元593年担任摄政。公元603年制定冠位12阶，整顿朝廷贵族官僚的身份制度，强化等级制度，借之尊崇君主威权，加强朝廷纲纪。次年，圣德太子制定了“宪法”17条，揉合了儒、法、释诸家思想，这是以道德规范为主的贵族必须一体凛遵的政治规范。由于受到南北朝大陆文化的影响，他一方面强调“君君臣臣”的伦理，号召臣民各守本分，各安职责，“以和为贵”，“以礼为本”，以达到君主至上，天皇集权的目的；另一方面又受“南朝四百八十寺”的风气所影响，号召“笃敬之宝”（儒法佛），崇尚佛教，广修寺院。用佛教“忍”的说教来教化臣民，缓和阶级矛盾。在朝鲜通道被阻隔后，日本直接向中国派遣留学生和遣隋使，直接从中国大陆汲取先进文化的养分。

圣德太子的改革核心在道德和宗教方面，没有解决根本的问题，但这种尝试使得日本重获与中国文化沟通的机会。而此后日本奉行的方针实际在此时已经出现，如儒家思想。佛教教徒、留学生和遣唐使，尤其派遣留学生，则为日后日本文明与进步，以及大化改新奠定了基础。

唐朝取代隋朝之后，唐太宗不久便即位。在他即位期间，唐律完善，突厥被李靖击败，经济迅速得到恢复和发展，中央政权畅通无阻，国泰民安，文化昌盛，史称“贞观之治”。日本留学生目睹这一切，对于中国文化耳濡目染，渐渐由羡慕到接受，归国后，对日本部民的陋习和贵族擅权极为不满，强烈要求改变现状，像唐朝一样，君主集权，废除民族社会的部民制。

留学生南渊请安、僧旻等创办学馆，宣传唐朝律令制度，为政治革新作舆论准备。大化改新的砥柱人物中大兄和中臣镰足都曾就读于此。

公元645年，唐太宗应新罗之请，发兵讨伐高句丽，由于日本一向与新罗为敌，因而使日本感到了压力。在中大兄、中臣镰足的领导下，在留学生的支持下，于6月12日利用接见朝鲜来使的机会，发动政变，剪除权臣苏我氏及其党羽，夺取了中央政权。随后，孝往天皇即位，建年号大化，中大兄为皇太子兼摄政，中臣镰足及一些归国留学生受到重用。公元646年元月，颁布新诏书，开始各项改革，史称“大化改新”。

大化改新的内容有：

在“普天之下，莫非王土；率土之滨，莫非王臣”的思想指导下，废除王室和贵族一切私有土地和部民，而土地和人民都直接归属于天皇。

在吸取唐朝均田制的同时，实行“班田制”。

租税制度上，采纳唐的租庸调制。

在国家机构上，建立中央集权制。吸取郡县制，并结合日本国情，设国（省）、郡、里等单位，由国司和郡司治理，而国司、郡司由中央任命。中央设立二官八省，类似于中国的三省六部制。

以上各项措施中，显然有中国唐朝文化的印痕，而且有的则干脆照搬唐朝制度。

保守势力并未善罢甘休，他们为保护自己既得利益，竭力反对改革。好事多磨，在天武天皇时期，大化改新的成果才得以确立。天武天皇发动“壬申之乱”，击败保守势力，夺取皇位，万事独裁，事必躬亲，确立了天皇专制的集权体制。公元681年，他制定“飞鸟净御原令”。公元701年，修成“大宝律令”。公元718年，制定“养老律令”。至此，大化改新的成果被完全确立。

大化改新确立了封建生产关系，结束了日本长期四分五裂、政出多门的局面，从而使日本的经济、文化都有显著发展。

至此，我们不得不敬佩日本民族对外来先进文化的拿来主义精神。此后明治维新和战后体制的变化，又是这一精神的延续，惟其如此，日本才能身处僻岛而不落后，并且逐步成为令世界侧目的强国。

但是，“淮南之橘生于淮北而为枳”。唐的制度也并未完全适宜日本国情。中国的体制是逐步形成的，封建体制自战国时始，历任秦、汉、晋、南北朝以至于隋唐，非一朝一夕之力。日本的从上而下的改革，本身又缺乏强有力的社会基础，强大的世袭贵族对这些措施进行了一定程度的调整，由旧贵族转化为拥有新的方式获取新的地位和权力，从而削弱了大化改新诸多措施的作用。藤厚家族之先人即是大化改新的名臣中臣镰足，他们专权达200余年，形成两头政治。而天皇的主要责任是延续子嗣，此外便过着奢靡的生活，不过问朝政。这种局面开了幕府专政的先河，一直延续到国门被欧洲人打开。这在中国是少见的，尤其是隋唐之后。

壬辰卫国战争

一天夜里，500多艘兵船出现在露粱海面，去解救顺天之围。突然一位将领一声令下，兵船遭到了猛烈的轰击，海面上火光冲天，如同白昼，只见火光下日寇横尸满舱。原来这是日军正率领500多艘兵船和大批士兵去解顺天之围，组织进攻日舰的将领叫李舜臣，他是朝鲜著名的将领。而上面的战争情景正是朝鲜壬辰卫国战争的一个场面。

日本大化改新后，派遣水陆大军侵略朝鲜，并妄图以朝鲜为跳板，进而侵略中国，建立一个以日本为主宰，包括日本、朝鲜和中国的殖民大帝国。英勇的朝鲜人民奋起抗战，并得到邻邦中国的大力支援，最后打败了日本侵略者。因为1592年是壬辰年，所以这次卫国战争称为壬辰卫国战争。

日本之所以有此野心，是由于大化改新后，长期处于封建割据状态的日本实现了统一。16世纪后半叶，出身于中等封建主的日本统治者织田信长（1534—1582年）及其后继者、部将丰臣秀吉（1536—1598年）经过几十年的征战，约于1590年初步完成了日本的统一。

丰臣秀吉对内实行高压政策，下令收缴民间兵器，严防人民造反；对外实行武力扩张，掠夺土地财富。他把侵略矛头首先指向朝鲜，并为此在九州的名古屋设立了大本营。

朝鲜地处亚洲大陆东缘，三面环海，北与中国山水相连，南隔朝鲜海峡与日本相望，1392年后处在李氏王朝的统治下。丰臣秀吉侵略朝鲜时，正值李氏王朝统治时期。

1592 年 4 月，丰臣秀吉任命小西行长、加藤清正率领陆军十几万人，九鬼嘉隆率领水师 9000 人、战船 700 余艘，渡过朝鲜海峡，在釜山登陆，然后分兵三路向北窜犯。

朝鲜由于统治阶级内部争权夺利，国防松弛，军队缺少训练，因此在敌人的突然进攻面前措手不及。日寇长驱直人，仅用了两三个月的时间就攻陷了京都汉城及开城、平壤等重要城市，侵占了朝鲜大片国土。朝鲜国王避居鸭绿江边的义州。

朝鲜人民为了保卫祖国的独立与自由，到处组织义兵，抗击日本的野蛮侵略。各地的义兵虽然都是自发的，没有统一的领导，但由于义兵具有强烈的爱国心，奋勇作战，前赴后继，因此给日寇以沉重打击。

李氏王朝的一些爱国将领在人民群众的推动下，也积极投身于抗日行列，和广大军民一起英勇杀敌、保家卫国。水军将领李舜臣就是其中的一个。李舜臣根据所掌握的情报，判断日本将对朝鲜发动侵略战争，因此上任后积极整顿所余水师，赶造兵船、器械。战争爆发后，他立下誓言：愿以一死为期，直捣虎穴，扫尽妖氛，欲雪国耻之万一。部下将领深受鼓舞，个个义愤填膺，同仇敌忾。

1592 年 5 月，李舜臣率领兵船 85 艘，在巨济岛的玉浦港海大败日本水军。当时停泊在港内的日寇兵船有 50 多艘，而大部分水兵都上岸劫掠去了，因此毫无作战准备。5 月 7 日，当日军突然发现朝鲜水师后，慌忙登船逃跑。李舜臣抓住战机，向敌人发起猛攻，激烈的战斗一直持续到次日清晨。在这次海战中，朝鲜水师共击毁、击沉日寇兵船 40 多艘，击毙敌官兵不计其数，并缴获大量战利品，而朝鲜水师方面，没有损失一船一卒。玉浦海战的胜利阻遏了日本水师对陆军的配合与支援，打乱了丰臣秀吉的侵略部署。

继玉浦海战之后，李舜臣又率领朝鲜水师接连取得了几次海战的胜利。7 月间，在离巨济岛不远的闲山岛附近海面，朝鲜水师击毁日本战船约百艘，歼灭了日本水师的主力。日本陆军在占领平壤后，也被迫停止前进。

中国与朝鲜唇齿相依，两国人民是休戚与共的兄弟。日本发动侵朝战争后，朝鲜政府即遣使赴明朝求援，明朝政府深知丰臣秀吉侵朝之目的，“实所以图中国”，决定派兵援朝抗日。

1592 年 12 月，明将李如松率大军 43000 人，渡过鸭绿江，与朝鲜军民并肩战斗。1593 年 1 月，朝中联军经过激烈战斗，收复平壤，又乘胜收复了开城。李舜臣配合陆上朝中联军的猛烈进攻，率领朝鲜水师袭击日寇在朝鲜的海军基地釜山，取得了重大成果。义兵也到处开展游击战，不断消耗敌人的有生力量。日寇惊恐万状，不得不撤出汉城。这样，朝鲜国土大部分光复，日寇退守南部沿海一带。

丰臣秀吉在走投无路之中，一面训令小西行长在庆尚、全罗两道沿海地带修筑工事，作长期顽抗的准备；一面遣使与朝中方面进行议和活动。于是从 1593 年 4 月起，在朝鲜出现了将近 4 年的所谓和平交涉时期。明朝政府为了争取谈判能顺利进行，将大部援军撤回国内。

丰臣秀吉在和谈中提出了一系列无理要求，遭到朝鲜方面的拒绝。同时，他以和谈为幌子，扩军备战，蓄谋扩大侵略战争。

李舜臣对敌人的和平烟幕有所警惕，当他被朝鲜政府任命为全罗、庆尚、忠清三道水军统制使后，积极整顿水师，培养军事指挥人员，赶造大批枪炮兵船，并在沿海地区实行军事屯田。这些措施进一步提高了朝鲜水师的战斗力。

丰臣秀吉一心要除掉李舜臣，瓦解朝鲜水师，为此不惜施展阴谋诡计。1597 年初，日寇派遣一名奸细，潜入朝鲜政府内部，散布谣言说：侵朝日将加藤清正乘船在釜山附近一小岛遇险，在岛上滞留 7 天，而李舜臣不派人前去捉拿。朝鲜国王信以为真，竟以所谓“欺骗国王，放走敌将”的罪名，于 1597 年 2 月将李舜臣逮捕起来，命令元均接任统制使。元均是一个贪图禄位，昏庸无能，整日寻欢作乐的无耻之徒。李舜臣苦心整饬的朝鲜水师，在他手上弄得军纪涣散，战斗力急剧下降。

丰臣秀吉趁机于同年 2 月底，借口谈判破裂，令小西行长、加藤清正率领 14 万日军，另派兵船数百艘和水兵几万名协同行动，再次大举侵略朝鲜。

日寇为了消灭朝鲜水师，再施阴谋诡计，派遣上面提到的那个奸细打入朝鲜军队的内部，假惺惺地献策说：目前，日本大军已开至对马岛，即将在釜山登陆，朝鲜水师善于海战，如果日军驶抵釜山附近海面时，给予迎头痛击，必获全胜。朝鲜海陆军总指挥听信了奸言，命令元均率领 500 艘兵船出海迎敌。结果元均遭到日本水师伏击，几乎全军覆没。

接着，日本侵略者按原定计划，水陆并进，攻占了朝鲜的著名谷仓全罗道。朝鲜又一次面临着严重的民族危机。

明朝政府应朝鲜政府的要求，再次派遣 4 万大军，渡过鸭绿江，与朝鲜军队会合，组成朝中联军，向南挺进。1597 年 9 月，联军抵达汉城与北犯的日军遭遇。朝中联军在朝鲜人民的积极支持下，连战连挺，迫使日军不得不向南退却。

同时，朝鲜政府在人民的强烈要求下，于1597年8月重新任命李舜臣为统制使。李舜臣复职后，大力复整朝鲜水师，建造兵船，使朝鲜水师的战斗力逐步得到恢复。

1598年7月，由陈璘、邓子龙率领的中国水师入朝与李舜臣率领的朝鲜水师合会。从此，朝中水师并肩作战，屡败日寇水师。

日本侵略军在朝中联军的沉重打击下，陷于进退维谷的境地。8月，丰臣秀吉在忧伤中死去。侵朝日军将领小西行长，为了逃脱覆亡的命运，再次提出和谈要求，遭到朝中方面的严正拒绝。

9月，朝中陆军分成左中右三路进攻日军的三大据点——蔚山、泗川和顺天，迅速将小西行长、加藤清正分别围困在顺天和蔚山。小西行长无计可施，只得派人突围至泗川请求援兵。11月17日，盘踞在泗川的日将岛建议弘率领500多艘兵船和大批士兵去解顺天之围，途中遭到突袭，于是出现了本文开头的一幕。

在这一战中李舜臣中弹身亡，为祖国流尽了最后一滴血。在这次战斗中中国水师将领邓子龙也英勇牺牲。但这次战斗取得了辉煌的胜利，日军彻底滚出了朝鲜。

缅甸的佛教与仰光大金塔

西方向来以基督教为宗教正宗。封建统治者为了更好地统治人民，因而广修教堂，其中有许多绝世之作。

东方则向来以神秘的印度佛教为正宗。因此，东方的封建国王们大兴佛寺。其中也有不少旷世之品，如印度尼西亚的波罗浮屠、柬埔寨的吴哥寺等。

在这些世界闻名的佛教建筑杰作中，还有一个也不得不提，它在佛教建筑中金光闪耀，璀璨夺目，犹如黄土中的珍珠、钻石一般，特别引人注目，那就是“仰光大金塔”。

仰光大金塔位于东南亚佛教圣地——缅甸。缅甸大约在公元5世纪开始盛行佛教。历代统治者都十分推崇佛教，大约到11世纪中叶，在蒲甘王朝的统治者阿努律陀国王统治时期，缅甸从斯里兰卡正式引进上座部佛教——小乘佛教，并且用缅文拼写了巴利文的三藏典籍。从此，整个刚刚统一的缅甸开始成为信奉单一的上座部佛教国家。蒲甘王朝大兴佛事，史有“建寺王朝”的称号，据说，在方圆仅 26 平方公里的蒲甘城，竟造有佛塔 440 多万座，号称“四百万宝塔城”。

后代封建国王也十分重视佛教，如缅甸最后一个王朝曼德勒王朝，对于佛教推崇更甚。曼德勒城，梵语即“多宝之城”，其中有一个世界著名的佛教圣地——曼德勒山。传说，2400 年前，释迦牟尼曾派弟子阿南陀来到这里宣讲佛法。现在，山上寺院的佛龛里还供奉着释迦牟尼的遗物，从山麓到山顶有一条长廊，一层层蜿蜒而上，共有 3380 多级。山上有 8 座大寺院，里面有许多佛像，大部分用金箔包身。其中有一尊释迦牟尼的木雕立像，高达 9 米，手持念珠，姿态美妙，栩栩如生。

缅甸真可谓崇佛之极，但是，在如此众多的佛教建筑中，只有仰光大金塔最为杰出。

仰光大金塔坐落在仰光市区北部茵雅湖畔一座林木葱翠的登哥德拉圣山之上，像一只覆盖在地上的巨钟。缅甸人称仰光大金塔为“瑞大光塔”。在缅甸文字中“瑞”是“金”的意思，“大光”是仰光的古称。

据说，仰光大金塔建于公元前 585 年。相传，那时印度发生大饥荒，缅甸人科迦达普陀两兄弟载了一船稻米去救济。在一棵菩提树下巧遇佛祖释迦牟尼，兄弟俩向佛祖敬献蜜糕，佛祖回赐二人 8 根佛发，回国后，兄弟俩将佛发呈献给缅王奥加拉巴。为珍藏圣发，缅王于是下令营造大金塔，地址选在登哥德拉圣山之上，以把佛发藏于塔内。到 11 世纪蒲甘王时，这里成为缅甸的佛教圣地。

据记载，大金塔最初建成的时候，塔身只有 8.3 米高。后来，仰光大金塔经过历代的多次修建，规模不断扩大。德彬瑞蒂王用相当于自己与王后体重 4 倍的金子，为金塔作过一次整修。1774 年，大金塔经过了一次最大规模的修整。阿瑙帕雅王的儿子辛漂信亲自来到仰光，把塔身加高到现在的 100 米，并且在塔顶安装了新的金伞。

今天，呈现在我们面前的仰光大金塔，虽然历经无数的风雨，但依然规模宏伟，气度不凡。

大金塔周围有东、西、南、北四个大门。各门口左右两旁分别矗立着一尊巨大的石狮，它们昂首远望，守卫着这个佛教圣地。进了大门，各有一长廊阶梯从地面直通大理石平台。平台的最外围环以 64 座小佛塔，中间是 4 座庞大的中佛塔，这些佛塔用石料与木料建成。在小佛塔的壁龛中，各藏有形态不一的玉佛。塔下四角均雕有缅甸式的狮身人面像。在4座中佛塔的正中，也就是整个大理石平台的中央，就是金壁辉煌的主塔——仰光大金塔。

大金塔基座周长427米，塔身用砖砌成，上面贴满金箔，共用黄金约7吨多。塔顶用黄金铸成，上面加有精致的宝伞。宝伞由金属制成，重约1.25吨，宝伞上挂有1065个金铃与420个银铃，伞下是一个直径约27厘米的金球。金球上镶嵌有近7000颗的红宝石、蓝宝石、金刚石以及其他的各种宝石，璀璨夺目。微风吹来，悦耳的铃声在空中荡漾，别具情致。大金塔内有一尊玉石雕刻的坐卧佛像，用精致的栏杆保护。每逢佛教节日，前来参拜的人络绎不绝。

在塔的西北角与东北角各有一口古钟，前者建于1778年，重25吨；后者为缅王孟坑在位时捐铸，重40吨。这两口巨钟是幸福吉祥的象征，也是佛教文化的标志。据说，信徒连击三遍大钟，即可实现自己的夙愿，心想事成。因此，每天有不少善男信女，前来钟前敬拜，以期好运降身。

仰光大金塔不仅是缅甸民族文化的代表，而且是缅甸人民独立的象征。19世纪以来，殖民主义者的皮靴曾经几度践踏过它。缅甸士兵曾经用生命保卫过它。它所遭受的凌辱，正是整个缅甸民族灾难的见证，同时也是鼓舞缅甸人民斗志的象征。

古代东方奇迹——婆罗浮屠

婆罗浮屠，意即佛塔，是世界著名的佛教千年古迹。它位于印度尼西亚爪哇岛首府日惹。

据历史记载，公元824年，是夏连特拉王朝统治时期。当时，印度佛教已经传入，夏连特拉家族笃信佛教，为求善果，全国广修庙堂、佛塔。婆罗浮屠是当时最大的佛教建筑，工程浩大，统治者驱赶了几十万奴隶与农民，共开采了55000立方米石料，花了13年才建成。

建成之后，这里一直是佛教圣地中心，无数僧侣、香客接踵而来。据传佛塔里面藏有佛祖释迦牟尼的舍利骨。一时间，香烟袅袅，宛如仙界。1006年，麦地拉火山大喷发，居民纷纷逃离，从此佛塔日渐荒废，逐渐被埋在风沙之中。14世纪中，伊斯兰教侵入爪哇，佛塔逐渐被人们遗忘。19世纪初，爪哇被英国占领，英国总督在游乐时发现了这座宏伟瑰丽的古代建筑，并组织人开始挖掘、修复。1973 年 8 月，在联合国文教基金会的援助下，当地政府开始大规模地修复婆罗浮屠，经过 10 年的艰苦劳动，直到 1983 年 2 月 23 日，完美如初的婆罗浮屠才重新展现在世界人民面前。

婆罗浮屠位于日惹市北 41 公里处的一座小山丘上。它采用印度佛教的建筑艺术，是一个阶梯状、外方内圆、四面对称的实心佛塔，共有 10 层，从底到顶层窣堵坡共 31. 5 米高，佛塔的设计、雕刻忠实体现了佛教教义。最底两层是基座，呈正方形，边长约 111. 5 米，占地约 1. 22 万平方米。中间五层方阶，逐层收缩，象征“地界”，每层方阶外侧有障壁，形成四面环绕的重重廊道，廊道内视野封闭，每隔几步就有一石壁佛龛，佛龛中间有一坐禅佛像，五层共有佛像 432 个，神情各异，千姿百态。廊壁上满是浮雕，描绘着佛本生的故事，取材于大乘经典，形象生动，描绘了人生由尘世到极乐世界的过程。廊壁内浮雕有 2000 多幅。所以，婆罗浮图又称为“千佛塔”、“千佛坛”。再向上到第八层豁然开朗，三层圈阶逐步缩小，布置着三圈共 72 个石刻镂空的窣堵坡。每座窣堵坡中有一尊佛趺坐像，外视不见全貌。这三层圈阶象征“天界”，72 座窣堵坡意味着佛教悟道，其玄妙教义不再诉诸形体。在这 72 座环形的窣堵坡中央，是一座直径为 9. 9 米的大窣堵坡，大窣堵坡为实心体，其中奥秘不可窥探。寓意着不可捉摸、非物质形态的最高境界。婆罗浮屠气势宏伟，四面中间各有一条笔直的石道直达塔顶。每一层正中都有拱门，上面刻有怪兽的形象，用以守卫圣地，阻退恶人近佛本身。婆罗浮屠整个建筑构造严谨，犹如一巨大的曼陀罗（佛教圈行或方形的修法坛场），体现了佛的神圣与庄严，显示着爪哇人民的聪明与才智。

婆罗浮屠是世界上最大的佛教建筑之一，她同中国的长城、埃及的金字塔、柬埔寨的吴哥寺一起被誉为古代东方四大奇迹，是智慧的古代印度尼西亚人献给世界的圣礼。

古代东方奇迹——吴哥古寺

传说，在柬埔寨金边湖畔无际的原始森林中有一座美丽而神秘的古城，那里藏着无数的珍宝，所有的建筑都是由黄金构成，到处镶着价值连城的宝石，而且普通的金币银币到处都是，铺满了路面。河里流淌的是香甜的牛奶，房间里摆满了稀有的美味……那是一个极乐世界。生活在那里的人无忧无虑，永远年轻。但是，只有幸运的人才能找到它，而且还要经过九九八十一层刻苦的修炼才能到达极乐城内部，过上神仙般的生活。

1861年1月，法国科学家亨利·莫阿为了寻找热带植物标本，来到了金边湖畔。他稍作休息，开始向森林深处行进。当他正用锋利的刀劈断藤葛时，他的视线被一大块平整的巨石吸引，虽然上面生满了苔藓，但仍隐约露出优美的线条构成的图案。这里怎么会出现人工建造的石块？他疑惑地抬头四面眺望，透过层层的树影，就在前面不远，他看见一片辉煌的建筑群。他惊异地跑过去，激动得好像哥伦布发现了新大陆。登上高处，在苍茫的林海中，隐现着无数的宫殿、宝塔与寺庙。亨利·莫阿是一位幸运者，他证实了那个美丽的传说，但也毁坏了那个传说。那是一片无与伦比的建筑，但是他在里面没有碰到一个人，只有美丽的鸟与远古的风相伴。

这片古建筑群就是世界闻名的柬埔寨吴哥石窟，又称为吴哥寺、小吴哥。它与中国的万里长城、埃及的金字塔、印度尼西亚的婆罗浮屠并称古代东方四大奇迹。

吴哥寺是柬埔寨故都吴哥建筑群中最为壮观的一景。故都吴哥位于暹粒省金边湖北面，系9世纪初吴哥王朝所建，这里集中了历代国王兴建的许多宫殿庙宇。吴哥寺建于1112年至1152年，正是高棉国王苏利耶跋摩二世统治盛期，当时经济繁荣，文化兴盛，造就了这一东南亚最宏伟壮丽的建筑群。

吴哥寺兼容佛教和婆罗门教教义，同时又是苏利耶跋摩二世的陵墓。整个建筑占地长1550米，宽1400米，外有壕沟，内设数重回廊。入口门楼设于西面，隆重华丽。作为陵寝，附会佛教西方冥界。主体建筑是筑于三层台基上的一组尖塔，中央一座，其余分布于四角，神龛设于塔内，称金刚宝座塔。吴哥寺原有尖塔9座，尖塔簇立，象征佛教传说的宇宙中心须弥山，但现在只剩5座。顶层台基上的中央尖塔体积最大，塔尖离地65米，塔身收缩成曲线，浑厚端庄，台基四角各置一造型相同，体积较小的尖塔，成拱卫之势。塔身表面布满莲花蓓蕾式的雕饰，底层回廊长215米，宽187米，高2米，石砌廊壁上全是浮雕，曾敷彩镀金，总共800余米。浮雕题材部分取自印度两大史诗《罗摩衍那》和《摩诃婆罗多》，部分歌颂国王领导将士抵御外敌的光荣业绩，人物众多，神态各异，栩栩如生。浮雕场面宏大，表现了空间纵深层次，体现了印度佛教艺术风格的影响，同时大量的螺旋状图案雕饰具有典型的地方风格，显示了民族民间艺术的特色。吴哥寺全部建筑用石块砌筑，有的石块竟重达 8 吨，建筑时没有使用灰浆之类的粘合剂，显示出柬埔寨人民的勤劳与高超的建筑艺术，以及繁荣的文化艺术底蕴。

然而，这一世界文化的珍宝在公元 1433 年之后却奇迹般地消失了，只留下那美丽的传说，一直到 1861 年才被幸运的亨利·莫阿发现，从而为世界人民寻回了这座无价的珍宝，让世界人民更为东方古代文明的辉煌而赞叹。现在，吴哥寺已成为世界著名的游览圣地。

古代中西海上交通

中国古代很早就同西方进行海上交通，沟通了人民之间的友谊。西汉时期，由于中外友好往来的需要，开辟了通过南海至东南亚及印度的海上航路。

汉武帝在位时（公元前 140—前 87 年），中国人乘着装载黄金和丝绸的海船，从广东的徐闻、合浦出发，穿过南海，经印尼、缅甸，远航至印度东海岸，在那里“市明珠、璧琉璃、奇石、异物”。差不多同时，印度人也绕过马六甲海峡，运货到中国来进行贸易。

在西汉时期，技术尚不发达，怎样才能远涉重洋到达印度呢？没有坚固的能经受大海波涛的船只是不行的。中国是具有悠久造船历史的国家，远古时代的人们受树叶浮于水上、独木顺流而下的启发，制造了舟楫；春秋战国时期中国的东南沿海出现了造船工场；秦汉时期，统治阶级重视“耕战”，造船业得到迅速发展；汉武帝时期，已能建造容纳 1000 人的战船，这类大型船舶，具有坚固的船体结构和良好的航海性能，为持续远航提供了条件。

古代的航海中，船舶航行的动力主要靠风力。勤劳智慧的人民在长期实践活动中发现了太平洋信风的规律。夏季海上气压高，亚洲大陆气压低，风从海洋吹向大陆，形成西南季风。到了冬天，亚洲大陆气压高，海洋气压低，风从亚洲大陆吹向海洋，形成东北季风。冬天，从中国沿海出发的海船，利用东北季风通过南海，到印尼，再穿过马六甲海峡，直达印度和斯里兰卡。然后再等待西南季风，从原路返回。但如果对季风规律掌握不好，便会出现一些事故或者中途耽搁。公元 411 年 9 月，到印度去取经的一位法显和尚，从斯里兰卡搭商船回国。由于这时已是西南季风之末，东北季风将起，出发后发现风向不定，费了三个多月才航行到爪哇，并不得不在爪哇滞留到次年 5 月，待西南季风再起，才改乘另一艘商船回国。

中国和印度航线的开辟，使中国和东南亚沿海各国建立了直接的贸易往来，同时又通过阿拉伯人，间接沟通了伊朗和埃及。

阿拉伯人聚积在阿拉伯半岛，由于东濒波斯湾、南临印度洋、西界红海的特殊位置，使其成为东西方交通的枢纽。早在公元前几世纪，阿拉伯人民就发现了印度洋季风的秘密，他们航行于红海、波斯湾和印度、斯里兰卡之间，将东方各国的货物，包括中国的丝绸和印尼马鲁古群岛的香料，运到红海的苏伊士，然后由骆驼运至埃及的亚历山大港，再转运到欧洲。他们又将西方的货物以及非洲的象牙和香料，贩运到印度，再转运到中国和其他亚洲国家。

公元 45 年，一个名叫希帕努斯的罗马水手，探知了印度洋信风的奥秘。从此以后，罗马商人便接连出现于印度洋上。他们沿着阿拉伯人开辟的航路，从埃及出发，航行于印度洋上。除阿拉伯人之外，印度人也在中国与罗马帝国之间进行中介贸易。

汉代时，中国称罗马帝国为大秦或黎。公元前 2 世纪下半叶，张骞通西域之后，通过著名的丝绸之路，中国与罗马帝国有了间接的往来。公元 166 年，一个自称是罗马帝国使者的叙利亚商人，经海路到达印度支那，然后从那里来到中国，向汉朝赠送了“象牙、犀角、玳瑁”等物，第一次实现了罗马同中国的直接交往。三国和东晋时期，罗马帝国陆续遣使中国。公元 226 年，罗马商人秦论取海路来与吴国贸易，孙权待他如上宾。自秦论访问中国以后，吴国派往扶南等国的外交官员康泰，在所著《吴时外国传》和《扶南传》中记录了有关大秦和通往大秦海路的情况。

关于中国船舶直达波斯湾的时间，据阿拉伯历史学家说，公元 5 世纪常常看到中国船舶来往于幼发拉底河上。不过，直到公元 7 世纪以后，中国和阿拉伯的海上交通才频繁起来。中国出产的丝绸、瓷器和纸张很受阿拉伯人的欢迎。

唐宋时期，中西海上交通盛极一时，广州、杭州和泉州都是当时国际贸易的重要港口。阿拉伯大旅行家伊东·白图泰曾经访问中国，盛赞泉州为“世界最大港之一，或称为世界惟一之最大港亦无不可也”。

中国的造船和航海技术在唐宋时期不断改进。远航海船一般采用尖底造型，船身扁阔，平面近似椭圆形，多帆樯，设计精良，配备齐全，船身巨大，“不忧巨浪”，深受各国赞赏。中国不仅造船技术居于世界的前列，还是首创用指南针导航的国家。指南针又叫罗盘针，利用磁针在地磁场中能定向的原理制成。早在战国时期，中国劳动人民已经发现了磁极的指极性，用“司南”辨认方向。“司南”便是指南针的雏形。后来经过改进，将磁石磨成针，放在手指上或碗边上来确定南北，北宋的政治家和科学家沈括（1030—1093 年）觉得上述方法仍不完妥，磁针在摇摆不定的船上容易滑落，于是他建议用蜡将单线缀在针腰，这就是最早的罗盘。因此，到了宋代，中国海船便使用罗盘测定方向了。后来指南针由中国传入阿拉伯，再由阿拉伯人传到欧洲。罗盘用于航海，有力地促进了航海事业的发展。

中国同东非直接的海上交通始于唐代。在这之前，两者之间的贸易往来都是通过印度人和阿拉伯人转手。公元 977 年，阿拉伯使节访问北宋朝廷，有一随员“目深体黑”，这可能是访问中国的第一位非洲黑人。1071 年和 1083 年，桑给巴尔（层檀国）的使节，经阿曼、南印度和苏门答腊两度访问中国。这是东非国家同中国建立直接友好往来的开端。在宋代，中国海船在印度洋上的航程也继续延伸到了亚丁湾和东非。

1405 年至 1433 年，明朝郑和七次下西洋，遍访亚非三十几国，是古代中西海上交通史上的壮举。郑和的船队常拥有 60 多艘大船，连同中小船只，共有 100 多艘。船队在一望无际的海洋上航行，浩浩荡荡，绵延数里，蔚为壮观。其航行路线是：从东南沿海出发，经印度支那、印尼，穿越马六甲海峡，到达斯里兰卡和印度。然后或横渡印度洋，直抵东非海岸；或进入阿拉伯海，经波斯湾及亚丁湾，抵达东非。

中西海上交通的开辟，在中国与亚非各国之间架起了一座友谊的桥梁。通过这座友谊的桥梁，中国和亚洲、非洲各国的无数友好使者，不畏惊涛骇浪，彼此进行访问，增进了相互之间的了解。通过这座友谊的桥梁，中国和亚非各国互通有无，对各国的社会经济发展产生了良好的影响。通过这座友谊桥梁，中国和亚非各国彼此进行文化交流，取长补短，互相学习。

15 世纪末、16 世纪初，西方殖民主义者踉跄东来，到处烧杀掳掠，横冲直撞，在海上掀起一阵阵恶浪，从而阻碍了中国与亚非各国友好往来。但是，共同的遭遇却加强了中国人民和亚非人民的相互同情和支援。今天，在反帝、反霸、反殖的伟大斗争中，中国人民和亚非各国人民往来又有了新的发展。

封 建 时 代

蛮族的入侵

正当罗马人徜徉于跨洲大国的胜利之中时，一场浩劫在默默酝酿中，中国在沐浴汉王朝的光辉文明时也和古罗马一样承受着痛苦。这是一场空前的浩劫，代表古典文明的国家都遭受了这次创痛，中国汉朝、印度笈多王朝、伊朗萨珊王朝和古罗马帝国无一例外。这场浩劫就是3至6世纪的蛮族人侵。它结束了古典文明，预告了中世纪文明的到来。

“蛮族”是对欧亚大陆各文明国家北方游牧民族的统称，包括匈奴人、突厥人和日耳曼人，由于它们的游牧文明比之于农业文明落后，故有此称。

蛮族的入侵肇始于他们自东向西大范围的迁移，而这次迁移又因为匈奴对汉王朝的战争失败。匈奴在其领袖冒顿单于的率领下成为一个强大的民族，在击败林胡等邻近民族之后直接威胁到汉王朝的边境安全。汉高祖刘邦在平城迎战匈奴，被匈奴围困7天7夜，后用陈平之计方才脱身，这次失败使得汉王朝长期奉行和亲政策。但到汉武帝时，汉王朝的国力空前强大，于是汉武帝一改无为而治的治国方略，对匈奴采取攻势。公元前133年至前119年间，汉将卫青、霍去病屡败匈奴，深入匈奴境内2000余里，收复失地，巩固边防。在强大的汉军打击下，匈奴分裂为南北两部，南单于率部降汉，北匈奴西迁。

匈奴人北单于和一些大贵族率领群众于公元91年离开了漠北，向西方迁徙，迁向中亚和欧洲。而留下的一部，在汉族先进文化的影响下，逐渐弃牧务农，为了寻求较好的耕地，向南方农耕地区迁徙。之后，这些内迁的民族上层人士利用西晋内部的矛盾，以本族武装为基础，相继起兵反晋，建立割据政权。从4世纪初至5世纪中叶，它们在中原地区先后建立了16个政权，历史上称为“五胡十六国”。实际上不止这些数字。它们的入侵，严重威胁了汉族文明，成为中国历史上最长时期的动乱因素。

而西迁的匈奴人，却给西方世界造成了多米诺骨牌式的冲击。公元372年，匈奴人越过伏尔加河，在俄罗斯平原，他们迅速击败最东边的日耳曼族东哥特人，接着，又胁迫邻近的西哥特人渡过多瑙河，进入罗马帝国境内，而这些被迫西迁的日耳曼人，受到了罗马人的残酷压榨，当他们无法容忍罗马人的虐待时，便武装反抗罗马人的统治，最终将罗马帝国毁灭。

此后数十年，日耳曼人和匈奴人的铁蹄又践踏了意大利、高卢以及巴尔干半岛。

公元445年，阿提拉上台，匈奴人的势力达到极盛，罗马人与日耳曼各派势力在错综复杂的斗争中，都想拉拢匈奴人以制服对方，而阿提拉在各派势力的矛盾中巧妙周旋，从中渔利。公元451年，阿提拉率领匈奴人联盟冲进高卢人的心脏，严重威胁了罗马和新建的蛮族国家的利益，罗马大将阿埃提乌斯组织了联军迎击阿提拉，双方在卡塔劳温战场发生激战，不分胜负，于是便绕过阿尔卑斯山，从东方进入北意大利，先夷平阿奎利亚，后征服波河下游地区，突然出现在未设防的罗马城门前，但是并未入城，使罗马城幸免于难。个中原因，后人无法得知。一种说法是罗马的主教利奥一世说服了这位匈奴人首领，另外一种说法是匈奴军中发生瘟疫，粮食供应不足，而且东罗马的援军已经到来，阿提拉不得已而撤兵。阿提拉挥师北上，一年之后，他暴猝于新婚之夜，身边躺着他的日耳曼新娘。此后，他的帝国随即崩溃，匈奴人定居在多瑙河下游，东哥特人的暂住地潘诺居丘，逐渐从历史中消失，而西罗马帝国得以苟延残喘。然而，匈奴人的大肆破坏，粉碎了罗马帝国对诸国的控制，他们游刃有余地进出罗马边境，使得罗马的边防不堪一击。“上帝的鞭子”阿提拉带着令人生畏的名字走进史册的故纸堆中。但罗马人并没有万事大吉，现在还不是他们弹冠相庆的时候，因为日耳曼人来了。

日耳曼人在公元前已经居住在欧洲中部：北起波罗的海，南达多瑙河，西自莱茵河，东迄维斯杜拉河之间的地域内。在恺撒所著的《高卢战记》一书中，可以窥见其生活状态。这时它们还处于刀耕火种的原始农业时代，但农业对于他们没有太多的吸引力，他们将畜牧业、狩猎作为生存之本，在组织上他们处于部落时期，军事上实行民主制，类似于满族入关前的八旗制度，但这时的军事组织不是常设机构，战争一结束，官兵便解甲归田。可见，此时他们还是处于原始社会时期。

公元3世纪之后，日耳曼人的生活有了显著的进步，他们可以制造铁器，在日耳曼居地北方诸部中，金属加工业、织布业和造船业相当发达。在公元2世纪时，日耳曼的农业由刀耕火种进到休耕制，甚至出现了二圃制，在畜牧方面亦有长足进步，已可以培育出优良品种的马和牛。

而定居在莱茵河沿岸的法兰克人，最早完成了畜牧业向农业的过渡，在人口和总实力的增长上也最快。但总的来说，日耳曼人的生产力水平还很低，城市还没有出现。

罗马人在征服高卢之后，其北方边境便与日耳曼人近在咫尺了，全长500公里的边境线外，分布着大约500多万日耳曼人，他们之间的矛盾便是不可避免的了。起初罗马人采取攻势，掠夺奴隶和扩张领土。但是罗马帝国的国力日见衰微，使得他们越来越抵挡不住日耳曼人的压力。庆幸的是，日耳曼人的各部落虽然有相同的宗教信仰和社会制度，也有相近的语言，但他们之间的积怨很深，统一意识非常薄弱，相互之间争斗不已，因而使罗马帝国长久地幸存下来。在日耳曼人通过各种渠道不断渗入罗马帝国时，罗马人采取了以日耳曼人对付日耳曼人的办法：一方面，他们对一部分日耳曼部落移居境内，给予一定保护政策，让他们为罗马帝国防守边界，视之为同盟者；另一方面，他们挑唆各部落间的战争，使之无力亦无暇入侵罗马。但是这种政策却是脆弱的，罗马帝国不可避免的衰弱将不可避免地使其丧失对盟友的控制，而丧失对盟友的控制将不可避免地使罗马大门洞开。

当匈奴人发起了前所未有的进攻的时候，罗马人苦心经营的纵横捭阖的政策便轰然崩塌了，日耳曼人趁着匈奴人将罗马人摧毁得奄奄一息的时候，给了罗马人致命的一刀。

公元378年，西哥特人在弗里提格伦的率领下举行起义，在阿得里亚堡附近击败皇帝瓦伦斯的军队，罗马军队几乎全军覆没，瓦伦斯阵亡，从而打破了罗马人战无不胜的神话。这次的起义被狄奥多西皇帝镇压，但在其死后，阿拉里克再度率西哥特人崛起，并于公元410年攻陷罗马。阿拉里克纵兵大肆焚掠，虏走皇帝的妹妹，满载而归。罗马古都“永久之城”的陷没，标志着罗马帝国的彻底没落。

在罗马军队节节败退之时，日耳曼人在罗马的领土上建立了自己的国家。

公元407年，盎格鲁、撒克逊等部落占据了英格兰；公元411年，汪达尔人割据了西班牙行省；公元419年，西哥特人以土鲁斯为中心建立了西哥特国家。与此同时，勃艮第人占据了罗讷河流域，法兰克人在高卢北部扩张。

终于，在公元476年，西罗马末代皇帝罗慕洛斯奥古斯图被日耳曼人首领奥多亚塞废黜，这一事件标志着西罗马帝国的终结。

东罗马帝国在上述事件之后亦曾力图恢复古罗马帝国的辉煌。查士丁尼说，他希望“上帝将授我们以罗马人因怠惰而丧失的那片帝国领土”。他也曾努力过，并且在20年间成就非凡，一度又使地中海变成罗马内湖。但历史无情，阿瓦尔人像匈奴人一样，带来了欧洲历史的连锁地震，他们将伦巴第人赶到意大利，而伦巴第人又将东罗马的军队逐出亚平宁半岛，查士丁尼的梦想最终破灭。

公元568年，伦巴第人建立了自己的王国，首都在拉文那，为欧洲民族大迁徙划上了一个句号。

而在东方的中国，却有相反的结局，虽然一度有过畜牧业取代农业，阿尔泰诸语言取代汉语的危险，但是最终隋朝统一中国，使得这一危险化为乌有。而内徙的五胡，亦多被同化，塞外的突厥分裂成东西两部，并在唐朝被彻底打败，从而又有了突厥的西迁。

西方的民族大迁移，虽然毁灭性极强，但所谓不破不立，侵略不过是给注定要消亡的文化以致命的打击，却催生了新的文明，新的文明在此时已经如怀胎十月的孩子，呼之欲出了。在这次浩劫中，所有地区的文明都幸存下来了，惟有西方例外。因此，西方文明才能够毫无束缚地朝新的方向发展，新的技术、新的制度、新的观念，在这里没有任何的历史枷锁，从而超过欧亚等其他幸存的文明，显示了无可比拟的优越性。

化学的起源——炼金术

阿拉伯炼金术是化学发展史上重要的一页，科学起源于巫术和蒙昧，正是炼金术奠定了化学的基础。在西方语言中，有很多词是从阿拉伯转化而来的，可见阿拉伯炼金术之影响巨大。

炼金术的理论根据是希腊古典哲学家提供的。柏拉图认为，物质本身没有性质，它的外在形式就是它的性质，它可以变化。这种唯心思想到亚里士多德更加重了伦理色彩，他认为世间万物都在做出努力，努力向着尽善尽美的方向改变自身，所以人可以帮助万物转化。希腊晚期的哲学家进一步认为，自然万物，都有内在的灵气，都有生长的趋势，都是活的有机体。

以上这些思想综合起来，被炼金术所采用。一部分哲学家想使贱金属成为贵金属，换掉贱金属的灵气就可以成为贵金属了，因此开始研究具体操作。而很多工匠在从事冶金铸造的过程中发现很多金属的光泽发生改变，他们经常制造一些假金属，真假难分使他们具备了很多技术，后来在唯心哲学的影响下，技术与思想指导相结合，炼金术就盛行起来了。

实用的炼金术通常经过四个步骤：第一，把锡、铅、铜、铁熔合成一种黑色合金，在这种合金中，锡、铅、铜、铁都失去了自己的心灵和本性，而成为“一体性”的某种物质。第二，加入水银、砷或锑，使铜变成白色，从而和白银相似。第三，加入少量黄金，用作“发酵剂”。最后一步是用硫磺水，即硫化钙或染媒剂来处理这种白色合金。这样，合金就呈现黄色，在炼金术士们看来，颜色发生变化，金属的性质就变了。实际上今天我们知道，它们不过是合金，根本没有发生质变，但那时术士们是孜孜不倦地追求炼金技术的，他们“点石成金”、“点铁成金”，忙得不亦乐乎。

亚历山大时期，炼金术流行了300年。直到公元292年，罗马皇帝戴克里才下令禁止，把炼金术士驱散，炼金书籍烧毁。

亚历山大时期著名的炼金术士是佐西默斯，他神秘地把宗教仪式和炼金过程混在一起，把四个过程称黑变、白变（成银）、黄变（成金）、净化。这样使下贱低微的金属变成具有高贵灵魂的黄金。这虽然是荒唐可笑的，但也可以使人们的技术提高，尤其是化工工艺水平。炼金术士们发明制造的蒸馏器、熔炉、烧杯、过滤器等化学用具，直到今天仍是化学实验室里的常用设备。

公元8世纪前后，中国的炼丹术传入阿拉伯，在亚历山大传统和中国炼丹术的基础上，阿拉伯掀起了第二次炼金术高潮。

在阿拉伯人的炼金术中，占中心地位的理论是“精灵”和“形体”。凡易挥发的都称为“精灵”，像水银、硫磺等等。“精灵”中硫易挥发，好动，属火，是雄性；但汞好静，属水，是雌性。汞硫结合，就像雌雄动物的交配和人的结婚，可以生下后代，那么汞和硫结合就可以生成各种金属。所以炼金主要使用硫化汞。

阿拉伯炼金术中有两个人最为著名，一位是前期的贾比尔，一位是他之后的阿尔·拉兹。

贾比尔是一位医生，他特别注意观察化学反应。他把水银信奉为童女，说它能起死回生，能将贱金属统统变成黄金。贾比尔提出了金属的两大组分理论。他认为金属之所以贵贱不同是因为含汞和硫不同。谁含的汞多就高贵，含的硫多就低贱，所以必须改变汞与硫的比例。这样他在炼金过程中采用了分析计量的方法，走上了实验科学之路，成为近代化学的先驱。

阿尔·拉兹也是一位著名的医生，在巴格达十分出名。他的著作《秘密的秘密》记下了很多化学反应，提出了汞、硫、盐三种元素说，一直影响到17世纪。

炼金术传到欧洲，正赶上欧洲中世纪时期，结果更加走向愚昧。贪婪的君主们雇佣炼金术士不分昼夜工作，炼取黄金；教会甚至利用炼金术宣扬教义，扬言只有借助咒语、祈祷、卜卦、招魂等等才能炼出真金。这种情形长达四五百年。

总之，炼金术盛行东西方2000多年，它告诉人们，文明是从愚昧中走出，科学是从无知中而来。千万莫走回头路，相信科学，莫要迷信。

确立基督教哲学的奥古斯丁

公元386年的一天，一位男子在他的好友面前表示要彻底忏悔，说自己信奉摩尼教，评议《圣经》是犯了罪过。跟着就像发疯似地跑进花园，在那里哭泣、顿足、捶胸、敲额，随后又将跟在身边的好友赶走，躺在一棵无花果树下痛哭流涕。据他说，由于他的虔诚，上帝显灵了。一个男童要他读使徒保罗的书，唱着："拿着，读吧！拿着，读吧！"他读了保罗《罗马书》的两节，顿觉一道恬静的光射进了他的心房，驱散了心中阴霾笼罩的一切疑团，于是决定受洗。这年秋天，他辞去教授职务，以便"献身上帝"。

这名"献身上帝"的男子是古代基督教会的著名神学理论家和著名作家——奥古斯丁。

公元354年11月13日，他出生于北非塔加斯特城以北60公里的一个小镇上。父亲名叫巴特利亚乌斯，是当地的小神教教徒，以能宽容异教著称。母亲蒙尼卡出生于罗马贵族家庭，是一个虔诚的基督教正统派教徒，她的信仰对奥古斯丁有一定影响。

他在启蒙学校里学习拉丁文和算术，并读荷马、维吉尔的作品。12

岁时，他被送到塔加斯特城的一所文法学校。后又被送到马都拉城，去攻读文法和雄辩术，不久又转到迦太基去求学，主攻修辞学将近5年。在迦太基，他热烈地追求荣誉，同时过着放荡、任性的生活。

公元373年，他成为一名摩尼教徒，同时研究星相、占卜，还阅读罗马作家西塞罗的著作，从此对哲学产生了浓厚的兴趣。后又读了柏拉图、亚里士多德的一些著作。

奥古斯丁的宗教信仰，与当时北非的状况有密切的联系。当时在北非有重大影响的有三个教派：一是摩尼教，当时在北非有相当广泛的影响；二是基督教的多拉图斯派，努米底亚柏柏尔人大多信奉这一教派，但公元313年米兰敕令后，罗马皇帝君士坦丁曾下令不给这个教派以合法地位；三是基督教正统派，它当时在北非的势力不很大，还不如前两者。因此，奥古斯丁选择摩尼教作为自己寻求出路的靠山。

公元375年奥古斯丁从迦太基的学校毕业，回到塔加斯特教授雄辩术近一年。公元376年，他到迦太基的学校教授雄辩术，延续了7年多。他的思想在这段时间经历了一些重大的变化。他一度竭力研究星相术的狂热下降了。与此同时，他对摩尼教也日益疏远。4世纪70年代，基督教正统派进一步与罗马政权结合，教会的势力正迅速发展，摩尼教在北非的势力减弱了。这是他与摩尼教疏远的真正原因，在此期间，奥古斯丁又接触了新柏拉图主义和新斯多葛主义的著作。他在迦太基教书不受学生的欢迎，因而于公元383年动身去罗马。

在罗马，他在自己住处招收学生讲授雄辩术，同时研究新柏拉图主义。新柏拉图主义宣扬神是万物的源泉和归宿，是一种神秘的唯心主义哲学。这种哲学后来成为奥古斯丁教授哲学的基础和灵魂。他在罗马教书不到一年，通过罗马摩尼教徒的帮助，谋得了在米兰市教授雄辩术的职位。公元384年，奥古斯丁到米兰之后就去拜谒当时权势显赫的米兰大主教安布罗西，并甘拜文化水平比他低的安布罗西为老师。他听安布罗西解释《圣经》后，摆出一付开始悔悟的样子。他说自己过去读《圣经》拘泥于字句，以致走上了死路，过去信奉摩尼教，评议《圣经》是犯了罪过。

于是公元386年的一天就又发生了文章开头的一幕。公元387年4月24日，奥古斯丁在米兰接受安布罗西为他主持的洗礼。公元388年他回到家乡，按当时修道院习俗隐居了3年。然而，实际上他并不是在隐修，而是在从事种种活动，他和他的朋友结成了一个小的宗教团体，以求扩展势力。同时，他把斗争的矛头指向摩尼教，以向教会献媚。为此，他写了几本论著，出席公开辩论，诋毁摩尼教。这样，奥古斯丁在教会内开始有了点名气。公元391年，隐居期满，他在希波城拜谒该城主教瓦勒里乌斯，受到赏识，被选为希波教会的神甫，举行了神职人员授职礼，并当上了瓦勒里乌斯的助手。公元392年，罗马皇帝狄奥多西颁布法令取缔异教，使基督教正统派成为罗马国教。正统教会加紧迫害异教和异端。公元395年，瓦勒里乌斯死去，奥古斯丁升为希波主教，此后一直任职到死。

奥古斯丁从任神甫起即直接参与打击多拉图斯教派和阿哥尼斯特斯的活动。多拉图斯派形成于4世纪初，它保留了早期基督教的一些特点，实行教产公有，反对教会与罗马政权结合。4世纪30年代曾组织发动北非努米底亚、毛里塔尼亚奴隶、隶农发动起义。4世纪中叶，这个教派和阿哥尼斯特斯几次受到挫折，但仍坚持斗争。公元393年，奥古斯丁利用多拉图斯教派内部发生的分歧，向多拉图斯教派发动进攻，又乘罗马军队镇压毛里塔尼亚的柏柏尔人起义之机，鼓动大地主强迫隶农改信正统教派。他频频地召集会议，一面表示正统教会应向多拉图斯派作些让步，一面向罗马政府提供多拉图斯派和阿哥尼斯特斯活动的情报，要求罗马政府加紧镇压。后来，在奥古斯丁积极活动下，正统派迦太基会议决定请求皇帝干预教派事务。公元405年2月12日，罗马皇帝宣布多拉图斯派为非法，多拉图斯派教徒遭到了更残酷的迫害，不少教徒被屠杀。

公元409年至公元410年，阿哥尼斯特斯运动又形成了新的高潮。在一封信中，奥古斯丁辱骂阿哥尼斯特斯“狂暴起来”、“违反法律达到疯狂的程度”，诬蔑奴隶、农奴反抗主人是“厚颜无耻”，叫嚷阿哥尼斯特斯是这一切的“罪魁祸首”。

公元411年，迦太基总督马尔策林召开迦太基宗教会议，多拉图斯派领袖佩蒂利安、演说家哥丹契和奥古斯丁等在会上展开了舌战。马尔策林（正统派教徒）偏袒一方，将辩论变成了对一派的审判。公元412年1月30日，罗马皇帝宣布多拉图斯派有罪，规定如不改信正统派，即没收财产，实施肉刑等。多拉图斯派的教堂被没收，教徒被屠杀或被迫自杀（殉教），死者不计其数。迫害引起了阿哥尼斯特斯更剧烈的反抗，他们焚烧正统派教堂，刺杀正统派神职人员。

从这时到20年代，奥古斯丁非常活跃，写了不少文章，作了不少讲演来打击多拉图斯派和阿哥尼斯特斯。他还提出两项所谓“原则”以对付多拉图斯派：一是“恐怖有益”，鼓吹以恐怖手段对付异端，这个“原则”为后来两欧教会设立宗教裁判所袭用；二是“强迫进来”，即强迫其他教派改宗正统教。北非的正统教会和罗马政权实际执行了奥古斯丁的这些“原则”。

此外，奥古斯丁还不遗余力地打击其他异端和异教，从事一些迫害对手的活动。

公元430年5月，日耳曼族汪达尔人包围了希波城。8月28日，76岁的奥古斯丁死于被围的希波城内。

中世纪艺术的第一个高峰

中世纪是指欧洲的封建时代。这一时代由于严厉地推广“一种信仰”的基督教，把古代希腊罗马的文化艺术几乎扫荡得一干二净。因此，爱好文明，尤其是推崇古代文明的学者称中世纪为“黑暗的时代”与“艺术的荒蛮时代”。

但是，中世纪虽然毁灭了古代文明，却也建立了自己特别的文明。中世纪依然有自己的艺术，只是不再是“人神合一”的维纳斯，而是变成了绝对崇高的上帝。

中世纪第一个艺术高峰称为拜占廷艺术。

公元395年，罗马帝国分裂为东西两个帝国。东罗马帝国首都君士坦丁堡是古代希腊移民城市——拜占廷的旧址。因而东罗马帝国又称为拜占廷帝国。西罗马帝国灭亡之后，东罗马帝国却继续保持了约两个世纪的相对稳定、繁荣的时期，并将帝国的历史持续到15世纪。在这一段时期内，拜占廷以基督教（后来特称为“东正教”或“希腊正教”，以区别于西方的罗马天主教）文化为主体，又保留了较多的古希腊、罗马文化，并且吸收了东方阿拉伯、伊斯兰的文化，从而形成了独特的艺术风格，称为“拜占廷艺术”。

拜占廷艺术的第一个黄金期大约在6世纪。这一期间在君士坦丁堡兴建的索非亚大教堂被认为是拜占廷艺术的典范。教堂宽敞高大、气魄雄伟，中间巨大的圆顶稳定地搁在四个拱门上，这种饱满的拱形圆顶一向在西亚流行。所以当15世纪拜占廷陷落之后，土耳其人只须在教堂外的四角添上四条尖顶圆柱，就成为他们的清真寺了。这座曾被誉为“东方与西方，过去与未来结合”的索非亚教堂，内部装饰也极为富丽堂皇，特别是以碎瓷、金属和石料嵌成的所谓“马赛克”壁画，此后一直成为拜占廷美术中心的代表形式。当时一位官员这样评价马赛克艺术：“拱形屋顶下展开一块块金色的彩画，像金色的水流用它金色的光芒照射人们的眼睛，使人们难于凝视，就像仰望着春天正午的太阳。”中世纪实行宗教封建统治，皇帝就是上帝的直接代言人，拜占廷人以华贵的金银材料与缤纷的彩色图案来装点教堂与一切圣物，以暗示宗教势力的宏大与“天堂”中的幸福，这种风尚也是自拜占廷艺术开始的。

马赛克镶嵌画中最有代表性的作品是意大利拉文钠的圣·威塔尔教堂中的纪念查士丁尼大帝的《查士丁尼大帝和随从》与纪念皇后西奥朵拉的《皇后西奥朵拉和随从》两幅壁画。查士丁尼是6世纪拜占廷的皇帝，他抱有恢复罗马大帝国的雄心，他制定的《法典》是欧洲第一部系统的法律条规。他积极推广基督教。这里的两幅“马赛克”是他兴建索非亚教堂之后完成的。查士丁尼大帝手捧着向教堂献金的宝盒，他的两边是拉文钠主教马克西米安与官员们，再加上侍从武官，前后重叠暗合耶稣的十二门徒之数，中间的查士丁尼便不言而喻为上帝的儿子耶稣了。西奥朵拉皇后同样手捧宝盒，她的两侧是男女侍从们。但是所有的人物都是缺乏生气的，没有丝毫人性的活力。这也正是拜占廷艺术所要追求的，所有的人物都尽力表现出平稳庄重，以显出他们与凡人的不同。这种修长的身体，细小的手足，大眼弯眉与瘦小的头部，就成了拜占廷艺术中人物形象的模式了。但是，精美的镶嵌工艺却显示出工匠技艺的高超：金色的底子上，在大块黑白中夹以艳丽的彩色，造成了威严而辉煌的效果。正是上面那位官员所说的那样，几乎使人不敢凝视，可能正是这种耀眼的效果使得艺术家们不太注重人物细节的刻画了。

到了公元8世纪，皇帝立奥三世在公元730年宣布了对圣像的否定，于是，圣像破坏运动开始了。其子也继其父之志，继续大搞圣像破坏。但同时也站出了一派肯定圣像者，经过约100年的斗争，终于又在君士坦丁堡实现了圣像复兴。这时，拜占廷帝国又恢复了稳定，出现了拜占廷艺术的第二个黄金期，拜占廷的造型艺术初步形成了自己的风格。在宫廷直属的抄本所里，古代抄写本的忠实模写极为盛行。著名的《尤西阿画卷》与《巴黎诗篇》明显是古代作品的模仿，特别是后者，画面上朝气蓬勃的大卫在弹琴，音乐神坐在身旁，森林之神与各种动物也静卧倾听，趣味盎然。圣像肯定派在肯定圣像外表的同时又强调礼拜的对象不仅是神本身，而是这个神像所代表的实际“神灵”。因此，这一时期的圣像在用人形表示神像的同时，更强调用人的形象传达神的灵气，只是要超越人的真实性，不表现出现实的远近、立体性。这一时期的“马赛克”画面形象占了更大空间，镶嵌的碎片比以前更细小，色彩的微妙变化更具有绘画效果。

同样，这一时期的雕刻艺术也排斥现实空间的远近感、立体感。因此，这一时期雕刻艺术在整个拜占廷艺术中都不盛行，圆雕作品更为稀少。一般都为教堂内障壁石及建筑外壁装饰的石板浮雕，而且内容多为树木、花草、动物及装饰性纹理，人物形象几乎没有。这样的浮雕严格来说也不是浮雕，只是一种稍有起伏的绘画。

这一时期，还有一种圣像画。这类圣像画一般都是用蜡、胶或蛋白调和的颜料在木板上绘制的。这种圣像画也是从古希腊时的肖像画继承、演变过来的。有时，圣像画中还采用镶嵌的手法。奇怪的是，拜占廷艺术中圣像画中的神的形象大不同于壁画中那种威严、呆板、毫无生气的面孔，而是一种微带笑容或者是愁苦之状的表情。

总的来看，中世纪的拜占廷艺术是一种逐渐向人性恢复的过程，只是这种过程极为缓慢，以至使人们错误地以为拜占廷没有艺术，所有的只不过是简单的模仿与极度的浮华铺张的庸俗之作，好像中世纪的人们一下子成了野蛮人。殊不知，在经历了一个动乱的时代之后，所有的一切都有一个恢复、确立的过程，拜占廷艺术融汇了多种文化的内涵，成为东、西方文化共同培育出的奇异之花。尤其是在其建筑、装饰风格上，既有东方文化的神秘气息，又有西方的简洁与阔大。它以东方文化特有的对称统一及繁复铺张的形式去表现西方文化中的神祇。应该说，拜占廷文化是东、西方文化的第一次亲密接触。

战乱之后，在那个所谓的“黑暗时代”，依然有光彩夺目的艺术坚守着自己的圣地。这第一位勇士就是“拜占廷艺术”。

中世纪艺术的第二个驻足点

自从西罗马帝国于公元476年被欧洲北方的日尔曼人征服之后，国内一直不得安宁。东方来的匈奴游牧民族一直在不断挑衅，日尔曼及其他民族也不断互相争夺。这段时期是一个民族迁移的时期，同时也是一个文化融合的时期。这种动荡不安的局面持续了几百年。

到了公元8世纪初，法兰克帝国的查理曼大帝为扩大领土与罗马教皇互相支持，企图恢复古罗马的辉煌。但是，查理大帝死后，国内又陷入割据状态，这时，阿拉伯人从海上入侵法国东南部，日尔曼一支也袭击法国，政局又陷人混乱，成为民族交汇的又一次高峰。在平静下来之后，这种新的文化融合必然结出一种独特的果实，这就是兴盛于公元11至12世纪的“罗马艺术”。

这里的“罗马艺术”不同于古希腊之后的“古罗马艺术”，而且二者大相径庭。二者之间也没有什么必然的、直接的联系。

罗马艺术是多民族文化融合的产物，主要是由日尔曼人创造的。罗马艺术分布很广，几乎遍及了所有直接受拜占廷艺术影响的国家与地区。尤其是在法国、西班牙和英国产生了罗马艺术的代表风格。

罗马艺术主要体现于建筑与雕刻艺术，它是与拜占廷艺术截然不同的。

教堂建筑是罗马式建筑的代表。罗马式教堂的平面设计中，祭室通常是在建筑的东端，在带有重要圣气的主祭坛的下面，也有东西祭室相互对称的。但罗马式修道院的教堂却往往沿着祭室的圆壁成放射状地突出几个小祭室。教堂的中殿与左右侧廊由列柱隔开。也有些小教堂有侧廊，但有的大教堂却增设双层侧廊，空间范围大为增加。教堂的围廊在罗马式教堂中尤为重要，它紧紧环抱着地下圣堂，信徒们来往于围廊之间，瞻仰着殉教者与圣人们的墓棺。罗马式教堂常把地下圣堂的窗子开在东侧祭室的阶下，室内光线阴暗，造成一种压抑感与恐怖感。

罗马式教堂整个建筑被一个巨大的石造圆顶覆盖。这首先是考虑到建筑的牢固性而且防止火灾，尤其是考虑到内部构造的视觉效果、音响效果及象征意义。圆顶的全部重量都贯注在左右壁上，为了承受这种压力，建筑师采用了大量的立柱与带有狭窗的坚实壁体。这成为罗马式建筑的特点之一。当时，为了减轻墙壁的负重，建筑师们还设计了一种尖头拱顶。这成为后来哥特式建筑的雏形。此外，还有一种支叉圆顶，一般只用在侧廊上。

罗马式教堂的立面不同于拜占廷的宽阔、敦厚，而是与古希腊神殿一样，创造性地运用了水平面的壁洞与垂直面的层楼。同时，为了突出高大广严的效果，在屋顶上设计了一个金字塔似的塔楼，有时两边还附有小型塔楼。同它的装饰效果平行的另一种作用是作为防御外敌侵犯与农民起义的堡垒。

此外，罗马建筑与拜占廷艺术或古罗马艺术一个更大的差别，是罗马式建筑把建筑的装饰与结构紧密结合起来，建筑家们不但喜欢力的效果与和谐的韵律，并且也比较注意建筑外观上的装饰，有的建筑的正面甚至出现繁复的装饰性雕刻。

这种罗马式建筑的典范之作均在法、英两国。其中较有名的是法国的圣夫罗教堂与圣希尔教堂以及英国的达拉姆大教堂，均为 12 世纪所建。

罗马艺术中的雕刻也是与建筑共存的。据说也有个别的圆雕神像。但都已毁坏。罗马艺术中雕刻的杰作依然是作为建筑的装饰物而出现的。最为著名的是公元 1150 年建成的法兰西罗达尔·达姆大教堂的正面大门，被称为“王之门”。中间大门的圆拱中表现的是“基督之荣光”，正中的基督被象等福音家书的四个动物围着，下面楣石上是 12 使徒。在圆拱的饰带内侧是天使，外侧是并列的两排“默示录”的老人。左边的门拱中是圣母圣子与持香炉的天使。下面两段楣石表现的是基督幼年的情景。右边的门拱中是“基督升天”的场面。三个大门的左右还立有 17 根人像圆柱，整个门饰共雕有人物 200 多个。装饰手法极为华丽。这里的雕刻与拜占廷艺术中那可怜的平雕大不一样，人物形象几乎完全凸立出来，形象逼真。

此外，罗马式的圆柱多以人像柱为主。似乎是从古希腊的仙女立柱学来，只是罗马式立柱都是强力的男性。这种阳刚之力的展示也正是罗马建筑的风格。柱头雕刻的风格更是成为罗马艺术的鲜明特征。罗马柱式与多利克柱式及科林斯柱式并称古代建筑三大柱式。

罗马艺术在绘画上的成就较之建筑与雕刻稍为逊色，主要是源于“加洛林”风格，绘画的主要形式是抄本与壁画。

罗马艺术的抄本作品更偏重于现实风格，同时与拜占廷艺术一样具有神秘气息。这是从东方借鉴的。抄本中的杰作是《圣·马可写经图》。圣·马丁面容悲苦，他手里拿着经书，但是没有去看它，而是扭头惊讶地谛听上帝的使者（一个有翼的狮子）送来的指示。这幅画最为出色的是圣·马丁衣服的纹理处理。线条虽然很粗糙，但疏畅飞动，毫无滞感。另一幅是《圣·路加》的画像。画中更多地体现了东方文化的对称、均衡性，构图典雅，与拜占廷艺术有明显不同。

罗马艺术中的壁画不同于拜占廷的“马赛克”。由于罗马教堂内的光线比较暗淡，为适应这种条件，罗马壁画偏爱于色彩鲜亮的颜料，而且一个更为显著的特点是：罗马壁画的线条粗重，几乎不带有任何明暗的透视因素，从而使教堂内的氛围更为神圣。

罗马艺术在历史上只兴盛了几个世纪。后来“哥特式”风格发展起来，这种新的艺术风格在空间上比罗马式建筑更富有表现力，因而，到了 12 世纪末，罗马式艺术几乎已全部被哥特式艺术风格取代。

罗马艺术同样是多民族文化融汇的结果。但是，它的风格中体现了一个尤为重要的因素，那就是战争。在罗马艺术形成之前，在那块土地上进行了近百年的征战，这种心理成为这一地区人民心理上的积淀之一。体现在建筑上便是高大、结实，充满了力与美的韵律。尤其是那种尖塔式建筑，是直接为战争服务的。因此，随着社会的日益繁荣、稳定，这种心理也就逐渐淡化。虽然随后的“哥特式艺术”依然是力的展现，但已转为对上帝的崇拜。

罗马式艺术，一个时代的见证。

领主的天堂——农奴的地狱

《红楼梦》中佃农交给贾家的那份年礼体现着中国封建社会地主对农民的剥削。无独有偶，西欧的封建庄园里也在进行着有过之而无不及的剥削，因而西欧的封建庄园常被称为领主的天堂、农奴的地狱。

封建庄园是封建主经营的大地产，在各国的封建社会中普遍存在过。西欧的封建庄园盛行于中世纪早期，即公元 9 至 11 世纪。它既是农业生产的基层单位，也是社会的基层组织。

公元9世纪，封建制度在西欧已经确立，封建统治阶级——国王、贵族、高级僧侣兼并农民的土地和农村的公有土地，成为大土地所有者，而广大失去土地的农民则沦为农奴。

西欧的封建庄园是一种典型的自然经济，领主和农奴的生活必需品基本上都由庄园自己生产，只有少数产品，如盐、铁之类才到庄园以外去交换，一般用不着货币。一般庄园都有城堡式的领主住宅、教堂和教士住宅，有农奴们简陋的茅舍，有加工麦子的磨坊、烘面包的烤炉、制造皮具的铁工房和酿制葡萄酒的酒坊以及仓库等。庄园的土地是条形的，分为领主自用地（通常是庄园中最好的土地）和农奴的份地。领主的自用地并不连在一起，而是和农奴的份地犬牙交错。耕地分为春播、秋播、休耕三部分，每年轮换一次，休耕地在当年作为牧场。

领主对农奴施以种种残酷的剥削。虽然法律明文规定：领主对于农奴的统治权是受着公民权的限制的，农奴的人力和生命受着国王的保护！但实际上，领主可以把农奴连同土地一起出卖或转让，可以对农奴施以种种酷刑甚至将其折磨至死。领主对农奴的剥削名目繁多，主要是榨取劳役地租和实物地租。

实物地租是相当繁重的。公元9世纪时，巴黎郊外一份地产记录的规定充分证明了这一点：领有份地的农奴除了每周为领主服3天劳役外，一年当中还得向领主缴纳半头公牛或4只公绵羊、4个迪纳理（1个迪纳理约等于1/10克黄金）的人头税、5个牟底（1个牟底约等于250升）的谷物、非领主森林所产的木板和板块各100块、6只生蛋的母鸡等等。每逢节日和婚丧嫁娶，农奴要给领主送礼，而且条件十分苛刻，比如有的地方规定：农奴送的小鹅如果“吃草的时候趴在地上，样子十分难看”，就得退回重送，农奴送的母鸡它必须“在平地上能飞到凳子上”，如果被怀疑有病，也得退回重送。农奴在自己份地上劳作的时间并没有保障，因为领主除了榨取繁重的实物地租外还有沉重的劳役地租。农奴一个星期要有3至5天用自己的工具无偿地为领主耕作，余下的时间才可耕种自己那块从领主手里租来的份地。农忙的时候，农奴要连续多天为领主干活，“甚至让自己成熟的庄稼浸在雨水中也得去给领主劳动——搬运、耕耘、播种、收获”。平时，农奴还得为领主砍柴伐木，修路建屋，巡逻守卫，甚至夜间驱赶青蛙，使领主得以安眠。

领主还利用设立的酒坊、油坊和面包房吸吮农奴的膏血。领主蛮横地规定，农奴不准用自己的磨盘磨麦子，不准用自己的酿器酿制葡萄酒，不准用自己的炉子烤制面包，所有这些用具都得使用领主的，而每用一次就得纳一次税。

苛捐杂税之中还有所谓军器税。领主往往借征收这项税款为名，索取农奴最好的马匹或其他牲口，如果没有，则取走一件最值钱的东西。

除了领主的剥削之外，天主教会对农奴的剥削也十分残酷。教会规定，农奴必须将自己收入的1/10缴给教会，名曰什一税。实际缴纳的往往不止1/10，达到2/10或3/10，广大农奴不胜负担。

农奴终年劳动，为领主做牛做马，而生活十分困苦。他们住的是低矮的茅草屋，而且往往还要兼作牛棚、猪圈，人畜杂居；穿的是破衣烂衫，很多人冬天没有棉衣御寒，最多加件外衣，用绳子往腰间一束；吃的一般是麦糊或燕麦粥加一点盐。农奴没有受教育的权利，他们甚至连结婚的自由都没有，领主把男女农奴都看作是自己的财产，如果妇女嫁到庄园以外去，那么领主就少了一个剥削对象。因此，妇女要和庄园以外的人结婚，必须事先得到领主的同意，而且还须交付一笔领主认为满意的赎金——外婚金，作为“补偿”。

领主及其家属饱食终日，挥霍无度，想尽方法寻欢作乐，而农奴却要遭受如此大的剥削，领主把自己的欢乐完全建立在农奴的辛勤劳动之上。

领主们往往有许多的庄园，尤其是那些大领主有几十个甚至成百上千个，它们分散在各处，相隔很远。因此领主经常带着他的家属及随从，像一群蝗虫一样，从一个庄园吃到另一个庄园，尽情挥霍。

平时，庄园的具体事务是由一批庄吏管理，庄吏又有庄头、管家、总管之分。庄头管生产，分配生产任务，并进行监督；管家代表领主，主持庄园，征收租税，处理纠纷；总管位于若干管家之上，代表领主每年巡视各地庄园，稽查帐目，处理司法案件。这些庄头、管家、总管与领主狼狈为奸，竞相残害农奴，有人揭露说：“如果领主叫杀头，管家们则吩咐剥皮。”

领主和庄吏为了维护对农奴的统治，无止境地榨取农奴的血汗，在庄园里设有法庭，并豢养了一批警察和反动武装。庄园法庭由领主及其代理人担任法官，另有陪审员若干名。陪审员名义上由农奴中间选举产生，实际上全都由领主操纵，充当领主的工具。陪审员若不听从领主的摆布，就要受到制裁，甚至财产也被没收一空。农奴如果向庄园法庭告发领主，那“只能是向领主告发领主”。结果，被告逍遥法外，作为原告的受害农奴却轻则遭到罚款、鞭笞，重则被投入监狱。因此，广大农奴是有理无处说，有冤无处伸。

哪里有压迫，哪里就有反抗。广大农奴采取各种方式反抗领主残酷的经济剥削和政治压迫，他们公开申明："我们是自由人，我们要做自由人。"

领主们也害怕农奴的反抗，他们为了麻痹农奴的斗志，便借助反动的天主教会作为精神工具。中世纪早期，几乎每个西欧人都是天主教徒，否则在社会上便没有立足之地。因此教会往往用开除教籍来威胁农奴，胡说什么一个人如果被开除了教籍，就意味着成了上帝的弃民，死后也就别想升人天国了。但是，广大农奴针锋相对地回答说："即使堕入地狱去，也胜似忍受那些贡赋的压迫。"表现了农民阶级敢于藐视上帝的革命精神。

因此从公元9世纪中叶起，西欧连续爆发农奴起义。比如，10世纪末，法国诺曼底爆发了一次大规模的农奴起义。11世纪30年代，法国布刘塔尼的农奴又揭竿而起。这些起义打击了封建领主的反动统治，推动了社会的向前发展。

农民起义此起彼伏的打击，西欧社会生产力的发展，城市的兴起，货币与商品经济深入农村，逐渐瓦解了庄园的自然经济。因此，西欧的封建庄园日趋没落。

十字军东侵

十字军东侵是西欧教会封建主对东部地中海沿岸国家进行的侵略战争。十字军东侵先后共8次，经历了近200多年（1095—1291年）。对东西方的社会、宗教、文化等各个方面都有重大的影响。

之所以会出现十字军东侵，是因为西欧城市的兴起和商品货币经济的发展，使封建主越来越不满足于固定的封建地租收入和他们日益增长的奢侈生活的需求，加上西欧人口的增长、封建战争和灾荒等原因造成了西欧的社会危机。罗马的天主教会除了有着与封建主相同的物质欲望之外，它还妄图合并拜占廷的东正教会，并迫使近东的穆斯林改宗基督教，以建立罗马天主教的世界帝国。除了以上两种力量之外，西欧的商人，特别是意大利的威尼斯和热那亚商人也非常热衷于东侵，因为他们要从拜占廷人和阿拉伯人的手中夺取商业利益。东侵人员中也有一部分是农民，他们是想到东方寻求新的生活，借此机会逃脱封建剥削和压迫。在这种情况之下，几种力量交织在一起，组成了“十字军”，开始了历时达 200 多年、前后共 8 次大规模的入侵近东的战争。

巴勒斯坦是耶稣生活和殉道的地方，耶稣的坟墓就在耶路撒冷，因此耶路撒冷被基督教徒视为“圣地”。1055 年，塞尔柱突厥人占领巴格达，控制了阿拉伯帝国之后，进一步进攻拜占廷帝国，并且准备进攻君士坦丁堡。拜占廷帝国因长期受到周围外族的入侵，力量大为削弱，已无力抵抗，只好向教皇乌尔班二世求援。这正是东侵的最好借口，1095 年，教皇乌尔班二世在法国南部克勒芒城召开大会，他向到会的各种人发表了极为诱惑性的演说，并且谎话连篇，他说信奉伊斯兰教的突厥人正在向东方的基督教徒大举进攻，屠杀和俘虏了许多人，破坏了许多教堂，在上帝的国度里大肆掠夺，要所有的人到东方去给那里的基督教徒以援助，从异教徒的手中夺回圣地和解放主的坟墓，并且给予物质利益进行诱惑，说东方遍地流着奶和蜜，是充满欢娱的快乐的天堂。于是各地纷纷组织“十字军”。因为这次战争是在“十字架反对弯月”（即基督教徒反对伊斯兰救徒）的旗帜下进行的，出征的基督教徒都以十字为标记，所以被称为“十字军”。

首先行动起来的是受到教皇煽动和诱惑的农民，由于他们急于摆脱自己的穷苦境遇和封建的奴役与压迫，于 1096 年春在修士彼得和穷骑士华尔的率领下，带着家眷和器具开始了他们悲惨的东方之行。他们没有武器，在路上经常受到当地居民的袭击，死伤很多，到小亚细亚之后很快被突厥人歼灭，幸存的仅 1/10。这些穷困的农民本来是想到东方来过美好的生活的，但是他们得到的却是家破人亡，成为十字军东侵的第一批牺牲者。

当然，第一次十字军东征并不都是这些手无寸铁的农民，更为重要的是由骑士组成的正规军团，他们总计有 30 万人，武器精良，具有一定的军事素质。在他们途经小亚细亚和巴勒斯坦地区时，那些在土耳其人统治下的封建小国根本就没有能力对抗这支强悍的十字军。这支十字军经过艰苦的斗争，占领了爱德沙、安条支和耶路撒冷等地。这些疯狂的十字军士兵，每到一处就开始疯狂地掠夺和大规模地屠杀。他们宣布：无论谁先闯进某家庄园，谁就是其中的主人。十字军将士都在一夜之间暴富了。而耶路撒冷的人民却饱受蹂躏。十字军在他们占领地共建立起几十个大小不等的十字军国家，其中耶路撒冷王国最大，比较大的还有安条克公国、特里波利伯国和爱德沙伯国。但是这些十字军国不断地受到当地人民的反抗，都先后灭亡了。

为了挽回败局，西欧的封建主又进行了第二次十字军东征。在与十字军的斗争中，萨拉丁的实力逐渐地强大。萨拉丁在位时励精图治，并且建立了一支强大的军队，以恢复被十字军占领的土地作为自己的任务。他的军队给予十字军以沉重的打击，并于 1187 年 7 月活捉了耶路撒冷的国王。之后萨拉丁又击败了第三次十字军的入侵。

耶路撒冷的陷落使西欧的封建主十分震惊。在教皇英诺森三世的竭力组织之下，组建了第四支东侵的十字军。这次东侵的目标本来是萨拉丁国家的核心——埃及。但是埃及是威尼斯的贸易伙伴，而拜占廷却是威尼斯商业劲敌。于是威尼斯商人以利益相诱惑，使这次十字军东征把矛头转向了拜占廷。当时拜占廷帝国已经完全衰落了。再加上有被废黜了的皇帝伊萨克的儿子阿历克塞许以 20 万马克的巨款作为报酬，并以同意东西方教会合并为条件，请求十字军的援助。使得 1204 年 4 月十字军攻陷了君士坦丁堡，并且对这座历史名城进行了长达一个多星期的掠夺，数以万计的艺术珍品和文化古迹被破坏。有的十字军为了掠夺金银财宝，竟然挖掘坟墓，偷窃其中的随葬品。十字军的第四次东侵完全暴露了西欧封建主组织十字军的目的，他们根本就是受利益的驱动，物质利益对于他们来说是最重要的。他们东征根本不是为了“圣战”，不是为了“解放主的坟墓”。他们完全可以因物质利益而去进攻信仰同一宗教的国家——拜占廷。

经过第四次十字军东侵，宗教所鼓吹的“圣战”实质日益被广大人民所认清，加上教会中高级僧侣的生活日益腐化，使教会的威信极度下降，人民再也不相信宗教所提出来的口号了。加之以前几次的东征大多以失败而告终，人民再也没有以前那么高涨的热情了。

因此，在 1217 年至 1270 年间，西欧的封建主虽又先后组织了四次十字军东侵，但是由于规模小，影响都不是很大。使人气愤的是，在十字军东侵的低潮中，竟然出现了所谓的“儿童十字军”。这些十字军都是 12 岁以下的儿童，因为在基督教中有一种荒谬的说法，成年人是有罪的，只有儿童才是纯洁无罪的，所以儿童的十字军会受到上帝的保卫，能夺回圣地。但是这些大约有五六万的儿童不是死在半路之中，就是被作为奴隶卖到了埃及。1291 年埃及人夺取了十字军最后的据点阿克，结束了历时两个世纪之久的十字军东侵战争。

十字军东侵无论是对东方还是对西方都具有十分重大的影响。对东方来说，它给东方人民带来了严重的灾难，它屠杀生灵，破坏且阻碍了近东各国的社会发展。对西方来说，十字军东侵的影响就更加巨大了，它使西欧掠夺了大量财富，克服了社会危机，促进了社会的发展。此外，十字军东侵还动摇了教皇的权威，使得封建农奴制趋向于瓦解；促进了东西方文化的交流，使得东西方贸易获得了巨大的发展。但是这一切都是东西方人民通过艰苦的劳动所创造的，血腥的十字军东征只是在客观上起了推动作用。

中世纪艺术最后的飞扬

当罗马式艺术正处在繁盛阶段的时候，社会生产力继续发展，整个社会更趋于繁荣、稳定。同时，社会结构也发生了巨大变化，大量农民涌入城市，市民阶层大量增加，市民文化逐渐发展了起来。在战争之后百废俱兴的时代，封建统治者惟一的希望就是加强统治，防止激进的人们弄出乱子。他们采用的惟一的方法就是利用宗教，以宗教力量把这些活跃的市民们乖乖地牵到上帝面前。但要提高市民的信仰就需要一种震撼人心的力量。于是，在这种力量的要求下产生了“哥特式艺术”。

哥特式艺术其实跟哥特人一点关系也没有，当它出现的时候，哥特人早已融入其他民族了。文艺复兴时，这个词由拉斐尔第一次提出，是指野蛮人的、不开化的艺术。但是，哥特式艺术却一点也不野蛮，反而是极为精致的艺术。它是 1000 年的中世纪文化、艺术积累的最高成就。

哥特式艺术最早出现于 12 世纪上半期的伊尔德法兰西省。此后便迅速流行起来，到了 13 世纪末，哥特式艺术已完全取代了罗马式艺术，达到了它的顶峰阶段。

在哥特式艺术中，建筑的成就最为突出，几乎创造了世界建筑史上的一个奇迹。

哥特式建筑的主要精华体现于教堂建筑中，其最主要的特点是尖顶拱券与垂直线，不同于罗马建筑的圆塔与水平线。罗马艺术这种特点仅体现于门窗与桥孔，而哥特式建筑的这种特点却随处可见，不仅大大增加了支撑的高度，而且用细长的柱子与拱券代替了墙壁，支撑起整个建筑物。这样，就一下子打破了罗马式教堂的坚厚、敦实的感觉。整个建筑平地拔起，直冲云天，一切厚重、浑沉的成分都被摈除了，它那特有的尖顶，尤如奇峰异突、高耸入云，仿佛要把人们的精神引向宇宙的彼岸，使得整个建筑以一种灵巧、华丽、上升的力量紧紧控制了人们的情感。

此外，教堂内部的空间更加高大、宽畅、明亮，涂金的柱子之间是镶满彩色玻璃的大窗，显得辉煌而神秘。与室内灯火的闪耀交错，映照着千姿百态、玲珑剔透的雕像、雕花，使人们感到无边的崇高与辽远，感受到神权的至高无上。

教堂的外部也极尽装饰之能。高耸人云的尖顶，有如矗立的蜡烛，由细密的拱柱组成的教堂，好像放大了的金银首饰或镂空了的广东象牙雕刻，因为这里到处都是雕刻，到处都是艺术的精雕细琢。整个外观给人一种轻盈、飞舞的感觉，从而引起人们一种向往天堂的情绪。

当这种哥特式风格逐渐流行起来时，各个城市都尽量使自己教堂的设计规模与装饰超过其他城市，以显示自己的富有与强大。这种攀比的风气首先根源于各封建割据势力的浮华、虚荣之心，以及市民阶层的极力拥护。据说，典型的哥特式建筑——巴黎圣母院建造时，巴黎妇女纷纷捐献出自己的金银首饰，与铜铁等融在一起而铸造了塔楼上的那口巨钟。所以说，教堂建筑体现了整个社会的共同努力与创造，是整个城市创造的成果，成为城市的巨大纪念碑。

由于这种攀比之风，哥特式教堂穹隆的高度不断增加，垂直的效果也更加明显，这使得连形拱廊愈来愈大，并且随着垂直线的加高，把尖塔与钟楼都加了上去。几乎所有的哥特式教堂都朝着细长、高耸的方向发展。这样就使得建筑本身丧失了坚固性，极为脆弱，特别是有的建筑往往片面强调精致豪华，修建的时间旷日持久，甚至还未最后竣工就倒塌毁坏了，从而浪费了巨大的财力物力。这种过于浮华、铺张、矫饰的风格同时也引起了一些人的不满，例如，崇尚返归自然的法国思想家卢梭就直言不讳地说：“那些有耐心修筑这种玩意的人，实在是丢脸！”

但是，另一方面，中世纪集结了社会所有精华，经过近 1000 年的积累，政治、经济、文化、艺术等社会各方面都得到充分的发展，而且中世纪是封建宗教统治，统治者推崇基督教，而且能够集结社会上巨大的财力与物力，从而建造出这空前绝后的杰作。这也是古代人民勤劳与智慧的象征。

哥特式教堂的主要典范之作，就是建造于12世纪晚期、完成于13世纪中叶的法国巴黎圣母院，以及同时代的卢昂大教堂等。教堂宏伟高大，装饰之工精巧细致，为历来的艺术家们所赞赏。著名的浪漫主义大师雨果在小说《巴黎圣母院》中曾以一个章节的冗长文字来描叙巴黎圣母院，对这座哥特式教堂典型的建筑与雕刻艺术极尽赞美之辞。著名的印象派画家莫奈曾被卢昂大教堂所吸引，连续画了20多张画，以不同的侧面、不同的感觉展现了这座哥特式大教堂的完美之姿。罗丹更是为了追寻到这种艺术的神秘之美，跑遍了哥特式建筑的故乡——法国，并写出《法兰西大教堂》这本巨著。

除了法国之外，哥特式建筑的精美之作还在英国。英国的建筑师们创造了“装饰式”建筑，这就是直接影响了法兰西与德国的晚期哥特式建筑的“火焰式”。于1350年完毕的埃克希达大教堂就是装饰式教堂中最精美的建筑之一，它以大量的装饰用于建筑，甚至扩及到拱顶，这样的结构有了脱离尖顶拱形的倾向，尤其是中殿半附式柱头的放射性处理，发挥了最大的装饰效能，更完美地展示了哥特式艺术的魅力。

在“哥特式艺术”的时代，绘画与雕刻都有较大的发展与较高的成就，雕刻更为繁荣。因为哥特式建筑本身就是一件精心雕琢的杰作，无论是门楣、经台、僧座、壁龛、门廊、檐口，还是柱头，甚至连排水沟的上面也有浮雕或圆雕之作。而且圆雕又是主要形式，为数之多往往以千万计，这比罗马式艺术时代更为进步。题材内容仍以基督教《圣经》为主，如巴黎圣母院西部中央的拱板浮雕《最后的审判图》、夏特尔教堂的浮雕《耶稣诞生图》等，都是典型的例子，至于立体雕像基督、圣母、使徒等等更是随处可见。在这些宗教题材之外，哥特式艺术更为突出的是出现了一些世俗人物，如法国阿米安教堂的《骑士像》、德国汉堡教堂的《骑士像》等，都是鲜明的例证。此外，更具世俗性的还有农民收获、教师讲课等日常生活场景，甚至民间的神话故事如“狐狸传奇”之类也成了教堂的装饰雕刻题材。更为引人注目的是工匠们在大教堂的墙壁上还创作了以僧侣们为对象的漫画式雕刻，如在羔羊面前做弥撒的狼、穿着法衣对鸡鸭讲道的狐狸、长着驴耳朵的教士等，非常生动、传神、引人发笑。而这些在中世纪前期与中期是根本不可能见到的，因为这是对至高无上的上帝的侮辱，是对上帝的人世代言人——国王、皇帝的最大嘲讽。由此，我们可以看出中世纪文化艺术的逐渐发展，趋于进步、解放的倾向日益明显。

雕刻艺术中最为突出的杰作是德国纳乌堡教堂中一对《捐助人》的圆雕之作。无名的民间工匠在这一对早已逝去多年的教堂捐助人——艾凯哈特与乌塔夫妇的形象中，异常生动地塑造了好像是他自己亲眼见过的骑士与贵妇的典型。艾凯哈特扶着长剑以无比尊严的气度护卫着身旁的乌塔，无比娇贵的乌塔正放低遮挡面颊的领子，似乎准备向人答话，深红色的斗篷、金色的冠冕与淡红的面颊，构成谐和而沉着的色彩，这两个人似乎随时可以从台架上走下来，加入到善男信女的行列中去。尤其是乌塔的雕像使人想起中国麦积山著名的宋塑《女供养人》。两幅作品虽然相距一两百年，但在刻划的真实、艺术概括与装饰手法的统一上，同样达到了相当完美的境界。

哥特式艺术中的绘画除了那些作为书籍插图的“细密画”之外，构成这一时期主要特征之一的就是玻璃画。由于哥特式教堂尽量缩小壁画，以造成一种垂直、峭拔的气势，使得教堂内部的传统装饰手法——壁画已无用武之地。但是哥特式教堂所特有的巨大玻璃窗几乎占据了柱间的整个壁面，从而成为哥特式艺术家们一个艺术独创的机会——染色玻璃窗的兴起。最初的窗花是先用铅条编织成各种物像的轮廓，然后再用小块的彩色玻璃镶嵌而成，所以单线图案与彩色玻璃相结合是其主要特点。染色玻璃窗的颜色比较丰富，基本的色调是红、蓝、紫三种色彩。夏特尔教堂的玻璃画《耶稣传》与希尔日教堂的玻璃窗称得上完美之作。阳光透过宽大的窗子射进教堂，光色缭绕，五彩缤纷，衬托出那一幅幅表现基督、圣母、使徒的作品，恍惚中以为到了仙境。

到了 14 世纪下半叶，由于资本主义兴盛起来，展开了与封建教会制度的斗争，从而掀起了欧洲历史上最为著名的“文艺复兴”运动。中世纪至此结束，作为中世纪最后辉煌的哥特式艺术也成为历史的绝唱。

哥特式艺术是在中世纪几百年间的准备基础之上形成的，主要是源于一种崇拜基督教的兴盛，也是由于几百年持久的战乱使得多民族的文化融合、交汇，从而最终结出了成熟的果实——哥特式艺术。这种无比崇高、雄伟的宗教崇拜的典范之作，成为中世纪各方面能力的最高象征。同时，它也记录了人类自身解放的历程，成为封建社会的终结者，也为伟大的“文艺复兴”作了充分的准备，透露出黎明的曙光。

哥特式艺术送走了神灵，迎来了人性！

哥特式建筑的典范之作——巴黎圣母院

巴黎圣母院是欧洲中世纪最著名的教堂，也是法国最古老的哥特式建筑之一，被称为“中世纪建筑中最完美的花”。公元1163年，教皇亚历山大三世亲自为教堂奠基。历时将近100年，到1250年，教堂大部分建成，后来又几经修缮，直到公元1345年才完全建成。

巴黎圣母院坐落于巴黎附近塞纳河中的城之岛上，入口向西，教堂前面是一个小广场，为市民集市与节日活动的中心，这些在法国浪漫主义大师雨果的《巴黎圣母院》中多有描写。巴黎圣母院是十字形平面构架，宽48米，纵深130米，可容近万人，四排纵向柱子将空间分为宽阔的中厅与狭长的两侧通廊。中厅高约35米，是两侧通廊的三倍半，墩柱承重，屋顶采用了尖券六分肋骨拱，这是哥特式建筑的结构特征之一。两侧和东端外墙建有飞扶壁，以平衡屋顶拱券的侧推力，整个结构体系近似框架式，合理而轻盈。

巴黎圣母院最为著名的是它的立面。在法国有一个古老的说法：要建一个完美的教堂，必须取巴黎圣母院的立面、兰斯的雕塑、夏尔特尔的塔楼和亚眼的中厅。由此可以看出巴黎圣母院立面的华美。巴黎圣母院的正面体现了早期哥特式教堂的典型构图：粗壮的墩柱将立面纵分为三段，两端各是一个高68米的塔楼，南面的塔楼中有一座重达13吨的巨钟。据说，这座钟铸造时加入了许多金银，是当时巴黎妇女为教堂捐献的。北面的塔楼设有387层阶梯，可以拾级远眺。两排横贯的水平雕饰又将这三段连接起来。最下层并列三个尖券门洞，精雕细琢，层层凹进。称为“透视门”。门上刻有描绘《圣经》故事的浮雕，中央为《最后的审判》，是表现“世界末日”到来时耶稣宣判每个人命运的场面，为善者升人天堂，罪不可恕者被打入地狱。左边的一幅是《圣母与圣要的故事》，右边的一幅是《圣母与圣安娜的生活》。门洞上面是一个长条壁龛，供奉着耶稣基督等28位犹太历代帝王像。中间一层正中是一个直径达12.6米的大圆窗，是用整块石料镂空镌雕而成，上面镶嵌着37块彩色玻璃，阳光从窗中射进，绚丽多姿，恍如天堂，南北两侧的尖券形窗户由于券柱结构开得很大，上面用彩色玻璃镶拼成一幅幅《圣经》故事的图画。在教堂的中央，耸立着一座高达90米的尖塔，华丽纤细，自有一种超凡的脱俗的气质。

轻盈的尖券肋骨架拱，高峻的立柱，阔大的窗户，空灵的飞扶壁，削弱了传统建筑的厚重感，造成一种飞跃的动势，而尖券的门窗、华盖、山花进一步助长了这种动势。直刺云天的尖塔把世人的目光引向苍穹，令人产生虔诚仰望的崇敬之情，在那至高处与上帝身心交融。维克多·雨果正是在教堂顶层，在塔楼深处发现了饱含悲痛与沧桑的一个希腊文词汇，它刻在灰暗的石壁上，是坚强有力的笔迹“命运”，维克多·雨果由此触发灵感，写出了感人至深的名著《巴黎圣母院》。

几个世纪以来，巴黎圣母院一直作为法国宗教、政治与民众生活中举行重大活动的场所，每一个时代都在她身上留下了历史的印记。它是欧洲建筑史上一个划时代的标志，成为一种圣洁、凄美力量的象征。

马可·波罗及其游记

马可·波罗（约1254—1324年）出身于威尼斯的商人贵族家庭。他的父亲尼古拉·波罗和他的叔父玛赛·波罗都是威尼斯的富商大贾。在他来中国之前，他的父亲和叔父已经到过中国一次。除了父亲与叔父对他远游中国的影响之外，中国自古代起便开始的中西交通，也给马可·波罗的远行提供了有利的条件。

亚洲和欧洲是毗连在一起的一片大陆，其间并没有什么不可逾越的障碍。然而，由于路途遥远，在交通工具不发达的古代，中国和欧洲之间的交通往来是很困难的。

但中国人自公元前139年至前126年，汉武帝派张骞出使西域以来，便沟通了与西部的交往。公元前119年至前115年，张骞再度出使西域，并遣副使至安息（伊朗）。此后，中国人到西方去的就逐渐增多了。

在汉朝，中国和罗马帝国有一些贸易往来，当时的“丝绸之路”沟通了中国和欧洲，它经过天山、中亚、伊朗、两河流域直达地中海东岸。公元前1世纪中期，中国的丝绸已经成为地中海地区最珍贵的衣料。

公元1世纪，班超再次出使西域，并派副将甘英前往罗马帝国，甘英走到伊朗西部，中途折返。

公元2世纪初期，罗马帝国在东方的疆界已经包含美索不达米亚（西河流域）大部分。于是，罗马商人得以从波斯湾泛海，经印度洋来到东方。公元166年，有一个自称是罗马使臣的叙利亚商人，从现今的越南来中国通好。这是历史上第一次有记载的罗马与中国的直接交通。

及至唐朝（公元618—907年），中国和东罗马帝国已经有商业往来和文化交流，其中最重要的事迹便是中国育蚕泊丝的西传。

公元7世纪到11世纪，阿拉伯人垄断着东方和西方之间的贸易，他们的足迹遍及亚、非、欧三洲。中国的四大发明——罗盘针、造纸术、印刷术、火药，都是经过阿拉伯人之手而逐渐传播到西方去的。但到此时，欧洲人对于中国和其他亚洲国家的情形还知道得不多。

13世纪时，蒙古游牧封建贵族肆行武力扩张，把亚洲的大部分和欧洲东部置于它的控制之下。1237年至1240年，成吉思汗之孙拔都率兵西侵。征服了俄罗斯，在那里建立了钦察汗国。1252年至1260年，成吉思汗之孙旭烈兀率兵征服波斯、两河流域和叙利亚，在亚洲西南部建立了伊儿汗国。这样，蒙古帝国的疆域，在西边就达到了黑海、高加索、叙利亚一带。

这时地中海区域的形势是：第四次十字军东侵（1202—1204年）以后，意大利的威尼斯城邦垄断了地中海东部的航运和贸易。威尼斯的势力范围和蒙古帝国衔接了起来，这些形势都有利于马可·波罗的东来。

而马可·波罗的父亲和叔父的中国之行无疑是马可·波罗中国之行的直接原因，1260年，他的叔父和父亲二人到君士坦丁堡经商，认为如果和新成立的蒙古汗国进行贸易，必有厚利可图。于是他们采办了一批珍贵的货物，渡过黑海，把所带的货物献给了汗国首领，得到数倍于原价的赏赐。后来，他们被邀请一同参见大汗，大汗忽必烈对他们优礼有加，询问了西方国家的一些情况。

他们二位在中国稍事逗留之后，即西行归国，于1269年回到威尼斯，与离别了约10年之久的家人团聚。这时马可·波罗已15岁。

约1271年11月，马可·波罗随同父亲和叔父一起踏上了前往中国的迢迢旅程。1275年5月终于到达蒙古大汗的驻所上都。在1275年至1292年这17年间，马可·波罗和他的父亲、叔父一直在元朝供职，马可·波罗很快学会了蒙古话和汉语，深受忽必烈的器重。他除了在京城大都（今北京）视事之外，还经常奉大汗之命巡视各省或出使外国，他的足迹遗及长城内外、大江南北。后来，他奉命出使南洋，到过越南、爪哇、苏门答腊等地，他每到一处，总要考察当地的风俗民情和物产状况，向大汗报告。

1286 年，波斯汗阿鲁浑的宠妃死了，遗言要由她本族的蒙古贵族之女来继为王妃。忽必烈选定了一位蒙古贵族少女阔阔真，要由海道送往波斯嫁与阿鲁浑，而马可·波罗刚从南洋出使回来熟悉海上航行情况，于是忽必烈便让马可·波罗及其父叔护送阔阔真到波斯，然后便道西归。

1292 年初，这三个威尼斯人连同他们的随从等 600 余人踏上了西行之旅，经过无数的困难，随行 600 人只有阔阔真、波罗家族三人和少数其他人幸存，费时两年又两个月，终于抵达波斯。之后，三个威尼斯人由波斯继续西行，回到了意大利。1295 年末，他们三人回到了其在威尼斯的旧居，此时，他们离家整整 26 年了。他们因从中国带回无数金银和奇珍异物，俨然成了威尼斯的首富。

1298 年，马可·波罗出钱装备了一艘战舰，参加了热那亚与威尼斯因商业利益而引发的战争，并亲自担任舰长，加入了对热那亚的作战，结果威尼斯大败，马可·波罗被俘入狱。

在热那亚狱中，马可·波罗经常向人们讲述他在东方各国的经历。后来他原原本本地讲述了他在中国以及其他亚洲国家的见闻，并由同狱中一位名叫罗思蒂谦的人记录了下来，这便是《马可·波罗游记》或《东方见闻录》。

马可·波罗的《东方见闻录》全书分四部分。第一部分描述了马可·波罗东来时沿途所经过的一些国家和地区，包括亚美尼亚、两河流域、波斯、中亚、帕米尔高原、天山南北等地的风土人情。第二部分记载了元朝初年的政事和大汗忽必烈进行的那些战争，描述了大汗朝廷的威仪和北京、西安、开封、南京、镇江、扬州、苏州、杭州、福州等名城的繁华。第三部分介绍了中国邻近的一些国家和地区的情况，包括日本、缅甸、越南、老挝、泰国、爪哇、苏门答腊、印度和斯里兰卡，此外还提到非洲的阿比西尼亚（埃塞俄比亚）、桑给马尔、马达加斯加等。第四部分讲成吉思汗以后蒙古诸汗国之间的战争和俄罗斯的概况。

《东方见闻录》给欧洲的知识界开辟了一个新天地，人们争相传诵，不胫而走，很快被译成各种欧洲文字。不过当时欧洲还没有印刷业，《东方见闻录》起初都是手抄本。在翻译和传抄过程中，难免有损益。

14、15 世纪欧洲的一些地理学家主要根据《东方见闻录》所提供的地理知识，绘制早期的“世界地图”。据说，这些地图对于哥伦布发现新大陆还有过意外的功劳。因为哥伦布曾细心研读了那本《东方见闻录》，作了批注，1492 年的那次著名航行，原是要来中国和印度，只是无意中到了美洲。哥伦布以为他到了印度，所以称当地土著居民为印第安人。而且一直到他死的时候，他还以为他所到过的古巴岛是马可·波罗所说的日本。在这个意义上可以说，哥伦布是在马可·波罗的影响下开辟了通往美洲的新航路。

达·伽马与麦哲伦

世界上最早探寻新航路的是葡萄牙人。多年以来，葡萄牙人不断派遣探险队沿非洲西海岸向南摸索到东方去的航路。1415 年，葡萄牙人占领了非洲西北角的休达，建立了最早的海外殖民据点，由王子、"航海家"亨利担任总督。此后，葡萄牙人以休达为基地继续向南航行，1419 年侵占马德拉本岛，1431 年侵占亚速尔群岛，1443 年侵占毛里塔尼亚的阿尔吉恩岛。70 年代初，葡萄牙人到达几内亚湾，并穿越赤道进入刚果和安哥拉地区。

1487 年，巴托罗缪·迪亚士沿着非洲西海岸航行遇到大风时，他的船失去控制。随风向南飘去，一连 13 天不见陆地。当风力缓和下来时，迪亚士让他的船向东方航行，但是不久他发现已经在不知不觉之间越过了非洲南端而进入印度洋了，由于船员已经筋疲力尽，乃掉船回去。在归途中他发现了非洲最南端的海角。迪亚士回国后，葡萄牙王命名该海角为"好望角"。这就为开辟通往印度的海上航路奠定了基础。

这些探险与其他几次取道陆路和海路的探险一起，使葡萄牙人成为欧洲地区内对世界地理学和商路最有知识的人。然而，由于政治和财政方面的困难因素，他们在迪亚士绕过好望角后未能继续前进。

这里需要提及的是哥伦布，他是发现美洲大陆的第一人。但他生前一直把他发现的大陆误认为是远东地区，是印度西部的岛屿，因此称之为西印度群岛，并把那里的居民称为印第安人。其实，哥伦布的船队到达的地方是美洲大陆中部、大西洋西岸、中美洲东岸的一群岛屿。这就是人们所说的哥伦布"一个最伟大发现的最大错误"。

真正继承迪亚士事业的是达·伽马。他在 1497 年 7 月 8 日率领四艘海船从葡萄牙启航。他具备一个好的条件，就是已知道“好望角”的纬度。他不是靠近海岸航行，而是远离海岸，这样既无搁浅之险，海风又吹得强烈而均匀。他在安全到达预定的纬度时，便朝正东方向驶去，终于绕过好望角，沿非洲东岸航行，于1498年3月到达莫桑比克。之后继续北上，在肯尼亚由一位阿拉伯水手领航，渡过印度洋，于1498年5月20日到达印度西南海岸的贸易重镇卡里库特。

达·伽马在卡里库特未受到热烈欢迎。居住在那里的阿拉伯商人因他们传统的垄断受到威胁，尽力阻挠这些欧洲闯入者。此外，葡萄牙的贸易货物多半为零碎小物件和羊毛织物，不适合印度市场。事实上，葡萄牙人完全低估了印度文明的水平和高级程度。因此，达·伽马与卡里库特通商之所以有困难，不仅因为当地阿拉伯商人的敌视，更重要的还因为葡萄牙（和整个欧洲）当时生产不出什么能使东方诸民族感兴趣的东西。欧洲制品通常比东方产品质量差、价格高。达·伽马的一位同伴说：“我们没能……使这些货物按我们希望的价格出售……因为在葡萄牙能卖得300里尔的一件很漂亮的衬衫，在这里仅值……30里尔，而30里尔在这里算得上是一笔巨款。”

达·伽马费了很大劲收集了一船胡椒和肉桂，离港回国，于1499年9月到家。这船货的价值相当于整个远征队费用的60倍。这是人类历史上第一次完成从西欧绕非洲来到东方的航行，从而开创了东西方之间最短的海上航路。

当然，葡萄牙人开创这条新航路的目的是为了做买卖，所以他们决心垄断新航路上的全部贸易。为此，他们采取了野蛮的暴力手段。达·伽马曾在后来的一次航行中发现几条从麦加返航的无武装船只，他捕获了这些船只，并且用他的一个葡萄牙同伴的话来说：“在搬空船上的货物之后，禁止一切人将船上的任何摩尔人带出来，然后下令把船烧了。”

经过数千年的地区隔绝之后，使欧亚大陆的两种文化首次面对面的这一划时代的会合，性质就是如此。

葡萄牙人独占非洲去东方航路上的贸易及他们所获得的惊人利润，推动欧洲其他国家的冒险家们寻求到东方去的其他航道。哥伦布寻找中国的美梦虽然连续失败，但人们还是渴望向西航行到亚洲。

斐尔南多·麦哲伦是葡萄牙的贵族，他怀着和哥伦布同样的信念，认为如果绕过南美洲，进人当时所说的“南海”就可以直通东方，到达盛产香料的摩鹿加群岛。葡萄牙国王不支持麦哲伦的计划，于是他在

1517年到达西班牙，西班牙国王给了他资助。1519年9月20日，麦哲伦率领5只船、265名水手从西班牙出发。船队渡过大西洋以后，就沿着巴西海岸南下，到第二年10月，发现了一条水流湍急的水道，麦哲伦初步判断这可能是一条通往“南海”的海峡，船队顽强地坚持在风浪中继续向西航行。经过大约一个月左右的时间，一片浩瀚无际的大海展现在人们的面前。也就是说，他们穿过的确实是一条连接大西洋和“南海”的海峡，人们几十年竭力寻找的这条海峡终于找到了。为了纪念麦哲伦的航行，人们就把这条在南美洲南端的海峡叫麦哲伦海峡。船队驶出麦哲伦海峡继续前进，途中风平浪静，没有遇到过大的风浪，船员们都说，这真是一个太平洋。从此，“太平洋”这个名字就一直沿用到现在。在太平洋上航行的三个多月里，生活非常困难，船员们只能用脏水解渴，用木屑和老鼠充饥。1521年3月，远航队到达菲律宾群岛。麦哲伦因同当地的居民发生争斗而被杀死。他的同伴乘坐剩下的两只船继续航行，在1521年11月初到达了麦哲伦曾经梦寐以求的摩鹿加群岛。他们因为要躲避葡萄牙人的追杀，所以用船满载着掠夺来的香料等物资，经过印度洋，绕过非洲，在1522年9月6日回到了西班牙，终于完成了这次举世闻名的环球航行。整个航行一共经过3年时间，参加远航的水手活着回来的只有18个人。

麦哲伦的航行，是人类史上第一次绕全球航行一周的航行。它彻底证明了地球是圆形的说法，也就是“地圆说”为人类航海和科学事业作出了有益的贡献。

麦哲伦的环球航行，不但对科学的发展和人类对宇宙的认识有着重大意义，而且对于欧洲的经济生活也发生了巨大的影响。它在加快欧洲资本主义发展的同时，也给亚洲、非洲和美洲人民带来了殖民奴役。西班牙人从此深入到中美洲和南美洲的古老文明地区，探索他们垂涎已久的“黄金国”。

发现美洲的第一人——哥伦布

克利斯托弗·哥伦布是世界著名的航海家，因为他曾带领船队横渡大西洋，开辟了美洲航路，成为发现新大陆的第一人。因此，他的名字早已是家喻户晓，尽人皆知。

哥伦布于1451年出生在意大利。年轻时，他就多次参加过短途的航海活动。哥伦布和其他青年一样，喜欢冒险和旅行。

当时的欧洲社会正经历着一场深刻的变革。经过千年的发展，社会生产力有了明显的提高，随着社会经济的发展，欧洲各国流通的都是金币，由于人们对货币需求的不断增加，势必造成了社会上流通的货币奇缺，严重地制约了资本的积累，再加上黄金又是重要的装饰品、财富的象征，因此，整个欧洲出现了黄金热，上至国王下到臣民都在疯狂地寻找黄金。造成了黄金缺乏的原因还在于此前东西方之间贸易的不平等。东方的香料、丝绸、瓷器和其他产品不断地涌入西方，而西方没有与之相交换的产品，只有用黄金和白银来交换，从而导致了金银的大量外流。由于开采技术的限制，欧洲每年的黄金开采量是非常有限的，这远远不能满足人们的需要。而人的欲望是无穷的，作为航海家的哥伦布也不例外。他曾说过："黄金是一个令人惊叹的东西！谁有了它，谁就可以为所欲为，做到一切。有了黄金，可以把灵魂送上天堂。"恩格斯也曾说过："葡萄牙人在非洲海岸、印度和整个远东寻找的是黄金；黄金是白人刚踏上一个新发现的海岸时所需要的第一件东西。"

意大利旅行家马可·波罗在他的《马可·波罗游记》中把东方描写得非常富有，黄金遍地，香料盈野。当时到东方可不是一件容易的事，要历经千难万险。11世纪时，欧洲封建主曾有过十字军东征，企图到东方掠夺一番，结果伤亡惨重。

但是，时间已经到了15世纪末，英国、法国、葡萄牙、西班牙等国家纷纷崛起，当时的天文地理知识也有了很大的发展。人文主义者重新发现的古希腊人关于大地是一个球形的学说，在当时也已被不少人所接受，再加上欧洲的造船技术的日益成熟，中国发明的罗盘针在欧洲的广泛应用等等，都为远程航海提供了便利的条件。于是便有了一些冒险家们为了金闪闪的黄金驾起了远航的风帆。最早探寻通往印度航路的是葡萄牙人迪亚斯，早在1487年他就到达了非洲的最南端的海角——好望角。虽然没有得到大量的黄金，但给那些跃跃欲试的冒险家们带来了很大的鼓舞。哥伦布当时已经是一个很有航海经验的水手了，他也蠢蠢欲动，决心去远航，探寻新的航路，并为此制定了一个海上探险计划。

有趣的是他计划从西欧出发一直向西航行，目的地是东方的中国、日本及印度。当时的地圆说虽已广泛地流行，但关于地球之大小及陆地、海洋的距离，尚在臆测和估计之中。哥伦布的这个计划是建立在对于地球距离的错误估计上面的。他所依据的估计有二：第一是马可·波罗对于亚洲东西两端之间的距离及对于日本与亚洲大陆之间的距离的估计（他估计为1500英里），第二是托勒密对于地球周围长度的估计。事实证明，这两个估计都是错误的。他由此得出错误的结论：从西欧经过大西洋到日本去的距离不足3000英里，向西航行是西欧到亚洲的捷径。而当时葡萄牙人根据精密的计算，正确地认为到东方去的最短途径是从西欧出发，绕非洲南端，然后折向东北方向航行。因此，当1484年哥伦布向葡萄牙王室提出他的航行计划时，遭到了拒绝。但他没有放弃自己的雄心，他虽然多次碰壁，但仍四处寻求资助。直到两年后的1486年，他来到了经济基础强大的西班牙王宫，向国王再三恳求，当时的女王伊萨贝拉由于对于地理知识的无知，再加上当时西班牙经济的强大，早有向外扩张的野心，终于接受了他的计划。1492年4月17日，西班牙国王和哥伦布签定了一个协定，即“圣大非协定”。该协定答应提供一切人力、物力和封他为新发现岛屿和土地的统治者。并把新土地总收入的1/20授予哥伦布，但新土地的所有权属于西班牙。哥伦布欣然答应了这些条款。这里出现一个既饶有兴味又耐人深思的历史“假若”的问题：幸亏哥伦布作了一个错误的估计，假若他估计正确的话，他一定不会向西航行，从而也就发现不了美洲新大陆。历史的客观后果，往往是超越了参与其事的历史人物的估计。

1492年8月3日，哥伦布率领3艘帆船，从西班牙的巴罗斯启航，航员中有可靠的水手和有能力、有经验的军官。他们9月6日离开加那利群岛，扬帆出海。他的船队由3艘大帆船和87名水手组成。哥伦布指挥着船队一直向西航行，他对途中的每一群海岛、每一片水草都仔细观察，不放过一点线索。幸而一路上都是顺风，航行得很顺利。但是一天天一周周地就这样在企盼和等待中过去了，所见到的仍是烟波浩淼的汪洋，连陆地的影子都看不到。水手们越来越不安。为了安慰疲惫不堪的大家，哥伦布向他们谎报了航行的距离。其实连哥伦布自己也发愁了，因为按照他的原计划应早已到达日本了。10月9日他向众人宣布，如果3天之内仍看不到陆地，就转回去。10月12日凌晨，就在船员们怨声四起、绝望至极之时，历史的时刻终于到来了。突然听到船员一声惊叫：“啊！陆地！”大家都纷纷涌向船头，屏息目视前方，远远的水天相接处有一个黑点，黑点越来越大，果然是一个海岛。大家高兴得犹如绝处逢生，一同舍舟登岸。面对繁盛的草木，哥伦布欣喜地宣布这里为西班牙的土地，并命名为圣·萨尔瓦多岛。圣·萨尔瓦多意为救世主，其实这个岛屿就是现在的巴哈马群岛中的华特林岛。哥伦布以为他已经到达了印度，所以把当地人称为印第安人。对于人类来说，这是一个关系到世界历史重大转折的时刻，因为发现了美洲新大陆，从而也就打开了新旧大陆之间不知经历了多少个世纪的闭塞。

哥伦布在离开圣·萨尔瓦多后。没有向西而是向南继续航行，到达了附近的古巴和海地。然而令他失望的是，这里并没有他想像中的黄金和香料，只是有许多他从未见过的动植物和风土人情。但是，哥伦布却以殖民者的身份在那里建立了据点，用廉价的欧洲商品换取印第安人的贵重物品。而印第安人把这些远来的白人当作宾客来热情地款待，万万没有提防他们的野心。而正是这些人宣布了他们灾难的到来，因为哥伦布把欧洲的先进武器——大炮和火枪带到了岛上，开始了对岛上人民的疯狂的血腥统治。

1493 年 3 月 15 日，哥伦布为了显示他的成功，他带着掠夺来的财富和 10 个印第安人返回西班牙，向欧洲人宣布他已经找到了通往印度的航路。这在当时引起了轰动，哥伦布得到了国王的礼遇，成为了西班牙的贵族。

西班牙君主热心支持哥伦布的航海事业，又拿出大量资金，帮助他继续进行远征。

1493 年，哥伦布率领一支大舰队，又离开西班牙扬帆出海。这个舰队有三桅船、轻舰和双桅船，总共 17 艘。这次远航的目的不是开辟新的贸易市场，也不是征服东方的王国，而是到伊斯帕尼奥拉（海地）岛上定居，建立一个既采矿又从事农业的殖民地，并以这个殖民地为基础到中国及印度去。这个殖民地建立起来后，他当上了第一任总督。由于他缺乏管理的才能，这个殖民地没有兴旺起来。

哥伦布一直到逝世前，一直认为这是亚洲的一个海岛。后来一个叫亚美利加的意大利冒险家于 1499 年也率船到达美洲。他穿过了中美洲大陆，看到了浩瀚无际的太平洋，从而证实了哥伦布发现的并不是印度，而是欧洲人过去不知道的一个新大陆。后来，人们就把那里称为亚美利加洲，即美洲。

哥伦布虽然生前没有认识到这是一块新大陆，但客观结果却超出了他的主观认识。他的冒险活动仍称得上是世界航海史上的一次壮举，是世界交通史上的大事。他当之无愧地称得上是发现美洲新大陆的第一人。其结果是使东西方的文化进一步得到交流和碰撞，同时也使西方殖民主义者的殖民活动更加猖獗起来。

“羊吃人”的圈地运动

15世纪的英国还是一个农业国，每一块土地早已有了自己的主人。为什么能出现圈占土地的情况呢？说起来的确让人匪夷所思。但从历史的角度来看，它发生在英国却是必然的。

在15世纪以前，英国的生产主要还是以农业为主，纺织业在人们的生活中还很不发达。到了15世纪末，随着西班牙和葡萄牙人对新航路的开拓，国际间贸易的扩大，在欧洲大陆西北角的佛兰得尔地区，毛纺织业突然繁盛起来，毛纺织品成为国际市场最畅销最赚钱的商品，进而使得毛纺业成了英国的主要工业。

毛纺织业的迅猛发展，使得羊毛的需求量逐渐增大，市场上的羊毛价格开始猛涨。英国是西欧大陆边缘上的一个岛国，境内多山地，气候湿润，非常适合养羊业的发展。自然条件的优越自然而然地使英国成为一个养羊大国。这时的英国除了满足国内的需要外，还可以满足国外的羊毛需要。而贵族地主们也越来越认识到养羊业比农业更有利可图。这时，一些有钱的贵族便开始投资养羊业。

养羊需要大片的土地。贵族地主们开始经营起资本主义的牧场，他们用暴力把原来租种他们土地的农民赶走，甚至把他们的房屋拆除，把可以养羊的土地圈占起来。一时间，在英国到处可以看到被木栅栏、篱笆、沟渠和围墙分成一块块的草地。被赶出家园的农民，则变成了无家可归的流浪者。这就是英国著名的圈地运动。当时一位著名的作家托马斯·莫尔在一本叫作《乌托邦》的书中把这种现象比喻为“羊吃人”。他说：“绵羊本来是很驯服的，所欲无多，现在它们却变得很贪婪和凶狠，甚至要把人吃掉，它们要踏平我们的田野、住宅和城市。”这个简洁、真实、鞭辟入里的概括，正是对资本原始积累罪恶的控诉和揭露。

圈地运动首先是从剥夺农民的公用地开始的。起初，他们所圈占的仅是森林、草地和沼泽等公用地。但随着毛纺织业进一步发展的需要，圈地的规模越来越大。他们开始采取各种方法，把那些世代租种他们土地的农民赶出家园，甚至把整个村庄和附近的土地都圈起来，变成养羊的牧场。到16世纪，圈地面积竟占了英国土地1/2以上。

曾有一群农民在向国王控诉一个叫约翰·波米尔的领主的上诉书中写道：

“这个有权有势的约翰·波米尔用欺骗、暴力占有您的苦难臣农——我们的牧场，这些土地是我们世代所拥有的。他把这些牧场和其他土地用篱笆围上，占为自己所有。

“后来，这个约翰·波米尔又强行夺取了我们的住宅、田地、家具和果园。有些房屋被拆毁，有些甚至被他派人放火烧掉，我们被强行驱逐出来。如果有谁不愿意，波米尔就率领打手包围他的家。这些人手持刀剑、木棒，气势汹汹，凶猛地打破他家的大门，毫不顾忌他的妻子儿女的号哭。

“约翰·波米尔为了圈占我们的土地，不惜将我们投入监狱，毒打、致残，甚至杀害。我们现在连生命都难保全。”

在这种强行的圈地运动中，农民以前以各种形式租种的土地都被贵族强行圈占了。他们的牧业庄园变得越来越大。

而那些被驱赶出家园的农民，宁肯当乞丐和流浪者，也不愿到工厂里当工资劳动者，受资本家的压榨。在延续了300多年之久的（从15世纪70年代到19世纪末）圈地运动过程中，英国国王虽然也进行了一定程度的限制，颁布了一些限制一地运动法令，但鉴于这种情形，英国国会最终还是在1688年批准圈地为合法行为。累计国会通过的有关圈地法案达2500件之多。

通常，那些流浪的农民一旦被抓住，就要被绑在马车后面，被鞭打得遍体鳞伤为止，然后送回原籍“从事劳动”。如果该流浪者再次被捕，就要被割去半只耳朵。如果第三次发现他仍在流浪，就要处以死刑。

后来，英国国会又颁布了一个法令，规定凡是流浪一个月还没有找到工作的人，一经告发，就要卖为奴隶，他的主人可以任意驱使他从事任何劳动。这种奴隶如果逃亡，抓回来就要被判为终身的奴隶。第三次逃亡，就要被判处死刑。任何人都有权将流浪者的子女抓去做学徒，当苦役。

圈地运动的合法化，使得贵族地主们更加肆无忌惮地对农民进行驱赶和迫害，广大农民被迫离开土地进入城市成为城市无产者。迫于生计，他们不得不进入生产羊毛制品的手工工场和其他产品的手工工场，成为资本家廉价的劳动力。在这种非人的手工工场里，工人的工资是十分低廉的，而且每天则要工作十几个小时。这时，英国农民的人数已经减少到了有史以来的最低数量。

从 16 世纪 30 年代开始的英国宗教改革，更加速了剥夺农民土地的进程。亨利八世先后废除了 3000 座以上的天主教堂和寺院，没收了教会的土地，把教会的一大部分地产随意赏赐或分发给王公大臣，这些人把旧的世袭佃户大批赶走，使农民陷入绝境。

广大农民为了反抗圈地和政治上的迫害，掀起的起义运动也是此起彼伏。其中著名的有 1536 年至 1537 年林肯郡和约克郡的农民起义、1549 年诺福克郡罗伯特·凯特起义等。但这些起义最终在英国王朝统治者的血腥镇压下都先后失败了。

但是，农民的反抗斗争却动摇了封建统治，迫使斯图亚特王朝的统治者开始照会禁止圈地。到了 18 世纪，声势浩大的圈地运动逐渐走向尾声。

总之，圈地运动作为一个历史现象，它的出现并不是偶然的，是与英国当时的政治、经济发展分不开的，我们应该用历史的、辩证的观点来审视这一历史现象。正如马克思在《资本论》中说的那样："掠夺教会地产，欺骗性地出让国有土地，盗窃公有地，用剥夺方法，用残暴的恐怖手段把封建财产和克兰财产变为现代私有财产——这就是原始积累的各种田园诗式的方法。"圈地运动为英国资本主义的发展提供了有利的条件。这种"羊吃人"的圈地运动为它准备了大量的、除了自己的劳动之外一无所有的廉价劳动者。

天才星空观测家——第谷

近代天文学观测是以伽利略发明天文望远镜为转折的。在此之前，人们只是利用肉眼观察，尽管拥有各种各样的仪器，但大都是定位计量所用，而起不到望远镜的作用。

在肉眼观测星空的时代，有一位杰出的天文学家，他堪称肉眼观测星空的最后一人，也是极杰出的一位，他就是丹麦天文学家第谷。第谷全名第谷·布拉赫，1546 年生于丹麦一个贵族家庭。

有意思的是，第谷是托勒密地心说的忠实信奉者，但他的观测，却为哥白尼的日心说发展开辟了道路。

第谷 13 岁时便受到良好的学院教育，进入丹麦最著名的大学——哥本哈根大学。起初，他在那里学习哲学和法律，这使得他的头脑具备了较好的理论思想基础。但当他 14 岁那年，也就是 1560 年，他的兴趣发生了转变。当年，天文台预报 8 月 21 日会发生日食，第谷由此感到好奇，结果确实发生了日食，他被神秘的天文科学迷住了，决心探索宇宙的规律。

就这样，第谷改学数学和天文学。从 1563 年开始，他自己购买仪器进行天文观测。第二年，第谷就发现了一个天文学界的错误，即实际上木星与土星的运动与当时流行的星表是不一样的。这样一来，第谷更坚定了自己的天文学研究信心。

1572 年 11 月 11 日，秋夜明朗，星空灿烂。第谷趁着大好时机，勤奋工作，持续观察。天空中突然出现了一颗明亮的星。以前从未发现过这颗星，现在却出现在仙后座，异常明亮。第谷惊讶了，因为传统的亚里士多德的观点认为星空是完美不变的。他于是跟踪观察这颗星，废寝忘食，夜以继日。

这颗亮星竟然一天比一天亮，成为天空最亮的星，比金星还要耀眼。到白天阳光明媚时依然能见到这颗亮星，直到一年多之后，这颗奇怪的星才消失了。

第谷发现这颗星没有运动，所以认为是一颗恒星。第谷发明了用“新星”一词来说明这种星，他还估算出这颗星十分遥远。直到现在，人们还沿用第谷发明的词来称呼这种现象。其实，第谷观测到的是恒星转变过程的一个环节。恒星也有生有死，有形成有毁灭。恒星到了晚期，在就要衰灭之前，会有一段时期的剧变，导致其光芒大增，这就是超新星。为了纪念第谷，人类科学史上明确观察的第一颗超新星便被命名为“第谷新星”。以前的古籍即使有记载，也不是科学意义上的发现和观测。

根据自己的观测，第谷写成《论新星》。此书的出版引起天文学界的极大重视。丹麦国王腓特烈二世也得知这一消息，他不想让优秀人才外流到当时的天文中心德国，于是请第谷主持一个天文台工作。

在维文岛上，国王专门修建了天文台，第谷亲自主持。这个天文台 1580 年落成，是近代天文学史上第一个真正的天文观测台。

第谷在皇家天文台工作了将近20年，直到腓特烈死后。这个研究基地在第谷的积极努力下，成为世界闻名的天文中心，在天文观测的细致性等方面，达到了最高水平。第谷本人制造了很多精密的天文仪器，他创造的赤道式天文仪器更是首创，成为近代天文装置的雏形。

1577年，第谷观测了当时的一颗大彗星。他证明了这颗彗星在月球之外，至少是地球到月亮距离的3倍。这个看法又驳斥了流行的亚里士多德观点，亚里士多德认为，彗星是大气现象，是月下世界所发生的事情。第谷进一步还指出，彗星穿越行星天空。这样一来，希腊宇宙论中的水晶天球概念就被动摇了。因为彗星的穿越而打破了固定的一层层轨道。但第谷内心是不愿意打破地心说体系的，他提出了一个折衷体系，没有进一步探讨彗星轨道的自然原理。保守的世界观阻碍了科学规律的发现。例如，恒星没有视差本来有两种可能：一种是恒星过于遥远，一种是地球根本不动。第谷宁可相信地球静止不动，也不愿打破神学的地心说而思考前一种可能。

尽管如此，第谷还是取得了惊人的成就，他提出的折衷体系就承认五颗行星绕太阳运动。这一点和哥白尼的思想不谋而合。

第谷的观测推动了历法改革。1582年，基督教更改了多年来使用的儒略历，颁行了格里高里历，就是建立在第谷的工作之上的。第谷还发现了黄赤交角的变化，月球运动的二均差。他的观测还直接导致了世界最先进星表的绘制。

1588年腓特烈二世去世了，新任国王克里斯蒂安与第谷不和。因为第谷在平常生活中脾气不好，常与人争强好胜，而且他的贵族出身也使他免不了带有骄傲自大的毛病。

1597年，第谷失去了皇家资助。德国国王鲁道夫二世邀请第谷到布拉格，就这样，第谷搬往布拉格，带走了全部仪器和资料。

由于落后的世界观，第谷虽然积累了大量足以发现震惊世人的规律的资料，但却没能从中发现真正的星空规律。而这一切，被他的学生和助手开普勒完成了。

第谷与开普勒的合作堪称佳话。第谷虽然很傲慢，但当他在布拉格想寻找助手时，收到了一个平凡不闻名的青年的来著作《宇宙的奥秘》。他很欣赏青年的科学精神和事业心，同时被青年的来信所打动，于是二人在一起密切合作了。这个不出名的青年就是开普勒。他二人信奉的观念不同，第谷信奉地心说，开普勒信奉日心说，但却在工作上合作无间。

第谷毫无保留地把珍贵资料全给了开普勒，并委托开普勒编制行星运行表。1601 年 10 月 24 日，第谷因病去世。他喃喃地说：“我多么希望我这一生没有虚度呀!”

1602 年，开普勒不负重托，将第谷的成绩整理出版，使人们永远铭记这位杰出的天文观测家。

马丁·路德与德国宗教改革

提起宗教改革，势必会说起德国的马丁·路德。这次宗教改革是 16 世纪首先爆发在德国、随后迅速席卷西欧的一次大规模的、意义深刻的社会政治运动。它由新兴资产阶级所发动，得到了广大农民和城市平民强有力的响应，个别国家的君主大力支持，部分下级贵族也积极投入，对封建的天主教会展开了猛烈的冲击，促使天主教会发生分裂，涌现了反映资产阶级要求的基督教新教派。

德国宗教改革是欧洲宗教改革的一个突破口。它之所以首先爆发在德国，是与德国存在的特殊的经济政治情况分不开的。

15 世纪末和 16 世纪初，德国经济有了显著的发展。封建经济仍占统治地位，但个别工业部门已经出现资本主义生产关系的因素，出现了分散型甚至少数集中型的手工工场。其经济发展的突出特点是它的不平衡性。德国的大部分城市多分布在边境地区，注重国际贸易，对外联系一般多于对内联系。德国没有形成全国统一的经济中心。这种分散性的经济特点成为影响德国经济发展的主要障碍。

经济的分散性影响了政治的发展。与当时已经形成中央集权制的英、法不同，德国从中古以来形成的分裂割据局面依然存在。

德国在天主教世界是受罗马天主教会榨取最多的地区，也是劳动人民最受剥削的地区，因而是灾难最为深重的地区。这就使得 16 世纪初的德国社会的主要矛盾仍然是封建势力和广大人民群众的矛盾。而封建制度又被罗马天主教会罩上神圣的灵光。因此要反对封建制度必须首先反对教会，德国第一次反封建的资产阶级革命只能采取宗教改革的形式。正是因为在德国，民族压迫、阶级压迫与宗教压迫交织在一起，这就是为什么宗教改革首先爆发在德国的原因。

在德国宗教改革中，首先发难的是马丁·路德（1483—1546）。他出身于萨克森一个富裕的市民家庭。18岁时进入爱尔福特大学学习，后来转到维登堡大学。这期间，他深受人文主义和唯名论思想影响。大学毕业后，他进入爱尔福特奥古斯厂修道院做修士。1508年，路德以神甫身份在维登堡大学讲学，后来成为神学教授，并担任维登堡修道院副院长和图林根地区部分修道院的监督。在这期间，他探讨了人文主义、城市异端以及宗教改革家约翰·威克里夫和约翰·胡司等人的学院。1510年和1511年两次访问罗马，目睹了罗马教廷的腐败。所有这些因素，促使他逐渐改变了对天主教会的传统观念，并决心从事宗教改革。

16世纪初，历届罗马教皇都利用赎罪券为其聚敛钱财。1517年10月，教皇立奥十世派特策尔去德国兜售赎罪券，他们直称，当钱币扔在钱柜中叮当作响的时候，灵魂即会应声飞入天堂。这种敲诈勒索的伎俩，促使德国人民觉醒，激起路德的愤怒情绪。当他在《圣经》的《福音书》中看到了早期基督教会的民主、平等精神时，耳目为之一新。《福音书》告诉他：耶稣基督之死，业已代人类在上帝面前赎了罪，信徒只要相信耶稣，就可以得救。换言之，他从《圣经》中悟出了“信仰耶稣即可得救”的道理。具体说来：第一，人要想自己的灵魂得救，要依靠个人的虔诚的信仰，而不需要教会神职人员的干预；第二，信仰的惟一依据是《圣经》，而不是天主教会一手翻定的神学。实际上，这就是否定教皇的权威，而肯定《圣经》的权威。

1517年10月30日，马丁·路德起草了名为《关于赎罪券的功效》的95条论纲，第二天贴在维登堡教堂门口，公开抨击贩卖赎罪券的行为，并宣布他的宗教主张是：信徒得救既不靠教皇，也不靠圣礼，而是靠对基督的虔诚信仰，只有信仰上帝，与上帝直接打交道，灵魂才能得救。在这里，路德不仅否定了贩卖赎罪券的行为，而且也否定了教皇和圣礼，从而触动了天主教会的根本。但是论纲并未直接针对教皇，为与教皇妥协留有余地。反对罗马天主教会的德国人民，却按照自己的意愿来理解论纲，各阶层迅速起来响应。如火如荼的德国宗教改革的群众运动爆发了。农民、平民群众奋起反对教会，市民、骑士，甚至还有部分诸侯也卷入了反教会的浪潮。论纲成为动员群众起义的纲领，路德成为宗教改革运动的核心人物。

路德的信仰得救思想的传播和发展必然与教皇和教会的权威发生冲突。群众把论纲由拉丁文译成德文，人人争相传诵，迅速传遍全国和基督教世界。群众普遍关心的是改革旧教，创立新教；改革旧的社会秩序，建立新的社会秩序。1519 年 7 月，改革深入发展，终于促成路德与教皇的分裂。此时在莱比锡举行了路德及其信徒与教皇代表的公开辩论。辩论中，路德公开否认教皇权力是神授的，不承认教皇是上帝的代表。认为信徒不服从教皇，而信仰上帝同样可以得救。他指出宗教会议的决议也会有错误：康士坦茨宗教会议宣布胡司为异端就是错误的，胡司的思想中有许多是基督教的真理。这种公开否认教皇和宗教会议的主张，使得路德开始走上与罗马教皇决裂的道路。

1520 年是路德革命精神的最高峰。这年年初，路德公开号召人民用百般武器讨伐教皇、枢机主教和大主教等，把它们统称为“蛇蝎之群”。6 月间他又发表了一篇战斗檄文，即《罗马教皇权》，断然喊出将罗马教会势力从德国驱逐出去的口号。路德在德国人中名声大震。在这一年路德先后又发表了几篇重要文章，即《致德意志民族的基督教贵族公开书》、《论基督教自由》和《教会被掳于巴比伦》。前者是路德的政治纲领，后二者是路德的宗教纲领。在《公开书》中，路德号召德意志贵族联合起来，反对教皇，走法国的道路，实现民族独立；主张德国不能再忍受教皇的劫掠和搜刮，停止向罗马教廷缴纳教会的一切收入；提出向教皇要求政治、经济、宗教和文化等方面的独立权利。路德政治纲领中的一个重要问题是“信仰得救”。基督徒只要以《圣经》为依据，虔诚地信仰上帝，他的灵魂就一定能得救。至于信仰是什么？路德虽然没有清晰的解释，但也不排除激进的思想。稍后路德又强调信仰自由和思想自由，这对冲破天主教的桎梏、解放人们的思想具有深远的意义。路德主张简化宗教仪式，只保留洗礼和圣餐两种圣礼，减少宗教节日，允许神甫结婚，反对奇装异服等等。

1520 年 6 月，教皇发布训令，斥责路德的学院为异端邪院，并限令路德在 60 天内承认错误。路德则宣布，教皇的训令是“反基督”的，称教皇为“怙恶不悛的异教徒”。同年 12 月 20 日，路德在维登堡把教皇的训令当众投入火中。路德对教皇的蔑视和反抗达到一个新的高度。

1521 年 4 月，教皇与皇帝查理五世勾结，在沃姆斯召开帝国会议，要路德去承认错误。路德在会上宣称：“除了根据《圣经》证明我是错的外，我现在不会、将来也不会后退。”皇帝发布诏令，逮捕路德。

在沃姆斯会议后，路德便被萨克森选侯腓特烈保护起来，一个时期他在瓦特堡过着世俗的生活，留了长发，因为他不再是天主教修道士了。

他仍孜孜不倦地写信或写文章，热心地宣传自己的教义。这个时期他还从事《圣经》的翻译，把它译成德文，所依据的是未被篡改的希伯莱文及希腊文原本。他的德文《圣经》译本在德文发展史上占有重要地位，因为他在文章结构、词汇和文字表达等方面都有创新，为德文立下了规范，对于德文的发展起了巨大的作用。1543 年，路德翻译的德文《圣经》面世了，海涅认为他对《圣经》的翻译是“创造了德语”。

1546 年 2 月，路德死于其出生地萨克森的艾斯勒本，享年 63 岁。

伟大的农民战争

1524 年至 1525 年，德国爆发了声势浩大、波澜壮阔的农民战争，它是宗教改革运动的深入和发展。这次农民战争遍及德国大部分地区，全国约有 2/3 的农民参加了斗争，这在德国和西欧的历史上是空前的。这次农民战争有三个中心，即士瓦本、法兰克尼亚、萨克森和图林根。西部的阶尔萨斯，东部的提洛尔、卡林提亚等地也都爆发了起义。

1524 年夏，士瓦本南部地区首先爆发了农民起义，起义队伍迅速扩展到 3000 多人，起义农民拒绝向领主缴纳赋税和服劳役。年底，闵采尔来到这里。在这以后，接近闵采尔的起义者起草了第一个纲领——《书简》，对城乡贫苦的群众遭受僧俗领主和政府的压迫进行了强烈的控诉，并强烈谴责了贵族、僧侣的特权地位，号召用人民的力量，清除封建领主，建立公正的秩序。这个纲领的基本思想是打倒现存的统治阶级，并由普通人掌握政权。

1525 年 3 月初，起义队伍在整个士瓦本地区迅速扩展，组织了 6 支农军，总数达三四万人。其中，有不少闵采尔的信徒，他们成了起义队伍中的核心和骨干。3 月 6 日至 7 日，3 支农军队伍在门明根实现联合。3 月中旬，占据优势的温和派为与敌人谈判，提出了有名的门明根“十二条款”。它主要反映富裕农民的利益，要求废除农奴地位（第三、第十一条）、减轻苛税和徭役（第六、第七条）、归还被领主侵占的公社附属地。“十二条款”尽管带有温和的色彩，仍在农民中间得到广泛的传播，农民按革命精神理解十二条款的具体要求，使它成为反封建斗争的纲领。士瓦本农军尽管人数众多，声势浩大，但内部意见分歧，行动不一，斗争不力，4月底为诸侯军队司令官特鲁赫泽斯的谈判和镇压两手策略所击败。

在法兰克尼亚地区，1525年3月末爆发的农民起义，规模最大，斗争也最激烈。起义农民组成几支农军，达30万人。他们占领了几百个城堡和修道院，惩办了他们痛恨的封建主。但起义队伍成分比较复杂。革命形势的迅速发展，使许多骑士混进起义队伍，有些甚至窃踞了领导地位。这里有许多中小城市，在起义高潮时，大家纷纷投到起义一边，城市贫民积极支持农军，并从城市内部配合斗争。但是市民阶级，特别是希望与贵族结成同盟的分子，企图利用农民运动来达到其本身的目的。1525年4月下旬，反映市民阶级利益的文德尔·希普勒取得了一支农民联军的领导权。并邀请骑士担任联军统帅，进而解除了农民领袖对联军的领导。5月，在海尔布琅城召开农民军的代表会上，希普勒提出了一个纲领，被称为《海尔布琅纲领》，又名“帝国改革纲领”。纲领提出一切政权必须服从帝国皇帝，剥夺僧侣的世俗权力，规定了全帝国的立法和以等级代表为基础选出的法庭；统一度量衡，统一币制，取消商税、过境税、食品税以及其他苛捐杂税，保护商路安全；允许农民赎买封建义务，赎金等于常年租金的20倍。《海尔布琅纲领》规定的一系列有利于市民阶级发展和使帝国集权化的条款，具有一定的进步意义，但在当时却无法实现。1525年5月，特鲁赫泽斯进入法兰克尼亚地区，首先镇压了维尔茨堡的暴动。海尔布琅的城市贵族见风转舵，开始与特鲁赫泽斯谈判，并为其军队打开城门。希普勒逃走。6月，维尔茨堡市民投降官军，特鲁赫泽斯镇压了法兰克尼亚最后一支农民起义军。

在萨克森和图林根地区，由闵采尔直接领导下的农民起义斗争最为英勇坚强。这个地区的采矿业比较发达，除农民外还有许多矿工参加起义。缪尔豪森城是该地区起义活动中心。1525年3月17日，缪尔豪森的平民和矿工推翻了城市贵族的统治，建立了普通人掌权的“永久会议”。闵采尔是这个革命政权的实际负责人。随后，起义浪潮迅速扩展到整个图林根和萨克森地区，声势浩大。诸侯贵族惊慌失措，急忙调兵。4月底，由黑森邦伯爵菲力浦统率一支官军向缪尔豪森发动进攻。闵采尔组织一支8000人的起义军进行抗击。由于起义军缺乏武器和训练，又缺乏作战指挥经验，于5月16日被官军击败。5000多人惨遭杀戮，闵采尔受伤被俘，遭受严刑拷打，英勇不屈，从容就义。5月25日，缪尔豪森城投降，并入萨克森公爵领地。

上述三个地区的农民起义失败后，农民战争基本结束。只有个别地方分散的起义仍在继续，有的甚至坚持到1527年。

由宗教改革所引发的德国农民战争，是德国早期资产阶级革命的组成部分。它的任务是摆脱罗马教廷的剥削和干涉，消灭封建割据，实现国家的统一；主要革命对象是教皇和诸侯；革命的主力是农民和平民，市民则是一定时期内的革命同盟军。农民战争的杰出领袖闵采尔的革命理想是先进的，革命意志是坚定的，身处危境，宁死不屈，壮烈牺牲，表现了一个革命者的坚贞气节和崇高品质。

农民战争失败后，农民的处境更加恶化。在战争中数以十万计的农民惨遭杀戮，农民所争得的果实被全部剥夺。封建主变本加厉地压迫和剥削农民，农奴制又在德国死灰复燃，不仅南部的农民，而且北部和东部的自由农民全部降到农奴地位，担负着沉重的徭役和租税。

德国农民战争的事实表明，苦难深重的农民阶级是民主革命的主力军。他们前仆后继，浴血奋战，表现得十分英勇。但是这个阶级由于小生产的局限性和分散性，使他们眼光短浅，组织纪律性差，乡土观念较重，往往在紧要关头畏缩不前，各支义军之间不能协同作战、互相支援，结果被敌人各个击破，最后全局失败。这次农民战争的经验表明，农民阶级是不可能单靠自己的力量取得革命战争胜利的，必须在其他先进阶级领导下，农民才能完成革命战争的历史任务。

16世纪的德国，能够领导农民的资产阶级和无产阶级都处于萌芽形成的时期，发展不够成熟，不可能担负起革命领导阶级的使命。路德、希普勒和海尔布琅的市民阶级是如此，闵采尔及其革命战友也是如此。恩格斯指出，德国农民战争所以失败，主要是由于最有利害关系的集团即城市市民的不够坚决。农民阶级只有在无产阶级的领导下，结成工农联盟，才能取得彻底胜利和真正解放。

从这次宗教改革和农民战争中惟一获得好处的是封建诸侯集团。他们在群众反对教皇和教会的斗争中，大大加强了自己的政治和经济地位。他们夺取了大部分教会财产，加强了对农民和城市的压榨，牢固地控制了割据地方的封建贵族势力。他们利用路德的宗教思想巩固自己的实力和地位，并最终使路德宗教会成为手中的驯服工具。1530年，帝国议会在奥格斯堡开会，路德派应皇帝指令，向议会提出正式信仰声明。于是在路德指导下，由其信徒梅兰希顿起草，向议会提出路德教的信仰纲要，即有名的《奥格斯堡信纲》。这个声明是由路德在会上亲口宣读的。信纲除绪论外，共28条，重申“因信称义”（即信仰得救）和反对教皇最高权威的著名思想，并规定教徒必须服从当时的国家政权和法律，遵守各项社会制度。天主教会和皇帝反对这项声明，要求路德撤销，路德不服，将声明用德文和拉丁文同时公布，故亦称“奥格斯堡告白”。后来这个声明成为路德教的信仰纲领。这个信纲标志着路德教成为诸侯官方的宗教，诸侯成为本国教会首领。路德教的确立和发展，在各方面都有利于诸侯的集权地位。

德国农民战争虽然失败了，但它沉重地打击了天主教会在德国的势力，从而使天主教会再也不能恢复以前的地位。农民战争显示了农民群众的伟大力量，也给后人留下了宝贵的教训。1856年4月16日，马克思在致恩格斯的信中写道：“德国的全部问题将取决于是否有可能由某种再版的农民战争来支持无产阶级革命。如果那样就太好了……”无产阶级革命只有在农民的支持下才能取得胜利的工农联盟思想，是马克思主义革命理论的一个重要组成部分。

资产阶级革命的第一号角——尼德兰革命

16世纪，由于殖民掠夺和对外贸易的发展，西班牙势力强盛一时。1516年，西班牙国王斐迪南逝世，哈布斯堡家族的查理以外孙的身份继承王位，称查理一世。1519年，查理的祖父、神圣罗马帝国皇帝马克西米连去世，查理又贿选了皇帝，称查理五世。这样一来，查理成为西班牙、尼德兰、德国的统治者。到16世纪中叶，查理建立了跨欧、美、非的“日不落”帝国。

但是，在貌似强大的背后，却隐藏着深刻的矛盾，尤其是在尼德兰。

“尼德兰”意为低地，指莱茵河、马斯河、斯海尔德河下游及北海沿岸一带低洼的地区，约在今日的荷兰、比利时、卢森堡和法国北部地区。早在13、14世纪，尼德兰的手工业和工商业就相当发达。在新航路发现后，更加促进了尼德兰经济的发展。16世纪的尼德兰，是当时欧洲最先进、最富庶的地区之一，资本主义的工商业已有相当发展。随着资本主义的产生和发展，社会阶级结构和阶级关系亦发生了深刻的变化。贵族阶级分化成两部分：一部分转化为资产阶级性质的新贵族，另一部分固守旧特权，过着封建剥削生活。查理一世和其子腓力二世都以建立世界天主教帝国为己任，保护天主教，对异教徒进行残酷迫害。因而尼德兰新旧贵族都反对西班牙的专制统治，新贵族力图摆脱工商业发展的枷锁，旧贵族则希望通过宗教改革，夺取教会的土地和财产，而资产阶级的态度更激进，他们要求推翻西班牙的专制统治，废除封建制度，发展资本主义。卡尔文教成为尼德兰资产阶级反对西班牙封建专制统治的一面旗帜。

但是，西班牙的倒行逆施却有增无减。1550 年，查理颁布惩治异端的“血腥教会”的政令，同时也对贵族及资产阶级采取怀柔政策，加以笼络。但其子腓力二世却连这一点仅有的施舍亦不给，反而加重对尼德兰的政治上压迫、经济上压榨。他把亲信格兰维尔派往尼德兰，并提升为红衣主教，严格执行“血腥教会”。这一措施严重破坏了正常的秩序，使得尼德兰经济严重倒退，从而激起了普遍的敌对情绪。

1565 年，尼德兰人与西班牙的对抗公开化。11 月成立了以奥兰治·威廉亲王之弟路易为首的“贵族同盟”，抨击西班牙的统治。1566 年 4 月 5 月，奥兰治·威廉等百名贵族组成同盟成员在布鲁塞尔举行示威游行，向尼德兰总督玛格丽特递交请愿书，要求停止迫害新教徒、召开三级会议、撤出西班牙驻军，免除格兰维尔的职务，但遭到拒绝。

西班牙当局的顽固立场终于激起了大规模的武力反抗。1566 年 8 月，弗兰德尔一些工业城市爆发了声势浩大的破坏圣像活动，他们攻击天主教会，捣毁教堂和寺院，没收教会财产，打开监狱释放囚犯，强迫当局停止迫害新教徒。起义迅速在尼德兰蔓延，成风起云涌之势。

西班牙当局为了对付起义者，便虚与委蛇，一方面假装答应起义者条件，另一方面暗中积极备战。在 1567 年秋，阿尔发公爵率军进入尼德兰，对起义人民进行血腥镇压，并且继续实行压榨政策，尼德兰工商业纷纷倒闭，几十万人流亡国外，革命转入低潮。

但是尼德兰人并未甘心就范，血腥的镇压反而激起他们更大的反抗。中下层人民组织了森林游击队和海上游击队，而贵族则依靠外国雇佣军作战。在 1572 年 4 月 1 日，一支海上游击队占领了布星尔城，北方各地纷纷响应，并组建了以奥兰治·威廉为首的革命政权。在此以后，他们又挫败了西班牙的反攻。北方的胜利鼓励了南方各省的人民，南方亦发起了波澜壮阔的革命。

1576 年，在根特召开了南北方代表参加的三级会议，通过了“根特和解协定”。废除了处治异教徒的一切法令，但独立等问题却未获解决。

三级会议里的贵族和西班牙签订了“永久敕令”，以求妥协，条件是西班牙必须承认“根特和解协定”。但尼德兰新总督唐·约翰却在墨迹未干时便撕毁“永久敕令”，力图诉诸武力。北方各省又掀起了更为彻底的革命，而南方贵族却在阿拉斯召开会议，组成“阿拉斯联盟”，出卖革命，向西班牙当局妥协，使南方革命形势发生急剧变化，西班牙迅速恢复了在南方的统治秩序。

为了维护革命成果，北方各省遂成立了“乌特勒支同盟”，宣布“更加紧密地结成联盟”，永不分裂，同盟以各省代表组成的三级会议为最高权力机关。1581 年 7 月 26 日，三级会议宣布废黜腓力二世，成立联省共和国，即荷兰共和国，威廉当选为首任执政。西班牙及南方反动势力用软硬兼施的办法，重新控制了南方各大城市，南方与北方遂成对峙的形势。

西班牙不甘心失败，又屡次进攻北方，但是屡次遭受失败。同时，联省共和国在国际上得到了英法等国的支持。随着西班牙与英法战争的节节败退，形势越来越对联省共和国有利。1588 年，西班牙的无敌舰队在对英作战中全军覆没。1589 年至 1598 年，西班牙干涉法国的战争又遭失败。西班牙此时已无力扑灭尼德兰革命的火焰。于是在 1609 年 4 月，西荷缔结 12 年休战协定，这在事实上承认了联省共和国的地位。1648 年，三十年战争后的威斯特伐利白和约才正式承认荷兰的独立。尼德兰革命自此在北方取得完全的胜利。

尼德兰革命是历史上第一次成功的资产阶级革命，为资本主义的发展开辟了道路，它吹响了资产阶级革命的第一声号角，其作用是不可忽视的。

虽然尼德兰北方获得独立，但南方仍然处于西班牙的统治之下，故而在欧洲没有产生更深远的影响。

在尼德兰革命胜利之后，荷兰的经济得到了迅速发展，成为“海上马车夫”，跻身于殖民大国的行列，我国台湾亦曾被其侵占过。

为西班牙画坛传递圣火的神秘人

西班牙地区的绘画，尽管在 16 世纪以前经历了长期的发展，但却一直是默默无闻的。几乎没有人听说过西班牙有较出名的画家与作品。要想找到一个堪称闻名于世的画家，那是不可能的。

这种状况一直持续到16世纪后半期，直到公元1575年。这一年，西班牙来了一个外乡人，而且是一个神秘的外乡人。他自称来自希腊，已游历了很多地方，这里就是他的故乡。

既然这个外乡人自称是国民，于是，西班牙王菲利普二世便招他为爱斯可尼亚修道院做内部装饰工作，但西班牙王并不欣赏这个神秘外乡人所作的祭坛画《圣马奥尼·维斯的殉教》，于是，这个外乡人失望而去。

但是，这个外乡人并没有离开西班牙，他喜欢这里，尤其是西班牙的旧都——托莱多。因为这里的风光及世俗人情在这个外乡人的心中激起了绵绵的乡情。于是，他便在这里定居了下来。因为他自称是“圣火之源”——希腊的子民，于是，人们便叫他“格列柯”，即希腊人的意思。

这个希腊人在这里定居下来之后，便如同把诗意的圣火带来了一样。很快，他高超的画技便显露了出来，深得当地人的喜爱，于是，西班牙的绘画便渐渐传出了盛名。当然，带领西班牙艺术家们在画坛上争得一席之地的首领和带路人就是这个希腊人——格列柯。

埃尔·格列柯，原名多敏尼柯·西奥多柯波利，于1541年出生在希腊克里特岛上。在青年时代，他就显示了高超的艺术才能。他的启蒙阶段是在拜占廷艺术中长大的。拜占廷的圣像画与壁画的风格对他产生了很大的影响。

大约在格列柯25岁的时候，他来到了意大利，受到威尼斯画派的影响，尤其是威尼斯画派的代表人物提香的风格对格列柯有很强的吸引力。格列柯对提香作品中独具特色的色彩非常迷恋，对之进行了精细的研究。这之后不久，格列柯又到了罗马，伟大的艺术家米开朗基罗众多的雄伟、苍劲的现实主义作品给格列柯很大的冲击力。在意大利的岁月，格列柯很容易地接受了人文主义的精神。

这一时期，格列柯创作了《三位一体》、《基督被捕》、《吹松明的男孩》、《卡沓涅的婚礼》等优秀作品。

1575年，格列柯随同许多意大利画家来到西班牙，并应西班牙王菲利普二世的邀请为宫廷作画。但他的风格不被宫廷重视，于是他离开宫廷，独自来到托莱多居住。在西班牙的岁月中，格列柯本身所独有的神秘气质受到天主教狂热精神与怀疑主义哲学的影响而激发出来。从此，他独具风格的画风也趋于成熟。他的作品《圣衣的剥夺》标志着这一画风的成熟。尤其是在他的代表作品《奥尔加斯伯爵的葬礼》中。这种神秘不安的气质更得到充分的展现，这幅作品是为托莱多圣多米教堂而作的。

传说中世纪时，奥尔加斯伯爵无疾而终，当他下葬时，奥古斯金与斯捷兰两位圣使身着法衣，从天而降，来迎接奥尔加斯伯爵的灵魂去天堂。格列柯在《奥尔加斯伯爵的葬礼》中正是展示了这一场面，画面分成上下两部分。上部是乌云密布的天空，衬托出一种阴冷、不安的氛圈，圣徒们正立在空中迎接着伯爵即将升天的灵魂；下部分是现实的葬礼场景，所有的人物都以托莱多真实的人为模特，人们的脸上都现出一种惊愕，交织着对上帝显示奇迹的惊异以及一种对死亡的恐惧。这样，天空与地面、现实与幻觉融为一体。格列柯以一种阴暗的色彩与神秘的光线，把人物的体型拉长，透露出一种敏感、激动的气质和神秘不安的情绪。

格列柯经常描绘在痛苦中领略欢乐与遭遇磨难而不作反抗的人物，以及在甘美的忘我境界中获得最高幸福的人。格列柯善于以色彩与光线为手段，展示宗教或肖像内容，从而透露出内在的情绪，而且这种情绪很多都是一种令人费解的神秘气质。其他较有名的作品有《十字架》、《复活》、《五旬节》，以及肖像画《弗拉·巴拉维奇诺》、风景画《托莱多》等等。

格列柯从拜占廷艺术起步，先后接触到自由自在的威尼斯风格、佛罗伦萨的雄伟、奔放以及西班牙神秘的怀疑主义哲学，而且又处于社会的变革之际，这猛烈的色彩冲击着画家敏感的心灵，在他心中产生多重的矛盾冲突，表现在他的画笔上则是一种震撼人心的生动的光与色的摇曳、激荡与颤动。格列柯把这种新的因素带到了死气沉沉的西班牙，从而产生激烈的碰撞，最终，使西班牙产生了一批优秀的画家，并在世界画坛上求得了一席之地。所以说，“格列柯”，这个希腊的子民，为西班牙画坛送来了圣火，吹进了一丝生机，最终结出了如委拉斯贵兹这样杰出的圣果。

格列柯，是西班牙人神秘的生命。

代数之父——韦达

16 世纪末，法国同西班牙开战。在战争中，西班牙采用密码通讯，符号非常复杂，他们还用这些密码同法国国内的特务联系，致使法国情报泄露，法军节节败退，西班牙步步紧逼。

法军截获了西班牙的一些秘密信件，但人们看到的是天书般的符号，谁也弄不懂。法国国王亨利四世请著名的国务活动家、律师韦达帮忙。韦达在当时已很有名声，他是一位业余数学家。韦达利用代数知识，破译了一份很重要的西班牙情报，法军扭转了战局，不出两年，西班牙战败。

西班牙的宗教裁判所认为韦达施展妖术，认定韦达背叛了上帝，要把他处以火刑。但是韦达身在战胜国法国，西班牙奈何不了他。

韦达的所有空闲时间都在研究数学，有时为了解决一个问题，他可以几天不睡觉。据说，韦达还以他精湛的数学知识，为国家赢得了荣誉。

当时，比利时也有一位数学家叫罗梅纽斯，他也深受国民推崇，国王感到很自豪。一次比利时使节向法国国王夸口：“你们国家的数学家没人能求解我国数学家罗梅纽斯一个关于 45 次方程的问题。”这道题是 1573 年罗梅纽斯在《数学思想》一书中提出来的。

法国国王下令国内数学家求解此题，但很长时间过去了，没有人报告结果，国王心里闷闷不乐。一天，韦达与国王交谈，国王提起这件事情，并把方程给韦达看，结果韦达在几分钟内求出了答案。国王高兴地夸道：“韦达是我国乃至全世界最伟大的数学家。”当场奖赏韦达 500 法郎。

1591 年，韦达出版了《分析方法入门》一书。这部书中，韦达不但使用字母表示未知数，还使用字母表示方程中的各项系数，发展了解二、三、四次方程的统一方法，以及根的各种变换。这是人类历史上第一部符号代数学，它明确区分了“类的算术”和“数的算术”，划分了代数与算数的界限，人们因此称韦达为“代数之父”。

韦达常使用代换法解方程，他只承认方程有正根，因此不能完全认识方程的全部解，他的解法接近了现在的一元二次方程根与系数的关系，为了纪念他，人们把根与系数的关系公式叫“韦达定理”。

韦达于1540年出生在法国的丰特内，他本名叫弗朗西索·韦沃特。韦达是他的拉丁文名字。韦达生前写出不少著作，但多数没有出版发行。他利用《几何原本》第一个提出了无穷等比级数的求和公式，发现了正切定律、正弦差公式、纯角球面三角形的余弦定理等。

大数学家笛卡尔说：“我继承了韦达的事业。”

欧洲最美丽的客厅——圣马可广场

传说，在很久以前，基督圣徒马可到意大利各地传教，当他乘船经过当时还未开化的威尼斯时，风暴骤起。船被刮到一处荒凉的浅滩上搁浅了。虔诚的马可向上帝祈祷。恍惚之中，马可仿佛听到天使的声音：“愿你平安，马可！你将与威尼斯长存。”马克便在威尼斯呆了下来，经过马可多年的传教，威尼斯人皈依了基督教，享受着上帝的恩泽。马可死后，威尼斯人尊之为保护神，以狮子为标志。威尼斯为求神福，希望上帝无时不在自己身边，以马可的名字命名了许多建筑，圣马可广场就是其中最为著名的建筑之一。

圣马可广场位于威尼斯大运河北岸的里阿托岛上，许多世纪以来就是威尼斯社会与政治中心，因其地面由石块与大理石铺成，素有“大理石沙龙”之称。广场南临亚得里亚海湾，周边由建筑群合围而成，主要建筑完成年代不一，至16世纪文艺复兴时期，圣马可广场基本定型。

圣马可广场平面大致呈曲尺形，是三个梯形空间的组合。从大运河进入广场，南面有一过渡空间。一对高大的、顶部饰有雕像的红色花岗岩圆柱标志着广场的入口，东侧的圆柱上站立着一只展翅欲飞的青铜狮像，这就是威尼斯的城徽——“飞狮”。飞狮的左前爪拿着一本圣书，上面用古老的拉丁文字写着上帝的神谕：“我的使者马可，你在那里安息吧！”总督府转折的对面将人们引向南北延伸的广场，广场两侧建筑的底层空廊产生一种动态韵律，将人的视线引向天空，前方的赭红色的圣马可钟塔摩天掠云，金色的圣马可教堂遥遥在望。走到北端向西一转，便进入大梯形广场——圣马可广场的主空间。

圣马可广场的主空间纵深是175米，宽边90米，窄边56米，是一个大大的梯形结构。广场主要由圣马克堂、总督府及16世纪的图书馆、办公楼构成。这些建筑风格多样，但底层全做成开散柱廊，使得广场与建筑之间自然和谐地统一在一起，而且，建筑物的大小高低变化也统一于广场的空间结构，错落有致，没有丝毫的局促、沉重之感。圣马可钟塔是广场的中心，高98米，平面方形结构。钟塔初建于9世纪末，14世纪重建，16世纪在塔顶又加上一座天使像。圣马可钟塔已成为广场的标志和威尼斯城市的标志。

圣马可广场的主体建筑——圣马可教堂是典型的拜占廷风格，其平面为希腊十字型，四臂等长。它建于1063年至1094年，后来又几经修改。十字的中央及四翼覆盖着一组共五个大穹顶。中央一个最为高大，表面以金色马赛克铺底，装饰着彩色大理石，富丽华贵，具有浓厚的东方艺术气息。这里安放着圣马可的灵柩，同时也是储存东方珍宝的地方。例如教堂正门上方的一组马拉战车的青铜雕像，就是早先古希腊的遗物，掠自君士坦丁堡。

广场东西的总督府是典型的哥特式建筑，最初建于公元814年，屡经火灾，现在的建筑是公元1309年至1424年所建，是威尼斯繁盛年代的象征。过去为执政官的官邸，现在成为艺术与兵器展览馆，馆内收藏许多珍宝。

在圣马可教堂的右前方还有一座钟楼，系15世纪所建。顶部有一座巨钟，钟旁各立一个毛利人雕像，每当整点时分，他们便挥动手里的大锤，自动地敲响巨钟。

圣马可广场环境优美，南面可以远眺湛蓝的海湾及小岛上的圣景——圣乔治教堂。广场内装点着许多雕像、灯柱、旗杆，倍觉亲切。当地居民与来自四方的游客在这里待客会友，游览散步，置身于古代建筑的胜迹之中，令人心旷神怡，因此被誉为“欧洲最美丽的客厅”。

三十年战争

德国内部的宗教纠纷和政治冲突以及欧洲诸国的对外扩张和争权的斗争，终于导致三十年战争的爆发。这是欧洲第一次大规模的国际战争，主要战场在德国，战争的结果对欧洲有深远的影响。

三十年战争是从1618年捷克人民起义开始的。捷克本来是以西斯拉夫人为主的国家，11世纪中叶以后长期依附于神圣罗马帝国，并日益在帝国内占据重要地位。胡司战争后，捷克摆脱了帝国的控制，取得了政治上的独立。1526年，德国封建反动势力在镇压农民战争之后，将捷克重新并入神圣罗马帝国，由皇帝兼任国王。捷克在胡司改革和胡司战争之后，已为新教的传播作好准备。16世纪前半期，路德教和卡尔文教很快在捷克传播开来，新教势力在捷克占据了统治地位。1609年，德皇鲁道夫二世签署了一份“大诏书”，承认捷克新教派的合法地位，并允许捷克实行宗教信仰自由政策。1616年，德皇决定任命斯斯里亚公爵斐迪南为捷克国王。此人是一个狂热的耶稣会士，上台后便要取消“大诏书”，力图恢复天主教在捷克的统治地位。1618年斐迫南下令禁止布拉格新教徒集会。为此，捷克国会立即提出抗议，拒不承认斐迪南为国王。皇帝则宣布捷克新教徒为“暴徒”。1618年5月23日，布拉格市民举行起义。冲入王宫，按照捷克人惩治叛徒的古老习惯，把国王的两个钦差从窗口投入壕沟。这个“掷出窗外”成为捷克起义和三十年战争的开端。

三十年战争可分为四个阶段。1618—1624年是战争的第一阶段，主要是德国内部皇帝镇压捷克起义和新旧教诸侯之间的战争。布拉格起义后，捷克由推选的30名“护政官”主持国攻，废除了斐迪南的王位，驱逐了耶稣会士，并召集民兵组建了军队。为了抵抗皇帝和天主教同盟军队的进攻，捷克人竭力谋求新政同盟和英、法、荷等外国势力的援助。1619年，捷克国会推选新教同盟首领巴拉丁、选帝侯腓特烈为国王。6月，捷克军队攻入奥地利，并向维也纳推进。8月28日德皇马提亚斯病逝，斐迪南当选为帝，称为斐迪南二世。他为了获得天主教同盟的支持，许诺将巴拉丁选侯资格转让给天主教同盟首领巴伐利亚公爵。天主教同盟答应派军队镇压捷克起义，与此同时，捷克起义军也得到新教同盟的支持。但在紧要关头，萨克森选侯私下与德皇达成妥协，腓特烈也表现的很软弱。1619年末，天主教同盟军队迅速解除了维也纳之围，并开始转入反攻。1620年11月，天主教同盟军队在布拉格附近白山高地打败了捷克军队。腓特烈临阵脱逃，避难于尼德兰。布拉格被攻陷，起义民众惨遭杀戮，新教徒财产多被没收。不久，巴拉丁也被攻占，选帝侯资格转归巴伐利亚公爵。捷克起义以失败而告终。

1625—1629年为战争的第二阶段。天主教同盟和德皇的胜利，使欧洲许多国家感到不安。1625年，法国促成英国、荷兰、丹麦等国结成反哈布斯堡联盟，并资助丹麦出兵德国。德国新教诸侯也支持丹麦的行动。德国内战从此扩大为国际战争。1625 年初，反哈布斯堡联军分三路进攻：丹麦军队侵入德国西北部、英军从西面进攻捷克、新教诸侯的军队从东方进攻奥地利和巴伐利亚。1625 年 4 月，德皇任命瓦伦斯坦为皇家军队总指挥。此人是拥有 12 万公顷地产和 10 万雇佣军的捷克大贵族。1626 年 4 月，瓦伦斯坦军队击败英军，天主教同盟军也在 8 月间击败丹麦军队。之后，瓦伦斯坦挥师北上，进占波美拉尼亚和麦克伦堡。1627—1628 年又从丹麦手中夺回重要港口维斯马和罗马托克。丹麦退出战争，保证不再干涉德国内政。瓦伦斯坦本人因军功被德皇封为麦克伦堡公爵。战争的第二阶段至此结束。

1630—1635 年为战争的第三阶段。德国皇帝势力的加强和丹麦的战败，引起德国新旧教诸侯的不满。国际上的敌手也担心德国的强盛会对他们国家构成威胁。于是波罗的海强国瑞典于 1630 年对德宣战。瑞典国王古斯塔夫二世亲率大军于 1630 年 6、7 月间迅速攻占波美拉尼亚和麦克伦堡，同德国新教诸侯勃兰登堡、萨克森选侯联合，打败天主教同盟军队，进抵德国南部地区。正值瑞典军进攻的关键时刻，天主教同盟内部发生矛盾。1630 年 7 月在累根斯堡召开的选侯会议上，天主教诸侯惟恐瓦伦斯坦势力变大，以军队纪律松散为借口，迫使德皇罢免了瓦伦斯坦。1631 年底和 1632 年，瑞典军队取得节节胜利，先后攻占了维尔茨堡和法兰克福等重要城市。德皇为挽救颓局，重新启用瓦伦斯坦。瓦伦斯坦首先把进占捷克的萨克森军队赶走，随后把瑞典军队吸引至萨克森，集中优势兵力进行决战。

1632 年 11 月，双方在吕岑（又译吕层）发生激战，成为三十年战争中规模最大的战役。瑞典军虽然占据优势，取得微小的胜利，但是国王阵亡。1634 年 1 月，皇帝与天主教同盟又发生内讧，瓦伦斯坦再次被解职，军权由皇太子执掌。1634 年 9 月，在诺德林根大败瑞典军队。1635 年 5 月以后，萨克森等新教诸侯纷纷脱离瑞典阵营，相继与皇帝议和。战争第三阶段至此告终。

1635—1648 年是战争的第四阶段。丹麦、瑞典、英国与德国、西班牙的厮杀以及德国内部新旧教诸侯的互相残杀，至 1635 年已经精疲力竭，消耗殆尽。一直躲在幕后的法国，见时机已到，便公开走向战场，收拾战争残局。

1635 年，法国正式对西班牙宣战。次年，法国与瑞典结盟，公开参加战争。不久，荷兰、威尼斯和匈牙利等国宣布支持法国，相继参加法瑞联盟与德国、西班牙和哈布斯堡势力作战。战场扩大到西班牙、尼德兰和意大利等地。

战争之初，法国受挫。西班牙军队从南北两路攻入法国。在德国战场上，法瑞联军进展顺利，瑞军重新占领波美拉尼亚和麦克伦堡。1642年9月。瑞军在萨克森重创德皇军队。1643年春，法军在洛可瓦会战中击败西班牙。此后法瑞军队在法国战场上接连取胜，甚至攻入奥地利和巴伐利亚。皇帝和天主教同盟无力再战，被迫求和。此时瑞典军中瘟疫流行，士气低落，法国对新爆发的英国资产阶级革命感到不安，而且法、瑞摩擦日趋严重，因此也无意再战。1643年以来，交战双方一直在威斯特伐里亚的闵斯特城和奥斯纳布鲁克城谈判。1648年8、9月间达成协议，10月24日参战双方分别缔结了两个和约，合称威斯特伐里亚和约。三十年战争至此结束。

古典主义喜剧大师——莫里哀

老迈的法国国王路易十四坐在华丽舒适的椅子上与亲近大臣闲聊，一起追忆昔日的辉煌。路易十四问道："是谁让我的时代流传千古?"大臣认真思索了一会儿，毕恭毕敬地答道："是莫里哀，陛下!"

莫里哀是谁?他怎么会有如此大的影响力?

莫里哀原名让·巴蒂斯特·波克兰，他是世界上最伟大的古典主义喜剧大师。他那些杰出的作品闻名世界，他的名字将永被牢记。作为莫里哀时代的国王路易十四也不得不承认，是莫里哀让他统治的时代灿烂无比。

莫里哀出生于1622年。他的父亲是一名宫廷陈设商，后来花钱买了一个"皇帝侍从"的称号，从此成了贵族。莫里哀从幼年时便喜欢戏剧，但是他父亲希望他学法律，以便以后能够在宫廷工作。大学毕业后，禁不住戏剧诱惑的莫里哀毅然走出家庭，开始从事戏剧活动。1643年，莫里哀与同学组织了"光耀剧团"，从事戏剧创作与戏剧演出。顽固的父亲坚持让他回家，走他已为莫里哀设计好的路。莫里哀正在创业阶段，怎舍得放手，于是他与父亲订了两年的约定：如果莫里哀在两年内能够成名，父亲将不再限制他，任凭他自己发展，如果两年中莫里哀一无进展，将不得不听从父亲的安排。莫里哀充满了必胜的信心，不知疲倦地工作。但是，剧本创作连连失败。两年很快过去，"光耀剧团"因负债太多，宣布解散，莫里哀也因为债务问题被法院拘留。父亲赶来，替他还清了债务，一心想着领儿子回家。但是一觉醒来，莫里哀已不知去向。莫里哀偷偷地参加了另一个巡回演出的剧团，早已离开巴黎了。

莫里哀在法国各地流浪了 13 年。他凭自己的才学以及这 13 年的经历，开始创作剧本。得到剧团领导查理·杜佛莱尼的赞赏，莫里哀创作的剧本演出大受欢迎。1652 年，莫里哀接替了年老的查理·杜佛莱尼，开始领导剧团。1658 年，剧团应召回巴黎在卢浮宫为国王演出，很受路易十四的赞赏。从此，莫里哀与剧团就留在了巴黎。

1659 年，莫里哀在巴黎正式上演了第一个剧目《可笑的女才子》。通过两个贵族青年向一对资产阶级出身又喜欢模仿贵族举止的外省女子求婚的故事，嘲笑了贵族阶层咬文嚼字、故作风雅的恶习。以后陆续出演了《丈夫学堂》、《夫人学堂》、《凡尔赛即兴》等剧，又把矛头指向了教会。讽刺教会对人性的压制。这些喜剧不同于贵族沙龙中那种矫揉造作的垃圾品，以独特的喜剧效果获得了观众的认可。

从 1664 年开始，莫里哀开始进入了丰收阶段，他创作了一部又一部极为成功的作品，而尤以他 1664 年的作品《伪君子》为代表。在这部剧中，莫里哀塑造了一个好色、伪善、贪婪、凶恶的教会人物答丢夫的丑陋形象，把矛头直接指向教会。《伪君子》是五幕诗体喜剧，主人公是答丢夫，他以出色的伪装骗得富商奥尔恭的信任。奥尔恭把"虔诚"的教士答丢夫请回家来教导自己的儿女。但是答丢夫除了在奥尔恭面前极为虔诚外，每天都是大嚼松鸡与羊腿，酒足饭饱之后不是睡大觉就是在玛丽亚娜兄妹面前颐指气使，他甚至连祷告都不做。后来答丢夫见奥尔恭实在是容易被骗，便渐渐露出了本性。他竟去勾引奥尔恭美貌的妻子欧米尔，结果被奥尔恭的儿子达米斯揭穿，但奥尔恭却宁愿相信答丢夫也不相信自己的儿子，竟把他赶出家门。后来他们设计让奥尔恭看到了答丢夫的丑恶面目。奥尔恭才幡然悔悟，一怒之下要赶走这个骗子，谁知诡计多端的答丢夫趁奥尔恭不注意，早就偷得奥尔恭对国王不忠的证据，并以此要挟，要占有奥尔恭全部的财产。就在这个骗子的阴谋就要得逞时，英明的国王送来大赦的命令，并抓走了骗子答丢夫，使剧情由极悲猛然转入极喜的大快人心的场面。由于这个戏剧对教会的极力讽刺，遭到反动势力的极力反对，屡遭禁演。但莫里哀坚持斗争，上下活动，求得国王的同意，立即又开始了对教会的轰炸。教会对之恨得要命，把莫里哀革出教门。但莫里哀依然坚持现实主义的创作，继续批判社会的黑暗。当时，《伪君子》的影响如此巨大，人们竟把“答丢夫”当作伪君子的代名词了。

除《伪君子》外，莫里哀还创作了其他一些杰出的喜剧作品，例如1665年上演的《唐·璜》。唐·璜是西班牙古代传说中的一个人物，他容貌漂亮，仗着自己是世家子弟，无恶不作。一次他引诱了军事统领的女儿，统领愤怒地质问他，唐璜在双方争斗中，杀死了统领。但统领阴魂不散，设计捕捉了唐·璜，把他拖入地狱。莫里哀借唐·璜的故事尖刻地讽刺揭露了贵族阶层的罪恶生活。剧本的上演遭到反动势力的仇视，被迫停演。

《恨世者》是另外一部揭露贵族伪善的力作。主人公阿尔赛斯看不惯贵族阶层表面上文雅正直，实际上自私自利、庸俗无聊的生活。他总想脱离这个社会，却莫名其妙地爱上一个专好诋毁别人的风骚寡妇色里曼娜。当阿尔赛斯请求色里曼娜同自己一起脱离这个社会时，却遭到恶毒的嘲笑。阿尔赛斯自己反倒成了可笑的人物。

1668年，莫里哀上演了《悭吝人》。其情节是借用了古代罗马喜剧家普劳图斯的《一坛黄金》，描绘了一个吝啬鬼阿巴贡的丑态。通过阿巴贡为得到更多金钱的可笑行为，揭露了资产阶级惟利是图的本性。

1668年，莫里哀又发表了《乔治·党丹》。富商乔治·党丹为了取得贵族身份，娶了一个名声不好的没落贵族的女儿。但是岳父岳母与妻子自恃是贵族，都看不起这个资产者，妻子又与人私通，乔治·党丹受尽了侮辱。莫里哀针对当时社会的风气，嘲讽了资产阶级向贵族阶级妥协的可笑举止。

晚年的莫里哀创作了一些闹剧式的作品，有《布索那克先生》、《醉心贵族的小市民》、《女博士》等。其中最为出名的是他于1672年创作的《史嘉本的诡计》。剧中以下等奴仆史嘉本为主人公，描写了聪明勇敢的史嘉本帮助主人反对专制家长，最后取得胜利的故事。

1673年2月17日，莫里哀带病演出他最后一个剧本《无病呻吟》。莫里哀在场上抑制不住地咳嗽，观众却以为是他出色的演技。第四场演出后，莫里哀咳血倒地，观众报以热烈的掌声。却见莫里哀倒在地上，久久不起来谢幕，才知道莫里哀竟病得如此厉害，不禁都失声痛哭。夜里，莫里哀被送回家不久，又一阵猛烈咳嗽，血管破裂，不治而亡。由于莫里哀生前对教会百般揭露、讽刺。教会不准把他的遗体埋葬在教堂的坟地里。后来，国王路易十四出面求情，才被允许埋在公墓的一个角落里，与那些没有受过洗礼的死孩子埋在一起。

莫里哀的逝世震惊了那些喜爱他的观众。虽然教会对莫里哀的葬礼百般阻挠，但在寒冷的黑夜，仍有成千上万名忠实的观众举着火把为莫里哀送葬。

莫里哀去世了，他留下的那些作品为他带来巨大的声誉。从 1680 年至 1960 年。法兰西喜剧院共演出《伪君子》2654 场。这在法国是无与伦比的。莫里哀是一位严肃认真的伟大的古典主义喜剧大师，他的一切成就都将与他的时代一起被历史铭记。

业余数学家之王——费尔马

费尔马，也可以翻译成费马，他是法国一个业余的数学家。他在数论、解析几何、概率论等方面有巨大的贡献，被人们誉为“业余数学家之王”。

提到费尔马，最有名的是至今悬而未决的费尔马大定理，现在已有人称已解出，正在通过审定。

皮尔·费尔马，1601 年 8 月 20 日出生于法国。他的父亲是一位皮革商人，他的母亲出身于法官家庭。在加龙河边，费尔马成长为一名律师，他精通多种语言，尤其对数学极为热爱。

费尔马后来当了图鲁斯议会的议员，做了社会活动家。费尔马待人谦逊温和，不愿意参与官场的勾心斗角。他为官清正廉明，生活交往多为有名的科学家、学者。

费尔马结识了很多学者，数学家和哲学家聚会他也常常参加。那时梅森、罗伯瓦、迈多治、笛卡尔等人常在梅森家里聚会，讨论哲学、数学问题，被人们称为“梅森学院”。

1666 年，梅森学院这个民间聚会被国王与政府认可为一个机构，这就是法国科学院的前身。费尔马 30 岁以后，几乎把精力全都放在数学研究上。他的家境优越，家庭和睦幸福，交际圈又多为学者，这一切使得费尔马在业余的范围内取得了专业的数学成就。

费尔马和笛卡尔一起，完善了平面解析几何，是他第一次把三元方程应用于空间解析几何学。费尔马同帕斯卡一起，讨论了赌本分配的问题，成为最早的概率论问题。

1637 年，费尔马在阅读丢番图《算术》时研究了不定方程 x2 + y2 = z2，在那页书的空白处作了批注："将一个立方数分为两个立方数，一个四次幂分为两个四次幂，或者一般地将一个高于二次的幂分为两个同次幂，这是不可能的。关于此，我发现了一种绝妙的证明，可是这里空白太小写不下。"

费尔马没有想到，因为他的随意，留下了几百年来数学界一道难题，成为费尔马大定理。

把费尔马大定理推广到最一般情形，用方程表示即：不定方程 xn + yn = zn，（n >2），且 n 是自然数，得出的结论是没有正整数解。比如说，x3 + y3 = z3，这个方程就没有正整数满足要求。x4 + y4 = z4，也不可能找着正整数 x、y 和 z，使得等式成立。

费尔马的绝妙证法谁也无从得知，但费尔马提出的这个结论却吸引了一代又一代的教学家。所以，其实这是个猜想，却至今也没有人能够推翻它。

费尔马定理经巨奖悬赏，包括欧拉、勤让德、阿贝尔、狄里克莱、库莫尔等数学家都做过尝试，虽然取得了一定进展，但都没能最终证明。当然，数百年来也没有人能推翻这一定理。

欧拉严格证明了 n = 3，4 时，费尔马猜想正确。柏林大学教授库莫尔采用新的方法，将费尔马的结论证明到 n = 100。后来，美国加州伯克莱分校的罗瑟利用计算机证明了 n 不超过 4100 万时，费尔马大定理都是成立的。

1908 年，德国的哥廷根科学院按照德国数学家俄尔夫斯凯尔的遗嘱，把他的 10 万马克作为奖金，谁能完全证明费尔马大定理（或者否定它），谁就可以获得 10 万马克。结果大批的业余人员也投入了这场证明中，但均无一人能准确解决。

俄尔夫斯凯尔限期 100 年，在 1908—2007 年之间，若有人证明此定理，便可获奖。人们现在甚至不关心费尔马定理能否被证明，因为它已经成了"一只生金蛋的母鸡"。在证明大定理的过程中，出现了很多漂亮的方法、精妙的思想，引发了很多领域的方法沟通，促进了很多理论的出现，如无限递降法就是一例。

数学家们甚至不希望人们尽快证明出定理，因为“杀鸡取卵”，得不偿失。

1993 年 6 月 23 日，美国普林斯顿大学教授、英国数学家安德鲁·威尔斯在英国剑桥大学牛顿数学研究所作的题为《模型式、椭圆曲线和伽罗华表示法》的长篇报告的结尾处，宣布已经证明了费尔马大定理。紧接着，剑桥大学发表了声明，并介绍了费尔马大定理的历史。

历史上已有过许多人宣称证明了费尔马定理，但结果证明都是错误的。这次是 20 世纪末最后一次证明，现如今威尔斯正简化证明，而费尔马大定理的专著也出版有多种。

费尔马还提出了一个费尔马小定理。在 1640 年，费尔马提出：如果 p 是质数，并且 a 与 p 互质，那么数 ap－a 必定能被 P 所整除。这是初等数论中的重要定理。

费尔马还曾向意大利物理学家托里拆利提出过一个问题：在已知三角形内找一个点，使此点满足到三个顶点的距离之和为最小。

托里拆利用了好几种方法解决了这个问题，其中还有物理上的力学方法。在这个问题的解法中，意大利数学家维维安尼的求解严谨而优美，堪称代表。大约 300 年后，维维安尼的解法又由匈牙利数学家里兹重新发现。费尔马本人也有求解。这个问题具有实际意义，比如维修所与三个居民区的位置，如果维修所在理想点上，则可以省时省力。

人们称上面问题所求出的点为费尔马点。

费尔马进行数学研究，淡漠功名，而且观点散见于批注中。1665 年 1 月 12 日，费尔马在图鲁司去世。他的儿子在数学家们的帮助下，将费尔马的各种散论和观点整理汇编，出版了《数学论集》两卷。费尔马生前不愿著书立说，此书的第一版成为珍品。

1891—1922 年，《费尔马全集》出版了。人们永远纪念这位业余数学家的天才成就。

刺杀和匕首

1610 年 5 月 14 日星期五下午近 2 时许，亨利四世离开卢浮宫要到阿尔塞纳尔去。他乘的是一辆没有玻璃窗、挂着皮门帘的笨重马车，车上陪同国王的有7个人：国王坐在里边座位的左侧；他的旁边坐着德·佩尔农公爵；他的对面座位上坐的是德·利昂库尔和德·米拉博先生；左边长凳上坐着元帅德·拉福尔斯公爵；右边则是德·拉瓦尔凡和德·罗克洛尔两位元帅。当时的德拉费罗内里街非常狭窄，一辆板车刚巧和一辆载货马车相橦，堵塞了交通。国王的马车只好停在一个铺子门前。铺子的招牌上画着一支箭射穿了一颗戴着王冠的心。

有一名叫拉伐伊阿克的青年从卢浮宫一直尾随国王的马车，也来到此地。

拉伐伊阿克是一个身材不高的结实的小伙子，红润的脸庞，棕色的头发。他18岁那年就开始受到偏头痛和发烧等病痛的折磨，继而产生幻觉：他仿佛听到仙乐萦耳，其中夹杂着一种如同小号般嘹亮的声音。他从家中孤零零的炉灶火舌中，望见了许多稀奇古怪的形象，他不禁思忖，这是否就是上帝的“启示”，示意杀死亨利四世是他应尽的职责。拉伐伊阿克31岁那年，从昂古列姆来到巴黎，漫无目的只是逛逛，准备第二年冬天返回昂古列姆。当他在巴黎城内闲逛时，遇到了国王乘坐的马车，他便追赶起来，但被一个卫士拦住了，此外，他当时也没有带武器。回去后，他向一位耶稣会神父求救，神父劝他摈除邪念好好地生活。他的心情较以前平静了些。不料，刺杀亨利四世的念头还是苦苦缠住了他。1610年复活节那天，他做完弥撒，又走上了去巴黎的路途。

拉伐伊阿克在一种神秘力量的驱使下，只用了8天的时间就走完了120法里，从昂古列姆到了首都巴黎。到巴黎后，他住在圣雅克旧郊区的“三新月”客店。不久，他想换客栈，却遭到第二家店主的拒绝，于是这位忧郁的旅客只身一人在客栈的咖啡厅内，正不知如何是好的时候，发现桌子上扔着一把匕首，他抄起来便逃之夭夭了。

在一个隐密角落，他仔细地端详这个武器：刀刃锋利，只是刀把不太合适。他找刀剪匠修好了刀，便胆战心惊地来到卢浮宫前，徘徊了半个多月。这时，他突然放弃了刺杀皇帝的念头，重新踏上回家乡的路。他还把刀尖向墙上撞，弄了一个缺口。但很快，他又下定决心，返回了巴黎。

又是几天焦虑不安的等待之后，就是5月14日，他找到了时机，跟上了亨利四世的马车。在那个铺子前，他借马车停下的当儿，挨身近前，也许他的目光落到了店铺的招牌上——那也许就是一种提示，于是他一脚蹬着马路边，一脚踏上车轮，扑到亨利四世和德·拉福尔斯当中，向目标猛刺过去。亨利四世嚎叫道：“我被刺啦！”接着他又挨了第二刀，倒在血泊之中。陪同的人全跳到石子路上，捉住了凶手，拉伐伊阿克也没打算逃跑。马车上只留下了德·拉福尔斯，他扶着亨利四世一动不动的尸体。当马车匆匆返回卢浮宫后，宫内一片惊慌：年轻的王太子吓得魂不附体，王后哭得如泪人一般。据说，王后不愿意看到刺杀亨利四世的匕首，人们就把它交给了德·拉福尔斯，由他用珠宝匣锁了起来，藏在家中。

这只匕首被存放在珠宝匣内，133 年中没被挪动过。直到 1793 年大革命时期，德·拉福尔斯的宅邸受到偷盗和毁坏，国民议会议员拉卡纳尔拯救了匕首，并把它放在贝日腊克市政府的档案馆里。1808 年法兰西第一帝国时期，这把匕首被还给了德·拉福尔斯家族的后代。

刺杀亨利四世的故事和珍贵的匕首的经历似乎该告结束了。但到了 1815 年，路易十八复辟，新任的贝日腊克市市长为了表达他的热忱，就把拉伐伊阿克的匕首献给了国王。这当然是一把赝品。这样的孝敬使路易十八大为感动。匕首被系上了一块黑纱，陈列在火炮博物馆里，展览了很长时间。几年后，有人发现那刀是假的，便把刀从展览橱里撤了下来。接着发生了更麻烦的事，在柏林一家古董店的橱窗里出现了第三把拉伐伊阿克的匕首。

但真正的文物只有一件，它被装在一个类似猎人穿的灯笼短裤样的套子里。匕首两边的刃都很锋利，刀上镀了金，还刻着一个被花环围绕的“H”——亨利四世名字的第一个字母——和一则拉丁文格言，匕首的柄是鹿角做成的。这把装饰精美的刺杀过亨利四世的匕首，一直被保存至今。

凡尔赛宫的来历

1643 年，法王路易十三圣驾归西。太子继承了王位，其时尚不足 5 岁，称路易十四。他自幼登基，自然无法亲力国事，便由其母安娜太后摄政主事，但实权却掌握在首相马扎然的手里。马扎然改革政治，法国逐渐走上了富强之路。1661 年，23 岁的路易十四亲自临政，不断加强王权，巩固统治。

路易十四被称作“太阳王”，这自然象征了他的权威。这个称呼是这样来的：国王亲政一年后，一个叫作杜弗里埃的古玩商，为国王陛下设计了一个徽志——一轮光芒普照全球的红日，下面镌绣着“堪与太阳媲美”的字样。这一构想深得年轻国王的欢心。从此之后，国王纹章、王宫家具用品、御榻帷幔、龙车华盖，便都有这个徽志了。“太阳王”由此得名。

马扎然死后，“太阳王”又任命柯尔柏为财政监督官。柯尔柏一上任，便盯住了财政总监富凯——这是个喜爱炫耀、夸富显贵、挥霍无度的大臣。柯尔柏谏言弹劾富凯，使路易十四对富凯丧失好感。

正在富凯还不知官位岌岌可危之际，他以万贯家财，有意在家乡将他那座简陋的宅院修建成富丽堂皇的宫殿。没想到，这更让他滑入命运的深渊。富凯的计划中，这里要被修建成一个既包含豪华家具、贵重器用、名贵画作、精美地毯，又可以金屋藏娇、接待情妇的安乐窝。于是他网罗当时的名家设计筹划，想使家宅筹建得惊世骇俗。一批才华出众的建筑师、园艺师、画师耗费了4年精力，竟然在业已荒芜、荆棘丛生的旧宅原址上，建起了一座举世罕见的豪华宫殿。这是怎样的一番盛景啊：宫殿矗立在大理石台基上，巍峨壮丽；园中绿树成荫，苍翠掩映；林艺造型奇特，引人入胜；池水碧波涟涟，平滑如镜；小径蜿蜒交错，曲折通幽……再加上数不尽的雕像，开不完的繁花，真可谓神仙富地了。

这是富凯的独出心裁之作，许多贵族纷纷赶来，欲一睹它的容姿。路易十四也起了好奇心，便在1661年7月通知富凯，他将到园中一游。这时富凯已给家府取名“沃宫”，他接到消息，便积极准备起来。

那时，沃宫还没有修饰完毕，后来著名的画家勒布伦刚刚主持修饰彩绘大厅的穹顶。园内喷泉引水还缺少工程环节，花木修剪也须进行。为了给国王和王后准备歇驾的厅堂，富凯租下多辆马车，将他在其他宅邸的家具、古董、墙饰、地毯、金银餐具、水晶器皿络绎不绝地运到了沃宫。他又聘来著名厨师，准备下罕见的山珍海味。他出重金请当时的名剧作家莫里哀在一个月内编出一部新喜剧并熟练排好，又请来最有名的芭蕾演员。他还考虑到皇帝要轻松游遍园中每个角落，于是又准备好了许多敞篷马车。

富凯苦心操办，不惜重金，终于将迎接皇上的事料理妥当。他想，皇上要是看到沃宫的豪华，见他迎接的周到，定会对他更加器重的。他要接替马扎然作首相的愿望似乎已经实现大半了。

8月17日晚6时，皇上驾到。富凯立即奔向大门，满面春风地躬身迎接，他想好了：如果皇帝夸奖，必要让他赞够，自己再略作谦逊，然后可以伴驾游园了。不料一见宫室的豪华排场，皇上竟一句话也没说，反而脸色冷漠，目光寒利，显得极为不愉快。富凯竟一时丈二和尚摸不着头脑，他哪里知道，自己准备下的空前盛况已极大地刺伤了“太阳王”作为一国之君的自尊心、虚荣心。路易十四自幼生长在王宫，没想到沃宫比自己那里建成已有数百年的卢浮宫更加气派，他虽贵为帝王，却也从没见过如此辉煌的场面，年轻好胜的国王已经妒火中烧了。他当下认定，富凯的举动是大肆宣扬他的富贵无敌，意在羞辱朝廷。再加上有柯尔柏前面上奏富凯贪赃枉法，路易十四便下定决心，要除掉这个“暴发户”。想好后，颇有自制力的路易十四很快收起目中的寒气，脸上也有了笑客，恢复了常态。但是在沃宫住的这一晚，他没有安眠，而是在计划怎样除掉富凯。

果然，国王巡幸沃宫后的一个月，王宫火枪手队长达达尼央便捉走了富凯，可怜的沃宫主人只得在监狱中度过余生的16个春秋了。

路易十四在沃宫那一晚还许下了另一桩心愿，就是为王室修建一座举世无双可睨视一切的豪华皇宫。于是他在逮捕富凯后，抄没了他的家财，也特地将沃宫的建筑图一起夺来了。沃宫的设计师、园艺师、画师等，又被皇上聘用了。

工程地址选在了紧靠马尔利森林的努瓦西宫一带。这本是16世纪贡迪家族的领地，它居高临下，从这里举目四眺，可以隐约望到森林中矗立着的一座风车，贡迪家人称它为“石磨房”。路易十三曾在这里度过童年少有的难以忘怀的幸福时光，他便有意在这里建造一座狩猎的小行宫，但没想到路易十四超额实现了父亲的愿望。1662年。“太阳王”设想的工程便破土动工了。整整10年后，果然建成了甚至超出路易十四预料的园林殿堂，这就是至今仍可称为人类艺术瑰宝的凡尔赛宫。1762年，法国王室从巴黎的卢浮宫迁来此处定居。

欧洲最宏伟的宫殿——凡尔赛宫

凡尔赛，原为路易十三的一处旧猎庄，位于巴黎西南22公里。后来，路易十四见这里空气清新，风景秀丽，地势开阔，非常喜爱这里。

当时，正是法国君主专制统治的鼎盛时期，于是路易十四便决定在这里建造庞大的园林宫殿，来显示自己的尊严与威名。1661 年，工程开始。路易十四先后召集了著名的建筑师勒伏·孟莎、室内设计师勒勃亨、园林设计师勒诺特共同承担新宫的设计。依照路易十四的要求，保留了旧猎庄——一个向东敞开的三合院，后来称为“大理石”院。新宫以此为中心，向四面延伸扩建，形成一朝东敞开的阶梯状连列庭院，南北两翼长达 575 米的巨大建筑物。新宫的建造动用了上万个劳动力及畜力。到公元 1756 年，终于完成了这一举世闻名的经典之作，凡尔赛宫是欧洲最宏伟、最美丽的皇家宫苑，它集中了当时法国的国家财富与艺术上的成就，凝聚着法国人民的智慧与血汗，成为法国君王尊严的象征，同时也是法国强盛的象征。

凡尔赛宫由主体宫殿、大小特里安努宫及御苑组成。

主体宫殿长为 575 米，宽约 400 米。中央大理石院是法国封建专制统治的心脏，是路易十四的起居活动中心。正中一间是国王的卧室，正对着宫殿前放射形的练兵广场与直通巴黎的爱丽舍大道。南翼是王子、亲王的寝宫，北翼是宫廷王公大臣的办事机构及教堂、歌剧院等。新宫的布局忠实体现了维护君主尊严的严格秩序。宫中共有 2000 多间房屋，可供 1000 多名外国君主或达官显贵同时下榻。建筑全部用石材翻造，立面装饰着古典柱式，突出水平线脚，统一匀称，体现了古典风格。内部装修富丽典雅，精雕细琢，采用了巴洛克风格。墙壁与立柱全部用多彩的大理石砌成。名贵的地毯、壁毯、披满珠玉的吊灯与壁灯，尽显奢靡的皇家气派。中央部分布置了宽阔的连列厅与堂皇的大理石阶梯。最有名的是“镜廊”，也称为镜厅。

镜廊位于凡尔赛宫中部，一般举行重大仪典时使用。镜廊长 76 米，宽 14 米，高 12.6 米。一侧开窗，一侧墙上安装了 17 面大镜子，每面都由 483 面小镜子精心镶拼而成。用各色大理石贴面。装饰着科林斯壁柱，绿色的大理石柱身，铸铜镀金的柱头柱基，柱头雕饰为带双翼的太阳，寓意为当时被尊为“太阳王”的路易十四自己。拱顶上的壁画为国王路易十四的史迹图，再现了一个个风起云涌的历史场景。两旁的壁龛内，供奉着 8 座古代天神的全身塑像及其镀金的钢盔钢甲及 8 尊罗马皇帝的大理石半身雕像。金碧辉煌的室内装饰，如画的室外风景，在那巨大明亮的镜中映出，宛如仙境。

小特里安努宫是路易十四为自己心爱的女侍官所建，也称为夏宫。

有名的“玛丽·安图娃奈特草屋”就在这里，后来路易十四又在附近建了一所更大的宫殿。宫殿全部用绿色与粉色大理石砌成，拥有房间72间，这里被称为大特里安努宫。娇小轻盈的大小特里安努宫把凡尔赛宫衬托得更加庄严、威仪。

凡尔赛宫西面对着著名的凡尔赛花园，也称为御苑。花园面积约6.7平方公里，是世界上最大的皇家园林，也是欧洲园林的典范。花园与宫殿一体设计，轴线长约3公里，是宫殿建筑中轴的延伸。花园中央掘有一十字形水渠，周围布置着草坪、花坛与道路。两侧有大片密林。在道路水池的尽头或交叉点上，设有雕像喷泉，交相辉映，许多题材表现太阳神阿波罗，水池中的那尊阿波罗像，头戴月桂冠，他驾着马车从水中腾跃而出，象征着自诩为“太阳王”的路易十四。

金碧辉煌的凡尔赛宫是法国古典主义艺术的最优秀典范，它的出现及所用的设计手法对欧洲各国在宫殿、园林、城市规划等多方面产生了重要影响。此后，凡尔赛宫经历了欧洲动荡不安的风云岁月，许多重大的历史事件都与它有关。凡尔赛宫又是历史的见证者。

法国王室生活小景

景一：路易十四的御膳

路易十四的牙齿不好，胃口却很壮，食欲相当旺盛，给他这个牙全被拔光的皇帝治办饮食的需有324人，从面包到台布，从蜡烛到木柴，都由这300多人组成的御膳房负责。国王传膳时，由36名端膳的宫廷侍从和12名手执镀金嵌银权杖的护卫组成的队伍在御膳大总管率领下走过道道宫门，穿过条条回廊，绕过个个大厅将御膳送到设在国王寝宫里的餐桌上。这一过程，还必须有鼓声奏和。

国王路易十四开始单独进膳了，因为森严的等级制度，连其妻儿也很少和他共进一餐。

国王起床后早餐只喝一个汤或一杯撒尔维亚水，午餐定在上午10点，膳单上的条目多得惊人，谁也想不到仅供一个人用的午餐中竟包括6个菜汤、8个正菜、6个烤菜和不计其散的餐尾食品——水果、蜜饯、果汁。而且这些菜的原料无一缺少不了阉鸡、山鹑、鸽肉、苍鹰肉、牛肉。举个例子说，8 个正菜中两大盘热荤菜中有烧小牛肉和苍鹰肉，必用共重 27 斤半的两块肉做；两小盘热荤菜中的烩鸡块定是用 6 只鸡来烹。这还不能尽兴，路易十四的晚膳中还要有各色鸡共 27 只、各类鸽 24 只、山鹑 4 只，外加 8 斤牛肉、4 个肉饼。

即使在斋戒期间，国王的膳单中也必须有一个汤——用 1 只阉鸡、4 斤牛肉、4 斤小牛肉和 4 斤羊肉煮成，24 条各种做法的珍贵鱼类，两只乌龟，100 只牡蛎，等等等等。

胃口极好的路易十四食量过人，但他也得剩饭。而那些剩饭，要么赏赐下人，要么就让挖帝国墙角的御仆们转卖宫外，谋取暴利了。

景二：路易十五“秘密”亲征记

1715 年 9 月 1 日早 8 点，王宫侍从长急匆匆自国王寝宫中跑出，大声宣示：“国王驾崩了！国王万岁！”这头一句说的是刚死去的国王路易十四，后一句说的是将继位的国王路易十五。

“太阳王”路易十四幼年继位，经过毕生努力，振兴法国经济，将法国专制君主制推向鼎盛，扬威四海。他的继位者路易十五是他的孙子，父母早亡，年幼无知，13 岁半才亲自临政，15 岁举行成亲大典。可青年皇帝要么围猎取乐，要么追逐女色，直到一代君王的他年方而立才致力秉政。他改革朝廷礼节，率兵亲征，前者未能成功，后者的经过却着实是个大笑话。

1744 年，奥地利皇位继承战拼杀正酣，法军是普鲁士头号盟友，正与英、奥军对垒。元帅德·诺阿伊奏请国王亲征，定能施展治国身手。路易十五大喜过望。但他不知道，元帅想控制国王，又怕别人影响。于是路易十五又得到请示，为了不让宫中上下乱作一团，国王能否单枪匹马不带一个随从上前线。“勇敢”的路易十五竟赞同了，他表示在军中要像一个士兵那样生活，把这件事当做一个“秘密”。

然而宫中早已知道并都在谈论这个“秘密”了。上到王公大臣、武将文官，下到车骑侍卫、随从奴仆，人人都觉得自己是国王须臾不能离开的人物，是王朝的栋梁。一想到国王要撇开他们的服侍，个个惊恐万分。4 月 26 日，大家得知有一小队御林军将随驾护卫，才稍许放了心。然后，又有 100 名瑞士卫兵领到了只有随皇帝出征时才穿用的金边斗篷。马上消息又传来，正在休假的近卫军轻骑兵也被召回了部队。继而车骑大总管，王室大小马厩里的饲养官也行动起来了。宫廷大总管——8 岁的孔德亲王还没着急，他的代理人已严厉指出国王不带餐具保管和膳食侍应动身出征是不合礼法的。优柔寡断的路易十五于是又乖乖地命令御寝宫、御衣房和御膳房的全体人员都动员起来待命。这一下子人可多了，光御膳房里就有御膳房监督，御膳总管，御厨长，烤肉、汤羹、糕点、拌生菜等各御厨，司酒、司肉、司果官，面包总管和面包师，御膳盛装、运送、传令人员，御膳侍应，餐具保管，洗刷总管，采买以及掌烤肉铁扦仆役，汲水仆役，众小厮等……不计其效！

外交使团也行动起来了，不等请求获准，便收拾起行装。此时，皇家马队已整装待发：150 匹马鞍辔齐备，12 个精选出来的年轻侍从每人备了一匹披着金流苏红毡毯的坐骑，一支火枪和一把佩剑——小马厩侍从配镀银剑，大马厩配镀金剑。国防大臣一见如此备战，便抢先下手订做了许多台布，收罗了 40 名军厨。最后，一大队牧师和皇家小教堂神甫都准备动身，索瓦松区大主教和两个堂区牧师也收拾了行囊。此外，积极准备行李的还有国王的忏悔师贝鲁索神甫，皇家小教堂的神职人员，拉提琴的，唱诗班的，管圣器的等等不可列举了。出征前，自以为能悄悄离开凡尔赛的路易十五来到圣埃蒂埃纳堡，试穿戎装：护胸甲、头盔和臂铠，这一身行头在整个征战期间都由兵器制作所所长看管。

5 月 2 日至 3 日夜间，长期“保密”的御驾亲征终于要开始了，心情激动的路易十五告别妻儿，以泪辞行了。

5 月 21 日凌晨 3 时，留恋不舍的国王终于登上马车，奔赴前线。随车护卫的有 20 名贴身卫士，后有 11 副轿椅、一辆行李车和一辆餐车。国王马车刚一启程，专侍国王马匹的小马厩的侍从们立即出发，随后陆续上路的有门卫、24 名纠察卫士、皇家守夜巡逻队、王室近卫军、近卫骑兵、百人瑞士卫队、国王金库人员、御衣房人员、大马厩侍从、御骑兵统领、御膳房人员、御教堂神职人员……就连国王情妇的马车也匆匆紧跟上来了。

这就是路易十五的不讲排场、不带随从的“秘密”亲征的真实情景。

景三：王子和公主们的生活

位于凡尔赛的法国王宫，以奢华糜费著称于世，然而繁文缛节、宗教礼法也极其复杂。生活在这里的王子和公主，注定要过被禁锢的高贵日子。

让我们看看路易十六的父亲，这位由于早逝而未及执政的王太子及其姐妹的童年是如何度过的吧。

从襁褓中起，王太子就被关在王宫大楼第一层楼房内，几乎足不出户。每遇到节日，他必定被谁领着接受一些他不明原因的颂词和礼物。在他6岁时，被当作新年赠品一般地从他喜爱的女教师身边抱走，移交给男人管教。当时的场面可想而知，抓住女教师裙子死死不放的王太子被几个男人硬拖到新寝宫内。他的忧伤无人能懂，还要接受严格的教育。没有同龄伙伴，没有吸引他的书籍，却总要受到礼仪的束缚和折磨。他不能享用爱吃的饭菜，却还要处处注意装模作样以礼仪行事，时时忍耐一心猎奇的参观者的观看。

其他规矩还多着呢。

有一次，王太子给父王写了一封信，落款是“您忠实的儿子和臣民”。太傅竟不让发走这封信，原因是法兰西王子和父王通信时，礼仪规定落款要用“您极卑贱和极恭顺的臣仆和儿子”。还有一次，王太子举行舞会。他的5位姐妹们应邀来跳舞，结果因他们地位太高，缺少舞伴，而使舞会死气沉沉，毫无乐趣。又有一天晚上，王后亲临舞会，谁知便苦了她的金枝玉叶们。原来，礼仪规定，公主们跳舞时两眼不能离开母后，不管跳到何处，身形如何变换，总得望着王后，结果舞会过后，公主们个个喊叫脖颈酸痛。

长期被礼仪束住手脚的王太子，自己也有了极强的礼法意识，1737年3月，他不知何故被太傅关了起来，受到处罚：他去做弥撒时，只准带一个跟班；走过前厅时，站岗的士兵奉命不给他举刀致敬。可怜的小王太子努力克制自己，表现出无动于衷的神色。然而三天之后，严厉的惩戒结束了，当王太子看到卫士们又向他敬礼时，竟禁不住嚎啕大哭起来。

说到身为金枝玉叶的各位公主，语气就要有些凄凉了，因为她们可以说是命中注定要嫁到异国去的“无关紧要”的人物。尽管她们娇生惯养，享有许多特权，但还是逃不过被送进监狱般的修道院继而在十一二岁时远嫁的命运。

1739年，路易十五的大公主路易丝·伊丽莎白不到12岁，便由父母作主和表兄西班牙王子唐·菲利普订婚了。在此之前。她从来没有见过王子，甚至不知道他的名字。紧接着进行了出嫁前的置办工作，昂贵的嫁妆自然难以尽述。8月26日晚，公主的正式订婚仪式在凡尔赛宫举行。公主身穿绣金黑色大礼服，头上的婚纱长达8米半。公主的父母姐妹无不痛苦万分，却还装出高兴的神态。离别的时日倏然而至，国王心情沉重，王后泣不成声，姐妹们泪流满面，相互紧紧地拥抱在一起，抽噎绝望地互道永别。最后，壮观的车队在鼓乐齐鸣中，载着公主驶向了西班牙。

景四：路易十六的日记

要了解革命前最后一位皇帝路易十六的生活思想，最好去查阅他的日记。他是大革命前惟一一位每天记述自己行动的国君。日记从 1766 年写起，直到 1792 年结束，内容包括日记、狩猎笔记和账目。这部枯燥乏味的读物悲凉地展现出这位身世高贵、结局悲惨的国王的内心世界。

16 岁当王太子的路易十六得到了一位世界上最迷人的公主做未婚妻，当时整个凡尔赛都为她倾倒，而他本人却在日记上写道：“1770 年 5 月 14 日，同王太子妃会晤……16 日，婚礼，洞房在靠近镜厅的套房中，皇家宴会设在歌剧院大厅……11 月 23 日，偕王太子妃骑马……1773 年 6 月 8 日，我和王太子妃到了巴黎。”这便是一切有关皇帝的爱情章节了。

但是，路易十六精心写了一张“我骑过的马的名单”，更细致地统计了猎获过的各种兽类的数量。如这一条：“杀死 200 只燕子——1784 年 6 月 28 日。”他还忠实地记录了 26 年中他洗过 43 次澡，患过两次消化不良等疾病。他对政治无动于衷，每当召开会议时便写“无事可记”。1789 年 6 月 20 日“网球场宣誓”那天，他记的是：“去比塔尔狩鹿，猎到一只。”7 月 14 日法国资产阶级革命开始那天是：“无事可记。”10 月 5 日王宫被包围，他写下：“在夏蒂荣打猎，杀死野物 18 只，狩猎为事变中断。往返骑马。”革命沸腾时期，他的日记中只简单地写到：“无事可记。”这本冗长单调的读物惟一引人之处，就是探索“无事可记”同大革命中哪一个著名日期相吻合。

1791 年 7 月路易十六在大革命的震摄下阴谋逃跑未遂，在日记中他几乎整整一个月全写上“无事可记。在大厅里祈祷。”直到他日记的最后一页。仍写着“无事可记——1791 年 12 月 31 日”。1792 年 1 月 21 日路易十六被送上断头台，也许日记写到这一天，他还会用“无事可记”来概括他的激情、希望，表达他的思想、愤慨。

与“无事可记”和狩猎记实同时，日记中还明确记下了国王的各种个人开支，他亲自编制，列表汇总搞得清清楚楚。对日记中的种种记录不禁令人生疑：皇宫各级侍从共 600 多人到底是做什么的？因为尽管皇帝有庞大的御膳房，却还记下“付一个软面包和两个面包费 1 路易 12 苏”；尽管皇帝有方圈 20 法里全球闻名的花园，还要“付鲜花费 54 路易”；尽管他有 8 个制鞋师，却还要“付皮鞋款 30 路易”……路易十六很怕开支过大，每当他发现账目有出入时就要从新演算，细细誊写。他在“细致”盘账的同时，他的财政大臣在王宫的另一侧也在算账：需要6亿5千零50万里佛尔才能填补宫廷挥霍造成的亏空。啊！倒霉的路易十六在这当中可是清白的呀！

伟大的寓言作家和理想主义者——拉封丹

一只年轻的小老鼠，刚刚长大成人，还没有遇见过猫，他就想，凭仗我的谦逊有礼，我好好地请求猫饶过我的性命，就能让老猫心软的。这一天。这只小老鼠突然就碰见一只猫，于是，小老鼠请求道：“让我活下去吧，一只像我这么大，像我这点花费的耗子，就真的能成为这家人的负担吗？你认为主人、夫人以及他们的全家就因为我而要挨饿吗？我只要一颗麦粒就吃饱了，吃上一只核桃我都要发胖。现在我还太瘦小，等一些时日吧，留下我这顿饭，以后与您的少爷们再一起分享吧。”

这只小老鼠就这样对老猫说着。老猫回答道：“你搞错了，你这番演说是对我说的吗？那你就等于说给了一个聋子。要一只猫，老猫，饶你的命？这是从来没有过的事！根据猫的法律，你就去阴间吧。你死吧。你就这样去那边对纺织三姐妹演说吧。我的孩子们以后会有别的东西吃的。”

说完。老猫就把小老鼠给抓住吃了。

从“我”的寓言中，可以得到如下教训：年轻人爱幻想，认为一切都能做到，而老年人则是实际的，残酷无情的。

上面那个“我”是谁呢？

“我”就是指拉封丹，他是法国最著名的寓言作家。上面那个小寓言就是他写的，名叫《老猫与小老鼠》。

让·德·拉封丹是法国17世纪的著名作家。他写过戏剧、散文、小说、故事诗、短诗以及寓言诗等，尤其以他的寓言诗最为著名。从1668年到1694年这一段时期内，拉封丹共发表了寓言诗12卷，有239首，这些作品都以动物世界寓指人类社会。有的揭露封建王朝的黑暗统治，有的谴责贵族权贵们的行径暴虐，也有的描写了劳动人民苦难的生活，它极其广泛地反映了17世纪下半期法国封建社会的现实面貌。我们不仅可以从中得到许多许多智慧，而且，我们还能从中得到丰富的知识。不但能让我们很好地了解古代社会的法国现实状况，而且能帮助我们很好地处理现代生活中我们遇到的凡人小事，它对我们的成长与生活很有用处。而且，拉封丹的这些作品对于寓言诗这种体裁的发展作出了很大贡献。这些寓言故事流传很广，因此，它的作者——让·德·拉封丹的名字也传遍了世界。拉封丹凭着他的寓言诗而成为了世界著名的作家。

拉封丹于1621年在法国香槟省沙多·基埃里城降生。大约在1641年，拉封丹进入神学院学习，但他在这里只呆了一年半便退学了，因为他实在受不了神学院中那种死板、愚昧的教育。于是，他转而去学习法律。由于拉封丹爱上了文学创作，他的功课很不好，直到他28岁的时候才毕业，获得了巴黎最高法院律师头衔，但是，拉封丹从未打过官司。这时，他更着迷一样地投入到文学创作之中。此后，他的名气渐渐大起来，当时的权臣富凯、德抄莎白莉爱尔夫人等都曾充当过拉封丹的保护人。晚年时，拉封丹的声名更为显赫，他被选入法兰西学士院。1695年，拉封丹在巴黎病逝。

拉封丹一生创作颇丰，尤以寓言故事出名。他从青年时就仔细观察生活，悟出了世间许多奇妙的故事，包涵了深刻而丰富的寓意。如在《樵夫与森林》中讲叙了这样一件事：

有个樵夫不是折断了斧子上的木柄，就是把它弄丢了。这个损失不可能马上就弥补过来。最后，这个樵夫低声下气地哀求树林让他带走一根小树枝，以便另做一支手柄。

也许他会到别处使用他营生的工具吧？也许他会让许多的杉松继续生长吧？因为每个人都会尊重这些树的历史与魅力的。

于是，天真的树林就施舍了一些树枝给他。但是，树林马上后悔了。这个卑鄙之徒在给斧子装上了手柄之后，专门用它来砍伐他恩人的主要枝干。现在这位恩人时时刻刻在呻吟着，正是自己的施舍使它饱尝酷刑。

“这也是世人以及宗教信徒们的所作所为，他们以恩人之德来伤恩人之心。这些事情我都懒得提起。但是有多少温馨的绿荫处于这样的凌辱之中？这方面谁不痛心疾首？哎！我的呼吁真是白费了。我已经遭嫌了。忘恩负义与欺骗的行为将永远盛行。”

拉封丹对于这个世俗的世界已经失望了。但是，他依然以一种坚强的毅力与极大的热情来完成他的劝世之言。心中依然对于那些使他伤心的人们充满期望，总希望那些丑恶的人能够从他的寓言中受到教益，使得人人都成为一个好人，使这个社会成为一个理想中的世外桃源式的美好社会。这个心中充满智慧，教人学会在现实社会中生存的拉封丹，他自己心中却充满了幻想。只是，这个幻想是属于全人类的美好理想，我们所有人都应该拥有它。

拉封丹虽然生活在几百年之前，但他已经是一个伟大的理想主义者了。

“阿尔去迪”与法国绘画之父

阿尔去迪是古代希腊传说中一个世外桃源式的乐土。

法国绘画之父是17世纪法国最为煊赫的大画家，是“学院派”的先驱者，即尼古拉·普桑。

普桑虽然被称为“法国绘画之父”，但是，这位法国画家一生中有大半辈子不在法国。他迷恋于“阿尔去迪”式的乐土，一生都在寻找那种宁静、完美、崇高的风范。因此，普桑从他30岁时起，便定居罗马，沉浸在古代希腊、罗马的古风之中。一直到死，他的灵魂也在追随着古典主义的完美。

但是，毕竟他生活在现实的社会，因此，现实社会中种种的不安情绪常常入侵他心目中的乐土。其中的典范之作便是《阿尔去迪的牧人们》。

画面上展现了这片乐土宁静的生活。天空是明净的蓝，温煦的阳光沐浴着这片宁静的土地，在优美的树木旁边，四个牧人戴着花冠拿着牧杖，围着一座石墓好像在探讨什么问题。

一个虬须的牧人，手指铭文，跪在地上，试图读出墓石上刻着的铭文。他对面一个年轻的牧人，一脚自然地踏在一块石头上，他俯下身，似乎读出了铭文，他用手指着铭文以略显惊骇的目光回头看着一位女牧人。那铭文是用拉丁文写成的：“即使在阿尔去迪也有我。”近来的一些评论家认为，这个“我”代表“死神”，意思是即使在美好的世外乐园——阿尔去迪，“死亡”也是不可避免的，含有“人生无常，美景难再”的意思。所以，除中间二人颇似紧张之外，左边的青年一手抚着墓顶，脸上似现悲伤之色。而右边那位仪态庄严的女牧人，一面抚慰着那位年轻牧人的背部，似乎在安慰他不要惊慌，一面又陷入哲人般的冥想，平静的面容上浮现出感慨的微笑，似乎在说："死又何惧？死在美丽的阿尔去迪，岂非幸福？"的确，画面上是一片宁静、优雅、牧歌式的抒情气氛。没有一丝悲痛恐惧的色彩。而构图的均衡对称，变化与对比的适度，姿态的从容庄重，显出一派希腊古风的典范。尤其是女牧人长袍上希腊雕刻式的优雅的褶纹，更能令人生发出思古幽情。因而，也有人认为这个女牧人是希腊神话中某位女神的形象。总之，那优美的风景，以及那神秘的铭文，让人在牧歌式的田园生活场景中感受到一丝不安。这种不安像个谜团一样. 困扰着画家，也困扰着我们，但是，却永远也搞不懂。

普桑于1594年出生在诺曼底省一个优美的小村庄——安德勒斯。他从小喜爱幻想，喜欢坐在草地上，一边放牧牛、羊，一边沉浸在伟大的古希腊神话世界中去。于是，他自己学着画画，画那些典雅、静穆、崇高的古代神灵。但因为没有专业的老师教他，因此总是画得不太好。1612年，普桑抱着寻找名师的目的来到当时的繁华之都——巴黎。但是，名师没有寻到，却被巴黎人的生活习惯吓坏了。于是，他又逃回故乡。惟一的收获是研究了一些古代名家的作品，他开始自学。

不久之后，普桑第二次出征，这一次他去了古典文化荟萃的圣地意大利，他深为这些古典精品所感动。终于在1624年，普桑决定定居罗马，因为他觉得自己已经离不开这里了，好像他天生就该呆在这里，这里才是他真正的故乡。

此后，普桑的画艺突飞猛进，很快就以一种纯净的古典美风格扬名天下了。法国人都知道他们有一位著名的画家住在意大利罗马。时间久了，法国国王始终觉得这样自己很没面子，1640年，法国皇帝路易十三下诏把普桑请回法国。但是，在巴黎，普桑对一切都感到陌生。一切他都不喜欢，尤其是宫廷生活及染有那种庸俗风趣的艺术家们更让他别扭。于是，普桑只在巴黎呆了两年，便又回到了罗马。一直到他1665年去世，普桑再也没有离开意大利，也再没有回过他的第一故乡——那个优美的小山村。或许，他早已把那个故乡给忘了，他头脑中只有他的"阿尔去迪"，只有他的理想了。

普桑一生创作了许多作品，重要代表作中除了《阿尔去迪的牧人们》之外，还有《诗人的灵感》、《基督治愈盲者》、《所罗门法庭》、

《哀悼基督》、《解放了的耶路撒冷》、《花神之国》、《冬》等，大都表现出一种从容、高贵、优雅的古代雕像的风格。例如《解放了的耶路撒冷》，画面安排得很有匠心，多情的少女在战场上寻到了自己英勇的武士，但全身铠甲的英雄已重伤倒地，一位战友挟着他起身，少女则割下长发为他裹伤。画面选择的正是美丽的少女一手握住发夹，一手举剑断发的情节。从实际着想，用头发裹伤口远不如割下一条衣衫更合用。但是，从情感上看，在普桑的想像中，温柔的金发为英雄裹伤，更富有“崇高的古典诗意”。这正体现了普桑一生的追求。

因此，普桑的作品具有一种宏大的气度与端庄的美感，法国人忘不了这位不爱故乡的故乡人，至死，也要用一顶“法国绘画之父”的桂冠来抓住他，不让这位伟大的灵魂太逍遥了。

与米开朗基罗争誉的“巴洛克”大师

日神阿波罗爱上了河神的女儿达芙妮，但是，达芙妮拒绝日神热烈的追求。阿波罗不愿放弃这次爱情，于是，阿波罗便追赶达芙妮。达芙妮惊慌失措地拼命逃脱……阿波罗在后面迈开大步追赶……终于，达芙妮精疲力尽了，眼看着阿波罗就要到她身后，他的气息已经吹着飘在达芙妮脑后的头发了，达芙妮眼看着自己就要落入阿波罗的怀中了，她惊恐地喊道：“父亲，救救我吧！我的美貌太引人喜爱，把它毁了吧?”她的乞求还没有说完，她柔软的胸部就长出了一层薄薄的树皮，头发长成了树叶，而臂变成了枝干，双脚变成了扭曲的树根……

最终，这位少女变成了月桂树。为了纪念自己心爱的姑娘，兼管文艺与诗的日神阿波罗就用桂冠赏赐给优秀的诗人们。

这是罗马诗人奥维尔在《变形记》中描写的日神追逐达芙妮的故事。但是，却有一位伟大的艺术家把阿波罗追逐达芙妮以及达芙妮变为月桂树的那一瞬间用完美的雕塑展现在我们面前，简直比我们想象的还要完美，还要逼真。达芙妮在呼喊、奔跑中显出的温柔与惊恐，让人顿起怜爱之心。

这位伟大的艺术家就是贝尼尼。贝尼尼是一位天才的“巴洛克”大师，他在建筑与雕塑上的威名足以跟文艺复兴“三杰”之一的伟大的建筑家、雕塑家、画家米开朗基罗一争高下。

“巴洛克”原意是“不圆的珠”或“荒谬的思想”，含有不整齐、扭曲、怪诞的意思，大约是18世纪古典主义者奉献给自己不太赞同的前辈艺术的一个称号。“巴洛克”作为一种风格，流行于17世纪至18世纪初。如果文艺复兴可以归为“古典主义”，“巴洛克”则可归之于“浪漫主义”。因为米开朗基罗以自身的浪漫气质对古典原则有所突破，所以有人称米开朗基罗为“巴洛克的先驱!”但是认真来说，米开朗基罗作品中那种雄伟的崇高气质是所有的“巴洛克”作品所无法比拟的。即使是天才的“巴洛克”大师贝尼尼也稍逊一筹。但是，贝尼尼以这种扭曲、怪诞的风格所创造的杰作，依然构成了17世纪极为辉煌的一页。

罗伦佐·贝尼尼于1598年出生于那不勒斯一个雕刻家的家庭。他的父亲彼特罗·贝尼尼是当时一位著名的雕刻家，以娴熟的大理石技艺而著称于世。小贝尼尼从小跟随父亲学艺。1606年，当小贝尼尼8岁的时候，父亲带他一起到了“巴洛克”艺术的中心——罗马。当时，小贝尼尼就以从父亲那学来的高超技艺受到注意。后来，小贝尼尼逐渐接受了“巴洛克”的风格。这种风格在他手里更为得心应手。贝尼尼经常把建筑与雕刻结合在一起，甚至打破它们之间的界线，又常常在雕刻中运用绘画的手法，造成一种建筑、雕刻、绘画的混合物。因此，在“巴洛克”盛行的罗马，贝尼尼的光彩日益耀眼。

1622年，小贝尼尼奉诏入教廷供职，很快得到教皇的赏识，并因为他的功绩向他颁发了基督勋章与骑士头衔的称号。从此，小贝尼尼便一直在宫廷任职，并逐渐以他的才华得到了“巴洛克”大师的称号。

贝尼尼的主要贡献在于建筑与雕塑上。虽然他的绘画作品也不乏出色之作，只是因为“巴洛克”风格主要在建筑与雕塑上体现出来，所以，贝尼尼也因为建筑与雕塑作品而成为了伟大的艺术家。

在建筑上，让贝尼尼名声大振的是圣彼得大教堂的改建。圣彼得大教堂是从公元1505年开始修建的，先后经过了好几代建筑家的努力。其中最有名的就是米开朗基罗，他修建了一个无以伦比的中心天顶。1624年，教皇任命贝尼尼为总工程师，开始改建圣彼得大教堂。同时，这也开始了贝尼尼辉煌的艺术生涯。

贝尼尼为大教堂的内部设计了天顶、主祭坛、礼拜堂、壁面、墓碑以及装饰雕刻等。可称得上他初期代表作的还有教堂正面的广场。圣彼得大教堂的成功让贝尼尼名扬四海。但他自己的建筑精品却是另外三个教堂的设计，即圣多马·索·特·奥拉诺奥教堂、圣安德烈·阿尔·奎利纳列教堂以及圣玛丽娅·特拉斯奇奥莱教堂。

这三个教堂的平面分别设计为希腊十字、椭圆形与圆形三种不同形式。它们的正面却都是以两翼的附柱、壁面与中间突出的柱廊强调整个建筑的体积感。正面的这三个部分俨然一体，却又各具独立性，从而使教堂的正面既有严格的统一，又有丰富的变化，使建筑的每一部分都具有一种极力的扩张感。这使得贝尼尼的作品变得刚劲有力，引人注目。教堂内部，椭圈形的空间像圣彼得广场一样给人一种辽阔宽广的感觉。教堂的壁龛嵌在巨大的圆柱之间，庄严而纯朴，几乎可与石神殿媲美。教堂内部的空间也有其独到之处，在上部，贝尼尼以金色象征“神圣的空间”，下部则用灰暗象征“市俗的空间”。天国永远是一种幻想的幸福的虚空。而市俗则永远是一种灰暗的痛苦的现实。当时，大多数“巴洛克”式宗教建筑都巧妙地使这种象征性的“神圣空间”与“市俗的空间”相互并存。这也称得上是“巴洛克”的特点之一。

贝尼尼在设计与解决复杂的建筑物时所表现出的超人的才智，使他成为当时意大利艺坛中最有影响的大家之一。由于他的名气，1665 年，法国国王路易十四邀请他去修建卢浮宫。这一建筑最终由克劳德·彼罗完成。

贝尼尼不仅仅是 17 世纪伟大的建筑家，而且也是一位伟大的雕刻家。他作品丰富，不仅仅是为教堂、陵墓做纪念性、装饰性雕刻，而且也为权贵们创作了许多雕像。他的作品同他的建筑一样，具有外表华丽的“巴洛克”风格。

贝尼尼最早的作品是《大卫》，是为红衣主教斯契比法·波尔查宫的花园雕刻的。同样属于这里的作品还有《普罗奏比娜的掠夺》、《埃涅伊与安西斯》、《阿波罗与达芙妮》等，共为四组，其中最为著名的就是《阿波罗与达芙妮》，描绘了阿波罗追逐河神之女达芙妮与达芙妮变为月桂树的故事。

到了 1646 年，贝尼尼又创作了《圣女苔列莎》，这幅作品标志着贝尼尼在雕刻艺术上“巴洛克”风格的成熟。

《圣女苔列莎》是贝尼尼为罗马的维多利亚教堂创作的。圣女苔列莎是西班牙的一个女尼，一个反宗教改革的“英雄”，贝尼尼选择的是她梦见代表上帝的天使，把一支金箭插进她的心房中的情景。这种笃信上帝到了狂迷状态的幻觉，被贝尼尼处理得非常逼真。女圣徒半倚半卧地睡在一片云朵之上，一个顽皮可笑的天使，正举起一支金箭刺向睡觉的圣女。两个人都在云朵之上飘着，靠在一个壁龛的前边，他们顶上用金属制成的太阳的光芒，正从壁龛上射下，把他们两人笼罩起来，从而形成神圣的感觉。圣女苔列莎脸上现出一种昏迷状态中的痛苦而又甜蜜的表情。

人们觉得这件本来是赞颂灵魂的神圣交感的事件，在这里却似乎变成真的尘世的肉体之爱了。但是，贝尼尼对此是有根据的，他曾研究过那位圣女的日记，当写到梦见自己被天使的金箭刺胸时，苔列莎描绘道："我痛得大声呼叫了，可同时又觉得很甜蜜，这是医疗之痛而非肉体之痛，这是灵魂所受的上帝的甜蜜抚慰……"这种描述，似乎也不像皈依宗教的圣尼的心理。早期基督教有一位圣人圣杰罗姆，他曾劝一个贵族姑娘出家为尼，他写信告诉她说：做了修女就是嫁给了上帝，上帝就是她的"新郎"，您母亲就是神的岳母了。可见。圣女苔列莎有那种幻想也是说得通的。而贝尼尼选择这样一个场景，一方面显示了自己高超的技艺，另一方面则是对于"神人交感"的精神愉悦在现实中的刻画。

此外，贝尼尼在装饰性雕塑上也有非常突出的贡献。例如圣彼得大教堂广场上的方尖碑、喷泉及柱廊顶端的圆雕，还有后来为罗马城设计的大量装饰性雕刻，其中以《四条河的喷泉》与《多利多之泉》最为着名。

《四条河的喷泉》是安装在娜翁广场上的一个巨型的组合雕刻。它由自然的石灰岩的山石构架成巨大的形体，四条带状的水从山石中喷涌而出，标志着世界的四条河流——多瑙河、尼罗河、恒河、拉普拉塔河。在自然的山石结构上，贝尼尼以大理石为料，雕刻了四个巨人，是历史悠久的大河的象征，即自然孕育了人类，而人类强大的力量正立于自然之上。这个喷泉还带有一个方尖碑。西库斯多斯五世在占领埃及之后，在埃及建起了第八个方尖碑。从此之后，方尖碑就成了天主教对于异教胜利的象征。在这里，它成为纪念教皇功绩的纪念碑。

贝尼尼除了在建筑与雕塑方面取得了巨大成就之外，他还创作过许多肖像雕刻品，例如《斯契比洪·渡尔查像》、《英诺森十世像》、《康斯坦查·布奥娜列里像》等，尤以前者著名。

贝尼尼终生不倦地工作，一直到80多岁。他从来不对自己的作品满足，他一直都在不断地探索与追求之中。据说，有一次贝尼尼驱车经过娜翁广场时，气愤地拉下了马车窗帘而不瞅一眼那个杰出的作品《四条河的喷泉》，他嘴里还不停地念叨着：“哼，干得那么糟糕，真丢人!”

但是，贝尼尼尽其一生所创作的伟大作品，却绝对称得上17世纪的典范之作。贝尼尼是一位天才的艺术大师，是罗马“巴洛克”艺术的最伟大代表。

1680年，这位辛劳一生的大师沉沉地睡去了。罗马教皇说：贝尼尼对于罗马是必要的，罗马对于贝尼尼也是必要的。

世界上下五千年

shijie shangxia wuqiannian

文 艺 复 兴

中世纪最后一位诗人——但丁

恩格斯曾经说过：封建的中世纪的终结与现代资本主义纪元的开端，是以一位大人物为标志的。这位大人物就是意大利人但丁。但丁是中世纪最伟大的诗人，他埋葬了中世纪，又开拓了一个新纪元。

但丁·阿里盖利于1265年出生于意大利佛罗伦萨一个古老的贵族家庭。当时意大利工商业繁荣，是欧洲资本主义因素最早出现的地方，佛罗伦萨、米兰、威尼斯等地已是繁荣的经济中心，资产阶级力量日益强大。但是，由于罗马教皇与神圣罗马帝国皇帝争夺对意大利的统治，意大利四分五裂。在但丁的故乡佛罗伦萨形成了两个互相斗争的政党：基白林党与贵尔夫党。基白林党是封建贵族政党，支持神圣罗马帝国皇帝；贵尔夫党是资产阶级政党，支持罗马教皇。但丁的母亲是基白林党，父亲属于贵尔夫党。但丁从小受母亲影响较大，喜爱古典文学。他特别崇拜罗马大诗人维吉尔，尊之为导师。同时，但丁对其他领域也有很深的研究，如绘画、音乐、哲学等。少年的但丁，曾经爱上邻家小女孩贝阿特丽采，这是一种近乎骑士式的精神之恋，但是，不幸的是小女孩在1290年夭折了。但丁把这份纯洁的爱深深藏在心里，并常常激发他那诗人的灵感。1292年，诗人写了《新生》，这是由写给贝阿特丽采的30首抒情诗构成的，以此纪念自己深爱的女孩。诗中表达了摆脱禁欲主义束缚，追求纯洁自由的爱情愿望，同时也流露出对贝阿特丽采早亡的深切悲伤，这是西欧文学史上第一部向读者袒露作者自己最隐秘情感的自传性作品。

1293年，贵族政权被摧毁，基白林党被粉碎，贵尔夫党上台，但是不久又分裂为黑白两党。年青的但丁投入了白党，积极反对教皇干涉佛罗伦萨内政。1302年，黑党在教皇与法国军队的支持下夺得政权。但丁全部家产被没收，且被判处终身流放。艰苦的流放生活使但丁走入更广阔的现实空间，他看到了教皇统治的黑暗，看到了城邦纷争的危害，强烈希望祖国的统一。这些对他后来的创作产生了巨大的影响。1304年至1307年，但丁写了《飨宴》与《论俗语》。1309年，他写了《帝制论》，其中明确表达了自己的政治主张。在漫长的流放生活中，但丁一直坚持同教皇作斗争，他一直没有回故乡，直到1321年，但丁客死拉文那。但是，但丁死前完成了他最伟大的作品《神曲》，成为不朽的诗人。佛罗伦萨人曾多次要求拉文那归还但丁的骨灰，但都遭到拒绝。

《神曲》是但丁在流放中写的一部长诗，分为《地狱》、《净界》、《天堂》三部。原作品名为《喜剧》，后来人们因这部书的伟大，加上了“神圣”两字，称为《神圣的喜剧》，中文译为《神曲》。

《神曲》结构精妙而严谨。地狱、净界、天堂三部每部包括33篇，加上开篇序言，共100篇。结构上的三，暗含基督教的“三位一体”；100篇的数目象征十全十美、完满。而且每一部中，地狱、净界、天堂各分九层，九可视作三的倍数。诗的内外结构严密契合，使全诗形成一个严密的艺术整体，同时使作品具有某种神圣的意义。

诗中自叙诗人在人生的中途（35岁）在一片黑暗的森林中迷了路，他正想朝一个洒满阳光的山顶攀登时，忽然出现了三只野兽——狮、豹、狼（象征强权、淫欲、贪婪）挡住去路。正在危急时刻，古罗马的伟大诗人维吉尔出现了，他受贝阿特丽采之托前来援救但丁从另一条路通向光明的山巅。他们避开了三只野兽的阻拦，维吉尔告诉但丁，阻挡他的母狼性格非常残忍，肚子从来没有饱过，与它勾结的野兽越来越多。“直到那著名的猎狗出世，才能把他们一一杀尽”。这里的“猎狗”似有所指，后代学者绞尽脑汁也没有搞清这一谜团，至今仍争论不休，未有定论。

维吉尔引导着但丁首先游历了地狱。地狱分为九层，为漏斗形状，底在地球中心，入口在北半球，基督教圣地耶路撒冷为其顶点。从上到下，罪人灵魂依照生前的罪孽轻重，分别被放在不同的层中受刑罚。罪行最大者居住在下层。但丁把贪色、贪吃、易怒和邪教徒看作是严重罪犯，打入地狱。如他把死去的教皇尼古拉三世打入第八层石穴中遭受火烧。他怒斥教皇尼古拉三世：“因为你的贪心，使世界变为悲惨，把善良的踏在脚下，把凶恶的捧在头上。”这位教皇头朝下栽在喷火的石洞里，露着的双脚被烧得颤抖不已。虽然当时教皇逢尼法西八世还没有死，但是由于他罪恶太大，但丁已给他在地狱中安排好位置，以表示对这个干涉佛罗伦萨内政、破坏意大利统一的罪魁祸首的无比痛恨。他通过维吉尔的口说：“那些顶上精光没有头发的是教士，是主教，是教皇。因为他们特别的贪得无厌。”但丁把批判的矛头直指各级教会人士与他们的最高代表教皇。

游完地狱，维吉尔带着但丁通过地心，顺着盘旋曲折的岩洞小径走出地球，到了净界山下。净界山在地球的南半球的大海上，状为孤岛，与北半球的地狱遥遥相对。净界山下是一片沙滩，山体分为七层，山顶是一乐园，加起来也是九层。沙滩上修炼的是生前忏悔太晚与被逐出教会者。中间七层惩戒人的七大罪恶：骄、妒、怒、惰、贪财、贪食、贪色。山顶乐园风和日丽，鸟语花香，是一派“伊甸园”景象，当一个人根除所有罪恶，达到纯洁的境界，就可以升到这里，等待被上帝接入天堂。

维吉尔带领但丁来到山顶，忽然维吉尔不见了。这时圣女贝阿特丽采出现了，她带领但丁游历了天堂。天堂分为九重，层层围绕地球旋转。从下向上依次是月球天、水星天、金星天、太阳天、火星天、木星天、土星天、恒星天与水晶天九层，分别为能坚持信誓者、行善的灵魂、多情的灵魂、对哲学与神学有造诣的灵魂、为信仰而战死的灵魂、正直聪明的君主、隐逸寡欲者的灵魂、胜利的灵魂及九大天使居住地。九重天之上是无迹的天府，居住着幸福的灵魂，最高之处是上帝的所在。但丁看到了上帝，那耀眼的光芒一闪而逝。

但丁的《神曲》以梦幻的形式游历三界。对世间百态一一归类，尤其对教会、权贵的丑恶行径给予了深刻的揭露与批判，表达了对争取自由爱情精神的同情。比如在相爱而被惨杀的情侣弗兰采斯长和保罗面前，但丁听完他们凄惨的故事之后，大为感动，竟至“因怜悯而昏晕”，“像死尸一样倒在地上”。但丁的《神曲》用象征主义的手法，内涵丰富深沉，他结束了一个罪恶的时代，又开创了一个光明的世界。而且《神曲》内容丰富繁杂，包罗万象，神学、哲学、天文、地理、伦理学、神话、民间文学及社会生活方面的知识广泛涉猎，可称为中世纪文化的“百科全书”。

但丁的《神曲》一改正统的拉丁语言，首创用意大利民族语言写作文学作品，对于意大利民族语言的统一和民族文学的发展起了很大的作用。但丁是中世纪最伟大的诗人。

卜伽丘与《十日谈》

1348年，在欧洲中世纪，一场可怕的瘟疫在意大利繁华的都市佛罗伦萨发生了。这可怕的黑死病使得十室九空，一时间丧钟常鸣。

这就是《十日谈》的背景。

意大利是资本主义的发源地，也是文艺复兴运动的发源地。但丁是人文主义文学的先驱，彼特拉克和卜伽丘是早期人文主义文学的杰出代表。

《十日谈》的作者是乔万尼·卜伽丘。他是第一个通晓希腊文的人文主义学者。他出身商人家庭，受过大学教育。早年在那不勒斯时，卜伽丘接触过宫廷和贵族骑士生活，后来他回到佛罗伦萨，拥护当地共和政权，积极参加反对封建贵族的斗争。1350年，他与彼特拉克交往，共同提倡古典文化。

短篇小说集《十日谈》是卜伽丘的代表作，其题材主要来源于历史事件，以及东方故事和已经流传很久的轶闻趣事。

下面我们来看《十日谈》。

在史无前例的大瘟疫中，10个青年男女侥幸活了下来，一起逃到郊外，住进了一所十分美丽的别墅。他们在大自然的怀抱中，十分惬意，只见鸟语花香，青山流水，到处一派勃勃生机。

这情景和可怕的城市瘟疫对比，简直是天上人间与地狱鬼都。大家躲在这美丽安全的地方，为了使生活更有情趣，他们约定，每人每天讲一个故事。就这样，他们住了10天，讲了100个故事。《十日谈》凭借这个线索把100个小故事串了起来，以瘟疫来象征中世纪的黑暗，以10个青年男女象征反抗黑暗的中世纪的人文主义，表现了作者对个人价值追求的肯定。

《十日谈》开宗明义地批判了天主教会，其中“扬诺劝教”更是意义深刻。

故事是这样的：

巴黎住着一个富商，名叫扬诺。他有一个朋友亚伯拉罕，是一名教徒，笃信犹太教。扬诺认为天主教是正宗，希望自己的朋友改信天主教。在他的劝说之下，亚伯拉罕决定去罗马考察一番，看一看天主派遣到人间来的代表——教皇的气派到底怎么样。他果真赶到了罗马教廷，但是他看到了什么情景呢?

“从上到下，没有一个不是寡廉鲜耻，犯着‘贪色’的罪恶，连一点点顾忌、羞耻之心都不存在了，因此，竟至于妓女当道，有什么事要向廷上请求，还要走后门……”

继续观察的结果，使他看到更多的罪恶，贪得无厌，爱钱如命，买卖圣职。一幕幕惊心触目的事实使亚伯拉罕得出结论：罗马根本“不是一个神圣的京城，而是一个容纳一切罪恶的大熔炉”!

教皇、红衣主教这些人无恶不作，他们本应是天主教的支柱，但是却成为天主教的蛀虫，只能让天主教尽快垮台，迅速消失。

如果按照通常的做法，作者似乎应该让亚伯拉罕放弃天主教，离开罗马。但是卜伽丘和通常的做法不一样，这也正是他匠心独运的地方，他让亚伯拉罕这样说：“可是不管他们怎样拼命想把天主教推翻，它还是屹然不动……这么说，你们的宗教确是比其他的宗教更正大神圣。”

结果，亚伯拉罕竟去教堂接受天主教洗礼去了。

《十日谈》的“扬诺劝教”就是一把锋利的匕首，直刺天主教会的心脏，在卜伽丘的故事面前，中世纪的教会成为滑稽的嘲讽对象。

卜伽丘在很多故事里揭露了教会的敲诈勒索。

“裁判官的故事”讲道：

一个富人在酒店里喝了几杯酒，一时高兴，便信口胡说大话，他说他正喝的美酒是耶稣所喝的美酒。这句话传到了宗教裁判所那里，一件小事立即变成了大事。谁都知道这是一句戏言，喝酒昏了头的戏言，但裁判所却要从这件事上打主意。

裁判所的神父打听这个人的情况，得知这个人很富有，有田地还有金银，心想这好机会绝不能错过。于是下一道紧急的命令，逮捕那个富人，罪名是污蔑基督。他们用死刑来威胁这个富人，这个富人只好请人疏通。“献上一大块‘脂膏’，让神父搽在眼上，也好医治修士见钱眼红的毛病”。这样，富人被从轻处罚，小事变成大事之后又大事成为小事，只拘留了几天就被放了。

在中世纪，严厉残酷的统治是由天主教会推行实施的。他们有宗教法庭和裁判所，可以对任何有悖宗教的言行进行定罪。其实，宗教裁判所就是一种特务机构，遍布西欧各地，所有的人都被暗地监视着，冤假错案数不胜数，其中的贪污受贿、勒索敲诈现象比比皆是。可以说，天主教会血债累累。

对于进步人士，如布鲁诺等人，他们严厉残酷镇压。对于平头百姓，他们用宗教来愚昧麻痹。直接揭露他们压榨人民的作品是很少的，在当时，也就是《十日谈》中有这么一篇。

卜伽丘在写这篇作品之前也十分踌躇，心里思量很久，终于下了笔。但是他只能避重就轻，对裁判官的敲诈勒索进行了嘲讽，而没有更加严厉地批判。作者自己说："像蚊子那样叮人一口。"

但是我们知道，那时只要一句戏言就可致杀身大祸，更何况《十日谈》所表露出的思想和天主教格格不入呢。当时尚处在文艺复兴运动早期，卜伽丘是先驱者，他冒天下之大不韪，用《十日谈》向天主教会发出了全方位的挑战，并且进攻的炮火威力无比，每一则故事都像火药味十足的战斗檄文，击在教会的要害之处。《十日谈》的出现，就是和天主教会短兵相接，作者的勇敢精神是无可比拟的。卜伽丘不断受到天主教会的威逼利诱，但他毫不屈服。

作者去世以后还被挖坟鞭尸。我们知道了这样的历史环境，才能更加深刻地理解《十日谈》的意义。作者对旧制度旧世界束缚人的自由无情地嘲讽，表达了向往新世界的愿望。

意大利近代有一位著名的评论家桑提克斯这样说："但丁结束了一个时代，卜伽丘开创了另一个时代。"

凡·埃克兄弟与《根特祭坛画》

根特城的圣贝文教堂中突然来了许多人，有虔诚的教士，也有来自各国的游览者，他们都整齐地立在祭坛面前，安静地望着祭坛，没有一丝声响。这时，圣洁的音乐轻轻响起，所有的人们都遽然肃穆、虔诚、崇敬地望着祭坛。随着那音乐的旋律，祭坛的两翼徐徐打开。人群中传来低低的惊呼声，所有的人都睁大了双眼，兴奋地望着那里面显现出来的圣物。那就是辉煌夺目的 12 幅祭坛画。

《根特祭坛画》是现存最早的带有签名的尼德兰绘画作品。这一组祭坛画共包括 21 幅作品，是当时最伟大的画家胡伯特·凡·埃克应根特市市长多库斯·威德之邀于1415年绘制的。由于这位大画家于1426年去世，作品由他的弟弟扬·凡·埃克于1433年完成。这组盖世佳作自从它完成之后就历经磨难，不是遭损于火灾，就是被侵略者掠夺，要么就是被盗，直到1951年经过彻底修缮后才重新回到根特的圣贝文教堂之中。

《根特祭坛画》的题材取自《圣经》，表现了对耶稣牺牲自己而拯救人类的上帝之爱的祈求与赞颂。

《根特祭坛画》是一种多翼式“开闭形”的祭坛组画。外面9幅。闭合的祭坛内12幅。每逢节日的礼拜盛会，祭坛的两翼伴随着音乐打开，人们才得以见到这12幅杰作。

这12幅祭坛画分为上下两部分与左右两翼。上部的中央是端坐的《耶稣》，左右两边分别是《圣母玛丽娅》与《施洗者约翰》，再向外就是左右两翼，两翼的内侧分别是《合唱的天使们》与《奏乐的天使们》，外侧分别是《亚当》与《夏娃》，下部的中央是一大幅《羔羊的崇敬》，左右两翼的内侧分别为《裁判官》（此画于1934年被盗，现存的是摹本）与《隐者》，外侧分别是《骑士》与《巡礼者》。当祭坛的两翼闭合时，人们只能看到两翼外侧的9幅画，这9幅画分为上、中、下三段。上段从左至右画着预告耶稣降生的男女先知，分别为《预言者撒卡尼雅》、《埃及的女预言者》、《库麦的女预言者》及《预言者米卡》，中段是《受胎告知》，下段从左至右分别为《祭坛的供养人约多库斯·威德》、《洗礼者约翰》、《福音书记者约翰》与《约多库斯的妻子赛贝娜》。

《根特祭坛画》这一组共21幅作品中，以《羔羊的崇敬》最为著名。它是根据《约翰福音》与当时流行的《黄金故事》而作的。画面展现于一片原野之中，一只白羊站在正面的祭坛上，白羊胸部流出的血注入到酒杯中。祭坛的周围跪着一些有翅的天使。画面的最近处有一口井泉，井泉的两边跪着或站着的是一群预言家、哲学家等与基督的弟子们，他们正期待着耶稣的归来。在远处还站着一些主教、圣女等，各种橄榄叶表明他们都是殉道者。

这是一幅神圣而庞大壮观的场景。画家以丰富的色调对各种事物物进行了极为精确细致的描绘，尤其是各种稀奇的树木、花草散布在林中的草坪上，而且这种色彩与画边格板上的金子及宝石交相辉映，从而把启示录的景象描绘成了一幅人间天堂图。在一群刻画细致的人物中，人们好像也得到了真正的欢乐与幸福。他们在赞颂救世主耶稣，从而把人的力量与神秘世界的力量结合在一起，对人充满了信心与希望。这也是文艺复兴人文主义思想的体现。

下面的《受胎告知》中，手持百合、穿着浅色衣袍悄然进入屋内的天使与双手交叉在胸前举目向上的圣母玛丽娅虽然被分隔在构图的两边，但由于画面构图与人物动作的巧妙安排，使其成为一个自然的统一体。在阳光射过的窗子外面，隐现着许多市民的小房子，从而使这种宗教题材的画面增添了一些亲切的现实感。这种精致入微的细节描写成为凡·埃克兄弟的画风中的一大特点。

《根特祭坛画》是尼德兰早期文艺复兴美术的里程碑之作，从而也确定了凡·埃克兄弟在新艺术上的主要奠基人的地位。此外，《根特祭坛画》又是世界上第一件真正的油画作品。画面色彩鲜明，辉煌艳丽，虽然经过了数百年的历史，画面仍然艳丽如新，这在当时的确是一种绘画技法上的突进。因此，《根特祭坛画》在绘画史上的意义远远超出了一般意义上的革新与创造，它开创了整个欧洲绘画的新纪元，而这些成就无不归功于凡·埃克兄弟。他们也因此被称为“色彩的创新者”与“油画的发明者”。

关于用油调色的先例早在 10 世纪时就有记述。据称，当时的僧侣画家尤捡克里亚斯就用油调过色彩。关于油画技巧早在 1410 年以前就有艺术家们进行过很多试验。但是因为多以蓖麻油作为调色的媒介物，颜色干得很慢，作画极不方便。凡·埃克兄弟重要的贡献就是发明了一种比较方便的油质媒介物，即在经过曝晒浓缩之后的蓖麻油中掺入一定成份的、具有挥发性的松节油，从而使作画的时间紧凑了。同时，这种中和的液体很容易调和颜料色彩，运笔流畅自如，又可层层敷设，使得画面层次分明，清透鲜亮，使油画技法更适合了写实的要求。可以说，凡·埃克兄弟是在镶板画上第一个成功地使用油画技法的艺术家，此后这种新的绘画方法传入意大利，然后又传入了威尼斯。从而使得以色彩著称的威尼斯画派得到很快的发展。

凡·埃克兄弟为世界绘画史做出了巨大贡献。

凡·埃克兄弟出生于利布尔库的马赛克城。哥哥胡伯特·凡·埃克的资料很少。据说是出生于 1366 年，生前已是很有名的大画家。弟弟扬·凡·埃克的出生日期也不清楚。有的说是 1380 年，有的说是 1390 年。也有人折衷，说是 1385 年。弟弟于 1422 年成为约翰伯爵的宫廷画家，风格逐渐形成。后来，他移居佛兰德尔，开始同哥哥合作。此后，他受到艮第公爵的青睐，成为宫廷画家。他一生享尽荣华富贵，也留下大量的传世名作。1441 年，扬·凡·埃克死于布鲁日。

扬·凡·埃克早期的作品主要有《教堂中的圣母》、《圣母与罗林天主教》、《在自己房中的圣母》、《圣巴巴娄》等。

自从扬·凡·埃克完成了《根特祭坛画》并且定居布鲁日之后，他的艺术达到成熟阶段，成为他创作的黄金期。扬·凡·埃克这时主要致力于肖像画创作，其中有不少传世之作，如《阿伯加蒂主教像》、《提摩多斯像》、《戴红头巾的人》以及《阿诺弗尼夫妇像》等。

其中，尤以《阿诺弗尼夫妇像》为典范，被认为是“欧洲艺术中第一幅心理肖像画”。阿诺弗尼是一个商人，在他定居布鲁日之后，与扬·凡·埃克交往密切。这幅画是描绘这位被菲力浦公爵封为骑士的阿诺弗尼与妻子在新婚洞房中的景象。阿诺弗尼举起右手表示他将终生珍爱并养活他的妻子，新娘则伸出右手放在新郎的左手上表示永远做自己丈夫的忠实伴侣。这里所有的细节描写都很使人对这个幸福的婚姻引发美好的联想，蜡烛、刷子、苹果、扫帚、念珠以及两人之间的可爱的小狗，都透露着新婚的温馨、喜悦。夫妇两人手拉着手，含情脉脉，与周围的环境形成了完美的统一。其中一个最为精彩的细节刻画就是利用镜子来丰富画面的空间处理方式，扩大了作品的容量，增强了画面的真实性与生动性。首先，夫妇的背影映在了墙上的镜子里，此外，墙上的镜中还映出了室内的摆设以及前来参加婚礼的人。据说，其中一个就是扬·凡·埃克的身影。这个小镜框的四周装饰着 10 幅小型的耶稣受难图。小镜子上方的墙上刻着“扬·凡·埃克于 1434 年在此”。由此，我们可以感受到这兄弟两人的独特之处就是细节的真实与传神。这一方面归因于人文主义精神要求的现实主义风格，另一个原因就是他们自创的独特油画技法，使得这种精雕细琢成为可能。

凡·埃克兄弟以自己的天资奠定了尼德兰文艺复兴运动的基础，同时又开创了欧洲绘画史上的新时代。

波堤切利与《维纳斯的诞生》

裸体的维纳斯如一粒晶莹剔透的珍珠一般，从贝壳中站起，升上了海面，翱翔于天上的风神们鼓动翅膀，把她吹向岸边，这里就是维纳斯最初的落点——塞浦路斯岛。山林女神从林中走出，展开手中的长衫以备覆盖她的裸体。许多玫瑰花在轻风的吹送下，绕着维纳斯窈窕而柔美的身姿飘舞。漾溢着青春生命的肉体，美丽娇艳的鲜花，是向宗教禁欲主义挑战的宣言。那玉雕般的裸体、微妙的曲线与波浪般的金发，和谐优美。浓郁的诗意与恰当的夸张珠联璧合。蓝色的海面上泛着轻波，艳丽的玫瑰随风轻舞，构成一幅充满人性自由的爱与美的和谐。波堤切利笔下的维纳斯被认为是美术史上最优雅的裸体。她身体纤美而柔弱，脸上带着一种天真无邪的稚气，尤其是她那一双出神的大眼睛，似乎在单纯无知中又含有某种哀伤与迷惘。她像一个初落人世的婴儿，惊讶得发呆，直觉中预感到某些未知的苦难与不幸。

这幅波堤切利的名作便是《维纳斯的诞生》。据说，这个维纳斯身上带有著名的美女茜蒙奈塔的影子。茜蒙奈塔是当时闻名的美女，她16岁嫁给佛罗伦萨的委斯普琪，但不久即被佛罗伦萨的统治者美第奇家族的朱里安诺抢去。在茜蒙奈塔22岁的时候，美第奇家族举行选美会，茜蒙奈塔当选为“女王”。但是，红颜命薄，第二年她便暴病身亡。举行葬礼时，没有棺椁，只有一张无比舒适的大床与无数的鲜花，她的美应尽情展示给自然，而不应被无端地封盖。全城人为之送行，观者无不伤心流涕。波堤切利的这幅《维纳斯的诞生》便创作于不久之后。

波堤切利出生于1447年，他是一个皮革匠的儿子，幼年时跟随他的哥哥学习珠宝工艺。后来从师于修道僧菲利普·利比，后来又受普拉乌奥罗与佛洛基阿现实主义的影响。由于他的作品杰出，受到美第奇家族的赏识，成为宫廷中的座上客，但这位出入上流社会的大画家依旧保持着他作为小市民身份的要求变革的理想，他的作品中充满了现实主义与人文主义的精神。

波堤切利早期的作品主要有《荣光的圣母》、《三贤王的礼拜》、《圣赛巴斯殉教》、《博士来拜》等。《博士来拜》取材于《圣经·新约》马太福音，描写圣母玛丽娅在一个破旧的马厩里分娩耶稣后，惊动了东方三个博士来朝拜这个新生圣者的场面。画面的中央是博士们跪在圣母玛丽娅所抱的小耶稣面前，侍从们拥挤在两边。整幅画面把圣母母子描绘成普通的农家妇女与小孩，周围的人们似乎并没有把这一场面看作神圣的事情。特别是站在最左边的那个穿黄衣服的人，他的脸朝外面，一副怀疑的神态，这个人就是波堤切利本人。而且据说所有的人物都以美第奇家族宫廷中的人为模特。波堤切利在这幅画中表现了对至高无上的上帝的神圣性的怀疑。

中期，波堤切利主要画了西斯廷教堂中的《摩西的历史》、《科拉、达燃与阿比拉姆三死》、《基督治癞》等三幅壁画以及《春》、《战神马尔斯与维纳斯》，还有他的传世名作《维纳斯的诞生》等。

其中《春》也是一幅很杰出的作品，故事取材于当时诗人波里西安的寓言诗，描绘了一幅象征春天到来的众神的故事。在一个密密的树林中，小爱神丘比特兴奋地在空中飞舞，胡乱地射着他的爱神之箭。左边是众神的使者麦丘利，他为众神开路，报告着春的消息。旁边是身着透明的轻纱欢乐地起舞的三美神，她们是爱神维纳斯的三个侍女，分别代表青春、欢乐与光辉，她们围成一个圆，边舞边行，跟随着麦丘利。再向右，也就是画的中间部分，爱与美的女神维纳斯静立在那里，脸上洋溢着微笑。风神奔跑着把头戴花环、身着花衣的春神从林中推出。春神边走边撒播着春天的种子，立刻绿草茵茵，野花盛开，大地充满了春天的气息。紧跟在风之女神后的是龙神，他脸上带着悲哀的神情追逐着漂亮的风神。整个画面展示了春暖花开的欢乐气氛，与《维纳斯的诞生》一样，充满了诗情画意的浪漫色彩，同时，又显示出淡淡的忧伤，这是通过最右边的龙神与风神的追逐来表现的。

波堤切利在他晚年为大诗人但丁的《神曲》做了插图，并完成他晚期的名作《诽谤》、《弃儿》、《怜悯》与《十字架》等。

《诽谤》是一幅象征性的寓言画。描写了一个长着驴耳朵的法官安稳地坐在“无知”与“迷信”中间，这时“嫉妒”拉着一个人，“不幸”拉着一个人来到法官面前，“虚伪”与“欺骗”装饰着“不幸”的头发跟在后面，接着是一个身披黑衣、戴着黑帽的丑恶巫婆，她一边走一边回头看着身后指天盟誓表白内心光明的裸体少女“真理”。但是“真理”太弱小了，几乎一副怜乞的神态，脸上呈现着忧伤。据说，这是波堤切利为受诽谤而死的僧侣萨优那罗拉所作。萨优那罗拉是当时一位有名的民主改革家。他主要是不满美第奇家族的罪恶统治，为守卫“纯洁的宗教与道德”，并且维护穷苦人利益而开始发动改革运动。但后来因遭受诽谤而冤屈地死去。波堤切利在这幅画中对受诽谤者表达了深切的同情，同时也因为看到了真理的无力而深为失望。在这幅画中，波堤切利表现出更为明显的悲观色彩，虽然他心中依然有那个柔弱的真理，但是在他早期与中期作品中的那种诗情画意，及那种浪漫的、轻微的欢愉之情已找不到了。他自己也感觉到真理虽然存在，但在他那个时代依然只是隐藏于黑暗之后的微弱灯光。

晚年，波提切利变得十分消极，充满了悲观主义色彩。1510 年，他在佛罗伦萨悄然地逝去。

波提切利是文艺复兴初期的伟大画家。他属于佛罗伦萨画派，一生几乎没有离开过佛罗伦萨。佛罗伦萨画派的主要风格就是现实主义，艺术上的特色是雄伟、悲壮。但是，作为这一画派中的代表人物——波提切利，却只继承了其现实主义的一面，在被人文主义理想所振奋的心灵中，充满了浪漫的幻想。因此，波提切利的杰作都表现出一种饱含自由的、明亮的诗情画意。同时，也由于画家清醒地看到了社会中的苦难，画中总透露着忧伤，这种倾向在其晚年作品中更为明显。但是，波提切利依然以自己杰出的作品为解放人性的“文艺复兴运动”开创了先河。

艺术的达·芬奇

一提起达·芬奇，人们就会想起画鸡蛋的达·芬奇，想起他那气势宏大的《最后的晚餐》，想起他那神秘的《蒙娜丽莎》。达·芬奇是一个天才的画家。但达·芬奇不仅仅是个天才的画家，他还是一个天才的科学家。达·芬奇在建筑、机械、化学、生物解剖、天文、地理等几乎各个领域都留下了历史的足迹。达·芬奇是个全才，他是一个时代的巨人。

达·芬奇于 1452 年 4 月 15 日在佛罗伦萨的芬奇镇降生。达·芬奇是一个私生子，母亲叫加特丽娜，是个酒店的侍女，在生下达·芬奇之后，便抛弃了他。达·芬奇从小失去母爱，在父亲的教导下长大。父亲名叫比埃罗，是本地法庭的公证人，家境富裕，达·芬奇童年过得很幸福。

达·芬奇从小便对大自然充满了兴趣，他喜欢各种各样的小东西，有时便用笔把自己感兴趣的东西画出来，渐渐地，邻居都疼爱地称他为“小画家”。父亲比埃罗被儿子的喜好打动了。于是在 1466 年，送儿子到佛罗伦萨学画画。老师是当时佛罗伦萨有名的画家与雕刻家弗罗基俄，他对学生非常严格，他首先让达·芬奇练习画鸡蛋。鸡蛋不是特别好画吗？小达·芬奇早就自己学会了。可是老师弗罗基俄依然让他练。小达·芬奇只画了半天就画烦了，他要求老师教他学绘画。弗罗基俄看了看小达·芬奇画的蛋，认真而慈祥地说：“你首先练好画蛋吧。”“这么简单的事，一学就会，还练什么呀?”小达·芬奇十分不解，他以为老师故意不肯教他真的本领。弗罗基俄严肃地说：“画蛋是最不容易的事，每个鸡蛋的形状都不同，同一个鸡蛋不同的摆放又不同，放在不同的光线下更不相同，你怎么会认为画蛋容易、简单呢?”小达·芬奇这才恍然大悟。从此认认真真练习画蛋，从来不愉懒。天才的达·芬奇经过努力学习很快超过了他的师哥们。又过了几年，达·芬奇学成师满。这一天，老师弗罗基俄正在画《基督受洗图》，他瞅了瞅在一旁观看的达·芬奇，说：“你能在这儿画一个天使吗?”达·芬奇接过笔，便在一个适当的位置画了起来。几天后，达·芬奇笑着走到老师身旁说：“我画完了，您去看看。”弗罗基俄正想要指点指点达·芬奇的作品，他信步走到画前，揭开帷布，面对达·芬奇的天使，弗罗基俄目瞪口呆，只见达·芬奇的天使活泼可爱，既有幼儿的稚气，又有天使圣洁的气质，全然不同于弗罗基俄自己创作的毫无生气的呆板的天使。弗罗基俄赞赏地点点头，说：“好极了，以后绘画的事就交给你了。”弗罗基俄预言了达·芬奇在绘画领域的巨大成就。据说，弗罗基俄此后再也没有拿过画笔，他专门从事雕刻艺术去了。

1477年，达·芬奇离开了弗罗基俄画室，开始独立创作。天才的达·芬奇一开始就显示了高超的技艺。他陆续完成了《受胎告知》、《吉涅芙拉·岱·宾奇肖像》、《贝诺亚圣母》等作品。在这些作品中，达·芬奇全然抛弃了传统的模式，赋予作品中的人与神以自然的生命。

1480年，达·芬奇创建了自己的画室。开始，他接受了佛罗伦萨圣纳多·阿·司柯伯多寺院的聘请，画一幅《博士来访图》。达·芬奇对画中每个人物进行了细致研究，站什么位置，比例多大，服装如何，表情如何，他画了许多草图。但是不懂绘画的僧众们却已着急了，抱怨达·芬奇只是闲着，不动手。达·芬奇一气之下，辞了这份工作。后来他又动手创作《圣哲罗姆》，也没有完成。1482年，达·芬奇只身来到米兰。当时米兰的统治者斯福查公爵推崇科学与艺术，达·芬奇在公爵手下担任军事技师、水利工程师、建筑师与画家。从此，达·芬奇安定下来，专心从事自己的事业，公爵很器重他。

1490年，达·芬奇在米兰广场上完成了巨大的骑马雕像，这是为斯福查公爵的父亲法兰西斯科·斯福查制作的。塑像宏伟、壮丽，充满战斗的激情。不幸的是，这个伟大的作品在16世纪被法国人摧毁了。在绘画方面，达·芬奇又创作了许多著名的作品，如《采齐利亚·格莱拉妮肖像》、《岩间圣母》、《李塔圣母》等。

1498年，达·芬奇完成了他历时4年的巨作《最后的晚餐》，故事取材于《圣经》中犹大出卖耶稣的故事。耶稣是基督教的先知，是上帝在人间的代言人。耶稣去耶路撒冷过逾越节的时候，犹太教教众密谋趁机抓住耶稣，但只是没有人带路，这时，耶稣的一个门徒犹大推门而进，提出只要有30个银币的酬金，他就愿意帮忙。晚上，耶稣与自己的12个门徒共进晚餐。他给大家分了饼与酒，说："饼是我的肉，酒是我的血，你们吃了之后，便能享受上帝的福泽。"他沉默了一会儿，又忧郁地说："你们中间有一个人要出卖我!"众门徒听了，躁动不已。忠诚者非常气愤，心细者悄悄观察别人，只有犹大心里有鬼，虽然装作不知道的样子，但脸上露出了胆怯的神气。但终究耶稣没有指出是谁。饭后，耶稣与几个亲近的门徒在客西马尼花园中祈祷。忽然一群人手持火把与武器冲了过来，这时犹大走到耶稣面前，喊了声老师，然后抱吻耶稣。耶稣斥责犹大说："犹大，你用接吻来作为出卖我的暗号吗?"这时，那群人冲了上来，趁机抓住了耶稣。达·芬奇正是描绘了耶稣在晚餐上宣布完那句话后，众门徒的表情，从而展示了12个门徒各自的性格。画面上有13个人，以一平面排列于观众的眼前，耶稣坐在中央，分摊双手。两边分别列有6人，以人物自然的神态动作集中为4个小人群。从左起，第一组最左边是巴多罗买，他的表情似乎怀疑自己听错了，他从座位上立起，手按着桌子，面对耶稣，现出愤怒的样子。安德烈是左起第三人，他惊讶地举起双手，好像不知道为什么会发生这种事情。他们两人中间的小雅各急于要弄清怎么回事，从背后伸手去拍左边第二组的第一个人彼得，这一组是达·芬奇着墨最多的。彼得老人情绪激昂，似乎大声问着叛徒是谁。左边第五人是犹大，他就藏身于彼得身旁，他脸色灰暗，身体后倾，右臂支在桌上，手里紧握钱袋。左边第六人是约翰，他双目下垂，两手交叉，身体微斜，一副忧郁的样子。右边左数第一人是多马，他伸出一个指头，好像在询问："有一个叛徒?"第二人是老雅各，他与多马并坐，他伸开双手，一副怀疑的表情。第三人是腓力，他双手抚着心口，好像在表白忠贞。最右边三人是马太、达太与西门。马太是右边左数第四人，他双手指向耶稣，又转身询问达太。达太是第五人，他也不清楚，转头询问西门。西门坐在最右边，张开双手，好像说："我也不知道!"达·芬奇通过12个门徒神态各异的表情、动作，揭示了人物的内心活动，谴责了叛徒的卑鄙行径。

1499年10月，法军攻占米兰。达·芬奇到威尼斯避难。后来，佛罗伦萨与比萨开战。达·芬奇于1503年3月回到故乡，从事于运河、港口的建筑工程。1503年，达·芬奇为佛基奥宫画了《安加利之战》。

这一年，达·芬奇又受一富商的委托为他妻子画一幅肖像。因为这位不幸的妻子刚刚失去最可爱的小女儿，心里万分悲痛。但是，她这种郁郁寡欢的样子怎么能画进肖像中去呢？为了引这位夫人一笑，达·芬奇及其助手费了九牛二虎之力。请她观看戏剧，不笑；请她欣赏舞蹈，不笑；请人为她唱歌，不笑。最后，达·芬奇请来一个喜剧师，为她讲笑话，表演各种滑稽的样子。终于，这位年青、漂亮的母亲才展开了笑颜，但也只是微微有一些笑意。达·芬奇抓住这一刹那的微笑，用自己的画笔记录下来，经过4年的修改，这幅杰作终于完成了，这就是神秘的《蒙娜丽莎》。

这之后，由于达·芬奇崇尚自然、表现人性的倾向越来越显露，遭到当时统治者美第奇家族的反感。一些媚上的宫廷艺术家也纷纷表示反对。达·芬奇的创作精神受到挫折，从此衰退下来，后来的作品如《圣安娜》、《施洗者约翰》等都已恢复了传统呆板的手法，没有什么新意。

1515年，达·芬奇失意离开祖国，迁居法国。他本想找一个新的环境开始自己新的事业。但是，这里也很不如意，每天疲于奔命。1519年5月2日，终因疾病缠身，抱憾而终。

达·芬奇逝去了，但由于他伟大的作品而成为世界著名的艺术家。此外，达·芬奇在科学方面也做出了巨大贡献。他曾广泛地研究了数学、天文、医学。在他遗留的手稿中，人们还发现了许多机器的设计图样，许多化学实验器材的速写图纸。达·芬奇曾多次实地参加运河工程的设计工作。在法国入侵米兰时，达·芬奇设计了许多作战工具，如移动桥梁、登塞壁梯、火炮、耐火战船及类似现代坦克的战车等。在天文方面，在哥白尼之前，他就否定了地心说。在力学方面，牛顿还没有提出万有引力学说，达·芬奇就提出了重力法则。地理方面，在麦哲伦环球航行之前，他已计算出地球直径为7000多英里。解剖学方面，达·芬奇不顾教会的禁令，偷偷解剖了30多具尸体，详细研究了人体构造，绘制了大量精确的图像，成为欧洲历史上第一个全面系统地描述人体骨骼与人体肌肉与各器官的人。他还是最早研究人的心脏功能与血液循环原理的人。在机械方面，达·芬奇曾以蝙蝠为原形设计了第一架飞行器，为了飞行员的安全，他还设计了降落伞。其他的还有起重机、挖泥机、压榨机、织布机、纺纱机以及温度计、闹钟等等诸如此类。凡是与人类生活有关的，他都深入钻研。只是由于当时的社会条件限制，这些东西大都没有制成，只存有图纸。

有人曾经这样说过：如果达·芬奇能把他的一切著作发表出来，人类的科学会推进100年。由此我们可以看出，达·芬奇不仅仅是个艺术家，他还是一位伟大的科学家，他是一个全才。

科学的达·芬奇

达·芬奇全名列奥那多·达·芬奇。他于1452年4月15日出生在意大利佛罗伦萨地区的芬奇镇。他的父亲是佛罗伦萨有名的律师、公证人，而她的生母则是一个酒店的侍女。

达·芬奇是私生子，没有受过正式的教育，主要在家里随父亲读书学习。14岁以前，达·芬奇没有远离过故乡，曾经向建筑学家学习工程建筑。他的天赋从小就表露出来，1468年，达·芬奇去佛罗伦萨进修，拜访了当时的大科学家保罗，得到不少科学知识。

达·芬奇是一位著名的画家，同时又是科学技术上的天才，他在工程学、物理学、生理学、天文学方面，都做出了划时代的成就。

达·芬奇多从实用方面接近科学，他的研究开启了近代科学的实验普及。一般认为，近代实验传统最早是培根开创，直到达·芬奇才标志着人们越来越多地接受这种方法。

作为画家和雕塑家的达·芬奇，他要精确地研究人体构造，于是他不顾教会传统，弄到许多尸体，加以解剖。他的解剖图既是精美的艺术品又是准确逼真的医学资料。据说他解剖过30多具尸体，他在列维之前提出了血液循环的构想，并且细致研究了心脏构造。

对心脏研究是达·芬奇在生理学上的突出成绩。他用水的循环来比喻血液运行。水由山流到河，由河又流入海，最后成为云，又化为雨降到地面。他还研究了眼睛的构造和活动方式。他制造了一个眼睛的视觉部分模型，并说明视网膜成像的原理。

1482年，达·芬奇见到了米兰的摩罗公爵。他满腔热忱，想说服公爵统一意大利，为此他上了一份自荐书，说他发明了炸弹、战车、大炮、攻城机等等可以用于战争的先进设备，可以投入生产。然而公爵并没有重用达·芬奇。达·芬奇在米兰居住了17年，从事绘画和自己热爱的技术研究。

这段时期内，达·芬奇试制飞行器。他研究了鸟的飞行，这种仿生的思想极其珍贵。他为了设计潜艇，研究了鱼的构造。他还设计了降落伞、升降机。

1502年·达·芬奇当了建筑师和工程师，后来又当了军事工程师，为教皇亚历山大六世的儿子服务。

1513年，达·芬奇到了罗马。1515年，达·芬奇为法国国王服务。64岁时，还亲手设计了灌溉系统。1519年5月2日，天才达·芬奇——文艺复兴的巨人逝世了。

达·芬奇绘制了一张世界地图。准确描绘了美洲和南极大陆的位置，而当时哥伦布刚刚发现美洲新大陆，并且还错认成亚洲。后来麦哲伦航海时，就是用达·芬奇绘制的地图为指导的。

在天文学上，他认识到地球也是诸多星体之一，整个宇宙是一部机器，月球靠反射太阳光而发光。

达·芬奇在科学方面的重要思想都记录在他的笔记本上，生前没有完全公布于世，因此没能对近代科学产生直接影响。但他生前是一位社会名流，他提倡实验，在笔记本上写道：“自然界的不可思议的翻译者是经验。经验绝不会欺骗人，只是人们的解释往往欺骗自己。我们在种种场合和种种情况下谈论经验，由此才能够引出一般的规律。自然界始于原因，终于经验。由此我们应反其道而行之，必须从实验开始，以实验探究其原因。”

这宝贵的思想影响了当时以及后世，成为近代科学的推动思想。人们说，如果达·芬奇的研究及时公布，科学将提前100年。

德国最伟大的天才艺术家——丢勒

公元1505年，威尼斯画派的开创者、提香的恩师乔凡尼·贝里尼接待了一位来自北方的客人，他很年轻，一头卷曲的褐色长发自然地披在肩上，脸上显现着圣徒般的、洞察一切的高贵神态。这位年青的先生的登门拜访，让大画家乔凡尼·贝里尼深感荣幸与惊讶。在他认真地解答了这位年青人提出的一些深刻的问题之后，这位高贵的青年诚恳地问："先生，如果我也能够为你做一些事，我会深感荣耀。"乔凡尼·贝里尼犹豫了一会，小心地提问道："您能不能送我一支您用过的旧画笔?"乔凡尼·贝里尼知道这个问题提得太唐突了。因为在当时，艺术还带着手工特技和师徒秘授的风气，画家自制的颜料、画笔等常常带有保密性质。但是，乔凡尼·贝里尼对这位青年人的作品太惊讶了，尤其是人物的须发，特别的纤细、特别的流畅，简直就不是人类所能为的，于是，乔凡尼·贝里尼对于这位年青人的画笔便产生了深厚的兴趣。但会不会被拒绝呢？他心里惴惴不安，人家要拒绝也是应该的，这是人家的秘密嘛，只是不要让人家怪罪才好，乔凡尼·贝里尼心里已经抱着失望的结果了。只见那位年青人沉默了片刻，说道："好的!"他竟然同意了。乔凡尼·贝里尼简直要欣喜若狂了。

但是，当这位年青人抱来一大堆他用过的旧画笔时，乔凡尼·贝里尼失望了，他以怀疑的眼神望着这位年青人满眼的诚恳之色。因为，这位年青人拿来的画笔全都是最为普通不过的画笔。乔凡尼·贝里尼怀疑这位年青人在骗他。敏感的年青人当然立刻就感觉到了。他什么也没说，随便在这堆破笔中拿了一支，蘸上颜料为乔凡尼·贝里尼画出了一缕柔软、纤细、波浪式的女性秀发。乔凡尼·贝里尼看他真的是用如此普通的笔画出如此纤细柔美的秀发，这才相信了年青人。他失望地在那一堆中拣了一只画笔作为纪念，他心里却对这位年青人更为敬佩了。

这位能让大画家乔凡尼·贝里尼敬佩不已的年青人是谁呢？他就是德国文艺复兴运动中最杰出的画家——丢勒。

阿尔卜列希特·丢勒生于1471年5月21日，出生地为德国当时的人文主义思潮中心纽伦堡。这个城市十分繁荣，科技文化也很发达。其父原为匈牙利的一个金银手艺匠。丢勒幼年时跟随父亲学手艺，但逐渐表现出对绘画的极大兴趣。1496年，丢勒跟随当地著名画家沃尔盖莫特学画，以后又拜了几位名师。学有所成后，丢勒回到纽伦堡，成立了自己的画室。不久，他在妻子的陪伴下第一次遍游意大利，回来后开始创作。这一时期他的作品主要是德莱斯特与卡巴希的祭坛画《父亲的肖像》、《自画像》，铜版画《圣一克里索斯多姆》、《三农民》、《浪荡子》，木刻《男子澡堂》、《山姆逊》以及15幅木刻组《圣约翰启示录》。

《圣约翰启示录》本是《圣经》里最后一篇充满了恐怖奇想的经

文。丢勒借用了圣约翰受到世界末日的启示，利用隐晦曲折的含义，影射了罗马的暴政必将遭受报应。其中最有代表性的是《四骑士》。画面中最远处的一个正拉弓射箭骑马奔驰者代表“征战”；较近的一个手挥宝剑正纵马而行，他代表“战争”；第三个骑高头大马者，甩起空着的天平，表示罪恶的灵魂已不必再称了，他代表着“饥荒”；最近的一个枯瘦的老者身骑瘦马，手持钢叉紧紧殿后，他代表“死亡”。这四骑士在罪恶的人群中奔驰，无情地践踏着倒下的人群。在“死亡”的马蹄下，一个身着华服头戴王冠的皇帝正瞪着惊恐的双眼迎接着自己的末日，他的高贵的身体已被踏烂，他那高贵的头颅即将被地狱中的怪物所吞。此外，各阶层的罪恶深重者也都将受到严惩。天上乌云滚滚，雷电交加，神明的天使正在空中指出哪些是作恶者。整个画面充满了剧烈的变动。正义之剑无往不利，雷电也为之怒吼，任凭那些恶贯满盈者在惊乱、恐惧、哭泣中逃窜，“死亡”一个也不会放过。

此外，这一组木版画中，像《巴比伦的淫妇》及《天使米哈伊尔与魔鬼之战》等也非常有名。《圣约翰启示录》是丢勒这一时期版画的代表作。历史学家们历来都把这 15 幅无论是创作思想、还是技法上都取得了杰出成就的版画，作为德国中世纪美术终结的标志以及新的艺术时代到来的里程碑。在这些杰出的作品中，丢勒开始使用自己那种新颖别致的签名——合（即 A 与 D 的组合）。

《圣约翰启示录》一举成功，使丢勒名声大振，一跃而成为德国画坛上的新星。他对自己充满信心，例如，在这一时期他的自画像中，丢勒把自己画成了一个圣使徒的样子，其造型设计则与基督耶稣相像。“一头极为精细的卷曲长发左右分开。脸上现出一种庄严、肃穆的神情，一双充满智慧的眼睛饱含怜悯之情，他右手指向自己的胸膛，似乎在表明自己的心迹。”这其实就是一幅基督像，是丢勒心中的拯救人世的上帝模样。在丢勒心中，基督耶稣已不再是宗教意义上的至高无上者，而是一个正直的人，他有着一颗热爱祖国关心人民的心，这才是人间的上帝。而这也正是文艺复兴人文主义者关心的从事变革、推动时代前进的崇高的品格。在这里，丢勒把自己画成基督的样子虽然有自我夸耀的因素在内，但同时也表明了丢勒思想的深刻及人格的伟大。他在那里，好像正说着马丁·路德的名言：“我坚定立场，我只能这样做。”

丢勒不但绘制了这种似乎带有一点神秘主义色彩且寓意颇深的自画像。而且，在他的大幅宗教题材的作品《罗塞库拉契的祝祭》与《圣三位一体的礼拜》中，他也以“旁观者”或“助手”的形象多次出现在画面上。

1500年以后，丢勒在绘画上又有了新的发展与成就。例如《博士来拜》、《海之奇迹》、《复仇女神》、《圣玛丽娅祭坛画》、《亚当与夏娃》等都是比较优秀的作品。

1505年，正当纽伦堡瘟疫流行的时候，丢勒第二次游历意大利。他在威尼斯画派的大画家乔凡尼·贝里尼的指导下，对威尼斯的油画技法与色彩有了深切的感受，同时，他在艺术上的杰出成就也受到了意大利同行们的青睐与敬佩，从而出现了开头的那一幕。这一期间，丢勒主要创作了《威尼斯妇人》、《戴念珠的圣母》、《罗塞库拉契的祝祭》与《圣三位一体的礼拜》及《赫拉祭坛画》等，只是最后这幅杰作《赫拉祭坛画》不幸于1509年遭到焚毁。

丢勒经过两年的学习之后回到纽伦堡。这一时期又产生了不少作品，其中的《骑士、死神与魔鬼》、《书斋中的圣哲罗姆》、《忧郁》等三幅被公认为他创作黄金期的三大铜版画。在《骑士、死神与魔鬼》中充满一种紧张的、令人不安的情绪，画面上是一个坚韧不拔、意志刚强的基督徒在恶势力中前进。丢勒表达了自己的观点，那就是在这样一个动乱不安、充满痛苦的社会中，人文主义者应该如同“基督骑士那样向专制的恶势力宣战”。

《书斋中的圣哲罗姆》刻画一个全力以赴地进行科学研究的学者形象。画面展现了一间狭小的书房内，圣哲罗姆正沉浸在自己的事业之中。地上是一群已被科学的力量驯服了的、打着盹的温顺的野兽。透过那彩色的窗子，缕缕阳光照射进来，现出安适的氛围。丢勒在这里鲜明地举起科学的人文主义大旗，并对科学必定战胜野蛮的伟大力量充满信心。

《忧郁》所显露的情感思想更为曲折难解，被人们称作“一首听不明白的交响乐”。画面中的人物手中拿着圆规，她的脸上表现出一种犹豫、怀疑、失望的复杂表情。屋内到处散落着沙钟、天秤、锯子、刨子与钉子等。所有的一切都是安静的，似乎已经凝结。爱神停止了嬉戏，小狗也疲倦地睡为一团，屋内笼罩着一层昏黄的光，又似乎一切都已停止了很久，落了一层淡淡的灰尘。整幅作品既好像是展示了科学探索的庄严与伟大，又好像是对科学早已疲惫的沧桑，还好像是处于激烈的思想矛盾的斗争中，她做出了抉择——拿起了圆规。无论怎么设想，《忧郁》依然是一个解不开的谜。

这三幅铜版画标志着丢勒版画艺术的高峰。其实，早在中世纪就已出现了铜版画，但一直没有得到发展。在丢勒的这三幅作品中，丢勒利用新颖的构图，采用平行线、交叉线及点线的结合来表现物体的不同质感与形体，从而获得了完美的效果，让17世纪带有匠气的铜版画黯然失色。

在丢勒的晚年，他的创作趋于圆熟，其中，最为著名的就是《四使徒》。《四使徒》创作于1526年，当时是赠给纽伦堡市参议会的。这是两幅狭长的巨幅画像，描绘了耶稣的四大门徒：约翰与彼得、保罗与马可。左边的一幅是仁爱与智慧的象征，身着柔软的红色斗篷的青年是约翰，他的身旁是身材魁伟的彼得正在俯着阅读。右边一幅是正义与力量的象征，身体高大的保罗穿着厚重的白色斗篷，一手拿书，一手拿剑，他的身旁是机警勇敢的马可。两幅作品形成了鲜明的对比。丢勒完全抛弃了意大利那种在宽阔的空间背景中展示人物的习惯方法。把四个人物紧凑地安排在画幅之内，从而使画面给人以更强烈的冲击力。

两年之后，即1528年4月6日，丢勒在纽伦堡去世。

丢勒是一位勤奋一生的伟大艺术家，他一生创作了大量的作品及理论著作，其中有350幅木版画、100幅铜版画、100多幅素描及60多幅油画。此外，他还留下了丰富的文字材料，除了他的自传、书信及日记外，丢勒还对艺术理论进行了深入的研究。他完成了《测量指南》、《巩固城市之要求》与《人体比例论》三大著作，尤其是《人体比例论》更是美术史上的重要著作，丢勒在其中写道："我们乐意观看美的事物，因为这能给我们以欢乐。"真的艺术，包含在自然之中，谁能发掘它，谁就能掌握它。

丢勒不仅是个伟大的艺术家，而且也是一个筑城学家、建筑家，丢勒的伟大足可以与当时最伟大的人物相媲美。因此，德国的大诗人歌德说道："当我们明白知道了丢勒的时候，我们就在真实、高贵、甚至完善之中，认识到只有最伟大的意大利人才可以和他的价值等量齐观。"

文艺复兴三杰之一——米开朗基罗

文艺复兴是欧洲历史上最为重要的时代。经过黑暗、死寂的中世纪，人性开始复归自然，封闭在上帝的口袋中的人们开始看见一丝自由的阳光。有人说过，压迫得越深沉，反抗得越激烈。中世纪后期，追求自由的人们为了那一线光明把早已气息奄奄的中世纪弄了个天翻地覆。这个伟大的时代，造就了伟大的巨人。其中尤为突出的艺术家就是米开朗基罗。

米开朗基罗于1475年3月6日诞生于佛罗伦萨的卡普累斯镇。他的家境很好，父亲是本地的行政长官。父亲让小米开朗基罗接受很好的教育，希望他能够走自己的路，在政治上有所作为。但小米开朗基罗天生喜爱绘画，喜爱艳丽的色彩。他坚持自己的意愿，要学习画画。父亲终究压制不了这个顽强的小家伙，终于让步。米开朗基罗被送到佛罗伦萨。从此，米开朗基罗便拜当时鼎鼎有名的大画家吉兰达约为师，正式学习绘画。吉兰达约的画风是一种近似于现实主义的创作，讲究真实、精确地再现现实生活场景。米开朗基罗正是喜欢这种接近自然的风格。于是米开朗基罗小小年纪就表现出惊人的毅力，他对艺术如此痴迷，有时坐在名作旁边一看就是一天。勤奋、刻苦更加上小米开朗基罗少有的天赋，他进步很快。经过一年多的学习，他已掌握了各种绘画技巧，这时，他又开始对更为自然真实的雕刻产生了兴趣。于是他离开了吉兰达约的画室，转而去学习雕刻了。

小米开朗基罗经过认真比较，选了当时佛罗伦萨最伟大的雕刻家多纳太罗一派作为自己的学习方向，因为这一派如同古典雕刻家那样，注重人体的自然结构，因为多纳太罗已经逝世，米开朗基罗只好拜其学生贝尔托多为师。聪明的米开朗基罗做出这样的选择主要不是因为贝尔托多的艺术水平高，更重要的是，贝尔托多主持着佛罗伦萨的古典雕刻的收藏所。其中收藏的作品让小米开朗基罗神往已久。

在贝尔托多的教导下，米开朗基罗进步神速。他每天流连在古代希腊罗马时期的精品面前，为其中表达出来的自由的人性而惊奇不已。更为那冰冷的石头传达出来的激情与深刻的思想而震撼。米开朗基罗一边学习，一边试着搞自己的创作。1492年，米开朗基罗完成《山道之战》浮雕像。作品取材于希腊神话。山道是希腊神话中半人半马的怪物，性格恶毒，经常干一些坏事。有一次，山道参加希腊人的婚礼，酒醉之后，砸烂了婚礼堂，并企图抢走新娘。在激烈的争夺中，山道被希腊人打得落荒而逃。《山道之战》正是展示了战争中激烈的场面，很有一些古代作品的风韵。除了这幅作品外，米开朗基罗早期还创作了《阶梯旁的圣母》，表达的是社会中真实的女性之美。因为米开朗基罗这种明显的反叛中世纪封建制度的作品，他被当时的统治者美第奇家族所注意。在公开反叛或者顺从的选择中，米开朗基罗选择了逃避。1494 年，佛罗伦萨被意大利的死对头法国的军队占领，美第奇家族衰落下去。这时，被压迫的人民举起了起义的大旗。米开朗基罗不知加入哪一方，于是离开了佛罗伦萨。

米开朗基罗在外地辗转流离，在顺路看一看各地的艺术精品的同时，也逐渐看清了社会真正的潮流。他被劳动人民那种古朴纯真的品德所感动。终于，米开朗基罗决然地站到了人民的阵营中。1500 年，米开朗基罗完成了他的杰作《哀悼基督》。米开朗基罗完全学到了古典艺术的精华，把观众的目光自然而然地引渡到那深切哀伤的情绪之中。圣母坐着，默默注视着在她膝头躺着的历经苦难的基督那僵硬的尸体。这件作品完成后，送到罗马大教堂，一经展出，轰动了全城，米开朗基罗这位不出名的年轻人更让人们惊奇不已。这是米开朗基罗的成名作。他郑重地在圣母胸前的衣带上，划下了自己的名字。

1501 年，米开朗基罗回到了佛罗伦萨。在新的政治风气下，米开朗基罗也激情迸发，他对自由光明的未来充满着幻想。1504 年，米开朗基罗完成了他的杰作《大卫》。这件作品更完美地展现了米开朗基罗那种近于古典的写实风格。让人们在大卫健康的体魄中感受到那气势雄伟的尊严、钢铁般的意志与无坚不摧的力量。

1505 年，米开朗基罗被教皇叫到罗马去工作。当时教皇朱里奥二世计划了许多大规模的工程。米开朗基罗被这宏伟的蓝图所振奋，他跑前跑后自荐承担了采石料的工作。经过八个多月的辛劳，教皇突然又打消了所有计划，让米开朗基罗万分失望。更令人难以忍受的是，教皇要求米开朗基罗自己垫付工人的酬金。米开朗基罗终于看清了这些上层人物的丑恶面目，他不顾反叛教皇所带来的严重后果，独自回到了佛罗伦萨。教皇大怒，几次要求米开朗基罗返回罗马。为了保证自己的家乡不被教皇的军队践踏，米开朗基罗忍辱回到了罗马，忍受被奴役的生活。1506 年，教皇命令米开朗基罗制作一座教皇本人的雕像，米开朗基罗不想触怒教皇，历时两年完成作品。1508 年，教皇变本加厉，竟让雕刻家米开朗基罗承担西斯廷礼拜堂屋顶的绘画工作。虽然米开朗基罗幼时学过绘画，但他早就转向雕刻艺术，已许多年没有摸画笔了。这样巨大的任务竟让一个没有经验的雕刻家去完成，教皇显然是想刁难米开朗基罗。坚强的米开朗基罗愤恨地接受了任务，没有丝毫的犹豫，但要求教皇不能干涉他的设计方案。教皇被迫答应了。

1508年5月10日，米开朗基罗开始了这件伟大艺术品的创作。他凭借艺术家特有的才气，加上幼时的基础，一边画一边摸索。他把壁顶作为表现的中心，画了9幅连续性的关于上帝创世纪的巨幅图画，尺度比例是规则的一小一大，从祭台到门口，依次是小幅的《上帝划分陆地与海洋》、大幅《上帝创造亚当》、小幅《上帝创造夏娃》、大幅《亚当与夏娃的堕落与被逐出伊甸园》、小幅《诺亚的牺牲》、大幅《洪水》、小幅《诺亚醉酒》。画面的边缘饰以宏伟的建筑装饰，四周点缀着12位男女先知的画像，从而与教堂中古代艺术家的杰作完美地交融在一起。在这里，米开朗基罗尽情地展示了自己的才华。经过四年的艰苦劳作，这一伟大的作品终于完成。展示之后，整个意大利轰动了，人们不远千里来这个教堂欣赏米开朗基罗的杰作，就连那位蛮横的教皇也禁不住点头称赞。

1513年，教皇朱里奥二世死去。米开朗基罗觉得心里轻松了很多，心想以后再也不会为这些蠢笨的蛀虫工作了，他们根本不懂得艺术，真正欣赏他的作品的只有人民。但是，傲慢的权贵仍不放过他，朱里奥家族要求米开朗基罗为死去的朱里奥二世建造陵墓。米开朗基罗悲愤而又无奈，他不想把自己的艺术生涯浪费在这无用的坟墓中。于是，他把全部的热情与精力倾注到30多个能够让他发挥艺术天赋的雕像中。在这些作品中，米开朗基罗着力最多的是《摩西》像，它与《垂死的奴隶》一道，成为米开朗基罗的代表作。

1527年5月，德意志攻占罗马，佛罗伦萨人民举行起义，推翻了美第奇家族统治，建立了共和国，米开朗基罗成为共和国最积极的拥护者。但是后来，由于最高司令官巴力翁尼叛变通敌，起义失败。起义者受到残酷镇压。米开朗基罗躲在教堂中，得以幸免。受教皇胁迫，米开朗基罗不得不继续为教皇服务。

世事的沧桑，把坚强的米开朗基罗磨练得更为成熟，他的风格也由开始的哀伤逐渐变为沉郁悲壮。这一时期，米开朗基罗主要的作品是放在美第奇家族墓室中的两组象征性的雕像。一组是《昼》与《夜》，一组是《旦》与《夕》，都由一男一女组成，表达了米开朗基罗悲愤沧桑的心情。如《夜》这座雕像，主人公是一个健美的妇女，但以不和谐的姿态沉睡着，左手撑在屈起的左腿上，支持着低垂的头。她靠着一个带着惊愕表情的面具，象征着世间令人不敢相信的罪恶。在她的脚边有一只猫头鹰象征黑夜。米开朗基罗在为这座雕像写的一首诗中这样写道：

无知无觉，像顽石一样地沉睡
对于我是最大的幸福
让负担与耻辱都远离我吧！
不要把我唤醒，也不要在我身边
大声说话。

直到1534年，教皇克里门特二世死去，米开朗基罗趁机摆脱了美第奇家族的控制。从此，他自由地居住在罗马。

1536年，米开朗基罗应教皇保罗三世的要求为西斯廷礼拜堂祭台作壁画。为了将原有的壁画与自己的壁画相融合，米开朗基罗取材于基督教世界末日的大清算。那时所有的灵魂升上地面，基督亲自审判，谁入天堂，谁入地狱。米开朗基罗将这幅壁画题名为《最后的审判》。米开朗基罗进行了大胆的创新，让一切灵魂都赤裸裸地面对上帝。整个画面气势宏大，透露出严肃冷峻的氛围。经过五年多的辛劳，这幅巨作完成了。画中鲜明的斗争精神立刻遭到反动势力的攻击，要求毁掉这幅作品，但慑于米开朗基罗在群众中的崇高声誉，教皇也不敢轻举妄动，最终这幅杰作保存了下来。

晚年，米开朗基罗主要从事建筑艺术。教皇让他设计了罗马的洪尔理塞宫。后来，米开朗基罗又负责圣彼得大教堂的建筑工程。他重新采用了最初设计者的希腊十字平面，并设计修建了一个无与伦比的圆顶。这是米开朗基罗在建筑艺术上杰出的作品。

1564年2月18日，米开朗基罗在罗马逝世，享年89岁。遵照他的遗愿，佛罗伦萨人把自己最伟大的艺术家的遗体偷运回佛罗伦萨，安葬在圣·罗伦索教堂。

天才的米开朗基罗一生努力与封建权贵作着坚强不屈的斗争，以自己不朽的作品表达了打破黑暗、追求自由的精神，展示了伟大的艺术家全才的成就。无论在雕刻，还是绘画、建筑方面，米开朗基罗都有光辉的作品。他与同时代的达·芬奇、拉斐尔被尊为文艺复兴时代的“三杰。”

长寿的威尼斯之光

在文艺复兴运动中，意大利佛罗伦萨画派的艺术成就达到了顶峰。到15世纪末16世纪初，意大利出现了顶峰之后的沉寂。但在威尼斯地区，却依然保持着文艺复兴的荣光。这是根植于无忧无虑的威尼斯社会生活之上的威尼斯画派为文艺复兴运动增添的最后的辉煌。

威尼斯画派由15世纪著名大师乔凡尼·贝利尼开创，又在其两个徒弟身上放射出耀眼的光芒。但是，由于师兄乔尔乔内英年早逝，发扬光大的任务就落在了提香身上。提香果然不负众望，他以自己的技艺与长久的生命在文艺复兴中为威尼斯人争得了一席之地。因而美术史上不但把提香尊为威尼斯画派的代表人物，而且还送给他一个“长寿画家”的雅号。他同时代的画家委罗内塞在一幅题为《迦拿家的婚宴》的画中，把他认为重要的画家都画进了一个乐队里面。其中提香表现为一位精神旺盛、胡子最长的老人，以此来明示他的年龄最高。这位长髯老者正全神贯注地弹奏着一架巨大的“贝斯”。

提香·委塞利这位大画家年龄到底有多大呢？他自己给西班牙国王写信称自己生于1477年，那么到他1576年去世时应为99岁。但人们认为画家给国王的这封信中可能故意增加了自己的年龄，从而能够乞得怜悯，多得一点酬金。他同时代的传记家瓦萨利说他生于1489年，但另有一个“档案”上则记录他生于1482年，人们最终也未能解开这个谜团。

提香出生在阿尔卑斯山环抱的比埃奥·特·卡达莱。他9岁时开始学画，先从师于高斯特亚诺·奇卡多，后来才拜在威尼斯画派大师乔凡尼·贝利尼门下。提香经常与师兄乔尔乔内合作，但他只是当个助手。不幸的是，他这位才华早露并在美术史上留下盛名的师兄英年早逝，30岁刚过就死了。而这时的提香刚刚处在探索阶段。提香仔细研究了师兄的画风，最终帮助师兄完成了他的绝世遗作《入睡的维纳斯》，以及乔尔乔内生前未完成的其他一些作品。

提香自己初期的作品主要有《基督与奸妇》、《宝座上的圣马可》、《花神》、《吉普赛圣母》、《莎乐美》、《打扮中的少妇》、《音乐会》、《三种年龄》以及《人间的爱与天上的爱》等。

《人间的爱与天上的爱》是提香对师兄乔尔乔内的艺术经验的全面总结，提香想通过作品表现出自然和人间，基督教的爱与异教的爱相互共存的理想和睦的世界。画面中充满了牧歌式的安详、宁静的情调，美丽的人物带着优雅的沉思。又有人说，画中的人物应是美狄亚与维纳斯，其中的裸体美神维纳斯正在旷野中劝勉身着华服的美狄亚跟那个冒险来求金羊毛的希腊英雄逃走。但是，画中情节依然令人迷惑不解。或许，提香在这里根本就不是表现什么情节，他只是展示那种柔和的风景以及在风景衬托下的生动的肉体质感，从而表达现实人的幸福与精神纯洁之美。

此后，提香自己的风格逐渐形成，并创作了威尼斯画派的典范之作。

在16世纪70年代以后，提香又创作了许多作品，真正体现了他自己的风格。如《戴手套的男子》，代表了提香这一时期肖像画的成就。其他的还有《圣母升天》、《辟萨罗圣母》、《维纳斯之赞颂》、《酒神祭》、《巴库斯与阿利阿多尼》（《酒神的狂欢》）等。

《酒神的狂欢》取材于希腊神话，表现的是酒神巴库斯遇见了被情人抛弃的少女阿利阿多尼而与她产生爱情的场面。画面上，巴库斯为阿利阿多尼的美貌所吸引，飞奔向她。而一群野性未消的男女精灵则在他们身边载歌载舞，狂乱地嬉闹。提香一改他惯有的宁静，将优美的情致转变为浓烈艳丽的色彩与急速的运动，从而体现出追求自由爱情、要求人性解放的主题。这是对日渐沉重的宗教禁欲主义枷锁的宣战。

到了提香的晚期，其作品风格更为成熟。除了为一些权贵作肖像画之外，他还创作了如《参拜神庙》、《音乐家与维纳斯》、《乌尔宾诺的维纳斯》、《抹大拉的玛丽亚》、《鞭挞基督》、《圣塞伯斯提安》等。其中《乌尔宾诺的维纳斯》又称《浴后的维纳斯》，是提香为乌尔宾诺公爵所画。画中维纳斯的姿态与其师兄乔尔乔内的名作《入睡的维纳斯》中的人物相似，只是把背景换为一间卧室，全裸的维纳斯躺在舒适的床上，而且这位醒着的维纳斯更具有人性的灵光。

《抹大拉的玛丽亚》又叫《忏悔的玛格达林》，这是提香晚年的代表作之一。玛格达林是《圣经》中所写的一个妓女，因受耶稣感化忏悔了过去的罪恶，得到赦免而皈依宗教，成为圣女。著名的雕刻家纳多太罗在一百多年前曾作过相同题材的木雕，那是一个眼窝深陷、皮肉松弛、牙齿脱落的老妇人形象。而提香则让她依然保持了青春的美貌，只是阴暗的风景增加了悲哀的氛围。近处的骷髅头骨暗示她罪恶的灵魂已死，她已经看完了摆在骷髅上面的圣书，仰望天空，满脸虔诚，暗示她已皈依上帝，获得了新生。这个妇人被提香刻划得栩栩如生，好像就是威尼斯大街上的美貌女人，表现出一股蓬勃、旺盛的生命力，向往着人世的欢乐。

提香到了晚年名声远扬，不少权贵主动与他交好，以求得他的作品。关于西班牙国王查理五世在观赏提香作画时帮他拾画笔的传说，更增加了他的身价。但提香却决不是一个阿谀权贵的艺术家，他一直保持着作为一个艺术家应有的自由，即描绘现实的自由。他画的《马上的查理五世》虽然一身铠甲金光闪闪，好像挺英武，但他那张脸在提香的笔下显露出来，却依然是现实中那个国王的嘴脸——好大喜功的神情，精神萎缩衰老，一脸浮华做作，显示出他内心的空虚。还有《保罗三世》，提香以一个狐狸式的脸生动、传神地刻画出他的阴险、狡诈。

提香以自己的一生光大了威尼斯画派，为文艺复兴运动作出了自己巨大的贡献，足以让他的老师与师兄含笑于天国。此外，提香对色彩艺术也做出了极大贡献，进一步完善了油画的技法，为后来的艺术家们开创了新的道路。

提香的一生，正如他的传记家瓦萨利所说的："他用崇高的画幅装饰了威尼斯、意大利以及世界上许多其他地区，艺术家们都对他表示崇敬，并且在许多方面向他学习，而他的作品也就像他的名字那样将永远被人们珍重。"

乌托邦的守望者——莫尔

一位远涉重洋归来的葡萄牙水手希斯拉德向他的朋友讲述了一个稀奇的见闻：

在茫茫无际的大海上，有一座叫做阿布拉克萨的孤岛，岛上风光秀丽，气候宜人。54 个城市分布在全岛各处，它们的规模都差不多，语言、风俗、制度、法律毫无二致。岛中心是首府亚马乌罗提，以便于人们聚会议事。

在这个岛上，一切土地、房屋、生产工具都归大家共同使用，是一个公有制社会。居民的房屋每隔 10 年要抽签调换一次，以杜绝私有观念的产生。大家共同劳动、共同生产，劳动产品在各个城市之间可由国家无偿调援，互通有无，消费品实行按需分配。这里不存在货币和商业，金银如同粪土，遭到人们的鄙视，并且被做成便桶、溺器。没有人用得着金钱，因此也没有人对金钱会起贪心。这是一个人人关心集体富裕、没有个人私有财产的理想社会。

这里的居民从事农业或手工业。而农业不是一种专门职业，没有专职的农民。农业劳动采取义务劳动制，每人轮流到农村劳动两年，学会耕种技术。农忙季节到来的时候，额外抽调一批城里的劳动力参加突击。城里居民每人都选择一种手艺作为专门职业。这里没有城乡生活层次的差别。

人们从小就学习农业，部分是在学校里接受理论，部分是在城市附近的农田里实习。劳动者除了工作以外，业余时间可以从事科学研究和其他有益的娱乐，这有利于体力劳动者知识化。但是，包括少数管理人员和学者在内的脑力劳动者却可以免除体力劳动。

这里的家庭不限于血缘关系，在人数上有限定：农村每户不少于40人，城市不少于16人，外加儿童若干人。户与户之间人口不平衡的可以相互调整。家长由德高望重的老人来担任。

以上的故事出自托马斯·莫尔的《乌托邦》。

《乌托邦》的全称叫做《关于最完美的国家制度和乌托邦新岛的既有益又有趣的金书》。“乌托邦”一词，是拉丁文的音译，也是音译词中的精品，因为拉丁文的本义就是“乌有之乡”。中文译作“空想”，这就是“空想社会主义”的由来。

托马斯·莫尔是空想社会主义的奠基人。他是英国人，1478年2月7日生于伦敦。他从小便受到良好的教育，14岁时进入牛津大学，攻读古典文学。牛津大学是英国人文主义的中心，莫尔结识了荷兰著名的人文主义者伊拉兹莫，并深受他的影响。16岁时，莫尔转学法律，并在以后的日子里步入了政坛。

莫尔生活的年代是15世纪末16世纪初，正值英国封建制度解体和资本原始积累的时期。当时英国出现了“圈地运动”，地主贵族竞相用暴力把农民赶出他们的家园，然后用篱笆将大片土地圈作牧场，用来养羊。因为当时毛纺织业迅速发展起来，对羊毛的需求急剧增加导致羊毛价格不断上涨，养羊比耕地更有利可图，一英亩牧场比两英亩耕地的收益还要大。而且，圈地运动在英国延续了好几个世纪。

莫尔亲眼目睹了广大流离失所的农民沦为乞丐和流浪者，不但过着饥寒交迫的悲惨生活，而且还遭受到封建王朝的残酷镇压和迫害，他非常愤慨，同时也在痛苦地思索着如何才能使社会上所有的人都过上平等幸福的生活。

当时，许多远航归来的冒险家纷纷把美洲等地的见闻介绍给了欧洲人。据他们的报道，当时美洲印度安人实行生产资料公有、共同劳动、平均分配，鄙视金银珠宝，因为他们还处在原始公社阶段。

这些新鲜的话题使莫尔惊喜不已，他从中得到了灵感，创作出了他理想中的《乌托邦》。

《乌托邦》一书写成于1516年，同年出版。全书分为两部分，第一部分中，莫尔对英国社会进行了猛烈的抨击，他这样评价圈地运动："绵羊本来是那么驯服，吃一点草就满足了，现在据说变得很贪婪、很凶蛮，甚至要把人吃掉，把你们的田地、家园、城市要蹂躏完啦！"他指出，社会财富集中在少数人手中，这些人"像雄蜂一样"好逸恶劳，靠别人的劳动养活自己。广大劳动人民衣衫褴褛，终年辛勤劳动而依旧食不果腹，衣不蔽体。

莫尔的空想社会主义的核心在于消灭私有制，他认为社会罪恶的根源就是私有制，主张社会改革要治本，不能光治标，局部性的改革是无济于事的，根本的问题在于废除私有制。他说："假使私有制存在，假使金钱是衡量一切的标准，我以为国家的运行就不可能公正顺利。"

在书的第二部分，莫尔驰骋丰富的想象，挥洒笔墨，勾画出一幅美妙的乌托邦社会的蓝图，正是本文开篇所叙述的。

但是，在今天看来，莫尔的乌托邦并不是完美的，而且有极反动的地方，如：乌托邦岛上还存在奴隶，其来源是本国罪犯和买来的外地人；解决岛上人口增殖的办法是向外扩张，强占别国土地，建立殖民地；乌托邦由一名叫马托普的"贤人"来统治。这些都是莫尔思想中的糟粕。

瑕不掩瑜，莫尔的乌托邦客观上反映了资本原始积累时期，无产阶级的先驱者对未来美好社会的向往。莫尔的一生，总在为坚持光明和正义而奋斗，他一贯激烈抨击教会的黑暗腐败。为抗议英国封建专制的加强，他坚决反对英王实行的宗教改革，并因此而获罪，最终为理想而献身：1535年7月6日，莫尔被处以死刑。

"乌托邦"一词从莫尔的著作中飞升出来，已成为纯粹美好社会的代名词。继莫尔之后，空想社会主义有了长足的发展，法国的圣西门、傅立叶和英国的欧文都做出了自己的贡献。这些人是乌托邦的守望者，为了美好的理想，前仆后继。

后来，马克思创立了科学共产主义的学说，空想社会主义是马克思主义的三个思想来源之一。

英年早逝的画圣——拉斐尔

文艺复兴时代是一个需要巨人、也产生巨人的时代。千百年来，中世纪的风尘弥漫在欧洲大陆。苦难的人们住在充满庄严、神圣的上帝与先知们的世界中，并没有体会到幸福。一旦重新掌握了“科学”这把开启幸福之门的金钥匙，人们才猛然发现了幸福的真谛：人并不是神，人要像人一样活着，真情与自由，这才是幸福的全部。于是，人们抓起这无坚不摧的武器开始与高高在上的神们作战。在这场战争中，有一位儒雅的青年，他热情而又矜持。虽然他那瘦弱的身躯只是一闪而逝，但是，人们记下了他的名字与他那辉煌的业绩。他就是被人们尊之为“画圣”的拉斐尔·桑西。

1483 年 4 月 6 日，拉斐尔在意大利中部的乌尔宾诺城诞生。这是一个幸福的家庭，父母都非常疼爱这个眉清目秀的小儿子。父亲乔凡尼·桑西是本地公爵府的一个画师，他从小就开始教育小拉斐尔，用自己喜爱的文学与艺术悄悄地感染着拉斐尔。也许是拉斐尔生来带有的天赋，也许是父亲乔凡尼细心教导的结果，拉斐尔很小时绘画的水平就已超过了他并不高明的父亲。他经常充当父亲的助手，帮助父亲研磨颜料，调和胶彩，并且常常在父亲的作品上涂上自己得意的一笔。乔凡尼非常欣赏儿子的才能，决定送他去学绘画。

但是，最终这件事并不是父亲乔凡尼主持做的。1494 年，小拉斐尔还不到 12 岁，不幸降临到这幸福的一家人身上。母亲由于长期卧病，终因病情恶化而去世，拉斐尔的父亲乔凡尼在丧失爱妻的打击下也一病不起，终于也追随妻子去了。拉斐尔一下子成了孤儿，幸运的是，父亲的朋友与亲戚非常关心这个柔弱的少年。在他们共同的爱护下，拉斐尔依然顺利地走上了绘画的道路。开始，父亲的一个同事照料小拉斐尔。这位名叫维提的画家在艺术上造诣很高，他笔下的人物温柔、秀气，色彩鲜亮美丽。拉斐尔聪明伶俐，很快学到了这位长辈的全部本领。此后不久，这位长辈不忍耽误这个有才气的孩子，便把他送到意大利中部的文化盛地卑鲁吉亚去深造。

拉斐尔投身于大艺术家卑鲁琴诺的门下。

卑鲁琴诺是当时很出名的艺术家。他教导学生非常严格，不仅要求学生们掌握绘画的技巧，而且让他们学习与艺术有关的知识，如数学、几何学、解剖学、化学以及物理学知识。卑鲁琴诺还要求学生们通读大量的文学、哲学著作以及建筑艺术等方面的书籍。在老师的悉心教导下，拉斐尔奠定了坚实的基础。经过几年的学习，拉斐尔融汇了这一派和谐、秀美的风格。这与拉斐尔从父亲及父亲的朋友那里所学的是一致的。拉斐尔的艺术水平日益提高。到他 17 岁的时候，他已完全学到了老师卑鲁琴诺的技艺。温和、秀丽的风格在拉斐尔手中得到进一步发展。

1503 年，在拉斐尔仅仅 20 岁的时候，他回到家乡，得到小公爵的器重，拉斐尔的才气传播开来。不久，拉斐尔创办了自己的画室。1504 年，拉斐尔的风格已日渐成熟，他创作了一系列优秀的作品，其中以《圣母的婚礼》最为著名。

《圣母的婚礼》取材自《圣经》。传说，圣母玛丽娅与约瑟夫结婚经历了一件离奇的事。当时，许多青年都向温柔、美丽的玛丽娅求婚，按照上帝的旨意，玛丽娅要选择忠实、正直的约瑟夫为伴侣。但怎么区分呢？于是神向玛丽娅说，你要让所有求婚者都手持一茎枯枝，其中能够开花的枯枝的持有者将是你最幸福的、最忠诚的丈夫。这一天，所有的求婚者手拿一茎枯枝聚在教堂前，不明白这位漂亮的姑娘为什么要他们拿着枯树枝。一群人正议论纷纷。这时，主教领着玛丽娅来到他们中间，宣布了谁的枯枝上能开出美丽的花朵，玛丽娅将成为谁的妻子。这一消息让所有求婚者目瞪口呆，枯木能开花吗？看来只有祈祷神灵帮助了。照神的旨意，约瑟夫手中的枯枝绽放出美丽的花朵。于是，圣母玛丽娅顺利地成为了约瑟夫的妻子，其他求婚青年懊恼不已。拉斐尔的《圣母的婚礼》正是描绘了这一瞬间的场面，在主教的主持下，玛丽娅戴上约瑟夫的指环，约瑟夫手持那枝鲜花，玛丽娅身旁是陪伴她的女伴们。围绕约瑟夫的则是那些失望的求婚者，有的把枯枝扔在地上，有的正用手折断手中的枯枝，有的正离身而去。画中人物众多，神态各异，展示了拉斐尔杰出的才华。

1504 年，拉斐尔离开故乡去当时的文艺盛都佛罗伦萨研究深造。佛罗伦萨离乌尔宾诺有一百多公里。中间隔着亚平宁山脉，山脉两边是完全不同的风格。与拉斐尔从小学习的柔和、秀巧的风格相对应，佛罗伦萨是一种体现自然美的雄伟、壮丽的风格，而且更倾向于写实。拉斐尔不满足自己所学的东西，因为，如果不借鉴，永远不会有创新，永远不能有发展有突破。拉斐尔怀着更伟大的目标来到了佛罗伦萨。

在佛罗伦萨的日子里，拉斐尔被这种更为真实的风格所震撼，他用心描摹这里伟大艺术家的作品，他研究马萨卓的壁画、多纳太罗的雕塑、米开朗基罗的雕像等等。拉斐尔流连于艺术的王国。这时，正是佛罗伦萨民主运动高潮时期，民主与自由的思想让拉斐尔幼时的平等观念得到进一步发展。但另一方面，拉斐尔接近的人一般都是贵族，这又使他作品中的人物有一种雅气，这种风格更适合表现女性。因此，拉斐尔的圣母像最为著名，他的圣母像一般取材于现实生活中的柔美女性，加上他生来自有的一种高贵脱俗的气质，使得圣母真实、温柔，充满了人间的气息，同时又自有一种神圣感。这种风格与古代希腊罗马的艺术是很接近的。拉斐尔创作了很多出名的圣母像，有《草地上的圣母》、《金丝雀的圣母》、《花园中的圣母》等。

经历了佛罗伦萨画风的熏染，拉斐尔的艺术水平又提高了许多。在群英荟萃的佛罗伦萨，年轻的拉斐尔脱颖而出。

1508 年，罗马教皇邀请拉斐尔去罗马工作。罗马当时是政治文化中心，年轻的拉斐尔欣然前往。到达罗马之后，在亲戚的引荐下，教皇让拉斐尔担任“签字大厅”的壁画装饰工作。但由于风格的不同，拉斐尔感到十分为难。因为“签字大厅”这样庄严的场合需要的正是佛罗伦萨一派画风那种雄伟的气势，虽然拉斐尔也在佛罗伦萨细心研究了几年，对这种画风也了解不少，但是，毕竟他自己的风格早已形成，即使加入了不少现实的真实性，但总是有一种细腻柔和的风格。拉斐尔清楚地了解自己的风格与壁画所需风格的差异，但推辞又是不行的。年轻的拉斐尔答应下来，经过无数次的研究、构思，拉斐尔发挥自己的特长，主要选择那些有着高雅气质的人物为对象，在大厅的四壁上描绘出四幅具有象征性的人物画，分别以文学、哲学、法学、神学为主题。拉斐尔以自己的才气把年轻人的热情与追求倾注到这四面冰冷的墙壁上，全面地展示了人文主义所标识的追求科学智慧、向往自由的思想。在“文学”主题的墙上，拉斐尔以阿波罗所住的帕尔纳苏斯山为表现中心，巧妙地克服了墙上一个门洞的不完整性。画中，诗歌、音乐之神阿波罗坐在山顶正中，周围是分掌九门文艺的九位美丽、秀雅的女神缪斯，再下面是古今著名的大诗人。在“哲学”的画墙上，拉斐尔以古代最为智慧的柏拉图为中心，周围是众多的古希腊哲学家，神情、姿态各异，但都透出一种睿智、儒雅的风范。据说其中柏拉图的形象取自达·芬奇。而且，拉斐尔把自己也画了进去，成为这一伟大盛会中的一员，拉斐尔自己站在立柱旁边，一袭白衣，神情温雅而自有一种俯视世间百态的哲人气质。“法学”以古罗马皇帝查士丁尼颁布法典与教皇格里高利制订教会法规的故事来体现。“神学”以教会领袖们对三位一体教义的争论来表现，此外，大厅屋顶《诗学女神》的形象，更体现了拉斐尔柔美、秀雅的风格。一位充满青春气质的美丽女神，右手拿书，左手持琴，头戴桂冠，象征智慧与美，身附羽翼，象征幻想与追求。女神面容娇美，温柔细腻。背景是几个童稚的小天使，充分、真实地表达了“诗学”这个主题。

整体来看，这里的壁画中完全没有那种高高在上、气势逼人的情绪，所有的一切都体现出一种平等、温和、自由与欢愉的情感。即使其中气势最为宏大的雅典学派，透露出的也全部是人类智慧的无穷力量。可以说，拉斐尔在其中完美地展现了自己的风格，同时又有巨大的创新。柔美、静雅之中透出一种正义的力量。可以说，“签字大厅”壁画是拉斐尔最为杰出的巨作，一经展出，轰动了整个意大利。

教皇也对拉斐尔这种平和、秀美的风格十分赞美。在拉斐尔完成这里的壁画之后，又让他担任其他几个大厅的壁画装饰。有“赫里奥多罗厅”、“火警厅”。以及教皇宫殿门廊上的装饰壁画。

拉斐尔这一时期也画了两幅著名的圣母像。即：《座椅中的圣母》与《西斯廷圣母像》。其中《座椅中的圣母》尽量表现了现实生活。拉斐尔把圣母描绘成一个温柔、贤淑的家庭妇女的样子，如同佛罗伦萨画派一样，把神复归为现实生活中有血有肉的人。在更为著名的《西斯廷圣母像》中，圣母玛丽娅抱着圣子耶稣从云端冉冉降落到人间，迎接她的是一男一女两个圣徒，暗示着整个人类。女圣徒巴尔巴娜跪在一旁，脸上充满虔诚与荣耀。男圣徒西斯都仰望着圣母与圣子，眼中充满了祈求，两个小天使在圣母的下方停息，好奇的眼睛望着人间的众相，一副迷惑的沉思状。圣母轻轻托着爱子耶稣，用怜悯、忧伤的眼睛俯视着众生。她要把爱子送来解救人间的苦难。拉斐尔在这幅画中更进了一步，在完美刻画圣母形象的同时，融入了更多的现实主义气息，揭示了封建专制制度下人民生活的艰辛与凄惨。

1520年春天，拉斐尔正在为一个贵族建别墅。这时，他突然接到教皇的通知，要他立刻回梵蒂冈。拉斐尔不知发生什么事，匆忙返回，由于受风着凉而病倒。柔弱的拉斐尔禁不起重病的折磨，几天后因为高烧死去，一个才华横溢的年轻艺术家就这样过早地逝去了。他才刚刚达到创作力旺盛的时期。人们无不为杰出艺术家的早逝悲痛万分。教皇与贵族们给他举行了盛大的葬礼，拉斐尔被安葬于罗马最为古老、最为神圣的万神祠中。

站在时代巅峰的巨人——拉伯雷

中世纪是欧洲最黑暗的时期，在基督教神学的统治下，到处充斥着愚昧与野蛮。基督教教众为了维护自己的特权，为了继续满足自己靡乱的生活，他们披着自诩正义、慈爱的教袍到处封杀追求自由与真理的人民。当时的人民如同生活在地狱中一般，见不到一丝自由的阳光，黑暗的时代往往造就伟大的人物。14 世纪至 17 世纪上半叶的文艺复兴掀起了欧洲文化史上的第二个高峰，冲破了基督教神学的阴霾，也出现一大批具人文主义思想的巨人，拉伯雷就出生在这一时代，以他的正直与才华战斗在时代的前沿。

弗朗索瓦·拉伯雷是法国文艺复兴运动的代表人物之一，他出生于 1494 年，也有人说是 1493 年或 1495 年，他诞生在法国中部都兰省的施农城，其父是律师，并拥有自己的田庄。拉伯雷童年过着自由自在的田园生活。父母很是疼爱他，优美恬静的乡野风光，淳朴敦厚的农村风俗深深印在他纯洁的心灵中，形成了他追求人性自由的理想。拉伯雷把这一段生活称为："远离世俗与罪恶的美好日子。"可惜好景不长。十几岁时，他被送到教会学校去学习，后来又到圣方济各会的一所修道院当了修士。在这里，他开始真正接触各种各样的科学著作。因为，当时只有教徒才有机会接触这些书籍。拉伯雷便如痴如狂地遨游在书的海洋里，但是教会那种死气沉沉的修行与他活泼开朗的性情格格不入，终于他因为轻慢神学经典、醉心于异教邪说的古代文化而遭到迫害，最后只好转到圣本笃会的德马伊修道院去了。圣本笃会是一个比较重视学术的教派，德马伊修道院的院长是一位爱好古典文艺的开明主教，拉伯雷在这里精研希腊文学和哲学，同时对天文、地理、数学、医药、考古、植物学也有很深造诣，拉伯雷的人文主义思想在这里得到自由地成长。后来，他离开修道院，以在俗修道士的身份作了一次周游半个法国的旅行。途中，他考察了各地的法庭与大学。他惊讶于封建法律制度黑暗的内幕与经院教育对人性的摧残，他对法国社会有了更为深刻的了解。后来，拉伯雷在蒙帕利埃大学医学院学医，仅两个多月他就拿到了毕业文凭。此后，医生成了拉伯雷的主要职业。

1530 年，拉伯雷在里昂行医。医生这个职业使他得以广泛接触社会各阶层。凭着敏锐的洞察力与深刻的幽默感，他痛心于法国社会的每一个痈疽与溃疡。终于，他不再满足做一名医治人体疾病的医生，他也要医治一下社会的疾病，于是他开始写小说。

1532 年 8 月，他的第一本小说《庞大固埃传奇》出版，笔名那西埃，是他把自己的名字拆散后重新组合而成的，小说被抢购一空。1533 年，拉伯雷以同样的笔名又出版了第二部小说《高康大》，这两部小说像飓风一样扫荡了法国社会。这两部小说受到城市资产阶级与社会底层人民的热烈欢迎。据说，仅两个月的销售数量超过了《圣经》九年的销售数。但是，书中表露的进步思想受到教会与贵族特权阶层的极端仇视，不久，巴黎法院宣布这两部小说为禁书。1535 年，法国国王倒向了天主教，公开镇压新教。一切反对天主教会的进步思想都不能幸免，政治形势顿时险恶起来。拉伯雷处世机敏，又有教会中朋友的庇护，勉强逃脱了恶势力的屠刀。

这两部引起社会震动的小说，先发表的是第二卷，《高康大》是第一卷，讲述了巨人国的故事。传说，在世界之初，亚伯被哥哥该隐杀死了，亚伯的血浸染大地，这一年果实大获丰收，尤其是山楂，又红又好吃，人们吃下这既大又甜美的山楂之后，发生了奇怪的事：每个人身上都长了一个巨大的肿块，有的肿在肚子上，有的肿在肩膀上，有的肿长了腿，有的肿大了鼻子。拉伯雷的巨人是从肿高了身体的支派发展而来，他们身材高大、力大无比。

高康大是巨人高朗古杰的儿子，他在一片饮酒声中从母亲嘉佳的耳朵里钻出来。他刚出世，不是啼哭，而是高声叫着："喝呀，喝呀!""高康大"，高朗古杰脱口而出，意思是"好大的喉咙"，于是，这成了孩子的名字。高康大极爱喝酒，天赋极高，5 岁即能做诗。高朗古杰请来"博学"大师，高康大于是接受了一系列经院教育，但他非但没有长知识，反而变得呆头呆脑。父亲气极，轰出了大师，决定让儿子到巴黎求学。于是，高康大接受了人文主义教育，成为一个博学而勇敢的巨人。战争的乌云笼罩了巨人国，敌人一路践踏，抢杀掠夺，直扑巨人国国都。高康大快马加鞭，急奔家园，在约翰修士等人帮助下，将敌人杀得落花流水。

庞大固埃原是民间传说中调皮的小鬼，他趁人们张口大睡之时，朝人的喉咙里撒一把盐，使人醒时干渴难挨。而拉伯雷的《庞大固埃传奇》中的庞大固埃却是高康大的儿子，渴人国国王，一个顶天立地的巨人。

高康大在 44 岁那年，妻子为他生了庞大固埃。那一年天下大旱，大地干裂，水源枯竭。庞大固埃的出世也十分惊人，“他生时带毛，将为大事；成人之后，必然长寿”，人们这样预言。庞大固埃童年时就力大无比，打死过凶猛的巨熊。他生来聪明，如父亲一样，到巴黎寻找宝藏，不知疲倦地学习知识。但是，战争蔓延到渴人国，庞大固埃奔回故国。面对敌人，他与伙伴们巧胜 660 名轻骑军，战胜了 300 多名身穿石甲的巨人，打败无数的“狼人”，活捉叛国首领，平定了叛乱。

这两部小说对所谓神圣威严的教会进行了淋漓尽致的讽刺，恼怒的教会把黑手伸向拉伯雷。但拉伯雷并不屈服，他与黑暗势力进行了顽强而巧妙的斗争。1535 年，他离开里昂，与教会的朋友先后三次游历罗马。他在朋友的帮助下得到教皇特许，以在俗教士的身份继续行医，他重回蒙帕利埃大学，取得医学硕士与博士头衔，生活暂时得到保障。同时，他又拿起了笔，写了《巨人传》第三卷，并争取到国王的特许发行证，为了保险，又在卷首冠以献给王后的诗，他第一次署上拉伯雷的真名。经过这样的伪装，小说出版了。字里行间喷射出的批判的火焰，让神学家们哗然而起。巴黎议会最后裁决，小说又被列为禁书，出版商、拉伯雷的好友埃季艾姆被烧死，陈尸街头，拉伯雷不得不逃到当时在日耳曼帝国统治下的麦茨。直到几年之后，他才获准回国。

晚年的拉伯雷为生计所迫，不得不回到宗教界，担任两个小教堂的本堂神父，但仍受到监视。身处笼中的拉伯雷人文主义热情丝毫不减，他向往着自由、恬适的社会生活，但心有余而力不足，他已经老了。多年的亡命奔波使他的身体过早衰老。1553 年 4 月 9 日，拉伯雷在疾病的摧残下与世长辞。

小说第三卷讲述了寻找神瓶的故事。庞大固埃的属下巴奴日极想结婚，又怕当乌龟，请教了许多医学家、哲学家、神学家，答案都似是而非，巴奴日想去寻找神瓶，求得神谕，于是庞大固埃与他们一起出发了。小说四、五卷讲述了庞大固埃一行海上的奇特经历。他们乘风破浪，到过许多稀奇古怪的地方。有“无鼻岛”、“混沌岛”、“吃风岛”、“教皇岛”、“钟鸣岛”、“愚人岛”、“皮桶岛”、“丝绸国”等地。经历了许多奇怪的事，最后到达“灯笼国”，他们看到了神瓶，得到神谕：“饮”。法国文学家法郎士解释为“请你们到知识的源泉那里……研究人类和宇宙，理解物质世界和精神世界的规律……请你们畅饮真理，畅饮知识，畅饮爱情”。

弗朗索瓦·拉伯雷逝去了，但他给我们留下了巨人国，留下一群顶天立地、不畏强暴的巨人，他那一个个令人捧腹的讽刺故事，不但引人发笑，且深涵哲理。拉伯雷举起人文主义的旗帜，为我们指引了通向光明世界的道路。

西方数学领先东方数学

一元一次方程，一元二次方程，任何学过初中代数的人都会解。但是对三次方程，除了某些很特殊的方程外，一般人就不会解了。在古代，人们很早就会解一次方程了，古巴比伦时代人们已会解二次方程了，东方数学一直领先于希腊罗马。

因为一、二次方程都已解出，人们自然而然开始寻求三次方程的解法，直到16世纪，意大利数学家塔塔利亚才找到正确方法，距人们会解二次方程已数千年，而人们探寻公式解的路徘徊数百年。正是这个解法的出现，西方数学才开始领先于同时代的东方，直至今天。

塔塔利亚本名尼科罗，约1499年出生。他的家是意大利布雷西亚一普通农户。1506年，法国人攻陷了布雷西亚，大肆屠杀意大利人。父亲背着尼科罗躲进教堂，心想大家都信仰天主教，总不能在圣母像前滥杀无辜。没料到，法国骑兵冲进教堂，乱砍乱杀，结果小尼科罗被砍成重伤，头部与下颚鲜血淋漓，他的父亲被人杀害。

他的母亲在教堂中寻找自己的亲人，把儿子救了出来，但没钱为孩子治伤，就用舌头舔愈伤口，居然成功了。命是保住了，但从此尼科罗说话不流利，口吃严重。人们就叫他塔塔利亚，在意大利语里是“口吃者”的意思，后来流传开来，结果成了大名。

塔塔利亚家境贫寒，他刻苦自学，没有钱买笔，就用小白石条在父亲的青石墓碑上写字运算。他天资聪颖，意志坚强，独自学会了拉丁文和希腊文，数学成绩斐然，不到30岁，威尼斯大学聘请塔塔利亚当上了数学教授。

1404年，一元三次方程问题被著名数学家巴巧利提出，结果被费尔罗解开，费尔罗将方法教给了学生菲奥里，菲奥里在波隆那大学任教授，他认为只有自己会解一元三次方程。然而塔塔利亚通过自己的努力，找出了一个不完善的解法，高兴之下他说自己会解三次方程了。消息传到菲奥里耳朵里，他大为恼火，依照当时论辩规则，菲奥里向塔塔利亚提出挑战。年轻气盛的塔塔利亚接受了挑战，心里却忐忑不安，他加紧想办法，结果把自己的解法又改进了一些，但仍然不是最完备的解法。

1535年2月22日，比赛开始了，两人各向对方出30道题，以试水平高低。约定50天为期，谁解出的题多，谁就胜利。

塔塔利亚出了30道几何代数题，他知道这是菲奥里的弱项。而菲奥里认为塔塔利亚不会三次方程解法，出了30道三次方程题。其中有 $x3 + 6 = 7x2$，$x3 + 3x2 = 2$ 这样的题目。孰料，两个小时内，塔塔利亚全部解出，而菲奥里却一道也没做出来，直到赛期已过。塔塔利亚被当地人民视为英雄，人们向他求教一元三次方程解法，但塔塔利亚不透露任何信息，原因只有他自己知道，因为还没有完善。直到1541年，塔塔利亚才找到较完善的方法。

这个消息迅速传遍数学界，意大利数学家卡丹登门拜访，他想把塔塔利亚的解法写进自己的《大法》一书中，百般纠缠塔塔利亚。他发誓一定不说出去，于是塔塔利亚把解法编成很难懂的诗给了卡丹，卡丹弄懂诗句的含义，把解法进一步改造，据为己有，发表在《大法》中。人们被蒙蔽了，纷纷向卡丹致敬并把解法称为“卡丹公式”。

为此，塔塔利亚指责卡丹背信弃义，二人展开争论，卡丹派人起哄，自己却不参加，然而最终人们明白了这确是塔塔利亚的功绩。

后来，卡丹的学生和仆人斐拉里解决了一元四次方程的公式求解问题。

这两个成果成为16世纪最壮观的数学成就，西方数学从此领先于东方。

世界第一大教堂——圣彼得

圣彼得大教堂是世界上最大的天主教堂。它集中了当时许多优秀的建筑家、画家的智慧，体现了十六世纪意大利文艺复兴盛期的建筑成就，是意大利文艺复兴运动最宏伟的纪念碑。

圣彼得大教堂建造于1506年，历时一百多年，其间充满着教会反动思想与进步的人文主义世界观的对立与斗争。

圣彼得大教堂座落于罗马教皇城梵蒂冈城内。在这之前，这里原有一座圣彼得老教堂，其规模比现在的要小得多。圣彼得是耶稣的第一位门徒。耶稣受难后，圣彼得与弟子们到罗马传教，后被罗马大帝所杀。公元4世纪，君士坦丁大帝为了笼络人心，把基督教定为国教，并且以身为范，皈依了基督教。后来，罗马人在圣彼得的墓地上建起一座小教堂，就是后来的圣彼得老教堂。16世纪初，教皇尤利叶斯二世为了吹嘘自己的丰功伟绩，宣扬教廷统一帝国的宏图，决定重新修建一座大教堂，以取代那历时一千多年、早已摇摇欲坠的圣彼得老教堂。

公元1506年，教皇为新教堂举行了奠基礼，意大利著名建筑家伯拉孟特的方案在设计竞赛中获胜。伯拉孟特出身平民，原先学画画，后来到意大利研究古罗马建筑，终于成为优秀的建筑家。伯拉孟特的建筑风格是宏伟庄严。新教堂抛弃了巴西利克的造型，采用了正方形与希腊十字迭合的集中式平面。在中央建立一个高大的半圆穹窿，四角用小穹顶衬托，以求内外部空间的大胆明朗。但是，工程的进展颇不顺利。伯拉孟特死后，教堂也没有完工。新教皇立奥大先后任命名画家拉斐尔等人负责设计教堂，要求将原设计改为正统的天主教会的拉丁十字面。但是，由于教会借口建造圣彼得大教堂发售赎罪券，大力搜刮钱财，人民掀起了轰轰烈烈的宗教改革运动。同时，西班牙军队入侵罗马，政局动荡不安，人人惶惶不可终日。圣彼得大教堂的工程不得不停止，一停就是30年。

公元1547年，教皇保罗三世任命当时杰出的雕塑家、伟大的建筑家、画家米开朗基罗主持恢复教堂的工程。米开朗基罗抱着让古罗马所有建筑黯然失色的雄心，把修改的拉丁十字平面恢复到最初的集中式平面，设计了比半圆稍稍拉长的饱含弹性张力的中央大穹顶，工程进展顺利，到1590年基本完成。然而，不幸的是，16世纪末天主教开始了反动统治。教皇保罗五世命令建筑师玛丹纳将米开朗基罗设计的立面拆去，在它前面加了一个巴西利克式的大厅，又退回到天主教正统的拉丁十字面。大厅挡住了大穹顶的部分面貌，大大损害了原计划中的无比宏伟、庄严及纪念碑性质的风格。这样，教堂部分基本定型，最后完工是公元1626年。

公元1665年，著名的建筑家、雕刻家、巴洛克风格的大师贝尼尼设计了圣彼得大教堂的入口广场。广场呈一梯形与椭圆形的平面集合，椭圆长轴195米，由284根塔司千柱子组成的柱廊围成。广场中心屹立着方尖石碑。广场开辟了广阔的视野，从而使教堂更宏伟、庄严。

教堂本体呈拉丁十字平面，纵轴长212米，横轴长137米，占地约2.5万平方米，教堂十字交叉处的顶部就是那个米开朗基罗设计的巨大穹顶。穹顶直径42米，离地137.8米，是罗马城中最高的建筑物。穹顶由4根约18.6米长的石柱支撑，周围是灯塔式的窗户及双柱式围廊，穹顶上部有一个金色的巨大球体，象征天堂，从教堂中乘电梯可以到达那里。

教堂正面有五扇门，中间为一扇金门，上面刻着关于耶稣、圣母、圣彼得、圣保罗及古希腊罗马的传说。这扇门平时紧闭，只有重大节日时才由教皇亲自开启。两边是灾门与福门。整日开放，再两侧为死门与圣门，与中间的铜铸金门一样，通常是关闭的。

教堂内部，是由4根立柱隔成的5个大厅。墙面用各色大理石砌成，厅内放置着大量名家所作的壁画与雕像。例如，大厅右侧最后一个方柱旁是米开朗基罗的名作——圣彼得铜质坐像，由于经常被信徒抚摸，变得非常光滑。他的大理石雕像《母爱》以那平民式的圣母形象深深感动着世人。圣母横抱着瘦弱的耶稣受难后的遗体，双唇紧闭，左手微微摊开，绝望地注视着逝去的儿子。那无声的悲痛在周围的空间弥漫开来，显示了艺术家高超的技巧。

圣彼得大教堂作为教皇之都梵蒂冈的大本营，以其规模的宏大，造型的庄严、静穆震撼着世人，更以其饱含众多著名艺术家的风格及所藏的无价的艺术珍品吸引着热爱美的各国人民。它不但是基督教圣地，同时也成为游览观光者必去的艺术中心。

日心说革命

哥白尼教人们用新的眼光去观察世界。地球从宇宙的中心降为随恒星绕动的行星。

在当时肉眼能看到的范围内，希帕克斯和托勒密的地球中心说确实令人信服。原因之一是人们的常识与他们提出的体系相符，原因之二是受亚里士多德的权威影响。

哥白尼在波兰古拉科夫大学就读期间，刻苦钻研前辈科学家的哲学与天文学说，发现了与托勒密的地心说截然不同的理论——毕达哥拉斯学派的理论。毕达哥拉斯认为太阳是静止的，地球和其他行星都绕着太阳转。在公元 15 世纪人们长期受宗教影响的情况下，这一理论是不可思议的。然而哥白尼暗下决心，要弄清楚天体体系。

1496 年，23 岁的哥白尼攻读法律、医学和神学，意大利的天文学家德·诺瓦拉教会他天文观测技术。1506 年，哥白尼开始研究新的天空运动体系。

1509 年，哥白尼写出一个关于日心体系的《概要》，把它送给朋友传抄阅读。1512 年，哥白尼被派往波罗的海海滨的弗洛恩堡教堂，此后 30 年，他一直为穷人治病，深得民心。

1539 年，伟大的《论天球的旋转》写成了，系统论述了日心说，但是哥白尼不敢拿出来发表。

在中世纪的欧洲，教会拥有无上权威，统治着人们的思想和行为。托勒密的“地心说”符合宗教神学对宇宙的解释，地球是静止的，宇宙的中心是地球，天神居住在九重天。上帝造日照亮白天，造月照亮黑夜。

公元前 300 年的大哲学家亚里士多德认为地球是球形的，是周围星绕转的中心。

有了这样的权威，再加上教会势力的庞大，这种地心观念统治了人们 1400 年之久。

哥白尼不敢立刻把自己的日心说著作公布，就是基于以上社会条件。德国威丁堡大学的青年教授雷提卡斯劝他立刻出版，但他还是谨慎地让雷提卡斯先写了一本小书介绍他的思想。后来雷提卡斯把哥白尼的著作出版事宜委托给奥西安德。奥西安德在哥白尼著作前加了序言，说到："这只是一个宇宙的数学模型，而不一定是实在世界的真实描写，这个模型是为了方便计算的需要。"人们一直以为是哥白尼亲自写的，却不知其中详情。因为当时的宗教新教领袖马丁·路德坚决反对日心说，所以要想出版而不受残酷迫害，奥西安德只好采用这种办法。

由于认识的局限性，哥白尼只看到了太阳是地球等行星的中心，但他认为太阳不动则是错误的。他的日心说解放了科学，动摇了宗教神学的基础。

哥白尼的书籍印数不多，加上教会对他肆意诽谤攻击加封锁，他的学说流传不很广泛。到 1600 年，布鲁诺英勇献身，死于酷刑之下，日心说也因而像火种一样传播开来。

尼古拉·哥白尼于 1473 年 2 月 19 日生于波兰维斯瓦纳河畔的托伦。他 10 岁丧父，由舅父抚养成人。

由于历经波折，1543 年《论天球的旋转》一书印刷发行时，哥白尼已经身患重病，据说他只是抚摸了一下书皮，就与世长辞了。

富有批判精神的科学革命者哥白尼于 1543 年 5 月 24 日离开人间。

同一年的革命

科学就是敢于挑战，勇于怀疑，在实践面前检验真理。哥白尼革命性地提出日心说，动摇了旧有的权威，就在他的著作出版的同一年，一个年轻人的著作也出版了，向他所在领域内的权威发出更直接的挑战。

1543 年，正当哥白尼逝世和他的著作《论天球的旋转》出版之时，29 岁的维萨留斯出版了他的伟大著作《论人体构造》。

古希腊罗马的盖伦，是继希波克拉底之后的一位集大成者，他的医学自成体系，基于大量的解剖，他对人体很多器官和功能描述很准确。但盖伦的解剖是解剖各种动物，当时法律不允许解剖人的尸体。尽管如此，盖伦取得了很大成就，奠定了西方医学的基础。

盖伦的学说又得到中世纪教会的认可，因此他的地位是毋庸置疑的。1533 年，维萨留斯进入巴黎大学医学院学习，当时的学院盛行照本宣科，只从书上找知识，当成真理而不加检验。在解剖课上，教授大多重复盖伦的观点，从不动手操作。维萨留斯感到十分荒唐，不亲自解剖就说明不了问题。

但是每年只能解剖一具尸体，而尸体又很快腐烂掉，当时人们还不会防腐处理。维萨留斯为了更多地了解人体，于是去偷尸体。从刑场上把尸体偷走，趁黑夜运进他的密室开始解剖，他发现人的肝脏是左右两个叶片，他还发现男人左边和右边的肋骨数相等。盖伦曾说人的肝脏由狗推知，是5个叶片，这显然是个错误。而《圣经》上说，上帝抽了亚当一条肋骨创造了夏娃，神学家们断言男人两边肋骨数不相等更是错误之至！

不仅如此，盖伦认为人的腿骨像狗一样是弯的，可维萨留斯发现是直的。《圣经》上还说，人身上有一块复活骨，这块骨头不怕火烧并且永不腐烂，它支撑着整个骨架，但维萨留斯却否定了这块骨头的存在。亚里士多德认为人的心脏是思想和感情活动控制中心，而维萨留斯认为大脑是感情与思想的活动场所。

维萨留斯以亲身的解剖为根据，向陈旧的权威发出挑战，遭到了守旧者的嘲笑和教会的迫害，称他是“疯子”和“狂人”。

在上学期间，维萨留斯就和教授发生了争执，结果没有得到学位。后来，意大利帕多瓦大学聘请他当解剖学教授并授予他博士学位。他从救生涯中，亲自教做示范解剖，盖伦有不对的地方，他毫不客气地指明，因此受到学生的欢迎和尊敬。

《论人体构造》分为七卷，书中继承了亚里士多德和盖伦的很多看法，但也修正了他们的许多错误。该书的插图数量之多是超过以前任何一本解剖学书的。著名画家提香的学生绘制了插图，极为逼真。

维萨留斯触怒了教会，说他解剖活人，要判处他死刑。幸好西班牙皇族出面说情，死刑改为流放，流放至耶路撒冷朝圣。朝圣归来，在散得岛遇上风暴，全体乘客都被困住，而维萨留斯贫病交加，离开人世，年仅50岁。

维萨留斯全名安德烈·维萨留斯，生于1514年12月31日，其家为比利时布鲁塞尔医生世家，几代人都是御医。维萨留斯本人最后也做了西班牙皇室医生，长达20年。

血液循环理论发现的艰难

在盖伦的生理学中，认为人体主要器官是肝脏、心脏和大脑。肝脏把人体所吸收的食物转化为血液，并注给血液天然灵气，肝脏所产生的血通过静脉流向全身的各个部分，并且仍然通过静脉回到肝脏。

他认为心脏的右心室是静脉系统的一部分，流到此处的血液主要回到肝脏，但其中少数透过心脏的隔膜进入左心室。在左心室，血液与来自肺部的空气混合，又生成“生命灵气”。就这样，“生命灵气”通过动脉到达全身各处，而进入大脑的部分转化为“动物灵气”。盖伦是古代希腊的医学权威，他的学说一直被人们接受，和基督教会相统一。

维萨留斯已经发现了盖伦很多理论的错误，但是没有意识到血液是全身循环的。维萨留斯的同学塞尔维特在血液循环理论上迈出第一步。

迈克尔·塞尔维特于1511年出生在西班牙的纳瓦拉，在巴黎大学他认识了维萨留斯。后来，维萨留斯被迫离开了巴黎大学，塞尔维特继续研究。他做出了一个重大的贡献就是，在这段时期，他发现血液不是经过隔膜来回流动，而是经由肺动脉进入肺静脉，即“漫长而奇妙的迂回”，与这里的空气相混后进入左右室。

塞尔维特利用他发现的循环现象来批评正统的基督教三位一体学说，并把观点写进了《基督教的复兴》一书中，结果新教领袖加尔文到处搜捕塞尔维特。塞尔维特在日内瓦被捕。

1553年10月27日，加尔文将塞尔维特活活烧死，他残酷地烧了塞尔维特两个多小时。

然而真理的冒险后继有人。1537年出生的意大利人法布里修斯又迈出坚实的一步。他曾在帕多瓦大学学医，师从娄皮欧。娄皮欧曾经做过维萨留斯的学生。法布里修斯1565年成为外科教授。1603年出版了《论静脉瓣膜》，描述了静脉内壁上的小瓣膜，基于此，哈维创立了血液循环论。

哈维是法布里修斯的学生，他的发现完成了从维萨留斯开始的四代师生前赴后继的工作。

哈维一连解剖了40多种动物，发现动物的血是循环的，而不是像盖伦说的那样来回流动。

他还发现，人的心脏每收缩一次，就能把左心室中的血液排出50—70毫克。如果每分钟心跳是75次，每次排出70毫升血液，那么每分钟排出的血液将达到4500毫升，近4公斤之多。要是一天下来，就会有6000多公斤！要是按照盖伦的理论，血是不断地造出来，那么这么多血比一天吃的食物和呼吸的空气重得多，而且也不可能有这么多血呆在人身体里。

答案只可能是，同样的血进行循环。

哈维在1616年做了实验。他用绷带把一个青年的左上臂扎紧，不一会儿，绷带以下的静脉，因为血液向心脏回流受阻而膨胀，而绷带以上的静脉，却因为没有血液进入而干瘪了下去。这就证明，静脉血是要回流的。

哈维于1578年4月1日生于英国的一个富农家庭。他曾在剑桥大学取得医学学士学位，后来进入帕多瓦大学，正赶上伽利略任教。1607年，哈维成为皇家医学院院士。

哈维发现，心脏的每半边实际仍然分为两个腔室，上下腔之间有一个瓣膜把它们分隔开来，但瓣膜能够打开，它有选择功能，只能让上腔的血液流到下腔而不允许倒流。这里的上腔就是心房，而下腔就是心室。

大动脉与左心室相连，静脉与右心房相通。肺动脉和肺静脉分别将右心室和左心房连通，形成小循环。哈维进一步研究心脏，认为心脏不停地做收缩和扩张运动，它的结构表明它只可能吸收来自静脉的血流，也只可能将血液压往动脉。

1628年，哈维出版了《心血运动论》。此书一出世，反对他的人便恶意攻击他，说他是疯子，精神病患者。有人叫他“循环的人”，意思是行走在街上的卖药人，这是当时的贬意词。教会还攻击哈维，认为他的著作是“荒诞的、无用的、有害的”。找哈维看病的人也少了起来。

实际上，《心血运动论》这部只有72页的小书，确立了血液循环运动规律及其实验依据，是生理学史上划时代的巨著，它宣告了生命科学新纪元的到来。

到哈维晚年，血液循环的观点被大多数人所接受。

1657年6月3日，哈维获得了最终的荣誉，在伦敦去世。

英雄布鲁诺

黑暗的中世纪，利用托勒密及亚里士多德的权威，宗教神学确立了绝对统治。哥白尼学说的发布，着实让教会恐慌了一阵，但毕竟没有造成大的影响，人们依然生活在蒙昧的迷信中。

布鲁诺1548年出生于意大利那不勒斯的穷苦家庭，他10岁时被父亲送进了修道院，20岁左右，凭着勤奋和才智，布鲁诺已经成为当时著名的学者。文艺复兴思想影响着布鲁诺，他对中世纪的基督教传统持怀疑态度，极力倡导自由，宣扬无神论。

他偷偷读到了《天体运行论》，被革命性的思想吸引了，哥白尼的学说在布鲁诺的心中埋下了科学革命的火种。修道院不能容忍异教徒，革除了他的职务。1576年，28岁的布鲁诺开始了长期的流亡生活。

1583年，布鲁诺到达伦敦，在伦敦他度过了较平和的两年时光，他凭借天才的哲学思想和天文知识，写下了《论原因、本原和太一》以及《论无限的宇宙和多世界》。布鲁诺发展了哥白尼的宇宙说，指出哥白尼的许多错误并进一步认为，宇宙没有边界，宇宙是统一的，自生的，不是神造的。太阳系之外还有无限的星系，太阳不是静止的，处在无限的运动之中，茫茫宇宙没有中心，当然也不存在上帝栖身之所。

布鲁诺深刻的哲学思辨和优美清晰的演说才能使他每到一处都引起轰动。他流亡16年之久，各国教会势力联合迫害他，每到一处，布鲁诺都要受到驱逐、恐吓甚至追捕。

布鲁诺是一名真正的勇士，他不屈不挠，向人民传播哥白尼开启的日心说思想。哥白尼以太阳为中心取代了地球，但布鲁诺科学地指出太阳也不是宇宙中心，彻底打碎了人们千百年来的天球体系。世界本没有九重天、七重天，而是许多的恒星带着自己的行星，在茫茫宇宙中运转。整个近代的宇宙论大革命，就是从封闭走向开放，从有限走向无限。布鲁诺走得太远了，他领先当时的人们300年，不仅理解的人少，教会更是残酷地迫害他。

布鲁诺更惊人的学说是：宇宙间某些未知的星球上可能生活有类似人的高等生命。《圣经》中上帝造人是子虚乌有，人不是惟一的，人是自然之子，宇宙之子。其他星球上完全有可能诞生高等生命，而不仅在地球上。

在宗教神学看来，没有什么比布鲁诺更可怕的了，天主教会恼羞成怒，四处搜捕布鲁诺。罗马教廷下令在全欧洲境内逮捕布鲁诺。在意大利美丽的水城威尼斯，布鲁诺被人诱骗去讲座，结果落入了教会的毒手。

宗教裁判所的审讯是毒辣无人性的，他们鞭打、火烧，还将一勺勺的热油泼在布鲁诺的身上，威逼布鲁诺放弃自己的思想。布鲁诺坚贞不屈，毫不屈服，只要有一口气在，他就以科学向审判者发难，常常使愚昧的教会哑口无言，只有不断施加更残酷的刑罚。

审讯长达 7 年，最后，教会再也忍耐不住了，他们被布鲁诺的精神所震慑。1592 年 5 月 23 日，布鲁诺被判火刑，在罗马广场上处决。

当宣判者念完判词后，让布鲁诺忏悔，并告诉他这样可以免他一死的时候，布鲁诺轻蔑地说："你们比我更恐惧。"他说对了，教会十分惧怕这位坚持真理的科学家，火刑之后，他们惶恐地把布鲁诺的骨灰投入台伯河中。他们怕透了真理，怕透了坚持真理的人。

1889 年 6 月 9 日，在罗马的鲜花广场，人们树立起布鲁诺的铜像，纪念这位无比英勇的战士，为了人类的进步英勇献身的科学家。布鲁诺的预言实现了，未来的人们会了解我，火不能征服真理。

布鲁诺在烈火中永生。

尼德兰文艺复兴的殿后大将军

1566 年，西班牙军队在尼德兰农村展开血腥的屠杀。那最为惨烈的一幕凝结为永恒的一瞬间：全村的男女老幼在惊慌中涌上街头；侵略者打破住宅的门窗，从哭泣着的母亲手中夺走了婴儿；不幸的农民们手无寸铁，面对失去了人性的暴力只得乞求怜悯。那个年老的农民跪倒在雪地上，仰起悲苦万分的脸，向杀人者伸出苍白、无力的双手……

这幅作品叫作《伯利恒婴儿的虐杀》。作者名叫勃吕盖尔，是尼德兰文艺复兴运动中最著名的"农民画家"。

"农民画家"其实根本不是农民，也并非出身于农村。他有相当高的文化修养，不但结识了不少同时代的文化名流，甚至还常常到宫廷里转转。

那为什么称这么一位“城里的文化人”为“农民画家”呢？

原来，这位大画家喜欢画农村题材的作品，凡是农村的，例如农民的生活，农民的风俗，农民的劳动，农民的婚礼，农民的宴会，农民的舞蹈以及农民的收割，农民的狩猎等等无所不包。而且，他是尼德兰惟一的一个广泛而深刻地描写农民的生活、斗争以及农村风光的画家。此外，最为重要的是，勃吕盖尔在农村题材上取得了巨大成就，他的一切都是因农民而取得的，因而，这位勃吕盖尔先生当之无愧地当选为“农民画家”。

彼得·勃吕盖尔出生于荷兰北部拉班特州的勃吕盖尔村。关于他出生的年月搞不清楚。一般认为他是1525年出生，也有说是1528年或1520年出生的。幼年的勃吕盖尔曾经在安特卫普师从于画家彼得·库克与伊罗尼姆斯·考克。直到1551年，已成为青年的勃吕盖尔才毕业，并成为安特卫普画家联合公会的成员。勃吕盖尔在年轻时并没有表现出过人的天赋。1552年，勃吕盖尔离开安特卫普，开始了历时两年的游历。在这次游历中，勃吕盖尔被大自然的美景迷住了，从此，他选择了自己的题材方向，开始了独具特色的绘画之路。

回国之后，勃吕盖尔创作了大量的风景画与风俗画。其中较为有名的是《七项大罪》、《正义与博爱》、《尼德兰谚语》、《儿童游戏》与《狂欢节和四旬斋的争斗》等。此外，在他生命的最后10年中，勤奋的勃吕盖尔大约创作了40多幅油画作品，尤其是在他移居布鲁塞尔后的5年中，勃吕盖尔的技艺更为成熟，作出了许多杰出的名画，其中以《发疯的格丽特》尤为出色。

《发疯的格丽特》是一幅幻想中的人魔大战图。但是，注重现实性的勃吕盖尔并没有把画面处理成神话。在勃吕盖尔的笔下，格丽特成为一位普通的家庭妇女。她一手抱着家庭用品，一手持剑，在房门前与魔鬼争斗。在她的身后是一大群尼德兰的劳动妇女。面对魔鬼，没有人退怯。人类以高昂的斗争精神，手持利剑与邪恶的魔鬼作战。恶魔面容现出慌乱之色，正欲转身逃掉。这幅画展现出真理必胜的信念。这比文艺复兴的前辈波堤切利的《诽谤》又更进了一步。人类正在为了真理而奋战。

勃吕盖尔的题材全部取材于现实生活，展示了敦厚、坚强的农民与自然及邪恶的统治势力英勇斗争的精神，同时也揭露、批判了封建宗教统治的黑暗。例如那幅《伯利恒婴儿的虐杀》，就是借《圣经》上的故事描绘了西班牙王对人民的残暴。《圣经》上说：希律王听说小耶稣将来要取代他的位置与声望，于是他心惊肉跳，派军队四处寻找，但都未能找到圣子耶稣。于是，残暴的希律王便将伯利恒所有的婴儿都杀害了，因而在勃吕盖尔的《伯利恒婴儿的虐杀》中才出现了“全身铠甲的勇猛武士把利剑刺进幼儿柔嫩的身体”的画面，只是残暴的士兵成了西班牙士兵，那纯洁的婴儿成了尼德兰普通的农民的儿女。

勃吕盖尔晚年依然保持着旺盛的斗志与创作热情，他创作了《绞刑架下的舞蹈》、《懒人的天堂》及《盲人带路》等名作。

其中以《盲人带路》涵义最为深刻。这是针对当时自称为代表上帝的“羔羊的指路人”的主教与神父们的种种谬论及愚蠢行为的讽刺。中世纪的经院哲学家们自以为学识渊博，但是他们每天争论不休的问题不是什么自然科学，也不是什么经国治世的大论。这些“上帝的奴仆”、“羔羊的使者”每天竟争论“针尖上能容多少天使”、“啤酒可不可以拿来做洗礼”、“老鼠吃了圣餐怎么办”等等诸如此类的莫名其妙的论题。这样的愚蠢之徒能为人民带路吗?

勃吕盖尔的《盲人带路》借用了基督教中最为普通、也最为珍贵的《圣经》中的话，对这个问题作了解答（耶稣对法利赛人说）：“他们是瞎眼领路；若使盲人领盲人，二者必皆落入坑中。”勃吕盖尔的画面上，一群盲人相互牵着行路。对于优美的自然风景，他们当然一无所见。这群盲人从远处的教堂中走来，第一个瞎子已跌入路边的塘中，第二个扑倒在他身上，而后面的盲人却依然整齐地列队跟在后面。勃吕盖尔在展示了优美的自然风光之余，也让人民对这些可怜的教士们产生同情、怜悯。

此外，勃吕盖尔之所以被称为“农民画家”，还在于他对农村题材的深刻把握，尤其是对风景画作出的巨大贡献。

据说，勃吕盖尔经常以农民的装扮去农村体验自然的生活、淳朴的民俗、民风。这在欧洲画坛上是绝无仅有的。他创作了姊妹篇《农民的婚礼》、《农民的舞蹈》。这是其农村作品的代表作。此外，他还创作了许多风景画。其中最为著名的是他在1565年创作的6幅按季节划分的田园风景画，但其中的一幅已遗失。保存下来的是《收干草》、《收割》、《牧归》、《冬猎》与《暗日》。勃吕盖尔以写意式的笔触表达了人与自然的微妙关系。在他的这类作品中，有一幅《猎人归来》展示了冬日的雪原与枯树，一个猎人在大自然中独行。那种意境很容易让人想起中国宋代画家敦熙笔下的寒气袭人的雪山与萧瑟的山林。

1569 年，这位伟大的农民画家在布鲁塞尔去世。他的两个儿子继承了他的风格，并加以完善和发扬。

彼得·勃吕盖尔作为尼德兰惟一的以农村与自然题材作为自己方向的画家异军突起，而且取得了巨大成就。在他的晚年，爆发了声势浩大的尼德兰革命，但最终被统治阶级疯狂镇压而成为尼德兰人民血泪的回忆。勃吕盖尔吸收总结了凡·埃克兄弟与包什的艺术成就，以最后的辉煌结束了声势浩大的文艺复兴运动，成为尼德兰文艺复兴中最伟大的殿后军。

尼德兰文艺复兴运动同德国文艺复兴的风格一样，不是佛罗伦萨画派中那种为争取人性的尊严与解放所展现的雄伟气势，也不同于威尼斯画派那种人性的自在、幸福与欢乐，而是以现实的手法揭露和嘲讽社会黑暗。勃吕盖尔作为尼德兰文艺复兴中最后的主力军，充分展现了这一风格特点。据说，在勃吕盖尔临死的时候，因害怕自己留给妻子的作品会连累妻子，就让人都毁掉了，不然，我们会看到一个更为伟大的勃吕盖尔。

欧洲近代第一个唯物主义哲学家

“知识就是力量，要借服从自然去征服自然。”

看到这句名言，我们就会想到培根。是的，培根就是欧洲近代第一个唯物主义哲学家，他在哲学史以及科学史上具有划时代的重要地位，他是英国的唯物主义与整个现代实验科学的始祖。

弗兰西斯·培根生于 1561 年 1 月 22 日。这是伦敦一个新贵族的家庭，他父亲是伊丽莎白女王的掌玺大臣，母亲是一个虔诚的加尔文教派的教徒，颇有才学。在这样一个优越的家庭环境中，培根从小便聪明过人。

培根少年时才华出众，深得老师的喜爱，经推荐，他 12 岁便进入剑桥大学读书。当时大学里讲授的哲学都是经院派哲学，把亚里士多德的言语奉为经典，每天要研究的只是一些空洞无用的争论、辩驳。培根对此深为厌恶。他独自去图书馆学习，阅读广泛的书籍，并在实践中加以检验。由于他的聪明与刻苦，他在大学中小小年纪便脱颖而出。他说，理性主义者好比是蜘蛛，只知从自己腹中吐丝织网；经验主义者好像蚂蚁，只知收集材料；而真正的哲学家应当如同蜜蜂，从花园与田野中广泛采集花粉，然后酿成蜂蜜。由于重视观察与实验，培根创立了由个别事例上升到一般原则的归纳法，用以代替了长期统治西方的亚里士多德的偏重演绎法的形式逻辑。

1576年，培根作为英国驻法大使的随员去法国工作。不久，他的父亲病故，培根奔丧回国，其后没有回法国，而是作律师及国会议员之职。1596年，培根被聘为女王的特别法律顾问。1597年，培根出版了自己的著作《培根论说文集》。

《培根论说文集》是一本关于政治与道德的论文集，其文笔优美，富含哲理，给人耳目一新的感觉，因而一经出版便大受欢迎。如他在“论真理”中写道：“在世人眼里，真理犹如一颗金贵的珍珠，在阳光下闪闪发光。但它没有钻石或红玉值钱，它们能在掩映变幻的灯光下大放异彩。搀上一点虚谎的道理往往能给人增添无穷的乐趣。”又如他在“论死亡”中写道：“成人害怕死亡犹如儿童害怕在黑暗中行走；儿童的那种天生的恐惧因故事而增加，成人对于死亡的恐惧也是如此。复仇之心战胜死亡，爱恋之心蔑视死亡，荣誉之心企求死亡，忧伤之心奔向死亡，恐怖之心先期死亡。”

斯图亚特王朝时，培根历任宫廷要职，可谓平步青云。作为一个哲学家，当时能够担任高官显职的很少，而培根却交了好运。1613年他受命为首席检察官，1616年任掌玺大臣，1617年任大法官，他还多次被授予贵族称号。1602年受封为爵士，1618年又被封为维露乐男爵，1620年又被封为圣阿尔班子爵。他的一生大都在官场中度过。作为一个哲学家，他自有其思想的过人之处，但在官场中久混，也不可能不被风行于上层社会的丑恶行径所侵染。1621年，培根被控贪污受贿，被判决监禁于伦敦塔内，终生被逐出朝廷，不得为官，不得进入国会，而且被处以4万英镑的罚金。后来，由于詹姆士一世对他的偏爱，他被免除了监禁之刑与巨额罚金。从此，培根便脱离政治生涯，专心于自己的哲学及科学研究事业。

对于这次事件，培根承认了自己接受过不正当的馈赠，但坚持说他并没有因此而曲解法律，枉断罪行。而且，培根也说这次对他的判决是英国国会200多年来第一次公正的判决。晚年时，培根回顾自己的官场生涯，不禁感慨道：自己把才能误用在自己最不适宜的事情上了。

但是，培根的主要学术贡献都是在他春风得意的17世纪前期完成的。1605年，他完成了《学术的促进》两卷集，后来又扩大为9卷集。1606年，培根完成他的第三本著作《论古人的智慧》。1620年，《伟大的复兴》出版，这是一部未完成的的巨著，其中出版的部分包括他关于这部巨著的大纲提要以及经常作为单行本出版的重要著作《新工具》。培根最后一部书是《新大西洋》，自己没有完成，直到1627年才由他的秘书劳莱博士整理出版。

1626年，培根在一次冷冻防腐的科学实验中不幸染上风寒，不久去世，终年65岁。

培根是西欧哲学史上第一个比较全面而深刻地批判经院哲学的伟大哲学家。他以自己的伟大著作奠定了英国经验主义的哲学基础，把经验从一向受贬斥的卑贱地位提升到一种科学原则、一种考察方法，对于哲学史与科学史都具有重大意义。他的贡献对于整个人类社会都具有巨大的革命性转变的影响。

塞万提斯与最后一部骑士小说

16世纪的西班牙正处于由封建主义向资本主义转变的时期。但是，反动的君主专制制度勾结天主教势力对人民实行残酷镇压，实行重税政策，资本主义因素并没有得到充分发展，封建势力仍占统治地位。与此同时，西班牙对外进行疯狂的军事扩张，无休止的战争耗尽了国力，经济凋敝，人民起义不断发生。这个殖民大帝国急剧衰落了下来，社会动荡不安，全国笼罩在绝望的情绪之中。

米盖尔·台·塞万提斯·萨阿维德拉就出生在这样一个时代，他父亲是一个穷医生。塞万提斯只读了几年中学。1569年，他作为红衣主教的随从去意大利，开始了解到意大利辉煌的文学与艺术，接受了人文主义思想。1571年，塞万提斯在对土耳其的海战中身负重伤，左臂残废，在回国途中，又被土耳其海盗掳去，在阿尔及尔服苦役。1580年，一次偶然的机会，塞万提斯被赎回国，从此开始文学创作活动。但靠写作是不可能养活自己的，他又当过军需员与收税员，凭微薄的薪金度日。不幸的是，在1587年他按规定征收了厄西哈大教堂讲经师囤积的小麦后，教会将他革出教门。因他为人正直、率真，得罪了贵族与教会，几次被诬陷入狱。身边的不幸使他深切了解到社会的黑暗，感受到下层人民的困苦与悲伤，塞万提斯以人文主义精神，举起了反封建的旗帜，创作了许多作品。如历史剧《奴曼西亚》，短篇小说《惩恶扬普故事集》，长诗《帕尔纳索斯游记》等，对受压迫人民寄予了深切的同情。但是，给他带来巨大声誉，使他得以屹立于世界文学巅峰之上的，却是骑士小说《堂吉诃德》，这也是西班牙最后一部骑士小说。因为塞万提斯写这部小说的直接目的就是消灭骑士文学，反对封建主义的枷锁。他说："我的愿望无非要世人厌恶荒诞的骑士小说，堂吉诃德的真人真事已经使骑士小说立不住脚，注定要一扫而空了。"塞万提斯为什么如此仇恨骑士小说呢？骑士小说原本是欧洲中世纪后期曾经出现的文学形式。但随着资本主义的发展，封建主义在欧洲日渐衰落，依附于封建主义的骑士文学也随之消失。但是，在16世纪的西班牙，因为封建主义尚占上风，这种过时的文学样式仍风行一时。这种政治上支持封建统治、内容上荒诞不经、艺术上千篇一律的东西，严重地毒害了人民，束缚了进步思想的发展。塞万提斯对此种文学极为痛恨。他立志要打倒骑士小说，打倒封建主义的帮凶，便模拟骑士小说的笔法，历时十多年，写下了《堂吉诃德》。

《堂吉诃德》取得了巨大的成功。1605年，此书刚出版，备受读者欢迎，不到一个月竟出现三个盗印的版本。书中对贵族与教会的愚蠢和伪善极尽讽刺，引起反动贵族与教会的惊恐，他们伪造了《堂吉诃德》的续集，肆意歪曲主人公的形象，企图诋毁塞万提斯的声誉，以消除《堂吉诃德》的社会影响。塞万提斯极其愤怒，带病赶写续集，1615年出版、给封建反动势力予以有力的回击。从此，社会上迷恋骑士小说的狂热急剧减退，西班牙再也没有出版一本骑士小说。

但是，疾病击垮了伟大的作家。1616年，他刚写完《贝雪莱斯和西吉斯蒙达历险记》，便在马德里病逝。

塞万提斯的《堂吉诃德》全名为《奇情异想的绅士堂吉诃德·台·拉·曼却》。他假借一个被骑士小说毒害的疯癫的穷乡——堂吉诃德，演绎了一个个荒唐可笑的故事。

这位堂吉诃德没有什么财产，整天无所事事，抱着骑士小说每天看呀看呀，就着了魔，幻想着伸张正义，为民除害；幻想着美妙的爱情与高贵的公主；幻想着无上的荣誉加在他身上。终于，有一天，他被这种伟大却荒唐的激情鼓舞，拾起了祖先留下的长矛破盾，佩上一把锈迹斑斑的宝剑，不顾自己瘦得皮包骨头的身体，骑上家里唯一一匹与他一样瘦弱的瘸腿老马，开始了他骑士生涯的第一次远游。

他为自己选了一位高贵的情人。她的“眼睛是太阳，脸颊是玫瑰，嘴唇是珊瑚……”，他称之为杜尔西内娅公主，其实只不过是邻村一位五大三粗、胸脯长着毛的乡下姑娘。但堂吉诃德却为之神魂颠倒，把世上最美妙的情诗与自己伟大的功绩都奉献给她，求得她对自己的爱情，实际上这位姑娘只懂得喂猪与簸麦子，哪里知道伟大的骑士堂吉诃德这些缠绵的情意。塞万提斯以此对骑士文学中那些矫揉造作的爱情给以尖刻的嘲笑。

堂吉诃德上路了。首先来到一个下等客店，他却认为是城堡，要求城堡主人封他为正式骑士。他想象着在庄严的礼拜堂中，高贵的郡主为他加封，神职人员毕恭毕敬地给他佩上宝剑。而实际上一行人随随便便地站在饮牲口的水槽旁，下等客店店主拿一本草料记账簿充作《圣经》，煞有介事地给堂吉诃德加封，几个嬉笑的妓女给他挂上那把生锈的宝剑。骑士的受封仪式简直滑稽之极。但是第二天他就因为自己意中人的事与一群毫无关系的商人发生冲突，他被打得头破血流，高傲的骑士衣衫不整地被人送回家，大病一场。

第二次出游，他拉上一个想靠冒险摆脱贫穷的农民——桑丘·潘沙作为自己的随从，因为小说中高贵的骑士都有随从。于是又高又瘦的堂吉诃德骑着瘦马，又矮又粗的桑丘·潘沙骑上小毛驴，主仆二人又上路了。这一次他们遇到的事更可笑。堂吉诃德把风车看作魔鬼巨人，挺起长矛直冲上去，任凭一旁看得分明的桑丘·潘沙的苦苦劝阻也不听，“我们高贵的老爷好像是疯了，”桑丘这样说着，堂吉诃德已被巨大的风车举起，狠狠地摔在地上。桑丘把主人抱上马背，狼狈地回到客店。堂吉诃德又发了晕，坚持说这是魔鬼的城堡，他冲入地堡，把装酒的皮囊全部刺破，鲜红的葡萄酒流满地面。堂吉诃德却认为这是魔鬼的血，他打败了所有恶魔，气急败坏的店主把二人赶出旅店。

塞万提斯以堂吉诃德的现身说法揭露了骑士制度与骑士文学的荒唐可笑，提醒世人：它早已过时了。伟大的《堂吉诃德》击败了依附于封建统治的骑士文学，它标志着西班牙古典艺术的高峰。塞万提斯是欧洲近代现实主义小说的先驱，对欧洲各国的现实主义文学产生了深远的影响。

行星运动三大定律

在肉眼观测星空的时代，第谷作为最后一位杰出的观测天文学家出现，而他的学生兼助手开普勒却登上了这个时代的最后理论高峰。

约翰·开普勒生于德国南部的瓦尔，父亲是军人。1574 年，开普勒 3 岁时患上了天花。这致使他的手与眼都留下了轻度的残疾。为了生计，开普勒进入杜宾根大学学习神学，在他老师那里接触了哥白尼的日心说，成为日心说的拥护者。毕业后，他的大多数同学都去当牧师了，而开普勒却到了奥地利，当上了格拉茨大学的数学和天文学讲师。

讲师是很贫穷的，开普勒只好依靠他的天文学知识编制迷信的占星术历书来养家糊口。

开普勒有出众的数学才华，从小酷爱数学。总想在自然界寻找数量的规律性。毕达哥拉斯学派对开普勒的自然观影响十分巨大。哥白尼体系又具备简单和谐的数学美。他探测六大行星的轨道大小之间的数字，结果为宇宙中只有六颗行星找到了几何学证据。这个证明构想就是被第谷所赏识的《宇宙的神秘》。也正是由于第谷的观测，开普勒才提出了行星运动的规律。当然，《宇宙的神秘》提出的观点是错误的，但是它展示了作者的才华。

1600 年，开普勒同第谷一道工作。他在实际的数据基础上发现以前的构想虽然美妙但不符合事实。

第谷在去世前毫无保留地留下了全部珍贵的资料，委托开普勒绘制星表。开普勒整理第谷的遗作，在此基础上进行了进一步的研究。

开普勒在编制星表时发现，无论用哥白尼体系还是托勒密体系推算出的行星位置，和第谷长期的观测结果相比较，都不是完全相吻合的，差别并不很大，只有 8 分大小的角度，即 1 度的 13% 左右。这个角度十分微小，但开普勒并没有放过此处差异，开始深入考察。

对于这个小差别，开普勒这样说过："感谢上帝赐给我们一位像第谷这样的天才观测者，这 8 分误差是不应该忽略的，它使我走上改革整个天文学的道路。"

开普勒首先选中了火星为突破口。他经过 4 年的观测和计算，发现传统的偏心圆方法始终解决不了问题。他发现，火星绕太阳的运动在单位时间扫过的面积是一个固定的数值，这说明火星的轨道速度并不均匀，但面积是均匀的，离太阳远时，速度变小；离太阳近时，速度变大，这就是开普勒第二定律。

终于，开普勒发现，火星的轨道不是正圆，而有些像鸡蛋，最后，他想到了椭圆。椭圆在希腊时期已经被阿波罗尼研究得十分细致了，很快，开普勒确定了火星轨道是椭圆。

1618 年，《哥白尼天文学概论》出版了。开普勒把椭圆形推广到所有行星，公布了第三定律：行星公转周期的平方与它同太阳距离的立方成正比。

椭圆打破了完美圆周匀速运动的传统观念，但开普勒不同意布鲁诺的无限观，他废除了水晶天球，保留了恒星天球。

开普勒真正的工作动力是上帝的数学的和谐。他深信上帝是依照完美的数的原则创造世界的，所以根本性的数学和谐就是天体的音乐。正因为如此，他追求的不是合理解释为什么或怎么样，而是描绘上帝的图景。他发现了三大定律，但为什么行星会按这三条定律运动呢？维持太阳系和谐秩序的原因是什么？

开普勒曾经这样说过："月球被地球牵引着，反之月球也吸引着地球上的海水（潮汐）。从太阳那里，有一只看不见的巨大的手，伸向行星，拉着这些行星跟太阳一起旋转。"如果从这里深入研究，就可以发现万有引力，但可惜开普勒与最重要的万有引力擦肩而过。

开普勒行星运动三大定律是：一、行星运行的轨道是椭圆，太阳在其一个焦点处。二、太阳中心与行星中心间的连线在轨道上所扫过的面积与时间成正比例。三、行星在轨道上运行一周的时间的平方与其至太阳的平均距离的立方成正比例。

就这样，天空中的行星按照以上三条规律所描述的轨道运转，人们称开普勒为"天空立法者"，把三大定律称为"开普勒定律"。

开普勒完成了第谷的心愿，制作了当时最完备的行星运动表。这个星表几乎一百多年没有变，天文学家和航海学家使用这个星表，准确定位，十分顺利。此星表被开普勒命名为《鲁道夫星表》。

开普勒还收到伽利略的望远镜，支持伽利略的理论。开普勒一生贫困，虽然是宫廷天文学家，但常常领不到薪水。1612 年，鲁道夫二世去世，新国王几乎完全拖欠了开普勒的薪金。1630 年 11 月 15 日，开普勒去索要拖欠了近20年的薪水，染伤寒病而与世长辞。

磁学之父——吉尔伯特

1600年，《论磁》一书出版了，这部书在物理学理论上留下不朽的历史地位，其作者被尊称为“磁学之父”。他就是吉尔伯特。

1544年5月24日，威廉·吉尔伯特出生于英国的科尔切斯特，他在剑桥大学获得医学学位，1573年在伦敦定居，成为当地的著名医生。伊丽莎白女王听说了他的高超医术，任命他为皇家医学院院长，他成为皇宫御医。

吉尔伯特终身未婚，一直致力于磁现象的研究。他发现放在地球表面的小磁针总有一定的方向，于是他认为地球本身也有磁性，地球就是一个大的磁体。根据小磁针的指向，他确定了地球的磁极，他还总结出同极相斥、异极相吸的磁性吸引规律。吉尔伯特还发现，当小磁针放在地球上除南极北极之外的地方，它有一个朝向地面的小小倾斜。由此发现了磁倾角。

当时人们流行一种说法，即将大蒜抹在磁铁上会破坏其磁性，吉尔伯特通过实验驳斥了这种错误说法。

由于吉尔伯特的实验很有名，传到了女王那里，女王决定视察吉尔伯特的私人实验室。

一天，女王带领很多显贵要员来到吉尔伯特的冷清居所，吉尔伯特做了很多实验，其中有一个实验是琥珀的吸引性。吉尔伯特说，人们一般认为琥珀经过毛皮摩擦后，可以吸引细小的碎纸屑或干草叶末。宗教神学也认为琥珀有某种特殊的神秘能力，但是不然，这种能力并不是琥珀独有，用丝绸摩擦过的玻璃棒，还有宝石、硫磺、火漆都有这种性质。吉尔伯特用玻璃棒演示，果然证明了他的论断。

来宾们都兴高采烈，女王却有些不高兴了。因为女王是一个虔诚的宗教徒，而且还是英国新教的首领。她不高兴别人动摇神权。

女王告诉吉尔伯特，他的著作最好用科技通用语言拉丁语来写，而不要用英文，她不希望太多的人知道与神学不符的物理学原理。

吉尔伯特对近代物理学的最重大贡献还有他提出的新概念和定义。

他提出了质量、力等术语的范围和本质，认为磁石的磁力强度与其质量成正比。他用希腊文琥珀一词创造了英文的“电”这个新词。

吉尔伯特的“力”的概念认识并不准确，他相信万物有灵，而地球的灵魂即是磁力，力像那样放射和蔓延，将四周的物体拖向自身。正是在他提出问题的基础上，后代科学家受到启发，力、重量、质量的研究开始深入起来。

1603 年，吉尔伯特患鼠疫去世，享年 59 岁。他生前赞同哥白尼的日心说，对这个理论的传播起了很大作用。

文艺复兴中的巨人——莎翁

文艺复兴是公元 14 世纪到 16 世纪欧洲新兴资产阶级反对封建阶级的一次思想文化运动，同时又是一次文化革命运动。当时，欧洲封建社会正逐渐解体，资本主义萌芽刚刚出现，整个欧洲正处在变革时期。但是封建主义仍占优势地位，资本主义自由的发展必须与封建主义作斗争。文艺复兴就是具有人文主义思想的知识分子以学习古代为幌子，举起了反封建的旗帜。

英国文学是文艺复兴时期欧洲文学的顶峰。而莎士比亚正是站在峰尖上的杰出代表。莎士比亚是一个文化的巨人，是一个时代的巨人。

公元 1564 年 4 月 23 日，威廉·莎士比亚出生于英国的一个小镇斯特拉福镇。祖辈务农，父亲经营手套生意，还担任过当地的议员与镇长，家境很富裕。

在莎士比亚幼年时期，斯特拉福镇经常有一些伦敦城里的大剧团到此地巡回演出，小威廉很早就表现出对戏剧的浓厚兴趣。少年的莎士比亚在文法学校学习，接触了古代罗马的诗歌与戏剧，于是在小威廉的心中便有一种朦胧的心愿：将来要写出古人那么伟大的作品。但是不久，父亲的生意破产，家境一下子破落下来，无力供养小莎士比亚继续上学，使他无法走正统的成才之路。少年的莎士比亚被迫辍学，稚嫩的肩膀担起了人生的重担。1585 年，莎士比亚独自去伦敦谋生。出于对戏剧的偏爱，他在一个剧院中落下脚来。开始，他在里面打杂，为看戏的绅士们看管马匹。但是，莎士比亚常常禁不住那精彩的戏剧的诱惑，他偷偷地掀开剧棚的一角，一下子便入了迷，忘记了自己现实的处境。由于莎士比亚的服务不周到，他经常受到绅士们的抱怨，并传到了剧院经理的耳朵里。经理把莎士比亚叫去，见他对戏剧如此迷恋，又见他眉清目秀，像个聪明的孩子，于是把他调到剧团里当了一名演员，经常演一些小角色。这样，莎士比亚如鱼得水，才华渐渐显露出来。后来，他参加了编剧工作，并成为剧团的股东。

莎士比亚的创作从改编旧剧开始。他结交了一些大学生与青年贵族朋友，从他们那里，莎士比亚进一步接触到了辉煌的古代文化，并吸收了意大利文艺复兴时期的文化与人文主义思想。这为他日后的创作奠定了坚实的基础。

开始，莎士比亚对美好的未来充满了幻想。他相信人文主义理想不久就会实现。这使得他早期的作品充满了乐观的浪漫主义色彩。如他在1595年创作的《仲夏夜之梦》描写了一对相恋的青年男女在仙人的帮助下，冲破了家庭的阻碍，最后争取到自由的婚姻。1596年发表的《威尼斯商人》是莎翁早期作品中最著名的喜剧，威尼斯商人为了帮助朋友，从高利贷者夏洛克那里借了一笔钱，但由于自己生意的不如意，没有能力及时还上钱，于是对安东尼奥恨之入骨的夏洛克就坚持要割安东尼奥的一磅肉以抵债。双方围绕割不割这一磅肉展开了激烈的争论，最后富家小姐鲍西娅以巧妙的手段让夏洛克知难而退，放弃了报复。《罗密欧与朱丽叶》是早期悲剧中的典范，故事以两个家族的冲突为背景，演绎了一个凄美的爱情故事。

1601年以后，莎士比亚对社会了解得越来越透彻，他看到了人性中的弱点与社会的不公。从此。莎士比亚创作出了一部又一部令人惊心动魄的悲剧，其中最为著名的是五大悲剧是：《哈姆雷特》、《奥赛罗》、《李尔王》、《麦克白》、《雅典的泰门》等。其中最为人所熟悉的是忧郁王子“哈姆雷特”。

《哈姆雷特》是莎士比亚于1601年创作的，故事情节取材于12世纪末的一部丹麦史，前人曾经写过同名的剧作。据记载，1596年伦敦曾多次上演由托马斯·基德创作的《哈姆雷特》，但剧本已经失传。莎士比亚把这个故事重新改编，从而使哈姆雷特的形象震撼了世界。剧情写的是丹麦王子为父复仇的事。年轻的丹麦王子在德国大学接受人文主义教育，他突然接到父王逝去的消息，怀着悲痛的心情回国奔丧。但是当他回到祖国时，看到的却是母后与新王（他的叔父）大办婚宴。哈姆雷特感到不可思议：父王的尸骨未寒，母后竟然另寻新欢，而这个新欢竟然是叔父。王子在疑惑中彻夜不眠，夜晚时，父王的鬼魂显现，告诉了事情的真相。原来叔父觊觎父王的王位，用毒药杀了父王，堂而皇之地成了国王。王子十分震惊。他陷入了为父报仇与杀害现任国王这种不义行为的剧烈矛盾冲突之中。心烦意乱之际，王子趁机装疯。同时，哈姆雷特的叔父从他的言行中也开始怀疑他已得知秘密，于是用金钱收买了哈姆雷特的两个好朋友去试探他，哈姆雷特苦于找不到证据，他趁戏班子进宫演出的时候，改编了一出用毒药杀死兄长的戏《贡札古之死》让戏班子演出，以此试探叔父。戏到了高潮之时，叔父坐立不安，脸色惶恐，借口退席，这一切都被哈姆雷特看在眼里。他深信不疑．是叔父杀死了父王。叔父觉得事情不像王子表面说的那么简单，趁王子与母后谈话时，宫内大臣自荐去帐幕后偷听。王子正怒不可遏，觉察到帐后有人，以为是叔父，一剑刺去，误杀了大臣波洛涅斯。叔父觉得阴谋败露，便想出一个借刀杀人的方法。让监视他的两个朋友带着密信陪王子去英国。密信上要英王在王子一上岸就杀了他，幸运的是，阴谋又被聪明的王子察觉，他对朋友的出卖行为伤心至极。于是哈姆雷特偷偷换掉密信，让英国国王杀掉了这两个不义的叛徒，王子跟随海盗船回国。回来后得知情人奥菲利娅因父亲被自己杀死，自己又离她远去，经受不住打击发疯落水而死。而此时奸王又利用大臣的儿子雷欧提斯为父报仇的机会，密谋在比剑中用毒酒、毒剑害死哈姆雷特。结果雷欧提斯偷袭成功，刺中了哈姆雷特，但机警的王子也反手刺伤了他。王后知道儿子已活不成，羞愧难当，饮下毒酒。雷欧提斯知道自己也活不长了，当众揭穿了奸王的阴谋，所有人都为老王的死痛心不已，哈姆雷特在临死前，奋力刺死了杀父篡权的叔父，自己也倒地身亡，全剧以悲壮的场面结束。剧中有许多富含哲理的精彩独白，莎士比亚借哈姆雷特之口传达了一个思想者的声音。例如他对于母亲的善变发出的对于所有女性的感慨：“脆弱啊！你的名字就叫女人！”又如“生存还是毁灭，这是一个值得思考的问题……”这一大段独白，无不表现了一个思考社会的人文主义哲人的深刻思想。莎士比亚正是在这一点上突破了前人，使得哈姆雷特如一个高高的巨人俯视着人类社会。

公元1608年，莎士比亚厌恶了政治上的纷争，回到自己的故乡。从事传奇剧的写作，有《暴风雨》、《冬天的故事》、《辛白林》三部，还有一部历史剧《亨利八世》。在传奇剧中，莎士比亚尽展人世的悲欢离合，把希望寄托于将来。

公元1616年4月23日，莎士比亚悄悄地离开了人世。

莎士比亚在短短的20多年的创作时间，共完成长篇叙事诗两部，十四行诗一卷，戏剧37部，其中很多都为人们百看不厌。莎士比亚是一个时代的巨人，他独立于文艺复兴的巅峰，以一双哲人的眼睛注视着人生百态，看尽了人世沧桑，表达了他对于人类的思考。人们将永远难以忘怀哈姆雷特的光辉形象，也不会忘记我们伟大的莎翁。

近代物理学之父——伽利略

天空动力学与地上物理学相结合后，有别于亚里士多德的新物理学在伽利略和牛顿手中诞生了。

在列奥纳多·达·芬奇的天才思想里已经蕴含了科学精神。哥白尼在思想界发起了一场革命。吉尔伯特说明了实验方法怎样可以增加知识。到了伽利略，新的科学精神大大发展。

伽利略把吉尔伯特的实验方法和归纳方法与数学的演绎方法结合起来，建立了近代物理科学的真正方法。

1623年，伽利略发表《试金者》一书，对当时学术界的治学态度和方法作了深刻而尖锐的批评。他认为，人们一贯以权威的迷信结论为判断标准，以权威的观点来证明一切，而不敢面对事实，这是错误的研究态度。他发表了近代自然数学化运动的宣言，阐述了近代机械自然观的基本立场："哲学被写在宇宙这部永远在我们眼前打开着的大书上，我们只有学会并熟悉它的书写语言和符号以后，才能读懂这本书。它是用数学语言写成的，字母是三角形、圆以及其他几何图形，没有这些，人类连一个字也读不懂。"

基于此，伽利略被称为近代物理学之父。伽利略·伽利莱于1564年2月15日生于意大利的比萨，他出世后3天，正是米开朗基罗逝世。伽利略的父亲文森西奥·伽利莱是著名的音乐家和数学家，他对长子伽利略的影响很大。但伽利略的父亲希望伽利略学医，因为这样可以获得丰厚的收入。1585年，不愿意学医的伽利略离开了比萨大学。在那里他没有取得医学学位，但是却对数学发生了极大兴趣。

1589年，伽利略依靠自学的几何学与物理学知识和自己出众的才华，成为比萨大学的数学教授。3年之后到了帕多亚大学，在那里度过了18年比较稳定的生活。

有关伽利略的传说很多，最有名的是“两个铁球同时落地”。据说在16世纪末，伽利略与信奉亚里士多德学说的教授发生争执，于是在比萨斜塔同时释放两个铁球，结果两个重量不等的铁球同时落地。这样他证明了在忽略空气阻力的情况下，物体下落速度与重量无关，从而推翻了亚里士多德的想当然理论。

伽利略晚年的学生在伽利略传记中提到过这件事。但是历史资料表明，伽利略可能并没有做过这个实验，而且这个实验已经有人做过。

1586年，荷兰物理学家斯台文普做过类似实验。他用1比10的重量比，选择了两个铅球，从高30英尺的高度同时下落，结果几乎同时落在木板地面上，发出“啪”的一声。由于空气阻力的存在，声音略有先后，但是已经与亚里士多德的观念不同了，因为差距十分渺小。而按照亚里士多德的观点，应该相差甚远。

据记载，当时为了反对伽利略的理论，有一位亚里士多德派的物理学家真的在比萨斜塔做了铁球实验。1612年的实验证明了两个铁球并不是同时着地，这是为什么呢？原因在于空气阻力。大家由此认为伽利略是错的，然而按照伽利略的解释，他认为他已经胜利了，情况同荷兰物理学家相似，虽然不是同时落地，但相差极微小，而亚里士多德认为，如果重球是轻球的10倍，那么应该以10倍的速度到达地面。

具体的实验并不重要，伽利略从实验中抽象出的理论是正确的。他打破了人们迷信权威的思想习惯。

伽利略是第一位用望远镜观测星空的人，也正是他的发明，结束了肉眼观测星空的时代。伽利略首先发明了温度计，它是一根玻璃管，顶端有一个空气泡，开口端则浸没于水内。

1608年，荷兰的眼镜匠利帕希制造了第一架望远镜。他的一个学徒极为偶然地拿两个凸透镜片叠放在一起观看远处的景物，结果发现远处的景物变得近了，而且还很清晰。于是学徒把这件事告诉了利帕希。通过实验，利帕希成功制作了人类历史上第一架望远镜。他将这架望远镜卖给了政府。政府认为在军事上有很大用处，因此下令保守秘密。

但消息还是传了开来。伽利略根据这个原理，制作了3架天文望远镜，放大倍数是33。

通过望远镜的观察，伽利略首先发现了月亮上有山脉和火山口。原来的哲学家认为月球的表面是完全平滑没有瑕疵的，现在看来有许多大大小小的坑穴和“海”似的东西，后来我们得知是平原。伽利略的观测动摇了教会的宇宙观，否认了“地上事物与天上事物完全不一样”的观念，引起天文界震动。

伽利略还发现金星也环绕太阳运转而且有阴晴圆缺现象，而土星在伽利略的望远镜下呈橄榄状。最令人吃惊的是银河系，茫茫银河竟然是无数独立的星星组成的，密密麻麻，这个伟大发现推翻了托勒密关于恒星天球的假设，证明了布鲁诺“宇宙无限观”的正确性。

1612 年，伽利略发现，就连完美的太阳也有污点——太阳黑子。

伽利略接连写了《星界的报告》、《关于太阳黑子的信札》等书，发表了革命性的发现，动摇了神学的许多观点。人们争相传诵，“哥伦布发现了新大陆，伽利略发现了新宇宙”，哥白尼的学说深入人心。

很多传统的哲学家不相信伽利略，嘲笑他的发现。宗教神学家敌视他，教会仇恨他。只有开普勒支持伽利略，伽利略发现木星也有卫星，开普勒写信支持他。

伽利略与传统守旧派论战，而教会也开始迫害他，让主教贝拉明警告伽利略，教会将公开做出裁决，宣布他有罪。

为了不使自己受到非人的迫害，加上教皇乌尔班八世的劝阻，伽利略写了一本对话体的书，名为《关于托勒密和哥白尼两大世界体系的对话》。书中借很多历史上学者之口，讨论了有争论的天体运动、潮汐形成和月球表面等问题。虽然如此，伽利略还是受到了审判，在 1632 年 6 月 22 日，教会法庭判处他终生监禁。伽利略在监禁中继续研究力学。

伽利略主要的和最具独创性的工作是为动力学奠定了基础。他提出了匀速运动和匀加速运动，意味着力是改变运动状态的原因。在他以前关于抛射体的路径，人们认为是沿直线运动，等到推力耗尽才垂直下落。而伽利略看出抛射体的运动可以分析为两个成分：一个在水平向，速度恒定不变，一个在垂直向，遵循落体的定律。这个分析导出了意大利数学家塔尔塔利亚早期的一个发现：抛物体的仰角为 45 度时，射程最远。

伽利略在数学的动力学方面迈出了最初的也是最难的一步。他的思想从研究为什么到怎么样，开始对物理现象进行描述，这是重大的方法变化。

伽利略还发现如果摩擦力小到可以忽略时，球滚下一个斜面之后，可以滚上另一个斜面直到和出发点一样高的地方，而与斜面的倾斜度无关。如果第二面是水平的，这个球将以恒速在这个面上不断地向前跑去。

有一个传说是，伽利略在比萨教堂做礼拜，看到灯吊在空中随风摆动而触发灵感，发现摆的周期时间总是相等。这个传说已经被证明是不可靠的，因为伽利略在比萨教堂时，那盏灯还没制造出来。不过伽利略确实做实验研究了摆，并提出了落体定律。

1980 年，教皇正式宣布教会当年压制伽利略是错误的。科学最终胜利了。虽然 1642 年伽利略就逝世了，离昭雪已经是 300 多年，但真理随历史存在。爱因斯坦说，伽利略标志着物理学的真正开端。

“我思故我在”——笛卡尔

笛卡尔是一位真正的哲学家，但是他在数学、物理与科学方法上都有杰出贡献。

在科学方法论上，笛卡尔与培根相对照，提出了数学演绎的方法。笛卡尔在数学和力学上做出了重要的开创性贡献，是机械自然观的第一个系统表述者，还被认为是近代哲学的开创者。他第一个提出了彻底的二元论思想。

笛卡尔在 1617 年从军，时年 22 岁。他在荷兰奥伦治公爵的军队中，看到布雷达城有一则启事，原来是几何难题招解。如果谁要是解出来，就会赢得全城最优秀的数学家称号。笛卡尔用心钻研了一段时间，把难题攻克了。荷兰多特学院的院长毕克曼十分欣赏笛卡尔，对他说：“你的数学基础深厚，才思敏捷，离开军队，搞数学研究吧，你会成功的。”

笛卡尔没有马上离开军队，但一直研究数学问题。1621 年，笛卡尔才退出军界。他与数学家迈多治等朋友交往，潜心研究数学。1628 年，笛卡尔移居荷兰。当时的荷兰，资产阶级革命已经成功，社会发展很快。笛卡尔进行了 20 年的研究，取得辉煌的成就。

笛卡尔研究哲学，还从事文学创作。他兴趣广泛，观察思考缜密、深入。他曾经这样说过：“虽说我从小就喜欢把空闲的时间用在解决数学问题上，但是这都是些小事情。在这些小事情当中，可能我发现了比普通数学更精确的地方。我抛弃了专门研究算术和几何，使我能献身多方面的数学研究。在细心寻思时，我发现一切科学，所有跟顺序和度量有关的知识都属于数学，它们总要表现在数、图形、星座和声调里。”

笛卡尔发明了平面解析几何的坐标系，意义重大。传说有一天，笛卡尔生病卧床，望着天花板思考数学问题。他对古希腊三大难题很感兴趣，但没能找到答案。在这个过程中，他渐渐偏离了纯几何，想到了一个角度：数和形怎样结合？

他反复琢磨，在床上仰望着天花板，突然看见了屋顶上有蜘蛛网，蜘蛛拉着丝垂下来，一会儿又顺着丝爬，不停地交织穿梭。那纵横交错的直线、圆线在他眼前换成了数学线。他突然领悟到了：用交叉的线做参考，蜘蛛就好比是动点，它的方位可以确定。而线、面都是点构成的，这里面一定可以找到规律！

于是，平面坐标系就这样诞生了。笛卡尔最初发明的是不完备的斜坐标。很快，直角坐标也诞生了。

笛卡尔的发明似乎很简单，但是坐标系的出现，使得平面内的点可以用有序数对表示，空间内的点可以用三个数共同确定。几何图形和方程建立了联系，几何与代数沟通了，从而可以在运算的层次上处理很多问题，这样更加精确。

几何图形通过坐标系可以转化成方程，而方程也有它的几何性质。解析几何在笛卡尔手中诞生了。这一工具的出现，为三大难题的求解找到了证明工具。人们通过对图形所代表的方程研究，发现了它们没有有理根，从而得知三大难题尺规不可解。

恩格斯高度地评价了笛卡尔的工作：“数学中的转折点是笛卡尔的变数。有了变数，运动进入了数学；有了变数，辩证法进入了数学；有了变数，微分和积分也就立刻成为必要的了。”

在解析几何中，点的运动形成图形，就是点的轨迹；把轨迹描绘出来，就是方程。数形结合的意义就在于此。几何曲线与代数方程相联系，直接导致了微积分的出现。解析几何这门学科是军事、航海等的重要工具。

笛卡尔是机械论哲学家，他反对封建神学和经院哲学。1637 年，笛卡尔匿名出版了划时代的著作《更好地指导推理和寻求科学真理的方法》，简称《方法谈》。为何不署名字呢？

在 1634 年，笛卡尔已经写出了《论世界》，总结了他哲学、数学、自然科学上的看法。但是伽利略受到迫害的消息传来，笛卡尔便没有把自己的书出版，因为他赞成哥白尼的学说。

但尽管如此，笛卡尔仍然于1647年被判有罪，宗教法庭将笛卡尔的著作收缴并烧毁。

笛卡尔全名勒内·笛卡尔，1596年3月31日出生于法国拉埃耶一个古老的贵族家庭。

他从小就体弱多病，但十分好学。在耶稣会学院接受古典教育，院长为了照顾笛卡尔，告诉他不必早起，父母也很溺爱他。因此，早晨不起床便成了笛卡尔人所共知的习惯，而他好多的沉思都是在早晨的床上进行的。人们又叫他“躺在床上沉思的哲学家”。

1616年，笛卡尔不愿意过公子哥的生活了，便入伍从军。他在欧洲的许多军队呆过。布拉格战役他也亲身参与。

1649年，瑞典女王邀请他做宫廷哲学家，笛卡尔推辞不去，但女王十分刚愎自用，执意邀请。于是，笛卡尔到达了斯德哥尔摩。结果不出多长时间，就在1650年2月11日去世了。

有一个很重要的原因是，女王的蛮横给笛卡尔身体健康带来了危害。她认为凌晨时间适合学习哲学，结果笛卡尔改变了几十年的习惯，冒着斯德哥尔摩的严寒去王宫图书馆授课。不久，笛卡尔染上了肺炎，因此过早地离开了人世。

笛卡尔不太重视实验，也不从实验中引入定量分析，这和他的数学哲学思维有关。所以，笛卡尔提出了数学演绎方法论。

他认为培根在《新工具》中提出的方法是颠倒的，面对复杂的现象，以它为基础进行推理并不可靠，而演绎的方法依靠逻辑，只要前提正确，就能推导出系列的正确结论。

怎样得到正确的前提呢？笛卡尔指出：怀疑一切。对什么都要怀疑，但不能怀疑“我正在怀疑这件事”。怀疑就是“我思”，即指思考分析怀疑之意。通过怀疑确定自己正在怀疑，从而肯定自己在怀疑是“我在”。这就是著名的“我思故我在”。他的二元论认为：物质的本质属性是广延，心灵的本质属性是思维。物质和心灵构成两元。思想与物质是同样实在的，是“我思故我在”表现出的观点。

笛卡尔凭着推理和演绎，在物理方面做出了很多贡献，而他的机械化哲学的影响更为深远。

在《方法谈》中，笛卡尔还给出机械自然观的基本论点。他指出力所做了功（现在人们说的能）的重要，他认为物理学可以归结为机械学，而人体就是一部精密异常的机械，人体的机能均可以用力学来解释。

他接受了哈维得出的血液循环理论，并公开做宣传，使人们改变了对哈维的看法，但他和中世纪某些观点接近，赞成盖伦的学说。

笛卡尔提出了心与物的关系问题，这是哲学领域内的重要问题。他认为物体第一性的质是数学的实在，其中最重要的是广泛延性。第二性的质只是第一性的质经过人类成功的翻译。他认为，真正死的东西是物，除了在开始时从上帝得到运动之外，物就不能有其他活动了，他们没有生命。

笛卡尔的著作还有《形而上学的沉思》、《哲学原理》等等。《论世界》在他死后出版。很多观念和教会不符，因此梵蒂冈教会禁止他的著作达十余年。

“自然界厌恶真空”一说的错误

在亚里士多德的自然哲学中，真空即没有任何物质存在的空间，而这种空间在自然界是存在的。《物理学》一书中，亚里士多德论证了真空是不存在的。

伽利略的关于落体的规律如果做标准的实验的话，应该是在真空中，其实这个真空并不是什么都没有，而是没有空气的空间。

直到 17 世纪，人们仍然认为亚里士多德是正确的，即“自然界厌恶真空”，就连伽利略本人也怀疑真空是否能存在。

1608 年 10 月 15 日，意大利物理学家托里拆利生于法思扎。1639 年，在伽利略逝世前三年，托里拆利成为伽利略的学生。他一直呆在伽利略身边，守候到伽利略生命的最后一刻。

在那时，水泵应用十分广泛，人们抽水进行工农业方面的应用。亚里士多德的物理学认为，水之所以能向上抽就是因为活塞向上抽动所留下的空隙是真空，而大自然不允许真空的存在，因此水就向上填满空隙，从而弥补真空环境。但表面上的理论是经不住深究的，是否水可以无限往上抽？按照亚里士多德的观念，水应该能无限向上抽。事实上是，人们发现水只能比原来抽高十多米，也就是说，水面距地面二十多米的井或沟，把抽水泵放进去，根本抽不上水来。

伽利略没有对这个问题进行清楚地研究和解释，把这个课题留给了托里拆利。

1643 年，托里拆利与伽利略的另外一名学生合作，研究抽水问题。他们一开始想到做水的试验。

他们想到做一根长长的玻璃管，将管子的一端封住，在管子里充满水。如果大自然真的不形成真空的话，那么把管子开口向下翻过来，没入水中，这样，管子里的水不应该下降，而应一直充斥着整个管子。

可是要超过 10 多米的玻璃管是很不好找的，即便找到，要对它进行操作更是费劲儿。怎么办呢?

托里拆利想出了办法：用水银。

就这样，举世闻名的托里拆利实验诞生了。在佛罗伦萨，托里拆利在一根四英尺长、一端封闭的玻璃管内注满水银，用手堵住开口翻了一个个儿，使开口冲下，没入水银盆中，然后他松开手，观察玻璃管内水银柱的变化。如果亚里士多德正确的话，那么水银就不应该下降。结果水银向下流了，管内出现了一段真空!

更有趣的是，水银柱降到高约 760 毫米时，就不再下降了。他们换了大的、小的、粗的、细的各种管子，都充满水银，然后倒放在水银盆里，结果发现结果一致：水银柱高约 760 毫米时，水银就不再向下降了。

“如此看来，真空恐怕并不存在!”他们终于认识到这一点。那么是什么原因使得液体不继续下降而稳定不动了呢? 托里拆利准确地认识到，所谓排斥真空的力不是别的，正是空气的力量，由于空气的重量是一定的，所以空气能支撑的水银柱高度也是一定的。如果是水柱，道理也是如此，实际都是有限的高度，不过液体各不相同，原因在于每种液体的密度不同。水的密度就比水银小，所以水柱就高一些，这样产生的压力刚好和空气所产生的压力相平衡。

在这个实验中，托里拆利实际上做成了世界上第一个气压计。

托里拆利打破了自然界不存在真空的错误观点，发现了玻璃管内的真空，被称为“真空的鼻祖”，他发现了大气压力。

波义尔把化学确立为科学

炼金术的发展导致了矿物学与医药化学的诞生。化学真正转为科学，是从波义尔手中完成的。

罗伯特·波义尔 1622 年出生，是爱尔兰富翁、贵族柯克伯爵的儿子。他也是一位神童。他 8 岁时进入英国的贵族学校伊顿公学，人们传说他已经掌握希腊文和拉丁文了。

波义尔少年时代就读到伽利略和笛卡尔的著作。1644 年他的父亲去世，他匆忙赶回国，继承了一大笔遗产。这样，他的科学研究就有了充足的资金。

1668 年，波义尔居住在伦敦，建立了一家私人实验室。他从事化学实验，写出很多著作。

波义尔在提取浓硫酸时发现，酸沫溅落在深紫色的紫罗兰花瓣上，紫罗兰由深紫变成了红色。他敏锐地意识到了这个现象，于是把花瓣放入不同的酸的溶液中，结果发现紫罗兰花瓣都无一例外变成红色。波义尔认识到："只要把紫罗兰花瓣放入溶液中，就可以得知溶液是否为酸性，以紫罗兰花瓣变不变成红色为标准。"

波义尔还发现了从石蕊地衣中提取的石蕊制剂，它的特性是酸能使它变红，碱能使它变蓝。波义尔用纸浸泡在石蕊试剂中，制成了石蕊试纸，至今还在运用。

作为标志，波义尔的化学著作《怀疑的化学家》在 1661 年出版。此书标志着近代化学从炼金术中脱胎而出。

从波义尔开始，化学成为理论科学，而不只是技术制造。化学成为解释世界、改造世界的学科，从事物质规律的研究。

波义尔清除了旧的元素概念。他反对亚里士多德的四元素说，也反对帕拉塞尔苏斯的三要素说，他认为元素指"某些原初的和单纯的即丝毫没混合过的物体，这些物体不是由任何其他物体组成，也不是相互组成，而是作为配料，一切所谓的完全混和物体都直接由它们化合而成，最终也分解成它们"。

波义尔的元素说，彻底推翻了统治化学长达 2000 年之久的四元素，化学从炼金中分离出来。波义尔证明铜不可能变成金，铅也不可能变成银。

波义尔为化学的发展指明了方向。他说："化学家们到现在还信守着极其狭隘的原则，不需要更广阔的视野。他们看到自己的任务只是制备药剂、制取和转化金属。而我完全从另一个角度来看化学，我不是作为一个医生、一个炼金家来看化学，而从哲学家的身份来看化学。我在这里草拟了化学哲学的计划，希望用自己的实验和观察来完成这一计划，使之走向完善。”

在17世纪下半叶，伽利略创立了力学，莱布尼兹、牛顿发明了微积分，牛顿发现了“万有引力定律”，第一次科学革命到来。因为有了波义尔，才使化学赶上了科学革命的大潮。

波义尔在胡克的帮助下制造出了抽气机，这使他能在真空中做实验。1673年，波义尔发表文章，名为《关于火焰与空气关系的新实验》，他讲述了真空中硫磺的燃烧，在没有空气的情况下，带有硫磺的纸卷只冒烟不着火，而一放进空气，纸卷马上着出蓝色的火焰。从这里，波义尔认识到空气对于燃烧的影响。波义尔认识到一部分空气对动物呼吸有用，一部分空气对燃烧有帮助，但他没能分离出来这些空气，也没有认识到这是同一种气体。

波义尔在物理方面的成就也很大，他在气体力学中提出了波义尔定律。他提出后14年，法国物理学家马略特独立发现了这个定律。所以人称波义尔——马略特定律。波义尔用了一端封闭的玻璃管，将水银从开口注入，让空气被挤压到封闭的一端，也就是说用弯管封闭了一部分空气，然后他不断地倒入水银，结果发现空气在压缩时可以产生更大压强，从而寻找出压强与体积的关系。

波义尔制成真空的管子，在管中放入羽毛、铅块等质量、材料、体积不一样的物品，然后把管子垂直竖起，结果管中的物品在没有空气阻力的状态下一起下落，不分先后。

波义尔拒绝了贵族的爵位和伊顿学校校长的职位。在爱尔兰他的墓志铭上刻着：“化学的父亲和科克伯爵的叔父。”

波义尔1691年在伦敦去世。

出自17岁年轻人之手的定理

帕斯卡全名布莱斯·帕斯卡，是17世纪的著名物理学家和天才数学家。我们在物理上知道有液体压强方面的帕斯卡定律，而在数学上帕斯卡更做出了非凡的成就。

帕斯卡以神学家出名，他是概率的数学理论的创始人，这种研究从关于赌博机遇的讨论开始，对科学和哲学以及社会统计问题都有重大的现实意义。

1623年6月19日，帕斯卡出生在法国的克莱蒙·菲朗市。他的父亲是一位很有才华的数学家，这为帕斯卡的成长提供了良好的家庭环境。帕斯卡对数学兴趣极大，1640年他就发表了关于圆锥曲线的论文，提出了射影几何的基本定理。

帕斯卡从小体弱多病，但智力高超，聪明勤奋。他只活了39岁，但却成为科学家、哲学家和文学家。他的《致外省人信札》和《思想录》，语言严谨漂亮，思想内涵深刻，成为法语文学的精品。

有人说是17岁，也有人说是16岁，不管怎样，这件事就在帕斯卡16～17岁时发生的，即他提出了数学中的帕斯卡定理。

自古希腊的阿波罗尼研究圆锥曲线，1591年出生的法国数学家笛沙格开始了射影几何研究。对射影几何作出贡献的第二人就是帕斯卡。

从13岁起，父亲就经常带帕斯卡参加法国梅森学院的例会，这是法国科学院的前身。帕斯卡能听懂梅森的演讲，并得到了笛沙格的赏识与帮助。

1640年，帕斯卡发表了《略论田锥曲线》的论文，引出了400多条推论，提出了被笛沙格称为神秘的六边形的射影几何基本定理，作出了自阿波罗尼以来关于圆锥曲线的最重要研究。

这个以帕斯卡的名字命名的几何定理很简洁：若一个六边形内接于一圆（更一般是圆锥曲线），则每两条对边相交而得到三个点，它们在同一条直线上。

也可以说，如果圆内接六边形的三对对边所在直线分别相交，那么三个交点必定共线。

数学史家认定，单就这一个定理，就足以让帕斯卡流芳百世。的确，这时的帕斯卡不过刚刚十六七岁。当时著名的大数学家笛卡尔读到论文时，不敢相信这么重要的定理竟然出自一个少年，他摇头说："17岁的少年不会发现这个定理！"

帕斯卡的工作开创了射影几何研究，为微积分的诞生创造了预备条件。德国著名的数学家、微积分的创立人之一莱布尼茨说过："当我读帕斯卡的著作时，我像触电一样，突然间悟到了道理。"

1642年，19岁的帕斯卡还发明了一种可以做加减法的齿轮计算机，并取得专利。这是世界上第一台机械计算机。

帕斯卡与气压和液压

物理学中有著名的“帕斯卡定律”，而大气压的单位用“帕”来命名，这都是为了纪念天才的物理学家帕斯卡。

帕斯卡不仅是物理天才，更是真正的数学天才。在这里，我们先讲一讲他在大气压上的研究。

1646 年，法国物理学家帕斯卡得知意大利物理学家托里拆利的气压实验，很感兴趣，也开始着手研究大气压。他想“真空在自然界不是不可能的，自然界不是象许多人想象那样以如此巨大的厌恶来避开真空。”

帕斯卡想出一个实验，把水银气压计带上山顶，和山下相比，水银柱应更为降低。他自己身体不好，委托表兄将水银仪器带到当地的多姆山。果然，在 1 英里高处，水银柱下降了 3 英寸。这个实验重复试做，有力地支持了帕斯卡关于大气压力的观点。

帕斯卡在液体压强上有重要发现，他发现作用于密封液体中的压力可以完全传递到液体内部任何一处，并且垂直地作用于它所接触的任一界面上，这就是著名的帕斯卡原理，也就是帕斯卡定律。

1647 年，帕斯卡做了一个奇妙的实验。他定做了一个大木桶，木桶密封得十分好，不漏水不漏气。在大木桶的盖上他开了一个小孔，将一根 13 米长的很细的管子插在孔中。这一切做好后，他把木桶抬到了屋子外面。

然后，帕斯卡用梯子爬上房顶，这时已经挤满了围观的人。帕斯卡对大家说：“在这里我们要做一个实验，看看水能产生多大的压强。这也是为了证明我的一个发现。”

不一会儿，桶里装满了水。帕斯卡用手提着水壶，对大家说：“我现在要向细管里注水了，因为桶中已经满了，所以细管的水会越注越高，我手里这一小壶水不算重。连一个小孩都提得动，但这些水一旦被拉成细高的水柱，将会产生意想不到的效果。”

帕斯卡让壶里的水缓慢地流，顺着细管流下去，刚刚注了一会儿，壶中的水还没注完，只听“啪”的一声，大木桶被顶开了，水哗哗地流着，人们全都惊讶得说不出话来。真是没想到，会有这么大的压力！

帕斯卡解释说，木桶之所以破裂，是因为细管内的水给木桶里的水以压强，而这个压强被水向木桶内壁的各个方向传递。所以将两个截面面积较为不同的容器连在一起，比如说一根细管连着一个木桶，在小的截面上施加一个很小的压力，在大的截面上就会产生很大的压力，原因就在于液体传递压强。

帕斯卡还发现，水压机是一个杠杆，力与力臂的积保持不变，在两个活塞组成的液压机中，活塞越大，液体的高度变化就越小，它所受的力就越大。

1648 年帕斯卡发表了《关于液体平衡的重要实验报告》。他死后出版了《论液体平衡与气体物质的压力》。

显微镜下的世界

首先，我们来讲列文虎克。他是公认的第一个发现透镜下真正复杂世界的人。在他之前也有人用显微镜观察，但都不是真正意义的微观世界。

在 17 世纪，重要的两大发明是望远镜和显微镜。一个为了研究大，一个为了研究小，宏观与微观永远吸引着人类。

1632 年，列文虎克出生了。他的家庭很穷苦，父亲是荷兰特尔夫特城的普通工匠。在列文虎克 6 岁时，他的父亲去世了。16 岁时，列文虎克被迫中断学业，在阿姆斯特丹的一家杂货铺当了学徒。

成年之后，列文虎克自己经营了一个服装店，后来当上了特尔夫特市政大厅管理员。

列文虎克完全是自学成才。他从当学徒起，就利用业余时间夜读，天文、数学、地理以及动植物学的书都是他向别人借的。

列文虎克心灵手巧。据说有一天，他看到眼镜店的人正在磨制透镜，这引起了他的兴趣。于是，他拜一位老工人为师，学习技术，自己磨制。他制作的镜片比别人的质量都好，放大倍数也高。列文虎克的光学知识不够，所以他没能制出复式显微镜。但是他技术高超，同样的镜片，他的比别人的清晰。

他制作出直径约 3 毫米的镜片放大倍数高达 200 多倍。他把镜片镶在木片挖成的洞孔里观察物体，发现了一个令人惊讶的世界。

他把鸡毛放在镜片下，那些细小的绒毛竟然像树枝一样粗壮地排列着，他还看到了数十种树木和植物种子及表皮的纤维组织。

1675 年，列文虎克发现了单细胞有机体，就是原生物。这种原生动物是列文虎克在盛雨水的罐子中发现的，它大小只有水虱子的百分之一。他还继续观察马尔比基所观察的毛细血管和血液。

一天，他好奇地刺破自己的手指，观察新鲜的血液，结果“那些让血液呈现为红色的血球竟然十分微小，100 万个红血细胞加在一起也没有河边的粗沙粒大”！

列文虎克成为人类世界第一个发现微生物的人，第一个发现并仔细观察红血球的人。他还观察动物的毛细血管，发现血液循环是依赖心脏搏动。他还发现蝌蚪的血流十分神奇，它们体内动脉血向静脉流入时，通路十分细小，每次几乎只有一个血细胞通过。

列文虎克指出，人和大多数哺乳动物及其他的高等动物一样，其红血球是圆形的，而在低等动物那里，红血球是椭圆形的，不是标准的圆球形。1683 年，列文虎克发现了比原生物更小的东西——细菌。

从 1673 年起，列文虎克把自己观察到的情况向英国皇家学会作了报告，但是学会一开始对他置之不理。直到学会的科学家们利用列文虎克的显微镜观察，同样看到了奇异的景象，大家才相信，并于 1680 年选举列文虎克为皇家学会会员。

列文虎克的技巧十分高超，一生共制作了 419 枚透镜。他利用体积很小而焦距较短的双凸透镜，制成了高倍透镜显微镜，结果，精确性大大超出了理论上领先的复合透镜。

列文虎克研制出了世界上第一架金属结构的显微镜，倍数高达 300 倍，成为世界上同时代最先进的显微镜。

1723 年，列文虎克在家乡病逝，终年 91 岁。他的著作结集出版为《大自然的奥秘》。

实际上，早在 1609 年伽利略造出望远镜之后，他就设计显微镜了，并且观察了昆虫的复眼。哈维《心血运动论》中记载了用放大镜观察了动物的心脏。但他们所用的只能称得上是放大镜观察，真正到达放大倍数的，则要数马尔比基、列文虎克、胡克、斯旺麦丹，他们发现了有机体的新世界。

较早的是马尔切诺·马尔比基，他是意大利人，曾经在波洛尼亚大学获得过医学学位。一开始。他注意观察青蛙的肺。

1660 年，马尔比基发现青蛙肺呈有复杂的血管网，这些网的结构特别有利于氧气的血液循环，而且这些血管网连接了肺动脉和肺静脉。后来，马尔比基发现了一些十分细小的血管，就是我们现在的毛细血管。毛细血管十分细小，肉眼无法辨认，但在显微镜下却清晰明了。毛细血管将身体各处的动脉与静脉相连，对哈维的血液循环理论所遇到的困难恰好作出解释，但那时哈维已不在人间了。

马尔比基认为，呼吸器官的大小与有机体的完善程度有关，有机体越低级，呼吸器官占全身的比例就越大。

1668 年，英国皇家学会吸收马尔比基为会员。马尔比基递交了自己的研究成果，是他观察的蚕的内部结构与小鸡的发育内部结构图。

胡克与斯旺麦丹也值得一提，他们是较早进入微观世界的人。胡克在 1665 年发表了《显微图》一书，把他在显微镜下看到的昆虫器官的细微图案均详细刊出。1637 年出生的斯旺麦丹，生于荷兰的阿姆斯特丹，他自幼就与达尔文一样，十分喜欢观察昆虫，采集了约 3000 种昆虫标本。他用显微镜推翻了生命自然发生说，比如“腐为萤”、“腐肉生蛆”，因为他发现了虫卵。45 岁时，由于长期伏案工作，视力与身体均遭到极其严重的损害，斯旺麦丹去世了，但他奠定了近代昆虫学的基础。

默默无闻的天才——巴赫

巴赫的音乐可以说是整个巴罗克时期这座殿堂的圆顶，正是有了巴赫和亨德尔，巴罗克才成为一个伟大的时期，成为开启后代音乐智慧的一束灵光。

说起巴赫，自然要涉及到巴罗克。那么巴罗克是什么意思呢？巴罗克可能最初来源于葡萄牙语，用来称呼形状不规则的珠宝，后来人们把它创造性地用于建筑，指的是建筑上的装饰。直到 18 世纪，这个词才被用于音乐，但那时却是贬义，指的是音乐的变化随心所欲、滥用音乐技法、变化过度。但在 19 世纪以后，这个词却取得了褒义，用于音乐上，它表述的是 16 世纪到 18 世纪中叶这段时期的音乐。

我们知道，16 世纪到 18 世纪中叶这段时期，教堂在人们的生活中占有重要的地位。所以，巴罗克时期的许多音乐都是用于教堂的，那么它当然便具有诸如宏大的构想、辉煌的效果、结构对称、装饰华丽等特点。相对于欧洲古老的音乐传统，它有自己的特征，如音乐的协奏风格、低声部常用数字低音、主调音乐的加重、歌剧、清唱剧、奏鸣曲、组曲、协奏曲等。但在许多方面，它也依然对传统有很多保持，如对文艺复兴时期复调音乐预行的继承、对位法的运用等。

巴罗克时期的音乐是辉煌的，而巴赫又是巴罗克的辉煌。但伟大的巴赫在他那个时代却历经磨难，辗转飘零。

巴赫的全名是约翰·塞巴斯蒂安·巴赫，1685 年 3 月 31 日他出生于爱森纳赫的一个音乐世家。他的前辈维特·巴赫、约翰·克里斯朵夫·巴赫等都是著名的音乐家。巴赫家族每年都要举行大型的聚会，有时多达 120 多人，这些聚会常常就成了音乐会，在聚会中组成现成的乐队和歌咏队，热闹非凡，其乐融融。

巴赫的启蒙音乐教育是由他的父亲约翰·昂布鲁瓦兹·巴赫来完成的。这些教育奠定了他以后成为伟大音乐家的基础。但不幸的小巴赫在 10 岁便失去了双亲，成为孤儿，只得靠他的大哥抚养。而他的这位大哥又是非常专横的，家藏的许多音乐资料、曲谱都不让他翻阅。无奈，小巴赫只能把一些曲谱偷出来，在月光下抄录。从这一时期开始，巴赫毕生都在抄录大师们的曲谱，因此，他能够深刻地理解这些大师。这种虔诚的学习，对以后巴赫的创作产生了不可估量的影响。

1700 年，15 岁的小巴赫离开了哥哥，开始独立生活。他由童声合唱团的歌手到小提琴师、管风琴师、圣咏学校的乐长，不断变换自己的工作。巴赫时代的德国政治分裂、经济落后，音乐家也是一种地位非常卑微的职业，他们只能依附于一些领主，成为贵族的仆役。由于巴赫不断和他的领主们产生矛盾，他不得不频繁地转换自己的领主。巴赫笃信宗教，这使得他最后选择了教堂，在教堂里作管风琴师，同时写作了大量的宗教音乐，直至最后双目失明，因疾而终。

我们今天是把巴赫作为一个伟大的作曲家来谈论的，但在他的有生之年，巴赫是作为一个管风琴师而闻名于德国的。据说有一次他在德国旅行，当时的弗雷汪里克二世正在举行一个音乐会，并亲自在乐队中演奏天笛。当人们告诉他巴赫来到柏林之后，他立刻中断了音乐会，告诉人们说：“先生们，老巴赫来啦!”接着便派人把行装未卸的巴赫找来演奏。其中有一个对巴赫的作品颇有微词的评论家沙伊贝也不得不折服于巴赫高超的演奏艺术。他说："这是一位炉火纯青的乐器能手，是一位出类拔萃的按弦钢琴、管风琴艺术家，世上还没有哪一位艺术家能与他相媲美。我已多次聆听过这位大师的演奏。他那灵巧娴熟的技巧使人为之惊叹，几乎难以想象他能够如此独特、如此敏捷地将双手和双腿这样交叉、分开，并能达到极其宽阔的音程而不混进一个错音。而且，即使他四肢这样摇动，他却毫不挪动他的身躯。"由此，我们可见巴赫演奏技巧的高超。

尽管巴赫作为一名演奏家颇负盛名，但在当时条件下，作为音乐家卑微的社会地位注定了巴赫不幸的一生，再加上生活的不幸，使他历尽了磨难。经历幼年失去双亲的打击之后，死亡的阴影一直笼罩巴赫的心头。而中年的巴赫又经历了丧妻的巨痛。再婚之后，两个妻子给他留下了 20 个孩子。而他又眼睁睁地将自己的 11 个孩子送进了坟墓。早年的辛劳使得他在晚年双目失明，而两次不成功的手术又摧垮了他的身体。诚如德国伟大的剧作家莱辛所言："天才即使不是生在极端贫困的阶层，也是生活在非常艰苦的阶层里。老天好像有意要在这样的阶层里创造出比其他的阶层更多的天才似的。"回顾巴赫的一生，也确是如此。巴赫是一位天才，但他并未意识到自己是伟大的天才，巴赫的一生纯朴、谦逊。他一生都在不超过 400 里的地域上生活，献身于家庭和工作。他不是为天才的作品而创作，也不是为后代人而创作。他每一个礼拜所做的只是为下一个礼拜日教堂的需要而工作。他从来没把作品出版过，也从未想到把这些作品认真保存起来，从而使得很多作品散失，但即使如此，他也为后世留下了大量的作品。他的作品在他死后很长一段时间都不能被人接受，人们很少提及和演奏他的作品。

对巴赫作品的重视是从莫扎特开始的。1789 年的一天，莫扎特路过莱比锡，参加圣·托马斯学校的一个宗教庆典，而巴赫曾做过这个学校的乐长。在会上，有人弹奏了巴赫的曲子。莫扎特闻听后又惊又喜，高兴地说道："我终于听到新鲜的东西了！我终于学到东西了！"他的话引起了人们对巴赫的注意，以后，人们对巴赫的认识便逐渐深入。特别是后来门德尔松和舒曼发起了一场深入的运动来促使当时的人们认识巴赫。1850 年，人们成立了"巴赫学会"来纪念这位伟大的人物，整理其作品。

今天人们再谈起巴赫，有人会觉得巴赫作品有些单调、沉闷、不太容易领会。但巴赫确实是深刻的，巴赫的深刻首先来源于他作为一名忠实的基督徒的虔诚，而对信仰的虔诚便可使得作品显得纯净而又深刻，巴赫的深刻还来自他高贵的品德，他的谦逊、纯洁使得他的作品晶莹、高尚而寓意深刻。

巴赫的作品不容易领会，是由于我们的欣赏习惯使我们听惯了戏剧化的音乐作品，而巴赫的作品很少有戏剧化的对比，比如词性的对比，速度的对比，强弱的对比等。戏剧化的音乐是对事物两极的描述，比如痛苦与欢乐、善与恶等。而巴赫受原始主义创作的影响，他的每一个单独的乐章，只是叙述单一的一件事情。就好像是一座建筑，一个主旋律先是给你搭一个框架，以后的变奏就都是对这个框架的装修、装饰，使得这一座建筑美仑美奂、完整无瑕。在音乐中，你所有的情绪都被主题之后一处处细微的变化清晰地描述出来。这样，它看似浅显，实则是深刻的。这种构成也是作为宗教音乐的特征来出现的，因为在神的面前，我们所表达的只能是虔诚。

巴赫作品另一个明显特征是对对位法的运用。这也是巴罗克音乐的特征之一。对位法简单地说就是两个或几个旋律同时进行。只不过是以一个旋律为主，其他的旋律为这一旋律伴奏。这区别于我们常听的主调音乐。在主调音乐里，旋律是中心，而其他的和弦像柱子一样在下面支持着它。在以对位法创作的音乐里，会有许多旋律同时流出，比如巴赫的赋格曲就是这样。但对位与和声也并不是冲突的，比如巴赫的许多作品在竖直上看，音与音之间构成了和声，而水平上看，又构成了对位，但只有像巴赫这样伟大的音乐家才能够做到这一点。

许多普遍而独特的艺术手法在巴赫的作品中得到了具体的运用，比如他的《马太受难曲》。

根据现存的文献，巴赫一生共写了五部受难曲（受难曲是为纪念耶稣被钉十字架而写的大型套曲），而现在仅存有两部。后人把主要词句按《圣经》中《马太福音》记载而写的叫《马太受难曲》，把主要词句按《约翰福音》写的叫《约翰受难曲》。

《马太受难曲》全曲按 1950 年莱北锡所编的巴赫作品目录分为 78 首，共两部分。第一部分是第 1—35 首，第二部分为 36—78 首，演完全曲需 3 个多小时。在这部作品中，巴赫非常忠实地根据歌词内容谱曲，结构宏大，气势磅礴，而许多细节处理的又几乎天衣无缝。

这部受难曲中有许多角色，比如由男高音用宣叙调唱出的宜道者，由男低音用宣叙调唱出的耶稣基督等。在这部受难曲一开始，乐队的序曲就奠定了受难和痛苦的情绪，然后合唱插入，唱出了教徒们在基督受难时心中的痛楚。这部分全部用卡农曲式，声部丰富，极富表现力。然后由合唱团突然分作两组对比合唱，到那句“啊，最神圣的上帝的羔羊”处，明亮的救赎的真理穿透了尘世的痛苦。

在《马太受难曲》中，受难剧中每当耶稣的声音被听到，弦乐就会插入光辉的和弦，这些常被比喻为圣像头上的光轮。但只有耶稣在十字架上那一次说话，没有被弦乐的光轮所围绕，极细腻地表现出了作品中人物的心理。

在《马太受难曲》中，几乎每一段都是动人心魄的。例如当耶稣被捕时，首先是由合唱支持的女高音和女中音唱出：“呀，我的耶稣被捕了。”这不单是字的描绘，而且是整个景象的描绘。接着，两个独唱者像是合唱的领导，当他们对位式的曲调唱出后，被门徒们惊恐的叫喊打破了：“放开他，不要捆绑他！”然后当独唱者唱出：“他被带走了。呀，他们缚起了他。”我们便听见了乐队那沉重而又有韵律的缓进，好像是冷酷无情的脚步。终曲在两个合唱团的合唱中，表示了人类对耶稣基督受难的痛苦和悲伤。

在《马太受难曲》中，连我们今天的人们都会惊叹于巴赫会用独唱、合唱、对位、和声、乐器、节奏等那么丰富的手段来表现耶稣受难时的情景及各种不同人物的情感。一位欧洲音乐评论家在谈到《马太受难曲》时说：“《马太受难曲》中充满崇敬、虔诚和赞美的心情，在音乐艺术中，很少有人能如此地表达出这层深刻的情感。乐曲好像巴赫非常奇妙地读出了每个人的肺腑之言。”还有人说：“《马太受难曲》是所有宗教音乐中最伟大、最丰富的典范。”

我们可能会感受到《马太受难曲》的伟大，但这只是他无数伟大作品中的一部。除此而外，巴赫为我们留下了诸如歌曲、古舞曲、组曲、奏鸣曲、前奏曲、赋格曲、清唱剧、圣咏、弥撒曲、受难曲、幻想曲、快奏曲、变奏曲、固定低音舞曲等不同体裁、无以计数的伟大作品。

正因为巴赫作品的伟大与精深，著名的钢琴家、指挥家阿什肯纳吉在某次被问到为何不弹巴赫的作品时，才有如下回答：

“我于巴赫作品总觉有困难，因而不敢弹。偶尔试着弹弹，但听起来很不对劲儿，只好停下来。好像总也弹不出想象的效果。我并不是要为自己开脱，听别人弹的也总与想象中应该有的效果不沾边。大概这与想要表达的音乐的意义与内涵有关。我听过的录音大都是篡改了的巴赫。”

高尔基曾经这样评价巴赫："如果像山峦般地罗列伟大作曲家的名字的话。我认为，巴赫就是其高耸入云的顶峰，那里，太阳在雪白耀眼的冰峰上永远发射出炽热的光辉。巴赫就是那样，像水晶一样莹洁、透明……"

巴赫必将永远放射出炽热的光辉。

世界上下五千年

符文军◎主编

〔中卷〕

时事出版社
北京

目录

近代英国

近代法国

德国的兴起

近代欧洲科技文化撷英

20 世纪上半叶的现代文化

世界上下五千年

shijie shangxia wuqiannian

近 代 英 国

斯图亚特王朝

1603 年，伊丽莎白女王王位由远亲来继承。新的国王詹姆士一世崇拜 16 世纪以来在欧洲形成的专制主义理论，羡慕法国和西班牙的专制制度。他提倡“王权神授”，宣扬国王是上帝派来统治人民的，国王的地位神圣不可侵犯。他说：“国王是法律的创立者，而非法律制造国王。”他在登位后的第一届议会上宣称：“议论上帝是渎神，议论君主是叛逆。”他表示不能忍受议会的权力，三次召开议会，又三次解散议会。他迫害清教徒，颁布命令禁止非国教教派组织的存在及活动。为了维持宫廷的庞大开支。他千方百计地大肆搜刮，出售商业公司的专卖权。他公开卖官鬻爵。规定男爵的价格为 1000 镑，子爵为 1 万镑，伯爵为 2 万镑。这些政策，给劳动人民带来灾难，也损害了资产阶级利益，加深了封建势力同人民、资产阶级之间的矛盾。

1625 年，詹姆士一世的儿子查理一世即位，推行了比其父还要严酷的封建统治。他们逮捕清教徒并对其严刑拷打，使之大量逃亡海外。他们增加税项税额，还扩大专卖权的范围——连纽扣、别针都包罗了进来。一些买不起专卖权的企业纷纷倒闭，工人失业，商品价格上涨，工商业受到严重摧残。一部分中小资产阶级被迫携带资本移居国外。资产阶级新贵族和封建专制王权的矛盾空前尖锐化了。

查理一世当政的 1629 年，在征税的问题上，国王同议会发生了争执。国王打算提高酒类的进口税和羊毛的出口税，并提出终身征收这两种税收的要求，遭到议会的拒绝。国王就在这一年解散了议会，开始了长达 11 年的无议会统治时期。

1640 年，查理一世为了筹集镇压苏格兰人民起义的经费，不得不再次召开议会。这届议会于 1640 年 11 月 3 日召开，一直延续到 1653 年 4 月，史称“长期会议”。长期会议开幕后，反对派议员猛烈抨击国王的政策，公开挑战国王贵族的权威，要求颁布法案，限制王权。

1641 年 11 月 22 日，议会通过《大抗议书》，揭露国王暴政，要求建立责任内阁制。查理一世拒绝批准《大抗议书》，并同议会反对派发生了冲突，宣布逮捕反对派领袖。伦敦市民和附近农民得知消息，手持武器，涌上街头，声援议会，保护反对派领袖，使国王的阴谋最终落空。查理一世感到自己在伦敦的处境十分孤立，于1月10日离开首都，北上约克郡，在那里纠集保王势力，拼凑反革命武装。1642年8月22日，查理一世在诺丁汉升起了军旗，宣布“讨伐”议会，挑起了第一次内战。

英国内战过程中，查理一世煽动各地王党叛乱，企图复辟封建统治，但他的一切垂死挣扎都是白费。1648年12月23日，议会宣布查理一世为反对议会、发动内战的罪魁祸首，是爱尔兰人和苏格兰人对付英格兰的同盟者。查理一世被交付法庭审判。在审判过程中，每天都有大批群众聚集在法庭附近，高呼“审判”和“处死”等口号。1649年1月27日，法庭宣判查理一世为“暴君、叛徒、杀人犯和我国善良人民的敌人”，处以死刑。1月30日，查理一世被押上断头台。

1649年5月19日，英国正式宣布废除君主制，成立共和国，斯图亚特王朝的统治暂告一段落。

1649年，英国宣布成立共和国，结束了斯图亚特王朝的统治。被推翻的封建阶级不甘心失败，积极进行复辟活动。

内战期间固守在北部约克郡的王党分子，内战后仍在负隅顽抗，建立反革命据点。欧洲大陆上的法国、荷兰、西班牙等国因与英国资产阶级利益存在矛盾，也积极支持王党分子及王室成员的反革命复辟活动，提供经费、枪械和其他条件。革命开始不久，查理一世的王后即携带王室大批珠宝逃往荷兰，准备在那里购买军火，接济王军。

查理一世之子查理·斯图亚特于1646年第一次内战期间逃往国外，先后定居法国、荷兰。1649年，当查理一世被处死的消息传到苏格兰后，苏格兰议会立即宣布当时流亡在荷兰的查理·斯图亚特为英格兰、苏格兰和爱尔兰的国王，称查理二世。从此，查理二世的名字就成为保王党人进行反革命活动的旗帜。1650年6月，查理·斯图亚特到达苏格兰，在那里积极作复辟的准备。1651年8月，他亲自率领了2000名士兵向英格兰进攻，很快便被克伦威尔击溃。查理本人因藏匿在厚密的橡树叶下，侥幸未被发现，才保全了性命，事后即逃往法国。然而，以查理·斯图亚特为首的王党分子并没有认输，还是千方百计地准备复辟，军事进攻的活动既未得逞，他们便把希望寄托在国内王党分子的武装叛乱，或是大陆封建君主的武装干涉上。

此时的英国，资产阶级的统治尚不成熟，给复辟造成了可乘之机。

早在护国主克伦威尔统治的后期，人民群众对他的军事独裁就已非常不满了。克伦威尔死后，他的儿子理查·克伦威尔继任护国主。他既无他父亲的威望，也缺乏政治才能，高级军官根本不把他放在眼里。理查曾企图依靠议会同军官集团作斗争，但因后者控制了军队，他不得不屈服于军官集团的压力。1659 年 5 月 25 日，理查被迫放弃了护国主的职位，军官集团掌握了国家政权。为了给军事统治披上合法的外衣，军官集团重新召集“残余的”长期议会，可是不久就把议会撇开了，而成立了一个“安全委员会”，进行直接统治。由此，英国陷入了动乱之中。资产阶级和新贵族为了保卫既得利益、镇压人民，把旧王朝复辟看作是惟一出路。

查理·斯图亚特的复辟，最后是在蒙克将军的策划下完成的。蒙克将军是当时英国驻苏格兰的指挥官。他早年是一个君主主义者，在国王军队里任过职，后来转入议会军，投靠克伦威尔，但从来没有放弃过恢复君主制的念头。他同逃亡到大陆上的王党分子，以及查理·斯图亚特本人都有联系。因此，资产阶级和新贵族把他看成是实现复辟最理想的人物。

1660 年 2 月，蒙克乘伦敦政局动乱之机，带兵南下。奉命去抵抗他的“安全委员会”的军队不堪一击。2 月 3 日，蒙克军队开进伦敦，迫使议会进行改选。新选入议会的成员大多数是主张复辟的考勤老会派分子和保王党人。这就直接为查理·斯图亚特复辟打开了一条通路。

查理·斯图亚特本人在多次反革命武装复辟活动失败之后，也感到凭借武力恢复王位已经毫无希望，准备采取另外的途径。经过同蒙克将军的多次谈判，他于 1660 年 4 月 4 日在荷兰的不列达发表宣言，其主要内容是：赦免所有参加革命的人；实行宗教信仰自由；保障在革命时期获得土地的人的产权；补发军队的欠饷等。这就是《不列达宣言》，以这一宣言的条例为基础，议会同意查理二世复位，并通过决议：“根据本王国古老的和根本的法律，政府是，而且应该是由国王、上院和下院共同组成的。”1660 年 5 月 1 日，聚集在一起的议会上下两院宣布查理二世为英国国王。5 月 26 日，“流亡者的国王”查理二世被隆重迎回伦敦，登上了他父亲失去的国王宝座，开始了复辟时代。

但是，查理二世不想放弃专制统治的打算。他即位之初虽然承认了议会在税收等方面的特权。确认了“自由大宪章”和“权利请愿书”，可很快他就撕毁《不列达宣言》，实行反攻倒算，迫害革命者。英国处于白色恐怖之中。

查理二世首先恢复国教，并颁布了一系列迫害本国教徒的法令：1661 年颁布《社团法》，要求在市政机关任职的所有人员按国教仪式宣誓；1662 年的《信仰同一法》要求神职人员承认国教教义，并保证在任何情况下不拿起武器反对国王；1664 年的《非法集会法》禁止举行非国教的宗教集会；1665 年的《五英里法》再一次要求非国教神职人员按《信仰同一法》的要求宣誓，否则禁止走进任何城市或他们以前所在教区的五英里范围内，非国教教师也在禁止之列。这几个严酷甚至荒唐的法律统称为“克拉伦敦法典”。克拉伦敦是查理二世的谋士和首席大臣，他是《不列达宣言》的起草人，同时又是查理二世一系列政策，其中包括宗教迫害政策的制定者和执行者。在残酷的宗教迫害下，大批非国教徒流亡国外，许多不信奉国教的中小工商业者因缴付罚款而破产，不少人被投入监狱，其中以教友派所受到的迫害最为残酷，仅在 1660—1662 年间，他们被投入监狱者就在 3000 人以上。而对于“弑君者”的迫害更加野蛮，参加审判查理一世的法官，凡还在世的一律砍头，克伦威尔、艾尔顿等死者也不能幸免——他们的尸体从坟墓中被挖出，重新施以绞刑，他们的头被砍下来吊在查理一世被宣判的威斯特敏斯特厅里示众。

由于查理二世在流亡期间受到法国国王路易十四的庇护，复位后又继续暗中接受法王每年 20 万英镑的巨额津贴，在对内、对外政策上都受法国支配，这就大大损害了一向以法国为竞争对手的英国资产阶级的利益。查理二世不惜出卖自己国家的利益来恢复封建统治，具有重大战略地位的敦刻尔克就是在这一时期被查理二世卖给法国的。

从另一方面说，复辟王朝为巩固统治，也采取了一些促进工商业发展的措施。查理二世继续执行工商主义政策，鼓励出口，限制进口。在复辟时期，英国工商业有很大发展，外贸和工业每年提供的利润不下 200 万英镑。

复辟王朝在扩张殖民地方面也取得了相当的进展，先后占领了新阿姆斯特丹（今纽约）、新尼德兰、北卡罗来纳、南卡罗来纳和哈得逊湾附近的地区等。

为了恢复专制统治，也为了讨好法国宫廷，查理二世迈出了恢复天主教的步伐。

查理二世表面上信仰国教，实际上，他在流亡时已秘密地皈依天主教。1672 年，查理二世发布《容忍宣官》，迈出了恢复天主教的第一步。这一作法遭到了资产阶级和新贵族的强烈反对。在 1673 年召开的议会上，议员们尖锐地抨击《容忍宣言》并通过决议：只有议会才有权终止有关教会问题的刑法效力。在这届议会上形成两个党派——“宫廷党”和“地方党”，这就是后来的“托利党”和“辉格党”。

为了避免和议会对抗，查理二世被迫放弃《容忍宣言》。由于怕议会的攻击，查理二世又下令解散议会，直到1677年2月以前15个月内没有再召开过。

1681年，查理二世的最后一届议会召开，地点选在了保王派的大本营牛津。这次会议气氛非常紧张，反对派议员提出“打倒教皇主义，打倒奴隶主义”的口号，许多议员是在武装随从的保护下参加议会的，从国王的寝宫温莎到牛津的沿线都布满了国王的近卫团。反对派再次提出1679年通过的《排斥法案》，要求取消查理二世之弟、天主教徒詹姆士的王位继承权，并永远禁止他返回英国。但《排斥法案》始终没变成法律，这次议会存在一周后也被国王解散了。

查理二世在他生命的最后几年没有再召开议会，实际上实行的是专制统治。1685年2月5日，查理二世死去。由于身后无嗣，他的弟弟詹姆士继位，称詹姆士二世。他是一个狂热的天主教徒，变本加厉地推行查理二世的内外政策，一心一意想恢复天主教在英国的统治。

复辟王朝的倒行逆施，激起了全英国人民的反对，也严重地侵犯了资产阶级和新贵族的利益。他们当年纵容斯图亚特王朝复辟，目的是要建立一个能镇压群众并听命于议会的君主，以巩固资产阶级和新贵族在英国的统治。复辟王朝20多年的统治，恰恰是沿一条相反的道路前进，把英国又推向了内战边缘。于是，他们又开始把目光投向荷兰执政奥兰治亲王威廉和他的妻子玛丽——詹姆士二世的长女。在1688年所谓“光荣革命”中，斯图亚特复辟王朝终于被当初支持它复辟的资产阶级和新贵族推翻。

敲响封建社会丧钟的人——克伦威尔

就整个世界历史而言，1640年是个具有划时代意义的一年。这一年英国爆发了资产阶级革命，标志着人类社会跨入了资本主义时代。而敲响封建社会丧钟的人，就是这次革命的领袖——奥利弗·克伦威尔。

他为了保护英国资产阶级和新贵族的利益，跃马疆场，挥戈厮杀，使皇家军队望风披靡；他还威坐法庭，庄严宣判，将国王头颅斩落于地，成了革命中叱咤风云的英雄。

1599 年 4 月 25 日，克伦威尔出生于英格兰东部亨廷顿郡一个中等乡绅家庭，其祖辈曾是英王亨利八世的宠臣，父亲是伊丽莎白女王时期的国会议员。1616 年，克伦威尔曾入剑桥大学读书，次年因父亲去世而辍学，不久后即到伦敦读书，专修法律。毕业后，他回到家乡，继承祖业。早年的家庭教育以及学校中强烈的反天主教气氛，使克伦威尔还在革命前就以一个抨击国教主教制的虔诚的清教徒而知名。1628 年他当选为国会议员，开始走上政治舞台。

17 世纪上半叶，随着英国内部资本主义生产关系的不断发展，资产阶级和新贵族强烈要求解除封建制度对自己的束缚。他们利用国会猛烈抨击封建当局，主张限制王权。同时广大农民和城市平民要求摆脱封建制度的呼声也越来越强烈。于是，二者为了共同的利益就站在了一起。

但是 1625 年即位的查理一世却变本加厉，加强了他的专制统治。1629 年他下令解散国会，逮捕反对派议员，压制任何反政府言行。更加激化了国内的阶级矛盾。

终于在 1639 年，苏格兰人民发动了起义并向英国进攻。这次起义，点燃了英国资产阶级革命的导火索。

国王查理一世为了筹集军费，被迫于 1640 年 4 月重新召开国会。但他没想到，议员中资产阶级和新贵族的代表们却把议会当作公开向封建权威挑战的舞台。这其中就有克伦威尔。

1641 年，克伦威尔参与起草了《大抗议书》，列举了查理一世的罪行，指责教会给英国带来的危害；要求实行改革，保证工商业自由，建立大臣对国会的负责制，限制主教权力等。这一抗议书，激起了查理一世的愤怒，竟然企图加害国会议员中的反对派首领，结果被挫败。这时，国王与议会已处于敌对状态。查理一世在 1642 年 1 月 10 日逃出首都，8 月 22 日在诺丁汉组织了大批军队后，向国会宣战。

战争初期，由于议会中许多人想与国王妥协，采取了消极保守的战略，导致了国会军队节节败退。10 月，王军攻陷了牛津；11 月又进逼伦敦，国会面临着危险。这时，国会中的一些议员清醒过来，一方面组织伦敦民兵保卫首都；另一方面又奔赴各地，组织武装力量从外围打击王军。

克伦威尔回到家乡，在自耕农中招募士兵进行严格训练，组成了一支很有战斗力的骑兵队伍。尽管最初只有60人，但由于这些士兵都有坚定的目标和顽强的意志，忠于国会事业，所以在和王军战斗时骁勇无比，连连得胜，队伍也逐渐壮大，被人称为“铁骑军”。就这样，克伦威尔率领他的铁骑军艰难地扭转了战场上的局面，把保王党人赶出了林肯郡。“铁骑军”从此成为国会军中的中坚力量，克伦威尔也因此晋升为中将。

国王查理一世事先怎么也不会想到在马斯顿荒原会发生一场决定其将来命运的重要战争。

马斯顿荒原位于英国北部约克郡以西，这是一片广阔的草原，周围山坡上灌木丛生，草原附近的田地里长满了庄稼，一派祥和景象。1644年7月2日黄昏，草原上下起阵雨，雾蒙蒙地腾起一股无名的肃杀之气。国王军队大部分都集合到这里，正在卸装宿营，埋锅做饭。突然，埋伏在灌木丛和庄稼地中的国会军杀了出来，犹如天兵从天而降。国会军在克伦威尔的指挥下，杀得王军丢盔弃甲，狼狈逃窜。这次战斗，王军损失了4000多名士兵，查理一世在北方的据点被摧毁，战局迅速扭转。

这一仗之后，克伦威尔被誉为“铁人”，和他的“铁骑军”一起闻名全国。1645年1月，国会通过“新军法案”，授权克伦威尔按“铁骑军”模式组建“新模范军”。从此，克伦威尔事实上成为国会的最高军事统帅。

1645年6月，新军在纳斯比战役中一举摧毁王军主力，收复牛津，查理一世仓皇出逃，被苏格兰扣留。不久，英国国会用40万英镑将国王买回，囚禁于赫姆比城堡，第一次内战结束。

内战结束后，国会中出现了分歧。长老派主张停止革命，解散军队，实行君主立宪制，并暗中与查理一世谈判，互相勾结；而以克伦威尔为代表的独立派，则主张继续革命，以争取更多利益。分歧的结果是，克伦威尔把国王移至新军大本营纽马凯特城堡，并且凭武力使长老派重要分子出走，自己则控制了国会。

这时，代表小资产阶级利益和平民的“平等派”于1647年10月提出“人民公约”，要求取消一切特权，实行成年男子的普遍选举制，建立一院制国会。而以克伦威尔为首的上层独立派则认为君主制不能动摇，应保留王位和上院，财产权也不得侵犯。这就引起了广大士兵群众的不满，克伦威尔逐渐失去了民心。

1647年底，查理一世从纽马凯特潜逃，次年初纠集了各地保王党军队掀起了第二次内战。苏格兰军队也乘机进攻英国北部。

面对危机，克伦威尔为了换取士兵的支持，只好答应战后实现“人民公约”。于是，广大士兵群众再度支持克伦威尔，几个月就平定了王党叛乱。8 月在普列斯顿战役中击溃了苏格兰军；9 月攻占了苏格兰首都爱丁堡，内战很快就结束了。

1648 年 12 月，克伦威尔将查理一世押至伦敦，并逮捕和驱逐了 140 多个在战争中与王党勾结的长老派议员。1649 年 1 月，在克伦威尔主持下，国会与军队共同设立最高法庭，审理国王案件。27 日克伦威尔宣布查理为暴君、叛徒、杀人犯和国家公敌，法庭宣判处以死刑。1649 年 1 月 30 日，查理一世被推上了断头台。就这样，统治英国近千年的封建制度结束了。5 月 19 日，国会宣布英格兰为共和国，这是世界上第一个具有近代意义的资产阶级共和国。

但是共和国的成立，并不能掩盖国内矛盾的产生。以克伦威尔为代表的资产阶级新贵族拒绝实现人民公约，在经济上又加重了广大农民和平民的不满，人民内部斗争激情又重新高涨起来。

这时，大批无以为生的农民聚集在伦敦附近的圣乔治山上开垦荒地，自称“掘地者”。这一举动很快风行全国，并产生了激进的“掘地派”。1649 年 9 月，克伦威尔派军队镇压各地的“掘地派”运动，这表明克伦威尔及其政权正式脱离了广大人民，走上了专制道路。

国内平定之后，克伦威尔又率大军出征爱尔兰，镇压当地的农民起义，并侵占了爱尔兰 2/3 的土地。

1650 年，查理一世之子查理二世在苏格兰被长老派国会拥为英国国王，发动了复辟王朝的战争。尽管广大农民不满共和政府，但他们更痛恨封建王朝。他们在大敌当前之际，以大局为重，自动拿起了武器，站到了政府军一边同复辟军展开斗争。最终，复辟军被全部歼灭，查理二世逃亡国外。

虽然复辟战争失败了，但保王党残余分子仍然想利用人民对政府的不满，蠢蠢欲动；而广大农民对于日益腐朽反动的共和政府，再也忍无可忍，也正在酝酿着新的暴动和起义。

资产阶级和新贵族已经意识到这内外交困的危险，决定依靠强权建立资产阶级军事专政，克伦威尔的军事独裁统治就应运而生了。

1653 年 4 月 20 日，克伦威尔命令士兵强行解散国会，又从各郡选择亲信 140 人，于 7 月组成“小国会”。12 月 12 日，小国会宣布将政权交于克伦威尔，国会自行解散。16 日，伦敦举行盛大典礼，庆祝克伦威尔成为“英格兰、苏格兰、爱尔兰护国主”。

护国主集各种大权于一身，并且是终身制。克伦威尔还兼任英格兰、苏格兰、爱尔兰陆海军总司令；拥有立法权和对国家法令的最后否决权；和国务会议共同拥有行政权。但克伦威尔仍不满足，1657 年，他改护国主为世袭制，使自己成为没有国王头衔的国王。

这种独裁统治自然不能造福英国，克伦威尔一方面对内残酷剥削百姓，镇压农民起义；另一方面又对外发动了殖民战争，目的是为了缓和国内矛盾，转移人民视线，弥补战争带来的财政危机。1654 年英国取得了与葡萄牙通商的特权，还迫使丹麦允许英国船只自由出入波罗的海；从西班牙手中夺取了加勒比海上的奴隶贸易中心牙买加岛……

但是，这种军事统治是极不稳固的，国内外矛盾不但没有消除，反而愈演愈烈，日益严重的财政危机更加剧了政局的动荡。1658 年 9 月，克伦威尔终于在内外交困中病逝，护国政体也随之瓦解。后来，英国经过了近 30 年的斯图亚特王朝复辟，终于在 1688 年 11 月的“光荣革命”中确立了资产阶级政权的君主立宪政体，完成了这场将近 50 年的革命。

克伦威尔完成了自己的事业，是伟大的。但是历史也证明了，只有广大人民才是最伟大、最可敬和最不可战胜的！

东印度公司

工业革命后的英国加速了侵略扩张的步伐。很快，英国的殖民地就遍及世界各地，“米”字旗插遍五洲四海，它一时成了“日不落帝国”。殖民地已成了英国资本主义发展的生命线。而在众多的海外版图中，印度对英国的重要性当属第一。

印度地处南亚大陆，是人类古老文明的发祥地之一。从 1526 年起，印度处于莫卧儿帝国的统治下。这“莫卧儿”初听似有“蒙古”的变音，其实并非蒙古人。其建立者巴布尔是帖木儿的六世孙，为了便于号召民众而自称莫卧儿人。但天不遂愿，改个有鼓动性的称号并没有起到多大作用——16 世纪的莫卧儿帝国在表面上维持着一个中央集权的庞大外壳，实际上从未真正统一过，是一个外强中干、四分五裂的封建割据国家。封建贵族的残酷剥削，激起了连绵不断的农民起义。封建统治阶级内部也互相倾轧，纷争不息。统治者无力扭转局势，还不断加强宗教迫害和民族压迫。居住在印度中西部的信奉印度教的马拉特人，不堪这种压迫，断断续续进行了长达一百多年的民族起义，动摇了信奉伊斯兰教的帝国统治。18 世纪伊朗和阿富汗的游牧部落相继侵入印度，蹂躏劫掠之后，扬长而去，只留下一片破败凋零的景象。此时的印度，还被古代遗留下来的种姓制度所折磨，婆罗门（僧侣）、刹帝利（贵族）、吠舍（平民）、首陀罗（奴隶），构成印度四大种姓。种姓等级森严，职业世袭不变，不同阶级之间禁止通婚。各种复杂尖锐的矛盾加速了莫卧儿帝国的衰落。正当莫卧儿帝国处于内忧外患、国力极度虚弱之际，英国殖民者闯了进来，征服了印度。

1600 年建立的东印度公司，是英国侵略印度的主要工具。起初，东印度公司在印度沿海地区建立许多商站和代理店做商业贸易，他们用金银收购印度的香料、棉织品、丝织品、蓝靛、黄麻等，然后运回欧洲高价出售，牟取暴利。后来，公司日益借暴力、不等价贸易和海盗掠夺聚敛财富。从 17 世纪 30 年代末起，东印度公司先后侵占了马德拉斯、孟买和加尔各答，而这些地区都曾有过重要商站和代理店。现在，他们归为英国的省，成为英国入侵印度的据点。

七年战争（1756—1763）后，东印度公司的性质又发生了变化，从一个垄断贸易机构变成一个拥有强大军事力量和广大版图的殖民机构。而 1784 年，英国国会决议规定东印度公司有任用文武官职之权，大政方针由内阁决策制定。英国彻底成了东印度公司的后台，遥控公司统治印度。公司就是官府，奉英帝国之命在印度的土地上进行垄断贸易，拥有武装，可以宣战媾和，还可以设立法庭审判本国职员和属地的居民。英国通过东印度公司对印度蚕食鲸吞。1757 年，经过普拉赛战役，英国占领了孟加拉。1774 年，又侵占了奥德。1799 年，经过持续 23 年的战争之后，英国征服了印度南部的封建强国迈索尔。1849 年，夺取了印度西北部的旁遮普。从此，整个印度沦为英国的殖民地。

东印度公司能够步步侵入，牢牢控制印度的原因是什么呢？“分而治之”是秘诀。处于上升时期的英国，巧妙地利用了印度的封建割据落后状态和错综复杂的社会矛盾，采取分化瓦解，各个击破，使用“印度人打印度人”的阴毒手段来进行征服和统治。这种“分而治之”的重要支柱就是雇佣军政策。这些雇佣军表面上是由印度的封建王公豢养的，但实际上这些王公受东印度公司的“保护”，雇佣军也就由英国来指挥。可以说，如果没有这支雇佣军，英国征服印度是不可能的。

“分而治之”的另一表现就是，英国施展狡猾的外交手腕，利用印度封建王公之间的矛盾，进行无耻的挑拨离间，然后趁火打劫，坐收渔利。东印度公司曾唆使印度教封建王公攻打伊斯兰教的迈索尔，后来又唆使海德拉巴王公进攻马拉特，并挑拨马拉特封建王公的关系，最后总是在混乱中由公司出面调停，收拾残局，加强统治。

东印度公司用尽卑劣手段，在印度疯狂掠夺殖民利益。

它到处发动殖民战争，攻陷城池，抢劫国库，掠夺金银。1757 年，殖民强盗头子克莱武率军攻陷孟加拉首府加尔各答，饿虎般的公司军队冲破了孟加拉的国库大门，扑向堆满各个角落的珠宝。这次行动，抢夺了价值 6000 万英镑的财宝，仅克莱武一人就抢走了价值 20 万英镑的各种珠宝，他还觉得“非常遗憾”，没能拿走更多。1799 年公司军队攻陷迈索尔首府时，又抢到了价值 1500 万英镑的珍贵王室珍宝。

为了保证东印度公司的正常收入来源，公司强迫印度农民交纳极为苛重的田赋。1764—1765 年度，孟加拉田赋实际收额为 81. 7 万英镑，而东印度公司接管的第一年，即 1765—1766 年度，田赋额增至 147 万英镑。到了 1792—1793 年度，这个数字竟已经猛增到 340 万英镑。本来就苦不堪言的农民更加穷困、悲惨。而对交不出田赋的农民，公司以严刑拷打相逼，直到把他们活活打死。

东印度公司不但对印度农民极尽压榨之能事，对手工业者更加重了剥削。17 至 18 世纪英国需要从印度进口大量棉织品和丝织品。为了保证货源，公司用武力强迫数万名印度手工业者订立合同，硬性规定手工业者应交的产品数量，而对产品只付半价或分文不给。手工业者所得报酬甚至不足以购买原料，纷纷破产倒闭。

东印度公司在印度的另一种掠夺手段，就是垄断鸦片、食盐和烟草贸易。从 18 世纪 60 年代起，公司开始强迫孟加拉农民种植鸦片，缴不上地租的农民，也必须用种植鸦片来补齐不足。印度的鸦片被殖民者偷运到邻近的中国，中国人民的身心遭到了严重的毒害。而英国却从中赚取暴利。鸦片收入约占公司总收入的 1/7。

东印度公司替英国在印度乃至包括中国在内的亚洲其他地方掠夺了巨额财富，为英国资本主义原始积累提供了重要来源，大大加速了英国的工业革命，使英国一跃而成为世界上最大的工业国，工业产品源源不断地从英国运往各地。而殖民地人民却反复遭到打击和掠夺，这正如血被抽干的躯体却染上了致命的疾病——印度的原料被抢走后，印度人还要买英国运来的产品。印度的农业、手工业只能走向破产，人民则要面临连年的饥荒。仅1770年孟加拉大饥荒，就饿死1000万人，占孟加拉总人口的1/3，许多人口稠密的地区变成了野兽出没的草莽。

从18世纪60年代起，东印度公司开始走下坡路。看看原因就知道东印度公司濒临破产绝非偶然：东印度公司的职员，上自总督，下至书记员，贪污走私成风，使公司实际收入锐减；公司对印度人民的横征暴敛，激起人民不断起义，而镇压起义和征服各邦需要的大笔开支是财政久已亏空的公司所无力支付的，于是它变本加厉地压榨人民，人民进行更强烈的反抗——这样便有了一条压迫、反抗、再压迫、再反抗的恶性循环链，使东印度公司深陷危机而不能自拔。最重要的原因是，英国工业资本兴起和壮大，使东印度公司代表的垄断商业资本的利益受到排挤。东印度公司的破产，标志着英国工业资本对商业资本的胜利。

在上面种种原因的作用下，失去往日光辉的东印度公司经历了以下几劫：1767年，公司无法向英国政府交纳规定的40万英镑，反而不得不向政府贷款；1813年，被取消对印度的贸易垄断权；1833年，被取消对英国的贸易垄断权。最大的灾难还是在1858年——东印度公司被英国政府正式取消，政府要踢开这个曾给自己带来巨大殖民利益现在却一无是处的机构，直接统治印度了。

1688年光荣革命

1685年2月5日，英王查理二世死去，詹姆士二世继位。他的封建统治更加变本加厉。

作为一个“君权至上”论者，又是一个虔诚的天主教徒，还是一个遵照法王路易十四旨意的亲法派，詹姆士二世一即位，就大批释放天主教徒，并在宫廷中公开举行天主教祈祷仪式，任命天主教徒为大学校长、军官等，并在牛津成立出版社，印发天主教的宣传品。他还不顾议会拥有批准税收的特权，以自己的权力为中心，私自决定征税。詹姆士二世的这些措施严重地损害了大资产阶级和新贵族的利益，也遭到广大人民群众的反对。这主要是因为新贵族中有许多人曾以贱价购买土地，如果天主教一旦恢复，将会夺去这些土地。就连国教的主教和教士也都反对恢复天主教，对于他们，恢复天主教就意味着丧失领地、什一税和其他世俗福利等。詹姆士二世的反动统治引起了各级的不满和反抗。

1685 年 5 月 11 日，王位觊觎者蒙默思公爵发动起义。他带领 150 人在多塞特郡的莱姆登陆，并发表宣言，许诺恢复自由、各教派宗教信仰自由、每年召开议会、废除常备军代之以民兵等。由于复辟王朝的倒行逆施在广大群众中引起了普遍的不满，农民、手工业者和工人等纷纷参加蒙默思的队伍，起义人数很快达到 1.5 万人。但人民群众参加起义的热情吓坏了资产阶级，蒙默思本人也发生了动摇，开始对起义采取观望的态度。于是国王有了喘息之机，很快集结了大量兵力，于 7 月 6 日击溃了起义军。蒙默思仓惶逃走，而装备很差的起义群众则进行英勇的战斗，近千名起义者阵亡，起义失败了。接着，政府对起义者进行了镇压，而中途逃走的蒙默思本人也被抓获处死。

在镇压起义的过程中，詹姆士二世把军队人数增加到近 3 万人，其中近一半驻守在伦敦，大大加强了反动统治的力量，使其能肆无忌惮地推行高压专制的反动政策。

《宣誓法》是 1673 年 3 月 29 日通过的一部要求所有从事国务活动的人按国教仪式宣誓，并放弃天主教信条的法律。而此时的詹姆士二世违背《宣誓法》，大量任命天主教徒为军官，在爱尔兰组织天主教徒的军队，让天主教徒参加枢密院，担任政府要职——掌玺大臣阿伦德尔就是天主教徒。在 1685 年 11 月召开的议会上，议员们强烈谴责了国王的作法，独断专制的詹姆士二世干脆解散了议会。

1687 年 4 月和 5 月，国王两次颁布《容忍宣言》，企图恢复天主教，争取无教派别的支持。宣言遭到了多数教堂的拒绝，没能按詹姆士二世命令的那样被宣读。更有主教向国王呈递请愿书，要求取消《容忍宣言》。詹姆士二世勃然大怒，下令逮捕了各主教共 7 人并将他们投入伦敦塔监狱。但在审判时，同样反对天主教专制的陪审法庭宣判他们无罪，主教们胜利回到伦敦，受到热烈欢迎。

这样，恢复天主教的政策招致了大多数人的反对。在 16 世纪上半叶的宗教改革以后，信仰天主教的只有爱尔兰居民中的多数，以及英格兰西部和北部的一小部分贵族，而多数英国人则不信奉天主教。不论是国教的僧侣、资产阶级者还是一般群众，都不愿天主教被恢复。僧侣担心失去自己在教会中的地位，资产阶级害怕商业活动被损害，群众不愿再受天主教严酷的精神束缚和经济剥削。1685 年，法国为维护天主教的权威大肆残害新教徒，这使人们对亲法派的詹姆士二世是否会采取复辟天主教的行动更加忧虑。

而此时的詹姆士二世虽然气焰嚣张，但他早已失去了可依靠的臂膀，原来忠于国王的托利党贵族和僧侣改变了对国王的态度。这些人害怕反抗会引起人民的革命，便不敢对詹姆士二世采取什么行动，大家心情焦虑矛盾，对国王只有一个愿望——盼他早死，因为詹姆士二世已经 55 岁了。

资产阶级和贵族又物色好了王位继承人——玛丽。玛丽是詹姆士二世的女儿，本就是王位的合法继承者，她的丈夫是荷兰的执政奥伦治·威廉。夫妇二人都是新教徒，荷兰又是法国的敌人，法国又是英国资产者的竞争对手，这样的安排简直可以让大家都满意，不论资产阶级还是贵族、僧侣，谁的利益都不会被触动。

但命运总是和人作对，英国反天主教独裁的一派又遇到了难题：

1688 年 6 月，詹姆士二世的妻子给他生了个儿子，两个天主教徒生了一个天主教徒的王位继承人。这样，玛丽就失去了王位继承权，眼看可以实行的计划就要落空，英国两党——托利党和辉格党感到事不宜迟，决定请求玛丽的丈夫荷兰执政威廉武装干涉英国。6 月 30 日，两党向威廉发出联名邀请，许多军队军官也宣布效忠于他。威廉希望得到英国王位，慨然地接受了这个邀请，宣布将去英国保护“新教、自由、财产及自由的国会”。

在经过一番准备后，威廉率领一支由 1.1 万名步兵和 4000 骑兵组成的大军，乘 600 艘运输舰于 11 月 5 日在英国西南部德文郡的托尔贝港登陆。当时詹姆士二世的军队多达 4 万人，但大多不可靠，他的主要将领避免与威廉作战，一些军官干脆缴械投降，就连王军总司令约翰·丘吉尔也于 11 月 24 日投向威廉。许多贵族，包括詹姆士的小女儿安娜和她的丈夫也投奔姐姐、姐夫这里来了。

身处孤立境地的詹姆士众叛亲离，只好于 12 月 11 日逃离伦敦，接着伦敦出现了反天主教的骚乱。伦敦主教、市长、市参议员的会议决定，请求威廉率军赶快开进伦敦，以“恢复秩序”。于是威廉军队加紧向伦敦进发。

12 月 17 日，威廉的一支近卫部队在伦敦逮捕了又重回都城的詹姆士二世。12 月 18 日，他们将詹姆士二世解往罗彻斯特堡，并故意放他从海上逃走了。12 月 25 日，詹姆士二世逃到法国。

詹姆士二世被擒的第二天，1688 年 12 月 18 日，威廉进入伦敦。21 日，他下令召集查理二世的最后三届议会和上下两院议员开会，会议决定威廉为国家的临时元首——摄政，并授权他向各郡发出召开新的立宪协商会议的邀请信。1689 年 2 月，立宪协商会议通过了詹姆士二世“退位”的决议，并立威廉为国王，称威廉三世，立玛丽为女王，称玛丽二世，因玛丽几乎不理朝政，实际王权掌握在威廉三世手中。至此，复辟 28 年的斯图亚特王朝被推翻了。

1688 年 12 月 18 日的政变便是英国历史上的“光荣革命”，被英国人称为“合法的”、“不流血的”革命。而它并不是一次真正意义上的革命。它的胜利，是建立在资产阶级和土地贵族之间、代表不同阶级利益的辉格党和托利党妥协的基础之上的，是借助于荷兰执政威廉的外部力量而实现的。

但“光荣革命”还是有重要的历史意义的，它巩固了资产阶级的革命成果，削弱了王权，并将这些用法律的形式规定下来，这便是革命后于 1689 年 2 月 13 日通过的《权利宣言》了。

《权利宣言》于 1689 年 10 月更名为《权利法案》，法案规定今后英国国王必须是国教徒，对国王权利作了种种限制，确定了议会的最高权力。为英国君主立宪制的形成奠定了基础。但《权利法案》只代表了资产阶级的利益，根本不能保障劳动人民的权利。

“光荣革命”还改变了复辟王朝的亲法政策，并同法国进行了长期商业战争，削弱了竞争者，扩大了英国的殖民版图和殖民利益。

“光荣革命”在英国历史上开始了一个长期稳定的时期，为 18 世纪下半叶的工业革命准备了条件。

英国工业革命

在 18 世纪下半叶到 19 世纪上半叶的英国历史上，工业革命成为时代的主题。这是英国历史上的一个重要阶段。

工业革命的发生，首先是英国政治、经济发展的必然结果。

英国是第一个发生具有世界影响的资产阶级革命的国家。17 世纪的资产阶级革命推翻了封建专制制度，扫清了资本主义经济发展的主要障碍，解放了生产力，打击和削弱了保王派大封建主的势力，进一步消除了各个地区之间的隔绝状态，加强了全国经济上的联合。英国征服苏格兰后，取消了苏格兰和英格兰之间的边界税率，实行了统一的税制，从而大大地扩大了国内市场。

封建时代各国重农抑商，人们以经商为耻。而革命后由于资产阶级的哲学和政治思想的影响，英国上层社会不以经商为耻，许多贵族、地主都乐于在银行和工商业中投资，积极参加海外殖民和远征等。

由于宗教信仰比较自由，许多人改信新教。新教对经济的发展产生了良好的影响，工商业中的进取精神深入人心。

相比英国而言，欧洲大陆上封建统治还十分严重，宗教限制与迫害时有发生。在大陆上无法生活的新教徒纷纷逃到英国，带来了先进的纺织技术，英国的企业对其善加利用。

在政治上，从 17 世纪末到 18 世纪初，英国建立了有利于资本主义发展的君主立宪政体、两党制和内阁制。另外，政府还采取措施保护关税，促进商业、航运和工商业的发展。

制定合适的对外政策也是政府维护商人和工业家在海外利益的手段。对外政策的一个重要任务就是确保海外商路的安全，保证原料的来源，开拓英国商品的销售市场。革命后，英国还把殖民扩张和对殖民地的开拓作为一项国策，到了 18 世纪，殖民扩张已达到了相当大的规模。

革命后，政府为促进流通，扶植银行信贷业的发展，地主、资本家手中积攒的财富在商业中得到了有效利用。

工业革命需要大量金钱。在资本主义初期，资产阶级对金钱的聚敛就是资本的原始积累，这是工业革命的基本前提。而英国原始积累所包括的两个方面：大量货币集中被少数人占有；大量自由劳动力的出现。它们是通过圈地运动、国债税收、殖民掠夺和奴隶贸易来实现的。

圈地运动实际上是英国式的土地革命，它的出现使英国农业发生了根本变化。封建的地产在这一“羊吃人”的过程中变成了近代意义的资本主义财产。而失去土地的大批农民四处流亡，除了劳动力外别无他物，为工业革命提供了自由的劳动力。圈地运动还消灭了自给自足的小农经济，使失去土地的农民开始仰赖市场，从而促进了国内市场的扩大。

从 17 世纪下半叶到 19 世纪 20 年代，英国连年进行对外战争，耗资巨大。为筹集经费，政府增加了国债和捐税。这样，资本家就以向政府放债取息的方式，经过国家税收的渠道吮吸人民血汗，积累大量资本。

18 世纪中叶，英国完成了同竞争对手西班牙、荷兰和法国的战争，确立了海上霸主地位。在北美，在亚洲，在澳大利亚……英国夺取了大量殖民地。这些殖民地成了英国资本主义发展的“生命线”，是重要的原料产地和销售市场。工场手工业时期，商业霸权造成工业优势，殖民制度起着决定性作用。

用“罪恶”来形容奴隶贸易最恰当不过了。英国的奴隶贸易始于 16 世纪下半叶，300 多年后英国成为最大的奴隶贸易国。奴隶贩子通过三角航程，用欺骗和暴力牟取资本，数量惊人。

总之，圈地运动、国债税收、殖民掠夺和奴隶贸易积累了资本，造成大量雇佣劳动力，开辟了国内外市场，提供了工业原料，是原始积累的主要手段，为工业革命准备了必要的经济前提。

此外，工业革命还与工场手工业和科学技术的发展密不可分。18 世纪下半叶，英国手工工场相当发达，分工更细，技术提高，而自然科学方面，莱布尼茨、波义尔、布莱克等人的巨大成就，也在一定程度上为技术革命准备了条件。

政治、经济、技术前提都具备了，18 世纪中叶工业革命应运而生。

由于国内外市场迅速扩大，对工业品的需求量大大超过了手工业生产所能提供的数量，市场的需求刺激了生产技术的变革。于是工业革命随着纺纱机和蒸汽机的发明开始了。时间是 18 世纪 60 年代。

首先在棉纺织业方面发生了重大技术变革，因为棉织品物美价廉，是社会必需品，投资少，资本运转较快，不像毛纺织业那样受行会规章的束缚，机械化在技术上比较容易。

棉纺织业的技术革新经历了相当长的一段时间。

1733 年，钟表匠约翰·凯伊发明了飞梭织布法，经过改进后得到推广，初步改变了靠手工穿梭织布的落后方法，提高功效两倍。飞梭织布机的运用使棉纱供不应求，造成了纺织和织布之间的不平衡。为解决这个矛盾，英国皇家学会公开悬赏征求新式纺纱机。1761 年，英国“艺术与工业奖励协会”呼吁用物质奖励办法鼓励人们发明创造新式纺纱机。在众多设计者里，首先获得成功的是织工哈格里夫斯。

1765 年的一天，哈格里夫斯偶然发现，妻子的手摇纺车翻倒在地，但纺车上的轮子仍继续转个不停。他大受启发，想既然纺车轮子有这么大的转动力，为什么只让它带动一根纱锭？如能带动更多的纱锭岂不更好？于是他动手设计了一个能同时带动8个纱锭的手摇纺车，使纺纱速度提高了8倍。哈格里夫斯把这个发明归功于妻子珍妮，这个纺纱机就被取名为“珍妮机”。以后，经改造的“珍妮机”能纺80–130根纱，大大提高了功效。但“珍妮机”纺出的纱细而易断，不能作经线，而且需要人工操作，很费力气。1769年，理发师兼机械师阿尔克莱特制造了第一部水力纺纱机，并取得了专利。

但也有人说，水力纺纱机是钟表匠凯伊发明的。可不管怎样，阿尔克莱特是第一个实际使用这种机器的人。他的机器开始是以马力作动力的。1771年，他在有水利资源的克朗福德建立了第一座工厂，用水力作动力，从此开始了以工厂代替手工工场的过程。当时的机器运行场面是多么壮观啊！整排的纺纱机在水力的推动下不停地旋转，一批批坚韧结实的棉纱源源不断地生产出来了。水力机纺纱代替人力，纺出的纱可作经线，克服了“珍妮机”的两个主要缺点。但水力机纺出的纱太粗，还不能完全取代“珍妮机”，两种机器只能互为补充。阿尔克莱特水力纺纱厂的规模不断扩大，到1779年已达300名工人，靠水力开动1000个纱锭。同时，一座座阿尔克莱特式的水力纺纱厂雨后春笋般地沿河建立起来，到1790年已达150座之多。大部分工厂都拥有七八百名工人。资本主义的大机器工厂出现了，这是工业革命的重要标志。

后来，童工出身的纺织工人克隆普顿经过5年的反复实践，结合了“珍妮机”和水利机的优点，于1779年发明了骡机——因取前两者之长而得名。这是一种新型纺纱机，后来又经他人改进成自动纺纱机，每架机器同时可纺三四百个纱锭，而且纺出的棉纱精细而又结实。

纺纱机械化的技术问题基本解决了，纺纱的效率大大提高了。于是纺纱和织布之间又出现了严重的比例失调，织布技术的革新又成了当务之急。

织布机的发明酝酿了很长时间。牧师卡特莱特于1785年制造了一架自动织布机，提高功效40倍。卡特莱特于1791年建立了第一座织布工厂。据一家地方报纸称，在他的工厂里，一个小孩看管水力织布机，一天的织布相当于老办法一周织布的数量。

纺纱机与织布机的改革，引起了一系列有关纺织业的其他机器的发明创造，如净棉机——清洗棉花中的杂物、梳棉机——自动梳齐棉絮、自动卷纱机等，漂白、整染等行业也相继实现了机械化。毛、麻、丝纺织工业也逐渐采用机器生产，尽管时间要晚些。

棉纺织工业的技术革命推动了其他工业部门，其中最重要的是动力、钢铁、交通运输和机器制造等工业部门技术的变革。

然而，18世纪70至80年代，棉纺织工业的动力主要是水力，纺织厂必须建在有水的地方。水力不但受到地区和季节的限制，还受到河流落差和流量的限制，这些局限严重地影响了资本主义生产的进一步发展。为了解决这一矛盾，工厂迫切要求发明一种适应性更广的发动机，这就是瓦特发明蒸汽机的客观历史条件。

其实瓦特并不是第一个发明蒸汽机的人。在他以前很久，就有人开始了蒸气机的研究。早在1698年，英国人萨维利就发明了蒸汽抽水机，后来纽康门又在萨维利的基础上，于1705年制成了可以用于矿井的蒸汽抽水机．但这种机器效率很低，耗煤量很大。

1769年，瓦特在前人基础上改良了蒸汽机，并取得了专利。经过十多年的改进探索，1782年他又制成了功效更高的复动式蒸汽机。蒸汽机很快获得运用，第一座蒸汽机纺纱厂于1784年建成。瓦特的蒸汽机是科学史上划时代的成就，因为蒸汽机的发明和完善解决了机器的动力问题，使工厂可以建在原料、燃力、交通和市场条件较好的地方。因此，蒸汽机大大促进了机器的运用和工厂的生产，使工业技术的变革出现了新的飞跃。资本主义工业生产迅速发展起来了。

蒸汽机在其他部门也推广了开来。1785年，蒸汽机开始用于棉纺厂，1791年用于织布厂，以后逐渐在毛麻纺工业、煤炭、冶金、交通运输等工业部门广泛采用。

钢铁工业技术的变革在工业革命中具有举足轻重的地位，因为各种机器和交通运输工具都离不开金属。18世纪钢铁工业最重大的突破是用焦炭取代木炭炼铁和炼钢。

18世纪中叶以前的英国炼铁业，主要依靠木炭为燃料，木炭消耗量很大，常把大片森林砍烧一空，炼铁业的发展也受到很大阻碍，铁的产量大幅下降。

1709年，达比发明了用煤炼成焦炭后炼铁的新技术，实现了以煤取代木炭作燃料的宿愿。1784年，在海军服役的工程师科特又进一步设计出了一种以煤为燃料的煤铁炉，能炼出大量质量较高的纯铁，精确地说，功效提高了15倍。科特的发明标志着炼铁工业进入了一个新阶段。1785年在谢菲尔德建成了第一座近代化炼钢厂，熔炉比过去扩大了50倍，英国近代钢铁工业从此建立起来。由于这些技术变革，钢铁产量猛增，质量提高，成本下降，这为在机器制造、建筑等领域用钢铁取代木材和石料创造了条件。

用焦炭炼铁技术的推广、蒸汽机的发明和城市人口的增长等增加了对煤炭的需求量，促进了采煤业的发展。到19世纪初，蒸汽机广泛用于矿井。1815年，戴维发明了安全灯，减少了地下瓦斯爆炸的危险，使煤的开采量也成倍增加了。

随着工业发展而来的是交通运输业的发展。交通运输业的技术变革首先是运河的开凿、河道的疏通、公路的改良、铁路的兴建，其次是运输工具的机械化。

运河首先是为适应笨重物品运输的需要而开凿的。如1759年凿的一条长11英里从里斯到曼彻斯特的运河，使曼彻斯特的煤价下降了一半，轰动了英国，掀起了开凿运河的热潮。水运的机械化相对较晚，虽然用蒸汽机推动木船的试验在18世纪下半叶就开始了，但蒸汽机广泛应用于船运还是19世纪的事。从1788年赛明顿制造船用蒸汽机到1812年贝尔建造的“彗星号”汽船试航成功，前后经历了20多年。1819年，第一艘汽轮横渡大西洋成功。1840年，英国正式建立轮船航运公司。

公路改造的成就也是巨大的。18世纪中叶以前，英国公路状况很糟，一到雨季，公路都变成了烂泥坑。工业革命时，硬路面建造适应了不同时间和天气的通行，大大缩短了公路运输时间。

交通运输中影响最大的是铁路的兴建。人们早就知道在运输中使用木轨，从18世纪60年代起英国开始用铁轨取代木轨。但那时走在铁轨上的是人力或牲畜牵引的小车。人们试图把蒸汽机用于铁路，1804年发明高压蒸汽机的特利维西克发明了火车头，并牵引5节车厢行驶了10英里。1814年，史蒂芬逊又发明了一种更完善的机车。1825年，英国出现了世界上第一条运送旅客和货物的铁路。史蒂芬逊的机车在铁路上以惊人的速度行驶，也许现在人看来这不算什么，但这确实是人类交通史上有里程碑意义的一件大事。从此，史蒂芬逊制造的机车被实际运用于铁路上，他本人更以蒸汽机车的发明闻名于世。在19世纪三、四十年代，英国出现了修建铁路的狂潮。到1850年，英国已建成铁路6000英里。铁路运输的发展使运河退居次要地位。

交通运输业技术的变革降低了运费，加快了货运的周转速度，方便了劳动力的流动，在经济发展中起了巨大作用。

机械制造业的发展还是各工业部门机械化的基础。随着机器运用的普及和机器水平的提高，18 世纪出现了简单的工作母机，刨床、旋床、镗床等专业工具相继出现，工业产品的精密程度提高了。

19 世纪三、四十年代，一个新的工业部门——机器制造业产生了。机器制造业的出现标志着历时近一个世纪之久的英国工业革命基本完成。

工业革命推动了社会生产力的飞跃发展。

工业革命使工业生产完成了从手工生产方式到机器生产方式，从手工工场制到工厂制的过渡，使经济基础发生了根本的变化。各主要工业部门的劳动生产率成几倍、十倍地增长。工业革命在一个世纪所创造的生产力比过去所有年代创造的生产力还要大。

英国的工业，因首先发生工业革命而遥遥领先于世界其他各国，英国获得了“世界工场”的称号。工业革命加强了英国海上霸主的地位，英国凭借强大实力加紧殖民扩张，攫取殖民利益，为“日不落帝国”的建立奠定了物质基础。而许多国家民族工业受到沉重的打击，几乎破产。

农业生产力也大幅度提高了。工业革命使农业吸收了大量技术成果，耕作工具、方式都发生了变化，产量有了明显提高。但农村发展还是赶不上城市，工业人口增长使农产品供不应求。到 19 世纪，英国从粮食出口国变成了进口国，从一个农业国变成了工业国。

工业革命还导致了人口结构的变化。英国工业中心从英格兰东南部转到了煤铁资源比较集中的西北部。新兴工业区大量出现，人口迅速增长，农村人口大批涌向了城市。

工业革命也造成了阶级关系的深刻变化，其中最重要的政治后果是工业资产阶级和工业无产阶级的产生。工业革命简化了社会阶级关系，土地贵族、商业资产阶级向工业资产阶级靠拢，以工业资产阶级为主体，农民作为阶级消失，和破产手工业者加入了无产阶级的队伍。一切阶级矛盾转化为工人和资本家之间的对立。在大机器生产制度下的无产阶级受压迫、受苦难的程度最深：严酷的工作条件，长达十五、六个小时的工作日，大量的女工和童工……他们为资本家创造了大量的财富，却收入微薄，常处于失业、饥饿和贫困之中。但是，正是这最残酷的压榨成就了最彻底的革命精神、最严格的组织纪律性。无数无产阶级在苦难中得到集中和锻炼，成为资本主义制度的掘墓人。19 世纪 30 年代，无产阶级成长为一支独立的政治力量并登上了历史舞台。

工业革命还促进了社会的变革。随着经济实力的增长，英国资产阶级实力不断上升，最终掌握了国家主权。他们进行政治改革、教育改革、消除封建残余，促进了资产阶级民主制度的发展。

科学文化也因工业革命而发展了。自然科学与社会科学植根于社会生产力这一肥沃土壤，不断有新的突破。

工业革命所造成的生产力巨大飞跃及生产关系和上层建筑领域的一系列重大变化，标志着资本主义的生产方式在英国最终确立，封建生产方式走向消亡，社会大大向前推进了一步。但另一方面，工业革命又带来了广大工人阶级的贫困、失业和周期性的危机，也造成了亚非拉各国遭侵略的深重灾难。

英国工业革命还对世界上其他国家经济和政治产生了重大影响。英国成为欧洲和世界头号强国，国际政治地位提高，在国际事务中的作用大大加强了。工业革命的成果传到欧洲、北美等国，促进了生产力的发展，帮助各地的新兴资产阶级打击了封建势力。

瓜分孟加拉

19 世纪末 20 世纪初，印度民族资本主义（纺织工业、煤炭工业等）冲破了英国设置的重重障碍和限制，不断发展。1907 年，属于印度资本的塔塔钢铁厂的建立，标志着印度资本主义进一步发展。印度民族力量的加强，势必使它同英国资本主义发生日益频繁的摩擦。1891 年，在加尔各答开始建立专门销售印度货的中央市场。1897 年，诗人泰戈尔创办“自产商场”。19 世纪末，在印度许多地方发生抵制英国货的事件。与此同时，印度民族运动也升级了。在国大党内部，温和派虽然力图保持自己的领导地位，但他们已无力压制来自下面的激进势力。激进派提出的民族独立的口号越来越深入人心。英国殖民者越来越难以控制国大党。1900 年，印度总督寇松表达了英国殖民者对国大党大失所望的情绪，他说：“国大党正在摇晃垮台，我在印度的巨大野心之一，就是促进它的和平死亡。”

19 世纪末，英国已丧失工业垄断地位，受到德、俄等帝国主义国家的激烈竞争，于是变本加厉地掠夺它最大的殖民地印度，从而使英帝国主义和印度人民之间的矛盾激化。

英国把印度变成了侵略亚洲各国的基地，又把在亚洲扩军备战和发动殖民侵略战争的军事费用硬摊派给印度人民，致使印度人民陷于赤贫。从1896年到1906年，约有1000万印度人死于饥荒和疾病。在严重饥荒时期，英国不顾印度人民的死活，继续从印度出口粮食。英国的“从石头里挤血”的政策，激起印度人民的强烈反抗。

为了对付日益高涨的印度民族运动，总督寇松采取了一系列反动措施：取消新闻自由；裁减加尔各答市自治政府的民选议员；取消印度人高级文官考试，恢复任命保护制度；严格监督大学教育和力图限制印度人受高等教育的机会。而寇松最恶毒的政策是强行分割孟加拉省。这是英国在印度“分而治之”的又一次阴谋。

孟加拉省当时拥有8000万人口，是印度重要的经济、政治文化中心，是印度民族资产阶级和无产阶级力量比较雄厚的地方，是印度族解放运动的一个重要发祥地。在东孟加拉，信奉印度教的地主、商人、高利贷者等上层分子占统治地位，而占人口大多数的伊斯兰教的农民则处于被奴役的地位。而西孟加拉相反，上层剥削者是穆斯林，被剥削大众多是印度教徒。

1905年10月16日，总督寇松颁布分割孟加拉省的法案，强行把孟加拉省分割为东孟加拉和西孟加拉两部分。在东孟加拉，英国利用错综复杂的阶级关系和宗教矛盾佯作反对印度教地主，保护伊斯兰教农民，有意挑起宗教纠纷。显然，英帝国主义企图通过瓜分孟加拉，达到分裂、破坏和扼杀印度民族独立运动的罪恶目的。

国大党领导印度人民坚决反对英帝国主义分割孟加拉的阴谋。国大党把分割孟加拉法案正式生效那天定为“国丧”日。当天，全国举行罢工罢市罢课，人们涌上街头，示威抗议。示威群众高呼“祖国万岁”的口号，焚烧英国货和总督寇松的模拟人。加尔各答约5万人游行示威，参加者不仅有工人、农民、手工工匠等，也有众多商人、工厂主和地主。示威的人几乎个个将红丝带系在手腕上，其意为孟加拉人都是兄弟。根据当地习俗，手腕上系红丝带的众兄弟纷纷前去恒河洗涤双手，做国丧仪式。因为当天是“国丧”，全孟加拉的人，除了老幼病残外，全部都整日禁食。工厂、商店也关起了大门。

在此次运动中，有两个口号叫得最为响亮，它们是“司瓦拉吉”和“司瓦德希”。这是印地语，意思为“自治”与“自产”。“自治”当然是摆脱英国统治，印度人自己管理国家；“自产”则是抵制英货，用国货。由此，全国掀起了抵制英货活动。在短短的6个星期内，加尔各答商人销售了孟买自产布10万包。孟买印度资本家经营的纺织厂预售了6个月的全部产品，而且无法供应更多的订货。在一年之内，增加了5000至7000台新织布机。自产布价格上涨，而质量相同的英国布价格下降了30—40%。因此，印度地主资产阶级非常乐意支持这个有利可图的运动。那时候，对英国货的抵制还表现在普通百姓人家，女子出嫁的嫁妆，宴请宾客的酒菜，祭祀神灵的供品，也都拒绝英国货。若不用国货，宾客们就不肯入席。孟加拉还发生了许多焚烧英国货的事情。

反英运动向纵深发展，迅速冲破了国大党温和派规定的条条框框，激进派的暴力革命和民族独立主张占上风，工人罢工运动和农民运动日益高涨，特别是无产阶级，虽然还没有自己的政治组织，尚未掌握领导权，但已开始成为反英斗争的主力和先锋战士。反英斗争的这种发展令温和派惊恐不安，加上英国殖民者用扩大民选立法议员名额的小恩小惠拉拢他们，他们转而倒向英国殖民者一边，连自治和抵制英货的口号也不敢再提了。在激进派和工农群众的斗争蓬勃发展的形势下，英国殖民者、封建王公、地主、买办阶级和国大党温和派，结成了反动联盟，企图扑灭日益高涨的反英斗争。

1907年12月，由于分歧越来越大，国大党温和派和激进派公开分裂。国大党激进派首领提拉克是积极的反英主义者，他认为“自治”是人民反抗所提的一切要求的基础。于是他说：“已经到了要求司瓦拉吉或自治的时候了，不要再零星求取改革，现在的统治制度只会将国家毁灭，所以必须改变或是连根除去。”提拉克将自治、自产、抵制英货、民族教育列为此次反英运动的四大纲领，并声言自治最重要，是四者中的目标，其余的三个都是达到目标的手段。1908年7月，英国殖民政府以“阴谋推翻女王政权”的罪名，将提拉克抓了起来，一个月后宣告判处提拉克6年徒刑。这一举动引起了人民更大的反抗。

7月23日，也就是宣告判处提拉克徒刑的第二天，孟买工人首先起来罢工。这次罢工工人包括10万多名纺织工人、铁路工人、码头工人和城市运输工人，罢工的性质为政治总罢工。工人们坚持要求立即释放提拉克。罢工工人举行示威游行，同军警发生流血冲突。英国殖民者不得不调来正规军，野蛮地将罢工镇压下去。

孟买工人政治总罢工是1905—1908年印度人民反对英帝国主义阴谋瓜分孟加拉斗争的最高峰，也是20世纪初印度民族运动高涨中的顶峰，它标志着印度无产阶级开始登上政治舞台。罢工惨遭镇压后，这场民族运动的高潮也渐渐过去了。但由于印度人民的坚决斗争，1911 年英国殖民政府被迫废除了分割孟加拉的法案。

弹性定律

胡克曾经帮助波义尔改进抽气机，他与牛顿同一时代。在力学方面，胡克的贡献最为突出，他是很早就探索万有引力的科学家，并且对万有引力的发现做出了重大贡献。

胡克比波义尔年轻，是波义尔的助手。波义尔对他的影响是很大的，他因此走上了自然科学研究的道路。

罗伯特·胡克 1635 年出生，年少时体弱多病并且因为患天花而使脸上留下了麻子。他小时没能接受正规教育，但聪明好学的他对新物理学表现得具有超常的领悟能力。

胡克是做实验的大师，他自己制造了显微镜，“细胞”一词也是胡克首创的。本来，胡克用这个词来称呼他在显微镜下发现的软木片上的那些小孔，但后来人们发现，这些小孔充满复杂的液体，是生命组织的基本成份，因此便把它们称作“细胞”了。

胡克在使用显微镜时提出了光的波动学说。他在理论方面取得的成就没有在实验方面的成就大，但胡克定律却是一个重大的理论发现，当然是他在实验的基础上总结而来的。

胡克定律其实是研究万有引力的副产品，但胡克本人没能认识清楚万有引力，却意外地发现了“胡克定律”。

为了研究万有引力，胡克开始在不同地点测物重。在高山、平地、深深的矿井中多次测量进行比较，他想证明自己的一个假设：受到吸引力作用的物体，越靠近引力中心，比如说地心，其吸引力越大；地球上的物体离地心远，其所受吸引的力量就会减小。

在这个过程中，需要测出物体的重量，而不是质量。胡克曾被尊称为现代仪器制造之父，所以他心灵手巧早就名闻遐迩。根据弹簧的变化，胡克想进一步弄清楚具体的数量关系，以求能称重量。

他用相同重量的物品一个一个加挂在弹簧上，记下弹簧的长度，然后重复实验，记下准确数据。最后，胡克对数据进行整理，发现了一个简单而又不为人所知的规律：弹簧的伸长长度和挂物的重量成正比。

他发现，弹簧总是倾向于回到自己的平衡位置，这种倾向表现是一个弹性力，这个力的大小与弹簧离开平衡位置的距离成正比。

这就是胡克定律，也就是弹性定律。

1678 年，胡克将这项发现公布于世，十分实用。近代的材料力学利用这个理论来计算物体的形变，而手表的发明更可以看成是这个理论的直接产物。

胡克还认识到，地球和地球表面物体存在某种引力，否则，人们得到的现象应该是好比雨伞旋转与雨伞上的水滴被甩出去一样。可惜胡克未能在实验中证实他自己的关于万有引力理论的一些假设。

胡克是一流的技术实验型物理学家，他做过金匠、木工等工作，制出过风速计、气候钟、雨量计、验湿器等仪器。

伟大的牛顿

伽利略是近代科学的奠基人和开创者。但近一个世纪的物理学在牛顿那里得到了综合并发扬光大，牛顿出生于伽利略去世的当年，这也许象征了科学的亘古流传。

17 世纪可以被称为牛顿时代。

关于牛顿的故事数不胜数。牛顿是世界伟大的三大数学家之一，与高斯、阿基米德一起名垂青史。牛顿力学确立了经典物理学的宏伟殿堂，以牛顿力学为基础统一的声学、光学、电磁学和热学，支配着小到超显微粒子、大到宇宙天体的物理世界。牛顿把古典科学发展到顶峰。

爱萨克·牛顿是一个有 120 英亩土地的小地主的遗腹独生子，出生于林肯郡的耳索普。

按照儒略历来说，牛顿生于 1642 年 12 月 25 日，恰好是圣诞节。而按现在的格里高里历推算，他出生于 1643 年 1 月 4 日。

少年时代的牛顿，是一位普通的少年，没有表现出神童或天才的迹象。他与伽利略相似，喜欢动手制作手工，各种各样的机械工具等等。

牛顿出生时早产，差一点死亡。3 岁时，他的母亲改嫁，将他留给外祖父和外祖母照看。牛顿喜欢各种零件，据说，他做过一个以小老鼠为动力的磨坊模型，并且在自己做的风车上装饰有许多灯笼。他特别喜欢做日规，用它来查看时刻。

在上学前，人们认为这个小孩性格有些孤僻，爱自己动手搞一些小制作，别无其他。但牛顿也同时很喜欢数学和绘画。牛顿上小学时成绩平常，12 岁时进入格兰瑟姆的文科中学念书，他寄宿在一位药剂师家里，学会了做实验，而成绩开始名列前茅。

牛顿的舅舅对他较为照顾。1656 年，牛顿母亲改嫁后的丈夫死去，牛顿回家帮助家里务农，但他干不好农活。他舅舅认为他才能不凡，便很想让他上大学。1661 年，牛顿以减费生的身份进入了剑桥大学的三一学院。牛顿听了巴罗的讲座，受益匪浅，学业突飞猛进。1664 年，他被选为三一学院的研究生，第二年被选为校委。

在大学，牛顿阅读了很多自然科学著作，为他的一生奠定了知识的基础。他读了开普勒的《光学》、伽利略的《关于两大世界体系的对话》、胡克的《显微图》以及笛卡尔的《哲学和数学方面的菱》，基本上掌握了当时重要的全部数学方面的知识。

1665 年到 1666 年，伦敦流行瘟疫，牛顿回到家乡，在母亲的农场里度过了约两年时光。正是这两年，使得他静思了很多问题，许多创造性的成果都是在这两年中萌芽或成功的。

牛顿注意到行星问题，这就发生了人们广为流传的苹果掉地与万有引力的故事。故事是真是假无从得知，其实科学发现不是偶然的类似苹果落地之类的情况就能成功的，若没有坚实的知识基础和终日废寝忘食的思考，无论如何也不会有灵感出现。

伏尔泰说，牛顿在他的果园里看见苹果熟透后向地上落而找到了线索。这个现象使得牛顿猜度物体下落的原因，并且使他产生了关于地球引力范围的思考。

牛顿同母异父的妹妹汉娜·巴顿的后代，于 1872 年赠给剑桥大学的牛顿手稿中写道：“就在这一年，我开始想到把重力引伸到月球的轨道上，并且在弄清怎样估计圆形物在球体中旋转时压于球面的力量之后，就从开普勒关于行星公转的周期与其轨道半径的二分之三成比例的定律中，推得推动行星在轨道上运行的力量必定与它们到旋转中心的距离的平方成反比例。于是我把推动月球在轨道上运行的力与地面上的重力加以比较，发现它们差不多密合。这一切都是 1665 年与 1666 年两个瘟疫年份的事。因为在那些日子里，我发现人们在旺盛年代对于数学和哲学比以后任何年代都更加关心。惠更斯先生后来发现了离心力并发表研究成果，我想这些研究成果的取得应当在我之前。”

1665年，牛顿发明了级数近似法。1666年研究颜色，从开普勒第三定律推出行星维持轨道所需要的力与它们到旋转中心的距离的平方成反比关系。他发现了万有引力定律，直到能证明时才发表。

1687年，在哈雷的鼓励下，牛顿出版了巨著《自然哲学的数学原理》，正式发表经过证明的万有引力定律和牛顿运动三大定律。这部书改变了整个科学界和人类的知识与能力，开启了牛顿的时代。

牛顿工作的重大成果有：证明地球上的力学也能应用于地球之外的星球；从大自然的研究中排除了旧的哲学观念，打破了天体的特殊与神圣。

1669年，牛顿当上了剑桥大学的卢卡斯讲座数学教授，年仅27岁。他研究光学，发现太阳光并非单色，而是多种光的合成。牛顿成功地提出折射式望远镜会出现色差，也就是说在透镜周围出现杂乱的光圈。于是，牛顿开始研究反射式望远镜。1671年，牛顿向英国皇家学会提交了发明——反射式望远镜，因此被选为会员。1672年，牛顿向学会公布了他在光学研究上的成果。

当时胡克是学会的实验总监，胡克理论不是十分强，但实验相当有天才。他争强好胜，喜欢发表意见并喜欢与人争优先权。他对很多问题有点滴看法，很有价值，但没能形成系统明确的理论。

牛顿的论文“论光与颜色”遭到胡克的批评，因为牛顿持光的粒子说，而胡克不同意粒子说。牛顿性格较为内向，他更不喜欢别人对他的批评，因此差一点辞职。后来牛顿不再研究光学，而且不发表任何学术研究的论文。直到1679年，胡克主动和牛顿交往，牛顿才改变了做法。

从开普勒第三定律和向心力公式，是很容易推出向心力与半径的平方成反比的。很多人意识到这一点，而且也发现了逆命题：在平方反比于距离的力作用下，行星的轨道是椭圆的，但只有牛顿首先证明出来。

有意思的是，牛顿的《原理》一书出版时，皇家学会拿不出钱资助，哈雷于是用自己的钱资助牛顿。但胡克又说，平方反比定律的第一位发现者是他，而且牛顿的研究工作是由他才产生的，牛顿认为胡克也不是不讲理地胡说，于是在书中确认了胡克的独立发现权。

牛顿的伟大在于使这个定律推广到地球之外，因此而成为万有引力。

牛顿的《原理》出版后，惠更斯专程去和作者牛顿会面。英国诗人波佩赞美牛顿说："大自然和它的规律隐藏在黑暗之中，上帝说：'让牛顿去吧，一切便灿然明朗'。"

一个全新的宇宙图景在牛顿的勾画中呈现，牛顿的动力学与天文学基础是建立在绝对空间和绝对时间概念上的。

牛顿和他的学生们看到，牛顿力学赋予世界画面的惊人秩序与和谐所给我们在美感上的满足，超过凭借任何天真的常识观点或亚里士多德派范畴的谬误概念，或诗人们的神秘想象所见到的、万花筒式的混乱的自然界。

经验是牛顿始终坚持的原则。莱布尼茨和惠更斯对牛顿在哲学上有一定的评价，他们认为牛顿对于万有引力的根本原因未加说明。自牛顿时代以来，还确实没有人能完满地解释，从爱因斯坦的理论看出，这在牛顿建立的绝对时空观世界是无法正确获解的。牛顿始终具有经验主义的哲学态度。

牛顿晚年更加笃信宗教，这和他的性格及心理都有关系。牛顿的研究中也有请出上帝之时，他认为"神控制万物，知道存在着的或可以做出来的万物……既然无所不在，他在凭自己的意志移动他的无限而一致的知觉中枢范围内的物体，从而形成或改造宇宙各部分的时候，就比我们凭我们的意志来移动身体的各部分还容易"。

《原理》出版之后，牛顿被朋友们拉去做社会工作，他表示不再继续研究了。由于他好沉默，因而人们很难得知这位伟人在做什么。

英国的学者丹皮尔认为，牛顿在保卫剑桥大学、抵抗詹姆士二世干涉剑桥大学的独立方面起了很大作用。1689 年，牛顿代表剑桥大学当选为国会议员。他当时已经家喻户晓，就连皇宫贵族的少女少妇也附庸风雅地以看《原理》为荣，因此人们很想目睹伟人风采。据说牛顿在国会从不发言，突然有一次，牛顿在座位上站了起来，人们顿时鸦雀无声，期待着牛顿讲话。谁知牛顿只说了一句"请把窗户关起来"，之后就坐下了。

1690 年国会解散，牛顿去研究了圣经，1701 年再度进国会。1693 年时，牛顿得了精神上的毛病，长期忧郁导致他神经衰弱、敏感，心理状态不健康。

1695 年牛顿迁居伦敦，做了皇家造币局的督办，后来成为造币局局长。他运用他的冶金知识铸造了成色很足的货币。

1703 年到 1727 年，牛顿担任皇家学会会长，这使他在与莱布尼茨的争论中处于优势。牛顿常有精神方面的不良症状，也因此引起人们的不同评价，他自私、尖刻的一面暴露了出来。

在当今大物理学家霍金的著作里有这样的评价：牛顿成为第一个被授予爵士的科学家，他与皇家天文学家约翰·夫莱姆斯梯德发生冲突。夫莱姆斯梯德曾提供许多数据为《原理》而用，后来他不提供了。而牛顿不允许人说不，他自封为皇家天文台大总管，让哈雷把夫莱姆斯梯德的工作夺走，强行出版他所需要的数据。

然而夫莱姆斯梯德告到法庭，法庭裁决不得出版，使牛顿很愤怒，他为了报复，把有关夫莱姆斯梯德的引证在《原理》中全部删除。

霍金在著作中认为，牛顿在剑桥积极从事反天主教运动，后来在议会中也很活跃，最终作为酬报，他得到皇家造币厂长的肥缺。他以社会上更能接受的方式，施展他那狡狯和刻薄的能耐，成功地导演了一场反对伪币的重大战役，甚至将几个人送上了绞刑架。

这些评价使我们看到一个更为全面完整的牛顿。

1727 年 3 月 20 日凌晨，牛顿在睡梦中与世长辞，终年 85 岁。

法国著名哲学家伏尔泰目睹了牛顿的葬礼，感叹牛顿获得的殊荣。如同法国的先贤祠一样，牛顿被安葬在英国威斯特敏斯特大教堂，那是安葬英雄之处。

关于牛顿的故事举不胜举。人们传说他思考问题，边走边向水中掷石子观察水波现象，结果，把衣兜里的手表扔入湖中。牛顿在数学上发明了微积分等等。他不使用传统的古老的方法解题，善于创造。

有一次，牛顿请朋友吃饭，他请朋友在餐桌旁坐好后，他去另一间屋里去拿酒。谁知一进屋，他想起了一个问题，便一直研究了下去，随后认为该祈祷了，因为他认为饭已经吃过了。于是他穿上白衣进了工作室祈祷，准备工作，他把等待吃饭的人全忘了。

还有一次，一位博士请牛顿吃鸡肉，牛顿说有一个问题，先出去一会儿。博士左等不见人，右等不见回来，于是他先吃了一只，把另一只盖上。又过了一会儿，牛顿回来了，他看到博士吃的剩骨头，恍然大悟地说："亲爱的朋友，我竟然忘了我们已经吃过饭，我还回来吃饭呢！"

晚年的牛顿宝刀不老。1696 年，瑞士数学家伯努利出了两个问题，向欧洲数学家挑战。牛顿知道后，当天晚上就解决了，寄给伯努利。伯努利说："我一眼就认出了狮子的利爪，这肯定是牛顿所为。"1716 年，据说莱布尼茨也出题挑战牛顿，当时牛顿虽然已 75 岁了，但只用了一下午就解决了问题。

无论如何，牛顿是一个人，当然也有缺点，就像霍金笔下所述，他有偏执自私的一面，但牛顿毕竟是人类史上伟大的自然学家。在艺术家笔下，牛顿像神一样制定了宇宙定律。

数学微积分、天文物理上的万有引力、运动中的三大定律，新的物理学体系建立、光学领域中的太阳光谱、反射式望远镜，这其中任何一项体现在一个人身上，都可以让他永垂青史，而牛顿一个人就做出了这些发现和发明。

让我们重温一下牛顿的名言："如果我比别人看得远些，那是因为我站在巨人们的肩上。"

"我不知道世人怎么看，但在我自己看来，我只不过是一个在海滨玩耍的孩子，不时地为比别人找到一块更光滑、更美丽的卵石和贝壳而感到高兴，而在我面前的真理海洋，却完全是个谜。"

微积分发明之争

牛顿是伟大的物理学家，也是世界伟大的三大数学家之一。他是微积分的创始人之一。

但现在通行的微积分符号基本采用的是另外一位德国大数学家莱布尼茨的。他们二人为了发明权，曾经有过不小的争执。

在当今世界著名的理论物理学家霍金的著作中是这样认为的："莱布尼茨和牛顿各自独立地发展了数学分支——微积分，微积分是大部分近代物理的基础。现在我们知道，牛顿发现微积分要比莱布尼茨早若干年，可是他到很晚才出版他的著作。随着关于谁是第一个发现者的严重争吵的发生，科学家们激烈地为双方作辩护。然而值得注意的是，大多数为牛顿辩护的文章均出自牛顿本人之手，只不过仅仅用朋友的名义出版而已！当争论日趋激烈时，莱布尼茨犯了一个错误，他向皇家学会起诉，以求解决这一争端。牛顿作为皇家学会主席，指定了一个清一色由他自己的朋友组成的'公正的'委员会来审查此案。更有甚者，后来牛顿写了一个委员会报告，并让皇家学会将其出版，正式地谴责莱布尼茨剽窃。"

牛顿还不满意，他又在皇家学会自己的杂志上写了一篇匿名的、关于报告的回顾。据报道，莱布尼茨死后，牛顿扬言他为伤透了莱布尼茨的心而洋洋得意。

牛顿与莱布尼茨以不同的形式发明了微分学，现在人们认为，他们都是独立发明的。莱布尼茨的符号比牛顿的科学易用，因此通行的符号采用了莱布尼茨的发明。

莱布尼茨从求曲线上任一点的切线问题入手而发明了微分，后来又研究了逆运算积分。

1684 年，他在德国《博物学报》上发表文章，简介了微积分，但没有引起注意。于是，1686 年莱布尼茨发表了更详细的论文，这篇文章里第一次使用了现在通行的微积分基本符号。结果，正是这篇文章引起了英国与德国科学界的争论，谁该享有发明权。

据载，一开始双方当事人没有在意，他们宣布承认对方的独立发明。后来英国人大张旗鼓的争论使牛顿开始暗中争夺。莱布尼茨于 1714 年发表了《微分学的历史和起源》，阐述了自己发明微积分的历史背景。

保守的英国数学界拒不承认莱布尼茨较为先进的符号和思想。牛顿之后，英国的数学明显落后了，而争论也中断了英国同德国甚至欧洲大陆的数学交流。

事件中还有很多详情。

1676 年，牛顿在写给莱布尼茨的信中宣布了二项式定理，提出流数法。但是牛顿却没有交流自己发现的求极大极小值的方法。莱布尼茨在给牛顿的回信中却提出了和牛顿相近的方法，不过二者角度不同。

从数学实质上看，莱布尼茨远远比牛顿的创造要科学简洁，而牛顿主要把力学与运动学相结合，在这上面的理解程度高于莱布尼茨。二人殊途同归，各有侧重：一是几何法的“流数术”；二是“无穷小算法”的分析学。

1699 年，瑞士科学家法蒂奥德揭发莱布尼茨抄袭，结果很多科学家纷纷指责莱布尼茨，情况就像我们前面介绍的那样，没有人相信莱布尼茨的辩解。

1716 年 11 月 14 日，莱布尼茨逝世，应该说是残酷的论争使他郁郁寡欢辞别人世的。最后，英国皇家学会出面调查，承认了二人的发明，但莱布尼茨已经不再知道了。

76 年现身一次

夜空群星闪耀，时而有流星闪现，给人们以无限遐想。在科学不发达的年代，天空带给人更多的是神秘。

彗星是一种特殊的星，它与其他星星的区别在于它的大尾巴。现在我们知道，彗核内有许多冰尘物质，蒸发和消散形成的痕迹就是彗尾。

丹麦 17 世纪的天文学家布拉尔认为彗星是妖星，说“彗星是由于人类的罪恶造成的。罪恶上升形成气体，上帝一怒之下把罪恶点燃，变成丑陋的星体”。这种宗教式的说法神秘而恐怖。当 1682 年的夜晚，有一颗披头散发的彗星出现在天空时，人们全都吓呆了。彗星拖着长长的亮闪闪的尾巴，一连几十个夜晚在天边运行，仿佛妖魔降临大地。人们恐惧异常，纷纷向上帝忏悔，但是无济于事，一时间天下大乱，占星家、巫师也趁乱打劫，弄得乌烟瘴气，人心惶惶。

从第谷那里已经得到过这样的结论，彗星不是特殊的妖怪，也是一种天体。另外，开普勒等天文学家也研究过彗星的轨道，但没人认真地计算观察，也没有人得出准确的结论。

天文学史上第一个全力研究彗星轨道的人是爱德蒙·哈雷，他于 1656 年出生在英国。当时人们传说妖星出现，而哈雷却并不相信，他认为这是一种正常的天体，宇宙中存在的自然现象，决定认真研究它，揭开彗星之谜。

哈雷开始详尽地搜集资料，查检星图星表，当时牛顿的万有引力定律已经问世，哈雷利用定律对 1337 年到 1698 年的 20 多颗彗星进行了详细的研究。

他把彗星的轨道根据时间绘制成图，以便观察比较，结果发现 1531 年、1607 年和 1682 年的彗星轨道十分类似。哈雷眼前一亮：莫非这是同一颗彗星所为？

结果不出所料，哈雷继续向前查，发现每隔 76 年左右，这颗彗星就出现一次。于是哈雷向社会宣布：彗星是按固定的周期运行的，在 1758 年将再度光临地球。

人们都被这个消息惊动了，结果 1758 年 12 月 24 日，彗星光临地球，人们为了纪念哈雷，命名为“哈雷彗星”。1742 年，哈雷去世，距他的预言早 14 年离开人间。

哈雷彗星在 1986 年光临了地球，不难知道它下一次光临地球的大概年份，现在科学家们早已经可以精确计算出时间了。

哈雷不仅仅发现了彗星周期，在 1718 年他还发现了恒星的自运转。人们之所以区分恒星与行星，就是因为恒星都是看起来不动的，其实世界上没有绝对静止的东西，恒星的遥远使人们产生了视觉错误。

哈雷被誉为南方的第谷，是第一个观测南半球天空的天文学家。

哈雷与牛顿交往甚笃。正是由于他的鼓励，牛顿写出了《自然哲学的数学原理》，他用自己的钱资助出版。也正是二人的交往，又影响了哈雷，使其在彗星上感兴趣而取得成就。这是科学界相互促进、互扶互助的佳话。

哈雷 1678 年入选英国皇家学会。他在格林威治天文台工作时，提出了利用金星凌日的机会测定日地距离，推算太阳系大小，他算出的数字直到现在人们仍在采用。

色盲化学家开创新时代

1832 年，英国国王召见一位著名的化学家。这位化学家获得了牛津大学的博士学位，身穿博士礼服。

在他看来，衣服是灰色的（实际是红色的），于是便怀着敬意去面见国王。但在场的人却大吃一惊，因为基督教虔诚的信徒是不穿红色衣服的，这很不尊敬。而众所周知，大部分贵族绅士都是基督教礼仪的恪守者。

这位有意思的化学家是谁呢？

他就是道尔顿。

道尔顿是一位自学成才的大科学家。他勤奋谦虚，最终成为 19 世纪化学界的伟大人物。

1766 年，道尔顿生于英国的坎伯兰，他是一位纺织工人的儿子。他只读了几年农村小学，之后就没有进过学校学习。从他 15 岁起，便协助别人教学，成为一名小学教师，后来又当过中学教师。从此道尔顿就开始了自学、研究、创作的道路。

道尔顿并不是神童，天资也不很高。他是靠着刻苦的精神和顽强的毅力来进行科学研究从而取得丰硕成果的。

举例来说，他对气象一直保持着兴趣。坚持记气象日记，每天观测气温、湿度等等，共记了20万次的观测数据，足见道尔顿的勤奋。

他提出的原子论学说，成为19世纪最重要的化学成就并为现代化学奠定了基础。

原子论学说的主要内容如下：

第一，化学元素是由非常微小的、不可再分的物质粒子即原子组成，原子在化学变化中均保持自己的独特性质。

第二，同一元素的所有原子，各方面的性质，特别是质量，都完全相同。不同的元素的原子质量不同。原子量表现出每一种元素的特征性质。

第三，不同元素的原子以简单数目的比例相结合，形成化学中化合现象，化合物的原子称为复杂原子，复杂原子的质量为所有组成成分的质量之和。

在1801年，道尔顿研究气体时发现了所谓分压定律，就是说，在同样的温度下，混合气体所产生的压强等于各气体在单独占有整个混合气体体积时所产生的压强之和。

1808年，道尔顿出版了《化学哲学的新体系》，由此提出了详细而完整的化学原子论。

道尔顿是化学史上第一个提出原子量概念的人，还是第一个开始自觉测量原子量的人。他引来了大批的化学家继续研究，从而使化学进入了“原子时代”。

在原子论提出之前，道尔顿已经在自然科学研究领域做出了贡献。

1793年，他出版首部著作《气象观测论文集》，并且被任命为曼彻斯特的数学和哲学教授。

1803年10月，在曼彻斯特的文学与哲学大会上，他宣读了《论水对气的吸收作用》一文，首先着重简明地提出了原子论。

道尔顿的原子理论还很死板并且过于武断，但是，科学史专家评价说：“他在一个重要的时刻为化学家们提供了许多重要的新概念。特别是他所提出的原子概念，已不是德谟克利特或笛卡尔那种形而上学的概念，而是实证的概念。

"由此原子取得了一个能用数量来表达的性，一个能在宏观物体上表现并可用实验方法来检验的特性，长期含糊不清的原子概念有了精确的定量依据，元素的概念也因此更为明确。从而反映了人们对自然界物质认识的一个新阶段。"

道尔顿一生未婚，不断为科学研究努力奋斗，因为长期在实验室工作，道尔顿得了慢性汞中毒的病症。1844 年 7 月 27 日凌晨，道尔顿在实验室去世了。

道尔顿原子量概念的提出是近代科学原子论诞生的重要标志，当时的科学条件和手段还不能对原子质量加以确定，所以道尔顿借助了一些假说，但其高度的形象化被人接受。

他自学成才，为人谦虚。1832 年被授予牛津大学的最高学位——法学博士学位。他本人去见国王不知道自己衣服的颜色，因为他是一名色盲患者。据此，他还写过关于色盲的文章。

人们为他建了一座大理石雕像，永远纪念这位勤奋谦虚的天才。

平凡而伟大的法拉第

19 世纪最伟大的实验科学家是法拉第。

1803 年，12 岁的法拉第得到了一个意外的机会：有一位当斯先生在皇家研究所工作，他送给法拉第一张票。

法拉第很奇怪：送给我票干什么呢？当时的法拉第是无名之辈，也不是大学生，而是一名小小的装订工。

但由于他在 1804 年进印刷场当童工和学徒之后，经常忍不住经他手装订的书，并在业余时间经常看这些新书。所以，虽然他刚刚认完字后就没能上学，但他竟然利用这样的机会学到了不少科学知识。

他还利用业余时间做了化学实验并装配了发电机。

当斯先生见到法拉第如此勤奋好学时，就送给法拉第一张票，这是大化学家戴维的科学讲座门票。

法拉第高兴极了，拿着纸与笔去听讲座。戴维的系列演讲共有 4 次，法拉第认真听讲并做了很详细的笔记。

他高兴地发现，从来没有上过学的他，竟然全部都听懂了。

法拉第1791年9月22日生于伦敦市郊的贫民区。他的父亲有10个孩子，靠做铁匠活养家糊口，所以，小法拉第学会认字之后便再也没有上学，他一切都靠自学。

戴维的讲座使法拉第对科学研究充满热爱和憧憬。

1812年12月，法拉第满怀希望地寻求帮助。他把自己从头到尾听到的戴维演讲的内容记录整理好，命名为《汉弗莱·戴维在皇家研究院4次化学哲学讲演的记录稿》。

然后，法拉第将笔记寄给了戴维教授，请他审阅。信中，法拉第诚恳地请求戴维给他一个助手的工作。

戴维其实对奖掖后学不感兴趣，在他身上没有谦虚的品质和吸纳的胸怀。他并不想与法拉第有多少联系，出于礼貌，他回了一封信，对法拉第好学的精神表示赞扬，而没有真正给予法拉第什么帮助。

后来，戴维与一位助手发生了矛盾，助手被戴维解聘了，他想到了法拉第的多次请求，于是写信对法拉第说，实验室里有一个工作，不过很艰苦，是洗刷瓶子，工资比法拉第做装订工还要低。但是他毫不犹豫地答应了，愉快地开始上班。

1813年，法拉第成为戴维的正式助手。应该说，戴维是被法拉第的勤劳、聪明、谦虚的优秀品质打动了。在皇家学院里保存的会议文件记载了这样的话语：

“迈科尔·法拉第，22岁。根据戴维爵士的观察，这个人能够胜任工作。他的习惯十分好，上进心强，举止和蔼严谨，聪明好学。”

1813年的秋天，法拉第随从戴维夫妇出访欧洲。他们在法国、意大利、瑞士等国同很多科学家交流，并且做了部分研究工作，这使法拉第得到正规的科学训练并且终身受益。

在出巡访问期间，戴维居高自傲，把法拉第以仆人身份看待，法拉第感激戴维的帮助，善良的他并不在意。

在学术访问中，法拉第见到很多著名的科学家，如伏打电池的发明者伏打。

1815年，法拉第与戴维一起，发明了矿工头上戴着的照明用具——矿工探灯。

1816年，法拉第发表了第一篇论文，成为一名有成绩的研究者。

法拉第在戴维处见到了奥斯特的来信，信中说明了电流的磁效应。于是，在戴维的指导和帮助下，法拉第的第一篇有关电磁学方面的论文诞生了。这为法拉第进入电磁学研究领域开启了大门。

1825年，法拉第在电化学方面取得了开创性的成果。他最先使用“电解”、“电极”、“阳极”、“阴极”等词。

法拉第在实验方面具有极高的天赋，他没受过正规教育，因此其数学能力十分欠缺，但是他对实验的理解和洞察却是无与伦比的。

有一个例子可以说明。

1821年，英国化学家沃拉斯顿来到戴维的实验室，他有一个想法告诉了戴维，二人共同设计了一个实验。

他认为，如果在磁石附近恰当的位置放上一条导线，导线通电后就会发生转动。

他们二人设计了实验，但是却没有发生预想的结果，这却启发了法拉第。后来，法拉第成功地使小磁针在通电导线周围飞速旋转，电生磁的现象发生了。

法拉第相信，电与磁是可以相互转化的。

他开始寻找磁生电的实验。

在日记中，法拉第记下了“磁能转化为电”这一光辉的思想。他坚定不移地相信这一点，最后表明，他的物理推断力是极其惊人的。

法拉第把线圈和电流计连接好，把磁铁插入线圈或从线圈中拔出，之后去观察电流计，结果什么现象也没能发生。

其实，已经发生了电磁感应现象，不过法拉第没有想到电磁感应现象竟然是一种瞬间的过程。受奥斯特实验影响，法拉第认为电磁感应现象应该是一种稳定效应，结果法拉第屡次失败。

10年过去了。

1831年10月17日，法拉第在一个长筒外面绕上导线，将导线的两端连接上灵敏的电流表。然后用磁棒在线圈中插拔，突然，一瞬间，电流表的指针晃了一下，电流计发生了偏转！

法拉第高兴之余，一共做了几十个类似的实验，终于认识到电磁感应现象原来是一种很短暂的现象。

1831年，法拉第发表了论文，指出变化的磁场产生电流，这是一个划时代的发现。

法拉第从失败中认识到关键在于运动，一定要使磁线与线圈有相对运动。

为了解释电磁感应现象，法拉第于1837年提出了电场和磁场的概念。他认为电荷、磁体或电流在周围空间能够产生一种特殊的物质，即电场或磁场。电作用或磁作用正是通过场发生作用的，它们隔着其他物体也可能发生。

法拉第提出“力线”概念，这是法拉第电磁理论的核心思想。正是力线概念的提出，使得许多电磁现象的定性解释变得十分简单。

法拉第设计了世界上第一部感应发电机，第一个发现了电解定律，第一次发现真空放电现象中的“阴极暗区”，第一回谈到磁力线与电磁场。

是他，开创了电磁学研究的新时代。

1838 年，人们发现早在 6 年以前法拉第就认识到：“磁力从磁极出发的传播类似于起水面波纹的振动或者空气粒子的声振动。也就是说，振动理论应用于磁现象，就像对声音所作的那样，而且这也是光现象最可能的解释。”

法拉第预言了电磁波的存在。

1845 年，法拉第提出光的本性是电力线和磁力线的振动。

这鼓舞了麦克斯韦等人，从而发展为光的电磁说。

法拉第为人十分宽容，在他做出很大贡献时，戴维逐渐妒忌起来，在法拉第当选皇家会员时，只有戴维投了反对票。但是法拉第不忘戴维的培养和教导，在公开的场合和私下的交往中从不讳认，而且对戴维总是很感激。

法拉第对金钱和名誉看得很淡，他崇尚科学，一直到晚年，法拉第坚持作实验记录，并且开设讲座，希望大家具备科学精神。

法拉第拒绝了封授爵位，也拒绝了当选皇家学会会长。英俄战争时，政府请他研制毒气在战场上的运用，法拉第断然拒绝。

法拉第于 1867 年 8 月 25 日在伦敦逝世。

他那平凡的墓碑只有名字和生卒年，以标志他这位人类普通一员存在于世界的时间。

平凡的墓碑后却是一个伟大的灵魂。

免疫的开始

1823 年 1 月 24 日，英国医生詹纳逝世了。在伦敦和巴黎，人们为他建造了大理石雕像，刻着这样的碑铭：“向母亲、孩子、人民的恩人致敬。”

詹纳是著名的巴斯德博士之前的一位医生，堪称人类史上第一次制服某种疫病的伟大医生。

天花是一种可怕的流行病，但也是极为常见的病。那个时代，几乎所有的人都遭受过天花的威胁。有的人因此而丧命，有的人侥幸活了下来，但却面容被毁，长满麻子，十分难看。

人们在埃及木乃伊上，就发现有天花的痕迹。天花肆虐人间长达千年之久。

著名的物理学家胡克因天花而留下一脸麻子。1751 年，美国的第一任总统乔治·华盛顿患了天花，留下了一脸麻子。1774 年，法国国王路易十五患上天花，结果一命呜呼。

无论是达官贵人还是平民百姓，“天花面前人人平等”。在 18 世纪，由于天花的流行，欧洲共有 1.5 亿人死去。

詹纳就是征服了这种可怕流行病的人，他因此而获得人们广泛的崇敬和感激。

在天花流行传染的过程中，人们发现了一个现象：得过病的人如果愈合康复，则不会再被传染，而轻微患病的人也不会被二次传染。这就表明，人们可以获得免疫能力。

詹纳于 1749 年 5 月 17 日出生，13 岁的时候就开始当学徒了。他跟随一位名医，做他的助手和徒工。

一件偶然的事引起詹纳的注意：几位牛奶女工到诊所来看病，在询问病情时，詹纳得知她们竟然躲过好几次天花的泛滥蔓延。

这是怎么回事呢？女工们告诉詹纳，她们自己发现，得了牛痘的人就没有被天花传染。什么是牛痘呢？牛痘就是发生在牛身上的一种轻微的传染病，它的各种表现和病理都和天花相似。不过对牛来说十分轻微。

女工们告诉詹纳，奶牛跟人相似，也会生痘。如果挤奶的人皮肤有皲裂或伤口，就会被传染，但是只不过稍有不适，过上不几天就一切恢复正常了。几年来，她们没觉得有什么不适，而且也没有患上人类的天花。

詹纳高兴极了，他去牛奶场实地考察，发现挤奶女工的劳动条件不好，她们无一例外地手上起过牛痘一样的包疮，但是谁也没有患上人类的天花而死亡或伤残。

早在16世纪，人们就意识到接种，中国人尝试了种人痘。由于阿拉伯人的商业交流，他们把这个方法带到了欧洲。启蒙运动的领袖狄德罗就提倡过这种方法。但是由于人们不清楚天花的机理，这个机理直到巴斯德博士才得以澄清，那么当时人种人痘很危险，无法掌握病情的轻重，常出现作用量大而使被种的人真的患上天花或作用量小不起作用的情况。

詹纳敏锐地意识到了牛痘的积极作用。于是他进行大量的试验，用动物进行各种尝试，他初步得出结论：种牛痘较安全，可以起到有效的预防作用。

1796年，詹纳做了一项人体实验。他用患了牛痘人的痘疮脓汁感染一名健康的小男孩，结果孩子开始轻微地发烧，身体很不舒适，但绝没有像以前人类患天花那样严重。

詹纳冒着风险使曾经感染牛痘的小男孩再次感染。詹纳心里十分担心，这涉及到一个人的终生健康和生命，没有十足地把握他绝对不会如此，但没有真正地一次人体试验怎么才能推广使用呢?

虽然被试者是同意的，但詹纳的心依然有些发悬。结果发现，男孩十分健康，他幸运地成为世界上第一例种牛痘的临床试验主人公。

1798年，詹纳发表了论文《接种牛痘的原因和效果的调查》，向世界颁布了这一无比重大的发现。

英国的王室成员率先响应，英王认识到了这件事的重要意义，经过调查发现这种方法值得推广，所以王室成员带头接种牛痘，结果人们络绎不绝，要求詹纳医生接种牛痘。

很快，这种方法在全欧洲推广起来。

当时的教会认为，人是高贵纯洁的动物，上帝不允许种牛痘，这样就会长犄角和蹄子，变成怪物，然而事实表明教会的话全是谎言。

而那时的医学仍以传统的希波拉底和盖伦派为主，很多错误都不加纠正，詹纳很反感这种盲目迷信的做法，所以拒绝参加考试，因此伦敦的医学会不承认他是会员。世界上第一个真正的医生，一个真正能对付一种疾病的医生被无知的同行拒之门外。

但人们都很感谢他，谁都得承认他是一名真正的医生。1823年詹纳去世时，人们就刻下了如本文开头那样的肺腑之言。

物种起源

达尔文——进化论。

这六个字有多少丰富的涵义呢?

达尔文的进化论是生物科学的一次“伟大的综合”,它标志着生物进化论思想的完整形成。从此生物科学开始进入一个崭新的历史时期。

它是当时历史条件下最科学、最完满的进化理论,是现代进化论的主要理论基础。正是在他的理论上,又加入遗传学理论,现代科学的进化论才得以建立。

神创论和物种不变论受到空前重击。

查理·达尔文,1809 年 2 月 12 日出生在英国的希罗普郡。

他的祖父是一位医生、博物学家、诗人。祖父曾经用诗歌表达自己的进化论思想,也是进化论的先驱者之一。他还发表过《动物学》等多种著作。

达尔文的父亲是一代名医,造诣极深,知识渊博。达尔文的母亲是瓷器收藏家的女儿,爱好花草树木的种植。

达尔文生长在一个拥有浓重的博物传统的家庭。他的祖父与外祖父都是英国科学团体的成员,与发明家瓦特、化学家普利斯特列及工程师博尔顿关系密切。

达尔文从小喜欢大自然,很贪玩,学习成绩并不好,甚至家长和老师认为他的智力比较低下,对他也不抱什么希望。

达尔文进入教会学校,但对圣经的学习不感兴趣。他喜欢旷野或沙滩上的各种自然物品,还喜欢钓鱼、上树摸鸟蛋,搜集其他的物件。

更令大人生气的是,他喜欢打猎、养狗和捉老鼠,以致于父亲生气地训斥他:“你这样下去,会给我们这样的家庭丢脸的!”

16 岁以前,达尔文上的都是著名的学校,但是却什么都没学到,然而脑子里也有了这样的观点:大自然是上帝所造,上帝为了人类的生存特意创造了地球,而地球的物种一经上帝创出,永不改变。

1825 年,16 岁的达尔文被父亲送去爱丁堡大学学习医学,继承祖业。然而达尔文不喜欢医学,甚至有晕血症。在这一段时期,他主要的收获是阅读了马克的进化论的书，还掌握了许多生物学知识。

父亲又把儿子转入剑桥大学基督教学院学习神学，希望儿子能成为一名体面的牧师。但是，1828 年，达尔文刚进神学院时成绩还很好，没多长时间，他就开始厌恶神学，又要换学科。

父亲生气了，不再管他。就这样，达尔文在剑桥度过了 3 年。这 3 年用达尔文自己的话说是“完全浪费”了，他与一些富家的浪子赌博、打猎、酗酒、游玩。

然而这 3 年他还是有收获的，那就是认识了一位植物学教授亨斯洛和一位地质学家塞奇威克。他更加喜欢研究生物与地质了。

1831 年达尔文离开剑桥之前，曾经跟塞奇威克到北威尔士地区进行地质考察。这次考察中，他实际运用并掌握了科学的思维方法：由事实得出的一般结论，要归纳并抽象分析。

1831 年 8 月，达尔文一生的重大转机来临了。英国海军的“贝格尔”准备航行去南美进行考察，主要是测绘地图和考察水文，船上缺一名博物学者。于是，亨斯洛教授推荐达尔文去，就这样，达尔文兴冲冲地赴任了。

据说多亏了亨斯洛教授，因为船长和达尔文的父亲开始都不很同意。

1831 年 12 月 27 日，“贝格尔”号舰驶出英国的德翁港，穿过大西洋到达南美洲，先到达巴西，在南美洲海岸停留约两年，再从南美洲西海岸的加拉帕戈斯群岛横度太平洋驶向新西兰和澳大利亚、塔斯马尼亚岛，然后从印度洋绕过好望角，穿越大西洋再回到巴西。

这样，环球航行历时 5 年，到 1836 年 10 月回到英国。

每到一处，达尔文积极地采集各种生物和地质标本。他看到：

首先，在南美彭巴的地层中发现了巨大古代动物化石，这种动物有着很多现代动物的集合特征；

其次，加拉帕戈斯群岛的大多数生物都具有南美生物的特征，特别是群岛中每个岛屿的生物只是稍稍不同。他考察了 14 种地雀，发现这些鸟类和南美的差不多，他进一步证明了这些地雀确实来自南美，它们发生了一定的变化是为了更好地适应环境；

另外，在南美大陆时，达尔文观察到了一条清晰的线索：密切近似的物种，自北向南，顺次更代。

而赖尔的《地质学原理》更帮助了达尔文，他接受了地质渐变的观点，从书中，达尔文深刻地理解了比较历史方法。

物种如此多种多样而连续渐变式的不同，使达尔文认为只能假设物种逐渐变异。

达尔文在这 5 年中建立了物种渐变进化的萌芽。他说："当我作为一个自然学者在皇家军舰上航行时，在南美洲看到某些事实，有关生物的地理分布和古代与现存生物的地质关系，我深深被这些所触动。"这些都成为神秘的物种起源问题的曙光。

达尔文最直接的想法是：上帝创造这些如此相似、如此繁琐、如此费精力而不经济的花样物种干什么？

再回到英国时，达尔文已经俨然一位成熟文雅的绅士了。他训练有素，知识丰富，而且很有风度。父亲高兴极了。

通过考察报告的整理，达尔文成为远近闻名的地质学家。1838 年，达尔文当选为地质学会的秘书。

这时，他还没有找到严谨可信的进化论解释和证明，但进化论的观点却越来越明晰坚定了。

1838 年，达尔文组建了自己幸福和睦的家庭，他与青梅竹马的表姐埃玛结婚。他们家庭十分亲密无间，只是由于近亲结婚的原因，致使达尔文的儿女出现生理缺陷，使老人常常增添烦恼和不安。

达尔文的家境殷实而富裕，长辈给了他们很多钱，这使得达尔文能够随心所欲地进行研究工作。婚后，他们定居在伦敦乡下的唐村。在那里，达尔文进一步整理资料，研究进化论。

就在 1838 年，《人口论》跃入了达尔文的眼帘。《人口论》是马尔萨斯（1766—1834 年）的著作，这是有关社会问题与人类问题的研究。

马尔萨斯认为，人类为了资源和生存而展开了斗争和竞争，既可导致消极的后果又可以产生积极的作用。如果不加控制，人口将以几何级数增长，而粮食只可能以算术级数增长，这种比例上的失调终究会导致人口过剩，那么会发生饥饿、瘟疫来平衡控制。

这种物竞天择、适者生存的观念猛然间打动了达尔文。达尔文说："1838 年 10 月，即我开始系统研究的 15 个月之后，我偶尔阅读马尔萨斯的《人口论》，本来是为了消遣，并且由于长期不断地观察动物和植物的习性，我已具备很好的条件去体会到处进行着的生存斗争，所以我立刻觉得在同等环境条件下，有利的变异将被保存下来，不利的变异将被消灭。其结果大概就是新种的形成，于是我终于得到了一个据以工作的理论。"

就这样，在赖尔与马尔萨斯著作的影响下，达尔文于1842年写成了一个提纲。1844年，他又写了一个较长的提纲，以自然选择为基础的生命进化论已经成型，初具规模。

但是，达尔文又过了10年才重新考虑这个问题，他是一个严谨的人，要继续观察并研究人工选择与变异。为此，他做了不少实验，他要写一个理由充足、逻辑清楚的巨著。

1857年，达尔文在给阿沙·葛雷的信中比较全面地论述了这个问题。然而意外的事情发生了，因为进化论的思想已经广为流传，所以很多人认识到了这一问题。赖尔就催促达尔文抓紧时间，等达尔文动手的时候，他收到了一封信和论文。

一位名叫华莱士的青年生物学家请达尔文发表意见，并请在有价值的前提下推荐发表。达尔文仔细一看，竟然是自己20年来思考的问题。最令人惊讶的是，有很多词和句子都仿佛是达尔文自己说的。

后来，他得知华莱士比自己小14岁，也考察过群岛物种并且读了《人口论》。难怪如此？于是，达尔文准备放弃自己的计划了，他认为让华莱士发表文章即可，这种胸襟是很让人赞叹的。

当赖尔得知此事之后，便把华莱士的论文和达尔文的两个提纲都发表了，然后劝说达尔文加紧写作，就这样，一部险些流产的划时代巨著诞生了。

1859年11月24日，《物种起源》终于出版。全名是《论通过自然选择的物种起源，或生存斗争中最适者生存》。由于是提纲已先发表，人们早就拭目以待了，初版本1000多册著作被抢购一空。

达尔文的进化理论，是以自然选择为核心的进化理论。达尔文指出：生物具有普遍的变异现象。达尔文用家养的变异和自然的变异相对比，用极其丰富的资料证明了这一点。

物竞天择，生物具有普遍的生存斗争现象。生物按几何级数繁殖，这样势必造成生存的竞争。每种生物的产生，其个数都要比生存下来的生物要多得多。种内斗争、种间斗争、生物同环境的斗争是三个主要生存斗争方面。

自然选择是中心理论。自然对所有的变种都进行了选择，并且让最适应的生存下来，这些幸存的变种留下的后代最多。对于进化来说只有那些可遗传的变异才是重要的。达尔文论证了自然选择比人工选择更优越。人工选择产生的后果和“自然”在地质时期内累积的成果相比，是微不足道的。自然比人工远远要高明得多！

尽管达尔文阐释了生物进化的动力和结果，但是由于遗传学尚未建立，所以达尔文的论证是在核心论证上缺乏深度的。而且，斗争性在达尔文的理论中过于强调，而协作性显然有些薄弱。

《物种起源》打击了神创论和物种不变论，在欧洲引起轩然大波。

首先，来自宗教的攻击最多。达尔文不爱辩论争吵，只是接着研究理论。因为他只想在证据十分确凿的前提下发表著作，而使人们信服地接受。

赫胥黎成为达尔文进化论的斗士。在英国1860年牛津会议上，赫胥黎给威尔伯福斯主教为代表的神创论以有力的回击。他的讲话使很多人支持进化论。而且赫胥黎还提出："人猿同祖"。

达尔文的进化论中没有涉及人类进化的问题。后来，赫胥黎、海克尔、斯宾塞发展到人类问题，开始解释人在自然中的位置。由于华莱士不同意将进化推广到人，所以达尔文独立地研究。1871年，他发表了《人类的由来及其性选择》。

由于遗传学尚未建立，进化论中必有缺陷。1865年，达尔文获得了皇家学会的科普利奖。但这不是因为《物种起源》，而是由于其他的成绩。在达尔文生前，他的《物种起源》理论并没有得到普遍认同，但进化的思想已经深入人心。

1882年4月9日，这位伟大的生物学家告别了人世。他安葬在牛顿墓旁，这是人们对达尔文的最高赞颂。

19世纪最辉煌的物理理论

1936年，爱因斯坦在写给富兰克林学会学报的论文中称："法拉第和麦克斯韦的电磁场理论，是牛顿时代以来物理学最深刻的变革。"

电磁学的物理概念基础是法拉第奠定的。他具有丰富而深刻的物理思想，为电磁场的理论建立了物理基础。他的实验技巧相当高，然而数学基础很差，所以无法用数学来描绘电场和磁场。

库仑定律、高斯定律、法拉第定律、安培定律于19世纪分别提出。这一切实践和理论上的工作为麦克斯韦建立统一的电磁理论做好了充分的准备。

麦克斯韦于1831年11月13日出生于苏格兰爱丁堡的一个名门望族。他的父亲知识很渊博，常常带麦克斯韦去听科学讲座，所以他受到科学熏陶是很早的事情。

10岁时，麦克斯韦入了爱丁堡中学，他数学和诗歌都十分出色，15岁时就向英国皇家学会递交了卵形曲线的有关论文，结果发表在《爱丁堡皇家学会学报》上。当时许多教授就跟笛卡尔惊叹帕斯卡那样，不敢相信这出自15岁少年之手。

1847年，麦克斯韦入爱丁堡大学学习数学与物理。1850年秋天，转入剑桥大学，主修数学。1854年，留校工作。1856年，在一所学院任教。1860年，入伦敦皇家学院。1871年，麦克斯韦回到剑桥担任实验物理学教授。

据说，麦克斯韦讲课有点儿霸道，他的课十分之难，以致于很多人听不懂，往往是只有少数的极优异学生能理解而其他人则不知所云。

著名的卡文迪许实验室就是麦克斯韦创建的，也正是他整理出版了卡文迪许的研究手稿并出版印刷，使人们认识到了卡文迪许这个科学怪人和天才人物的物理思想和重大贡献。

一个偶然的机会，麦克斯韦读到了法拉第的著作，立刻被其中准确实在的思想吸引住了，不过有人开玩笑似地说过，法拉第的著作是在做实验报告而不是在写论文。事实确实如此，法拉第没有能以数学的形式进行抽象和归纳。

1855年，麦克斯韦发表了第一篇有关电磁学的论文——《论法拉第力线》。在这篇论文中，麦克斯韦用数学的方法对力线进行了阐述和研究。他认为，电和磁不能单独存在，二者互不可分。

法拉第也见到了这篇论文，这时他已结束了自己的磁学研究。1860年，这是一个值得纪念的时期，物理学上相当于伽利略和牛顿的两个人会面了。法拉第与麦克斯韦相差40多岁，法拉第年已70岁，麦克斯韦正当壮年。在法拉第的家中，二人相谈十分契合。

麦克斯韦是电磁理论的集大成者。他首先提出“涡旋电场”的假设，指出即使不存在导体回路，变化的磁场也能在周围空间激发起一种电力线是闭合曲线的电场，也就是涡旋电场。

麦克斯韦指出，所谓感生电动势正是来源于这种假设的涡旋电场。这是麦克斯韦为建立统一的电磁理论作的第一个重大假设。

第二个假设是“位移电流”。

麦克斯韦认为，安培定律可以把范围应用到非稳恒情况，这样一来，麦克斯韦扩大了安培定律的范围。总电流能够在非稳恒状态下保持连续，电流可以激发磁场，而变化的电场也可以激发磁场。位移电流的概念是麦克斯韦整个电磁理论的核心内容。

1865 年，麦克斯韦发表论文《电磁场动力学》。就是在这里，他总结出一组描述电磁现象的完整方程，这就是麦克斯韦方程组。麦克斯韦方程组揭示了电磁场内的矛盾和运动，在这里，将光、电、磁三者相统一，只表现为优美而简洁的四个基本方程。麦克斯韦用数学方法从麦克斯韦方程组中直接推导出电磁场的波动方程，推算出电磁波的传播速度和光速相等。他预言了电磁波的存在，麦克斯韦写道：“电磁波的这一速度与光速如此接近，看来我们有充分的理由断定，光本身是以波动形式在电磁场中按电磁波规律传播的一种电磁振动。”

1865 年，麦克斯韦因病回家静养，把他的时间用在了整理著作上。1873 年，麦克斯韦最重要的著作《电磁学通论》问世了。在这里，麦克斯韦对电磁场理论作了系统的阐述，证实了方程组解的惟一，建立了完整、严密的电磁理论。这是一部电磁学的百科全书，是电磁理论的集大成之著。

人们被这种玄奥、奇妙的观点吸引住了。19 世纪下半叶中后期，约 1886 年左右，著名物理学家赫兹的实验证明了麦克斯韦预言的电磁波，人们更加缅怀这位英年早逝的天才。

麦克斯韦于 1879 年 11 月 5 曰，因长期得病而不幸逝世，年仅 48 岁。现在，无线电波在空中穿梭放射，信息时代不可估量的价值已经展现在人们的面前。

斗争一生的天才诗人——拜伦

1788 年 1 月 22 日，在英国伦敦一个古老没落的贵族家庭诞生了一个漂亮的小男孩，他的名字叫乔治·戈登·拜伦。按说喜得贵子应该是一件高兴的事，但是小拜伦来到世上却是一个错误，因为没有人喜欢这个小家伙。当海军军官的父亲每天出去寻欢作乐，根本不顾这个家，他甚至都懒得看一眼这个小家伙。因为父亲的缘故，母亲心情很不好，常常烦躁粗暴地对待小拜伦。既然出生是一个错误，小拜伦只好靠自己的奋争才得以活下来，可是小拜伦的一条脚却在一次事故中折断了，成为终身残疾。父亲无度的放荡生活不久将家里的财产挥霍干净，又把母亲的财产也偷得一干二净，一家人过着入不敷出的贫困生活，母亲的脾气变得越来越坏。父亲一如既往，毫不悔改，欠下大笔债务。母亲忍无可忍与父亲离婚，拜伦跟母亲迁居苏格兰，父亲则到法国逃债。在小拜伦3岁的时候，父亲客死他乡。没有父亲的小拜伦经常受到别的孩子的嘲笑与欺负。贫穷的生活、父母的离异及生理上的残疾使小拜伦过早地成熟，他孤癖、冷傲、毫不屈服，在他幼小的心灵中刻满了生活的艰辛，他知道一切都要靠自己去奋斗。在他受了委屈时，他就把自己投入恬静、美丽的自然，或把自己埋入书本，以拼命的学习来暂时忘记自己的悲伤与不幸，在大自然的怀抱与书的海洋中寻找片刻的欢娱。

1798年，拜伦继承了家庭的爵位与一个小庄园，这使得母子的生活得到较好的改善。由于拜伦的勤奋，1805年他考入剑桥大学学习。大学二年级时，天才的拜伦出版了自己第一本诗集《懒散的日子》。艺术上虽然还不太成熟，但已显示出诗人超凡脱俗的孤傲气质。他表达了自己对现实的不满，对上层社会习俗的轻蔑与鄙视，同时抒发了作者寂寞、孤独的情感。这本诗集遭到匿名文章的讽刺与挖苦。拜伦立即写了长篇讽刺诗《英格兰诗人与苏格兰评论》对其进行有力的反击，充分显示了诗人的才华。

大学毕业后，拜伦获取了世袭议员的席位。但由于家族的没落加上拜伦的残疾以及拜伦永不屈服的个性，拜伦在议会中遭到歧视与排挤。拜伦愤而离开英国，到各地旅行。当时，世界各地的起义运动正在悄悄发展，诗人以敏锐的心灵注意到这一点。1811年，拜伦回到英国。归国途中，拜伦写下了《恰尔德·哈洛尔德游记》的一、二章。诗篇发表之后，获得广泛好评，拜伦一举成名了。

1811年，拜伦回国之后，正赶上国内工人起义运动高涨，英国政府为了保护资产阶级的利益，残酷镇压了工人运动，并在议会中讨论通过《严禁组织机器破坏法案》，要对破坏机器的工人处以死刑。拜伦看尽了下层人民生活的艰辛，对工人阶级的遭遇深为同情，拜伦在议会上发表了著名的演说，反对“法案”的通过。但是，反动统治阶层依然通过了这血腥的立法。拜伦愤怒至极，很快在报纸上发表了著名的讽刺诗《〈制止破坏机器法案〉制订者颂》。在诗中，拜伦揭露了统治者的反动本质。不久，拜伦反对英政府奴役爱尔兰的反动政策，他在议会上发表了第二次演说，由此，拜伦与英国反动统治者之间结下了仇恨。此后，由于世界各国的民族解放运动都遭受不同程度的挫折，拜伦愈感到自己在革命事业上的孤独，感受到自己一人力量的渺小。在这期间，拜伦写下了一系列“东方叙事诗”，如《异教徒》、《海盗》、《莱拉》、《巴里西娜》等。在这些诗中，拜伦塑造了一系列异常孤独、脱离群众的个人反叛者形象，称为“拜伦式英雄”。这些英雄孤傲、顽强、勇敢，企图以个人的力量拯救世界，但每个故事都以悲剧的形式结束。拜伦清醒地认识到这种英雄在精神上是伟大的，但却是注定不能胜利的。由于拜伦的种种反叛行为，反动势力终于忍无可忍，他们趁诗人与妻子分居之时，对拜伦肆意辱骂、诽谤，要把拜伦永远赶出英国。

1816年4月，拜伦孤独地离开英国。在瑞士逗留时，拜伦结识了英国另一位大诗人雪莱。二人结下了深厚友谊，在雪莱的影响下，拜伦写下了许多著名的诗篇。如《普罗米修斯》，这是英国第一首关于工人阶级的诗歌。后来，拜伦移居意大利，他同烧炭党人交往密切，这使得拜伦重新获得新的战斗激情，由此产生许多杰出的作品，如《该隐》、《审判的幻景》、《青铜时代》以及没有完成的长篇叙事诗《唐璜》。拜伦原计划写24章，但只完成了16章。从这没有完成的诗篇中，我们已能发现诗中那深刻的思想与巨大的艺术魅力。唐璜本是古代西班牙传说中一个无恶不做的恶棍，在拜伦的笔下唐璜只是一个普通贵族，诗人借他的游历展示各国的社会生活。唐璜从小接受封建教育，在他16岁时，被邻居美貌的少妇所迷惑。但是他们的私情不久败露，唐璜的第一次恋爱结束了。唐璜逃离西班牙，渡海远走他乡。而美貌的少妇朱丽亚不得不做了修女。唐璜主仆不幸在海上遇到风暴，由于海浪把所有东西都冲走，饥饿的人们开始相互残杀以食人肉。唐璜却独自泅水逃离这群非人非兽的魔鬼。后来，唐璜被希腊海盗头子兰勃洛的女儿海黛搭救，两人一见钟情，在岛上过着无忧无虑的生活。但是兰勃洛突然回来，唐璜被送到土耳其奴隶市场拍卖，海黛独自郁郁而死。土耳其后宫选侍从，唐璜被买去献给荒淫的苏丹王后古尔佩霞兹。但唐璜念念不忘自己的海黛，丝毫不为妖艳的王后动心，他找机会逃出王宫。这时俄国大军正攻打土耳其的伊斯迈尔城，唐璜加入俄军。由于他作战勇敢、表现突出，被派往彼得堡报捷。在叶卡特琳娜女王的宫中，唐璜受到宠幸，最后因生活的放荡染上疾病，御医建议到外地疗养。于是女王让他以外交使节的身分去英国旅行。在英国，高大英俊的唐璜又成了上流社会名媛贵妇的宠儿。诗篇到此结束。拜伦借唐璜的所见所感刻画出欧洲上层社会的荒淫无度的丑恶生活，极力讽刺了那些高贵的人们的伪善无耻的灵魂。

在《审判的幻景》中，拜伦以尖刻、犀利的笔锋揭露了刚死去的乔治三世的荒淫与暴虐，讽刺了湖畔派诗人骚塞阿谀奉承统治阶层的卑劣行径。《青铜时代》是拜伦讽刺艺术的代表作，揭露了1822年在维也纳召开的所谓“神圣同盟”的“神圣”行为，歌颂了西班牙人的英勇斗争。

1823年，意大利烧炭党运动失败，拜伦离开意大利。渴望战斗的拜伦前往希腊，去参加希腊人民的解放斗争。英勇、正直的拜伦深得希腊人的爱戴，后来成为希腊独立运动的领袖之一。1824年生日那天，拜伦写下了诗歌《今天我度过了三十六年》，号召希腊人民起来斗争。但是此后不久，拜伦得了伤寒病，在恶劣的条件下无药可医，年轻的拜伦终于在4月19日逝世。整个希腊为之哀悼，并为拜伦举行了国葬。

拜伦逝去了，他英勇奋战的一生结束了，但他那战斗者的诗篇依然闪耀着光芒。

诗人一生留下了许多著名的诗篇，其中规模宏大的《恰尔德·哈洛尔德游记》不但是他的成名作，也是他的代表作之一。《恰尔德·哈洛尔德游记》共四章，4700多行诗文。前两章是归国途中所作，后两章是在意大利时所作。哈洛尔德是一个贵族反叛者形象，他高傲、冷漠，既厌恶上层社会的荒淫腐败，又看不起下层劳动者的卑俗。他终日沉浸在痛苦之中，孤独地在各地游历，总想找到一条光明之路，但终究失败。他“孤独而骄傲，宁离人间去独自生存”。

在第一章，作者描写了西班牙人反抗侵略者的斗争，塑造了一位坚强、英勇的西班牙女游击队员的光辉形象：

“爱人战死后，她没有流无用的泪，
首领牺牲了，她站上他危险的岗位，
伙伴逃奔去，她阻止这卑贱的行为，
敌人退了，她率领人马去追。”

第二章中，主人公来到希腊。当时，希腊人甘受奴役还没有起义。诗人以古希腊辉煌的历史激励希腊人只有自己起来，才能得到自由：

“你们的子孙还不奋起，只是空口咒骂，

他们在土耳其的皮鞭下可怜地呻吟，
只能当一辈子奴隶，
言行都一样的卑贱。
世世代代做奴隶的人，你们知否，
谁要获得解放，必须自己动手。
第三章、第四章抒发出了一种必胜的信心：
自由啊，你的旗帜虽破但仍飘扬长空，
招展着，像雷雨似地迎接狂风；
你的号角虽然中断，余音渐渐低沉，
依然是暴风雨后最嘹亮的声音。”

浪漫现实并存的狄更斯

19 世纪中期，英国由一个农业国迅速转变为一个工业国，一跃位居世界第一，有“世界工场”之称。资本主义自由竞争，使大批小资产阶级纷纷破产，而在资产阶级的工厂中，他们为了捞取更多的利润，不顾工人的死活。三、四十年代，工人阶级开始觉醒，展开了大规模的反抗运动，最著名的是世界闻名的英国宪章运动。正是在这一时代，英国诞生了一派出色的小说家，其中最杰出的就是查尔斯·狄更斯。

查尔斯·狄更斯于 1812 年 2 月 7 日在英国南部朴茨茅斯出生。这是一个贫苦的小资产阶级家庭。父亲在英国海军军需处供职，收入微薄，常常入不敷出。1824 年，父亲因债务问题被关进负债人监狱，狄更斯与他的兄弟姐妹跟着母亲都搬入了父亲住的监狱，为了挣些钱，狄更斯在一家皮鞋公司做童工。他每天很早从监狱出来，到工厂去工作。他的主要工作是洗玻璃瓶与贴标签，每天工作到很晚，手经常被破碎的瓶子划破，整天伤口都在水中泡着，常常几个月都好不了。因为他是负债人的儿子，经常遭到别人的白眼与辱骂。童年辛酸的经历成为狄更斯一生痛苦的回忆。

后来，狄更斯一家得到一笔遗产，一家人从而摆脱了债务的纠缠。15 岁时，狄更斯在一家律师事务所当小职员。他接触各种各样的人物，各种各样的案件，他看到了英国法律制度的黑暗与腐败。1831 年，狄更斯进入报界，他努力工作，不久就成为有名的记录员与新闻记者。这使他接触到更加广阔的生活，搜集到第一手材料，更加深刻地了解了英国现实社会。

这时起，狄更斯开始了文学创作。开始他以博慈的笔名发表了一系列杂记，后来集为《博慈杂记》出版。1837 年，狄更斯发表了他的第一部小说《匹克威克外传》，这使狄更斯一举成名。此后，狄更斯辞去报社的工作，开始专心写作。

《匹克威克外传》以幽默、轻松的笔调，写了匹克威克先生一行四人乘坐四轮马车到外地旅行，他们把沿途的风景、奇闻逸事报道给匹克威克俱乐部的其他成员。作者以讽刺幽默的语言向人们展示了英国社会的现实场景。这一时期，狄更斯还创作了其他几部小说，如《雾都孤儿》、《老古玩店》、《巴纳比·拉奇》等。其中《巴纳比·拉奇》是狄更斯第一部历史小说。这一时期的作品大都有一个圆满的结局，但也揭露了资本主义制度的罪恶。如《雾都孤儿》写了一个在济贫院出生的小孩奥利佛的故事。小奥利佛出生以来就没有得到过爱，在济贫院中，常常挨打挨骂，吃的是劣质的食物而且吃不饱。于是小奥利佛逃走了，他逃到伦敦在街上流浪乞讨，但是不幸又落入一个盗窃集团手中，被迫偷东西，又受尽欺侮。最后，在一个善良的富翁勃朗罗的帮助下，小奥利佛终于摆脱了盗贼的控制。后来，小奥利佛继承了一大笔财产，从此过上幸福的生活。

1842 年，狄更斯应邀访问美国。狄更斯充满着幻想兴冲冲地来到民主的美国。但作家敏锐的眼睛看到了黑暗的奴隶制度以及民主的虚伪，狄更斯大失所望，他对资本主义有了更深的了解。回国后，狄更斯发表了《游美札记》与《马丁·朱述尔维特》，对美国的社会阴暗面大肆揭露。此后狄更斯身上轻松的幽默消失了，代之的是尖刻的讽刺。这一时期，狄更斯的作品主要有《圣诞欢歌》、《钟声》、《董贝父子》等，其中《马丁·朱述尔维特》最为残酷。小说通过资本家安东尼与鸠纳斯·朱述尔维特父子之间的争斗，揭露资本主义国家虚伪的民主及人与人之间赤裸裸的金钱关系。鸠纳斯满脑子里都是金钱，他为了早日占有财产，竟杀死了自己的父亲，人与人之间的亲情看不到一点踪迹。

在狄更斯的晚年，他达到了艺术的成熟阶段。狄更斯以深刻的思想看透了资本主义社会下的黑暗与罪恶，创作出许多著名的长篇大作。如《大卫·科波菲尔》，是狄更斯的一部类似自传体的小说。狄更斯以他童年深刻的体验展示了资本主义竞争下的罪恶与不平等。狄更斯曾称之为“最得宠的孩子”。《小杜丽》是狄更斯的代表作之一，也是以伦敦负债人监狱马夏西监狱为背景。小说主人公小杜丽的父亲因破产而被关进监狱，因为长期还不起债，在监狱中是老住户，被称为马夏西之父。小杜丽在狱中出生、长大，被称为马夏西的孩子。小杜丽很早就懂事听话。她心地善良，喜欢帮助所有的人，狱中的人们都非常喜欢她。小杜丽精心地照顾父亲，又靠缝纫得来的钱资助她的哥哥姐姐离开监狱，到社会上去谋生。后来，她在一个朋友亚瑟·克仑南的帮助下，得到一大笔遗产，从而还清了债务。一家人离开监狱开始了新的生活。后来，亚瑟·克仑南与别人合资办厂，不幸失败，也被关入马夏西监狱。小杜丽得知后赶到狱中照顾他，两人产生爱情，最后还清债务，结了婚，过上幸福的生活。

狄更斯另一部广为人知的小说是《双城记》，小说描写了法国贵族厄弗里蒙兄弟依仗特权，强抢一个漂亮的农家姑娘供自己玩弄。姑娘的弟弟跟踪来报仇救他姐姐，但不幸在打斗中被侯爵刺成重伤。马奈克医生在散步的时候，被强迫去给姑娘的弟弟看看伤势，但弟弟已经含愤而死。姑娘也已经被折磨得疯了，不久也死去。马奈特医生被侯爵的残暴行为震惊，他给皇帝写了一封信，揭露了这件事。谁知，侯爵反而没有事，马奈特医生不明不白地被投入巴士底监狱。在狱中，马奈特医生遭受非人的折磨，但他在一张纸上记录下侯爵的罪行，立誓要报仇。18年后，马奈特医生又不明不白地被释放。这时马奈特医生全身是病，几乎连动也动不了。由于长期独处，他已不会说话。出狱后，他女儿露茜照顾着他。这时，露茜认识了查尔斯·代尔那，两人产生爱情。马奈特知道了代尔那竟是仇人厄弗里蒙侯爵的侄子之后，非常痛苦，但又看出代尔那是个正直、善良的人。马奈特医生为了女儿的幸福，同意了他们的婚姻。

有一次，厄弗里蒙侯爵的弟弟乘马车在大街上横冲直撞，轧死了一个农家小孩。侯爵大声地责骂下等人在马路上挡道，并抛下一个金币扬长而去。贵族特权阶层的残暴行为激怒了人民，他们愤怒地起来反抗。那个无辜的孩子父亲钻入马车下面，来到侯爵的城堡。夜里，他潜入侯爵的卧室，为儿子报了血仇。法国革命开始了，替代尔那在法国管理事务的盖白勒被革命法庭逮捕。代尔那为了营救盖白勒，冒险回到巴黎。但是当年被害兄妹的姐姐得伐石太太认出了代尔那是厄弗里蒙侯爵的侄子，她一直记着那笔血债，于是决心把代尔那送上断头台，为屈死的弟弟妹妹报仇。代尔那被逮捕。马奈特医生与露茜闻讯后赶到巴黎营救。但是，得伐石夫妇得到了马奈特医生在巴士底狱中写下的对厄弗里蒙侯爵的控诉书。代尔那被判死刑。临刑前一夜，一直深爱着露茜的英国律师卡尔登由于同代尔那面貌相似，他自愿混入狱中，替代尔那受刑，以换取自己心爱的女子一生的幸福。马车载着马奈特医生与代尔那夫妇幸福地远离巴黎时，卡尔登走上了断头台。得伐石太太知道仇人逃走之后，愤怒至极，她要杀死露茜的孩子，在与露茜的女仆的争斗中，不幸被自己的手枪打死。狄更斯以错综复杂的社会关系，展示了法国大革命时血淋淋的场面，揭示了被压抑的人性的爆发，成为现实主义的力作。

狄更斯还有其他一些非常著名的作品，如《荒凉山庄》、《艰难时世》、《远大前程》、《我们共同的朋友》等。其中《我们共同的朋友》是狄更斯最后一部完整的长篇小说。

1869 年，狄更斯写下《爱德温·德鲁特》，原计划小说要分十二期在报纸上发表。1870 年 6 月 7 日，狄更斯工作到深夜，写完了第六期最后一页，疲倦的狄更斯爬上床，想小睡一会，但突然得了脑溢血，1870 年 6 月 8 日，狄更斯遗憾而终。虽然去世时他有好多事情还没有做，但尽管如此，在狄更斯短暂的 30 多年的创作生涯中，依然给我们留下惊人的财富。狄更斯一共创作了 14 部长篇小说与大量中短篇小说以及大量的论文杂记等。狄更斯站在人民的立场上，生动地展现了 19 世纪英国的生活场景，揭露了资本主义的罪恶，表达了对下层人物、小人物的同情。狄更斯是这一时期英国最伟大的作家。

谁在呼唤春天的到来

把我当作你的竖琴吧，有如树林，
尽管我的叶落了，那有什么关系！
你巨大的合奏所振起的乐音，
将染有树林和我的深邃的秋意，
虽忧伤而甜蜜。啊，但愿你给予我
狂暴的精神！奋勇者啊，让我们合一！

请把我枯死的思想向世界吹落，
让它像枯叶一样促成新的生命！
哦，请听从这一篇符咒似的诗歌，
就把我的话语，像是灰烬和火星
从还未熄灭的炉火向人间播散！
让预言的喇叭通过我的嘴唇，
把昏睡的大地唤醒吧！要是冬天
已经来了，西风啊，春日怎么能遥远？（节选）

一曲《西风颂》让多少踯躅街头的人看到了春天的到来，使多少失意者重新踏上前进的航船。然而她的作者雪莱却在风华正茂的时候黯然离去，使成千上万的人吟诵着他的诗歌默默地为他祝福。

在英国，最早出现的浪漫主义作家是华兹华斯、柯勒律治和骚塞为代表的“湖畔派”。他们都是消极浪漫主义者，他们对资本主义文明及人与人之间的金钱关系极为不满，向往中世纪的宗法制生活方式。他们致力于写远离现实斗争的题材，讴歌宗法式农村生活和自然风光，并通过缅怀封建的中古以否定丑恶的城市文明。19 世纪初期继“湖畔派”而起的诗人是拜伦和雪莱。

波西·比希·雪莱 1792 年出生于一个富豪的贵族家庭，他所进的学校也是专为培养贵族子弟而设的，先是在伊顿公学，1810 年他进入牛津大学。可是，雪莱一开始就对当时教会严格控制的大中学教育深感不满。在牛津大学不过半年，便因为散发了自己所写的小册子《无神论的必要》而被学校开除出去。这激怒了他顽固的父亲，家庭从此和他断绝了关系，只保留对他微薄的金钱接济。他的未婚妻也和他解除了婚约。从此，自 19 岁开始，雪莱就成了被上层社会排挤出去的流浪儿，但同时，一个日益坚决的革命者也逐渐成长起来。

生活的贫困颠沛再加以社会的诽谤和迫害，丝毫没有顿挫雪莱的坚毅意志。他本人就像所歌唱的“云雀”一样，带着欢乐的歌唱直飞向他所向往的天空，从没有反悔。在资产阶级看来，他是疯狂的，是毒蛇。19 世纪英国批评家马太·安诺德有一句“名言”论及雪莱说：“雪莱是一个‘美丽的然而不切实际的安琪儿，枉然在空中拍着他闪烁的银色的翅膀’。”这就是某些评论家在最好的情况下所能看到的一切了。

当然，他的诗歌在群众中很有影响，恩格斯曾指出：“雪莱，天才的预言家，和满腔热情的、辛辣地讽刺现实社会的拜伦，他们的读者大多数是工人……”。据马克思的女儿爱琳诺说，马克思曾称雪莱是“彻头彻尾的革命家”。

雪莱的阅读非常广泛，阐述进步思想的书籍如威廉·葛德汶的《政治的正义》、托马斯·潘思的《人权论》等都是他经常阅读的，他对自然科学知识也抱有浓厚的兴趣，对科学的爱好已经给他的推崇理性和对世界的唯物认识奠定了基础。

离校不久，他到了凯斯维克，就是湖畔诗人华兹华斯在那儿歌颂自然之美的地方。但雪莱看到的却是一幅悲惨的景象，在书中他写道：“在这凯斯维克，虽然风景是可爱的，但人们却可憎。河里常常发现被不幸的女工所扼杀的孩子。”

1812 年 2 月，雪莱带着他新婚的妻子海瑞特和自己所写的《告爱尔兰人民》小册子，到爱尔兰去鼓动当地的民族革命。这是他第一次也是最后一次的实际革命工作，对他此后的发展有极其重要的影响。

在《告爱尔兰人民》里，他写道：“战争对你们的幸福和安全难道是必要的吗？穷人从国家的财富或疆域的扩展得不到任何好处，他们从‘光荣’得不到什么，这个字眼不过是政治家用来掩饰他们的野心或贪婪罢了……穷人用自己的血、劳作、快乐和美德当作代价，来买这‘光荣’和这‘财富’。他们为了这魔鬼的事业而战死沙场。可悲的是，下层人民所以牺牲自己的生命和自由，不过为了使压迫者更凶残地压迫他们而已。可悲的是，穷人必须把那使他们全家免于饥寒的财物当作税款交出来。……许多丰衣足食无所用心的人们在斥责改革，狠心的、或者无所用心的人们啊，有多少人正在你们权衡利害时忍饥挨饿？有多少人正为了助成你们的快乐而死去？”

这篇文字是相当鼓舞人心的，并且，它的立论完全站在赤贫的无产阶级的一面。

雪莱很重视他的爱尔兰之行，他认为“不是最高贵的成功就是最光荣的殉道”在等待他。他把《告爱尔兰人民》的小册子一面廉价在书市出售，一面还亲自在都柏林以各种方式散发它。除此而外，雪莱还把传单放在用木塞塞好的玻璃瓶中，置于海上任其漂流，或者用氢气球把它送往空中。

据当时报纸的记载，雪莱曾在都柏林的剧场中对爱尔兰的贵族们发表演说，效果非常好，激怒了一些顽固派。

1813 年，雪莱发表第一部长诗《麦布女王》。在这部长诗中，他表达了自己最基本的政治、哲学和美学观点。雪莱采取梦幻和寓言的形式，描写仙后麦布女王引领熟睡的纯洁少女伊昂珊的灵魂到宇宙中去观察人类的过去、现在和未来。雪莱通过这个梦幻故事，揭露暴君和僧侣摧残了人类的自由和才智，剥夺了人民的劳动果实，从而使千百万人民忍饥挨饿。他指出，变革是自然的法规，理性的声音终将唤醒人民，推翻暴君、僧侣和政客的统治，一个人人丰衣足食，人类才智获得解放，由道德、理性和科学统治的幸福社会必将出现于世界。

这首长诗的出版以及1811年至1813年所发表的政论，引起了英国统治阶级对诗人的极端仇恨。他们以各种借口造谣中伤，使雪莱的身心遭到不小的折磨。

在此期间，他的第一个妻子海瑞特不能理解他的精神生活。而由于和葛德汶一家人的接近，他热烈地爱上了葛德汶的长女玛丽，两人在1814年7月私奔到瑞士，但同年9月因经济困难又回到英国。这一时期，雪莱为了躲避债主，一度住到小客栈里去藏身。次年他的祖父去世，有一小部分遗产属于他，他的经济状况才好转起来，但雪莱从未富有过，因为他一旦稍有进款，便要慷慨地接济友人。1816年，由于社会舆论的迫害，又鉴于国外生活比较低廉，他和玛丽再度去瑞士，并在日内瓦和拜伦结识。时隔不久，思乡的雪莱又回到英国。就在这一年，最不幸的事情发生了。玛丽的妹妹范妮因为单恋雪莱不能自拔而自杀身亡，接着，诗人的前妻海瑞特也投河自杀，遗下了雪莱的两个孩子，他成了涉讼的对象。她的家人声称诗人没有教养子女的资格，而托利党政府以雪莱是无神论者为借口，竟剥夺了雪莱抚养子女的权利，把他们判给外人抚养了。诗人对此极为愤慨，便在1818年3月全家移居意大利，从此再也没有回国。

在意大利安居初期，雪莱完成了抒情诗剧《解放了的普罗米修斯》，这是他创作的高峰，是雪莱积极浪漫主义诗歌的典范。它是在英国劳资矛盾尖锐化，欧洲民族运动高潮时期写成的。它描写被困的普罗米修斯拒绝天神朱比特的威胁利诱，坚持长期不懈的斗争，终于取得了胜利。诗人在剧中不仅描写了被压迫人民的苦难——饥饿、贫困、奴役，而且指出一切暴君的必然下场，预示一场革命一定会到来，一定会胜利。同时还详细地描写出胜利以后的美好景象——没有阶级、没有压迫、完全自由“正义”、“理性”和“爱”统治的社会。最后一幕是整个宇宙欢呼新生和春天再来的颂歌。

1819 年英国反动统治者残杀曼彻斯特工人群众的“彼得广场事件”，对雪莱革命思想的发展具有特别重大的意义。这一事件不仅加深了他对英国统治集团的仇恨，并且使他相信仅靠文字宣传或打动压迫者的理性是不能改变现有秩序的。

正是在这一时期他创作了一系列优秀的、充满战斗号召的政治诗歌。其中最著名的有《给英国人民的歌》、《1819 年的英国)、《“虐政”的假面游行》、《写于卡斯尔累执政时期》等。在这些诗歌里，诗人揭露了社会上一切压迫和剥削的形式，统治者的罪恶，法律的不公道，非正义战争的残酷，最后号召被压迫、被剥削者为争取自由而起来斗争。

此外，雪莱写的许多抒情短诗在他的创作中也占有一个很重要的地位。他把景物的描写和革命热情紧紧地结合在一起，如《西风歌》(1819 年)、《云雀》(1820 年）等作品。

1822 年 7 月 8 日，雪莱和友人威廉斯自斯培兹亚海港泛舟去雷亨，中途遇到了风暴，不幸溺水。在他短促的一生中，他的革命思想和对未来的坚强信念始终如一。马克思认为，凡是了解雪莱的人都惋惜他在 29 岁时就夭折，“因为他是一个真正的革命家”，而且如果他不死，他会是一个“社会主义的急先锋”。

如流星般闪耀的勃朗特三姐妹

19 世纪四、五十年代，在英国文坛上突然升起三颗耀眼的新星，她们就是勃朗特三姐妹。三姐夏洛蒂·勃朗特，五妹艾米莉·勃朗特与六妹安妮·勃朗特。这三姐妹分别以一部巨著轰动了英国整个文学界。正当人们把目光转向这三姐妹时，这三姐妹竟因病先后殒落，年龄都没有超过 40 岁。离奇的身世更为她们的作品蒙上一层神秘的面纱。

勃朗特三姐妹都出生在英格兰北部索恩顿。父亲帕里克·勃朗特原来做过铁匠，当过教师，后来在卫理会的资助下，在剑桥大学神学院学习，毕业后担任本地教堂副牧师。勃朗特姐弟一共 6 个，夏洛蒂·勃朗特出生于 1816 年 4 月 12 日，她上面有两个姐姐，大姐玛丽亚，二姐伊丽莎白，夏洛蒂有个小她一岁的弟弟叫勃兰威尔，五妹艾米莉·勃朗特出生于 1818 年 7 月 30 日，最小的妹妹安妮·勃朗特是 1820 年 1 月 17

日出世的。此后不久，勃朗特升为牧师兼教区区长，全家搬到了霍沃斯。母亲玛丽亚·勃兰威尔由于连生 6 个儿女，身体很弱，经常生病，在小安妮刚满一岁时，母亲去世了。

6 个年幼的孩子失去了母亲，这对她们幼小的心灵是个沉重的打击。在霍沃斯这个荒凉的北方荒原上，根本没有什么地方能给孩子们苍白的童年抹上些许亮色。在寂寞的日子里，喜爱文学的老勃朗特自己教孩子们读书、写字，给他们讲各种动听的故事，后来由于教区事务繁忙，老勃朗特请来孩子们的姨妈勃兰威尔小姐照顾孩子们，从此孩子们的世界又迎来了欢乐。姨妈也是个卫理会教徒。在长辈的影响下，孩子们都养成了坚强、孤僻内向的性格。一次，艾米莉被一条野狗咬伤，她一声不吭地走进厨房，用烧红的烙铁把伤口烫焦，直到伤口好了之后，她才跟别人说起这件事。

孩子们渐渐长大了，老勃朗特希望儿女们都做个有文化的人。1824 年，老勃朗特先后把四个较大的女儿送进考文垂女子寄宿学校。这是教徒们捐资专门为穷牧师的女儿们办的教会学校。学校里教规特别严格，教师特别粗暴，孩子们的饭食也特别差。尤其是在冬天，每天孩子们都饿着肚子接受残暴的女教师史加契小姐的折磨，许多孩子得了病，互相传染，校方却漠不关心。最终，在这非人待遇的教会学校里，大姐玛丽亚与二姐伊丽莎白染上了肺结核，不久先后去世，只剩下瑟瑟发抖的夏洛蒂和艾米莉姐妹相互依偎。不久，学校里又流行“寒热病”，痛失两个爱女的老勃朗特急忙把两个小女儿救出了这个吃人的魔窟。但这段地狱般的生活已深深印在女儿的心中。在夏洛蒂的名作《简·爱》中，对于简·爱幼时的教会学校学习生活的描写，大都来自于夏洛蒂心灵深处的感受。学校生活结束了，姐弟们开始了自学生涯。家里收藏着许多文学名著，老勃朗特又为孩子们订了一些报刊。在这个偏僻的荒原上，四颗幼小的心灵幻想着美好的未来。1826 年的一天，老勃朗特给孩子们带来 12 个神态各异的木雕人像。这些小木头人成为孩子们最大的快乐之源，她们给小人们起了名字，根据他们的神态分别赋予不同的等级、地位。后来，孩子们开始把想像中的这些人物当作真人来编写故事，开始了他们的文学创作活动。夏洛蒂把写成的故事编为《岛国故事集》，分为四卷，分别为《居里亚》、《米娜·劳莉》、《亨利·哈斯汀上尉》以及《卡罗琳·凡依》。不久，夏洛蒂又把自己所作的诗歌编订起来，称为《青年》杂志，一共作了 6 期。孩子们就在这个偏僻的小山村中纺织着自己的文学之梦。

1831年，15岁的夏洛蒂·勃朗特又走进学校大门，开始了新的求学生涯，由于她的聪明与勤奋，一年之后，夏洛蒂便在鹿头学校毕业。1835年，夏洛蒂受到伍勒小姐的聘请到鹿头学校当老师。她的两个妹妹也先后在这个学校学习过。因为学校的课程太多，夏洛蒂每天精疲力竭。1838年，她辞职回家，艾米莉也因为教师工作太累而回家。弟弟勃兰威尔曾在布拉德福开过一个画室，由于不会经营，他背负一身债务也回到家里。第一次对社会的冲击以失败告终。后来，她们零星地当过几次家庭教师，当时，家庭教师的地位是很低下的，具有极强的自尊心的姐妹们终于不能忍受这种生活，愤而归家。1841年，三姐妹决定办学校。她们离乡背井去学习法语为办学校作准备。但这时，姨妈去世，这位一直如母亲一般疼爱孩子们的亲人竟连最后一面都没有见到夏洛蒂与艾米莉，姐妹俩心中异常悲痛。不幸的事接连降临到这些苦难的孩子身上。1844年1月，老勃朗特眼睛失明。后来，学校的计划因为招不来学生而失败。弟弟勃兰威尔因为在当家庭教师时恋爱失败开始酗酒、抽鸦片，脾气变得暴躁，叫嚷着要复仇。姐妹们辛辛苦苦挣来的积蓄都因为弟弟而折腾光了，生活又陷入困顿。但顽强的三姐妹并没有屈服，她们又开始向文学阵地冲锋。1846年5月，姐妹三个自费出版了她们的诗歌合集。为了避免外界对女性的歧视，姐妹三个分别以一个男性的笔名出版作品，三姐称为“柯勒·贝尔”，五妹称为“埃利斯·贝尔”，小妹称为“阿克顿·贝尔”。她们的作品集也称为《柯勒·贝尔、埃利斯·贝尔与阿克顿·贝尔诗集》，其中，艾米莉的诗写得最好，如《回想》、《群星》、《囚徒》等都是诗中的佳作。有一首《人生》这样写道：

“我鄙视发财，
也嘲笑情爱。
名利原是梦，
醒后不复在。”

夏洛蒂的诗也饱含着作者的深情，例如在《童年的网》中，她这样写道：

“童年时我们织了一张网，
网里天清气朗阳光灿烂。
童年时我们挖了一口井，
泉水清似玉液美如琼浆。

童年时我们种下芥子，
砍下杏树枝条。
现在我们已经长大，
它们是否已在土中腐烂？
它们都已凋残衰亡，
它们都已化为尘土，
因为人生黑暗重重，
欢乐很快从有化无。”

三姐妹的诗虽然已很成熟，艺术水平也很高，但因为她们都是些不出名的作家。诗集出版后，只卖出了两本。在通往文学殿堂的路上，姐妹三个又一次碰壁而归。此后，姐妹三个开始思考自己的作品与现实生活的关系。她们意识到原来那种浪漫的幻想已经过时了，现在需要的是现实生活中的激情。于是，坚强的三姐妹从自己的经历中搜取活生生的素材，开始了新的创作。1846 年，姐妹三个终于完成了自己的著作。夏洛蒂·勃朗特写完了《教师》、艾米莉完成了《呼啸山庄》、安妮完成了《安格妮丝·格雷》。书稿寄出之后，依然没有消息。不久，三姐夏洛蒂·勃朗特的《教师》被退回，夏洛蒂没有灰心，依然寄出，但又遭到退稿，前后共被退稿 6 次。最后，出版商提出要她写一部富有激情的、不要像《教师》一样直白、没有丝毫吸引力的书。于是夏洛蒂又开始了艰苦的创作，最终完成了《简·爱》。交稿之后，出版商非常满意。1847 年 10 月 16 日，这本著作出版，署名仍然是“柯勒·贝尔”。简·爱的传奇故事立刻轰动了整个英国，柯勒·贝尔的名字也尽为人知。但谁也没见过这个杰出的青年人，出版商也只是与这位作家书信联系，谁也弄不清这位贝尔先生何许人，人们都以为其他两部署名“埃利斯·贝尔”的《呼啸山庄》与署名“阿克顿·贝尔”的《安格妮丝·格雷》也是这位作家的新作。于是出版商急忙把这两部著作也排印出版，一时间关于“贝尔先生”或“贝尔三兄弟”的名声大振，人们都想见一见这一位或几位神秘的作家。几个月之后，安妮·勃朗特的第二部小说《怀特菲尔庄园的房客》也出版了。为了炒作赚钱的出版商假称这部小说是《简·爱》的作者的又一力作。为了澄清被炒的一团谜一样的“贝尔三兄弟”的身份，三姐妹于 1848 年 8 月来到伦敦。文艺界人士大吃一惊，扬名天下的“贝尔三兄弟”不但不是传言中所说的一个人，竟然是三个乡下姑娘。当时女性作家是少之又少的，而英国竟一下子出了三个如此出众的女作家，勃朗特三姐妹更引起人们广泛的注意。但是，不幸又尾随着欢乐不期而至。

1848 年 9 月，弟弟勃兰威尔因肺结核死去，在他的葬礼上，艾米莉不小心着了凉，得了急性肺结核不久也死去。向来顽强的艾米莉坦然面对将要到来的死亡，在临死前几小时，她把自己浑身上下收拾得干干净净、整整齐齐，然后躺在床上等待上帝的召唤，她相信自己肯定会进入天国。她脸上带着平静的微笑，死时年仅 30 岁。不久，小妹妹安妮也染上肺结核，久治不愈，性格温和的小安妮也一点不害怕，她要姐姐陪她去斯卡尔布勒海滨旅行，她要最后看一眼大自然优美的风景。这一趟，小妹妹玩得很开心，但那令人痛心的时刻终于到来了，1849 年 5 月，她在斯卡尔布勒安静地闭上眼。这个平时柔顺的小妹妹至死还关心着她的姐姐，生怕夏洛蒂受不了这种不幸的打击。“勇敢些，夏洛蒂!”说完这句话，安妮就停止了呼吸。坚强的夏洛蒂挺了下来，文坛三姐妹如今只有她孤军奋战。1849 年 10 月，夏洛蒂又出版了表现工人运动的著作《雪莉》。这一年年底，她应朋友的邀请去伦敦旅游，以排遣对妹妹们的思念。夏洛蒂结识了萨克雷等著名作家，又到曼彻斯特访问了当时另一位著名女作家盖斯凯尔夫人。1851 年，夏洛蒂再次访问盖斯凯尔夫人，两人结下深厚友谊。后来，两人经常相互来往。1851 年，夏洛蒂又开始埋头于新作《维莱特》。1853 年，小说完成并出版了。

夏洛蒂对于爱情与婚姻的问题非常苛刻，她如同简·爱一样，要爱就爱自己喜欢的人。她曾说过：“如果我找不到理想的人，就永远不结婚。”终于苍天不负有心人，1854 年 6 月 29 日，夏洛蒂与自己所爱的人尼科尔斯副牧师结婚。婚后的生活很幸福，只是幸福来得太晚，也太短暂。有一次夫妇二人出去游玩，不巧淋了大雨。已经有身孕的夏洛蒂得了感冒，病情越来越重，终于，感冒转成了妊娠败血症，病卧几个月之后，医治无效，夏洛蒂于 1855 年 3 月 31 日去世。文坛三姐妹的最后一名主力也被上帝召去，她留下的最后一部作品《爱玛》只写了一半。

勃朗特三姐妹如流星般逝去了，但她们留下的伟大作品却令她们的名字广为世界人民传颂。

三姐妹中以夏洛蒂·勃朗特的《简·爱》最为出众。简·爱是一个孤女，寄养在舅舅家，舅舅死后，舅妈经常折磨她，她的表哥表姐也常常欺负她。但她依然不能在舅妈家落脚，最后被送进慈善机构办的教会学校。这里更是人间的地狱，许多孩子被折磨而死。简·爱以顽强的毅力忍住了无休止的责骂，她努力学习，终于以优异的成绩毕业，逃离了这个魔窟。简·爱经人介绍在罗切斯特的庄园里给一个小女孩当家庭教师。罗切斯特被简·爱那种独特的气质所吸引，简·爱也被罗切斯特那种民主平等的思想所感动，她知道罗切斯特是惟一一个不轻视她的男性，她爱上了罗切斯特。但是，在举行婚礼之时，罗切斯特的妻弟出现，要罗切斯特中断婚礼，因为罗切斯特原来的妻子还活着。原来，罗切斯特是父亲的次子，按规定不能继承遗产，父亲为了不让他将来受苦，给他娶了一个有大笔财产陪嫁的白莎·梅森。婚后不久，白莎家族遗传的疯病爆发，罗切斯特非常痛苦，一直在外面过着放荡的生活，直到遇到简·爱。但简·爱不想当一个无名无份的情人，她逃走了。她昏倒在荒原上，被圣约翰兄妹救醒。圣约翰是个牧师，他向简·爱吐露了爱情，希望简·爱能跟她一起去印度传教，完成上帝的伟业。就在简·爱要答应圣约翰时，简·爱仿佛听到罗切斯特从远方传来的呼唤。简·爱一下子被心底压抑已久的爱所击倒，她赶回了罗切斯特的山庄，但看见的是一片废墟。原来，一天晚上，罗切斯特的疯妻子放火烧了山庄，她自己也坠楼而死。罗切斯特真的一无所有了，他跟简·爱现在是平等的了。最后，他们两个结婚，有了孩子，过着幸福的生活。

艾米莉·勃朗特的《呼啸山庄》是最受争议的作品，里面充满着野性的复仇力量。随着社会的发展，人们愈来愈发现《呼啸山庄》包涵着深刻的思想价值。艾米莉以一个孤儿的复仇与爱情的纠葛，演绎了人性深处极端的仇恨与极端的爱情的交锋。最终，主人公希刺克厉夫疯了，他一遍一遍呼唤着爱人的名字，孤独地在呼啸山庄附近的荒野游荡。

小妹妹安妮·勃朗特以自己的生活经历为蓝本，创作了《安格妮丝·格雷》。主人公安格妮丝·格雷是个贫苦人家的女儿，在学校毕业后，感觉到她不能再增加家里的负担，决定自己出外谋生。她找到一份家庭教师的工作，但由于家庭教师地位的低下，她经常受到这家主人勃卢菲德的辱骂，强烈的自尊心让她愤然辞职。不久，她又在马雷家里做家庭教师，但是马雷夫妇也无视她的人格与尊严，安格妮丝也经常受到责备。她失望之极，感到非常孤独。这时，只有一位善良的牧师威斯顿来安慰她，对她关怀至极。最终两人产生爱情，过着幸福的生活。另一方面，马雷家的大女儿罗沙利，自小养成轻浮、自私的性格，婚后受到丈夫残酷的折磨。

勃朗特三姐妹因为她们杰出的作品得到世界闻名的声誉，也因为她们离奇的身世更被后人注目。但三姐妹依然保持着自己朴素、纯朴的自然本性，强烈的自尊、顽强的毅力是三姐妹光辉形象的最真实的写照。

英国资产阶级革命最伟大的纪念碑

英国资产阶级革命掀起了世界革命的风暴，它为封建时代埋上了第一把土，同时为新生的资产阶级搭建了第一所现代的住房。英国资产阶级革命的辉煌被载入史册，作为这一时代最伟大的见证者与记录者——圣保罗大教堂，成为这一具有世界意义革命的最伟大的纪念碑。

圣保罗大教堂是英国国家教会的中心教堂，是 17 世纪后半叶英国最显著的建筑物，它坐落于伦敦城西的卢德盖特山上。以前，这里原有一座圣保罗教堂，系由东撒克逊王在公元 604 年建造的，因圣保罗是伦敦的保护神，故取名为圣保罗教堂。一千多年来，这座古老的建筑高高屹立在卢德盖特山上，任凭风吹雨打，那哥特式的尖塔高入云天，巍然不动。直到 1666 年，英国的资产阶级革命已经如火如荼地展开，而复辟的王室暂时取得了统治地位。在这一年夏天的一个夜晚，伦敦城里发生了一场特大的火灾。熊熊燃烧的烈火借着风势，烧毁了城内大部分建筑，这座古老的大教堂也不能幸免，成为一片废墟。不久，王室任命著名的建筑师克里斯托弗·雷恩为总设计师，建一所新的教堂以取代那座旧教堂。雷恩于 1675 年设计成一个八角形集中式平面的建筑，由于国王教会极力干预，不得不改成了拉丁十字形。西立面则被强加于罗马耶稣会样式。到了 1689 年，英国资产阶级革命最终成功，建立了君主立宪制政体。雷恩重新设计了立面，但由于工程进展很快，拉丁十字平面已经建成，不得不保留下来。这项工程历时 35 年，耗资 75 万英镑，到 1710 年才竣工。这时已 90 岁高龄的雷恩亲眼看见了这一伟大的建筑，禁不住泪流满面。

圣保罗大教堂是英国最大的教堂，也是世界第三高的教堂。教堂占地总面积 5946 平方米，主体呈拉丁十字形，它的纵轴 156.9 米，横轴为 69.3 米。十字交叉的上方是两层圆形柱廊构成的高鼓座，其上是巨大的穹顶。穹顶直径 34 米，离地面 111 米，规模上仅次于罗马的圣彼得大教堂。由于其平面有严格的几何精确性，结构简化，穹顶鼓座及支柱制作得很轻巧，体现了18世纪科学与技术的进步。教堂正门为双柱双层柱廊，尺度适宜，简洁庄重。教堂的西立面采用了古典柱式构图，简单精确的几何关系是立面造型的基础，西立面两侧立有一对哥特式尖塔，带有巴罗克手法。教堂内部宏大开阔，装饰简约，不事奢华，反映了帕拉第奥严格、纯净的古典精神，并注入了英国人讲究功能实效的传统。教堂内部建有一些王公贵人的坟墓和纪念碑，例如曾经打败过拿破仑的威灵顿公爵与海军大将威尔逊的墓室都建在这里。教堂的正门朝西，门前是22级台阶。在正门柱廊上方有一面“人”字形的墙，上面雕刻着圣保罗到大马士革传教的浮雕，“人”字墙正中顶部耸立着圣保罗的石雕像。这位获得新生的保护神如今守卫的是资产阶级立宪制国家的首府——获得新生的伦敦城，而那古老的王朝早已烟消云散了。

老圣保罗教堂早已消失了，新生的圣保罗大教堂也经历了几百年的风雨，它宏伟庄严地屹立在那里，动荡岁月也在其设计与建设中留下了时代的印记。它对于英国伟大的资产阶级革命具有最伟大的纪念意义。

产业革命的序幕

1736年，瓦特出生于苏格兰西部格里诺克的一个工人家庭。瓦特从小就很贫穷，受了很多苦。十几岁时，瓦特就开始当学徒，学习机械修配和制造。

1756年，瓦特学期未满，到了苏格兰的格拉斯哥。他特别想自己开个店，但是他的学徒期太短，不够独立经营的标准，因此没有获得当局的批准。

就这样，瓦特到了苏格兰格拉斯哥大学找到一份工作，即做机修工。作为一名机修技师，瓦特对业务刻苦钻研。他勤奋认真，虚心请教大学里有经验、有知识的老师。

在大学里，瓦特结识了著名物理学家布莱克教授。从那里，他学到了关于热学的知识，这对他日后的发明益处很大。

17世纪的前期与中期时，人们已经了解了大气压力和真空概念。利用蒸汽做动力很早就有了，1601年波尔塔就在《神灵三书》中设计过一个蒸汽的实验器械。

法国工程技师巴本在1679年制作了“蒸煮器”，就像现代的高压锅。他用自己的“蒸煮器”煮食品、做饭，味道很好，而且熟得很快，易烂可口。

就这样，巴本进一步研制了蒸汽机，并研制了世界上第一台带活塞的蒸汽机。在汽缸底部放有少量的水，一加热，水的蒸汽就会推动活塞，当停止加热时，汽缸下落，可以提供动力。后来，英国政府为了解决排水问题而奖励研究，公开悬赏，希望有人能解决矿井的排水问题。因为矿井太深，用机械排水需要很多人或者牛马，既费时又费力。

英国工程师萨费里发明了蒸汽泵来解决这个问题。1698年，萨弗里的蒸汽泵申请了专利，开始投入使用。蒸汽泵成为世界第一台投入实用的蒸汽机。

进一步的改造是英国工程师纽可门。1705年，纽可门与萨费里讨论问题，改造了他的方案，设计了一台较先进的蒸汽机。纽可门为了提高降温冷凝的速度，向汽缸里装了一个冷水喷射器，于是可以达到快速降温，使空气冷却的目的。1712年，英国的煤场与矿场基本上全换成了新式的纽可门蒸汽机。

瓦特在格拉斯哥大学做了很长时间的技师，到了第六个年头，也就是在1764年，大学买了一台纽可门的蒸汽机用来做实验，可是这台蒸汽机常常不灵。瓦特认真地研究了这种蒸汽机，发现了问题，瓦特发现，纽可门蒸汽机最大的缺点是蒸汽不能有效利用、浪费太多。

关键在于使汽缸不再降温。据说1765年，瓦特想到了空气的弹性，他是在天空中看云而联想到的，这和他一年多冥思苦想有关。因为蒸汽有弹性，所以蒸汽加热膨胀后，会向真空的地方移动。在这个地方另外设计部件，可以进行冷却降温，而使汽缸保持温度。

瓦特对自己想法的产生是这样描述的：“那是在一个晴朗的下午，我记得是星期天。我从察罗托街的城门走出，到了草地，又路过旧的洗衣店。我一直考虑蒸汽机的事情，后来进了牧人的农舍，我突然就想到了蒸汽是有弹性的物质，所以可以向真空中移动。要是把汽缸和排气的容器相通，那么蒸汽突然用极大的速度冲进容器，就可以在容器中降温而凝结。当我自己在头脑里把问题想清楚的时候，我还没有走过高尔夫球场呢。”

瓦特所谓增加的装置就是冷凝器。它和一个可以调节的开关相连接，高温的蒸汽注入汽缸之后，开关自动关上，这样密封住气体。做功后打开开关，蒸汽马上进入冷凝器，冷却之后在冷凝器和汽缸内场形成真空。活塞在大气压力下就可以做功。

1669 年，瓦特造出来第一台蒸汽机样品，把自己的冷凝器发明申请了专利。

瓦特在布莱克与技师威尔金森的帮助下，解决了汽缸和活塞之间的漏气问题，制出了更加精密的汽缸和活塞。到了 1781 年，瓦特又改变了蒸汽机只能直线做功的状态，用齿轮装置将活塞的直线往复式运动转化为轮轴的旋转运动。

1782 年，瓦特想到更进一步的方案，即双缸蒸汽机，这样一来，蒸汽机效率大幅度提高，终于可以成为机械动力之源了，蒸汽时代由此开始。

新式的蒸汽机被广泛运用，有采矿、纺织、冶金、机械加工等各种行业。马克思认为，蒸汽机的发明，在很短的时间内把世界万事都改变了。

1790 年，瓦特发明的蒸汽机基本取代了旧的蒸汽机，瓦特还发明了离心调节器，这个发明使蒸汽量得到了控制。

1800 年，瓦特被选入皇家学会。

原子可分

万物怎样构成?

这是一个古老的命题。毕达哥拉斯学派认为万物皆为数；西方第一个哲学家泰勒斯认为万物在水；赫拉克利特认为“万物由火构成”。

直到最后，德谟克利特提出“原子说”。

19 世纪末，从研究阳极射线起导致了 X 射线和放射性的发现。

那么，阳极射线本身的组成和性质是什么呢?其说法不一。有些科学家发现阴极射线能穿透某些金属，在磁铁的作用下发生偏转。

1879 年，英国物理学家克鲁克斯发现阴极射线是由带负电的粒子组成的。他认为这种粒子是气体分子在阴极上得到电荷所形成的阴离子，同性相斥导致它从阴极射向阳极。他在《论辐射的性质》一文中提出了阴极射线是阴离子流的假说。但是，此假说与事实有矛盾。矛盾推动人们沿着另外的思路去思考问题。

阴极射线性到底是什么？这个问题也是德国物理学界的老问题。很多德国物理学家认为阴极射线是一种以太波，而英国人常认为是粒子流。

汤姆逊 1856 年出生在英国曼彻斯特郊区。他的父亲从事出版业和书籍的买卖。汤姆逊小时候起就十分爱好自然科学，到 20 岁那年，他考入三一学院。

1884 年，汤姆逊成为卡文迪试验室第三任主任。

1897 年，汤姆逊开始研究阴极射线。他采用的方法主要是由阴极射线在电场和磁场中发生偏转出发，另外他也采用了静电偏转的方法。

这样，汤姆逊用实验证明了阴极射线在电场和磁场作用下都可以发生偏转，而这些射线偏转方式和带负电的粒子相同，这就说明阴极射线是带负电的电子流。

汤姆逊指出：阴极射线粒子是一种质量大约是氢原子质量 1/2000 的带负电的粒子，它的带电量是基本的电荷单位，它就是电子。

汤姆逊采用的“电子”观念，这个词最早是由英国物理学家斯通尼提出来的。后来，电子成了电的基本单位。

1911 年美国实验物理学家密立根精确地测得电子的电荷和质量分别为一个具体数值，这从实验上支持了电子的存在。

自古代德谟克利特的原子说以来，人们一直受原子不可再分的观念影响。电子的发现是科学的又一次革命性事件。

物理学由宏观进入了微观，物质在人们面前展示出了微观结构。

X 射线与放射性以及电子的发现，开始动摇经典物理学的观念，打破了传统，使得一些受机械论影响的物理学家在新的发现面前深感物理学的危机，揭开了量子理论和相对论的现代物理学序幕。

原子结构

放射性以及先前的 X 射线及电子的成功证实，引发了人们对原子结构的思考。

很明显，原子不是不可分，而是由微粒构成。在原子物理的基础上，量子力学发展起来。不过，我们进入奇妙的量子论时，先要弄清楚原子真正的结构，从而得知科学家在探索奇妙微观世界时的思路，这就是读史使人明智的道理。

历史的探索展示了思维的发展。

第一个较有意义模型的提出是威廉·汤姆森即开尔文爵士，其实还有约瑟夫·约翰·汤姆森。在这两位汤姆森的设想中，原子设计成球形，是一种带正电的液体，负电子像蛋糕中的葡萄干一样埋在液体中。如果正负电荷相等，原子就表现为中性，如果“葡萄干”太少或太多，原子就转为正、负离子，从而呈现带电性。

这就是布丁模型，或说枣糕模型、葡萄干蛋糕模型。

在实验中，有些事实符合布丁模型，但是有些问题却不能回答：“原子的光辐射为什么会形成？”

还有一些问题，如果枣糕是正电的，为什么有的原子特别容易得电子而有些原子则容易失电子呢？

卢瑟福进一步研究，他做了一个实验，在此之前伦纳特已经做过。他们用放射性的 X 射线进行穿透铝箔的尝试，铝箔中是无数排列整齐的铝原子。

卢瑟福在铝箔的前面和后面安放了荧光屏，用来观察穿过铝箔的射线和反射回来的射线。实验表明，大多数 X 粒子可以穿透铝箔，只是略有偏转。粒子穿过了铝原子，而少数粒子被反弹回来，撞到接收屏幕上，穿过去的射线呈现偏转。

由于大幅度的偏转，人们只能用较大的正电荷吸引来解释，进一步，他们还认识到较大的正电荷几乎占有原子的全部质量。

这样，卢瑟福设想修正汤姆森布丁电子原型，他设想原子内部的正电荷及原子质量的大部分都被压缩在一个极小的空间内，而电子在“核”的外面，距核较远。核与电子之间存在间隙，但是这样还不够，这样无法解释为什么电子不被核吸进去。于是，卢瑟福假想了一个力，使它保证电子不被核吸进去。

1911 年，卢瑟福公布了“行星模型”。这种把恒星当成核，把行星当成电子的想法发展了汤姆森布丁原型。

不久，人们又发现了困难。按照卢瑟福的设想，原子核是由带正电荷的有质量的小粒子组成，每一个这种粒子都具有与电子电荷相应的正基本电荷。比如说氢原子，就可以看作是一个正核粒子和一个电子绕质子运行。

然而人们研究氦时发现它只有两个电子，那么按照卢瑟福的理论和氦的实际原子量相比，却是4个质子，也就应该有4个电子。这下又相矛盾了。

卢瑟福假定了原子内部有“核内部电子”。

这种假定的关系十分准确，人们由这种关系出发，证实了很多卢瑟福的预言。

卢瑟福假定的物质是错误的。1932年，英国詹姆斯·查德威克发现了中子。人们认识到原子核内不是存在能抵消质子电荷的电子，而是含有不带正电也不带负电的中子。

到此，原子结构大致成形。后来量子理论更好地解决了电子轨道等问题。

卢瑟福因为原子模型而获得1908年诺贝尔化学奖，但是他坚持认为自己的研究属于物理学成就。

他的另一个巨大成就是放射性。这项研究成为现代炼金术的门户。

对于较重的核来说，如果用X射线来射击，X粒子能够碰到核之前由于电力的作用就会发生偏转。然而是否有可能冲破力的作用，而把核击穿呢？

进一步，X粒子有没有可能进入一个原子核而不出来呢？

卢瑟福用气体的微粒进行研究。他设计了一个大玻璃管，管的一端用荧光屏封口，管身有两个阀门，用其中一个阀门抽出空气，另一个阀门送进被研究的气体。

管内装的是放射性物质，以便产生粒子射线。他首先把重核分子气体充进管中，按预想，X粒子穿不透重核原子的中心。果然，荧光屏上没有结果。卢瑟福充进氮气时，荧光屏出现带电粒子的碰撞表征。

如果是X粒子，绝对不可能，因为X粒子射不了这么远。进一步研究电性，发现带正电。于是人们确定，这是质子。

这个质子是氢原子核。首先，人们排除了一种可能：氮中的氢和氢原子被X射线电离。经实验，这是可以避免的。那么只剩下一种解释了，即X射线击中了氮，使氮原子释放出了核内质子。

核内质子一变，元素性质就变了，这就是点石成金的绝妙法术。实验证明，原于量为4，核电荷数是2的X粒子轰击原子量为14，核电荷数为 7 的氮可以产生氧，同时释放一个质子（一个氢核），荧屏闪光。

卢瑟福在用氟、硼、铝做实验时，发现经过 X 粒子的轰击，也可以转变。这个结果是使人呈现奇妙幻想的，因为这说明了人工可以使一物成为另一物，元素之间互相转化。

后来，人们可以准确地观测轨迹，统计个数。原子之外与原子之内形成宏观与微观两极，这两个世界都是无穷无尽。

无限大与无限小，常常引人遐思。

世界上下五千年

shijie shangxia wuqiannian

近代法国

三级会议

1774 年 5 月 10 日，路易十五已到弥留之际，他的孙子王储路易·卡佩焦灼地在祖父宫门外踱步，不停祷告，希望国王龙体康复。他这一举动并不是出于孝心，而是害怕在 20 岁时过早登基。这是一个思想迟钝，行动笨拙，意志薄弱的王储，他只爱修锁和养犬，对政治毫不关心。然而事与愿违，很快“国王万岁”的呼声传来，路易继位，称路易十六。

秉性难改的路易十六很快有了“锁匠国王”之称，他不理朝政，国事便先由首相莫尔泊伯爵左右，继而为王后玛丽·安托瓦内特谋划。玛丽·安托瓦内特是奥国皇帝约瑟夫二世的妹妹，为人傲慢轻浮，嗜好赌博，挥霍浪费，被称作“赤字夫人”。

面对祖父遗留下来的困难局面，又遇到粮荒，路易十六一直尝试改革，但波旁王朝面临的最大问题——财政危机还是越来越严重了。从 1774 年到 1789 年路易十六统治的 15 年内，法国国债增加了三倍，每年偿付利息就要花去国家收入的半数以上。虽然，这期间的几任财政总监都曾想法进行财政改革，企图增加国家收入，减少浪费，挽救危机，但都因特权等级和王室的反对而失败。

财政危机的同时，法国又爆发了空前的商业危机。由于大批英国物美价廉货物的输入，法国的棉织品、皮革、制帽等传统工业减产，许多手工工场倒闭，大批工人失业。

尽管国家已濒临破产境地，路易十六及王后仍然挥金如土，买城堡、还赌债……加重了人民的负担。处于水深火热之中的人民忍无可忍，各省纷纷起义暴动。法国大地上正酝酿着革命的暴风雨。

路易十六已走投无路了，他决定召开已多年没有开过的三个等级的会议，即“三级会议”来摆脱政治困境，特别是财政危机，以延续走向末路的波旁王朝的统治。

三级会议始于 1602 年，自 1614 年停开到 1789 年，已有 175 个年头。会议由教士、贵族和市民三个等级的代表组成，每一等级只有一个投票权，投票结果总是有利于特权等级。然而时过境迁，第三等级已羽翼丰满。资产阶级印发各种小册子呼吁书，广泛宣传自己的主张。出身贵族的修道院长西哀耶斯也认清时事，竟然出了一本《第三等级是什么?》的小册子为他们扩大影响。从此街谈巷议中的话题便多引自书中了——“第三等级是什么？是一切。”“没有第三等级，将一事无成。没有特权等级，事事将变得更好。”“贵族就是国家的累赘。”“国民之中无处安置贵族等级。”……这些思想深入人心，使第三等级群众更加觉悟，他们团结一致，要求增加参加会议的名额，改变按等级投票的方式。

1789 年 5 月初，三级会议准备就绪。选举产生的代表名额共 1139 名：教士代表 291 名，其中高级教士代表约占 1/3；贵族代表 270 名；第三等级代表 578 名，其中律师约占一半，还包括因被本阶级排斥而由第三等级选出的 2 名教士和 12 名贵族，如西哀耶斯和米拉。第三等级代表人数众多，生气勃勃。

为了获得金融界的信任和支持，有人建议三级会议在巴黎召开，国王坚持要在凡尔赛，因为便于打猎。国王隆重地在办公室接见教士和贵族的代表，而第三等级代表则要分批到他的卧室去觐见，还规定教士、贵族代表穿华丽的服饰，分坐在国王宝座的两侧，而第三等级代表则穿黑色制服坐在大厅的后面。这些都引起第三等级代表的不满。

1789 年 5 月 5 日，三级会议在凡尔赛开幕。路易十六致辞，强调财政困难，要各位设法充实国库。财政总监内克尔在长达三小时的报告中，竭力掩饰国库亏空严重的事实，闭口不谈改革。第三等级的代表感到极大的失望和愤怒。第二天，掌玺大臣宣布，国王希望三个等级讨论，然后按惯例投那三票。这就更引起了第三等级强烈反对，他们提出应三个等级合厅开会，以人数表决。双方为此僵持了一个多月。

全国人民密切注视着三级会议的进展。巴黎居民成群结队地来到凡尔赛，支持第三等级代表的斗争。人民的鼓舞给第三等级的代表增添了勇气，他们于 6 月 17 日毅然宣布单独组成代表全国人民的国民议会，并宣告，如果王朝要解散议会，全国就停止缴纳一切捐税。这个决定产生了很大的影响，第一等级代表开始分化，低级教士的代表两天后加入国民议会。19 日晚，国王以整修内部为借口封闭会议厅。20 日，国民议会代表不能入会议厅，就转到附近的网球场集合，进行了历史上著名的“网球场宣誓”，站立着开会的代表满怀神圣的责任感举臂盟誓：在没有制定出法兰西宪法之前议会决不解散。

23 日，路易十六召开御前会议，宣布撤销国民议会的一切决议。

他威胁说:“你们的任何草案，任何决议，倘不经我特予批准，即不能有法律效力。”第三等级的代表愤怒异常，拒不服从。米拉波大声抗议说:“我们是受命于人民才来到这里的，除非刀剑相加，我们绝不离席!”在第三等级的坚持斗争下，会议继续进行，决定维持国民议会的所有决议，并宣布议员有人身不受侵犯的权利。

随后几天，许多特权等级中的教士、贵族越来越多地投到国民议会方面。国王最后不得不同意三个等级代表共同议事。第三等级代表的斗争大获全胜，决心以此为契机，完成制定宪法的任务。于是7月9日，国民议会改为制宪议会，他们试图在制定宪法的基础上，建立资产阶级的国家制度，大革命的号角要吹响了。

法国外交大臣塔列兰

人们从维也纳会议上知道了一位拄着拐杖行走的代表——法国外交大臣塔列兰。这可是个手腕高明、极难应付的人。

1754年2月2日，夏尔·塔列兰出生在巴黎的一个贵族家里。童年的他极其顽皮，4岁时爬上衣橱顶玩耍，竟跌了下来，一条腿被摔残了，因而终生不得不与拐杖相伴。塔列兰中学毕业后被送进神学院学习。1775年，21岁的他从神学院毕业，成了圣雷米修道院院长。精明、善于钻营使塔列兰很快升职。1788年，年仅34岁的他就当上了奥顿主教。

1789年大革命来临之际，塔列兰预感到皇家气数将尽，便很快转到资产阶级这一边，当了第三等级的代表，参加了三级会议。他独自谋划，没有和任何人商量，就以自己教士长的身份把大量教会土地献给国库，帮助政府解决财政危机。他这一做法获得了革命者的信任，也为他获得了1790年制宪议会主席的位置。教皇虽然把他逐出了教门，但第三等级视他为“革命的”主教。1791年，当他完成了最后一桩教务——使法国天主教会脱离罗马教皇的控制以后，就永远脱掉了长袍，过起了世俗贵族的生活。

1797年7月，在热月政变以后大资产阶级的政府里，塔列兰被任命为外交部长，开始了他长达40年的外交大臣的生涯。

塔列兰在任期间，贪污受贿，生活豪华，还善于叛卖道德，时时易主。没有人不知道他品质多么卑劣。有人形容他长着灰暗苍白的面孔，黯然无光的眼睛，五官都显出傲慢轻蔑。当他向前移动时，与其说是靠那两条瘸腿，倒不如说是身体拖着它们向前爬行。人们评价他的品质说他没有坚定的信念，没有固定的情操，没有深厚的教养。他几乎不与人争论，因为他从不对一种意见表示可否，他的头脑和他畸形的双腿一样，任医生怎么检查也不得要领。别人的意见对于他，就像一粒种子丢在烂泥里，种是种下去了，却永远不会发芽生长。在他身上，邪恶的念头严重地扼杀了人的本性，因此他的信条很简单：与人为善便是恶，作恶多端便是善，而他更喜欢后者。高尚、仁慈、体贴、博爱这些词，他都了解并使用得十分得体，但却从来不知道它们的含义是什么，塔列兰背叛过督政府，出卖过拿破仑，反对过查理十世……而这些都曾是他的恩主。让我们再看看他的生活：将近中午醒来，从头到脚裹在锦缎里，慢腾腾地来到一面大镜子前仔细端详，然后由众多仆役伺候着洗漱、更衣。仆人们把一件件名贵的衣服，一件件背心递过去任其挑选，他一面当着来访者选来选去，一面处理公务，签阅文件。

这样一个没有灵魂、肢体残缺的人，怎么还会得到大革命时期那么多的宠幸和任用呢？因为人们不得不肯定，塔列兰是有才能的。虽说"无德不是才"，但他的力量，足以让人们把这话先弃置一旁。

拿破仑时期，塔列兰思考周密，善于应变，深受赏识，被认为是拿破仑大臣中最聪明的一个。他不用有什么建树，但只忠实执行拿破仑的个人决策就足以令人满意。他最善于的，是把拿破仑的军事胜利用外交文件的形式加以确定巩固。

拿破仑走下坡路时，他卖身沙皇，充当奸细，出卖情报，聚敛金钱。从他叛变到拿破仑帝国崩溃，只过了 6 年时间。

拿破仑彻底失败时，他支持波旁复辟。这个判断极为准确，因为复辟被欧洲专制君主所接受，暂时保证了法国的稳定，为在连续 20 年战争之后巩固大革命成果创造了条件。

波旁王朝时期，塔列兰四处奔走，和同盟国缔约，保护法国土地、经济、文化利益。1814 年到 1815 年 7 月，他率团参加维也纳会议，提出了各国一致认可的"正统主义"为大会宗旨之一。会上，他挤进英、俄、普、奥的四强会议使它变为有法国参与的"五强"会议，为战败的法国争取了相当大的利益。

他精明，极会捞钱，贪污受贿不说，还把从国家档案中偷出来的拿破仑的部分信件卖给奥国首相梅特涅。

七月王朝以后，塔列兰担任驻英大使，竭立建立维护英法友好关系，巩固七月王朝的国际地位。通过他的争取，法国有了不少重要的友好邻居，如比利时等。

一个个事实证明，塔列兰的眼光确实高明，实力的确不凡，以他的卑贱人格却获得巨大赏识，不难理解。

1834 年 11 月，80 岁的塔列兰退休，结束了一生的政治生涯。1838 年 5 月 17 日，塔列兰病死在宅邸里。在他临死前，罗马教皇赦免了他，他同教会和解，接受了神甫的临终祈祷。

塔列兰漫长的一生，是在资产阶级同封建势力争夺政权而生死搏斗中度过的。虽然他把自己的恩主一一叛卖，为世人所不齿，但他以准确的预见性和善于处理复杂外交事件的能力，为大革命时的法国做了相当大的贡献。我们仍可以说，塔列兰是杰出的外交家和政治家。

法国大革命

这是人类史上一次最深刻、最彻底的资产阶级革命，马克思评价它说：“通过自己的猛烈锤击，像施法术一样把全部封建遗迹从法国的地面上一扫而光。”更为可贵的是，法国大革命自始至终都贯穿着广大人民的奋斗与抗争，显示了蕴藏在人民群众中的伟大力量。

18 世纪，法国资本主义生产关系在封建社会内部有了较明显的发展。城市中，手工工场大量涌现。纺织、冶炼、煤矿、造船等新兴工业出现了集中的大规模生产，并开始使用现代化的机器。商业比工业发展更为迅速，法国的对外贸易额成倍增长，仅次于英国。各种酒类、布帛、妇女服饰、家具等行销欧洲各地，糖的销售量占世界的一半。在农村，地主、富裕农民不断地驱逐佃农，扩大领地，雇用农业工人，资本主义的农场逐渐增多起来，大商人和高利贷者购买或租佃土地，进行资本主义农业生产。

但是，18 世纪的法国仍然是欧洲大陆的一个典型的封建专制国家，农业占统治地位，等级制度尤其严重。

当时，社会分为三个等级，以王室为代表的教士、贵族分别构成第一和第二等级。他们人数只有20余万，占全国人口总数的1%，却占有全国耕地的40%。他们享有种种封建特权，剥削人民，穷奢极欲。王公贵族将打猎、宴客、看戏、跳舞作为日常生活。

资产阶级、城市平民（手工业者、小店主、帮工和学徒等）和农民是第三等级。他们无任何政治权利，担负全部生产和纳税义务。

当时农民约占2200余万，是第三等级的基本群众，他们占全国人口的90%，却只占不到40%的耕地，他们要缴纳的税样也名目繁多，这包括地租、人口税、财产税、盐税、烟酒税、什一税等等，还要向教会奉献“圣礼”。地主养的鸽子飞到地里啄食谷物，农民不得轰赶。地主打猎践踏了庄稼，农民不得要求赔偿。更有甚者，有的领主强令农民整夜拍打沼泽，防止青蛙鸣叫，以免惊醒了自己的美梦。农民还须面对饥荒、兵役……总之，封建特权阶级的压迫逼得大量农民家破人亡，走向反抗。

城市平民也是第三等级中的一支重要力量。他们被讥讽为“无套裤汉”，因为当时贵族都穿紧身套裤，而平民却没有。这一绰号足以见他们深受特权等级压迫和歧视。他们工作沉重，却收入低微，生活困苦，常常买不起面包，在死亡线上挣扎。他们对现状强烈不满，渴望改善自己的处境。

资产阶级在第三等级中人数不多，但影响却最大。由于资本主义工厂商业的发展，资产阶级力量壮大，成为国内最富有的阶级。资产阶级中不乏律师、医生等知识分子。然而与有钱、有文化的情况相反的是，资产阶级在政治上毫无地位。他们的发展受到封建束缚，强烈反对专制统治、等级特权，反对宗教迷信、愚昧无知，要求改造社会。

第三等级中的不同阶级、阶层尽管处境不同，要求各异，但都反对王权、神权、特权的压迫，不愿照旧生活下去了。

革命前，启蒙思想家代表第三等级的利益，对封建专制制度进行猛烈抨击。他们通过宣传，开启民众智慧，把他们的思想从愚昧、黑暗的封建蒙蔽中解放出来，鼓励他们为争取自由和平等而斗争。

1774年，波旁王朝新皇帝——路易十六在位时期，各种矛盾加剧，政治、经济、国内、国外……人民反抗情绪越来越高涨。

1789年春，路易十六为缓解危机，特别是财政危机，召开三级会议。在三级会议上，第三等级代表不顾威胁，排除困难，坚持斗争，成立国民议会为自己争取权利。因为国民议会把制定宪法作为自己的主要任务，于是改名为制宪议会。在三级会议的会场外，广大第三等级与封建势力坚持斗争，并开始了武装斗争。

1789年7月14日，巴黎的工人、手工业者和小资产阶级攻占象征封建统治的巴士底狱，标志着蓬勃大革命的开始。接着，农村也响起了呼应之声：广大农民拒纳贡赋，进攻贵族城堡。农民的起义巩固了7月14日巴黎人民的胜利，对封建制度的崩溃起了决定作用。7月14日后被定为法国国庆日，法国大革命由此开始，经历了三个阶段。

第一阶段是从1789年7月到1792年8月的君主立宪派的统治。7月14日以后，政权转到制宪议会和大资产阶级手中，他们同王室有密切联系，君主立宪是他们的政治纲领。在人民革命斗争高涨的形势下，他们宣布废除部分赋税，颁布《人权宣言》，通过了1791年宪法。但由于君主立宪派害怕革命，不关心劳动人民，因此其措施根本不能解决城市平民和农民的问题。此时，国外势力加紧干涉革命，国内王党分子立刻应和起来。巴黎人民义愤填膺，自动建立新的城市委员会——巴黎公社，和资产阶级中的激进派——雅各宾派一起，共同号召法国人民起义。1792年8月9日夜，起义群众包围王宫。10日，逮捕并监禁了国王。8月10日的起义摧毁了君主政体，结束了君主立宪派的统治，立法议会宣布废除1791年宪法，由人民选举国民议会代替立法议会。

第二阶段是吉伦特派的统治，从1792年8月到1793年5月底。吉伦特派主要代表工商业资产阶级的利益，这派主要成员都来自吉伦特郡，故得名。1792年9月20日，法国人民组织义勇军，在瓦尔密大捷，打退了外国侵略军。次日，国民议会在巴黎开幕，废黜国王。9月22日，又宣布成立共和国，即法兰西第一共和国。1793年1月21日，路易十六被推上断头台。但吉仑特派只考虑自己的发财致富，忽视了人民的利益，不能解决土地问题。吉仑特派还拒绝人民的革命要求，打击巴黎的革命组织。1793年5月，吉仑特派完全失去了人民的支持，实际上成了反对革命的工具。1793年5月31日，人民再次起义。不久，雅各宾派取得了政权。法国大革命上升到最高阶段。

第三阶段是雅各宾派专政，从1793年6月到1794年7月。雅各宾派是资产阶级革命民主派，该派经常在雅各宾修道院开会，是以得名。它的领袖是罗伯斯庇尔、丹东、马拉等。前两位是律师，后一位是医生、物理学家。马拉创办的《人民之友》报是资产阶级民主派的喉舌，他们要求把革命继续推向前进。

雅各宾派上台时，共和国形势十分危急，国内有反革命叛乱，国外有几路外国干涉军入侵。以罗伯斯庇尔为代表的雅各宾派，采取一系列措施，联合人民。他们通过土地法令：规定将逃亡贵族的土地分成小块出售给农民，地价 20 年付清；无条件废除一切封建义务；烧毁地契文据。这就基本解决了土地问题，加强了革命的群众基础。雅各宾派还制定宪法，实行最高限价政策并采取了“恐怖政策”。这些措施在挽救共和国，拯救革命方面起到了明显的作用。1793 年，外国侵略军基本被打退出境，王党军被荡平，社会秩序有了好转……雅各宾派完成了资产阶级革命的任务，一切应归功于他们善于联系调动群众，挖掘了人民的伟大力量。

但在雅各宾派取得一个个胜利的同时，它自身也走上了分裂。身为资产阶级的雅各宾派，仍以自己的私有财产不可侵犯为准则，为了维护这一准则，雅各宾派滥用恐怖手段，打击面过宽，杀的人过多。当派内分成左中右三派后，中派领袖罗伯斯庇尔将左右两派领袖全部杀害，而失去左膀右臂的罗伯斯庇尔自己，也被反对派通过热月政变送上了断头台。

不过，关于法国大革命的结束时期，人们众说不一。有的认为应是雅各宾派被颠覆时，有的认为是拿破仑第一帝国开始时……但大革命推翻了法国封建专制制度，确立了资本主义统治，推动了欧洲和拉美革命，促成资本主义在世界范围内的胜利，其伟大意义是无人怀疑的。

“自由、平等、博爱”

“自由、平等、博爱”是在法国大革命中首先具体形成和提出的一个三位一体的政治口号。“自由”，就是崇尚人权，解放个性，反对王权，提倡人道，反对“神道”；“平等”，就是法律、道德给人们规划了相同的约束范围，每个人都不例外；“博爱”，用卢梭的话解释，就是“人类本是同一上帝的儿女。由于这种神圣的、崇高的、真正的宗教，人们也就认识到大家都是兄弟，而把他们结合在一起的社会是至死也不会解体的”。可见“大家都是兄弟”也就是要友爱、团结、互助，这就是“博爱”。

“自由、平等、博爱”作为一个完整的口号，不是一下子提出来的，从文艺复兴到启蒙运动到法国革命，它的产生与资本主义的发展紧密相联。而要看它的最终确立，首先要分析一下《人权宣言》。

《人权宣言》是法国大革命初期宣布的、阐明资产阶级社会基本原则的主要纲领性文献。制宪议会在着手起草宪法时，仿照美国《独立宣言》，先拟就《人权宣言》作为宪法基础的原则。

《人权宣言》全名是《人权与公民权宣言》，共包括十七条。第一条开头就写到："在权利方面，人们生来而且始终是自由平等的。"这是总的基调，肯定人们之间的权利是平等的，反对封建特权与封建等级制。第三条和第六条分别规定："整个主权的本原主要是寄托于国民"；"全国公民都有权亲身或经由其代表去参与法律的制定……在法律面前，所有公民都是平等的。"这两条不仅提出了法律面前人人平等的口号，而且体现了资产阶级"主权在民"思想。第二条、第十条和第十一条宣称："任何政治结合的目的都在于保护人的自然的和不可动摇的权利。这些权利就是自由、财产、安全和反抗压迫"；"意见的发表只要不扰乱法律所规定的公共秩序，任何人都不得因其意见、甚至信教的意见而遭受干涉"；"各个公民都有言论、著述和出版的自由"。这几条肯定了资产阶级言论等自由，肯定了人身不可侵犯的权利以及反抗压迫的权利。最后一条，第十七条规定："财产是神圣不可侵犯的权利。"这一条成为整个《人权宣言》的基础——任何平等、自由、权利都应建立在确保私有财产的基础上。

从上述逐条的分析中不难看出，《人权宣言》集中表达了法国18世纪启蒙思想家的政治主张。

1790年10月5日，罗伯斯庇尔在立宪议会里关于国民自卫军组织的演说时曾第一次提出了"自由、平等、博爱"，他建议国民自卫军胸前要佩戴有"自由、平等、博爱"和"法兰西人民"这样印记的字样，同时建议把它写在国民自卫军举的三色国旗上。但罗伯斯庇尔的建议没有被采纳。到了1792年9月21日，法兰西宣布为共和国之后，国民议会才把博爱与共和国联系起来，才把博爱与自由、平等联系起来。约到1793年，这三位一体的著名的资产阶级口号形成了。在"自由、平等、博爱"的旗帜下，1789年的法国大革命一步步走了过来。

"自由、平等、博爱"反映了第三等级反封建的愿望。在争取"自由"、"平等"的过程中，第三等级各阶层以"博爱"联系起来，推翻了封建王权、等级制度和教会统治。

“自由、平等、博爱”在推动革命的深入发展方面起了重大作用。它鼓舞群众彻底战胜封建势力、击败外国干涉军，使法国革命成为一次杰出的资产阶级民主革命。在这个口号的鼓舞下，法国革命不仅在政治上比较彻底地摧毁了封建制度，处死了国王，宣布了共和，宣布了人人在法律面前一律平等，规定了言论、出版和结社的自由，21岁以上的男性公民享有普选权；在经济上彻底地废除了封建土地所有制，建立了小农土地所有制，用自由竞争代替行会制度，为资本主义发展扫清了道路；在宗教上，没收了教会财产，取消了教会独立，使教士从属于法国政府；此外，它使法国社会生活的各个方面都得到了改造，如改变人的称呼，“公民”一词叫遍街头巷尾，改换基督教的旧历代之以共和新历等。“自由、平等、博爱”这明确的口号、鲜明的旗帜，引导法国大革命走向深入。

因为“自由、平等、博爱”，第三等级在精神上、思想上、理论上得到巨大解放，它启发人们的思想，启迪人的智慧，破除迷信权威，把人的精神从蒙昧桎梏中拯救出来。

但是，“自由、平等、博爱”并不是完美无缺的，在法国大革命中，它的虚伪性也暴露了出来。

“自由、平等、博爱”的建立基础是私有财产的不可侵犯，《人权宣言》一面承认自由平等，一面保护资产阶级的私有财产。可见，“自由”，只是少数拥有财产的人剥削大多数无财产的人的自由；“平等”也只是意味着少数有财产的人对大多数无财产的人的奴役和压迫；“博爱”也只是意味着资产阶级对劳动人民的剥削和资本主义的虚伪欺骗。

随着大革命的深入，“自由、平等、博爱”的虚伪性暴露无遗。1789年8月26日，立宪会议通过的《人权宣言》，宣布人生而自由平等以后，同一个立宪会议所通过的1791年宪法，却规定按财产多少把人划分为积极公民和消极公民，而没有财产或财产少的消极公民被剥夺了选举权和被选举权。在各届革命政府里，广大人民都是处于被压迫剥削的地位，负担繁杂的税目，挣扎于死亡线上，而一旦他们忍无可忍、起来反抗、争取权利时，得到的只是镇压和欺骗的承诺。

正像一枚硬币有正反两面，“自由、平等、博爱”也有它的两重性。但在法国大革命时代，它的形成无疑是巨大的历史进步。正是它，鼓舞着革命走向胜利。

启蒙运动

18 世纪初，法国仍然是一个封建等级森严、专制的、天主教会的国家，封建制度已非常腐朽。与此同时，法国社会内部的资本主义生产关系已有很大增长，资产阶级强烈要求自由发展，同旧制度之间的矛盾日益尖锐。资产阶级要求进行改革和革命，扫除封建制度的阻碍。有了革命的要求，就会产生革命的理论。资产阶级的各个阶层，都涌现出一批理论家，他们著书立说，大声疾呼，批判封建制度的不合理，宣扬建立“合理”的社会制度。他们的宣传启发了人们的反封建意识，所以被称为“启蒙”思想家。可以说，“启蒙运动”是资产阶级为了向封建统治夺取政权、确立资本主义统治而做的舆论和意识形态方面的准备。

“启蒙思想家”所利用的武器，主要是所谓“理性主义”，他们不承认任何外界的权威，批判王权、教权，表达资产阶级的意志和愿望。现在，我们正式认识一下启蒙运动的过程及启蒙思想家。启蒙运动开始于 18 世纪二十年代，经历了一个发生、发展和达到高潮的过程，前后近百年，涉及哲学、政治学、经济学、文学艺术、科学教育各个思想领域，先后约有 200 位启蒙学者参加，是西欧最壮观的一次文化革命。

启蒙运动的准备阶段早在 17 世纪就开始了。继哲学家笛卡尔之后，当时的思想家彼埃尔 · 贝尔等人用科学的武器，对天主教信仰体系发起攻击，他们的科学思想熏陶了新一代启蒙思想家。

进入 18 世纪，启蒙运动正式开展。发难者竟是一位造反的天主教神甫让 · 梅叶。他临终时留下三卷巨著《遗书》，公开了隐藏多年的真实思想：他坚决否定一切宗教和教会，揭露教会与专制王朝狼狈为奸，蒙骗、盘剥人民的本质，号召人民奋起斗争，推翻国王和贵族的反动统治，打碎天主教会的精神枷锁。

《遗书》为启蒙运动的展开创造了良好的开端。它表达了第三等级的要求，有广泛的群众基础；它批判教权和专制，指明了启蒙运动的斗争领域——哲学和社会政治。梅叶吹响了新时代的号角，紧接着便有两员大将出现于历史舞台，这就是伏尔泰和孟德斯鸠。

伏尔泰（1694—1778 年）原名弗朗索瓦——玛利 · 阿鲁埃，出生于巴黎一个富裕的资产阶级家庭，早年就读于耶稣会的路易大王贵族中学，天资聪慧。由于等级制度森严，出身资产阶级的他受到歧视，这种下了他反抗的种子。成年后他步入文坛，口诛笔伐讥讽封建制度、教会权威，与贵族发生冲突，于 1717 年和 1725 年被两次投入巴士底狱，并于 1726 年被驱逐出境。从此开始了他大半生逃亡的革命生涯。

伏尔泰高举民主、理性的旗帜，运用各种思想武器，揭露敌人，教育人民，成为深受人民爱戴的启蒙泰斗。他的著作极为丰富，有近百卷之多。代表作是 1734 年出版的《哲学辞典》，书中反映了他反对教权主义、宗教狂热，倡导英国式君主立宪的思想，是他全部启蒙思想最集中、最明确的理论表现。

伏尔泰从 20 年代投身启蒙运动，至法国大革命爆发前 10 年逝世，在启蒙运动中积极活动了 60 余年。高寿使他有幸随着运动的发展进程几乎从头走到底。无论从奋斗时间之长和著作数量之巨，还是从斗争范围之广和思想影响之大来说，伏尔泰都是启蒙运动无可争辩的领袖。

孟德斯鸠（1689－1755 年），出身贵族世家，还继承了男爵称号和波尔多法院院长的世袭职务。但在大多数世袭贵族极力维护专制统治的时候，他做了叛逆者，感受时代精神，投身启蒙运动。他通过《波斯人信札》、《罗马盛衰原因论》、《论法的精神》等著作，在揭露专制王朝的腐败和僧俗贵族的罪恶同时，认真探寻历史发展的规律。

孟德斯鸠对启蒙运动的最大贡献，是他具体规划了资产阶级国家的政治模式和各项基本制度，继承并发展了英国哲学家洛克的分权思想，建立了三权分立的政治学说，明确提出立法权、司法权、行政权三权分立。这一学说为以后法国、美国等许多资本主义国家机构的建立提供了系统的政治理论和设计蓝图。孟德斯鸠被公认为堪与伏尔泰媲美的启蒙学者。

18 世纪中叶，代表第三等级内不同阶级利益的启蒙学者竞相出现，其中最引人瞩目的是小资产阶级的思想代表、激进的民主主义者卢梭。

卢梭（1712 — 1778 年）祖籍法国，生于日内瓦一个钟表匠家庭。家境的贫寒使少年卢梭遍尝饥寒交迫、浪迹天涯的生活。这种经历，使他广泛接触社会，体察社会黑暗，培养反对剥削压迫、争取民主自由的革命情绪。卢梭 1741 年来到巴黎，1749 年因论文《论科学与艺术》而声誉鹊起。文中，卢梭提出了文明进步造成人类堕落和社会苦难的新奇观点。以后几十年，他又连续发表《论人类不平等的起源和基础》、

《社会契约论》、《爱弥尔》等著作，建立了以反对专制、社会不平等、倡导人民主权论为核心的代表18世纪法国平民和小资产阶级利益的思想体系。他的思想成为第三等级中下层群众的理论旗帜，罗伯斯庇尔本人就是卢梭思想的狂热信徒。

启蒙运动经过伏尔泰、孟德斯鸠和后来卢梭的发动、引导，深入人心，给天主教会和专制王朝以沉重打击，广大青年深受教育，新一代启蒙学者大量涌现。18世纪五十年代，启蒙运动逐渐走向高潮，著名的《百科全书》的编撰和出版是其重要标志。

《百科全书》的第一卷1751年问世，直到1772年才出齐。其中汇集了当时自然科学和社会科学的最新成果，也团结了思想领域的一切反封建战士。它用科学成果对抗宗教迷误，用民主理想反对专制统治，沉重打击封建势力，深入持久地教育人民。参加编撰《百科全书》的启蒙思想家，被尊称为“百科全书派”。

30年间，前后参加《百科全书》编辑工作的有30余人，撰稿者达160人以上，这其中既有老一代启蒙学者伏尔泰、孟德斯鸠和中途决裂的卢梭，也有自然科学家达朗贝、布封、孔多塞、哈勒，哲学家孔狄亚克、奈戎，文学家马孟戴尔、博马舍以及重农学派的政治经济学家魁奈和杜尔阁等人。百科全书派的核心人物是以狄德罗为首的几位唯物主义哲学家，即狄德罗、拉美特利、爱尔维修、霍尔巴赫等人。

狄德罗（1713—1784年），他小卢梭一岁，是启蒙学者中的第二代精英人物。他本是制刀匠之子，却聪明颖悟，19岁便得到文学硕士学位。父亲本想让儿子学习法律，他却属意哲学、文学。这与伏尔泰青年时的情况极为相似。但狄德罗并没像伏尔泰那样遵从父命，而是违抗出走，父亲大怒，断了他的供养之费，狄德罗毫不屈从，靠为教会誊写文字、译书、做家庭教师为生，清苦度过了有十年之久，后来才应出版商之约主编《百科全书》。除该书外，他还写有多部论著，无不将矛头直指封建统治和教权制度。他说，宗教神学都是“以最可疑之事，证明最不可信之事物。”他讥讽说，圣经上声称，妇女因触犯上帝遭到惩罚，所以分娩时必遭痛苦。但是母猪生崽的时候也无一个不痛，不知它们为何事也得罪了上帝呢？身为《百科全书》的主编狄德罗，为该书的出版呕心沥血，艰苦奋斗几十年，在伏尔泰等前辈的支持下，克服各种困难，顶住教会、政府和反动文人几次三番、各种形式的迫害，冲破道道禁令，终于按计划将书全部出齐，为法兰西民族建立了一座精神文明的纪念碑。

18 世纪的法国启蒙运动，倡导民主和科学，深刻地反映了法国以资产阶级为首的第三等级广大群众，反对封建秩序的时代精神，为法国大革命做了充分的思想准备。

伏尔泰——战士、学者、巨人

毕生致力于揭露和打击黑暗的封建制度与宗教统治；在文学、史学、哲学、自然科学和政治方面拥有大量著作；经历了人生的起伏，更有常人的喜怒哀乐，……他的成就、影响终使他永垂不朽于世界历史——他就是法国启蒙运动的倡导者和领袖——伏尔泰。

一、少年求学，初入仕途

伏尔泰原名弗朗索瓦——玛利·阿鲁埃，伏尔泰是他的笔名。1694 年 11 月 22 日，他出生于巴黎一个富有的中产阶级家庭，父亲是一位法院公证人——当时为签订法律文件作证的官吏——后任审计院司务。

幼年的伏尔泰即显示出非凡的才华。在其教父沙多芮夫的影响下，他对文学发生了兴趣，3 岁时就能背诵拉·封丹的《寓言》，10 岁进入耶稣会办的路易大王中学，12 岁已能作诗，并爱阅读毕耶尔·贝尔所撰反对宗教、宣扬自由的论著，开始对神学表示怀疑。

路易大王学校是当时最负盛名的一所贵族学校，阿鲁埃的父亲之所以不惜重金送子求学是有原因的。因为当时法国社会等级制度森严，贵族、僧侣教士两大特权阶级不事稼穑，却占有大量土地和特权。资产阶级、广大劳动人民属于第三等级。虽然资产阶级不像市民、农民那样一贫如洗，他们有财产、有文化，在社会上发挥越来越重要的作用，但他们却和其他第三等级一样，毫无政治地位，处处受到剥削、限制。父亲不满足家道殷实却无地位的普通生活，他仰慕“上流”社会，艳羡贵族头衔，因而想让爱子接受“上等”教育以光耀门楣。

少年的阿鲁埃也着实争气，他秉承父意，自律甚严，求学刻苦，立志出人头地。正在求学时的他，已经会在同窗中竭力巴结和讨好贵族子弟了。16 岁中学毕业时，他就出入豪贵门庭，混迹于纨绔之中了。他口齿伶俐，妙语连珠，博得了王公贵胄的赞赏。他奉父命深研法律，竟得到官吏们的赏识，获得了一个法国驻荷兰大使秘书的职位，专侍教父大使沙多芮夫。那一年，青年的他正值 19 岁，意气风发，潇洒倜傥，从法国北部临英吉利海峡的港口城市冈城来到海牙赴任了。

二、受缚礼教，初恋失败

被大家简单称为“阿鲁埃先生”的伏尔泰衣着华丽，羽冠佩剑，举止文雅，一表人才。他喜欢读法国禁止的报刊籍，热衷于搜集在荷兰小版的所有这类刊物。他注意到一份名叫《精华》的小报，上面充满了对法国伟大的国王及王宫贵族的非议。大使秘书认为通篇都是“胡说八道”，于是好奇地打听这家报纸编辑的底细。

原来，《精华》主编是一位法国妇女，名叫迪努瓦埃夫人。她本是法国南部城市尼姆市的新教徒，为免遭迫害而逃亡到海牙。当时，由于路易十四在 1685 年废除了保障新教徒信仰自由和同旧教徒受平等待遇的南特敕令，并派大批龙骑兵到各处威逼新教徒改信旧教，致使新教徒大批流亡国外。迪努瓦埃夫人正是其中一位。因而对龙骑兵、天主教徒和新教徒大张挞伐。迪努瓦埃夫人还有一个名叫潘佩特的美丽女儿，她与母亲有同样信仰，却不够虔诚，她质朴、纯真，正处于爱情绽放的花样年华。

阿鲁埃先生开始和潘佩特约会了。伏尔泰快活殷勤，潘佩特温柔多情，两人很快坠人爱河。但好景不长，冷酷的迪努瓦埃夫人很快觉察了两人相爱，大发雷霆，于是妙龄少女挨了平生第一个耳光。打了女儿还不算，编辑女士在伏尔泰上司面前惺惺作戏，痛不欲生，苦苦哀求，大使被搅烦了，终于答应把阿鲁埃遣送回国。

1713 年 12 月 18 日，年轻的大使秘书登上了一艘开往法国的轮船，途中他始终在思考如何再见情人一面，如何报复像希腊神话中看守母牛的百眼巨怪一样的迪努瓦埃夫人。他想到了宗教，劝潘佩特信仰正统的天主教，那么他就不仅能报效笃信天主教的国王，为主尽力，也能促进爱情之火熊熊燃烧。办法的确牢靠，光明磊落，而实行起来却困难重重。

阿鲁埃使出浑身解数：请神甫专门前去为情人讲经布道；动员姑娘身边的天主教徒来往奔波；写信给潘佩特出谋划策……总之，两人虽无法相见，但少女已经动心改教了。

此时的阿鲁埃——狂热的布道人，固执的传教士，虔诚的天主教徒却已心力交瘁。时光冲淡了爱情，他回到了巴黎的生活中，而初恋情人却迫于母亲的压力嫁了人，成了富有的德·旺泰尔费勒伯爵夫人，最终她皈依天主教回到了巴黎定居。

伏尔泰少年时的这段恋情，并未给他一生留下多少影响，但却令他初次尝到了礼教和父母之命给年轻恋人带来的苦果，对他思想的进步不无帮助。

三、两陷囹圄，呼唤自由

回到巴黎的伏尔泰又过起了贵族社会的诗酒生活。然而此时的他已萌发了自由思想。身在一个变革的大社会中，这种思想的生长有深刻的历史背景。

首先，贵族教会在社会和政治上控制力加强，特权阶级的压迫剥削日益加深，他们同拥有经济实力但无政治地位的新兴资产阶级的矛盾加剧；其次，处于社会最底层的广大劳动人民生活困苦不堪，反抗情绪日益高涨。强烈的阶级矛盾预示着大革命的爆发，启蒙运动即将应运而生。

此时的伏尔泰充当了启蒙运动的旗手。他开始写讽刺作品攻击宫廷的淫乱生活，因而于 1717 年被捕，在巴士底狱遭禁锢 11 个月。狱中，他写下了以希腊神话中一个乱伦故事为蓝本的悲剧《俄狄浦斯王》和长篇史诗《亨利亚特》。前者咒骂天上之神的阴险毒辣，后者歌颂波旁王朝开国之君亨利四世对宗教的宽容开明政策。伏尔泰出狱后，《俄狄浦斯王》在巴黎公演，被认为是对摄政王奥尔良公爵乱伦丑闻的讽刺，因而受到热烈欢迎。伏尔泰由此在文学界暂露头角。

然而与此同时，伏尔泰在出狱后例行的短期流放中因言语顶撞了一个品格卑劣的贵族纨绔子弟而遭侮辱性殴打。31 岁的他遭“棍打”在“上流”社会中一时传成笑谈。伏尔泰亲自体验到了阶级间的不平等——贵族与平民“道不同不相为谋”，他对贵族的愤恨加深了。1725 年，伏尔泰重新入狱巴士底，被囚禁后，他被逐出法国，动身去了英国。

四、思想成型，启蒙领袖

在英国的 3 年，伏尔泰深刻体会到英国资产阶级民主制度比法国封建统治优越。在此期间，他研究了洛克的唯物哲学和分权原理，牛顿的科学成就，他结识英国的文学名士，其中包括杰出的讽刺小说家斯威夫特，他尤其喜爱莎士比亚的盖世之作。在学习研读中，他的思想渐具其形。

1729 年伏尔泰获准回国，在此后数年中，他写出了歌颂民主和共和制度的历史剧《布鲁杜斯》和反对宗教狂热的悲剧《采儿》，这两部剧的上演都获得成功。在写作的同时，伏尔泰还投资商业活动，积累财富，使他此后得以过着优裕的生活。

1734 年，年届不惑的伏尔泰在卢昂发表了《哲学书简》。这部书借书信体裁介绍了英国的政治、宗教、科学和哲学。他赞扬英国革命后取得的成就，批评法国的封建制度，宣传唯物主义的哲学思想。他认为人一生下来就应当是自由的，在法律面前应人人平等；他主张在法国建立一个在“哲学家”引导下，依靠资产阶级力量的开明君主制，国内有言论、出版自由等等；他反对天主教会，激烈谴责教士的贪婪和愚民的说教，他称天主教教主为“恶棍”，称教皇为“两足禽兽”，号召人民粉碎教会这个邪恶势力。这样一部富于民主思想战斗激情的书一出版，当然震惊朝廷，著作马上被判为禁书，当众焚毁。伏尔泰被迫流亡在外，最后定居在他的情妇夏德莱妇人家中。

这里是洛兰省边境西雷地方的一座幽静的城堡。1734 年至 1749 年间，伏尔泰在此断断续续居住达 15 年之久。在这段时期中，伏尔泰写下了大量文学、史学、科学和哲学著作：悲剧《梅罗普》、《穆罕默德》、喜剧《回头的浪子》、讽刺长诗《奥尔良的少女》、哲理小说《查第格》、历史著作《路易十四时代》以及科学论著《牛顿哲学原理》等，这些著作从各个方面攻击教会和封建制度的反动统治。

1750 年，伏尔泰应普鲁士国王腓特烈二世邀请，作为贵客访问柏林。他来到一个比法国更黑暗、更残酷的封建专制国家，却幻想借助“开明君主”的力量，进行某些社会变革，实现启蒙主义理想。然而，被伏尔泰误认为“开明”的腓特烈二世只是把伏尔泰当作宫廷点缀，沽名钓誉，给外人一个“开明君主”的印象，实际上他实行的是军国主义的野蛮扩张政策。伏尔泰尖锐地讽刺了普鲁士官方科学堡垒——柏林科学院——而激怒了腓特烈，二人之间“友谊”很快破裂，伏尔泰客居普国 3 年之后不得不离开柏林。他的政治抱负终因不遇“开明君主”而无法实现。

通过痛苦的经验，伏尔泰决心不再与任何君主往来，他深悟当今之世，哲学家要逃脱迫害，必须学会“狡兔三窟”，于是他努力为自己找寻一个安全的藏身之处。就这样，他于1755年在法国和瑞士边境的佛尔奈购置了一所宫堡及其附近地产，在此度过了富裕的一生中最后的20余年。此间，他更全力以赴投身于启蒙运动中，与法国年轻一代的启蒙运动者——百科全书派——密切来往。他一面积极从事创作，写出哲理小说《老实人》、《天真汉》，哲理诗《自然规律》，史作《彼得大帝统治时代的俄国史》、《巴黎国会史》等，一而支持《百科全书》的编纂工作，应狄德罗之邀，撰写若干条目，辑成了重要著作《哲学辞典》。此外，他还关心法国现实，写了许多文章和小册子，以各种名义发往欧洲各地，抨击教会和专制统治，推动了进步的思想运动。更令人钦佩的是，他以高龄病体，积极参加社会活动，为无辜受害人士奔走，最突出的是发生在1762年闻名欧洲的卡拉事件。

1762年，法国土鲁斯地方司法界发生了一宗惨无人道的宗教迫害案。有一个新教徒商人让·卡拉的儿子因欠债而自杀，教会诬陷卡拉，说成是因死者打算改奉旧教而被父亲谋害。法院站在教会一边，将卡拉全家逮捕，加以残酷拷打后，判处卡拉死刑。刽子手用铁棒打断卡拉的胳臂、肋骨和双腿，再把他挂在车轮上活活拖死，然后用火焚尸。卡拉家有人逃到了日内瓦，离佛尔奈很近。伏尔泰对此事做了详细调查后，无比震惊。他满怀义愤地向欧洲各国控诉土鲁斯法院的暴行，为卡拉鸣冤。欧洲的舆论轰动了，法国政府被迫于1766年为这件案子平反。伏尔泰以“卡拉的恩人”的名字受到法国人民的热烈爱戴。

另一事件是在卡拉事件同年，法国阿贝维耶地方又发生一桩惨案。一青年骑士拉·巴尔被宗教裁判所制造的冤案处以极刑，从他身上搜出了一本伏尔泰的《哲学辞典》，也作为罪证之一，该书同时被焚毁。伏尔泰曾努力为拉·巴尔平反，奋斗了十余年，终未成功。

上述的冤案在当时的法国层出不穷。因为国家完全被天主教会控制，教会对新教徒迫害不遗余力。而旧教之中又有许多不同的教派，彼此争吵激烈，相互迫害。一被指为异端，就有家破人亡的危险。伏尔泰以其崇高的声望与法国这种暗无天日的司法界进行坚持不懈的斗争。他的斗争唤醒了法国民众，摧毁了教会威信，为即将来临的资产阶级民主革命铺平了道路。

人民对封建制度愈加仇恨，伏尔泰的威望也就愈来愈高。而启蒙运动的健将，如狄德罗、卢梭、达朗贝尔、爱尔维修、霍尔巴赫、孔狄亚克、布封、杜尔阁等人身为伏尔泰后辈，尽管在某些问题上意见仍有分歧，但在反封建的斗争中却团结在一起，并公认伏尔泰是他们的导师，对他推崇备至。但令后人遗憾的是，伏尔泰老人与激进的后学怪杰卢梭未能结成忘年之交，却成了当时的冤家对头。原因是让·巴蒂斯特·卢梭，曾欲献给伏尔泰一首他自鸣得意的诗作《永世的颂歌》，伏尔泰浏览了一下还给卢梭说："这是一封肯定没有人收的信……"。一句话使两位启蒙运动健将结怨至人生终结，真是历史上的一大憾事。

1774 年，痛恨伏尔泰的昏君路易十五死了，新即位的路易十六更阻挡不住法国人民对伏尔泰的热爱。他在 1778 年被巴黎人民奉为伟人迎接归来。群众以无比热烈的情绪欢迎这位 84 岁的老人，他的到来，比一国之君的驾临更为轰动。伏尔泰在这里会见了美国独立元勋之一的富兰克林，他们的友谊传为佳话。巴黎剧院首次上演他新写成的悲剧《伊兰纳》，他亲自出席观看。演员们在舞台上抬出了伏尔泰的大理石半身像，为它举行加桂冠的仪式，观众报以雷鸣般的欢呼和掌声。在人民的心中，伏尔泰就是自由与理性的化身，他是启蒙运动的巨擘。

五、巨人长逝，真理永存

1778 年 2 月 10 日傍晚，伏尔泰来到巴黎，居住在塞纳河沿河路和博内路交叉拐角处的维莱特先生家中。当这个消息在全市传开后，一些人蜂拥而至，希望见见心目中敬仰已久的被大家称为"佛尔奈教长"的伏尔泰是什么样子。之所以称呼老人为"佛尔奈教长"，是因为他在定居的佛尔奈进行政治和社会斗争，那里成了欧洲舆论的中心，使伏尔泰赢得了巨大声誉。

哲学家们、男人和妇女们都极狂热地崇拜伏尔泰，而他本人并不以此为满足，他期望得到更尊贵的同胞们的仰慕，他幻想王室的探望，贵族的膜拜，但最终连一个亲王也没来。虚荣心颇盛的老人不禁大怒，加紧与演员的联系，排练新剧，以此指责对他到来无动于衷的可恶的宫廷。

在排练《伊兰纳》时，老人奔忙过度，开始吐血，虽然病情很快好转，但这只是表面的现象，伏尔泰已力不从心，终于长病不起。他的遗产继承者们一心只为钱财，根本无心关照老人死活，垂危的老人被弃置孤屋，忍受煎熬。他一生清洁无比，平时宁可一天换三次，也不让衣服上有个小污点，而卧病时因无人给水喝，竟去吮吸尿液。他悔痛万分，不该陶醉于浮世虚荣。

1778 年 5 月 30 日，已无人气的老人猛然微言“让我死吧，”不久蓦地大叫一声，离开了人世，享年 84 岁。

伏尔泰一生孱弱多病，临终经历异常悲惨，死后仍受教会迫害，遗体不得不安葬在外省。直到 1791 年法国大革命期间，人民才得以把他的遗骸运到首都，在他的柩车上写着下面的一行题词：“他教导我们走向自由。”

一位毕生以笔杆为武器进行 60 多年反封建斗争的启蒙运动领袖，一位著作近百卷涉及方方面面的伟大学者，一位有着非凡生命经历的 18 世纪的法国人，他的名字将永远在人类历史上闪光。虽然也有局限，虽然也有偏见，但他自由与理性的民主思想已深入人心。

伏尔泰说过：“我们认识了许多真理，我们找到了许多有用的发明。倘使我们还不知道一只蜘蛛和土星的光环之间可能存在的关系，也不必难过，我们继续考察我们力所能及的事物吧。”让我们在这句活的指引下，继续探索真理，找寻并沿着人类发展的正确道路前进吧！

攻占巴士底与人权宣言

三级会议开幕以来，巴黎人民的革命情绪日益高涨，不断举行示威游行。在广场和林阴大道上，特别是在巴勒、罗垭园，经常聚着许多人，听鼓动家主张变革的演说。1789 年 6 月 30 日，4000 名常到巴勒、罗垭园的人，强力释放了 10 名因抗命而被监禁的国王禁卫军，并抬着他们游行。而被国王派去恢复秩序的军队高呼“国民万岁！”不愿镇压群众。

路易十六表面屈从于国民议会，6 月 26 日却发出秘令，向巴黎调军，用武力消灭国民议会。已识破其阴谋的巴黎人民毫不示弱，立即向议会提出撤走国王军队的要求，可国王却嘲弄、威吓地说：军队是用来保护议会自由的，如果议会对此感到不安，他准备把议会迁到外地去，这无疑更激怒了第三等级的代表。

7 月 11 日，路易十六换军队将领，用反动贵族布勒杜伊代替赞成改革的内克尔。消息传来，群情激愤。巴黎人民走上街头，举行浩大的示威游行，各集会场所挤满了人群。工厂罢工，商店关门，就连戏院也停止了演出。当得知政府军枪杀集会群众的消息后，巴黎人民更怒不可遏，“拿起武器”的呼声传遍全城，不同身份、不同年龄的公民统统武装起来了。

13日早晨，巴黎上空响起了警钟，一次武装起义开始了。每个公民都宣称自己是祖国的战士，在自己的帽子上钉上一个绿色的帽徽，拿起匕首、长矛、梭标、木棍向反动政府军猛攻。在人民英勇斗争中，许多士兵纷纷倒戈。到晚上，巴黎大部分地区已由起义人民掌握，这时资产阶级代表人物也加紧活动，迫使旧政府同他们共同组成新的市政府——常务委员会，决定成立国民自卫军，以恢复和维持市内秩序。

在巴黎东南部有一座巴士底狱，1382年建成，最初是一座军事城堡，目的是防御英国的进攻。随着巴黎市区的不断扩大，巴士底失去了防御外敌的作用，18世纪末改为王家监狱，专门用来囚禁政治犯。

这座阴森可怖的建筑物由坚厚的城墙和几个高大的塔楼组成，塔楼的顶端是8个巨大的炮台，里面有个军火库，装着几百桶火药和无数炮弹，炮口则对准巴黎平民聚居的圣安东郊区。监狱四周有25公尺宽的深水壕沟，只有通过桥才能进去。几百年来，它就像封建君王豢养的恶犬一样，虎视眈眈，时刻准备扑向巴黎市民。它就是法国专制王朝的象征。广大人民早已对它深恶痛绝，期待时机，将它一举捣毁。7月14日，成千上万的起义者，手持武器，高呼着“打到巴士底狱去！”的口号，奔向巴士底狱，将它重重围困。在和平占领巴士底狱的计划失败后，愤怒的群众立即发起进攻。石头、圆木、斧头很快成了攻城器械，起义者不畏枪林弹雨，架云梯、登城墙、开大炮、轰城门，经过四个多小时的激战，百余名起义将士血溅杀场，而后继者毫不退缩，越战越勇。炮声轰响，砖飞石溅，烟雾弥漫……随着一次次的努力，一颗炮弹终于打断吊桥铁索，突破口找到了，很快起义者便扩大战果，潮水般涌入堡垒，释放政治犯，打死负隅之敌，活捉并处死了守军司令德洛纳。

15日，起义者把巴士底狱完全拆毁，封建罪恶的象征只留下断壁残垣、瓦砾石块，人们在其废墟上竖起一块木牌，上面书写着“这里埋葬了巴士底狱”。

巴黎人民攻克巴士底狱，标志着法国资产阶级革命的胜利开始。19世纪末，法兰西第三共和国决定把7月14日这一天作为法国国庆日，一直相沿至今。人民英勇攻占巴士底狱的伟大功绩将永留后世。1790

年的7月14日，是巴黎人民攻克巴士底狱一周年的日子，为了纪念这一历史性的伟大事件，法国人民展开了紧张的准备工作。

各地的国民自卫军派出2万人，即从每200人中推选一名代表，前往巴黎参加庆典。国民议会为此颁布一项法令规定：代表们的一切费用由巴黎各大区分摊，王国军队的代表将由11000名老兵组成。这便是历史上著名的联盟节的由来。巴黎市民将接待来自全国各地的代表，和他们一起分享赢得的自由权利，这确是一件振奋人心的大事。

联盟节前一个月，全体巴黎市民便以最大的热情投入了紧张的准备工作。人们的爱国情绪极为高涨，争先恐后提出各种接待的想法和建议。比如有人说，胜利广场的铜像底座上放着许多从外省掳来的塑像，象征国王对全国的统治，现在应把它们立即搬走，“以免伤害外省兄弟们的自尊心”。

胜利广场本身也需要修整了。这方广场本是当年巴黎人打败诺曼人的见证，面积约30万平方尺，但它现在到处坑坑洼洼，实在有损国都形象。巴黎人从6月中旬起开始实施庞大的整修计划，但直到距7月14日还有一个星期的时候，还有大半工程未完成。人们都说，除非奇迹出现，否则……

然而，奇迹果真出现了。一位名叫卡特利的国民自卫军士兵给《巴黎记事报》写信建议，动员全体巴黎市民去广场上参加义务劳动，这办法很快得到了响应。报纸出版当天，巴黎人不分男女老少，几乎全城出动直奔胜利广场了。整个工地热火朝天，歌声此起彼伏，人们看到，修女、残疾人、僧侣、法官以及女演员一起齐心协力地同拉一辆装满泥土的两轮车。著名神甫西哀耶斯和后来成为拿破仑妻子的约瑟芬的儿子并肩挖土，修士们在将军的率领下一声不吭地埋头干活……每天参加玛斯广场劳动的人数竟达25万之多。但整个工地秩序井然，没有一名巡逻士兵，听不到一句骂人的粗话。许多人带着全家前来劳动：丈夫挖土，妻子装车，子女推车，老人和幼童在一旁加油鼓劲儿。人们互相信任，感人至深：一位青年把手镯戒指连同脱下的衣服往地上一放就去干活，有人提醒他当心东西，他说大伙都是自家弟兄，没有关系。当他收工回来时，财物果真原封未动……

代表们从全国各地赶来了，巴黎居民纷纷腾出自己的房子让他们住，拿出最好的饭食请他们用。

7月14日，联盟节终于来到了。清晨，在茫茫白雾中代表们列队来到巴士底狱，八点钟人们向早已整饰一新的胜利广场进发。队伍穿过市区，成千上万群众夹道欢呼，下午3点半，到达目的地，所有人在隆重的庆祝仪式中为祖国祈祷，15万人在自卫军长官拉法耶特将军带领下庄严宣誓。塞纳河上空久久回荡的是礼炮、军乐和人们保卫祖国的誓言。

1789年7月14日法国人民起义胜利后，制宪议会实际上成为全国最高的行政和立法机关，左右大局、操纵议会的是第三等级的代表。在第三等级的代表中，起主导作用的是代表大资产阶级和自由派贵族利益的君主立宪派。其中最重要的人物有半拉波、拉法耶特、巴纳夫、拉默等人。这些人都属于斐扬俱乐部，因此又称为斐扬派。

在巴黎人们起义过程中，大资产阶级就已和旧政府联合组成“常务委员会”。继而，常务委员会决定组建资产阶级国民军。7月15日，金融资产阶级代理人贝野被选为委员会主席，拉法耶特为国民军司令。为防止劳动人民参加国民军，特意规定国民军士兵要有一套华丽的军装，并要自备武器，平民家庭当然无力置齐这些，因此只有资产阶级才有资格参加国民军。国民军士兵都佩带红蓝白三色帽徽，白色代表王室，而蓝红二色则代表巴黎市，这说明大资产阶级依然是忠于王室的。7月18日，国王接受了三色革命帽徽，承认了权力的消失。以后，三色旗成了革命的标志。

1789年夏，农民起义爆发，迫使制宪议会首先注意到了农民问题。8月4日至11日，议会通过“八月法令”打击封建制度，农民得到了一些好处，但土地却没有回到自己手中。为了明确大资产阶级的政治态度，制宪会议在拉法耶特的建议下，决定起草《人权宣言》。

8月26日，《人权宣言》正式发表，它成了资产阶级反对封建的纲领性文件。《人权宣言》宣称：“在权利方面，人们生来而且始终是自由平等的”；“自由、财产、安全和反抗压迫”是“人的自然的和不可动摇的权利”；“每个公民都有言论、著述和出版自由”；“法律是公民意志的表现”，“在法律面前，所有的公民都是平等的。”宣言提倡人权和法治，从根本上否定了“君权神授”和等级特权，宣布了资产阶级自由、平等以及“人民主权论”和“三权分立”的民主原则，第一次用法律的形式把法国启蒙思想家的思想确定下来。它在打击封建制度，限制王权，进一步启发人民革命意识等方面都起了重大作用，在封建制度尚占统治地位的欧洲大陆产生了深远影响。

但《人权宣言》规定私有财产是“神圣不可侵犯的”，“任何人的财产不得受到剥夺”，承认财产的不平等，在维护资产阶级经济利益的同时也维护了第一、第二等级的财产，而一无所有的广大人民、农民的财产权无从谈起，这些虚伪性说明资产阶级的“人权”、“平等”只是对其一方而言的，人民仍处于受剥削和压迫的地位。

“八月法令”和《人权宣言》相继出台，而路易十六却不予以承认，还阴谋策动反攻——武力解散议会。1789 年 10 月 1 日，国王和王后在凡尔赛举行盛大宴会，欢迎反动军官。在宴会上，军官们把三色帽徽掷在地上践踏，佩起白黑徽章，白色代表国王，黑色代表王后，声言要置人民于死地。

这时，巴黎陆续出现粮荒，物价不断上涨，家庭主妇买面包每天都要排几个小时的队。当国王阴谋武装镇压革命的消息传来后，又一次被激怒的巴黎人民立刻行动起来。10 月 5 日，妇女们成群结队，高呼“要面包！要面包!”冒雨奔向凡尔赛。她们把国王、王后和王子分别比喻成面包房老板、老板娘和小老板，边走边喊：“我们去找面包房老板、老板娘和小老板。”沿途中不断有巴黎市民加入队伍。刚打猎回宫的路易十六还没来得及回味猎中乐趣，清算猎物数量，就已经被人民包围在宫中了。经过紧急召集的议会连夜商讨，路易十六被迫批准了“八月法令”和《人权宣言》，答应确保粮食供应。就这样，巴黎革命人民，特别是妇女又一次成功地向世人证明了他们的斗争勇气和巨大力量。

革命实景

大革命时期，内忧外患同时向法国袭来。国难当头，法国人民的爱国热情被极大地激发起来。祖国需要战士，人民纷纷投身战斗。

在抵抗外国干涉军期间，巴黎共有 15000 人应征入伍。其中，很多人被直接派往前线，剩下的人则组成国民志愿营，作为正规军的后备力量。不仅在巴黎，全法国到处都是沸腾的热血。时刻准备捐躯的民众们，争相拿起武器，要将敌人“轰出去”。城市广场上设的简易募兵站总是人头攒动，在一面写着“公民们，祖国处于危急中”的巨大三色旗下，青年、儿童、残疾人和妇女排成一字长龙，踊跃报名，并且要求立即武装起来。人们按捺不住内心的激动，流着眼泪，互相拥抱，发誓宁死也不让国土遭受侵略者蹂躏。不同地位、不同年龄的人都蜂拥而至，高唱着刚写成不久的《马赛曲》，高呼着“法兰西万岁”前来报名。通常是早上报名，中午编组，当天晚上或第二天清早就正式入伍了。

还有一些“集体”入伍的人不愿被拆散，希望呆在一起，编在同一个部队里。曾有800名“正在巴黎商学院学习”的年轻人要求单独组成两个营，他们将既是步兵又是骑兵。还有剧团的演职员共上阵，人们一眼便能从队伍中认出这些名人。一批年轻的画家和雕塑家也要求奔赴战场，并且表示他们将在画布和大理石上把军队的光荣业绩记录下来……各阶层的人民——工人、资产者、商人、职员、演员、旧军人、鞋匠、裁缝、假发师、少数未成年的孩子以及妇女都来参加志愿军了。

欢送志愿军的场面也令人不能不为之动容。几百人集合在市政厅前，整装待发。出发的时刻终于来了，新入伍的军人们高唱《马赛曲》大步行进，穿过市区。街道两边挤满欢送的人群，掌声、欢呼声和啼哭声响成一片。每个人的心中都有一团烈火在燃烧，每颗心都体验着激动到顶点的滋味。

志愿军中不乏妇女：有人在报名时女扮男装，有人则直截了当地提出申请。在军队里，她们在非凡勇敢的精神支持下，同男人并肩战斗。但军队里的生活毕竟太残酷，有些姑娘亮明身份，回家支前。而更多妇女则坚持战斗，直到被人发现，才悄然离开，销声匿迹。没人能说清楚，大革命期间参军的妇女们驰骋沙场、奋勇杀敌，创造了多少可歌可泣的英雄业绩，她们是当之无愧的巾帼英雄。

1792年8月10日，巴黎人民在雅各宾俱乐部和巴黎公社领导下举行起义，占领杜伊勒利宫，废黜路易十六。有一名贵族弗朗索瓦·德·拉罗什福哥德目睹了起义经过，并把它详细记下来刊登在了报纸上。

8月9日上午，弗朗索瓦·德·拉罗什福哥德参加了国王的弥撒。当时，全体王室成员双膝下跪，虔城地祈祷，大群朝臣毕恭毕敬地站在靠后的地方，腋下夹着帽子。下午，弗朗索瓦去大剧院看戏，巴黎市内十分平静。可弗朗索瓦却听到了一些令人不安的小道消息，于是他又回到了杜伊勒利宫。王宫里一切正常，除几个卫兵外，不少人在花园里悠闲地散步。弗朗索瓦见此情景，便又回到剧院，直到看完戏后才回到宫中。

晚上11点钟左右，传来了不安的消息：看来，今夜情况不妙，恐怕会有人到杜伊勒利宫来闹事。周围的人们希望国王出走，然而国王固执己见，不肯离开。1792年8月10日凌晨，君主专制制度覆灭的丧钟敲响了：各路大军纷纷向杜伊勒利宫进发。在这种情况下，当弗朗索瓦及其他贵族得知“国王就寝前的接见”已被取消时，不禁大惊失色，面面相觑，因为这在王宫里是破天荒的头一遭。他们赶快穿好衣服鞋子，准备随国王离开皇宫。

这一夜，没有人能合眼。弗朗索瓦走进国王卧室，只见房里已挤满了人，只有少数人“穿戴整齐”。巴黎市长佩蒂翁神色慌张，小心翼翼地穿过人群，向国王走去。国王表情严肃，命他采取一切措施维持治安。

佩蒂翁答应在必要时将不惜动用武力。时间一小时一小时地在流逝，室内气氛十分沉闷，人们疲惫极了，便顾不上礼仪，当着皇帝的面便找地方坐下休息。国王掌门官对此大为恼火：大难已经临头，他居然还想维护宫廷的这种礼仪！三时许，全城钟声四起。拂晓，路易十六在心腹陪同下查看花园岗哨。他神色“痛苦而不安”，但仍“故作镇静”。外面的群众企图靠近国王，侍从们便挽手保护。

10 日晚，拉罗什福哥德陪着王室成员离开杜伊勒利宫，去立法会议所在地——骑术院大厅躲避。一路上，国王尚能克制住自己的感情，表面上显得很镇静，而王后则哭得像个泪人儿不时地擦泪，她似乎一直在竭力掩饰内心的慌乱，但是几分钟后又泪如泉涌。年幼的王子看上去还不知道害怕，但他的姐姐却在不停地抽泣。

拉罗什福哥德把几位贵族夫人安置在议会的讲台上。傍晚，他又回到骑术院大厅，看见王室成员已被软禁在会议厅的包厢里。国王脸色沮丧，疲惫不堪，王后在他身旁，手帕和头都已被泪水和汗水浸透了。拉罗什福哥德问王后有何需要，王后请他拿一块干净手帕来。但是，他的手帕被人包伤口用了，只得转身出去找。当他回去想把从一位酒店老板那里借来的手帕交给王后时，哨兵拦住了他不让走近包厢，并扬言要逮捕他。路易十六被捕了，拉罗什福哥德吓得赶快溜走，第二天就离开巴黎。8 年后，他才重新回到首都。

是革命领袖还是暴君

罗伯斯庇尔，是一个曾经颇有争议的人物。

19 世纪有位作家这样描述他：相貌平庸，面容惨白，筋脉都是青色的；他把自己的民主政治吹上了天，并想通过他的“恐怖”政策，也通过他的一些神秘论调来实行这种政治；他伪善成性，只爱权力，把一些人当作反革命分子，另一些人当作极端的革命分子送上断头台。

有人说他是杀人狂，在他的坟头上刻着两句诗：“过路人，不管你是谁，切莫为我的命运悲伤，要是我还活着，你就得死亡。”

也有人说：他是一个具有强烈事业心的热情人。法国著名女作家乔治·桑也说：“罗伯斯庇尔是大革命的最伟大的人物和历史上最伟大的人物之一。”还有作家阿纳托尔·法朗士称赞他这个“一个不可腐蚀者”，在自己获诺贝尔奖的作品《诸神渴了》之中对他表达深切敬意。

今天的这些争议，早已被公正的观点平息，历史做出了公平的评判。那么罗伯斯庇尔究竟是怎样一位人物呢？让我们纵观他的一生后再做出自己的评价。

马克西米利安·德·罗伯斯庇尔于1758年5月6日生于阿尔图瓦郡阿腊斯城。他的祖父和父亲都是律师，母亲出生在一个啤酒商人家庭。当他6岁的时候，母亲便去世了。三年后，父亲抛弃了罗伯斯庇尔兄妹四人，离家出走，从此音讯全无。外祖父便担起了抚养教育孤儿们的义务。老人先把外孙罗伯斯庇尔送入阿腊斯城的学校上学，1769年让他转入在法国享有盛名的巴黎路易学校。小罗伯斯庇尔勤奋好学，成绩优异。1778年，他于路易学校毕业，进入巴黎大学学习法律。

罗伯斯庇尔思想成型的年代，正是启蒙思想深入人心的时期。他孜孜不倦地阅读启蒙思想家的著作，尤其崇拜卢梭的思想，把他看作自己的导师。随着岁月的流逝，罗伯斯庇尔对卢梭的崇敬与日俱增。1778年当他在巴黎大学学习时，曾到爱尔曼诺尔拜访卢梭。他受到导师的热情接待和深刻教育，更加信仰卢梭提出的人民主权论思想了。在后来的革命过程中，罗伯斯庇尔力图把卢梭的思想付诸实践。

1781年罗伯斯庇尔在巴黎大学毕业后，返回家乡继承祖业，当一名律师。罗伯斯庇尔既熟悉法律，又刚正不阿，敢于抗拒流弊和恶俗，为一些被侮辱和欺凌的人说话。他曾帮助一位农民对领主进行起诉，曾为一个受神甫凌辱的无辜少女进行辩护，并取得胜利。罗伯斯庇尔在阿尔图瓦郡越来越有声望，受到群众的尊敬和爱戴。1788年，他撰写了一本小册子《致阿尔图瓦那人民的呼吁书》，要求改革郡的三级会议，受到当地第三等级的热烈拥护。很快，罗伯斯庇尔被选为阿尔图瓦的代表到巴黎参加全国的三级会议，并在那里参加了雅各宾俱乐部——这是一个经常在圣雅各教堂开会而得名的有共同革命理想的人们的组织。

1789 年 5 月 5 日全国性的三级会议开幕，7 月 14 日巴黎人民攻陷巴士底狱，揭开了法国大革命的序幕。这期间，罗伯斯庇尔以卢梭的主张为纲领，提出了普选权，剥夺王权的主张，保护革命中小资产阶级的利益。

1791 年 6 月，国王路易十六企图逃亡国外勾结反动势力镇压法国革命，结果被人民抓获。罗伯斯庇尔与保守派展开激烈斗争，主张严惩国王，废除君主制。他针对“国王的人身神圣不可侵犯”的说法反驳道：“国王是不可侵犯的！但是人民不也是不可侵犯的吗？国王不可侵犯是建立在虚构之上，人民不可侵犯则是建立在大自然不可违反的权利之上。而你们用不可侵犯的盾牌来掩护国王，怎能将人民的不可侵犯性来作牺牲品呢?”

当时欧洲各主要国家把法国革命看成洪水猛兽，联合起来进行武装干涉。法国人民奋起保卫祖国，保卫革命。罗伯斯庇尔起初反对战争，害怕内患甚于外忧。但当战争真的爆发时，他则坚决主张必须赢得战争胜利，只有胜利才能保卫革命成果。他以热烈激昂的言辞鼓励人民：“我们或者重新堕入以前的奴隶制中，或者重新拿起武器。”

随着革命逐步深入发展，罗伯斯庇尔积极的革命活动和激进的政治主张，赢得了群众的广泛信任，他成了雅各宾派的领袖。面对内忧外患，他勇担重任，带领人民举行起义，推翻无能的掌权派吉伦特派，建立了雅各宾专政。

雅各宾专政时期采取了一系列措施，拯救共和国，挽救革命。1793 年雅各宾派还制定了新宪法，规定法国为统一的不可分的共和国，凡年满 21 岁的全体男子皆为公民，废除了财产限制。这是近代史上最民主的资产阶级宪法之一，但它并未付诸实行。

雅各宾派内部很快发生了危机。三位领袖中的马拉被反动派暗杀，丹东变成暴发户，丧失了革命斗志，结果被处决。为了镇压反对派，罗伯斯庇尔采取了引起极大争议的“恐怖政策”。

值得一提的是，在 1789—1791 年间，罗伯斯庇尔曾主张废除死刑。他认为死刑是极端不公正的，是最具有镇压性的刑法，与其说它能防止犯罪，不如说它能促使犯罪事件增加。但在讨论关于如何处置国王路易十六的问题上时，他从革命利益出发，放弃原来的观点，毅然赞成处死国王。现在，罗伯斯庇尔在政治和经济两方面实行了恐怖政策。起初这本是必要的，它关系到共和国的生死存亡，但后来恐怖的范围日益扩大，被处死的人逐日增多，从1794年6月10日起，平均每天处死50人。这样做的结果，使雅各宾派陷入孤立的处境，给了反对派分子以可乘之机。

但应该看到，罗伯斯庇尔的威信在雅各宾专政时期与日俱增。他廉洁奉公，生活俭朴，获得“不可腐蚀的人”的美名。他两次恋爱，都因重任在身，无暇他顾而没能结婚。1794年6月4日国民议会举行会议，推举罗伯斯庇尔为主席。6月8日，他主持了庆祝新信仰的仪式，当他发表了长篇演说之后，群众高唱赞美诗，大家都热烈向他祝贺，更有人把他比做希腊神话中的音乐之神，给人民指示了文化与道德的原则。但反对派此时也加紧了行动。1794年7月27日，反对罗伯斯庇尔的人们组织进攻，在国民议会阻止他发言，并将他当即逮捕。第二天清晨，罗伯斯庇尔等人未经审判便被送上了断头台，时年36岁，这事件便是“热月政变”。

“热月政变”结束了雅各宾派专政，法国大革命的高潮也随之结束。

现在我们是否能对罗伯斯庇尔作出公正评价呢？相信很多人都会肯定，罗伯斯庇尔虽有过失，但他不愧为一个资产阶级革命家，大革命时期雅各宾政权的领袖，他是一个真正伟大的人物。

热月政变

罗伯斯庇尔在雅各宾专政时期采取“恐怖”政策，最后竟将本派左右两翼的领袖也都送上了断头台。中派的罗伯斯庇尔一下子像人失去了左膀右臂，自己也处于岌岌可危的境地了。

人民对雅各宾派的统治渐渐失望了。在雅各宾专政期间，劳动人民生活依然贫困，农民、工人对许多政策怨恨、不满。1794年春，政府给工商业者发放补助金，恢复奢侈品生产，减轻对投机行为的惩罚，更激起了人民群众的愤怒，甚至引起各行业工人罢工。广大劳动人民不仅对政府失望，还逐渐疏远，甚至怀有敌意。

新兴的大资产阶级、投机家对雅各宾派的作法也痛恨万分。他们反对政府向富人征收特别税、实行最高限价法和极端的恐怖政策。1794年夏季，大资产阶级认为共和国已经巩固，封建王朝无从复辟，便有意于打破雅各宾派的政治束缚，能够更自由地积累资金，掠夺财富。

政府中，国民议会、救国委员会和治安委员会中，反对派的力量也在加强。罗伯斯庇尔领导的救国委员会越来越独断专行，单独裁定了许多依照法律必须由救国委员会和国民议会议事决定的问题。治安委员会的职责也有许多被救国委员会武断取代，他们十分不满，以缄默对抗。救国委员会内部一部分人对罗伯斯庇尔及其拥护者的威信与日俱增，深感不安。卡诺曾说："倘使某一个人的功绩，甚或他的德性当作不可少之物时，就是共和国之不幸。"到 1794 年夏天，在救国委员会和治安委员会中，反罗伯斯庇尔的委员逐渐成了多数。

罗伯斯庇尔在面临强大反对派的同时，还必须继续日常工作。这其中就包括必须对真正做了有损国家、人民利益的国民议会、治安委员会成员进行惩罚。各地的爱国者控告国民议会中有些特派员在外地贪赃枉法，滥施恐怖。罗伯斯庇尔说："无论在什么地方，都不能再容许有任何党派或罪恶的痕迹。几个罪大恶极的人玷污了国民议会的名誉，国民议会当然是不会受他们压制的。"国民议会中反罗伯斯庇尔的巴拉斯、弗雷隆、塔利安等人心虚了，他们深知，如果罗伯斯庇尔获胜，他们只有死路一条。

1794 年 7 月，罗伯斯庇尔感到反对呼声越来越强大，已觉察有人谋划推翻他。他的情绪一度十分低沉，自 7 月 3 日起不再出席救国委员会的会议。而罗伯斯庇尔的敌人则加紧活动，他们投寄匿名信，三番五次地企图暗杀罗伯斯庇尔。治安委员会对街头要求逮捕罗伯斯庇尔的叫嚷不加制止，罗伯斯庇尔意识到，决战临近了。

1794 年 7 月中旬，罗伯斯庇尔看到形势紧急，决定首先在国民议会中发动进攻，希望能够争取国民议会中的动摇分子，以打击最主要的敌人。

7 月 26 日，即法共和历热月 8 日，罗伯斯庇尔在国民议会发表了一篇精心准备的演说。演说内容主要有两点：首先是回击政敌的责难，为自己辩护。罗伯斯庇尔说："有人责备我们不公平和暴虐……可祖国却责备我们过于宽大。""难道说是我们把爱国人士投入牢狱，是我们到处制造恐怖？这是那些控诉我们的人干的勾当。"第二点是谴责政敌在从事阴谋活动。罗伯斯庇尔声色俱厉地说："我声明，我现在仍然相信有阴谋存在。革命政府拯救了祖国，现在需要排除一切暗礁来拯救它自己"。罗伯斯庇尔一席话旨在动员国民议会揭露阴谋分子，击败他们。

他的一句话最能概括这次演讲的主要目的，他说："我来是为了消除严重的误解，我来是为了熄灭这一可怕的不和的火焰。有人想要用这个火焰烧毁这一自由殿堂和整个共和国。"

但是，慷慨的陈辞却没有得来一星点掌声。罗伯斯庇尔演说结束后，会场上一片寂静，许久没有丝毫反应。因为罗伯斯庇尔的演说不够策略，他没有把犯错误和具有不正当行为的人同进行阴谋活动的人分开，未具体点明阴谋分子的姓名。国民议会中不论是谁——有错的还是有功的，有瓜葛的还是没牵连的，个个认为自己是被谴责对象，人人自危，对罗伯斯庇尔的话，人们一时不知是赞成还是反对。罗伯斯庇尔的讲话，没有能收到预期效果，许多原来支持他的人也改变了态度。

当晚，罗伯斯庇尔来到雅各宾俱乐部。在这里，他拥有广泛、坚定的支持者，受到热烈欢迎。他把白天在国民议会所作的演讲重复一遍，与会群众为之喝彩。他的敌手想要在此发言，却遭到群众的严厉阻止。罗伯斯庇尔过于乐观地看待他在俱乐部的胜利，以为自己仍能争取大多数人的支持，决心第二天再回国民议会与反对派较量。

救国委员会和治安委员会当晚通宵达旦开会，力图协调各派意见，以求一致反对罗伯斯庇尔。至此，各反对派达成统一。

第二天，即热月 9 日，国民议会会议完全被反罗伯斯庇尔分子操纵。反对派大声诬蔑罗伯斯庇尔，称他"暴君"。罗伯斯庇尔多次想申辩，都遭到阻拦。会场上响起"打倒暴君!"的喊声。大会决定逮捕罗伯斯庇尔，与会各派鼓掌赞同。罗伯斯庇尔的兄弟奥古斯丁与忠实朋友勒巴主动要求分担他的命运，自动受捕。在众反对派的欢呼声中，被捕者们被带出会场。罗伯斯庇尔愤怒地高喊："共和国完了，强盗们胜利了!"此后，罗伯斯庇尔他们被送往监狱。

消息很快传遍巴黎。拥护罗伯斯庇尔的巴黎公社立即召开紧急会议，自行在各区分部发动起义，力图武力解散国民议会。

起义者从狱中救出罗伯斯庇尔等被捕者。但是，罗伯斯庇尔等对领导起义犹豫不决，行动迟缓。很快，国民议会方面毫不迟疑地发起反攻，他们找到罗伯斯庇尔的所在地巴黎市政厅，在半夜时分出其不意带兵攻入。罗伯斯庇尔见反抗已毫无用处，自杀未遂，身受重伤。小罗伯斯庇尔跳窗折断一腿，勒巴自杀身亡。

热月 10 日，即 1794 年 7 月 28 日，以罗伯斯庇尔为首的 22 名被捕者，不经审判在游街示众之后被押往刑场，送上断头台。7 月 29 日，巴黎公社 72 名成员也遭到同样命运。

这就是法国历史上的“热月政变”，它结束了雅各宾派专政。新兴大资产阶级，即热月党人，代替中小资产阶级革命民主派，开始了统治。

热月政变后，巴黎公社被解散，罗伯斯庇尔的拥护者受迫害。政变者还利用一批资产阶级青年，即所谓的“弗雷隆的金色少年”四出活动，搜捕雅各宾派。

大资产阶级摆脱雅各宾专政后，肆无忌惮地追逐暴利，投机倒把，盗窃公款，种种非法牟利的事件层出不穷。巴黎上层社会少数贵族重新恢复沙龙等社交生活，影响了国民议会议员，消磨了革命斗志。

取消最高限价和经济管制之后，市面物价飞涨。1794 年，城市粮食供应极为困难，粮商囤积居奇，大搞投机。巴黎人民挣扎在饥饿、穷困、疾病的死亡线上。

1795 年春，不能再忍受这种生活的巴黎群众举行了两次起义——芽月起义和牧月起义。

1795 年 4 月 1 日，即芽月 12 日清早，蒙马特尔区的建筑工人到国民议会请愿示威，各区工人纷纷响应。示威者的帽子上写着起义的口号：“面包，1793 年宪法，释放爱国者!”他们冲进国民议会。但由于起义者缺乏明确的行动计划，很快被镇压了。

面包不足的问题更严重了，巴黎街市上乞丐遍布，饿死和自杀事件层出不穷。1795 年 5 月 20 日，即牧月 1 日清早，工人们拿起武器，冲进国民议会会场。这次起义收到了一些效果，在武力威胁下，国民议会接受了人民群众的种种要求。但由于起义仍然缺乏组织，很快又被热月党人镇压了。

人民革命受挫，热月党人的白色恐怖笼罩巴黎。亡命国外的保王党人以为复辟的时机已经成熟，便由英国军舰运送至法国登陆。热月党人此时表现出坚决镇压王党叛乱，继续抗击欧洲封建势力组成的反法同盟的姿态。其中的原因不难理解——热月党人是靠革命起家的新兴资产阶级，一旦王党复辟，他们的财产、政权以至性命都难保全。因此，尽管热月党人执政时出现大资产阶级镇压人民的局面，但法国对反法同盟的战争从未停止。

1795 年，法国与普鲁士、荷兰、西班牙等国议和，上述三国或退出反法同盟，承认法兰西共和国，或与法国解决领土归属，结成同盟。这样就使第一次反法同盟濒于瓦解。然而，法国与奥地利，法国与英国之间的矛盾却长期难以解决，仍要继续下去。

因为镇压了巴黎人民的起义，平定了王党叛乱，取得了对外战争的胜利，热月党人的政权暂时得到了稳定。为巩固统治，1795 年 8 月，国民议会通过了宪法，即共和三年宪法。

共和三年宪法是一部典型的资产阶级宪法。它规定立法机关由元老院和五百人院组成，享有批准或否决法律之权。行政权由 5 名督政官组成的督政府行使，督政官每年改选一人。

热月党人为了牢牢地保住政权，又通过“三分之二法”，规定新的 750 名两院议员中，必须有三分之二为原国民议会议员，这就打破了王党分子妄想通过选举重获政权的梦想。

但遭到挫败的王党分子仍不甘心，他们于 10 月 5 日发动暴动，进攻国民议会。巴拉斯指挥军队进行回击，他大胆任用年轻将领拿破仑·波拿巴将军作为前敌指挥。拿破仑调来大炮配合作战，仅用几个小时便粉碎了叛乱。这次战役充分显露了拿破仑的军事指挥才能，使他获得了“葡月将军”的称号。战后不久，拿破仑便被擢升为巴黎卫戍区的副司令，不久又取代原上级巴拉斯晋升为司令官。

葡月暴动事件后，按照新宪法选举出来的立法两院——元老院和五百人院基本上是热月党国民议会的继续。新选出的议员绝大多数是共和派，他们或曾赞成处死路易十六，或曾赞成执行死刑。两院选出的五名督政官都是曾投国王死刑票的。这些议员和督政官后来被保王党称为“弑君派”。1795 年 10 月 26 日，存在 3 年之久的国民议会解散了，开始了督政府时期。热月党人执政期间，维护新兴资产阶级利益，同封建势力进行坚决斗争，对小资产阶级民主派和劳动群众加强压迫。纵观这一段时期的历史，可以说热月党人维护了 1789 年资产阶级革命的成果和原则。

拿破仑传奇

一、雾月政变

正当拿破仑在欧洲各地扫荡封建势力的同时，他了解到法国在莱茵战场屡遭失利的消息。他震惊地获悉：革命政府中混入大批保王分子准备伺机推翻国民政府，恢复封建君主制。腐败无能的督政府已岌岌可危，大资产者急需波拿巴这样的强硬人物领导新政权。历史的偶然与必然锁定了深恶封建制的拿破仑充当了法国大资产阶级的利剑。波拿巴立刻率少数部属回国，与大资产者共谋政变之事。

1799 年 10 月 9 日黎明，数艘法国舰只穿过地中海的浓雾，在弗雷尤斯靠岸。拿破仑及其部将经历了一个多月的航行，避开敌舰追击，在法国南部登陆。经过一番资金的准备，11 月 9 日，拿破仑开始行动，他派军队控制了督政府，接管了革命政府的一切事务。10 日，他把法国议会——元老院和五百人院全部解散，夺取了议会大权，并宣布成立执政府。

政变结束了，按 1793 年 10 月国民公会颁布的《革命历》，政变发生在“雾月”，因此被史家称为“雾月政变。”

政变后，参与谋划的西哀耶斯、罗热·迪科与拿破仑同为临时执政。12 月，新宪法规定“波拿巴公民为第一执政。”他连续采取军事行动，打击了欧洲封建势力对法国的几次反扑。1800 年，拿破仑击溃奥地利军队，并进逼奥南部地区，迫使奥皇签订和约。1802 年，以沙俄为首的第二次反法联盟又被拿破仑击溃，使俄国对法国的威胁解除了。

对国内，拿破仑也采取了一系列维护其资产阶级统治的措施。他用武力征讨和分化瓦解的手段，镇压了保王党的复辟活动。

1802 年，已新开的元老院同意拿破仑为终身执政。1804 年 12 月 2 日，波拿巴加冕称帝，即拿破仑一世，他的权势达到高峰。

加冕典礼是在法国最大的教堂巴黎圣母院举行的。一大早，已因大典被装饰一新的圣母院内外便拥满了人：帝国各大臣，前来贺礼的各国贵宾，欧洲各国新闻机关负责人以及巴黎平民百姓全聚来了。上午 10 点，由 8 匹骏马拉着的华贵马车载着教皇来到圣母院。早以蔑视教皇著称的波拿巴却直到正午才携约瑟芬到来，本已在冷风中瑟缩半日的教皇现在有理由更加气愤，因为马上要登基的波拿巴竟穿了一身猎装。

依照定好的程序，仪式冗长繁杂，持续了约 6 小时之久。当教皇小心翼翼地捧起皇冠，口中念念有词地要为拿破仑加冕时，他突然一把抢过皇冠，自己戴到了头上，随即又给约瑟芬戴上了一顶凤冠。在此之前，拿破仑早已是哈欠连天，表现得甚为疲惫了。戴过皇冠，拿破仑又将了教皇一军，他当众宣布，从今以后，教皇必须效忠皇上，向他宣誓，把自古已有的规矩翻了个儿。

二、会战马伦哥

对外战争构成了拿破仑一生活动的重要方面。他的军事思想在军事史上占有极重要的地位。从拿破仑掌权到帝国灭亡，法国经历了与第二至第六次的反法联盟的战争。当时，英、俄、奥、普等欧洲大国先后都参加了反法联盟。意大利和德意志若干小国也曾加入反法战争。

1800 年 6 月 14 日的马伦哥战役是一次重要战役。5 月，波拿巴率领法军翻越阿尔卑斯山天险。据说，自古代迦太基名将汉尼拔率军翻越此山后，还没有敢问津者。拿破仑选择大圣伯纳德山口为突破口，下令将大炮拆卸下来，化整为零，全由兵士肩抬手拉，得以越过阿尔卑斯，进入意大利。

那时，奥匈帝国元帅梅拉斯已率军进入尼斯，只留下副统帅奥特及其统领的三万人马，驻守热那亚。法军的不期而至切断了奥军退路。奥军改变战略，奥特的军队一下由后为前，可很快在 6 月 9 日与法军的首战中败下阵来。6 月 14 日，奥军主力梅拉斯的大部队上阵，与法军在马伦哥平原上展开血战，强大的兵力使拿破仑也无力抵抗，一时间退守阵地。下午 5 时左右，在拿破仑急调的德塞将军率炮兵团赶到马伦哥后不久，第二次拼杀就在这块地域不大的平原上展开了。援军的到来极大地鼓舞了法军士气，拿破仑最终以少胜多，反败为胜。1800 年底，莫罗率领的法军在霍恩林登打败奥军，奥皇被迫讲和订约。意大利先被法军占领，进而莱茵方面军也取得了胜利。至此，第二次反法同盟全部瓦解。

1801 年初，按法奥两国和约，意大利连同莱茵左岸地区，也全划归法国所有。其中包含今天的比利时、卢森堡等地。法国领土的扩张，极大地刺激了拿破仑的野心。

三、乌尔姆战役

1804 年 12 月 2 日，拿破仑终于通过了加冕礼，当上了法兰西帝国的皇帝。这以后，他继续实行庞大的战争计划。

早在 1804 年 5 月 18 日法兰西第一帝国建立次日，拿破仑便将 18 名将军封为元帅。其中包括苏尔特、马塞纳、内伊、缪拉、达乌、奥热罗、贝尔纳多特、拉纳、贝尔蒂埃等能征惯战、久经沙场、战功显赫的名将。而称帝的拿破仑，即刻须面对由俄、奥、英三国为主又有瑞典和那不勒斯加入的第三次反法同盟。一直对英国野心十足的波拿巴不得不改变战略，暂时放弃了准备已久的渡海进攻英国的计划，转为抽调布伦港的精兵迎战自东边而来的俄奥联军。

1805年8月29日，拿破仑率军出征。他的军队中包括贝尔纳多特、马尔蒙、达乌、苏尔特、拉纳、内伊、奥热罗诸元帅统领的7个军，还有缪拉元帅率领的骑兵军，加上皇帝身边的近卫军，总数约有17万人之多。临出征前拿破仑还下令传旨维尔涅夫海军上将，命他率法西联合舰队出击。9月25日，法军浩浩荡荡渡过莱茵河，直扑奥地利境内。

第三次反法同盟各国原约定，由俄奥联军为主力，自德意志向西攻打法国本土，瑞典在北面予以策应。英俄各派军至意大利南部登陆，由那不勒斯向北，攻打法军。但奥军不顾约定，抢先出动，原因是在1796年和1800年，奥军在意大利曾两度败给拿破仑，这次是急于复仇。然而奥军中缺乏将才，34岁的查理大公率主力10万人南下意大利，欲在兵败旧地雪耻。24岁的腓迪南大公只率不足6万人西征巴伐利亚，但因他少不经事，军务由53岁的老将迈克参谋决断。

拿破仑一面派大军飞速东进，另一方面却不断出现在巴黎，报纸不断发布他的消息。这是他的计谋，目的是让敌人相信他没有率军远征。另外，他还把大军集结在英吉利海峡沿岸，佯装进攻英国。这样，果然使敌人上了当。法军只派马塞纳元帅前往奥军势力集中的意大利战场，牵制敌人主力，其余6个军和骑兵军全力飞赴莱茵河，奥军却丝毫未察觉。那时，各国操练军旅均以每分钟70步为准，拿破仑却要法军迈出120步。经过多年调教，法军果然行进如飞，只在20余天内便走完了平时要走40多天的路程，并无一人掉队。

奥军参谋长迈克纵使老谋深算，也决不会想到拿破仑大军能在短时间内赶到莱茵河。所以由他部署，部队抢先占领黑林山的各个交通要道，并进驻乌尔姆，准备迎击法军的先头部队。可拿破仑早派妹夫缪拉元帅化名易妆潜入敌军中侦察了一番，对迈克的战略了如指掌。他决定从乌尔姆以东突破奥军防线，然后强渡多瑙河，直插敌背，有效地阻止奥俄两军的会合。这样，法4个军从乌尔姆以北向东挺进，继而折向南下，然后西行，从北、东、南三面将奥军退路围住。西边则是正面战场，直对由东而来的法军。如此，奥军已被团团围住成了瓮中之鳖。而迈克却全然不知，妄想进攻法军后方。早从10月6日起，探子便不断将法军欲抄其后路的行踪禀报迈克，而他却不肯相信。直到 10 月 13 日，法军已将奥军铁桶似地围住，他才知道情势之危急已如累卵了。

这时，俄军也赶到莱茵河边。拿破仑派缪拉率军拿掉乌尔姆，但缪拉有勇无谋，犯下致命错误。他在进攻中，命令部队在多瑙河北岸进攻乌尔姆的第六军，然后进至南岸，这样在防守上就出现了漏洞，奥军一旦从北面突围，就会溜之大吉，法军多方的准备便会功亏一篑了。

正当迈克发现转机安排如何突围之际，拿破仑买通奸细舒尔迈斯特来到奥军内，散布谣言说英军已在布伦登陆，迅速向巴黎进军，法国内又爆发革命，反对独裁皇帝拿破仑。舒尔迈斯特建议说，奥军现在应固守乌尔姆，千万不能仓促突围。正当迈克不知如何是好的时候，一张法国报纸使他定下了打败拿破仑的决心。报纸上的消息与来访者所说逐一对应，迈克大喜，认为拿破仑已经众叛亲离，奥军终可以洗雪旧辱，赚得盖世之功了。

可惜迈克还是上了当，这份报纸乃是拿破仑在军中印出，专为配合舒尔迈斯特而哄骗他的赝品。与此同时，拿破仑接连调动各路人马，收紧包围圈，如收网一样将迈克牢牢缚住。等到奥军恍然大悟时，法 17 万大军已兵临城下。16 日，伴随旭日东升，法军开始总攻。拿破仑一面下令炮轰乌尔姆，一面又派人面见迈克，劝之投降。17 日，法军收到奥军降书。20 日，在附近山麓，拿破仑带众元帅受降。老迈克领着 16 员将领，在白旗引导下依次走过法国皇帝面前，相继放下武器，继而 3 万多官兵列队投降。而奥皇弟腓迪南大公因先期突围，侥幸逃脱性命，只带了数百人返回本土。

乌尔姆一战，奥军折将损兵 5 万余名，而法军伤亡只有 1500 人。这是拿破仑精心运用快速作战取得的成功一役。这次战役，再次显示了拿破仑卓越的军事指挥才能，震慑敌胆，大壮法国军威，加速了第三次反法同盟的瓦解。

四、奥斯特利茨战役

乌尔姆战役之后，库图佐夫率领俄军 4. 5 万人来到维也纳以西的莱茵河——多瑙河的一条支流。地势有利防守——与刚从乌尔姆败下的奥军会合，力量十分可观。这已使拿破仑十分担忧了，更让他无法安心的还有普鲁士。普鲁士皇帝腓特烈 · 威廉三世是个傲慢自负、精细乖觉的人。战前法、俄两国极力对其拉拢交好，他却丝毫不为所动。其实他的用意十分明确：坐壁上观，等待时机，在战争接近尾声时加入胜者一方，以求分得更多好处。拿破仑的陆军在乌尔姆受降后，海军却在英军打击下遭受灭顶之灾：法西联合舰队受到重创，几乎全军覆没，从此无力再与英国争雄于海上了。腓特烈三世见风使舵，立场迅速发生变化。还有一事就是法军贝尔纳多特元帅率兵从驻地汉诺威开向乌尔姆的时候，迫于日期过紧，没通知便从普鲁士境内穿过了。虽然事后他多方致歉，却仍难平息普方怒火，导致普鲁士倒向俄国一方加入反法同盟。

11 月 14 日，拿破仑收到威廉三世的最后通牒，被告知必须在 12 月 15 日前撤出奥地利，否则要被迫迎战。他打发了来使，略加考虑，便定下了作战方略。

拿破仑命缪拉率领骑兵突破俄军防线，继而抢占维也纳并切断俄军后继线。另派三个军紧随缪拉骑兵之后，作为主力与库图佐夫决战。留下一个军任后方警戒，另两个军则横在库图佐夫与普军之间，防止其会合。

库图佐夫也是深明用兵之道的将领。他十分清楚自己的处境，知道单凭俄军之力，决不是拿破仑的对手，他急忙下令撤军，拿破仑一见，立刻命缪拉追击。但缪拉没能缠住俄军，却因追击来到奥京维也纳，忘了本职的他竟率兵一举攻下维也纳。虽然这不是拿破仑的初衷，但法军也因此而虏获大量粮草武器。盛怒下的拿破仑为弥补损失，下令强渡多瑙河。可维也纳在多瑙河南岸，俄军撤退之时，已将桥梁多数炸毁，只留下宏伟的维也纳大桥由奥军把守。守桥的奥军奉命安装好炸药，一旦军情吃紧，便要炸毁此桥。

贻误军机的缪拉决定将功补过。他巧妙安排，命令乌迪诺带领一个营，预先埋伏在大桥南侧的灌木丛中，他自己与拉纳、苏尔特元帅大摇大摆地走上桥头。守桥的奥军惊愕万分，一面举枪瞄准，一面点火炸桥。但缪拉突然喊：“别开枪，法奥两国即要签订停战协定了，我就是与守桥长官商讨详尽事宜的。”奥军闻听此言，不知如何是好，正在此时，埋伏的法军突然发起进攻，以迅雷不及掩耳之势冲入奥军阵地，全数歼灭奥军守兵。这样，法军只用了几分钟时间，不费吹灰之力便夺取了大桥，大部队迅速越过多瑙河，去追赶库图佐夫。

库图佐夫面对强大的追兵，命令部队拼死抵抗，几经血战，以 1.2 万人的代价冲出法军重围，到达阿罗木次，与在此会面的奥皇弗兰茨二世和沙皇亚历山大一世会师。拿破仑紧迫不舍，不久也到达阿罗木次附近，驻扎于65公里之外，伺机击败敌人。

针对法军的兵临城下，俄奥联军内部出现了分歧。库图佐夫老成持重主张固守阵地，等待12月15日普军参战后再与法军决战，28岁的沙皇年轻气盛，对库图佐夫一再后撤早已心存不满。联军参谋长、奥国将军魏洛特尔，逞强尚武，讥讽库图佐夫怯阵。拿破仑一面侦察敌情，一面又兵不厌诈地假装后撤，似在退兵。他派武官去见沙皇，“恳求”谈判。联军一见此状，连声欢呼，都认为法军无力再战。沙皇也说，拿破仑性情刚强，屈尊求和，足证明其处境之危难。于是，他派多戈卢科夫公爵去和拿破仑谈判，要求法军将意大利及各处占领地区全部退还。拿破仑在会晤公爵的时候，衣衫不整，故作疲惫不堪之态，言辞吞吞吐吐，却装硬回绝沙皇的要求。公爵不知底细，回去报道拿破仑已衰竭无力。亚历山大听后果然中计，决计发兵，欲置拿破仑于死地，除去这个魔头。

沙皇不知，料定他必上当的拿破仑此时正安排阵势，在奥斯特利茨一带布下了天罗地网。在奥斯特利茨小镇西南的两个相连的湖泊，正是歼灭敌军的最好所在。而在湖区北边的普拉岑高地，则是牵动全局的要害之处。他依地形布好军队。俄奥联军总司令库图佐夫还在极力进谏沙皇，但俄奥两国君王都认定拿破仑已是强弩之末了，不肯采纳他的意见。于是参谋长魏洛特尔一手拟就进军方略。他认为法军已不堪一击，便以重兵插入南线，防止法军退向维也纳，正面以少量兵力进攻，欲将法军逼入其布防严密的包围圈中予以剿灭。不料这正中拿破仑下怀，他只以一个军就可与敌军主力周旋，进行牵制，其他的兵力都用来打击正面敌人。库图佐夫明白法军用意，为避免败得过惨，便留下一个军驻守普拉岑高地，怎想沙皇见正面军久攻不克，便武断调来驻守高地的兵力发起进攻。拿破仑轻而易举取下普拉岑高地，在日后的高地争夺战中毫不相让，几番拼杀，北线的联军全部被歼灭。拿破仑又将所有兵力压至南线，魏洛特尔本想用来围攻法军的联军主力，不想反被法军逼上绝路。更精彩的是，拿破仑已将大炮运到普拉岑高地上，命炮兵轰击联军将士们溃逃四散于结冰的湖面，随着炮声轰隆，冰面断裂，联军兵马辎重大部分落入水中。天色昏暗之时，联军彻底失败，死伤被俘3万多人，而法军只折损了8000人。

这就是拿破仑指挥的又一次著名战役——奥斯特利茨战役。时间是1805年12月2日，正是法兰西第一帝国皇帝加冕一周年。

奥地利战败求和，割地赔款，第三次反法同盟被彻底瓦解了。拿破仑将意大利、德意志的大片领土，以及早已占领的荷兰划入法国版图，建立起一个远远超过本土的“大帝国”。他本人也给亲族宠信加官晋爵，欲意自己的家族长期统治这片广大国土。同时，波拿巴下令在巴黎星形广场修建一座凯旋门，这宏伟庞大耗时近半个世纪的工程，就是今天享誉全球的巴黎凯旋门了。

五、法国《民法典》

雾月政变后取得统治地位的法国第一执政官拿破仑，不满足于现有地位。在他施加压力下，元老院于 1802 年 8 月 2 日通过决议宣告：任命拿破仑·波拿巴为终身第一执政。两年后，他们又颁布新宪法——共和十年宪法，其中给第一执政官规定了挑选后继者的权利。拿破仑越来越像个皇帝，只是缺个正式君主的称号而已。1804 年 12 月 2 日他得以圆此帝梦，加冕封身，成了拿破仑一世。从此法兰西第一共和国被第一帝国所取代。

但拿破仑明白，仅靠几个法令和几场胜仗不足以长治久安地治国，只有凡事有法可依，才能巩固统治。他十分强调立法工作，第一看重的就是民法。1800 年，他委任四位法学家草拟民法典，然后经过逐条斟酌审议，开过 87 次立法会议，最终定下 2281 条，辑成新法，于 1804 年 3 月 15 日由立法院通过，3 月 21 日拿破仑签署法令，以《法国民法典》的名称正式颁布实行。

《民法典》内容丰富，包含了财产权、继承权、经营权、契约法以及婚姻、家庭、夫妻、父母与子女等等诸多方面，处处以大革命的成果为依据，保证了资产阶级的利益和资本主义的发展。

《民法典》明确了土地关系，规定“土地所有制应包含该地上空和地下的所有权，”“所有人得在地上从事其认为适当的种植或建筑。”法典还明确规定禁止土地兼并，保护土地所有者的权利，这样不仅维护了资产阶级在生产资料方面取得的胜利成果，同时也保障了农民在大革命中取得土地的合法权利，保护了农村小农所有制。所以《法国民法典》不仅受到资产阶级的一致拥护，也深受农民的欢迎。

其次，《民法典》确认了契约自由的原则，维护并保障了资本主义自由买卖、等价交换和新的雇佣关系。在法典中，如“依法成立的契约，在缔结契约的当事人间有相当于法律的效力”、“交易范围的物品，除特别法禁止出让者外，均可出售”，这类有利于资本主义生产关系发展的条文不胜枚举。

再次，法典中还确认了损害赔偿的责任原则，保护资本主义认为不可侵犯的私有财产，符合新兴资产阶级的利益。法典中明文规定：“任何行为使他人受到损害时，因自己的过失而倒致行为发生之人对该他人负赔偿责任”，“任何人不仅对其行为所致的损害，而且对其过失或懈怠所致的损害，负有赔偿责任”。

另外，法典中确认了自由、平等的原则。“所有法国人都享有民事权利。”这样的条文否定了封建等级制度及其特权。而“逃亡国外并投靠他国者，丧失法国人资格。”这类内容则考虑到了欧洲其他国家仍占统治地位的封建专制制度，明确背叛资产阶级拥护帝制的人应受到的惩罚。《法国民法典》以前所未有的气魄，进一步强调资产阶级人权、平等的原则。

还应看到，法典中规定夫（父）是一家之长，丈夫有保护妻子的义务，妻子有服从丈夫的义务，还指出夫妻双方离婚必须持有严肃的理由。这些条款，打破了教会对婚姻自由的限制，极力保持家庭作为国家基础的稳定性。

《法国民法典》是典型的资产阶级社会的法典，用上升为国家意志的法律为资本主义发展拓宽道路。上层建筑的适应对经济基础的巩固发展有了极有效的促进作用。加上拿破仑的财政改革，实行经济紧缩，保护关税，改进税制，成立工商业部和法兰西银行，补贴新企业，奖励发明，举办博览会，修公路、开运河、建港口，法国经济显著好转，为战胜敌人提供了物质条件。

1807 年，这部《法国民法典》被命名为《拿破仑法典》。它的诞生，对摧毁欧洲封建反动势力起了积极作用，成为欧美各国资产阶级的法律典范。继民法典之后，陆续又有四部法典在拿破仑的指导编纂下诞生，即：《民事诉讼法》（1806 年）、《商法典》（1807 年）、《刑事诉讼法典》（1808 年）、《刑法典》（1810 年）。它们与《拿破仑法典》一同作为拿破仑对资本主义发展的巨大贡献而闻名于世。

六、拿破仑遇刺记

法兰西第一执政官拿破仑，足智多谋，料事如神，可五短身材的他，却不时遭遇谋害刺杀的事件。1800 年最后 3 个月，每月都有谋杀第一执政官的事发生。

当年 10 月 10 日，拿破仑到歌剧院看戏，突然有四个男人手握匕首冲向他的包厢，意欲行刺。好在拿破仑调教下的护卫个个也是精兵强将，赤胆忠心。他们当即将四个大汉擒获，处以死刑。得到栽赃机会的拿破仑硬说这次行刺是雅各宾派的阴谋，便大举捕获多位该派党徒，判了流放与监禁。拿破仑就是智能过人，把本对自己不利的行刺变成了肃清敌对势力的时机。

11 月 18 日，又有行刺第一执政官的密谋案被侦查出来。破案时，拿破仑又故伎重演，捕捉了不少雅各宾派。

到了 12 月 25 日，却出了一桩更大的行刺案。事情的经过是这样的：当晚波拿巴要去黎士留大街的歌剧院看戏。从原为杜伊勒里王宫，现为第一执政官邸的家中到歌剧院去，必须要经过圣尼开斯街。下午 5 点多钟，天色渐渐黑下来，圣尼开斯街上一辆看似极为沉重的马车旁站着三个人，高矮不一，但都勇壮非凡。那一天正是圣诞节，巴黎人虽熙来攘往，但都只顾买节日物品，没有人去留心三个大汉的举动。不久，三人之中身形高大的那人向塞纳河边走去，很快带回来一个小姑娘。她看上去只有十三、四岁的模样，衣衫褴褛。她是个卖面包的穷人家的女儿，被雇来看守那匹老马。这时，三人中最矮小的那位已将马车横过来，占了不少路面。他一边把马鞭递给女孩，一边示意她看住这匹马，不要让它移动。只是为赚几个小钱贴补家用的小姑娘不问原因，听从吩咐看住了那匹老马。第三个人则麻利地将车上的石子搬下来，堆在车身至另一堵墙中间。这样，马车和石子将路面就全堵住了。一切准备工作就绪，三个人的身份和用意大概也可被猜出来了。的确，他们都是保王党分子，个子高的叫利莫埃兰，矮小的叫圣雷让，另一个叫卡蓬。马车上装的全是火药，为固定马的位置，保证火药起到作用，他们才雇来了那个名叫玛丽亚娜的穷人女孩儿。他们就等波拿巴到来，进行刺杀活动。

晚间 8 点左右，拿破仑的车队从官邸出发。第一执政官的华贵马车走在最前面，后面还跟着执政夫人和当前权贵的车子。街道两旁的窗户都打开，行人也停下脚步，四处传来欢呼万岁的声音。车子向圣尼开斯街驶去，车速飞快，策马的卫兵轻松驾车踏过石子，除了颠簸，并无大碍。这时，矮个子圣雷让点燃火药引信，连同同伙逃远了。随着一声巨响，可怜的玛丽亚娜当即悲惨死去。街两旁店铺中和旁观的行人也多有被炸死炸伤的，而拿破仑及其后面马车中的人却鬼使神差地毫发未伤。

事情很快得以查明，但因罪犯逃得不知踪影，警务部长富歇奉命又将罪加给了雅各宾派。于是在接下来的大搜捕中，130 名无辜者被流放海外。民主派遭受一连串打击之后，力量消失殆尽。

此时，富歇已率手下查到真正凶犯，擒获并处死了其中两名。高个子利莫埃兰逃到了美洲，隐姓埋名，再也未回祖国，终于客死异乡。知道自己造下冤狱的拿破仑最后也没有为无辜的雅各宾派平反。

此后，拿破仑对保王党恩威并施，抚剿兼备，国内反对势力得到削弱，很快恢复了平静。

七、兵败俄国

拿破仑粉碎了第三次反法同盟后，又一举捣毁了第四次反法同盟。1806 年 10 月 27 日攻入普鲁士首都柏林，11 月 8 日接受最后一支普军投降。1 个月后，拿破仑出征俄国，准备彻底打败俄国。在弗里德兰，他将沙皇的军队杀得大败。拿破仑可谓神功盖世，但却始终不能制服英伦岛国，他想出“大陆封锁”政策，即联合整个欧洲大陆之力，将英国及其殖民地全部排斥在欧陆之外，令其全部产品不能贩入大陆，以此切断英国的海外生命线。英方自然不答应，便将西班牙作为通向大陆的跳板，运进商品，停泊兵船。拿破仑出兵教训西班牙，却陷入西班牙人民起义的泥潭不能自拔。

拿破仑并未从西班牙的挫败中吸取教训，又发出“前进吧，渡过涅曼河!”的命令，于 1812 年 6 月 24 日侵入俄罗斯帝国。

刚进入俄国的法国军队经历了一些零星的交战，都以胜利告终。随后数十天却无仗可打，只是索然无味的行军。早已擅长速战速决的法军远离故土，最禁不起的就是拖延战术，因其后方补给难以为继，俄国找准了路数，各方人马都避开法军后撤，只留给拿破仑荒漠无际的大平原。法军一路上吃尽苦头，损失大量兵卒战马。

8 月 16 日，法军终于得以与俄军在斯摩棱斯克正式交战。已被行军拖得疲惫不堪的法军依然能在拿破仑指挥调遣下战胜俄军，不能不说明新兴资产阶级帝国实力的非凡。9 月 7 日，法军行至莫斯科近郊的鲍罗金诺村，与俄军统帅库图佐夫的军队在此遭遇。一场硬仗下来，俄军损失5万之众，败下阵来，连莫斯科也弃守了。法军虽然得胜，但也伤亡了3万人马，连同沿路行军时的损耗，尤其是外籍兵的逃跑，全部大军也只剩下了三分之二。

9月14日，拿破仑带领疲惫不堪的兵将进入莫斯科。但库图佐夫实行“坚壁清野”政策，已下令军需品能带走的带走，不能带走的销毁，军民一起撤走，留给法军的是一座十足的空城。一见到莫斯科城里什么也没有，恼羞成怒的法军火焚莫斯科。一向运筹帷幄的拿破仑此时也一筹莫展了，他惟一盼望沙皇能从俄都彼得堡遣使臣来议和，这样法国才能体面撤军。无奈法国皇帝的愿望在一天天拖延下无法实现，沙皇亚历山大发誓，只要有一个法国兵留在俄国，他就不跟敌手谈判。眼看着寒冬就要来临，被困已久、粮草奇缺的法军明白了沙皇之举，便顾不得颜面，于10月19日奉拿破仑之命撤军。

撤退途中的法军如老鼠过街，一路遭受俄国军民的袭击。同时，军队内部怨气冲天，冻饿疲病也交错而来。在天寒地冻、风雪交加、四面受伏的俄罗斯原野上，饥寒交迫的法兵大批死去，道路上尸体纵横。等到12月中旬全部撤出俄国境时，60万大军只剩下残兵弱卒1万人。在收拾了失散兵士后，拿破仑得到了5万多人。只半年内，法兰西第一帝国赖以称霸欧陆的坚强支柱——帝国大军，便被削弱瓦解了。法军的大伤元气，国家财产的过大消耗，终使拿破仑再也无法重振昔日威风。

12月18日拿破仑回到巴黎，随即到元老院演说，极力表白大军失利是由于俄国寒冬过早来临。他声称从现在起要为法国谋求“永恒安宁”。但是，欧洲却不能令他安宁。1813年2月，俄普结盟，后又有英、西、葡、瑞典等国纷纷加入，构成第六次反法同盟，与法军多次交锋。10月18日莱比锡一战，法军又遭重创。1814年3月31日，沙皇亚历山大一世带领联军进入巴黎。4月2日，联军控制下的元老院宣告废黜拿破仑的帝位，制定新宪法。

拿破仑搜罗残部，进攻巴黎，但终因多年征战，将帅力不从心，兵力寡不敌众而未能实现。1814年4月6日，悲叹众叛亲离的拿破仑只得在退位诏书上签字。

拿破仑一生好战，征伐四方。他的早期战争对打击欧洲封建势力，扩大资本主义在欧洲的影响有积极的作用。他的胜利，是先进的资本主义制度优于落后封建制度的表现。然而，成也萧何，败也萧何，拿破仑迷信武力，终于玩火自焚，一朝灭亡。他晚年靠拢封建制度，好大喜功，频繁的战争给欧洲各国人民造成巨大的灾难，严重破坏了包括法国在内的欧洲经济的发展。

八、英雄落难圣赫勒拿

在滑铁卢战役中，拿破仑败给威灵顿。1815 年 6 月 21 日，波拿巴回到巴黎，百万反法联军也长驱直入法国境内。7 月 7 日，联军进入巴黎，拿破仑宣布退位，结束了他的“百日执政”。不久，他被流放到位于大西洋南部，远离欧洲大陆的圣赫勒拿岛。

也许这就是冥冥中命运的安排。早在 35 年前拿破仑的学生时代，他在整理地理笔记时，偏偏就在本子上写下了大西洋上的这个无名小岛——圣赫勒拿。为什么这个只有航海家才知道的小岛对他有如此大的吸引力呢？谁能说清！

现在，经过两个多月的航行，他终于靠近了这个命运为他安排的归宿之地。站在甲板上举目四望，漠漠的滩岸寸草不生，突兀的峭岩直上云天，海天相接处，灰濛、杳杳……大自然呈现出一片荒凉的景象。再看海湾旁的小镇，情态更加凄凉，镇上低矮的房屋，几乎全被嶙峋的没有一丝活气的巨石压弯了。拿破仑凝视良久，不由地向自愿前来陪伴他的古戈尔叹道：“这可不是什么好地方，当初还不如就呆在埃及好了。那样的话，整个东方现在都在朕的掌握之下了。”说完之后，他迎着扑面的海风，嗅着盐腥的空气，听了会儿空寂、夹杂着鸥鸣和浪涛的天籁之声。因为对于他的到来，岛上的人还没有接到通知，于是便没了习惯的喧哗与鼎沸……

但很快，小岛府詹姆斯敦的广场上挤满了密集的人群，他们被军队拦在纠察线外，争先恐后要看一看这个曾经震撼世界的人物。10 月 17 日傍晚七时，拿破仑由送他前来的科克伯思海军司令带领着登上了岸边的十五级台阶，从此再也没有离开这里，直到 25 年后，他的遗体被运回国内。人们一听说拿破仑到达的消息，一下子涌到城里。在熟悉又陌生的围观中，拿破仑及随从来到了帕坦斯旅馆，住在了这陈设简陋但在当地却最为豪华的建筑的二楼上。在来到岛上的这第一个充满凉意的夜晚，拿破仑和他的随从们都辗转反侧，无法入眠，感受着难以名状的心情：像坠入了深渊，像已被世界永远遗忘，像看见了死神最终将他们的生命从这片小岛上带走……

第二天早上6点半，拿破仑由科克伯思司令带着会见了圣赫勒拿岛副总督。在归途中，拿破仑看见了巴尔孔伯夫妇和他们的两个女儿贝蒂和珍妮居住的几幢房屋。这里绿树成荫，山泉飞泻，简直就是失落心灵的最好的庇护、抚慰之地。于是他租下一幢，当天就搬了过来，在这里一直住了两个月。年仅15岁的调皮鬼贝蒂，很快便同他结下了深深的友谊。

1821年5月，在岛上住了将近6年的拿破仑溘然长逝。他的遗体于1840年被运回巴黎。他的小朋友贝蒂·巴尔孔伯，后来在英国同一个名叫阿尔贝的人结婚，一直活到1874年，并写了一部引人入胜的《回忆录》。由于丈夫早亡，她的生活十分穷苦，但她始终珍藏着拿破仑送给她的礼物：一只用钻石镶嵌的戒指和几个珍贵的塞弗勒碗碟。此外，她还保留着拿破仑为她批改过的作业。

关于拿破仑，人们永久的印象是他的灰大衣。

从众多描绘拿破仑的画作中，我们不难记住他那特征性的装束——尽人皆知的三角帽和一件灰色的大衣。

这件灰色的大衣是用卢维埃产的毛料做成的，袖笼宽大，穿脱都很方便，拿破仑对其非常喜爱，经常穿在身上。因此，拿破仑给人留下的形象，既不是他当首席执政官时穿的那套镶有钻石的红天鹅绒外衣，也不是行加冕典礼时穿的那种华丽的服饰，而是这件普普通通的灰大衣。所以到了拿破仑三世时，当人们把旺多姆广场上的一座塑像改换成穿着恺撒式的戎装的拿破仑铜像时，巴黎人见了都觉得很不顺眼。

拿破仑是个不修边幅的人，他对这件大衣之所以每年必穿，就是因为它的舒适。拿破仑也常穿用克什米尔短绒毛料做的上衣和套裤，每天早上都要换一套，每套浆洗三、四次也就弃之不用了。因为他素有在裤子上擦拭笔尖的习惯。每次穿上干净衣服后，过不了两个小时，裤上便留下了点点墨迹。

拿破仑是一个喜欢按照旧习惯生活的人。到了帝国初年，他穿的鞋依然是他在军校读书时为他做鞋的鞋匠做的，款式十分陈旧。拿破仑的心腹侍从孔斯坦说服他让鞋匠给他重新量一下尺寸。鞋匠得到消息，听说要面见皇上，激动不已，他多方询求建议，最后决定按法国人的样子，穿上套裤，戴上三角帽，腰上再挂一把剑，晋见了拿破仑。拿破仑问：“做一双鞋要多少钱?”鞋匠回答：“十八法朗，陛下。”“太贵了”，法兰西第一帝国的皇帝说道。别惊诧这话从他口中说出，这没有什么可奇怪的，因为拿破仑对自己的日常开销比小乡绅还要节俭。他有两顶著名的海狸皮帽，戴旧后，便让人替他拿去翻新了。

如果按当时置办时的价值算，拿破仑的灰大衣便是价格最高的。因此，在至今保留的拿破仑的遗物中，这件灰大衣无疑是最珍贵的了。

《马赛曲》

法国资产阶级革命，冲破了欧洲大陆的封建黑暗统治，迎来了资本主义的曙光。它的影响在欧洲日益扩大，搞得以沙皇为首的欧洲封建君主坐立不安，他们把法国革命诬蔑成是“法兰西瘟疫”，“革命的多头蛇”，他们处心积虑要发动武装干涉，“扼杀”法国革命。

1791 年 8 月，奥普两皇公开支持路易十六，并扬言要惩罚“罪犯”，恢复封建王权，许多欧洲封建国家相继与奥普结盟反法。

法国人民奋起反抗，罗伯斯庇尔、马拉、丹东等人号召人民投入残酷的斗争中。罗伯斯庇尔鼓励人民要有自我牺牲精神，“战争一旦开始，就必须是胜利的。”丹东则激昂地说：“就要响起的警钟并不是警报，而是袭击国家敌人的号令。要战胜他们，诸位，我们必须勇敢，勇敢，再勇敢，法国就能得救!”这几句话获得两次热烈的掌声，并成为使丹东声名流传的名言。在汹涌的革命大潮中，各省不顾国王的禁令，组成义勇队，高唱充满激情的歌曲向巴黎城东部前线汇合。

从马赛开来的一支义勇队 516 人，步行 27 天，于 1792 年 7 月 3 日到达巴黎。他们一路高唱《莱茵军歌》挺进，这首曲调铿锵有力，歌词激动人心的爱国歌曲从南方一直唱到巴黎。此后，这首歌就以《马赛曲》命名，成为奋起保卫祖国的全体革命人民的战歌。历史于是记下了鲁日·德·里斯尔和安托尼·多罗丹·佩索耐尔这两个名字和《马赛曲》的诞生经过。

1792 年 4 月 20 日，驻守在斯特拉斯堡的工兵上尉鲁日·德·里斯尔收到勒曼将军的一封短信：

“亲爱的上尉：

为欢送志愿军出征，兹定于下星期二在圣艾蒂安广场举行晚会，敬请光临。市长迪特里希一家很喜欢诗歌，而您又擅长作诗，届时您能否

为我们朗诵一首新诗？请直言不讳地回复。此致

敬礼

凯勒曼”

次日，上尉就复信了，在信中他在表达谢意的同时，还附寄了一首题为《我》的诗。该诗共分六段：

Ⅰ

说话直率，
思想开朗，
我行我素，
这是我的座右铭。

Ⅱ

有来有往。
有止有行，
有清有懵，
这是我的乐趣。

Ⅲ

娴静文雅，
面目清秀，
举止稳重，
这是我向往的姑娘。

Ⅳ

对善者，
赤诚相待，
对恶人，
势不两立，
这是我的准则。

Ⅴ

不讲穿着，
只求正直，
这是我的责任。

Ⅶ

为了祖国，

贡献生命，

这是我的愿望。

这首看来蹩脚的歪诗，却正是里斯尔创作《马赛曲》的灵感来源。因为它而诞生的《马赛曲》名垂史册。

4月24日，里斯尔应邀参加了晚会，这时他才知道，原来人们要请他写一些“值得向军队推荐的，能够点燃人们心头之火，激励士气，并为群众所喜爱”的东西．明白要求后，他匆匆离开了会场。

他连夜谱写了一首名为《献给吕克纳尔元帅的军歌》表达了对在法国元帅指挥下英勇抗敌的战士们的崇敬，激励他们继续前进。翌日清晨六点，鲁日赶到迪特里希的私邸，一进屋就开始弹唱：

“前进，祖国的儿女们，

那光荣的时刻

已经来临。

专制的暴君，

压迫着我们。

我们的祖国，鲜血遍地，

我们的祖国，鲜血遍地，

那些凶残的士兵，

在到处屠杀人民，

从你的怀抱里，

夺去你妻儿的生命。

快拿起武器，公民们！

快加入战斗，公民们！

前进！前进！

我们万众一心，

把敌人消灭干净！”

听到这激昂的歌词，在场的人无不热泪盈眶，有人不断重复着歌词；有人挥动帽子，高呼法兰西万岁；有人间或放声哭起来。鲁日·德·里斯尔的歌词获得巨大的成功，他自己也被这种爱国场面深深感动。

这首斗志昂扬的战歌在马赛公开发表了，从此无论士兵、平民都争相传唱，它鼓舞越来越多的人满怀激情地投入战斗为国献身。由于歌曲被义勇队从马赛唱到巴黎，它便被巴黎人称为《马赛曲》了。

在马赛义勇军开往巴黎的路上要路过维恩市。1792年7月，步伐整齐、高唱军歌的战士们在维恩受到革命政府和群众的热烈欢迎，许多人和着战士们，也唱起了这首早已闻名的曲子，只是歌词因无法搞到，与义勇军们的一不样。神甫安托尼·多罗丹·佩索耐尔带领一批学生，唱着他自己写的歌词“我们将挑起重任，继承父辈未竟的事业……”没想到在当时的气氛下，这些铿锵有力的诗句经孩子们一唱，竟收到预想不到的效果。人们一致认为，它们表达了法兰西青年一代的心声，应该成为歌的一部分。于是这两句便成了《马赛曲》的第七段。

神甫写了《马赛曲》，也获救于它。在恐怖年代里，身为神职人员，他遭到了逮捕，正当法庭准备宣读判决书时，一群学生忽然在窗外唱起了佩索耐尔神甫写的那段歌词。神甫听到后，不禁泪如泉涌。他对法官们说：“你们将对我的一生作出判决。我恳求你们同意让这二十几个青年学生唱着这首感人肺腑的歌曲陪我上刑场……”神甫最终被宣布无罪。他回到维恩市，并在那里安度了晚年。

军官鲁日·德·里斯尔和神甫安托尼·多罗丹·佩索耐尔合写成的《马赛曲》成了帮助共和国征服整个欧洲的威武雄壮的军歌。拿破仑也说：“《马赛曲》是共和国最伟大的统帅，它所实现的奇迹是不可思议的。”大革命后，《马赛曲》稍加修改，成为法国国歌。

科学院士波拿巴

拿破仑不仅是一个能呼风唤雨、调兵遣将的武官，也是一个深谋远虑、胸怀大略的政治家。在这方面，他不仅重视法律编纂，还重视科学教育。于前者，他主持制定了五部法典，其中以《民法典》最为著名，拿破仑也说：“我的真正光荣不在于我打了40个胜仗。不能被遗忘，将万古长存的则是我的《民法典》”。而于后者，他致力发展法兰西科学院，而且他还如狂热于战争一样曾狂热于追求院士席位。有人曾问他打完仗之后打算干什么，他毫不犹豫地答道：“我将退出军界，从事自然科学的研究，争取有朝一日成为法兰西研究院的一名院士。”

但科学院院士不是那么好当的，不论你的科学贡献有多大，你必须等院士席位有空缺时才能补上。但拿破仑的运气总算不错，1797年，院士卡诺的身份因他的政治立场与政府的不一致而被撤销，他的科学院院士席位也随即空了出来，新任督政官要求补选继任者。工作马上开始了，有瞩于院士之名的人立刻蜂拥而至，一下子就有11人争先恐后地报了名，其中大多是著名力学家、工程师和数学家。为使自己宿愿得偿，他们四处游说，互相之间展开了激烈的竞争。正当研究院的第一流科学家为自己不知该投谁一票而大伤脑筋时，不想竞争者的行列中又增加了一个。此人就是远在意大利前线的波拿巴。那11个人一听半路杀出的这个程咬金也要竞选，无不万分沮丧——因为这位年轻的将军在意大利取得一个个辉煌胜利后，如今在法国正受到人们的狂热崇拜。

12月5日，拿破仑为竞选一事回到巴黎。他一到首都，便立即受到人们的热烈欢呼，成为众人注目的中心。那11名对手——无不年迈高龄——一看到这情势，对自己的成功前途也感到茫然了。可以想像，他们当时怎样冒着刺骨的严寒，在满是泥泞的道路上艰苦跋涉，又是怎样为给自己多争得一张选票，而敲响全院一百四十四名院士的家门的。可初出茅庐的拿破仑就不同了，任凭道路如何泥泞，他每次出访必有一长列气派不凡的车队相随，黑压压的卫士前呼后拥，不论走到哪里，都受到隆重欢迎，不比不知道，一比就明了，拿破仑的这场竞选活动几乎不费吹灰之力。

但那11个人仍然没有泄气，尽管初选揭晓，形势明朗——拿破仑获胜，但他们希望最后一轮会出现奇迹。

5月15日，正式选举开始了。投票办法规定，每个院士必须根据其对每个候选人的赞同程度，将他们的名字由上而下地写在选票上，就是你愿意选的人写在下面，最不愿意选的人写在上面。随后，人们将每个名字编上号码，统计出每个候选人所得总数，其中三个得数最多的人将被列入正式候选名单，交院士们进行第二轮选举……令人困惑的选举终于结束了，拿破仑以绝对的优势荣获科学院院士称号。他当时难以言喻的欢乐心情和他入院后昙花一现的刻苦学习精神的确不必怀疑。

但竞选结果的统计实在不尽如人意，记录是这样的：

选票共有624张。

波拿巴将军：305票；

狄戎公民：166票；

蒙塔朗贝公民：123票。

共计：624票

总数与加数的差误不可小看，因为人人知道，这些18世纪末法国最著名的科学家们，这些能计算出星星重量，误差不会大于一克的天才，将 305 + 166 + 123 得出了 624，而不是正确的 594。谁知道原因呢？但即使因此就说拿破仑本不能当选科学院院士，也丝毫不会有损于他久已树下的威望。

波旁王朝复辟

拿破仑“百日政变”失败后，路易十八于 1815 年 7 月 8 日在反法联军的护送下重返巴黎，波旁王朝第二次复辟。

路易十八面临的是矛盾错综复杂的法国社会，在各种矛盾中，又以政治矛盾最为尖锐。封建势力和资产阶级之间，展开了激烈较量。

对革命深怀仇恨的大贵族和高级僧侣，迫不及待地要求恢复革命前的旧制度。他们逆历史潮流而动，企图将社会推向反动。1815 年 8 月进行众议院选举，被选出的议员差不多都是大地主贵族和高级僧侣。众议院 402 个议席中，极端派王党分子获得了 350 席。这个议会被称作“无双会议”。根据议会决议成立的特别法庭，在极短的时间内对参加过法国大革命的“造反者”和拿破仑的军队将士作出了近万件的有罪判决，其中不少人被判处死刑。约近 10 万人被认为有政治危险，革除了国家职务。亡命归国的贵族担任了行政和军事职务。白色恐怖遍布全国。许多地方采用私刑，迫害革命人民。议会还颁布了《煽动造反者惩治法》，对人民的反抗加以残酷镇压。军队受到清洗，刊物遭检查，出版自由被扼杀。这种猖獗的反动政策使法国社会各阶层人心惶惶，人民的不满和反抗情绪急剧高涨。

人民的反抗使路易十八也非常忧虑，他担心“无双议会”所施行的残酷恐怖会引起革命，不得不在 1816 年 9 月解散了它。“无双议会”解散后所建立的新议会中，君主立宪派分子占优势，也有一部分自由党人。这个议会撤销了特别法庭，实行比较温和的政策，它一直存在到 1820 年。

1820 年 2 月，马鞍匠鲁维尔在歌剧院里用匕首将极端派王党首领人物、王位继承者阿尔图瓦伯爵的次子贝里公爵刺死，旧贵族又发动了新的进攻。同年，极端派王党分子黎塞留组织新内阁，重新采用“无双议会”的反动政策，规定可以不经审判随意拘留当局认为的“阴谋者”达3个月之久，并建立书报检查制度，取缔了一些资产阶级自由派的报纸。6月，议会通过了新的选举法。按照该法规定，法国人口中有1.2万人有选举权。而法国人口总数是3000万！经过选举，极端派王党分子重新在议会中占了优势，在220个议席中获得了198席。1821年，以维莱尔为首的极端派王党内阁成立，它力图消灭资产阶级革命的全部成果，使法国回到旧时代。

上述的法国各种政治斗争复杂激烈，而不同阶级间的经济斗争就是它们产生的决定因素。

复辟的波旁王朝，采取保护大土地贵族经济利益的政策。路易十八实行保护关税政策，特别是对进口粮食征收极高的关税。当国内市场谷物价格下跌时，就禁止谷物进口。这种违反市场自由竞争规律的办法，保护的正是重新占有大量土地的大地主贵族的利益。大地主贵族掌握土地后，使用机器的大农场继续发展，农村的雇佣劳动力比以前更加普遍，但由于他们代表了分散的封建生产关系，小农生产在农业中仍占优势。小农生产的特点就是自给自足、技术落后、水平低下，所以路易十八的政策阻碍了资本主义在法国农业中的发展。

落后的封建生产关系不能适应资本主义的生产力水平。产品成本较原先不断提高，物价随之也在上涨，法国的产品在国内外的销售遇到困难。法国资本主义在重重阻碍中丧失了竞争能力。但历史毕竟应是向前的，复辟时的法国资本主义工业仍然有了一定程度的发展。此时资本主义各国开始了工业革命，随着工业革命的进行，法国工业资产阶级力量有所壮大。

在保护旧贵族利益的同时，路易十八世采取措施维护金融阶层，特别是大银行家的利益。这些人在复辟时期的经济生活中起了重要的作用。拿破仑时代创办的法兰西银行同波旁王朝保持着密切联系，在波尔多等地又开设了一些新的银行和股份公司。证券交易所十分活跃，股票数量迅速增长，商业资产阶级也得到了很大发展，法国对外贸易有所增加，农村对城市产品的需求量也有了提高。

可见，在波旁王朝复辟的过程中，经济的发展造就了代表不同阶级、阶层利益的社会政治集团。

以路易十八为首的王党代表大土地贵族的利益。这个集团鉴于法国大革命后出现的不可逆转的客观现实，在维护旧贵族利益的同时，对革命后出现的一些有利于金融资产阶级和大工商业资产阶级的变化予以容忍。在1814年3月至6月的第一次复辟时期，路易十八就在颁布的宪章中被迫宣布法国实行君主立宪制，保留了大革命时期国民议会所建立的，以后又经拿破仑加以完善和强化的政权体系，确认拿破仑法典继续有效，确认大革命中财产关系的变化，以此来满足大资产阶级的要求，以获取他们的支持。

大贵族和高级僧侣是最反动的势力，他们力图把法国社会拖回到大革命前的状况，恢复封建制度和贵族的特权，恢复与教会勾结和依靠教会的封建贵族统治。

比较温和的贵族以及与复辟王朝合作的那部分大资产阶级组成了君主立宪派，主张实行1814年第一次复辟时宪章规定的原则，反对恐怖政策。

自由党以工商业资产阶级分子和知识分子为主体。其中的君主立宪制拥护者，主张建立代议制政府，实现资产阶级人身、言论、出版、选举自由，在此前提下拥护波旁王朝。自由派中还包括由中小资产阶级分子、知识分子、大学生组成的共和制倡导者，主张推翻波旁王朝，建立资产阶级共和制。一部分自由党人还曾组织起来，企图以密谋方式推翻波旁王朝统治。

就在这个风云多变的社会中，路易十八于1824年9月逝世。其弟阿瓦图瓦伯爵继位，称查理十世。他是一个坚持君主专制统治的顽固分子，他自诩说："从1789年以来只有我一个人丝毫没有改变。"他在位期间，进一步实行反动措施。为了恢复天主教的统治地位，他加强了天主教在国家事务中的作用，让教会管理学校。他颁布了《盗窃圣物治罪法》，根据这个法令，凡被认为污辱圣像、圣物、教会祭器，窃取或毁坏教会财产者，均被处以死刑，行刑前先砍去右手。1825年4月，他又颁布"赔偿亡命者10亿法郎的法令"。根据这个法令，在革命年代财产受到损失的贵族得到了金钱赔偿，其数目比1790年没收的他们的土地的收益大19倍。在这个过程中，大资产阶级遭受了巨大损失。

查理十世继任时期，劳动人民生活日益恶化。由于地租捐税的繁重剥削，农民纷纷破产，工人的生活也每况愈下，工作日延长，劳动强度加大，失业工人也不断增加。同时，物价迅速上涨。例如，1829年，4斤重的面包价格，竟接近于2人的日收入。

波旁王朝的反动政策激化了社会矛盾，人民纷纷起义反抗。这些起义虽然遭到镇压，没有成功，却唤起了民众，为更大规模的反抗创造了条件。七月革命终于爆发了。

维也纳会议

19 世纪初，在拿破仑统治的法兰西第一帝国与欧洲许多君主国之间，进行了一场旷日持久的战争。拿破仑代表方兴未艾的新资本主义势力，其他各君主则是旧的封建制度的维护者。战争的结局是拿破仑遭到失败，这说明在当时的力量对比上，封建势力还是占优势的。

1814 年 4 月 4 日，战败了的拿破仑被迫宣告退位，被欧洲反法同盟囚禁在地中海的厄尔巴岛。法兰西第一帝国灭亡，法国波旁王朝随即复辟，路易十八统治起了法国。5 月 30 日，反法联军与法国签订了巴黎和约，规定法国恢复到 1792 年战争开始前的边界，放弃全部在战争中占领的土地；同时注明要召开国际会议以处理战后问题。这个会议，就是不久后召开的维也纳会议。

从 1814 年 10 月 1 日到 1815 年 6 月 9 日进行的维也纳会议，历时 8 个多月。其宗旨是尽可能消除法国大革命的影响，恢复旧的封建统治秩序，并且由各大国瓜分领土，重新安排欧洲的版图。这是一次彻底的分赃会议。

参加维也纳会议的几乎包括了除土耳其以外的欧洲的所有国家。奥地利皇帝弗朗茨一世成为筹备会议的东道主，他的外交大臣梅特涅担任会议的主席。战争中只要参加过作战的国家——不管他参加的是哪一方——也全被邀请来了。除英国、俄国、奥地利、普鲁士、法国以外，还有瑞典、西班牙、葡萄牙、土耳其，还包括德意志和意大利境内的许多邦国，如巴伐利亚、汉诺威等等，代表总数达到了 216 人。但二百多人不可能地位都平等，真正操纵会议的是俄、英、普、奥四国，后来又有法国参加进来。俄国沙皇亚历山大一世，英国外交大臣卡斯尔瑞勋爵、奥地利首相兼外交大臣梅特涅亲王和普鲁士首相哈登堡公爵成为会议的四巨头，一切问题都由这四国代表组成的“四国委员会”秘密决定。由于四人代表各国不同的利益参加会议，免不了要你争我吵讨价还价，相持不下时他们就干脆宣布会议停开，于是其他国家的代表便只能在无休止的宴会、舞会、看戏、狩猎和各种社交活动中去进行一些非正式的接触。他们从来没有举行过一次商讨事务的会议，实际上在消磨时光，等待几个大国来决定自己的命运。所以当时有人讥讽说，维也纳会议不是议事会，而是跳舞会。看看奥地利皇帝弗朗茨一世的招待会是如何排场吧——宾客中包括一名皇帝、一名皇后、四名国王、一名王后，还有亲王、王公夫人等。为此，每晚要摆宴席四十桌。而身份高贵的宾客和每人带来的成群仆役的马车也挤满了院子，马厩中的马每日不下1400匹。

议事的四大国在瓜分欧洲和瓜分殖民地问题上的矛盾，却比宴会上的宾客和马车还要多也更加复杂。

沙皇亚历山大一世在会议中态度最为强硬，这种狂妄毫无保留地表明了俄国的野心。亚历山大一世力图成为欧洲的霸主，左右欧洲事务。他施展各种诡计，使西欧各大国互相竞争，彼此敌对，相互牵制。会议召开之前，俄国的将军们就放风说，一个拥有60万军队的人是用不着为了协商而烦恼的。在会上，亚历山大露骨地表示俄国要占有波兰，而且在任何协商中都不肯让步。

奥地利的梅特涅是个圆滑的外交家，有着随机应变的手段，但在为奥地利谋取更多好处上却非常执着。他竭尽全力要使奥地利取得在中欧和在德意志的霸主地位，恢复对意大利的统治。为了有利局面的出现，他利用会议主席的身份来往穿梭于各大国代表之间。

普鲁士主张严惩法国，扩张自己的领土，确立在德意志的霸权。威廉三世强烈的扩张欲望表现得十分露骨，他对于自己强大的盟友俄国既逢迎又畏惧。由于不敢直接与俄国冲撞，普鲁士主张牺牲邻邦波兰以壮大自己在德意志境内的“补偿”原则。

其实维也纳会议开始以前，英、俄、普、奥四强的代表就在伦敦进行了频繁的幕后活动。英国和俄国一样占有举足轻重的地位。英国外交大臣卡斯尔瑞坚持维护英国的传统外交政策——大陆均势政策。他主张大陆东边的俄国和西边的法国之间应建立起一个包括德意志等小邦国组成的中间地带，这地带要由英、奥、普三国控制。这样，欧洲各强国间可以互相牵制，防止某一个大陆国家过于强大，变成可以与英国抗衡的对手。在均势状态下，英国就能放手在海外从事扩张活动，不用顾忌来自大陆的威胁了。卡斯尔瑞估计维持均势比较易于被各国接受，他想会议将会比较顺利，问题并“不太复杂”。然而，他过于乐观了。谁知道俄国凭60万大军咄咄逼人，奥地利戒心难除，敏感于与普鲁士、俄国的关系，普鲁士恬不知耻要牺牲波兰维护自己利益。这样，在伦敦幕后的外交活动并未能使四强取得一致意见。

1814年9月20日，经过反复磋商后，四国总算达成了一个协议，即四国同盟，同盟规定领土的瓜分要由四大国来决定，然后再通知其他国家。这个协议明显地体现了四强企图主宰会议，决定欧洲命运的野心。

四国代表为会议所作出的安排，由于法国的介入而发生了某些变化。1814年9月23日法国代表塔列兰来到维也纳，他是以路易十八政府代表的身份前来赴会的。塔列兰一心要为战败的法国重新争得大国地位，打破四强操纵一切的局面。他抓住9月20日四强达成的协议中有“盟国”字样而提出诘问：盟国是什么意思，是反对谁的同盟？不会是反对拿破仑的，因为他在厄尔巴岛。当然更不是反对路易十八的，因为他是和平的主要保障。他厉声说：“坦率地说吧，先生们，如果这里还有盟国的话，那么这里就不是我呆的地方。”

几大国的目的都明确了，赞同与反对的立场也就马上有了。奥地利反对普鲁士的“补偿”原则，英国支持奥地利。法国害怕普鲁士强大，也站在英奥一边。1815年1月3日，英奥法三国签订秘密同盟条约，规定三国如遇他敌进攻，将互相援助。以俄普为一方以英奥法为另一方的明争暗斗愈演愈烈，几乎闹到决裂。但有一点可以明确，各国在恢复旧的统治秩序上的观点是一致的。法国代表塔列兰提出了“正统主义”，他说：“我什么也不要求，可是我给你们带来了重要的东西——神圣的正统原则。”“正统主义”被各大国接受，成为会议奉行的指导原则之一。

正当大国代表为分赃争论不息的同时，拿破仑悄悄离开厄尔巴岛，于3月1日在法国南部登陆，20日抵达巴黎。路易十八仓皇逃跑，拿破仑重登帝位。这一事件使正在维也纳聚会的波拿巴的老对手们万分震惊。英、俄、普、奥、撒丁五国以及被四强控制的荷兰、比利时和德意志一些小国，立即组成第七次反法同盟，以七、八十万的军队向法国扑去。在滑铁卢战役发生的前九天，1815年6月9日大国暂时达成妥协，匆忙签署了《最后决议》，接着，其余各国代表被逐个召去签了字。至此，从未举行过全体会议的维也纳会议，在几个大国搞了8个多月的幕后交易之后，终于收场了。

根据会议总决议，英、俄、普、奥四国攫取了大片别国领土，波兰遭到第四次瓜分。沙俄夺取了拿破仑时期建立的华沙大公国大部分领土，波兹南和格但斯克留给普鲁士，加里西亚仍属奥地利。这样，波兰十分之九的土地被沙俄吞并，只剩下克拉科夫及其毗邻地区组成一个共和国，由俄、奥、普共同“保护”。沙俄继续占有芬兰和罗马尼亚领土上的比萨拉比亚，但由于瑞典失去了芬兰，就把挪威划归瑞典作为“补偿”。

关于德意志的问题，决议基本上采用了梅特涅的计划，将德意志封建割据的状态继续保持了下来。各邦国的争权夺势，尤其是普鲁士、奥地利为主宰德意志而进行的斗争，使德意志仍处于动乱之中。沙俄在普、奥之间尽力挑拨，在它的同意下，普鲁士合并了经济最发达的莱茵区和威斯特伐利亚，还取得了萨克森邦五分之二的领土以及原属瑞典的波美拉尼亚。奥地利恢复了对意大利北部伦巴底和威尼西亚的统治，并占领了萨尔斯堡、提罗尔和达尔马提亚沿岸。

意大利又重新恢复了旧日的四分五裂的状态。除上述奥地利获得的领土外，撒丁王国收回了被占领的尼斯和萨瓦的大部分，同时还得到了热那亚，波旁王朝在西西里王国恢复了统治；罗马教皇也恢复了对原辖地的统治。而奥地利的势力还是在意大利占有重要地位。

北欧领土也被重新安排。原属丹麦王国的挪威，被合并于瑞典；丹麦则得到了石勒苏益格和荷尔斯泰因两公国的土地。

按照正统原则，许多旧王朝又重新登上统治的宝座，包括法国、西班牙和西西里的波旁王朝，葡萄牙的布拉冈扎王朝，撒丁王国的萨瓦王朝，荷兰的奥伦治家族以及罗马教皇和意大利一些邦国的旧统治者。

拿破仑“百日”政权被击败后，1815 年 11 月 20 日反法同盟各国又同法国签订了第二次巴黎和约。据此，法国割让了部分东部边界地区，大体上恢复到 1790 年时的边界。此外，还要归还拿破仑从各国掠去的艺术品，赔款 7 亿法郎，交出全部军舰；在清偿赔款前，盟国军队要占领其军事要塞 3—5 年。

维也纳会议极力消除法国革命的影响，恢复欧洲旧的封建统治秩序，为欧洲重新安排了一幅政治地图。这是一次包含了大国之间矛盾，大国与小国之间矛盾的反动的分赃会议。

神圣同盟与四国同盟

维也纳会议上的各项决议，是几个欧洲大国幕后炮制而强行加在欧洲各国头上的，决议企图维护封建反动统治，荡除法国革命在欧洲所产生的影响。英国外交大臣卡斯尔瑞曾扬言：会议所产生的决议将至少能维持7年的和平。话虽如此，封建统治者也担心决议不能完全扼杀革命，英国这位卡斯尔瑞又不得不转头向沙皇亚历山大提出，由最后总决议的7个签署国发表一个声明，宣布在必要时将以武力维护决议的执行。而此时的沙皇另有打算，他要充当整个欧洲的宪兵，用自己的军队消灭革命。

早在1804年和1812年，沙皇就曾表示要用基督教的名义把欧洲各国联合起来，在需要之时相互支援。打败拿破仑“百日”政权后，沙皇又在巴黎正式提出了由俄、奥、普三国缔结成“神圣同盟”的方案。之所以说“神圣”，是因为同盟者要在“神圣宗教的崇高真理”，在“正义的、基督教博爱的与和平的箴言”指导下进行活动。依照这个方案，沙皇亲自起草了有关文件和草案。在文件中，三国君主被比作其臣民和军队的“父亲”，并说他们三国的政府和人民今后将要像“一家人”一样地相处。亚历山大还“热情”敞开了怀抱，宣布他们三国热烈欢迎一切承认其“神圣原则”的国家加入这一同盟。

听了这些空洞的漂亮话，各国政要都没把他们当回事。卡尔斯瑞说亚历山大在玄想和胡言乱语。奥国首相梅特涅也认为这是无价值的高调。可是过了不久，他们就发现了这个同盟有着非凡的意义——这是维护他们统治秩序，保障维也纳会议的决议得到实施的重要工具啊！几个国家的政治相同兵力相似，还有什么革命、“暴动”值得害怕呢？奥普两国立即找到沙皇，根据他的文件，三国在1815年9月26日正式签署了建立神圣同盟的条约。后来的事实证明了他们的“正确”，许多人民起义之火被他们共同扑灭，于是欧洲大陆绝大多数的君主都陆陆续续加入了这个同盟。“神圣同盟”，已然成了“所有欧洲的君主在俄国沙皇领导下反对本国人民的一个阴谋”。

1815年11月，即神圣同盟建立两个月后，在签订第二次巴黎和约时的英、俄、普、奥又签订了四国同盟条约。条约规定，四国要以武力维护维也纳会议的决议和第二次巴黎和约。这样，四国同盟实际上就成为神圣同盟的一个补充。

五国同盟是四国同盟中又加入了一个签署国——法国。不过这是1818年的事了。法国偿清了全部赔款，于是神圣同盟决定结束联军对法国的占领，吸纳它入伙。

作为大革命的发生国，欧洲大陆各君主都将法国看做麻烦的源头，而既然曾最为“反动”的法国也和他们并肩作战，大家都异常高兴，亚历山大更自认为功不可没，高叫“和平已经确立”，梅特涅也兴奋地说“现状不会再起变化了”。然而他们完全错误地估计了形势。

1820 年，在意大利境内的那不勒斯、皮埃蒙德和西班牙都爆发了资产阶级革命，直接冲击了那里刚刚恢复了统治地位的封建王朝。于是神圣同盟有事可做了。10 月 20 日，亚历山大主持召开了神圣同盟会议，集中讨论镇压意大利革命的问题。11 月 19 日，俄、普、奥三国签署《特劳波协定书》，宣布对任何一国发生的起义，同盟都有权干涉，还说哪个国家顶不住起义、革命的压力进行政府的变动，就要将哪个国家开除出神圣同盟。1821 年 1 月，会议作出决议由奥地利出兵镇压意大利革命。接着，数万奥军侵入那不勒斯，很快将革命镇压。与此同时，奥军帮助撒丁军队将皮埃蒙特的起义扑灭。倒霉的却是亚历山大的俄国部队——俄国想在意大利建立自己的控制，也派出了军队赶来。但军队跋山涉水到达时，革命已被镇压，俄军没有得到进军意大利的借口。

西班牙人民的反抗也使神圣同盟不能容忍。俄国外交大臣对革命进行辱骂并威胁要“纠正”和“消除”革命。1822 年 10 月至 12 月，神圣同盟在意大利开会商讨出兵一事。亚历山大极想派 15 万俄军出兵镇压，但受到了法奥两国的阻止，因为他们担心俄军穿越本国国境会对自己造成不利。11 月 19 日，法国出兵镇压革命，而俄军则只能在边境线上驻扎一支“神圣同盟预备军队”。1823 年 5 月 23 日，法军攻陷西班牙首都马德里，将革命镇压下去了。

除镇压上述革命以外，神圣同盟企图武力镇压西属拉美殖民地的独立战争，但由于各国间矛盾重重而未能实现。

1822 年，希腊革命者摆脱了土耳其的统治宣布独立。神圣同盟没能够前去干涉，甚至奥国首相梅特涅公开违反维也纳会议和正统主义原则，主张希腊完全独立。想在巴尔干地区建立主宰地位的俄国没了伙伴，神圣同盟不欢而散。神圣同盟内部的深刻危机暴露出来。1830 年，法国七月革命胜利，波旁王朝被彻底推翻，沉重打击了神圣同盟。同盟内部分歧也加大，走向瓦解。

1848 年遍布欧洲大陆的革命爆发，神圣同盟彻底崩溃了。

七月革命

这是法国发生的又一场轰轰烈烈的资产阶级革命。有人描述过：人民群众在这次革命中表现出如此勇敢、忠诚、宽厚、慷慨……许多穷人几乎没有衣服，汗流浃背，灰垢满身，缺少饮水而口干舌燥，饥饿使他们精疲力尽，他们拒绝给他们的钱，只接受一点浸酒的面包和水，休息片刻后，补充好弹药又去参加战斗。那些中立的旁观者向他们通报危险，毫不犹豫地救护伤员……，普希金、莱蒙托夫和别林斯基都曾赞扬法国人民的这场伟大斗争。

革命在7月27日至29日三天内进行，也称为“光荣的三天”。

1829年9月，查理十世任命忠于波旁复辟王朝的波黎尼亚克亲王组阁。波黎尼亚克是逃亡贵族，其父母与波旁王朝有密切的关系。其他内阁大臣也都是极端派王党分子。资产阶级和人民群众仇恨这些封建专制制度的残余，对查理十世的倒行逆施进行政治斗争和舆论抨击。

1830年7月25日，查理十世签署了四项敕命，上面规定取缔报纸、期刊等出版自由。凡在20个印张以上的印刷品，都须得到国王或各省省长颁发的许可证方能发行，印刷设备要受到监督保管。敕令还规定了新的选举办法。这些关于取缔报刊自由发行，实行严格审查制度的规定，扼住了资产阶级自由派的舆论喉舌，危害了发行业工厂主和工人的利益，剥夺了商业资产阶级的选举权。四项敕令立即引起了资产阶级、学生、工人群众的强烈不满，成了七月革命的导火线。

7月26日，工人、小手工业者、学生在巴黎的许多地方举行集会，与军警发生小规模冲突。

资产阶级也行动了起来，很快形成了两个政治集会的中心。一个在大银行家拉菲特和卡兹米尔·贝里叶家中，一个在资产阶级著名报纸——《国民报》编辑部。他们最后联合起来，一致推选《国民报》主编梯也尔起草针对波黎尼亚克内阁的抗议书。

7月27日上午，王家军队司令马尔蒙元帅遵照查理十世的旨意，命令军警封闭了进步报刊《国民报》、《时代报》。一些印刷工厂、店铺被迫关闭，许多被解雇的工人首先走上街头示威抗议，学生也加入了他们的行列。他们高呼口号:“打倒敕令!宪章万岁!”“打倒大臣!”下午，军警前去驱散在巴黎歌剧院附近集会的人群，人民群众则以石头相迎。在与军警的冲突中，一名群众被打死，三人受伤。倾刻间，四面响起了“复仇!”“拿起武器!”的口号。人民群众的集会示威逐渐变为武装起义。

随后，巴黎许多地区也发生了起义，愤怒的群众打死了一名军警。

起义越来越激烈，巴黎也越来越混乱，又有群众在冲突中丧生，人民更加愤怒了。

7月28日清晨，巴黎人民开始毁街道，筑街垒。他们将各处波旁王朝复辟的标记一律砸烂，插上激奋人心的法国大革命的三色旗，准备战斗。军火商人慷慨提供武器，退役军人也参加了行动，人民向前来镇压的军队投掷石块，士兵多有死伤。

面对这种形势，查理十世的将军们也终于认识到:“这不再是骚乱了，而是革命!”他们请求国王采取和平措施，阻止事态的继续蔓延。然而，查理十世在波黎尼亚克内阁的怂恿下发布了《巴黎处于戒严状态》的命令，以武力镇压人民起义，企图以军事胜利保证政治上的胜利。可是巴黎人民反抗的烈火是扑不灭的。在人民群众的英勇抵抗下，军队受到了阻击，为他们的行动付出了惨重的代价。

武装起义者占领了市政厅，继续构筑和加固街垒，8万多起义人民对国民自卫军的全面进攻很快打响了。他们不顾国王军队的疯狂射击，向国民自卫军主力驻守的卢浮宫和杜伊勒里宫顽强靠近。他们的英勇行动不断取得胜利，也震慑了敌胆。无法镇静迎击的军队士兵有的接受劝降，有的逃出军队。沙里将军更是不知所措，他听错了命令，本来国王命他集中兵力顽抗，他却把士兵撤到卢浮宫的院里集合。于是，国民自卫军如大堤崩溃，起义者顷刻间涌进卢浮宫，士兵们逃往临近的杜伊勒里宫。军队的抵抗已无济于事，他们遭到了彻底的失败。

7月29日下午，在人民起义胜利的形势下，资产阶级议员们采取了篡夺革命果实的行动。30个议员在拉菲特家开会，决定成立临时政府，行使政权。

在起义由开始到胜利结束的过程中，查理十世的态度也在发生着转变。7月26日起义开始时，查理十世非常傲慢，这天，他很早就出去狩猎，晚间才回宫。他的将军两次向他递送战报，警告其王位已受威胁，人民无法阻挡，请求议和。而查理十世的回答却是宣布巴黎戒严，斥责将军失职。当资产阶级代表前来议和时，查理十世认为代表们是来乞求和平，则继续以武力相要挟，他还说："发布戒严令是宪章赋予国王的职责。"当得知一部分国民自卫军由于同情人民与人民联欢时，他叫嚷："如果这样，就向军队开枪"。

7月29日，国民自卫军溃败、倒戈的消息传来，查理十世呆若木鸡。他不停地重复念着在法国大革命中被人民推上断头台的路易十六的名字。稍稍镇定后，他召集内阁开会商量对策，以图顽抗。为了保住王位，他决定撤消正在指挥军队作战的将军的职位，解散本与他沆瀣一气的内阁，但用这些作法来缓和人民的愤怒情绪已经不可能了。当查理十世的代表宣布国王决定时，革命的资产阶级议员的回答是："革命已经开始，必须使它完成，必须以一个更为自由的王朝取代一个过时的、不可救药的王朝。查理十世不能再回到巴黎人民血染的巴黎。"

7月30日，梯也尔、米涅及一些报刊撰稿人起草声明，拥护奥尔良公爵执政。7月31日，众议院开会欢迎奥尔良公爵。8月1日，查理十世迫不得已任命奥尔良公爵为摄政王。8月2日，查理十世退位，以后逃往英国。8月9日，奥尔良公爵路易——菲力浦正式登上王位，从此开始了七月王朝统治时期。

七月革命是一场资产阶级的革命。这场革命粉碎了在法国实行封建专制统治的梦想，沉重地打击了"神圣同盟"的反动体系，对欧洲其他国家的民主改革和民族解放运动都起到了推动作用。

在革命的过程中，法国人民又一次显示了伟大的革命精神和斗争力量。革命的胜利就是人民群众英勇斗争的结果，而资产阶级的反抗仅停留在笔头和口头上。当人民群众聚集在银行家卡兹米尔·贝里叶的宅邸周围，要求他挺身而出领导运动时，他却竭力驱散人群，生怕这会触犯合法秩序，使自己的财产受到损失。7月29日，人民取得了胜利，国王查理十世如丧家之犬，败局已定，而一些资产阶级议员却说，人民的行动和结果出人意料，超不过明天就会失败。人民的顽强斗争和资产阶级软弱退缩的行为形成了鲜明对照。

七月革命的胜利果实被大资产阶级篡夺，人民的任何民主要求都没有实现。造成这样结果的原因是人民缺乏组织，他们在战斗中虽然充满了对波旁王朝的仇恨，却是自发的、无秩序和没有明确斗争目标的。

七月革命后，金融资产阶级修订了宪法，确立了资产阶级在立法上的权力，国王只有行政权。国王路易——菲力浦是一个在政治上代表金融资产阶级的人物。这种统治本质被马克思比喻为："七月王朝不过是剥削法国国民财富的股份公司；这个公司的红利是在内阁大臣、议会和 24 万选民和他们的随从之间分配的。路易——菲力浦便是这个公司的经理"。

1830 年七月革命排除了封建制度复辟的危险，巩固了资产阶级的统治地位，促进了资本主义的继续发展。从此无产阶级与资产阶级的斗争在法国逐渐突出起来。七月王朝为增加国库收入，满足资产阶级发财致富的愿望，提高税价，加紧对工人的剥削。工人的愤怒与日俱增，为了维护自身利益，工人组织起义，其中最著名的就是法国里昂工人起义。

波拿巴家族和两个帝国

第一帝国是由拿破仑建立的，从拿破仑 1804 年加冕称帝到 1814 年波旁王朝复辟，前后经历 10 年。这个帝国产生于法国大革命后，仍是大资产阶级的政权。帝国时期，法国在欧洲同英国和俄国争霸；侵略西班牙和葡萄牙；在欧洲诸国推行民族压迫和剥削政策；力图同欧洲封建王朝妥协……这一切导致拿破仑帝国崩溃。但法兰西第一帝国也促进了法国资本主义的发展，打击了欧洲封建制度。

1830 年七月革命以后，七月王朝统治法国，国王是奥尔良的公爵路易——菲力浦。因此七月王朝又被称为奥尔良王朝。

七月王朝建立之初，统治者以法国大革命事业的继承者自诩。王朝废弃了复辟王朝的种种封建政策，法国的工业革命得以发展。十几年间，法国的蒸汽机总数增加了几千台，铁路线路的长度由不足 40 公里猛增至 2000 公里。随着产业革命的兴旺，工业资产阶级的力量增强，工人运动也活跃起来了。

但七月王朝代表金融资产阶级的利益，他们掌握着大银行、交易所、铁路、矿山……他们用政权为自己谋取经济利益。七月王朝时期，国王、政府极为浪费，大量借债，财政赤字逐年增多。为了弥补亏空，偿还债务，王朝大量征税。这其中的关系就非常明确了：金融资产阶级是王国的债权人，收取极高的利息；工业资产阶级和广大人民是国家的最主要纳税者，不得不遭受残酷的剥削。征税的结果是金融资产者聚敛大量资本，工业资产者缺乏资金。正值工业革命之际，创办工厂、购置机器都需要大量资金，而王国的政策对他们极为不利，这使得工业资产阶级对七月王朝极为不满，而广大劳动人民是王朝政策的最大牺牲者，他们不仅要缴纳重税，还时时要处于工厂倒闭、个人失业的境地中。在这种情况下，广大劳动人民特别是工人阶级的反抗情绪也加强了。

七月王朝的另一个弊端就是无视海外市场的发展。工业革命后，扩大的产量需要更广阔的商品销售市场，国内市场是一方面，海外市场更为重要。工业资产阶级希望七月王朝用各种政治、军事手段扩展海外市场，而金融资本家却担心海外市场的争夺会造成资金损失、国内混乱，损害他们的既得利益。他们以“决不为荣誉花一分钱”为信条，继续维护国内统治秩序，掠夺工业资产阶级和人民的财富，坐看欧洲其他国家在殖民地上的争夺。

七月王朝的种种作法，招来了全国各界的反对。工业资产者和各阶层民众期望通过选举削弱金融资产者，控制议会，修改法律，实行有利于自身的政策。然而，七月王朝对选举权的财产限制很高，法国 3500 万人口中，够资格的选民只有 20 多万。工业资产者和民众要求改革议会选举制度，实行共和制。

为了实现目标，工业资产者除在报纸上宣扬共和之外，还办起“宴会”，实际这是借宴会之名表明政见，组织力量。

1848 年初，工业资产者要在巴黎举行宴会，遭到首相基佐的禁令，于是改期。改期之后临近许多人在香榭丽舍大街聚集，等待宴会召开，又遭禁止，巴黎民众被激怒了。2 月 22 日，聚集群众发动了起义，这便是 1848 年的二月起义。

二月起义推翻了七月王朝，建立了法兰西第二共和国。共和国召集新的国民议会，制定宪法。法国工业资产阶级的力量发展起来了。

1848 年 12 月 10 日，是法国第二共和国选举总统的日子。候选人有 6 位，最后由路易·拿破仑·波拿巴当选。

路易·波拿巴于 1808 年出生于巴黎。他的父亲是拿破仑一世皇帝的兄弟、受封为荷兰国王的路易·波拿巴，他的母亲便是拿破仑的继女约瑟芬与博阿尔内子爵的女儿奥坦丝·博阿内尔。奥坦丝与路易·波拿巴成亲后，生了三个儿子，长子幼年夭亡，只留下了两个，路易·拿破仑·波拿巴便是他们的幼子。

路易·波拿巴与奥坦丝结婚后，夫妻感情向来不和睦。1810 年，因路易·波拿巴在荷兰不肯依长兄之命实行大陆封锁政策而被撤消国王封号。路易·波拿巴便去了意大利的佛罗伦萨，不再参与政事。奥丝坦却反对去意大利，便留在了巴黎。所以路易·拿破仑·波拿巴自幼便随母亲长在宫中。他耳濡目染，把伯父奉作偶像，想要长大后也做个他那样的大皇帝。但是在路易·拿破仑·波拿巴 7 岁那年，拿破仑被反法同盟打败，不久，波旁王朝就复辟了。复辟的波旁王朝不允许波拿巴家族留在法国，奥坦丝只得携子流亡。这时，在意大利的父亲要走了二儿子。路易·拿破仑·波拿巴留在了母亲身边，随母亲过起了流浪的日子，9 岁时才在瑞士的阿伦内伯格定居下来。在瑞士，路易·拿破仑·波拿巴上学读书，然后进入军工学校和炮校学习军事，还曾在大学预科修完了课程。毕业后，波拿巴已非常了解欧洲各国包括法国的国情、政治，决心回到祖国，重振波拿巴家族。

从 7 岁时起，路易·拿破仑·波拿巴心里便种下了对波旁王朝仇恨的种子。随着年龄的增长和学识的增加，他有了较强的抨击复辟王朝的自由主义思想。但是路易·拿破仑自幼长在皇宫，对皇权观念非常牢固，所以他的自由主义其实也很有限，不全面。但因他发誓与复辟王朝作对，便把自己称为“自由主义者”。于是这位“自由主义者”离开了瑞士，去了意大利——这是因为担心法国王朝的盘查。他在意大利时，巴黎发生了七月革命，推翻了复辟王朝。1831 年 2 月，因受法国七月革命的鼓舞，意大利中部发生起义。路易·拿破仑决定利用伯父传奇般的和在民众中广为流传的故事，回国去做一次冒险。

当年拿破仑·波拿巴退位后，曾在诏书中指定他与再婚皇后玛丽·路易丝的儿子罗马王继承皇位。罗马王没有能继位，依然被称为“拿破仑二世”。1832 年，拿破仑二世 21 岁时青年早夭。路易·波拿巴得知后，认为自己是下一个合法继承人。为了得到幸福，路易·拿破仑决定利用伯父传奇般的和在民众中广为流传的故事，回国去做一次冒险。

1836 年，路易·波拿巴潜回国内，暗中联络了几名当年拿破仑帝国大军中的老部下，谋划出一个煽动士兵政变推翻七月王朝的荒唐设想。他穿上伯父平时最爱穿的灰大衣，戴上一顶拿破仑的三角帽，带领几名老兵于 10 月 31 日闯进了斯特拉斯堡驻军的两个炮团。在军营中，他说明来意，号召人们打倒现任国王路易·菲力浦，拥戴他为国王。可是他的行为来得太突然了，许多士兵认定他是疯子，把他这次谋反当做了儿戏。几个小时后，人们将路易·拿破仑的兵器缴下，并将他送交警察局。经审理后，路易·拿破仑被流放美洲，一年后获释，回到瑞士，赶上了他与母亲奥坦丝见最后一面。

母亲去世后，路易·波拿巴没了牵挂，便又燃起了称帝的野心。他明白人们对他一无所知，必须先扬名立业，才能成事。他很快写成一部书《拿破仑思想》。在书中他将伯父颂扬为“平民英堆”，“大革命的真正代表”。但他本人最清楚，老拿破仑一生最忌讳的就是“平民”与“革命”，而把自己的称帝说成天意。只是为迎合民众看重自由，为得到名声，他才有意这样写的。七月王朝“决不为荣誉花一分钱”，使法国人十分懑闷，大家回忆拿破仑帝国时的强盛，争相购买路易·波拿巴的书。《拿破仑思想》引起轰动，仅在1839年内就接连四版。

急于当皇帝的路易·波拿巴认为时机成熟可以回国称帝了。1840年8月6日，他穿上法国军装，带领几个雇来的人从英国渡海来到法国，在布伦登陆。他一切效仿伯父，认为当年伯父在这里建立了布伦大营，他也可以像1815年老拿破仑由厄尔巴岛回国一样，引来全国军民的归附，一举夺回巴黎，重建帝国。可是，他的声望还远远不够，一本书并没帮他多大的忙，登陆不久他就被擒获了。七月王朝因他一再作乱谋反便判他终身监禁，关在大牢之中。恰恰是在这一年，法国将拿破仑的灵柩从圣赫勒拿岛迎回，由国家拨款100万法郎，在巴黎伤残军人院教堂的大厅建造了灵寝。这一举动使“拿破仑传说”更加盛行起来。路易·波拿巴虽遭终身监禁，却真的名声大噪。波拿巴又在狱中写下了《论消除贫困》一本小册子，博得了贫苦百姓的支持。6年后，路易·波拿巴越狱成功，逃出牢房，潜往伦敦。

1848年巴黎发生二月革命，推翻了七月王朝。消息传来，路易·波拿巴回到国内，表示要投靠新政府。但由于受到怀疑，波拿巴又被驱出法国，重返伦敦。出人意料的是，4月选举制宪议会的时候，竟有许多省份将路易·拿破仑选作议员。于是他又回到了巴黎，坐进了议会大厅。后来，由于新政府处事不当，使波拿巴当选了总统。

人们选举波拿巴做总统，本指望他稳定局面，改变法国动荡不安的现实。但选出总统后，国家却没有大的改观。

按宪法规定，法国选出总统半年之后，要举行立法议会选举。一向仇视共和主义的王党也打出“宗教、家庭、财产、秩序”的旗号参加竞选，其中尤其重视“秩序”，由此他们得了“秩序党”的绰号。秩序党内有两派，一派是“正统派”，全力支持复辟，领导者是复辟王朝第二任国王查理十世的孙子尚博尔伯爵，当时住在国外。另一派是“奥尔良派”，首领是七月王朝国王路易——菲力浦的孙子巴黎伯爵。很显然，两派都是要恢复王政的，但因他们高叫“秩序”，迎合了人们的思想，于是在大选中获胜，赢得立法议会全数750议席中的约500席，而领导二月革命的共和派，却只得了不足100席。于是秩序党把持了立法议会，将二月革命以来的成果消除殆尽。他们禁止成立政治俱乐部和民众集会；限制新闻自由；禁止工人罢工；清洗共和派官员，甚至在1850年5月将普选权也废除了——普选权是二月革命最重要的成果之一，立法议会自身也是由普选产生的。此外，他们还整顿教育，将教育大权交给天主教会执掌，倾向共和、自由的教师大部分遭到了迫害。

秩序党的倒行逆施，遭到了全国的反对，却给总统波拿巴带来了好处。原来，秩序党并未将波拿巴放在眼里。在他们看来，波拿巴家族是赶不上正统的波旁王室和波旁的旁支奥尔良家族的。波拿巴经常被议会冷落，但他并不在意，甚至还任命秩序党内阁，总理就是奥尔良派的巴罗。波拿巴原本喜欢冒险，但却接连受挫，这次才变得比较沉稳。因他知道自己的实力还不够强大，国中又动荡不安，只能联系秩序党，巩固统治。但波拿巴并未放弃称帝的念头，直到1849年10月底，即他就任总统10个多月之后，才开始行动。

波拿巴首先解散秩序党内阁，起用多特普尔为总理，建立新内阁。多特普尔是波拿巴的亲信，他所建内阁中的部长，都是拥戴总统的，是个波拿巴派内阁。议会中的秩序党对此虽然十分气恼，但也无可奈何——任免内阁是宪法赋予总统的权力。他们将这个内阁叫作“爱丽舍宫党”，因为爱丽舍宫是总统官邸。这样，总统与内阁代表的行政权，与议会代表的立法权，不是分立而是对立的。

波拿巴多遭磨难，已非常老道。他深知，现在的对手就是“秩序党”，想要制服对手，必须树立自己的威信，让对方声名狼藉。为了抨击对手，笼络人心，增强实力，拿破仑命令创办《拿破仑报》，在舆论上压倒对方。他还建立起一个名为慈善团体的“12月10日社”。“12月10日”是波拿巴当选总统之日，故得名。“慈善”团体“12月10日”专收容流氓无产者——地痞、惯偷、赌徒、娼妓无所不包。他们被波拿巴收买，在巴黎和各大城市中心为总统歌功颂德。在总统出巡时，他们便混在人群中将场面弄得十分热闹，甚至喊出“皇帝万岁”的口号。民众们不知真相，也跟着他们对拿破仑产生了仰慕之情。

波拿巴还非常看重军队。他下令为兵士加军饷，赢得了军心。他爱检阅军队，在军士面前显露他作为拿破仑后代的威仪。每次检阅完，他都用烟酒肉肠犒赏三军，引起欢声雷动。1850 年 10 月 10 日在凡尔赛近郊的萨托里军营阅兵时，总统举行盛大宴会，与全营官兵畅饮联欢。兵士们不断高呼“皇帝万岁!”“腊肠万岁!”在这次阅兵时发生了一场风波。当时，骑兵走过总统面前时，呼喊“皇帝万岁!”而步兵走过时却不动声色。原来统领步兵的纳马耶将军事前已接到命令，禁呼口号。下令的人便是秩序党的尚加尼埃，时任巴黎卫戍与国民自卫军司令。因此，波拿巴十分气恼。不久，内阁陆军部长便将纳马耶免职。秩序党不同意，扬言要追究此事。那时波拿巴自觉还没有十足把握制服对手，便退让了一步，撤换了陆军部长。几个月之后，当波拿巴力量足够时，便起来还击，下令撤了尚加尼埃的职位。从此以后，军权落入了波拿巴手中。而此时议会中，竟有 200 多人退出秩序党，令其失去了多数党的地位。

到 1851 年时，秩序党已无法控制内阁、军队、民意及舆论，这些大权已转向总统一边。此时的波拿巴诸事顺意，只对一件事十分担忧。他的总统任期将满，而宪法中规定总统不能连任。据此，1852 年 5 月他便须离任，惟一的办法是修改宪法。于是他赶忙提出修宪，但依照规定，如果修改宪法必须有议会中四分之三的代表投票通过，投票者还不可少于 500 人，修宪最终没有获得批准。波拿巴又想出办法。1851 年 11 月他向议会提出，恢复已被议会废弃的普选权。若这一议案通过，全国选民将感激拥戴总统；若议案被否决，议会会孤立于公民之外，还会抬高总统爱民的声望。可是议会还是否决了这一议案，招来了民众的强烈反对。12 月 2 日，波拿巴见时机成熟，发动了政变。选定 12 月 2 日，意味深长——这是老拿破仑在巴黎圣母院加冕的日子。

12 月 2 日凌晨，波拿巴买通将军马尼昂，逮捕了议会中的重要人物。天亮后，全城贴出总统告人民书，告知总统要解散议会，恢复普选权。上述这些决定还要由全体公民投票表决。同时，波拿巴还平息了少数激进共和派反对者的暴乱。这就是有名的路易·波拿巴政变。事后公民投票，通过了他的决定。

政变后，波拿巴一面制服反对派，一面制定新宪法。他捉拿了数万名各类反对政变的人，将他们监禁或流放。这其中包括秩序党，更有共和派。1852 年 1 月，新宪法出台，总共只有 50 余条，限定了极高的总统权力。宪法规定，总统任期十年，既是国家元首，又是海、陆军统帅。总统可以任免官吏，还可宣战、媾和、执掌司法权，又与议会共有立法权。内阁各部长均分别对总统负责，而总统则不对议会负责，只对“法国人民”负责。由元老院、立法团构成的议会，已形同虚设。因此，宪法虽仍称法国为共和国，但总统权力已超过君主制国家的国王。一切显而易见——这部宪法是为波拿巴一人制定出的。但当时法国社会动荡，集权也有利于稳定局势。

大权在握后，波拿巴重视了工业发展，联系工业界；支持铁路公司合并；鼓励建立动产信贷银行，地产信贷银行；对工业、农业发放贷款，金融界也获得了利益。他的威信更高了。他又下令没收奥尔良王室的财产，用于公众福利事业，人民对他大加称颂。1852 年秋，波拿巴出巡法国中部、西部、南部，在他的演讲中，表露了恢复帝制之意。其实民众拥戴他，原本就是由于他那波拿巴家族的姓氏，已将他当成了皇帝后裔。但许多人也担忧，波拿巴是否会像老拿破仑那样好战。于是波拿巴又大肆宣传说：“帝国便是和平。”

议会中，波拿巴的党羽立即回应他的意图。11 月 7 日，他们颁布法令，宣告元老院决计法国恢复皇帝称号，奉路易·波拿巴为“法国人的皇帝”，称拿破仑三世。波拿巴没有马上登基，而是又诉诸选民。选票统计结果显示：赞同帝制的 780 多万人，反对的 25 万人，6 万人弃权。于是，波拿巴又选定 12 月 2 日登基，做了皇帝，他的帝国史称“法兰西第二帝国”。

当上皇帝的拿破仑三世立即修改宪法，把原文中的“忠于总统”全部换作“效忠皇帝”；帝国将“服从宪法，效忠皇帝”定为誓词；“自由、平等、博爱”之说也被废去；国民自卫军也被解散，各政治俱乐部全遭取缔，新闻报刊都要由政府检查；教育上由天主教会管辖。拿破仑三世又将全国划作五大军区，各由一名元帅统管，依照《治安法》，对军队进行严格控制。

第二帝国的专制统治，不亚于拿破仑·波拿巴的第一帝国时期。但正因为专制，国内各派的政治活动才被压制下去，结束了动乱的局面，国家稳定了下来。产业革命因稳定的政局而突飞猛进，十几年内趋于完成。第二帝国的经济发展，远远超过了十九世纪的任何年代。此时，帝国的政策也顺应了产业革命的需要；鼓励民间建立股份合作公司；对煤、铁、钢、机器制造、毛织、航远等重要产业实施减税；修建铁路、公路，改造兴建大城市。如今法国铁路线长度的五分之二，就是第二帝国时修筑的。巴黎如今的格局，也是那时奠定的。此时的银行业，已不再仅从事借贷，而是开始向企业投资；农业因为排水法、开垦法的实施，乡间公路的铺设也迅速得到发展。因为局势平稳，政策得当，法国经济快速发展起来。蒸汽机数量增加了5倍；城市人口由不足总人口的五分之二，增至半数以上；农村人口减少，产量却大增，农耕普遍运用机器，还施用了化肥。到了19世纪六十年代，法国已可用机器制造机器，完成了产业革命。

经济发展，国力增强，使拿破仑三世忘记了“帝国便是和平”的诺言。于是他与俄国进行了克里米亚战争，在中国同英国结为联军，火烧圆明园；在非洲侵占阿尔及利亚全境，并侵吞塞内加尔；在亚洲还开始侵入印度支那半岛；甚至远征墨西哥。在欧洲他还对奥地利宣战，谋取意大利的领土。人民起初对他的行为没有怨言，但很快就有了反对情绪。到路易·波拿巴在位晚年，对外战争已使国库极为匮乏，兵役越来越繁重，赋税一日甚过一日，人民苦不堪言。在七十年代的普法战争中，法军大败，被迫割地赔款，国力衰弱；人民痛恨帝国，共和运动和工人运动兴盛起来。1870年9月，法兰西第二帝国灭亡。1873年1月，拿破仑三世因病逝世。

18世纪最后一位伟大的生物学家

拉马克是进化论的伟大先驱者。

1744年8月1日，拉马克出生了。他是家里的第十一个孩子，而在他前面的十位哥哥和姐姐却早早地夭折了。

拉马克的家庭是破落贵族出身，父母遭受了众多的打击，实在不愿意看到这个小儿子再有什么不测，于是让他学神学，以便将来成为一位牧师，过平平安安的日子。

但拉马克不愿担任神职，他很孝敬父亲，不愿惹他生气，也不愿让父母担心。父亲去世后，拉马克便不再去教会学校了，而是参了军。

正值普法战争之际，拉马克参加了法国志愿军。在战争中，拉马克表现英勇突出，很快被提升为上尉军官，不走运的事情是，他患了颈部淋巴腺炎，被迫退役。拉马克的梦想破灭了，他很想做一名军官。

军官做不成，拉马克又由于退役金太少，去银行找了一份差事。在这期间，拉马克接触到了气象学，他对自然科学产生了浓厚的兴趣。

但是他的人生选择游移不定，他又去巴黎高等医学院进修，一度想成为银行家的他又想做一名医生了。医学课中的必修课有一门便是植物学。

25 岁的拉马克在学习植物学时，常常去特里亚农皇家植物场和巴黎植物园去观察植物，那里也经常有许多演讲。

1768 年，生物史上一个有意义的时刻出现了：

拉马克虽然对植物学感兴趣，但又拿不准到底该怎么做。他打过仗，当过银行职员，现在又学医、学植物，直到近三十岁，还没有什么成就，也没有一个稳定的选择，所以很是苦闷。

这天，拉马克徘徊在植物园里，若有所思，望着一处处的植物出神。巴黎植物园游人如梭，风景优美，但拉马克似乎视而不见。这时，一位年近六旬的老者走来，二人交谈起来，拉马克与这位老者一见如故。

老人的谈话幽深而且隽永，他是那么富有智慧，句句如启天籁。拉马克心中的许多迷雾如同被大风吹走一样，拨开迷雾的话语使他心中充满了阳光。

拉马克通过谈话，决心要走上科学研究之路，献身生物科学。他和老者也相互认识了，原来这位老者就是伟大的启蒙运动的思想领袖和先驱者——卢梭。

拉马克向卢梭请教，他们还一同采集过标本，商量问题。特里亚农皇家植物园的园长是一位著名的植物学家，名叫朱西厄。他自己独立地提出过自然分类法体系，在学术界享有盛誉。他很欣赏拉马克的才能，热情地帮助拉马克，尽自己的经验和条件倾囊相赠。

拉马克从 1768 年下定决心研究植物学开始，经历了 10 年的辛劳。

1778 年，三卷本的《法国植物志》出版了。通过这部书，拉马克进入了法国科学界，植物学家很重视他的研究。

法国皇家植物园园长布丰很欣赏拉马克。在他的努力下，1779 年拉马克当选为法国科学院院士。布丰于 1782 年帮助拉马克求得巴黎皇家植物园植物学家的头衔。器重拉马克的布丰，还聘请拉马克做自己孩子的家庭老师，为拉马克解决经济困难。

拉马克作为园长儿子的导师，出国考察访问，游历了匈牙利、奥地利、德国、荷兰等地，这丰富的阅历为他以后提出进化论奠定了广博而深厚的知识基础。

拉马克终生贫困，他年轻时没能获得多少金钱，而他后来又遭到守旧势力的刁难和攻击，一直没能过上优裕的生活。

1782—1791 年，他被委托编写了《植物学辞典》和《植物图鉴》。在这两本工具书中，拉马克记载了近两千个属类的植物，他还绘制了约 900 幅植物图版。后来，他的著作被收入法国大百科全书。

1788 年，布丰去世，临终前关照后继园长对拉马克多加照顾。就这样，凭着朋友的赏识和自己的能力，拉马克做了皇家植物园的植物标本管理员。

法国大革命爆发了，皇室被推翻，拉马克建议保护科研单位，善待员工和珍贵的标本。他提议可将植物园的名字改成“国立自然历史博物馆”。

国民议会同意了拉马克的请求，而且还设立了讲座。这需要教授进行知识讲解和整理，并进行研究和教学。很多科目都有合适的人选，惟独低等动物学缺少这一职位的合适人才。拉马克是资深生物学家，所以上任弥补了这个空缺。

这时的拉马克已年届五十，时年 1794 年。低等动物学在当时是最落后的生物学科，人们都不愿意搞这项研究，因为此项研究复杂而且艰难，而最难的项目是蠕虫和昆虫的研究。

拉马克改行埋头苦干，一直到他去世，整整研究了 35 年。

1801 年，拉马克发表了专著《无脊椎动物的分类系统》。这部书将他转入动物学研究近五年的成果进行了概括总结，在世界上第一次提出了进化论的思想，首创了两个科学概念即“脊椎动物”和“无脊椎动物”。

1809 年，《动物哲学》出版了。这部书奠定了现代无脊椎动物分类的基础，极为系统地表明了进化理论，明确提出了生物进化的学说。

拉马克是世界最早提出进化论而有条理且合逻辑的人。

首先，拉马克向神权提出了挑战。

他认为，生物的进化是阶梯发展的序列，由简单到复杂、由低级到高级。如果进行动物和植物的分类，必须遵循进化原则。拉马克指出，生物不是上帝原创的，而是自然本身在其漫长的时间内形成的，由进化而来。

在进化的过程中，生物树不断分枝分杈，形成一个谱系。

拉马克提出推动生物进化的力量是内部原因和外部原因共同作用。其一是物体内部固有的进化倾向，其二是外部环境的影响。其中内因是大方向，起决定作用，而外因造成了分支，形成谱系。

拉马克提出“获得性”遗传和“用进废退”的理论。

比如说长颈鹿，拉马克认为，某种动物，可能是长颈鹿的祖先。原来这种动物的脖子没有那么长，但是随着环境的变化和它们的主观意志，它们要经常采集树叶，不断地伸长脖子，还有四肢等能使上劲儿的器官也不断地前伸。

在这个过程中确实有些器官会发生变化，而这种变化会日积月累，在后代身上体现出来，每一代比上一代明显，一代一代就成为今天的样子。

拉马克提出的动物进化有主观愿望和获得性遗传，在今天看来是不甚科学的。首先主观性愿望是错误的意识与思维上的认识，至于获得性遗传，没有什么证据表明确实如此。

但拉马克所含的“用进废退”思想却极其有价值，这种说法引导了很多科学家。

拉马克的思想打破了“物种不变”的陈旧观念，保守势力、宗教势力勾结在一起反对他，他意志坚强，相信历史会证明他的价值。

其实，拉马克在失去卢梭与布丰这样的良师益友之后，便没有多少顺心的日子。新任园长不过让他做了一名保管员，以他的才能又何止小小的保管员呢？共和国政府增设讲座讲授时，明知他是植物学上的权威，却留下一个最冷最难的动物学教席给拉马克。

更令人寒心的是居维叶。他是 19 世纪初期法国生物学“独裁者”，很有天才但却与政府混得火热。他持“灾变说”而反对进化论。居维叶是拉马克一手举荐的，但他处处打击拉马克，已经超出了学术范围。因为他和官方关系极其密切，热爱科学人才的拿破仑受居维叶影响加上自己的偏见，竟然也当面侮辱拉马克。

老人 77 岁时双目失明，这是由于他长期在显微镜下积劳成疾而成。他在生命的后十年，口述了《无脊椎动物志》最后两卷。

1829 年，伟大而坚强的拉马克走完了他达观开朗而又受苦受难的一生。他一生贫困，然而又遭受冷落和打击，失去忘年之交的他一生少有知己。

死后，拉马克连一块像样的墓地也买不上，在贫民窟的公墓草草安葬。

然而他是正确的，那些保守势力没有做到让世人怀念，只有历史铭刻着他伟大的业绩。在1909年，巴黎树立了拉马克的铜像，镌刻了他惟一的亲人——女儿柯尼丽亚的话：“您未完成的事业，后人总会替您继续的，您已取得的成就，后世也总会有人赞赏吧！父亲。”

库仑定律

1785—1786年，法国物理学家库仑发现了电荷相互作用的定律，这一定律标志着电学成为科学。

库仑本来学习的是工程与建筑学，也就是说，他是一位工程师。库仑曾经在法国巴黎的军事工程学院学习，那时他开始阅读牛顿的有关著作。

在18世纪40年代，荷兰的实验中发现了玻璃瓶储电现象，物理学教授马森布罗克发明了莱顿瓶。这种设备其实很原始，它却在电的研究上起了巨大的作用，因为电无法触摸，更不好控制。

人们早期研究电现象时，只是忙于观察放电以及导电等性质，还不知道电的度量。在静电研究中，到底怎样测定电量是一道难题。

在静电研究工作中，有两个人的工作我们要充分肯定，即卡文迪许和库仑。

卡文迪许是科学怪人。

现在世界上有著名的卡文迪许实验室，就是剑桥大学为纪念这位伟大的科学家而建立的。卡文迪许终生未婚，献身科学研究。

他是英国人，贵族出身。因为他的性格郁郁寡欢，很孤僻，不爱凑热闹，也不把研究成果发表出来，只是一味地研究，所以他被称为“科学怪人”。后人认识到了他的很多价值，而他在当时并不为人所注意，只是因为他的遗稿被人发现，许多天才的创见才没有埋入地下从而得见光明。

卡文迪许用英国地质学家米切尔发明的扭秤测出了万有引力常数，在电学方面做出了富有开拓性的工作。但是，直到半个世纪之后，他的工作才被人发现。卡文迪许取得了当时世界第一流的成就，但是由于湮没了50多年，因此已经有别的科学家提出了某些论点。没能充分利用上卡文迪许的研究，是物理学界的遗憾，这主要与卡文迪许本人有关。

卡文迪许用扭秤测万有引力常数，库仑用扭秤测量电荷之间的相互作用力。

1777 年，库仑从磁罗盘的研究出发，发展并深化了扭转的有关理论。他证明出，物体如果发生简谐振动，扭力和扭转角成正比。同此，库仑自己研究出来测量微小作用力的扭秤。

库仑发明的扭秤，其实是一条很轻的水平铁片。在铁片中点上，系着一根长长的细铁丝，整个装置挂在玻璃匣之中，这样就是扭秤了。

库仑把一个带电的球放在铁片一端，另一个带电的球放在铁片的另一端，这样，扭秤就会转动，从而可以发现两个带电球体间的作用力。库仑计算出，这力与球体中心间的距离成平方反比。

虽然如此，库仑发现了电荷间的电力关系，但是具体电流量的大小很难测出。

卡文迪许所用的方法是感觉法。他用手指抓住电极的一端，电流要么到腕关节，要么到肘关节，甚至到身体，由此来估量电流是强还是弱。

这终究不是长久之计，库仑想出一个中间物体。他最终发现，电的引力或斥力与两个小球上的电荷之积成反比例。他和卡文迪许都认识到了这一点。

电学定性定量分析从此开始了，人们把这个关系称为库仑定律，它和牛顿万有引力定律出奇的相似。大自然真是奇妙莫测，遍透玄机。

听诊器的发明

我们经常体检，现在常用的检查内脏的简便仪器是听诊器。

它有一个“盒子”，是凉凉的金属制品，用来贴在想诊断的部位，有两根长长的管子挂到医生的双耳，就像听录音机时的耳机，如果带上它，可听到肚子内部的声响。

据说，有一位医生，他是间谍。后来被当地反间谍机构查出来，当搜查他的窃听器时却没有找着。原来这个医生用他的听诊器靠近在墙上，用来偷听屋内情况，如果人们在交谈，自然可以听得很清楚。

在听诊器没有被发明出来以前，医生诊断病情用的基本上是一种方法，传统的摇动或用耳朵直接听。

如果诊断胸膜炎，就要去摇动病人的身体，时而把耳朵贴在胸腔上听。这种办法很麻烦而且又不十分准确，况且还很不方便，比如说男女之间，就较为麻烦。

一个偶然的游戏，刺激了一个简单而又实用的发明。

据说在 1809 年，法国医生利奈克斯在巴黎。一天，天气很好，他在广场上散步。

一群孩子在做游戏。广场边上有一根很粗很圆的大木头，被刨了皮不知要做什么用，一个孩子在木头的一边，耳朵紧紧地贴在木头的截面上，在认真地听着什么。

忽然他高兴地喊了起来：“听到了！我听到了，你敲了 6 下！”

利奈克斯循着孩子的目光看去，木头的另一端也有一个孩子趴着。

于是，他走过去看他们究竟在干什么。只见孩子的手里拿着小钉子，他问到：“亲爱的孩子们，能告诉我你们怎样玩吗?”

这几个小朋友做示范给他看。原来很简单，不过是一人敲一人听而已。

利奈克斯于是伏在木头的一端，他听到了清脆的敲击声，突然，他想到了什么，眼睛一亮，说：“这下好办了！”

利奈克斯迅速回到了医院，恰好有患者来检查。他于是卷了一个纸筒，用耳朵贴近一端，另一端去听病人的心跳及呼吸，比早时清楚一些，他高兴极了。

从此，利奈克斯按照这个模糊的思路开始试验。他找来各种材料，不同种类的木头，不同种类的金属，空心棒、实心棒，等等。

经过试制，利奈克斯做出了“胸部检查器”，就是现在听诊器的雏形，是用橡胶管做成的并且带了两个喇叭状的听筒。

利奈克斯发明了听诊器，可以比原来清楚许多倍地听到胸腔与腹腔的声音。但是声音各不相同，不同的位置不一样，一样的位置每个人也不尽相同，至于怎样确定病因，则是诊断学上急于解决之事。

利奈克斯认真研究，他积累了丰富的临床经验，悉心记录各种资料，归纳总结出疾病所对应的声音以及一些误诊情况。

1819 年，利奈克斯发表了专著《心肺病与听诊法》。这样，听诊器与诊断学有机地结合在一起了。

从此，听诊器成为初步诊断方便、快捷且实用的工具。

1826 年，利奈克斯染上结核病，不幸逝世，年仅 45 岁。

近代化学之父——拉瓦锡

安东·洛朗·拉瓦锡于 1743 年 8 月 26 日出生于巴黎。他的家庭起初比较优越，父亲是一名律师。同样，子承父业是父母的一贯想法。但是拉瓦锡对法律不感兴趣，而是从小就对科学研究情有独钟。

在 1754 年，拉瓦锡进入马扎林学院学习。著名的达朗贝尔在这里教科学课程。化学家卢埃尔也在此传授知识。卢埃尔经常用实验推翻自己的理论，引导同学们实事求是，勇于实践，勇于怀疑。

拉瓦锡后来上了法学院，获得硕士学位，但是中学教育使他埋下了从事科学的种子。

那时，法国的道路建设有一个难题，就是解决照明设备和路线。当时用的都是点油灯，灯很高，每天都要人去点，还要人去一一熄灭。不仅费时费力，而且还常常因为不清不明发生交通事故。

1765 年，法国科学院公开征奖，解决街道照明问题，题目就叫“大城市的照明”。拉瓦锡写了一篇很富有创见性的论文，这篇论文充分地展示了他的才华。他的方案并没有得到实际运用，但是法国科学院被这篇不俗的论文震动了，经过授奖委员会评议，决定给予拉瓦锡金质奖章。

在授奖大会上，场面十分隆重，各位院士及科学院院长对拉瓦锡赞赏有佳。大家一致赞扬他才华出众，希望他更加努力，早日成为科学家中最荣耀的人——院士。

这一次的获奖坚定了拉瓦锡的科学研究信心，使他认识到了自己的科学才能。他于 1767 年，同地质学家盖达尔考察，去野外绘制法国的矿藏分布。考察之后，他还写了论比重计的论文。最后，时年 24 岁的拉瓦锡入选了法国科学院。

我们知道，“燃素说”统治了人类很长时间。斯塔尔认为，燃素包含在所有可燃物之中，物体燃烧的过程是燃素失去的过程。如果燃素重新得到，那么物体就复原了。

对燃素说的彻底否定是拉瓦锡掀起的化学大革命。拉瓦锡用很多种东西做实验，他还用过贵重的金刚石。结果发现，没有空气的话，金刚石就不会燃烧。后来，拉瓦锡发现磷与硫燃烧之后，重量反而增加了，于是他想到可能是空气中某种物质进到硫磷化合物中去了。

拉瓦锡还研究了汞，他发现了汞在高温受热情况下生成物汞灰增加的重量与空气中减少的重量完全相等。如果继续加热所谓汞灰的话，汞灰又成为汞，而空气中那失去的重量又被补足，补足之后的空气没有性质上的改变。

1774 年，拉瓦锡为了验证自己的猜测，又设计了新的实验。拉瓦锡把铅和锡放入密封好的容器中，容器中的空气也被密封了。结果发现金属的表面变了，就好像是烧剩下的“灰烬”。这种“金属灰”就是燃烧产物。如果按照燃素说解释的话，固定物的重量会增加。于是拉瓦锡把密闭了的容器称量，结果没有发现增重。于是他想到，金属的质量是否有改变。结果他一称整个固体物，发现重量增加了。那么可以推断，空气的质量（密闭容器里的空气）一定是减少了。

但是要是空气减少了，压力就会变小，外面的大气压大，所以一定会有外界的空气涌入容器之中。拉瓦锡是这样猜测的，结果正如他所猜测的一样，空气涌进了容器，容器的整个重量增加了。

当时人们不知道空气是由很多种气体混在一起而成的。但是拉瓦锡却认识到了金属的燃烧不是“燃素”的作用，而是和空气中的某些成分相化合。

这个结论拉瓦锡没能迅速认识到。不久，他遇到了普利斯特，得知了普利斯特的实验，他于是重新做此实验，得出了“较纯净”的空气，其实是氧气。

拉瓦锡建立了“氧化”概念。

1783 年，拉瓦锡向法国科学院公布他的研究理论，开始指出燃素说的很多不成立之处。他认为，他建立的氧化理论可以恰当地符合实验，可以很好地解释燃烧现象。拉瓦锡还举行了一个象征仪式，由他的夫人装成女祭司的样子，向燃素说告别。“驱赶”燃素说的办法是焚烧了几部重要的燃素说代表作，斯塔尔的作品首当其冲。

氧气的发现是化学的革命性进展，氧化理论的建立突破了旧有思维，打开了近代科学的大门，真正的燃烧本质正是氧化过程。

1778 年到 1789 年间，拉瓦锡完成了《化学大纲》。

《化学大纲》是化学史上的四大名著，成为世界化学史的经典之作。《化学大纲》把当时已经认识到的33种元素分成金属、非金属、气体、土质共四类，并且探索了元素周期律。

《化学大纲》准确而具体记载了各种证据和实验，都是为了推翻燃素说，证明氧化理论。这本书以氧化理论为中心，认为化学应该认识到世界上最基本的物质组成——元素。书中的每一种元素都是经过实验认证的。

拉瓦锡还提出了化学反应中质量守恒的原理。他善于运用定量分析法。

早在推翻燃素说以前，拉瓦锡用定量分析的方法研究了“水可变土”的观念。

赫尔蒙特曾经把柳树种在土里，经过雨水的浇灌，土壤烘干后，重量增加了。他这样做是为了证明水能变土。其实是矿物质在起作用，自然界的水是不纯净的，土壤重量的增加是因为水中的矿物质等其他杂质残留在土壤中造成的。

拉瓦锡用纯净的蒸馏水做实验。1768年，他用蒸馏得极其纯净的蒸馏水在密闭的容器中加热，一直让水沸腾了100天。拉瓦锡用仪器精密地测量，发现水中确实有沉淀物。这是怎么回事呢？他又称了称有沉淀物的液体，重量增加了！

但是拉瓦锡没有被表面现象所迷惑。他经过周密地思考，认识到了其中还有器皿在捣鬼。于是他精确地检测了一次，发现玻璃器皿减轻了，也就是说，沉淀物是玻璃器皿造成的。果然，沉淀物的重量和器皿减少的重量恰好相等。

1766年，科学怪人卡文迪许发现了所谓的“易燃空气”。这其实是氢气，但当时谁也认识不到而已。

在1781年时，普利斯特做实验发现，这种可燃空气在空气中燃烧后有小水珠。卡文迪许实验表明确实是水。拉瓦锡不久也得知了这个实验。他凭着理论的敏感，认识到所谓可燃空气肯定是与氧气化合了。他做实验证明了，在实验中生成的水的重量正好等于空气中减少的这两种气体的重量。于是进一步，拉瓦锡指出，水是化合物。

法国大革命很快就爆发了。大革命的领导人之一是著名的马拉。

马拉年轻时也考虑过科学问题，还向法国科学院递交了一篇论文，讨论火的本质。但是他的论文质量实在太差，负责审定论文的正是拉瓦锡。拉瓦锡毫不客气地将论文退了回去，没想到这一坚持科学的举措为他带来了隐患。

马拉对拉瓦锡怀恨在心，认为他骄傲自大，看不起人。

拉瓦锡的家庭是很富有的，但他主要用来科学研究。装备实验室等等需要很多钱，拉瓦锡没有足够的经济来源是不行的。他所处的法国路易王朝有一项制度，王朝征税不是政府办理，政府把收税任务交给税收公司，由他们出面收税。只要完成王朝下达的任务，多余的钱全归公司所有，王朝的政府不再过问。

这一下弄得民不聊生。征税人苛捐杂税，残酷剥削人民，因此，城市平民对税收公司恨之入骨，准备酝酿革命推翻腐败王朝。

拉瓦锡身在旧王朝，便将自己的资金投入到一家包税公司，这样每年可得到可观的提成，虽然没有参与直接剥削，但拉瓦锡也因此成为征税人股东，他的钱基本上花在了实验设备与研究开支上。

大革命时期，1793 年，雅各宾派党人领导政权，他们实行恐怖统治，包税人全都被抓起来，要处死以泄民愤。

雅各宾派只当权了不到两年就被推翻了，因为他们过于残酷。处死拉瓦锡对他们的下台也是一个冲击。拉瓦锡作为一名大科学家，虽然参与了征税，但不是恶劣之极，并且很多人出面为拉瓦锡作保。但马拉对拉瓦锡怀恨在心，所以，他从中作梗，坚持要处死拉瓦锡。1793 年 7 月，马拉被暗杀了，他虽然死掉，然而所谓的革命法庭却急急忙忙地下了命令，对拉瓦锡处以极刑。很多人反对，拉瓦锡也要求给予缓期，但是不仅没有缓，反而被立即执行。就这样，天才的拉瓦锡死了。

仅仅两个月后，雅各宾派被推翻了。试想这样的恐怖政权能存在很长时间吗？大科学家拉格朗日感叹，砍掉拉瓦锡的头很简单，不过是瞬间的事，然而整个法国要是还想长出这样一颗脑袋，恐怕一百年都办不到。

然而历史与人民是公正的，在拉瓦锡死后不到两年时间，人们在巴黎竖起了他的纪念铜像。

作为一个科学家，拉瓦锡在法国人民心中留下了不灭的记忆。

1943 年 8 月 26 日，是拉瓦锡的二百年诞辰。这时的法国，正处在德国法西斯的恐怖禁令之下。他们不允法民众上街出门，更不允许巴黎人民举行集会。然而，人们不顾安危，纷纷涌上街头，举行隆重的纪念大会，怀念法国人民的骄傲，反抗法西斯暴行。

拉瓦锡不愧是近代化学的开创者和奠基人。

居维叶的功与过

居维叶是一名神童，据说他4岁时就能自己看书学习，14岁考入德国斯图加特大学学习生物学，正当法国大革命时回到了法国。

居维叶1769年出生，法国东部人氏。大革命后，由于拉马克的建议，原来的皇家植物园改名为国家自然博物馆。政府又增设了讲座教授的职位，动物学方面，低等动物学的职位由拉马克担任，高等动物学拟定由圣提雷尔担任教职。

但是圣提雷尔对古生物学很不熟悉，于是拉马克等邀请了25岁的居维叶。

居维叶最出众的领域是比较解剖学研究。

居维叶对动物十分熟悉。有一次，居维叶见到一张化石素描，图上是一种从来没有见到过的古代动物形状，有的人说是和蝙蝠相似的动物，有的人说是远古的鸟类。居维叶运用器官学的知识以及定律，仔细观察了图中动物的头部和前肢的特点，然后告诉大家，它是一条会飞的恐龙，后来人们发现居维叶判断十分准确，是翼龙化石。

居维叶提出了系统性原则和类比性原则，这些原则在比较动物学中占有重要地位。系统性原则可以由动物的一个部分推断另一部分，类比性原则可以从已知动物的局部结构推出未知动物的局部结构。

居维叶根据这些原理，根据许多化石，复制出150多种已灭绝的古代物种。比如说，有一次，人们普遍认为发现了古人类头骨，大家以为是诺亚方舟大洪水事件以前的人头骨。但是居维叶根据类比与系统原则，指出这个骨头是一种巨大蝾螈的遗骨。

居维叶对动物的形态及相关功能有极强的判断力，有一个故事极为有趣。一次，很多学生装作妖魔吓唬人，带着牛马的面具冲进居维叶的卧室，叫嚷着："我要吃你，我要吃你！"孰料，居维叶被惊醒后只说了一句："你这个样子有角有蹄子，习性应该是吃草才对，吃我是不可能的。"随即又睡觉了。

居维叶提出了更加科学的动物界分类系统，而且开创了化石的分类工作。他已经看到，古生物与现代生物不完全一样，不同地层中的动物化石不同。地层越古老的化石越简单，地层越接近现代的化石越复杂。

又根据解剖事实，居维叶确定了动物在动物序列中的进化位置，确立了各物种之间的亲缘关系。

这样，居维叶成为比较解剖学、古生物化石分类的奠基人。他写成《化石骨胳研究》一书，汇集了他把零碎化石复原动物形态和功能的技能知识，为古生物学打下前提基础。

19 世纪，人们在巴黎挖掘化石，化石处在石灰岩地层，刚刚露出一部分时，居维叶便说到："这一定是负鼠化石，其腹部应该有一块小的袋骨，用来支撑它的袋子。"等到化石出来之后，一点儿都不差，人们被他惊人的推断能力折服了。

居维叶的研究，已经为进化论找到了一定证据，但是居维叶是一个有神论者，他相信上帝。他提出了"灾变说"。

灾变说的观点认为：历史上，地球泛滥过多次大洪水，每次大洪水将生命一个不留地毁灭。这些在不同的地层中存在的遗骨就是生命被数次毁灭的证据。

每次大洪水后，造物主都制造新的生命，但是每次制造的都不一样，所以自然每个地层中的生物形态不同。

1825 年，居维叶出版了《地球表面的革命》一书，书中阐明了反对进化论的观点。

拉马克与圣提雷尔都有进化论思想，他们与居维叶展开激烈的争论。然而，居维叶面对自己的提拔者和举荐者丝毫不讲道理，从学术以外的角度攻击他们。居维叶利用自己与政府的密切关系，背信弃义地打击拉马克。

他是一名杰出的解剖学家和古生物学家，他积极投入到政治斗争中。投入政治本来是个人选择，无可厚非，但是他利用手中的权势进行个人压制，被称为"19 世纪生物学界的独裁者"。

安培的贡献

1821 年初，安培提出著名的假说：物体内部的分子中均带有回旋电流，这形成了宏观磁性。这一假说在 70 年后被证明，由此可知安培在电流磁性等方面的卓越思想。

我们平常总说“电流”，这一概念是安培提出的。在奥斯特与安培之前，电学主要停留在静力范围内。安培首先提出“电动力学”，用以指明此学科是研究电荷的运动问题。库仑定律是电静力学中的基本规律，安培定律是电的动力学中的基础法则。

电动力学是从安培手中诞生的。

在他之前的奥斯特只是发现了一个现象，安培却能在此基础上迅速发展，在 4 个月的时间内由实践到理论，诞生新的学科，可见他是一名理论与实践能力均十分优秀的物理学家。他敏锐地推广研究了电流与电流的相互作用，导出系列规律。

安培提出，不但磁针受电流周围的力的作用，电流自己也互相发生作用。电流元之间的作用力与距离平方成反比，这奠定了电动力学的基础，由电流所生的力归结到平方反比定律，因此同万有引力及磁极间、电荷间的力一致了，这迈出了“场物理学”的一步。

安培于 1775 年出生在富裕的商人之家。在法国大革命时期，安培的父亲被处决，所以安培养成了孤独郁寡的性格。

他是一位爱陷入沉思的教授。有一次，皇帝邀请他参加宴会，他竟然忘记了。

在奥斯特的发现提出后，安培提出了磁针转动方向与电流方向相关判定的右手定则。继而，安培讨论了平行截流导线间的相互作用。1820 年下半年，著名的安培定律提出。

安培在实验中发现，直流电对小磁针有作用，但是圆形导线和矩形导线形成的电流回路对小磁针也有磁力作用。安培利用地球的磁性和电流结合的原理，用圆电流来解释地球磁性的产生，这很有创见。

有一次，物理学家阿拉戈去安培家拜访，看到安培的桌子上放着伏特电堆做成的电源，还有许多仪器。

安培向他解释说，在磁针上空有一条导线，通电之后，导线产生的磁力会使磁针偏转，这就是奥斯特实验。

安培又说：“现在，我这里有一个线圈，我将这线圈通电，可以看到一个现象”。

线圈通电后，安培用磁铁和线圈相作用，阿拉戈看到后有所醒悟地说：“看来，线圈也可以成为磁铁”。

“不错”，安培说，“正是电流通过线圈，线圈的两端产生了磁力线，改变电流方向也就改变了电磁铁的两极。”

实验继续下去，通电的线圈把金属中的铁质物品都吸引住了，桌面上的铁屑，铁钉之类物品纷纷向“磁铁”靠拢，被通电线圈牢牢吸住。

安培突然间把电源关闭，电流不存在了，只见通电线圈上吸附着的铁钉之类的物品纷纷落下。

安培就这样发明了电磁铁。

电磁铁灵活易用，对人类生活产生巨大影响。这是电磁理论的一个简单应用，可见电磁学应用的重要性和社会价值。

物理学又一遗憾

在科学史上，总有许许多多的遗憾。比如科学怪人卡文迪许，他不发表自己的东西，结果失去了价值。还有很多科学家做出重大的发现或发明，总因为人生或社会的种种因素而导致遗憾产生，有时这不仅仅是遗憾，而是让人痛心异常。

萨迪·卡诺就是这样一个人。

卡诺出身于一个名门望族。他的父亲是法国大革命时的政府官员，担任要职，并且是著名的数学家，担任过陆军部部长的职务。卡诺弟弟也是政治家，而卡诺的侄子后来则是法兰西第三共和国的总统。

卡诺早期的工作并没有引起人们的注目。

1753 年，卡诺出生。1821 年以后，卡诺研究蒸汽机，他很想提高热机的效率。

在 18 世纪中后期，蒸汽机使人们进入蒸汽时代，各行各业都在使用蒸汽机。但是蒸汽机的效率实在是太低了，如果用实际数字来说，烧 100 千克的煤其实只有 5 千克有效地被利用，这不仅造成能源的浪费而且也不能很好地提高效率。

据说，卡诺研究蒸汽机是由于一件事情引起的。

1814 年 12 月，巴黎举行一场蒸汽机比赛，卡诺也有所耳闻，结果法国产的蒸汽机磨面比英国产的要少，自然就输了。

卡诺很受震动，决心投入到热机的理论研究中去。

就在 1814 年，卡诺成为一名军事工程师。卡诺走访了很多工厂，实地考察总结了很多经验。尤其在1821年后，卡诺集中精力研究热机。

1824年，卡诺发表了他一生惟一的一篇论文《关于电的动力的研究》。在这部著作中，卡诺构造了“理想热机”，他认为，多数人在研究和改进蒸气机时，对蒸汽机效率的概念理解是错误的。一般人往往只注重讨论蒸汽机的实用性、安全性以及燃料经济性，而没有找到热机效率提高的根本途径。

卡诺经过近三年的研究，认为理论上的理想热机模型是一个高温热源、一个低温热源和理想的循环方式，三者缺一不可。

卡诺认为，热机工作是由于热从高温向低温流动而热量本身不减少的结果。这好比水从高处向低处流动使水车工作，但水却不减少一样。

这个思想其实是从错误的热质说而来的。

卡诺得出的结论是正确的，但他的出发点是错误的。他信奉热质守恒原理，相信热机工作过程中热量并没有损失，这就使他在论证的过程中采用错误的原则。

而英明的卡诺自己认识到了热质说的错误，从1830年起，他就改变了观点。卡诺自己说过这样的话：“热不是别的什么东西，而是动力，或者说是改变了形态的运动，它是一种运动。动力是自然界的一个不变之量。严格地说，动力既不能产生，也不能消灭。实际上动力只改变它自己的形式，也就是说，它有时引起一种运动，有时则引起另一种运动，但决不会消灭”。

把卡诺所说的动力换成“能量”，我们说，他已经认识到了能量守恒的原理。进一步，卡诺从极其简单但又十分有效的逻辑推理出发否定了永久运动的理论。

这就是“热力学第二定律”。

然而，卡诺的著作销售情况极其冷清，根本卖不出去。整整11年，没有销出去几本，更没有造成什么影响。

至于上面我们引的内容，是他后来抛弃热质说之后提出的能量守恒原理，从而成为发现能量守恒原理的世界第一人，虽然还没有完全科学地丢弃热质说而证明结论，但毕竟功绩不可埋没。

如果说卡诺没有引起世人注意是一个遗憾的话，他的去世则更加令人遗憾。

1832年，巴黎格外炎热。卡诺积劳成疾，身体十分虚弱。不幸的是，他突然患上了猩红热，紧接着又得了脑膜炎，最后染上了霍乱。

36 岁的卡诺早早地离开了人间。

因为卡诺患的是霍乱，所以他接触过的一切物品都将被烧掉。卡诺的大量著作被烧掉，他的弟弟保留了哥哥的部分残卷，我们今天就看到了能量守恒的理论，至于其他，不得而知。

直到 1878 年，卡诺的著作才发表，但作为物理理论，实际上已经失去意义了，很多人在卡诺之后都认识到了这一定律。

卡诺的热机理论直到 1834 年，才由一位工程师克拉伯龙继续研究，以解析图式清楚地描述了卡诺循环，近似说明了蒸汽机的性能。

卡诺的思想中包含了热力学第一定律和第二定律的部分内容。后来德国医生迈尔、英国焦耳等众多不同地区不同身份的科学家从不同角度提出了这一理论，而克劳修斯在卡诺基础上正式提出热力学第二定律。

英年早逝的卡诺具有热力学史上的奠基意义。

音乐史上的怪物柏辽兹

柏辽兹（1803—1869）是一位具有传奇经历以及独特素质的法国音乐家。柏辽兹在音乐史上已成为一段公案，人们对他的音乐创作，褒贬不一，毁誉参半。法国人德彪西就曾把他叫做“音乐上的怪物，一个例外……不大懂得音乐的人所喜欢的音乐家”。柏辽兹确实怪得异常，他是一个音乐技巧并不算齐备的音乐家，而他的生活经历让人与对他的创作一样感兴趣。他神经过敏的异常气质使人觉得他是一个完全的疯子，但我们也许可以这样说，正是这种相对于常人的反常才造就了这个音乐的天才。

海克托·柏辽兹生于法国南部一座美丽的小城市科德·圣·安德烈。柏辽兹的成长过程与大多数音乐家不同，他从未受过正规的音乐训练。他父亲是当地一位著名的医生，母亲是一位虔诚的基督教徒，家庭并没有学习音乐的优越条件。柏辽兹小的时候只会弹弹吉他吹吹长笛，而且都是业余水平。

柏辽兹的父母衷心地希望他子承父业。1821 年 10 月，柏辽兹遵从父命来到巴黎学医。然而学医并不是柏辽兹所愿意的，他天生就不是一块学医的料。当他第一次走进解剖室，看到那一段段肢体和内脏还在滴血时，立刻疯狂地跳出窗外，恶心不止，呕吐不已！医学院对他来说无异于一座监狱，而他在医学院学习的每一天都不得不像囚犯似的痛苦煎熬。他天生就生就了一对适合音乐的耳朵和一颗适合音乐的心，当他走进巴黎歌剧院听着大师们那异彩纷呈的表演，他跳动的心灵就会被彻底地驯服，安详而平和。相比之下，从医学院来到歌剧院，他就仿佛走进了春天，阳光灿烂。所以他虽然名义上是医学院的学生，却把全身心都投入到了音乐的学习。他整天泡在巴黎音乐学院的图书馆里，如饥似渴地饱读音乐大师们的作品。他深深地明白，自己将来决不会成为一个有名的医生，而是相反，应该去追求自己热爱的事业——音乐。所以1824年1月当柏辽兹获得医学学士学位后，他不顾父母的反对，坚决不肯从医，而顽固地继续学习音乐。这最终导致了他和家庭的决裂，丧失了经济来源。他坚定地走上了学习音乐的征程。

然而他的艺术生涯是如此的艰难曲折。为了维持生计，他不得不在合唱队里充当一名歌手，并招收几个吉它学生，勉强维持生活。后来，柏辽兹的热情打动了歌剧院的经理，他破例恩准这位小伙子坐在舞台下面的乐池里免费听音乐看演出。这是一个难得的机会，使柏辽兹可以认真地观察各种乐器的奏法，聆听它们的音色，琢磨它们的音响效果。他后来之所以能成为“配乐大师”，正是从这里起步的。柏辽兹最初在法国公众间取得一个令人赞叹的成就后，其景况每况愈下，再也没有出现像样的成果。他的乐曲在本国的市场遭遇冷淡，这对柏辽兹无疑是一个巨大打击。《哈罗德在意大利》（1834年）和《安魂曲》（1837年）只是多亏一些朋友的热心帮助，才取得一些表面上的成功。《贝文努托·切里尼》（1838年）被人喝倒彩。柏辽兹在上演前大造舆论的《罗密欧与朱丽叶》（1839年）也只不过取得一个勉强的人为的成功。至于为“七月纪念碑”的落成典礼而作的《葬礼与凯旋交响曲》（1840年），人们对它不加理睬，充耳不闻。《浮士德的沉沦》（1846年）甚至没有引起人们的议论。最后他为了开音乐会而债台高筑，他变卖了所有家产仍无济于事。他破产了，不得不逃往国外。柏辽兹在国外却获得了空前的成功，尤其在俄国和英国，所到之处无不名利双收。然而这并不能填补他的祖国带给他的冷漠，他越来越感到孤独、寂寞。柏辽兹生在当时的法国是他的一个不幸。当时法国音乐界的模范人物是腐朽的梅耶贝尔和奥柏，而柏辽兹则完全与他们背道而驰，这导致了柏辽兹生前的寂寞。

在整个音乐史上，尤其在法国音乐史上，柏辽兹显得是那么罕见的一个人，既无古人，又无来者，自弃于传统之外，乖戾矜持，时而乎庸低下，时而出类拔萃，简直是一个怪物。正像有些评论家所说的：“柏辽兹的创作中最优秀的东西使人惊叹，其最坏的东西使人恐怖——二者以不同的程度难解难分地混合在一起。”

柏辽兹的爱情经历与他的艺术生涯一样黯淡无光。1827年9月，英国查尔斯·凯恩布尔剧团来巴黎演出莎士比亚的名作，柏辽兹每场必到，他深深地被精彩的表演吸引，几乎神魂颠倒。在他心目中，莎剧中的朱丽叶、奥菲利娅、苔丝德蒙娜无疑就是现实生活中的斯密森小姐(上述三个女主角的扮演者)。他把她幻化成心目中最美丽的天使，并把她想象成自己终生的伴侣。他狂热地给心目中的天使写信，一封接一封，感情挚热，措词激烈，疯狂地追求斯密森小姐。对斯密森小姐的冷漠，他居然不顾一切地冲上后台，当众跪在斯密森小姐面前向她求爱！当然，斯密森小姐无动于衷，剧团同仁微笑着把柏辽兹请下舞台。后来音乐家听信了别人关于她的卑劣的诽谤，他陷于极度的悲苦之中。这却刺激了他创作的灵感，他创作了自己生平第一部大型代表作《幻想交响乐》。在这部乐曲里，他把斯密森小姐描写成一丑恶的形象，以此来抒发他的愤懑。

这沉重的打击使柏辽兹无法正常生活，他决定随便找一个姑娘，迅速完婚。于是他选中了他的一位“好哥们”的恋人——年轻的女钢琴家摩克小姐。他不顾摩克小姐男友的存在，以超常的勇气猛烈地追求摩克小姐，并最终赢得了摩克小姐的芳心。摩克小姐的母亲却刁钻狡猾，她先是爽快地答应了婚事，然后一再拖延，并借机让柏辽兹出国，以此答应他与摩克小姐的订婚，于是柏辽兹登上了去罗马的旅程。在罗马，柏辽兹意外收到摩克母亲一封解除婚约的信，说摩克已经同另外一位有钱的称心如意的人结婚了。柏辽兹怒火中烧，顿起杀机，他迅速购置了手枪、毒药、匕首和一套华丽的女装（他准备男扮女妆，行动起来也较方便)，然后踏上了回国的路程。他妄想杀死摩克的全家以及她的丈夫。这个天才的疯子并没有如愿以偿。这一次他被警察当成“烧炭党”的密探抓获，并被押回罗马。当他第二次行动时，他的一切行装又在途中被小偷偷走。但他并不因此放弃，而是一声不吭地回到罗马，重新备齐东西，又一次出发。这一次他来到了法国东南端的港口城市尼斯。这里优美的景色使他创作了流芳百世的佳作《李尔王》，而艺术的圣水则洗涤了他报仇的心灵。

当他回到巴黎时，他又幸运地遇到了斯密森小姐，二人于1833年10月3日正式结为夫妇，婚礼在英国驻法大使馆隆重举行。他们幸运地相遇也造成了他们婚后的不幸。柏辽兹在巴黎二遇斯密森小姐时，她已年老色衰且债台高筑。婚后柏辽兹发现她与当年自己幻想中的斯密森小姐毫无相像之处，而且她根本不了解自己。9年之后，他不得不离开了斯密森，这段浪漫史就这样痛苦地结束了。

1854年，柏辽兹第二次结婚，他娶了蹩脚的西班牙女歌唱演员玛丽娅·瑞茜欧。她强迫柏辽兹为她招揽上演的业务，为她安排角色，因此他还闹了许多笑话，但他却十分爱她。他们的生活并不算幸福，瑞茜欧体弱多病，这使得经济上本来就很拮据的艺术家愈发雪上加霜，负债累累。瑞茜欧于1862年病逝，柏辽兹痛苦不堪。1867年2月，更大的打击向他袭来——长年在海上航行、年仅33岁的儿子路苏因病客死于美洲。

柏辽兹从精神到身体都彻底崩溃了。1869年3月8日，柏辽兹孤苦伶仃地离开了这个世界，生前寂寞，死时孤独。

“思想者”——罗丹

“思想者”坐在地狱之门的顶上，俯临下界，面对各种各样的人在无尽的痛苦中挣扎，他陷入了深沉的思索中去。他紧蹙的双眉高高隆起，左手搭在膝盖上，右手托着下颌，沉稳而有力，他身上的每一条肌肉都因为内心思潮的涌动而颤动不已。

这个“思想者”是《地狱之门》作品中最为出色的《思想者》。而赋予这块坚硬的石头以生命与思想的，便是近代历史上最伟大的雕刻家——罗丹。

罗丹是一个更大的“思想者”。

1840年11月12日，佛朗索瓦·奥古斯特·罗丹出生于法国巴黎一个平民家里。他父亲是警察局一个下级雇员，母亲是一个为人役使的女仆。罗丹幼年在舅舅开办的学校里读书，他的舅舅是一位擅长文艺的教育家。在舅舅的熏陶下，罗丹对文艺的悟性很高，但是他更喜欢的是美术雕刻。由于家境困难，他只好上了培养技工与工艺人才的巴黎实用美术学校，这一年他14岁。毕业之后，他立志要进一步深造。他准备进美术学院学雕塑，但是罗丹三次报考都遭到了拒绝。为了维持生活，罗丹做过各种各样的手艺活。默默无闻的工作，使罗丹建立了对劳动人民的感情，也使早熟的心灵开始了对劳动人民苦难的思索，同时也为他后来的创作打下了坚实的基础。

1863 年，发生了一件大事，几乎改变了罗丹的一生，同时也造就了罗丹。这一年，罗丹才 23 岁，正对生活充满着青春的希望。但是，比他仅大几岁的姐姐突然得病身亡。这件事给敏感的罗丹以沉痛的打击，原来生命竟如此轻易地离开了人间。罗丹一下子心灰意冷。他跑到巴黎郊区的一所修道院里出家做了修士，决定远离人世的纷争，幸亏那里的一位埃马德神父通情达理，而且颇具眼光。他看出罗丹具有艺术家的素质，不忍让他就此断送一生。埃马德神父在修道院中给罗丹安排了一间画室，勉励他不要荒废了艺业。罗丹便在这里呆了下来，他每天除了在画室中呆着，便是研究一些哲学方面的书籍，半年之后，罗丹的心情渐渐平静下来。这时，神父又劝他回到世俗的家中，让他在人生的道路中开创自己的艺术道路。罗丹为感谢神父对自己的关爱，为埃马德神父作了一件胸像。表达了自己最真诚的敬爱。

从此，24 岁的罗丹开始了新的道路。他除了在博物馆听当时著名的动物雕刻家巴里讲课之外，不久又进入一位学院派的装饰雕刻名家加利哀·卑露斯的工作室担任助手。经过几年的磨练，罗丹的风格已开始形成。这期间，罗丹找到一个守门人作模特儿，创作了他的《伤鼻的人》，作品送到“沙龙”参加竞赛展览，但是没有人注意这件作品。

1870 年，罗丹为躲避普法战争而流浪国外，他曾经到比利时去做建筑物上的装饰工作。后来，罗丹又去意大利学习深造。他从意大利回来之后，在比利时逗留时创作了他的名作《青铜时代》。由于这件作品与学院艺术的风格迥然不同，遭到了强烈的攻击与诋毁。“沙龙”评选委员里竟有人诬蔑说，罗丹这件作品不是创作出来的，而是从真人身上翻制下来的。尽管当时给罗丹做模特的士兵挺身出来替罗丹辩护，也无济于事。1878 年，这件作品得到当时著名的雕刻家布歇的赏识，联合当时名流为罗丹向政府请求，这样作品才得以与另一作品《施洗约翰》一同展出，随后又被国家收购，并获得了奖章。

《青铜时代》的遭遇，只是因为它不同于冷冰冰的石膏像的“标准美”。这个裸体的男像尽管仍处于一种半醒的状态，外表也并不细腻，却令人感觉到他身上的肌肉似乎在悸动，呼吸也似乎在起伏。它所揭示的主体思想是：人类文化初始与文明的到来，充满了光明的希望与乐观的精神，同时也是人类在摆脱野蛮的原始状态后的一种沉重的觉醒。因此，这件作品也称为《人的觉醒》。

罗丹的《青铜时代》被政府收购之后，又接受了政府一件雕刻定件，题目由他自选。于是，罗丹受但丁《神曲》的启发，计划雕刻《地狱之门》，这件作品是包括186个各式各样的人物的鸿篇巨作。罗丹用了二十年的时光，最后也没有完成。现在保存下来的青铜制品，是在罗丹死后，一位欣赏他的日本富翁出资铸成的。其中最为出名的就是坐在门中央上部的《思想者》，作者把自己全部的思想都倾注到这件作品中，使它也思考着人类的命运。此外，还有处在门顶上方的《三个影》、《尤谷利诺》也很出名。

1884年，罗丹接受了加莱市的委托，为该市历史上的义民作纪念像。本来，顾主们只要求制作义民中的欧斯达治就可以了。罗丹经过调查研究后了解到，当时原是有六人到英国侵略军中替全城受死，才取得和谈的条件。因此，罗丹决定做六个人物的纪念像，而只要一个雕像的酬金。

关于这些义民的事迹，历史书上确有记载。14世纪，英法百年战争中，英王爱德华三世围攻加莱市，加莱市人民受困严重缺粮。人们饥饿的一个个倒在路旁，加莱市人民推举出代表请求同英王谈判，以求得到英王的宽恕与赦免。经过谈判，英王提出要6个高贵的加莱市民以供胜利者任意宰杀。市长下令集合了全体市民，传达了这个令人震惊的消息。全体市民一下子缄默了，很久，很久，终于有6个愿为全城人民的安全而自我牺牲的义士，其中最年长最有声望的便是欧斯达治，这6个人按英王的要求与全城人告了别。他们光着头、赤着脚，用锁链锁着脖子，把城门的钥匙拿在手里，离开了城，按要求走向敌人的营垒。英王残酷地折磨他们，几乎就要死了。后来由于英国王后出面请求才赦免了他们。罗丹的《加莱义民》纪念像选择了义工们离城时一刹那的情景。

欧斯达治是一个垂臂老人的形象。他迈着沉重迟缓的步伐，那长长的头发及低垂的严肃面容，透露出他平静的视死如归的坚毅精神。第二个是手持城门钥匙的人，他并不惧怕死亡，只是因为要亲手把全城屏障的钥匙交给敌人而感到痛苦与愤慨。第三人双手捧着低垂的头，看来是要尽量压抑住内心的痛苦。其余的三人是两兄弟与一个青年，似乎没有前三个人那样英勇，但是在“义”的驱使下也走进了为全城人而牺牲自己的行列。罗丹把他们分为两列。三个正在举步的义民排在第一列，其余的略向右转，仿佛正要举步赶上去。这六个义民造型各自独立，但又被同一个决心与行动连为一个整体。显示了罗丹高超的技艺，这件群雕纪念碑于1895年完成，并举行了落成典礼。

在《加莱义民》创作过程中，约在1891年，罗丹承接了文人学会的委托，以1万法郎的稿费为巴尔扎克作纪念像。罗丹保证18个月完成任务，得到了预支的稿费。但是，由于在艺术上严肃地探求，这件作品耗费了罗丹6年的时间。罗丹不仅读了有关这位伟大的现实主义作家的各种资料，还亲自到作家的故乡去考察了解。而且先后找了几位与巴尔扎克面貌、体型近似的模特儿，前后做了五、六个不同姿态的全身像与许多头像。罗丹为之做了大量的准备工作。因为，他知道，“巴尔扎克代表着大自然的威力”，代表一种追求真理的精神。最终，罗丹把巴尔扎克塑造成一个披着睡衣、在深夜写作时起身徘徊的形象。他正仰首远望，似乎在思考那浩渺的星空，又似乎正准备以伟岸的身躯迎接黑暗势力的挑战。他硕大的头脑中装着那个想象出来的沸腾的社会，他正沉浸在其中而激动不已。他那雄伟的气质，使人想起巴尔扎克的自勉之辞：拿破仑用剑做不到的，我要用笔来完成。

这样出色的杰作在展出之后，却遭到了可怕的打击，所有自以为是的雕塑家、评论家都聚集在雕像前，加以尖刻的嘲讽：“这是什么呀？这是麻袋里装着的癞蛤蟆。”无情的否定，使罗丹白白耗费了六年的心血，退还了预支的稿费。罗丹平静地把这件作品搬回自己房中，他冷静地说道：“假如真理不该灭绝，那么我向你们预言，我的雕像终将立于不败之地。”罗丹始终对广大的群众充满信心，他不屑与那些追求浮华者争论。后来，文学会又委托另外一个雕塑家法尔居埃重作《巴尔扎克》，罗丹没有丝毫的不满，他依然如以前一样同法尔居埃交好，并郑重地出席了他的《巴尔扎克》的揭幕式。不久，德国曼海姆市博物馆提出收买罗丹的《巴尔扎克》，并把他翻制成青铜像。尽管这对罗丹具有很大的诱惑力，但他仍谢绝了。因为，他希望他的第一个青铜铸品应该留在自己的祖国。

最终，罗丹如愿以偿了。1939年7月，在巴黎塞纳河左岸，拉斯佩尔与蒙特帕丝两街拐角处，罗丹的《巴尔扎克》铜铸像竖立了起来，这是对那些顽固的古典主义学院派与旧势力的莫大讽刺，人民的眼光比他们高明得多。

罗丹说：“世间惟有一种美，即宣示真理的美。当一种真理，一种深邃思想，一种强烈情感闪烁在某种文学的或美术的作品中，这种文体，这种图画，或这种颜色一定是优美的，但这种优美性质，只能是真理的反映。”

罗丹追寻到美的真谛，从而创作了许许多多杰出的作品，有肖像的、历史的、神话的、青铜的、大理石的、石膏的、蜡的、有群像、头像、胸像、全身像等等。几乎他的任何一件作品，都是现实主义与浪漫主义的完美结合之作。如其他的一些作品，《夏娃》、《吻》、《浪子》、《失望》、《兄妹》、《雨果半身像》、《肖伯纳胸像》、《音乐家莫扎特像》、《思》等等，都体现出罗丹对于人类、对于自然的深入探索与追求。正因此，当罗丹在法国遭到顽固的自以为是的学院派群起而攻之时，罗丹的声誉已经传遍了世界。真理是不会灭绝的，到了最后，法国也不得不红着脸承认了罗丹为“近代雕刻家中最伟大的大师”的地位了。

1917 年，这位近代雕刻史上最伟大的艺术家与思想家，与和他相爱 50 年的露丝女士正式举行了婚礼。在战争年代，连炉火都没有，两位老人只能围着被子坐在屋中度“蜜月”，“蜜月”刚结束，露丝女士即去世，其后没过几个月，罗丹也追随夫人而去。这一天，是 1917 年 11 月 17 日。

这位伟大的艺术家逝去了，那位“思想者”依然坐在“地狱之门”的上面，俯视着众生，陷入了沉思。……

“人啊！你往何处去……”

青出于蓝胜于蓝

在 19 世纪群星璀璨的文坛上，有两颗耀眼的巨星彼此交相辉映着，他们就是福楼拜与莫泊桑。

福楼拜以其不朽著作《包法利夫人》蜚声文坛，并以其优美流畅的语言技巧成为法语中的典范，奠定了他承前启后的文坛地位。莫泊桑何其幸运，成为他的学生，亲自接受他言传身教与悉心指导，再加以自己的勤奋和天才，成就“世界短篇小说巨匠”，这是一段难得的文坛佳话。

莫泊桑于 1850 年 8 月 5 日出生于法国诺曼底一个破落的贵族家庭。他的母亲出身名门，且富有文学修养。莫泊桑从小在母亲的熏陶和引导下，热爱上了文学。上中学后，他得到了著名诗人路易布耶的指导，开始了多种文体的习作。后来，莫泊桑参加了普法战争，以后的不少小说就是以此为题材的。从 1872 年起，莫泊桑开始了长达 10 年的小职员生活，小职员的精神面貌和生活境遇也成为他小说的重要主题。1873 年对莫泊桑来说非常重要，因为在这一年里，他受教于著名作家、母亲的好友、德高望重的福楼拜门下，并结识了当时文坛上一批极具才华和见识的文学家，诸如屠格涅夫、龚古尔、左拉、都德等。

福楼拜对弟子的严格要求和反复训练是卓有成效的。在莫泊桑拜师学艺的下半年时间里，他的习作堆得高过了书桌。福楼拜经常给他出各种难题，比如有一次他让莫泊桑去观察一匹马吃力地拉车上坡的情景，然后要求他用 20 种不同的方法来描述这一现象。再比如，他让莫泊桑描绘两个从他眼前匆匆走过的行人，要求他“用画家那样的笔法，三言两语就把他们连同他们的内在精神逼真、传神地再现出来”，达到能和别人明显区分开的效果。

这样，莫泊桑成了一名训练有素的专业作家。他一生创作数量之多、质量之高、速度之快，令人很难望其项背。莫泊桑果真没有辜负老师的期望，他总共写出了 350 多篇中短篇小说、6 部长篇小说和 3 部游记，并以其杰出的短篇小说创作成就，获得了“短篇小说之王”的称号。

他的小说不仅被法国视为精品，而且受到世界各国读者的喜爱。他严格遵从现实主义创作原则，既真实、深刻，又含蓄、客观，既广泛地展示了十九世纪后期法国社会的风貌，具有较高的认识价值，又以新颖的切入角度，独特的结构技巧和洞幽烛微的描写方法，营造了独特的艺术氛围，给人以高雅的艺术享受。

莫泊桑的短篇小说包括三个主要内容：反映普法战争的、描写资产阶级社会风俗的，以及反映社会底层人的精神与追求、痛苦与挣扎的。

《羊脂球》是莫泊桑的代表作，也是他发表的第一篇作品。它写的是普法战争时敌军占领区的里昂城里妓女羊脂球同另外九个人同乘一辆马车出逃的故事。除羊脂球外，其他人都是些所谓的上等人，他们有暴发户、资本家、贵族地主及各自的妻子，还有两名天主教修女，一名号称“革命党”的假爱国者。一辆马车浓缩了整个社会。

他们出逃的动机各个不同。羊脂球是因为不愿受普鲁士士兵的侮辱，其余九人或是为了转移财产，避免被敌人勒索，或是想乘机发一大笔国难财。起初，三位有产者及其太太们对羊脂球鄙夷不屑，悄声谩骂，生怕这个“卖淫妇”的社会耻辱玷污了他们的高贵形象。后来，在马车颠簸了一天之后，这些饥肠辘辘的上等人由于仓皇出逃而忘记准备食物，他们开始垂涎于羊脂球那满篮子的美味，恬不知耻地使用美妙的词汇夸赞起她来，并与她显示出亲昵的态度，羊脂球慷慨地献出自己的食品，这些人就毫不客气地一扫而光。

马车在普鲁士军队的关卡受阻，剧情也发展到了关键部分，普鲁士军官无耻地要求羊脂球出卖肉体，却遭到了她断然的拒绝，全车人因此而都被困住了。这些人出于个人利益而施展种种伎俩：暴发户主张把羊脂球捆起来交给敌人，伯爵以他那外交家的风度建议使用巧妙手腕令羊脂球就范。最后，还是两位“圣洁”的修女撒了个谎，说前方有染病的将士需要护理，这使羊脂球动了恻隐之心，并且老修女还引用了《圣经》中的故事，说明只要动机良好，用意正当，任何行为都会得到上帝的宽恕。善良的羊脂球落入这个圈套，为全车人的利益同意了普鲁士军官的无耻要求。

当马车再次上路时，车内的气氛再次发生转折。虽然羊脂球是为了这伙人做出牺牲的，但他们全部对她嗤之以鼻，讥诮冷落。他们自顾自地大嚼着准备丰足的食品，却让那曾经慷慨给予过他们的羊脂球在一旁忍饥挨饿，哭泣呜咽。

这篇小说中，强烈的对比表明了作者爱憎分明的态度。上等人在敌人面前卑躬屈膝，自私自利，出卖同胞，而一个被他们看不起的“下贱”妓女却表现出无私无畏的气节，还保持着一颗爱国之心和做人的尊严。所有富于正义感的人都会对她致以敬意，羊脂球成为深入人心的著名文学人物形象。

此外，《菲菲小姐》和《米隆老爹》都是表现下层人民的爱国热情的作品。

19 世纪法国金钱至上的风气，使无数在边缘挣扎的小资产阶级表现出一幕幕丑剧，莫泊桑把他们一一拍摄下来。像为人们所熟知的《项链》，小职员的妻子玛蒂尔德为了短暂的虚荣心的满足，耗费了十年的青春与汗水，到头来竟成一场恶作剧，极其可悲。《我的叔叔于勒》通过孩子的眼来观察父母是如何秉持着金钱的尺度，来确定于勒与他们的亲疏关系。世态炎凉，令人心感到莫大的凄寒。《伞》中的老妻理财甚严，丈夫用了多年的旧伞已破败不堪，她还不舍得丢弃。好不容易换了一把廉价的新伞，就在第一次使用时被丈夫的同事用烟头烫了个洞。老妻心如刀割，她竟拿着伞到保险公司索赔，理由是遭遇意外火灾。这种心胸狭隘、锱铢必较的生活作风是所有卑微的小职员家庭的共同特征。

莫泊桑除短篇小说的成就之外，还创作了6部长篇小说：《一生》、《漂亮朋友》、《温泉》、《皮埃儿和若望》、《像死一般强》、《我们的心》。

《一生》是莫泊桑的杰作，描绘了贵族少女蒂娜幻想破灭的凄惨一生，谴责了资本主义社会中人与人之间的虚伪、欺骗及道德堕落。小说流露出莫泊桑对诗意的田园生活，对溃灭的庄园贵族文化道德的依恋和惋惜的情绪。

《漂亮朋友》又译作《俊友》，是莫泊桑的代表作。它所反映的社会面最为广阔，通过对杜洛阿发迹的过程的描绘，对社会做出最深刻的暴露和最有力的批判。

然而，莫泊桑这位杰出的艺术家从20多岁起就为疾病所困，在同顽疾的斗争中坚持写作。1893年，年仅43岁的他病逝于神经病院。

继往开来的文学家——福楼拜

在世界文学史上，19世纪的文坛可谓辉煌灿烂，蔚然壮观，享誉四海的作家、作品灿若星辰，不可尽数。然而，无论以怎样的尺度来严格地衡量，法国大师福楼拜和他的代表作《包法利夫人》总不会被人们遗忘和冷落。

福楼拜是一位继往开来的大师。他的《包法利夫人》对于传统文学既是一种很好的继承，又是一种大胆的突破和革新，对后世文学影响重大而深远。

这部作品给予社会无情的揭露，从而引起轩然大波，直至诉诸法庭。当局要求法庭对“主犯福楼拜，必须从严惩办！”结果靠着律师塞纳的声望和辩护，福楼拜才免于处分。然而，马克思的女儿爱琳娜在她的《包法利夫人》英译本导言中却说这部“完善无缺的小说”出版后，“在文坛上产生了类似革命的效果。”

那么，福楼拜的《包法利夫人》到底是怎样的一部小说呢？

一个普通的农家少女，在13岁时就被送到修道院，接受上流社会所认同的贵族式生活教育，终日憧憬着玫瑰色的浪漫爱情，然而命运却把她推给一位平庸的乡镇医生。她憎恨不幸的婚配，厌恶平庸无奇的生活，逐步走上了移情别恋的道路。她原本把自己对爱情、对生活的美妙理想寄托在情人身上，但她所遇到的全是虚伪卑鄙的小人，没有期待中的幸福，只有一次次被无情地抛弃，并逐渐沦为投机商人争相啃啮的猎物。她的结局是，希望破灭，服毒自尽。

她就是爱玛，包法利夫人。

毫无疑问，爱玛是个堕落的女人。她的纵欲放荡，挥霍淫逸都为人所不齿。然而，读了她的悲惨的故事后，善良公正的读者似乎不忍过多地责备她。相反，人们更多是要为她而哀叹惋惜，洒一掬同情之泪。爱玛原本是天真纯洁的农家少女，并不是天生的罪恶之花，她的沦落要归罪于她生存的那个令人窒息的空间。

爱玛在修道院生活在肃穆的雕绘、典雅的圣乐、超妙的氛围之中，她驰骋着无尽的幻想，加上那些浪漫文学的熏陶，爱玛的心中播下了不切实际、追求享乐和虚荣的种子。爱玛期待的爱情更是带有病态色彩。她期待着一个十全十美的人中俊杰："既壮实又漂亮，生性勇敢，又细腻多情，有诗人的情怀，又有天使的外貌……"不能说这没有合理性，爱玛的追求是积极向上的，对美和崇高的人性的向往应该得到肯定。但这样的爱情观在世俗的现实面前显得多么虚幻缥渺和荒唐可笑啊。

她的丈夫夏尔之所以娶到爱玛，是因为在乡下人眼里，一个医生就是出众的。爱玛以为他就是那个能给自己带来美妙难言的爱情的意中人，但事实上的夏尔平庸、呆板、愚笨迂腐、麻木不仁。这使爱玛深深地失望，在痛苦中煎熬着。正当此时，鲁道尔夫出现了，这个风月老手对待爱玛的态度完全是色情的，而爱玛，单纯地以为自己回到了年少时期的梦想中，轻而易举地被鲁道尔夫掌握在手中，卑鄙的鲁道尔夫从一开始就盘算着如何抛弃爱玛。在被他厌弃了之后，爱玛陷入了伦理道德和被抛弃的痛苦之中，大病了一场。

爱玛又与莱昂有过一段无聊的偷情生活，她的婚后生活一直是痛苦和扭曲的。她在疲惫中对爱情绝望了。此时，落井下石的人出现了，一个精明阴险的投机商设下圈套鲸吞掉包法利家的全部产业，在他的威逼之下，爱玛绝望地服毒自杀了。

爱玛的一生就是这样，她是一个堕落的女人，然而她比周围的"正人君子"们更富于追求美好、向往崇高的品性。《包法利夫人》无疑是一部现实主义的文学作品，它取材于现实，反映着社会，透视着生活，思考着人生。

福楼拜在给朋友的一封信中曾这样意味深长地说："就在此刻，我可怜的包法利夫人，正同时在法兰西二十个村落里受苦、哭泣。"

在《包法利夫人》这部成功的艺术作品中，福楼拜展现了其精湛的文学造诣，他对人物内心世界的细腻刻画，对语言的精雕细刻，字斟句酌，给后世文学起到了典范的作用。人们视他为"法国散文中的贝多芬"，左拉也曾在这部作品出版之后，激动地宣称"新的艺术法典写出来了"。

《梅杜萨之筏》与勇敢者

1816 年，法国巡洋舰"梅杜萨"号在非洲西部海岸附近沉没，造成这一事故的那个自以为是的外行船长，扔下了撞毁的"梅杜萨"号以及 140 多个船员不管，自己首先逃生。遇难的人们靠一个临时拼起来的木筏，在海上飘流了 13 天，最后只有十多人生还。

造成如此惨痛的悲剧，按说那个船长应承担全部责任。但是，在当时法国黑暗的社会中，统治阶级官官相护，哪里管人民死活。为了保全船长，法国政府竟然严禁声张，封锁消息。在这个有冤难诉的社会中，人民的生活真是暗无天日了。

然而，有一位年轻的勇敢者，他以自己伟大的作品，立即向世界揭露了这件事，表达了对法国政府罪恶统治的强烈痛恨之情。作品一经展出，震惊了法国，轰动了世界。

这位勇敢者便是浪漫主义青年画家——籍里柯。

籍里柯生于法国诺曼底省的鲁安城的一个中等资产阶级之家。这一年是 1791 年。不久之后，籍里柯一家迁到了巴黎。1808 年，籍里柯开始学画，先从师于维尔奈，后来又进入了热浪的画室，与德拉克洛瓦成为同学。籍里柯很早就表现出独创的天才。但是，当时古典主义保守派的老师总看不上他，对他说："你学画是没有前途的，改行干点别的吧！"但是，勤奋好学的籍里柯，自己反复描摹前辈大师们的作品，依然走自己的道路。他的浪漫主义风格也逐渐形成，例如他于 1812 年创作的《轻骑兵的军官》充满了热烈的色调与激扬的情感。在他 23 岁时所作的《离开战场的负伤骑兵军官》中，籍里柯以更富有悲剧性的激情，突出了战场上激烈悲壮的战争气氛，德拉克洛瓦十分崇敬他。

1816 年，籍里柯到意大利旅行，学习了米开朗基罗的作品。当他回来后听说了“梅杜萨”的惨剧，年轻的籍里柯禁不住怒火中烧，他大骂统治阶级的卑劣行径，决定要用自己的画笔向世人展示这场悲剧。

为了力求忠实地把这件骇人听闻的惨案揭露给世人，他走访了生还的人们，并请当事人帮他照样做了一个木筏的模型。而且，他还到医院去观察濒于死亡的及已死去多日的人。在经过充分的准备之后，籍里柯怀着高度的激情，开始了他伟大的作品《梅杜萨之筏》的创作。他还没有完全画完时，便请他的好友德拉克洛瓦去看一看。当德拉克洛瓦一走进画室，就被画中所表现出来的激情所振奋，他竟激动得像疯子似的跑起来，一直跑到他自己的房中才停了下来。

籍里柯把强烈的浪漫主义激情融入到这幅杰作之中，从而使其成为浪漫主义的代表作之一。画面中是一个倾斜的随波起伏的木筏，木筏之上，人群向前涌起，成为一个前进的三角。同时，倾斜的桅杆在海浪与狂风中向后倒去，也形成一个三角形，这一前一后两股力量激烈的碰撞，造成极度的紧张氛围，筏上的人们有的已经死去多时，有的还在做最后的挣扎，所有的人都表现出对生命的极度渴望，众多的人物以鲜明的黑白交错而构成有力的节奏，增强了起伏动荡的效果。各个人物的动作鲜明奔放，极具个性的感情色彩，给人留下强烈的印象。而且，更为引人注意的是，籍里柯让一个在当时被看作“低贱”的黑人站在这一群勇敢者的最前面，充当了这场悲剧的第一号英雄。他登高远眺，举着破烂的红衬衣向远方的船影呼救。这个举着红色旗帜的形象不但是对罪恶的统治阶级的挑战，而且也显示了籍里柯高度的民主精神。

《梅杜萨之筏》以现实主义为基础，加以浪漫的想象，显示了自由奔放的激情，蕴涵着积极向上的人生理想，从而产生了震撼人心的艺术力量。1819 年，这幅画一经展出，轰动了整个巴黎。它像一颗炸弹投入一潭死水中一样，激起了冲天的巨浪，由于它揭露了统治阶级的黑暗统治，而且又是以浪漫主义对古典主义的宣战，遭到了学院派无情的攻击。1820 年，籍里柯又把这幅作品在英国伦敦展出，获得了极大的成功。这位伟大的勇敢者最终向世人传达了这幕真实的惨剧，同时又把浪漫主义的反叛精神吹送到各地的青年心中。

但是，这位具有天才的艺术家竟然还没能走到他艺术的高峰便不幸逝世了。1824 年 1 月，籍里柯因坠马而身亡，终年只有 33 岁。

一位勇敢者逝去了，但却掀起了浪漫主义对古典主义的伟大斗争。在这场战斗中，接过籍里柯手中画笔的，便是籍里柯的好友——德拉克洛瓦。最终，他继承并发展了籍里柯的浪漫主义精神，成为了浪漫主义运动中最伟大的画家。

《泉》与安格尔

“永恒的美和以自然为基础的艺术才算艺术，而希腊人的艺术都是那样精美无瑕，使人感到‘希腊的’这个形容词简直变成了‘美的’同义语了，世上惟有他们是绝对的真实，绝对的美”，安格尔如是说。

为了追求这种“希腊的”永恒的美与自然为基础的艺术，安格尔终其一生，寻找到了美的钥匙，这就是他于70多岁时画出的《泉》。

《泉》是安格尔的代表作。在深色的背景下，一个裸体的少女正扛着一个水罐在洗澡。她柔嫩的脚下是质感很坚硬的青灰色岩石，周围零星地点缀着几朵娇小的野花，从而烘托出一种安静、纯洁的氛围。少女的身体以米洛的维纳斯的姿态反立，同样以柔美的曲线变化展现在眼前，少女用两手扶持着左肩上的水罐，那清澈的流水正流过那玉雕一般的躯体。没有表情的脸上，现出一种纯洁、无邪的神态，尤其是那双美丽的大眼睛，更充满了童稚，如泉水般宁静、清亮。从整幅画面来看，那洁白无瑕的裸体与深色的背景形成强烈的对比，使少女纯净的形象更为突出，好像她一下子就能走到我们世俗的中间，作品取名为《泉》，即纯洁、宁静之意，也是万物之源的意思。这两层意义包涵其中，使这位裸体少女更体现出古代希腊雕刻的风范。应该说，《泉》的确是艺术中的珍品。

但是，安格尔终其一生，只得到了这一件神灵工作，他的其他作品大多体现了女性一种富贵、慵懒的媚态，这方面的代表，主要在《土耳其浴室》中得到充分的展现。

《土耳其浴室》也是安格尔晚年的作品，安格尔说：“美的形体——在这里一切都是富有弹性的和饱满的。”由于柔和的圆线，在人的视觉与心理的感觉上不受任何阻力，故能引起舒适的快感，安格尔在女性的饱满柔软的肉体上，找到了他的这种“美的理想”。《土耳其浴室》的轮廓就采用了一个完满的圆形。展现在其中的，是一间土耳其浴室，在这间看起来非常宽阔的浴室中，安格尔以裸体的女性几乎将画面填满，留下的上下两个空间，也是完美的半月圆形，其中的裸女，身体丰满，给人一种强烈的肥腻的“肉感”，她们姿态各异，有坐着的，有躺着的，有站着的，有的弹奏着音乐，有的在凝神细听，有的做着各种各样的姿态，她们全都神情冷漠、平静，但那种慵懒的媚态依然透过那丰满的肉体展现出来。可以说，安格尔的这幅《土耳其浴室》展现了一种低级的肉体美，也可以说它展现了当时社会中那种停滞不前的懒惰的风气。

但是，要是说安格尔是关心现实、追求社会进步的，那便是高抬了他了。

安格尔出生于1780年。他从师于当时著名的艺术家大卫。他成名之后，一直是法国古典主义学院派的首领，多年担任美术学院的领导工作。但是，安格尔对现实的革命斗争却是一点兴趣也没有的。他斥责籍里柯的作品应该从博物馆中扔出去，他对德拉克洛瓦更是厌恶至极，把这位浪漫派的大师当作一个“怪胎推销员”而不屑与之为伍。这种顽固的保守态度正是典型的古典主义学院派的作风。安格尔追求的是一种唯美的古典主义。他于是高喊“要创新，要跟上我们时代的步伐，一切都在变，事物已在起变化”这一正确言论是“荒唐的格言”，是“诡辩”。因此，安格尔的“艺术与美”已成了脱离时代，徒然追求形式的空洞的美。这位学院派大师已把美带进了死胡同。

但是，安格尔以其87岁的高龄对艺术孜孜以求的精神是可贵的，他一直顽强地坚守自己的立场，直到他1867年去世。此外，安格尔作为一个古典主义的伟大巨匠，在其长寿的一生创作的大量作品中，也不乏优秀之作，尤其是他的素描与肖像作品。他在这方面，无愧于一个大师的称号，但他创作的其他作品，如《荷马的礼赞》、《路易十三的誓言》、《拿破仑的凯旋》及《圣女贞德》等，艺术成就都不太高。

安格尔是一位杰出的艺术家，但不是一个杰出的“人”。

得到人类最大的赞扬和感谢

让我们读这样一段话，他是不是出自品德高尚的人之口：

“一个只寻觅那些强暴的征服，一个只是想方设法地维护人道。后者把人类的生命放在一切的胜利之上。前者却为个人的欲望而牺牲千千万万的生命。以我们为工具的定律竟要在屠杀场中医治那战争定律的流血伤口。我们用消毒的方法做成的那些绷带能够救活成千上万的伤兵。究竟哪一个定律能够克服另一个定律呢？这只有上帝知道。但是，我们所能保证的是：法国的科学一定要顺着人道的定律，努力去扩大生命的界限。”

说这段话的人就是——巴斯德，一个令人尊敬的人。

巴斯德是法国杰出的化学家和生物学家，也是微生物学的伟大创立者。

谈到巴斯德，我们先讲一个故事，这是巴斯德最辉煌的工作——征服狂犬病。

狂犬病又称“恐水症”。人要是被带有狂犬病病毒的动物抓伤，病毒就会进入人体，死亡率几乎高达百分之百。

即使是现在科学昌明的时代，因狂犬病发而死的人比以前大大减少，但也还有不小心或不能避免而遭到“狂犬”咬伤的人病发而死的。狂犬病不仅仅在狗身上可以携带，在一些其他家禽家畜或兔子等类动物身上也可以发作并传染。

在 19 世纪下半叶中期，1880 年前后，法国一些地区开始出现传染病，人们调查发现是狂犬病流行。

巴斯德焦急地研究着。

他一直认为，狂犬病是由于细菌所致，于是，他取来疯狗的血液在显微镜下观察，结果发现，什么异常都没有，和健康的狗一样。其实现在我们知道，狂犬病是病毒所致，病毒比病菌要小得多，一般的显微镜根本就观察不到。

然而这一切巴斯德在当时是不知道的，所以他不能培养细菌。那怎样取得疫苗呢？

巴斯德想了很多办法。

他把疯狗的脑髓干燥起来，使病毒变得活动迟钝，毒性减弱，然后他将这些弱性的病毒注射到动物体内，观察反应。结果在动物体内产生了抗体。这种方法就是免疫。

也就是说，把活动性很微弱的疫苗注入生物体内，激发生物体产生抗病毒作用，从而挽救生命。

但是狂犬病不是病菌，无法培养疫苗，而干燥疯大脑髓的办法很不可靠。巴斯德经过研究，发明了活体培养法。

他把狂犬病的毒液注射入兔子的脑膜，当一只兔子死了以后，再提取出来脊髓，接种到另一只兔子的脑膜。这样经过很多次，狂犬病毒毒性变得很微弱。

因为被咬伤的狂犬病患者一般不是当时发作，而是有潜伏期。通常是一或两个月，所以这时候打入狂犬疫苗，就可能挽救一个人的生命。

利用活体培养法，疫苗终于研制成功了，但是还没有真正用在人身上。

谁来做这个既危险又幸运的人呢？

1885 年 7 月 6 日，一位母亲抱着一个小男孩到处求医。她每到一家诊所，医生们就摇头叹息。

这位母亲急得伤心落泪："我的孩子刚刚 9 岁，他还小呀，上帝啊，救救他吧"，边说边呜呜地哭着，十分可怜。

再看这个男孩，他的身上有好几处伤痕。小男孩由于惊吓和伤痕，伏在妈妈的怀里浑然不觉。原来，不知那里来的野狗，把可怜孩子扑倒在地，男孩越挣扎，狗越咬得厉害，等到母亲赶来，惨剧已经酿成。

一个医生见到这个惨景，轻声安慰说："还有点办法，但实在没有太大希望，你去请巴斯德先生看一看吧。"

痛不欲生的母亲一听，怀着一线希望来到了巴斯德诊所，她说："教授，请您想一想所有可能的办法吧，求求您了！"巴斯德是一位仁慈善良的医生，他既不愿见死不救，又不能治病反而害了人。他说："请您听好，情况是这样的，我这个实验从来没在人身上试过。"

男孩的母亲一听，顿生希望："教授，请您立即实验吧，我知道事情的危险，我可以做好最坏的准备。"

就这样，巴斯德用试制出来的毒性十分微弱的疫苗为小男孩注射了人类史上第一支满含希望的预防针。这是第一次在人的身上运用啊！

这样还不够，巴斯德逐渐加大毒性。我们前面已经说过，免疫的原理就是这样，其实是注射进人体经过处理的病毒，这种病菌或病毒进入人体后，激发起人的抵抗能力，这样遇上真正的病菌或病毒，也就可以抵抗了。

1885 年 7 月 16 日，巴斯德注射了最后一支疫苗。这支疫苗的毒性很大，可以使一只兔子立时毙命。

大家满怀希望而又忐忑不安地等待着。

潜伏期过了！

更长的时间过了！

小男孩得救了，人类第一次人体预防狂犬病成功了。

消息轰动欧洲，遍及全世界。患者不远万里来求救，本来已经举世闻名的巴黎又多了一道风景。

巴斯德于 1822 年 12 月 27 日出生于法国的汝拉省多次。

巴斯德的父亲是拿破仑手下的一名士兵，曾经得到战地授勋的殊荣。然而巴斯德出生时，家庭已经很贫困了，全家靠制鞋为生。小时候的巴斯德表现出过人的绘画天赋，然而后来他又被科学吸引了，于是放弃了要当艺术家的理想，开始投身于科学的求知之路。

21 岁那年，巴斯德才进入巴黎高等师范学校。他原来在中学时成绩并不好，到了大学，对化学产生了兴趣，最后取得了优异的学绩。

巴斯德取得的第一个成就是关于酒石酸的旋光性。

巴斯德发现了两类酒石酸盐的晶体，一类溶解后具有左旋光性，而另一类溶解后则具有右旋光性，当两者相混合之后，旋光性都消失了。这项研究对立体有机化学发展作用很大。

为此，英国皇家学会授予他伦福德奖章。

1849 年，巴斯德任职斯特拉斯堡大学，为化学教授。1854 年，里尔大学聘巴斯德为化学教授兼理学院院长。1857 年，巴斯德任巴黎高等师范学校的教务主任。

对酒石酸的研究，促使巴斯德研究另一个问题：酒变酸问题。当时法国酿酒一直使用酵母，酒常会发酸变质。一些酒商向巴斯德请教，他们试图得到一种化学物防止酒变酸。

结果巴斯德发现了圆形酵母菌和杆状微生物，前者使酒正常发酵而后者使酒变酸。

有机化学之父李比希与巴斯德发生了争论，因为李比希认为发酵是化学反应，不是生物造成的。

巴斯德继续研究这个问题，结果发明了简单易用的加热密封法。直到现在，人们加热食物的原理还是由此而来，因为加热可以杀死那种杆菌。

问题刚解决，困难随后来到。

细菌从哪里来呢？不是神创的，就一定是自己生出来的，比如说“腐草为萤”等等。巴斯德通过实验证明了生命不能无中生有，驳斥了

“自然发生说”，提出了生命来自生命的“生生说”。

巴斯德的成就是巨大的。

他又面临一项任务：法国南部的蚕病。

在1865年到1870年间，应老师杜马的邀请，巴斯德带上显微镜观察病蚕，结果发现有两种微生物。一种可以使蚕得胡椒病，一种可以使蚕得内部肠道病，而病蚕卵生出的蚕没有好蚕。

如此一来，就要销毁所有的病蚕和病卵，这就是对付病虫瘟疫的办法。现在欧洲的口蹄疫与疯牛病也是如此，当然，这是因为没有更好的办法。

巴斯德就是这样为了一件又一件的多数人利益的事情而工作，同时赢得了崇高的声誉。

更为重大的成就还在后面。

巴斯德提出微生物理论后，那些明智而进步的医生们都开始采用消毒法。这样，多少年来的陋习——不知消毒被打破了。新的方法在李斯特的推广下愈来愈被多数医生使用，遍及全欧洲和整个世界。

而巴斯德却又提出了免疫说。我们曾经提到种牛痘的詹纳，他只知道这种方法但却不知道原理。

巴斯德对微生物进行了20年的研究。1877年起，他开始研究高等动物和人。

当时，法国流行牛、羊疾病。病羊一发病，就浑身颤抖，喘气不止，接着就开始瘫痪并且出血，尸体会很快胀大。

巴斯德发现，病羊的血液与脾都变成黑色，而且内脏不再有弹性，变得松软粘稠，这种病叫炭疽病。当时已经提出是某种细菌所致，但争论纷纷。巴斯德经过上百次实验，得出了定论，澄清了各种观点。

然而怎样防止呢?

这要看巴斯德在研究鸡的霍乱中所得的结果。

鸡的霍乱死亡率高达90%，而且会接触传染，如果死鸡的粪便污染了食物，其他鸡就会被传染。

巴斯德用鸡的软骨做成了培养基，结果培养出来了这种病菌，他发现如果长时间搁置病菌，病菌会减少减弱。如果把毒性变得十分微弱的细菌注射给健康鸡，那么它就不怕传染了。

由这个结论出发，在细菌的层次上发现了免疫学的基本原理，这就是伟大的巴斯德，是他为人类带来征服很多种疾病的办法，使人的平均寿命延长30年。

巴斯德首先研制了炭疽病的预防疫苗。

当时人们的观念十分落后，别说免疫了，就是巴斯德先前的病菌说在法国也还未得到认可，法国保守的医生仍然不消毒，一直随着细菌说深入人心后才在卫生所普及。

巴斯德制出疫苗防疫，许多人因不懂而反对。但是实践是检验真理的惟一标准，巴斯德决定公开试验，说服保守的人。

1881年5月5日，默伦农业学会提供了60只羊供试验之用，另外还有母牛。试验的公开地点是普耶堡农场。

人们从附近赶来，各种专家学者和医生也汇集于此。有一大批保守的庸医，要等着出难题，还有的要拆穿巴斯德“骗人”的把戏。

动物分成两组，一组被当场接种。过了一段时日之后，真正的较量开始了。5月31日，试验公证人拿出了有毒的炭疽病菌液，开始向接过种与没有接过种的动物身上注射。

巴斯德毕竟有些担心，因为各种情况都有万一呀。助手将有毒液体推入未接过种的动物体内，这时有人说：“不应该一支全部推入，而应一半一半，打一半进入没接种的动物体中，剩下一半打入接种动物体中，然后每一支都这样做，以防你们作弊。”

巴斯德的助手照这个人的说法去做了。又有人提出加大剂量，巴斯德犹豫了一下，这要求不十分合理，加大剂量可不是有十足把握，因为浓度过高，非平常的病可以达到。

他一犹豫，有人说：“瞧不敢了吧，肯定有鬼。”这样一来，巴斯德教授反而坚定了信心，做过多次实验了，再者说即使失败了也没什么可怕的。

就这样，在各种提议都被满足的情况下，试验完毕。结果，未接种的动物全部死亡。而接过种的动物们均安然无恙！那几只加大剂量注射过的牛羊一开始确实出现了轻微的不良症状，但最终都平安过关！

全球轰动，世界沸腾。

为了免疫法的伟大发明，巴斯德和助手们荣获了勋章。教授当选为法兰西科学院院士，获最高终身荣誉。

在这基础上，巴斯德教授开始研究狂犬病疫苗，于是文中开篇的事情就发生了。

9岁的小男孩名叫迈尔斯特。看到这个经过14次注射而痊愈的孩子，伟大和蔼的老人哭了。

小孩扑到巴斯德的怀里，望着这位为自己精心打针，照顾自己而且日夜操心劳累的恩人说："巴斯德爷爷，您怎么哭了？"

年已六旬的巴斯德回答道："孩子，你的病治好了！"

巴斯德开创了科学免疫学。

1888 年，巴斯德研究所成立了。而早在 1868 年时，巴斯德突然中风，身体状况日益下降，他已经不能亲自参加典礼了。我们看到文中开篇所引的讲话，是由巴斯德所述，由他的儿子代表而宣读的。

为了"想方设法地维护人道"，巴斯德不索取任何有碍于这项标准的回报。他发明的巴斯德消毒法免费推广，至今世界通行，他没有得到金山，只在人们心中种下了崇敬。

小男孩迈尔斯特后来做了巴斯德研究所的门卫。

1895 年 9 月 28 日，巴斯德与世长辞。

迈尔斯特做了巴斯德墓的守护人。

1935 年止，约有 51057 人在巴斯德研究所进行狂犬病疫苗接种，其中总共只有 151 人因此病而死。

1940 年，小迈尔斯特已经成了老迈尔斯特。

纳粹攻占巴黎，法西斯要无理地开启墓穴。

老迈尔斯特宁死不屈，自杀身亡。

著名物理学家西铎尔说："在科学史上，我们首次有理由抱有确定的希望，就流行性疾病来说，医学不久将从庸医的医术中解放出来，而置于真正科学的基础上。当这一天到来时，我认为，人类将会知道，正是您才应得到人类最大的赞扬和感谢。"

我想我们需要做的是，记住巴斯德说过这样的话：

"科学一定要顺着人道的定律，努力去扩大生命的界限。"

前进者的脚步

1855 年，巴黎举办了声势浩大的万国博览会。在美术展览上，浪漫主义大师德拉克洛瓦与古典主义首领安格尔的作品成为最引人瞩目的"压轴之作"。有一个大胡子的画家也送去两张大型油画《画室》与

《奥尔南的葬礼》，但遭到官方主办者的极力贬斥而被赶了出来。大胡子画家非常气愤。于是，他自己动手在沙龙展览厅旁边搭了一个小木棚，挂出了“现实主义者库尔贝的个人展览会”的牌子，以示与官方的展览会相抵抗。在这里，库尔贝展出了他自己的40幅作品，其中，他的《画室》挂在了这个展厅的中央。

《画室》是库尔贝的代表之一，原名叫做《在我的画室里，一个集中了我七年艺术家生活的真实的寓言》，后人嫌这个题目太长，遂改称《画室》。但是，原来的题目固然太长，却能帮助人们了解画家的创作意图：这是画家对自己生活与艺术观的一个总结。一改为《画室》，含义反而模糊不清了。

画面中，画家自己堂堂正正地坐在正中间，以突出艺术家独立的人格与思想。左边的人群，代表他在家乡生活中常触及到的人物。有农民、工人、猎人、牧师、犹太商人等。这一群体是画家要在艺术中反映的对象。右边的一群人，属于画家在巴黎艺术生活圈子里经常来往的人。其中有诗人波德莱尔、哲学家普鲁东、小说家商弗勒里、收藏家勃鲁耶等。满画室的人里，却只有两个人在看画家作画。一个是小孩，他代表“无邪的眼睛”，一个是女裸体模特儿，她正逐渐把遮在身上的披布取下，她代表画家的艺术原则，即赤裸裸的“真实”。这幅充满了民主、自由气息的作品被官方的万国博览会拒绝了。但是却把浪漫主义大师德拉克洛瓦给深深地感动了。他在日记中写道：“我深深地被这种作品吸引住了。我认为他们拒绝这样的作品是拒绝了当代最卓越的绘画作品。”

是的，这当然是当时最卓越的作品。从这次展览之后，库尔贝随同他杰出的作品闻名于世。他此后到过德国、瑞士、比利时、荷兰等国家，都受到了热情的欢迎——库尔贝已经成了国际公认的大画家了。这时，法国政府很没面子，为了表示他们懂得欣赏美的艺术，拿破仑三世于1870年授予库尔贝与其他著名艺术家勋章，但是却招来更大的丢脸——库尔贝与杜米埃一口回绝了这种荣誉，这使得拿破仑三世对他恨之入骨。

1871年，巴黎发生了史无前例的无产阶级大革命，并建立了第一个无产阶级政权——巴黎公社。库尔贝成为革命政府的一员，并担任了美术委员会主席的职务，在他的职权内，他为保护卢浮宫及收集文物作出了贡献。此外，在库尔贝的支持下，拆毁了拿破仑纪功柱。他还提出了一些关于艺术自由方面的原则。但是，公社很快失败了，库尔贝被捕入狱，他没低头。这一期间，库尔贝画的黑色背景下的鲜红果子，暗示了对黑暗势力的反抗。评论家说道："画中有从容不迫的感觉，明显地证明了画家道义上的镇静和坚韧不拔的生命力。"

反动法庭无理地指控库尔贝在"公社"期间"破坏文物"，对之处以巨额罚金，并没收了他所有的财物与作品。

1872年，库尔贝出狱，为了避免政治迫害，于1874年逃亡到瑞士。

1877年12月31日，库尔贝因病而逝于威维。这位忠实于现实，忠实于自己的硬汉逝去了，他以顽强的精神为扫除古典神话的陈辞滥调，表现现代的生活而奋斗了一生。

居斯塔夫·库尔贝于1819年6月10日在法国北部比昂松附近的奥尔南出生。他父亲是一个葡萄园种植主，家境富裕。他的祖父是雅各宾党人，曾参加过1789年法国大革命，库尔贝幼年时经常听祖父讲大革命时代的故事。这种革命的激情，感染着小库尔贝，使他从小便向往着革命。

库尔贝原来学习法律，但因为偏爱绘画，1839年在巴黎先后拜两位画家学画，并常到博物馆中去临摹古代大师们的佳作。库尔贝非常喜欢17世纪荷兰画家的作品。而且，库尔贝又与无政府主义者普鲁东交往甚密，从而养成了独立自由的个性。后来，库尔贝又参加了无产阶级的革命活动。严肃的现实主义精神，使得他的艺术表现出了革命的激情。

库尔贝最初是以肖像画成名的。1844年，库尔贝创作了自画像《带黑狗的男子》初次被选入沙龙，从而成为了他的成名作。随后，库尔贝又创作了自画像《受伤的男子》与《束皮带的男子》等肖像画，显示了画家真实而粗豪的表现手法。

1848年的二月革命对库尔贝影响很大。不久，他参加了无产阶级的六月起义。在白色恐怖的年代里，库尔贝回到了故乡，积极从事绘画创作，产生了许多著名作品。如《奥尔南的午后》、《奥尔南的葬礼》、《奥尔南的葡萄收获》、《石工》、《赶集回来》、《睡着的纺织女》、《筛谷的女人》、《雪景》、《画室》等。

《奥尔南的葬礼》是一幅大型油画，画家如实地描绘了自己家乡在埋葬死者时的仪式。画面上的众多人物各有不同的表情，其中如市长、检察官、神父等人不过是例行公事地来表演一番仪式而已，面部冷漠无情，只有死者的眷属才显出了哀悼的样子。这幅画以令人惊异的笔触，使风景的色彩带上绝妙的透明感，再加以红、白、青各色调，使整个画面形象丰富起来。画家用严肃而朴实的笔法强调了画面的塑造性，从而打动了每一个观众的心。

《石工》是库尔贝在路旁所见到的真实情景。库尔贝在给朋友弗朗西斯·维埃的信上写道："弯着腰，身体被烈日烧灼，头戴麦秆草帽的七十岁的老人，他那粗布的裤子上打着补丁，脚上穿着古老的木鞋，破袜子露出脚。在老人旁边是个满头尘土、皮肤被太阳灼成褐色的少年……"库尔贝正是有感于这样悲惨的生活，才把他们请到自己的画室中来完成这幅巨作的。

《石工》画面长达 3 米，画上的人物与真人同样大，从而更具有"挑衅"与"示威"的性质。画面上有两个人，左面是一个孩子，个子虽然不矮，但仍未发育成年，更显出其柔弱不堪。但是，这么一个孩子却在尽力搬起一块巨大、沉重的石头，他弯着腰，双手抱着，膝盖顶着，几乎就要跌倒在地上。右边是一个老人，他已经太老了，被破旧的草帽遮住的脸上露出干瘪的嘴巴，显然，牙齿已经全脱落了，这样一位老者仍在劳作着，他可能已经搬不动石头了，他跪在地上，双手持镐，一下一下敲打着石头，那样子好像他要永远干下去，直到倒毙在地上。这两个在烈日下从事这种沉重劳动的穿着破衣裤的工人，从小的到老的，使人想起他们一生的命运。库尔贝没有画出他们的面孔，是为了强调没有人重视他们，他们就这样默默地度过一生，而灰色的背景，更使人心生压抑之感，库尔贝用阔大的笔与刮刀涂上去的颜色，给物像增加了坚实沉重的力量，土地、石块、身体，特别是工人粗厚的衣服，似乎比真实的事物更具有可触的"重量感"与"体积感。"

这幅《石工》展出后，遭到了激烈的围攻。这从他的朋友商弗勒里给乔治·桑的一封信中可以看出，小说家商弗勒里在艺术观上与库尔贝一致，他写信给乔治·桑，是向这位很有威望的浪漫派小说家请求支援，由于人们敌视库尔贝的艺术，把一顶"写实主义"的帽子强加给一切他们要反对的人。正如把浪漫主义的名称强加于 1830 年的艺术家一样。

商弗勒里道出了库尔贝遭受攻击的真正原因。那就是他以真人同样大的尺码描绘了诚实的中产者、农民、村妇。人们决不允许给一个打石头的工人以皇太子的待遇，贵族们看到把那么大的画布用来表现普通老百姓，大为恼火。原来只有那些衣装华丽、戴着勋章、板着官僚面孔的君主贵人，才有权享受与真人同样大的尺码，如今，居然为了一个躺在棺材里的奥尔南农夫，集合起一群农民与下等人为他送葬，而且画了一张只有当年拉吉叶表现巴黎统治者给圣灵做弥撒时才有权采用的那么大的画幅。

商弗勒里称赞道："《奥尔南的葬礼》、《石工》是两幅杰作，自大卫的《马拉之死》后，在法国还没有谁画出比这还惊人的作品！"

但是，当库尔贝的声名已远播世界的时候，法国的旧势力对待画家还重复着老一套的讥笑手法："丑陋万岁，只有丑陋才是可爱的！"他们又把30年前施于维克多·雨果与浪漫派的故伎搬弄出来，令人不能不惊异于陈腐而可悲的旧势力总会从灰烬中复燃。"历史的脚步是缓慢的，三十年间我们并没有前进多少。"商弗勒里这样感慨道。

时间是飞逝的，历史却在慢慢地蠕动。陈腐的旧观念依然存在，难道前进者永远都将受到这样的礼遇？

超时代的文坛巨匠——斯汤达

斯汤达，原名亨利·贝尔，是法国批判现实主义文学的奠基人之一。高尔基把他与巴尔扎克相提并论，称他为真正的天才艺术家，他曾这样评述："斯汤达是在资产阶级胜利之后，立即就开始敏锐而明确地表现它的特征的第一个文学家，他揭示出资产阶级社会内部腐化的不可避免和它的愚蠢的短见"。但是，斯汤达一生却默默无闻，他的价值与才学并没有被他那个时代的人们所认可。巴尔扎克对于斯汤达平淡的一生也不可理解，他曾写道："贝尔先生是当代高人之一，这位第一流的观察家，这位卓越的外交家，无论是文字，无论是谈话，曾经多方证明他的见解高超，他的学识广博，结局只是奇微塔味歧阿的领事，的确令人难以解释"。其实，这是可以理解的。因为他的作品不是为他的时代所写的，而是超前的。他曾说过："我一定要为二十世纪而写作"，"到1880年的时候，将会有人了解我"。斯汤达的预见是正确的，随着社会的发展，斯汤达的作品愈来愈被人们重视，他的名字在沉寂的历史中，愈来愈发出耀眼的金色光芒，斯汤达是个超越时代的文学巨匠。

斯汤达于1784年生于法国一个小城格朗诺布市，他父亲是一个思想保守的律师。在小贝尔7岁的时候，母亲因病去世，此后，小贝尔便由外祖父与姨祖照看。外祖父思想开明，从小就介绍一些启蒙作家的作品与优秀的古典文学作品给小贝尔。姨祖性格正直刚强，这两个长辈的优秀品质从小就给小贝尔很大的影响。1799年，贝尔在中学毕业后到巴黎谋职。

1800年，贝尔在拿破仑的军队中任职，后来随军到意大利，在军队中当龙骑兵中尉。到了1802年，贝尔辞去军职，闲居巴黎。在这段时间中，他研究了许多思想家的论著，阅读了大量古代著名文学家的作品。1806年，贝尔重回军队，这时他的眼界开阔了许多，更加崇拜拿破仑。1812年，他随军远征俄罗斯，目睹了莫斯科在大火中化为灰烬，但法军却遭到惨败。战争结束后，贝尔也结束了自己的军旅生涯。波旁王朝复辟后，亨利·贝尔侨居米兰。从1814年开始，他学习写作，用各种笔名发表了一系列作品。主要有《海顿、莫扎特和梅达斯泰斯的生平》、《意大利绘画史》等。1817年，亨利·贝尔发表了《罗马、那不勒斯和佛罗伦萨》，正式开始使用“斯汤达”这一笔名。他态度激进，经常谈论一些关于政治、社会的问题。他批判复辟的波旁王朝，并且与意大利烧炭党人有来往。他被奥地利当局视作“危险分子”，被驱逐出境。

1821年，斯汤达回到巴黎。他依然激烈反对波旁王朝。在英国的报刊上常发表一些巴黎时评，后来结集为《英国通讯集》出版。他还发表了《论爱情》、《罗西尼的生平》、《罗马漫步》等，而最为重要的是他的美学论著《拉辛与莎士比亚》。在书中，他明确地反对为封建王权服务的古典主义文学，指出它已过时了，新时代需要的是浪漫主义的狂风。

1827年，斯汤达发表了第一部小说《阿尔芒斯》，又被称为《爱的悲剧》。小说以一对贵族青年的爱情悲剧故事为线索，嘲笑了复辟贵族的苍白与绝望的嘴脸。1829年，斯汤达又发表了短篇小说《法尼娜·法尼尼》，主要是揭露贵族阶层的自私自利的本性。

1830年，斯汤达的《红与黑》发表，这部伟大的作品奠定了斯汤达在文坛上的地位。

《红与黑》，原名《于连》，直到在印排时，才被作家改为具象征意义的《红与黑》，小说的情节取材于一桩真实的刑事案件。1827年，斯汤达在格勒诺布勒《法院公报》上看到一桩杀人案的报道：一个名叫贝尔特的青年家庭教师，与主妇私通，后来事情败露，贝尔特在绝望之际枪杀了这个主妇，被交付民事法庭审判。斯汤达以此为线索，进行了大量改造，终于使其成为广阔深入地展示历史的巨著。小说副题为《一八三〇年纪事》，其用意在于描绘出19世纪三十年代法国的真实本质。

主人公于连生活在复辟王朝时期。他是外省小城维立叶尔市一个小锯木厂主的儿子，由于小于连生来体弱，不能从事体力劳动，被父亲所嫌弃。但于连才智超群，喜欢读书，一心想出人头地。有一位拿破仑的军医非常喜爱他，教他学习了拉丁文与拿破仑的辉煌历史。于连对于拿破仑非常崇拜，但是拿破仑的伟大时代已经过去了，为了寻求出路，于连到了德·瑞纳市长家里当家庭教师。市长是个粗鲁鄙俗、麻木不仁的贵族官僚，因为反革命有功，复辟后出任市长，他对下属与仆人蛮横粗暴，他看不起于连这样的下等平民，他明白地告诉妻子，“要保持我们的地位与权威，所有在你家生活的人，只要他不是贵族，他接受了工钱的，都是你的奴仆”。于连出于对市长的报复心理，与市长夫人发生了暧昧关系。后来，他们在相互了解、相互同情的基础上，产生了真正的爱情。但是好事不常在，他们的关系败露，于连被迫离开了市长家。一直想出人头地的于连在两条路都已堵死之后，不得不进入阴森可怖的贝尚松神学院学习，想通过这条路，求得以后有个好结果。但是学院内竟然特务多如牛毛，教派斗争也非常激烈。虽然于连事事小心，依然被卷入教派的斗争。他无法再在神学院立足，于是随着被迫离职的彼拉院长去了巴黎。经人推荐当了德·拉·木尔侯爵的私人秘书。由于他才干出众，聪明机灵，很受侯爵赏识。同时，侯爵的女儿也被于连独特的气质所吸引，两人产生了爱情。但是，木尔侯爵对女儿要嫁给一个没有身份的穷小子大为光火，但禁不住女儿的逼迫，而且女儿已经怀孕，侯爵被迫答应了于连的婚事，替他弄了一个德·拉·伟业骑士的称号，法兰西陆军中尉的军衔以及一个年收入 20600 法郎收入的庄园。正在于连踌躇满志时，贵族阶级与教会勾结，设下圈套，逼迫市长夫人写了揭发信，侯爵因此取消了他与自己女儿的婚约。于连一怒之下赶到维立叶尔市，将正在教堂祈祷的市长夫人用枪打伤，于连因此被处以死刑。市长夫人始终真爱着于连，最后公开到监狱探望于连，但已挽救不了于连。于连死后，她也悲伤而死，而侯爵女儿则亲手持着情人的头颅，亲吻他，并亲自把他埋葬。小说通过于连个人奋斗而失败的故事，控诉了社会阶层的不公。统治阶级不允许那些高傲的平民敢于反抗权贵，敢于在上流社会中如贵族般生活。斯汤达以象征性的笔法揭露了法国社会的本质，富含哲理性。《红与黑》是斯汤达最优秀的作品，也是同时代法国文学中屈指可数的佳作。

1830 年七月革命之后，斯汤达被任命为意大利一海滨小城奇微塔咪歧阿的领事，一直到他逝世。这段时间，是斯汤达的收获季节。他创作了大量出色的作品，如《回忆拿破仑》、《一个旅游者的见闻录》、《意大利遗事》以及与《红与黑》一样杰出的作品《巴马修道院》，还有一部未完成的长篇《吕西安·娄凡》，也被称为《红与白》。

1842 年，斯汤达因病回到巴黎，3 月 23 日因中风不治而逝，一生寂寞的斯汤达死时仅有妹妹、堂兄与作家梅里梅三人送殡，遗体葬在蒙马特尔公墓。墓碑上用拉丁文刻着作家生前自己拟定的碑文：“亨利·贝尔，米兰人，写作过，恋爱过，生活过”。

现实主义大师——巴尔扎克

1799 年 5 月 20 日，这是一个平凡的日子，是法国大革命之后动荡的岁月中极为普通的一天，劳苦的人民在为一块黑面包而奔波，贵族先生、小姐们又多了一天花天酒地的生活。这一天又是值得纪念的，因为这一天，在法国南部一个偏僻的小城图尔市，一位幸福的母亲正慈爱地望着自己刚生下的婴儿，小男孩正用响亮的啼哭向这个罪恶的世界宣告自己的降临，他就是《人间喜剧》的父亲，后来闻名世界的现实主义大师——奥诺·德·巴尔扎克。

巴尔扎克的父亲原来是农民，后来在大革命中凭着钻营取巧而发迹，跻身于中等资产阶级行列。中学时，小巴尔扎克并无突出表现，调皮爱闹，学习成绩一直不好，他的老师与父母并不认为他将来会有什么作为。虽然小巴尔扎克自己喜欢读书，并在幼小的心灵中立志当一位大作家，但他的天赋一点也没有显现出来。1814 年，他随父亲来到巴黎。1816 年至 1819 年，他在法科学校学习法律，并在一家律师事务所当文书，毕业前后，又当过律师助手。这是他父亲为他安排的，想让他以后能够有份工作，但这是违反巴尔扎克本人的意愿的。他仍痴迷于写作，但在这三年中，透过律师事务所的窗口，巴尔扎克第一次看到了巴黎社会的黑暗腐败，看到了在“平等”、“公正”的法律背后，司法界丑恶的勾当，这使他更厌恶司法界。毕业后，巴尔扎克放弃了司法界的工作，决心投身于文学事业，在启蒙思想影响下，巴尔扎克开始练习写作。由于他的一意孤行，父亲断绝了他的经济来源。于是，巴尔扎克不得不卖文为生，经济的困顿使他常常忍饥挨饿。创作上的失败更使他心灵上遭受创伤，面对现实，巴尔扎克不得不考虑怎样首先摆脱金钱上的压力，然后从事自由的创作。

于是，巴尔扎克投笔从商，想赚一笔钱，满足他挥霍的生活与写作。开始，他经营出版业，与出版商合作，想通过出版一些古代大文学家的袖珍本全集来赚钱。但是，当他满怀希望地把自己亲自筛选的莫里哀与拉·封丹的作品投入市场，结果令他大失所望，他的书几乎无人问津。他失败了，灰心了，任凭那精美的封面落满灰尘。但更要命的是，巴尔扎克为此欠债1万多法郎。后来他又经营印刷厂与铸字厂，不幸的是，这两个厂子1828年底先后倒闭，巴尔扎克欠债6万多法郎。这无疑使巴尔扎克的生活雪上加霜，每天的日子就是东躲西藏，逃脱债权人的纠缠，又得为每天所需的那一块黑面包而奔波。上天真是有意同我们的大作家开玩笑，我们的巴尔扎克本想摆脱金钱的束缚，却不料被困进更深的陷阱。巴尔扎克被金钱所困，总想时来运转，一下子得到大笔钱财，他突发奇想，要去开废银矿，但终究不了了之。事业无成，且背负巨债，这无疑对我们的巴尔扎克那敏感的性格有很大影响。经历这一段艰苦的生活，他对金钱的作用有了深刻的体验，对无依无靠、一事无成的小人物的生活有了真切的认识，对法国社会的罪恶与腐败有了更深的认识。这是巴尔扎克所得的一笔巨大财富，其价值远远超过于那6万法郎。这一段生活成为作家发掘不尽的创作源泉，最终使之扬名天下。

经商失败，巴尔扎克重新拿起了笔。1829年3月，他出版了长篇小说《朱安党人》，这使他一举成名，从此一发不可收拾。在其后的20年时间里，巴尔扎克以惊人的毅力与速度创作，一直到他病逝。从此，巴尔扎克完全抛弃了原来无聊的创作题材与风格，为自己确定了现实主义的方向“法国社会将要作历史学家，我只能当它的书记”。

巴尔扎克没有进步的政治态度，也没有完整独特的思想体系，但他以求实的态度记录日常生活的凡人小事，从而真实地展示了一部法国社会史。其作品中真实地触及法国大革命的余波、拿破仑帝国统治、波旁王朝复辟、七月王朝建立、1848年欧洲革命等重大事件，展示了一个政治斗争激烈、社会生活动荡、思想观念混乱的年代，真实地再现了新兴资产阶级与封建贵族在反复较量中最终登上历史的舞台，并确立了自己的统治的历史时期，写尽了隐藏在金银珠宝下的丑恶。巴尔扎克把自己绝大部分作品编为一部巨著——这就是世界闻名的《人间喜剧》，其中包括90多部小说，分为风俗研究、哲学研究、分析研究三大类。其中风俗研究又分为私人生活场景、外省生活场景、巴黎生活场景、政治生活场景、军事生活场景和乡村生活场景六个部分。这部巨著涉及各种各样的人物2400多个，真实地展示了法国社会，特别是巴黎上流社会。这部巨著中最著名的就是《欧也妮·葛朗台》和《高老头》。

《欧也妮·葛朗台》写了一个极其吝啬的百万富翁与他女儿的故事。葛朗台原是一个穷木匠，在大革命中，依靠钻营取巧，商业投机与高利贷盘剥而发财，他虽然是百万富翁，但你从他的生活中绝看不出来，他住的房子破破烂烂，穿的衣服看不出到底是什么颜色的，吃的是发霉的面包，惟有那双眼一看见金钱就亮光闪闪，恨不得一把抱在怀里。他把自己的女儿当诱饵，从求婚者那里获利，但他又不让自己的女儿出嫁，纯洁而孤独的欧也妮爱上了堂兄查理，但老葛朗台知道他身无分文，把他赶走。终于，女儿年纪大了，不再有求婚者登门。葛朗台临死时给女儿留下巨额金钱，对她说：“将来到那边儿向我交账。”留下孤独寂寞的欧也妮度完凄苦的余生。

《高老头》写了一个退休的面粉商人高里奥的故事，高里奥靠面粉发家，为了追求金钱与地位，把大女儿嫁给贵族，小女儿嫁给银行家。出嫁时，他分给女儿们大笔钱财做嫁妆，希望能换取女儿的爱。但随着两个女儿一次次地敲诈老父亲，高里奥一分钱也没有了，他卖掉了房子，住进盖伏公寓，并且吃的日益低级，最后成了公寓中最落魄的人。但金钱并未换来女儿的爱，当他身无分文时，女儿们离他而去，不再见他。临死时，希望能见女儿一面，但女儿们忙着参加舞会，最后是一个大学生拉斯蒂涅安葬了他。

巴尔扎克对自己作品中的人物情感至深，经常把作品情节当为现实，一次他独自在房中痛哭流涕，朋友吓了一跳：“发生了什么事?”巴尔扎克擦擦眼泪道：“高老头死了。”

巴尔扎克为作品中人物的不幸而痛哭，而他自己由于长久的创作，过度的劳累，身体也越来越差。巴尔扎克害怕死亡，因为他有很多东西还没有写出来，于是在疾病缠身中，他更加勤奋，争分夺秒地创作，在他写完最后一部力作《农民》后，他已被病魔缠身，几乎无药可救了。而他的私人生活也是不幸的，当他孤独地在病床上呻吟，他的妻子却在别人的怀抱中温存。

1850年8月18日半夜，伟大的巴尔扎克离开了人世，离开了这个被他尽情描绘的罪恶的世界。只留下大卫·安热尔斯基的作品、巴尔扎克的巨大的大理石雕像依然注视着人间。

奥诺雷·德·巴尔扎克安葬在佩尔·拉雪兹公墓。在他的葬礼上，维克多·雨果这样评价他的好友："这部独具匠心的巨著的作者属于伟大的革命作家的行列——这一点，不管他本人是否意识到，也不管他是否乐意，是否赞成。"

而巴尔扎克曾经这样评论自己的工作："总有一天，人们将会知道——我只靠自己的笔来营生，我的钱袋里从未装进过一枚非劳动所得的铜币，无论赞扬或是谴责，都不会使我激动，我是在一片仇恨的喊叫声中，在文学界相互对骂中，从事我的创作，用我无畏的笔写出我的作品的。"

浪漫主义的雄狮——德拉克洛瓦

德拉克洛瓦看完了籍里柯还没有画完的名作——《梅杜萨之筏》后，被激情所鼓舞，像一头发了疯的狮子一样在大街上奔跑，奔跑……胸中就像燃起了一团火，他激动不已，一口气跑回了家，躺倒在床上，心情依然久久不能平静。他回想着《梅杜萨之筏》中那些奋力求生的形象，开始了深入的思考。不久，德拉克洛瓦便完成了一幅作品——《但丁的小舟》。

《但丁的小舟》取材于但丁的《神曲》中"地狱"第八篇，描写了但丁与罗马大诗人维吉尔二人乘小舟到地狱斯帝吉河游渡的情形。

赤身裸体的幽灵在波涛汹涌的地狱之河中挣扎着求生，那凄厉的愤怒的吼叫与可怕的呻吟声让但丁胆颤心惊。突然，在小舟的左边，有个幽灵双手攀住了船舷，努力想爬到小舟上去。但丁一看，吓了一跳，原来这个幽灵是佛罗伦萨人阿金蒂，这个人在世时与但丁家族为仇作对。但丁正吓得要死，维吉尔一把把这个幽灵推到水中去了，并说："在阳世的时候，这个人妄自尊大，无善无禄，所以死后他的影子还在这里咆哮如雷，那里有许许多多自命为大人物的，将要如蠢猪一般躺在这里，遗臭万年！"

这幅画不但显示了艺术上的大胆革新，而且也显出了画家对当时统治阶级政治的不满。也正因为此，这幅《但丁的小舟》一经展出，立即遭到了社会上广泛的嘲笑、指责与讥讽，许多批判家甚至愤怒地向他提出抗议。但是，当时作为沙龙展览审查委员之一的格罗却十分欣赏这幅作品，认为这幅作品连鲁本斯也要为之失色。于是，格罗亲自去取，让自己的画框师为它配框，并亲自把它挂在展览厅的最显眼的位置，这幅浪漫主义的杰作终于在新旧两派斗争中取得了胜利，它是对古典主义挑战的一支有力的投枪。德拉克洛瓦也因为自己这第一幅杰作而名声大振。于是，他接过了籍里柯的浪漫主义大旗，开始踏上辉煌之路。

在《但丁的小舟》仍在被人争论的时候，第二年德拉克洛瓦又创作了他第二幅名作《希阿岛的屠杀》。这幅作品是大力声援被奴役的希腊人民反抗压迫、追求自由的起义运动斗争的名篇。

当时，希腊人民为了摆脱被土耳其帝国奴役的地位，追求自身的解放，展开了声势浩大的起义运动。这一正义的斗争，在当时曾引起了欧洲正直人士的广泛同情，他们以各种方式援助希腊人民的起义。当时英国的大诗人拜伦就是亲自身赴希腊人民的革命斗争的，但起义最终失败了。土耳其人在希阿岛上大肆屠杀起义的劳动人民。德拉克洛瓦创作的这幅作品，无疑是对被压迫的国家与人民的支持与同情，同时也是对侵略者暴行的控诉。

德拉克洛瓦以热烈而丰富的色彩，明暗对比的效果与人物精神紧张的态势充分地展示了土耳其人的暴虐行径。这幅作品于 1824 年在沙龙上展出时，遭到更为强烈的抨击，连原来极为欣赏他的格罗也称之为“是对绘画的虐杀”。当时的浪漫主义主力军戈蒂耶高兴地说：“这是恐怖的影色。强烈的色彩，画笔的愤怒，它使得古典主义者如此不满与激动，以致他们的假发都发抖了，而年轻的画家却感到非常满意。”

是的，能够为人民争取独立、自由的革命力量做出一点贡献，德拉克洛瓦也是高兴的。

1825 年，德拉克洛瓦到英国旅行，不但游览了许多名胜，也拜访了许多画家，学习了他们的经验。回国之后，他的风格更为成熟，创作了许多以文学为题材的作品，如《哈姆雷特与掘墓人》、《书斋中的浮士德》、《萨尔达纳帕尔之死》、以及《加俄与巴斯加之战》等等。

其中尤以《萨尔达纳帕尔之死》最为著名，被称为“第二号虐杀”，色彩迷离，透出一种深深绝望的气氛。它描写了亚述第一王朝的最后一个暴君萨尔达纳帕尔在皇宫被围之际，将宫女爱姬全部杀死之后又自杀的惨烈情景。画面上烟尘弥漫，妇女的肉色与行刑者的褐色形成鲜明对比，人物的姿态各异，展示了慌乱、惊恐的氛围。1828 年，此画在沙龙展出，又一次受到了非议与责难。有人说“这是对艺术的凌辱”，是“线条与色块的混同”。当时的保尔·克洛戴认为：这是一幅难看的画，人们可以看到像家畜一样的裸体，附属的东西就没有地方画了。甚至雨果也批评这幅作品，他指着画中的女人说：“你们并不美，而是有害的，美的崇高的线是明亮的，但却被割断了，在你们脸上闪烁着亮光，即光的刺眼的鬼脸”。德拉克洛瓦对受到这样的责难非常生气，他说：“我完成了第二号虐杀，却受到如驴一般的评判员的责难”。

1830 年 7 月 23 日，法国巴黎人民奋起推翻了复辟的波旁王朝。年轻的画家德拉克洛瓦亲自感受到革命浪潮的强大力量，人民英勇的奋斗以及波旁王朝的崩溃使画家激情澎湃，当年就完成了他的代表巨作《自由领导人民前进》。

这幅画中，只出现了一个寓言性的形象：举着三色国旗的半裸的“自由之神”，她象征着法兰西民主共和国的自由理想。她赤脚袒胸，左手持枪，右手擎起三色国旗在向人民发出庄严的号召。其余的人物都是非常现实的人物，带礼帽的职员，举刀的工人，一个受伤的人仰着头，望着理想中的“自由之神”。特别是在“自由之神”左边，一个挥舞双枪的勇敢的少年毫无顾忌地在炮火中前进，他身上体现出这场革命的全民的性质。整个画面气势庞大，工人、市民、儿童与革命的知识分子各持武器追随着“自由”，踏着烈士们的尸体奋勇前进。在炮火硝烟弥漫之中，隐现出巴黎圣母院的远景。

这幅画让这个年仅 32 岁的画家声名大振，俨然是一位浪漫主义艺术的领袖人物了。

德拉克洛瓦说：“艺术——就是诗，没有诗就没有艺术。”这已成为浪漫主义创作的原则之一。德拉克洛瓦正是在现实主义的基础之上，加以浪漫主义的构思，从而使作品产生一种诗一般的激情，达到美的目的。

法国七月革命之后，革命果实为大资产阶级大银行家所攫取，他们的统治更为反动、黑暗。德拉克洛瓦的热情与理想在现实面前，全都烟消云散。在失意之时，德拉克洛瓦独自去了北非旅行，东方艺术中的明亮的线条和神秘的色彩，让德拉克洛瓦忘记了祖国的黑暗。这一阶段，德拉克洛瓦又创作出许多优秀作品，如《十字军进入君士坦丁堡》、

《利贝卡被劫》、《阿尔及尔的妇女》、《美狄亚杀子》、《猎狮》、《相斗的马》等，展示了自然的风光及异国神秘的情调，把自由、解放的理想寄予到广阔的自然与神秘的东方。

德拉克洛瓦作为浪漫主义运动中举足轻重的人物，为艺术作出了伟大贡献。他继承了提香、鲁本斯等人的传统而又进一步创新。他对于色彩的科学规律也有很深的研究。在籍里柯、康斯坦堡等人的基础上，最终创作出色彩丰富而又纯净、鲜明的伟大作品，把浪漫主义推向了高峰。此外，德拉克洛瓦对后世许多人都产生过很大影响，如一些现实主义画家杜米埃、柯罗等，还有印象派特别是后期印象派的画家，都从他的造型与色彩方面受益匪浅。

德拉克洛瓦以狮子般的勇气与热情为后世艺术家开辟了道路，被称为“浪漫主义的雄狮”。

尤金·德拉克洛瓦于1798年4月26日生于巴黎附近的加林支·圣·毛瑞思，1863年在巴黎逝世。

画坛“抒情诗人”与巴比松派

近处高大的树木，雄壮的枝干好像在舞动，透过叶丛的阳光闪烁迷离，明净的湖水与远方的景物像隔在一层纱幕后边，像是笼着轻烟的梦，让人觉其清幽可喜而不能确知其形状。在这个幽静温柔、洋溢着浪漫气息的环境中，有一个穿着红裙的妇人与两个孩子正在采菌类。她们鲜艳的衣服与曼妙的姿态，与这个宛如仙境般的林野十分和谐地融合在一起，构成这幅美术史上杰出的风景画——《湖》，又称为《孟特芳丹回忆》。

这幅旷世名作的作者，就是19世纪法国最伟大的风景画家——柯罗。他的画中，尤其是风景画中，常常充满浪漫的诗意。虽然他的作品是现实主义的，但是却含有抒情诗的韵调与音乐一般的节奏，因此，柯罗又有画坛上“抒情诗人”的美称。

让·巴蒂斯特·柯罗于1796年出生于法国巴黎一个经营妇女服装的富裕商人家庭。他的父亲与英国风景画大师——特纳的父亲一样，原来也是理发师，柯罗出世之后，他才改行，随同柯罗的母亲做妇女服装，生意兴隆。少年时，柯罗也曾随同经商，后来，柯罗爱上了绘画。

本来，柯罗的父亲准备拿出10万法郎让他去经商，但柯罗却决心从事绘画，只要他父亲每年供给两千法郎，使他得以学习绘画或旅行就行。父亲没办法，只有同意了。

于是，柯罗开始学画。这一年是1820年，柯罗刚刚24岁。柯罗拜师于古典风景画家维克多·贝尔丹学习风景画。

柯罗自幼喜欢游历名胜山川，1825年到意大利住了三年，充分感受到了地中海的阳光与自然景色。1829年回国后不久，柯罗又与朋友们到各地旅行，之后又两次旅行意大利，三次游瑞士，后来又到过荷兰与英国，并且和巴比松派画家为伍，也进入了枫丹白露森林之中。他经常跋涉于田野与森林之中，被自然界的和谐与生命力所陶醉。他说："我惟一的爱人是大自然，我终生对她忠贞不二。"果然，柯罗一生沉溺于自然之中，终生未婚。

由于柯罗喜爱自然风景，因此与专门创作风景画的巴比松派相交甚密。巴比松派是法国最负盛名的风景画派，因为这些画家选择了景色迷人的枫丹白露附近的森林区，居住在一个叫做巴比松的小村子来进行他们的艺术创作。他们风格相近，形成派别，因此称为巴比松派。有些人把柯罗也划入巴比松派，其实是不太恰当的。因为何罗并不住在巴比松，而且，虽然巴比松派风景画十分有名，例如泰奥多尔·卢梭的《走下汝拉山的奶牛群》、杜比尼的《瓦兹河畔》、迪阿兹的《枫丹白露的森林》、还有特洛杨的《牧群》等等都是杰出的作品。但从整体来看，柯罗的艺术水平显然比他们高出许多，柯罗的艺术活动完全是独立的。

柯罗喜欢交朋友，他谦虚、大方、乐于助人。他从父亲那得来的两千法郎，大部分都拿来赒济了穷苦的朋友，如法国著名的漫画家、油画家杜米埃，风景画家卢梭等都曾得到过他的帮助。有一次，柯罗正在作画，一个穷青年画家来向他借五百法郎，柯罗觉得数目太大，没有立即答应，但是他坐下来后却心神不安，再也画不成画了。最后，柯罗终于派人把钱给那青年送去，他这才心安理得地坐下来工作。

柯罗待人温和、质朴，他总喜欢赞扬别人，而自己则不愿意出风头。有一次，在一位艺术鉴赏家的客厅里，人们议论起法兰西最伟大的画家应该是谁，库尔贝毫不犹豫地说："当然，是我"。这时，他突然看到柯罗也在场，于是立刻补了一句："还有您"。而柯罗却常常感到很多人都比自己强，他曾衷心地赞美卢梭，他说："卢梭是一只雄鹰，而我，只不过是一只在灰色的云后低叫一两声的云雀而已。”

是的，柯罗在风景画上，正是喜欢用一种银灰色或褐色的调子去表现宁静的、阳光灿烂的或浓雾弥漫的自然景色，而且把自己优美的“云雀”的歌声融入到画中，从而透露出一股淡淡的、抒情的诗意。

柯罗的作品有许多，近3000幅，其中的名作除了《孟特芳丹的回忆》之外，还有《阵风》、《春天树下的小道》、《海边的村庄》、《林妖的舞蹈》、《阿拉斯附近路旁的茅屋》、《杜埃的钟楼》等风景画也十分著名。尤其是他的《杜埃的钟楼》，是他晚年的代表作。当时正是1871年法国巴黎公社起义的时候，虽然柯罗是同情公社的，但是他那时已经75岁了。朋友们为了这位老人的安全，还是把他转移到一个名叫杜埃的小镇去暂住。柯罗从楼窗上，以五天的时间画成了他面前钟楼下的街景。

《杜埃的钟楼》的风格与《孟特芳丹的回忆》的风格完全不同，这幅作品的风格又恢复到柯罗早年游历意大利时形成的风格，即采用阔大的笔法，画面明晰、单纯而朴实，只是这幅作品的风格，在单纯简练之外更为老练沉着。

柯罗不仅是一位伟大的风景画家，而且也是一位杰出的人物画家。他的作品如《戴珍珠的女子》、《沐浴》等都显示出一种朴素、单纯之美。

柯罗的作品艺术价值很高，但是他成名较晚，到他50岁时才卖出第一张画。成名后，求购他作品的人越来越多，“沙龙”展览会请他做评选委员，政府授给他勋章，但他始终保持谦逊之风。他说：“好出风头，糟蹋了每个人，首先是所有画家”。

柯罗一生喜爱自然，描绘自然，他不为名，不为利，只是出于一种真心的热爱。可能正是因为这个原因，柯罗的作品才远远超出同代画家，成为法国最伟大的风景画家，同样也使我们受益，能够欣赏到超脱世俗的杰作。

1875年，这位伟大的风景画家在巴黎去世。在他弥留之际，他还说到：“我衷心希望，在天堂里也能绘画。”

这位一生痴迷于自然，痴迷于绘画的伟大画家，至死也仍然对自己的事业充满了极大的热爱之情，如同俄国那位著名的芭蕾演员佳里菲娃一样，一生对天鹅充满热爱，临终时，如同要准备上场一样，说道：“把我的天鹅裙准备好。”随即，这位“纯结的天鹅”飞去了。同样，伟大的风景画家，也投入到自然的怀抱，融入到自然中去了。

伟大的人，将是真正的人。

政治讽刺画大师——杜米埃

大鼻子的拿破仑三世驾着小船——这个船就是老拿破仑·波拿巴的帽子，这是拿破仑三世的依靠。当年作为拿破仑徽号的那只展翅雄鹰，现在已经成了落汤鸡，有气无力地拉着这只小船往前走。水快干了，船就要搁浅了。路易·拿破仑哭丧着脸，感到他的前途不妙。

这幅画叫做《拿破仑之舟》。菲里普倒台之后，路易·拿破仑仗他伯父老拿破仑·波拿巴曾经的威名，当选了总统。有个画家看出他的野心，从而画了这幅《拿破仑之舟》加以揭露讽刺。

一个法官审问偷东西吃的穷人："为什么要偷?"穷人惶恐地答道："我饿!"法官说："我到时候也会饿，我怎么不偷?"肥胖的法官躺在舒适的沙发椅上一副自以为聪明、洋洋得意的样子，那个精瘦的穷人一副饥饿而又惊恐的样子。

我们不禁笑了，笑里带着气愤不平，这幅画叫做《审问》。

一位大律师正读着新出的报纸，喜笑颜开的脸上显出无限敬佩之情。

标题："他看到吹捧自己的文章——这文章是他自己化名写的。"我们笑了，笑里带着鄙夷不屑，竟有人如此恬不知耻地看待自己的文章，欣赏自己的卑鄙行为。

一个衰老的妇人站在侧幕的后边，替舞蹈演员们打着响铃，台上一位美丽的舞女，正享受着观众们狂热的欢呼。老妇人自言自语道："我年轻的时候比你还要美!"我们笑了，笑里含着辛酸。

画面上，三个画家在同一张画上拼命赶超。标题："展览前夕"。

我们又笑了，这种粗制滥造的情况，今天不是也有吗?

画面上，刚登台的部长梯也尔，溜到"言论自由"的女神后面，抽出大棒正要向女神砸去。

标题为"谋杀母亲的人。"因为，这位部长靠许诺给人民以言论自由而登台，如今又翻过来扼杀这个"自由神"了。

所有这些尖刻的讽刺画都出自于一个小个子青年手中，他以尖锐的画笔对反动的黑暗势力进行了顽强不屈的斗争，对人民群众寄予了深切的同情。他就是杜米埃，法国最杰出的政治讽刺画家。

著名的诗人与美术评论家波德莱尔说：“杜米埃的素描，与安格尔水平一样高，可能比德拉克洛瓦还要好”。杜米埃就是凭着手中出色的画笔与反动统治势力进行坚决斗争的。法国国王菲里普在位时，极力地搜刮民脂民膏，对于不满者严刑以待。杜米埃就是不听话，他画了一张讽刺漫画《高冈大》，揭露菲里普这种吞吃人民血汗的丑恶行径。结果被毒打一顿，判入狱监禁 6 个月。入狱后，他一边痛得叫唤，一边说：“在这个美妙的地方，人们并不怎么太快活。可我是快活的，至少是与众不同嘛！”出狱后，他依然毫不留情地坚持自己的揭露、讽刺批判的工作。他身体虽然受些苦，但他知道那个“高冈大”的形象早已传遍了世界。

画面之上，菲里普如 16 世纪拉伯雷小说《巨人传》中一个食量极大的典型形象——高冈大的样子：鸭梨形的头脸，臃肿肥大的身躯，他坐在沙发里张大了嘴，从他的嘴巴下面到地面支起一架十多人高的梯子，他的大臣们背着装满了金钱的口袋爬到他的嘴巴边上，把金钱倒进国王肥大的肚子中去。下面还有些官员正在偷着干一些贪赃受贿的丑事，而旁边一大群身材矮小、饥饿不堪的人民正满面愁容地望着这个庞然大物。画面如此形象、逼真，怪不得杜米埃要坐牢了。

奥诺莱·维克多·杜米埃于 1808 年 2 月 26 日在马赛市出生。父亲是一个很喜欢文学作品而且自己又会写诗的玻璃工人，他在马赛市赢得了诗名，后来移居巴黎。但是不知为何，一家人非常贫困，使得小杜米埃很小时候就在社会上谋生。

杜米埃自幼非常喜爱绘画，但遭到父亲的反对，先把他送到一个法院执事家里作仆役，接触了法律界的各种人物。那些声名赫赫的大法官与大律师们万万没想到，就在那个时候，这个瘦小的少年已经看穿了他们的灵魂。

后来，杜米埃又换过几次职业，但由于对艺术的偏爱，一有空他就去博物馆中学习研究前辈大师们的作品。父亲见他如此，便不再勉强，先后把杜米埃送到几个画家那里，但由于杜米埃不喜欢他们，只学了很短的时间，最后杜米埃在一位不著名的石版画家查理·拉米列那里学习了石版画技术。虽然，杜米埃起点不高，但由于他的勤奋与天赋，最终他成为了一位优秀的石版画家。

杜米埃早期的作品保存下来的很少，在当时人民革命情绪高涨的时候，杜米埃把自己的艺术事业转到了政治讽刺画方面，并且走到最前端，取得了伟大成就。

杜米埃在七月革命之后首先讽刺的是查理皇帝与当时的僧侣们，主要作品有《请你们再给我一点时间》讽刺了查理皇帝逃亡英国的丑行。《饥饿的人们必得饱足》抨击了僧侣们的假仁假义。其中最为有力的一幅是《七月英雄》，这幅石版画描绘了一个在七月革命中受伤的英雄，他站在塞纳河岸上，一条系着石块的绳子套在脖子上，准备跳河自杀。英雄身上贴满了当票，这个细节描绘，揭示出这位英雄走到绝路的原因，英雄在革命之后竟受到这样的命运，从而有力地揭发了七月王朝的“德政”。

1831 年 11 月，里昂工人起义遭到残酷镇压。其后，杜米埃又创作了许多著名的作品，如著名的《高冈大》、《洗衣妇》、《杜美特》、《立法肚子》、《放下幕布，滑稽戏演完了》、《出版自由》、《伽尚》、《退耳》等。到了 1835 年，王朝颁布了九月法令，政治性漫画不能再出版了，《漫画》杂志也被迫停刊。杜米埃只好转入到风俗画方面，他创作了许多组画，还为许多文学作品作了木刻插图等。

1848 年的二月革命，推翻了七月王朝，杜米埃又能够用画笔向丑恶发动进攻了。他不但用版画艺术，而且还经常用油画与水彩画作为斗争的武器。

杜米埃独具一格的油画不为当时的人看重，直到他去世的前一年才开了第一次个人油画展。但是，他逝世的 20 多年后，在 1900 年的展览会上，杜米埃的作品才震动了美术界。他的作品显示出米开朗基罗与罗本斯的特点及伦勃朗对于光暗的处理技巧。杜米埃集名家之长，大大地发展和成了自己的油画风格。例如他的名作《一八四八年共和国》，画面上一个妇人手持三色国旗坐在那里，两边各有一个孩子在吃奶。这幅象征性的作品第一次显示了杜米埃的豪放、概括、朴素而有力的风格。

杜米埃永不妥协地战斗着，于是拿破仑三世想以拉拢收买的手段来对付这些让他头痛的艺术家们。当时杜米埃与库尔贝都被授予勋章，但两人都拒绝了，杜米埃在拒绝时还说道：“我太老了。”实际上，杜米埃精神十足，他就是凭着这种精神与反动势力作斗争的。

1871 年 3 月 18 日，法国掀起了世界上第一次轰轰烈烈的无产阶级大革命，并建立了巴黎公社。这时期，以库尔贝为首的巴黎艺术家同盟于当年4月成立，杜米埃当选为执行委员。公社失败后，杜米埃没有被白色恐怖吓倒，他依然坚持斗争，创作了针对性极强的作品，如《在西班牙》、《谁在打击共和国》、《议员专车中的右派议员》等。作品中依然是永不妥协的革命激情。要知道，当时作家的处境非常艰难，除了反动势力的威胁，他的眼疾已严重到几乎完全失明的程度，贫困得几乎连房子也没有了，幸亏当时伟大的风景画家柯罗常常赒济他，但是病疾与困苦依然折磨着他。

1879年2月11日，这位为理想、为人民而奋战终生的伟大战士终于安息了。

浪漫主义的大师——雨果

1855年的深秋，风卷愁云，淫雨连绵，52岁的雨果又一次遭到驱逐。当时他正侨居在泽西岛，他前年发表的政治讽刺诗集《惩罚集》被独裁者、暴君拿破仑三世痛恨不已。狼狈为奸的英国政府为了讨好拿破仑三世，便下令让雨果从它那里滚开。雨果只得拖家带口地来到也格恩西岛，一个比泽西岛更小更艰苦的地方。不多的积蓄很快用完了，一家人愁容惨淡。正在雨果束手无策之时，一位朋友提醒他，把你收藏的宝藏拿出来吧，还是活命要紧。雨果无奈地笑笑，他哪里有什么宝藏，有的只是厚厚一叠历年创作的记载着他辛酸与泪水、欢乐与收获的诗集，总共11000行。诗集在友人的帮助下很快出版了，并且获得了奇迹般的成功，在初版刚刚问世时就被抢购一空，这就是著名的《静观集》。

《静观集》里既有令人陶醉的田园诗，也有描写民生疾苦的社会诗。既有歌咏恋情的爱情诗，也有探索宇宙人生奥秘的哲理诗。此外，还有一些记叙童年往事、家庭生活的诗以及一些论文诗、讽刺诗，像一只变幻莫测的万花筒一般。诗集中悼念他溺水夭亡的大女儿的诗，如《明天，天一亮》、《啊，记忆》、《赠维勒基耶》，感人至深，是法国抒情诗中的佳作。

这部诗集体现了雨果作为抒情诗人的出众才华，但这位法国浪漫主义文学大师却是以他不朽的小说创作而雄踞文坛。在他长达60多年的创作生涯中，诞生了数部文学史上举足轻重的名著。最出色的是长篇小说《悲惨世界》和《巴黎圣母院》。此外还有《海上劳工》、《笑面人》、《九三年》和《艾尔那尼》等闪烁着异彩的名篇佳作。

雨果的全名是维克多·雨果，1802 年 2 月 26 日生于靠近瑞士的贝桑松城。他的父亲是拿破仑手下的一名将军、亲信重臣，效忠于“共和国”。母亲是波旁王朝的拥护者，忠于王室。雨果生活在两种截然对立的政治思想中，由于母亲的影响，他更倾向于保皇主义。

雨果从小就聪慧超群，富于文学才能。1817 年，15 岁的雨果以一篇《读书乐》参加法兰西学院文学大赛，脱颖而出，倍受关注。20 岁时又因诗集《颂歌和杂诗》获得路易十八所赐的年金，被誉为“法兰西文学的希望”，并被吸收为法兰西文艺学会成员，可谓少年得志。

雨果 25 岁时发表了剧本《克伦威尔》及其序言。该序言被认为是浪漫主义的宣言，在文学史上具有划时代的意义。当时社会的文学思潮基本是古典主义，作品多数毫无思想，而且矫揉造作，附庸风雅，适合于上流社会王公贵族们的口味。针动这种现象，雨果指出，在不断变更的社会形式中，没有永恒不变的艺术。因此，盲目模仿古代是非常荒谬的，在新时代里，文学必须抛弃古典主义的桎梏。他大胆地打破了古典主义悲剧因素和喜剧因素不可逾越的规范，主张将崇高优美和滑稽丑怪融为一体。他认为，“万物中的一切并非都是合乎人情的美……丑就在美的旁边，畸形就在优美附近，丑陋藏在崇高的背后，美与恶并存，光明与黑暗相共。文艺的真实，产生于崇高优美和滑稽丑怪的非常自然的结合”。

《巴黎圣母院》是雨果这一浪漫主义思想在创作实践中的集中表现。故事发生在 15 世纪的巴黎，围绕美丽的吉普赛女郎爱斯美拉达，和几个男子上演了一幕美与丑、善与恶的激烈搏斗。一开场就是鲜明的对比，一边是奇丑无比的敲钟人加西莫多被狂热的人群哄抬着游行取乐，一边是美丽非凡的吉普赛女郎爱斯美拉达带着心爱的小羊在众人眼前轻快地跳舞。圣母院的副主教克罗德被她吸引而生邪念，指使养子加西莫多拦路劫持爱斯美拉达。途经这里的国王侍卫长法比及时救下了爱斯美拉达，因而获得了她热烈的爱情。克罗德出于妒恨，在法比同女郎幽会时刺伤了他。潜逃后，他把罪过嫁祸于爱斯美拉达，自私卑劣的法比也不为她作证。最后，在克罗德的操纵下，女郎被判处绞刑，罪名是“女巫以妖术害人”。克罗德乘机下手，诱惑女郎只要以身相许就可免于一死，却不想遭到她的痛斥。在临刑时，那个奇丑无比的加西莫多出人意料地救出了爱斯美拉达，并尽全力来保护她。最后爱斯美拉达出于对法比纯真的爱又一次被逮捕，走上了绞刑架，万恶的克罗德被加西莫多从钟楼上推下，殒命了。

加西莫多是外丑内美的善良人，而法比是外美内丑的伪君子。爱斯美拉达与克罗德，一个是善的化身，一个是恶的代表。在《巴黎圣母院》中，人物自身和人物之间的对照实质上是真善美与假恶丑的对照。雨果借助美丑对照原则的最终目的不是宣扬丑怪而是崇尚优美，是为了让人们“带着一种更新鲜更敏锐的感觉朝着美而上升”。雨果还通过加西莫多的一段歌唱提出了美在心灵的价值标准，心灵美的核心是仁爱精神，这正是雨果人道主义思想的核心。

《悲惨世界》表达的是雨果以一个资产阶级作家的人道主义立场对悲惨处境中的不幸者的关注。小说第一部的《序》中，雨果说道：“只要法律和习俗所造成的社会压迫存在一天，在文明鼎盛时期人为地把人间变成地狱并使人类与生俱来的幸运遭受灾祸就不可避免。只要本世纪的三个问题——贫穷使男子潦倒，饥饿使妇女堕落，黑暗使儿童羸弱还得不到解决，只要在某些地区还可能发生社会的毒害，换句话说，同时也是从更广的意义上来说，只要这世界上还有愚昧和困苦，那么，和本书同一性质的作品都不会是无益的。”

冉阿让是小说中纵贯始终的人物。他身强力壮，心地善良，以拼命工作换来的微薄收入来抚养姐姐的七个子女。失业后，饥寒交迫的他偷了一块面包，却被叛服五年苦役。因为四次越狱都失败了，所以他总共坐了十九年牢。长期非人的牢狱生活给他铸就了一副铁石心肠，他一出狱便带着报复社会的心理，在无处容身的情况下，他遇到了米里哀主教。对于他的盛情款待，冉阿让报以偷盗银器并潜逃掉，在被抓获后，主教非但不惩罚他，反而又赠他一副银烛台，因为他要赎回冉阿让的灵魂。主教的精神感化起到了巨大的震撼作用，冉阿让从此改邪归正，努力为善。后来，他改名换姓，经营工商业，兴办福利，救济穷人，被推选为蒙特洛伊市长。但又因救助无辜者而暴露了过去的身份被再次下狱。同时小说又写了一个名叫芳汀的贫苦而又诚实的姑娘，被人诱骗到手后沦落到社会底层，伪善而残忍的资产阶级道德和法律剥夺了她工作和生存的权利，最后被迫出卖肉体。她的私生女在寄养人那里遭受非人待遇，被越狱的冉阿让救出并带走了。几年后，长成美丽的姑娘珂赛特。最后，冉阿让在珂赛特夫妇俩的抚慰中闭上了眼睛，离开了这个悲惨的世界。

《悲惨世界》是一部反映穷人命运的辛酸史。这部小说描绘了广阔的生活画面，同时穿插了各种社会政治事件。穷苦人民受压迫的苦难，资产阶级的日常生活，直至拿破仑战争和人民群众的革命起义，构成了一幅幅五光十色的动人画面。这是一部现实主义和浪漫主义完美结合的作品。雨果怀着一颗对下层人民的赤诚之心，真切地寻找着根除社会苦难的救世良方。他幻想通过道德的力量，用仁慈、宽恕和博爱来唤醒人性中善的东西，重铸人的灵魂，从而改造整个社会。但这是不切实际的，从而削弱了作品对社会的批判力度。

《悲惨世界》标志着法国文学由浪漫主义向批判现实主义的过渡，它的思想意义和艺术成就无愧于艺术明珠的赞誉。

然而，这位呼唤着自由与正义的伟大作家在现实生活中遭到了巨大的迫害，他的一生中有十九年的时间在海外流亡中度过，但他始终不屈不挠地坚持着正义的立场，并信心百倍地宣布：自由归来时，我自归来！

当他于 1885 年 5 月 22 日悄然去世之后，法兰西为他举行了前所未有的隆重国葬。

世界上下五千年
shijie shangxia wuqiannian

德国的兴起

一个曾经癫狂的沉思者

1749 年 8 月 28 日，德意志中部莱因河畔的法兰克福市风光秀丽、景色宜人。一个中产阶级家庭忙忙碌碌、进进出出，人们的脸上都洋溢着笑容又略显得有些紧张，因为一个新的生命将要在这个家族中诞生。这时他们还不知道，上帝耶和华已经将整个德意志的智慧和才思赋予这个生命之上。他就是作为一名旗手引领了德国思想界和文艺界一代风流的歌德。

约翰·沃尔夫冈·歌德是 18 世纪中叶到 19 世纪初期德国和欧洲最重要的作家。他出生的年代正是欧洲社会大动荡大变革的时代。腐朽的封建统治面临着各种摧毁性的打击而走向崩溃，革命的浪潮风起云涌。整个欧洲就如暴风雨来临的前夕一样，一片喧腾。正是这样一种社会状况给人们自由地思考提供了一个条件，于是欧洲思想界出现了一个繁荣、活跃的局面。这就促使歌德不断接受先进思潮的影响，从而加深自己对于社会的认识，创作出当时最优秀的作品。

歌德的父亲曾是当地的一个参议员，很注意对歌德的教育。他的母亲是市长的女儿，博学多才，善于讲故事，从小就培养了歌德对文艺的兴趣。歌德还经常到剧院去观看各种演出，接触到莫里哀、高乃依、拉辛的戏剧。他还广泛地阅读了许多古典的名作，这些都为他以后的文学创作打下了一个坚实的基础。

年少的歌德立志要从事文学事业。通过文学来抒发自己的情怀，来表达自己对人生世态的感悟，来唤起德意志人民自强不息的奋斗意识。但是他的父亲却认为文学只不过是达官贵妇茶余饭后聊以打发时间的谈资而已，根本不能作为一生的职业。他坚决要求歌德学习法律，将来做一名律师。1765 年，无奈的歌德只得遵从父亲的意见进入莱比锡大学学习法律。但是，他对文学艺术的执著追求没有一丝松懈，他自己钻研古希腊艺术，同时开始按照宫廷文学的风格学习写诗，摹仿莫里哀的作品写喜剧。1768 年，他因患重病而回家休养。

1770 年 4 月，歌德到斯特拉斯堡继续学习。在这里他认真地研读了荷兰哲学家斯宾诺莎的著作。斯宾诺莎认为天地万物皆富神性，山川河流、树木花草、日月星辰。各色人物都是天地之间的精华，都应一律平等。这就是在当时盛行一时的泛神论思想。实际上泛神即为无神。这种思想对歌德世界观的形成起了积极的作用。

在这里，歌德还认识了许多年轻朋友，有些就是后来德国狂飙突进运动的积极推进者。其中尤以赫尔德对他的思想和创作的影响为大。赫尔德是当时德国著名的思想家、作家和狂飙突进运动的理论家。他介绍歌德接触到荷马的史诗、品达罗斯的颂歌和莎士比亚的戏剧以及英国启蒙运动文学的作品，引导他搜集和学习民歌。歌德很快就接受了时代先进思潮和文学运动的影响，并且成为狂飙突进运动的积极参加者。

1771 年 10 月 14 日这一天，法兰克福市举行纪念莎士比亚的活动，地点就在歌德家里，歌德为此准备了一篇演说。当时正值德国的文学运动——“狂飙突进”兴起之际，歌德是这一运动的旗手。他的这篇演说对莎士比亚倡导的解放人的精神推崇备至，对墨守成规的法国古典戏剧进行了猛烈抨击，字里行间充满了自信和渴望创造的热情，充分反映了歌德要求个性解放、冲破一切束缚的狂飙突进精神。

年轻的歌德“吹起了号角”，试图“把所有高贵心灵从所谓趣味高雅的心境里唤醒”，试图“使睡眼朦胧的德国重新焕发出青春”。

在 1771—1775 年这一段时间里，歌德一方面做律师，一方面从事文学创作。在这些作品中，大都充满了狂飙突进运动的反叛精神。主要作品有剧本《葛兹·冯·柏里欣根》、中篇小说《少年维特的烦恼》和诗剧《浮士德》的雏形《原浮士德》。此外，他还写了许多抒情诗和评论文章。

其中《少》一书在全世界都引起了一场轩然大波，不少痴情的少年男女效仿维特自杀，以致于歌德不得不另著文章以劝告世人要珍惜生命。实际上，我们从各种关于歌德的传记中不难看出，维特的烦恼正是作者自身心境的一个写照。通过这样的一个爱情悲剧，歌德揭露和批判了当时德国社会许多不合理的现象，表达了觉醒的德意志青年一代的革命情绪。当然，小说中维特的形象也有他消极的一面。他并不想进行社会变革，只要求个性的自由抒发。他与封建社会格格不入，然而只停留于孤独的感伤和愤慨当中，直至最后绝望自杀。这些都反映了狂飙突进运动本身的弱点。在当时，莱辛就曾指出维特的性格过于软弱。

1775 年六七月间，歌德曾作瑞士之游。回来后，受到魏玛公爵卡尔·奥古斯特的邀请到了魏玛，结束了他的青年时代。

歌德在魏玛当过枢密顾问，当过部长，后来还升任首相。在这里，他踏踏实实地进行实际工作，以实现他的社会改良的理想。他的气质，他的精力，他的全部精神意向都把他推向实际生活，而他所接触的实际生活却是很可怜的。他在魏玛委曲求全、孜孜不倦从事了十年的实际工作。但是，作为一个作家，一个沉思者，他与恶俗难以相容。到处是溜须奉迎，到处是尔虞我诈，他感到自己诗意的、积极的生命将被扼杀，于是他选择了逃离。

1786年6月，他来到了意大利。在这里，他徜徉于威尼斯、佛罗伦萨、罗马等文化古城，广泛而深入地研究建筑、雕塑、绘画等古罗马艺术。在对这些古代艺术的研究中，他接受了温克尔曼的观点，把纯朴、宁静、和谐作为艺术的理想，追求一种“高贵的单纯和伟大的静穆”这样一种审美至境，完成了从一个颠狂的狂飙突进运动的参与者到一个静默的沉思者的转变。反映在他文学创作上的是创作风格的转变，即从激情的肆无忌惮的喷发到平和的、返璞归真的自然叙述。

他这一时期的主要作品有《在陶里斯的伊菲格尼亚》和《哀格蒙特》等作品，也写了《塔索》和《浮士德》的部分章节。从这些作品可以看出，歌德一方面没有放弃前一时期的理想，不断地探索改革社会，实现启蒙理想的道路；另一方面他逐渐转向抽象的“人性”的探索，主张用道德说教来代替现实斗争，妥协的调子越来越占上风。

1788年6月，哥德从意大利回到魏玛。他摆脱了政务，致力于文学创作和自然科学的研究。1789年，法国大革命震动了欧洲。开始，歌德肯定这次革命，歌颂革命将“揭开一个新的时代。”但是，他对暴力斗争却又极其厌恶，写了一些讽刺革命群众的诗歌和剧本。

这一时期，他的思想是相当矛盾的。在他心中经常进行着天才诗人和法兰克福市议员谨慎的儿子、可敬的魏玛的枢密顾问之间的斗争。前者厌恶周围环境的鄙俗气，而后者却不得不对这种鄙俗气妥协、迁就。因此，歌德有时非常伟大，有时极为渺小。有时是叛逆的，爱嘲笑、鄙视世界的天才。有时则是谨小慎微、事事知足、胸襟狭隘的庸人。

90年代以后，歌德进入他创作的高峰时期。《威廉·麦斯特》、《赫尔曼与窦绿苔》、《亲和力》、《浮士德》都是在他的中晚年写成的。其中，《浮士德》一书可以认为是歌德一生心血的结晶。

《浮士德》是歌德的代表作，它的创作持续了将近60年之久。歌德在斯特拉斯堡求学期间，就曾创作过《原浮士德》。《浮士德》的第一部完成于1806年，第二部完成于他逝世前不久。

《浮士德》的结构庞大而复杂。第一部包括25场，前面另有《献诗》、《舞台上的序剧》、《天上序幕》三个小部分。第二部也包括25场，分成5幕。全剧没有首尾连贯的故事情节，而是以浮士德的思想发展为线索，贯穿始终，可以称为哲理性的诗剧。

《浮士德》以文艺复兴时期到19世纪初期德国和欧洲的社会现实为背景，通过主人公努力追求的一生，概括了资产阶级上升时期先进的知识分子不满现实、极力探索人生意义和理想社会的全部过程。它不仅是德国文学史上一个空前伟大的成就，而且与荷马的史诗、但丁的《神曲》等齐名，被列为世界文学史上的伟大史诗之一。

1832年3月22日，一代巨星殒落了，整个德国都沉浸于无比的悲痛之中。歌德是德国民族文学的最杰出的代表，他的创作把德国文学提高到全欧的先进水平，并对欧洲文学的发展做出了巨大的贡献。

一个挑战德国的豪侠

约翰·克·弗·席勒是德国著名的剧作家、诗人，1759年出生于一个医生家庭。他年轻时学过法律，后从事文学创作，成为与歌德齐名的德国启蒙文学家，同时也是德国古典文学的创始人。

席勒出生的年代，正是欧洲社会急剧变革的时代，新与旧进行着激烈的交锋。封建制度的墓门已经打开，因此，这也是它挣扎最激烈的时候。各种丑恶和腐朽的东西纷纷从潘多拉的盒子里跳出来，跑到德国这个大舞台上进行它们歇斯底里的表演。整个德国都被那暗淡的愁云所笼罩。但德国的青年们没有消沉，没有退缩。他们如草原上驰骋的野马，如搏击长空的苍鹰，在这大动荡、大变革的时代里狂飙突进。他们力图唤醒醉眼朦胧，在无聊的昏暗中半死不活，心里不乏激情却没有骨气。没有累到需要休息，却又懒到无所事事，在桃金娘和月桂树丛里打着哈欠，东游西荡、虚度光阴的德国的先生们。他们以诗歌、小说、戏剧作为标枪，投向腐朽的德国黑暗势力，力图挽救危机四伏的德国大厦。席勒与歌德就是他们最杰出的代表。

席勒在青年时期，在狂飙突进精神的影响下写出了他的成名作《强盗》(1780 年)，确立了他的反对封建制度、争取自由和唤起民族觉醒的创作道路。在《强盗》第二版的扉页上，席勒写了“打倒暴虐者”的口号，并且引用古希腊名医希波克拉特的话：“药不能医者，以铁治之；铁不能治者，以火治之。”战斗热情极为强烈。恩格斯说这部剧作是“歌颂一个向全社会公开宣战的豪侠的青年”。

1783 年，席勒写出了他的代表作《阴谋与爱情》。这个作品反映的是德国市民阶级和封建统治阶级间的激烈矛盾。剧中女主人公露易丝的性格体现了当时德国进步青年反对封建制度，要求自由、平等的思想。席勒借她的口喊出了“等级的限制都要倒塌，阶级可恨的皮壳都要破裂！人都是人!”这样振聋发聩的声音，可以说是整个时代的心声。恩格斯称“这部作品是德国第一部有政治倾向的戏剧”。

自此以后差不多有将近 10 年，席勒没有进行创作，他转向历史和哲学的研究。在研究中，他着眼于历史发展中的民族运动，把历史和德国当前社会问题联系起来进行考察。

正是基于这样的研究，席勒后来的几部历史剧都是借古喻今，对德国社会进行批判和控诉。但是，这些作品总是要力图传达席勒对某一社会问题的独特思考，这样作品就成为某种思想的传声筒。因而，就不可避免地使作品的文学性受到伤害。恩格斯敏锐地认识到了这一点，对他提出了善意的批评。

在他的后期作品中，当以《华伦斯坦》（1799 年)、《奥里昂的姑娘》(1801 年）和《威廉·退尔》(1804 年）最为著名。

《奥里昂的姑娘》取材于英法百年战争中的女英雄贞德的斗争事迹。她使法国转败为胜，免于亡国之辱。

《威廉·退尔》取材于 14 世纪瑞士的英雄传说。表现了反对暴君，争取自由的要求。

席勒不仅是剧作家、诗人，在美学理论上，他也有自己杰出的著作，对美学的发展起了很大的推动作用。

在哲学上，他是康德的信徒，他的美学理论是唯心主义的。

1795 年，他完成了自己的美学著作《美育通信》，这是席勒写给丹麦王子奥格斯堡公爵的 27 封信。这部著作晦涩难读，但并不脱离现实。可以说，它是对法国大革命进行哲学沉思的产物。歌德说过：“贯穿席勒全部作品的是自由这个理想。”这对《美育书信》是完全适用的。席勒认为，法国大革命没能解决政治自由问题，通向自由之路不应当是政治经济的革命，而应当是审美教育。应当把美的问题放在自由的问题之前。正是通过审美，人们才可达到自由。

为什么席勒把美的问题放在自由的问题之前呢？

因为席勒认为，美学理论的出发点是人。要实现政治自由，先决条件是要有具备完整性格的人，而这种人又只能通过审美教育才能培养出来。因此，他首先从历史的高度对人性及其演变作了分析，进而把美育同人类的崇高理想和历史的发展前景紧密联系起来。

但是，席勒从抽象的“人性”出发，不了解“人的本质是一切社会关系的总和。”他把历史的发展看作是人性分裂和人性复归的过程，把历史发展的动力归结为文化、教育，这完全颠倒了社会存在和社会意识的关系，是一种典型的历史唯心论。

席勒的美学思想在他于1795年写的《论素朴诗和感伤诗》中得到进一步发展。它最早区别了现实主义与浪漫主义两种文化创作方式的特征和理想，并且指出了二者统一的可能性。他的出发点依然是以人性为基础的唯心史观。任何诗人都企图表现人性，都是从自然取得灵感，只是由于时代不同，人性发展的程度不同，对自然的感受方式不同，因而具有不同的创作方式。他所讲的自然，既包括自然界和现实社会，也包括人的自然本性。

他正是要在人性或人道主义的基础上追求现实主义和浪漫主义的统一，这无论是在当时还是在现在，都具有进步的意义。

席勒在美学史上占有重要的地位。他所提出的许多美学问题都是十分重要和深刻的。批判地继承席勒的美学遗产是美学史研究的重要任务之一。

1805年，这位敢于向任何黑暗、丑恶势力宣战的豪侠终于走到了他人生的尽头。但他留下的却是熠熠生辉的不朽著作和凛然的一身正气。

乐圣贝多芬

路德维希·凡·贝多芬1770年12月16日在德国美丽的小城波恩市降生。他们家是音乐世家，祖父路易是宫廷乐团的乐长。父亲约翰也在宫廷里任职，是个高音歌手。当时，音乐家在德国的地位是特别低的。尤其是在宫廷中任职的音乐家，被蔑称为“音乐仆役”。微薄的薪金，使得贝多芬一家不得不干一些别的副业才能勉强度日。幼年的贝多芬视此为“最大的不公平”，养成了他高傲、圣洁的禀性。贝多芬的一生充满着战斗的激情，他幼小的心灵立志要改变这个不平等的世界。

1773 年，贝多芬的祖父路易去世。家境更为窘迫，母亲不得不出外帮佣。小贝多芬被父亲带到乐团里去玩。在那里，小贝多芬表现出对音乐极强烈的爱好，在其他乐手哄着小贝多芬玩时，他很快学会弹奏羽管键琴，父亲被儿子的天赋所震惊，他觉察到儿子将来一定会成为出众的音乐家。于是，约翰开始正式教儿子学钢琴。在父亲严格的教导下，小贝多芬进步很快，在他 6 岁时，他已能弹出完美的作品，并且学会了演奏小提琴等多种乐器。1778 年，贝多芬由父母带领到科隆与荷兰的鹿特丹等地作巡回演出，很受观众欢迎，这是小贝多芬的首次出台演出。外地美丽的风光，独特的风俗令贝多芬大开眼界。

幼年的贝多芬很小就退学专门学习音乐。1780 年，幸运的贝多芬成为当时德国最著名的音乐教育家聂费的学生。聂费看出这个聪明伶俐的学生有很高的天赋，便以一套独特的训练方法倾囊而授。贝多芬在这里开始接触广阔的艺术世界。聂费引导贝多芬去欣赏文学名著与美术杰作。这为贝多芬的音乐生涯打下了坚实的基础。此外，聂费蔑视权贵的刚烈性格对高傲的贝多芬也有很大影响。1782 年，贝多芬也开始了“音乐仆役”的生涯，他在瓦尔特斯坦伯爵的乐团担任管风琴师助手。这样，贝多芬的表演机会多了，他天才的演奏技艺很快传遍波恩，许多贵族慕名而来，请他去演出。高傲的贝多芬并不知足，他知道，自己还有很大的潜力。1787 年，贝多芬自己弄了点路费来到维也纳，经朋友的介绍拜访了当时音乐之都最耀眼的名星钢琴之王莫扎特。当时，莫扎特正在与几位高贵的客人谈话，丝毫没有在意这个貌不惊人的年轻人，随手抓了几张乐谱让他去弹。高傲、倔强的贝多芬受此轻慢，暗下决心一定要引起这位大师的注意。于是，他以莫扎特的作品旋律为主题，即兴发挥，优美的琴声立刻吸引了莫扎特，他抛下这几位贵客，又拿过一张乐谱对这位年轻人说：“这是我刚作出的一支曲子的主题，你根据它弹个即兴曲吧！”贝多芬拿过来，粗略地看了看，便弹了起来。莫扎特被这位年轻人的才华惊呆了，就是自己也不能如此轻易地弹出这么美妙的旋律呀。莫扎特听完后激动地向那几位尊贵的客人介绍道：“大家注意！将来震惊世界的人一定是他。”于是，莫扎特欣然收下了这个优秀的学生。但不久，贝多芬最爱的母亲去世了，他匆匆返回家里。由于母亲去世，父亲情绪低落，整日酗酒，养活一家人的重担落在了少年贝多芬身上。为了挣钱糊口，贝多芬只好又去歌剧院演奏，并给贵族担任家庭教师，但是傲慢的贵族少爷根本瞧不起贝多芬。一次，贝多芬去给一个贵族学生上课，学生竟让老师在前厅等了两个小时。贝多芬非常恼火。在上课时那个学生又弹错了键，贝多芬用木板重重地打了他的手心。那位贵族学生摸着通红的手掌，可怜地望着贝多芬，说："今天您怎么这么急躁?"贝多芬平静地答道："我的耐心已在前厅消耗尽了!"由于他的脾气他丢了很多份工作，一家人又陷入困顿。更不幸的是，惟一的小妹妹由于没有人照顾夭折而去。贝多芬也染上了天花，虽然死里逃生，但脸上落满斑点。顽强的贝多芬没有气馁，他帮助两个弟弟找了工作，自己去波恩大学哲学系作旁听生，继续深造。这时，法国大革命爆发了。欧洲各国的封建统治也摇摇欲坠。革命的浪潮让贝多芬激动不已，他不能再在这个小城呆下去了。1791 年，奥地利著名作曲家海顿路过波恩，发现了贝多芬的才华，于是希望贝多芬去维也纳。经过多方努力，1792 年 11 月，贝多芬带着简单的行李直奔维也纳，他拜师于海顿门下，并且在维也纳定居下来，一直到他去世。

贝多芬在海顿门下刚呆下不久，就对海顿那种墨守陈规的教法不满，于是师徒两人分道扬镳。但海顿依然十分满意这位学生，他在写给朋友的信中说："贝多芬迟早会攀登到欧洲最伟大的作曲家之列，而我将为能把自己说成是他的老师而感到自豪。"海顿热情地向科隆推荐贝多芬。此后，贝多芬又跟维也纳的几位有名的音乐家学了交响乐、四重奏与歌剧的创作方法。贝多芬经过刻苦的学习，技艺非凡。后来，贝多芬投身于李希诺夫斯基公爵门下，年俸 600 盾。在维也纳，贝多芬充满激情的即兴演奏很快迷住了维也纳人。各地都邀请他去演出。贝多芬名声大振。但是，由于"音乐仆役"的出身，他依然被别人低看一等。1801 年，贝多芬与一位伯爵小姐朱丽叶·琪查尔迪相爱。但她父亲因为贝多芬低贱的身份，硬拆散了这一对情人。遭受恋爱失败的打击，贝多芬情绪变得恶劣，更为不幸的是，他患上了神经性耳聋，听力逐渐衰退。贝多芬断绝一切来往，独自隐身于维也纳一个偏僻的地方。终于，高傲顽强的贝多芬又抬起了头。在给朋友的信中，他这样写道："我将扼住命运的咽喉，不容许它毁灭我。哦！能把生命活上千百次那多美好啊!"1802 年夏天，他在医生的指导下到维也纳郊外的海里根什塔特村疗养。但情况更糟，弹琴是不可能的事了。于是他改为创作，陆续完成了《d小调奏鸣曲》（也叫《暴风雨奏鸣曲》）、《第二交响曲》、《第二小提琴钢琴奏鸣曲》等一系列作品。1804年，贝多芬完成了他的三部杰作《英雄交响曲》、《热情奏鸣曲》及歌剧《菲台里奥》。《菲台里奥》是贝多芬一生中创作的惟一一部歌剧，大受欢迎。但贝多芬依然过着穷苦的生活，甚至有一次被警察当作流浪汉抓了起来。但贝多芬依然如痴如狂地创作，丝毫不在意这些。一天，贝多芬走进一家饭店要吃午饭，突然灵感出现，美妙的旋律在脑中回荡，他随手拿过菜单便写起谱来。很久，侍者立在他旁边等待他叫饭。写完之后，贝多芬抬头猛然看见了侍者，说："结帐吗?"周围的人都知道这位伟大的音乐家，善意地笑起来。侍者笑道："您还没有叫饭呢!"贝多芬这才觉出，自己的肚子确实很饿了。由于拿破仑大军攻打奥地利。维也纳人纷纷外逃。贝多芬不能演出，日子更加艰难，最终被房东赶出来，他不得不去求助一个朋友。1806年，贝多芬去好友弗朗茨那里，碰到弗朗茨美丽、大方的妹妹丹兰莎，两人又坠入爱河。丹兰莎得到哥哥的同意与贝多芬订了婚。沉浸在幸福之中的贝多芬创作了《第四交响曲》，但是，不久两人的婚事又告吹了。原来，丹兰莎也出身贵族，她父母坚决不同意这桩有辱声誉的婚事。贝多芬再次经历爱情的打击。1808年，拿破仑大军践踏欧洲各国，遭到各地人民的反抗，如火如荼的人民解放战争开始了。在革命热情的鼓舞下，贝多芬联想到自己所遭到的不幸，他以愤怒的激情完成了他的《第五交响曲》，即《命运交响曲》。乐曲共分四个乐章，表达了战斗的激情，坚定而有力。

写完《命运交响曲之后》，贝多芬为了逃避城市的庸俗，经常到郊外田野中散步。在大自然的怀抱中，他寻找到欢乐。于是他又奋笔完成了《第六交响曲》即《田园交响曲》，以表达他对自然的热爱。

1809年10月，拿破仑大军攻占了维也纳。李希诺夫斯基公爵迎接了拿破仑的军官。他们听说名扬世界的贝多芬就在此地时，惊喜万分，纷纷表示要见一见这位世界一流的音乐家。公爵便把贝多芬叫来，这几位军官诉说了景仰之情。可是贝多芬却非常冷漠，因为他们是侵略者。当公爵为了讨好来宾，要求贝多芬演奏一曲时，贝多芬一口回绝。他看不起公爵这种下贱的样子，更痛恨公爵命令自己的傲慢态度。他冒着倾盆大雨愤然离去。回到家里，贝多芬给公爵写了一封信，其中说道："公爵，你之所以成为一个公爵，只是由于偶然的出身，而我之所以成为贝多芬，完全是靠我自己。公爵现在有的是，将来也有的是，而贝多芬却只有一个。”是的，岁月无情，它记住的只是那些伟大的人。此后，贝多芬离开公爵府，但是当时贵族阶层狼狈为奸，他们再也容不得这个敢于反抗的贝多芬。后来，洛勃科维支用年俸4000弗洛林招贝多芬去做了“音乐仆役”。高傲的贝多芬为了生存不得不仍走父辈的老路。但是，贝多芬时刻没有忘记自己的屈辱，他渴望着战斗，身体中充满着反抗的激情。1810年，贝多芬为歌德高昂的《哀格蒙特》配曲，曲中饱含着为自由斗争的精神。1812年，贝多芬在捷克的泰普里茨见到了这位让他崇敬已久的大诗人。但已成为魏玛公国枢密顾问的歌德已一心为官了，他再也不是那个高喊战斗、高喊自由的歌德了。一次，他与歌德在城外散步，遇到一群贵族迎面走来，歌德摘下帽子恭敬地闪到一旁让路，贝多芬恼怒地说：“您不该让路!”说完背着双手高傲地向贵族迎面走去。贵族都知道是大名鼎鼎的贝多芬，客气地向他致意，贝多芬这才还礼作答。但他对歌德的行为却大为不满。歌德虽然也很欣赏贝多芬的才华，但他却对贝多芬音乐中的战斗激情非常反感。两人不欢而散。

1815年，欧洲各国开始了对拿破仑的反攻。贝多芬被胜利的消息鼓舞，接连完成《第七交响曲》与《第八交响曲》。贝多芬同时也积极地支援前线斗争，为救济伤员筹办大型义演活动。这是贝多芬最为高兴的时期。但是，不久贝多芬自由的理想破灭了。君主拿破仑被打倒了，各国的封建势力纷纷上台，人民依然被践踏在社会的底层。自由的思想艺术纷纷被取缔，激进的贝多芬更是首当其冲。贝多芬被迫退出乐坛，他的生活更为艰难。

在沉寂的日子里，贝多芬的耳朵完全失聪。作曲也更难了，但战斗不息的贝多芬知道自己不能放下笔，不能离开音乐。他请人特制了一支小木棒。在创作时，他把小木棒的一端插在钢琴箱里，用牙齿咬住另一端，利用小木棒的振动，来“听”自己弹出的旋律的效果。1823年，贝多芬便靠这独特的装置完成了规模庞大的《庄严弥撒曲》，献给大主教鲁道夫，以求取世界的和平。全曲严格按照弥撒祭曲的程式写成，分为五个章节。分别为“我主怜我”、“荣耀归主”、“我信我主”、“圣哉圣哉”、“神之羔羊”。随着世界斗争局势的发展，贝多芬看到了群众的力量。凭艺术家的敏锐的直觉，贝多芬把目光投向了人民。“人民艺术家的作品，应该为穷苦的人们服务。”贝多芬这样说。

1824年，贝多芬在新的激情下完成了《第九交响曲》（也称《合唱交响曲》)，这是贝多芬最后一部力作。它表达了世界人民对于封建专制的反抗与斗争，对于自由的追求与渴望。贝多芬的朋友听说他完成了《第九交响曲》，纷纷写信要求欣赏一下，贝多芬答应了。剧场选择在维也纳的卡德剧院。1824 年 5 月 7 日，沉寂多年的贝多芬出现在乐池中。久违的观众报以一次又一次热烈的掌声。当时，国王出现人们也只给予 3 次鼓掌欢呼。伟大的贝多芬一出现，人们都狂热起来，欢呼竟达 5 次之多，从未出现过的盛况把维持秩序的警察都惊呆了。好一阵过后，才纷纷跑出来制止过分狂热的场面。贝多芬虽然听不见，但也被眼前的场面所感染，流下了激动的泪水。演出开始了，贝多芬情绪激昂地站在乐队前。虽然他听不见任何一种乐器的声音，也听不见歌者的演唱，他只凭自己的记忆，凭着自己的激情全力指挥下来。听众完全被这久违的充满激情的音乐所陶醉。他们如痴如狂，为之歌为之泣。演出获得了巨大成功。

1825 年，贝多芬搬进了一幢名叫“黑西班牙人”的大厦，贫困的生活使这位已进入暮年的伟人常常生病。虽然身受疾病与饥饿的折磨，贝多芬依然紧握着笔，捍卫着这片自由的王国。他还要写《第十交响曲》，还要为《奥德赛》与《浮士德》配曲，他还有很多事情没有做。但是，上帝已不忍心再让这位伟人在世间受苦。1827 年 3 月 26 日，维也纳上空阴云密布，狂风卷着乌云，惊雷挟着暴雨，贝多芬在床上安然睡去。伟大的音乐家逝世的消息让全世界痛惜不已。葬礼那天，几万人来到“黑西班牙人”大厦前默立。但是，由于贝多芬出身低贱而且没有留下财产，他只能葬在一个很小的公墓里。奥地利著名戏剧家格里尔帕策在他的墓前致词道：“从今天起，他将成为历代的伟人之一，永世长存。”

贝多芬离去了，他以自己勤奋的一生留下了 256 部作品，包括交响曲、奏鸣曲、歌剧、协奏曲、合唱曲以及改编的民歌等。

1888 年，出于对贝多芬的热爱与怀念，维也纳音乐之友协会会员自愿捐资，在中央公墓买了一块墓地，把贝多芬与另一位穷苦一生的音乐天才舒伯特一起迁葬进去。贝多芬墓前那块洁白的大理石墓碑上，刻着一把镀金的竖琴，写着“贝多芬 1770—1827”。没有一丝浮华，人们不愿用那种庸俗的东西打扰这位巨人。

欧洲的数学王子

首先，我们看一道截至18世纪、已经流传了2000多年的著名难题。

题为：仅用尺规作图，可以作出哪些正多边形？在边数为100以内、有多少种正多边形可以仅用尺规作出？

求作圆的内接正多边形是古代尺规作图中的著名难题。

从理论上分析，圆周可任意等分，因此可以作出任何相应的正多边形，但是限制只能使用真尺和圆规，就不一定能任意作出正多边形了。

早在公元前的古希腊时期，亚历山大城的学者帕普斯在《数学汇编》中记载了这样的问题："蜂房是许许多多的六棱柱，这种设计可以避免杂物，并且使用同样多的原材料，正六边形要比正三角形和正方形都具有更大的面积。"

也就是说，在周长相同的情况下，正六边形比正三角形和正四边形的面积要大。换句话说，用绳子围成的正三角形、正方形、正六边形相比较，应当是后者的面积最大。

由这个问题的研究，人们想到能否把一个圆任意等分，这样就可以顺次连结等分点从而得到一个正多边形。

作正多边形问题就是等分圆周问题。

这就是有名的古希腊四大几何难题。

阿基米德指出，运用尺规作图的方法，可以画出正三边形（正三角形）、正四边形、正五边形和正十五边形，从而可以等分圆周。到底是什么样的几边形不能作出，或者说什么样的几边形能作出呢？

阿基米德证明了尺规作图不能作出正七边形，除非利用曲尺等标刻工具，才能作出正七边形。

之后再也没有进展，人们普遍认为，正的五、六、十、十五边形可以作出，而正的七、十一、十三、十七边形不能作出，所以推测，凡是大于5的质数，正几边形就无法作出。

1796年，一位19岁的德国哥廷根大学生作出了惊人的发现，他作出了正十七边形。他就是后来数学史上三大数学家之一的高斯。

高斯的手稿在大学传开，人们议论纷纷，教授们兴高采烈。

这位 19 岁的“神童”打破了两千多年的禁区，创造了几何史上的奇迹。

5 年之后，高斯给出了等分圆周的一般规律。后来，许多数学家利用这个规律寻找其他正多边形的作法。

1832 年，数学家力西罗作出了正 257 边形，演算过程写了 80 页纸。

最有趣的是，数学家盖尔美斯花了 10 年时间作出了正的 65537 边形，手稿竟然有满满一提箱，也就是说，这么多的步骤才能把圆用尺轨 65537 等分！这个手稿至今还在哥廷根大学保存着。

高斯于 1777 年 4 月 30 日，出生在德国的布伦瑞克城。他的父亲是一位农民的儿子，是一名喷泉技师，可能担任引水站站长的职务。在做技师时，父亲经常给人家打短工、干杂活，还做过园艺工人。

高斯全名为卡尔·弗里德里希·高斯。父亲管教比较严格，而母亲善良能干，但高斯没有受到父母知识上的启蒙。

高斯的舅舅是高斯的启蒙者，他很爱高斯，常常为高斯讲很多科学现象，但他也没有很高的学历，只是位绸缎工人。

在很小的时候，高斯就表现出过人的数学天赋。据说那是在入学以前，高斯又静静地看着爸爸算账。他就是这样，对数字感兴趣，当大人们算账的时候，他从来都很专注。

这一次，他的父亲算账算得很麻烦，费了半天劲，老高斯得出一个数来，他迟疑着想着开销的收入问题，这时高斯说话了：“爸爸，您这次算得不对。”

什么？老高斯不相信自己的耳朵：“亲爱的儿子，你说是什么呢？”

高斯告诉了爸爸正确的答案，老高斯重新算了一遍，果真是高斯说得对，而这时的高斯还没有上学。

高斯经常自豪而幽默地说：“我还不会说话的时候，先学会算术了！”这是他晚年的回忆。

后来，老高斯索性把家里的账目全都交给了 10 岁左右的高斯，高斯运算轻松准确。

人们熟知的是高斯求自然数 1 到 100 之和的故事。上小学时，高斯的数学老师叫布德勒，他是城里人，特别瞧不起乡下的孩子，对乡下人也抱有很大的偏见，他认为乡下孩子和乡下的人们又穷又笨，不值得一教。

不知怎么回事，这位老师有一天对孩子们生了气，他决定全体惩罚："你们听好了，从1加到100，把和算出来！如果算不出来的话，就别想回家吃饭，家长来也没有用!"

说完之后，布德勒悠然自得地看起书来。谁知，就在他欣喜地翻开书还没看几眼的时候，高斯站起来了："老师你看。"

"去！去！去！看什么看，再胡捣乱可不许上课了。"布德勒不耐烦地说。

"老师，这是答案，没有错的。"

布德勒向演算板上一瞟，这下惊讶得他半天说不出话来："天哪，这是怎么回事?"

只见高斯的方法是：1+100，2+99，3+98，……，50+51。

然后是101×50，为5050。

这就是等差数列的计算方法，这不是他讲过的方法。

老师没有批评高斯，内心受到很大的震动，他对高斯很是器重并且毫不掩饰地说："高斯比我强。"

布德勒为高斯提供了很多更深入的课本和数学著作，并尽自己的能力指导高斯的学习。

14岁时，高斯在当地已经很有名气了。据说他看书着迷误进了公爵的花园，公爵和夫人发现这个少年竟然钻研如此高深的书，很是器重，就决定出资让高斯学习，他们成了高斯的长期保护人。其实在事实上，高斯是被公爵费尔南迪召见的。以上的传说反映了人们对科学传奇的爱好。

高斯在高中，读的是文科哲学班。后来，在他15岁时，进了卡罗琳学院学习，整整三年间，高斯学习语言学和数学，对牛顿、欧拉、拉格朗日等人有很深的理解。

18岁时，高斯进了著名的哥廷根大学。这时候他很矛盾：语言学与数学，到底学哪一个呢？两个都很爱好，但是大学的分科教学不允许"鱼与熊掌兼得"，而且高深的理论也不一定能同时被一人掌握。

结果，1796年3月30日，高斯公布了正十七边形，就是前文提到的古希腊第四难题。这个问题的初步解决，使高斯选择了数学，从此成为世界级的数学大师。

在他19岁以前，也就是11岁时发现了二项式定理；17岁时提出最小二乘法。他如此年轻就取得突破性的成果，被人们称为"欧洲的数学王子"。

高斯一生谨慎，他的日记也是用自己所能理解的符号记的。也正是因为他后来成为权威，特别顾及自己的地位，所以有很多轰动式的发现和创举他不敢向世人宣布，这种保守使他丧失了非欧几何的创立权。

代数基本定理的第一个严格证明就是高斯发现的。1799 年，高斯在哥廷根大学的博士论文证明了：每一个实系数方程至少有一个实根或复根。

代数基本定理在代数乃至整个数学中至今起着基础的作用。

高斯后来又给出第二、第三个证明，到他晚年 71 岁高龄时，还提出了第四个证明方法。

1807 年起，高斯担任了哥廷根大学的数学教授和天文台台长，从此成为哥廷根大学的骄傲。

高斯的研究涉及数论、概率、椭圆函数、复变函数、统计，均作出了大的贡献。由于他在十分成熟的条件下才发表，所以，多数著作以遗稿的形式出版。

在天文学方面，高斯提出了三次观测确定行星轨迹的方法。1801 年，意大利天文学家观测到了金牛座一颗星与星图不合，连续西移。由于战争原因，他没能及时通知同行，结果这颗星已经找不着了。高斯根据这位天文学家的观测，计算出了轨道，结果人们发现这是人类发现的第一颗小行星，不到半年，天文学家又发现了第二颗小行星，分别命名为谷神星与智神星。

高斯生前发表了 155 篇尽善尽美的论文。在二次世界大战前，哥廷根大学整理他的遗作，出版了《高斯全集》。

1855 年，高斯去世，终年 78 岁。他在生前得到了极高的荣誉，家喻户晓，举足轻重。但是他保持着沉默寡言的风格，生活也十分俭朴。人们称他是神童或天才时，高斯淡淡地说："假若别人和我一样能够做到持续地思考数学真理，他们会作出同样的发现。"

高斯最爱的定理就是正十七边形的研究，因为这使他一生发生了重大选择，从而进入数学殿堂，所以在他的塑像下，底座是正十七边形的台基，而高斯的墓碑上，刻有正十七边形的图案。

人们评价道："高斯是 19 世纪科学群峰中最高的一座。"

克劳塞维茨

在世界史上，有许多名人，但是，像克劳塞维茨这样的名人却不多见。他仅凭一部未完成的著作，便获得了世界性声誉，从而成为了资产阶级军事思想体系的奠基者。

卡尔·玛·克劳塞维茨是一个德国人。他于 1780 年 6 月生于普鲁士王国马格德堡附近的布尔格镇上一个小贵族家庭中。当时，普鲁士拥有一支 20 万人的军队，普鲁士国王腓特烈二世勇猛好战，他亲自统帅军队，征战四方。克劳塞维茨当时就在波茨坦一个步兵团中当一名士官生，那时，他才 12 岁，不久，克劳塞维茨所在的步兵团被调上前线，同法军作战。克劳塞维茨在围攻美因兹城的战斗中，英勇作战，表现突出，15 岁时便升为少尉。不久之后，他便被送到柏林军官学校学习深造。

当时，任柏林军官学校校长职位的是当时一位著名的、有远见的军事家——盖哈特·香霍斯特将军，他著有《军官手册》等书，致力于军事制度的改革，后来曾担任普鲁士军事改革委员会主席。在这位将军的教导下，克劳塞维茨刻苦学习，成绩优异，深得这位将军的赏识，两人结下了很深的友谊。1805 年，克劳塞维茨毕业，由盖哈特·香霍斯特将军推荐为奥古斯特亲王的副官。

这时，正是世界风云变幻莫测的时代。拿破仑·波拿巴在法国革命中夺得政权，他连年征战，大肆掠夺各国的土地、财富，深为各国统治者所痛恨。欧洲各国封建主集结军队，组成联军，共同对付拿破仑大军，无奈每次都被强大的法军击溃。克劳塞维茨参加了第四次反法同盟的战斗。1804 年 10 月 14 日，普鲁士军与法军在耶拿会战，结果普军又一次大败而逃，拿破仑乘胜追击，在 10 月 25 日攻占了柏林，克劳塞维茨也在战乱中被俘。

克劳塞维茨亲眼目睹了普鲁士军队的溃败，在法国军中作俘虏时也了解到法国军队的风范，他深刻地感觉到在封建统治下的普鲁士军队的腐败无能，于是他便下决心立志于军事改革，并收集了不少资料。1807 年 10 月，克劳塞维茨获释，不久，他便参加了其恩师盖哈特·香霍斯特主持的军事改革工作，对普鲁士军队的建设提出了许多很有价值的改革建议。例如，针对当时只有贵族、容克地主子弟才能担任军官的陈规陋习，提出了废除农奴制，取消贵族及容克地主的特权，要求从优秀士兵中选拔军官，军士不论出身高低，一律平等。

由于克劳塞维茨工作出色，1810 年秋天，他被任命为柏林军官学校教官，同时担任王太子腓特烈·威廉四世的军事老师。1812 年 4 月，拿破仑正要举兵大力征伐俄国前夕，普鲁士王威廉三世准备同拿破仑结盟。克劳塞维茨对普鲁士王的这种作法非常不满，他愤而辞职，投到俄国军队中去。

在俄国军队中，克劳塞维茨担任了参谋长。拿破仑大举进攻俄国时，克劳塞维茨同俄军一起奋战，在斯摩棱斯克争夺战与波罗丁会战中，克劳塞维茨表现出了军事上的才华，拿破仑大军遭到沉重打击，不得不败退到普鲁士境内。1813 年 3 月，克劳塞维茨高高兴兴地回到了柏林。

次年，克劳塞维茨重返普鲁士军队。1815 年担任布吕歇尔军团第三军参谋长，不久又升迁为莱茵军团参谋长。从此，他开始全面总结对拿破仑大军的战争经验与教训，从事战争理论的研究工作。

1818 年，克劳塞维茨被任命为柏林军官学校校长，不久，便升为将军，年仅 38 岁。在担任校长期间，他开始全身心地投入到军事理论研究工作中去，并把在担任莱茵军团参谋长期间的零星创作整理出来。克劳塞维茨分析了 130 多个典型战例，完成了许多评论文章。他把自己经过独立思考得来的以及在同许多亲历战争的人物的谈话中得来的经验都表达了出来，他希望自己的研究成果能够对后世有用。但是，克劳塞维茨却不想凭此获取名利地位，他坚持要把这部书留到他死后再出版，因此，他也就不急急忙忙地赶字数，他每次动笔前都是经过深思熟虑的，他严肃认真地对待着自己的创作。

1830 年春天，克劳塞维茨被调到炮兵部工作。这时他的著作修改工作还未完成，由于事务繁忙，他把 3000 多页手稿分别包封起来，准备以后再修改。1830 年 8 月，克劳塞维茨调任布勒斯劳第二炮兵监察部总监；年底，他又调任格乃泽瑙军团参谋长。公务更加繁忙，克劳塞维茨也没有时间去整理自己的手稿。

1831 年 11 月 6 日，克劳塞维茨不幸染上霍乱，他望着自己那依然包封完好的手稿，遗憾地闭上了眼睛。

幸运的是，他的妻子玛丽·冯·克劳塞维茨把丈夫生前的所有手稿均整理出版。起名为《去尔·冯·克劳塞维茨将军遗著》，共十卷。其中较完整的就是《战争论》，分为三卷，其他的七卷主要是一些对于战争史的研究与评论。

《战争论》是一部未完成的著作，分为三卷共八篇。前六篇虽然已经誊写清楚，但依然只是一些素材的组合，距离克劳塞维茨自己的要求还有很大差距，他本来想重写，只是一直没有时间。第七篇与第八篇则仅仅是第一遍草稿。这八篇分别为《论战争的性质》、《论战争理论》、《战略概论》、《战斗》、《军队》、《防御》、《进攻》与《战斗计划》，共124章，书的最后附有克劳塞维茨为普鲁士皇太子讲授军事课的材料以及《关于军队的有机区分》、《战术或战斗学讲授计划与提纲》两篇文章。

克劳塞维茨在书中辩证地论述了战争与政治的关系以及战争的本质。他说："战争不仅是一种政治行为，而且是一种真正的政治工具，是政治交往的继续，是政治交往通过另一种手段的实现。如果说战争有特殊的地方，那只是它的手段特殊而已。"此外，他还具体地分析了战争的各个环节方面，并提出了自己独到的见解，并加以实战与理论上的论证。

克劳塞维茨自己把这部书定名为《谈战争》，因为，他认为自己并没有构建战争的理论大厦，称不上什么军事论著。他曾经说过，自己只是对于战争实例进行深入分析，为后来者提出有益的见解。在他于1827年写的一篇《说明》中，他说："尽管这部著作没有完成，我仍然相信，一个没有偏见、渴望真理与追求信念的读者，在读前六篇时不会看不见那些经过多年的思考与对战争的热心研究所获得的果实的，而且也许会在书中发现一些可能在战争理论中引起一场革命的主要思想。"

克劳塞维茨对自己辛勤的劳动成果充满信心，只是由于书没有完成，而成为他一生的遗憾，我们也对于没能看到克劳塞维茨的真正的著作而深为遗憾。但是，即使是这么一部未完成的著作，也依然奠定了克劳塞维茨在军事理论史上的地位。他的著作反映了资产阶级的革新与进步精神，是世界军事思想史上一个重要的里程碑，是资产阶级军事理论方面的经典之作，它使得克劳塞维茨获得了世界性的声誉，成为资产阶级军事思想理论体系的奠基人。

古典哲学的集大成者

“他是第一个想证明历史中有一种发展，有一种内在联系的人。”

他在“每一个领域中都起了划时代的作用。”

“他”是谁?

他就是德国古典哲学的集大成者——黑格尔。

乔治·威廉·弗里德里希·黑格尔于1770年出生于符腾斯图加特城一个税务员家庭。他小时一直规规矩矩地上学、读书，唯一与众不同的是，他聪明、好学，遇见什么不解的事都非要弄明白不可，他有特别强的独立思考能力。

黑格尔7岁时上小学，10岁时上中学，18岁时进入了图宾根神学院学习哲学与神学。在这里，黑格尔的才能便充分显示出来了，他有极强的思辨能力。在神学院中，他除了学好必修的功课之外，对古代及近现代著名的哲学人物与作品都进行了深入的研究，这时，黑格尔形成了他自己关于世界观的体系，虽不完善，但足以证明他所遇到的事物。1793年，黑格尔以优异的成绩毕业。开始时，他先后在瑞士伯尔尼与法兰克福做过家庭教师。1801年，经当时著名哲学家谢林介绍在耶拿大学任编外讲师，由于他的学术水平高深，不久便升为副教授。这时，黑格尔仅仅35岁。身怀绝世之才的黑格尔不想平淡地呆下去，他有许多思想要向世人告白，于是不久，他开始写《精神现象学》。1806年10月13日，黑格尔匆匆脱稿，以便出版商及时出版。在书中，黑格尔高度地赞扬了拿破仑，称之为骑在马背上的“世界灵魂”，他说：“我看到皇帝——这个世界灵魂，骑马穿城而过，去检阅军队。”

1807年，黑格尔因为学校战时停课，一时无所事事。不久，他担任了海德堡物理学会名誉会员，后得到同乡尼特哈默尔介绍，前往巴伐利亚的班堡担任《班堡日报》的编辑。不久，精力充沛的黑格尔的《科学体系：第一部，精神现象学》在班堡与维尔茨堡出版。他把书寄送给谢林征求意见，但是谢林反应冷淡，他甚至说黑格尔剽窃了他的观点而又叙述不当，两人于是闹翻而决裂。

1808年，黑格尔转任纽伦堡文科中学校长，全才的黑格尔兼教哲学、古典文学及高等数学科目。这时，黑格尔的哲学思想体系日渐完善，并在学术界引起重视。他的一个学生把黑格尔在《精神现象学》上的贡献称之为当代的“亚里士多德”，而把谢林称为柏拉图，其意不言自明，柏拉图是开路者，而后者贡献更大。

黑格尔恃才傲物，因此与同事们关系不是太好，但是他依然凭借自己的学术成果而当选为年度校长。可是却遭到评委的反对，黑格尔愤而辞职。这一年，弗里斯的《逻辑学体系》出版，黑格尔依然我行我素，他直言不讳地说：“《逻辑学体系》是毫无意义的出版物。”其后不久，黑格尔自己的《大逻辑》出版。在这里，黑格尔第一次应用到了辩证法思想。一年之后，《逻辑学》第二册《本质论》出版，这是他最为重要的著作之一。恩格斯说：“他真正的自然哲学是在《逻辑学》第二册即《本质论》中，这是全部理论的真正核心。”这几本著作，奠定了黑格尔在当时学术界的地位。1816 年 7 月，黑格尔先后接到海德堡、爱尔兰根、柏林三所大学的聘请书。

1916 年秋季，黑格尔来到巴登公国的海德堡大学担任哲学教授，接替了弗里斯的职位。10 月 28 日，黑格尔发表就职讲演，公开宣称“普鲁士国家就是建立在理性基础上的”，一反他青年时的论调。那时，他崇拜卢梭，崇拜拿破仑，向往资产阶级的民主与自由，反对封建专制制度，热烈地向往革命，并且，他与他的同学们一起在图宾根近郊种植了一棵“自由之树”。这前后不同的态度，表明了黑格尔的思想日渐保守，但他的学术水平却无可挑剔。第一年，他的学生有四个，第二年便一下增为十个。这一年，他的《逻辑学》第二卷主观逻辑、概念论出版，列宁称赞这部书说：“在黑格尔这部最唯心的著作中，唯心主义最少，唯物主义最多，‘矛盾’，然而这是事实。”

1817 年，黑格尔受到普鲁士文化教育卫生大臣阿尔滕斯坦的邀请，去接任费希特逝世后悬虚的哲学教席遗缺。1818 年 10 月，黑格尔到柏林大学就任哲学教授，年薪比他在海德堡大学任教时多一倍，虽然他想从政的愿望再一次落空，但依然满意地呆了下来。1819 年，叔本华也来到柏林大学任编外哲学讲师，他把开课时间定在黑格尔讲课的时间，结果，叔本华的听讲者人数寥寥，课程未授完，叔本华便悄悄离开了学校。

黑格尔对于文学艺术非常喜爱。他每到一处，必先打听是否有著名的作家、艺术家在此地。在柏林也是如此，他经常参加一些文学艺术集会。有一次，黑格尔听一场莫扎特乐典演奏会，一曲完了之后，黑格尔向该队指挥克莱因兴奋地表达自己的欢愉之情，但由于他不善言辞，越着急越说不清，口吃得越厉害，克莱因最后总算明白了黑格尔赞美的意思。他后来说："这一来，我算真喜欢这位口吃的哲学家了。"

1821 年，黑格尔出版了《法哲学原理》。在书中，黑格尔宣称君主立宪是最高、最完善的政体，这表明，黑格尔又站到了资产阶级立场方面去了。阿尔腾斯坦大臣复函黑格尔，称他为"普鲁士复兴的国家哲学家"。

由于黑格尔的哲学适应了普鲁士国家的需要，他在柏林大学的讲座吸引了不少听众，黑格尔主义一时颇为流行。他的学生为他与歌德举办联合生日庆祝会，使黑格尔的影响更为广泛。1826 年，叔本华再次来到柏林大学讲课，时间仍与黑格尔讲课时间相同，因无人听讲，他又悄然收场，黯然离去。但是，这时唯物主义哲学开始成长起来。黑格尔的学生费尔巴哈与他告别时说："我听了您两年课，我两年来完全献身于研究您的哲学。但是，现在我感觉到需要就教于与思辨哲学直接相对立的其他科学，即自然科学。"后来，费尔巴哈成为了著名的唯物主义哲学家。

1828 年，这时黑格尔 58 岁。第一学期，他讲授自然哲学时，听课学生 68 人。与此同时，里特尔讲授古代哲学史，讲课时间正与黑格尔相同，他的学生 84 个。这表明黑格尔哲学已出现衰落的迹象，但是，他在某些课程中，依然具有无与伦比的魅力。例如，在他讲的关于证明上帝存在的说明时，听课学生约有百人，并一度达到 200 人。1829 年 10 月，黑格尔接受普鲁士国王的任命，担任柏林大学校长职务一年，成为钦命青年导师。

1831 年，由于黑格尔表现出来的对于政府的顺从与拥护，普鲁士王威廉三世授予他三级红鹰勋章。这一时期，黑格尔主要是讲授法哲学，还修订了《精神现象学》以及为《精神现象学》与《逻辑学》的再版写序言。

1831 年 11 月 14 日，黑格尔感染了霍乱病，在柏林逝世。按照他的遗嘱葬在费希特与佐尔格墓旁。

黑格尔逝世后，黑格尔哲学依然风行了 10 年之久，"黑格尔主义"的独占统治达到了顶点，它甚至感染了与之相对立的思想势力。这一时期，黑格尔的观点浸入了大量的各种科学之中，甚至渗透了通俗读物与日报之中。当时所谓的"有教养的意识"，就是从这些通俗读物与日报中汲取这种思想材料的。他的著作除了生前出版的《精神现象学》、《逻辑学》、《哲学全书》（其中包括《小逻辑》、《自然哲学》、《精神哲学》)、《法哲学原理》等，逝世后又由他的学生整理出版了《哲学史讲演录》、《历史哲学》、《美学讲演录》等。他在柏林大学的哲学讲座的遗缺也由他的一位学生接任。

但是，并没有人完全理解黑格尔的哲学思想，这成为他一生的遗憾，也成为他屡遭误解的原因。著名的革命文学家海涅曾经说过这样一件事：在他听黑格尔讲课期间，有一次，海涅对于“凡是现实的都是合理的”这句话表示疑惑不解，黑格尔怪怪地笑了笑，对海涅说：“也可以这么说，凡是合理的必然都是现实的。”黑格尔说完连忙转过身向四周瞅了瞅，只有亨利希·贝尔注意到这句话，他这才放了心。随后，黑格尔对海涅说：“只有一个人理解我”(指他的学生罗森克兰茨)，但随后又激愤地加了一句：“甚至他也不了解我。”

伟大的黑格尔逝去了，他的伟大的著作以历史主义与辩证法为基础构建了哲学发展史上第一个完整的包罗万象的客观唯心主义哲学体系。他也因此而获得了巨大的声誉。但是，这一切都是建立在别人对他的哲学的不完整的理解甚至是误解之上的。不知这是他的幸运还是他的不幸?

普法战争

对于19世纪法国小说家都德的爱国小说《最后一课》，许多青年印象深刻，知道它是以1870年到1871年的普法战争为历史背景的。

普法战争在欧洲近代史上，算得上是有着某种承前启后作用的阶段性事件之一。

普法战争爆发于1870年7月。普鲁士和法国两国统治阶级挑起这场战争，各抱有自己的政治目的。

普法战争前，德意志处于大小邦国林立、各自为政的分裂状态。

1848年以后，普鲁士和萨克森等邦国大工业开始发展，经济出现高涨。但是资本主义在德意志的继续发展面临着各邦分裂这样一个巨大障碍，所以，统一问题就历史地提到日程上来。其可能的方式，一种是通过自下而上的革命，建立统一的民主共和国；另一种是通过王朝间的战争，建立统一的大帝国。

1861年，威廉一世继承普鲁士王位，任用俾斯麦为首相兼外交大臣。俾斯麦是普鲁士容克地主利益的代表人物，机智深算，桀骜不驯，手腕悍辣。他认为统一德国必须以普鲁士为核心，而且必须对另一大邦奥地利以及当时欧洲大陆霸主法兰西第二帝国进行战争才能达到目的。他宣称：“解决当前时代的大问题，不是演说，不是投票，而是铁和血。德意志所期待的不是普鲁士的自由主义，而是它的武装。”

果然，1866 年 6 月 17 日，俾斯麦即以两年前普、奥联合侵犯丹麦后分赃问题为由，发动侵奥战争。只用了 7 个星期，奥地利败北，被迫求和。俾斯麦老谋深算，以比较宽容的条件于 8 月 23 日在布拉格与奥订立和约，其用心在于这样做有利于其后对法进行战争。

普奥战争的结局，奥地利被迫退出德意志邦联，从而使普鲁士消除了统一道路上的内部主要障碍。1867 年，俾斯麦即组成了以普鲁士为首的北德意志邦盟，有莱茵河以北邦国二十二个，人口 3100 万。但南部的巴伐利亚、符腾堡、巴登和黑森——达姆施塔特四大邦国仍在邦盟之外。俾斯麦决心要把南部德意志各邦统一进来，建立德意志帝国。但是统一德意志的事业障碍重重，除了南部德意志各邦反对之外，最主要的是法兰西第二帝国的阻挠。

当时的法国历史上叫法兰西第二帝国，帝国的皇帝是路易·拿破仑·波拿巴，即拿破仑三世。拿破仑三世是一个政治阴谋家和军事冒险家，在 1848 年革命失败后，他窃取了法兰西第二共和国总统大权，又于 1851 年 12 月发动政变，废除第二共和国，恢复了帝制。他是法国金融贵族和工业大资产阶级反动势力的代表，推行了一整套反动的内外政策；对内实行军事独裁制度，建立了一支 50 万人的军队和 50 万人的警察官僚机构，疯狂镇压国内的民主运动和工人运动；对外实行沙文主义的侵略扩张政策，连年发动对外战争，例如第二次鸦片战争期间，1857—1858 年和 1860 年英法联军两次侵略我国，拿破仑三世就是罪魁祸首之一。他在位期间，侵略用兵远及亚非拉三洲，很少有一年不打仗的。这样一个强横霸道的国际野心家，当然决不肯坐视近邻德意志走向统一和强大，而必然要进行干涉和阻挠。拿破仑三世曾公开说：“德意志应分成三部分，永远不得统一。”

普奥战争后，以普鲁士为首的北德意志联邦的建立，使普鲁士成为法国在欧洲的劲敌，这对于法国大资产阶级称霸欧洲的野心是一个严重的打击。因此，拿破仑三世指望通过对普战争来阻止德国的统一，并且乘机夺取法国资产阶级垂涎已久的莱茵河左岸地区。同时，十九世纪六十年代末波拿巴王朝的反动独裁统治已激起了各阶层人民的广泛不满，法国社会的阶级矛盾，特别是无产阶级和资产阶级的矛盾十分尖锐，革命大有一触即发之势。拿破仑三世妄想通过打一场胜仗来摆脱帝国内部的政治危机。正如皇后欧尼妮对她儿子说："如果没有战争，吾儿就不能做皇帝了！"

在普鲁士方面，俾斯麦则除了决心搬开统一道路上法兰西第二帝国这块拦路石外，也还垂涎于法国矿产丰富并有重要战略价值的阿尔萨斯和洛林两地。在这种情况下，双方都在积极地准备战争，普法交兵势不可免。

因此，法国和普鲁士两国统治阶级都迫不及待地想同对方打仗，双方都为此进行了长期的准备，剩下的问题只是如何寻找一个对自己有利的交战借口，而西班牙王位继承问题正好提供了这样的借口。

西班牙女王伊沙贝拉为1868年西班牙革命所推翻，王座虚位以待。俾斯麦派人到西班牙收买新成立的临时政府，提议请普鲁士国王的堂兄利奥波德亲王去继承西班牙王位。这个计谋一旦实现，法国就有腹背受敌的危险，因此拿破仑三世向普鲁士提出抗议。虽然普王已劝利奥波德放弃西班牙王位，但拿破仑三世仍命令法国驻普大使要求普王再作一个书面声明，保证永不容许任何一个普鲁士亲王继承西班牙王位。普王同法国大使这次会见是在埃姆斯温泉进行的。普王拒绝作出这种保证，并把这次会见的结果用急电通知俾斯麦，俾斯麦故意将电文进行了修改，这份篡改了的"埃姆斯急电"终于成为普法战争的导火线。

1870年7月19日，法国对普鲁士宣战，普法战争就此爆发。

战争一开始，就暴露了法军的腐朽和无能。当时，法国的兵力不超过40万人，而能立即调到前线的只有20万，其中大部分部队的装备还不齐全，军需品不足，军用地图短缺，军队编制上也极为混乱。接到作战命令时，有的将军找不到自己的部队，有的部队则找不到自己的长官，甚至有的军官还呆在非洲的阿尔及尔尚未动身。在这种情况下，双方尚未交锋，法国统帅部的作战计划就破了产。

拿破仑三世原以为可以靠自己拥有的军事优势，采取先发制人的突然袭击的战略，快速攻入德境，打败普鲁士，但是，在亲自担任前线总司令的拿破仑三世到达边境要塞麦茨的时候，那里只有10万军队，军队的装备、弹药和粮秣均无保证。应征入伍的士兵有的要长途跋涉好几百公里，才能取得必需的装备。这样，按作战计划在拿破仑三世到达麦茨的第二天法军就要鸣炮进攻，现在却停留在国境线上达一个星期而毫无作为，有利的进攻时机被错过了。

法军行动迟缓，坐失良机，普军却由此赢得了集结兵力的充裕时间。所以，8 月 2 日当法军闯入德境，立即遭到普军的迎头痛击。8 月 4 日，普军就开始了全面反攻。8 月 6 日，维尔特一战，挫败了麦克马洪元帅所率领的法军六个师，法军很快全线崩溃。

拿破仑三世眼看形势不妙，就立即把帅印交给了巴赞元帅，自己坐上一辆马车狼狈向西逃跑。巴赞军遭到普军几次阻击之后，败入麦茨要塞，被包围得水泄不通。这样，法军的主力部队很快被分割成两部分：由巴赞元帅率领的一部分被包围在麦茨要塞；由拿破仑三世和麦克马洪元帅率领的另一部分在 30 日退守色当。

9 月 1 日拂晓，色当会战开始了。法军占据着坚固的阵地同普军对抗。但是，普军组成一个包围圈，在他们占领的高地上以 700 门大炮向色当轰击，炮弹雨点般地落到城内，全城一片火海。法军官兵争先恐后地向堡垒里钻，乱作一团，麦克马洪元帅也被打伤了。无奈之下，拿破仑三世在中央塔楼上竖起白旗，向普军投降。拿破仑三世还向普王写了一封无耻的降书，内容如下："我亲爱的兄弟，因为我未能死在我的军中，所以我只得把自己的佩剑献给陛下，我继续做陛下的好兄弟，拿破仑。"

9 月 2 日，法国皇帝、法国元帅、39 名将军和 8 万 6 千名兵士都当了俘虏，还有 650 门大炮也被普鲁士所缴获。这次战役在法国历史上叫"色当惨败"。马克思评论这次溃败时写道："1870 年法国的灾祸在近代世界史中是无与伦比的事！它表明：官方的法国、路易·波拿巴的法国、统治阶级及其国家寄生虫的法国是一具腐烂的尸体。"

色当惨败的消息传到巴黎，人民愤慨到极点。9 月 4 日巴黎爆发了革命，工人和小资产阶级群众涌进了波旁王宫。在汹涌澎湃的革命洪流冲击下，第二帝国就像纸房子一样倒塌下去，法兰西第三共和国宣告成立，以此结束了法国历史上王朝统治的时代。但乘机取得政权的资产阶级共和派，表面上宣称成立"国防政府"，实际上执行卖国政策。而普鲁士并不以色当的投降为满足，继续大举进犯法国。9 月 19 日，普军包围了巴黎。1871 年 1 月 28 日，法国卖国政府同普鲁士签订了屈辱的停战协定，5 月 10 日又缔结了《法兰克福和约》，割让阿尔萨斯和洛林，赔款五十亿法郎。普鲁士由于在战争中的胜利，德意志民族的统一终于最后完成。1871 年 1 月 18 日，德意志帝国在法国凡尔赛宫宣告成立，普鲁士国王也就当了德意志帝国的皇帝。

俾斯麦在统一过程中扮演了主角。不管其主观动机如何，他为促进统一而推行的政治外交和军事战争策略，在客观上顺应了历史发展的潮流，成为一个“从上面进行的普鲁士革命者”，不自觉地充当了 1848 年革命的“遗嘱执行人”。因此，应当肯定俾斯麦的历史功绩。

由于德国的统一是由普鲁士通过“自上而下”的王朝战争完成的，统一后的德国继承了普鲁士的君主制度、官僚警察制度和军国主义传统，容克阶级的社会政治势力原封不动地保存下来，这些封建残余使德国成为欧洲最富于侵略性的国家。

此后，德国资本主义迅速发展，跨入了世界先进国家之林。统一后的德国成为欧洲和世界上举足轻重的强国，这导致了国际政治格局的重大变化。

普法战争在法国却造成了另一种结果。由于战争之后阶级矛盾和民族矛盾更加激化，最终导致了巴黎公社无产阶级革命的爆发，其深远影响自更不待言了。

至于法国小说家都德，身逢其时，痛祖国丧失阿尔萨林、洛林二省而写了充满深沉爱国激情的《最后一课》。第一次世界大战后，阿、洛二省重归法国，可惜那时都德已去世 20 多年，不能亲见失土光复了。

“铁血宰相”俾斯麦

19 世纪上半叶的欧洲，还不存在现在的德国，只有一个松散的德意志联邦，实际上仍保持着封建割据的局面，这种情况很不利于德国资产阶级的发展进程。但是，德国出了一位可与英国克伦威尔、法国的拿破仑相媲美的传奇式人物。正是由于他的出现，统一了德意志诸邦，把一群任人欺凌的小国变成了当时世界第二强国，这个人就是“铁血宰相”俾斯麦。

俾斯麦 1815 年 4 月 1 日出生于普鲁士勃兰登堡申豪森一个容克地主家庭。俾斯麦的祖辈靠暴力掠夺了大量土地，成为易北河边远近闻名的容克贵族。

俾斯麦出生时的德意志，是个松散的政治联邦，有 34 个君主国和 4

个自由市。奥地利是“联邦会议”的主席，普鲁士联邦是仅次于奥地利 的大邦。普王腓特烈·威廉三世在国内推行封建强权统治，政局十分动荡。

俾斯麦出生后不久，全家就搬到柏林以北的波美拉尼亚居住，经营着三个小庄园。

童年时代的俾斯麦很顽皮，但是非常聪明。在他上中学期间，就能娴熟地使用英、法两种语言，还会讲俄语、荷兰语和波兰语。课余时间，俾斯麦还喜欢读歌德、席勒、莎士比亚的作品，他对历史书籍最感兴趣，从中他了解到欧美诸强壮大的历程和许多资产阶级的人文知识，这些对他的一生产生了十分重大的影响。

1832 年 5 月，17 岁的俾斯麦进入了汉诺威的哥廷根大学深造。在大学期间，俾斯麦家族狡猾和残暴的个性开始在他身上显现出来。他喜好喝酒、打架，入学不久就加入了排外性很强的汉诺威大学联合会，在 9 个月中就进行了 25 次和同学之间的决斗。后来，失望的母亲将俾斯麦转到了柏林大学，主修法律。这时，已成人的俾斯麦开始关注社会，关注国内甚至欧洲大陆的局势。这时英国已成为世界第一强国，法国随着工业革命的发展也正在强大起来。而德国则由于其分裂的状态而阻碍了自身的发展，俾斯麦不禁深深地为祖国命运所担忧。

毕业之后不久，母亲就去世了，俾斯麦只好回到不善经营的父亲身边，帮助他治理庄园。不久之后，俾斯麦就显示了其高超的管理才能以及随之而来的强硬个性。

庄园在父亲旧的方式的经营下已经财政拮据，面临衰败的危险。俾斯麦回家之后，不顾父亲的意见，大刀阔斧地进行改革。他采用西欧资本主义的方式对庄园进行管理，引进先进机械，推广优良品种，大幅度提高了粮食产量。另外，他还把一部分土地租给自由农耕种，自己则坐收租税。他不单只进行农业生产，还经营木材生意，扩大了财源。俾斯麦已从一个单纯的容克地主，转化成了容克资产阶级。

在治理庄园的过程中，俾斯麦对下层农民的生活毫不关心，只是不断地加大工作量，从中得到更大的利益。其庄园中的农民整日劳累不堪，但又不能表现出丝毫怨意，否则就会有严厉的惩罚在等着他们。

在俾斯麦的治理下，家业不断地扩大，社会地位也得到了很大的提高。这种声望使得俾斯麦在 1847 年顺利地当上了普鲁士的议员，开始了他的政治生涯。

当时的欧洲，正处在1848年席卷全欧洲的反封建革命运动前夕。德国的资产阶级工商业取得了很大发展，但也受到了封建割据势力的阻碍，于是他们提出了革命的口号，要建立适应本阶级发展的新政权。

1848年，革命爆发了，德国各地农民纷纷起义，捣毁地主庄园，焚烧地契，声势很大。但俾斯麦的庄园却十分平静，农民在他的压制下丝毫不敢反抗。并且，俾斯麦还是个顽固的保王派，他还曾在自己的领地上组织军队，时刻准备着前往柏林“保王救驾”。他还进谏国王，要求将议会解散。总之，俾斯麦的这种强硬的个性很快得到国王赏识，1851年至1859年被任命为普鲁士驻德意志联邦代表会的大使。在任职期间，俾斯麦有机会同各国政治家进行广泛接触，其中包括法国皇帝拿破仑三世及皇后欧仁妮。俾斯麦的眼界大开，同时也深深地体会到由于国势衰弱而低人一等的耻辱感，从此他下定决心，一定要统一整个德意志联邦，使德国成为世界强国。

1861年，新王威廉一世即位，俾斯麦就谒见国王，提出德国统一的方案，虽然最终未被采纳，但却使国王感觉到这个人是个不可多得的人材。

1862年，俾斯麦被委派到巴黎担任驻法大使。刚刚到任几个月，在9月20日，就被皇帝召回柏林，原来国内皇帝和议会之间产生了矛盾。国王希望能增加军费，进行军事改革，以便有实力与奥地利对抗，为统一德国做准备。而议会则担心一旦皇帝手中军事力量增强，就会限制议会对国家的影响。双方斗争甚为激烈。国王渐渐处于不利境地，已经写好了自己的退位诏书，这时突然想起了那个强硬的俾斯麦，国王隐约觉得这个人一定有能力扭转普鲁士的局势。

9月22日上午，国王在巴贝尔斯贝格宫接见了俾斯麦。国王诚恳地将形势介绍给了俾斯麦，并且明确承认，如果他不施以援手，自己将被迫退位，并让俾斯麦观看了退位诏书。俾斯麦毫不迟疑，马上答应出来组阁政府，但也提出了自己的要求：能在必要时违反议员意志进行陆军改革和建立新的兵役制。国王说：“既然如此，我的责任就是设法同你一起继续斗争，我就不退位了”。从此，俾斯麦和威廉一世就成了患难之交。国王在俾斯麦出任首相的几十年间，始终信任他，支持他；俾斯麦也忠心耿耿地为了国王而东征西战，毫无二心。1862年9月23日，俾斯麦被任命为首相兼外交大臣，从此德意志走上了统一的道路。

俾斯麦出任首相后，大刀阔斧地进行改革，实行强权统治，根本不把议会放在眼里。他说："德意志的未来不在于普鲁士的自由主义，而在于强权"，"天下的大问题不是靠演说，不是议会辩论就能解决的，只能靠铁和血"。"铁血宰相"之称就源出于此。他解散资产阶级议会，禁止他们集会，查封其报纸，普鲁士处在俾斯麦的专制统治之下。

俾斯麦也深知德国统一是大势所趋，要挽救普鲁士的君主政体只有顺应历史潮流，掌握统一运动的领导权。他知道统一过程阻碍重重，一方面国内的资产阶级和无产阶级都在争夺运动的领导权；一方面，无论是法国还是俄国，都不会容忍自己身边崛起一个统一而强大的德意志帝国。于是，俾斯麦决定以强大的武力为后盾，扫除障碍，实行一场自上而下的王朝统一战争。

1864 年，"铁血宰相"——俾斯麦迈出了统一德国的第一步，拉拢奥地利，发动了对丹麦的战争。当时丹麦受沙俄的影响很大，如果俄国出兵，战争就很难胜利。但当时俄国受波兰起义的影响和英法列强施以的巨大压力，形势十分被动。俾斯麦就是狡猾地玩弄外交手段，向沙俄表示"亲善"和"支持"。就这样，普奥联军在沙俄的默许下很快吞并了丹麦的两个小公国——荷尔施泰因和石勒苏益格。前者归奥所有，后者归普所有，这就为以后两者摩擦埋下了祸根。

外交事务中"没有永恒的朋友，只有永恒的利益"，这句话在俾斯麦身上得到了完美的体现。

俾斯麦统一战争的第二个目标恰恰就是刚刚还是朋友的奥地利。

由于俾斯麦的安排，使得普鲁士在石勒苏益格的占领部队不得不经常通过奥地利占领的荷尔施泰因，两国因此不断产生摩擦，于是俾斯麦一边故意与奥谈判，希望奥地利能将荷尔施泰因让于普鲁士，普鲁士给予一定的经济补偿；一方面又暗下搞外交活动，同法国和意大利结盟，争取俄国对其行动持中立态度，做好同奥地利进行战争的准备。

奥地利当然不愿让出荷尔施泰因壮大普鲁士的实力，于是一切准备妥当的俾斯麦在 1866 年 6 月挑起了奥普战争，战争形势顺利地按着俾斯麦的预计发展。7 月 3 日的萨多瓦战役中，普鲁士就军队取得了决定性的胜利，迫使战败的奥地利签订了屈辱的不平等条约：奥地利把威尼西亚让归意大利，从此退出德意志联邦。这样普鲁士就建立起了一个由它领导的北德意志联邦，包括 21 个邦，3 个自由市。

普奥战争的胜利，改变了国内局势。以前极力反对他的资产阶级，纷纷拜倒在他的脚下，疯狂拥护"铁血政策"，军事预算顺利追加，宪法纠纷问题随即解决了。

北德意志统一了，除奥地利外，德国西南部与法交界处，还有巴伐利亚、巴登、符腾堡、黑森四邦在法国暗里支持下保持着独立地位。统一南德的问题摆在俾斯麦眼前。

俾斯麦毫不犹豫，悍然发兵，攻入了不久前还是盟国的法国，挑起了著名的普法战争，迈出了统一王朝战争的第三步。拿破仑三世并不把德军放在眼中，认为普法战争不过是“到柏林的军事散步”。但这一次他想错了，他的对手不是别人，而是俾斯麦。由于当时欧洲列强与法都有矛盾，谁也不愿出手相助。德军势如破竹，在 1870 年 9 月 2 日的色当战役中大败法军，并且生擒了波拿巴三世。战败的法国只好同德国签定了屈辱的《凡尔赛和约》，法国向德国赔款 50 亿法郎，并把矿产资源丰富的阿尔萨斯和洛林两地割让给德国。凭借着这些不义之财，德国经济迅速发展，一跃成为世界第二大强国，发动了罪恶的第一次世界大战，这是后话，暂且不提。

至此统一南德的障碍已除，1871 年 1 月 18 日，威廉一世在法国凡尔赛宫宣布德国统一，成立德意志帝国，自己就任帝国国王。我想在那个时刻，威廉一世心中不知对俾斯麦怎样感激呢，要没有这个宰相，他早在 10 年前就退位了，更别提当上整个德意志帝国的皇帝。

德意志统一之后，俾斯麦又采取了许多措施，加强对德统治。对内他统一法律颁布宪法、规范政体、统一货币和度量衡、成立银行、剥夺教士特权等等；对外积极推行大陆政策，在 1873 年和俄、奥成立“三皇同盟”，孤立法国，从国内和国际两方面为德国资本主义的发展创造了条件。

随着德国资本主义工农业的发展，工人阶级队伍急剧壮大。他们在马克斯和恩格斯的直接领导下，成立了自己的政党——社会民主党。有了领导核心的工人运动开展得轰轰烈烈、如火如荼，德国成为了国际工人运动的中心。

1872 年，德工人运动领袖蓓蓓尔和威廉·李卜克内西以“叛国”罪被判刑。1878 年 10 日，俾斯麦又推出了所谓的“非常法”，规定任何团体、报刊及其印刷品或集会如系“社会民主党的，社会主义或共产主义的，旨在推翻现存国家和社会制度，而又以危害公安、特别是破坏居民群众和睦的方式表现出来的活动”一律予以禁止。并且，支持这些团体和行动的任何行为都将受到惩处。

据不完全统计，在非常法实施的12年中，强行解散了330多个工人组织，流放900多名工人运动积极分子，1300多种出版物遭查禁。

与此同时，俾斯麦还不断谋求对外的扩张，改变自己极少殖民地而与大国实力不符的形象，他们在非洲、亚洲等地展开掠夺，但遭到了海上霸主英国的全力反抗。当时，德国海军势力单薄，还不敢得罪英国，不得不收回触角，以保证自己在欧洲的强国地位。

俗话说：一朝天子一朝臣。

1888年6月，威廉二世继位，俾斯麦失去了一个强有力的靠山，而二世对俾斯麦的强硬、粗暴很是反感，也不愿自己身边有个功高盖主的宰相，二人经常发生摩擦。

深知好景不再的俾斯麦于1890年3月辞去了担任了近30年的宰相职务，回到自己的庄园，一代风流人物过起了孤独的生活。

1898年7月，俾斯麦在卡尔斯鲁厄去世，享年83岁。

为德国资本主义织裹尸布的人

“梭子在飞，织机在响，
我们织布，日夜匆忙——
老德意志，我们在织你的尸布，
我们织进三重的诅咒，
我们织！我们织！”

一看到这首坚强有力的、饱含愤怒的诗，我们一定会想到属于我们工人阶级的杰出诗人海涅。这首《西里西亚纺织工人》正是我们的诗人支援西里西亚工人起义时创作的最为人所熟知的一首。

亨利希·海涅于1797年12月13日出生在莱茵河畔杜塞尔多夫市一个破落的犹太家庭。父亲是一个小商人，收入微薄。家庭的贫困，社会对犹太人的歧视，使幼小的亨利希·海涅的心灵饱尝苦难。1795年，拿破仑率大军狂扫莱茵河流域，对德国的封建制度进行了一些民主改革，这使得犹太人的境况好了一些，因此，海涅从小就敬佩革命的拿破仑。

1819年，海涅在叔父的资助下，先后在波恩大学与柏林大学学习法律与哲学，接受了黑格尔的关于“我们先完成我们的哲学，然后完成我们的革命”的哲学观点。他积极参加柏林犹太文化科学协会的活动，为犹太人所遭受的苦难而斗争。青年的海涅开始创作诗歌，抒发个人在封建专制下的压抑与苦闷，主要有《青春的苦恼》、《抒情插曲》、《还乡集》、《北海集》等，后来结集为《诗歌集》出版。1825 年，海涅在哥本哈根大学毕业，获得法律博士学位。

大学毕业后，海涅到各地去游历，广泛地接触社会，扩大了他的视野，使他加深了对现实的认识。这期间，他写了四部散文旅行札记，描绘了优美的自然风光，表达了对封建的反动势力与教会的黑暗统治的痛恨，寄予了对劳动人民的深切同情。这四部札记有《哈尔茨山游记》，写的是自己的祖国，《观念——勒·格朗特文集》表达了对拿破仑的崇敬，第三部《从慕尼黑到热那亚的旅行》、《璐珈浴场》写了诗人在意大利的生活，第四部《英国断片》揭露了资产阶级的贪婪与残暴。海涅已从关注个人转向了关注社会，成为一个现实主义的革命诗人。1830 年，海涅被法国七月革命的热情所振奋，写下了著名的《颂歌》，由于海涅激进的革命倾向，德国国内的反动势力对他痛恨至极，海涅受到了愈来愈严重的迫害。1831 年 5 月，海涅怀着对法国革命的向往，流亡巴黎。

在巴黎，海涅接触到欧洲各种社会思潮。其中对他影响最大的就是法国的空想社会主义，海涅结识了法国著名作家巴尔扎克、乔治·桑等人以及波兰音乐家肖邦，这使得海涅对社会进行了更为深入的思考。他研究了法、德两国的文学与政治，写了大量论文，如著名的《论浪漫派》。海涅旁征博引，从文学、政治与宗教的关系中，剖析出德国浪漫主义文学的本质，指出它是专制主义的最有力的支柱。

19 世纪四十年代，德国也进入了如火如荼的革命时期，海涅积极地投身于祖国的解放斗争之中。1843 年 2 月，海涅在巴黎结识了无产阶级伟大的导师马克思，马克思给予他很大的帮助，他们结下了深厚的友谊。这期间，海涅完成了他的代表作《德国——一个冬天的童话》，海涅流亡 12 年之后第一次踏上祖国的大地，本来充满幻想的诗人被现实的德国社会震惊了。12 年过去了，封建的君主依然高高在上，美丽的祖国依然四分五裂，反动统治疯狂地镇压人民运动。12 年过去了，祖国如旧，在强烈的愤怒的激情下，海涅写下了这首著名的长诗。在诗中，海涅利用游记的形式，借用德国关于红胡子大帝的古老传说，把德国描绘为一切生机都已死亡的死气沉沉的冬天，号召人们不要再等待幸福的天国，应该团结起来，建立我们自己的天国，把一切罪恶都消灭掉。诗人表达了旧时代消逝，新时代必将生长的信念，他以狼为象征，表达了自己的革命信念：

“我永远是一只狼，
我有狼的牙齿与狼的心
我是一只狼，
我也将要永远嗥叫，
跟着狼群——。”

恩格斯称赞道：“德国当代最杰出的诗人亨利希·海涅也参加了我们的队伍。”

1844 年，德国爆发了西里西亚纺织工人起义。海涅热情地投入祖国的革命事业，创作了许多著名的诗篇，其中包括那篇《西里西亚纺织工人》。

革命风暴过去之后，海涅对资产阶级民主革命派的叛卖行为大为不满。胜利的希望重新躲藏在浓重的黑暗中，海涅处于极度的苦闷之中。由于病情恶化，海涅瘫痪在床。但是我们的诗人依然保持着战斗的激情，对反动势力充满了愤恨：

“我的心摧毁了，武器没有摧毁，
我倒下了
但没有失败。”

晚年的海涅对共产主义依然充满信心，坚信未来是工人阶级的社会。但同时，敏感的诗人担心胜利的无产阶级会毁灭自己美丽的诗歌。

1856 年 2 月 17 日，海涅在巴黎病逝。这位浑身充满战斗激情、一往无前的杰出诗人倒下了，但他那伟大的诗篇与光辉的形象必将激励我们永远前进。

古典主义和浪漫主义的折衷者
——门德尔松

19 世纪初期的德国，是封建阶级没落资产阶级崛起的时期，这一时期民主力量的日益活跃及其对封建腐朽统治的反感，表现在音乐文化领域，即是进步的音乐家采用不同的形式对同时代的封建贵族以及落后市民阶层的审美趣味及艺术风尚进行了无情的嘲讽，并与之进行了坚决有力的斗争。同时，这一时期也是德国音乐史上最灿烂辉煌、成果最丰硕的时期之一，在古典主义结束和浪漫主义产生的链接点上，便诞生了门德尔松这样一个与当时音乐家不同的“特殊”人物。

门德尔松（FelixMendelssohnBartholdy，1809—1847 年）是德国 19 世纪三、四十年代最著名的社会音乐活动家之一。和人们印象中的艺术家大都行为怪异、历经坎坷、命运多舛不一样，门德尔松诞生在一个相当优越、富足的家庭，正如 Felix 在德文中的意思一样，“幸运”、“幸福”笼罩在他那非凡的头顶上。良好的家族底蕴——祖父摩西是德国著名的哲学家，人称“犹太苏格拉底”；父亲是一位银行巨人，德国屈指可数的亿万富翁；母亲是一位大珠宝商的女儿，多才多艺，是门德尔松的启蒙教师——使门德尔松从小就接受了系统正规的全面教育，而父亲在自己花园中建造了可容纳几百人的音乐厅，对他的成长及其在音乐上取得的成就起到了难以估量的重要作用。

由于富足的家庭背景及门德尔松家族在当地的巨大影响，门德尔松从小就接受了第一流专家的教育和指导，从 5 岁起就学习了拉丁文、希腊文、历史、文学、算术、钢琴、作曲、和声、对位，此外，他还接受了贵族式的教育，学习了社交礼仪、骑马、游泳、击剑、舞蹈等。这为他以后在音乐上的发展奠定了坚实的基础。在父亲组织的沙龙上，门德尔松谛听了专业管弦乐队与合唱团的演奏与演唱，并结识了黑格尔、海涅、史文德、韦伯、采尔特、莫合列斯等社会名流。在高雅、文明的熏陶下，门德尔松养成了性情谦和的性格，品质高尚，温文尔雅，内心明朗、和平、安静。

门德尔松从小就表现出了出众的艺术才华，9 岁即登台表演钢琴独奏，10 岁时进行音乐创作，到 11 岁就写出了大合唱、喜剧歌、风琴曲、钢琴奏鸣曲、钢琴三重奏、小提琴鸣曲、歌曲及其他大量作品。

1821 年 11 月，柏林声乐学院院长采尔特将门德尔松介绍给了德国文学巨匠歌德。门德尔松以其高雅的气质和出众的才华博得了歌德的好感，与歌德的忘年之交使他受益很深。歌德博大深邃的思想，明睿丰富的智慧，勇于进取的精神和崇尚古典美的高雅趣味对门德尔松艺术观的形成起到了重要的奠基作用。

1823 年 2 月 3 日，在门德尔松的 15 岁生日宴会上，采尔特激动地高声宣布："从今天起，亲爱的孩子，你已不再是一个学徒，而是我的同事，是音乐大家族中独立的一员了，我以海顿、莫扎特和音乐之父巴赫的名义，授予你同事的称号。"这对门德尔松来说是一个巨大的评价，同时也是无尚的荣誉。

1829 年，年轻的门德尔松开始了为期三年的旅行演出，他走遍了欧洲许多文化圣地及历史名城。演出期间的见闻与旅行又激发起了他的创作灵感，构思并创作了一系列优秀的音乐作品，而这期间他又结识了他温柔、娴静、纯洁、美丽的妻子，美满的婚姻使他以极大的热情和动力投身到紧张的工作中去。

繁重的工作、频繁的社会活动使他患上了疾病，而胞姐芳妮的突然离去又给了他沉重的打击。公元 1847 年 11 月 4 日，不满 39 岁的德国音乐家门德尔松便英年早逝了。

门德尔松的一生是短暂的一生，但也是有争议的一生。

浪漫主义音乐的特点之一是超越现实，而对个人精神情感的表达也是一个特点，这在门德尔松创作的《仲夏夜之梦》序曲中有集中的表现。

引子，从木管弱奏的四个和弦开始，这飘渺的音响，描绘出朦胧夜色，虚幻仙境的故事背景；小提琴奏出的序曲基本主题及第二主题，刻画了雍容华贵、神采奕奕的仙王、仙后形象，并把欢快情绪推向高峰，而发展部再次呈现的仙人起舞的欢快场面与再现部从缓慢到快速发展，则把乐曲情绪推向高潮，序曲充满了诗情画意和梦幻迷离。

由此可见，门德尔松的幻想与大自然主题最为接近，他对幻想主题的偏爱，既不逃避现实生活，也无隐晦、邪恶，他用肯定的态度对待生活和大自然。

门德尔松站在时代的立场上，在浪漫主义的基础上又发扬了古典主义的精髓。自小接受的传统文化教育对他影响很深，他拜访过歌德，听过黑格尔的演讲，并且崇拜巴赫、莫扎特和贝多芬。1829 年，出于自己的文化眼光和对德国音乐文化传统的崇尚，他组织并指挥演出了巴赫的《马太受难曲》，使巴赫重新复活。1835 年门德尔松被任命为莱比锡城布业工会管弦乐指挥。此外，他还领导了莱比锡的爱乐协会"格万大厅"，上演曲目也主要是传播亨德尔、巴赫、维也纳古典乐派作曲家和舒伯特等德国民族的古典音乐作品。

门德尔松继承了德国民族古典音乐文化的传统，其创作、指挥和音乐教育等多种活动的展开也都与此有关。

但是门德尔松的许多作品缺乏令人开扩眼界的真正的深刻性，也没有不可言传的神秘性。他的趣味和爱好主要是古典乐派的音乐，从中汲取创作和谐和清晰而富于逻辑的思维。这与古典主义艺术崇尚秩序、平衡、控制和规范的完美相符，而与浪漫主义看重的自由、运动、激情和不受拘束相违。因此，后人就批评他，说其音乐像是暖房里培植的花朵，缺乏深刻的感情，缺乏戏剧性冲突，缺乏深刻性和英勇性，是保守的。

“他只想做和他的性格相适合的事，此外他什么也不做”，他的朋友德弗林如是说。这就是门德尔松，他的性格是反对脱离现实的。对他来讲，和当时的社会秩序取得艺术上的谅解是一种感情上的必要。由此可见，门德尔松音乐的局限性是由他的性格和周围所处的环境及社会思想决定的。他不是一位伟大的音乐家，但他是，而且将继续是一位大师。他对无言歌体裁的创用，音乐会标题序曲的创立，配器手法的发展以及指挥方法的革新都是一笔珍贵的财产，并且将推动音乐的发展。鲁宾斯坦在评论门德尔松时这样写道：“和其他伟大的作曲家比较起来，他不够深刻严肃和伟大——”，但是，“他的创作是形式和技巧完美的典范，是美好悦耳的典范……他的无言歌是抒情作品和钢琴妙品的宝物……他的小提琴协奏曲新颖而美丽，是充满高尚演奏技巧的独一无二的作品，这些作品使他得以与音乐艺术的最高的代表并列”。

历史总是需要一种人——比如门德尔松，集作曲家、指挥家、钢琴家、社会活动家和音乐教育家于一身的音乐大师——以解决时代的不协调。舒曼之所以向门德尔松表示敬意，可能就在于他是古典主义与浪漫主义的折衷者吧。

集作曲与评论于一身的伟大音乐家——舒曼

舒曼是 19 世纪上半叶德国音乐史上最突出的浪漫主义音乐家，也是欧洲音乐史上最杰出的音乐评论家。舒曼的一生，积极进取，执著勤奋，浮士德式的奋进精神使他以毕生的精力去追求自己热爱的事业。我们今天来研究舒曼，一方面不得不为他的天才以及伟大的熠熠放彩的成就所折服，另一方面又不得不怀着崇仰的心态去学习他那为事业献身的热烈情怀。

舒曼于1810年6月8日生于德国撒克逊州的茨维考城。他的父亲是一位文化素养较高的出版商。他热爱文学，曾翻泽过拜伦和瓦尔特·司各特的一些著作。舒曼自幼受父亲的影响，从小就热衷文学，涉猎群书尤其喜欢读歌德、拜伦的作品，作品中散发的浓郁的浪漫主义气息令年幼的舒曼如醉如痴，而且他开始动手写作，以致于在中学时代他已经写出了大量的抒情诗、三个剧本和两部长篇小说，早就为他以后的音乐生涯打下了坚实的基础。

同时，音乐天赋也如蓬勃萌发的春草似的在他身上显现出来。他能随手在钢琴上弹奏一些当场自制的小曲，这些小曲都是他灵感的迸发，他弹奏起来并不需要冥思苦想。而且他还能用这些小曲准确地描摹小伙伴的言行、性格，当他弹奏完，他的小伙伴们都能准确地指出曲调模仿的是谁。从这里我们似乎能看到作为音乐家的舒曼与生俱来的敏感、细致、善于表达内心深处的情感，做一个音乐家，这是幼年舒曼的一个最高理想。虽然年纪轻轻，但是每当他手抚钢琴，他便能自然地沉浸在快乐幸福之中，舒曼多么希望自己将来能成为一个钢琴家呀!

然而，上天似乎真的故意为这些一流的天才设置障碍，不幸的事件发生了。1826年，也就是舒曼16岁时，他的父亲去世了。他的母亲没有受过正规教育，目光短浅，思想偏执。她不允许舒曼继续攻读音乐，而是强迫舒曼进入莱比锡大学攻读法律。她期望自己的儿子将来能成为大律师，能挣大钱。舒曼不得不暂时屈服，就这样，这个天才的音乐旅程也暂时受到阻隔。在大学里，他苦苦煎熬。他从小酷爱浪漫主义文学，自身是一个极富浪漫主义气质的人，怎么能安下心来学习那些枯燥无味、死气沉沉的法律呢？他的面前有两条路可走，一条是按母亲的旨意走下去做一个律师；另一条是做母亲的叛逆者，固执而坚定地走自己愿意走的路：做一个音乐家。现实的疲乏与理想的引诱苦苦地折磨着他，他将何去何从呢？舒曼聪颖过人，天赋极高，如果他始终遵从母亲的意愿，也许会成为一个很出色的律师，但音乐史上必定无疑会减少辉煌的一页。可舒曼并没有迷失自己，两次偶然的事件促使他最终做出了自己的抉择。

一天晚上，舒曼参加了一位朋友家中举行的小型音乐会。在这里，他结识了当时声名显赫的音乐教育家弗莱特列克·维克以及他9岁的女儿克拉拉。年幼的钢琴家克拉拉娴熟的表演使舒曼找回了自己的童年，他一直潜伏未泯的理想再一次燃烧起来，他决心拜维克先生为师，向他学习钢琴演奏。从此，这两个人与舒曼有了千丝万缕的联系，而且克拉拉后来成为舒曼的妻子，成了舒曼精神上的支柱。另一次偶然事件是舒曼有幸聆听了“小提琴之王”帕格尼尼的演奏，那精彩的表演又一次让舒曼躁动不安，狂热不已。他再也不能忍受枯躁的法律学习，于是抓起笔来几乎声泪俱下地给母亲写了一封长信，恳求母亲同意自己放弃法律学习，去继续自己的音乐生涯，最后在维克先生的帮助下，舒曼的母亲终于答应了。舒曼成功了！音乐史将幸运地添上一个辉煌的名字。

年轻的舒曼如鱼得水，刻苦异常，他干脆搬进了维克先生的家，不分昼夜地用功练琴。他为了增强自己右手中指的灵活性，背着老师偷偷“发明”了一种机械装置——在天花板上安装一个滑轮，轮上穿过一根绳子，绳子的一端系住一个小铁锤，另一端系在右手中指上，他利用中指拉动铁锤，企图练就中指的灵活性。然而，这种“头悬梁锥刺骨”似的虐待使他遭受了巨大的损失，中指韧带损伤，关节巨痛，令他无法再从事钢琴演奏，成为一名钢琴演奏家的理想破灭了！

“文章憎命达，魑魅喜人过”，命运再一次捉弄了天才。舒曼并不因此气馁，他决定以后转向作曲和音乐评论。“塞翁失马，焉知非福”，作为作曲家和音乐评论家，他照样成功了！

舒曼于1834年在莱比锡创办了《新音乐报》，这是当时进步音乐思想的喉舌。在这个刊物上经常出现一个团体——“大卫同监社”。这是舒曼团结当地志同道合的朋友组成的一个想像中的团体，向当时音乐界陈腐、保守、庸俗的市侩风气展开尖锐的斗争。大卫是《圣经·旧约》中的领袖人物，英勇善战，酷爱音乐。在这个团体中，舒曼虚构了两个人物：弗洛列斯坦和约瑟比乌斯，通过这两个人物的对话、辩论和交流，舒曼发表自己对音乐、人物的各种看法和观点。舒曼利用《新音乐报》不仅批判了当时音乐界堕落不振的颓风，揭示了古典遗产的真正价值，并且以卓越的远见，鼓励了后起的青年音乐家如肖邦、柏辽兹、李斯特、勃拉姆斯等。他的第一篇评论向世界宣告了肖邦的天才，而最后一篇文章则推荐了当时还默默无闻的勃拉姆斯。

舒曼的创作是从钢琴音乐的写作开始的。他的重要作品有《狂欢节》、《交响练习曲》、《克莱斯勒利安娜》、《幻想曲》等。舒曼的作品更侧重于情感与心理状态的表现，使乐曲的表现手法更加细致、更加灵活。

在舒曼的音乐生涯中，有一个人是必须提及的，这就是他的妻子克拉拉。克拉拉幼年丧母，而父亲又非常刻板严厉，幼年的克拉拉缺少母爱，孤苦伶仃。舒曼的出现使她有了感情的依托，他们在一块练琴、学习、散步。她非常喜欢舒曼，喜欢他的幽默与机智，更羡慕他的天才，他们朝夕相处，形影不离。然而他们越来越亲密的友谊遭到了维克先生的不满。维克先生是一个非常势利的人，他希望克拉拉能嫁一位有钱有势的上流贵族，所以他不能再容忍舒曼继续待在自己家里。

然而这并不能阻止那炽热的爱情。专横的维克先生把克拉拉带离莱比锡，长期在外地旅行演出。距离的遥远并不能妨碍他们心灵的贴近，于是他们把各自的相思都诉诸书信。维克先生对此愤怒异常，严密监视女儿的行踪，而且给舒曼写了一封措词严厉的信，说他有一支手枪是专门为舒曼准备的，维克的蛮横遭到了门德尔松、肖邦等人的强烈抗议，他多年的老友李斯特更是与他断然绝交，这些都丝毫不能改变维克的铁石心肠。他居然在克拉拉 18 岁生日那天，把鼓足勇气登门造访的舒曼当众赶出自己的家门！最后还是克拉拉迈出了决定性的一步：她在 1839 年第一次离开父亲单独演出成功后，主动去找舒曼，而没有回到父亲那里，那时，她年仅 20 岁。老维克并没有因此认输让步，而是把这件事诉诸法庭，让法庭干预此事。有情人终成眷属，经过 1840 年多次艰苦的诉讼，法庭最终裁决克拉拉有权自主决定自己的命运，老维克以惨败而终，舒曼焦灼的灵魂终于得到了爱情之水的浇灌。1840 年 9 月 13 日，舒曼与克拉拉的婚礼在莱比锡郊外一座普通教堂里举行。来宾很少，新郎新娘只邀请了几位真正的知己，当然老维克没有参加。舒曼一生写过 250 首歌曲，其中 138 首写于辉煌美好的 1840 年。

克拉拉是一位伟大的女性。她承担起全部家务，全心全意支持丈夫的工作。她知道，做一个卓越的钢琴家必须向一个天才的作曲家让路，这才是惟一正确的选择，而丈夫的每一次成功都令她从内心里感到喜悦。当我们评论舒曼的伟大天才时，决不能忽略这位默默奉献的伟大女性。

过度的紧张工作以及以前曲折的爱情经历给舒曼的打击很大，造成的祸根开始渐渐发作，舒曼感到焦灼不安，精神失常。这种很多天才与生俱来的神经质的痛苦，使舒曼经常不能自已，恐惧、发狂，以致于 1854 年冬季的一天，他只身跳入莱茵河，结果幸运地被渔民救起。1856 年 7 月 29 日，舒曼以其 46 岁的生命告别人世，在克拉拉的怀抱里辞别了自己的爱人。

舒曼去世时，克拉拉只有 37 岁。此后，她在这个世界上又安详地度过了40个春秋，没有再婚，艰难地把7个女儿拉扯成人，安详平静地度过了自己的余生。

歌剧大师瓦格纳

歌剧是一种把诗和音乐结合在一起的综合艺术，产生于17世纪初期的意大利。歌剧的产生需要一系列的条件，而在17世纪初期，这些条件都已经具备。比如：

当时处在文艺复兴的末期，那时的人文艺术家追求对人内心世界和情感生活的揭示，而当时流行的复调音乐只能让人去注意音乐的旋律而忽视歌剧的内容。这时，他们便需要一种有别于复调音乐的新的综合艺术形式。

在16世纪，复调音乐逐渐向主调音乐过渡，人们的和声观念得到发展，并且逐渐远离复调音乐，一步步建立起了现代和声学。

在文艺复兴时期，各种综合艺术得到了较快的发展，像16世纪的牧歌中音乐与诗的结合并向戏剧的渗透等。

以上一些主观需要及客观条件促成了17世纪歌剧的产生。歌剧产生后，经过蒙特威尔第、格鲁克等人的改革，逐渐向现代形态转化，并且在18世纪初又产生了一种新风格的歌剧——喜歌剧，和传统的正歌剧相对立。

在德国，随着歌剧的传播与发展，它的地位于19世纪跃至重要地位。在19世纪后半期，瓦格纳的歌剧雄霸了整个德国，并对整个欧洲的歌剧产生了深远的影响。

既然歌剧是戏剧、诗与音乐的结合，那么在歌剧中，戏剧与音乐到底哪个重要便一直成为人们争论的对象。

在拉摩和格鲁克看来，音乐应该绝对服从于戏剧，他认为“质朴和真实是一切艺术作品美的伟大原则”。“音乐的使命在于辅助歌词加强情绪的表现，增加戏剧的趣味，而不是以耀眼的装饰，炫耀的人声来干扰或减弱戏剧情节。”而在另外一些人看来，比如以斯卡拉蒂为代表的那不勒斯乐派，他们忽视戏剧，只想到了歌剧中的音乐。

瓦格纳天才地把它们融合在于一起，把歌剧发展成了音乐戏剧，通常简称“乐剧”。

理查德·瓦格纳1813年5月22日出生于莱比锡的一个小官吏家庭，他的父亲卡尔·瓦格纳是一名警察局的记录员，他很有艺术修养，既会写诗，又懂戏剧。他的母亲罗西娜是一个很有音乐素养的人。在瓦格纳出生5个月后，他的父亲便因病故去。后来他的母亲带着九个孩子在德累斯顿改嫁给演员、戏剧诗人兼画家路德维希·盖叶尔。

瓦格纳的继父给了他无微不至的关怀，他在自传《我的一生》中曾这样写到过他的继父：“这个人非常好，我两岁时，他就把我们全家接到德累斯顿，后来又以最大的关怀教育我。”他的继父开始想让他学画，但他却厌倦于“没完没了地画眼睛”。而在他的周围，他看到的几乎全是演员：他的继父是一名演员，他的姐姐罗莎丽15岁便开始演戏，他另外两个姐姐克拉拉和露易丝也是演员，他的兄弟为了当演员甚至放弃了学医。这使得他从小就对戏剧很熟悉，只是瓦格纳并不想做一名演员，他只想写戏剧。

瓦格纳的天才表现在他富于幻想的性格和奇特的构思。他在13岁时就写了一部悲剧，在这出剧中，他让里面42个人物在前四场相继死去，到第五场，为了不让舞台过早地空起来，他又安排他们的幽灵一一再现。瓦格纳11岁开始学弹钢琴，但效果似乎不是很好，他说：“在我整个一生中，我没有能学会弹钢琴。”

在音乐上，是韦伯和贝多芬给了他很大的启发。在听到贝多芬为戏剧《哀格蒙特》的配乐后，他便决定用音乐装备自己13岁时创作的那部戏剧。而他在8岁时，就能背出韦伯的歌剧《自由射手》中的许多旋律。

瓦格纳开始的创作是很不成功的。他于1839年同妻子敏娜来到巴黎，那时的瓦格纳身无分文，他也无法找到一个合适的工作。这时他写出了歌剧《漂泊的荷兰人》的脚本，呈给了一个歌剧院的经理。

触动他写作这部歌剧的是，他去伦敦时在海上遇到的一次大风暴，在风暴里，敏感的瓦格纳想到了这样一个传说：失事的船将会回来。有一天，一名勇敢的水手——那个漂泊的荷兰人在众魔鬼面前起誓：不管狂风暴雨，他都必须绕一个海岬航行，他必须驶遍这个海岬所有的海岸，直到世界末日的来临。魔鬼们接受了他的誓言，也给了他这样一个得救的机会：每隔7年，他就可上岸设法结婚，如果他可以找到一个忠实于他的妻子，他就可得到解脱，否则，他将继续他那永无休止的航行。7 年之后，荷兰人离船上岸，没有人想嫁给他。但这时一个姑娘猜到了他不幸的命运，动了怜悯之心，向他表白了自己的爱情，并发誓爱他至死不渝。可是荷兰人拒绝了她，又回到了海上。而姑娘为了履行自己的誓言，对他所爱的人忠贞不贰，便投身在了大海的波涛之中，与此同时，魔船沉入了海底，荷兰人得到了解脱。

在这部歌剧中只有 4 个人物：荷兰人、桑妲、桑妲的父亲格兰特、她的未婚夫艾里克。没有比这再简单的主题了，但也没有比这更动人心弦了。

剧院经理对他的这个主题很感兴趣，便花了 500 法郎买下了这个脚本。但他出于不信任，把这个脚本给了别人谱写。

出于无奈，瓦格纳最后只好离开巴黎回到德国。这时，他得到他的歌剧《黎恩济》将在德国上演的消息。1842 年 10 月 20 日，《黎恩济》在德累斯顿上演，获得了极大的成功。这部歌剧的成功，成了瓦格纳辉煌事业的开始。1843 年 1 月 2 日，由他自己创作的《飘泊的荷兰人》也在德累斯顿上演，受到了很热烈的欢迎，但人们并没有理解这部歌剧的实质精神及其象征意义。

1848 年，瓦格纳参加了德累斯顿人民反对国王的“五月暴动”，失败后被迫流亡瑞士。在流亡期间，他创作了他的巨著《民伯龙根的指环》。这部巨著包含了一个序曲和四部歌剧，这四部歌剧分别是《莱茵的黄金》、《女武神》、《齐格弗里法》和《众神的黄昏》。这部作品来自日耳曼一个古老的传说：尼伯龙根族的一个矮人想办法得到了莱茵河底的黄金，他用这黄金打造了一个指环，得到它就可以统治全世界。日神之王佛旦俘获了尼伯龙根族的矮人阿尔贝利希，逼他交出财富和指环。但绝望的阿尔贝利希诅咒指环将给所有碰过它的人带来灾祸。佛旦只得被迫让出指环，以此交换他所爱恋的女人弗莱姬。从此，他力求重新得到指环，但已是徒然。由于无法制止爱情和权力在他身上的可悲冲突，他把所有天神召到瓦尔宫，在黄昏之时自焚于众人面前。

佛旦的女儿布兰希尔法为了同他所爱的英雄齐格弗里德结合而放弃了神的身份。他们两人共同完成了崇高的使命，把世界从黄金的恶运中解救出来，拯救了世界，尼伯龙根的指环重又回到了莱茵河的深处。

在 1862 年，瓦格纳得到了德皇的特赦回国。后来在路易二世的帮助下，在法国南部的拜鲁伊特建造了拜鲁伊特歌剧院。剧院建成后，分四场完整地演出了《尼伯龙根的指环》。

除了《漂泊的荷兰人》和《尼伯龙根的指环》外，瓦格纳的其他歌剧作品还有《特利斯坦与伊索尔法》、《纽伦堡的名歌手》、《罗恩格林》、《帕西法尔》等。

除了音乐家，瓦格纳还是一个诗人、哲学家。他的歌剧一般都是他自己写脚本。在哲学上，他与尼采、叔本华的哲学紧密呼应，尤其是尼采，他对瓦格纳的哲学观推崇备至。

1882 年，瓦格纳带着全家去威尼斯疗养。1883 年 2 月 13 日，他心脏病突发，病逝于意大利，后来他的遗体被运回拜鲁伊特安葬。

重建古典音乐的艺术家——勃拉姆斯

每一个时期，每一种艺术都有其相反的潮流，但是通常持不同意见的人是落伍者，他们中间很少有伟大的艺术家。但这里要谈的，他不是一般的反对者，不是一些口出怨言的小作曲家，备战的理论家，不成功的技巧演奏家，刻薄的批评家和顽固不化的哲学家，而是超越于以上各种人的世界上最伟大的作曲家之一——勃拉姆斯。

1833 年 5 月 7 日，不知道自己未来命运的勃拉姆斯诞生于德国北部的一个城市——汉堡。作为职业乐师的父亲与母亲的结合，和许多传奇音乐大师演奏的音乐一样充满了戏剧性。有一次演出结束后，勃拉姆斯的父亲——约翰·雅各布·勃拉姆斯偶然认识了一个中年妇女克里斯蒂娜。克里斯蒂娜，长相平平，脚有点瘸，年长约翰 17 岁。但就是这样的一个女人，因做得一手好菜而让约翰陶醉不已。在一个星期后的一个幸福的一天，约翰便和克里斯蒂娜步入了婚礼的殿堂。

勃拉姆斯的诞生并没有给这个家庭带来幸运，他们依然住在阴暗的贫民窟里，父母当初结婚时的戏剧性的浪漫情调早已消逝得无踪无影，取而代之的，则是无穷无尽的磕碰、烦恼和忧愁。童年的勃拉姆斯是贫苦的，但也是幸福的，因为他有一个懂得音乐的父亲，正是音乐，才使他幼小的心灵有了寄托。为了增加一些家庭收入，他 13 岁的时候，便开始给夜总会伴奏，后又给剧院演出伴奏，并做了私人教师。这期间，他写了许多舞曲、进行曲和管弦乐改编等。这锻炼了勃拉姆斯的写作能力，使他接触到了德国的民间音乐、城市音乐，为其日后的创作打下了必要的基础。

贫穷与不幸往往是孕育天才的沃土，在这块苦涩的沃土中，勃拉姆斯迅速成长。他没有进过专门的音乐学校，但是他却认识了一位“专业”的音乐教师马克森。正是在马克森严格的教导下，勃拉姆斯进步很快。在学习专业理论知识与钢琴技能之外，马克森还介绍了德国古典音乐与德国民间音乐，引导他对巴赫、贝多芬的作品和德国民歌产生了浓厚的兴趣。勃拉姆斯后来能跻身一流音乐大师之列，马克森功不可没。1882 年，49 岁的勃拉姆斯将他所写的 B 大调第二钢琴协奏曲献给了他的长者、教师和朋友马克森，以示尊敬和怀念。

是的，勃拉姆斯的童年是不幸的，严峻的现实生活使他变得很孤僻，沉默寡言，但这丝毫不能阻止他那奋发向上、不甘沉沦的年轻的心。他除了如饥似渴地汲取音乐先辈们的遗产外，还认真研究了但丁、歌德、席勒等文学巨匠的著作，提高了艺术素养。

1853 年，20 岁的勃拉姆斯离开汉堡，到欧洲各地进行演出，并结识了匈牙利小提琴家约瑟夫·约阿希姆，以及李斯特和舒曼夫妇等人。

“年轻的鹰”，这就是舒曼对勃拉姆斯的爱称。对于勃拉姆斯的才华，舒曼给了他高度的评价：所有现象告诉我们，他是一个负有使命的人！他的同行欢迎他走上世界的舞台，在这里，许多人遇到痛苦和失望，可是他也会遇到成功和荣誉，我们欢迎这位步伐豪迈的巨人。

舒曼不仅是勃拉姆斯的老师，而且还是亲密无间的朋友，但由于过度的紧张和疲劳以及艺术家特有的敏感和多疑使他的健康每况愈下。1854 年，舒曼突发精神病并住进医院，身为学生和朋友的他便义不容辞地担负起照顾克拉拉及其子女的重担。

在这时期，克拉拉的美丽、温柔、娴淑、文静深深地打动了勃拉姆斯，爱情的种子在他心底悄然萌发并疯狂生长。他对克拉拉的爱是热烈的，是疯狂的：“你已经使我，并且是每天都使我越来越对爱情、友爱和自我克制的性质感到惊讶。除了思念你，我什么事情也不能做。”天才的音乐家梦寐以求地憧憬着与克拉拉的幸福结合，但与此同时，他又为一种深深的内疚与罪恶感所折磨：舒曼是他极为爱戴尊敬的恩人、前辈和朋友，他怎能如此不仁不义，乘人之危呢？……他想到了自杀。柏拉图式的爱情，深深地折磨着勃拉姆斯，这也就是我们所说的疯狂的爱。

在克拉拉身上，我们看到了什么是爱，什么是崇高。作为一个比勃拉姆斯大 14 岁、并且已是 7 个孩子的母亲，她完全理解一个正处在单相思中的年轻人的心理，她也是为了他的前程，他的才华、他的青春而和蔼委婉地拒绝了他。

1856 年，舒曼辞别了这个可爱的人世。怀着对舒曼的悲痛和对克拉拉难言的感情，勃拉姆斯开始漫无目的地在欧洲游荡。其间，他开始了为期 10 年的为舒曼谱写的一部大合唱《德意志安魂曲》的创作。

19 世纪六十年代，在德国残酷的反动统治之下，社会民主思想遭到压制，知识分子表现了彷徨的情绪，勃拉姆斯也不例外。他一方面对祖国寄予希望，一方面又退缩到个人的天地里；再加上魏玛乐派和莱比锡乐派论争带给他的痛苦，1862 年，勃拉姆斯离开德国，迁居维也纳，担任合唱队的指导和“音乐之友”协会的交响乐队指挥。在这期间，他放弃了青年时代的管弦乐和协奏曲的创作，而转向室内乐、抒情歌曲、合唱曲等方面来，并研究了古典作曲家亨德尔、舒曼的作品和当地的民歌。

勃拉姆斯一生对工作严肃认真，严肃得似乎过了头。在普通人看来，他是一个自讨烦冗、过分细致的怪物。他的每一部作品，都经过仔细推敲。如其《第一交响曲》用了近 15 年的时间才完成，而他青年时代写的 B 大调三重奏则在 37 年后又重新改写一遍。

生活上的勃拉姆斯懒散邋遢，不拘小节，衣服没有纽扣，不修边幅，衣服乱扔，性格古怪，说话刻薄。如在一次各界名流聚集的晚会上，勃拉姆斯出言辛辣，极尽挖苦讽刺之能事。最后，他走到门口，转身向大家鞠了躬，说：“如果在座的哪一位今天晚上没有受到我的冒犯，那就请他原谅我的疏忽。”

勃拉姆斯终身未娶，因为他始终忘不了克拉拉，尽管其后有过几次恋爱的经历，但每次过后，他都会写出一部新的不朽的篇章。晚年，勃拉姆斯生活相当优裕，但其内心却异常孤独，他选择了舒曼推崇的“F—A—E”3 个音构成的格言“自由”——然而——孤独”作为自己晚年生活的归宿。

1896 年夏，克拉拉去世，勃拉姆斯失去了最后的精神支柱，极度的哀伤悲痛使他处于崩溃状态。在给克拉拉圣洁的遗体撇下一把纯真的泥土后，他对人们说，自己去另一个世界的日子已经不远了。1897 年 4 月 3 日，勃拉姆斯与世长辞。人们把他埋葬在著名的维也纳中央公墓他无限景仰的艺术大师贝多芬身旁。

勃拉姆斯生活的年代，正是浪漫主义音乐盛行的时代，浪漫主义艺术重视的是自由、运动、激情和不受拘束的表现形式，而古典主义则崇尚秩序、均衡、控制和规范的完美。勃拉姆斯选择了古典主义的因素，就是要使音乐重返到自己的天国里去。但他的“反潮流”更倾向于用音乐特有的语言去反对当时浪漫主义音乐创作中过多受文学制约，以及幻想有余而理性不足的缺点。勃拉姆斯对德国古典音乐传统的发展，是对过去伟大艺术的一种渴望，一种无法克制的向往，是一种对之进行挽救的欲望，或毋宁说是一种责任。

勃拉姆斯说过：“德意志的统一和巴赫全集的出版，是我一生中最大的两件事”，这就是说德国的统一，更激起了他的民族自尊心和自豪感，而巴赫作为一个古典主义音乐家则更受到了他的推崇。勃拉姆斯的内心有一种“不准落在贝多芬的交响曲造诣之下”的责任感。这需要说明，对古典主义音乐的创作，并非是要恢复其原来的传统，或说照搬，而是一方面追寻英雄时代的源泉，另一方面要在浪漫主义盛行的时代重新建立并达到新的高度。可以说，勃拉姆斯无论是在艺术上，还是在生活中，都是一位内心担负着过去、怀着苦味良心的人。或者说，过去和现实之间的分裂，是新的创作和悔恨，由此而来的内在的敏感性，使勃拉姆斯的人生成了哈姆雷特式的人生。

舒曼说过，勃拉姆斯的音乐“表达了我们时代最高的理想”。他的大多数作品都实践了古典主义的传统，如他的交响乐，按通常的四乐章结构进行创作，第一章的曲作也和古典格局相近，技巧运用古典主义的复调对位，不设标题等。而在他的钢琴曲创作中，从某种意义上讲，他不依靠情感的激发去创作音乐，而是通过古典音乐所具有的对乐音给予组织，发展的逻辑性和严密性，但是，我们应该明白的是，勃拉姆斯交响乐中的和声词汇、色彩浓郁而且层次丰富的管弦乐音响都是浪漫主义的。勃拉姆斯创作本身表明，重建古典，实际上是为音乐创作提供了一种新的动力，他只是以贵族式的精神去缅怀过去，去追求古典音乐所特有的善。

勃拉姆斯最重要的代表作之一就是他的四部交响乐。可以说，这四部交响乐就是他一生情感心灵的写照。《第一交响乐》：运用了古典主义音乐传统的表现手法；复调对位，配以结构密集的和弦，还有音响及配器，表现出了沉重、阴郁、晦涩的个性化情绪。这可能与他童年及少年时的生活及心情相对应。《第二交响乐》：在严肃深沉的潜流上流露出平静的田园气息，而第三乐章中的抒情，中庸、优雅的速度，穿插其中的小夜曲，则是一首音乐的诗篇；乐章末，则有爽朗充沛的精神气质。这应与其青年时的心情相对应。《第三交响乐》：表现了勃拉姆斯的温柔、深刻与怀旧。音乐透露出了多种性格，英雄的、抒情的、悲伤的，反映了他内在的矛盾性。很明显这与舒曼和克拉拉有关，还有当时的社会环境。《第四交响乐》：在这首歌曲中充满了悲剧气氛。前三乐章中充满了生活气息，而末乐章则表现了严峻、肃穆，甚至死亡，这应是勃拉姆斯晚年情感心灵在交响乐中的写照。

勃拉姆斯是德国古典主义音乐大师中的最后一人，他在欧洲音乐史上占有崇高的地位，汉斯·比罗在搞音乐评论时曾有一个“3B”的概念，其时它实指三人，一是巴赫（Bach），一是贝多芬（Beethoven），而另一个即是勃拉姆斯（Brahms）。事实上，巴赫和贝多芬也是勃拉姆斯名义上的老师和受崇者。由此可见，勃拉姆斯在德国、在欧洲，甚至在世界音乐史上都占据一席之地。

八匹马与大气压拔河

在德国，与意大利和法国几乎同期，也有人研究真空问题，著名的马德堡半球实验就是一个举世闻名的成功实验。

盖里格是马德堡市市长，也可以译为格里克或盖里克，他同时是一位物理学家。

1643 年，意大利物理学家托里拆利通过实验证明了大气压的存在并获得了真空，但是亚里士多德的学说统治已久，人们还是半信半疑。在德国，真空问题仍在争论。

盖里格于 1602 年出生，他出身于名门望族，游历于荷兰、法国、英国，成为一名兼通法律和数学的工程师。

他认为实验是自然科学中最有用处的，于是他开始做实验，以获取更大的真空。

一开始，他使用葡萄酒桶，装满了水，他想把水抽干，不就是真空了吗？但是桶密封性不好，结果没能成功。后来，盖里格发明了抽气机，他不断改进抽气机，结果终于可以获得比较接近真空的空间。

他用薄铜片做成铜球，开始抽走里面的空气，抽着抽着，一声巨响，球被压瘪了。于是他用了厚一些的铜做了球，结果球没有被压坏，但他想把空气再送进球里，结果场面也非常惊险，巨响不绝于耳。

盖里格制成了很多真空的球，他发现在这种条件下，小动物不能存活，火焰不能燃烧，而水果蔬菜却可以保鲜。

1654 年的一天，天空晴朗，人们集中在马德堡市的中心广场，消息早已传出，市长要展示马与大气压的比赛。

学者、百姓、贵族、还有德皇腓迪南二世。盖里格和助手们把两个精心制作的直径为 50 厘米的铜球壳抬上来，垫上橡皮圈，涂上油脂和在一起，两个半球吻合地扣好了，油脂是为了使球不透气。盖里格在解释，说球中是空气，如果直接来人，一拉就开，因为球内球外的大气压力平衡，而一旦球抽成真空，外界的大气压会作用在球的表面，把球压住，这时谁要是再想把球分开，就相当于和大气压比赛。

盖里格用自制的抽气机把半球内的空气抽了出去，球内形成真空了，气嘴拧紧后，两个半球严丝合缝。

工作准备完毕，盖里格令马夫牵来 8 匹大马，观众们倍感惊奇，很多人表示不相信。一会儿，球的两边各拴上 4 匹马，这样 8 匹马分成两组，向相反的方向拉。马夫用皮鞭猛抽马匹，8 匹高头大马猛力向前，结果铜球纹丝未动。

人群沸腾了，议论纷纷，人们被这饶有趣味的场面吸引住了。盖里格又命令马夫一边增加四匹马，16 匹马猛拉之下，只听到一声巨响，广场上如同起了一个炸雷，两个半球被拉开了，在那一瞬间，外面的空气以极快的速度冲进球内，引起爆裂。

马德堡半球实验使大气压的观念深入人心，是物理学史上著名的实验，人们为了纪念这次实验，把两个铜球命名为马德堡半球。

现在，铜球被陈列在展览厅，人们看到铜球，耳边似乎回响起盖里格的声音：“大气压是普遍存在的。”

二进制数之父

现代计算机广泛采用二进制。可以说，二进制数改变了技术时代，使得高科技以崭新的面貌出现。真正的二进制算术是莱布尼茨提出的。

在此前有很多二进制，但只有莱布尼茨是数学上明确用二进制数的人，也是他发明了这一数制。

有意思的是，很多人认为他是受《易经》的启发，其实不然，莱布尼茨运用他的知识研究《易经》是相互启发的过程，他的二进制运用更为熟练有效。

莱布尼茨在《致德雷蒙的信·论中国哲学》文章出指出：“《易经》，也就是变易之书。在伏羲以后许多世纪，文王和儿子周公以及在文王和周公以后5个世纪的著名的孔子，都曾在这64个图形中寻找过哲学的秘密。……恰恰是二进制算术。……《易经》中的阴爻‘一’，就是0，阳爻‘一’就是1。这个算术提供了计算千变万化数目的最简便的方式。”

法国传教士鲍威特（就是白晋）1687年到达中国，他在1698年首次把易经六十四卦排成相应的数字。他与莱布尼茨十分友好，到1701年，莱布尼茨弄清了二进制数表，4月份将表送给了鲍威特。鲍威特给莱布尼茨寄去了《伏羲六十四卦次序图》和《伏羲六十四卦方位图》。

基于此，莱布尼茨发表了论文《论中国伏羲二进制数级制》。莱布尼茨揭示了易经中卦的数学现象，揭示了六十四卦与二进制的联系，并认为二进制为中国古代伏羲的发明。

但我们说，虽然莱布尼茨这样谦虚地认为，但作为科技意义和思维科学意义的数学来说，二进制数是莱布尼茨的发明。

电子计算机的电路，用通电和断电这两种状态表示最可靠，正好对应二进制的两种状态即1和0。

莱布尼茨是德国著名的哲学家和数学家，于1646年7月1日出生于莱比锡名门世家，他的父亲是一位哲学教授，在他6岁时，父亲就去世了，大量的藏书和良好的家境为他的成长提供了有利条件。

莱布尼茨8岁时自学拉丁文，12岁时学习希腊文，少年时代就掌握了几门外语，15岁时考入著名的莱比锡大学，开始研究数学。大学毕业后，莱布尼茨获得法学博士学位，在外交界工作。他是哲学家、数学家，并且有卓越的语言才能和外交活动能力。

1666年，莱布尼茨就读于何尔道夫大学，发表了《论组合的艺术》，显示了他的数学天才。这篇论文讨论了数理逻辑的思想，成为近代数学重要分支——数理逻辑的创始。

1672年，莱布尼茨作为大使出访巴黎，在长达4年的时间里，结识了荷兰数学家惠更斯。他一生与1063个人通过信，交流哲学与数学观点，他的近1万5千封信涉及到很多科学领域。他一生一直过着独身生活，把业余时间都用在了科学与哲学研究上。

莱布尼茨设计了一台机械计算机，比帕斯卡设计的第一台计算机要高级，可以运算加减乘除，因此入选皇家学会。

微积分是莱布尼茨伟大的发明。但由于和牛顿的争吵，他一直蒙受“抄袭”的不白之冤。

1693年，莱布尼茨发现了活力守恒定律，就是现在的机械能守恒定律。

莱布尼茨在他的科学与社会活动中促成了一件意义重大的事情——柏林科学院的成立。在考察了伦敦的皇家学会和法国巴黎科学院之后，莱布尼茨在1700年帮助组建了柏林科学院，并出任第一任院长。

莱布尼茨首次在数学中引进了“常量”以及“变量”、“函数”等概念。他对变分法的建立做出了贡献。

微积分基本公式又叫牛顿-莱布尼茨公式，它揭示了定积分与不定积分这两个截然不同的概念间的联系。从此以后，人们得到了求定积分的一般方法，并使得不定积分的问题在数学分析和应用中显出重要意义，积分学开始独立出来。

数学上还有著名的18世纪贝努利-莱布尼茨诡论，促使人们对复变量对数函数的研究。严格来说，莱布尼茨的微积分概念是不准确的，柯西的出现，才使得现在的教科书出现了科学的、现代的推导。

星云假说与宇宙起源

我们现在身处的世界，它究竟从何而来？怎样而来？天上众多的恒星与行星是怎样形成的？时间怎样产生？空间怎样产生？

很多神话都讲述了他们认为的宇宙的由来，不同民族的神话阐述了他们民族的关于人类起源和宇宙起源的看法。

总的来说，统治东西方文化观念的是神创说。到了近代，由于科学与近代哲学的发展，人们对世界从哪里来提出探询。当代的宇宙大爆炸学说是最新的解释。

1748 年，法国的科学家布丰就认为地球和行星是太阳与彗星剧烈碰撞后所遗留下的残片形成的。他的这种假说是不符合科学的，但是已经摆脱了神创论的旧习惯束缚，走上了科学探讨宇宙起源的道路。

而 18 世纪的科学思想，却让人更加重视除很多大物理学家、大化学家与生物学家之外的大哲学家的工作。

真正在科学价值上具有重大意义，在神创宇宙观上打开了缺口的人，是德国的大哲学家康德。

1755 年，《白色通史和天体论》出版，彰明了康德的星云假说，这种思想在 18 世纪初始终没有占主流，但在拉普拉斯那里得到了集大成式的总结和更科学的发展。

康德认为，太阳系的起源是原始星云造成的。起初，星云的微粒散布在广大的空间，不均匀地分布着，渐渐地，较大的粒子具有较大的引力，使其周围的粒子向它们聚集。而较大粒子具有的引力与所吸引的粒子的引力聚在一起，或者形成更大的引力的团体以吸引其他团体，或者向其他引力团体靠拢。

也就是说，大质点不断汇集，采用一种滚雪球似的过程。就这样继续下去，形成若干个引力中心，或为中心天体。太阳就是太阳系的中心天体，也是引力中心。

太阳吸引周围的微粒，它不断吸引，下落物越多，引力越大，而引力越大吸引速度越快。但引力不是单纯的吸引力，在各种微小粒子之间，又存在一种相互排斥的力。由于斥力，使得向引力中心下落的天体不遵循直线运动而是偏转，于是垂直的下落运动变成围绕引力中心的圆周运动，微粒凝成的团块就这样变成一个巨大的漩涡。

在巨大的漩涡中的物质，主要集中在垂直于其转动轴的平面上，形成圆盘状的结构。这个由质点形成的圆盘状的结构就是一个星系，比如说太阳系。

至于卫星的生成，行星的生成，均和运动及斥力有关。

牛顿建立经典物理学的时候，不知道宇宙内是怎么出现的第一推动，于是他让上帝推了一下宇宙，宇宙就转起来了。而康德丢开了神力，以运动做为世界的本原力量，这就是他的革命所在。难怪恩格斯说："是从哥白尼以来天文学取得的最大进步。"

康德的理论把宇宙从神学中解放出来。

现在，人们把宇宙起源的星云假说，称为"康德—拉普拉斯假说”。这一假说成为19世纪的主流。是康德为人类科学地探论宇宙的起源开了先河，他是一位不折不扣的理论物理学家。

哲学家的习惯是追求终极本原，康德在研究地球、恒星、行星的演化过程中，认为牛顿定律只描述了图景而没有解释图景，哲学家的思维方式使他寻求“初始原因”从而进一步提出了星云假说。

康德最先指出潮汐摩擦力有一个重要作用即促使地球的旋转渐渐迟缓。而这种摩擦又靠了它的反作用，迫使月球从同一面对着地球。他指出地球自转时地面各带线速度的差异，可以解释“贸易风”及空气的其他类似的不断流动现象。

康德是德国古典哲学的奠基人，也是德国古典美学的奠基人。他生于东普鲁士的哥尼斯堡，父亲是一位制革匠。康德1724年出生，1740年至1745年大学期间攻读自然科学、哲学和神学。

1770年康德正式成为哥尼斯堡大学的教授。他的讲座是形而上学、逻辑、数学，一直到他逝世。康德是一位典型的德国学者，具有形而上学的思维特征，他的著作大多是晦涩难读的哲学作品。

1770年前他主要研究自然哲学，1770年后研究哲学。他的哲学基本上是想调和此前的西方哲学经验主义和理性主义。他的《判断力批判》是西方美学史上的重要著作。

发现新行星

在18世纪以前，人们只知道太阳系的六大行星：金星、水星、地球、火星、木星和土星。那时的人们认为土星是太阳系的边缘，土星是离太阳最远的行星。

1781年3月13日，在英国居住的德国天文学家赫歇尔观测星空，他用望远镜观察金牛座，搜寻恒星。正是晚上10点多钟，是观察星星的大好时机。整整7年了，赫歇尔养成的习惯是每晚观测星空。他自己制作成功反射式望远镜，用来求得准确的结果。

突然，有一个暗蓝色的天体在星座间缓缓移动，用赫歇尔自己的话来说，“星云状恒星或彗星”显出了圆面。根据颜色和形状判断，这不是恒星！

没有恒星能够在望远镜里显出圆面，这是赫歇尔的经验。连续观察几天后，赫歇尔发现这颗星的轨道近似一个圆，也就是说，与行星相似，而它的轨道在土星的外面，这个发现太令人激动了。

原来，很多人其实看见过这个新星，不过都把它当成了恒星，有人把它当成了彗星，连赫歇尔一开始也误认为它是一颗彗星。

不容置疑的证据是：望远镜中出现了圆面，就这样，新的行星发现了。

天文学界轰动了，而英国也被震动了！太阳系被扩大了，哥白尼“日心说”又添加了有力的证明。人们的视野更加广大，思维更加开阔了，19 世纪另外两颗行星就是受此影响发现的。

1733 年 11 月 15 日，弗里德里希·威廉·赫歇尔出生于德国的汉诺威。他的父亲是一名乐器演奏员，在军队中服役。

14 岁时，赫歇尔就接了父亲的班，当上了军乐队里的乐手。但是他并不想当兵，于是辞去了职务，搬到英国居住。在英国，他赖以谋生的手段是教授音乐。他做过乐队指挥，后来还当了教堂风琴手，同时教人音乐演奏。这样，赫歇尔的收入还很可观。

但他不仅要养家糊口，还要进行研究。他对天文发生了极大的兴趣，读了光学和行星的著作，于是观察天空。但要观察天空，必须要有望远镜。

望远镜很贵重，好的望远镜更加贵重。于是赫歇尔决定自己做，因为他实在买不起贵重的望远镜。他自己反复制作打磨，做出了一架十分优质的望远镜。

后来，赫歇尔的妹妹也到了英国，兄妹二人都是天文爱好者，二人一起做望远镜，就这样，1774 年他们做出了世界上最好的望远镜。正是这架望远镜，使赫歇尔取得了惊人的发现。1787 年，他们又制成了口径为 45 厘米的中型望远镜。1789 年，赫歇尔又制成了口径是 122 厘米的望远镜，这是他一开始制作的望远镜的 8 倍。

就这样，一名默默无闻的音乐人成为举世闻名的天文学家，人们称赞他是天空开路人。

新的行星发现了，如何命名呢?

有的提议，就叫“赫歇尔”星吧，这可不行，赫歇尔反对道：“我是一个平凡的人，不能因为有一点点成绩就居功自傲。”

按照惯例，新发现的人拥有命名权。赫歇尔和大家讨论来讨论去，最后同意，就依照前面五大行星吧。前五大行星的命名都是统一的希腊神话中神的名字。于是，天文学家波德起了一个名字：乌兰纳斯。

在希腊神话中，乌兰纳斯是土星神名所代表的神（萨都恩）的父亲，我国在翻译时译成了天王星。

赫歇尔就是发现天王星的第一人，他的妹妹是人类历史上第一个女性天文学家。

因为这巨大的发现，赫歇尔如愿以偿地成为一名职业科学家。1781年，皇家学会决定吸收赫歇尔为会员。

英王乔治三世亲自接见这位异邦侨居的而且是业余的科学家，册封他为皇家天文学家，他的每年薪金达到200镑，可以专门从事天文研究。

赫歇尔研究了星团和星云。

他发现，在茫茫宇宙的区域里，很多地方的恒星密度十分大，恒星集中，远远高于其他天域，于是他想到这应该是恒星成团出现。他的先进的望远镜，使得很多被误认为是星云的恒星团以真实的面目呈现在世人面前。当然，星云也确实存在，这一点赫歇尔业已指出。

1800年的时候，赫歇尔用十分精确的温度表进行实验，他研究太阳光谱的各种色光的热作用。在这个过程中，赫歇尔发现了太阳光中的红外线作用，他科学地推测得出了红外辐射的性质。

在赫歇尔那里，诞生了彩色光度学。

他对双星的研究做出了重要的贡献。他发现了在恒星中有互相绕行的双星现象。人们大多数情况下都认为双星之间是纯粹偶然，没有必然的规律。赫歇尔却告诉人们，双星存在着科学的引力作用，牛顿定律不仅仅在地球和太阳系，就是在遥远的恒星上，万有引力的定律也是正确的，双星就是宇宙空间内万有引力定律的强有力证明。

1782年，赫歇尔发表了双星表，记载了共227对双星，到1784、1821年两次增加，共增加579对。

赫歇尔对天文的观测一向以准确、精细著称。

他对恒星采用计数的测量方法。他先确定好星空位置，一步一步地，详详细细地把这个位置内的恒星数出来，做好记录。

通过恒星计数，赫歇尔发现太阳系可能是处在银河系中心附近的地方，而不在银河系的正中心。现代的观测证明了他的推断。

通过恒星计数，赫歇尔还发现银河系的形状，他指出银河系是一个扁平状的圆盘一样的数以千亿万亿计的星体组成的物体。

1783 年，赫歇尔取得了又一重大的天文学成就。这可以算为他的几大重要功绩之一。他通过研究数颗恒星的运动，发现太阳系正在发生偏移。太阳自己也在运行，它不是在空中不动，而是朝武仙座以极其缓慢的速度推进。

只不过因为这实在太微小了，人们难以觉察出来。赫歇尔打破了太阳静止的假说，更进一步说明，茫茫宇宙没有中心，太阳系也不是真正的中心。这些论证和天才的布鲁诺的哲学推测相符。让我们更加赞叹布鲁诺的天才预见能力，也更加缅怀这位人类进步史上真正的英雄。

赫歇尔制作的最先进的望远镜是在十个助手的协助下完成的，这是一巨型望远镜。整整用了四年时间，赫歇尔才完成了 40 英尺长、口径 48 英寸的望远镜的制作。

利用先进的天文望远镜，他发现了土星的两颗卫星。

但是这个大望远镜因为太重而变了形。

赫歇尔在南非的好望角建立了天文台。

他的儿子约翰·赫歇尔也成为著名天文学家，父子二人共同创建了英国皇家天文学会，他荣任第一任会长。

1822 年 8 月 25 日，赫歇尔逝世。

这位自学成才的天文学巨匠，是 18 世纪最伟大的天文学家。

世界上下五千年
shijie shangxia wuqiannian

近代欧洲科技文化撷英

到底是谁发现了氧气

18 世纪的最大化学家是拉瓦锡。其实在这一名称后面，还有一个令人遗憾的故事。

舍勒是一名卓越的药剂师，他一生秉持“研究化学，造福人类”的信条，做出了许多贡献。但是由于他发表的时间晚于别人，许多工作被同时代的人在他后面做出而先于他发表，因此丧失了优先权。

不过，现在的人们认识到了他的巨大贡献，人们在化学史的发展中也牢记了他的名字。

从古代起，人们就认为空气是一种气体，“气体”一词是赫尔蒙特发明的，因为从他开始，发现自然界中的气体是多种多样的。

1772 年，普利斯特列发表了论文“对各种空气的观察”，记载了很多气体。

1774 年，普利斯特列发现，空气里加热水银可以得到一种物质，其实就是我们现在所称的“氧化汞”，当时普利斯特列称之为矿灰。

普利斯特列把矿灰放在集气装置中加热，想看看有没有气体生成，结果真收集到了一种新的气体，这种气体不溶于水，但是可以助燃。后来他偶然吸入这种空气，感到十分舒服。当时，普利斯特列曾经开玩笑地说：“这种气体会不会成为消费品而被人抢购呢？至今为止，这种能使精神振作、疲劳缓解的气体只有老鼠和我本人吸过。”

普利斯特列发现的就是氧气，不过他仍然信奉燃素说，所以他把这种气体命名为“脱燃素空气”。普利斯特列到死，都不相信拉瓦锡的氧化理论。

舍勒于 1742 年生于瑞典的波美拉尼亚，现今德国的一部分。

他 14 岁起，便做了学徒，所幸的是，他是在药房里工作，因此成为了一名药剂师。借这个工作的便利，舍勒一生发现了许多化学物质。

在实验中，舍勒发现空气不是一种气体。他认识到了两种成份，其中的一种不助燃，他称为不吸引燃素。另外一种助燃，他称这种助燃的空气为火空气。

舍勒也是燃素说的忠实信徒，他发现的“火空气”就是氧气。

但他的有关著作在1775年送出印刷时，出版商没有及时付印，结果晚了两年。而这时大家都知道普利斯特列发现了“脱燃素空气”。

舍勒只活了44岁。他研究化学，首先是从兴趣出发，为人类的发展做贡献，造福世界。

在32岁时，他被瑞典皇家科学院招聘为院士。很多科研机构、大学都请他去教学或做顾问，许以高薪和令人羡慕的职位，但是舍勒都婉言谢绝了。

他只愿意继续研究，在平凡的小镇上做一名平凡的药剂师。在药剂试制的过程中，他发现了多种酸。

1782年，他制得了游离状态的氢氰酸，后来又发现了磷酸、钼酸、砷酸、五倍子酸、乳酸、重石酸等等，此外还有大量的脂类品种发现，如醋酸酯、盐酸酯、硝酸酯、苯甲酸酯。

1768年，舍勒发现了对现代人类的生活有很大影响的氯化银的分解。他把硝酸银与盐酸混合，生成白色沉淀氯化银。当氯化银在阳光下的时候，变成黑色。

这一原理就是广泛的摄影所采用的化学方法，可以冲像洗像。

1774年，舍勒发现二氧化锰与盐酸可以反应，结果两者相遇冒出了气味难闻的黄绿色气体，刺激性极其强烈。舍勒发现了这种气体的性质：有漂白作用和腐蚀金属的作用，并微溶于水，而且毒性很大。

这正是一种新元素。可惜舍勒没能正确地揭示出来这一现象，因为他相信燃素说，结果失去了发现新元素的机会。

舍勒做出过许多发现，但是由于他的认识有失误，对许多新事物视而不见，结果失去众多的机会。例如氧气，他虽然发现了，也没能够准确解释出其本质，错误的旧有观念束缚了他的研究，这在科学史上给我们留下了许多警示。

舍勒是为化学事业献身的，他研制出新的药品，总要尝一尝，长期以来，他便慢性中毒而过早去世了。

他依然是人们所尊敬的探寻者。

燃素说的束缚

整个18世纪，在理论方面的突破首先表现在化学上。化学革命的完成和燃素说有关，最终到拉瓦锡止。

燃烧是很古老的现象，人们在原始社会就会利用天然火，后来学会人工取火。火这种燃烧现象使人类由愚昧走向文明。

火和燃烧现象最受化学家关注，因为许多化学过程中均有燃烧现象。

人们冶炼金属，需要燃烧；人们做熟食物，也需要燃烧。在18世纪以前，人们崇拜火，认为火是圣物。

17世纪，化学家们大都发现了空气对燃烧的必要性。在这以前，很多人都注意到木柴烧成灰后重量比原来减轻了，由此人们推测燃烧时有某种东西不在了，逃离了。而人们又看到烧后的灰烬不易燃烧，于是很容易认为逃离的东西就是易燃的东西。

当时人们有一种解释惯例，对物质的重量、磁性、光度、热量、弹性等等用某种性质的素解释，由于有了这些素而有了这些性质。比如说重量是重素起作用，磁性是磁素的作用，弹性是弹素作用，热性是热素起作用等等。

但谁也没见过这些素，于是人们认为这些素是看不见摸不着、穿透力极其强的东西。这种解释是由于人们的思想单纯造成的。波义尔受这种思想影响，提出“火素”说，他认为火是一种实实在在的东西，是由具有重量的“火微粒”构成。

燃素说最早可以追溯到波义尔的同时代人德国化学家贝歇尔。

贝歇尔于1635年出生，1669年他发表了《地下物理学》一书，提出了三种土元素：玻璃状土、油状土、充质土。一切能燃烧的物体里都有油状土。贝歇尔的三种划分恰好对应古希腊的三元素说，并没有多少独创性。但他提出了油状土逸出的观点，认为燃烧使得油状土逃离，只有玻璃状土留下来。

这个说法在贝歇尔的学生那里系统发展，提出了燃素说。他就是斯塔尔。

斯塔尔1660年出生，是普鲁士国王的御医。他认为燃素到处都有，如果在大自然界，便引发雷鸣电闪；如果存在于活的生命体之中，就构成生物的活力因素。受万物有灵的影响，斯塔尔认为，燃素存在于矿物之中，使矿物燃烧，而且使矿物具有成为它自身的性质，有了燃素，每种东西才是自己；失去了燃素，就是灰烬，灰烬是死的。如果灰烬得到燃素，就可以再成为矿物。

“燃素”一词，来自希腊文，意思是“从火开始”。这个词早就出现了，在斯塔尔那里成为术语流传开来。

燃素说之所以影响很大，主要是因为当时人们的大多数化学反应都可以用它来解释。比如斯塔尔认为，化学变化就是物体释放与吸收燃素的过程。凡是氧化过程，斯塔尔均认为是燃素逃离的过程。斯塔尔还认为，金属生锈与木材燃烧是同一类化学过程，都是失去燃素的过程。

硫磺的燃烧也是释放燃素的过程，之后硫磺变成了硫酸，而硫酸放入松节油加热的过程就是重新获得燃素的过程，硫酸还原成硫磺。

燃素说基本没有科学价值。但是直到18世纪末拉瓦锡发现了氧气之后，燃素说才被推翻。这种错误的观点竟然能流传百年，表明在科学发展的历程中，化学发展的缓慢和不易。而燃素说中所表现出来的人们在习惯思维限制下做出的种种错上加错的行为，为世人警醒。

摩擦电的研究

电是人类改变自己文明进程的一项大发明。很多科学家为了研究自然真理，为了造福全人类，牺牲自己而在所不惜，这是一种崇高忘我的探寻精神。

18世纪上半叶，关于雷电的研究是个空白，其实对于一般的电现象也是没有多大研究。英国的吉尔伯特做了电学研究的开创性工作，但之后的电学处于盲目状态。

1729年，54岁的格雷偶然发现，当玻璃管经摩擦带电时，塞住玻璃管两端的软木塞也带电。进一步，他有意识地用一根木杆的一端插进软木塞，而另一端插进一个象牙球，结果发现，玻璃管带电时，连象牙球都可以吸引羽毛。于是，又经过一系列的实验，格雷得出结论：有些物质可以传电，有些物体不能传电，可以用来保存电荷。按照格雷的说法，软木只能导电，不能带电。1733 年，皇家花园的管家、法国物理学家迪费做了实验，用带电玻璃棒去接触悬在空中的软木，结果和格雷说的不同。

1734 年，迪费发现了两种不同的电荷。他说："机遇又赐予我一条原理，它更为普遍，也更为精彩，它给电学以新的启示。这条原理就是有两种不同的电：一种我命名为玻璃电，一种我命名为树脂电。"

这其实就是正电荷与负电荷。

莱顿瓶的出现为研究电的进展做出了推动。1745 年，荷兰莱顿大学的物理教授在一次实验中偶然发现，玻璃瓶可以贮电。当时他的助手被贮电的玻璃瓶电了一下，他便和助手交换位置，结果他自己也被电了。于是，人们认识到干燥的玻璃瓶可以贮电。由于莱顿大学使这项发现传开，所以人们称为"莱顿"瓶。

有了莱顿瓶，人们纷纷表演电的威力。法国物理学家诺莱特曾经召集上百名修士，让他们手拉手排成一排，观众们都来看热闹，就连法国国王路易十五也来了。结果莱顿瓶一放电，上百名修士全都被电得大跳大叫，人们由此认识到了电的速度和电的威力。

为了研究雷电，很多科学家设置了引电装置，"费城实验"中，富兰克林发现被装在莱顿瓶中的天电功能与地电没有什么区别。许多科学家为了研究天电都被电击中过，而俄国科学家利赫曼因此献出生命。

在俄国著名科学家罗蒙诺索夫的回忆中说道："我虽幸免于死亡，但我的密友的惨白的尸体以及他的妻子儿女全家老幼的哭声，使我感到那么难受。我对聚集在那儿的许多人说不出一句话来，也作不出一句回答，只望着这个一个小时前曾和我一起开会、一起讨论我们未来的公开演讲会的人的面孔。从吊起来的铁丝发出的第一次打击击中了他的头部，在他的额上留下了一个红色的、樱桃似的斑点，而雷电力则经过他的脚部，通过地板而远逸。"

俄国物理学家利赫曼（1753 年去世）和他的学生兼朋友、俄国伟大的科学家罗蒙诺索夫一起，不怕牺牲，在自己家的屋顶上架设了一种"引雷器"，结果利赫曼身亡。以上是罗蒙诺索夫的回忆，真实反映了科学家的不怕牺牲的精神。

用自己的名字命名小草

有一位大科学家，他将一棵高度仅10厘米的常青草命名为“林奈草”，把自己比作一株平凡普通的小草，异常谦虚。他获得了瑞典国王授予的“北极星爵士”头衔之后特意做的这件事，以鞭策自己做一个平凡普通的探索者，不骄不躁。

他就是“现代生物分类学之父”——卡尔·林奈。

在17世纪，生物界渐渐地有两套方法进行分类，形成明确的习惯。第一种是人为分类法，代表是意大利生物学家马尔比基。第二种是自然分类法，代表是英国生物学家雷伊。

马尔比基的方法根据生物的器官形态，但只需一种或少数几种器官。雷伊的方法则需要依据生物的多数或全部器官，这样，前者较简单明了但太粗糙，后者繁琐又不太实用。

到了18世纪，博物学的资料越来越多，积累越来越丰富，生物分类以及进化论的萌芽均开始有所发展。

早在希腊时期的柏拉图和亚里士多德就提出来了分类法。柏拉图提出以形态为准的两分法，亚里士多德提出“属”与“种”的概念，成为生物分类的伟大先驱者。

亚里士多德本人曾描述过500种动物。到17世纪初，人们已经知道大约六千多种植物。18世纪，人们的认识又翻了三番，总共知道约18000种新植物。动物学面临的种类也越来越多，生物分类成为一项紧迫的科学任务摆在人们面前。

林奈于1705年5月23日出生于瑞典南方的司马兰德省拉舒尔特村，那是一个漂亮优美的村庄。他的父亲本来是农民，后来做了牧师，也许对土地有着不舍的眷恋，他十分热爱大自然。

他们家门口有一株十分古老的高大的菩提树，根据“菩提树”的发音，他们一家便姓林奈。

老林奈十分热爱花草树木，在家门口种植了一座小花园，他家房前屋后都是各种奇花异草和枝叶茂盛的树木。小林奈从小生活在美丽的植物园中，这对他以后走向博物学者之路影响很大。在博物方面，老林奈有着丰富的知识，他成为小林奈的第一任教师。

林奈的中学老师罗斯曼对林奈帮助很大。林奈学业并不突出，只是对树木花草有异乎寻常的爱好，他出色的植物学知识引起了罗斯曼的关注。林奈中学毕业，迫于生计，只好在一家鞋铺里当学徒，这时，罗斯曼将林奈接到自己家中，并提供给林奈大量书籍。

罗斯曼还传授林奈生理学和植物学知识以及研究方法。林奈第一次在罗斯曼家看到法国植物学家杜纳福的《植物学大纲》，这本著作深深地打动了林奈，使他下决心研究生物分类学。

罗斯曼以他的慧眼发现了林奈这匹千里马，没有让他埋没在店铺里。在他的帮助和鼓励下，林奈考上了大学。1727 年，林奈进入瑞典的龙德大学，在这所学校，林奈学习了一年左右遇上了第二位对他很有帮助的老师，著名的博物学家、医生司徒比。司徒比无私地对待林奈，传授给他采集标本和制作标本的方法，并且把自己珍藏的全部标本提供给林奈做研究，这为林奈奠定了学术基础和经验。

1728 年，林奈转学到更好的学校，即瑞典著名的乌帕萨拉大学。在这里，他系统地学习了博物学以及标本制作，成为小有名气的博物学家，崭露头角。

这次他认识了著名的植物学和医学专家、教授摄尔恩。这位善于培养人才的学者发现林奈在植物分类学上的造诣很高，让他当上了大学助教，还让他独自讲授植物学课，使林奈的才华得到充分施展。

1732 年，瑞典科学院资助考察队，林奈和一个探险队来到瑞典北部拉普兰地区进行野外考察，历经艰难，采集了大量植物标本，在方圆约 4600 英里的荒凉地区发现了 100 多种新植物，此次考察的成果是《拉伯兰植物志》。

年方 25 岁的林奈受到瑞典科学院的嘉奖，并且以他的名字命名了一个属为“林奈大属”。尽管他很杰出，但由于他提前毕业没有学位，乌帕萨拉大学不能留他任教了。

林奈很不高兴，闷闷不乐，郁郁寡欢。一天，他的邻居莫勒来家做客，看到林奈，觉得他才华出众，很欣赏他。老人提出把女儿许配给林奈，不过希望林奈能取得学位。1735 年，林奈周游各国，在荷兰取得了医学博士学位，完成了自己的心愿，也完成了老人的嘱托。同年，林奈出版了《自然系统》的第一版。

《自然系统》中，林奈首先提出了以植物的性器官为准则进行分类的标准。书的第一版只有薄薄的 12 页，但很快就产生了影响。“知识的第一步，就是要了解事物本身，这意味着对客观事物要具有确切的理解；通过有条理的分类和精确的命名，我们可以区分并认识客观物体；……分类和命名是科学的基础。”在此，林奈提出了分类的意义。

植物的有系统的双命名制是博欣与土尔恩福尔首先创立的，林奈更把它加以发展。他在拉普兰为了采集北极植物，在拉普兰人中间游历，看到人种显著的差别。在他的《自然系统》中，他把人与猿猴、狐猴、蝙蝠同放在“灵长目”中，又按照皮肤的颜色与其他特点，把人分为四类。

林奈在生物学中最主要工作是建立了人为分类体系和双名制命名法。林奈把自然界分为三界：即动物界、植物界和矿物界。对于植物界，林奈依据雄蕊和雌蕊的类型、数量及大小等特征，还有蕊的排列顺序，种种条件把植物分为 24 纲、116 目、1000 多个属和 100000 多个种。林奈首创了纲、目、属、种的概念。

林奈把人为分类法运用到动物界，1746 年他出版《瑞典动物志》。在此书中，林奈将动物分为 6 大纲：鸟纲、两栖纲、哺乳纲、鱼纲、昆虫纲、蠕虫纲。他发现，人与类人猿在身体构造上具有相似性，所以把人与猿归入同一个属中。

林奈成为生物学发展的里程碑，并成为近代以来首先确定人类在动物界的第一人。

1745 年，林奈发表了《欧兰及高特兰旅行记》。林奈提出了双名制命名法，并在 1753 年的《植物种志》中全面推广使用了这种方法。双名制就是所有的物种均用两个拉丁字去命名，属名在前，种名在后，学名由属名和种名组成，这种命名方式结束了以前的混乱命名现象。林奈认为，属名好比整个家族的姓氏，而种名就是每个家庭成员的名字。林奈的双名制命名法于 1867 年被国际植物学会确认，成为全世界统一的命名方法。

《自然系统》一书在林奈生前一直增订修改。1768 年，这本书出了第十二版，比第一版的 12 页多出 1000 多页，共有 1327 页了。

林奈认为，“人为体系只有在自然体系尚未发现以前才用得着，人为体系只告诉我们辨识植物，自然体系却能把植物的本性告诉我们。”他同时认识到，真正的自然体系是复杂的而且随意性很强，所以很难建立。这是在进化论出现以后的事情了。

林奈的地位很高，学生们到处探险采集标本而不让他冒险，这样，有的青年丧生了，林奈十分悲伤。

1761 年，国王册封林奈为贵族，称他为“卡尔·冯·林奈”。1778 年林奈去世，葬礼很隆重。

林奈去世以后，英国的博物学家史密斯来到瑞典林奈的家中，请求购买林奈的书籍和收藏的标本，家人同意了，瑞典政府也未意识到什么，等到装载林奈遗物的英国船开动，瑞典人才意识到失去了珍宝。

据说，瑞典海军曾出动军舰去追赶，但是英国船跑得非常快，最终没有赶上，瑞典政府痛失了珍贵的科学遗产。

电气时代的来临

从吉尔伯特以来，人们基本研究的是静电。富兰克林等人研究的也属于瞬间释放的电，而不是持续的电流，人们不知怎样发电。

伏打电堆是电池的原型，它的出现改变了静电研究的状态，使人们对电流能够有深入地认识，这不仅仅表现在动电学研究上，更重要的是，由此开启了人类的电气时代。

电流是怎样发现的呢？这里面有很多偶然。

1780 年 9 月的一天，意大利波洛尼亚大学的医学和解剖学教授伽伐尼和他的两个助手做实验。

他们做的是解剖青蛙的实验，要将青蛙做成切片。青蛙被解剖完了，青蛙下肢的神经完全暴露出来。一名助手顺手把解剖刀放在了一只蛙腿的神经上，突然间，已经死了的青蛙竟然动了！四只蛙腿抽搐颤动。

伽伐尼没有放过这个异常现象，他于是立即重复做这个动作，结果发现蛙腿一接触到金属解剖刀，便开始抽动。伽伐尼心想，这是电现象，也许是由于自然界中的电而产生的。

在大雷雨天，伽伐尼将青蛙用铜丝挂起来，吊在铁格子上，闪电交加时，他看到青蛙腿在抽动。为了进一步证明他的想法，他在万里无云的大晴天做这个实验，结果青蛙依然抽动。本来想证明自己的观点，却被实验推翻了，因为晴天时，基本上收集不到大气电荷。

后来，伽伐尼在封闭的屋子里继续实验，发现使用相同的金属联结起来，分触蛙神经，蛙腿不能抽动，而使用不同的金属触及蛙神经并且相联结，则可以发生抽动现象，但不同的金属引起的抽动程度不一样，有的剧烈有的缓慢。

之所以一开始发现蛙腿抽动，原因就在于解剖刀是金属，而蛙放在金属的解剖桌上，助手顺手把解剖刀一放，刀与桌相连，又触及蛙腿，引起了抽动。但是为什么抽动，伽伐尼没有想明白。

他认为，金属相连接构成回路，所以导电，这一点他认识得十分正确。然而他是一名生物电研究者，他忽略了不同金属才能引起蛙腿抽动的事实，却把蛙作为原因。

伽伐尼认为，电来自有机体内部。动物神经相当于一个莱顿瓶，金属构成回路，由此导电。他还认为，这种电必须由不同的金属才能激发出来，伽伐尼认为这是“动物电”。

1791 年，伽伐尼发表了论文《论肌肉运动中的电力》。这一发现轰动一时，人们联想到海里的鳗鱼之类带电的动物，也没有表示什么怀疑。

然而有一个人对伽伐尼深表怀疑，他就是意大利物理学家伏打。伏打于 1745 年出生，是一位青年科学家。他在意大利帕维亚大学教授自然哲学。1791 年，伏打获得皇家学会的科普利奖，并当选为皇家学会会员。

伏打重新做实验，根据相同的金属不能产生电流这个现象，他将注意力转移到了金属本身。

1792 年，伏打指出，伽伐尼所言的动物电是不存在的。伽伐尼恰恰弄反了，不是金属无用，恰恰是两种不同金属产生的电流，蛙腿则起了一个检验电荷是否存在的作用。

1794 年，伏打不断地做了无蛙腿参与的实验，他用不同的金属相触，检测了电流的发生。

其实，早在 1752 年，有一位意大利学者就有过伏打类似的经历。这位学者名叫祖尔策。他有一次，很偶然地将铅片与银片含在嘴里，放在舌尖上。结果舌尖有一种特殊的味道，其实这不是什么味道，而是两种不同金属与湿润的舌尖形成通路，有电流经过的麻酥酥的感觉。

但是祖尔策没有找到原因，也没有再把这件事放在心上，就这样白白地浪费了发现电流的大好时机。

伏打和伽伐尼二人观点不同，开始争论。在论争中，伏打做了一系列的实验，结果证明他的观点更接近正确的实验现象。

伏打得到一个金属序列：锌、锡、铅、铜、银、金……这就是著名的物理上的伏打序列。在这个序列中，任意两种金属相接触就可产生电流，距离越远的两种金属相连接，产生的电流越强。伏打还发现，接触后，排在前面的金属带正电、排在后面的金属带负电。

1799—1800 年，伏打发明了发生装置——伏打电堆，它能够产生持续的直流电。

伏打具体地叙述如下：

“取上 30 块、40 块、50 块，当然 60 块更好，这样较多的铜片，如果是银片，则会更好。将它们每一块都与另外一种金属片相接触，这另外一种金属片选用锡片或锌片，后者则更好。

“用同样数目的水层，或者同样数目的用液体浸泡过的卡纸或皮革等均可，我发现水并不理想，如果用盐水或碱液是最好不过。”

“一切准备就绪，把那些卡纸或皮革夹在每对或每个组合所包含的两种不同的金属之间。这样间隔而成，按照顺序循环排列，这就做好了一个发电体。”

这种装置，如果叠得越多，电流就越强。

1800 年，伏打致信英国皇家学会主席布克司，布克司将信发表在皇家学会的公报上，一举惊人。

1802 年，美国与俄国的物理学家在伏打发明的基础上，分别做成了两个大电堆，发电产生的热把金属都熔化了，可见电堆之巨大。

伏打后来又继续改进，制出了更加易用的电堆。

稳定直流电流的出现宣告了人类的电气时代的到来。

数学家族伯努利

世界著名的大数学家欧拉与伯努利家族关系很好。伯努利家族在世界家族史上创了一项纪录：数学世家。

在数学与物理数学领域中，伯努利随处可见，比如说伯努利数列、伯努利—莱布尼茨诡论、伯努利方程。

数学史上，有一个历经 2000 多年才被解决的难题，此题形式简单：求自然数 1，2，3，一直到几的任意次方（自然数次方）之和。写成公

式就是求 $S_K=1^K+2^K+3^K+\cdots\cdots+n^K$，K 为自然数。

当 K=1 时，公元前 6 世纪的毕达哥拉斯学派求出了答案，即 $S_1=1+2+3+\cdots\cdots+n$，可得 $S_1=1/2(n+1)$。后来，公元前 200 多年的阿基米德求出 $S_2=1/6(n+1)(2n+1)$。公元 1 世纪的尼扣马克求出了 S3，但 S4 直到 1000 年后才由公元 11 世纪时的阿拉伯数学家解出。

对于任意自然数 K，彻底解决了这个问题的是 17 世纪的雅各·伯努利。

雅各·伯努利 1655 年出生，是伯努利家族的后裔。这个家族近一半人天资聪明，他们几乎都是杰出的学者、教授、政治家和艺术家等等。这个家族在发展微积分理论上，起着突出的作用，他们为近代数学的发展做出了家族贡献。

伯努利家族祖居荷兰，他们信奉新教，因此受到天主教会的迫害。1583 年，为了逃避天主教徒的大屠杀和残酷迫害，伯努利家族迁居到瑞士，在著名的巴塞尔城住下来。刚搬到巴塞尔，便与当地一位富商联上姻亲，始祖尼古拉·伯努利与富商的女儿结了婚，后来便成了统治整个巴塞尔城商人贵族集团的重要成员之一。

雅各·伯努利是迁至巴塞尔的家族第二代人。他的两个弟弟是尼古拉第一和约翰第一。他们三人在微积分上贡献非凡，享有盛誉。17 世纪末，雅各·伯努利发展了莱布尼茨的微积分学，创立了变分法，提出并解决了部分等周问题和切线问题。

据不完全统计，伯努利家族祖孙四、五代 12 人中，至少有 10 名数学家。

雅各·伯努利还提出中等数学中有名的题目，若一个等差数列前两项为正且互不相同，而这两项与一个等比数列的前两项相同，则这个等差数列所有以后各项都小于相应的等比数列的各项。

雅各·伯努利又叫雅各第一。他自幼聪明勤奋，自学了笛卡尔的著作，后来结识了莱布尼茨、惠更斯等著名数学家。

伯努利家族的数学家从雅各开始，大都担任巴塞尔大学的数学教授。1686 年，雅各成为伯努利家族第一位巴塞尔大学教授，他详细彻底地研究了悬链线问题。雅各·伯努利证明，给定长度的绳子，如果两头悬挂它，悬链线的重心最低。现在的悬桥和高压输电线应用原理由此而来。

雅各第一的墓志铭上镌刻着一反一正两条对数螺线，这是他晚年的发现。对数螺线无论是放大还是缩小，只要它的位置有所改变，其形状不会改变。所以碑文上被刻上了“尽管改变，我仍将要实现”的字样。

雅各·伯努利的弟弟尼古拉和约翰都是数学家。尼古拉后来在圣彼得堡从事数学研究，他去世时，叶卡杰琳娜女皇为他举行了国葬。约翰于1705年接任兄长的巴塞尔大学数学教授的职务，欧拉就是受约翰的指导和教育而成长起来的。

约翰是微积分学上有着重要地位的数学家。牛顿晚年解答的那道著名的题就出自约翰之手。有关“最速降线”的解答，约翰、雅各、莱布尼茨、洛比塔、牛顿等人做出了努力，成为早期变分学的研究者。

伯努利家族的几位数学家均是先开始学习医学或法学、哲学，都取得最高的学位，而后转向自己兴趣爱好之所在数学，他们家族是一个典型的自然科学学者型家族。

约翰的儿子是丹尼尔，他出生在荷兰的格罗宁根。

1695年，莱布尼茨指出，力要区分“死力”和“活力”，“死力”是指静力学的力，“活力”是指动力学的力。莱布尼茨的观点有很大影响，丹尼尔·伯努利于1738年出版了《流体动力学》。书中将微积分的方法运用于流传动力学和气体动力学的研究之中，建立了一个理论性的体系，就是伯努利方程，也称伯努利原理。

丹尼尔是数学物理方法的开拓者和奠基人。

丹尼尔的弟弟约翰第二及几位堂兄弟，也是数学家。

伯努利家族是瑞典乃至欧洲的一个著名望族，后来，他们在彼得堡科学院工作过，也推荐了欧拉。

虚功原理就是约翰第二与丹尼尔讨论中提出的，记载于父子俩的信件中。

欧拉时代

人类历史上，数学有三大著名人物，号称“历史上三大数学家”。

他们都可以用伟大来称呼：一是阿基米德；二是牛顿；第三位是高斯。

有人问，第四名是谁呢？他就是大数学家欧拉。

历史上有很多学者，比如说亚里士多德，我们称他是百科全书式的学者。比如说俄国的罗蒙诺索夫，我们也称他是百科全书式的学者。至于近代英国的罗素，更被人称为“大百科全书式的智者”。

欧拉不是大百科全书式的学者，但他拥有一个辉煌的名字，显示了他的专长是天才的和伟大的。

欧拉被称为“百科全书般的数学家”。

欧拉开创了数学史上的欧拉时代。他在当时所拥有的三、四十门数学分支里都有成果，而且都是里程碑式的突破和奠基。

欧拉是神童。如果世界上没有天才的话，最后一个被推翻的“天才”只能是他。也就是说，你必须承认他是，即使你不承认别人。

数学家们评价欧拉：“欧拉计算毫不费力，就像呼吸、吃饭、睡觉那样自然，对于他来说，数学计算就像鹰在风中保持平衡一样那么出于本能。”

数学是欧拉的本能。

他有一次只在家里人两次喊他吃饭的时间里就写出了一篇数学论文，就如同三国演义里的关羽“温酒斩华雄”一样，真是令人感到惊讶，同时被他的神奇所折服。

他常常在和孩子们的游戏中，在和人的闲谈中完成高深的数学论文。

他双目失明以后，整个世界所有角落的数学公式全都在他的脑子里，他的头脑比别人的笔和计算工具都要准确和快捷许多倍。

他那时年事已高，但能脱口而出自然数前100个质数的6次方是多少。他的心算也是神奇的，不仅仅是加减乘除，还有平方开方，一直到对数三角函数，就连高等数学中的微积分和收敛级数等等，无所不能。

有一次，欧拉的两名学生计算复杂的收敛级数，他们把前17项求和。结果两人算到第50位数字时相差一位，于是请教欧拉。双目失明的欧拉为了确定结果，用心算计算了整个过程，结果把错误找出来了。

欧拉是1707年4月15日出生的。他的出生地就是伯努利家族所在地，瑞士的第二大城市巴塞尔。

欧拉的父亲保罗·欧拉是一位基督教的教长，精通数学，他本来希望欧拉能够接任他的职位，学习神学，也做一名牧师，后来发现聪明的欧拉对数学十分感兴趣，而且具有数学天赋，于是便传授欧拉数学知识。

这样，父亲成为欧拉的第一位教师，欧拉进入数学启蒙的殿堂。

有一个故事至今还在流传。欧拉刚七岁那年，父亲让欧拉学习神学，进了巴塞尔的神学学校。一天，老师讲到：“天上的星星是上帝亲手一颗一颗地安上去的。”欧拉问老师：“天上这么多星星，到底有多少颗呢？”老师回答说不知道。欧拉问：“既然是上帝造的，上帝为什么也不知道星星的数目呢？”

从此，欧拉把注意力转向自然科学与数学。

1719 年，父亲为了试探一下孩子究竟有多大的数学才能，给他出了一道题。当时，家里要重新修砌羊圈，老欧拉说：“孩子，家里用的修砌羊圈材料总共只有一定的长度，要用这些材料修成一个占地面积最大的羊圈，而且修成方形的，应该怎么办呢？”

欧拉当时年仅 12 岁，很快告诉父亲答案，是正方形羊圈面积最大。的确，在长度一定并且必须是方形的情况下，正方形的面积最大。

巴塞尔大学的一位数学教授得知了这个消息。这位教授就是赫赫有名的伯努利家族成员，第二代数学家约翰·伯努利。他是提出物理学上著名的伯努利方程的丹尼尔·伯努利之父。

约翰来到欧拉家里，双方互相介绍认识之后，约翰讲明来意，巴塞尔大学要破格招收欧拉。欧拉的父亲很是犹豫，他对约翰说：“尊敬的教授，感您的好意，可是我希望儿子成为一名神学家。”约翰说：“尊敬的教长，您的选择应该慎重，要考虑孩子的天赋和才华，您知道，这是很惊人的。”

终于，老欧拉同意儿子修习数学了。1720 年，刚 13 岁的欧拉通过考试和测验，进入了著名的高等学府——巴塞尔大学。

欧拉年龄很小，但是在学校里的成绩突飞猛进，名列前茅，他博闻强记，思维能力极强。

约翰·伯努利教授拿出单独的时间来教他数学。欧拉结识了尼古拉·伯努利和丹尼尔·伯努利，他们成为很好的朋友，也正是在良师益友的影响下，欧拉顺利地从事着数学工作。

大学毕业，欧拉取得了硕士学位，成为巴塞尔大学最著名的硕士，因为他是有史以来取得硕士学位最年轻的人。

1726 年，欧拉发表关于船桅的最佳位置的论文，荣获巴黎科学院的奖金。

伯努利家族后来去了俄国彼得堡科学院工作，欧拉也被邀请。欧拉在俄国成家立业。

1735 年，28 岁的欧拉由于勤奋工作，长期伏案，结果右眼失明了。因为他长期看书并观测太阳，导致视力极度退化。

1733—1741 年，欧拉在彼得堡生活，他有很多事情要做。他担任了彼得堡科学院的数学领导人，要承担运河改造的方案，还要审核很多设计，还要制定度量标准，以及为气象观测、建筑部门做技术指导和测试。就这样，在各种琐事中完成了一部又一部伟大的著作。欧拉是一位创作多产的数学家，他的很多研究成果至今人们还没有完全利用，大多具有很高的科学价值。他的著作堆在屋子里，几乎成了书山、纸山。

著名的“七桥问题”，凝聚着欧拉的研究心血。

哥尼斯堡，位于现在的加里宁格勒。在哥尼斯堡，有一条河名叫勒格尔河。

勒格尔河上修有七座桥，并且有两条支流，一为新河，一为旧河。三河在城中心汇合，在合流处是哥尼斯堡的商业中心哥尼斯岛。

问题是：一个人能否一次走遍所有的七座桥，每座桥只准通过一次，无论来回，最后仍然回到出发点呢?

欧拉把所有可能的走法全都列举出来，他先计算了一下，发现共有 5040 种走法。那么要是全都画出来，看一看有没有可能满足以上问题，太笨了，而且数目更多的河与桥怎么办?

显然，一一去数，不是办法。

于是欧拉把地图抽象为几何问题，他想到把岛和陆地看成四个点，把桥看成七条线，点与线的关系成为研究的焦点。

其实，画成什么样都行，不管是直线还是曲线，只要连接关系不变就可以。第二个图就是著名的“欧拉金蝉”。它像不像抽象了的带翼的蝉?

如此一来，问题就改变成：以上图形能不能从 A、B、C、D 四点中任意一点出发，绕过所有的线路，不重复，而最终回到这一点?

1736 年，欧拉研究了这个问题后写出来他的成果：“几何学中，除了早在古代就已经仔细研究过一种几何，就是不关心量和量的测量，而关心的是位置。我们应该考虑一下仅仅研究各个部分相互位置的规则，不研究尺寸大小。这可以称为位量几何学。”

欧拉指出，如果从一点出发，引出来的线是奇数条，就称这个点叫奇点。比如图中的 A 点就是奇点。其实，上图 A、B、C、D 四点都是奇点。

如果从一点出发，引出来的线条是偶数条，我们就把这个点叫做偶点。如三角形的三个顶点，正方形的顶点。当然，如果把正方形的两条对角线也画出，就是奇点了。

点和线不管长度和形状，相连而成网络。

问题又可以进一步变成：网络怎样才能一笔画出。

欧拉通过研究，得出来结论：

若能一笔画出一个网络，必须察看网络中奇点偶点的个数。如果网络奇点的个数是 2 或者是 0，那么就可以，如果是其他情况，那么都画不出来。

考察一下七桥网络，它的四个点全是奇点，也就是说，网格中的奇点个数是 4，所以要想满足七桥问题，是没有这样的路线存在的。

欧拉的研究超出了传统欧氏几何的范围，奠定了“网络论”几何的基础，开辟了“拓扑学”之先河。

在欧拉的著作中，不同的数学领域都有他的定理，尤其是数学分析，人们惊讶地称他为“数学分析的化身”。

在复变函数中有欧拉函数；

在数论中有欧拉定理；

在变分名题中有欧拉方程；

在刚体力学中有欧拉角；

在拓扑学中有欧拉数；

在初等几何中有欧拉线；

在归纳法中有欧拉提出的 2n 表示的名题……

欧拉不愧是数学的丰碑。

他一生勤奋，又有天才的能力，所以取得最辉煌的成就。如果一个人是天才，但不做出努力，最终如“伤仲永”；如果一个人勤奋，那就依才能而定。只有勤奋加天才，才能成为丰碑式的顶点人物。

欧拉主要在俄国、瑞士、德国之间奔走。他 28 岁右眼失明，1727—1741 年在俄国担任学术领导人，但是俄国政府十分腐败，更不重视各种基础研究，于是 1741 年，欧拉接受了德国普鲁士国王腓特烈大帝的邀请，来到柏林科学院。

在柏林，他担任科学院物理数学研究所的所长，还为皇宫子弟讲课。

在俄国，他曾经运算过彗星轨道，只用了三天他就完成了一般数学家三个月的计算量。

在德国工作时，欧拉提出了“三十六名军官问题”。

传说是这样的：

腓特烈要求，从每支部队中选派出6个不同级别的军官各一名，共36名。这6个不同级别是：上校、中校、少校、上尉、中尉、少尉。

他要求这36名军官排成六行六列的方阵，使每一行每一列都要有各部队、各级别的代表，军官们没有完成任务，没能设计出这样的方案。

欧拉花费数年时间研究这个问题，得出结论，这是排不出来的，他还进一步研究了一般性的情况，并提出一个猜想，认为22阶、10阶等形如4m+2阶数的方阵是不存在的。

后来，几位数学家推翻了这个猜想。但是人们命名为“欧拉方阵”的方阵研究，对数理统计起了重大作用。

欧拉与普鲁士国王腓特烈的相处不好，正在这时，俄皇叶卡杰琳娜二世盛情邀请。

1762年，欧拉返回彼得堡。在他59岁时，他的双眼全部失明了。这对一般人来说打击是沉重的，然而欧拉在黑暗中整整17年依然工作和研究。

他性格乐观，开朗热情。他一生发表的成熟著作有860多篇论文，其中400多篇是双目失明后研究得出的。

然而不幸接连而至，64岁的欧拉遇上了大火灾，住宅着了火，他差点葬身火海之中，仆人把他救出来，然而异常不幸的是：他的著作几乎丧失殆尽！

我们所有的读者看到这里心都会一沉，因为欧拉的成果和藏书是他一生的心血，不仅仅是他个人的生命凝聚，而且如果这些著作丧失，将会有多少伟大的发明和发现不知要经过几百年要由几百个人才能重新做出来！

然而，天才在这时充分展示出来：

坚强的欧拉毫不灰心，这位年近古稀的老人开始口述，由他的大儿子A·欧拉记录，把自己损失的著作一卷一卷地口述出来，他的脑子宛然一部百科全书！他不仅将自己失去的著作全回忆出来，而且借回忆口述的机会全都订正心算加以完善，更加完美！

欧拉与拉格朗日，都被称为是当时伟大的数学家。欧拉的品质和业绩真正令人感动和无限钦佩。

1783年9月18日，法国的蒙特哥尔要举行第二次乘坐汽球升空试验，欧拉的计算汽球上升定律成功了，为了庆祝，他请朋友们到家中聚餐。

饭后，欧拉计算刚发现的天王星的轨道公式，与大家谈笑，还给孙女讲故事，这时他的烟斗掉在了地上，老人安详地永远熟睡了。

1707—1783 年，欧拉时代。

让我们记住他多舛命运中的顽强意志吧，他是一个战胜了命运的人：“如果命运是块顽石，我就化作大铁锤，将它砸得粉碎！”

光的本质之争

光本质的争论由来已久。

在 17 世纪已出现了关于光是一种“作用”还是一种“实体”的争论。后来逐渐发展成为两种学说，一种是以牛顿为代表的微粒说，简而言之即认为光是从光源发出的物质微粒流，在均匀的媒质中以一定的速度传播；另一种是以惠更斯提出的波动说为代表，认为光是一种振动形式，以波的形式向周围传播。

笛卡尔可以看成是波动说的第一人。但是他在谈到视觉效应时，把光比作脉冲波动，否认是一种微粒，而在解释光的折射和反射时又运用物体的碰撞运动来比喻，所以他在光本质的看法上是模糊的。

17 世纪的伽森狄（1592 — 1645）主张的是“微粒说”。1638 年，他进一步研究了古代原子论思想，并认为：物质本身是一种坚硬粒子组成的，这些粒子在各个方向上运动，数量极多。

原子论是当时人们认识物质结构的基础，而且几何光学在当时已相当成熟，所以人们很自然地把光看成是粒子流，这样就宣告了光的直线传播和反射定律，而且也可以与折射定律不发生矛盾。这种学说支持率很高。

17 世纪末，惠更斯提出光的波动说。在发表的《论光》专著中，惠更斯认为光的运动不是物质微粒而是媒质的运动，即波动。

惠更斯指出：“假如注意到光线向各个方向以极高的速度传播，以及光线从不同的地点甚至完全相反的地方发出时，光射线在传播中一条光线穿过另一条光线而相互毫不影响，就会完全明白这一点：当我们看到发光的物体时，绝不可能是由于从它所发出的物质，像穿过空气的子弹和箭一样，通过物质迁移所引起的。”

与声波、水波类比，惠更斯从光速有限性论证了光是球面波。

惠更斯原理是：在波的传播过程中，波阵面上的每一点都是新的水波的中心，这些子波的包络就给出了波阵面的新位置。

此学说很好地解释了光的反射与折射现象，以及方解石的双折射现象。后来，这被丹麦科学家巴尔多林在1669年证实。

但是惠更斯认为光是纵波，这样他无法解释光的干涉、衍射和偏振，并且，惠更斯否认光波具有周期性。

1665年，胡克在《显微术》一书中主张“光是一种振动”。他认为光是在稀薄的媒质中传播，是一种横向振动。

牛顿认为波动说的缺陷在于：

其一，光如果是波动，应该有绕射现象，但是没有观察到这种绕射；

其二，方解石双折射现象的解释并不完备确凿。

其三，波动说所依赖的介质很值得怀疑，至今不能证明。

牛顿其实不是完全排斥光的波动说。他认为当光投射到一个物体上时，可以激起物体中粒子的振动。牛顿还提出了光的周期性。

这两个学说有一个理论推导而互相矛盾：微粒说认为，光在折射时，密媒质中的光速大于疏媒质中的光速，波动说认为恰恰相反。因为实验条件无法满足，所以均不能证实。两种学说一直在争论。

在18世纪，可能由于牛顿的崇高地位，人们普遍认可微粒说。

然而在19世纪，托马斯·扬和菲涅耳使波动说复兴。

托马斯·扬是医学博士，兼通哲学、数学、考古、音乐以及绘画。

1800年，扬发表了《关于光和声的实验》论文。他提出否定微粒说，理由是：

第一，强光和弱光的速度是相同的，微粒说不能很好地解释这个现象；

第二，光线从一种介质进入其他介质时，部分发生反射，部分发生折射，微粒说十分牵强。

托马斯·扬在实验的基础上推导出了干涉原理，这就是波动光学的基本原理。干涉现象是波的共同特征。光的干涉即同一光源的同一部分上发出的两列光，在交迭的空间某些地方出现亮度与颜色的变化。

在1807年《自然哲学讲义》中，扬描述了双缝干涉的实验。

由于学界气氛的落后与守旧，扬的重大发现没有引起重视，直到菲涅耳的波动说确立。

菲涅耳是法国物理学家，由于反对拿破仑，曾经入狱。1819年，他与阿拉哥一起证实了光是一种横波。有意思的是，权威院士泊松认为，如果光是波的话，把小圆盘放在光束中，则在小圆盘后面一定距离处的屏幕上盘影的中心点出现亮斑。

泊松认为出现亮斑是很荒谬的事情，然而这恰恰成为菲涅耳理论正确性的证明。

菲涅耳与托马斯·扬交流经验，互相促进，打破了统治已久的微粒说。

此外，1669 年和 1808 年，丹麦巴塞林纳斯和法国马吕斯引进了“光轴”与“光的偏振”，偏振表明光是横波。

波动说提出的新问题是光的媒介。人们一般认为光的媒介看不见摸不着，称之为以太。物理学家基于光是机械波的认识，不断修正和补充以太模型，但始终不理想。

麦克斯韦建立了统一的光学与电磁学理论，光被看作是电磁波，机械以太被电磁以太所替代。

以太问题始终是经典物理的一大隐患。

光的本质之争并没有澄清，一直到爱因斯坦。

泰晤士河上的彩虹

碧波荡漾的泰晤士河，日夜奔流在古老的英吉利土地上。它那永久的却又是新鲜活泼的波浪给伦敦这座颇具历史感的世界名城增添了无限生机。泰晤士河是伦敦城活的灵魂，正如英国人自己所说：“没有泰晤士河，也就没有伦敦，没有英国。”泰晤士河是英国的母亲，她那滔滔不息，甘露一般的水流无私地滋润了英国的土地，滋养了英国的人民，是她的生机和活力给伦敦带来了令全世界瞩目的繁荣景象。

作为回报，英国人民用自己的智慧、超群的双手打扮起了泰晤士河。1894 年，一座雄伟壮观的塔桥建设竣工，它飞扬在泰晤士河的波涛之上，脚踏着两岸的土地，像一道绚丽的彩虹，给原本就美丽无比的河流增添了更多生趣。从早到晚，这里人来人往，车水马龙，川流不息；站在桥上，盛景无限，千帆竞渡，百舸争流，极目远望，万象争辉，不知迷醉了多少留连忘返的游人。这里，早已成为伦敦古城颇富吸引力的一大景观。

百年来，这座塔桥仿佛一位历史的见证者，亲眼目睹了伦敦这片土地上的风云际会，升沉荣辱。百余年来，经历了多少次的花开花落，云卷云舒，这座塔桥已是饱经沧桑，却依然坚实地挺立着。这要从塔桥高超的建筑艺术上说起。

从外观上看，塔桥的两端是维多利亚时代的砖石建筑，但仔细从塔内观察，就会发现，塔身还是以钢铁结构为主。有这样钢铁做成的腰身，当然会在百年之后依然健壮如故了。

另外，塔桥的长寿也得益于它那绝妙的设计，在不同风格中又十分合理，它是世界桥梁建筑史上的一个奇迹。

之所以称为塔桥，是因为桥身由四座塔形建筑连接起来构成的。河中间的两座桥基高均为 7. 6 米，桥基上又建有两座花岗岩和钢铁结构的方形高塔，分为五层。方塔之上，还建有白色的大理石屋顶和五座小尖塔，远远望去，仿佛两顶耀眼的皇冠。这两座塔分上下两层，总高度约为 60 米。

塔基和两岸用钢缆吊桥相连，上面一层起支撑双塔的作用，下面一层可以让行人通过，也可供车辆穿行，是一条过河的交通要道。桥内的设施很丰富，设有商店、酒吧之类的小商业区，以方便这里游玩的人们能得到急需之物或是休闲、小憩。行人也能在桥内购物、聊天，暂做停留，或凭栏眺望泰晤士河沿岸的秀丽风光，在这里可以提供给人们极为宽广的视野。

令人惊叹不已的是，这座桥还身负着世上少有的一项绝技：每当有大型海轮鸣笛经过时，塔桥的下层中间桥面便会一分为二，在 1 分钟时间之内向上折起，巨型海轮稍待片刻之后，就可以安然地通过了。然后，那折起的桥面就会慢慢放下，一切恢复如常。在这个过程之中，行人们可以改道从上层桥面通过。这两块活动的桥面，各重 100 吨。

泰晤士河的运输业非常发达，因此塔桥的这种绝技必须经常展示。据说，在塔桥建成之初，桥面每天折起多达 50 多次。开合桥面的水力机械藏在塔内，从 1976 年开始，桥面起吊采用了现代化的自动控制装置。然而此时，塔桥的绝技却难得一见了，因为多数大海轮到达伦敦时，都停泊在伦敦港，很少有再经过这里的了。

时至今日，伦敦塔桥依然雄伟，巍峨壮观，它严守着伦敦的门户，以卫士的姿态傲然矗立着。

“贩卖死亡”的人——诺贝尔

炸药大王的奖金闻名世界。

炸药大王的奖金不是为了征战。

更不是像炸药那样为了破坏。

他是为了什么呢?

让我们来看——诺贝尔奖。

按照诺贝尔的遗嘱，文学奖和物理学奖、化学奖、生理学奖及和平奖并列，颁奖活动也在一起召开。

爱因斯坦说过：“但愿那种促使阿尔费雷德·诺贝尔设置巨额奖金的精神，在那些决定我们命运的人的心里会占优势，要不然，人类文明将在劫难逃。”

诺贝尔奖是世界众多奖项的巅峰。

诺贝尔本人留给我们更多的思索。

在人类文明的发展史上，有一个奇怪的现象，很多技术会被用来救人，造福人类，也可被用来杀人。而往往是先杀人，后救人。

火药是中国的四大发明之一，13 世纪时，由印度传到阿拉伯。作为人类文化使者的阿拉伯商人，把武器和原料带到了欧洲。19 世纪，蒸汽机等技术引发人们对自然的利用，然而也是一种破坏。而黑色火药满足不了飞速发展的欧洲社会，开山采煤，炸岭铺桥等等，都迫切需要威力极大的炸药。

1837 年，法国科学家贝罗慈得到硝化棉，他用浓硝酸浸泡棉花等纤维物，处理后可成为爆炸物。

1847 年，意大利化学家苏伯诺制得硝化甘油。这种黄色的油状液体是烈性不稳定的物质，一不小心就会爆炸，不能受热，不能碰撞。

1860 年，27 岁的诺贝尔在硝化甘油的基础上开始实验，他要制造出能安全地人工引爆的炸药。

诺贝尔付出的代价是惨重的，他几度死里逃生，耳朵也受到异常严重的损害。1864 年的惨幕使人们耳不忍闻，目不忍视：在实验中发生了极为猛烈的硝化甘油大爆炸，整个房屋棚壁等等坍塌，一声巨响的爆炸使实验助理五人全部死亡，诺贝尔21岁的弟弟不幸身亡，诺贝尔的哥哥和父亲受伤致残，这是人类历史上相比于战争来说似乎是很微小的“海伦堡事件”。但它的意义却可与任何一件历史事件比肩，人们崇敬诺贝尔，他不是自私自利的个人主义者，他是一个投身于技术造福全人类的人。

1866年8月，德国汉堡的诺贝尔实验室又突然爆炸，诺贝尔在“海伦堡事件”时不在现场，侥幸躲过一难，而这次他正身处其中，人们赶紧抢救，只见一个全身是血、伴着浓烟、满脸乌黑的人从废墟中冲了出来，诺贝尔又捡了一条命回来。

因为这种危险的实验，有些政府不同意研究，但诺贝尔认识到此举之伟大意义，仍然在未下禁令的地方或较为偏僻不易有人的地方继续实验。

1865年，雷管在诺贝尔手中诞生了。这个结果取得了重大突破。

1875年，历经数百次试验，胶质炸药诞生。

1879—1887年，无烟炸药诞生。

诺贝尔在这些炸药发明之前最先研制的是黄色炸药。从雷管之后，诺贝尔建立了世界上第一个硝化甘油公司。但是硝化甘油极其不稳定，在运送、存储的过程中，常常车毁人亡，人们禁止生产这种物品，而诺贝尔成为“贩卖死亡的商人”。

正是这样，诺贝尔继续研制，先后诞生了稳定的炸药。

现在，诺贝尔的名字恐怕是世界上最响亮的名字之一，他拥有炸药专利及其他发明权共355项，在他有生之年，他成为富可敌国的财商。

他到底是什么样的人呢?

他是一个伟大的发明家，一个为技术研究献身同时获得丰厚物质回报的人，一个因此也失去很多幸福的人，一个伟大的理想主义者。

他出身在一个工程师家庭，这个家庭有一股震撼人心的勇气：献身科技。但是诺贝尔自小时候起，就热爱美丽的大自然，热爱诗歌。

他有极强的语言天赋，在16岁时，他的理想是当雪莱那样的大诗人。最终他融入了科技发明，正是他这些美好而浪漫的情感使他在各种失败面前毫不退缩。

诺贝尔说：“我的理想，是使人类过上更幸福的生活而发挥自己的作用。”

看到自己的发明既被用来造福人类，又被用来投入战争，而且所谓

“造福”人类的人还经常破坏了自然，没能起到真正的作用，这一切现象，使厌恶战争、热爱真正文明的诺贝尔十分痛心。有时候，诺贝尔几乎天真地设想：能不能发明制止战争的“炸药”？

临终之前，除很少部分赠与亲人朋友外，他的绝大部分财产留给了世界，奖给为人类和平和真正的文明作出贡献的人，而不是破坏与战争。

诺贝尔物理学奖第一人——伦琴

19 世纪被称为“科学的世纪”，其中 X 射线、放射性和电子等的发现，揭示了物理学革命的序幕。

1855 年，法拉第早就结束了自己的电学研究，德国的玻璃工人盖斯勒发明了水银真空泵，他把金属电极放在玻璃管里，使放电现象有了新的进展。

人们发现在放电时阴极附近的玻璃管会发出荧光，如果管内放上一块云母片，玻璃壁上就出现云母片的影子。英国科学家克鲁克斯等人进一步研究得出：有一种射线从阴极发出，沿直线传播，就在磁场的作用下会发生偏转，这种射线被称为阴极射线。阴极射线其实就是电子流。

德国物理学家伦琴是当时的德国维茨堡大学物理学教授兼校长，他在研究阴极射线时，发现了 X 射线。事情是这样的：

伦琴在研究阴极射线激发玻璃壁而发生荧光时，偶然发现放在真空放电管附近的用黑纸严密包好的照相底片会被感光，这说明了放电管内发出了某种能穿透底片封套的射线。

伦琴对这个现象没有放过，他认真思考，决定再进行详细的实验。

1895 年 11 月 8 日，伦琴用黑色硬纸板做成封套，把实验用的希托夫射线管子套起来，离射线管不远处有一张涂钡铂氰化物的纸，用来挡住射线管发射的射线。

伦琴接通电源检查是否漏光时，室内漆黑一片，可是伦琴发现了在这本应该伸手不见五指的环境里，氰化钡铂的纸上却发出荧光。

而那时的科学家通过实验已经证明了仅仅是阴极射线的话，不可能使一步以外的荧光屏发光，也就是说，阴极射线本身是穿透不了玻璃管的。

这到底作何解释呢？

伦琴自言自语："阴极射线在空气环境下，只能辐射很近的距离，这是怎么搞得呢?"

他把纸翻转，使没有涂上钡铂氰化物的一面对着管子，屏幕上还是发出了荧光，他把屏幕移放得稍稍远些，屏幕同样呈现荧光。

经过实验，伦琴认为激发这种荧光的东西，来自阴极射线管，但绝不是阴极射线本身，它可能是一种具有强穿透力的新射线。

此后，伦琴又在屏幕和放电管之间放了多种物质进行实验。

1000 页厚的书，穿透!

2—3 厘米厚的木板，穿透!

15 厘米厚的铝板，穿透!

他又把厚厚的铜板放在屏幕和放电管之间观察，结果光线消失了。

通过实验，伦琴知道这种未知的射线对密度较大的物质透不过去。

人的身体密度不很大，但不均匀，会有什么现象呢?

这样想着，伦琴把手放在射线管与屏幕之间，幸好有所准备，但也够吓人的：手骨。

伦琴投入到忙碌的研究之中。

他没有告诉任何人。

近一个月了，他忙忙碌碌，沉默寡言，同事们见他不声不响，家里人也觉得他跟变了一个人似的，大家都很替他担心，可是谁也不敢多问些什么。

1895 年 12 月 22 日，伦琴的妻子来到实验室，她是提心吊胆来的，没有想到伦琴十分高兴地用夫人的左手照了一张照片。他命名为 X 光照片，因为这种射线不知是什么，所以伦琴用 X 来代表。这就成了人类史上第一张 X 光照片。照片上有戒指的轮廓和手骨结构。

整整 7 周的研究，伦琴写成 16 个专题，发表了《关于一种新的射线——初步报告》的论文。

X 射线轰动了物理学界。

直到 1912 年，德国物理学家劳厄发现 X 射线通过硫化锌晶体而发生衍射才证实它的波长很短，是一种电磁波，这种电磁波的波长比当时已知波长最短的紫外线还要短。而这时，英国的物理学家布拉格父子也确定了计算 X 射线波长的新方法。

X 射线被用于医用，成为直到现在人们仍然还在运用的、医疗必不可少的透视手段，X 射线诊断学也应运而生。

X 射线的发现宣布 20 世纪新的物理学到来，它告诉人们更深的领域等待着人们去探索去研究。

现在人们利用 X 射线的方法可以分析晶体结构，可以做人体透视，在工业上可以用于金属制品的探伤。

X 射线使趋于停滞的物理研究积极飞速地发展了起来。

伦琴成为 X 射线研究的第一人，是第一位获诺贝尔物理学奖的人，时间为 1901 年。

科学研究需要勇气

在人类科学发展的历史中，我们不只是看到智慧的头脑做出一个又一个惊人的发现，更令人感动的是那科学家探索真理的勇气和牺牲精神。

科学的发展每一次都是一场革命。如果只是思想观点领域内的革命，人们对不理解的人只会带来精神与道德上的伤害，如果涉及到社会固有的落后势力，科学革命将比真正的革命毫不逊色，它既是一个人胆略的锻炼，也是一个人知识的表现。

有胆有识的科学家，将是前进力量的代表，他们为人类所纪念。

布鲁诺是最值得敬佩的智者和战士。

相比之下，有些科学家受到一些反对势力的影响，会放弃自己的观点，这对科学研究是极大的危害。

科学家也会犯错误。

大化学家李比希和维勒开创了有机化学，他们曾经是革命者，但是在某些领域，他们又成为了保守者。

施旺在做发酵实验时发现了一个现象，发酵颗粒是一种真菌。真菌基本上也是细胞，所以施旺认为，“腐烂、发酵过程中的化学变化都是活的微生物活动引起的”。这是十分准确的结论。

他反对生命的自然发生说，认为任何生物看起来好像是自然发生的，其实是从更微小的生物体发育而来的。

这一观点受到当时人们的普遍嘲笑，尤其是大化学家李比希和维勒，他们认为这种说法荒谬之极。

同时，还有人写文章冷嘲热讽，表示反对。在激烈的科学斗争面前，施旺退缩了，他不再研究正确的东西，放弃了自己正确的想法，转而研究其他领域。最终，这个真理的发现权让给了勇于探索、坚持研究的巴斯德。

施旺，1810 年出生，1882 年去世。他原来在教会学校上学，继而学医，师从著名德国生理学家缪勒。施旺是一位高材生。

还是一名学生的时候，施旺就发现了胃蛋白酶的存在，认定它对胃酸消化食物具有极大的帮助作用。

施旺和施莱登两人性格迥异，他们是亲密的朋友，1838—1839 年，二人共同提出细胞学说。该学说认为：细胞是一切有机体构造和发育的基本单位，有机体的发育就是细胞的分化和形成过程。

施莱登认为：细胞是一切植物体结构的基本单位，又是一切植物赖以发育的根本实体，植物的性状是细胞活动的表现，植物的发育过程就是细胞的形成过程。

正是施莱登的学说启发了施旺，施旺便将这个学说扩展到了动物界，后来又提出了整个生物界的细胞学说。

恩格斯曾经给予细胞学说以极高的评价，他称细胞学说为 19 世纪自然科学三大发现之一。在《自然辩证法》中，恩格斯写道："19 世纪的第二个发现，是施旺和施莱登发现有机细胞，发现它是这样一种单位：一切机体，除最低级的外，都是从它的繁殖分化中产生和成长起来的。有了这个发现，有机的、有生命的自然产物的研究——比较解剖学、生理学和胚胎学——才获得了巩固的基础。"

"有机体的产生、成长和构造的秘密被揭开了，从前不可理解的奇迹，现在已经表现为一个过程，这个过程是依据一切多细胞的机体本质上所共同的规律进行的。"

细胞学说同时也被誉为是奠定唯物主义辩证自然观的三大发现之一。

光的颜色研究

对光的速度的测量是技术的大发展，但是这最重要的技术不是因为对光速度的研究，而是对光颜色的研究。

牛顿通过光通过棱镜的情形来观察光的性质。他在把实验装置装备好时，就会在棱镜后面的屏幕上产生光谱，这是一道彩虹。所谓“红移”与“蓝移”就是根据光谱位置来说的。

牛顿发现白光并不单纯，而且白光是最不单纯的光，白光可以分成多色，多色光又可以合成白光。

约瑟夫·弗劳恩霍费尔（1787—1826 年）是慕尼黑的一名磨镜师和玻璃制造工匠。他曾经设计过精密的磨床，他还改进了望远镜，并且对各种玻璃的性质十分熟悉，知道怎样加工成优质的光学仪器。

弗劳恩霍费尔比较各种玻璃的光折射，让日光通过用单种玻璃做的棱镜，但他发现：由于光谱的颜色密集在一个较小的范围内，一开始就做出精密比较是不可能的，所以弗劳恩霍费尔拟定了方案，依靠这个方案进一步扩展光谱。

结果，弗劳恩霍费尔线诞生了。

太阳光谱的颜色不是没有间隙的和连续的，从光谱上看到的是：无规则地有窄谱线分布，这就是弗劳恩霍费尔线。

弗劳恩霍费尔认为，“这些谱线证明被分解的白色日光的成份，并非是由不同折射力的连续光谱组成，而且证明光来自一定的颜色层次，因此暗线是光谱中的间隙，这些间隙与缺少的光相应，假使这个光谱每次都是由日光通过同一材料制作的棱镜产生的话，这些谱线就会始终处在光谱的同一部分，次序和位置相同，密度和明暗相同。如果材料不同，数量、次序、明暗度也没有变化，但是谱线之间的相互距离却有不同”。

人们历来都认为太阳与其他恒星是同一光种，但弗劳恩霍弗尔发现恒星光谱与太阳光谱不同。

这下引发了一项重要研究，即光谱分析。光谱分析是 19 世纪的重大科学成就，由于光谱分析，使得化学家可以指出微小元素的情况，而天文学家也开始走向天文物理。至于冶金、工程等方面，也可以精密地确定出微量物质从而断定质量与事故。

当时人们利用的是元素、原子与光的关系，而为什么它们能保持发光并且颜色各不相同呢？19 世纪的人们是不知道的，这是原子物理学的范围了。

今天实验室里的“本生灯”，是科学家本生发明的一项技术性工具，是一种有充分空气供应的煤气灯。由于空气供应很充分，这种火焰几乎没有颜色，而且热量很高，十分有助于观察颜色。

德国的化学家本生（1811—1899 年）与他的同事克希霍夫（1824—

1887 年）利用这种灯研究了很多元素的燃烧发光。

他们用铂金丝将各种盐类慢慢靠近火焰，就可以观察到盐类上燃烧的蒸气光谱。“我们面前的这些现象，属于人造的最辉煌的光学现象。现在我们只看到与燃烧的盐相应的光谱，这种光谱以最大的光泽出现，而在以前的实验中，光谱的最大特点被酒精光所遮蔽”。

本生与克希霍夫断定金属有其特殊的焰色反应。为了进一步使不易熔解的金属化合物呈现焰色反应，他们两人还利用了电火花，因为电火花提供的火光很强。

白炽的固体光谱是连续的。由于元素的光谱与其含在哪种化合物中无关，那么检验某种元素的一种好方法就是焰色反应。在检验中，一种化合物的各种元素的光谱不会相互干扰或影响。但主要的是，本生和克希霍夫提供的验证方法显示了极大的灵敏度。本生描述说，在一次实验中，三百万分之一毫克的钠已经足够获得一个清晰的光谱了。

运用光谱分析，人们不久发现了在研究中一直被忽视了的一些化学元素，因为它们只是出现在极微量的分布中。像铷和铯，就是本生通过焰色发现的。后来通过光谱，又发现了铟、镓、钪的存在。未知化合物的成分也可以通过光谱分析确定。

弗劳恩霍费尔曾经观察到，太阳光谱的两条暗线刚好处在实验室实验中钠光谱的明线位置上。莱昂·富科和本生以及克希霍夫是这样解释的：如果亮光落在较不亮的钠蒸气上，那么就会出现“钠线的逆变”。光谱中，原来明线的位置到现在比其余部分暗。使用相应的实验方法，其他化学元素的光谱线也有同样的情况。

其原因是什么呢？

发光的气体和蒸气吸收它们自己放射的颜色。除了发光体的光引起的发射光谱外，还有吸收光谱。光通过发光的气体和蒸气时，就产生了吸收光谱。这时，吸收光谱在某种程度上就是发射光谱的“反面”。吸收光谱中属于某一元素的暗线所处的位置，恰好是没有吸收时发射光谱的明线所处的位置。

这种认识解释了太阳光谱中弗劳恩霍费尔线的形成。

克希霍夫这样写道：

“为了解释太阳光谱的暗线，必须承认，太阳的大气包围着发光体，发光体本身只产生没有暗线的光谱。人们可以做的假设就是，太阳是一个固体的或流体的高温的核，四周是温度略低的大气”。

太阳大气中的元素吸收了“自己的”光，因此形成了暗线。事实上进一步的测量和比较表明，地球上有许多元素在太阳大气中是炽热的蒸气。只要扩大研究恒星的光谱，就会发现，“地球上的”元素在恒星上也存在。

在化学史上，有一个元素的发现第一次是在太阳上。

当时人们已经知道怎样安放和遮暗附有光谱仪的望远镜，以取得太阳四周炽热气体层的光谱，而不是太阳本身的光谱。所以，分光镜显示的不是吸收光谱，而是发射光谱。正常情况下暗的弗劳恩霍费尔线显得明亮了。英国天文学家和物理学家约瑟夫·诺尔曼·洛克耶在这里观察到一个明亮的黄线，这个位置是属于一个未知的元素的。洛克耶猜想原因是地球上存在一个未知的元素，他命名为氦。几乎过了 30 年，1895 年地球上的氦才被发现，而且是在某些矿物之中，有微量的氦。新元素第一次发现于太阳，后来才发现于地球，这是一个令人信服的证据，证明同样的元素也存在于天体之说。

从此，光谱分析在天文学和天文物理学方面建立了丰功伟绩。

人们从星球的光谱可以推断其表面大气温度，由此又可得到星体本身温度的要点。

光源的光谱中存在细微的，只有用最精密的手段才可以测得的偏移，偏移取决于光源朝我们来或离我们去的运动速度，根据这一点，可以用光谱分析来测定恒星速度。

19 世纪迅速发展的摄影技术，为光谱分析作出了贡献。

目前光谱分析已从可见光到不可见光，可以对遥远星球的化学成份进行测定，证明了化学元素的普遍存在。

两位挚友开辟了有机化学

在古代，人们实践中接触了很多物质，其中也接触了很多有机物，但人们不能对这些物质有深刻的认识。

有机物比无机化合物的种类要复杂许多，数量上要多许多倍。在当今社会所有的化合物中，有人做过一次统计，发现有机化合物约占总数的五分之四还要多。而且很多有机化合物的存在常常跟生物体分不开，尤其是动物和植物。现在，仅植物动物体内的蛋白质数量就有万种之多。

早在19世纪以前，瑞典的化学家席勒（1742－1786年）就发明了提取有机酸的办法，人们从而可以获得更多更纯的化合物。

大化学家拉瓦锡也将他的学说和有机分析结合起来，得出有机物均含碳与氢的结论。拉瓦锡还认为，有机化合物与无机化合物本质上是没有区别的，大多是氧与一个基团相化合的成果。

但是，人们总误认为动植物组织就是有机物。

瑞典著名化学家贝采留斯在拉瓦锡理论的基础上提出，有机物实际是一种复合基与氧化物形成的，复合基本身是一种原子团，不含氧。

复合基相对稳定，这是贝采留斯的结论。

18世纪末盛行活力论，关于有机物的研究总带有神秘色彩。贝采留斯很想冲破有机物与无机物的界限，但他花费了10多年的时间，没能成功。他从氢、氧、碳、水等无机物来合成有机物，没有实现，于是，贝采留斯认为“生命活力是神秘的，高不可攀的”。

他还系统地论述了这一问题。他把化学物质分为两类，以是否来源于有生命的组织而分为无机物和有机物。在有机物中，蕴含着生命的活力，所以，无机化学的规律并不是完全适用于有机化学的。

有机物就像阳光、空气一样是人们生命的必需品，成为“生命来源之物”。

比如说尿素，这种有机化合物就只能在人或哺乳动物的体内才能制造出来。人们认为，只有细胞受了某种奇妙的“生命力”的作用才能产生尿素。

就这样，“活力论”在无机物和有机物之间划开了界限。

1824年，一个年轻人不知疲倦地工作着，他做了一个氨与氰酸相混合的实验。当氨与氰酸气体在容器中被水混合，振动摇晃了一段时间之后，这个青年把溶液蒸发。

随着温度的升高，液体不断被蒸干，出现了一种结晶体，这就是他想要研究的“氰酸铵”。

他把这种晶体溶入水中，用来检测它的性质，但是出乎意料的情况发生了，这种物质不是他所想像的所谓“氰酸铵”，而是一种新物质。

他继续研究，终于发现了这种物质早就存在了，他曾多次测量过，不会出错。但是这种物质在实验室里从来没有被合成出来，它就是尿素，有机化合物尿素。

这种结果使他十分惊讶，按照流行的观点，尿素是含有某种生命力的物质，在实验室里人工合成是完全不可能的。

但是这个年轻人经过多次实验证明，他的实验是正确的，这就是德国化学家维勒。

他在1823年就在动物尿和人尿中分离出来尿素，研究了它的性质，所以对尿素的成分比例相当熟悉。因为这项工作，他获得了海德堡大学的博士学位。

维勒做过贝采留斯的助手，可以算作是他的学生，维勒将成果告诉了老师。

1828年，维勒发表了《论尿素的人工合成》一文，公布了这个足以震惊世界化学界的发现。

这项成果大大激励了科学家们，他们开始大量地做实验。

一个个有机物被合成出来了。

1845年，德国化学家柯尔柏用无机物做原料合成了有机物醋酸。后来，其他一些重要的有机物脂肪、糖类等也相继被合成出来。

结果，很多坚持活力论的科学家都放弃了活力论。贝采留斯本来也坚持活力论，后来等维勒发现尿素时，他就改口说“那么尿素”一定不是“有机物”，没想到如此之多的有机物接连不断地被从实验室里制作出来，所以也放弃了自己的观点。

科学家们合成了葡萄糖、柠檬酸、苹果酸等等，无机物与有机物之间的界线被抹平了。

19世纪末，人类能合成绝大部分的简单有机化合物。进入20世纪，人类又成功地合成了蛋白质、核酸等等高分子，创建了遗传工程，这都是有机化学的开创与研究造成的。

真正的“有机化学之父”是维勒的好朋友，德国化学家李比希。

李比希曾经在法国留学。

他在1823年与维勒各自独立分离了一种氰酸，化学家盖吕萨克认为这两种物质的分子式一样。果真如此，他们开创了同分异构体的研究，而导致了结构化学的产生。

在德国，李比希与维勒一起研究化学。他们主要研究有机化肥，因为他们二人的出色工作，使德国成为有机化学领域内化肥研究的世界中心。

李比希不仅自己搞研究，而且育桃李满天下。

他和维勒一起，号召团结了一批青年学者，形成有活力的研究团体。

1824年起，李比希任教吉森大学。结果吉森大学成为德国的化学中心。李比希专门为学生开辟实验室，深受欢迎。他世界闻名，使本来不出名的吉森大学与吉森市享誉欧洲。

维勒与李比希共同发展提出了基团学说。他们认为有机化合物都以稳定的基团为基础，基团在一系列化合物中是不变化的部分，甚至可以相互取代，也可以被简单物取代。

李比希还影响了德国化学家凯库勒。凯库勒本来学习建筑，在李比希的影响下改学化学，取得了巨大成就，提出“亲和力值”理论。后来又强调了碳四价的学说，奠定了有机化学结构理论的基础。

李比希还是第一个试验用化学肥料来施肥养地的人，虽然没有成功，但是开辟了一条新的道路。

李比希最大贡献是有机化学中的定量分析，由各种元素含量推知元素结构，从而得出化学式。

这一对朋友在科学发展史上功不可没。

最先发现奇妙电磁的人——奥斯特

19世纪以前，人们普遍认同吉尔伯特的观点，认为电和磁是不相关的。直到伏打电池的发明以及磁效应的发现，电与磁的研究才如雨后春笋般成长起来，很多物理学家改变了自己原来的研究而投向电磁研究，从而取得了一个又一个研究成果，推动认识世界之本质。

1819年冬，奥斯特在哥本哈根大学开办一个自然科学的讲座。

讲座已经连续讲了很长时间，这使得奥斯特能够很长时间地研究讲座问题——电磁问题。他在备课和讲课的过程中发现了很多新问题。

一次，奥斯特为大家讲电流与发热。早期的物理学家发现，电流通过任何导线时，就会发热，多少会依照导线的性质而改变。这种热效应在现在的电热、电暖方面有很大的实用价值。

热效应就是奥斯特讲座的内容。奥斯特为大家讲述：“电流通过导线时会产生光和热，产生的热向四周辐射。”然后，他让助手通电，他特意在电流附近安置了磁针。

这是为什么呢?

原来，在这堂课之前，奥斯特有过一个想法，他让电流通过极细的铂丝，在导线下放置了小磁针，然而出现了一个意外，使他没能成功地得出结论。

利用这次讲座的机会，他顺便安置了一个磁针，在助手接通电源的那一瞬间，奥斯特扫了一眼磁针，只见小磁针忽然动了一下!

这个现象太惊人了。

下课之后，奥斯特异常欣喜，他重复实验，并且设计不同的方案仔细研究。用了三个多月的时间，做了60多次实验，终于发现了电流的磁效应，即从电生磁。革命性的发现从奥斯特的实验中诞生了。

奥斯特出生于丹麦的鲁德克宾市。1806年，刚29岁的他被聘为丹麦哥本哈根大学的教授，一直到去世，他都是学院技术理论的领导人之一。

奥斯特之所以能打破旧的思维，发现革命性的现象，与他的哲学思想密切相关。

18、19世纪时，伟大的康德是自然哲学思潮的代表人。自然哲学重视自然界中物体之间的相互联系，尤其是自然力及其相互转化的思想影响了很多科学家，这种哲学批评牛顿的机械论成分。到了谢林，他更明确地提出自然力是统一力的思想观点。

奥斯特一直对康德哲学情有独钟。他周游欧洲，更是一位热心的自然哲学学派的拥护者和信奉者，他坚信客观世界的各种力具有统一性。

1812年开始，奥斯特受到了富兰克林研究的影响。富兰克林发现，莱顿瓶放电会使钢针磁化。于是奥斯特认为，电不是转化不成磁，而是应该寻找怎样才能转化成磁的办法。

1812年，奥斯特出版了《关于化学力与电力的统一研究》，他提出导线可能产生磁效应。

1820年7月21日，《关于磁针上电流碰撞的实验》一文发表，论文指明，电流所产生的磁力既不与电流的方向相同也不是相反，而是与电流方向垂直。此外，电流可以穿透周围的非磁物质而影响磁针。

这一个伟大发现轰动欧洲。

科学界里，安培敏感地抓住了这个问题。他继续实验，加以发展并用复杂的现象研究，提出了著名的安培定律。

从1820年7月21日奥斯特发现电流的磁效应到12月4日安培提出定律，一共只有四个月多一点儿，时间很短，但却很重要。

其意义在于：电磁学经历了从现象的总结到理论归纳的质的飞跃，开创了电动力学理论。

数学史上伤逝的流星

浩渺夜空，群星闪烁。在人类科学和文化的发展史上，有着无数星一般的人物，他们或明或亮，有的如日中天，有的如超新星的爆发，震惊天际。

数学是一门古老而奇妙的学科，是人类美丽的思维之花。它不是自然科学，但很多地方却与大自然奇妙吻合，它不是语言和文学，然而它通过神奇的数与线和各种推理，表述着动人的图景。在数学领域，每一个革命性进展都使人的思维走入广阔的新天地。

然而革命是困难的，超前不免遭人误解，更会令人痛心。

数学群星闪耀，一个个光亮的名字激动人心：阿基米德、牛顿、高斯、欧拉、阿波罗尼、柯西、费马……，数不胜数，横亘历史的天空。

就在这些闪耀的名字里，有两颗流星，他们几乎同时在 19 世纪的天空一闪而过，悄无声息，消失的是生命与思想，为世人留下的却是无限的遗憾和深深的心痛。

他们就是 19 世纪的两个伴星：阿贝尔和伽罗华。他们几乎同时，几乎拥有一般无二的天才但又拥有同样悲惨的命运，为人留下的是心伤和遗憾。让我们从头来看，回顾这短暂而又漫长的历史，不要再出现这样的痛心历程。

阿贝尔出生在一个穷牧师家里。他有七个兄弟姐妹，他们家住挪威苏杜的小乡村。

阿贝尔排行第二，无钱上学。从小父亲就教他看书识字，一直到 13 岁，阿贝尔才上了斯丁尼亚（现在的奥斯陆）市的一所教会学校。

学校里，有一名数学老师很不合格，他经常酗酒，还打骂学生，教课异常无聊。学生和家长强烈要求更换老师。学校聘请了洪波伊。他是著名天文学家汉斯丁教授的助教，20 多岁，头脑机智，学识渊博。对于中学的学生们来说，这真是千载难逢的好机会。

阿贝尔本来就很聪明，爱思考问题，这下如鱼得水，深深地投入到数学的学习中去。洪波伊比阿贝尔大7岁，他发现了阿贝尔超人的数学能力，于是悉心教导，并给了阿贝尔许多大数学家的著作，阿贝尔在短短时间内基本掌握了泊松、高斯、达朗贝尔的著作。

洪波伊曾经回忆："阿贝尔以惊人的热忱和速度向数学这门科学进军。在短时间内他学了大部分初等数学，我又给他讲高等数学，过了不久，他开始研究数学的深入分支了。"

在16岁时，阿贝尔就改进了欧拉的一项证明。他在校并不骄傲，与人友善。由于家境贫寒，面黄肌瘦的他常常穿着破烂衣服，同学们叫他"裁缝阿贝尔"。因为在当时裁缝是十分贫穷的。

阿贝尔把目光投向一元高次方程的求根问题。

我们知道，一元二次方程是有其求根公式的。早在古巴比伦人时期，已经发现了一元二次方程的求解方法。1535年，意大利数学家塔塔利亚和卡当对三次方程研究，卡当大法诞生了。由二次向三次迈进，人类用了几千年的时间。

卡当的学生在16世纪中叶提出了四次方程的解法，这使数学家无比兴奋，人们自然而然地想到探索更高次方程的问题。

两个多世纪过去了，高斯、欧拉都曾研究过这个问题，没能取得令人满意的答案。

还是中学生的阿贝尔写了一篇有关五次方程的论文，结果洪波伊没能看懂，洪波伊的老师汉斯丁教授也没能看懂，于是转给丹麦著名数学家达根。然而达根竟然也没发现其中的错误。达根建议阿贝尔自己用例子验证，这回阿贝尔自己发现了错误，于是继续研究。

阿贝尔专心研究五次方程时，父亲去世了。这使本来贫困的家庭更是雪上加霜。教授和朋友们筹钱让他读大学，他以免费生的身份进了大学。

阿贝尔在大学期间研究了泛函方程，并且第一个给出积分方程答案，然而没有引起数学界的重视。

早在1793年，意大利数学家鲁芬尼就认为一般的五次方程，用加、减、乘、除及次方开方等代数方法是无法表示其公式解法的。

人们都想找到五次方程的公式表示，但是它却没有公式表示，这种现象再一次发生在数学史上。

阿贝尔是破格被允许带着弟弟上大学的人，他照顾弟弟并且认真学习，受鲁芬尼启发，他开始证明这个鲁芬尼猜想。

阿贝尔首先证明了："可以用根式求解的方程，它的根的表达式中出现的每一个根式，都可以表示成该方程的根和某些单位根的有理函数。"

基于此，阿贝尔证明了鲁芬尼猜想，就是现在的阿贝尔—鲁芬尼定理。

阿贝尔用法文写成了论文，他希望更多的人了解这项探索了千百年的问题。因为贫穷，他自费印刷的论文只好尽量减化压缩，这样就变成了 6 页。

阿贝尔 22 岁完成的这篇论文潜藏了令人耳目一新的理论，这种思维是超常的，只有 6 页的论文更加令人难以理解。结果，果真没有数学家能理解阿贝尔。

阿贝尔把论文寄给了当时世界最有声望的数学家高斯，满心希望他能够支持。

但是据说高斯因为是数学大师，处理事情很多，再加上他先入为主的不信任态度，认为年轻人在胡闹，于是他看都没有仔细看，就丢到了废纸堆里。

这对阿贝尔的打击太大了。

1825 年，阿贝尔到了德国。1826 年 7 月去了法国。法国是一个黄金和地位的社会，上流社会的数学家们蔑视外来者，更看不起寒酸贫苦、地位低下的阿贝尔，他们以衣量人，而不是以学识量人。那些大数学家从来都不重视年轻人，能够奖掖后学的人少之又少。

阿贝尔把自己的研究交给勒让得，勒让得看不懂，又交给院士柯西，柯西随便翻了翻，和高斯一样，把这篇无与伦比的珍宝扔进纸篓。

阿贝尔的天才思想就这样被忽略了。由于各种各样的原因，一个又一个的数学家，都是数学史上丰碑式的人物，他们要么没有看懂，要么不加理睬。究其根源，主要是由于权威的傲慢和顽固，致使酿成悲剧。

阿贝尔的理想破灭了。他研究五次方程历尽艰辛却什么也成功不了，更不能为他带来实惠，他贫病交加。勒让得十分称赞他，但是勒让得水平有限，这位大数学家理解不了未来的数学革命。

阿贝尔对椭圆函数论的研究已经达到甚至超过了高斯，但是他未受到任何人的重视。阿贝尔创立了超越函数的理论，推广了欧拉积分，提出了"阿贝尔积分"。

最后，阿贝尔又超越了自己，提出了"关于五次以上方程不可能用根式求解"。

然而贫穷和劳累却使阿贝尔身体恶化，他在1828年持续高烧，不断咳嗽，这是肺结核的症状，这需要休息，需要安心静养。但即使如此也不一定恢复健康，因为那时肺结核近乎于绝症。可阿贝尔如此贫困，又怎能静养呢？

他知道自己的时间不多了，就加紧研究，以了心愿。在最困难时，他的手已经不能提笔写字了。他说："我很想工作。"

阿贝尔在当时有很多研究，人们虽然知道他很出色，但不能真正看出他伟大的真实意义，无法理解他天才的思想，没有给予他应得的地位。

1829年4月，在贫困潦倒的人生之路走过仅27个春秋的阿贝尔与世长辞。

死后三天，著名的柏林大学送来了数学教授的聘书，然而为时已晚，这一切实在是太晚了，太晚了。

读史至此，怎不令人落泪伤叹？

相比之下，伽罗华的遭遇同样令人扼腕叹息。

1811年，伽罗华出生在法国巴黎附近的一个小镇，比阿贝尔小9岁。

父亲原来是一位校长，后来当上了小镇的镇长。伽罗华成长的环境比阿贝尔好多了。他自幼才思敏捷，勤学好问。他很小时就自己去图书馆看书，一直看到管理员说："小伽罗华，你该回家吃饭了，图书馆要下班了。"

15岁时，伽罗华接触到阿贝尔的研究，那时阿贝尔已接近生命的最后阶段，欧洲数学界渐渐认识到了他的革命性伟大意义，但谁也没有这位15岁的少年看得真切和深刻。

伽罗华已经研究了当时拉格朗日、高斯、柯西和阿贝尔的著作，决心在阿贝尔的基础上研究五次方程。

真是命运多舛，五次方程问题研究创立了近世代数，而两位重要的奠基人提出的革命性思想又有着相同的遭遇。

1828年，名不见经传的年仅17岁的伽罗华向科学院递交了论文。这篇论文为"关于五次方程的代数解问题"，科学院又把论文交给了柯西，柯西审定阿贝尔的论文时已是粗枝大叶，这次是与泊松一起。但二人都是权威的院士，没有把中学生的论文放在眼里，结果论文被弄丢了。

1829年，伽罗华又将成果递交到科学院，这次审查负责人是著名数学家、空想社会主义的大学者傅利叶，不幸的是傅利叶马上就去世了，他没来得及做交待。而一个在权威看来是青年小辈的人的论文也不会被讲究论资排辈的院士们看重，所以没有人关心这件事，论文再次石沉大海。

伽罗华这时也已经得知了阿贝尔去世的消息，他发现在阿贝尔最后的论文中已经有自己论文中的观点和思想。天才的伽罗华比天才的阿贝尔似乎更进一步。

1831 年，伽罗华的论文三进科学院。这回论文提出了进一步的理论，系统地提出了近世代数的支撑——“群”的概念。

伽罗华放射了近世代数的明晰曙光。然而这篇《关于用根式解方程的可能性条件》实在是太超前了，“置换群”是崭新的数学概念和方法。负责审定的是大数学家泊松，他在第一篇论文时已不能理解，这次更是“完全不能理解”，他把论文退给了作者，从此再也不放在心上了，据说他说了句希望能详细阐述。

然而来不及了。

伽罗华是一位热血青年，他结识了几位共和主义的领导人，他不能容忍苛刻的规章制度，发表文章大胆指责校长，因此被开除。

1831 年 5 月和 7 月，伽罗华投身于政治运动，两次被捕入狱。

被释放后，仇视他的人利用感情关系，设下圈套。结果一名反动军官与伽罗华决斗，伽罗华受到致命的重伤，他不几日便与世长辞了。

在决斗前，伽罗华给朋友写了几封信，信中扼要地叙述了自己的成就，请朋友转寄给大师高斯和雅可比。“恳求他们，不是对这些东西的正确性而是对其重要性发表意见。”

在 1832 年，《百科评论》上发表了信件的研究内容，仍然没能引起人们的注意，但这为人类留下了宝贵的遗产。

伽罗华完整地引入了“群”的概念，成功地运用了“不变子群”的理论解决了任意次方程的代数解问题。这可以解决很多古典数学问题，开创了近世代数的重要学科——群论。

14 年之后，法国数学家刘维尔整理并发表了伽罗华的遗作，人们认识到了伽罗华的重要意义。

又过了 24 年，法国数学家乔丹于 1870 年发表了《论置换与代数方程》，阐述了伽罗华的思想，一门对物理和化学有重大影响的学科诞生了。

在这个划时代的研究中，两名早逝的天才为历史添补了绚丽和遗憾。

1829 年之后，首都奥斯陆的皇家花园里，挪威人民塑造了阿贝尔的精致雕像，以纪念27岁告别人间的天才。

伽罗华的理论，也被“伽罗华群”的命名为人们所永世纪念，以缅怀22岁早逝的又一罕见天才。

周游世界问题

19世纪爱尔兰著名数学家哈密顿提出了一个世界著名的问题：周游世界问题。

1859年，哈密顿拿到一个正十二面体的模型。我们知道，正十二面体有12个面、20个顶点、30条棱，每个面都是相同的正五边形。

他发明了一个数学游戏：假如把这20个顶点当作20个大城市，比如巴黎、纽约、伦敦、北京……，把这30条棱当作连接这些大城市的道路。

如果有一个人，他从某个大城市出发，每个大城市都走过，而且只走一次，最后返回原来出发的城市，问这种走法是否可以实现?

这就是著名的“周游世界问题”。

我们如果知道七座桥的传说，就会意识到这是一道拓扑学研究范围内的问题。

解决这个问题，方法很重要。它需要一种很特殊的几何思路，这种题是不能拿正十二面体的点线去试的。

设想，这个正十二面体如果是橡皮膜做成的，那么我们就可以把这个正十二面体压成一个平面图。假设哈密顿所提的方法可以实现的话，那么这20个顶点一定是一个封闭的20角形世界。

依照这种思路，我们就进入了最初步的拓扑学领域，最后的答案是，哈密顿的想法可以实现。

哈密顿是一位首先提出“四元数”的人，这个成果至今还镌刻在他天才火花闪现的地方。

复数可以用来表示平面的向量，在物理上有极其广泛的应用。人们很自然地联想到：能否仿照复数集找到“三维复数”来进行空间量的表示呢?

1828年开始，哈密顿开始悉心研究四元数。四元数属于线性代数的组成部分，是一种超复数。但在哈密顿以前，没有人提出四元数，哈密顿也是要解决空间量表示而研究的。

研究了十多年，哈密顿没有丝毫进展，他是一个数学神童，少有难题，这次可真遇上麻烦了。到 1843 年，哈密顿研究了整整 15 年。

有一天下午，夕阳无限，秋色爽丽，风景宜人，哈密顿的妻子见丈夫埋头研究问题，几乎不知寒暑不问春秋，于是很想让他外出放松一下，调节一下身体。

她说："亲爱的，外面的自然即使不比你的数学更有趣，但也不会逊色的，快出去看看吧，多么美丽的秋天呀！"

哈密顿在妻子的劝说下，放下手头的问题，走出书房。

夫妻二人散步，不知不觉来到护城河畔。秋风柔和而凉爽，河面波光粼粼，清新的空气带着成熟的果香和大自然土壤的芬芳使人精神振奋，思维清晰。

他们陶醉在大自然中，这时暮色苍茫，晚景宜人。二人来到玻洛汉姆桥，对着清新的水气，望着万家灯火，哈密顿的头脑在若有若无之中思考，似乎远又似乎近，似乎清楚又似乎模糊的东西久久在脑海萦绕，招之不来，挥之不去。

突然之间，这些印象似的感觉都变成了亮点，以往的迷雾全部消失弥散，思维的闪电划过头脑的天空。哈密顿眼前豁地亮了，那些澄明的要点一一显露。

哈密顿迅速地拿出随身携带的笔记本，把这令人欣喜若狂的结果记录下来。15 年来，整整 15 年，终于在这里找到了解法！

借着这个时机，哈密顿大踏步地飞奔回家，一头扎进书房，废寝忘食，一连几天，几乎不动地方，全神贯注地书写并且不时地演算，在几寸厚的稿纸中，哈密顿整理出一篇划时代意义的论文。

1843 年 11 月，数学界被轰动了，哈密顿和爱尔兰科学院向世人宣布了"四元数"。

哈密顿证明了，要想在实数基础上建立三维复数，使它具有实数和复数的各种运算性质，这是不可能的。

1853 年，哈密顿写成《四元数讲义》，于 1857 年发表。在他逝世后第二年，即 1866 年发表了《四元数原理》。

哈密顿敏锐地感觉到四元数的物理学意义，只可惜，他没能目睹四元数的变革作用便离开人间。

伟大的麦克斯韦正是在哈密顿四元数理论基础上利用向量分析的工具走出迷茫，得出举世闻名的电磁理论的。

四元数的研究，推动了向量代数的发展。在 19 世纪，数学家证明了超复数系统，人类思维达到了空前广阔的领域。

直到现在，爱尔兰都柏林玻洛汉姆桥，哈密顿驻足之处，仍立着一块石碑，碑铭记载：“1843 年 10 月 16 日，威廉·哈密顿经过此桥时，天才地闪现了四元数的乘法，它与实数、复数显著不同。”

谁又知道，驻足缅怀的人中有几人能知科学探索的“灵感闪现”背后是数载的艰辛呢?

数学准确预言了它的存在

19 世纪，天文学进入天体物理学阶段。在观测天文学时代最后激动人心的事情莫过于恒星视差的发现及海王星的发现。

在 18 世纪，赫舍尔偶然的观察而发现了天王星，让人们视域大增，为之激动不已。至此太阳系已有七大行星：水星、金星、地球、火星、木星、土星、天王星。

天王星发现不久，天文学家根据天体力学万有引力及各种原理规律，计算了轨道，编制了星体运行表。

人们不断地观测天王星，发现了问题。

起初，天王星的运行与计算出的轨道十分吻合，自 1781 年发现天王星并记录以来直到 19 世纪 20 年代，虽然有些误差，但不是十分厉害。

然而从 1821 年起，尤其是又过了 10 年之后，天王星与计算的轨道越来越不相符合，已经超出了误差的范围。

如果还想通过公式计算天王星轨道的话，已经是不可能了。

人们分析这种情况，有人怀疑计算有误，但是怎么核查也没有运算错误，甚至有人想到了万有引力不可靠。

德国数学家和天文学家白塞尔并不这样认为，这位因测量恒星的周年视差而著称于世的权威科学家提出：

“天王星在其行进中，受到某种未知力量的干扰，这种摄动作用应该来自天王星轨道之外的某颗未知行星。”

人们相信白塞尔的话，但是若已知天体，推求摄动，并不太困难，要反过来计算，可真是一个难题了。

有人说不用计算的方法，那么星空茫茫，谁能像赫舍尔那样幸福发现新星呢？这种大海捞针的做法实在不可取。

人们知道，要计算这个未知行星，必须先假设一部分条件，根据假设算出摄动，将结果对比运行表，这样反复修改、反复对比直到成功。要是把握不好，计算量是巨大的，还可能劳而无功。即使较顺利，计算量也不小。

科学史上往往出现困难挡不住的人，也往往产生最“意想不到”的事。

世界上第一位计算出结果的人是26岁的青年人——亚当斯。

亚当斯于1819年出生在贫困农民的家庭。他勤奋努力，以优异的成绩考上世界著名的剑桥大学，凭借奖学金他在大学攻读数学，1843年本科毕业。之后，他继续上了研究生，在这段期间，他完善了本科时期就关注的未知行星的轨道计算问题。

亚当斯带着这篇几年来凝结着他心血的论文求见著名天文学家、英国皇家学会会员——艾里。艾里竟然摆着架子，拒绝接见。在导师的帮助下，亚当斯把论文摘要递到艾里手中。

可是，艾里持的观点与白塞尔不同，他认为是引力定律不完善所致，根本不存在新的行星，主观臆断的他就这样埋没了一篇重大发现的论文成果。

皇家天文台如此不负责任，亚当斯又求援本校的天文观测中心。但是，台长拖延时日，不放在心上，又由于天文资料不足，没能得出结果。

就在英国天文学家草率工作时，德国的加勒取得了惊人的发现：寻找到了第八颗行星。

原来，柏林天文台的台长加勒收到了一位法国青年科学家的信与论文，里面提出了准确的数据：“请您把望远镜向黄经326度处宝瓶座内的黄道的一点指向，您可在离此点约1度的区域内发现一个圆面浮现的新行星，亮度近于9等。”

加勒看到论文后，毫不迟疑地于当晚观测星空，他瞄准了信中指出的天域，一颗星一颗星地记录，结果就在信中所指的具体位置偏移52角秒的地方发现了一颗新星。

持续观测两天后，和信中的预言基本吻合，这颗星移动了70角秒，而信中说是69角秒，证明十分准确，正是所要寻找的新行星。

加勒所收到的信和论文是谁的呢?

他就是法国天文学家勒维烈。

勒维烈同亚当斯一样，出身异常贫寒，他早亚当斯8年出生，在巴黎上了综合技术学校，大学毕业后曾在盖吕萨克实验室工作，1836年做了天文教师。

在天文领域里，他发现了自己的特长，结识了法国的巴黎天文台台长阿拉哥。阿拉哥向勒维烈提议研究水星，这是距日最近的一颗太阳系行星。根据研究，勒维烈猜测有一颗新行星尚未被发现。

勒维烈当时就认为水星近日点的反常运动是由新行星所致，这个观点其实不正确。关于水星问题，其实是由以后的相对论理论解释的。

但这个思路却促进了勒维烈对天王星轨道的研究。

1846年8月31日，在亚当斯得出结论约一年之后，勒维烈完成了最后的工作，得出前面如我们讲述的结果。因为阿拉哥的巴黎天文台缺乏资料，无法观测，勒维烈就把成果寄给了柏林天文台，请求验证。

9月25日，加勒兴奋地给勒维烈回信:“先生，你给我们指出的位置确实存在一颗新的行星，对您的才华，我们钦佩异常”。

就这样，天文望远镜只起到了检验作用，而真正的发现却是“不见天日”、埋头计算的数学所做出的，正是“决胜千里之外”。

天文学界迅速传开了这个新发现。英国皇家天文台台长艾里十分的惊讶，他想起了亚当斯的论文，于是去找，结果在一堆资料中找到了被冷落的论文。

艾里后悔不已，他要做对自己的错误负责的事，就这样，亚当斯的论文发表出来了，并且注明其诞生的时间与原委。

新发现被誉为“笔尖上的成就”、“笔尖上的发现”。它是由两位年轻人用数学计算出的，这充分显示了理论的威力。

英法两国为争夺发现权开始争吵，其间热闹，也是不亦乐乎。最后，勒维烈主张:仍沿用希腊神系命名法，用海神波塞冬命名这新发现的第八颗行星。

海王星就这样确立了。

1915年，美国天文学家预言还有另一颗行星，15年后，冥王星被发现。

到此，太阳系已知共有九大行星。至于第十颗，这还是一个谜，没有人证实存在，也没有人推出不存在。

多人发现同一重大原理

多年以前，在 19 世纪中叶到来之前，人们曾经有过奇妙的想法：能不能建造永动机。

很多人设计过一系列的试验，著名的科学家兼艺术天才达·芬奇就设想过很多方案，无数人的努力均宣告失败。

直到能量守恒定律的提出并完全确认，人们才从幻想中走出。

“能量”是英国物理学家和医生托马斯·杨于 1807 年最先提出的。

最初发现物体运动的总量守恒的特点是法国大哲学家、数学家和物理学家笛卡尔。

在 1644 年的《哲学原理》中提出了运动不灭的思想。

“运动实际上不过是运动物体的一种状态，但它具有一定的量，不难设想，这个量在整个宇宙中会是守恒的，尽管在任何一个部分中是在变化的”。他还指出，这个守恒的运动的量就是物体的质量与速度之积（这后来成为“动量”的内涵）。

1686 年德国数学家、微积分的创始人之一莱布尼茨发现，物体的质量与速度的积的平方也为恒量。莱布尼茨称其为“活力”，并认为只有“活力”才能真正代表运动的量。

关于运动的量度，笛卡尔的后继人与莱布尼茨的后继学派展开 50 多年的争论。

他们两人在 17 世纪作出的发现局限在机械能方面，没有将宇宙间的运动概括进去，没能真正提出宇宙能量的守恒原理。

18 世纪末，热质说占了统治地位。美国物理学家汤姆逊（1753—1814 年）推翻了热质说，推动了能量守恒原理的发展。1798 年，汤姆逊在慕尼黑做摩擦生热的实验。

他用一支十分粗钝的钻头来摩擦炮身，连续达两三个小时，结果这次摩擦生出的热使冷水达到沸点。

这说明运动生热，热不是一种实体，不是一种物质，而是物质的存在方式转化，动能转化为热能。热质说基本站不住脚了。

卡诺是第一个发现能量守恒原理思想的人。一般认为，真正最早提出广义能量守恒原理的是德国青年医生迈尔。

1840 年，迈尔 26 岁。他以“船医”的身份跟随荷兰驶往东印度的船，到达过爪哇。

在为船员们医治时，他发现，人们血管中的静脉血在赤道等热带地区要比在欧洲时红亮。

迈尔是一名具有物理化学基础的人，他提出，血液转红亮是富含氧较多的结果，他同时研究动物热的问题。

在这个过程中，由食物到运动，迈尔产生了想法：人的有机体只需要吸收食物中较少的热量，在高热带环境中就可以了。人的体热和肌肉的机械作功之能量，均来源于食物，即化学能。

他进一步认识到，体力体热既然都来源于化学能，如果动物体能量的输入输出保持平衡的话，那么所有这些形式的能量就必定守恒。

19 世纪上半叶以前，科学史专家认为：“人们有一种预感：存在着一种‘力’，它按着各种情况以机械运动、化学亲和性、电、光、热、磁等等不同形式出现，它们之间的任何一种形式都可以转化为另外的一种形式”。

从伏打电池化学能转化为物理能，从英国尼科尔逊用电池电解水又将物理电能转为化学能，以及奥斯特、安培等揭示的电能向机械能转化，法拉第又揭示了机械能的反向转化为电能，这一系列的学说、实验，使得研究相互转化的条件成熟。

从 19 世纪 40 年代开始，在世界范围内掀起了 19 世纪大定律的发现热潮。十几个不同身份不同国籍的学者几乎同时提出了广义的能量原理，他们的工作方式，提出角度更证明了这一原理的科学普遍性。

在这当中，迈尔无疑是第一位的。

1842 年，迈尔写了《论无机自然界的力》，指出力（能量）像物质一样也是一种“原因”，而一切因的首要性质是“不灭性”。他说“力是不可毁灭的而可转化的无重客体”。

这就从因和果的不灭性上论证了“力（能量）”的不灭性。

这篇文章浓重的德国传统色彩太过思辩了，也真是令人称奇。几经周折，论文在《化学和药物学杂志》发表，但是人们不理解，也没有引起注意。

之后，迈尔又继续投稿，阐述能量的守恒和转化。但是由于这种纯哲学的色彩和基础，物理学界始终不承认。甚至在迈尔计算出热功当量值的时候，物理学界仍然给予了蔑视。

最后，迈尔的推论日趋严格准确，范围越来越广，直至化学、天文、生命科学，涵盖当今宇宙的一切现象本质。

然而愈严格愈使迈尔得不到理解，很多人嘲笑讥讽他，写文章无情地攻击他，大多是对他不理解的一种肆意攻击，人们把他当“疯子”看待。

1848 年，迈尔的孩子陆续夭折，他的亲人——惟一的弟弟入狱，这些生活上工作中肉体上精神上的折磨使他再也忍受不了了。

1849 年，迈尔从三层楼上跳下，企图自杀来结束这被人误解而痛苦的一生，但天不遂人愿，他这最后的想法也没有实现。迈尔严重受伤，生命被抢救回来，双腿骨折而终生残疾。

1851 年，迈尔被送进精神病医院，他真的患了精神分裂症，而医院的手段是粗暴的，迈尔的身心只有进一步恶化而不可能好转。

人们由于无知而攻击某种新事物的恶习在科技史上已酿成多少幕惨剧，这是我们应痛心警醒的。

迈尔在生前只得到了稍稍的安慰，1871 年英国皇家学会授予他科普利奖章，但这迟到的奖项已经什么都挽不回来了。

在能量守恒定律的实验证明上最早做出重要贡献的是焦耳。然而这也是科学史所认识到的，在焦耳生前，没有受到划时代工作应有的认识。

焦耳几乎与迈尔同时提出能量守恒概念。

在 1818 年，焦耳生于英国的兰格良尔，他的父亲是一位富有的啤酒商。

在幼年时，焦耳的身体便不好，因此他一直在家学习，没有取得高等学位。因为家境很好，所以在小时候，父亲就为他置办了他喜爱的实验器具。

焦尔对实验十分热爱，特别是喜欢极其精确的测量工作。

1833 年后，焦耳接替父亲管理啤酒厂，成为一名企业家。他在繁忙的工作之余，把全部精力放在了实验研究上。

这位业余物理学家一直研究关于功与热量的度量。

1840 年，焦尔发现电流具有热效应，电和热相互转化的焦耳定律提出：导体在单位时间内放出的热量与电路的电阻成正比，与电流强度的平方成正比。

1843 年，焦耳测定了 1000 卡的热当量为 460 千克重米。

1847 年 4 月，他在曼彻斯特作了一个通俗演讲，第一次充分地阐述了现代能量守恒原理的思想。

在这期间，焦耳设计了很多实验来测热功当量，他设计过气体膨胀的实验，还设计过绝热容器中叶轮搅水的实验。

焦耳没有学位，只是一位业余的物理研究者，他的论文没有分量，皇家学会不发表他的论文。

1847 年 6 月，焦耳终于得以在牛津召开的科学促进会上发言。但是大会主席只要求焦耳做一个简明扼要的发言，不要论证和解释，也无发挥和引申的权力。

焦耳的发言十分短暂，几乎没有引起人们的注意。然而，一位青年人却站了起来，这位青年的总结评价扭转了局面。他就是 23 岁的威廉·汤姆逊。

汤姆逊以滔滔雄辩的口才和严密的推理肯定了这项新的理论。结果论文引起了轰动效应，焦耳步入了科学界。

汤姆逊与焦耳互相切磋，焦耳第一次听到了卡诺的有关思想，而汤姆逊则更受到了崭新观念的启发。

就这样，焦耳以 40 年左右的时间，进行了 400 多次实验，测定了一卡的热功当量，为真正的能量守恒原理建立了确凿的实验证据和基础。到了 1850 年左右，能量守恒定律得到了广泛普遍的承认。

为这一定律最终确定而作出划时代成果的是亥姆霍兹。

亥姆霍兹明确提出并系统证明了全面的能量守恒原理。

亥姆霍兹也是一位医生，并且是生理学家。能量守恒定律由先驱者迈尔医生到集大成者亥姆霍兹医生，形成一个奇妙的巧合。

正因为对能量守恒研究的兴趣，亥姆霍兹才成为大物理学家和数学家。他也是在生理学研究中，通过动物热的途径发现了能量守恒原理。

1847 年，26 岁的亥姆霍兹在柏林物理学会上宣读了论文《论力的守恒》，全面系统地论证了这一原理。

亥姆霍兹认为，“自然力不管怎样组合，也不可能得到无限量”；“一种自然力如果由另一种自然力产生时，其力的当量不变”。

德语中，力的意义本来就在“能量”的意义上使用着。亥姆霍兹用数学化的形式表述了在孤立系统中机械能的守恒，他把能量的概念进一步推广至各个科学领域，将永动机与能量守恒相比较对照。

德国最权威的《物理学和化学年鉴》主编波根多夫是拒绝了迈尔的人，他同样也拒绝了亥姆霍兹，亥姆霍兹只好自己将论文印刷成小册子，很长时间得不到重视。

后来杜林等人攻击亥姆霍兹，说他是剽窃了迈尔的理论。但三人较为独立地提出能量守恒的概念是事实。焦耳和亥姆霍兹都尊重迈尔的成果，认为是迈尔最先提出这一理论的。

准确地说，是迈尔最先以公开的形式发表了论文，是焦耳从实验上领了先，而后是亥姆霍兹真正精确系统地确立了这一原理。

恩格斯在《自然辩证法》中称赞这一原理奠定了唯物主义自然辩证观。

我们发现，几乎同时，许多人提出了这一理论。能量守恒原理是牛顿物理经典力学建立以来的最大成就，是19世纪30年代、40年代不同侧面提出的原理。

它揭示了热、机械、电、化学等物质运动的形式之内在联系，达到了第二次物理理论大综合。

德国生物化学家莫尔（1806—1878年）；

法国铁道工程师塞甘（1786—1875年）；

德国物理学家霍耳兹莫（1811—1865年）；

丹麦工程师柯耳丁（1815—1888年）；

法国物理学家伊伦（1815—1890年）；

英国律师格罗夫（1811—1896年）……

这一系列的名字铸就了同时发生的辉煌的发现。但我们更应该缅怀卡诺·迈尔、焦耳、亥姆霍兹的努力。

是他们在困难下坚持研究，后人在他们的基础上奋然前行。

科学史家准确的评价代表了我们的看法：“从笛卡尔和莱布尼茨的理论到能量守恒原理，中间好像只隔了一层几乎是透明的薄膜，但由于历史条件不成熟，200年间就没有人能够突破它，把力学领域内的机械能的守恒扩展成为一般的能量守恒原理。一旦历史条件成熟了，就像洪水决口一样，从四面八方奔腾而出。这生动地告诉我们，科学上的历史突破，个人的努力和才能固然是重要因素，客观历史条件（包括社会、生产和科学状况）则更为根本，这也就体现了历史的必然。”

细菌传染原理之前

我们知道，微生物学的建立是同进化论一样伟大的成果，它不仅使人们知道大量的微生物存在，而且揭示了微生物导致的传染疾病之病因。

在巴斯德学说建立前的二、三十年，有一位医生认识到了无法解释但很有效的消毒方法，他名叫塞麦尔维斯。

19 世纪下半叶以前，人们的伤口是很难对付的。在英国，有很多外科手术的病人死于术后，原因是伤口发炎溃烂。在欧洲，流传更广的一种病是“产褥热”。

产褥热是一种产妇的产后并发症，很多妇女生完孩子后，高烧不退，最终死亡。

那时，医生们不知道什么是消毒，谁也不知道什么是病菌，这个问题很简单但却千年来无人解决，医生们接生从来不洗手消毒。

1847 年，奥地利医生塞麦尔维斯又经历了一场痛苦，工作多年的他又一次目睹产妇得了“产褥热”，这健康粗壮的人不久就死了，留下了刚出生十多天的婴儿和愁苦的丈夫。

他的心再一次被揪紧，感到十分的痛惜。这是怎么回事呢？死亡率是 12%，这是多么不幸的数字啊！

他一直在思考这个问题，可是什么也没发现。

一次偶然的事件震动了他。

医院里死了一名医生，他也是持续几天高烧不退，和得产褥热的妇女症状相同。塞麦尔维斯注意到，这位医生是在解剖患产褥热死去的病人尸体之后而得病的。在解剖时，他不慎割破了自己的手指。

难道说是尸体上的什么“东西”进入到医生的身体里了？突然，他眼前一亮：难道说医生手上有什么“东西”传染给产妇了？

于是，塞麦尔维斯决定试验。当时，他已经发现了“杀菌”药物漂白粉，但是细菌传染的观念却没有建立。

他用漂白粉洗手，为一个产妇接生，这个产妇不幸也得了产褥热，可是她只是轻微发了点烧，就恢复了健康。

这下可有办法了？塞麦尔维斯加大了漂白粉的用量，并且把所有能接触到的器具包括地面、墙壁，全喷上了漂白粉溶液，奇迹发生了，他的接生病例中，只有百分之一死于产褥热。

但是人们的观念相当顽固，很多人不正视医生传染这一现象。结果当塞麦尔维斯据理力争并企图推广使用时，被医院驱逐出来，他失业了。

1850 年，塞麦尔维斯来到了他的家乡匈牙利布达佩斯，这里的一家医院十分欢迎他的消毒方法，结果塞麦尔维斯的名声大振。

1855 年，塞麦尔维斯出版了《产褥热的病原、实质和预防》一书。保守的旧势力权威专家们纷纷反对，只有美国医生霍耳姆斯支持他，并写文章公开发表。

早在 18 世纪末期，施旺就发现了细菌，他还建议加热，这样可以杀菌，避免有机物的腐败，但是他受到攻击后就不敢坚持发现了。

到了巴斯德，建立了微生物理论，才攻破庸医的阵地。

塞麦尔维斯没能等到这一天，1865 年他与世长辞，年仅 47 岁。而巴斯德的学说刚刚发展。

“损己利人”又一人

在为人类造福的各项研究中，无论是物理还是化学，以及各种技术实验等等，都有很多人献身科学，献身为人类造福的事业，这种精神是很伟大的，历史上也举不胜举。

这里有一个用蚊子叮咬自己而得上传染病的人，他名叫卡洛斯·胡安·芬利。

黄热病是一种很可怕的传染病，在美洲大部分地区，肆虐蔓延，夺去了无数人的性命。在 19 世纪下半叶以前，人们不知道怎样有效地治疗，更没有办法找到传染源，以防患于未然。

芬利是古巴人，1833 年 12 月 3 日出生在古巴的普林西佩。

他的命运很不幸，很小就被霍乱传染，侥幸捡回了一条命，但是留下了终生口吃、迟钝的病症。后来他长大了，又被伤寒传染。

芬利受到疾病的折磨，他决心习医，为人类造福。就这样，他进入了美国费城的杰斐逊医学院。

1855 年，芬利毕业回国。导师对他说：“你留在美国吧，这儿条件很好，有利于你的生活和研究，而且我们很想让你留下来，你有出色的才能。”芬利婉言谢绝了导师的邀请，他要回到哺育他的祖国古巴去，他知道，古巴的传染病十分猖獗，他一定要赶回去。

芬利回到古巴，开始研究黄热病。他想，黄热病的治疗方法还不是最有效，目前来看，最好的办法是找到传染途径。可真是奇怪了，它是怎样传染的呢？如果说是喝水，为什么患者与健康的人在同一地区均喝同样的水却各不相同呢？如果是空气，那也不可能。但这实在是太不可思议了，因为我们什么都没发现。

芬利把可能出现的途径一一列举出来，又一一地加以否定。1867年，哈瓦那又发生了黄热病的大规模蔓延，医生们都利用这个机会，不惜冒传染的风险观察试验，可谁也没有得出结果。

一个偶然的机会，芬利看到了空中飞来飞去的蚊子，他忽然想到了，只有蚊子是流动的叮人机器，它叮咬患者之后，带到健康人的身上，极有可能传染！

为了验证是否蚊子所为，芬利赤着上身，站在丛林旁边，等候叮咬。人们看到这个奇怪的现象，纷纷过来询问：“医生，请问您需要帮助吗？”

芬利说道：“不，谢谢。我是在等候蚊子。”“什么？等候蚊子？”“是呀，让它来叮我。”人们更加觉得不可思议了，围上来问长问短。芬利告诉大家，他想试一试，蚊子是否是传染黄热病的元凶。

人们被医生的精神感动了，向芬利提出请求，希望能拿他们做试验。当地普通居民、神父、士兵还有男女老少数不清的人成为了志愿者。

就这样，芬利在自己身上，也在健康的志愿者身上共做了上百次试验，终于证明了蚊子是传播黄热病的凶手，杀死蚊子，可以有效地预防黄热病。

1881年8月14日，芬利参加古巴的哈瓦那自然科学院学术报告会。会上有数万名科学家，规模空前。

轮到芬利发言了，芬利宣读《关于蚊子是黄热病传播媒介的假想》的论文。刚一听到题目，人们就沸腾了，会议大厅里像开了锅似的，这可是多少年来没有发现的事情，怎么会这么简单呢？

大多数人表示不信，这么困难的问题，怎么可能是小小的蚊虫造成的，那么医生还干什么？都去灭虫好了！

芬利不怕人们的嘲笑，他一往无前地坚持研究，并采取有效的措施防范。1898年．美西战争爆发了。美军进驻古巴后，受到了大规模的黄热病袭击。战士们还没有出征作战，却先被疾病夺去生命，这是多么令人心痛的事情。这无疑使战争的创伤更加严重，白白地浪费了生命，徒劳无益地增加了死亡量。

美军听到了芬利医生的名字，出面请求他帮忙。芬利向大家讲明了蚊子的危害，提议灭蚊驱虫。果然，黄热病患者大大减少。

巴拿马运河正在修建，大量的工人也受到了黄热病的侵袭。芬利向有关方面提交了“清洁卫生计划”。由于帮助美军灭蚊防病，芬利的名声远播，人们认识到了他的正确性，所以很快接纳了他的建议，到处开展了灭蚊灭虫的运动，洒石灰，填坑洼，杀死蚊子，消除寄居场所，取得了很大的成效。

人们不相信芬利的时候，曾经叫他“蚊子医生”，现如今，芬利成为世界名人，他的方法被世界各国所采用并推广实施。

1915 年 8 月 20 日，82 岁的芬利逝世了。

这个既热爱祖国又热爱人类，甘于献身自己为他人造福的人得到人们永世地纪念。

苯环的由来

化学的历史上，也充满许多传奇故事。一个又一个的自然之谜，在化学家的头脑中长期思考，有时会以哈密顿发现“四元数”一样的灵感闪现在眼前。

苯是一种特别有实用价值的物质，它是芳香族的化合物，人们在 19 世纪中叶提炼煤焦油时发现了这种物质。

那么它到底是什么样的呢？它的结构如何？它的反应怎样？这一系列的谜有待人们去揭开。可是这时人们发现事情没有这么简单。研究苯是有机化学的领域，那么有机化学的发展是个什么状况呢？

维勒和李比希是有机化学的创始人。维勒是世界上第一个人工合成尿素的人，他打破了无机物和有机物之间不可逾越的鸿沟。

但是就在 1835 年，维勒放弃了自己的有机化学研究，他对自己的老师贝采留斯说：“有机化学的研究使人异常恐惧，举步维艰。有机化学的领地是原始森林，但是这片森林面目狰狞而阴暗，荆棘丛生，毒蛇猛兽无处不在无处不有，让人无法进入，甚至都跑不出去，有机化学的研究太可怕了！”

这是维勒作为先行者对后来者的警告。在困难面前，维勒退却了。他的朋友、真正的有机化学领域之父李比希，在困难面前毫不退缩，奋然前行。

继李比希之后，许多化学家前赴后继，建立了有机化学领域内的一个又一个基础理论，这些都成为后来者前进的基石。

李比希研究了有机化合物的分子结构，把拉瓦锡、贝采留斯等人的原子团思想得以发展完善；法国化学家提出了有机化合物的同系列概念并且提出一种分类法，依照这种分类方法，可以发现很多未知的化合物。

德国人霍夫曼以及英国科学家威廉逊进一步加以分类，把已知的有机化合物分为水、氢、氯化氢、氨四种类型，这样使有机化合物得到了系统整理。英国人弗兰克林提出有机化合物的原子价，德国化学家肖莱马解释了同分异构的产生。

这些成就都是勇敢和坚持不懈的人才能取得的。

其中要提到一名早期的胜利者，他就是1847年出生的德国化学家凯库勒。

前面我们提到，化学家们在探索苯的规律。从弗兰克林开始，提出了原子价学说，利用这个学说，凯库勒研究碳的化合物。他认为，碳原子可以用它的价和其他元素的原子相结合，而且还可以结合自身，也就是说碳元素自身的原子也可以结合，形成或简单或复杂的碳链。

凯库勒成为第一个提出化学键概念并且第一个提出碳链说的化学家。

由于这样的想法，人们用碳链说研究苯结构。但是问题发生了，穷尽所有的结构排列方法，没有一个结构式能够使链状的排列满足已检测出的苯的组成：既要有6个碳原子和6个氢原子，还要保证碳为4价、氢为1价。

这是怎么回事呢？

凯库勒夜不能寐，冥思苦想，一个又一个的链状方案都被提出，又被一一否定。这些都不符合已知的检测条件，即6碳6氢而且化合价分别为4价、1价。

这一天，凯库勒早晨早早地起来，翻了几本书，脑子里又浮现出苯的分子原子排列。这个问题萦绕来萦绕去，回旋往复。他不得要领，渐渐地，伏案睡着了。他的身体飘了起来，似乎柔软平滑地摆动，和苯的长长的链飞在一起，轻舞轻飘。

飘着飘着，只见那“苯链”似乎被风吹得摆动弯曲，回环转动。他突然意识到了：回环转动！

后来凯库勒说，那长长的链“抓住自己的尾巴，形成一个环状，在我面前嘲弄般地旋转不止。”

凯库勒大吃一惊的时候，就睁开了双眼，却原来是南柯一梦。然而这个梦却具有重大的意义。凯库勒对梦中的情景记忆深刻，历历在目。

他解开了一个缭绕在多少有机化学家脑海和心头的大谜团呀！那就是，苯的测量并没有错误，确实是 4 价的碳原子，个数为 6，1 价的氢原子，个数也为 6，它们的排列却不是直线形状，而是环状！凯库勒把环状的闭合式六边形结构图清晰地画出。

1865 年 1 月，一条惊人的发现被公布了。凯库勒的《论芳香族的化合物结构》构建了苯的分子结构：单双键互相交替，六边形平面环状。于是环状的碳链理论诞生了。

之后，网状的、立体状的理论不断涌现，从此突破原来习惯的发散思维，人们开始探索神奇的有机大分子和生命奥秘。

人类思维发展的里程碑

我们知道，欧几里得就提出过普遍适用于各种情况的公理：整体大于部分。

然而却有人提出：部分等于整体！

这是谁呢？他是不是疯子？

是的，康托尔提出这个思想的时候，人们也说他疯了。然而就是这个思想，成为近代以来人类整个思维的大革命之一。

集合论的最中心难点就是无限集合概念。从希腊时代，数学家们与家就意识到这种无限集合。

无限集：两个集合的元素之间如果能建立一一对应关系，这两个集合就叫做等价的。如果一集合能与它的真子集等价，这个集合就是无限集。

哲学家亚里士多德曾经考虑过无限集合，但是长期不能理解，最后他认定：一个无限的集合不可以作为固定的整体而存在，他不承认无限集合。

首先探讨到无限集合本质的是大科学家伽利略。他想出两组数，一组是1，2，3，……，这样无限排列的自然数。一组是将这些数都平方，形成1，4，9……，这样的组数连线，那么1可以和1相连，2可以和4相连，如此下去，一一对应，无穷无尽。

但是问题出来了，自然数平方之后的数是1，4，9，这样的数，绝不会出现3，7，5，6，8，11等这样的数，这就说明，第二组数是自然数的一部分，可是部分的个数与整体的个数却一一对应，如此一来，岂不成为“部分等于整体”了？

人们把这个问题叫“伽利略悖论”。

数学王子高斯为此曾经说：“我反对把无限量当成实体，这在数学中坚决不允许。无限只能是说话的一种方式，当人们确切地说到极限时，是指某些值可以任意地趋近它，而另一些则允许没有界限地增加。”

柯西也认为，无限集合不能存在，因为他认为，绝对不能让“整体等于部分”。

1845年3月3日，俄国彼得堡犹太富翁的家里，诞生了一个男孩，他就是康托尔。

1856年，小康托尔跟着父母去了德国，在法兰克福定居。

在康托尔15岁那年，就要做一名数学家。

他很小就被数学迷住了，以至考入威斯巴登大学预科学校时，下定了从事数学研究的决心。1863年，康托尔进了柏林大学，专门学习数理科学。柏林大学是德国具有盛誉的大学，在欧洲也是一座名校。善于思辨的传统在这里更加表现为理论上的无比艰深和考虑问题的复杂性与深刻性。

1867年，康托尔获得博士学位。两位导师之中，一为魏尔斯特拉斯，是著名的数学分析大师；一为克罗奈克。

据说，康托尔的论文独到性不是很强。为此，他的导师克罗奈克对他说：“柏林大学的数理科学在欧洲学术界举足轻重，人才辈出，你作为一名最高学位的获得者，一定要勤加努力，要为柏林大学争光，我为你的创见感到担心。”

另一位老师魏尔斯特拉斯对他说：“个人的努力总会换来成绩，要上进深思才可以成就辉煌的理论。”

结果，没有想到的是这位学生做出了太富有创见性的成果，以至于高出了人们的认识水平，他们做老师的也接受不了。

1869年，康托尔在哈勒大学做讲师，但是他只谋得了带课而不拿钱的职位。尽管如此，康托尔还是开始研究。1872年，康托尔把数论中的一个定理推广到了无穷集合的研究中，这使他走上了“一去永不回”的风雨之路。

1874年，康托尔发表了第一篇关于集合论的论文。在这篇文章里，康托尔引入了基数的概念，建立了以后被称为“康托尔公理”的实数连续性公理，他证明超越数大大多于代数数，这一成果举世震惊。

欧拉说过，超越数“超越了代数方法的能力之外”。康托尔证明，全体代数数是可以数清的，因而是有限的，而因为实数集是不可数的，所以数轴上几乎全部的数都是超越数。这太令人惊奇了！

对于超越数，直到现在人们的研究仍处于落后状态，比如说人们只知道什么是超越数，但超越数的加减法怎么样？两个超越数相加能不能是超越数？这一切就有待于后人去研究了。

1878年，康托尔发表了第二篇论文。之后6年内，他又发表了一系列论文，提出了“集合的势”等概念，建立了集合的等势理论。此外，他还奠定了由基本序列建立实数理论的基础。康托尔还是维数理论的开拓者，这一理论为拓扑学空间理论提供了新的发展道路。

在1879—1905年，康托尔担任了哈勒大学的教授。然而，人们对他的惊人设想感到古怪离奇，从第一篇文章发表，所有的人就几乎找不出能与他对话的。

涉及到理论与概念时，人们就发现康托尔的思维和所有传统的方法、思路都不一样，当然和大家更是大相径庭了。人们不理解康托尔，认为他真是一名“妄想型的精神病患者”。

是啊，这些观念多么“荒谬”：

一个短短的线段所包含的点与整个宇宙包含的点一样多。

任何两组东西，只要是一一对应，就是一样多，部分小于全部只在有限情况下适用，而在无限情况下，部分可以等于全部。

康托尔发现了有限集、无限集之间的区别在于：有限集不可能与真子集等价，而无限集却可以与真子集等价。

这一切一切，既不符合公理，也不符合常识，不是“疯子”又是什么呢？康托尔的老师没想到，他们的学生竟然“天才”地离了谱！

人们攻击康托尔，却忽视了康托尔论点的严密推理和逻辑证明。1891年，康托尔的老师之一，数学家克罗奈克去世了，他至死都认为他的学生为他自己丢了名誉，这还不算什么，更严重的是，全欧洲都知道是柏林大学培养了一名疯子！

1884年，在严重的打击下，康托尔精神失常了。过了八、九年，康托尔的论点引起了人们的重视。魏尔斯特拉斯也开始支持自己的学生了，康托尔似乎恢复了健康，他没有了怪异的行为，逐渐镇静和清醒。

真是公理的恩赐呀！

1897年，苏黎士举行国际数学家第一次大会。在这之前，瑞典数学的最高权威——莱夫勃已经将康托尔的论文译成法文在《数学学报》上发表。

国际大会重点宣读了康托尔的集合论。而此时，他已经成为德国数学家协会和国际数学家大会的筹建人之一。

进入20世纪，康托尔已经成为享有国际盛誉的数学大师，他是集合论的开创者，他做出了“这一时代最使人类引以为荣的工作”。

他是人类思维的重大变革者，昭示了科学的创新精神。

1918年，康托尔病逝。

大陆漂移学说

魏格纳出生在一个德国天主教家庭，父亲是一位虔诚的天主教信徒，他担任一家孤儿院院长。

1880年11月1日，是魏格纳的生日，他从小就十分富于冒险气质。为了能冒险去爬山涉水，魏格纳认真地锻炼身体。他经常在风雨天站在外面让风吹雨淋，大雪天在外面挑战严寒，徒步旅行，长距离竞走等等，都是他的拿手好戏。

他准备去北极探险，但父亲坚决反对他的计划，并且希望他能考入神学院，找一个稳稳当当的工作。父亲很愿意让魏格纳接自己的班。父子二人经过互相让步，最后魏格纳上了大学的气象学专业。1905年，魏格纳以优异的成绩取得了气象学博士学位，主攻高空气象学。

他的求学经历就仿佛他的历险性格一样，他先后在柏林大学、海德堡大学、因斯布鲁克大学求学，1908 年到马堡物理学院任教，讲授天文学和气象学。

第一次世界大战爆发了，魏格纳应征入伍，1915 年受伤，便回到家里，之后在汉堡大学和格拉兹大学担任教授职务。

1906 年时，魏格纳冒险的性格使他与弟弟二人共同驾驶高空气球，连续飞了 52 个小时，创下了一项新的世界记录。北极虽然没去成，但是他还是参加了探险队，去了格陵兰岛，他对那里的冰山赞叹不已，这是在 1912 年。

1910 年，魏格纳看世界地图时，就发现了大西洋两岸的海岸线轮廓十分相似，但他并没有认识到这点的重要性。到了第二年的秋天，魏格纳在一本著作中得知了有人认为大陆相逢这个观点，不过文章作者只认为巴西和非洲曾经有过陆地是相连接的，并且从古生物学角度找到了证据。

这一下魏格纳被启发了，他到处搜集资料，利用业余时间专攻地理。在他的脑海中，有一个景象深深地刻印着：格陵兰的冰山，慢慢地移动。由此他想到大陆会不会也是在移动的呢？

在这个思路下，他查看地图，发现几块大陆之间有互相吻合的海岸线。1912 年 1 月 6 日，在法兰克福地质学会上，魏格纳宣读了论文，做了关于"大陆与海洋起源"的演讲，第一次提出了大陆漂移假说。

一战的爆发打断了魏格纳的研究，负伤回家后，他反而有了充足的时间。整理好资料后，他写成《海陆的起源》，系统提出了大陆漂移的假说。

大陆漂移说认为：

在距今约两、三亿年前，即古生代时期，大陆是一个整体，称泛大陆，渐渐地，经过地球自转产生的离心力以及潮汐力的影响，原始大陆分崩离析，破裂的块像漂浮在水面上的冰山一样逐渐分离移动，花岗岩层在玄武岩层上作水平漂动，过了很长时间，就是我们现在所见的大陆样子。魏格纳说："这个学说的最重要部分是设想在地质时代的过程中大陆块有过巨大的水平移动，这个运动即使在今日还可能在继续进行着。"

大陆漂移说的缘起，是南大西洋海岸线的惊人的相似，1858 年斯乃德尔的想法就是把非洲、美洲连在一起，他绘制了一幅大陆复原的地图。

光提出观点还不够，关键在于证据。

魏格纳在古生物学、地质学以及古气候学三个方面寻找大陆原本是连在一起而后分开的证据。

首先从古生物学看，被大海大洋分开的大陆生物，有着久远的亲缘关系。生物学证明，相同的生物品种不可能独立在两个不同的差异较大的地区形成，而是起源于同一地区，然后再传播。例如大约 2 亿至 3 亿年前，印度、非洲和南半球发现的植物化石都是舌羊齿类，这些植物跨越万里大洋进行分布是十分可能的，而只有原先在一起，尔后被分开才是我们现在发现的情况。

从地质学上看，各大陆地质构造的吻合也是强有力的证据。魏格纳采用拼接的方法，发现两岸的岩石、地层可以接起来。

魏格纳是专业学习气象的，所以提出了古气候的证据。主要指出了两极地区曾有热带沙漠，而赤道地区有冰川痕迹。

这个道理像把一张撕碎的报纸按其参差不齐的断边拼凑拢来，如果看到印刷文字行列恰好相吻合，就只能认为是连接在一起的。

魏格纳学说提出之后，引起朝野震动。

因为那时人们信奉的是大陆固定学说，魏格纳的学说对于人们来说简直是“天方夜谭”。

大多数老一代地质学家都表示反对，的确，魏格纳这种不成熟的大陆漂移说遇上很多困难：

其一，大陆漂移的动力。

地球自转产生的离心力以及潮汐力不足以驱动大陆移动。魏格纳自己也认为，“形成大陆漂移的动力问题一直是处在游移不定的状态中，还不可能得出一个能满足各个细节的完整答案”。

其二，从力学原理来看，玄武岩的熔点高于花岗岩。这样，魏格纳提出的玄武岩在花岗岩上漂移就行不通。因为大陆漂移，地温高到使岩层变软，有流质出现，而在下层的花岗岩先熔化，固态的玄武岩仍在花岗岩上，从力学上看，不能产生漂移。

1926 年，美国召开了一次大陆漂移的理论讨论会，共 14 名著名地质学家进行了投票。结果是 2 人弃权，7 人反对，5 人赞成。作为业余出身的地质学人物，魏格纳被否定了。

魏格纳的理论没有完全被否定，他的《海陆起源》再版三次，被抢购一空，翻译成英、俄、日、法多种文字，学术界都得知了大陆漂移的思想。

魏格纳再度考察格陵兰岛，他已经测出了格陵兰岛仍在漂移。

1930 年 11 月 2 日，魏格纳第四次考察格陵兰岛，没想到，他竟然一去不返了。在大风雪中，他累倒在地上，长眠于冰雪之中。人们纷纷寻找这位令人尊敬的勇敢的探索者，直到第二年的 4 月份，才发现了他的遗体。

魏格纳去世以后，由于这位中坚力量的消失，再加上传统观念过于强大，大陆漂移说暂时消沉，失去了声音。

然而真理终有复出时，后人完善了魏格纳的理论，从 20 世纪 50 年代起，由古地磁学起，大陆漂移说复兴，成为目前的主导学说之一。

迷人的“第五公设”

欧几里得的《几何原本》如同牛顿的经典力学一样，确立了古典几何学的辉煌大厦。

人们称传统的几何学为欧氏几何学。欧氏几何统治了几何学两千多年，它建立了一个逻辑的演绎体系：由公理出发，推出各种定理从而得出结果。

公理就是欧氏几何中的公设。严格来说，欧几里得并不是这样规定的，他把公理定义为适用于一切科学的真理和基础。在《几何原本》中，欧几里得提出五条公理，比如：等量加等量，总量相等；彼此重合的东西是相等的；整体大于部分；两物与中间物相等则两物相等；等量相减仍为等量。这五条公理不仅适用于数学，而且在大自然中也同样适用，因此称之为公理。

而公设则是只在几何学中存在的真理。同样，欧几里得提出五条公设：

其一至其四为：从任一点到任一点可能作直线；有限直线沿直线延长是可能的；以任一点为中心和任一半径作圆是可能的；所有直角彼此相等。

第五公设为：若一直线与两直线相交，且若同侧所交两内角之和小于两直角，则两直线无限延长后必相交于该侧的一点。

公设是欧氏几何学的基础，它是不证自明的，也就是说，除非你推翻欧氏几何学，否则的话，就必须在这五条公设下进行推理。欧氏几何和我们所见的空间是那样的吻合，如平滑的面、平直的线、弯曲的线、以及相交的斜线等等，看起来都是自然而真实的。

人们发现，第五公设是那样的特殊。一是它远不如前面四条公设清楚而简明确定，而是语句冗长，含义似乎意犹未尽；二是连欧几里得本人也很少使用第五公设，经常避免第五公设的发生，在《几何原本》中，直到第29个定理时，才使用了第五公设。

总之，把第五公设作为不证自明的道理，人们不易接受。人们纷纷探索，有两种思路成为主流：一是找寻等价命题，也就是说，换一个说法；二是企图证明第五公设是一个定理，把它从公设中排除。

不管怎样，等价命题是需要提出的。

1741年，法国克雷洛提出："如果四边形的三个内角是直角，那么第四个角也必是直角。"

1769年，芬恩提出："两相交直线不能同时平行于第三条直线"。

1795年，苏格兰的普雷菲文提出："过直线外一点，有且只有一条直线与该直线平行"。这就是我国课本中通用的"平行公理"，各国目前都采用这种叙述方式。

也就是说，以上数学家提出的命题和原来的第五公设是一回事，完全等同，都是第五公设的等价命题。提出等价命题这一想法实现了，但是为什么对公设还表示怀疑呢?

自从公元前3世纪开始直到19世纪上半叶，有很多大数学家投入到第五公设的研究中去，人们大多认为，第五公设可能是定理，能够被证明出来。尤其是18、19世纪，证明第五公设的方案一个又一个地提出，进而一个又一个地被否定。

人们把证明第五公设视为一大难题，尽管无数人都失败了但仍然有无数人投身进去。人们证明第五公设，主要是证明与之等价的"平行公设"。

1802年，玻约伊出生在匈牙利的柯罗日瓦尔。小玻约伊的父亲老玻约伊是高斯的同桌好友，也是一位很有才华的数学教授。

很小的时候，小玻约伊就听父亲讲各种各样神奇的定理、伟大的发现，他深深地爱上了数学，第五公设的问题更加使玻约伊倾心向往。

中学毕业后，玻约伊成绩优异，考入了维也纳皇家工程学院。18岁时，他是这里的一名大学生，他立下心愿，要研究第五公设。

老玻约伊知道后，并没有感到高兴，而是很恐慌，他写了一封信给玻约伊，信的意思是这样的："希望你再也不要做证明平行公理的尝试，因为你把一辈子花到这上面，也不可能证明得出这个定理。在这方面，我自己埋没了一切亮光和欢乐。上帝啊！希望你放弃这个问题，对它的害怕应该多于感情上的留恋，因为它会剥夺你生活中一切时间和健康以至休息与幸福。这个无希望的黑暗能够使上千座牛顿那样的灯塔沉没，这个黑夜任何时候都不可能见到大地光明"。

这样可怕的预言从何而来呢？原来，老玻约伊的一生就是花在第五公设上了。和高斯不一样，他更加迷恋第五公设。高斯也研究第五公设，但在其他方面建树很高，老玻约伊虽然是一位数学教授，但沉溺于第五公设却没有什么进展，所以很后悔，认为自己虚度了一生。

他苦心规劝儿子，希望儿子不要重蹈覆辙。但是小玻约伊并没有被父亲的劝告吓倒。1822 年，玻约伊留校从事研究，他终于取得了进展。1832 年，老波约伊出版了一本著作。在这本书的最后，发表了小玻约伊的一篇论文《关于与欧几里得的第五公设无关的空间的绝对真实性的学说》。

其实，在小玻约伊只是 21 岁左右的青年人时，这个天才的萌芽已经出现并取得进展。他证明了："第五公设确实是一个欧氏几何体系中独立的公设，企图用欧氏几何的其他公设来证明第五公设是不可能的。"

而 1832 年发表的论文，是小玻约伊的进一步发展。在改变第五公设的情况下，一种新的几何诞生了。他提出，规定一个新公设，即"过已知直线外一点可以引无数条直线与已知直线平行。"

这太离奇了，连小玻约伊的父亲也不能理解。1826 年起，小玻约伊到处请人们就他的新成果发表意见，人们都摇头表示不可理喻，也没有研究会帮他出版。后来，玻约伊请求高斯的支持，可是高斯却只是赞扬了几句，没有投入更大的热情。

玻约伊十分失望。

其实，早在数年前，高斯在研究第五公设的时候就已敏锐地意识到了转向问题。1824 年，47 岁的高斯在给朋友的信中就说："三角形的内角之和可以小于 180°，这种几何和我们现在的几何完全不同，但却自足，我发现了它们并有一些见解。"

高斯为什么不发表新的观点呢？原来，高斯历来小心谨慎，甚至有些顾及名誉和利益而瞻前顾后。他既要独立系统地研究和证明，又怕发表的成果观念太过新颖，人们会嘲笑他妄想而失去权威的地位。这使得高斯一直没有公开发表，但他在暗地里却一直在研究，并且得出很多有价值的理论。

小玻约伊没有得到任何支持，后来又知道高斯也发现了这一新几何，只是没有发表，而突然间又得到罗巴切夫斯基发表了与自己想法相同的几何研究，心情十分沉重，郁郁寡欢。1860 年，天才的玻约伊去世了，没能目睹这门学科最终创立。

1840 年，俄国的罗巴切夫斯基勇敢地、完整明确地指出新几何的存在。

罗巴切夫斯基 1792 年生于高尔基城，父母都是穷职员。15 岁时就以高材生的身份进入喀山大学，毕业时获硕士学位，最后担任喀山大学校长。1826 年，罗巴切夫斯基首先指出第五公设的不绝对性。1830 年左右，罗巴切夫斯基发表《论几何基础》，成为世界最先论述非欧几何的文献。1840 年，他用德文写成《平行理论的几何研究》。

罗巴切夫斯基的遭遇果真如高斯所料，尽管罗巴切夫斯基是很有声望的科学家，但是他也遭到了攻击，为此还被免去了职务。人们攻击他，说他违反“常识”地胡言乱语，是“疯子”所为。大多数科学家也说罗巴切夫斯基是“伪科学”，荒唐透顶。

罗巴切夫斯基面对各种责难，以顽强的斗志捍卫新的发现。在他双目失明后，仍然口述了非欧几何的著作《泛几何学》。

虽然同时有高斯、玻约伊发现了新几何学，但是只有罗巴切夫斯基勇敢地全面发展并证明，坚持不懈地捍卫了这种新发现。所以，人们命名这种新几何学为“罗氏几何”。

欧氏几何中，三角形内角和是 180°；而在罗氏几何中，三角形内角和却是小于 180°。这都是建立在第五公设的不同之上的。

1854 年，高斯的学生德国数学家黎曼提出了另外一种几何，这种几何中，三角形的内角和是大于 180°的。

黎曼几何与罗氏几何就是我们现在所见到的“非欧几何”。罗氏几何与黎曼几何同传统的非欧几何相比，重要区别就在于第五公设的不同。

自“非欧几何”提出，人们一直认为这些不过是推理中的体系。20 世纪到来，在新的突破中，在遥远宇宙的大尺度观测和原子微观领域研究中，发现了真正存在的非欧空间。

就空间所依托的平面不同来看，罗氏几何的面近似于马鞍，而黎曼几何的面是球面，球面三角形的内角和是大于 180°。1868 年贝特拉

《非欧几何解释的尝试》中证明了非欧几何可以在欧氏空间的曲面上实现。德国数学家克莱因把欧氏几何叫“抛物几何”，把罗氏几何称为“双曲几何”，把黎曼几何叫“椭圆几何”，三者区别在于“曲率”不同。

非欧几何是构成相对论的重要数学基础。

这就是第五公设的无穷魅力。

《夜巡》是福还是祸

1642年，荷兰最伟大的艺术家伦勃朗受一群军人的委托，创作一幅集体肖像画，名为《夜巡》。伦勃朗一反常规，没有像哈尔斯画的军官群像那样，每个人都很完整；也不像他早先画的《杜普教授讲解剖课》那样，每个人都显现在同样明亮的光线下。伦勃朗把这张群像画成一幅具有戏剧性的风俗画，一群军人正在长官带领下出发巡查。伦勃朗选择了大尉班宁·柯克下令连队出发的瞬间，军人们正从兵营中急急忙忙赶出来，队伍还没有站好，乱轰轰地聚在一起。有的人正在走动；有的人正准备武器；有的人正要举起旗帜；还有几个孩子在其间嬉戏。伦勃朗采用了明暗法，使造型更为厚实。这加强了戏剧效果，同时也显示出一种高昂的战斗热情。伦勃朗把两个普通的战士放在最前面光亮处，突出了这种风俗画的戏剧性。他们都在手忙脚乱地准备着，其中的几个孩子也比较突出。尤其是其中那个正快步跑着的小姑娘，她被强烈的光照着，甚至可以说她自身就是一个散发着光的小天使，在光线的对比中，更显出孩子们的纯洁、娇憨。而其他的人物都退居在黑暗中。应该说，这幅画是很不错的。但是，因为军人们要的是肖像画，许多军人都不满意被放在阴影中，因为，他们都出了相同的价钱。但向来正直、自由，一心要维护艺术的职业尊严的伦勃朗，拒绝修改作品。结果，雇主们提出抗议，把他告上了法庭。最终，在那个日益商业化的社会中，伦勃朗被迫交了大笔的赔偿金，而且他的名声大损，订画的顾客大为减少。从此，伦勃朗失去了经济来源，生活每况愈下。这可真称得上是伦勃朗一生的大祸。此后，不幸的事情又接连而来，伦勃朗在贫困中度过了自己的晚年。

但是，在这接二连三的打击与挫折的过程中，伦勃朗参透了世事，开阔了眼界，对社会有了更为深刻的理解，在缺少生意的日子里，伦勃朗可以安下心来作自己喜欢的画了，不会再受制于那些顾客们无理的要求与打扰了。从此，伦勃朗的艺术水平更进一步达到了精纯的境界。他这一时期创作的作品多为优秀之作；例如《圣家族》、《牧人来拜》、《一个犹太商人》、《对镜理装的少妇》、《荷马》、《浪子》等等，体现了画家强烈的现实主义精神。

其中《圣家族》一画明显地体现了画家注重劳动人民的倾向。这幅《圣家族》完全没有先辈作品中那种神圣的气息。画面上除了左上角从窗户上飞进来几个小天使，表明这是一件有关宗教“神迹”之外，完全是一家穷苦的荷兰农民日常生活的真实写照：一位穿着粗布长袍的农家少妇，腿上盖着一件厚衣，脚踏暖炉，正对着一堆燃烧着的木柴读书。天气变为暗淡，火焰也微弱下来。少妇转过身关切地掀开盖着摇篮的衣服，看看她初生的小宝宝是否睡得安稳。尽管她的丈夫在一旁不停地挥斧劈柴，在微暗的光线下，孩子依然睡得十分香甜。伦勃朗在这幅画中，把基督耶稣一家描绘成普通的劳动人民。他根本不愿意为了附庸高贵，而画上那几个“神圣的光环”，因为，伦勃朗知道，假如《圣经》上所述的基督的身份也是真实的话，耶稣一家就应该是这种平凡的人，过的也就是这种平凡的生活。马克思说：“伦勃朗是按照荷兰农妇来画圣母的。”我们在这幅画中直接感受到的是：北欧冬日里一个贫苦的农民家里，人们过着勤劳简朴的生活，洋溢着亲子之间的温情以及一家人的幸福。

此外，伦勃朗还画了一系列自画像，其中，在这一时期的最后一幅被人们称为美术史上的奇特之作。笔法十分苍劲，厚涂的色彩犹如铸铜一样闪闪的发亮。身披旧衣的伦勃朗，眯着眼睛，嘴巴微张，好像在哀哭，又似乎是在冷笑。这时的伦勃朗已是孑然一身了。

晚年的伦勃朗十分悲苦，妻子早亡，儿子也已夭折，他原来精心收藏的艺术珍品早已被教会没收。伦勃朗亲身体会着劳动人民所受的灾难，使他的思想更为深刻，直到他临终的前几天，仍拿着画笔，在辛劳地创作，他最后的一幅作品就是《浪子》。

1669 年，这位伟大的现实主义艺术家凄苦地走完了自己辉煌的一生。

伦勃朗出生于 1606 年 7 月 15 日。他是莱顿市一个磨坊主的儿子。早年师从鹿特丹的一位大画家学画，后来又进入阿姆斯特丹的画家皮特拉斯特曼的画室学习，最终，他离开了老师开始自学。他早期的作品主要有《正在读圣经的母亲》、《杜普教授讲解剖课》、《一位东方人的肖像》、《瞎子》等。

1634年，伦勃朗与一位有钱的画商的亲戚——莎斯基雅小姐结了婚，在他自绘的《画家同他的妻子莎斯基雅》中，他把自己打扮成武士，举杯庆祝，他的妻子坐在他的膝上，也回头向观众致意。画面充满了欢乐、幸福的气氛以及画家对生活充满自信的豪气。

这一时期，是伦勃朗最为幸福的一段美好时光。他高超的画技，为他引来大量的雇主。但是，由于他对于收集艺术品的嗜好，使他没能积蓄钱财。伦勃朗不但收集古今的名作珍品，也购买一些无名画家的作品。而且常常是他自己把价钱抬得很高，他说道："这是为了维护艺术职业的尊严。"

伦勃朗是17世纪荷兰画派中最伟大的现实主义艺术家，也是17世纪整个欧洲艺术的杰出代表。他是肖像画、风俗画、历史画及风景画的一流大师，几乎擅长绘画艺术的一切表现形式，油画、版画、素描尤为精到。最应该提到的是，伦勃朗在铜版画方面为后代留下了重要的遗产。丢勒是木刻版画的先驱，伦勃朗则是腐蚀铜版画的更加伟大的先驱。

杰出的伟大艺术家伦勃朗勤奋一生，留下了大量杰作。他死后声誉更是与日俱增，伪作遍布全球。在西方美术界有个笑话："伦勃朗一生画了600张油画，其中有3000张在美国。"但是，这历来被人们公认为真迹的600张油画，近年来又引起争论。1968年，在伦勃朗逝世300周年纪念的时候，荷兰的6位艺术学者组成一个调查团，访问了世界各博物馆及私人收藏家。经过对600张原作进行审查后，调查团得出结论：其中大约只有350张是靠得住的。因此，现在说伦勃朗的作品，就是油画300多件，铜版画300件，还有许多素描的珍品。

不仅伦勃朗作品的真伪成为专家们研究的重大课题，而且伦勃朗作品的被盗也成为轰动世界的新闻。70年代初，邦奈博物馆珍藏的一张名为《拉比的头像》的作品被盗，惊动了欧美两大洲的警务人员。这张只有9英寸高的小画，当时估价至少数十万美元。而在拍卖会上，伦勃朗作品的价格仍然在不断上升。

想想当年伦勃朗凄苦的生活，再对比一下他身后巨大的声誉。当年那幅成为他不幸起点的《夜巡》，对他来说，究竟是福？还是祸？对于我们欣赏者来说，又究竟是福？还是祸？我们不知如何去回答。

难道说，伟大的成功，必须要以艰难困苦中走过的路程为代价？

面对伟人，我们陷入了沉思。

狂妄自负的“舞蹈上帝”

一天，在一条繁华热闹的街上，高贵的先生与优雅的妇人们正怡然自得地在街上慢慢散步。这时，从街的另一端急急忙忙冲过来一位妇人，她身材很胖，但一脸焦急的神情使她脚下沉重的步伐加快。人们都惊奇地望着她，纷纷为她让路。突然一位年轻的先生躲闪不及，只听他“哎哟！”一声大叫，蹲在了地上，原来那位行色匆忙的胖妇人踩了他的脚，妇人再着急，也还是懂礼貌的，她连声不迭地道歉，希望没踩伤他的脚。年轻的先生慢慢站起身，用一种嘲讽的语气说道：“我高贵的夫人，您这轻轻的一脚已经使整个巴黎陷入了两周之久的黑暗之中！”妇人满脸通红，她知道这位先生的鼎鼎大名后，更加不安。还好，年轻人并没有继续纠缠下去，妇人又急匆匆地走了，年轻人也迈着轻快的脚步离去。其实那一脚根本没有伤着他，他只想让别人注意一下他的脚。

他的脚有什么特别之处吗？值得如此兴师动众？其实更让人惊讶的还在后面。有一次，他的一位学生对他大放赞美、景仰之词。这位先生大为满意，他突然脱下他的皮鞋，把脚伸到学生的面前，说：“既然你这么崇拜我，就让你当第一个幸运者吧！”那个学生一脸犹豫之情。“难道你不愿意吻一吻它吗？”先生一脸不悦，那位学生无力地辩解道：“我是怕弄伤了您的脚。”然后不得不双手捧着这只大脚，假装受宠若惊的样子吻了几下。先生满意而去。学生却大为不满，本来想与他亲近亲近，没想到却吻了一只脚丫子，而且是男人的脚丫子。

是谁这么狂妄自负？竟把他的脚当作了圣物，炫耀于天下？

他就是18世纪的三位巨人之一。那个时代产生了三位巨人。一位是普鲁士的腓特烈大帝，一位是法国大启蒙思想家伏尔泰，另一位就是这位狂妄自负的意大利舞蹈家加埃里·维斯特里。当然，这顶“时代巨人”的桂冠是他自己给自己加封的，别人并没有把他抬得如此之高。

但是，在当时的舞蹈界，他那完美的舞步，几乎无人能够企及，他这双神奇的脚为他带来另一顶桂冠——“舞蹈上帝”。

加埃里·维斯特里于1728年4月18日，在意大利名城佛罗伦萨降生。这是一个音乐舞蹈世家，在其小时候，父母带着姐弟8个四处流浪，漂泊不定，当加埃里·维斯特里进入巴黎歌剧院舞蹈学校接受正式训练时，他已经是20岁的大小伙子了，按说他已经不可能在舞蹈方面有什么作为了。但是，因为他遇到一位出色的老师杜普雷，再加上他的刻苦、聪慧，这个问题轻而易举地解决了，他的艺术水平超过了所有的同学。1751年，加埃里第一次登台，与姐姐泰蕾兹同台表演了一段双人舞，立刻名声大振。不久，他的老师杜普雷退休，加埃里就替代了老师在剧团里的位置。

加埃里·维斯特里的舞蹈风格优美、典雅而且精致。他的舞步透露着一种炉火纯青的单纯与高贵。人们称之为得到了诗艺之神阿波罗的灵魂，在舞台上，他确实是一位高贵无比的神的化身。

但是，台下的加埃里·维斯特里却完全是另一种样子：没有修养、鲁莽粗暴、骄傲、嫉妒，除了舞蹈他几乎什么也不懂。他在巴黎歌剧院担任首席芭蕾男主演时，曾几次与领导、长辈们大吵大闹，为谋得一点私利吵得天翻地覆，几次被驱逐出门，关入监狱。但由于他那完美的舞技，领导们很快作出让步，把他请回去，这使得他更为得意洋洋、自命不凡。

当时，剧团里还有一位著名女演员安娜·海涅尔。她以独具风采的单脚旋转赢得了广大观众的心，成为与加埃里·维斯特里一争高低的“舞蹈女神”。这使得加埃里·维斯特里妒火万丈，他经常暗地里阻挠这位女演员登台演出。有一次，在一个很重要的剧目中，加埃里·维斯特里又成功地用别人替换了安娜·海涅尔，这位小姐独处台下暗自垂泪。她再也不能忍受这个趾高气扬的自以为高贵、优雅的大男人了。安娜·海涅尔勇敢地向观众述说了自己的委屈与不满。观众了解真相后都愤慨万分，当加埃里·维斯特里又在台上展示他那高贵、美妙的身姿时，观众们大声地起哄抗议，为那位受委屈的小姐叫不平。一曲终了，那高贵的阿波罗立刻变成了一位“男性泼妇”，他走下台来当众大声辱骂安娜·海涅尔，由此这位男士的人品尽为人知。

1779年，发生了著名的“歌剧院造反”，在这次造反中，加埃里·维斯特里却又对高贵、美貌的安娜·海涅尔大献殷勤，而奇怪的是安娜·海涅尔竟好像忘记了他对自己的侮辱，安心成为加埃里·维斯特里的爱情俘虏。1782年5月12日，两人双双退出舞台，同居一处。

1792年6月16日，两人正式结婚，这时他们的儿子已经一周岁了。若干年后，当他们两人安稳地度着晚年的时候。

这时在舞台上星光四射的新人是加埃里·维斯特里与另一位妻子的杰作——玛丽·让·奥古斯特·维斯特里。这位年轻的男演员比他父亲的演技更高一筹。他不仅擅长父亲的骄傲——古典舞，而且能跳性格舞，而这是加埃里·维斯特里所不能的。玛丽·让·奥古斯特最为拿手的是又高又轻盈的跳跃，这位儿子一直让加埃里·维斯特里引以为豪。青出于蓝嘛！不但舞技青出于蓝，而且人品也比其父有过之而无不及！

1800 年 3 月 1 日，维斯特里家族在巴黎歌剧院写下辉煌的一页。已经 72 岁的祖父加埃里·维斯特里，40 岁的父亲玛丽·让·奥古斯特·维斯特里与 14 岁的阿尔芒·维斯特里同台共舞。老的雄风依在，小的也渐露锋芒。每个人的表演都独具特色，又融为一体。

1808 年 9 月 23 日，加埃里·维斯特里在巴黎逝世。

加埃里·维斯特里一生有许多杰作。例如他最为拿手的《夏空舞》，其他的如《罗朗》、《达耳达诺斯》也非常有名。尽管加埃里·维斯特里的人品为人所不齿，但他那优美的舞姿依然被人们怀念。

维也纳古典乐派的奠基人——海顿

1741 年秋季的一个傍晚，寒叶飘飞着，风在维也纳的大街小巷刮来刮去。一个瘦弱的男孩沿着街边默默地走着，抬头看看惨淡的夕阳，不由得紧了紧身上单薄的衣服。他看上去只有八九岁的样子，一年前他被选入这里的圣斯蒂芬大教堂的唱诗班，由一个平民的孩子变成了神圣的唱诗班成员。这得益于他对音乐的灵感和那副天生造就的好嗓子，这令他和他的家人着实高兴了一阵子。然而不幸的是，不知是什么原因，他的嗓子在一个月前就感到不好受，逐渐的，原来那清脆嘹亮的声音消逝了，代之以毫无光彩的暗哑之音，而且丝毫没有回转的希望。不能再放声歌唱的他，被唱诗班毫不客气地淘汰了，他被圣斯蒂芬大教堂赶了出来，流落街头。然而，一年多的唱诗班生活已在极具天赋的他的心中播下了音乐的种子。这个小男孩不仅意识到，他要用音乐来为自己谋生，而且隐隐地感觉到，音乐已经融入了他的生命。

1808 年，又是在奥地利维也纳，一场场面壮观的音乐会正轰轰烈烈地进行着，这是专门为庆贺一位音乐大师的 76 岁生日而召开的。在会场里山呼海啸般的欢呼浪潮中，一位华发苍颜的老人向人们频频致意。他接受了一只熊熊燃烧的三足火炉，是由 140 名法国音乐家联名赠送给他的。这只火炉象征着这位音乐大师的作品如同启蒙的火炬一样照耀着整个乐坛。不仅如此，他还悉心地指导和提携过贝多芬、舒伯特、莫扎特这一批划时代的音乐大师，这位老人是“大师的大师”。在依稀的火光中，他似乎又看到了若干年前那个凄冷的傍晚，那个孤独但有志气的小男孩，那是他童年的影子。大师不禁欣慰地笑了。

他就是海顿，交响乐之父，维也纳古典乐派的奠基人。

1732 年 3 月 31 日，海顿出生于奥地利的罗瑙镇——一个靠近匈牙利的多民族居住的地区。他的父亲是一名马车制造匠，家境贫苦，但海顿很早就接受了音乐教育。

而音乐的殿堂真正向他开启大门是在 1761 年。他成为维也纳郊外一位匈牙利贯族——埃斯特哈齐公爵的乐队之长。在优越的条件下，他写下了包括交响曲和奏鸣曲在内的大量作品，占他一生创作的大多数。

直到 90 年代，在度过了 30 多年的宫廷乐师生活后，海顿开始了游历的生活。在英国，他创作了著名的《伦敦交响曲》12 部、清唱剧《创世纪》以及《四季》等，当时他仍定居于维也纳。1791 年，海顿以一曲《牛津》交响曲获得了英国牛津大学颁发的音乐博士学位证书。

海顿一生创作十分丰富，仅交响乐就达 107 部，弦乐四重奏 68 首，三重奏 20 多首，钢琴奏鸣曲 60 首，意大利式歌剧 13 部等等。其中，完美的古典交响乐和四重奏形式是最重要的贡献。而且，他善于把民间舞曲有机地吸收到交响曲这种高级的音乐品种中来。其作品的基调健康明快、结构匀称、旋律朴实，和声明晰，充满了风趣和幽默之感。

12 部《伦敦交响曲》是海顿最优秀的作品，晚年的海顿创作了《帝王四重奏》，这支曲子曾被当作奥地利的国歌演奏了长达一个世纪之久，他的成就无愧于“维也纳古典乐派的奠基人”的地位。

“海顿老爹”是他的又一美称，表达了人们对他的普遍尊重，因为海顿不仅拥有卓越的音乐才能，还时时保持平易近人，谦虚和善的美好品德。他对贝多芬、舒伯特、莫扎特等杰出音乐家的悉心指导，更是立下了不朽的功勋。正如俄国著名音乐家柴可夫斯基所说，如果没有海顿，也就没有莫扎特，没有贝多芬了。海顿树立的人格旗帜威信远播，即使是拿破仑的军队占领了维也纳之后，部队的司令官非但对他没有丝毫轻举妄动，反而在他的家门口布置了豪华的仪仗队，以示对这位老人的尊敬。

海顿于1809年安然辞世，享年77岁。由于海顿生前是一个富于幽默感的人，因而他总是乐观向上地面对生活中的波折，他常常巧妙地利用音乐来解决人生中的烦恼，让人感到生命中充满乐趣。因此，海顿身后留传下许多动听有趣的故事。

比如有一年，海顿还是身为宫廷乐师的时候，公爵要去避暑，还想带上乐队一起去。可是疲惫的乐师们急不可待地要回家同亲人团聚。此时，富于幽默感的海顿想了个别出心裁的主意。当一首交响曲即将结束时，音乐绵延不止，奏出的是轻缓的柔板。瞬间，乐师们逐个熄灭了蜡烛后退席而去，只剩下两名小提琴手哈欠连天地疲惫地结束了演奏，海顿的安排使寓意明显地表露出来。公爵领会其意之后，也不再强人所难，便宣布全体休假了。而这次演奏留下了一首著名的交响曲——《告别》。

另外一支交响曲《惊愕》也有一个有意思的背景故事。海顿的乐队给达官显贵们演奏时，那些附庸风雅的阔人常常一边听一边打瞌睡，直到进入梦乡，于是海顿决心教训他们一顿。一支交响曲开始了，音调非常轻柔，而且越来越慢、越来越低，在这催眠曲一般的音乐中，那些达官显贵们很快便昏昏地欲睡了。突然间，雷鸣般的音响奏了出来，那些昏睡的人全都被惊吓得跳了起来，虽然怒气冲冲，却又都是有口难言，海顿和乐师们则偷偷地乐了。

1787年的一天，伦敦出版商布兰特先生来拜访海顿，当时音乐家正拿着一把不好使的剃刀在剃胡须，于是他开玩笑地对布兰特说："我愿意写一部最好的弦乐四重奏来交换一把好剃刀。"布兰特听到后，大喜过望，马上将一把随身携带的上等剃刀赠给海顿。海顿也履行了自己的诺言，将一首弦乐四重奏回赠给布兰特。这就是《剃刀四重奏》。

最后，再讲一个富于传奇色彩的故事。海顿的《第九十六交响曲》在某次公演时，音乐家亲临舞台，准备指挥乐队。狂热的听众为了一睹作曲家的尊容，不禁都争相离座，向前台拥挤过去。就在这时，在人群背后发出"哗啦"一声巨响，屋顶的大吊灯突然掉了下来，摔得粉身碎骨，顿时引起人群的一片混乱。然而，人们事后发现居然没有一个人被砸着。人们稍稍安定下来之后，都深以为幸，发自内心地喊道："奇迹！奇迹！"海顿也深受感染，随即把《第九十六交响曲》改名为《奇迹交响曲》。

真不知这位音乐家身上还有多少动人的故事，总之，海顿是一位耐人寻味的艺术大师。

音乐史上的奇才——莫扎特

提到莫扎特，恐怕无人不知，无人不晓，这个名声远扬的音乐家是星汉灿烂的乐坛上一颗耀眼的巨星，他的自身卓越的天才在群星中傲然而立，被公认为稀世之才。

莫扎特出生于奥地利的萨尔茨堡一个乐师的家庭，自幼便显示出非凡的音乐才能。他在三四岁时就会弹钢琴，5 岁学会作曲，6 岁时初次参加维也纳的演出，8 岁就写出了两部交响曲，10 岁成为小提琴和钢琴的演奏明星，12 岁时成功地写成他的第一部歌剧《本都国王米特里达特》。这样的早慧和神速的进步，令世人为之惊叹，因此，人们称誉他为“音乐神童”。

这位“音乐神童”确实名不虚传。至今人们还在念念不忘那些发生在他身上的奇闻逸事。从这些传闻中，人们真实地感受到了莫扎特的天才带来的震撼。

小的时候，有一次莫扎特的父亲偶尔走进他的房间，只见这个不丁点儿的小孩儿正趴在椅子上，专心致志地在一张五线谱纸上写着什么。父亲出于好奇，凑近一看，不禁吃了一惊，原来他看到了一首钢琴协奏曲，虽然笔迹稚嫩，但却完全合乎规格！这不禁令他惊喜不已。但他故意说：“这个曲子不成熟，不能拿去演出。”小莫扎特显出很有经验的样子说：“哪个曲子在演奏前不得认真地练习和修改呢?”

这是一例，还有：

一次，莫扎特的父亲应朋友之约，写了一首曲子，由于事多忙碌，抽不开身，他便叫小莫扎特送去。因为朋友家离得不远，只是中间要经过一条河，父亲叮嘱他要小心。莫扎特与一位小伙伴一起出行，走到桥上，忽然刮起一阵风，把他手上的曲谱吹走了。眼看着那张纸飘飘荡荡地落到了河里，莫扎特和他的小伙伴都着了慌。慢慢地，莫扎特镇静下来，他迅速地掏出纸和笔来，趴在桥头上埋头进入创作，不一会儿，他便和小伙伴快快乐乐地上路了。一天，父亲的朋友兴冲冲地来拜访，他极力夸赞这一作品，并在钢琴上非常投入地演奏了起来。莫扎特的父亲一听便说：“这不是我那支曲子。”最后，真相大白了，小莫扎特不但未受批评，反而被大大夸赞了一番。

14 岁时，莫扎特报考奥地利著名的波伦亚音乐学院。但该院历来有个规矩：“凡年龄不足 20 岁的人，不能从这所学院领取荣誉学位。”鉴于莫扎特的出众表现，校方决定给他一个机会。几位教授在一起共同谋划了一道高难度的钢琴曲题目，限莫扎特在两小时内创作出来。不想，才过半个小时，一张出色的答卷便摆在他们面前，教授们不禁啧啧称奇。于是，莫扎特获得了学校破格颁发给他的学位证书。

随着年龄的增长，莫扎特的艺术修养愈发高深，演奏技艺愈发精湛。据说有一次在伦敦的一场音乐会上，莫扎特同老巴赫的儿子 J. O. 巴赫并肩坐在一架古钢琴旁。他们要表演一项特殊的节目，两个人轮番即兴弹奏，听起来却是一首连缀得天衣无缝的绝妙乐曲，令在场的听众瞠目结舌，掌声经久不息。

以上的趣闻可以使我们对莫扎特的天才窥一斑而知全豹。但是，正如爱迪生所说：天才等于勤奋加汗水。莫扎特辉煌的背后，不知凝聚着多少心血和汗水。他也曾表露过：“没有谁能比得上我这样用功，没有一位大音乐家的作品是我不曾反复认真钻研过的。”

莫扎特在短暂的 35 年生涯中，创作出 600 多部不同类型的音乐作品，其中有交响曲 52 部、奏鸣曲 77 首、歌剧 22 部，几乎涉及了音乐的所有领域，尤其以歌剧、交响乐、器乐和室内音乐的贡献为最大。

他最杰出的成就还是在歌剧方面。代表作品有《克里特国王伊多美纽》、《诱出后宫》、《费加罗的婚礼》、《唐璜》和《魔笛》。他善于在作品中渗入意大利正歌剧、喜歌剧和德国与奥地利民间歌唱剧的优点，创作出真正具有民族风格的歌剧是这位音乐家至高的理想。

莫扎特的作品越到后来越成熟，写作技巧令人叹为观止。在上述歌剧作品中，最杰出的是后三部，《费加罗的婚礼》作于 1786 年，《唐璜》作于 1787 年，《魔笛》作于 1791 年。最后的《魔笛》主要采用民歌形式，用德文写词，唱白结合。

在其他体裁的作品中，莫扎特也表现了自己的独特风格和融合先行者成就的能力，并因此而为后来者开拓了更为广阔的道路。例如，他的室内乐作品明显有海顿的影响，但表现力要比海顿强；他的交响乐，特别是后期的作品，表现出激愤不安的情绪，仿佛是对贝多芬风格的到来作出的预示。莫扎特也因此成为维也纳古典乐派的承前启后的大师。

《安魂曲》是莫扎特的绝笔。受人之托，当时他已病入膏肓，但还是接受了。这一天，一个身着黑衣的仆人前来取稿，他高声地叫道："准备好了吗？已经到期了。"这不祥的话语使病榻上的莫扎特认定，那个黑衣人就是天国为他派来的使者，自己马上就要启程向天国进发了。

莫扎特于1791年12月5日英年早逝。这前一天，永世流传的《安魂曲》已创作出来，恰恰它安抚的第一个灵魂就是这个音乐的精灵。

"西班牙第一画家"——戈雅

1800年，杰出的西班牙画家戈雅完成了查理四世让他画的《查理四世全家像》。戈雅小心地把这幅画呈献给查理四世，查理四世看后极为满意，于是，他正式授予了戈雅一个"西班牙第一画家"的称号。本来戈雅就是当之无愧的西班牙的伟大画家，现在竟然成了"名副其实"的西班牙第一画家了。戈雅在高兴之余，禁不住暗自窃喜，这个称号可完全出乎意料啊！

在这幅《查理四世全家像》中，戈雅可算是费了不少心机。如今成功了，他怎么能不高兴呢？画面之上，戈雅故意以单调的色彩配以有点呆板的构图，国王一家人分列国王的左右，都自负地、官气十足地排列在艺术家面前。戈雅巧妙地表达出节日的衣服、勋章、珠宝的鲜艳色泽，这些东西都透过整个背景的金黄色的烟雾闪着光，整个眩目的色调特别表现着国王与王后的面貌的猥琐与庸俗。胖胖肥肥的愚蠢的国王，得意洋洋地昂着头，蠢笨地看着前方，活像一只大雄鸡。而旁边的王后扭动着自己的头，以她那庸俗、贪婪与凶狠的眼睛警惕地望着四周。其他的人有的傲慢自负，有的手足无措，有的疑神疑鬼，都或多或少地继承了一些国王与王后的丑恶的相貌及丑恶的精神。查理四世竟然对这样一幅作品满意，由此可以看出这些统治者如何的愚蠢与自我欣赏了。而那个"作恶得福"的戈雅，在人民心目中的地位更加伟大了，谁还会去稀罕那顶"西班牙第一画家"的荣冠呢？如果戈雅是凭这样的作品得到如此高的称誉，那才成为一个杰出的笑话啦。

但是，这个喜欢"作恶"，喜欢与统治阶级对着干的戈雅大部分时间却是在统治阶级的上层社会中度过的。这样，戈雅对统治阶级的愚蠢与残暴才有了更为深刻的认识。他举起自己犀利的画笔，用自己的一生在与罪恶的势力斗争。

佛朗西斯果·鸠塞·德·戈雅是一个农民的儿子。1746 年 3 月 30 日，他出生于萨拉果沙城。童年的戈雅是在当牧童中度过的，大约在 1760 年，小戈雅 14 岁的时候，一位牧师发现了他的绘画才能，便把他送到当地著名画家荷塞·路桑·马蒂尼的画室中学习，这成为小戈雅的启蒙课。但是，年轻的戈雅总是不安分地呆着，他从小喜欢斗牛打架，喜欢处在一种战斗的激情中。1765 年，戈雅参加了反宗教的斗争，成为其中很活跃的一分子。斗争失败后，他被宗教组织四处追捕，戈雅不得不逃到了马德里，并隐居下来。在这里，他深入地研究了著名艺术大师们的作品，他的风格渐渐形成。但是，戈雅总是不安分的，他在一次争斗中刺伤了一位国王聘请的画师，戈雅不得已又流浪到意大利。

在罗马，戈雅的艺术水平开始显露出来。他在帕尔马画了一幅油画《汉尼拔登临阿尔卑斯山》，获得了该城美术学院的二等奖。但忘乎所以的戈雅又惹了一身麻烦，费了很大的力气，在西班牙大使的帮助下，这个惹事生非的小伙子才逃回了家乡。

1775 年，戈雅又回到了马德里，开始为宫廷工作，戈雅创作了两小组木板油画，为他赢得了声誉，其中较出色的有《阳伞》、《陶器市场》、《春》、《受伤的石匠》、《葡萄熟了》等，画面充满了生活气息。

l780 年，戈雅被批准为皇家画院会员，杰出的戈雅不久便成为画院副院长。1789 年，戈雅成了宫廷的首席画师。这期间，他对统治阶级的丑恶面目认识得越来越深刻。虽然他遭受了两耳失聪的打击，但他以更为尖锐的画笔同封建宗教统治阶级展开了斗争。这一期间，他便创作了那幅《查理四世全家像》。此外，他所作的《法国大使费迪南·吉尔马德》也表现了戈雅对于革命人物的同情与敬爱。还有最让人争论不休的《着衣的马哈》与《裸体的马哈》。这是两个姿态与面貌完全相同的少妇。曾经有人说这个少妇就是与戈雅相好的阿尔巴女公爵，从而被人编造了许多恋爱插曲。但是近来有证据表明，这个少妇与阿尔巴女公爵的身材很不相同。戈雅在这两幅画中展示了女性的纯洁、善良与文雅，尤其是《裸体的马哈》更是对禁欲的封建天主教的直接宣战。后来，戈雅曾因这幅裸体女人画受到宗教裁判所的质询。

西班牙的宗教裁判所，历来以严酷闻名于世。有人统计过，到戈雅时代的查理四世统治期间，300 多年间，宗教裁判所烧死了 34 万人之多，许多追求真理者被当作异端而投入到烈火之中。

但是，戈雅并不惧怕他们，这一期间，他又创作了一套为数达 80 幅的腐蚀铜版画，名为《加普里乔斯》，又称《狂想曲》，严厉地揭露批判了宗教的伪善、残忍，以及僧侣们的贪欲愚蠢，表达了人民在宗教统治与封建专制下的苦难与不幸，例如其中的一幅，一个驴子医生正在为一个垂死的病人摸脉，上面写道“是什么要了他的命。”又如两个人背上各压着一匹驴子，题为“你自己不会?”再如，画面上一个树桩穿着一身僧侣袈裟，伸着双手，头巾下露出一副似脸非脸的黑影，前面跪着一群受惊吓而哭泣的妇女儿童，题为“那是裁判所能办到的。”它揭露了教会僧侣对人民的残暴及自身的空虚无能。又如一幅画面，几个驴子学生在驴子老师面前听讲，书本上全是写的“A”字，题为“学生能否知道得更多一点”。此外，还有一幅，一个人俯桌而睡，背后许多妖魔在飞舞，题为“理性入梦则群魔丛生。”人民在睡梦中也不得安宁与幸福。

这一组高达 80 幅的作品是对宗教统治的强烈的揭露与控诉。刚陈列出去，立刻遭到宗教裁判所的干预与禁止，戈雅也被宗教裁判所所注意，后来，戈雅伪称是献给查理四世的，才免遭迫害。

1808 年，法国拿破仑的大军侵入马德里，西班牙人民奋起反抗，但终因寡不敌众，鲜血浸染了马德里大街，戈雅心中充满了愤怒。这一期间，戈雅创作了《普埃尔塔 · 德里 · 索里之战斗》（即《1808 年 5 月 2 日之巷战》）与《法军枪杀起义者》（即《1808 年 5 月 3 日之屠杀》），此外还有一组 80 多幅的腐蚀铜版画《战争组画》，表达了对西班牙人民英勇斗争精神的赞扬及对侵略者的残暴的揭露。

例如《1808 年 5 月 3 日之屠杀》更体现了西班牙人视死如归的英雄气概及法国侵略者的残暴。侵略者只敢在深夜来杀害起义的爱国者。地上已经倒下了一批被枪杀者，死状惨不忍睹，这一批中有神父、僧人、市民与农民们。他们表现出愤怒、不屈与仇恨及面对死亡的哀痛。一个对着枪口的白衣黄裤的起义者，像受难的基督一样，把双臂张开，似乎要保护与他一起受难的人，又像是高喊着口号或对侵略者的痛恨的咒骂，那种宁死不屈的眼神表现出一个爱国者的高贵品质。在地面的方形灯的照射下，地面上已经被触目惊心的鲜血染红，那种红白的强烈对比，烘托出惨烈的氛围，而处在阴影中的侵略者，只是一排黑乎乎的“杀人机器”的象征。背景是马德里皇宫附近的太子山，表达了戈雅对勾结外敌，引狼入室的统治阶级的罪恶行径的揭露与批判。

1824 年，戈雅为了躲避新国王费迪南七世（查理四世之子）的迫害而侨居法国的波尔多城。晚年的戈雅仿佛又回到了童年，他回忆起下层劳动人民的勤劳、正直、善良的优秀品质。其中他的名作《卖水少女》中那个怀抱瓦罐，衣衫破旧的农民姑娘，以其纯朴健康的生命力与青春的活力，压倒了他曾画过的所有宫廷贵妇。戈雅感受到生活的希望。

1828 年，戈雅在波尔多去世，终年 82 岁。临死前不久，他所作的最后一幅作品《波尔多的卖牛奶女子》，成为他的最后的名作。其中的技法，已经是印象派的笔法了。

戈雅逝去了，他以自己一生的斗争激情与高超的技艺为人们留下了无比珍贵的杰作。他忠实于现实，并以其不屈的精神对统治阶级封建宗教势力的罪恶进行了深刻的揭露与批判，而且以极大的热情赞颂了劳动人民的优秀品质及无比坚强的生命力，人们尊之为近代现实主义艺术的伟大奠基人。

“近代欧洲的绘画从戈雅开始。”美术史家们如是说。

艺术歌曲之王——舒伯特

艺术歌曲是由德国民间声乐曲发展而来的，同时也是浪漫主义运动的产物。它由音乐和诗歌结合而成，使音乐和诗歌融为一体，着重表现诗词的含义，抒情色彩很浓。艺术歌曲主要由钢琴来伴奏，而且钢琴伴奏在整个艺术歌曲中有很重要的位置。钢琴伴奏或以和弦，或以歌曲旋律同独唱一同进行，并适当加入一些间奏。当然，为表现和丰富艺术歌曲的内涵，有时钢琴伴奏也可独立于独唱部分，自由进行。总之，诗词，歌曲旋律和钢琴伴奏共同组成一首艺术歌曲。艺术歌曲规模不大，却是一种极为精致的艺术形式，它的写作需要很艰难的技巧，艺术歌曲除了独立的之外，还有由若干首连在一起组成的声乐套曲。一般来说，一部声乐套曲每首歌曲都有内在的联系，但也可以单独演出。比如舒伯特所作的《美丽的磨坊女》、《冬之旅》，舒曼所作的《诗人之恋》等，都是这种形式的声乐套曲。

在浪漫主义艺术歌曲的创作中，德国是最为突出的。而在德国的艺术歌曲创作中，又是舒伯特使之达到顶峰。人们把舒伯特艺术歌曲中的美妙称做“神秘的蓝色花朵”，人们还称舒伯特为“歌曲之王”。

舒伯特于1797年1月31日生于维也纳近郊一个普通的家庭。同莫扎特一样，舒伯特在音乐上也可以说是一个神童，但舒伯特小时候并未接受正规的音乐教育。好在他有一个音乐氛围非常浓厚的和谐家庭，从小对音乐耳濡目染，对小舒伯特产生了很大的影响。在家中，父亲和哥哥分别教他小提琴和钢琴。另外，当地教堂合唱团的指挥霍尔策教他音乐理论。在这时，小舒伯特就表现出了他对音乐的天才领悟，这令他的老师霍尔策都惊讶万分："当我想介绍一点儿新东西的时候，却发现他已经知道这个了。""这样，我并没有教他什么，而仅是一面和他谈话，一面暗暗地惊讶。"

在音乐创作上，舒伯特很年轻时便显示出了惊人的天赋。《魔王》是艺术歌曲中的一朵奇葩，而舒伯特创作这首歌曲时才18岁，这首歌曲的创作他仅用了几个小时。他在一年前根据歌德的诗谱成的《纺车旁的玛格丽特》，也同样是艺术歌曲中的珍品。这样，从他17岁起直至他31岁英年早逝，作曲家在10多年里就为后人留下了大量的艺术歌曲。除此而外，在钢琴音乐，交响音乐的创作上，舒伯特也取得了令人瞩目的成绩。

而在这些天才作品的背后，却是一个饥寒交迫，贫病潦倒的舒伯特。

由于家中贫穷，舒伯特在自己11岁时被送进一所免费的神学学校。在这里，他过着食不果腹的日子。但就是在这样的日子里，他奠定了自己以后成为一个天才音乐家的基础，并开始了最初的创作活动。

当舒伯特16岁离开神学学校时，为生计所迫跟随他的父亲做了一名小学教师。但这种枯燥的工作又与他的性格格格不入，而当他中止自己的教师生涯，决心去做一名自由音乐家时，盛怒之下的父亲与他断绝了关系。他刚走上自由音乐家之路，他心爱的姑娘便因他的出走嫁给了一个世俗的商人。

而最大的打击却莫过于那个黑暗的时代对天才音乐家那伟大事业的打击。在当时的奥地利乃至整个欧洲，浪漫主义运动才刚刚开始。这需要有一个逐步渗透的过程，而当时上层社会的圈子中，充斥的是轻浮、无聊、乏味的艺术，舒伯特的音乐是被排斥在主流之外，得不到承认的，而出版商的剥削，又加剧了他的贫困。在自己的作品出版之后，他所得到的只是一点微薄的收入，有时仅仅是一顿饭钱。

而这种贫困的生活在某些方面也促进了他的创作。迫于生计，舒伯特不得不夜以继日地进行他的创作，一首接一首地完成他的那些作品，在他18岁那一年就完成了144首歌曲。

当然，舒伯特的创作与“舒伯特小组”对他的理解与支持也是分不开的。

舒伯特小组指以舒伯特为中心的一个由青年人组成的文艺圈子。在这个小集体中，人们相互帮助、相互接济、关系融洽。他们同吃同住，常常一同去维也纳郊外散步谈心。对各式各样的文艺作品展开广泛地讨论，并积极进行创作。他们以舒伯特为中心，还常开舒伯特作品的沙龙晚会。在舒伯特穷困潦倒时，正是他们一次又一次的接济，才使他屡度生活的难关，进行深入的创作。但更重要的是他们给以舒伯特的精神上的支持，这使得舒伯特在创作上坚守自己的创作理想，作出了伟大的成绩。

舒伯特的气质和当时的浪漫主义是相当契合的。所以，舒伯特的作品优美、流畅，情感细腻、充沛。并且，他的许多声乐作品都是根据浪漫主义大师的诗歌谱写的，比如席勒、海涅，尤其是歌德。像著名的《纺车旁的玛格丽特》、《魔王》、《野玫瑰》等。这里面最出色的歌曲要数那首《魔王》。

《魔王》是一首叙事歌曲。说的是一位父亲抱着他生病的儿子在林中骑马飞奔，但林中的魔王却想要走父亲手中的儿子，他幻化成各种形式，引诱、哄骗、威胁孩子跟他同去，孩子对此惊恐万分，焦急万分的父亲却无法看见魔王幻化出的这一切，当他疾驰回家之后，“怀里的孩子已经死去!”

在这首歌曲中，钢琴伴奏是匠心独运的。钢琴中丰富的和声极好地衬托了歌曲的意境和戏剧性。钢琴的右手部分以沉重的三连音八度描绘了疾驰的马蹄声，左手上下起伏的底音描绘了狂风的呼啸。它们合在一起，刻画、渲染出了一种极为恐怖、阴森的气氛，并且这种气氛贯穿了歌曲的始终。这首歌曲中一共有四个角色，即叙述者、魔王、父亲和儿子。在演唱过程中，需要演唱者以四种不同的音色把他们加以区分，同时，对各种不同人物的语言，哪怕是同一个人物不同环境下的语言，钢琴都以不同的载体去描述，显示出了舒伯特对诗歌语言的深刻领悟和对音乐创作技巧的巧妙运用。歌曲在最后如丧钟般的沉重的和弦上结束。

另一位令舒伯特极为崇敬的人物是贝多芬，但他们两人只有一面之缘。

舒伯特对伟大的贝多芬总有一种莫名其妙的敬畏。所以，尽管他的朋友多次鼓动他去见贝多芬，让贝多芬指点他的作品，都未能成行。在1826年冬季，当朋友再度鼓动之际，舒伯特便硬着头皮去找贝多芬。

可是正赶上贝多芬不在，舒伯特只得把他带的歌曲集放在贝多芬的桌上，沮丧地离开了。而贝多芬回来之后便病倒在床，百无聊赖的他随手拿起一本集子让仆人弹给他听，却不料正是舒伯特那一本。贝多芬听完后被深深震惊，他知道这是又一位天才，便告诉仆人说他想见见舒伯特。话传到舒伯特耳中，他一阵惊喜，立刻赶赴贝多芬的住处，开始了一次倾心长谈。不料就在这次见面之后的第八天，贝多芬便与世长辞。

悲痛无比的舒伯特在贝多芬的葬礼上手持火把，护送灵柩。从葬礼上回来后，他与一帮朋友在一个小酒馆中端起酒杯说："来，为我们之中的先死者干杯！"又有谁能料想，席上的先死者却正是他自己。1828 年 11 月 19 日，年仅 31 岁的舒伯特走完了他短暂的人生之路，与世长辞。

舒伯特死后，人们遵照他的遗愿，把他葬到了贝多芬的墓旁。他墓碑上的题词是这样的：

死亡把丰富的宝藏，以及更加美丽的希望埋葬在这里。

帕格尼尼的手指

帕格尼尼，一个享誉世界的作曲家和小提琴演奏家，生有一头傲立不驯的乱发，宽宽的额头下嵌着两只时时透露出不屑神情的小眼珠，一只高耸着的鹰钩鼻俯瞰着下面的两片抿在一起的薄嘴唇。脸庞瘦削，颧骨突出，神情冷漠，帕格尼尼的一副尊容实在不值得人们去恭维，但他那一双瘦长的手却引起世人极大的兴趣。

世界上有人对他的手进行过专门研究。研究者之一的美国人申费利特医生认为，帕格尼尼生前患有一种叫"马凡氏综合症"的疾病，这种病也叫"蜘蛛指症"或"肢体细长症"。这种病造成的四肢边端部分细长，关节延伸力强等症状，使他的手具有特殊的灵活性和柔韧性。

这种说法听起来言之凿凿，可实际上却是荒谬可笑的。很难想象，帕格尼尼所具有的出神入化的演奏绝技居然是由生理上的畸形而造就的。但无论怎么说，帕格尼尼确实可以演奏出令人叫绝的梦幻般的音乐，也难怪有人要怀疑他的手指是否正常了。那是许多具有高度艺术造诣的音乐家梦寐以求的手指，事实上，只有经过千锤百炼反反复复锻造，才会出现这样的奇迹。

1782年10月27日，帕格尼尼出生于意大利热那亚的一个小商人家庭。据说他母亲在生他之前，曾梦见一位白衣天使下凡，告诉她说将来她的儿子会成为举世闻名的小提琴演奏家。她把这个美妙的梦告诉了她的丈夫，一位优秀的曼陀林琴手，他自是欣喜不已。待到帕格尼尼一出生，他的身上便寄予了一家人的深切的希望。于是当帕格尼尼刚刚长到能拿起琴的年纪，他父亲就毫不怜惜地逼他进入了练琴的生涯。帕格尼尼以他的天资加勤奋迅速地进步着，在一名提琴师的指导下，帕格尼尼不仅具有了坚实的基本功，而且在技艺上也日新月异。

1793年，11岁的帕格尼尼首次参加公演，便立刻以他幼小的年龄和高超的演技震惊乐坛，获得成功。随后，他那有远见的父亲没有沉醉在儿子暂时的成功里，而是把他送到帕尔马深造去了。1797年，帕格尼尼跟从父亲到伦巴第进行旅行演出。

在一次音乐会上，正当帕格尼尼演奏着那才情盎然、魅力无穷的乐曲在全场中弥漫着的时候，一根蜡烛倒下来，把谱架上的乐谱点着了。然而所有的人都正沉浸在如痴如醉的圣境中，没有人发现这一变化。直到刺鼻的焦糊味儿缭绕着飞散开，一位听众才及时地醒悟过来，唤醒了沉醉的人们，从而避免了一场可怕的火灾。

此后，帕格尼尼经常在欧洲各地巡回演出，并于1801年开始作曲。他那梦幻般的小提琴演奏技巧的诀秘在于，更多地采用和声和拨奏法，并加强手指力度，以奔放不羁、富于即兴性和擅长发挥乐器特性著称。

成名后的帕格尼尼，却染上了酗酒、赌博的恶习，一个天才眼看刚刚出水便又滑向毁灭的泥沼边缘。随后的几年中，他在乐坛突然销声匿迹了。原来，时年只有19岁的他与一位至今也不清楚真实姓名与身份的贵夫人相爱了。他随那位贵族太太到了一座乡下的庄园里，在她的帮助支持之下，帕格尼尼摒弃了从前的恶习，重新审视自己的前途，这使他更加热爱他的艺术，于是帕格尼尼在那里潜心钻研他的演奏技巧。这一段生活，使帕格尼尼的技艺完成了质的飞跃。

1805年，帕格尼尼复出乐坛。应当时的法皇拿破仑一世之妹艾利莎之邀，他在皮翁比诺任音乐总监。

1828年到1832年，帕格尼尼在维也纳、巴黎和伦敦等地的巡回演出均获得轰动效应。为了炫耀自己高超的技艺，他时常故意弄断小提琴上的一两根弦，然后在剩下的琴弦上继续演奏。肖邦于1829年在华沙听了他的音乐会，大为惊讶地称赞他是“理想的化身”。其技艺影响了后世的管弦乐和钢琴的演奏，更奠定了现代小提琴的演奏技巧。作为演奏家，帕格尼尼在音乐史上的地位可称“至尊无上”。

另外，帕格尼尼也是一位出色的作曲家。作品有小提琴协奏曲 6 部、随想曲 24 首及小提琴和吉他奏鸣曲 12 首等。其中那 24 首《随想曲》是一组技巧高深的小提琴练习曲，堪称乐坛杰作。帕格尼尼最受推重的作品是《D 小调第一小提琴协奏曲》。

由于帕格尼尼神秘的个性和奇幻的演奏，致使社会上始终流传着他的各种轶闻，多数人怀疑有魔鬼附在他的身上，否则不可理解他怎能拉出那样不可思议的音乐。这致使教会在帕格尼尼死后，拒绝把他葬在圣地。

1840 年 5 月 27 日，法国尼斯城，奄奄一息的帕格尼尼出人意料地从病榻上爬起来，拿起他心爱的小提琴，又开始了一次即兴演奏。突然，乐声终止了，琴弓“哗”地一声掉到了地上，惊醒了的人们发现，帕格尼尼已经魂归天国了。

第一位赢得世界声誉的北欧作家——安徒生

喜欢童话的孩子们一定都熟悉一位伟大的作家。他每年都送给孩子们一本童话故事集作为新年礼物。他就是丹麦的童话大王安徒生。

汉斯·克利斯田·安徒生于 1805 年出生在丹麦一个贫苦的家庭。父亲是个鞋匠，母亲是个洗衣工。贫苦的童年使安徒生对劳动人民的生活有深切的感受，同时也使安徒生具有了丹麦劳动人民的优良品德。他从很小时就帮助家里干活，尽量减轻父母的负担。爱幻想的安徒生常常能编出美妙的故事令邻居们惊奇。安徒生期望有一天能够赚好多钱，让父母与穷苦人都过上幸福的日子。但他的期望还遥遥无期时，他的父亲病故，母亲一人无法支撑家庭，不得已改嫁他人。安徒生渐渐长大了。不久，安徒生独自来到京城谋生。这个鞋匠的儿子在街上一边干着零活，一边幻想着成为艺术大师。他用微薄的工资来学习绘画、舞蹈、歌唱等，但因为钱实在不够填饱肚子，他只好放弃。一次偶然的机会，这个鞋匠的儿子碰到一位善良的富翁。在谈话中，这个富翁看出了安徒生将是一个有作为、有才华的人。于是，在他的资助下，安徒生进入了哥本哈根大学学习。这可是这个鞋匠的儿子原来想也不敢想的，他知道学习的机会来之不易。在大学中，安徒生拼命地学习，每天待在图书馆中，那样子好像要一下子把所有的书都吃到肚子里。安徒生博览群书，阅读了大量古典名著，为他以后的文学创作奠定了基础。不久，安徒生开始试着进行文学创作。他写诗歌，写戏剧，还写小说。1827 年，安徒生的长篇幻想游记《阿尔格岛漫游记》与喜剧《在尼古拉耶夫塔上的爱情》终于获得了成功。这个鞋匠的儿子终于出名了。但他的父母都已去世了，不能分享儿子获得的荣誉，安徒生一直引为憾事。此后，安徒生开始试着为儿童写童话。他要教育孩子们，让他们继承丹麦人民优良的品德。安徒生的童话不仅仅是教育儿童，他说："我用我的一切情感与思想来写童话，但是同时我也没有忘记成年人。当我为孩子们写一篇故事的时候，我永远记住他们的父亲和母亲也会在旁边听。因此，我也得给他们写一点东西，让他们想想。"

1835 年，安徒生出版了第一本童话集《讲给孩子们听的故事》，包括《打火匣》、《豌豆公主》、《小克劳斯与大克劳斯》与《小意达的花》等四个童话故事。安徒生以真挚的情感，优美的语言，新奇的故事情节一下子抓住了孩子们的心，甚至连大人们也为之着迷。安徒生一下子成为世界著名的童话作家，无数的儿童纷纷给安徒生写信，甚至由父母带着来看一看这位脑袋里装满故事的叔叔。安徒生为了报答人们的关爱，几乎每年他都要发表一个集子，作为新年礼物送给孩子们。安徒生一共发表了 156 篇童话故事，其中许多佳作为世界各国儿童所熟知。安徒生是 19 世纪第一个赢得世界声誉的北欧作家。

安徒生一生写了如此多的作品，其中很多表达了对社会贫富悬殊的控诉，如《卖火柴的小女孩》。圣诞之夜，一个衣着单薄的赤脚的小女孩在风雨中瑟瑟发抖，她是来卖火柴的，家里跟街上一样冷，父母等着她卖些钱回去弄点吃的。小女孩笼着手，在这寒冷的欢乐的圣诞之夜，谁会来买火柴呢？小女孩慢慢走着，手脚已冻得麻木。她看见人家窗子里映出一家人围着丰盛的晚餐，孩子们依偎在母亲的怀里，她听见房子里传出欢乐的笑声。她看见橱窗里摆放着热气腾腾的烧鹅，她仿佛闻到了那香喷喷的气味。小女孩划着了一颗火柴，在这微弱的火光中，小女孩感到莫大的温暖，小女孩又划着了一根火柴，她看见了她慈祥的奶奶，小女孩划着了第三根火柴，她随着奶奶离开了这个罪恶的世界。第二天清晨，人们发现一个小女孩躺在雪堆旁，身体已经僵硬了。她手里拿着一把火柴，脸上露着幸福的微笑。在《她是一个废物》中，作者描写了一个洗衣女工，她受尽凌辱、贫穷，她在劳动中挣扎生存，在劳动中死去。

安徒生的另一些作品是赞美自然，赞美劳动人民，对统治阶层的愚昧无知进行了尖刻的讽刺。如《园丁与主人》中，以剥削为生的主人把自己园子里生产的水果当作是外国进口或皇宫中生产出来的，因为，他们自以为是地不相信下层人可能种出这么好的东西。他把“印度莲花”送进王宫，献给公主。那位据说对植物学很有研究的公主，竟也不认识这种最普通的睡莲。她非常喜欢这种“印度莲花”，大大赏赐了这个园丁的主人。而更为愚蠢的是《皇帝的新装》中的皇帝，这位皇帝喜爱新衣。如果要找他，到更衣室中肯定能找到。但这位皇帝不爱处理国事。他只喜欢每天穿上新装去街上游行。谁要向他提正事，他就烦，谁要给他介绍几个好裁缝，他就异常高兴。这一天，外国来了两个骗子，说他们能够做出世界上最华美的衣服，并且这件衣服能测出谁在说谎。皇帝果然大为高兴，重重赏赐了两个骗子。两个骗子故意架起几架空的织布机，向皇帝要大量的金钱。等他们捞足之后，假装以不存在的布给皇帝做了一件不存在的衣服。皇帝赤身裸体地在大街上游行，向居民展示他这件“神奇的衣服”。所有的人都不愿承认自己看不见这件衣服，只有一个童稚未消的小孩说出了真话：“皇帝什么也没穿呀！”

安徒生许多作品赞扬了劳动人民的勤劳、智慧与高尚的品德。如最为著名的《丑小鸭》的故事，在一个森林里有一间小草房，里面住着一个老婆婆，一只母鸡在角落里孵小鸡。当所有的小鸡都破壳而出之后，母鸡妈妈的怀里仍有一个比其他的蛋大得多的蛋还没有动静。母鸡妈妈想放弃这个孩子，但终于因为母爱，母鸡妈妈坚持下来，这个特殊的蛋终于破壳了，但出来的不是一个又高又壮的漂亮的孩子，而是一只又蠢又笨的大个子。屋子里所有的居民都认为她是一只丑陋的鸭子，全都不喜欢它。其他的小鸡叽叽叫着斥责她，老婆婆的猫、狗也常常欺负她。渐渐地，母鸡妈妈也不喜欢她了。这只丑小鸭只好缩在角落里，默默地忍受着侮辱，独自流泪。春天终于来了。丑小鸭偷偷地逃了出去。她独自在寒冷的水上游呀游呀。想洗掉自己身上丑陋的外衣。她偷偷地看了一眼水里，那里有一只漂亮的白天鹅也在望着她。她羞怯地低下头，那个高贵的客人也低下头。她突然明白了，那就是自己，自己就是漂亮的白天鹅啊。她兴奋地挥舞着臂膀，飞上了天空，去寻找自己的伙伴。除此之外，安徒生这一类作品还有著名的《海的女儿》，讲述了美人鱼的故事。至今，在丹麦哥本哈根的海滨公园中，仍塑有那位美丽、善良的美人鱼的青铜雕像。是著名雕刻家爱德华·埃里克森的名作。她让整个丹麦闻名世界。其他的还有《野天鹅》、《光荣的荆棘路》、《老头子做的事总是对的》等数篇杰出的作品。

1875年，安徒生在哥本哈根逝世，世界上无数儿童、大人们为之哀悼。安徒生以勤劳的一生，为世界人民留下了闪光的作品。他是丹麦人的骄傲，也是世界人民的骄傲。

钢琴诗人——肖邦

每一个民族都有自己灵魂似的人物。在这个人物身上，一个民族的精神气质、优秀品德都被集中展现。在波兰，这样的人物是肖邦，也就是说，肖邦是波兰的灵魂。

如果你去过波兰，到过华沙，你就会感觉到，肖邦是无处不在的：你在街上，走过广场、剧院，会发现那里有肖邦各种姿态的塑像、雕像；你去听音乐会，发现哪里都会有肖邦的作品在演奏，而且很多时候，还是专门的肖邦作品音乐会；你去商店，会见到各式各样以肖邦为主题的纪念品；你打开收音机，收听到的是肖邦的琴声；你去音像店，会看到各种版本的肖邦作品专辑……这一切或许会使你产生这样一种想法：如果不是曾经有过肖邦，真不知这个国家会怎样！

所有这一切当然是有来由的。肖邦的伟大，是因为他作品的伟大，但更是由于其人格的伟大，于是肖邦便是波兰人心中一座永恒的丰碑。

弗雷德里克·肖邦于1810年2月22日生于华沙近郊的一个村庄。他的父亲原籍洛林，是一位有教养的法国人。他的母亲是一位波兰人，虽没有受过高等教育，但也颇有教养，热爱音乐，钢琴弹得不错，而且爱唱波兰民歌，小肖邦就常常在母亲的民歌声中甜蜜地睡去。母亲是肖邦的启蒙老师，尤其是母亲的那些民歌，对他以后钢琴民间舞曲的写作产生了很大影响。

肖邦6岁学琴，7岁开始作曲，8岁登台演出就受到了人们的赞赏。他从17岁开始，便在欧洲巡回演出，成就了优秀钢琴家的声誉。肖邦对音乐是非常敏感的，有时会被一些曲子感动得掩面而泣。

也是这种出色的感觉成就了一位伟大的钢琴作曲家。肖邦在小的时候就常常在半夜里为一些突然涌来的乐思披衣下床，摸索着弹奏。在他1826年考入华沙音乐学院之后，其创作天赋更是得以很大程度的展现和发挥。由于肖邦作品的风格和那时社会流行的风格迥然有异，所以，华沙音乐学院的一些老学究们对肖邦不以为然并纷纷加以指责。但当时肖邦的作曲老师、华沙音乐学院的院长埃斯耐尔却认同了肖邦的作品。

为了求学，肖邦于1830年11月1日离开华沙，来到音乐之都维也纳，并在一年以后来到巴黎，在那里度过了他剩下的岁月。

在巴黎，对肖邦生活与创作影响最大的就是乔治·桑了。乔治·桑是一位作家，女权主义者，经李斯特的介绍与肖邦相识。由于肖邦那高贵的气质，乔治·桑疯狂地爱上了他。后来，由于乔治·桑对病中的肖邦无微不至的关怀，两个人逐渐产生了感情。肖邦是一个面容白晰、举止文雅、气质高贵、自尊心很强的人，而乔治·桑是一个激进的女权主义者，她的许多行为在当时看来都是有逾常规的。所以，尽管他们的结合曾经对肖邦的创作有很大促进，但由于两人天性上的矛盾，他们的关系最终必然会破裂，并给脆弱多病的肖邦带来伤害。

在他们结合之后，肖邦的家中便自然成为了巴黎许多艺术家们经常聚集的地方。作为女权主义者的乔治·桑善于社交，并喜欢让人围绕着自己。而肖邦天性孤独，特别讨厌和许多人在一起。并且只有在人少或独处的时候，才能乐思泉涌，佳作不断。

种种矛盾使他们的关系逐步破裂，在1847年，他们的关系彻底破裂。而在此时及以后，肖邦的病情逐步加重，并且更为可怕的是，作为作曲家的肖邦感觉自己再也写不出优秀的作品来了。这一连串的打击使得肖邦终于在1849年10月17日的凌晨忧郁而死。葬礼在10月30日举行，但乔治·桑没有出席。

尽管久居国外，但肖邦心中只有音乐与波兰。在长期离开自己的祖国之后，肖邦成为了一个怀乡病者。

在肖邦离开华沙的时候，他的朋友们送给他一只装满波兰泥土的银杯。于是，在远离祖国的肖邦心中，这杯泥土就是祖国，就是他魂牵梦绕的故乡。无论走到哪里，肖邦都把它带在身上。肖邦死后，他的遗体葬在拉雪兹公墓贝里尼的旁边，他的朋友把他终生随身携带的泥土洒在了他的身上。他死后，嘱咐他的姐姐把他的心脏带回波兰。后来，人们把他的心脏带回波兰，安放在庄严的圣十字大教堂。

早在他第一年客居维也纳时，听到波兰华沙起义的消息便激动不已，想立刻回国参加革命，但由于种种原因未能成行。在去巴黎的路上听到华沙起义失败被镇压的消息后，他悲痛万分。创作了《C小调“革命”练习曲》等一批激昂澎湃的作品。后来，肖邦又与许多华沙起义后来到巴黎的幸存者交往甚密，向他们打听祖国的消息。

客居他乡，任何来自祖国的消息都会令肖邦热泪盈眶，激动不已。当他和来自波兰的朋友在一起时，常常一言不发，为他们一刻也不停地弹琴，他们在琴声中思念祖国、体会祖国。他和参加华沙起义后流亡巴黎的浪漫主义诗人密茨凯维支关系甚密。他常常去肖邦那里，听肖邦弹琴。肖邦曾经记载过这样一件事情：

“我又看见了密茨凯维支……我知道他是为什么来的，便立刻坐下弹琴。这一次我弹得很久，但我不敢回头，我听见他在哭。他走的时候，为了不让佣人看见他的眼泪，我亲自帮他穿上大衣。密茨凯维支温柔地抱着我的头，在前额上吻了一下。说出了整个晚上的第一句话：“谢谢你，你把我带到……”话还没说完，呜咽又塞住了他的喉咙。就这样，他抑制着呜咽走了。

离开祖国的时间越长，就愈是思念。而思念祖国在肖邦的脑海中成为一种天堂般神圣的记忆。而这种记忆愈是深刻，对祖国也越是思念。这种往返不断地重复，使得祖国波兰、故乡华沙成为肖邦脑海中的一个美好的梦想，一种不容玷污的圣洁。这样，就成了心头的一个情结。而正是这种情结极大地促进了肖邦的创作，使他的各种作品从幻想中又走向更加飘缈的幻想，充满了诗意。

肖邦一生都专注于钢琴作品的写作，这区别于其他许多作曲家。但使他与许多作曲家区别更加明显的是他的作品的独到性。无论从和声上、旋律上、还是体裁形式上，肖邦的作品都是与众不同，也无法模仿的。在肖邦的后来者中，许多人都刻意模仿他，但都不成功。倒是肖邦作品的精神实质，影响了后代的许多作曲家。

肖邦的创作是极有特色的，也是极严谨的。他具有不可思议的天才能力，但更具有艰苦卓绝的精神。乔治·桑在写到肖邦时这样说：“他的创作能力是自然而又不可思议的，他无需努力或是预先准备即可获得它。”“但他的创作却是我所见过的最伤神的劳动，为了修饰某些细节，他不断地尝试，犹豫不决和发些脾气。他会一连几天把自己关在屋子里，走过来，走过去，折断他的笔，100 次地重复和更改一小节。……他会在一页乐谱上花上六个星期，但最后写下来的还是最初草稿上的东西。”正是这种天才与勤奋成就了伟大的肖邦。

对祖国的回忆、幻想成了肖邦创作灵感的源泉。肖邦一生写作了大量的舞曲和练习曲、夜曲。在肖邦的舞曲中以波罗乃兹和玛祖卡为主，而这些大都是来自童年时对祖国，对民间，对母亲的记忆。

波罗乃兹就是波兰舞曲，它原是一种三拍子的比较庄严的宫廷舞曲，后来被一些作曲家移到钢琴中。而肖邦的波罗乃兹已脱离了贵族气息，成为具有世界意义的艺术形式。早期的波罗乃兹是比较华丽的，而肖邦的波罗乃兹已具有了一种悲壮、宏伟的气质。比如他描述 17 世纪波兰英勇抗击侵略的英雄性作品《b_A 大调波罗乃兹》和史诗式的《C 小调波罗乃兹》等。肖邦对波罗乃兹的改造不光是气质上的，在内容和艺术结构上也达到了很高的水平，如《幻想波罗乃兹》等。

肖邦一生还写作了大量的玛祖卡。玛祖卡也是一种源自民间的三拍子舞曲。肖邦笔下的玛祖卡主要有两类，一类是具有浓厚的民间风格的，另一类具有更多的城市气息。玛祖卡是一种比较柔美的舞曲，但它是来自波兰的，在当时的社会条件下，这种民族性便得以凸显。所以，舒曼曾经这样评价肖邦的玛祖卡：“如果北方的强国和专制暴君知道，在肖邦的创作里，在他的玛祖卡舞曲质朴的旋律里，蕴藏着多么危险的敌人，他一定会禁止这音乐，肖邦的音乐乃是遮掩在鲜花中的大炮……”

除了舞曲，肖邦还写了许多练习曲。钢琴在 19 世纪已逐渐普及，所以，许多作曲家、音乐教育家都写了不少钢琴练习曲，如车尔尼、克里门蒂等。而这些练习曲大都只注重技巧上的训练，比较枯燥。但肖邦的练习曲与这些不同，他的练习曲已经把艺术性、思想性、技巧性完美地结合起来，成为了精致、深刻、用于音乐会演奏的艺术品。比如他的练习曲第十二首《C 调“革命”练习曲》。这部作品写于肖邦从维也纳到巴黎的途中。在他听到华沙起义失败后的消息后，悲痛万分，于是写下了这部作品。在作品中，他写出于自己的不安与惶惑，对祖国前途的忧虑，对侵略者的仇恨等许多复杂心情，成为肖邦练习曲的经典之作。

肖邦的作品是丰富多彩的。有人认为肖邦的作品过于柔美、细腻，但肖邦并不总是这样，他也有许多宏伟、刚强的作品。并且，肖邦的柔美与细腻由于其民族性，便成为了一种更为内在的深刻的作品，这岂不是比那些表面轰轰烈烈的作曲家强上百倍吗？

我们称肖邦是钢琴诗人，不只是因为他那白晰的面容、高贵的气质，更是因为其钢琴作品和诗的内在契合。正如海涅所说：“（肖邦）既不是波兰人，也不是法国人，更不是德国人，他有着更高贵的血统，他来自莫扎特、拉斐尔和歌德的国土，他的真正的祖国是诗的国家。”

德艺双馨——李斯特

在乐坛上，弗兰茨·李斯特的大名对任何一个人来说，都是如雷贯耳的。这位天才的艺术家以其杰出的成就，素有“钢琴之王”的美誉，在品德修养上，他的高尚情操散发出无比的人格魅力，堪称“德艺双馨”的一代艺术大师。

1811 年，李斯特出生于匈牙利西部肖普郎的莱丁村。自幼随父亲——一名业余音乐家学习钢琴演奏。9 岁时他在厄登布尔格举办了第一次公开演奏会，获得了初次成功。1821 年，10 岁的李斯特获得匈牙利贵族的资助，奔赴维也纳深造，跟从名师车尔尼和萨列里学习钢琴演奏和作曲。

1822 年 4 月的一天，发生了一件令李斯特终生难忘的事情。他的第二次音乐演奏会在这一天举办，地点是奥地利维也纳的音乐厅。令 11 岁的李斯特倍感不安的是，台下的观众中有一群不同寻常的人物，他们都是当时乐坛上的精英，其中还有那个举世闻名的乐圣——贝多芬。演奏开始后，李斯特收敛心神，全神贯注地投入进去。他的演奏倾倒全场的观众，也包括那些大师们。在雷鸣般的掌声和欢呼声中，贝多芬站起身来走向舞台，他轻轻抱起李斯特，并在他的小脸儿上亲吻了一下。他的赞赏令李斯特受到莫大的鼓舞，李斯特的老师也十分激动地宣称：“只要你不断地努力，将来可以跟贝多芬和莫扎特比肩！”

这次演奏会后，李斯特开始接触许多乐坛上的顶尖高手。1823 年至 1835 年间，他在巴黎与音乐家肖邦、柏辽兹、帕格尼尼，画家得拉克洛瓦交往，思想上深受浪漫主义文学家拉马丁、雨果、海涅、乔治·桑，哲学家拉门内的濡染和圣西门的空想社会主义思想的影响。他的思想和艺术逐渐成熟。

名声远扬的李斯特身后总有大批的崇拜者和追随者，在他身上有着惊人的凝聚力和号召力。正如德国音乐家舒曼对他的评价："这位艺术家像统率着一支管弦乐大军，欢欣地领他们前进。他像统帅一样威武，群众对他的喝彩声完全不亚于士兵对拿破仑的欢呼。"

事实的确如此。比如他在普莱斯堡演奏时，市政会专门休会一天，以便议员们可以赶上他的演奏会，再如他在柏林的演奏会结束后，无数痴迷的崇拜者对他夹道欢送，就连国王和王妃也亲自乘着马车在市区巡视一周，场面激动人心，可谓万人空巷，盛况空前。

李斯特之所以受到如此无上的崇拜，恐怕不只是他的音乐艺术的功绩，也在于他的人格魅力。

李斯特心地善良，胸怀宽广，而且极其热心于提携后进，慧眼识英才。这里有两个流传甚广的故事。

一位刚从音乐学院毕业的小姑娘迫于生计而要开办一次演奏会。海报贴出后，由于她毫无名气，所以观众寥寥。小姑娘想来想去，便在海报上显眼的地方写上"李斯特的学生"的字样，立刻获得了良好的票房收入。可是，没料到，在演奏会召开的当天，李斯特本人到达了那个城市。小姑娘惊慌失措，生怕自己的欺骗行为被揭穿。她最后哭诉到李斯特门下，向他说明事情的缘由。李斯特宽容地原谅了她，并且还帮助她想了个补救的办法。他让小姑娘给他弹了几曲之后，进行了认真的指点，并且说："好了，孩子，放心地登台演出吧，因为你现在确实已经是我的学生了。并且，你可以在你的海报上再加一条：由你的老师李斯特亲自为你伴奏。"那事情的结果自然可想而知了。

再有一件，充分体现出李斯特的伯乐眼光。1831 年，一名年轻的流亡者到了巴黎之后，潦倒不堪。当他结识了李斯特之后，他身上的音乐才华令李斯特十分钦佩。李斯特不愿看到这样一位杰出的人才被埋没，可又如何才能让这默默无闻的人得到大家的承认呢？他想出一个绝妙的办法。在李斯特的一场演奏会上，在雷鸣般的欢呼声中，李斯特出现在舞台上，并平静地走到钢琴旁坐下。这时全场的灯光都按照惯例熄灭了，李斯特迅速地与那位准备充分的年轻人换了位置。演奏开始了，那高超的技艺，美妙的旋律再一次令人们沉醉。不料当灯光再度亮起来时，从钢琴旁走出来向人们致意的竟是一个陌生的年轻人。人们沉吟片刻后，便很快明白了这一"掉包计"的精神内涵，他们欢呼雀跃，为李斯特的奉献精神，也为一颗新星的冉冉升起而兴奋不已。

这个故事中的年轻人，就是肖邦。

1830年法国七月革命爆发，李斯特深受鼓舞，写出了《革命交响曲》，后于1850年修改成交响诗《节日之声》。1834年，他创作了表现里昂工人起义的钢琴曲《里昂》。从1839年起，李斯特开始了为期十载的巡回演出，足迹踏遍匈、奥、德、英、法、罗、俄等欧洲国家。与此同时，他创作了大量爱国主义作品，如：《匈牙利英雄进行曲》、《匈牙利风暴进行曲》，编写了民歌集《匈牙利民族曲调》，并在此基础上创作了著名的第一、第二首《匈牙利狂想曲》，以及具有民主思想倾向的男女合唱曲：《铁匠》、《士兵》、《农夫》、《水手》等。李斯特还对大批钢琴曲进行改编，以《魔王》、《拉科奇进行曲》为代表。

1860年，李斯特移居德国魏玛，并担任魏玛宫廷乐长兼剧院指挥。在此期间，他为了表达对匈牙利革命的支持和革命烈士们的深切悼念，创作了《匈牙利康塔塔》、钢琴曲《送葬的行列》、交响诗《英雄的葬礼》。这一时期还诞生了众多的名作，如《但丁交响曲》、《浮士德交响曲》、《第一钢琴协奏曲》、《第二钢琴协奏曲》、13首《匈牙利狂想曲》、《b小调奏鸣曲》。

李斯特这1000多首钢琴曲可谓蔚为大观。在音乐史上，他首创了单乐章的标题交响诗和钢琴独奏会的表演形式，奠定了现代钢琴音乐写作技巧的基础，使钢琴音乐获得了管弦乐队式的效果。他是近代音乐的开拓者。

1861年，年届50的李斯特来到罗马，他的思想不再似年轻时那样积极进取，而是走向消极悲观。他接受了罗马教皇的接见，并于1865年在梵蒂冈受剪发礼，封了一个低级神职，成为一名身着黑色长袍的修士。

1875年李斯特创办了举世闻名的布达佩斯音乐学院，并亲自担任院长。

1886年7月31日，75岁的音乐巨星悄然殒落了。

挪威戏剧大师——易卜生

亨利生·易卜生于1828年3月20日在挪威一个小城希恩出生。他父亲是一个富裕的木材商，父亲与母亲特别喜爱这个宝贝儿子。在幸福的童年，易卜生有许多梦想，他喜欢美术，幼时学习绘画，立志要做一名艺术家。不幸的是，在他童年的梦还没有醒时，父亲突然破产了。生活一下子从小康水平跌落到温饱线上。易卜生为了减轻家庭负担开始独立谋生。16 岁时，他在一个药店当学徒工，工资勉强度日，但易卜生终于有了一处落脚的地方。他童年的梦想又在召唤着他，他在艰苦的生活环境中开始勤奋学习，并学习写一些诗歌。

1848 年欧洲革命的浪潮波及挪威。少年的易卜生非常兴奋，他创作诗篇歌颂起来反抗压迫、要求独立的民族。在创作热情的鼓舞下，完成了他第一个剧本《卡提利那》。1850 年，易卜生来到挪威首都奥斯陆参加了工人学生的革命运动，易卜生发挥自己的特长，帮助工人运动领袖做宣传工作，并担任学生刊物的编辑工作。不久，运动失败，易卜生离开了政治斗争，专门从事创作活动。以文学为阵地，与社会上的不合理现象作斗争。开始，易卜生从历史传说中取材，创作了一系列富于浪漫色彩的历史剧，有《厄斯特罗的英格夫人》、《觊觎王位的人》、《爱的喜剧》等，主要是以古代英雄的英勇行为激发人民的爱国激情。易卜生的戏剧一经上演就深受人们欢迎。早期创作就为易卜生赢得了很大声誉，先后被卑尔根剧院与挪威剧院聘为经理与艺术指导。1864 年，普奥联军侵略丹麦，易卜生对挪威的中立态度十分失望，他一怒之下离开祖国，侨居国外达 27 年之久。在国外，易卜生清醒地看到了各国官僚政客在民主、自由、解放的幌子下的勾心斗角。易卜生把视线转移到现实社会中的法律、道德、妇女与教育问题上，他要揭穿资产阶级虚伪的面纱，把他们那种种丑恶的灵魂暴露于大庭广众之下，使人们警醒，以此来提高人民的素质水平。

1866 年至 1867 年，易卜生创作了两个哲理诗剧《布朗德》与《彼尔·金特》。后者描写了一个普通无赖汉的冒险故事。彼尔·金特是个整日无所事事的无赖汉，他东游西逛，做一些偷鸡摸狗的勾当。在一次乡村婚礼上，彼尔·金特诱拐了朋友的新娘，后来，他又厌倦了这个漂亮的女人，抛弃了她。他无意间闯入山妖的王国，经历了一次次险境、奇遇，得到了很多财宝。后来，他因想念自己的母亲，于是衣锦还乡。但母亲已经逝去，他痛哭流涕，倒在母亲的灵前。不久，由于他的财产没有登记全部被充公，他又身无分文地离家而去。他在各地流浪，经历了不少事情，当过富翁，也冒充过先知，他随波逐流，只知酒色享乐。

到了晚年，他落魄回乡，最终回到一直深爱他等他归来的索尔薇身边。在索尔薇的爱情的感染下，彼尔·金特终于悔悟，重新做人。易卜生以彼尔·金特作为代表，揭露出人性的弱点。

1868年，易卜生迁往德国。在德国，他写出了一系列以社会家庭问题为内容的现实主义戏剧。有《青年同盟》、《社会支柱》、《玩偶之家》、《群鬼》、《人民公敌》、《野鸭》、《罗斯默庄》、《海上夫人》、《海达·加布勒》等9部，其中《社会支柱》、《玩偶之家》、《群鬼》、《人民公敌》称为四大问题剧。这些剧本为易卜生带来世界声誉。《社会支柱》以一个“城市第一公民”卡斯腾·博尼克为主角，博尼克是个造船场的老板，他用自己的钱财干了许多光明正大的善事，被人们尊为慈善家。他自己也吹嘘为当地的繁荣兴盛做出了巨大贡献。自命为“社会支柱”。但随着剧情的发展，他的丑恶面目被一层一层揭露出来，他自己所谓的模范家庭只不过是他出卖爱情的结果，他为了得到一笔遗产，抛弃了深爱他的未婚妻，而去追逐她的姐姐，最后使尽手段终于跟她姐姐结了婚，如愿以偿地得到了遗产。幸福的家庭生活只不过是他的伪装的幌子，在他看来，有了钱就是幸福的事。后来他诱奸了一位妇女，为了维护自己的声誉，他迫使妻子的弟弟去为自己顶罪，后来暗暗地送妻子的弟弟去外地避难，把他送上一艘破船，希望妻弟遇上风暴永葬海底，以免毁坏自己的名声。而本城的市民却仍旧被博尼克的虚伪形象所迷惑，在博尼克门前高呼：“博尼克万岁！社会支柱万岁！”易卜生尖刻地讽刺了资产阶级的伪善。

《人民公敌》以斯多克芒为主人公，他是一个普通医生，在治疗病人的时候，他了解到本城浴场中含有一种致命的传染病菌，他告知了他的哥哥——本城市长、浴场委员会主席，要求封闭浴场，进行消毒改建，但这样一来必然影响浴场的收入，遭到了他哥哥的反对。斯多克芒气愤之极，他要举办一次集会，向市民揭露事情的真相，这同样能达到关闭浴场、维护公众利益的目的。但市长、报界、房产主几乎所有有关的人都得知消息，策划了一场阴谋，在斯多克芒的领导下，集会居然顺利地召开了。但当他正要宣布真相，斯多克芒的哥哥——市长大人到了。他们利用自己素有的威望，操纵会场，煽动听众，最后以所谓“民主表决”的方式，宣布斯多克芒为“人民公敌”，斯多克芒再辩解也没有作用，只有带着妻子、儿女孤单地离开了家乡。易卜生以鲜明的对比，揭露了资产阶级在“一切为人民”的幌子下，愚弄、欺骗群众，为自己谋私利。

《玩偶之家》是易卜生关注妇女解放问题的杰作，也是易卜生剧作中最优秀、影响最大的一部。

主人公娜拉是个活泼热情、天真可爱的少妇。她有一个幸福的家庭，有三个天真纯洁的孩子。丈夫原来是个律师，现在升为银行经理。他对娜拉十分喜爱、体贴，常常向娜拉说："常常盼望着有桩危险事情威胁你，好让我拼着命，牺牲一切去救你。"娜拉感到非常幸福，想想自己曾经的壮举，真是值得，她对丈夫温柔、顺从。

圣诞节这天，娜拉的老朋友林丹太太来访。两人分别讲述了离别后的际遇，娜拉自豪地讲出她曾救过丈夫的性命，现在有一个幸福的家庭。原来，海尔茂曾得过一场重病，但没有钱治疗。娜拉背着丈夫向银行职员柯洛克斯泰借了一笔钱。娜拉不想打扰病中的父亲，也不想让丈夫海尔茂着急，于是她伪造了父亲的名字作担保人，丈夫的重病治好了。娜拉一直俭省家用，克扣自己，甚至熬夜替人抄写东西挣钱还债。如今只剩下最后一点没有还清了。林丹太太非常羡慕娜拉一家，请娜拉帮忙在海尔茂的银行里为她找个职位。娜拉答应了。海尔茂也爽快地让林丹太太去顶替柯洛克斯泰的职位。柯洛克斯泰找到娜拉求情，又以娜拉制造假签字的事为要挟，只求保住职位不失业。娜拉怕事情传出去既有损家庭荣誉道德，又触犯法律，转而替柯洛克斯泰求情。海尔茂编了一大通损害柯洛克斯泰名声的冠冕堂皇的理由，在娜拉再三地求情下，海尔茂终于说出了辞退柯洛克斯泰的真正理由：因为柯洛克斯泰不尊重上司，曾经当众与海尔茂开玩笑。海尔茂为报私愤终究把辞退柯洛克斯泰的信发出去了。柯洛克斯泰失望之极，向海尔茂揭发了娜拉伪造父亲签名，做假担保的事，海尔茂知道后，勃然大怒，指责娜拉是个下贱女人，他不考虑娜拉的名誉，以及事情该怎么处理。他首先想到自己的名誉和地位，责骂娜拉这个下贱女人为自己惹了大祸，他撕下温柔的面纱，说什么以后夫妻表面上照样过日子，但别谈什么幸福不幸福的事，并且孩子也不让娜拉教养了。娜拉想不到自己一片好心，竟换来这样的结局。她终于认清了海尔茂虚伪、自私的面目。后来，柯洛克斯泰在林丹太太的劝说下，为了娜拉的名誉，把当初签字的借据还给了娜拉。海尔茂一下子转怒为喜，高呼："我没事了，我没事了！"转身又来哄娜拉，说什么"别害怕，一切事情都有我，我的翅膀宽，可以保护你"等等诸如此类的甜言蜜语。但娜拉早已认清了他本来面目，要求回家去。海尔茂一下子又拿出冠冕堂皇的理由，说什么母亲、妻子的神圣责任。又以法律相威胁，最后才低三下四地以情感来打动娜拉，但娜拉心已死，她拉开门，义无反顾地冲出了家门。易卜生以生活上的细节深刻揭露了资产阶级自私自利的虚伪面目，提出了一个妇女解放的问题。剧本一上演，遭到资产阶级评论界的非难，易卜生又写了《群鬼》，依然以妇女问题为主题。对那些反对者给予驳斥，指出妇女如果不求解放，终将成为悲剧。

1891 年，易卜生载誉而归，定居在挪威首都奥斯陆。这时，他已成为世界著名的戏剧大师了，社会名流纷纷前来拜访。此后，他又写了《建筑师》、《小艾友夫》、《约翰·盖勃吕尔·博克曼》、《我们死人醒来的时候》等 4 个剧本。其中《建筑师》是他对自己一生的回顾。

1900 年，易卜生中风瘫痪，1906 年 5 月 23 日病逝。

诺贝尔文学奖第一人——苏利

“世间所有的丁香都枯死，所有的鸟声都短暂；我梦想夏日永驻……

世间所有的双唇都微颤，没有留下任何印记；我梦想亲吻永驻……

世间所有的人都哭泣，伤悼他们的友情或爱情；我梦想情侣永驻……”

这是《世间》中的句子。

作者是苏利·普吕多姆，第一位获得诺贝尔文学奖的人，1901 年获奖。

在 20 世纪，苏利·普吕多姆的诗似乎已经被现代主义的诗歌大潮淹没，但在当时他确实是法国诗坛杰出的代表人物之一。

即使到现在，人们仍然从他的诗中读到古典主义的味道，别有哲学和艺术情趣。

苏利是法国诗人，原名勒内·弗朗索瓦·阿芒·普吕多姆。1830 年 3 月 16 日，他出生在巴黎的一个工商业者家庭，父亲是一名工程师，家境很好。苏利的智力成熟很早，中学时成绩优异，但由于健康原因，他未能进大学深造。

他后来随父亲投身于实业界，经营自己兴办的企业，很快使企业效益大幅度上升，利润不断上涨。父亲十分高兴，希望子承父业。但是此时的苏利开始对法律感兴趣，他放弃了原来的职业，研究法律。他自学各种法典，那些枯燥的东西在他的头脑里井井有条。同时，他开始广泛阅读社会科学及自然科学著作。

他的法律学习卓有成效，很快成为精通法律的专业人员，在别人的邀请下，他在一个法律公证人的办公室里当律师。

扎实的科学修养使他想沟通诗与科学，此时的他已经对诗歌发生了兴趣。而他对哲学的热爱，又使他的诗具有哲学味道。

苏利把法律专业也抛弃了，开始投入到诗歌创作之中。1865 年，苏利·普吕多姆发表第一部诗集《韵节与诗篇》，这部诗集分为《家庭生活》、《青年女郎》、《妇女》和《杂集》几个部分，表现了法国年轻一代热爱生活，追求崇高理想和变革社会现实的精神。诗集还描写了他们的感伤、疑虑、爱情、无止境的追求和对故乡的怀念。

这部诗集受到诗坛重视。此后发表的诗集《孤独》、《徒劳的柔情》，是抒情气息浓厚的两部代表作，主要抒写孤寂的心情和忧郁的思想。

知识界对他的哲理诗集《正义》和《幸福——12 首诗歌》更加称赞。因为他用诗的形式探讨了人类意识与现代社会的冲突。但是说教成分很重，而且晦涩难懂。

在 19 世纪 60 年代前后，苏利曾参加帕尔纳斯派诗歌运动，并成为该派的代表人物之一。帕尔纳斯派是由一些标榜“为艺术而艺术”的高蹈诗人组成，是象征派的先驱。他们主张艺术要远离现实，冷静、客观，并且要理智地抑制个人感情抒发。

苏利·普吕多姆体弱多病，多愁善感，而早年爱情生活的不顺利又给他的心灵造成终生的创伤。所以，他的诗歌总是或隐或现地充满着忧伤、低沉的情调。

在青少年时期，他有着良好的自然科学和哲学素养，这就使得他善于质疑发问和深入分析。他是一个思考型的诗人，平生最大的雄心便是“试图将他广博的科学及哲学知识溶入诗歌之中。”

让我们看《碎瓶》：

“花瓶由于扇子的一击而生裂隙，瓶上的美女樱便凋谢了；仅仅是轻微一碰，并未听到任何声响。

裂隙虽很轻微，却日日侵蚀着瓶体，眼睛并没看到什么变化，却慢慢向四周扩及。

瓶中的清水滴滴流尽，花儿的汁液逐渐枯竭；人们尚未经心，切勿碰它，瓶儿就已经碎裂。

爱人的手也往往如此，偶尔轻触心头，便碰伤了心；此后心儿自然破碎，爱情如花儿随即夭折。

世人看来似乎依然完好，岂知伤口正在扩大，心儿为此低声饮泣。它已经破碎，切勿碰它。”

这首诗从心灵深处出发，描写了虽然是常见的，但往往被忽视的心灵世界的创伤。诗人巧妙地借一只碎瓶来表达自己内心的伤痛感受和思考，令人感到他的疑虑、哀伤。

他的诗中有化不开的忧郁和玄奥的冥思。

他的追求是高远无边的，他注重挖掘心灵世界最隐晦微妙之处，捕捉神经最轻微的颤动。在1870年以后，诗人常常失眠，他在孤独的夜晚，格外敏锐地感受和分析人生与宇宙的冥冥不可知。

他把孤独带给宇宙。

孤独不仅仅是人生存在的基本特征，也是宇宙中一切星体存在的特征。在《祈祷》一诗中，诗人为自己和意中人的相知相爱而祈祷。他发现天空中的无数群星，是和人在对话，诉说痛苦：

夜里，我对星星说：“你们看起来并不快乐；在广袤无边的夜色里，你们的微光，带有苦恼的柔情。

……

她们对我说：“我们形单影孤。……

“我们之间迢迢相隔，你别以为我们姊妹紧相比邻，我们每人的柔美之光，在自己的国度里无人相顾；

“而这光辉的内在热情，被冷漠的天宇徒然耗尽。”我对她们说：“我明白了，因为你们的灵魂彼此相像”。

“跟你一样，每一位姊妹都是永恒的孤寂者，看似比邻却相隔迢遥，静静地在夜空里燃烧。”

以上是诗人《银河》中的诗，表现了他对广袤宇宙的感情。

在19世纪70年代前后，欧洲文坛杰出的评论家圣勃夫曾说过，苏利·普吕多姆是“法国最年轻、格调最高、韵味最雅的诗人。”

瑞典学院颁奖时公开宣称：“瑞典学院喜欢他那些小巧玲珑、晶莹剔透的抒情诗，远甚于那些篇幅较长的教化诗与玄理诗，因为它们充满了感触和冥想，在极其珍贵的感性与知性结合中呈现出无比的高贵与尊严。”

苏利·普吕多姆还有诗集《考验》（1866）、《战争印象》（1870）、《法兰西》（1874）、《诗的遗言》（1901）和散文《散文集》（1883）等等。总之，作品集中在1900至1901年出版的《苏利·普吕多姆诗文集》里。

苏利·普吕多姆的诗歌擅于揭示人心灵深处的隐秘、幽微的感受和体验，尤其在分析上独具深刻性，他的诗难免带有形式化后的弊病，但是在内容和形式上都表达了人类意识与现代社会的冲突，诗人在探索的也是这个问题。

诗人进一步表达了内心多姿的波澜。他对外界不称道他的玄奥哲理诗感到遗憾和伤心失望。1907 年，身体瘫痪的诗人离世而去。

但是，他终究表达了优雅的美和丰富的心灵以及崇高的探索。诺贝尔奖颁奖辞中说："特别表彰他的诗作，它们是高尚的理想、完美的艺术和罕有的心灵与智慧结晶的实证。"

圆舞曲之王——施特劳斯

1844 年 10 月 5 日，在维也纳的德姆玛雅舞厅，正举行一场乐曲演奏会，只听见厅内掌声雷动。那位年轻的演奏家不得不重复 19 次演奏他自己创作的圆舞曲，他一次又一次地谢幕致意。但是狂热的听众早已为之痴迷，依然掌声不断，这种现象在素有音乐之都的维也纳，可真是少见。是谁具有这么大的魅力，能让向来比较挑剔的维也纳人如此倾倒？他就是老约翰·施特劳斯的长子小约翰·施特劳斯。这一天小约翰·施特劳斯带领他组织的 15 人乐队进行他的首演，没想到竟如此成功。第二天，维也纳报纸上以"晚安，老约翰·施特劳斯！早安，小约翰·施特劳斯！"为题报道了这次首演的盛况。小约翰·施特劳斯俨然已取代了他父亲的位置，成为维也纳人新的崇拜偶像。这一年，小约翰·施特劳斯仅仅 19 岁。

小约翰·施特劳斯出生于 1825 年 10 月 25 日，他的父亲就是著名的"圆舞曲之父"老约翰·施特劳斯。

圆舞曲，也称为华尔兹，是一种三节拍的快速活泼的舞曲。起源于奥地利阿尔卑斯山山区村民中盛行的"兰得那舞"。后来传入宫廷，又流行于欧洲世界。老约翰·施特劳斯为圆舞曲作了巨大的贡献。当时，他是奥地利皇宫的舞蹈主任乐师，他凭自己的天赋创作出许多优美、典雅的圆舞曲，从而使圆舞曲名声大振，开始在欧洲各国流行起来，老约翰·施特劳斯在他45年的生涯中创作了251首音乐作品，其中以《多瑙河之波》与《水妖——莱茵河上的传说》尤为著名。

在老约翰·施特劳斯的音乐熏陶下，小约翰·施特劳斯及他的两个弟弟从小就表现出对音乐的偏爱。但是，因为老约翰·施特劳斯作乐师一生清贫，他不想让儿子们也学音乐，以免也走自己的路。但是他越阻止，孩子们对音乐越有一种浓厚的兴趣。尤其是小约翰·施特劳斯·曾多次与父亲发生争执，坚持要学习音乐。他不想听从父亲的劝告去学习法律，他偷偷地把所有的法律课本都画上了五线谱。老约翰·施特劳斯一气之下丢下全家，自己去安然享乐，再也不管这些不听话的孩子了。这样，小约翰·施特劳斯与弟弟们便义无反顾地走上音乐之路。经过19年的努力，小约翰·施特劳斯终于一举成名，从此更是一发不可收拾，接连创作出许多著名的圆舞曲，有些圆舞曲甚至超过了他的父亲。

老约翰·施特劳斯这时已经40岁了。但他并不认为儿子比自己强，于是，老约翰·施特劳斯老年努力，要跟儿子争夺“圆舞曲之王”的称号。父子两人的这场争斗在音乐界持续了4年多。直到老约翰·施特劳斯逝世的前几天，经朋友的调解、劝说，这场争斗才结束，老约翰·施特劳斯不得不承认儿子小约翰·施特劳斯在圆舞曲上的艺术成就确实超过了自己。老约翰去世后，小约翰接管了他的乐队，于1868年带领乐队到西欧各国巡回演出。1872年，小约翰·施特劳斯又横跨大西洋去美国演出，取得了巨大的荣誉，圆舞曲跟随小约翰·施特劳斯走向了世界。

小约翰·施特劳斯一生创作了400多首圆舞曲，其中以《蓝色多瑙河》、《维也纳森林的故事》、《皇帝圆舞曲》、《春之歌》等最为著名。小约翰·施特劳斯还创作了很多轻歌剧，最著名的有《印地果》、《蝙蝠》、《吉卜赛男爵》等，这些作品为欧洲19世纪后半期的轻歌剧高潮奠定了基础。

1899年6月3日下午，维也纳公园里正举行音乐会，有个人轻轻地走到乐队指挥身边耳语了几句，指挥默然片刻，让首席小提琴手通知管弦乐手们，迅速装上弱音器，奏起了小约翰·施特劳斯的《蓝色多瑙河》。那低沉的旋律让听众感到淡淡的哀伤，人群中慢慢传递着那个悲哀的消息：奥地利著名作曲家、圆舞曲之王小约翰·施特劳斯刚刚去世。听众感到深切的哀痛，他们在那低缓的旋律中为自己所崇敬的作曲家哀悼。

追逐阳光与生命的人——凡高

“我所描写的，第一是人道，第二是人道，第三还是人道。”

凡·高就是带着这种纯洁的心愿加入到画坛之中的。最终，成为了后期印象派的大师之一。

温桑·凡·高于1853年出生于荷兰，他的父亲是一位牧师。凡·高从小就特别敏感，对一只小蚂蚁的死也怀有深切的同情。他上学时学的是法律，本想找个工作呆一辈子就算了。这是父亲与他的弟弟蒂奥对这个敏感的亲人的惟一愿望，只希望他能好好活着。但是，凡·高总是性情变得特别快。学了法律之后，凡·高并不愿意去律师事务所做小职员，他突然喜欢上画画。开始时他在家里自学，后来又进入安特卫普美术学校学习。但没有几天，他便退学了，因为他受不了那里的环境。于是，在他弟弟蒂奥的介绍下，凡·高在一个画店里当了店员。这使他有机会接触世界各地、各流派的作品。凡·高非常欣赏日本葛饰非斋的“浮世绘”，他深入地学习了东方艺术中线条的表象。而西方画家中，他从伦勃朗、杜米埃及米勒这些关心下层劳动人民疾苦的现实主义大师那里得到更多悲天悯人的人道主义精神。他为了“抚慰世上一切不幸的人”的理想，便自费去当了一个教士。

凡·高要求来到一个矿区做教士工作，因为这样，他才能以直接的行为去关怀这些贫苦的劳动人民。他跟矿工们一样吃最坏的伙食，一起睡在冰冷的地板上。有一次矿坑发生瓦斯爆炸，他冒死救出了一个重伤的矿工……他的这种过分认真的牺牲精神，引起了教会的不安，终于撤了他的职。这一期间，凡·高的心情是非常沉闷的，他亲身感受到下层劳动人民的辛酸与贫苦。他这一时期创作的作品，如《教会的修士们》、《机织人》、《农妇》、《吃土豆的人》都充满了现实主义的低沉与黑暗的调子。例如《吃土豆的人》这幅画，凡·高用黑棕的色彩画出幽暗的灯光下，贫苦的农民家庭在吃着粗劣简单的晚餐。凡·高以深邃的思想体察出生命的艰辛。当他父亲去世时，他冷静地说：“死亡是冷酷的，但人生更冷酷无情。”

1886年，凡·高来到巴黎。他的弟弟蒂奥是巴黎一个画店里的画商，这里聚集了许多画家朋友。在他的表兄莫威的介绍下，凡·高结识了印象派、主要是后期印象派的一些大画家，如高庚、塞尚等，并成为朋友。在这些人的指导下，凡·高接受了印象派的风格与技法。他重新投入到艺术家的行列。只是这时他的画风一改阴暗的调子，充满了太阳般的金子的色彩，明亮而又饱含生命力。好像要用欢快的歌声来慰藉人世的苦难，以表达他强烈的理想与希望。这时期，他的作品主要有《卡士桥》、《克利西之街道》、《餐厅》、《桃花》等。

《桃花》是凡·高为了纪念他去世的表兄莫威而作的，那盛开的桃花在强烈的阳光下怒放。凡·高题诗道：

“不要以为死去的人死了。

只要活人还活着，死去的人总还是活着。”

这就是凡·高追求明亮的色彩，追求旺盛的生命力的原因；只是生命仍在，希望、理想总是会实现的。正因为此，凡·高抛弃了身上沉重的黑暗现实的包袱，对未来充满了信心。

凡·高的画面充满了最简单、最纯洁的事物。他不仅描绘了阳光下鲜艳的色彩，而且还不止一次地正面去描绘那令人难以逼视的太阳本身。在他的《日出》中，那闪亮耀眼的金色阳光布满天空，撒满大地，这个纯净明亮的世界也正是凡·高的理想。

1888 年2 月，凡·高到法国南部的阿尔去写生。在那里，凡·高想找到德拉克洛瓦的色彩系统、日本版画的锐利轮廓线与塞尚的风景。在这年夏天，凡·高创作出大量优秀的作品，如《自画像》、《向日葵》、《邮递员鲁兰像》、《阿尔风景》、《咖啡店之夜》、《播种》等。

其中《向日葵》最为著名。他妹妹说，凡·高从小就理解花魂。他的《鸢尾花》、《石竹花》等都体现出了花的生命力。而《向日葵》则更是以有力的笔触、丰富的黄色表现出花朵飞动的神态与秋天成熟了的葵花籽饱满沉实的质感。那飞舞的花辦正如一轮轮金色的阳光，旋转、旋转，在生命与力之中得到永生。而且，淡蓝色的背景与黄花相衬，更增强了欢快嘹亮的调子，正如金色的太阳在蓝天下自由地转动一样。凡·高要用自己的艺术去服务于劳动人民，不管他如何采用抽象、夸张的外形，我们总能发现那顽强的向往阳光的内在生命。凡·高依然以强烈的人道主义关爱着世人。他画的邮递员鲁兰，尽管有一脸粗硬的大胡子，还是令人感到他善良忠诚的个性。他的自画像，大都是严峻忧郁的、反映出内心深处无法驱除的悲愤之情。不为世人苦，哪得如此多的哀痛?

这年10月，高庚也来到阿尔与凡·高一起生活与作画。尽管两人是朋友，但终因性格气质不同，而经常争吵。本来就敏感而忧愤的凡·高，终因受不了刺激，导致精神失常，最后用刀把自己的耳朵割了下来，吵着要去送给一位妓女，高庚不得已，在送他去医院的路上在妓院停了停，凡·高满身满脸是血污，拿着血淋淋的耳朵去找那位妓女，那位妓女一见之下，当然吓得拼命奔逃，凡·高昏倒在地上。高庚急忙把他送到医院，并叫来了他的弟弟蒂奥来护理凡·高，他自己随即回到巴黎去了。

在凡·高清醒的时候，他告诉了弟弟关于耳朵的故事。原来，凡·高由于对下层人民充满同情，对妓院里的妓女更是非常关心。他不要妓女陪他，而只是到那坐一坐。有一次，一个妓女开他的玩笑说："你来这儿坐，又总不肯花钱，你舍得把耳朵送给我吗?"于是，重病中的凡·高便真的割下了耳朵送她。但把那个妓女给吓跑了。他心里时时刻刻都装着别人，由此可见一斑了。

但是，那个妓女的拒绝又使他的病情雪上加霜。他彻底地绝望了，仁爱之心却不被接受，这让凡·高非常痛心。在他病情好的时候，他也会清醒地认识到自己的行为很荒唐。于是，他又陆续作了一些画。如《阿尔之妇女》、《打绷带的自画像》、《放风》等。但是，凡·高的病情发作起来越来越频繁、越激烈。

1890年5月，弟弟蒂奥把凡·高带到奥维尔，想依靠优美的环境把他疗养好。但是，终因病情复发，他不愿再增加弟弟的负担，于1890年7月23日自杀身亡。留下了最后的遗作《奥维尔风景》，依然是极为单纯而鲜明有力的作品。

不久，曾经把自己全部热爱与物力都献给凡·高的蒂奥也死去了。人们说，蒂奥是为了照顾凡·高而生的，因而把兄弟二人合葬在一座坟墓里。四周种满了象征凡·高理想的向日葵。

"不要以为死去的人死了。

只要活人还活着，

死去的人总还是活着。"

我们依然活着，凡·高也将依然活着。那凡·高所追求的纯洁的太阳，每天清晨，依然把金色的阳光撒满天空与大地。

生命不息，理想不灭。

在哲学和宗教上舞蹈——马勒

当大地上还有别的生灵在遭到苦难，我又怎么能幸福呢？——陀斯妥耶夫斯基。

马勒，在音乐创作思想上所表现出来的人道主义作曲家，是欧洲后期浪漫派的代表人物之一，其在现代交响曲史上的地位曾被长期地轻视而且被故意置之不理，但从现在来看，这显然是单纯历史意义上的一个美丽的错误。

被莫里斯·拉威尔称作“天才的业余爱好者”的马勒，作为指挥家，他使维也纳皇家歌剧院迅速崛起，并在欧洲占据重要的一席之地；作为交响曲的作者，其作品既是前人成就的终结和总结，又是走向未来的开端，是介乎19世纪如贝多芬、勃拉姆斯等音乐家那种“结构主义”和20世纪柏尔格甚或布雷等人体系之间的枢纽人物；而其组织的管弦乐队，则以表演上的宏伟性（包括人物及乐器的配置等）、内容思想的深刻性而著称。

古斯塔夫·马勒（1860—1911）出生在捷克的小城镇卡里希特的一个犹太人家庭。马勒自幼家境贫寒，兄弟姐妹14人，大都因贫困而夭亡。再加上其特殊的倍受歧视的犹太人的社会地位，就在他幼小的精神上投下了悲观主义的阴影。早年的马勒就表现出了其音乐上的天赋，6岁学钢琴，8岁就可指导别人练琴，15岁入维也纳音乐学院接受正规训练，并因学习成绩优异而多次获奖，1877年进维也纳大学学习历史、哲学和音乐史，这使他的艺术修养得到了全方位的充实和提高。在马勒37岁时，其事业达到了高峰，由于其独特的指挥风格（热情洋溢而又精益求精，对乐曲的独到见解及处理，及对艺术传统的突破和发展），再加上其犹太血统的身份，引起了维也纳上层社会的不满，并受到诽谤和攻击，于是为艺术而献身的他愤然辞去皇家歌剧院的一切职务。1910年11月20日，他在慕尼黑指挥了号称“千人交响曲”的演出，轰动一时。但是19世纪末20世纪初资本主义社会深刻的内部矛盾与残酷的现实，反对派对他的攻击，再加上小女儿的夭折，此时的马勒身心疲惫、痛苦万分，不久患上了心脏病。1911年，心力衰弱已病入膏肓的他回到维也纳。在病床上，临终的他仍用一个手指在被子上指挥着，嘴里嗫嚅着一个音乐家的名字——莫扎特……

作为19世纪后期浪漫派的重要作曲家之一，马勒创作了包括交响曲在内的大量交响音乐。要了解马勒的作品，首先就要了解他的精神世界，要了解他的精神世界，就要清楚他所处的社会背景、时代背景及文化背景。

1848年资产阶级革命失败后，欧洲各国的贵族重新取得政治、经济的统治权，而民主思想则受到更为残酷的压制，失望、彷徨、消极、低沉的情绪笼罩了整个欧洲。政治、经济的动荡引起了思想的变化与矛盾，导致19世纪末文化领域上的错综复杂。晚期的浪漫主义音乐则被怀疑、失望、消沉的情绪所主导。

生活在奥匈帝国的马勒，他的国家经常受到德意志帝国的欺凌，而在本国的内部，潜伏着社会矛盾与民族矛盾的危机，作为一个犹太人，更因民族压迫而备受歧视。马勒同情弱者，酷爱自由。他对社会有看法，却无力反抗；虽才华横溢，却无出路。这种处于极端矛盾与痛苦之中的思想反映在作品中就会看到：一方面表现了他对美好事物的追求和对生活理想的憧憬，以及对大自然、对人生的赞美；另一方面又时常流露出暗淡的情调、失望与孤独、生活的烦恼以及对死亡的联想。在他的作品中常出现荒诞的形象，痉挛的节奏，尖锐的、喊叫般的音响和极不和谐的音程。

马勒是属于在奥—德文化背景中成长起来的一个人，在主观上接受认同这一文化的犹太知识分子。他们放弃了自己民族特有的宗教信仰，试图与他们赖以生存的人文环境相融合。在去维也纳歌剧院任职的时候，他接受了天主教，而这却并不能消解对他的民族歧视。马勒说过："从三重意义上来说，我没有祖国"，"作为一个波希米亚出生的人却住在奥地利，作为一个奥地利人却生活在德国人中间，作为一个犹太人则只属于整个世界"。他将自己的民族感情上升到全人类的层面上。对于马勒而言，"创作一部交响乐就是建造一个世界"，"当大地上还有别的生灵在遭受苦难，我又怎么能幸福呢?"在他的音乐中，表达了对民族苦难的同情，对社会不公正、大多数人所受的剥削不满，寄希望于道德和宗教的力量。

马勒作品还时常从哲学角度出发对人生的问题进行探索。在大学期间对文学和哲学的广泛阅读与思考，对叔本华、哈特曼·丹哲学的研究以及对当时社会现状的思索，使他认识到人生是一场恶梦，是一场悲剧。同时，他也受到俄国文学家陀斯妥耶夫斯基宣扬的“灵魂净化、服从命运”的说教影响，在繁纷杂乱的现实中找不到出路，只得在宗教中寻求解脱，最后得到的消极结论是：人生是虚幻的，人们只有在天国中才能得到安息。

作为19世纪末的作曲家，马勒也是一个同性恋者，同大多数艺术家一样，他生性敏感、性格内向、感情脆弱；他厌恶附庸风雅、虚伪做作的社交场合与礼俗；因自我怀疑、信心不足而反复修改作品；其交响曲也在不同程度上带有自传色彩。作为一个犹太教徒，在他的第二交响曲中，马勒就悟出惟有灵魂的复活才能超越肉体的死亡。他的音乐，总有一种近乎于中世纪的对上帝的神秘向往。他怀着修道士般虔诚之情试图把世纪末的希望与困惑、欢乐与痛苦、生命与死亡等一切矛盾的直接感受化为具体的音乐形象。他也悲观厌世，怀旧思乡，害怕永别的痛苦，但他时时都有基督在客西马尼园主动要求饮尽那杯苦酒的感觉（我不下地狱谁下地狱）。因此，他的离愁别绪在凄恻动人之外，又显得高洁庄重。马勒的音乐可以使人从苦难中体验幸福，体验到以个人之苦难净化世界的众生的那种静穆的内心喜悦。在生命与死亡的哲学与宗教的探索中，他的音乐忽而是极端的欢乐愉快，忽而是极端的深沉阴郁；而在这两个极端之中，经常会有无数的幽灵鬼影出没、恐惧痛苦的喊叫。仿佛他的灵魂在尘世、天堂和地狱之间不停地游走。在马勒的作品中，一切都是开始，而没有结束，哪怕是死亡与生命。

《大地之歌》是马勒的代表作，在其创作的一系列交响曲及歌曲中属于第九交响曲，由于贝多芬、舒伯特、布鲁克和德沃夏克都在完成了他们的第九交响曲后便去世了，因此，对于“九”这个数字，他是非常忌讳的。最后，把这部作品称为“为男高音、女低音（或男中音）独唱和管弦乐队而写的交响曲”。

《大地之歌》是马勒的代表作，是以中国唐诗为歌词而创作的。它包含了马勒创作中多方面的内容：深邃的哲学构思、对生活和理想的期望、与大自然的融合以及最后告别俗世的热情与烦恼等等。他把六个乐章贯穿成一个统一的整体。整个作品基调是悲观的，但其中却并不缺少充满激情的抒情表述。音乐富于幻想和诗意，写作技巧可以说达到了马勒创作的顶峰。

《大地之歌》唱词共七首，都是我国唐代大诗人李白、钱起、孟浩然和王维的诗作。

第一乐章：咏世人悲愁的饮酒歌。以李白的《悲歌行》中的部分章节为歌词。这首诗被马勒分为三段，每一段结尾重复“生是黑暗的死也是黑暗的”，以此来表现天国永恒、大地永恒而人生短暂这一主题。总的情绪是激越、热烈和惊心动魄的。乐始时的法国号和弱音小号凄厉的音响，暗示原诗对待悲愁所反映出的反抗和呐喊。乐中时，对爱的憧憬与孤独忧伤交织在一起，在随男高音唱出：“请看那边，在月光照耀的墓地上，蹲伏着一只狰狞的鬼影”的同时，乐队奏出了令人寒颤的音响，渲染出一种阴森可怖的气氛。

第二乐章：寒秋孤影。这一乐章描绘了秋雾弥漫中的自然景色。生命的火焰奄奄一息，诗人愁绪满怀，祈求长眠。这一乐章的音乐充满了凄凉和幽暗的气氛。

第三乐章：咏少年。表现出明快欢乐的气氛，充满青春活力。

第四乐章：咏美女。采用李白《采莲曲》为歌词。描绘了情人们在醉人的风景中漫游的情景；但厌世观再度出现。

第五乐章：春日的醉翁。用李白的《春日醉起言感》为词。这一乐章小而欢快，是一幅春意盎然的醉酒图。

第六乐章：告别。取词于孟浩然和王维的诗。这一乐章是整部作品的核心段落，占全曲的一半。表现了自然界永恒存在的思想，诗意地体现了同命运的和解，对宿命论的屈从，以及同生活的告别等内容。音乐时而尖锐刺激，时而转入葬礼进行曲般的沉重和暗淡，表现了即将生离死别的友人们内心剧烈的痛苦。音乐中出现了不谐的和弦，犹如好友挥泪告别的呜咽、抽泣声。然而，当唱到“当春日返回可爱的大地，百花怒放，遍地新绿”时，旋律变得优美动人起来，暗示作者对来世的幻想，虽美好，但虚无缥缈。最后在极弱的力度中结束，好似主人公也哀伤地走到了人生的尽头，永远消失在天涯海角。

马勒是浪漫主义代表者柏辽兹、李斯特、瓦格纳、贝多芬、舒伯特及勃拉姆斯的后继者，他将浪漫主义的交响乐发展到了极点。他也预示了一个新纪元的到来，对新维也纳乐派的勋伯格、贝尔格和韦伯恩产生了巨大影响。

马勒的音乐代表着20世纪，虽然他也延续了一个颓废的晚期浪漫主义传统，但他怀着一种英雄的没落希冀建造了一座纪念碑。是他率先把沉重的悲剧与轻松的消遣合为一体。浪漫主义的传统在他的手上由承结、扩张到毁灭、死亡，而表现主义的新风则在他的音乐中闪烁着微光。

世界上下五千年
shijie shangxia wuqiannian

20世纪上半叶的现代文化

表现主义的音乐开创者——勋伯格

表现主义，是20世纪初兴起于德奥的一种文艺思潮。表现主义认为现实社会充满苦难、丑陋和罪恶，反对印象主义的“客观性”和直接描绘客观世界的“所见之物”，主张用主观和畸形手法表现“心灵世界”中“自我的姿态”，将潜伏在内心的下意识冲动欲望推向外界。表现主义音乐，就像印象主义音乐和印象主义绘画间的密切关系那样，同表现主义绘画相互影响，亲密无间。

表现主义音乐，为实现其主张，完全抛弃传统音乐原则，以无调性和无调式的“十二音体系”为主要创作手法。如果把印象主义看作帘外观景、雪中赏花的话，表现主义则是哈哈镜里显影像。

表现主义音乐的创始人是奥地利音乐家勋伯格。他的学生贝尔格和韦伯恩，发挥了十二音体系的写作技巧，比他们的老师走得更远。由于他们主要活动于维也纳，所以表现主义音乐也被称为“新维也纳乐派”。

勋伯格是20世纪知名的作曲家、音乐理论家和音乐教育家。他于1847年9月13日出生在一个犹太小商人家庭。他不曾受过正规的音乐教育，仅仅是凭着聪慧过人的天才和毅力而自学成名。勋伯格自幼酷爱音乐，8岁学小提琴，12岁已成提琴能手。后来由于父亲病故，家境贫困，没条件入音乐学院攻读。到20岁，他向波兰籍犹太人音乐家泽林斯基（1872－1942）学了两个多月的复调。从此，掌握了复调音乐技巧，并在奋力拼搏中掌握许了多作曲技巧和理论知识。同时他结识了泽林斯基的妹妹，两人开始相爱。1897年，他的处女作《D大调弦乐四重奏》问世，获得好评。1899年，他完成了早期创作的重要作品《升华之夜》。1901年着手创作大型康塔塔《古雷之歌》，第二年因事搁浅，直到1911年方最后完成。1901年与泽林斯基的妹妹玛蒂尔德结婚。同年，到柏林任沃尔泽根剧场乐队任指挥。1902年，获李斯特奖金，在斯特恩音乐学院任教。1903年7月，返回维也纳，在舒瓦兹瓦尔德学院教授和声学、对位法。1904年，发起成立“音乐创作艺术家协会”。1907年热衷于绘画，并于1910年举办了一次个人画展。1911年被聘为皇家音乐学院作曲教师，同年再去柏林，在斯特恩音乐学院召开10次作曲理论讲演会，宣传了勋伯格的全新和声理论。同年《和声学》一书，使他成为作曲理论知名人士。1914 年一战爆发，勋伯格参军入伍。战后回到维也纳，致力于教学和举办钢琴音乐会。1923 年，勋伯格的爱妻玛蒂尔德逝世，他不胜悲伤。1924 年，他去柏林，被聘为艺术学院教师。1925 年，与著名小提琴家鲁道夫·柯里什的妹妹结婚。由于纳粹爪牙对进步艺术家，特别是犹太人的迫害，勋伯格不得不亡命国外。1933 年到法国，1934 年到美国，定居加利福尼亚，并加入美国籍。1951 年 7 月 13 日，他病故于洛杉矶，享年 77 岁。

一、恐惧、迷茫、死亡——《月迷彼埃罗》

勋伯格是一个极具独创精神的音乐大师，但他也有着相当深厚的传统音乐根底。他早年曾是瓦格纳的追随者，所以早期作品充满了浪漫的色彩，例如《升华之夜》。1908 年以后，是勋伯格创作的第二个时期。他的创作逐渐舍弃了浪漫的语言，展现出自己的独特风格，而趋向于无调性音乐的探讨。他彻底摆脱了传统大小调体系音乐思维的羁绊，投身到了一个没有调性约束的新天地之中。他取消了能够确立调性的 7 个自然音和 5 个变化音之间的区别。12 个音同等重要，没有一个音能取得中心地位，这就是无调性。当然，这时他的十二音序作曲理论还没有建立，但是相对自由的无调性已能够说明表现主义的音乐特征，它成了表现主义音乐基本的、不可缺少的表现形式。

在技法上，除了较自由的无调性外，勋伯格还动用了被他称为“音乐旋律”的创作手法，使音乐独具一格。在勋伯格的音乐中，一条“旋律”线，由不同的乐器在不同的音交点上演奏，形成音色的跳动闪烁，在这里，和声、旋律和节奏都让位于音色，每一种音色都有繁复而详细的力度标记，令人眼花缭乱。

从音乐内容上看，茫然、失落感、灰色的忧郁等等，是这时期的主要色调。这时期最著名的《月迷彼埃罗》则是一种内心难以言明的复杂而奇异感情的表达。

彼埃罗原来是意大利喜剧中的一个丑角，穿着有皱巴巴的领子和大纽扣的白上衣，宽大的裤子，脸上涂着白粉，经常在喜剧中作为一个恋爱的失败者和被人取笑的对象。但是这首作品中的彼埃罗却有很大变化，他实际上具有神经错乱的心灵特征。勋伯格把自己想像成彼埃罗，借月光比喻自己的种种形象，犹如一缕月光照进玻璃杯里显现出许多形状和颜色。不过，他不写彼埃罗的有趣奇遇，而幻想出一幅令人毛骨悚然的景象。例如第八首《夜》中，描绘了阴森恐怖的团团蝙蝠挡住太阳，给世界罩上愁霾。第十三首《砍头》中，彼埃罗想象自己因为罪行累累而被月光砍头。勋伯格经常采用夸张的图表式形象和语言的曲折起伏来表现内心感受，使作品反映出孤独、痛苦和对生活失去信心，充满了精神上的荒诞。

二、一种新音乐结构的产生——十二音序列

在勋伯格打破了传统调性进入无调性音乐创作之后，经过相当长一段时期的沉默和探索，20 年代初期，勋伯格终于向世人展示了他的新的作曲理论——十二音序列。一直到晚年，这种创作方法形成了勋伯格创作的第三个时期。

十二音体系的方法是用 12 个不同的音排列成一个序列作为基础，运用逆行、反行、逆行加反行等技术来发展这个序列，纵横交织，编排成曲。十二音音乐是无调性音乐进一步发展的结果。它可以对大型音乐作品进行结构控制，把乐思有条理地陈述出来，形成新的组织性和逻辑性，以代替传统的调性在作品中所起的组织和控制作用。十二音体系只是音高方面的序列手法，对作品的节奏、力度、音色等没有任何限制。只是到了后来，勋伯格弟子们才对这些因素加以全面控制。

十二音体系问世不久，在欧洲引起了截然不同的反响。一些崇拜者把它奉若神灵，亦步亦趋地追随其数学计算般的法则。而一些作曲家则把它视为怪物，难以接受。他们认为序列音乐中听不到熟悉的弦律和民歌，音乐进行的线条往往离奇古怪，设计过程中的“优美”法则在听觉中根本无法辨别，谐和与不谐和的对比被抹平，实际走上了单调。总之，当时的舆论认为，十二音体系是勋伯格个人头脑中产生的非自然体系，因此是无生命的。尽管如此，十二音体系在后来风靡欧美，追随、效仿者众多，并被认为是“在音乐美学上最理想、最完善、最先进的思维方式”。它对 20 世纪音乐所产生的影响是不可估量的。

三、发自心底深处的独白——《一个华沙的幸存者》

勋伯格创立了十二音序列作曲技术以后，用这种方法写作的主要代表作品有《乐队变奏曲》（1927—1928）、《钢琴协奏曲》（1942）、《一个华沙的幸存者》（1947）等等。在后来的作品中，十二音方法经常随内容表现的需要而有所突破，并不是墨守成规的。

《一个华沙的幸存者》是勋伯格作品中最激动人心，最具有表现力的作品，作于他一生最后的时日。1947 年夏，作曲家在他加利福尼亚宁静的休养地，接见了一位从华沙犹太区侥幸逃出来的人，他是少数几名幸存者之一。因藏身于该城废墟下的下水道中得以生存。他的口述使勋伯格无比激动，以致于他连续两天奋笔疾书，写下了具有无比力量的惊人之作——《一个华沙的幸存者》。

乐曲一开始，刺透人心的小号声，像鞭子一般地在鞭挞，呈现出已成废墟的犹太区在黎明中的一片污秽、冰冻的景象。男人、女人、孩子、老人，在他们出发走向埋尸坑前，全都集中起来，并大声自行报数。德国军官高声怒骂着，指使他的兵团用枪柄殴打、侮辱犹太人。但是，突然地，牺牲者异口同声地唱起了“被遗忘了的古老的信经”——《听罢，以色列人》，比迫害他们的人更强有力一千倍。因为：这种人是不可战胜的，他们以上帝为证，证明他们的存在。在朗诵的全过程中，各种乐器按独奏处理，丰富地发挥了表现主义所特有的一切音响效果。在合唱以齐唱形式进入时，这时的固定音型纯粹是十二音的，乐队首次也是惟一的一次应用了全奏——长达 20 小节，具有激动人心的伟大气概，使人们惊愕得透不过气来，产生了异常激越的效果。

《一个华沙的幸存者》说明了无论什么音乐技术都具有无限的表现力，只要它是出自一位天才创造者的手笔。但是我们也可以进一步这样说，没有其他一种技术能够这样确凿无疑地表现这种非人性的恐怖，在死亡面前痉挛的心态，以及人类面对这种恐怖的不可战胜的伟大心灵。

打开 20 世纪音乐大门的人——德彪西

法国作曲家、钢琴家克洛德——阿希尔·德彪西是印象主义音乐奠基人和完成者、现代音乐创始者，打开 20 世纪音乐大门的人。德彪西 1862 年 8 月 22 日出生在巴黎近郊圣日尔曼恩雷一个小陶器店主家里。他的父亲不懂音乐，希望儿子成为一名船员。德彪西却对音乐有异常浓厚的兴趣，具有精细的鉴赏能力。

他 7 岁向婶婶学钢琴，8 岁向肖邦高徒富劳维尔夫人学弹钢琴。1873 年，凭自己的才华进入巴黎音乐学院，进行了长达 11 年的学习。他既是全院著名的钢琴演奏者，又是理论班有名的捣蛋鬼。他凭自己的敏锐听觉和键盘能力，常不按传统和声规则寻找新鲜音响组合，演奏一连串增和弦、九和弦与十一和弦。因此，常遭到教师责怪、同学嘲笑。德彪西不以为然，依然故我，继续执著地探索新颖音乐语言。

学习期间，他曾两次去俄罗斯，使他有机会听到里姆斯基—科萨科夫、巴拉基列夫和鲍罗廷的一些作品，特别是一些真正的俄罗斯茨冈人的自由即兴演奏。1879 年，他被俄国富孀、柴可夫斯基的赞助者冯·梅克利夫人聘为临时家庭音乐教师和首席乐师，并随梅克利夫人去瑞士、意大利和奥地利游历。在维也纳，他第一次听到瓦格纳的歌剧《特列斯坦与伊索尔德》，并很欣赏这部作品。

在意大利期间，德彪西给法兰西学会寄来两部作品：《春》和《被选中的姑娘》，其中部分被退了回来。《春》招致了非议，德彪西从而反对学会主持演出《被选中的姑娘》。这种演出是按照传统，为了奖励罗马奖获得者的辛勤创作而组织的隆重演出。1884 年，他的《浪子回头》曾获得罗马大奖。后来，《春》由民族协会首先公演。

后来，德彪西开始和斯特凡·马拉美交往，后者的家是许多年轻艺术家，尤其是诗人和画家的聚会场所，又是象征派的圣地。在这里，德彪西认识了许多象征派和印象派的艺术家，受到了极大的影响。德彪西觉得这些人的艺术观点与思维正与自己的契合，所以这些艺术家在潜移默化之中极大地帮助了他完善自己的艺术修养。1892 年，受马拉美的一首诗的影响，他写了第一部交响诗《牧神午后序曲》。从此，他接连不断地创作出了一些优秀作品，他的名字逐渐从那个小圈子里传出来，他出了名。

但德彪西很少抛头露面，而是过着一种离群索居的生活。他对自己的作品精益求精，他一个一个的，似乎勉强地把他长期推敲过的作品交给他的出版人，他在这些作品中越来越流露出一种愿望，即以最简短的形式表现最丰富的思想。

德彪西生命中的最后几年，身体日渐消瘦，1909 年身患癌症，但他还是分秒必争，坚持与病魔作斗争。1915 年开刀割瘤，1917 年二次手术，1918 年 3 月 26 日在德国法西斯轰击巴黎的隆隆炮声中与世长辞。

德彪西的一生是在音乐事业方面作出重要贡献的一生，他开创了印象主义音乐的先河，使法国音乐在 20 世纪乐坛上占据了一个重要席位。

我们前面已经提到，有两种音乐以外的影响导致德彪西去探索自己的独特道路：即象征派诗歌和印象派绘画。作为一个马拉美集会的积极参与者，德彪西在那里确立了对浪漫主义虚假做作的厌恶。他后来愈来愈抛弃这种音乐修辞上的清规戒律，因为它只不过是一种专向极端发挥的艺术，是一种从一个主题中汲取超出它本身所包含和适合的内容的艺术。他反对滔滔不绝，主张千万不要浪费我们的时间。他限制我们的乐趣，为的是使之更完美，他总怕人们会感到厌倦，他总是慎重地尽量简洁。

19 世纪末，在历来新文艺思想就活跃的巴黎产生了一种新的艺术风格，即印象主义艺术。印象主义首先在绘画方面兴起，以马奈·莫奈和雷诺阿为代表。1874 年，这些年轻的画家举办了一次画展，其中有一幅风景画是莫奈的《日出印象》。这次画展由于它的反传统性，遭到了很多的非议和攻击。一些人根据莫奈的这幅画，把这些年轻的画家贬为“印象主义者”，印象派由此得名。印象派画家离经叛道，反对学院派的严谨和传统，反对从宗教和神话故事中汲取题材，主张走出画室，到大自然去。印象派的特色在于，它以光和色彩为视角，借助光和色的变化来表现作者从一个飞逝的瞬间所捕捉到的印象。这一艺术观点同当时自然科学对光的传播照射的物理研究成果有关，也反映了人们寻求新的艺术手法的要求。对于德彪西，人们正好可以说，他喜欢色彩胜过线条，即和声胜过旋律。

至于德彪西所受的音乐影响，则是多种多样的。首先是他的导师马斯内，其次是夏勃里埃。他们一个给予感官上的温柔，另一个则是讥讽性的幻想，始终是德彪西精神上的启蒙者。在他的探索中，他特别以俄国的先例为其引导。主要是穆索尔斯基使他走上了一种更为自由的和声道路，里姆斯基—科萨科夫和鲍罗廷使他窥见各种艺术手法。

正是站在这些巨人的肩膀上，德彪西才博采众长成为一个杰出的发明者，同时又是一个激情的创造者。也许在整个音乐史上，人们还未能见过如此突然的或如此根本的技术改革，所有的传统和声学因之而被推翻。

下面让我们看看他的《牧神午后》前奏曲。《牧神午后》是德彪西根据象征主义诗人马拉美的诗歌而写的，诗歌本身神秘而模糊。它的风格和绘画的印象主义近似，而德彪西的音乐用空间中的音响诠释了这首诗的意境。

乐曲一开始，响起了柔顺而飘忽不定的无伴奏长笛，带着微微的倦意和恍惚，长笛的音调代表着牧神。牧神——在古希腊的神话中叫“潘”，他上半身是人形，下半身是羊身。他曾热恋山林沼泽女神绪伦克斯，而绪伦克斯总是躲开他。一次潘追逐绪伦克斯来到河边，无处可逃的绪伦克斯跳入河中化为芦苇。潘悲伤地采下芦苇，做成排箫随身携带，他不时地吹奏，以表达对绪伦克斯的怀念。长笛的音色接近排箫，这支旋律也形象地描绘了牧神。长笛之后，在薄膜般透明的织体中，竖琴快速地闪烁着，圆号似乎仅用三个音就把夏日的甘美和伤感的倦意倾吐了出来，把我们带进广阔的、布满青草的丛林里去了。这里躺着牧神，他深深地凝视着无边无际的苍穹，或者去聆听引人入胜的嗡鸣和静观各式各样的昆虫生气勃勃地在纠缠不清的花草中忙忙碌碌地奔忙。牧神躺在这里，每次我们听到这音乐，我们就又见到了他——在树林掠过、追逐，匆匆地离去；躲藏，无节制地嬉笑和恳求。他每次飘忽地出现，都由乐队把他的惊喜反映出来，他的每次绝望和挫折都使发光的和跳动的音响蒙上阴影。往后，是更多地追逐和销魂……在乐队的表现上，突然犹豫起来，举足不前。接着在木管和圆号的衬托下，小提琴演奏着欣喜若狂的旋律。这一切之后，长笛又懒洋洋地吹出了如梦的情欲般的乐曲，最后逐渐消失，万籁俱寂。

《牧神午后》这部作品被公认为是印象派音乐第一个范例，其创作思路十分清晰，德彪西采用了精美的雾状网织体所造成的音响很好地表现了马拉美的诗篇。所以马拉美听过这首作品后大为赞赏，特地把自己的一本诗集送给德彪西，上面题着一首诗：

原始气息的森林之神，

如果你的笛子已经制成，
请你细细聆听，
德彪西注入了呼吸的光明。

现代奥林匹克之父——顾拜旦

早已为人们所熟知的奥运会会旗，以其精致的造型、和谐的色彩和深刻的寓意而深入人心，它是奥运精神的象征。五环旗上那五个不同色彩的圆环亲密地绾结在一起，象征着地球上五大洲人民的团结、友好、合作的精神，使人们在奥运赛场上秉着公正、合理、坦率的态度求得进步，求得发展。

你可知道这美丽的五环旗的设计者是谁？他就是顾拜旦，一个把毕生精力都投入到了体育事业、特别是现代奥林匹克运动之中的人。人们公认这位贡献突出、功勋卓著的老人为“现代奥林匹克运动之父”。

顾拜旦生于1863年，法国人。20岁时，顾拜旦刚刚大学毕业。年轻气盛、激情如火的他全身心地投入到他所钟爱的体育事业之中，对父母为他提供的飞黄腾达的仕途毫不动心。他坚定地走上了自己所选择的道路，对这一选择，他自己有清醒的认识和崇高的目的。当时，法国刚刚经历了普法战争，百业凋敝，人心惶惶。为了迅速恢复经济，法国教育界存在着严重的重智轻体的倾向。顾拜旦不满于此，他深刻地认识到了体育运动对国民素质的重大意义，面对教育界的短见，他忧心忡忡。他认为发展体育运动能够为法国挖掘培养出大批精明强干的有用之材，也能够重塑国民精神，唤起法国人的爱国主义激情。

1892年，法国体育协商大会在巴黎索邦神学院召开。29岁的顾拜旦站在主席台上，向人们陈述了他心中酝酿已久的倡议：“我们要恢复的应该是这样的运动会——它要像古代奥运会那样，以团结、和平与友谊为宗旨；它不受国家、地区、民族和宗教的限制……”这个倡议提出得非常及时。当时战争的阴云又一次笼罩着欧洲。正值19世纪末，德国军国主义妄图发动大规模的侵略战争，重新瓜分世界，以此满足它扩张的野心。法国作为德国的近邻对战争的威胁感受得最为深切。法国人民回想起普法战争中德军给他们造成的刻骨铭心的巨大创伤，尤感不寒而栗。因此他们强烈反对战争，渴望和平安宁，对倡导和平友谊的奥运会深表赞成。

在法国人民和其他欧美国家的呼唤和支持下，恢复奥运会的决议顺利地通过了。顾拜旦于 1894 年 6 月 23 日成立的国际奥林匹克委员会中当选为秘书长，并通过了他所制订的第一部奥林匹克运动宪章。这是个值得全世界纪念的日子，对世界体育运动具有划时代的意义。中国将 6 月 23 日定为奥林匹克日。

顾拜旦把只限于古希腊人召开的奥运会推向全世界，是他揭开了奥林匹克运动的新篇章。1896 年，第一届现代意义的奥林匹克运动会召开了。地点选在颇有纪念意义的希腊首都雅典城——那个 1500 年前熊熊燃烧着奥运圣火的地方。

顾拜旦从 1896 年到 1925 年连任了 29 年的国际奥委会主席。他卓有成效的工作使现代奥林匹克运动会蓬勃发展起来，从项目、种类、方式、原则上来看都是古奥运会不可与之同日而语的。顾拜旦反复倡导的体育精神是他个人崇高心怀的表现，得到了全世界人民的赞赏和尊重。他曾经写过一首著名的诗——《体育颂》，在诗中，他针对当时体育竞赛中存在的种种弊端，指出公平、公正的竞赛原则，指出奥运会的主题是和平。这首诗写于 1912 年开展的第五届奥运会的仿古制文艺竞赛上，并获得了金质奖章。这表明他倡导的体育精神是深入人心的，同时也代表了人们心中美的愿望。

1937 年，顾拜旦在现代奥运城洛桑安祥地闭上了眼睛。他在遗嘱中要求，把他的心脏埋葬在奥林匹亚——这个奥林匹克运动的发祥之地，他要用心来时刻感知着奥林匹克运动的发展。他的一生都和它紧密相连，当然死亡也不能终止他对奥林匹克运动的关怀。现在，一座方方的大理石纪念碑矗立在奥林匹亚城，它是用来纪念奥林匹克运动的，似乎更是在纪念这位鞠躬尽瘁的伟大人物——皮埃尔·德·顾拜旦。

美国无产阶级文学之父——杰克·伦敦

“……你们这帮自以为乐善好施的人啊！到穷人中间去向他们学习吧，因为只有穷人才是乐善好施的。……丢一块骨头给狗算不上慈善行为。慈善行为乃是，当你像狗一般饿得发慌时，和狗一起啃一块骨头。”

是谁对于有钱的善人给以如此激烈的言语？是谁对于穷人的品德有如此深刻的见解？他就是杰克·伦敦，工人阶级出身，完全靠自己的努力，一步步艰难地爬上文学顶峰的无产阶级作家杰克·伦敦。他出身于劳动人民，为劳动人民写作，为劳动人民请命。他是属于无产阶级的，属于世界劳动人民的作家，他被尊为“美国无产阶级文学之父”。

杰克·伦敦于1876年1月12日在旧金山出生。他的父亲是一个星相家，叫威廉·亨利·詹尼。母亲弗洛拉·韦尔曼是一个召魂降神的巫人。杰克·伦敦还未出生，父亲便抛弃了妻子不知去向。后来，母亲又嫁给流落在旧金山的破产农民约翰·伦敦，因此，小杰克改名为杰克·伦敦。他们一家人为了生活，经常搬家。老伦敦先后干过木匠、泥瓦工，还开过杂货铺、养鸡场、小农场等，但赚钱不多，勉为家用。杰克·伦敦自幼得不到母爱，他是由黑人乳母珍妮·普仑提斯太太喂养大的。杰克继父的长女伊丽莎对他也挺好，一直照料他，直到他逝世。杰克的童年是黑暗的，没有丝毫欢乐的回忆。在小杰克10岁时，全家定居在奥克兰城。小杰克起早摸黑地上街卖报，打零工挣钱贴补家用，但小杰克对书有一种天生的喜好，不管多么忙，多么累，他总要找一些书来读。他读的第一本书是华盛顿·欧文的《阿尔罕伯拉》。此后他常到奥克兰公立图书馆去借阅各种书籍，他如饥似渴地读完了季伯林、左拉、福楼拜、托尔斯泰等的作品，后来还读了尼采与马克思的哲学著作。

杰克·伦敦不满足于一辈子给资本家当奴隶，去挣那些不够吃饭养家的工资。年幼的杰克有强烈的冒险欲望，后来，他在私捕牡蛎的海盗帮里入了伙。他从乳母那里借了300元钱，买下一条小帆船，偷袭海湾中的私人水产养殖场，做起了贼。当时牡蛎价格很高，杰克赚到不少钱，不久就还清了乳母的钱。当时，小杰克才15岁。后来，他又在渔警队干过，去抓那些违法者。杰克干得很认真，终因不满上级贪污受贿的卑鄙行为，辞职不干了。后来，他又去当水手，去日本沿海捉海豹。7个月的海上生活让杰克着了迷，回来后干了临时工，打算明年仍旧出海，但却错过了机会，其他人驾着“玛丽·汤玛斯号”早出发了。杰克很后悔，依然做临时工。后来，听说那一条船连人带船都遇难失踪了。当时，旧金山的《呼声报》举行了征文比赛。母亲鼓励小杰克参加，他竟然以一篇《日本海上的飓风》获得第一名与25元奖金。小杰克开始想当一名作家了。但是多次退稿使他失去了信心，他仍在麻纺厂工作。

后来，美国经济大萧条达到顶峰，很多工人失业。杰克·伦敦跟随请愿工人去华盛顿集会请愿。但到达华盛顿的却没有几个人了。杰克·伦敦流浪街头，以乞讨度日，后来因此被捕入狱。出狱后，杰克·伦敦回到奥克兰。这时他才 19 岁。

杰克·伦敦回到奥克兰后进入奥克兰中学学习。在此，杰克·伦敦为校刊写了不少故事，但只过了一年就辍学了，杰克·伦敦仅用了三个月时间就读完了三年的中学课程，顺利地考入了加利福尼亚大学。杰克·伦敦不愿放弃这个学习机会，他一边在洗衣店工作，一边写稿维持生活，但功课太重，杰克·伦敦不得不停学。他又想依靠写作求得生路了，但过了三个月，稿子全部退回，杰克·伦敦不得不放弃写作。当时在北方克朗一带发现金矿，掀起了淘金热潮。在姐姐伊丽莎的支持下，1896 年，杰克·伦敦加入了淘金大军奔向北方。那里荒凉寒冷，没有人烟，旷野中只有狼的嗥叫。恶劣的生存环境，许多人得了坏血病，金矿也没有找到，杰克·伦敦不得不回来，但是，他却带回来一笔无价的财富。杰克·伦敦写的旅行札记中记录了大量活生生的北方故事素材。但是工作依然没有着落，而且继父不久前死去，全家人的重担落在了他身上。

杰克·伦敦一边找工作，一边写作。虽然稿件都退了回来，杰克·伦敦仍然坚持写作。终于，加利福尼亚的《大陆月刊》采用了他的一个短篇《为赶路的人干杯》，杰克·伦敦第一次得到 5 元的稿费。不久，《黑猫》杂志出 40 元钱，要杰克·伦敦写一篇小说。从此，杰克·伦敦的生活出了现转机，他对自己有了信心，他开始专心写作。从 1900 年开始，杰克·伦敦发表了一连串的短篇小说，生动地描写了到北方淘金的队伍与太平洋上水手的生活。《寂静的雪野》写了淘金者的患难与共的友谊。《北方的奥德赛》写了一个印第安酋长历经多年的跋涉，终于找到夺去自己妻子的白人，酋长痛报前仇，但是他的妻子却已不再爱他。在杰克·伦敦一直认为写的最好的《老头子的同盟》中，作者揭露了白人殖民者对印第安人的掠夺，赞扬了印第安人的反抗斗争。1900 年至 1902 年，杰克·伦敦发表了《狼的儿子》等三部短篇小说集，通称为“北方故事”。

杰克·伦敦以丰富的人生，取材于下层社会，关注下层劳动人民的命运，对资本主义予以尖锐的批判。《在甲板的天篷下面》描写了一个外表美丽、心肠却狠毒至极的资产阶级小姐。她用一枚金币诱使一个当地小孩跳下海去，结果被鲨鱼咬死。作者以残暴的鲨鱼象征那些道貌岸然的先生、小姐们。杰克·伦敦的《荒野的召唤》在1903出版，这本书奠定了他的国际地位。杰克·伦敦开始进入创作的高峰期。1904年，长篇小说《海狼》一出版就获得美国大众的欢迎，成为畅销书。

杰克·伦敦不仅只是写作，他还参加了美国社会党，与资产阶级进行直接的斗争。他抽出时间为工人同志们讲课，不要报酬，他以为工人运动出力而自豪。他孤身一人，深入群众生活，写出了报告文学《深渊中的人们》，愤怒地控诉资本主义的血腥制度。指出只有推翻资本主义，工人才能脱离地狱，重见光明。

1907年，杰克·伦敦携带第二个妻子夏米安·基特里奇乘私人豪华游艇“斯拿克号”进行7年的环球航行。在船上，杰克·伦敦开始创作著名的自传体小说《马丁·伊登》。但是，1908年，杰克·伦敦在南太平洋上得了疟疾和一种奇怪的皮肤病，不得不进医院治疗，游艇以低价卖出。1909年7月，杰克·伦敦回到旧金山。不久，《马丁·伊登》发表。这是杰克·伦敦最为引人注目的小说。

小说的主人公马丁是个年轻水手，一次偶然机会，他结识了罗丝一家，他一下子被罗丝的美貌与丰富的文学艺术知识所迷住，两人相爱。马丁强劲的体魄与充沛的精力吸引住罗丝的目光，从此，马丁发奋学习，注意谈吐。为了配得上罗丝，马丁产生了创作欲望，开始投搞，但每次都被退回。罗丝为了能与马丁结婚，拼命劝他学习那种“有为青年”，进他父亲的律师事务所，将来一步一步爬向高位。马丁知道了原来罗丝也与别人一样，想把工人出身的马丁硬塞进资产阶级的生活模式中去。但马丁仍爱着罗丝，直到有一天，马丁被报纸宣传说成一个激进的社会主义者，罗丝主动与马丁决裂。马丁一下子遭受如此打击，整天饮酒，以图忘掉现实的苦难。可是，原来的杂志报纸开始采用马丁的旧作，马丁终于成为一位名作家了，全市人民都知道了马丁，以前跟他断绝关系的亲戚、朋友都来讨好他。罗丝也主动登门，愿意嫁给他，马丁看透了这些人的伪善面目。而这时，惟一当初赏识他的才能的社会党人勃力森登逝世，马丁万念俱灰，他不愿再为这个伪善的资本主义社会写一个字。他处理掉自己的稿件，把遗产留给他的亲姐妹及一个要好的朋友，还有一直深爱着他的女工丽茜·康诺莱。此后他对人世已没有丝毫留恋，他纵身投入了大海。

杰克·伦敦回到美国后，开始修建豪华别墅“狼舍”。但是，这座耗资 8 万的豪宅在 1913 年 8 月 18 日刚建成，夜里一场莫名其妙的大火就把它变成一堆废墟。这对杰克·伦敦是个相当大的打击。为了还债，杰克·伦敦常常不得不粗制滥造一些作品。他对此深为悔恨，在他给辛克莱的信中，他这样写道："我写成了一篇东西，感到痛恨。我写它，因为我需要钱，而这正是轻而易举的事。但如果给我自己有选择余地的话，我绝对不愿再动笔写作——除非是写一篇社会主义论文来对资本主义世界说明我多么鄙视它。"

由于他晚年的所作所为深为自己痛恨，他陷入极度的空虚之中。他开始大量酗酒，并出现酒精中毒的现象。在 1916 年 11 月 22 日清晨，杰克·伦敦被发现服了吗啡，已经昏迷，终因抢救无效，当晚去世，年仅 40 岁。

杰克·伦敦追随他的马丁·伊登而去了。在他短暂的一生中，留下了高达 49 卷的作品，其中包括 19 部长篇小说，150 多篇短篇小说，3 部剧本以及大量的论文、特写等。这是无产阶级一笔巨大的财富，成为人类进步不可或缺的力量之源。

自由、音乐——托斯卡尼尼

我们许多人都知道，在现代交响音乐和大歌剧演出中，指挥是整个乐队、整场演出的灵魂。有人很不理解：指挥谁不能做呀，无非就是打打拍子。再说了，乐队里都是经过专门训练的专门演奏家，难道他们还不会自己数拍子吗？但实际上，指挥和打拍子是截然不同的两件事情。

在刚开始乐队规模比较小的时候，人们确实不需要指挥。但随着乐队的一步步扩大，没有指挥便无法演奏了。从 19 世纪左右开始，乐队变得逐渐庞大，这就必需有指挥来把各演奏者联系起来。于是，在 19 世纪便出现了指挥和指挥法，并且一般认为，门德尔松是第一个真正的指挥家。

另外，一个人学会打各种各样的拍子，只是他学习指挥的开端，而两者之间的距离是巨大的。打拍子只不过是在数时间，而作为一名指挥，他必须要传达出音乐的意义。他必须要理解总谱，从总谱中读出尽可能多的信息，然后把自己的感受、体验和作曲家留下的文本加在一起，通过复杂的指挥艺术告诉他的乐手应该如何去做。根据作曲家留下的总谱，他要在速度、强弱、风格、节奏等许多方面作出自己的判断。有时，为了达到自己理想中的境界，他还不得不对总谱上弦乐的方法、作品的配器等一些方面作一些改动。另外，为了准确理解作品，他还必须具有广博的知识，知道作曲家的历史、思想，当时的背景等许多方面知识。同时，他还必须具备一双灵敏的耳朵，能在各种乐器的宏大音响中听出细微的变化。让整个庞大的乐队成为他手中一件得心应手的乐器。可见，作为一名指挥，远不是那么简单。

自从指挥艺术诞生之后，曾出现过很多伟大的指挥，而且还有各种流派。然而在这些人里面，最响亮的名字无疑应该是托斯卡尼尼。与他同台演出过的音乐家、聆听过他的作品的欣赏者无不对他推崇备至。他们称托斯卡尼尼是“所有指挥家中至高无上的大师”。他们对托斯卡尼尼指挥艺术的评价是“尽管过去和现在都有许多伟大的指挥家，但托斯卡尼尼对指挥艺术和管弦乐演奏的影响是任何人所无法超越的。”

阿尔图罗·托斯卡尼尼于1867年生于意大利的帕尔马市。而伟大的作曲家朱塞佩·威尔第就出生在不远的布塞托，并且两人都出生于平民家庭。托斯卡尼尼的父亲是一位裁缝，年轻的时候曾经参加加里波第的义勇军，参加反暴政和反压迫的斗争。他的母亲是一位善良的家庭主妇，在家里抚养孩子，操持家务。托斯卡尼尼在小的时候就有惊人的记忆力，他常在从歌剧院回来的路上，就能哼唱出他所看歌剧的全部咏叹调。是他的母亲首先发现了他天才的音乐才能，并在他9岁时把他送入帕尔马皇家音乐学院学习。但在那里，他却不能学自己喜欢的指挥专业，选择了大提琴系，因为当时只有大提琴这种比较冷门的专业才能免交膳宿费。他在学习大提琴的时候，时刻也没有忘记对自己钟爱专业的学习，所以在他毕业时，钢琴、乐理、指挥都已达到了很深的造诣。

他毕业之后，首先是以一名大提琴手的身份出现在音乐舞台上的，托斯卡尼尼走向指挥舞台具有很大的偶然性，也极富传奇色彩。

那是在托斯卡尼尼19岁时，随歌剧团一起去南美作巡回演出，而当时的托斯卡尼尼是乐队的大提琴手。由于当时的指挥与演员不和，加上听众的指责，指挥在演出的危急关头辞职，而听众又把不满意的副指挥轰下了指挥台。正当剧院经理一筹莫展之际，有人向他推荐了托斯卡尼尼。托斯卡尼尼在危急的关头走上了指挥台，指挥了威尔第的歌剧《阿伊达》，并且，他是凭借自己惊人的记忆，在几个小时的演出中背谱指挥。从这一晚起，托斯卡尼尼便一举成名。

托斯卡尼尼在经过了他的初期指挥活动后，于 1898 年担任了著名的斯卡拉歌剧院的音乐指导与常任指挥。他上任伊始，就开始按照自己的艺术理念来改革剧院。他是一个现实主义的指挥家，认为“艺术高于一切”。当时，浪漫主义的指挥风格正风靡一时，而有许多平庸的指挥按照自己的想法对作曲家的作品随意删改，随意歪曲，认为这样就是浪漫主义。但是在托斯卡尼尼的带领下，斯卡拉歌剧院改变了这一切。托斯卡尼尼认为，指挥家应该忠实于作曲家的原作，根本就无权删改作曲家的作品。由此，他成为客观现实主义指挥艺术的开拓者。他曾经说：“我常听人说 X 指挥的《英雄》、Y 指挥的《齐格弗里德》，或者是 Z 指挥的《阿伊达》。我真想知道贝多芬、瓦格纳或威尔第对这些先生们的解释作何评价。还有，他们的作品是否经过这些解释者之手就有了新的内容。我想，在面对《英雄》、《齐格弗里德》和《阿伊达》时，一位解释者应该尽力深入到作曲家的精神世界中去，他应该只是心甘情愿地演奏贝多芬的《英雄》，瓦格纳的《齐格弗里德》和威尔第的《阿伊达》。”

由于他的努力，陷于困境中的斯卡拉歌剧院被迅速改变，演出水平飞快提高。

在 1939 年，由于遭受到意大利法西斯分子的围攻与迫害，已 72 岁高龄的托斯卡尼尼远渡重洋，来到美国。在美国，他亲自挑选美国最优秀的人才组成了 NBC（国家广播公司）交响乐团，并指挥这个乐团 17 年之久。NBC 乐团由于演奏者的高超技艺与突出个性，使得除了托斯卡尼尼之外，再也没有指挥能够驾驭它。所以，当 1954 年托斯卡尼尼离任后，这个乐团不得不遗憾地解散。

在音乐上，托斯卡尼尼是一个完美主义者，他常常要求演奏者在演出过程中应该专心致志，而作品的演出应该完美无瑕。正因为如此，他常常因为乐队在排练时无法达到自己想要的效果而大发雷霆，有时竟是甩手而去。更有甚者，还曾经发生过他对首席小提琴的演奏无法容忍而一怒之下用破了的琴弓捅伤首席小提琴手而被诉诸法庭的事情。

但托斯卡尼尼确实具有非凡的天才。他有惊人的记忆力，他一般都是背谱指挥，甚至是长达几个小时的歌剧也是如此；他还可以凭记忆默写出搁置几十年而从未过问过的作品。他具有非凡的听力，他能够在庞大的交响乐队那复杂的音响中辨别出坐于后排的第二小提琴手拉出的错音。他对乐队具有非凡的驾驭能力，在他的指挥下，他能够不知不觉地把所有的演奏员、合唱人员、歌剧演员乃至观众吸引和融汇到他所构想和创造的音乐境界中，获得辉煌的艺术效果。也正是因为他的天才，他的演员才对他那暴躁的脾气都能够容忍，甚至对他产生深深的敬佩。乐队演奏员常想尽一切办法让他认真指挥。据说有一次，乐队为了防止托斯卡尼尼在排练交响音乐的过程中发怒而甩门离去，在排练开始后，他们偷偷反锁了排练厅的大门。当乐队达不到他想要的效果而要开门离去时，他发现门已经被锁了，他无可奈何，苦笑了一下，居然心平气和地回来参加排练。

托斯卡尼尼几乎把自己的一生全部交给了指挥事业，年逾八旬，依旧活跃在指挥舞台上。他的一生极少出错，但当他因年纪老迈，不得不告别音乐舞台而为自己举行的告别音乐会上，过分激动的他居然会忘记了谱子。那时当他指挥《汤豪塞》序曲时，脑海中突然一片空白，大师的拍子突然发生了踌躇，他痛苦地双手抱头，趴到谱架上，一会儿之后，他抬手示意乐队进入下一个曲子的演奏。

这只是作为一个伟大指挥家的托斯卡尼尼，而在很多人的心目中，他更是一个热爱自由与民主，反对法西斯暴政，与之进行不屈斗争的托斯卡尼尼。

正当托斯卡尼尼统领斯卡拉歌剧院创下辉煌业绩的时候，以墨索里尼为首的法西斯主义开始在国内蔓延，并且，他与法西斯主义的冲突越来越明显，越来越白热化。

当托斯卡尼尼要指挥歌剧大师普契尼的歌剧《图兰朵》在斯卡拉歌剧院首演时，墨索里尼也想出席，并且要在他入场时，乐队演奏法西斯颂歌，而托斯卡尼尼宁肯拒绝指挥歌剧首演也不那样做，最后，墨索里尼只好放弃出席首演的计划。

还有一次，墨索里尼路过米兰，指名要见托斯卡尼尼，之后恳切要托斯卡尼尼加入法西斯党，结果被托斯卡尼尼拒绝。

另外一次是两个法西斯首脑要参加托斯卡尼尼指挥的音乐会，剧院要求他在曲目中加奏两首法西斯颂歌，并且说明不让托斯卡尼尼亲自指挥，只让第一小提琴代劳。谁知托斯卡尼尼愤怒地大吼：“不行！”同时把大衣和帽子摔在地上。

这些行动终于惹恼了法西斯分子，他们对托斯卡尼尼进行谩骂、殴打，并且威胁他的全家，他们全家的护照被吊销，他的电话被人日夜监听。但这一切并没有使托斯卡尼尼屈服，他说“我宁愿抛弃一切，但我要自由地呼吸。在这里你必须与墨索里尼一致，可我永远也不会和他想到一块儿去，永远也不会！”

由于对法西斯主义深恶痛绝，他对亲法西斯的艺术家也极端蔑视。富特文格勒在当时也是一位著名的指挥家，但他由于屈服于希特勒的淫威，演奏法西斯颂歌，托斯卡尼尼与他彻底决裂，并且说：“在作为音乐家的富特文格勒面前，我愿意脱帽致敬；但是，在作为普通人的富特文格勒面前，我要戴上两顶帽子。”

由于当时意大利严峻的形势，他不得不离开祖国，前往美国避难。

在二战期间，托斯卡尼尼一直支持世界人民的反法西斯斗争，他率领美国的一些著名乐团，到处举行义演，和其他政治避难者一起发表声明，支持美国政府。音乐家之外，他又成了一名反抗法西斯的英勇斗士，他甚至成了反对法西斯，取得反法西斯胜利的象征：当墨索里尼倒台后，他曾经多年经营的米兰斯卡拉歌剧院里立刻贴出海报：“托斯卡尼尼万岁！”“托斯卡尼尼，您快回来！”

就这样，天才的指挥才能和崇高的人品使托斯卡尼尼像一尊伟大的雕像屹立在世界一切爱好音乐和自由的人民心中。

1957 年 1 月 16 日，托斯卡尼尼结束了他作为战士和音乐家的一生。但他所留下的巨大影响，却永远也不会消失，诚如他自己所说的那句名立：“人的生命是有限的，但音乐的生命是无限的，音乐是不会死亡的。”

让音乐在小说中流淌——罗曼·罗兰

精通欧洲古典音乐的罗曼·罗兰，以他天才的灵感与手笔创作出一部描写音乐家的长篇小说——《约翰·克里斯朵夫》。这部作品的各个方面几乎都渗透了音乐性，仿佛一部气势雄壮的交响乐。

作者始终以音乐家的精神状态来揭示主人公的情感领域和内心世界，人物的性格中渗透着音乐的节奏。小说的主人公约翰·克里斯朵夫从小就对音乐特别敏感，他是一个极有天赋的孩子，自然界的万事万物只要与他一接触，就会“全部化为音乐”。这种无所不在的音乐，在克里斯朵夫的心中都有回响，对他而言，家乡奔流的莱茵河化为一支悦耳动听的音乐："波涛汹涌，急促的节奏又轻快又热烈地向前冲刺，而多少音乐又跟着那些节奏冒上来，像葡萄藤绕着树干扶摇直上：其中有钢琴清脆的琴音，有凄凉哀怨的提琴，也有缠绵婉转的长笛……"这是一段典型的描写，除此之外，小说中渗透的音乐感俯拾皆是，就连自然景物的描绘都带有"音乐性"。

更令人赞叹不已的是在作品中，罗曼·罗兰凭借自己对欧洲音乐的深厚素养，插入了许多对音乐作品和音乐家的富于真知灼见的评点文字。通过他的评点，人们可以领略到博大精深的欧洲古典音乐真正魅力之所在，从而开启人们心中那扇走向音乐殿堂的高雅之门。

因此，罗曼·罗兰的《约翰·克里斯朵夫》是一部富于独创性的作品，它被许多评论家称为"音乐小说"。

罗曼·罗兰这种别具一格的创造，把音乐与小说这两种不同形式的文艺结合在一起，产生无穷的魅力，因为他本人就是一位优秀的钢琴家，一位有名的音乐艺术史家、音乐评论家和音乐传记作家。这位世界闻名的反战主义者和进步作家 1866 年生于法国克拉美西城一个中产者的家庭。罗兰五六岁时，就从爱好音乐的母亲那里得到对贝多芬的认识，接受了音乐的启蒙教育。在大学里，他主要攻读的是文学和历史。由于对社会前途的怀疑，青年时代的罗曼·罗兰是彷徨和痛苦的。22 岁时，他写信给早已蜚声世界的文坛泰斗托尔斯泰，诉说自己内心的痛苦，他开始根本没有期望托尔斯泰会给他这个初出茅庐的无名小辈以任何回音。但出乎意料的是，他不久后竟收到了长达几十页的托尔斯泰的亲笔回信。他鼓励罗曼·罗兰为人类崇高的理想而奋斗，他说："一切使人们团结的，是善与美；一切使人们分裂的，是恶与丑。"大师的精神令年轻的罗兰深受鼓舞，在人品上、学识上，罗兰都看到了人类的典范。

出于对社会的责任感，罗兰从戏剧入手踏上了文学创作的道路。1894 年，一名叫做德雷福斯的犹太籍大尉被诬叛国，判处终身监禁，这引起法国社会的轩然大波。1898 年，罗兰以"圣正义"的笔名发表了第一部剧本《群狼》，旨在为德雷福斯辩护。因为他认识到了戏剧是直接影响群众的最好手段，既可以针砭时弊，又可以鼓励行动。于是他写出了一组以法国大革命为题材的戏剧，合称为"信仰悲剧"和"革命戏剧"。

20 世纪初，罗兰写了一组名人传记，如：《贝多芬传》、《米开朗基罗传》、《托尔斯泰传》、《甘地传》，这是他有感于世风日趋颓靡，把变革现实的希望寄托在英雄伟人身上的表现，暴露了罗兰思想的局限性。

与此同时，罗兰投入了长篇小说《约翰·克里斯朵夫》的创作。这部十卷本的现实主义著作，花费了他 20 多年的时间，是 20 世纪文学创作中最伟大的收获之一。也因为这部小说，罗曼·罗兰获得了 1913 年度法兰西学士院文学奖金和 1915 年度的诺贝尔文学奖，从此跻身于世界级文学大师的行列。

《约翰·克里斯朵夫》写的是一个个人主义反抗者的悲剧。出身低微但富于音乐天才的克里斯朵夫在童年时代，就显示出刚正的品质。他敢于反抗故意侮辱他的贵族少爷小姐，不向统治势力低头。成为宫廷里的少年琴师之后，崛起的人格精神使他越来越难以被驾驭，他鄙视豪门，反抗贵族，毫不示弱地顶撞向他耍威风、摆架子的公爵。他秉着正直无畏的品德行走江湖，终于在路见不平，拔刀相助中惹下命案，开始亡命天涯。在巴黎，文化界的庸俗、腐化和堕落又和真正的艺术家克里斯朵夫尖锐地对立起来，使他的反叛性格进一步发展。他不顾一切、横冲直撞，勇敢地揭露法国上流社会的丑恶，但他却落得四处碰壁，倍受打击的结局。可这一切丝毫不能消灭他的斗志，他在斗争中变得更加坚强，精神也更加充沛。然而，尽管他的反抗是坚强而勇敢的，却并没有动摇资产阶级的社会，更为可悲的是也没有得到人民大众的支持，只是引起少数同他一样的知识分子的共鸣。孤独与沮丧伴随而来，好友奥里维的死又给他以沉重的精神打击。最终，万念俱灰的克里斯朵夫沉醉于自己创作的清明恬静的音乐之中，他同现实妥协之后，也成名成家了。他的晚景是在恬淡的心怀中度过的。

前面已经谈到了这部小说的音乐性，有趣的是，从整体上来看，这部小说有着交响乐般宏伟的结构。主人公一生的悲欢离合、是非曲直、成败得失，犹如交响乐中高低轻重的各种音调，错综交织，形成一股旋律的洪流。整部作品的四部分相当于“交响乐的四个乐章”，分序曲、发展、高潮、结尾，气势雄浑，浑然一体，堪称音乐史诗。

“现代舞之母”——邓肯

1902 年，巴黎。在一座普通的剧场里，一切准备就绪，只要时间一到，表演马上开始，但是，突然，伴奏乐队中开始噪动起来，响声越来越大。演员休息室中一位年轻漂亮的女演员烦躁地走来走去，她紧皱着眉头，嘴里不知道在自言自语什么。这时，演出按说早已开演了。但是，剧场内外吵闹的声音越来越高，看样子是出了什么事。这时，那位女演员猛然推开休息室的大门，冲到舞台上。观众安静下来，但突然又噪动起来，观众席上一片惊讶、稀奇的喊叫声，原来，这位女演员竟没有穿鞋子，她赤着脚！观众为之哗然，在当时，舞台是高雅的场所，平时人们在家里都必须穿着鞋子，在舞台上更要讲究这些。她是谁？竟然如此大胆、开放，观众席渐渐平息下来。

这时，这位赤足的大胆姑娘开始压抑着心里的气愤，慢慢地用她动听的声音解释着："很抱歉，真的，很对不起大家！今天这场演出不得不取消，我心里非常难过。真的，我非常难过……"她低下头，几乎抽咽起来，但过了一会，她猛然又挺起胸，昂起头，"我的经纪人刚才携带全部票房收入逃跑了，我一分钱也没有，不能雇佣乐队为我伴奏，我雇不起他们，希望大家能够原谅。以后，我会补偿所有为我捧场的亲爱的观众们，谢谢，谢谢大家。"但是观众们哪里肯白花冤枉钱，非要这位女演员开始演。但是，乐队因为没有拿到钱，不肯伴奏，这位女演员一会跑到这，一会跑到那，谁也不肯让步。剧场里人声鼎沸，乱成一团，她几乎快急疯了。谁来帮她解除这个困境，那可真是上帝显奇迹了。这时，观众席上突然站起一位潇洒的年轻人，他走到这位已被逼到绝路的年轻姑娘面前，诚恳地说："我来帮你伴奏，演出开始啦！"这位姑娘一下子呆住了，观众们也安静下来，谁不想看看这位赤脚姑娘表演呢？

年轻人在钢琴旁坐下来，沉稳了片刻，一串美妙的音符便从他修长有力的手指下飞舞起来。这是肖邦的名作。年轻人用鼓励与探询的目光望着这位脸上仍带泪痕的女演员，"开始吧！"

女演员轻轻抹去泪痕，随着美妙的音符翩翩起舞。"这是什么舞？不像芭蕾……不像……什么也不像！"是的，这不属于任何一种舞蹈，女演员沉醉在优美的旋律中，她异常准确地跟随着乐曲的节奏，而且将旋律的韵致淋漓尽致地用她形体的变化表达了出来。一曲终了，观众席上传来一阵阵喝彩声。虽然人们感到这种舞蹈完全不合乎传统，但人们在其中感受到心灵的悸动，女演员微笑着退在一旁。第二曲乐声响起，这是格鲁克音乐。女演员丝毫没有慌乱，她又以独创的舞姿在台上轻盈地飞舞起来。

演出结束了，观众们满意而去。

女演员脸上洋溢着笑容，她完全抛开了开场时的不幸，她夹着空背包兴冲冲地回家了，她没有赚到一分钱。

她是谁？为什么如此高兴？

她就是后来扬名世界的邓肯——“现代舞之母！”这是她的第一场演出，她成功了，她独创的现代舞成功了。

依莎多拉·邓肯于 1877 年 5 月 26 日出生在旧金山。她从小对舞蹈就表现出浓厚的兴趣，常常自己就边歌边舞起来，母亲把她送到一位很有名气的芭蕾老师门下。但是，在上过三堂课之后，她气恼地说：“芭蕾一点也不美！”从此之后，她开始按照自己喜欢的方式练习跳舞。这一年，小邓肯才仅仅 6 岁。不久，她开始教邻居的朋友跳这种舞，很快，小邓肯出名了。但是，邓肯很不满意美国的艺术环境，于是，在小邓肯的坚持下，一家人迁往伦敦。不久，邓肯在伦敦崭露头角。《仲夏夜之梦》中的仙女以及门德尔松《春之歌》她的独舞吸引了不少人的眼睛，她把新的气息注入到舞蹈中。

不久，一家人又迁到巴黎，邓肯拥有了自己的舞蹈工作室。在这里，邓肯对舞蹈进行了深入研究，开始确定了自己的方向：开辟一块自由的舞蹈新天地。终于，邓肯在 1902 年那场倒霉而又幸运的首演中，展露了自己的才华。此后她一发不可收拾，被各地剧场请去演出。人们要欣赏她这种生命舞蹈，邓肯从此名声大振。

1904 年，邓肯在柏林的格吕内瓦尔德创办了第一所现代舞舞蹈学校，邓肯以自己的方式教导他们。但是由于资金匮乏，后来不得不关闭。直到 1913 年，由于邓肯的两个最爱的孩子因为汽车掉入河中，两个孩子被困在汽车里，活活淹死。邓肯悲痛万分，心性大变，对舞蹈失去了信心，她退出了舞台。但是，她并不闲着，她又开始创办舞蹈学校。而且，邓肯收养了一战中的 6 个孤女，作为自己的孩子，都随她姓邓肯，她手把手地教导自己的 6 个女儿。

在平凡中沉寂 3 年多之后，在朋友的劝说和鼓励下，邓肯重现舞台。这以后，她的舞蹈一改往日的轻灵、热情，转入了表现悲伤心碎的情感。不仅是她个人不幸的申诉，而且更多地是对一战给广大人民造成的沉痛灾难的展现。

1922 年，早已心如死灰的邓肯在苏联演出时碰到了青年诗人谢尔盖·叶赛宁，心中的爱火被叶赛宁重新点燃，奇怪的是，邓肯不会说俄语，而叶赛宁又不会说英语，显而易见，语言的障碍并不能阻止两人火一般的热情。两人结婚回美国，但却在海关被当作共产主义的宣传者而遭拘捕，虽然后来被释，但报纸舆论依然紧迫其后，邓肯被逼急了，在波士顿演出时，又有记者纠缠她，邓肯于是挥舞着她在跳《马赛曲》之舞所用的大红围巾在舞台上大舞特舞，表现生命的激情与活力。一时间，整个剧场里的人吓坏了，邓肯自己却若无其事。但是当地政府终究把她驱逐出去。

1923 年，邓肯在美国纽约举办了最后一场演出，然后去了欧洲。

1927 年 7 月 8 日，邓肯在巴黎的英加多尔剧院举办了最后一场演出，其中包括舒伯特的《未完成交响曲》与《圣母经》。

1927 年 9 月 14 日晚，不知什么原因，邓肯说要出去，她围着那条鲜艳的火红的长围巾坐入汽车，但是围巾拖在了外面，汽车发动起来，红围巾随风飘扬，这时谁也没有想到惨剧就在眼前。突然，围巾被车轮卷住，围巾狠狠地勒住了邓肯的脖子——一下子就勒断了，邓肯抽搐几下便不动了。

这位在古老、传统的舞蹈王国为我们开辟了一块“自由之土”的开创者，就这样被断送在旋转的车轮之下。闻者无不泪流满面，想想那位赤脚的少女，仿佛就在眼前。

20 世纪的白天鹅——巴甫洛娃

1931 年 1 月 23 日，一位重病的妇人静静躺在洁白的床上。病床对面的墙上，是一幅巨大的油画，一群美丽的白天鹅从水面上跃起，正挥动着翅膀，迎着柔和的太阳，长鸣而去。这位妇人面容清瘦，被重病已折磨得不成样子，但依然透露着高贵的气质。她静静望着画中的天鹅。突然，她微微抬起头，轻轻对身旁的女仆说：“准备好我的天鹅裙”。说完，她闭上眼睛，双臂轻微地抖动了几下，便沉寂不动了。女仆失声痛哭。噩耗传出，伦敦剧场里的芭蕾舞演出戛然而止，马上奏起了《天鹅之死》，用以追念这位“为天下所有人跳舞”的伟大女性。

美国芭蕾史学家丽莲·穆尔女士用美妙的诗来赞美这位伟大的女性：

“美，一个为生而死亦为死而生的主题

一片漆黑后的一线光明，一个平凡琐事中产生出的奇迹，一柄光环与一种魔力。

美，一个她将会呐喊的福音，

直到最隔膜者亦看到了那种喻天启时分的火焰。

这位逝去的伟大的妇人依稀又穿上那洁白的天鹅裙，飞舞于天堂的空灵之际。”

她，名叫安娜·巴甫洛娃。

她是 20 世纪芭蕾舞台上最伟大、最圣洁的天鹅。

安娜·巴甫洛娃于 1881 年 2 月 12 日出生在俄国彼得堡。

安娜·巴甫洛娃家中并没有人从事艺术。父亲很早就扔下她们母女二人，独自去了。家里一切全靠作洗衣工的母亲微薄的工资维生。巴甫洛娃的童年充满了辛酸与苦难，只有深爱她的母亲才能让这个敏感孩子感到生命的温馨。

1889 年，平凡的母亲做了一件她这一生最为荣耀的事。这年圣诞节，母亲用洗衣积攒下来的钱带小巴甫洛娃去玛林斯基剧院看古典芭蕾名剧《睡美人》，小巴甫洛娃简直高兴坏了。她曾经在那扇高贵的剧场大门外经过许多次，每次她都用眼角偷偷地瞅上几眼，高贵的人们涌进涌出，她觉得自己与这个神圣的殿堂隔着一条永没有边际的大河，她最高的奢望都没有敢想去里面看看，而且是与高贵的人们一起平等地坐在里面看演出，她觉得自己简直成了幸福的公主。

是的，小巴甫洛娃真的成了公主。

当母亲牵着她的小手走进那富丽堂皇、整洁、漂亮的玛林斯基剧院时，她以为自己是公主。在演出之后，当奥罗拉公主以轻盈的舞姿在台上翩翩而飞之时，她以为自己就是那位公主。当演出结束后，她对母亲说：“我要做台上的公主。”小巴甫洛娃完全被芭蕾舞迷住了。母亲这件伟大的圣诞礼物因而决定了巴甫洛娃的一生。

这之后，巴甫洛娃就一直恳求母亲让她去学芭蕾，开明的母亲又一次做出一件意义重大的事，送小巴甫洛娃去帝国芭蕾舞学校学习。在这个严格的学校中，经过许多名师的指点，小巴甫洛娃逐渐成长起来。

1898 年，巴甫洛娃以优异的成绩毕业，随后便进入玛林斯基芭蕾舞团做了群舞演员，小巴甫洛娃凭借她无可挑剔的舞姿在短短几年中成为女主演。

巴甫洛娃的成名作是《吉赛尔》。这是一部二幕芭蕾舞剧，被称为

“浪漫芭蕾悲剧代表作”，是玛林斯基芭蕾舞团保留剧目中历史最悠久的。该剧由意大利明星格丽希于1841年在巴黎首演，由于该剧要求极高的表演天赋，一直没有人能表演得完美。而年轻的巴甫洛娃一下子就抓住了剧情的精髓，她完美地胜任了这个角色，轰动了全城，从此，这个剧目一直由巴甫洛娃担任。

巴甫洛娃不满足这小小的成绩，她知道自己的表演还有许多不足之处，于是她继续拜名师学艺。先后跟索科洛娃、约翰逊、贝蕾塔以及切凯蒂求教，于是，巴甫洛娃的技艺更为精湛。

1907年，巴甫洛娃准备为一场募捐义演表演一个节目，但一时找不到合适的作品，于是去请有“现代芭蕾之父”称誉的福金帮忙。福金一见到这位身材纤弱、气质高雅的巴甫洛娃，就想到了法国作曲家圣·桑的《天鹅》的旋律。他觉得巴甫洛娃最适合表演这个向往永生的高贵、纯洁的形象，一只因为太美而陷入孤独的白天鹅以溪流般清澈的脚尖碎步从背台出现。一只雪亮的聚光灯轻轻地守护着她，不让她进入旁边那沉沉的黑暗中去。她轻巧、纤弱，以不停的碎步舞着，追逐着那耀眼的光明。她在细碎的舞步中表达了生命的永久。她的手臂轻轻抖动，她的头颈偶尔转动，饱含了生命垂危之际无言的哀痛。最终，她倒下了，在一阵颤动着双臂的原地旋转中倒下了，头仰望着光明。

巴甫洛娃因为这一场《天鹅》演出而享誉世界。其完美的舞姿，高雅的气质使她获得“不朽的天鹅”的称号。《天鹅》成为巴甫洛娃最有名的代表作，从此，巴甫洛娃开始与福金合作，从而创造了一部又一部杰作。例如《葡萄树》、《欧妮丝》、《埃及之夜》、《阿尔米达之宫》、《肖邦组曲》等。

演出的成功，使巴甫洛娃赢得了无数观众的心。他们如痴如狂地追随她，保护她，以免这只纯洁、高贵的小天鹅受到一丝伤害。这让敏感的巴甫洛娃尤为感动，她说：“我要为天下所有人跳舞。”

抱着这样伟大的目标，巴甫洛娃不是只说不做的。她以自己为事业献身的精神跳遍了四大洲，除了没有人烟的南极洲她没有走到之外，其他四大洲都留有她高贵、优雅的身姿。她走遍了世界，其中主要有伦敦、巴黎、柏林、南北美洲各国、日本、中国、菲律宾、缅甸、印度、爪哇、澳大利亚、埃及等等。她把永生的天鹅送到了世界各地。她启迪了许多喜爱舞蹈的青年走上芭蕾之路。

1930年12月13日，已身患重病的巴甫洛娃出乎意料地又在伦敦的格林马戏院出现，观众为她的出现报以热烈的掌声，并给以亲切的问候。巴甫洛娃在舞台上又一次展现了她清纯的纤尘不染的高贵的舞姿，那只美丽的白天鹅又一次在舞动，旋转中完美地倒下了，但这一次是最后一次。1931 年 1 月 23 日，成为人们记忆中永久的伤痛。

毕加索与《格尔尼卡》

塞尚在给他的朋友的一封信中说：“你必须在自然中看到圆柱体、球体与圆锥体。”

这一句话使毕加索受到启发，把自然形体还原为它们的基本几何形式。这一运动的第一阶段至 1915 年为止，被称为“分析的立体主义”。毕加索于 1907 年所作的《亚威农的少女》被称为第一幅立体主义的图画。画中左边三个半裸的少女，是用各种三角形凑起来的，右边两个人的面部，样子很吓人。有的人说，这是两个水手，一个坐在前面，一个站在后边拉开灰蓝色的帘子向内张望，狞恶的面孔来自非洲土人面具与纹身的形象。也有人说，这两个，也是裸体女性，只是面部的形象处理得特别。《亚威农的少女》在技法上显然受了塞尚的影响，但三角形的分割形式则是对非洲艺术的仿效。此后，毕加索更进一步把分割成块的形体重新组合，创造了所渭“立体派”。

美术史学家曾说，在印象派之前，人们关心的是“画什么”的问题；印象派之后，人们关心的则是“怎么画”的问题。毕加索对形式的技法不断变化，使他在崇尚时髦的现代艺术家中获得了声誉。他一时如塞尚那样，画形体沉重的静物，一时如马蒂斯那样，画东方式的装饰艺术，一时把黑人艺术中的怪异形象与立体派方法结合，造出更为狞恶的人物，一时又用希腊瓶画中流畅的单纯，画出古典的神话故事。毕加索第一个把真自行车的坐鞍竖起来，倒装上车把，俨然变成一只牛头，成为后来把实物用为艺术形象的“波普”艺术的先导。但毕加索的才能在于：他的各种变异风格中，不论是印象派大师塞尚式的静物，还是在野兽派大师马蒂斯式的东方装饰艺术中，都保持着自己粗犷、刚劲的个性，而且在各种手法的使用中，毕加索都能使作品达到内部的统一与和谐，从而成为伟大的现代派艺术家。

保罗·毕加索于1881年出生在西班牙小城马拉加的一个图画教师的家庭，早年在马德里与马塞罗纳的美术学校学习，他与马蒂斯一样都受过学院派的训练。

1900年，毕加索第一次到巴黎，受到了印象派以及后期印象派画家的影响，同时也常到博物馆临摹古代大师的作品。1904年他定居巴黎之后，至1906年这一早期阶段的作品，从形式到内容都有现实主义的品质与古典主义的某些手法。这期间，他对于乞丐、流浪汉与巡回演出的卖艺人等苦难大众生活与形象有所关注。主要作品有《少女肖像》、《年老的犹太人与孩子》、《球上少女》、《丑角之死》、《人生》等等，表现出他对卑贱的穷苦人寄予深厚的同情。这几年，毕加索画出油画、水彩画200多幅，素描几百张。毕加索的传记作家根据这些作品的色调倾向，把这几年分别称为“蓝色时期”与“粉红色时期”。

1907年，毕加索创建了“立体派”，如《妇人之面》、《斗牛士》、《三个音乐家》、《斑衣小丑》、《人像》等代表了几个阶段的立体主义作品，之后又是“新古典主义”、“超现实主义”等流派的代表人物。作品如《海边坐女》、《磔刑》、《三个跳舞人》、《摇椅》、《画家与模特儿》等都是其各种形式的代表作。

1937年，西班牙政府委托他为次年的巴黎世界博览会的西班牙馆画一幅壁画，毕加索画了一套讽刺性漫画式的版画《佛朗哥的梦与谎言》。这套版画“画了一位奇怪的珊瑚状的、外貌凶狠的英雄，他经历了一连串的恐怖场面，最后也被刺死牺牲”。当年春天，西班牙内战加剧期间，法国当局把它作为宣传品用飞机散发到佛朗哥法西斯占领区，它的作用可想而知了。毕加索说：“西班牙的斗争是对反人民与反自由的反革命势力的一次战争。作为一个艺术家，我一生都在不断斗争，以反对反动，反对艺术的毁灭。”

毕加索是抱着这种为正义而斗争的伟大信念，从而创作了他一生最著名的作品《格尔尼卡》。

格尔尼卡是西班牙巴斯克省的文化中心。1937年4月26日，干涉西班牙内政的希特勒，为实验新型炸弹的杀伤力，在格尔尼卡这天集市贸易的日子，狂轰滥炸了三个半小时之久，死亡1600余人，引起各国人民的震惊与愤怒。事件发生几天后，毕加索愤笔创作，6月中旬即完成了壁画《格尔尼卡》。

画面中间是一只身上有裂缝的受了伤的马，它代表受难的西班牙。

马脚下躺着一个死去的士兵，手里握着断剑，画中断剑的旁边，一朵小花在怒放，画面左端有一个仰天哀号的母亲，抱着死去的婴儿。她背后是一只牛，有人认为它代表野蛮的法西斯，画的右端有个人举起双手，像是被烟火围困。一个披散头发的妇女从楼窗中伸出头来，把一盏煤油灯举近马头，好像给人们照路，她的下边，有个人在俯身奔跑。画的上端有一盏电灯，据说是象征着光明的希望。画面表现出残暴、恐怖的气氛，给人以紧张、压抑的感受，但因为没有表现具体情节，人物器官有明显的移位与扭曲，采用了象征、寓意手法，致使人们对这件名作似懂非懂。后来有人向毕加索当面求教，对占据画面主要部位，而不被人们理解的马与牛，毕加索解释说道："牛并不是法西斯主义，它是兽性与黑暗；马代表了人民。"1981 年 9 月，这幅藏于美国纽约现代博物馆多年的名作，移交给西班牙，在毕加索曾任馆长职务的普拉多博物馆展出，以纪念他诞生 100 周年，展出的时候观众极多，但像进入教堂一样安静。老年人到壁画前脱帽，他们对这幅作品这样评价："我不理解它，但我喜欢它！"

1944 年，毕加索参加了法国共产党。1947 年他又画了素描《和平鸽》，以此赢得了 1950 年的国际和平奖金，并当选为世界和平理事会理事。美帝国主义侵略朝鲜，毕加索又画了《在朝鲜的屠杀》、《战争》等等。毕加索说："绘画绝不是为装饰住宅，它是抵抗、打击敌人的武器！"

1973 年 4 月 8 日，这位叱咤画坛大半个世纪的一代名家在法国穆甘逝世，享年 92 岁。他一生的作品，据不完全统计，有油画 1885 幅，素描 78089 幅，版画 30000 幅，雕塑 1228 件，陶品 3222 件，另有速写数百本，如此多的作品是空前绝后的。毕加索凭其充沛的精力在艺术领域奋斗了一生。

原始主义·新古典主义
——斯特拉文斯基

在我们的印象中，音乐会一般都是庄严典雅的。去听音乐会的人一般也很有修养，他们往往锦衣华服，举止高雅。总之，我们很难把音乐会同混乱不堪联系在一起。但1913年在著名的法国香榭里舍大街巴黎歌剧院，却演出了一场与众不同的音乐会。当时的指挥皮埃尔·蒙特是这样回忆音乐会上的场面的："听众在开始的两分钟内还平静，但是不久之后表示厌恶的、学猫叫的声音就开始从楼上传了下来。接着，楼下的听众也渐渐附和，听众开始向左右邻开玩笑，互相打闹，乱抛杂物，一切可以找到的东西渐渐都以我们为目标向乐池发射过来，但是我们依然继续演奏。"在那天晚上，78岁高龄的法国浪漫派作曲家圣桑也来听这场音乐会。他只是听完这部作品的序奏，说了一句"这是什么鬼音乐？"拂袖而去。还有一位伯爵夫人站起来大喊："60年来，这是第一次居然有人这般愚弄我！"场内秩序大乱，甚至连座椅都被扔下了乐池，大批警察不得不进来维持秩序。

到底是什么样的音乐能使这些"高雅"的人们如此愤怒呢？是斯特拉文斯基的舞剧《春之祭》在首演。

斯特拉文斯基于1882年6月17日生于彼得堡近郊奥拉宁波姆。其父奥多尔是皇家乐团的首席男低音歌唱家，颇负盛名。母亲也很有音乐修养。斯特拉文斯基自幼便受到浓郁音乐空气的熏陶，他9岁学琴，将来要当一名音乐家。

但父母的意图是想让他做一名官吏，所以，他们把斯特拉文斯基送到了彼得堡大学学习法律，而他对法律却没有丝毫的兴趣，便在业余时间里依然学习音乐。在1902年，他在同窗弗拉基米尔的引荐下，结识了他的父亲——"五人团"的作曲家、彼得堡音乐学院的作曲教授里姆斯基·科萨科夫，后来，他接受了里姆斯基·科萨科夫三年的指导，并在此完成了他的第一批作品：《第一钢琴协奏曲》、《第一交响曲》。他的这些作品受里姆斯基·科萨科夫的影响很大，具有浓郁的民族气息。

后来，他得到了俄罗斯舞剧团经理兼舞剧编导季贾列夫的赏识。季贾列夫是一位敢于破旧立新的人物，他与斯特拉文斯基合作了多年，创作了许多著名的舞剧，比如《火鸟》和《彼德卢什卡》。这两部作品都取自俄罗斯的民间艺术，虽然音乐中有很明显的原始主义风格，但依然有里姆斯基。科萨科夫的影响，具有新民族主义风格。尽管如此，它们还是显示了斯特拉文斯基的独特性与革新意识。

标志着斯特拉文斯基彻底抛弃新民族主义走向原始主义的是他们合作的舞剧《春之祭》。正是这部作品，引起了本文开头所描述的那种骚乱，同时也导致了一场现代音乐的革命。

原始主义是20世纪兴起于欧美的一种音乐派别。原始主义主张音乐创作要质朴、平凡，反对音乐作品的虚无、缥缈。这便具有了明显的“反印象主义”性质。原始主义音乐在题材上多选用古代神话或民间传说，在音乐风格上追求原始、古老的曲调和节奏，在手法上却多采用现代作曲技法。而斯特拉文斯基的《春之祭》，在某种意义上可以说是原始主义音乐的宣言和范本。

《春之祭》的音乐是真正抽象的音乐，里面有大量刺耳的不谐和音、粗犷的不对称的节奏，有许多乐器都在从未用过的极端音区里咆哮。钢琴的使用更是前所未有，居然被当打击乐器使用。到后来，音乐只剩下了各种不同的节奏。在配器上，他用了许多前所未有的乐队效果与和弦结合，产生了一种令人生畏的威力。

舞剧的主题思想是歌颂春天的创造力和所具有的神秘感。歌剧主要可分为两个部分：第一个场面用姑娘们春天的舞蹈表现出对大地的崇拜，还有女巫和智慧的长者穿插其间，增加了气氛的神秘性；第二部分是祭献，在进行神秘游戏的少女中，选出一名用她的生命祭献给自然，整个《春之祭》就是对一次原始仪式的刻画。

这样的音乐和舞蹈当然会与传统的优雅的艺术相抵触，那么，在首演时出现那样的骚乱也就不足为奇了。但一年之后再次上演时，音乐却取得了空前的成功。

对于《春之祭》这样一部作品，人们一直褒贬不一，众说纷纭。但不管怎样，它已成为原始主义音乐的代表作，并且极大地丰富了20世纪的现代主义音乐，为以后的音乐创作开辟了一条新的道路。

就在《春之祭》轰动了世界，别人纷纷效仿的时候，斯特拉文斯基的创作却突然发生了转向，喊出了“回到巴赫”的新古典主义口号。

新古典主义是20世纪20年代兴起的一个新的音乐流派。他们主张音乐创作不必反映社会，而应该回到“古典”去，但并不是简单地回到过去，而是一种对古典主义时期美学原则所做的反思和重新应用。古典主义追求的是冷静客观、均衡的古典原则，追求适度的、理智的感情表现。斯特拉文斯基的创作发生转向后，成了新古典主义的代表作曲家。

斯特拉文斯基新古典主义的作品有舞剧《士兵的故事》、《普尔欣奈拉》，歌剧《浪子的历程》等。其中《士兵的故事》是从早期原始主义转向新古典主义的关键性作品。

《士兵的故事》剧情是这样的：一个士兵回家度假，路上遇到了一个扮成老人的魔鬼。士兵以自己的小提琴向他换了一部魔书并在“老人”的家里住了三天。但他没想到在“老人”家的三天竟是世间的三年，所以，当他回家后别人见了他却很吃惊，他原来的未婚妻也已嫁人生子。当士兵第二次遇到魔鬼时，魔鬼又变成了一个牲口贩子，他又教士兵靠着他的魔书得到财富。当士兵对财富厌倦之后，魔鬼又变成一个老太婆，把士兵那把小提琴给士兵演奏，可他无法拉出声音。一气之下的士兵扔掉提琴，撕破了魔书，士兵也就成了一个穷人。当士兵流浪到国外后，偷走了魔鬼的小提琴，并治好了该国公主的怪病。然后，公主要与他成亲，这时魔鬼又来捣乱，士兵战胜了魔鬼，和公主成了婚。而当他们要一起回到士兵的故乡时，魔鬼却又成功地把他带走了。

除了《士兵的故事》外，斯特拉文斯基还创作了新古典主义风格的清唱剧《俄底浦斯王》混声合唱与乐队《诗篇交响曲》等。

斯特拉文斯基是一个传奇式的人物，他曾屡次改变自己的创作风格，并且在不同的风格上都做出了非凡的成绩。由于他出色的创作，他获得了各种各样的荣誉。另外，斯特拉文斯基还曾经有过三个国籍：他的原籍是俄国，1934 年他加入了法国籍，后来又在 1945 年改入了美国国籍。

斯特拉文斯基最后于 1971 年 4 月 6 日在纽约故去，遵其生前愿望，在威尼斯举行了葬礼，遗体埋在了圣弥格尔修道院所在的一个小岛上。

斯特拉文斯基一生创作了大量的现代音乐，撰写了许多理论文章，对 20 世纪的世界音乐产生了巨大的影响。

20 世纪现代主义第一人——卡夫卡

我特别想要芍药，因为它们是那么脆弱。

把丁香花放到阳光下去。

永恒的春天在哪里?

黄金雨得不到吗? ……

临终前的卡夫卡还是那么凄凉、悲哀、忧郁和伤感，夜夜都有一只猫头鹰在他窗前停驻，看着已不能说话的他，用笔来谈论那永恒的黑暗、难觅的光明和脆弱的人生。

1924 年 6 月 3 日，这位开现代主义创作先河的“饥饿的艺术家”

终于投入那永恒的黑暗中去了。弥留之际的卡夫卡仍然没有放弃他习惯的充满悖论的表述方式，他告诉要给他注射吗啡的好友克洛普施托克：“杀死我，否则你就是凶手。”在他的一生中，阳光和鲜花对于他来说是奢侈品，他有的只是孤独和黑暗，在对烈日曝晒下的黑暗的逼视中，他看到每个人都是凶手。

1883 年 7 月 3 日，弗兰茨·卡夫卡生于奥匈帝国统治下的波希米亚（今捷克西部地区）首府布拉格。他的父亲赫尔曼·卡夫卡凭借着对金钱和地位的执著追求，终于进入了中产阶层。这个犹太百货批发商有着粗野的生命力，非理性的内驱力，强烈而又不自觉的自我中心主义，他性情粗暴专制，信仰“物竞天择、适者生存”和“弱肉强食”的资本主义竞争规则。1882 年 9 月 3 日，赫尔曼和尤莉·洛维在布拉格结为夫妻，两个人的结合不是因为爱情，而是为了生存。他们都有一个辛酸的、受伤的童年，为了摆脱那种无所依赖的生活，两个人走到了一起，他们相信，金钱能为他们带来幸福和欢乐。卡夫卡就是这样一对夫妇的长子。

他们最初的家是在一个贫民区里，周围是一片下层社会的酒馆和妓院。他们的寓所庞大而杂乱，居住着形形色色的各种人物，并且由于建筑的原故，这儿的氛围阴森而怪诞，有黑暗过道、阴湿的墙壁，一到晚上，暗淡的烛光摇来晃去更为这个建筑平添了几丝阴森恐怖的气氛。这对于一个善于挖掘人物潜意识思维的敏感的作家来说，其影响恐怕是十分深刻的。从这时起，黑暗就已经深深地烙在这一脆弱的人的心灵之上。

1885 年 9 月，卡夫卡有了一弟弟，但大约一年半后，因患麻疹去世。1887 年 9 月，又一个弟弟亨利希来到人世，但他的命运更为不幸，仅仅半年之后，小亨利希就因患耳炎死去。两个弟弟的出生和死亡对卡夫卡的影响是十分深刻的，那是一种对生命消逝的恐惧，这种恐惧也是卡夫卡性格中一个重要的组成部分。

卡夫卡，一个天生羸弱和敏感的人，这不单单是指他的心理，在生理上也是如此，卡夫卡一生都受到疾病的折磨，他患有严重的结核病，这种病使他骨瘦如柴，一米八二的身躯居然不足 55 公斤。生理上的病痛使他本来就脆弱的神经更加敏感。在一篇日记当中，他就自己的身体作了一次自我解剖：我写过些东西，根本是出于对我身体及其未来的绝望。在后来的一封信中，他说得更为简单，也更为凄惨：……我是我所知道的最瘦的人……

在很大程度上，卡夫卡的一生也是被羸弱、疾病和死亡所苦恼，并与之斗争的一生。由于性格的内向、孤僻和生理、心理的疾病，卡夫卡一生未婚，他虽然曾经三次订婚，但又都主动地解除婚约，强烈的孤独感缠绕了他一生。

1889 年 9 月 15 日，卡夫卡在厨娘的护送下，前往布拉格旧城肉市附近的德语国立一公立小学报到。在这里，他度过了 4 年的小学生涯。那所学校外观阴冷森严，学校本身对卡夫卡来说已构成一种威吓，在那段经历中隐藏着噩梦的不安，给他后来的人生阶段投下沉重的阴影。

1893 年，卡夫卡以优异的成绩进入布拉格旧城区德语文科中学就读。这是一所公认的教学最严格、质量最过硬的学校。在这里，优美的德语把他引入了德语文学的海洋，格林和安徒生的童话以及中国的民间故事对于卡夫卡的影响是非同小可的，他日后的文学创作就显示出童话般丰富而怪诞的想象力，他的大量寓言，以及包括《变形记》在内的若干重要作品，无论其思想如何复杂，都具有童话般的表现形式和结构。另外，歌德、席勒、莱辛、施莱格尔等著名的德国作家的创作对他的影响也是十分深远的。在临近毕业时，卡夫卡还对尼采等人产生了深厚的兴趣。

1901 年 11 月，卡夫卡进入布拉格大学，开始了 6 年的大学生活。起初他学习文学，不久迫于父命而改学法律，1906 年他取得法学博士学位。因为学习法律非他本愿，所以对于必修的法律课程，卡夫卡基本上是应付了事。而在必修课程之外，在布拉格大学校园内的各项活动，则充分激发了他内在的兴趣。

在大学的第二个学期，卡夫卡加入了“布伦塔诺沙龙”的活动。布伦塔诺学说的内容主要是对人真实存在本性的思考。这些学说引导着卡夫卡开始思考和探索人之为人的深层哲理，进入了一种形而上的哲理沉思。

卡夫卡开始文学创作是在大学时期。1902 年，在一次学术辩论之后他结识了马克斯·布洛德，从此两人成为知己。布洛德后来成为著名作家，他对卡夫卡的创作有一定影响。他们曾经一起出国游历。卡夫卡生前只发表过一个短篇集，其他短篇小说和长篇小说都是他死后由布洛德整理出版的。

在大学时代，卡夫卡阅读和研究了大量的作品，主要作家有黑贝尔、海涅、格奥尔格、克莱斯特、凯勒、托马斯·曼、爱默生、陀思妥耶夫斯基、托尔斯泰、高尔基、狄更斯、拜仑、福楼拜、左拉、斯汤达等。其范围遍布整个欧洲。同时，他还阅读了这些作家的大量传记，这些人痛苦的经历，痛苦的思索赋予他一种直觉，一种关注，使他想要透过文化现象，进一步了解人性深处那些隐晦朦胧的东西，以及与之相应的存在本相。

有趣的是，在大学期间，他还被中国文化的独特魅力所吸引。德国作家汉斯·海尔曼编译了一部《中国的抒情诗选——从公元前十二世纪至今》，其中李白、杜甫、苏东坡、杨万里等人的诗歌给他留下了深刻的印象。在他生命的最后日子里，中国绘画和中国木刻艺术成为他赞叹不已的对象。而《论语》、《中庸》、《道德经》和《南华经》等书籍成为他最钟爱的书。

他的一生主要是在一家保险机构工作，任秘书之职。从 1917 年开始，他就经常咳血，1922 年因病情加重不得不离职疗养。在离职二年后，溘然与世长辞。

在卡夫卡病入膏肓之际，留言给他的挚友布洛德，要他将自己遗物中的"一切稿件，……日记也好，手稿也好，信件也好，等等，毫无保留地，读也不必读，统统予以焚毁。"幸运的是布洛德违背了卡夫卡的遗嘱，他充分地认识到了这些稿件的价值，并把它们加以整理和出版。

那么，卡夫卡为什么要焚毁这些稿件？这些稿件又都写了些什么内容呢？

卡夫卡的小说与传统的小说在思想内容和表现形式上有着明显的不同。在他的小说中，他充分地揭示了现实世界的荒诞与非理性。在《判决》一文中，儿子因为父亲的一句话，"我现在判你去投河淹死。"他竟然真的冲下楼去投河自尽了。临死前，他低声说道："亲爱的爹娘，我可是一直爱你们的呀。"这一对父子的非理性行为其实正是整个人类的非理性的一个缩影。卡夫卡小说的第二个内容是揭示了现代人的异化现象，所谓异化是指在外在的和内在的双重压迫下，人丧失了人之为人的本质，异化为动物和机器。他的代表作《变形记》就突出表现了这种异化。主人公在精神和肉体的重压之下，一夜醒来已变成了一只大甲虫，虽然他还一心想着帮助家里人，但家人却逐渐地开始厌弃他，最终他悲惨地死去了。另外，卡夫卡在他的小说中，还揭示了人在现实世界中的困境和困惑，描写了现代国家机器的残酷和统治阶级的专横腐朽。在短篇小说《万里长城建造时》中，作者以更鲜明的态度揭露了封建统治者的罪行，以此来影射资本主义统治的血腥和残暴。

卡夫卡为了更好地显示小说的哲理内涵，更深刻地表现世界的不可理喻，他习惯于采用以下几种艺术表现手段：一是象征，二是荒诞，三是独特的讽刺，四是叙述简洁、平淡。

卡夫卡的创作对现代文学的发展具有重要意义。他的经验被许多作家所汲取。表现主义、超现实主义、象征主义、存在主义、荒诞派、新小说、黑色幽默等流派都把他视为本派的鼻祖。

卡夫卡对现代社会弊病的批判是相当深刻和尖锐的，同时他对整个人类存在状况的思索和挖掘也是引人深思的。

萧伯纳是怎样变谦虚的

1925 年诺贝尔文学奖的获得者、文坛巨匠、英国戏剧史上的一代宗师、被誉为“20 世纪的莫里哀”的英国戏剧家萧伯纳，拥有如此一大串闪光耀眼的头衔，然而他本人并不以此为骄傲和炫耀资本，保持着谦虚谨慎的态度。你可能要说，这可真难得！确实，萧伯纳谦虚的态度是升华的人格表现，一般人很难做到。但这并不等于说萧伯纳天生高人一等，他也经过了一个平凡人由骄傲自满到谨慎谦虚的心理转变过程。

萧伯纳在未出名前同许多落魄者一样穷困潦倒。他的父亲是个破落的贵族，母亲是个很有才能的音乐家。自小时候起，萧伯纳培养起对音乐、绘画等艺术形式的热爱。而潦倒的经济状况使他不能走正常的求学之路，他早早地投入社会，为谋生而奔走着，但并未放弃文学。从写第一篇音乐评论起，到写小说，最后转入创作剧本。然而在长达 9 年的时间内，萧伯纳一无所获，只挣到了 6 个英镑的稿费，其中还有 5 个英镑是替别人写卖药广告挣来的。

萧伯纳对戏剧剧本的接触是在一个偶然机会开始的。1888 年，他不太经意地参加了一次戏剧演出，演的是易卜生的名剧《玩偶之家》。他不知不觉竟被吸引住了，那种投身戏剧之中的亦真亦幻的感觉，那些性格丰富多彩的人物形象，那些出人意料的故事情节和精彩倍出的戏剧语言，让萧伯纳深深喜爱上了戏剧，并决心投身于戏剧的创作之中。正是这样一个契机，让萧伯纳从此走出过去卑微渺小的生活境遇，走上了适合自己的创作道路，而一代戏剧宗师也就开始慢慢铸造出来。

萧伯纳一生写了 51 个剧本、5 部小说和多种评论、散文、信函之类的著作，达到英国文学史上空前的创作量。他是英国戏剧史上继莎士比亚之后又一位最耀眼的剧作家。

在作品成功的同时，名誉、鲜花、掌声接踵而来，萧伯纳不禁沉醉在自己创造出来的辉煌之中，行动言语之中不经意地透露出一个成功者的自信、自满甚至自负，而他本人对这些却浑然不觉。然而发生了这样一件事。一次，萧伯纳应邀前往前苏联访问，他春风得意地走在大街上，忽然，他的视线里出现了一位小姑娘，模样清新动人，明亮的大眼睛扑闪着光芒，显得活泼可爱。萧伯纳非常喜欢这个孩子，提出邀请她一起游玩，小姑娘爽快地答应了。他们在一起玩了很长时间，终于要分别的时候，萧伯纳对小女孩得意洋洋地说："回去告诉你的妈妈，今天同你玩的是世界上鼎鼎大名的萧伯纳。"他以为小姑娘会吃惊，既而会欢呼雀跃地跑开，不料，这位小姑娘扑闪了一下大眼睛，镇定自若地说："你也回去告诉你妈妈，今天同你玩儿的是苏联小姑娘薇拉。"萧伯纳顿时语塞，脸上的得意渐渐消失，他愣在了那里。

这件事对萧伯纳的触动太大了，他深深领悟到人与人之间应该怎样平等相待，无论一个人的名气有多大，他与别人都应该是平等的。保持一份谦虚的、平常的心是多么重要啊。薇拉小姑娘给他的不客气的教训，使他铭记了一辈子。

从此，萧伯纳比往常更加勤奋踏实地投入了创作。他为了能够更好地胜任繁重的工作，经常进行体育锻炼，并养成了运动的时候进行艺术构思的好习惯。可这个习惯差点儿给他带来麻烦，他曾与司机一同出游，路上他一面开车，一面投入地给司机谈他新构思的剧本。可他太投入了，几次都快撞车了，司机终于醒悟，他夺过方向盘，幽默地对萧伯纳说："先生，您的剧本太棒了，为了我能看到完整的剧本，我不想让您现在就把命送掉！"

萧伯纳的剧作确实引人入胜。他总共创作了 3 部戏剧集：《愉快的戏剧集》、《不愉快的戏剧集》和《为清教徒写的戏剧集》。最为出色的要数《不愉快的戏剧集》中的两部：《鳏夫的房产》和《华伦夫人的职业》。

《鳏夫的房产》是萧伯纳的第一部剧本，写于 1892 年。讲的是一个名叫萨托里阿斯的鳏夫靠出租贫民窟的房屋而发财致富，也就是说他在惨无人道地压榨穷苦人的血汗钱。他有个独生女儿被培养成有知识有修养的高等人，但她并不了解父亲收入的来源。后来她结识了青年医生屈兰奇，并同他订下了婚约。当屈兰奇发现岳父钱财的来路后，感到难以接受，并打算解除同未婚妻订下的婚约，除非她与父亲解除父女关系。面对这种情况，萨托里阿斯告诉了屈兰奇一个令他震惊的事实：萨托里阿斯家的房屋的土地是屈兰奇家的产业！这意味着屈兰奇本人的收入同他是一个来源，并不比他清白许多。屈兰奇发觉自己所谓的体面不能再得以维持时，他向萨托里阿斯屈服了，并同他干起了一样的勾当，也愉快地娶了他的女儿，全然忘记了自己当初道貌岸然的表白。这部戏剧揭示了资产者财富的罪恶来源，更对他们虚伪贪婪的品性进行了辛辣的讽刺。

《华伦夫人的职业》写于 1894 年，它的主题思想与《鳏夫的房产》有很相似的地方，它是通过对娼妓问题的关注来表达的。自命清高的女大学生薇薇既有才能，又有学问，并且还在剑桥大学获得过教学优等奖，她终日里自我感觉良好。她靠母亲华伦夫人的钱财过着优雅的日子。可是有一天她突然发现这些赖以生存的钱财竟是如此肮脏：它来源于华伦夫人同人合伙开妓院的收入。薇薇愤怒地质问母亲为何要做这种事情，母亲向她道出了自己凄苦的身世。从小她的家境贫寒，为生活所迫，两个姐姐一死一病，成了华伦夫人的前车之鉴。为了避免这种痛苦，她走上街头开始了出卖色相的日子，这给她带来财富，有了财富，既而就有了体面。薇薇虽然原谅了她的母亲，但她决定脱离这种钱财的供养。同母亲断绝经济关系之后，她独自去往伦敦，试图靠自己的劳动过上清白的日子。

萧伯纳的这个剧本告诉人们，资产者清高的体面恰巧是靠肮脏的钱维持的。很显然，萧伯纳受挪威戏剧家易卜生的影响很深，在讽刺手法上又受狄更斯的影响。《巴巴拉少校》、《伤心之家》以及《苹果车》，体现了萧伯纳机智灵活的语言运用，夸张大胆的幽默讽刺。他是英国口语和对白的大师。恩格斯对他的称赞是：“萧伯纳作为文学家是很有才能和富于机智的。”

1925 年，萧伯纳以其杰出的成就荣获诺贝尔文学奖。当时的瑞典文学院诺贝尔奖委员会主席对萧伯纳的创作成就作出一番中肯的评价：“他的思想属于那种抽象的、理性的激进主义，这些思想与敏捷的机智，对传统的藐视以及极为逗人的幽默结合在一起，所有这一切凝聚成一种稀有瑰宝，展现在文坛上。”

严肃的喜剧大师卓别林

“被一顶歪斜的小礼帽紧箍着的脑袋东瞅瞅，西望望；两撇儿绅士小胡子可爱地翘翘着；一件破烂的上衣紧包在瘦小的身上，那根上等人的文明手杖灵活地甩来甩去，在手中打着花儿。一条肥大的裤子拖在地上，两只小船般的大头皮鞋像鸭子一样一撇一撇地迈着步子，时不时绊自己一下……”大家对这个形象一定不陌生，他就是世界闻名的喜剧大师——卓别林扮演的流浪汉夏尔洛。

夏尔洛是卓别林扮演的最为成功的形象之一。滑稽可笑的流浪汉夏尔洛因此走进了千家万户。伟大的喜剧影星卓别林也日益展示着自己的才华，受到越来越多的观众的喜爱。可是又有谁能真正体会出他心底的辛酸？又有谁能了解他苦难的成长历程以及流浪的童年。

查尔斯·斯宾塞·卓别林于 1889 年 4 月 16 日在英国伦敦一个贫民区中诞生。卓别林的父母都是喜剧演员，经常在伦敦的游艺场演出，非常受观众的欢迎。卓别林从小在父母的熏陶影响下具有极强表演欲望。由于经常被带到剧团里，聪明活泼的卓别林跟每个叔叔阿姨都特别熟悉。演员们也非常喜欢这个小家伙，这个教他唱个歌，那位教他念段词。小卓别林都能维妙维肖地学下来，表演给叔叔、阿姨们看。

有一天，母亲正在前台演唱，忽然没有了动静，紧接着便是一片起哄、唱倒彩的声音，小卓别林掀开帷幕一瞅，原来是母亲嗓子突然坏了，唱不出声来，遭到挑剔的观众的侮辱。这时舞台指导也正手忙脚乱地抓不着人，这时，他一眼看见正探着头往外面偷看的小卓别林，于是便把他一把拽上台，让他替母亲演唱下去。才仅仅 4 岁的小卓别林竟一点也不怯场，大大方方地用童稚的声音唱起来，小家伙唱得好极了，观众们都恢复了平静，被卓别林的歌声给迷住了。观众席上响起一遍又一遍的掌声，为这个小家伙喝彩。卓别林越唱越高兴，禁不住手舞足蹈，在台上表演起来，观众们更兴奋了，从来没有见过这么可爱的小孩。掌声、叫喊声好像要把剧场的屋顶掀下来。卓别林忘乎所以，全然不理舞台指导的暗示，下一个节目已等了半天了，直到母亲惊喜地一把把儿子拉到后台，紧紧地抱在怀里，小卓别林才停止了表演，因为母亲把他吻得喘不过气来了。这是小卓别林的第一次登台，他觉得幸福极了。

但是，幸福的时光很快结束了。父亲与母亲离婚了，卓别林与哥哥西德尼跟着母亲一起生活。因为母亲的嗓子坏了，从此再也不能登台演出了。她只能靠给人家做做衣服，缝缝补补赚些钱。后来，卓别林的父亲又失了业，母子的赡养费也没有了，日子更为艰难。后来，母子三人不得不搬进贫民收容所。由于生活的日益艰难，母亲终于承受不了，精神崩溃了，母亲被送进了疯人院。

兄弟两人无依无靠，最后父亲把他们领回了家。但是，继母对他们非常痛恨，整天责骂他们，兄弟两人只能互相抱着躲在墙角中流泪。更为恶劣的是，继母有时候见兄弟俩回来晚了，竟把门反锁上，把他们关在外面。漆黑的夜晚，清冷的街上只有兄弟两人孤单的身影在游荡。后来，母亲的病终于好了。她赶紧把两个苦命的孩子接回家中，虽然生活依然清苦，但有了母亲，兄弟俩便觉得拥有了整个世界。这一段时光是卓别林兄弟俩童年中最幸福的回忆。

后来，母亲靠做零活积攒下一些钱，送卓别林去学校读书。在学校里，卓别林发现了一个新的世界。他学会了写字、读书，如饥似渴地学习着知识。同时，被苦难的生活压抑已久的表演欲望渐渐苏醒过来，卓别林把小时候在剧团里学的与母亲教给他的，统统表演给老师与同学们看，他成了学校里最活跃的人物。为了使卓别林的表演才能得到更好发展，父亲送卓别林参加了“兰开夏儿童伶剧团。”于是卓别林离开了熟识的老师同学，开始了表演生涯，能够赚一点钱贴补家用。但母亲心疼这个瘦小的儿子，不久让他辞了剧团工作，回到家里。但小卓别林仍然有一个梦想：他要当一名伟大的演员。

不久，父亲病逝，家中更为艰难。卓别林为了减轻母亲的负担，自己偷偷出去倒卖一些小东西。后来，哥哥西德尼当了水手，随船出海了，只剩下母子二人相依为命。虽然日子很苦，但母子二人非常贴心，也过得非常幸福。但是不幸总跟随着卓别林一家。一天，卓别林外出回来，发现母亲的病又犯了。医生来了，把母亲送进了疯人院。现在卓别林是真的一无所有了。他不愿意生活在郁闷的孤儿院里，于是，小卓别林开始在街上流浪。每天去拾点东西吃，夜里就睡在街上。他就像一条无人要的小狗一样，受尽了别人的白眼与打骂。可是一个无依无靠的孩子能怎么样呢？

卓别林就这样在街上流浪了将近一年，终于当水手的哥哥回来了。

卓别林总算见着了亲人。向来坚强的小卓别林扑在哥哥怀里哭了。哥哥在船上赚了一些钱，给卓别林带了很多好吃的。很久没有吃过一顿像样的饭了，卓别林看见这么白、这么香的面包突然出现在眼前，竟迟迟不敢动手，他对这种饭食早已陌生了。

卓别林有了可以依靠的哥哥，他那深埋心底的梦想又有了可以实现的可能了。于是，他自己去剧团里碰运气。终于，有一个剧团的老板答应给卓别林一次小机会。试演之后，老板非常满意。他为能找到这么一个出色的小演员惊奇不已。于是，小卓别林开始了他的演员生涯。这一年是 1901 年，卓别林刚刚 12 岁。

卓别林在剧团里非常刻苦、认真。几年之后，他已成为小有名气的喜剧演员了。1907 年，卓别林在哥哥的帮助下进入了另一个更为出名的剧团——卡尔诺剧团，这个剧团装备非常整齐、完备。卓别林在这里得到了更为科学的训练。此后，卓别林如饥似渴地阅读各种书籍，增加自己的修养。经过几年的刻苦努力，卓别林成为卡尔诺团的大明星，从而得到了出国巡回演出的机会。1909 年，卓别林到巴黎演出，轰动了巴黎。1910 年，他们又到美国演出。卓别林面对自由女神像，开玩笑地说："美国，我又要来征服你了?"虽然是开玩笑，卓别林心里却装着一个认真的想法，他想成为世界著名的大演员。这次演出，独具特色的表演使卓别林名声大振。1912 年，卓别林第二次来到美国，受到人们的热烈欢迎，人们都以认识这位英国喜剧演员为荣耀。卓别林在纽约州的巨大影响，引起好莱坞制片商的注意，立刻派人与卓别林联系。当时，电影还是一个新事物，虽然片子很短，一般才 15 分钟，而且是无声的，只能制作哑剧，但是由于它能将演员出色的表演记录下来，并且能携带到远地多次放映，能够很好地为演员扬名。于是在 1913 年 12 月，卓别林与好莱坞启斯东制片公司签下了为期一年的合同。

开始的时候，由于卓别林第一次拍电影，被剧组中的导演认为没有经验，处处限制卓别林，要求他听从安排，像传统的模式那样搞几个小笑话，然后被人识破遭打。但才华横溢的卓别林向来有自己独特的搞笑方式，因此感到很别扭，他要求老板让他自导自演，可是谁能相信一个初来乍到的年轻人呢，卓别林被迫排演了自己很不满意的影片。但即使如此，卓别林那天生的的喜剧大师的气质仍旧使影片获得了巨大成功。老板终于把权力交给了卓别林，从此一发不可收拾，卓别林很快红遍了美国。

这一年，卓别林一共主演了35部影片。其中，他自编自导的有21部。卓别林的第一部影片名为《谋生》。卓别林最负盛名的夏尔洛的形象，是在他的第二部影片《威尼斯赛车记》中最早出现的。当时，导演让他设计一个滑稽幽默的流浪汉的形象，卓别林了解了一下剧情，费尽心思，最后终于以一身不伦不类的装扮出现在导演面前。摄制组的所有人员一看见他，便捧腹大笑。有几位女演员笑得躺在地上打滚，一边笑一边“哎哟！哎哟！”的叫唤肚子疼。导演立刻开拍，最终这一举世闻名的装扮展现在广大观众面前。原来，卓别林努力想让流浪汉身上的每一个地方都显得别扭，表演时以一本正经的样子表演，肯定会有强烈的喜剧性。他向一个大胖子借了一条裤子，像条大麻袋一样拖在地上摆来摆去；又向一个高个子演员借了一双大头皮鞋，因为鞋太大了，小个子的卓别林只好左右反穿，才避免了走路时飞出去，这样反而更增强了喜剧性。他又给自己套上了一件瘦小的上衣，并顺手捞了一顶小圆礼帽箍在头上。为了打扮得像一个文明的绅士，他给自己粘上了两撇尤为显眼的小胡子。在这部影片之后，卓别林严肃地考虑了一下自己这身装扮的意义及他之所以受到观众欢迎的原因。在第四部影片《在阵雨灾之间》中，卓别林又让夏尔洛手中拎着一根文明棍，从而使这个形象更为丰满。卓别林自己评价说：“夏尔洛的个性是多方面的：他是一个流浪汉，一个绅士，一个诗人，一个梦想者……然而，他只会拾拾香烟头，或者抢孩子的糖果。当然，如果看准了机会，他也会对着太太、小姐的屁股踢上一脚。”夏尔洛终究只是一个被压迫，被欺凌的小人物。他幻想自己是一位文明的绅士，但贵族、小姐们并不买他的帐，当他记起自己是被压迫者时，常常忍不住报复一下这个不平等的世界，他就这样在幻想与真实的世界中交替活着。由于卓别林自己对流浪儿的生活深有体会，他常常恰如其分地把握夏尔洛性格的起伏，从而获得了巨大成功。卓别林随着影片胶带被传播到世界各地，成为世界闻名的大明星。但是，由于初期的影片注重搞笑，卓别林在其中寄予的严肃认真的深刻思想反而被冲淡了。同时，由于卓别林获得了巨大的成功，对此不太在乎了。

1916年秋天，卓别林拆开一封普通的观众来信。但这封信却对卓别林的一生有着重大意义。这一天，他像往常一样，随手从一大堆来信中抽出一封，他想像往常一样享受一下赞美的言语。他拆开信封，随手点了一支烟，展开信纸读起来。这封信很普通，首先像所有的来信者一样赞美了卓别林一番，只是言词没有那么热烈。卓别林接着渎下去，越读越心惊，直到读到这一句“我很担心您会变成观众的奴隶”，卓别林的心被震动了，他头脑完全清醒过来。开始认真总结自己这几年所取得的成就，他这才醒悟到，自己这几年是为浮名而累。于是，他重整行装，开始向真正伟大的表演艺术家进军。

1917 年 1 月，卓别林拍摄了第一部社会讽刺片《安乐街》，揭露谴责了资产阶级恶霸的凶残，尖锐地嘲笑了清教徒的伪善。不久，第二部电影《移民》又问世。剧中讲述夏尔洛乘坐轮船到向往已久的美国去，三等的乘客像牲畜一样被挂上标签。终于踏上了神圣的美国国土，自由女神像在不远处向人们招手。但是，突然冲出一队警察用木棒驱赶着乘客，粗暴地进行侮辱性的检查。逃过了这一关，就在那自由女神像的下面，一个警察光天化日之下调戏妇女。夏尔洛在街头流浪……一连串的罪恶事件撕下了自由之邦的伪善面目。从此，卓别林开始认认真真地对待自己的作品，把它当作一个严肃伟大的事业去做。

由于卓别林光芒四射的演艺，第一国家公司同意卓别林建立自己的制片厂。1918 年 1 月 21 日，卓别林自己的制片厂正式开张。卓别林非常高兴，他穿上那双举世闻名的夏尔洛的大头皮鞋，郑重地在未干的水泥地上踩上个脚印。然后，又用那根无所不能的文明棍签下自己的名字。1919 年 4 月，卓别林与他的好友朋克等著名影星组成了阵容强大的联美公司。1923 年，卓别林为联美公司拍摄了第一部影片《巴黎一妇人》。这部影片一改过去短小精悍的模式，成为卓别林向拍摄长片转变的一次重要尝试。他说：“这是我一生事业中最重要的一部影片。在处理这样一种作品的时候，我表现了革命的精神。”这一时期，卓别林另一部最重要的影片是于 1925 年完成的《淘金记》，展示了淘金者的凄惨命运。其中夏尔洛煮食大皮鞋与跳小面包舞的镜头成为世界喜剧的经典。

1929 年，从美国开始的经济危机席卷了整个资本主义世界。这时，资产阶级惟利是图的本来面目暴露无遗。为了揭露谴责资本主义的虚伪外表，卓别林于 1931 年与 1936 年分别拍摄了《城市之光》与《摩登时代》，这两部作品标志着卓别林的创作已经成熟。其中《城市之光》描绘了这样一幅画卷：清晨，有一个城市正由官方主持一座纪念碑的揭幕式，碑上刻着“和平繁荣，谨将此碑献给本城居民”。碑上刻有三个雕像，中央一座是“繁荣女神”，旁边是两个卫士。当幕布一揭开，人们忽然发现在那个神圣的女神的膝盖上，竟躺着一个无家可归的流浪汉，流浪汉被惊起，狼狈地跳下来，裤子却挂在那个卫士手中的军刀上，他拼命一拽，然后掩着破了洞的裤子逃跑了。后来，流浪汉爱上一个卖花的盲女，盲女却把他当作了百万富翁。为了给盲女治病，流浪汉夏尔洛当过清道夫、做过拳击师，吃尽苦头挣了一笔钱送给盲女治病。他却被当作强盗，被抓进了监狱。出狱之后，一天，潦倒的夏尔洛在街上又碰到了卖花女，她的眼睛已治好，她认出了夏尔洛，原来自己的恩人不是什么富翁，只是一个流浪汉，两人在复杂的心情下，默默对视……

《摩登时代》对资本主义的揭露更为深刻，展示了在资本主义生产制度下，工人已被折磨得不像人，成为“吃饭的机器”。

1936 年，卓别林到远东旅行，路过上海时，卓别林回访了老朋友梅兰芳，对中国悠久的文化非常赞赏。

30 年代后期，法西斯国家开始践踏爱好和平的民族国家。卓别林开始编写《大独裁者》。1939 年春天，剧本发表，震惊了世界，受到世界人民的欢迎，却也令法西斯分子痛恨之极，扬言要杀死他。1939 年 9 月，卓别林在私人警卫队的保护下，正式开拍《大独裁者》。在希特勒正席卷欧洲大陆，扬言吞并世界的时候，1940 年 10 月 15 日，《大独裁者》在纽约正式公映。

由于卓别林顽强不屈地与人民一起同法西斯反动势力、资产阶级作斗争，引起反动势力对他的极端仇视，曾多次造谣诬谄卓别林，更是拿卓别林不幸的婚姻为把柄，对卓别林进行无休止的迫害。但坚强的卓别林一旦选择了人民为自己的朋友，便义无反顾地斗争到底。

1944 年，卓别林开始编写一部谴责战争贩子与军火商的剧本《凡尔杜先生》，卓别林忍受着无休止的责难专心于自己的事业。终于在 1947 年 4 月《凡尔杜先生》在纽约上映，这让反动势力咬牙切齿，他们公开叫嚣要把卓别林赶出美国。好莱坞的一些败类也提出要处死卓别林。美国政府公开对卓别林进行迫害。在这暗无天日的岁月中，卓别林依然坚守着自己的信念，他完成了自传性电影《舞台生涯》。

1952 年 9 月 17 日，卓别林一家登上“伊丽莎白女王”号轮船，去欧洲各国举行《舞台生涯》的首映典礼。9 月 19 日，当轮船在大西洋上乘风破浪时，收音机广播了美国政府司法部的声明，宣称美国司法部要公开调查卓别林的“非美”活动。声明还强调，美国政府将拒绝卓别林再次入境，否则将立即被逮捕。但卓别林在自己的祖国却受到隆重的欢迎。

1953 年，卓别林的妻子回到美国，卖掉了卓别林在美国的全部财产，把他所有的手稿、影片等珍贵资料运往瑞士，并在日内瓦湖畔的维薇镇定居下来。在卓别林生日那天，他亲自到美国驻洛桑领事馆，交回那张在他离开美国时当局发给的再入境签证，宣布道：“我再也不回美国了！“美国政府恼羞成怒，给卓别林定了各种罪名，他的一切电影在美国禁演，他的名字也不准在正式场合提起。但美国人民却永远记住了这位与自己站在一起的伟大的艺术家。1954 年 5 月，在柏林召开的世界和平大会为卓别林颁发了国际和平奖，在日内瓦会议期间，周恩来总理会见并宴请了卓别林，两人结下深厚的友谊。

在瑞士定居之后，卓别林开始写《我的自传》。此书于 1964 年正式出版。晚年的卓别林专心于自己的家庭。他的沉寂让资本主义反动势力大为满意。为了拉拢他，他们开始给他一大堆荣誉。1962 年，卓别林被英国牛津大学授予名誉博士学位。1971 年，法国政府授予他荣誉军团高级绶带。1972 年，好莱坞邀请卓别林去美国旅行，美国电影艺术与科学院授给他荣誉奖，纽约市给他颁发了最高文化奖。1975 年，英国女王伊丽莎白二世接见了卓别林，并授予他大不列颠帝国爵位……等等，许多荣誉、奖章纷纷到来。卓别林说：“我的妻子、儿子比世界上任何荣誉都更重要。”

是的，这些浮名早就被卓别林看破了，他以自己一生的 80 多部影片早已在世界人民的心中刻下了永不褪色的名字。他早已不需要什么虚名，他只忠实于自己的心灵，捍卫自己的事业。

1977 年 12 月 25 日，卓别林在风景秀丽的日内瓦安然睡去，享年 88 岁。

桃李满天下的格莱姆

《玛莎·格莱姆技术六代人》这一盛大的纪念活动于 1988 年 5 月 19 日在美国纽约如期开始了。这是由玛莎·格莱姆协会与亚洲协会共同举办的。

大会于上午 10 点钟正式开始。漂亮的莉拉·艾奇逊·瓦莱斯礼堂里聚集了美国现代舞蹈中的名流，其中不少人已是世界舞坛上的大师。

他们都是格莱姆的亲传弟子。从格莱姆自己在“美国现代舞的奠基人”——丹妮丝与肖恩夫妇那里学艺师满一直到现在的60多年间，格莱姆前后一共培养了六代舞蹈家，有的已是舞台前辈，有的是刚毕业的青年。这次聚会真可谓是格莱姆门派大会师。

与会者畅谈了自己从恩师那里得到的巨大恩惠，也同时披露了许多未曾公布于众的格莱姆的生活细节。

例如，据梅森先生透露，格莱姆自从1923年从丹妮丝、肖恩那里独立之后，她之所以另创一路舞径，一方面是为自己求得更大的发展，另一方面却是迫于无奈。原来，格莱姆虽然学得了老师丹妮丝、肖恩夫妇的精湛技艺，但是这一对夫妇却要求格莱姆不能擅自使用自己一派的技艺，除非格莱姆能够付500美元买去这种技艺的使用权。当时格莱姆刚刚毕业，连吃饭都很困难，她上哪儿去弄这500美元？她对这对夫妇的做法非常不满，便决心要创出自己的一套风格，不要使用老师的任何技艺。不久，她便创出了自己非常拿手的胯至脊椎至肩部收缩与放松动作。

艾尔斯·吉尔摩女士是著名的美籍日本现代雕塑家野口勇的妹妹，是她促成了格莱姆与自己的哥哥之间多次的成功合作。她说，格莱姆的艺术世界是建立在呼吸与脊椎的收缩与放松动作基础上的。在早些时候，格莱姆从墨西哥回来，受墨西哥本土风情的启发，编导了《原始神秘》。但当时演员们因为衣服太紧而无法自由活动，竟被《纽约时报》称为“黑老鼠”。

美国著名舞蹈摄影师芭芭拉·摩尔根女士展示了格莱姆早期的剧照及教学示范照的幻灯片，那一个个充满生命力的动作依然让观众们激动得无法安静。

接着许许多多的格莱姆弟子纷纷讲述了自己记忆最为深刻的一件事，这些事都从侧面揭示了格莱姆伟大的一生。

格莱姆曾经说过：“舞蹈是最好的交流。人体不会扯谎，动作从不会扯谎。我对观众理解我的动作并不感兴趣，我感兴趣的是他们对我动作的感觉。我要的是直觉，而非理性的感觉。我要让观众自己去感受，感受到生命的涌动。”

玛莎·格莱姆于1894年5月11日在美国东部的宾夕法尼亚山区出生。其后不久，一家人迁到了加利福尼亚。她们一家非常幸福，父亲是个医生，从小就培养孩子们对生活与自然的兴趣。有一天，父亲把一小块带水的玻璃片拿给小格莱姆。问：“你看见了什么？”“清水！”小格莱姆用童稚的声音高声答着。“清水干净吗?”父亲接着问，“当然干净!”父亲摇了摇头，把玻璃片放到显微镜下，让女儿凑过去瞅瞅。格莱姆很奇怪，有什么好看的呢?格莱姆眯起眼睛朝小圆筒里瞅去，她猛地叫起来，那里面充满了不知名的、奇形怪状的小东西，它们都不停地蠕动着，这是哪儿来的，可把她吓坏了。她经过反复检查，这才确信这些东西都是那清水中的。父亲说:“水看上去很干净，其实并非如此，世界充满了奥秘，就等着你去探索。”从此，小格莱姆对那些神奇的小生命充满了神秘感:“原来生命到处都有呀!”

格莱姆中学毕业后，出于对舞蹈的热爱，她觉得舞蹈的每个动作都充满了生命的魅力。

格莱姆投入当时著名的现代舞名师——丹妮丝与肖恩夫妇门下。父母也非常愿意这个满身充满活力的女儿能够在耀眼的舞台上展现自己的风采。那一天，父母把小格莱姆打扮得漂漂亮亮的，然后用车直接把她送到当时丹妮丝与肖恩夫妇的驻地洛杉矶。那天晚上，是小格莱姆永远不会忘记的，因为，父亲给她买了第一束花佩戴在胸前，那是清丽秀雅的紫罗兰。小格莱姆突然感觉到，她的所有的美丽都尽在舞蹈之中。

丹尼丝、肖恩夫妇是当时美国最负盛名的现代舞名师。聪慧的格莱姆在这对老师的悉心指导下，通过自己刻苦的学习、训练，她进步之快让所有人都惊奇。连丹尼丝、肖恩这对夫妇也不得不佩服小格莱姆的天赋与毅力。要知道，格莱姆并不是一直在老师身旁学习，她只是在暑假期间才能亲自登门求教，大部分时间是她自己练习，不懂的地方只能通过书信求教。但是，格莱姆不但丝毫不比别的学生差，而且是其中尤为出色的一个。格莱姆跟丹妮丝与肖恩夫妇学习现代舞，跟音乐家路易·霍斯特学习音乐，跟野口勇习得了形体的空间表现力，这是格莱姆风格的重要基础。直到后来，格莱姆依然经常提到这些对她有重要影响力的老师与朋友，她从各种艺术中感受到生命力的强悍。

1923 年，格莱姆离开丹妮丝与肖恩这对恩师，开始自己闯荡舞台，不久她就创出了一种独特的风格，这种风格是根源于一切古老民族的神话中生命的复苏。格莱姆一边演出一边到各地学习传统的民间舞蹈与音乐，研究当地的神话传说。就这样她渐渐成熟起来。

1926 年，格莱姆举办了自己的首场独舞演出。她以自己编导的舞姿在台上尽情展现了自己的风格，给观众以巨大的冲击力，当时便轰动了全城。这之后，格莱姆创办了自己的舞蹈剧团，开始招收弟子。但是，因为团里没有男演员，格莱姆认为这只是个舞蹈组。直到 1938 年，埃里克·霍金斯这位著名的舞蹈演员进入剧团，这才使格莱姆大为欣慰。从此，开始了格莱姆舞团的辉煌时代。

埃里克·霍金斯接受过专业系统的芭蕾训练。这位优秀的芭蕾演员为格莱姆的教学增加了新的内容，从而更加全面地提高了演员们的素质。此外，霍金斯的到来对格莱姆的爱情产生了巨大影响，从而激发了格莱姆的艺术激情，在格莱姆的舞蹈动作中突然增加了戏剧性，从而使格莱姆的作品更加完美。

从此格莱姆创作了一部又一部的杰出作品。格莱姆舞团渐渐扬名世界，团里的演员也越来越出色。例如，有位叫金·埃德曼的女演员，她也是 1938 年进入格莱姆舞团的，有一次，舞团要赶去波士顿，时间急迫，金·埃德曼却在舞团就要出发的前几天才赶回来，她所扮演的角色她还不知道呢。团里上下全都很着急。金·埃德曼投入紧张的排练中去，令人惊讶的是，她以短短的 10 天时间出色地掌握了 5 部作品。整个剧团在欢呼的同时对她敬佩万分，这种能力在格莱姆舞团的演出史上是空前绝后的纪录。

格莱姆以生命的韵律来创作舞蹈。当她创作时，她沉浸在自己的内心冲动中，这里没有音乐，只有节奏。她用形体的语言尽情地表达她对生命的理解。一部作品编出之后，作曲家路易·霍斯特能够为她写出配合得天衣无缝的旋律，这不能不让人惊奇。

格莱姆说："人总是会有一种欲望的，这种欲望就是需要，卷进了激情的漩涡之中，陷入生活的直接需要和眼前的重要意义中就是不可避免的，这就像个孩子似的，被一种神秘的生活力量所驱使。当一个孩子说，现在，除了现代，一切都不存在——过去与未来都不存在时，他就只注重于眼前了。而对我来说，这种欲望就是生的欲望，就是爱的欲望，就是干的欲望，在世界上建立一种新秩序的欲望，有这种欲望是个负担，但又是个极大的特权。"

格莱姆取得了巨大的成功。美国著名舞蹈表演家、编导家及理论家艾格妮丝·德·米尔女士称格莱姆舞团是"20 世纪剧场艺术中最强壮而富有创造性的力量和美国舞蹈传统的真正代表，可与全盛期的佳吉列夫俄罗斯芭蕾舞团及日本大型歌舞伎相媲美。"

但是，这个伟大的格莱姆舞团经历了一次重大的挫折。

1969 年，75 岁的格莱姆因身患重病，不得不告别了舞台，这让她痛不欲生，因为，表演便是她的生命。此后，格莱姆孤独绝望，一蹶不振，并一度将舞团与舞校弃之不顾，格莱姆舞团日渐衰落。

这时，一位叫做雷诺德·普洛斯塔的小伙子出现在这位舞蹈大师的面前。在他的鼓励下，格莱姆终于重新抬起了头，并以极大的热情重新投入工作。她重新面对自己一手创办的舞团与舞校，继续创作、编导。由于她已不继续跳舞，她就坐在椅子上指导示范。格莱姆舞团迎来了新的春天。

格莱姆以极大的毅力，又推出了《夜歌》等 26 部新作。声势依然不减当年，要知道，到 1988 年 5 月 19 日，这位女前辈已经 95 岁了，但她依然充满了工作的激情，她已经把自己等同于格莱姆舞团了。每一部作品的成功演出，就等同于她自己的演出。她虽然不在台上，但她的灵魂与演员们一同舞蹈。1989 年，格莱姆又率领她的格莱姆团举行了盛大的回顾式演出，这成为她最后的杰作。

美国最权威的舞蹈批评家之一、《纽约时报》的安娜·吉赛尔柯芙女士对此评论道：“格莱姆的这些作品一个接一个地诞生，构成了任何其他现代舞团都无法自夸的保留剧目”。

其后不久，格莱姆病情加重，住进医院。1991 年，玛莎·格莱姆与世长辞。

格莱姆一生为舞蹈事业作出了巨大的贡献。她的格莱姆舞校为美国培养出了许多著名的舞蹈演员，其中尤为突出的是默斯·堪宁汉，他的功绩可以与老师相媲美。格莱姆的训练体系与默斯·堪宁汉的训练体系及霍塞·林蒙的训练体系被称作世界现代舞训练中最科学的三大体系。此外，格莱姆一生编导了多达 178 部舞剧，其中名作众多，例如《原始神秘》、《致世界的公开信》、《阿帕拉契亚的春天》、《心之窟》、《夜之旅》及《春之祭》等等。

她的贡献是无与伦比的。格莱姆被西方艺术评价家与弗洛伊德、斯特拉文斯基、詹姆斯·乔伊斯及毕加索列在一起，她是 20 世纪里改变了人们观察与思考方式，打破陈规陋习者之一，并为古典芭蕾术语提供了经典性的选择。

“我害怕在钢丝绳上冒险，我害怕冒险地步入未知世界。创作任何真正新的东西就像进入太空一样，要么你找到一个行星，要么你永远也找不到行星，要么你自己完全地消失掉。”玛莎·格莱姆如是说。

格莱姆以一生的精力来追求那种神秘的生命力量。她一生最崇拜的就是充分展现了人性美的意大利著名戏剧演员杜丝以及俄国著名的芭蕾演员巴甫洛娃。她向往着充满生命气息的古希腊罗马时代，就这样追求着生命的冲动，在世间轻舞了一个世纪，并且将在无数人心中舞动一生。

迷惘的硬汉——海明威

1918 年，欧洲的上空弹片飞扬，硝烟四起。第一次世界大战正在像狰狞的魔鬼一般叫嚣着，肆虐着。意大利前线，一名重伤员鲜血淋漓地被抬了下来，他笔直地躺着，不知是死是活。后来，从他的身上取出无数的弹片，仅左腿就取出了 237 片，浑身的伤口像无数绽开的花朵，然而这个人活了下来。在二战中又因一次汽车事故，他的头部被缝了 57 针。在非洲两次遭遇飞机失事，致使头部、肝区、腰部和下脊椎都受损伤。

这位多次挣脱死神之手的硬汉就是海明威，现代美国著名作家。海明威的一生可谓丰富多彩，富于传奇性。然而当他倔强地活到 62 岁，死神并不想召唤他时，他却主动投怀送抱了。由于他一生激烈残酷的经历，他的健康状况迅速恶化，各种疾病折磨得他身心交瘁，精神处于异常抑郁的状态。终于在 1961 年 7 月 2 日，爱达荷的一所别墅中传出一声清脆的枪响，海明威死了。

海明威硬汉的一生又时时充斥着迷惘，这是由于战争给他留下深刻的创伤，无论是肉体的，还是精神的。他的短篇小说集《在我们的时代》主要是对战争、暴力、痛苦和死亡的描述。海明威通过这个短篇集要说明的是“在我们的时代里”并没有真正的和平和幸福，只有暴力和死亡，在这样的现实面前，人们从幼年时代起就处在一种恐惧、迷惘、被伤害的状态中。的确，海明威的作品深深留下了他那个时代的烙印。

《太阳照样升起》写于 1926 年，是一部长篇，通过侨居巴黎的一群美国青年的生活透视了一代人精神世界的深刻变化，揭示了战争给人们生理上、心理上造成的巨大创伤，在一定程度上具有反战色彩。主人公杰克是一名美国记者，战争毁掉了他的性能力，然而他爱上了战时结识的英国女护士布莱特，布莱特也倾心于他，但他们的爱情因为丧失了性爱的基础而残缺不全。他们以及他们的朋友成了战后被生活的激流冲击出来的年轻人，终日游手好闲，虚度光阴。他们的精神处于一种荒原状态，巨大的空虚和迷惘令人困惑。斯坦因为这本小说题词说：“你们是迷惘的一代。”由此，海明威和《太阳照样升起》成为“迷惘的一代”的代表。

此外，《永别了，武器》和《丧钟为谁而鸣》都是海明威反映战争主题的代表作品。《老人与海》则塑造了一个海明威型的典型硬汉形象。这部作品使他在 1952 年获普利策奖，两年后又荣获诺贝尔文学奖。

《老人与海》的情节十分简单，写的是一个老渔夫桑地亚哥孤单一人出海远航捕鱼的故事。桑地亚哥虽然老迈，但精神却丝毫不减，对生活显示出强者的信心。他驾着小船在海上漂流了 84 天，一无所获，然而并不泄气。他继续不慌不忙，信心坚定，在茫茫大海中搜寻着猎物。这一天的凌晨时分，他果真网住了一条大鱼，这条大鱼不可思议，居然比他的小船还要长两英尺。经过两天的殊死搏斗，桑地亚哥终于制服了大马林鱼。在胜利的返航途中，突降大难，一大群鲨鱼循着马林鱼的血水逶迤而来，展开围攻，尽管老人奋力拼搏，也未能抵挡住鲨鱼的进攻，马林鱼被咬得残缺不全。孤单无援的老人在此时抖擞出盖世的英雄气概，他与鲨鱼的搏斗惊心动魄。尽管归航后，小船遍体鳞伤，大鱼也只剩下一具 18 英尺长的庞大骨架，但老人身上体现出来的人类超乎寻常的毅力和非凡坚韧的决心，依然表明他胜利者的姿态。这部小说留下一句名言：“一个人不是生来要给打败的，你尽可以把他消灭掉，可就是打不败他。”

海明威的创作风格自成一体。他提出了创作中的“冰山原则”，即创作要像海上的冰山一样，它之所以在移动时显得巍峨壮观，是因为冰山显露在水面上的只有八分之一，而另外八分之七的丰富内容却潜藏在水面之下。这是要求创作追求一种言外之意，书外之旨，给读者留下无限的再创造的空间。而要达到这一效果，必须学会恰到好处地运用象征手法。

海明威的语言风格简洁、明快、清新、精炼，享有盛名的是他“电报式”的对话。形成这一风格，主要跟他的记者职业身份有关，但也是他严谨认真的工作作风的产物。据说海明威创作时采取站立的姿势，这种方式逼迫他在最短的时间内用最简洁明了的语言把事情说清楚，因此他的语言中少有繁冗芜杂的修饰词和赘句，一般都是单刀直入式的叙述和对白，语言的动作性较强，读起来是一种痛快淋漓的感觉。

与“天鹅”同在的芭蕾巨星

——尼金斯基

在20世纪的芭蕾舞台上，安娜·巴甫洛娃以其纯洁、高贵的“天鹅”形象独占一隅，展示了一片纯洁、安宁的圣地。在这一时代，另有一位同样著名的芭蕾巨星也自创一派风景，他就是享有“空中火焰”美誉的尼金斯基。他以自己高超的空中动作抓住了无数观众的心。

尼金斯基的空中动作可以说无与伦比。他可以随时起跳，躯体直立着一次跃入空中，两腿前后交叉八次、十次对他来说不费吹灰之力，充分展示了男性的阳刚之美。

瓦斯拉夫·尼金斯基于1890年2月28日在俄罗斯的乌克兰境内的小城基辅出生。这是一个舞蹈世家，父亲福马·尼金斯基是华沙国家芭蕾舞团杰出的性格舞演员，母亲艾丽奥诺拉·贝蕾也是芭蕾演员，而且他的祖父母以及以上几代也都是舞蹈艺术家。在这样一个环境中，注定要出现伟大的天才。果然，在父母的从小熏陶下，尼金斯基家族出现了两位伟大的芭蕾大师：瓦斯拉夫·尼金斯基与其姐姐布罗尼斯拉瓦·尼金斯卡。

尼金斯基在波兰首都华沙度过了平淡的童年，后来，父母把他送进彼得堡帝国芭蕾舞学校。在学校里，小尼金斯基如鱼得水，很快在学校中崭露头角，于是，学校中的芭蕾大师们更加悉心教导他。

1908年，瓦斯拉夫·尼金斯基以优异的成绩毕业，立即被当时的芭蕾女明星切辛斯卡娅看中，邀请他做了男舞伴。

由于尼金斯基天才的跳跃与旋转，许多名家都邀请他做舞伴。例如，他曾先后为安娜·巴甫洛娃以及卡尔萨文娜等大明星做过舞伴。

不久，尼金斯基被邀请作俄罗斯芭蕾舞团的男主演。1909年5月，这个由“现代芭蕾之父”称誉的编导家福金，以及著名芭蕾女演员巴甫洛娃与卡尔萨文娜以及我们的尼金斯基组成的俄罗斯芭蕾舞团在巴黎首战大捷。因为尼金斯基的出色表演，他成为最得宠爱的孩子。在巴黎回来之后，俄罗斯芭蕾舞团的领导者佳吉列夫更为赞赏尼金斯基。于是，他有了一个以尼金斯基为首的芭蕾舞团的宏伟蓝图。

1911 年，尼金斯基在与卡尔萨文娜合作浪漫芭蕾悲剧名篇《吉赛尔》时，由于忘了在紧身裤上套上一条遮羞的短裤，被当时正在包厢中的杜瓦格尔皇后斥为大逆不道的丑行，玛林斯基剧院让他反省。尼金斯基随即辞职，却遂了佳吉列夫的心。

由于尼金斯基的俄罗斯芭蕾舞团声势大增，福金为尼金斯基编写了《玫瑰花魂》与《彼得鲁什卡》两部名作，都获得了巨大成功。

《玫瑰花魂》讲述了一个美好夏夜的故事。一位妙龄少女手里握着一枝鲜红的玫瑰在一所窗户大开的房子里甜甜地睡着。忽然，那朵玫瑰滑落到地上，这时，玫瑰花魂从闪烁的星空出现，他轻轻飞入窗户，在那里轻盈地舞着，如同那凋落的玫瑰花辨在风中飘动，偶尔才与地面接触。接着，玫瑰花魂飘向了沉睡中的少女，用甜美的香气唤醒她与自己共舞。正当两人舞兴盎然之时，玫瑰花魂突然惆怅地停止了舞动，用嘴唇轻吻过少女的前额，便消失在闪烁的星空中，只留下那可爱的少女在似梦非梦的爱情的回忆中徘徊，沉醉。

这个芭蕾舞剧于 1911 年 4 月 19 日在蒙特卡罗首演。由尼金斯基与卡尔萨文娜这两位巨星联手演出，使得剧情更富表现力。几个月之后，在巴黎又演出了另一部《彼得鲁什卡》，着力展示了尼金斯基非凡的演技。

1912 年 5 月 29 日，由尼金斯基编导的《牧神的午后》在巴黎首演，这是他编写的第一个剧本。

一座绿草覆盖的小山，一潭被绿树环绕的碧绿的湖水，半人半羊的牧神正在树旁沉睡，他内心充满了青春的骚动与幻想。在这个烈日炎炎的午后时分，一群亭亭玉立的仙女向湖边走来，正准备在清澈的湖水中洗去夏日的忧伤。牧神按捺不住本能的冲动，他迅速向美丽的仙女们跑去，这半人半羊的怪物把仙女们惊得四处逃散，慌乱中，有位仙女遗落了一条披巾，牧神欣喜地拾起，把她当作了梦中情人。

这幕展示了人性冲动的剧只有 12 分钟长，但是却已让传统的观众们目瞪口呆，保守者痛骂，激进者喝彩，剧场里乱成一片。终于人们安静下来，赞成者取得了绝对的胜利，纷纷要求再演一场。佳吉列夫也兴奋异常，满足了观众的愿望，这可是俄罗斯芭蕾舞团有史以来的第一次重演。

1913 年 5 月 29 日，尼金斯基的又一部现代芭蕾舞剧《春之祭》又展现在观众面前。这幕舞剧着力表现远古人的生命冲动，歌颂的是人类强悍的生命力。那粗厉强劲的音乐，动作热情奔放的舞姿，一开场就引起了巨大的混乱，几乎使得演员没办法演完，因为观众太狂热了。惊叫、愤怒的责骂响成一片，这种现代的气息与传统思想发生了剧烈的冲突，最终在巴黎引起了巨大震动。

这到底是一出什么样的剧作呢?

在苍茫的俄国土地上，遥远的原始部落时代展示在我们面前。全曲分为两部分：第一部分是“大地崇拜”。春天来临，大地苏醒，一对对男女以性媾动作展示了生命复归的生殖崇拜仪式。第二部分，“祭祀仪式”。山顶上聚集了部落的人群。少女们推选出一位公认为最美的少女去做一年一度的祭祀牺牲。这位幸运的处女一直用最美的舞姿跳着，直到最后慢慢地倒在地上死去。

这种完全现代化的芭蕾舞剧第一次展现在那些在典雅、古老的文明中长大的观众面前，当然不被接受了。但是，从此尼金斯基的名气更大。

1913 年，俄罗斯芭蕾舞团远赴南美各国演出。这次出行中，尼金斯基得到了自己的幸福的婚姻，这让佳吉列夫非常生气，于是将这对夫妇全部开除，这样，尼金斯基结束了自己辉煌的时代。

1914 年，尼金斯基自己组建了一个小型芭蕾舞团，远赴伦敦演出，但由于经营不善，剧团因亏损而倒闭。不得已，尼金斯基跟随妻子去了奥匈帝国。但因为俄国正与奥国交战，尼金斯基被当作敌人关进集中营。后来，在佳吉列夫与美国纽约大都会歌剧院的帮助下，死里逃生。

1916 年 4 月 12 日，尼金斯基再次与佳吉列夫合作，举行了自己的访美首演式。但是佳吉列夫自知已难挽回旧爱，演出之后，便悄然回国，由尼金斯基负责剧团工作，但尼金斯基已身心疲惫。这年秋天，尼金斯基在纽约大都会歌剧院公演了自己最后一部舞剧《蒂尔·奥伊伦斯皮格尔》，但反映平平。演出之后，尼金斯基率团返回欧洲。这时，尼金斯基已表现出了精神病症状。

1917 年夏天，尼金斯基在乌拉圭的蒙得维的亚作了自己的告别演出。他只在《仙女们》中跳了一段玛祖卡舞，就已身心交瘁了。

回到欧洲之后，尼金斯基与夫人移居瑞士，这时他已患上严重的精神病。1919 年初，尼金斯基被送入疯人院。据专家分析，尼金斯基的病来自遗传，其父兄都有这种症状。

1950 年 4 月 8 日，瓦斯拉夫·尼金斯基逝世。他的墓被安排在 18、19 世纪芭蕾代表人物维斯特里与戈蒂埃两人墓穴旁边。这位过早地燃烧完自己的芭蕾巨星就这样默默消逝了。

纯美的“天鹅”早已飞去，留下的形象依然清晰。“火焰”焚尽了没有灰烬，只有观众独自的叹息。

美国芭蕾之父——巴兰钦

1914 年秋，这一天对于塔玛拉是最重要的一天，也是最不幸的一天。

这一天，是彼得堡帝国芭蕾舞学校招生的日子。塔玛拉从小喜欢舞蹈，于是父母决定送她到当时最有名的彼得堡帝国芭蕾舞学校学习。早晨起来，塔玛拉很快就收拾好了，她心里又紧张又兴奋，终于父母就要带着她出发了。突然，父亲一眼瞅见了已 10 岁的儿子巴兰钦，他正自己在屋里捣鼓着不知什么东西，父亲怕他一个人在家里出事，便带着他陪姐姐一起去了。

在排队等候的时候，旁边一位熟人看了一眼巴兰钦，对他父亲说，不妨让这姐弟俩一块试试。父亲一直想让巴兰钦当一名海军，不愿让他学舞蹈，小巴兰钦自己也没想过，但父亲一想，考考试也没什么坏处，就去试试吧，于是姐弟俩一同走进了考试的房间。过了很久。姐姐塔玛拉独自一人流着泪回来了。

父母大吃一惊，谁欺负自己的女儿啦？儿子呢？是不是姐弟俩吵架了，小巴兰钦独自溜掉了？父母费了好一阵力气，才让塔玛拉平静下来。原来，学校录取了弟弟，拒绝了姐姐塔玛拉。

这可是父亲绝没想到的结果，急急忙忙奔到里面去要儿子，怎么能让他去学舞蹈呢？但是已经晚了。原来学校有规定，被录取的学生一律当即留下，开始上课训练。父亲懊悔不已，只好隔着房门与儿子告了别，因为严格的女教师怕这个不安分的小家伙跑出来，父母带着伤心的塔玛拉回家了。

被留下来的这个小家伙做梦也没有想到自己要学跳舞，家里的那辆小车还没有装好呢，但被留在了这里，便没有办法了。

这次出乎意料的结果改变了姐弟俩的一生。小巴兰钦更没想到，不久的将来自己会真正喜欢上舞蹈，并且成为世界闻名的“美国芭蕾之父”。但是，命运造就了这位小家伙。

这个小家伙原名格奥尔吉·梅利托诺维奇·巴兰奇瓦泽，后来改名为乔治·巴兰钦。他于1904年1月22日出生于俄国彼得堡一个音乐之家。父亲是一位作曲家，母亲也受过良好的音乐教育，在这样一个艺术氛围内，孩子们天份都不错。但父亲自有安排。谁知，命运与他作对，把他的安排都打乱了。仔细一想，似乎巴兰钦真有舞蹈天赋，这样也不错。

小巴兰钦在学校里可以经常看演出，并且常常在舞台上扮个小角色。渐渐地，他便喜欢上这个严厉的环境，更向往能独自在台上如同那些大明星们一样飞舞，在小巴兰钦眼里，那太美妙了。

1920年，少年的巴兰钦创作了自己编导的处女作《夜》。由他与同学奥尔加·芒卡洛娃表演。剧中进行了大胆的创新，但被传统的老师斥为对古典芭蕾的背叛与亵渎，却让他的同学们大为振奋。不久，巴兰钦又创作了一个更大胆妄为的双人芭蕾舞剧《诗》，得到保守者更严厉的斥责。但小巴兰钦在学生中的声誉却日益高涨，这足够了。

1921年，巴兰钦毕业了。他有幸看到了青年编导格列佐夫斯基的室内芭蕾舞团举办的完全非传统式的演出，这让巴兰钦更加坚定了走自己的路。

此后，巴兰钦一面在国家歌剧舞剧院做群舞演员，一面与格列佐夫斯基共同创立了一个反传统的舞蹈工作室。这时现代舞蹈已经兴起，社会各地出现了许多搞新式芭蕾的编导。巴兰钦以自己的才华渐渐成为这一群年青人的核心，他们自己组建了一个临时的青年芭蕾舞团，以便随时排演各种新的作品。巴兰钦的创作日益成熟。

不久，巴兰钦举办了一场自己的舞剧专场，其中最为著名的是根据作曲家肖邦的同名音乐创作的《葬礼进行曲》。这是一个由三男八女表演的群舞。一开始六个女子用脚尖碎步慢慢登上台，她们的头沉重地低垂着，手臂僵硬地抬抱着，严肃地聚到舞台中心。突然六个少女仰天张开双臂，围成一个圆圈，她们默默地朝外跪在地上，头又都沉重地垂了下去。三个男子随即抬着一个仰天躺着的已逝的女子，抬到舞台中心放下，然后又被摆布成与其他六个女子一样的姿式。这时，一个满身朝气的少女如天使般飞舞到他们中间，将这些悲痛的人们从苦难引向新生的欢乐。

1924年6月15日，巴兰钦的青年芭蕾舞团推出更为激进的舞剧演出，这第二场演出更被国家歌剧舞剧院的长老们斥为胡闹。

1923 年，巴兰钦从音乐学院毕业后，更加专心于自己的事业。因为一个偶然的机会，他与自己的伙伴丹妮洛娃、夫人吉娃一同应聘到佳吉列夫的俄罗斯芭蕾舞团。在这里巴兰钦作为编导开始初露锋芒，他编导了一系列反传统的芭蕾舞剧。其中比较有名的是《阿波罗》、《众神乞讨》、《舞会》、《浪子回头》等。在编导完《浪子回头》之后不久，佳吉列夫去世，巴兰钦又成了无家可归者。

巴兰钦随后一直在各处客串编导。

1933 年，美国作家林肯·科斯汀找到了巴兰钦，邀请他到美国发展。二人商谈好之后，巴兰钦立即赶往美国，着手准备工作。这年年底，科斯汀与巴兰钦共同创建的“美国芭蕾舞学校”在纽约附近正式开学。但令巴兰钦十分失望，因为这些学生中没有一个有出色的天赋。1934 年，巴兰钦终于把芭蕾舞校迁到纽约市中心。这让巴兰钦十分满意，从此这个舞蹈学校日渐兴盛。

1934 年 6 月 10 日，巴兰钦推出了到美国后的第一部芭蕾舞剧《小夜曲》。从此，巴兰钦便以学生军充作自己的演员，称为“美国芭蕾舞团”，开始了在美国的奋斗。他创作了一部又一部芭蕾舞剧。主要有《梦幻》、《回忆》、《莫扎特组曲》、《浪迹天涯》、《仙女之吻》等。芭蕾舞剧获得巨大成功。因此激化了歌剧与舞剧的矛盾，他们被迫停演了几年。这几年，科斯汀组建了一个小型舞团“芭蕾大篷车”到各地演出。

1946 年，巴兰钦创建了“芭蕾协会”。由于该协会成功地演出了《奥尔菲斯》，被邀请到纽约市音乐戏剧中心。此后，这个协会改名为“纽约市芭蕾舞团”。在巴兰钦的出色领导下，这个剧团为美国赢得了世界声誉，成为驰骋世界舞台的五支一流的芭蕾舞团之一。

巴兰钦的创作也日益精美、宏大。1964 年，巴兰钦应邀搬进了更为宽阔的专门为舞蹈修建的纽约州立剧院。在这里，巴兰钦创作了盛大的《宝石》、《葛蓓丽娅》、《堂·吉诃德》等多部芭蕾舞剧。

1972 年，巴兰钦率领纽约市芭蕾舞团隆重地举行了斯特拉文斯基艺术节。此后又举办了拉威尔、柴可夫斯基艺术节。巴兰钦日益显示出自己的音乐才能，使得自己的作品更为成熟。但是，巴兰钦已经老了。

1983 年 4 月 30 日，巴兰钦因病在纽约市的罗斯福医院逝世。

巴兰钦一生编导了上百部芭蕾舞剧和音乐芭蕾。他一生在舞台上活跃了 60 多年，为美国芭蕾的成长与繁荣作出了巨大贡献。这个昔日的小男孩被人们尊为“美国芭蕾之父”是毫不为过的。

忠魂虽逝有遗篇——小林多喜二

日本近代杰出的无产阶级作家小林多喜二深受世界人民爱戴，他的作品鼓舞人心，他的死令人震怒。1933 年 2 月 20 日，作为共产党的地下联络员，小林多喜二在东京街头从事紧张的工作，然而他却被法西斯政府的走狗当场捕获，是叛徒出卖了他。随即他遭受了严刑拷打，持续了将近大半天的残酷折磨，也未能撬开小林多喜二的口，他终以鲜血和生命捍卫了党的机密。

这一年，小林多喜二正处在 29 岁的英姿勃发的年华。

鲁迅先生亲自拍去唁电，小林多喜二的革命业绩“我们不会忘记的”，中日两国人民“正在坚强地沿着小林多喜二同志的血路携手前进”，这表达了中国人民深沉的哀悼。

然而，志士的鲜血不会白流。小林多喜二以他年轻的生命为自己的英雄著作留下了最好的脚注。他的一生是为革命抛头颅洒热血的一生，也是为日本文学奋斗的一生，他的创作具有奋发向上、刚健质朴的革命现实主义倾向，以强烈的激愤和坚韧的毅力，描绘出 20 世纪初期日本无产阶级英勇斗争的壮丽画卷，奠定了日本左翼革命文学的基础，也是世界无产阶级文学的杰出代表。

小林多喜二的第一部革命作品是中篇小说《一九二八年三月十五日》。这部小说取材于真实的历史事件。1928 年 3 月 15 日，日本的法西斯政府伸出魔爪，绞杀正在蓬勃开展的日本工农运动。在阴云密布的天空下，大批党员和进步人士被捕入狱，惨遭杀害。电闪雷鸣的激烈斗争使小林多喜二深受震撼，他决心以自己的笔对这一事件做出深刻的记录。《一九二八年三月十五日》发表于“三·一五”事件发生后 3 个月，这部力作以大无畏的精神揭露了事实的真相，塑造了革命者——工人出身的党干部渡的光辉形象，同时暴露出法西斯的魔鬼面目，在当时日本社会引起极大的震惊。这部作品以其深刻的现实性成为日本左翼文学划时代的代表作。

《蟹工船》是小林多喜二另一部力作。这部作品取材于真实的工人运动，作者以自己亲身经历的小樽工会的活动为基础，描写了 1928 年日本函馆一带发生的蟹工船工人的罢工事件。小说写的是北海渔业公司的一艘捕捞螃蟹的渔船“博光号”上发生的斗争。“博光号”本是一艘破旧不堪的烂船，经过简略的改装，被派往深海作业，其危险可想而知。船员大部分是失业破产的劳动者，为生活所迫不得不到船上来做苦工，而这里的待遇是非人的严酷，一名叫做浅川的监工时时对他们加以压迫和欺侮，船员们逐渐由小规模的反抗到团结起来进行罢工斗争。小说表现了工人由自发到自觉的斗争过程，场面巨大，人物形象生动。《蟹工船》很快走出国门，为小林多喜二赢得了世界声誉。

工农斗争的主题始终是小林多喜二创作的中心。在他牺牲前不到两三年的时间内，他写出了《工厂支部》、《安子》、《组织者》以及《转形时期的人们》等一批有影响的作品。这些作品体现了小林多喜二在创作技巧上日臻成熟，作品情节上更富于生动性和多变性，在人物塑造上突出了鲜明个性和思想境界。小林多喜二的最后一部作品是《为党生活的人》，或者译为《党生活者》或《地下党员》，这是他最为成熟的一部作品，遗憾的是并没有完成，就成为遗作。

《为党生活的人》采用第一人称自叙方式写成，主人公"我"是一名叫做佐佐木安治的地下党员，在革命斗争中由一个贫苦的孩子逐渐成长为有头脑、有魄力，成熟而又勇敢的职业革命家，成为一个为党生活的人。"我"受组织委托到工厂领导斗争，以高度的革命精神全身心投入到工作中去，揭穿了资本家坑害工人的恶劣行径，并将其军国主义的野心暴露无遗，于是工厂中的工人运动发展为政治运动。"我"作为专职的革命工作者，牺牲了一切私人生活的乐趣，甚至与自己万分敬爱的母亲、亲密无间的弟妹都割断了联系，而"我"钟爱的情人笠原也不得不与"我"分手。这一切都由"我"一人独自默默承担着，而"我"为党生活的信念始终坚定不移。这是30年代的日本英雄战士的精神写照。这部小说受到日本著名的进步作家宫本百合子的称誉，说它是"日本现代文学中第一部细致地再现无产阶级先锋战士形象的作品"。

小林多喜二的创作是与他个人的生活经历紧密联系的，他本身就是一名逐渐成长的革命英雄。1903年，小林多喜二出生于日本秋田县的一户贫苦佃农家，从小一家人都寄人篱下，勉强维生，下层劳动人民的生活奠定了他的创作基础，他对这一切都有深入骨髓的体会和感知。当他爱上写作之后，他也明白地将之确定为自己的创作方向。1927年，年轻的小林多喜二接触到了先进的社会科学知识，并开始认真学习马克思主义著作，而且积极参加了工农运动，在理论与实践双管齐下的努力中，他培养了自己高尚的革命精神和坚定不移的革命信仰，从此走上了充实而又壮丽的人生。

世界上下五千年

符文军◎主编

〔下卷〕

时事出版社
北京

目录

美国的发展

俄国故事

亚非拉星火

壮丽的事业

残酷的战争

苏维埃风云

自由万岁

科学前沿

当代社会

世界上下五千年

shijie shangxia wuqiannian

美国的发展

独立宣言

随着枪声不断的传来，潘恩发表了《常识》一书，他呼吁北美宣布独立，并列举了种种独立的理由。《常识》刮起了独立旋风，吹响了独立号角。同时，随着战争的进程，大多数人越来越认识到：想得到敌人的仁慈，想用妥协换来和平是不可能的，自己的命运只能掌握在自己手中，只能自己解放自己！

1776 年 6 月 7 日，弗吉尼亚代表理查德·亨利·李在大陆会议上提出了一个决议案，要求会议通过：联合殖民地“应该是自由与独立的国家，必须解除对英王的一切效忠，争取外国政府之援助！把各殖民地更紧密地团结在一起。”“联合殖民地是——而且有权利是——自由而独立的，它们解除了对英国国王的一切臣属的义务，因而它们与大不列颠国家之间的联系应该完全解体。”经过简短的辩论，会议任命托马斯·杰弗逊、约翰·阿丹姆斯、杰明·富兰克林、罗杰·谢尔曼、罗伯特·李文斯顿等五人组成一个委员会，负责起草脱离英国的决议。后来，委员会又把这个任务交给杰弗逊。杰弗逊独自关在屋中，从 6 月 11 日到 28 日用了两周多的时间，起草了《独立宣言》，提交大会讨论。经过两天半逐字逐句的讨论和修改，最后于 1776 年 7 月 4 日通过。北美十三个殖民地独立，美利坚合众国诞生了。7 月 4 日后来被定为美国国庆日。

《独立宣言》分为五部分。第一部分阐述了资产阶级的自由权利和人民主权的思想，它写道：“我们认为下面这些真理是不言而喻的：一切人生来就是平等的，造物主赋予他们固有的、不可转让的权利，其中有生命、自由以及追求幸福的权利。为了保障这些权利，才在人们中间成立政府，而政府的正当权利则得自被统治者的同意，如果遇有任何形式的政府损害了这些目的，人民就有权利改变或废除它，并且成立新的政府。而新成立的政府，应奠基于这样的原则上：以这样的形式组成它的权力，以期它最能保障人民的安全和幸福。”

第二部分列举了英王乔治三世的种种罪行。它一针见血地指出：“他一向拒绝批准那些对于公共福利最有用和最必要的法律。……他屡次解散各州的议会，因为这些议会曾以刚强不屈的坚毅精神，反抗他那对人民利益的侵犯。……他滥设了许多新的官职，派了大批官吏到这边来控制我们的人民，并且盘食我们的民脂民膏。……他把大批武装部队驻扎在我们各州，用一种欺骗性的审判来包庇那些武装部队，使那些对于各州居民犯了任何谋杀罪的人得以逍遥法外。……他们没有得到我们的允许就向我们强行征税。……他们一向掠夺我们的海上船舶，骚扰我们沿海地区，焚毁我们市镇并且残害我们人民的生命。他此刻正在调遣着大量雇佣军要来把我们斩尽杀绝，使我们的房舍变成废墟，并施行专政……在他施行高压政策的每一个阶段中，我们都是用最谦卑的语辞，请求改革，而屡次请求，得到的答复是屡次伤害。一个如此罪恶昭彰的君主，其一切的行为都可以确定为暴君，实在不能做自由的民族的统治者。

同时，我们不是没有想到我们英国的弟兄。我们时常把他们立法机关要把它的辖权无理地扩展到我们头上的企图通知过他们，我们也曾把我们这里移民和居住的情形告诉他们。我们也曾经向他们天生的正义感和侠义精神呼吁！我们恳求他们念在同种同宗的渊源，拒绝这些迫害行为，以免影响彼此间的关系和往来，但是他们对正义和同宗呼吁置若罔闻。因此，我们实在不得不宣布和他们脱离，以对待世界上其他民族的态度对待他们，和我们作战的，就是我们的敌人；和我们和好的，就是我们的朋友。”

第三部分《独立宣言》向全世界宣告：“我们这些在全国大会中聚集的美利坚合众国的代表们，以各殖民地善良人民的名义，向全世界……郑重宣布，我们这些联合一致的殖民地从此是，依照公理也应该是自由和独立的国家；我们取消一切对于英国王室效忠的义务，把我们和大不列颠国家之间的一切政治关系全部断绝，而且应该断绝。我们以自由国家的地位，有全部的权力来宣战、缔约、联盟、通商和采取独立国家有权采取的一切行动。”

在宣言的初稿中，杰弗逊用严厉的口吻谴责奴隶制，说奴隶制是“向人性本质进行的残酷的斗争，它侵犯了黑人的最神圣的生命和自由的权利”。但由于奴隶主代表的反对，这段文字被删掉了。

《独立宣言》在历史上第一次以政治纲领的形式宣告了主权在民的原则，比法国的《人权宣言》要早 13 年。马克思称它为世界历史上“第一个人权宣言”“推动了欧洲革命”。《独立宣言》鼓舞了美国人民，使他们英勇果敢地走上战场，最终取得了彻底的胜利。

萨拉托加大捷

《独立宣言》发表后，美国的独立还只是纸面上的东西，要把它变为现实，还必须经过持久的艰苦斗争。对于已进行了工业革命的英国来说，英美力量相差悬殊，英国就国力而言处于绝对优势。英国经济力量雄厚，拥有上千万人口；美国人口总数才 300 万，其中还有许多王党分子和妥协主义者；英国拥有正规军和精良的装备，而美国只有装备和给养都很差的民兵和游击队。英国拥有当时世界上最强大的海军，可运送士兵和军饷，并能有效地封锁美国的港口，而美国根本就没有任何海军。但是美国人民是为独立自由而战，具有高昂的斗志，又是在美国本土作战，地形十分熟悉，各方面消息较英军灵通。一开始只有美国人同英军作战，虽然大陆会议曾派人去游说法国支持自己，但均未获实质性进展，只能从法国那儿得到少量的军资援助。

1777 年初，英国统帅部制订战略计划：以纽约和加拿大为根据地，夺取哈德逊流域，以切断美军北部与中、南部之间的联系。为此，英军派出了三支队伍，并拟定在欧尔巴尼会师。第一支由板高英将军率领，从加拿大出发经过张伯伦湖；第二支在巴利圣·列格尔中校率领下，也从加拿大出发经过安大略湖和摩瓦克湖；第三支由克林顿将军率领，从纽约出发，沿哈德逊河北上。这个计划存在战略缺陷：板高英出发较早，但攻下爱德华要塞时，已快弹尽粮绝，同时又受到美军和当地居民的攻击，弄得狼狈不堪。圣·列格尔队伍在库瓦克汉受到当地居民强有力的狙击，无法前进，只好退回加拿大。到两支队伍陷于绝境时，克林顿才姗姗而来，在他的队伍到达离欧尔巴尼 60 英里的地方之前，板高英就退到萨拉托加了。板高英还未来得及安营扎寨，就被 4 倍于己的农民包围，弹尽粮绝的英军只好于 1777 年 10 月 17 日投降。萨拉托加大捷使英军夺取哈德逊流域的计划破产了，同时也促成了法国以美国盟友的身份参战，继而西班牙、荷兰也加入了美方作战。德、俄等国则组成所谓“武装中立同盟”，英国陷于孤立之中，萨拉托加大捷成为美独立战争的重大转折点，为《巴黎和约》的签定和使英国承认美国独立奠定了基础。

没有永久的朋友，也没有永久的敌人，只有永久的利益。法、西、荷等国的参战实际上是为了各自利益而进行的，就像美国刚独立之后法英就携手阻止美国强大一样。

谢同起义

什么是国家？国家究竟是干什么的？马克思认为国家是统治阶级统治人民的一种暴力工具，这是从既存的历史现象中得出的结论。虽然马克思用发展的观点分析了将来的国家全由无产阶级掌权并实现社会主义，进而发展成为没有国家的共产主义社会。国家是一种机构，国家机关中所有工作人员特别是领导成员均应是人民的真正代表，人民对其具有绝对权力，可以随时撤换而不应受到任何外来干涉，军队应直接掌握在人民手中，其余政府部门截然分开，不接受任何行政部门的领导或管辖。

当然以上也仅是设想，即便有些国家宣称自己主权在民，其真正在谁手里，一看便知，美国《独立宣言》对人权的规定设想可谓是有史以来（截止到《独立宣言》发表）最为明确完美了，但结果呢？美国脱离英国后，资产阶级和种植园奴隶主等富人获得了真正的独立和解放，解放战争中的主力军——贫苦大众的处境不但没有得到改善反而每况愈下，广大人民群众被剥夺了普选权，60 多万成年男子中只有 10 万人享有选举权，人民群众并未迎来自己当家作主的日子，走投无路的贫民百姓只好又拿起了武器。

1786 年秋，爆发了美国历史上第一次大规模的农民起义——谢同起义，历时半载，对美国的历史产生了深远的影响。丹尼尔·谢同（1748—1825）出生于贫苦的农民家庭。独立战争中多次立功，被授为陆军上尉，并受到支援美国的拉法叶特将军的赞赏，拉法叶特将军特地送给他一把宝剑。退伍后，回到家乡一贫如洗的他不得不把将军的宝剑卖掉。他认为土地是依靠人民力量从英国手中夺回来的，因此就应合理地分配给农民，并且要免除土地税，废除一切公私债务，取消惩罚穷人的法庭，打倒社会的吸血鬼——资产阶级的辩护者和律师。他号召曾为民主、自由、独立而战的人们拿起武器，为了保卫独立战争的胜利果实而继续战斗。谢同的革命主张得到了广大人民群众的支持。马萨诸塞等地的农民、手工业者和退伍军人 600 多人，在谢同和他的伙伴鲁克·佳的领导下举行了起义，谢同起义的烈火迅速燃遍了康科佳。

一个奴隶的暴力现身说法

道格拉斯本是一个逃亡的奴隶，后来学会文化，写了一本自传介绍了他的前半生，书名曰《一个奴隶的自述》，内有这样几段：

“我生于马里兰州塔尔波县。我不知道自己生于何年何月何日。大部分的黑奴在了解自己生日这个问题上并不比马或牛高明，因为奴隶主不愿意把黑奴的生日告诉奴隶本人。……这件事从小就给我带来了痛苦，因为周围的白人小孩都能说出自己的生日，而我却茫然不知所对，尽管我的年龄要比他们大。我也不敢向我的主人打听我的生日，我只能对自己作估计。在 1835 年时，我在无意中听我主人在别人面前说我 17 岁了，因此，我估计我生于 1817 年。

“我母亲是一个血统黑人，我父亲是一个白人。这是我从小听人家这样说的，另外我本人的相貌也有白人的痕迹。有人说这个白人不是别人，就是我的主人，但我无法肯定也无法否定。在我孩提时期，我与母亲就被拆开了，小黑奴与母亲被从小拆开是奴隶主们惯用的一种做法。通常在孩子满一周岁前母子就要被分开，婴孩交给农场上的老年女奴看管，因为她们已年迈力衰，反正干不了多少活，而母亲一般正届壮年，若让她兼管孩子，势必影响她的劳动。

“在我一生中，我与我妈（从我意识到她是我妈算起）一共见过四次面，每次只是几个小时，而且都在夜间。她那时在一个名叫史蒂华的主人那里干活，离我住所有 15 英里。她必须在晚饭后出发，而又必须在第二天日出以前准时出工，因此不能在我那儿多留一个小时。如果她回去赶不上日出，那就要挨一顿鞭子毒打。我从来没有与我妈白天见过面，她晚上来，一来就哄我睡，到我醒来的时候，她早已不在了。没几年，她就病死了。那时我约 7 岁。她患病时我从来没有被允许去探望过她，入葬时我也没有被允许去参加葬礼。当听到她死去时，我没有什么感觉，因为那时我并不了解母亲的爱抚。对我来讲，母亲与陌生人没有什么区别。

“我的第一个主人名叫安东尼，他是一个十分残忍的人，他似乎把鞭打奴隶作为一种乐趣。我时常在清晨被姨母的惨叫声所惊醒，因为我的主人时常把她吊起来鞭打，即使血流满背也不肯罢休。姨母愈叫得厉害，他的鞭子抽得愈凶；哪儿的皮肉愈烂，他的鞭子抽得愈紧。惟一使他放下鞭子的原因是他的力气用完了，抽不动了。

道格拉斯在书中还写了他姨母被打的原因及情景。安东尼不准姨母晚上出去，尤其不许她与一名叫罗伯兹的年轻人在一起，因为姨母是个美貌女郎。一天晚上，姨母不仅夜出且与罗伯兹在一起。安东尼残暴地鞭打姨母的主要原因是吃醋。在这个流氓人物的头脑中，一个男子与一个女子在一起时，除了幽会以外，就不可能有其他任何理由。

“他先把姨母拖到厨房内，把她上衣剥个精光。然后命姨母双手交叉，他用一根绳子把姨母双手捆了起来，狠狠地骂她是一个不要脸的婊子。他叫她站到一个木板凳上，他把绳子套在横梁上的一个铁圈内，然后收紧绳子，使姨母的足尖刚好可以接触凳面。接着主人走到姨母面前，把裤子也剥了，然后拿起皮鞭，没头没脑向姨母身上抽去，我看到姨母的血一滴滴往下流，真是惨不忍睹。我不敢看下去，急忙躲进我自己的木屋子里去哭了。我当初不了解主人为什么要剥光衣服鞭打，后来才体会这是主人的‘节约’，因为衣服是主人提供的，打烂了衣服等于打烂了主人的财产，衣服要比奴隶的生命珍贵得多。

“奴隶们没有床，睡在所谓地板及泥地上，每人发一条粗毯子。但对奴隶来讲，最缺少的倒不是床或毯子，而是睡觉的时间。奴隶一下工就忙着洗澡、洗衣服等等，这一切做完后已精疲力竭，就一个个带着毯子，不分男女老少，躺在冰冷的泥地上。第二天早上号子一响就得马上起床，第二声号子一响就得马上出发上工，迟到的人就给以一顿结实的鞭子。

“我们的监工名叫薛维尔，真是名副其实。与其说他的工作是监工，不如说他的工作是鞭打。从早上号子声一响，他就开始抽打，一直打到下工为止。

“我的第二个主人名叫劳埃德，他有一个很大的庄园。他家备有三套马车，养了20来匹马。看马的奴隶是巴奈父子。劳埃德是一个凶狠的主人，巴奈父子整日生活在恐惧中。主人对任何一匹马有任何一点不满，就意味着对巴奈父子，特别是对巴奈的一顿毒打。满意不满意并不取决于马的保养情况，而取决于主人那时刻的心情。哪匹马跑得慢，巴奈要挨鞭子；哪匹马头昂得太高，巴奈要挨鞭子；哪匹马，嘶叫不合时宜，巴奈也要挨鞭子。主人舍不得抽马，却舍得抽奴隶。不管主人说得是对是错，奴隶必须毕恭毕敬表示接受，甚至不能在脸色之间表示任何反抗，否则又是一顿鞭子。有一次我看到老巴奈为了一项根本不存在的罪名而罚跪在地上，主人一连给了他 30 大鞭。

“劳埃德有三个儿子也是虎狼心肠，是抽奴隶的嗜好者。有一次，我看见他们叫马车夫威尔基站在四、五公尺外，令他脱去上衣，然后他们三人各用马鞭，赛谁能在威尔基背上打起最大的疙瘩。”

“劳埃德的狗腿子戈雷也是一个杀人不眨眼的家伙。有一次，他要抽打黑奴邓比，刚抽上几鞭，邓比受不了，拔腿跑了，一直跑到一条小河边。他不顾河水一直跑到河中央，河水及肩。戈雷追了过来，命令他出来，他不肯。于是戈雷拔出手枪威胁说：我喊一、二、三，如果喊到三你还不动，我就要开枪。数完后，邓比仍然不动，于是，二话不说，戈雷就砰砰两枪，把邓比活活打死在河中央。

“我亲耳听见戈雷向主人汇报说：‘我不能不打死他。我要不打死他，我这碗饭就没有办法吃下去了，因为别的奴隶再也不会听我指挥了。’我的主人竟然同意他的结论，于是这条人命案就当狗命案似地了结了。”

“我顺便说一下，在蓄奴州杀死黑奴或任何黑人都不算犯罪的，不但法庭不论罪，社会也不论罪。

“我七、八岁时，被送到巴尔的摩服侍新主人奥尔德。我初到时，正值奥尔德先生到外地公干去了，由奥尔德太太接待我。她待我很客气，而且还问寒问暖，我当初觉得她真是一个和善的主人。我的任务是陪小主人，特别是陪他上学。奥尔德太太见我不识字，还抽空教我读书识字，我开始感到了人生的幸福。

“一个多月后，奥尔德先生回家了。他发现他太太教我读书识字，就把她狠狠地训了一顿。我躲在门外听见他斥责太太说：‘你怎么能教奴隶识字，我们所以能叫奴隶安心当奴隶就是因为他没有知识。奴隶一识字就有了知识，一有知识他就不可能甘心当奴隶。不仅如此，奴隶有了知识他就会找到摆脱奴隶地位的方法和途径。更坏的是，他还可能在奴隶中间煽起不满，实行叛乱’。

“从此以后，我的女主人就变了一个样子，我再也看不到她的和颜悦色了，当然更谈不上教我读书识字了。但我从奥尔德先生那里得到了一个很大的启发：奴隶有了知识就懂得摆脱奴隶地位的方法和途径。那天晚上，我就跪下向上帝发誓，我一定要读书识字，获得知识。”

“有了决心就有办法。虽然女主人不再教我，但她已教会我初步的识字本领。我利用每天送小主人上学的机会，在路上引导小主人把学校中所学的东西透露给我。我还经常注意路上的破旧报纸，拣起来念，这样，我终于学到了不少东西。”

道路拉斯在书中还记载了他的第三位主人柯维先生。柯维先生是一个更为狠毒、更为刻薄、更为虚伪的家伙。他满口仁义道德而实际行动上却恰恰相反。他有一女奴卡洛琳，她的任务就是多生小奴隶以增加他的财产。在书中作者这样描写：

“如果说我一生中尝到过最苦的奴隶滋味，那就是在柯维先生家中尝到的。一年到头，不管天寒地冻，下雨落雪，我们总得下地，从早到晚不得休息。最长的白天，在柯维先生看来，还嫌太短；最短的夜晚，在柯维先生看来，还嫌太长。……我曾起过一个念头，打算把柯维先生杀了然后自杀，只是由于迟疑才没有下手。

“我现在深切体会，南方的宗教是最虚伪的东西，是用来掩盖其最可耻的罪恶的。奴隶主最残酷、最下流、最不可告人的罪恶都可以在宗教的外衣下获得庇护。假如我现在再要落入奴隶主之手，那么，我最大的不幸是落入一个自命信教的奴隶主手中去。”

1835 年，道格拉斯又重新回到奥尔德家去做工。他找到一个时机，在黑人朋友的帮助下，在 1838 年 9 月 3 日逃出了巴尔的摩到达纽约，获得了自由，从此也开始了他积极地反对奴隶制的斗争。

不久，波士顿《解放报》社长、废奴主义者葛里逊找到道格拉斯，并带他到各大城市公开演讲，诉说他的生平遭遇。道格拉斯的演讲影响之深，未可估量。但葛里逊是一个和平主义者，企图用宪法手段来废除奴隶制度。他不许道格拉斯在台上发表评论。

道格拉斯非常疑惑：为什么不许他本人下评论呢？难道这不就是禁止黑人造反吗？难道这不就是黑白不平等的另一种表现形态吗？他在 1848 年前往斯普林菲尔德找约翰·布朗。在布朗的指点下他看到了黑人解放的真正道路。但葛里逊根本不同意道格拉斯的建议，仍一意孤行。他们的分歧越来越大，道格拉斯终于毅然造了葛里逊的反，独自出版了刊物《北极星》，指引人们的废奴斗争。

道格拉斯号召奴隶以武力对付奴隶主的武力。他指出：“杀死追捕者是否做得对呢？对！把他杀死是不能算犯罪的，因为这等于杀死一条咬住一个婴儿的豺狼。”

道格拉斯的号召引起了奴隶主的恐慌。这位在艰苦环境中成长起来的英雄，以他坚定的立场、昂扬的斗志领导着反奴运动，他用自己的实际行动向人们说明了解放黑奴的正确道路。

由小律师到总统——林肯

在19世纪上半叶，美国的政治操纵在民主党和共和党两党手中，随着蓄奴问题的尖锐化，政党的衰弱重组，最后成为民主党和共和党联合控制局势。在1860年的选举中，代表反蓄奴势力的共和党取胜，党员林肯就职总统。

林肯于1809年2月生于肯塔基州一个贫困的家庭，幼时只上过一年学，但他喜好自制木船并用它旅行。旅行中林肯目睹了拍卖奴隶的场景并决心为打垮这一制度而奋斗。在1830年以后，林肯曾在商店做小职员。他对工作认真负责，曾为多收了一顾客一角二分钱而专门跑了三英里的路还钱。林肯的这种态度深受人民喜爱，于是有了“诚实的林肯”这一称号。有学问、有智慧、心底善良的林肯不久就被人们推选为伊利诺斯州的州议员。在此期间，爱好法律的林肯开始学习法律。1836年他通过了律师考试成为一名真正的律师。

林肯断案不靠引经据典，而是善于利用他丰富的生活经历，以西部农民所熟悉的生活实例来说服对方。林肯很爱学习，甚至还看阿基米德几何学，他在法庭上的机智更是有口皆碑。

一次，一位原告律师在庭上把一个简单的论据翻来覆去重复了两个小时，讲得听众都不耐烦了。接着是林肯上台替被告辩护，只见林肯走上讲台，先把外衣脱下，放在桌上，然后拿起玻璃杯喝了一口水，然后把玻璃杯放下，重新穿上外衣，然后又把外衣脱下，又喝水。这样循环了五、六次，堂上的听众都已笑得死去活来，而林肯一言不发，在笑声中走下了讲台，他的对手就这样被笑输了。

但使林肯取得全国声誉的则是阿姆斯特朗案件。林肯当年初到纽萨拉姆时，曾经同当地第一个角力手阿姆斯特朗进行过较量，林肯的劲儿很大，居然把对方摔倒了，从此他们两人交了朋友。不幸阿姆斯特朗得病早死，遗下一妻一子，生活相当艰苦。

有一天，林肯忽然在报上看到一条消息说：小阿姆斯特朗被控犯谋财害命案，已被初步肯定有罪。林肯知道这孩子性格纯良，决不会干杀人之事，他马上写了一封信给阿姆斯特朗夫人，信中这样写道：

“我刚刚获悉你儿子被控谋杀罪的噩耗，我不能相信他会犯被控告的罪，这看来是不可能的，我希望获得一次公正的审判。当年我落难的时候，你的家曾经给我以温暖，因此我冒昧要毛遂自荐来免费帮你打这一场官司。

“当年你已故的丈夫曾不嫌我的穷酸，免费给我安身之处，现在我希望或多或少能偿还这一笔若干年来的人情债。”

不久，林肯就到阿姆斯特朗家，那孩子的妈噙着眼泪向林肯诉说冤情，林肯更深信这是一件冤案。他以被告律师的资格，向法院查阅了全部有关案卷，进行仔细研究，直到心中有数，才要求法庭复审。

复审开始了。全案的关键在于原告方面的一位证人福尔逊，因为福尔逊发誓说他在月光之下清楚地目击小阿姆斯特朗用枪击毙了死者。

按照法庭的惯例，林肯向福尔逊进行了一场面对面的交叉对问：

林肯：你发誓说你认清了小阿姆斯特朗？

福尔逊：是的。

林肯：你在草堆后面，阿姆斯特朗在大树后面，两者相距二、三十米，能认清楚吗？

福尔逊：看得很清楚，因为月光很亮，完全可以在二、三十米内认清目标。

林肯：你肯定不是从衣着方面认清的吗？

福尔逊：不是的。我认清了他的脸蛋，因为月光正照在他脸上。

林肯：你能肯定时间在 11 点吗？

福尔逊：完全肯定，因为我回屋看了时钟，那时是 11 点 1 刻。

林肯：你担保你说的全是事实吗？

福尔逊：我可以发誓我说的全是事实。

林肯：谢谢您，我没有其他问题了。

接着林肯容光焕发地发表了一席惊人的谈话：“全体女士和先生们，亲爱的陪审官先生们，我不得不告诉你们，这个证人是一个彻头彻尾的骗子。他一口咬定 10 月 18 日 11 点在月光下认清了被告的脸。请大家想想，10 月 18 日那天是上弦，11 点时月亮已经下山了，哪里还有月光？

“退一步说，也许他时间记得不十分精确。假定说，时间稍有提前，那的确有月光。但那时月亮应当在西方，月光从西往东照射，草堆在东，大树在西，如果被告的脸对着草堆，脸上是不可能有月光的，证人怎么可以从二、三十米外的草堆看清被告的脸呢？”

整个法庭都轰动了，原告证人当场出了洋相，在众人咒骂声中承认了自己是被人收买来陷害被告的。

林肯打赢了这场官司使他成为全国最有名的律师。

共和党主席从此看中了林肯，请他出来担任伊利诺斯州的联邦参议员候选人，与在职届满的民主党参议员陶格拉斯进行竞选。

在竞选之前，双方进行了明争暗斗及各式各样的人身攻击。例如：

一次，陶格拉斯奇怪地搬出一套逻辑说：“林肯若真心主张黑白平等，为什么他不娶黑人做老婆而娶白人做老婆？他既然只爱他的白人老婆，可见他所谓黑白平等全是欺人之谈，他本人不过是一名哗众取宠的骗子罢了。”

林肯答曰：“我年纪大了，我不想离婚重新娶妻子。但即使我还没有结婚，我也不准备娶黑人妻子。我认为应当让黑人姑娘自由地嫁给黑人男子或白人男子，白人男子也可以自由地娶白人姑娘或黑人姑娘做妻子。不应当在这种事情上去进行干涉，这就是平等。”

但当时的总统是民主党人，且民主党人在计票中搞了小动作，终于使林肯以数票之差输给了陶格拉斯。于是，满怀总统美梦的陶格拉斯继续连任了参议员，但真正的政治胜利还是属于林肯，因为一场辩论使全国人民了解了林肯的观点并群起拥护之。

终于，在1860年的总统竞选中，林肯以他正义的立场、机智的头脑、雄辩的口才赢得了选民的支持，当选为美国第十六届总统。

当时，存蓄还是废除奴隶制度是南北方的斗争焦点，当时矛盾异常尖锐。林肯不希望发生内战，他在宣誓就职时还以委曲求全的口吻说：

“只要你们不动手，内战是打不起来的。你们没有任何合法的权利可以推翻政府，而我却有庄严的责任来维护政府。

“我们不是敌人而是朋友，我们不应当成为敌人。感情可以冲动，但不应冲破友情。”

然而内战还是爆发了，林肯不得不领导人们进行了为期四年的南北战争。战争最终以南方的失败而告终。林肯接到敌人投降的消息后，就表示要对敌宽大，然而南方奴隶主阶级对林肯却一点也不感恩戴德，他们老早就决心要从肉体上消灭林肯。对此林肯满不在乎。但由于白宫的一时疏忽，使林肯在1865年4月12日，也就是南军投降后的第五天在华盛顿福特剧院被刺。

林肯的死讯传出后，天下识与不识林肯的人，莫不举哀。诗人惠特曼的妈妈正为惠特曼准备早餐，但门外忽然响起“号外”之声，惠特曼立即奔向门外买了一份“号外”。妈妈和儿子读报后纵声大哭，这一顿放在餐桌上的早饭就此无人理睬，一连竟放了三天，因为在这三天之内，惠特曼和他妈妈终日啼哭，没有举火烧过一顿饭。以后每年逢林肯忌辰，他就要在林肯逝世纪念会上发表演说，介绍林肯一生的艰苦事迹，讲到林肯被刺时，总是禁不住落泪，有时不免纵声大哭，听者无不泪流动容。

这位出自贫苦农家的林肯，他的一生不断学习、积极进取、力求上进。他以他的诚实、机智、友爱、宽容赢得了人们的尊重和爱戴。他不仅是美国人民衷心爱戴的总统，而且也是世界各国人民心目中的英雄。

爱迪生眼中的科学与金钱

自从美国确立资本主义制度以来，资本家之间的“商战”一直很激烈。19 世纪下半叶，资本家古尔德在哈里斯被摩根击败，但实力未损，不久他就钓了一条特大鲤鱼——托马斯·爱迪生。

1847 年 2 月 11 日，爱迪生生于俄亥俄州米兰城，家庭贫困，只上了不到一年的小学，他的学习成绩虽然平平，但却已显示出喜欢试验的个性。

一日夜间，小汤姆的妈妈腹部剧痛，急延医视之，断定为阑尾炎，需要马上动手术。当时电灯还有待发明，汤姆家中只有煤油灯，不足以照明。医生和汤姆全家都感到万分为难，束手无策。

忽然，小汤姆跳了起来说：“医生叔叔，请稍等，我将设法补救。”只见小汤姆夺门而出，直奔邻居小杰米家。小杰米的爸爸是家具商，店铺中有穿衣巨镜四块，汤姆征得杰米爸爸的同意，就把四块巨镜搬至家中，放于手术台四周，然后在镜前各放一盏煤油灯，顿时全室照明如昼，手术乃得以顺利进行。

一次，汤姆的爸爸和妹妹往外地探亲戚，定于下午 5 点乘火车返家。到下午两点，忽起狂风暴雨，汤姆对妈妈说：“如此风雨，路桥可能不保，让我前往观察一番。”他跑到郊外桥边，果然大事不好，桥已经断了。这时，时间已过四点半，回车站报告已经来不及了，怎么办呢？

汤姆发现离桥不远有一座小工厂，乃心生一计，直奔工厂（那时电话还没有发明），向厂长说明原委，乞借工厂汽笛一用，厂长允之。

汤姆的妹妹丽莎，平日惯与哥哥作电报之游戏，所以熟悉电报收发。她坐在火车上忽然听见有电报叫她：“丽莎，丽莎，我是汤姆，我是汤姆，前面铁桥断了，前面铁桥断了，快请车长停车，快请车长停车。”

那小姑娘听得字字真切，没有漏掉一个字，她马上报告车长，请他停车。车长看这么一个小姑娘，有点半信半疑，但竖起耳朵一听，真的听见在汽笛声中带有电报。于是决心下令急刹车，一场灾祸得以幸免。车子完全停下时，距断桥不到 100 米。

但小汤姆最闻名的一段故事则是车下救婴。有一次，正当一列货车已经开始进入车站之际，站长的 3 岁小儿子突然跑进了车轨，站台上的人以及货车司机见状，全都傻了，不知如何是好。在这千钧一发之际，只见小汤姆从站台上鱼跃而下，抱着小孩，滚出铁轨，仅以十分之三秒之差，避过了一场灾祸。小汤姆只有轻微的擦伤，小孩则安然无恙，四周的人没有一个不捏一把冷汗的。

站长为了报恩，特许小汤姆在列车上卖报。这时，汤姆已搬到密契根州，此故事发生于密契根的格兰屈伦克，时为 1859 年。

汤姆在列车上卖报时，逐渐感到报纸消息送到读者手上时，已不够新鲜，乃自己收电报、自己编辑、自己刻腊板、自己印刷，在列车上发行了一份《先锋报》，时为 1862 年。这是世界报业史上第一名最年轻的报纸发行人。

爱迪生用卖报赚来的钱购置化学品，在一个车厢的一角设了一个实验室，不料这个实验室却给他带来了一场飞来横祸。

当时的火车行车条件远非现在可比，车子在转弯时车身必猛烈震荡。有一次，在车子震荡时，爱迪生的一瓶化学品被震下了地，在车厢内着起火来。爱迪生用尽全力才把火扑灭，这时，车长已闻讯而至。他怒气冲冲，不问青红皂白，把爱迪生的全部印刷设备和化学品甩下车厢，最后一手抓住爱迪生，一手向爱迪生右耳掴了一猛掌，把爱迪生也甩下了车子，爱迪生的右耳从此失聪。

回家后，他转业为铁路电报工作，并在业余时间进行化学实验。他每天要干 14 个小时而不以为累。

1869 年，爱迪生发明的交易所计票机问世，这是他第一起公认的发明，也是第一次获得金钱报酬的发明。他领到了专利证第 90646 号。当他到专利局领取奖金的时候，他没有带皮包或布袋，致使他把所有的口袋都塞满了，又抱着一堆钱回家。当时报纸都刊载了爱迪生钞票为患的一幅漫画像，成了这位发明家的一则佳话。

从 1869 年的计票机算起，爱迪生的大大小小的发明一共有 1300 多宗。特别重要的有：1876 年的电话机、1877 年的留声机、1879 年的电灯、1880 年的电车、1882 年的电台、1891 年的活动电影。

现在人们只知道电话机是贝尔发明的，但真相却是：爱迪生当初发明的电话机只适合实验室之用，而贝尔却在同期发明了较适用于商用的话机，因此贝尔就占了上风。

爱迪生的原始留声机是用大喇叭发声的。他把自己的讲话录了下来，在大喇叭内重新放出。有一批宗教界人士看了大惊，硬说这个喇叭闹鬼，就不由分说，把喇叭砸烂了。甚至有人说爱迪生本人就是魔鬼化身，要用火把爱迪生活活烧死。

爱迪生经此打击，并不灰心。他回去又制造了第二个喇叭。这一次，他不敢录人的声音了，而是把狗叫的声音录下来，在喇叭里播放。人们终于相信了他这一项发明的巨大意义。

现在美国最大的唱机垄断公司“美国收音机公司”的商标，仍然是一个大喇叭和一条狗，这个商标就是纪念爱迪生造第一架留声机的故事的。

爱迪生最动人的一项发明，也是他本人感到最满意的一项发明，则是电灯。在古代希腊神话中，有一个名叫普罗密修斯的神把上帝的天火偷给了人间，所以人们惯于把爱迪生称为当代的普罗密修斯。

为了找到一种能够耐久燃烧的灯丝，爱迪生及其实验室的全班人马，走遍了整个世界，试用了他们认为可能成功的每一种材料。当然，他们也曾到过中国，在湖南采购了湘妃竹。

经过 1300 多次的实验，最后终于找到了当时比较理想的材料。在最后开始试用的那天晚上，每个人的精神都紧张到了极点。爱迪生站在灯泡旁边，下令开灯，全室鸦雀无声，只听得开关扑的一响，电灯照亮了整个实验室。人们惊喜若狂，他们抬起爱迪生，发疯似地走上大街，欢呼“人类已偷来了天火”。

爱迪生即威名大振，自有一批吹捧家给他戴上了一顶天才的帽子。为此，爱迪生召开了一个记者招待会。他说："我以科学家的良心告诉你们，我对天才进行了分析，结果是：天才的成分百分之九十九是辛勤的劳动。"

他顺便说："我对工人的八小时工作要求是支持的。但我要说，若有人把八小时工作当作放之四海而皆准的标准，那就荒唐了。你难道能叫一个革命家、一个科学家、一个作家、或一个作战的士兵每天只工作八小时吗？我从 14 岁开始每天的工作时间就一直超过 12 小时，现在也仍然这样。我不反对社会上的 8 小时工作运动，但我坚决反对我个人每天只工作 8 小时。"

美国当时在电报行业处于垄断地位的是西联电报公司。古尔德为了争取西联，花了 100 万美元建了一条新线路，名曰太平洋大西洋电报公司。西联对此非常敏感，旋即派人与古尔德谈判，买下了这条线路。然而当太平洋大西洋公司并入西联之时，其主要人马也转入了西联，其中就有西联的总工程师艾克特。

爱迪生发明了四重发报机，比原来的电报效率翻了一番。西联公司乃派艾克特与爱迪生进行谈判，表示愿以 5 万美元收买他的专利。然而，当日夜间 10 点，古尔德和艾克特就把爱迪生拉到古尔德公馆进行谈判。作为科学家的爱迪生不熟悉生意经。当古尔德提出愿以 10 万美元收买他的专利权，并请他出任马上成立的公司的总工程师的条件后，爱迪生与艾克特和古尔德签了合同。

这样，古尔德在一个小时内成立的美联公司就出笼了，而且掌握了爱迪生这张王牌。西联感到束手无策，只好同意美联并入西联，而由古尔德任总经理。

爱迪生在古尔德手下工作，屡受古尔德专制。有一次，言明要建一个实验室，但古尔德出尔反尔，以无利可图为理由，收回了诺言。爱迪生大怒，乃挂冠而去。他向报界发表谈话说："古尔德一心想钱，心灵猥琐，他对科学本身根本没有兴趣，他要把科学作为生意的奴隶，我已不能跟他共事。"

在美国一般历史书中，古尔德被认为是品质最恶劣的垄断资本家。历史学家詹姆斯·基恩说："古尔德是基督纪元以来世界上最无耻的人。"但另外一些历史学家认为古尔德无非是许多典型垄断资本家之一而已，既不比坏人好些，也不比坏人坏些。他们这样分析："少年古尔德看到：社会对贫穷的人绝不会同情。贫穷的生活就是一片黑暗，即使不生病，不年老，也是一无希望。惟一的出路就是取得财富，安全的惟一保证就是财富。”

“社会上的上层阶级可能在口头上为贫穷祝福，也可能写漂亮文章到处散发，说诚实的贫穷是一种美德。但所有这一切都是十足废话，活生生的事实是穷人被压在地下喘不过气来。古尔德仅仅是为了摆脱贫穷而使用了一切手段。古尔德不是他个人创造了自己，他是一种制度的产品。”

但这些话总比不上被古尔德击败了的一位资本家的自白有力量。这位资本家是太平洋邮船公司前老板斯托克维尔。他说：“我当初到纽约的时候，买进了500股股票，人们称我为斯托克维尔。后来我买进了5000股股票，人们称我为斯托克维尔先生。后来我买进了50000股，人们改称我为斯托克维尔少校。最后我控制了太平洋邮船公司，人们又改称我为斯托克维尔上校。然后，古尔德把我击败，把我从太平洋邮船公司撵走，于是，人们就叫我那个从西海岸来的狗婊子养的赤鼻头。”

这就是当时科学与金钱对立关系的体现。

贝尔发明电话

莫尔斯发明电报之后，人们更加积极探索：电怎样传递声音。

电话的原理其实很简单，只要将声波的振动转化为电流的振动，那么人的声音就可以通过电线传送出去。

只要实现这种转化，就是电话了。

贝尔是波士顿大学的教授，他本是苏格兰人。在美国他曾经参与了电报的改进和研究工作，对电讯有一定了解，慢慢地，他就开始研究电话了。

亨利是电报发展中有很大影响的专家。莫尔斯发明电报的时候就得到亨利的帮助。这次贝尔研究电话，也找到了亨利。

亨利年纪已经很大了，但对贝尔鼓励有加并且热情帮助。

贝尔的研究室里，一直摆着用橡胶做成的人头和喉咙的怪模型，那些模型连着地上的风箱，风箱一动，模型就发出奇怪的声音，原来他是教授语音学的，对语音的兴趣使他转移到了电话上。

贝尔有一名很亲密的合作伙伴，他就是18岁的技师沃森。二人投入到研究工作中，带有火一般的热情。他们就在原来的旧马车棚里工作，尽管条件很简陋，但是他们夜以继日地进行研究。

贝尔把旧的马车棚改成了楼上楼下的听音房与喊话房。他们首先做成了电磁铁片的振动膜，接着研制振动簧片。

贝尔发现，碳粉的密度与电阻的改变极其相关，而电阻的改变可以改变电流强度。那么话筒可以用钢膜夹住碳粉做成，人说话时，声波造成冲击，影响钢膜，进而可以改变被夹碳粉的密度。

就这样，贝尔把送话器与受话器研制成功了。

1876年2月的一天是一个难忘的日子。

贝尔他们连接好设备，一个人在楼上，一个人在楼下，准备试验。

贝尔到了楼下，他喊了几声，不见动静。他又喊道："沃森，听到请过来，我等待着成功！"

结果，沃森仍是没有动静。

贝尔检查了设备，把他认为应当变换的地方调了调。

忽然，一不小心，贝尔把硫酸撞洒了。

这下他可着急了，不由自主喊道：

"沃森，快点儿，出危险了！"

这时，忽然听到楼板一阵响，沃森出现在眼前。

贝尔手忙脚乱，正在着急地收拾，突然他高兴地意识到了什么："沃森，你从设备里听到的？"

沃森高兴地说："是啊，我们成功了！"

贝尔欢呼起来，东西也顾不上收拾了。

1878年，波士顿和纽约之间进行了人类第一次长途电话通话，当然还是贝尔与沃森二人了。

早在两年前，他们就已经取得了传话器与听筒的专利。在博览会上，他们的发明也受到广泛的关注，很快电话就推广开来。

1880年，美国已有5万家电话用户。

1881年，贝尔建立了第一家电话公司。

美国的《镀金时代》

马克·吐温的《镀金时代》揭示了美国19世纪70年代繁荣背后的隐患，早在《镀金时代》问世以前，英国的资产阶级文豪查尔斯·狄更斯就作过一篇旅美札记，点穿了“镀金时代”的实质。

其中记载了这样一种特别普遍的现象：某某先生用最缺德、最卑鄙的手段获得了庞大的财产；他犯有各式各样的罪，而国人竟对他熟视无睹，且有鼓励之意；他曾是个被人控告过的骗子；他一度挨群众的打，是一个十足的流氓；但他却又有很了不起的东西，那就是：他做事漂亮。究竟什么才是“做事漂亮”？这在《镀金时代》中有所显现。

马克·吐温的家是一个西迁户，他们到密苏里的目的就是想发洋财，但事与愿违，结果并没有发到财。故马克·吐温在年轻时不得不只身前往西部，想在开矿事业中一显身手，以完成其父亲所未完成的发财美梦。但他的命运也并不比他父亲稍好些。相反地，马克在矿场中牵连进一宗决斗案件，内华达州政府下令要逮捕他，于是他只好三十六计走为上策，溜到圣弗朗西斯科去了。

他在圣弗朗西斯科无以为生，乃写了一篇稿子，投给了报社，作为一种碰运气的玩意儿。不料报社居然采用了他的文章，于是马克·吐温劲儿上来了，信心也增大了，一不做，二不休，就索性专门写起文章来了。

由于他生活体验多，观察力强，故所写文章多能击中时弊，为人推崇，而终于成了美国内战后的第一代资产阶级大文豪。

马克·吐温不但揭露了丑恶的美国社会，同时也公开他本人的过失。

马克·吐温的名字打响后，就有一家出版公司同马克·吐温相商，愿同马克·吐温订立合同，出版马克·吐温的著作。马克·吐温要求合同明文规定，作者可得净利的二分之一。与马克·吐温谈判的代表叫布利斯，他当场不敢作答，约定日后再谈。

过了两天，布利斯先生拿了一份已经写好的合同，叫马克·吐温签字。马克·吐温拿起合同一看，上面没有二分之一字样，不胜诧异。布利斯先生乃笑容可掬地解释说：我们董事会研究了你的要求，决定让你拿百分之七的劳厄尔滴，因为百分之七的劳厄尔滴要胜过二分之一的纯利。

马克·吐温不懂商业名称，不了解劳厄尔滴是怎么一回事，经不起布利斯先生如簧之舌的吹嘘，就糊里糊涂在合同上签了字。

过了两年，马克·吐温才知道上了当。在这两年之内，他已吃亏了10多万元。至此，马克·吐温大为生气，乃上布利斯处兴师问罪。哪知布利斯早有准备，当马克·吐温气冲冲地斥责一通后，布利斯不予解释，却率领出版公司的全体董事，在马克·吐温面前低首道歉，齐声说，“不瞒你说，我们这些人以及我们的家人就是靠你养活的，你还是发发慈悲吧！”马克·吐温弄得哭笑不得，他上了有生以来最生动的一堂课，只得以慈悲为怀，不予追究。

经此周折，马克·吐温决定自组出版公司，布利斯闻讯乃自告奋勇，愿与合资。于是他又拟了一个合作合同，内容明文规定：“本公司之一切净利，二分之一归马克·吐温先生，另二分之一归布利斯先生等一方。”马克·吐温认为这次非常保险，欣然签了字。

这时，前总统格兰特要出版自传，马克·吐温闻讯，乃亲自去见格兰特将军。

格兰特在当总统时积攒了一些钱，并收了一些贿赂。他退职以后，这些钱和财物被一个自称为银行家的大骗子骗走了。于是格兰特成了一文不名的穷光蛋。朋友们凑了一点钱让他维持生活，而他则不得不花了两年时间写了本自传，以便卖钱。

事有凑巧，当马克·吐温到达格兰特家时，有一名纽约的出版商正在与将军谈判回忆录出版事宜，只见那人劝将军说：“我们准备给你百分之七的劳厄尔滴，这是对你最有利的方案。”马克·吐温在旁一听，怒上心来，用左手抓住那商人衣领，把他推到门口，然后飞起右脚，向那商人的屁股踢去。那商人也很明智，看到形势不妙，立刻抱头鼠窜了。

马克·吐温回来，余怒未消，口中还在大骂：“滚他妈的劳厄尔滴。”

见格兰特将军疑惑，马克·吐温便把自己的经历向格兰特讲述一遍，格兰特才恍然大悟。接着马克·吐温解释，他本人组织了一个书店，可以出版将军的书，将军可拿纯利二分之一。

马克·吐温的书店一面出版格兰特的书，一面又出马克·吐温自己的书，营业利润百倍。不料那布利斯集团，拿了书店的钱，以书店的名义在股票市场上大做投机，输了个精光。

法院出来接收马克·吐温的书店，财债两抵，书店该赔10万元。马克·吐温先生只好自认晦气，乃把布利斯一伙找来，说道：“你们搞鬼，我倒了霉，但你们自己也好不了。根据合同，10万元我赔5万，你们赔5万。”

只见那布利斯先生装出一副万分诧异的口吻说：“克莱门先生，我们哪有这样的合同？”

马克·吐温说：“这一回你赖不了，有白纸黑字在，合同就在我抽屉内。”

布利斯说：“好，好。”

布利斯先生一边念合同，一边嘻皮笑脸地说：“克莱门斯先生，合同上明文规定，净利是对分，可没有说赔钱是对分，这份债我们这一方是万万不能负担的。”

马克·吐温知道自己又上了当，早已怒火万丈，没有心思跟流氓争辩，他随手拿起一瓶蓝墨水，向布利斯打去，布利斯马上扭转屁股就跑，逃得无影无踪。

马克·吐温卖了全部家产，还不够抵债，乃埋头写作《镀金时代》，其意何在？大家都知道，中国杭州灵隐寺内有一具顶天的大菩萨，大腹便便，金碧辉煌，煞是神气。但戳穿它的肚子，里面却只有烂泥和干草。美国的镀金时代也是一具泥塑菩萨，表面上繁荣昌盛，肚子里全是黑咕隆咚。

马克·吐温的《镀金时代》，是按他本人耳闻目睹的模特儿写的，没有一句是空话。姑引一段，以观马克·吐温笔下的华盛顿：

“华盛顿这个地方对我们任何人来说都是个有趣的城市。你刚由车站出来，走向人行道的时候，就有一长排出租马车的车夫举起鞭子在你面前挥动，向你进攻。于是你就踏进首都的‘马车’，你随即到了旅馆。

“第二天早晨你起床的时候，外面到处是雾。你当然愿意游览这个城市，于是你就带着一把雨伞、一件大衣和一把扇子出门去了。你不久就找到了主要的景物，很快就熟悉了。首先，你瞥见一长排高耸在一个矮树林之上的雪白的宫殿顶上的装饰建筑，还看到一个高高的、优美的白色的圆屋顶。这个建筑就是国会大厦。

“你站在国会大厦背后，想看看风景，饱一饱眼福：这儿的景色可真是了不起。你知道吧，国会大厦在一片高地的边缘，地势很好，可以看得很远，可是你却看不见什么城市。因为在国会大厦附近决定扩建市区的时候，附近的地产主人马上就把地皮的价格涨到不近人情的地步，以致大家都到下面去了，在自由神殿后面的泥泞低湿地带盖起这座城市来了。因此，从大厦门前向外展望，只能看见一些卑陋的公寓所组成的小小的一片可怜的荒凉景象。

“如果你再多到各处去访问一下，就会发现华盛顿每一平方英里的土地上，公寓的数目要多过全国其他任何城市。如果你到一个公寓里去要求寄宿，女主人就会用严厉的眼光打量你，随即问你是不是国会议员。也许你为了开玩笑，故意说是的。那么她就会对你说，她那儿已经客满了。

“如果你是老老实实地当一个老百姓，他会让你住进去，因为你的行李可以作担保。你若探听仔细，女主人就会大发脾气说，国会议员的人身和财物是不许扣留的，她曾经几次眼睁睁地含着泪看着几位议员老爷赖了账各自跑回他们的老家，还把她那些没有填号收据的房租和伙食账单装进口袋里去作纪念品。你在华盛顿还不用住上几个星期，就不由得不相信她的话了。

“你首先发现的，最使你吃惊的事情之一，就是你在华盛顿这个城市里所碰到的人并不多，但个个都有几分来历——给公家做事的人简直是个个都没有例外。上自最高级的局长，下至给各部的大厦擦洗地板的女仆，以及那些给公家的大楼守夜的人和那些给各部洗痰盂的黑人，没有一个不是靠政界人物的人情找到差事的。除非你能有一位参议员或是众议员以及某局某部的长官倾听你的请求，替你说情，否则你就休想在华盛顿获得一个即使是最卑微的职务。你要是没有人情，光有品德和才能，那对你徒然是一种包袱，一点用处也没有。”

《镀金》发表后，有记者就“镀金”议员的真实性咨询于马克·吐温。马克·吐温在酒席上再度表明态度曰：“美国国会中的有些议员是狗婊子养的。”

那记者把马克·吐温之言公之于报，华盛顿议员大为激动，纷纷要求马克·吐温澄清或道歉，否则，将以法律手段对付之。马克·吐温一辈子吃法律之亏，知道法律这玩意儿不好对付，乃答应登报道歉。

数日后，在《纽约时报》上出现了马克·吐温向联邦国会议员道歉启事一则，全文如下：

“日前小的在酒席上发言，说有些国会议员是狗婊子养的。事后有人向我兴师问罪，我再三考虑，觉得此言是不妥当，而且不合事实，故特登报声明，把我的话修正如下，幸祈谅鉴。即：美国国会中的有些议员不是狗婊子养的。”

马克·吐温启事既出，议员老爷们之愤怒稍息，乃撤销对马克·吐温之法律诉讼。

进化论的种种说法

英国科学家达尔文的进化论刚出世的时候，曾遭到基督教的围攻，不论天主教也好，新教也好，都现出一副青面獠牙，手持狼牙棒，必欲置进化论于死地而后已。而一般盲从之徒，也纷纷叫嚷要油炸达尔文。达尔文何以引起这样的“众怒”呢？其原因是他拆穿了上帝造人的骗局和谎言。正如一位作家所说，达尔文的进化论在一夜之间把上帝从奇喔啼变成了啼喔奇。人们不能不对英国造字学家的卓越见解表示敬佩，因为他一针见血地指出，上帝无非是狗的倒立。不错，上帝不仅在名字上与狗是一而二、二而一，它在实际上也是与狗一而二、二而一的，因为两者都是由主子喂养的，从而都是忠实地为其主子服务的。

不到半个世纪，曾经痛骂达尔文的基督教忽然摇身一变，成了达尔文的拥护者和宣传者，岂非咄咄怪事！曰：不怪，不怪。这正好说明了实用主义的应用。

达尔文认为，现今世界上所存在的物种，都是几千万年来竞争的结果，不适合生存的逐渐被淘汰，适合生存的被保留了下来。

基督教理论家既然看到他们的反对不能制止达尔文学说的传播，乃因时制宜，把进化论接了过来，并扩而大之。他们说，进化论不仅是自然界的规律，而且也是人类社会的规律，在人类社会中，适者就生存下去，不适者就被淘汰。

在这一批传教士中，最卖力的一个就是亨里·比契牧师。他为了宣传“社会达尔文主义”，特地办了一个杂志，名叫《基督教联合报》。他还独创了一门新课程，叫“基督教社会经济学”。他认为：人是一个为欲望所驱使的动物，他普遍地受自我利益的指引而进行活动。道德发展的基本原则就是使人的性格适应于其生活条件。能适应的就是善，不能适应的就是恶。

竞争是上帝指定的原则，它是宇宙的规律，是生物的规律，也是人类社会的规律。自然的法则就是要求消灭不适合于生存的人，以便腾出地方给那些较适于生存的人，而整个社会的进化就是靠这一条原则进行的。

社会科学应当是一门从反面起作用的科学，它不应当制造任何设想来规划社会的自然演变，而应当设法证明任何这种企图都是白费力气。它应当证明，最好的有系统的知识就是教导人们心甘情愿地受制于自我发展的推动力。最大的善莫过于让社会自然发展而不要去稍加干涉。任何一种正确的社会科学理论都应当承认生物学的真理，而不应当用任何人为的努力去保障那些毫无能力自力更生的人，因为这是破坏适者生存的原则的。

他说，他所创立的这条原则本身是客观存在的，人没法躲过它，它没有替代它的东西。这一法则对某些人来说严肃了点，但对整个社会来讲还是好的，因为它保证使社会的各个领域内出现最适合的人。

有一次，一位记者向比契尼列举纽约坦慕尼大厦的罪恶活动及纽约贫民窟的悲惨镜头，并问“牧师有何评论?”

比契尼回答道：“你和我都不能做什么，这一切都是一个进化问题，我们只能等待进化。也许在4000年或10000年后，人们会摆脱目前这种不愉快局面。”

1877年，当全国铁路工人大罢工的时候，比契尼牧师乃赤膊上阵，在纽约布鲁克林区的普利毛斯教堂发表气势汹汹的演说：“不错，每天一块钱的工资不足以养活老婆和孩子，如果他既不吸烟又不喝酒的话。一块钱难道不够买一天的面包吗？水有的是，不用花什么钱。不错，人不能光靠面包活下去。但一个人如果不能靠面包和水活下去，那就不适于生存规律了。一家人可以在早餐用好面包和水，在午餐用水和面包，在晚餐用好水和面包。

“经济萧条是自然的经济法则，有能耐的人就能顶过去，不能顶过去的人还不如让他们消亡为好。”

他认为广大工人的苦是上帝决定的，上帝决定穷人应承受由于他本人低能而带来的不幸。

他说：“如果警察的棍子打在骚扰分子的脑袋上可以使他们清醒，那就谢天谢地，阿弥陀佛。万一棍子不足以立刻收到效果，那只有靠子弹和刺刀了。拿破仑教导我们，对待乱民的最好办法就是消灭他们，他的话对得很。”

从此，工人们都把他们食用的饭叫“亨里·比契式简餐”。

同时，有一个名叫威廉·苏奈尔的名闻欧美的大学教授与比契尼唱的是同一个调子。

他说：“我们应当明白，我们只有在下列二途中选择其一，别无他法：或者是自由、不平等、适者生存；或者是不自由、不平等、不适者生存。前者会推进社会发展而造福于其最优秀的人员；后者会促使社会后退而适便于其最劣等的人员。”

当有个学生问他，政府是否应当给劳工以帮助时，他很干脆地答不，并比喻说，猪必须自己去找白薯，找不到就是该死。学生说猪也应有吃白薯的权利，苏奈尔则答，世界上没有权利二字，世界并没有欠谁的活命债。我只相信一种制度：竞争制度——这一惟一健全的经济制度。

他还写了一卷又一卷的社会进化论，为资本进行辩解。

他写道：“资本是刻苦的产物，如果资本之获得并不给所有者较优越的条件，那就不会有人愿意自找苦吃去积累资本。”

有人问他，遗产不是不劳而获的吗？得遗产的人吃过什么苦呢？

他回答道：“财富是努力的奖赏，它给有创造力的人一种保证，使他可以把自己靠努力所得的东西传之于后代。达尔文学说的一个重要关键就是生物会把自己适于生存的特性遗传下去。就社会而言，取得财富的人就要把自己的经济才能传之后代，而在社会的生存竞争中，经济才能的代表就是金钱。因此，政府不应该多管闲事，它的主要任务应当只有两项：保护男人的财产和保护女人的名誉。”

与社会进化论同样时兴的还有实用主义。它被宣布为美国的“国家哲学”。这种理论的祖师爷是威廉·詹姆士，其第一代的徒弟叫约翰·杜威，第二代在中国的徒孙就是洋奴胡适。那胡适本来不叫胡适，他为了决心做洋奴，发誓忠于实用主义，所以改名为适，取“适者生存”之意。

威廉·詹姆士，生于1842年，是美国哈佛大学教授。他本来是学医的，后来又学心理学，心理学是讲究实验的，他把实验法搬进了他自己所发明的实用主义，所以实用主义有时也可以叫实验主义。

詹姆士下了一个实用主义的经典标准，他说：凡是行得通的东西就是真理。

有一次，杜威举行记者招待会，就关于真理的某些问题进行下面这样的阐述：

问：按照你们对真理的了解，那强权就是真理了，对吗？

答：不对。我们所谈的真理是一种理论范畴内的东西，不是伦理范畴内的东西。我们的真理标准是效验，凡主观设想与客观实验相一致的就叫真理。强权本身是不是真理是无从谈起的，这要看使用强权的那个人或集体的主观愿望而定，如果实现了愿望，那就是真理，否则就不是真理。

问：照这样说，真理是没有绝对标准的了。

答：不对，真理有绝对标准，那就是它行得通行不通，或者叫做主观与客观是否一致。

问：这样说来，穷人总是没有真理的了。

答：不对。在发财问题上这是对的，因为穷人发了财就不再是穷人了。但如果穷人的目的不在发财，而在革命，而且革成了，那也是掌握了真理。

问：那么，小偷想偷东西，偷成了，也叫作掌握真理。

答：可以这样说，但这里有一个情况要补充说明一下，真理的验证需要时间，这个时间短的可以是无穷小，大的可以是无穷大。

问：但有一点似乎可以肯定，在你们看来，胜利者就是真理。

答：是这样。但仍然要注意验证问题。二千年前，人们把元素看作是物质的最低形式，在当时这是真理，但过了一千年发现分子，原来的真理成了谬误。一个时期分子论成了真理，到发现原子时，分子论又成了谬误。这还算是好的，在另外一些问题上，情况更复杂，譬如说，宇宙间除地球以外有没有其他有人类的星球呢？我们假定是有的，但它只能是假定，而不是真理，因为你还没有验证，而且我们也不知何年何日才能验证。所以说，验证是一个关键。

实用主义看起来很公平，但在资本主义世界内，谁能实现其主观愿望呢？当然只有拥有资本的那些人。而实用主义大师们就不敢深入谈论这一点。

达尔文的进化论就这样被资本家歪曲着，企图维护他们的统治。然而历史是向前发展的，不合理的社会制度终将被推翻。

资本主义的痼疾——经济危机

资本主义出世以后，经济学的词汇中又多添了一个新名词，叫做经济危机。当然，奴隶社会、封建社会中，经济也是有危机的，但古代的危机都是由于生产不足产生的，而资本主义的经济危机却反其道而行之，而是由于生产过剩，这种过剩又是相对的过剩。

当然，过剩是对作为谋求利润的资本家而言的，因为资本主义生产的目的就是追求利润，而不是为了自我享用。当生产品找不到销路的时候就叫做生产过剩，找不到销路倒也不是因为没有人想买，而是因为想买的人没有钱。可见这个过剩并不是对整个社会而言，社会上没有吃没有穿的人有的是，产品不可能过剩。所以说这是一种相对的过剩。但资本家生产的东西卖不出去，对他来讲，这就是生产过剩了。

这种危机是资本主义所固有的，想逃避也逃避不了的。用术语来讲，这是生产资料私有制和生产方式社会化发生矛盾的必然结果。

经济危机既然是资本主义所固有的，因此，在美国内战以前，它已经就有，只是程度有轻重之分，规模有大小之别。内战结束以后，19世纪70年代、19世纪80年代、19世纪90年代都发生了经济危机，而19世纪90年代这一次比以前各次尤为严重。

这次危机是以1893年5月4日国民制索公司之倒台为引线的。由于这一家公司的倒台，股票市场上立即掀起一股跌风，工商企业纷纷倒闭，工人失业猛增。

7月4日，正当美国国父纪念日之际，纽约报纸上刊登了一条惊人的自杀新闻。有查利·哈格蒂者，年方30，为商店店员，因失业无法维持生活，全家饮煤气自杀，包括哈格蒂本人、其妻及二幼女。

哈格蒂留有一份遗书说："我从10岁到美国，因为我相信美国是一个公平的国家，任何一个有强壮身体、勤劳双手和一颗诚实的心的人都可以在社会上立足并取得发展，现在我知道情况并非如此。我从10岁起就做童工，我一直辛勤劳动了20年，我从来没有欺骗过任何人，但我却找不到工作。我不能去当要饭的，因为我不愿接受要饭这种生活方式，因此我惟一的选择是自杀。"

这一条“煞风景”的消息震动了整个社会。不仅是一般工人，即使是贡泼斯治下的劳联工人也纷纷起来要求有所作为。贡泼斯没有办法，只好答应召开一次劳联集会来讨论工人失业问题。会上群情激愤，要求贡泼斯表态。

贡泼斯不得不当众发表了一篇即席讲话。他说：“在这样一个生产不正常状态的社会中，其基本结构一定有某种不合理的东西。人们不用引经据典就可以得出这样的结论：生产工具由私人公司占有和控制乃产生今日人们之痛苦和灾难的根源。”听众对他的讲话表示满意，大会结束。

然而，时间一天天过去，贡泼斯却没有采取任何行动，本来他就不打算采取什么行动。

这时，有一个小商人叫雅各勃·柯克赛的在报上登了一个广告，要求大家到华盛顿去请愿。他这个建议立即获得了全国失业者的支持，全国各地自发地建立了“向华盛顿进军服务站”。这些服务站设在主要交通路口，为过路的进军者免费提供面包和茶水。

在那个时候，汽车还没有问世，人们到华盛顿不是乘火车就是乘马车。而较多的进军者是乘马车的，他们晚上就宿在车内。这样，在通往华盛顿的大车道上，就出现了蔚然壮观的马车队。

1894 年5 月1 日，进军者在华盛顿集合，他们沿宾夕法尼亚大道举行了一次自动组织起来的示威游行。他们高呼：“我们要工作”，“我们要劳工立法”，“要就业不要失业”。

尽管这次游行是非常明显的和平游行，但华盛顿政府还是骇得发抖，他们叫嚷：“这是一次起义，也是一次叛乱。”

游行结束后，柯克赛把一份请愿书交给了国会，书内要求制定解决失业问题的法案。接着，他又在国会大厦门前的草坪上发表了讲话。

他说：“我们来自合众国的四面八方，今天聚集在这里，这不是因为我们游手好闲乘机会来逛华盛顿，也不是因为有什么人在背后怂恿我们来闹事。我们素未谋面，各不相认。但我们都有一个共同的愿望，我们要求我们被剥夺了的工作权利得以恢复。”

“我们都有壮健的体格，灵巧的双手，上帝给我们这些是要求我们为人类创造财富的，但现在却有人剥夺了我们这种工作的权利。我们并不想来叙述我们家中有多少张口在那里嗷嗷待哺，我们将不谈这些，因为我们并不是来乞讨什么的，不，我们决不乞讨，我们不是乞丐。

“我们是一个民主的国家，每一个公民都应当有工作的权利，如果他愿意工作的话。当一个国家不能为其公民提供工作机会或保证工作权利，那就不能继续是一个民主的国家。

“我们都是规规矩矩的公民，我们没有带匕首，也没有持手榴弹，我们只带来了三寸不烂之舌，我们要求政府和国会内的先生们睁开眼睛看看，为什么今天那样多的人民没有工作，但却有极少数人在那里寻欢作乐。

“我们从小就被教育说：美国是一个富有的国家，每一个勤劳的人都可以获得立足的机会，是真的吗？那么，机会在哪里呢？

“不错，美国是富有的，前些天报上不是登着一条消息说，在纽约最豪华，也是全世界最豪华的饭店华道夫·阿托斯旅馆举行了一狗婚礼吗？这是够豪华的了。”

柯克赛的演说没有讲完，警察就上来把他押走了。奇怪的是，他的罪名倒不是什么破坏社会治安等等，而是“没有得到国会的许可擅自进入国会大厦草坪。”

控告柯克赛的检察官说：“我们都是上帝治下的臣民，都有上帝所赐给我们的仁慈之心，但这位柯克赛先生，没有请示国会当局，擅自闯进了草坪。据调查，有 1248 株幼草在柯克赛先生残暴的践踏下，已经受到了程度不等的摧残，我们现在还不能保证它们是否会正常的生长。所以，柯克赛先生不仅侵犯了国家财产，同时又破坏了上帝的好生之德，是罪上加罪。”

法官先生最后作出了判决，罚柯克赛禁闭一天，或罚款 1 美元。

柯克赛进军虽然没有取得成果，但此事本身就是一堂教育。有一家工人报纸这样写道：“柯克赛运动是一个自发的群众运动，它尚且产生了如此有条不紊的进军。假如有一个有组织有纪律有理论指导的党派来领导这样一个运动，那我们可以想象，它会发生什么样的后果啊！”

现在我们来看一下柯克赛所讲到的狗婚礼到底是怎么一回事。

原来正当失业工人陷于水深火热之际，美国的另外一个角落却在那大讲狗道主义。资产阶级贵族们在华道夫·阿斯托饭店里为两只小狗举行了一场豪华的婚礼。出席婚礼的狗宾达 63 位之多，而且由维多利亚乐队担任婚礼奏乐。据报纸上报道，证婚人亚多斯多神甫还发表了一大堆话。他强调这是它们的第一次结婚，而不是再婚；并且他说如果谁要是对它们的“第一次结婚”提出异议，他就控告该人有诽谤之罪。

之后，宴会开始。“每一狗宾由其主人携至各自的座位，每狗各进了三道菜一道汤。每一客价值 13 元 6 角。也有个别宾客嫌不足的，还在那里汪汪乱叫。”

“狗新娘今天穿的是中国式黄缎绣龙马褂，狗新郎穿的是巴黎式的比基尼。”

“狗宾们每一个也都打扮得衣冠楚楚或是花枝招展。”

“据饭店老板告诉记者说，这一次宴会共花费了 8548 美元，小费不算在内。”

关于这件新闻，在纽约引起了两种评论。

《纽约邮报》发表了一篇题为《人道乎狗道乎?》的文章曰：

“美国从来自夸为一个人道主义的国家。我们希望纽约市当局到哈莱姆去看看，今天在哈莱姆是一个什么情况。在那里，由于失业，特别是由于‘黑人最后受雇，最先解雇’这一条规律，人们已处在死亡的边缘。婴孩死亡率达到了可惊的程度，成群儿童围绕在垃圾箱四周找食物，这些食物显然对我们阿斯托饭店的狗新郎和狗新娘言，是不屑一顾的。它们要吃十元以上的一份菜单，而这样一笔费用是可以养活一个儿童的一周生活的。”

“一方面让狗进纽约最豪华的饭店办宴会，一方面让成千上万儿童饿毙于垃圾箱旁，这样的社会难道可以贴人道主义招牌吗?”

“否！该换上狗道主义。”

但有一位崇尚实用主义的弗里茨教授却持相反的意见，他说：“适者生存不仅是上帝的规律，也是人间的规律，也是狗间的规律。”

“谁家的狗能上阿斯托饭店呢? 只有优秀的狗才能。大家知道，印度的狗、中国的狗，今天还在吃粪，而纽约的狗已经进化到吃高级西菜了。”

“根据纽约警察局登记，纽约养狗 37642 头。也并不是所有的纽约狗都能上阿斯托，能上阿斯托者为数不多。这一切都是遵循上帝的规律的，只有适者才能生存，只有适者才能享受最好的。这是促进狗世界发展的规律，也是促进人世界发展的规律。”

“没有任何人欠任何人的债务。一切决定于你的竞争能力。”

资本主义的不治之症——经济危机，背后藏着巨大的隐患。

美国最优秀的作家——马克·吐温

马克·吐温是19世纪末美国现实主义文学的杰出代表，他以广为人知的幽默的言语，尖锐的笔锋揭露了美国资本主义的虚伪，在广阔的社会背景下描写了美国的黑暗的现实生活。

马克·吐温原名塞缪尔·朗赫恩·克莱门斯。1835年，小塞缪尔出生在密苏里州的佛罗里达村，这是一个极普通的小村庄。他父亲是个没有名气的乡村律师，收入微薄。在小塞缪尔12岁时，父亲去世。年幼的塞缪尔不得不出外谋生。他先后当过印刷所的学徒，排字工人，后来又在船上作领航员。这一段密西西比河上自由的生活给小塞缪尔留下永久的回忆。1861年，南北战争爆发。密西西比河上的航运变得萧条。塞缪尔不得不结束了这段快乐的时光。后来，他又跟人到内华达州寻矿，但一无所获，不得不另谋职业。1863年初，塞缪尔来到弗吉尼亚市，应聘报社记者，凭着他多年的生活体验，丰富的人生阅历，尤其是对密西西比河流域的民间传说非常熟悉。塞缪尔成为《企业报》的记者，开始发表一些通讯报道及幽默小品，塞缪尔拿起笔来得心应手，他终于找到了自己喜爱的工作。1864年，塞缪尔来到旧金山，担任《晨报》记者，继续写作。

1865年，塞缪尔写了一篇短篇小说《卡拉韦拉斯县驰名的跳蛙》，这是根据一个流传很广的传说改写成的，生动幽默。报社收到后大为赞赏，说："这么好的作品发表后肯定会受欢迎。你会成名的，但你的名字太普通，起个笔名吧。"塞缪尔冥思苦想也想不出一个好的笔名。他踱到窗前，望着远处平静的海湾，一声声悠长的汽笛声从海上传来，塞缪尔知道这是船要进港了，"马克·吐温!"塞缪尔不自觉喊了出来。"马克·吐温"是领航员术语，即两，表示水深两，船可以顺利通过。塞缪尔对这一切太熟悉了，他又回想起密西西比河上那快乐的时光。为了纪念那段日子，塞缪尔当即决定用"马克·吐温"作为自己的笔名，小说发表之后，果然大受欢迎。于是"马克·吐温"广为人知，而他的真名倒不怎么被人熟悉了。

此后，马克·吐温一发不可收拾，创作了大量的小说、政论、杂文、游记等，成为了专业作家。

1870年，马克·吐温发表了广为人知的优秀短篇小说《竞选州长》。主人公是独立党的候选人，参加了纽约州州长的竞选，他自以为凭自己很好的声望，能够轻而易举地击败其他的候选人，因为他们没有一个是清清白白的，但是，随着竞选活动的进行，报纸上竞铺天盖地地揭露出许多他听也没听过的罪状。开始的时候他还能坚持住，相信自己能够澄清这些谣言，取信于人民群众。但是，结果更糟，他一出门就顶着那些无中生有的罪名：伪证犯，盗窃犯，舞弊分子等等，好像天下的坏事让他一个人全做了，到了最后，连他自己也弄不清自己是否干过那些事，故事的高潮发生在一次集会上，当他正一本正经地在台上演讲，七八个各种肤色，衣服破烂，肮脏的小孩跑上台来，拉着他的衣服叫“爸爸”。他有口说不清，只好狼狈地宣布退出竞选，他害怕如果继续下去，他将成为世界第一大恶人。小说以幽默夸张的言语，极力讽刺了美国所谓的“民主”。1870年他还发表了名为《哥尔斯密的朋友再度出洋》的短篇，小说以美国南北战争之后，为了开发本土，发展资本主义，美国向世界各国招募工人为背景，写了一个天真老实的华人艾颂喜听了朋友的劝告，到“民主、自由”的美国去挣钱。但是，当他刚踏上美国的土地，正幻想着金银铺地的美国是何等气派时，就遭到了警察的拳打脚踢，行李也被没收。走在大街上，遭到了恶狗的撕咬，警察不但不帮忙，反而把他抓进监狱，罪名是“扰乱治安”。一心来为美国卖命的艾颂喜背井离乡，远渡重洋最后竟落到这样的结局。马克·吐温让人们在笑声中认识到美国的“真正的民主”。

南北战争之后，美国的资本主义飞速发展起来，尤其是70年代，更被称为辉煌的“黄金时代”。由于金钱崇拜的恶习已成为风气，政府机关贪污受贿的腐败现象日益暴露出来，美国报纸多有报道。这种现象触动了马克·吐温的灵感，1873年发表了与华纳合写的长篇小说《镀金时代》，塑造了一个表面假仁假义，骨子里却一心想捞钱，贪污受贿无所不为的参议员狄尔沃绥的官僚形象。这篇小说无情地撕开了美国华府掩盖下的罪恶。

1876年，马克·吐温的儿童题材小说《汤姆·索亚历险记》出版。以儿童的眼光看待世俗的丑陋，更为生动、形象。1884年，又出版了《汤姆·索亚历险记》的姊妹篇《哈克贝利·弗恩历险记》。这一部比前一部更成熟，控诉了美国的黑奴制度，批判了种族歧视，展示了黑人身上良好的品质，有些是连自称为优等血统的白人也不具备的。小说以哈克为中心展示了密西西比河两岸的生活画卷。哈克是个聪明活泼的小男孩。但是，他不适应他的收养人道格拉斯寡妇家那种“规矩”、“体面”的资产阶级式生活，他向往自由自在的生活。后来他的父亲回来，带走了哈克，父子两人在密西西比河岸边过起渔猎的生活。父亲虽然很爱他，但一喝醉酒便毒打哈克。哈克设法逃走，在一个小岛上遇见逃亡的黑奴吉姆。吉姆是一个纯朴、善良的黑奴，他渴望当一个自由人，为了不被主人卖到南方去，他逃离了华森小姐家，他幻想去赚一笔钱，然后去赎出自己与家人。两人结伴同行，乘木筏沿密西西比河而下，准备逃到不买卖黑奴的自由州去。一路上，他们遇见各种各样的人，吉姆一度被骗子卖掉。哈克却以自己的聪明救出了吉姆。吉姆一路上也百般照顾小哈克，两人结下了纯真的友谊，最后，吉姆的主人华森小姐临终前宣布给了吉姆的人身自由，他不再是奴隶，终于成了自由人了。哈克的父亲也幡然醒悟，答应不再管束儿子，他对自己以前的行为深感愧疚。《哈克贝利·弗恩》从侧面对美国内地的贫困、愚昧，人们的贪婪与无信进行了深刻的揭露。作品出版后，受到人民的热烈欢迎，但是因为作品中对现实生活的真实描写，触怒了政界、教育界，被列为禁书。

1893 年，马克·吐温又发表了《傻瓜威尔逊》。书中描写的是女黑奴罗克森娜害怕自己刚出生的儿子被主人卖掉，便偷偷把自己的儿子与主人的儿子调换，从此，她的真儿子锦衣玉食，在白人圈里慢慢长大，逃脱了被卖掉的危险，却沾染上不少恶习，最后成了罪犯；那位真少爷从小在下层黑奴中摸打滚爬，最后却成为一个正直、善良的人。马克·吐温以真假少爷与真假母亲的戏剧性情节，生动地揭示了种族歧视的荒谬。

80 年代，美国工人运动高涨。马克·吐温发表了一系列表达自己的社会理想、反映工人斗争的作品。如《密西西比河上》、《劳动骑士团——新的朝代》与《在亚瑟王朝里的康涅狄克州美国人》等。

1893 年，由于商务上的失败，马克·吐温负债累累。为了偿还债务，在 1895 年到 1896 年他到世界各地巡回演讲，目睹了帝国主义对殖民地的残害。1897 年，马克·吐温发表了纪实性文章《赤道环游记》等一系列作品，揭露了帝国主义的罪恶。

1899 年，马克·吐温发表了他晚年的代表作《败坏了赫德莱堡的人》。赫德莱堡自祖上三代就有着“诚实”、“清高”的好名声。但一个来自他乡的陌生人巧妙地利用一袋假金币，使得这些自谓清高的赫德莱堡人自己撕下伪善的面目，暴露了他们的贪婪与卑鄙。

晚年的马克·吐温看透了世事的沧桑，陷入自古以来哲学家无法解答的谜团中——“什么是人?”他看到太多的人性的丑恶，从而失去了对人类光明之路的信念。在他逝世后发表的小说《神秘的陌生人》中充分表现了他这种迷惘的思想。1907 年，马克·吐温撰写了自传。1910 年 4 月 21 日，马克·吐温在美国因病逝世。

马克·吐温以自己幽默讽刺的独特风格描绘了美国现实社会的黑暗，表达了对于具有优良品质的劳动人民的同情，深受人民的喜爱，也得罪了不少权贵。但生性幽默的马克·吐温对于这些人向来是针锋相对的。据说，有一次马克·吐温在独木桥上碰到一位被他讽刺过的参议员，这位参议员瞅瞅马克·吐温衣衫不整的打扮，高傲地大声说道：“我从来不给野蛮人让路!”马克·吐温用饱含意味的眼光看看参议员那用华服包裹着的肥大愚蠢的身体，微微一笑，道：“我正相反!”转身安静地退到一旁，参议员目瞪口呆。

马克·吐温那风趣、幽默但又富含深意的形象将永远存留在我们心中。

中美关系的开端——华工上海

到 19 世纪 60 年代为止，美国还没有贯通太平洋、大西洋两岸的东西铁路，铁路网最西的终点是中西部的奥哈马。内战期间，建筑横贯铁路的要求已迫不及待，但哪里去找工人呢!

当时美国的第一号大财主是华道夫·阿托斯，因为他的父亲曾与华侨做过生意，所以他认定华人“忠实可靠、刻苦耐劳，并且富有独创精神”。阿托斯就写信给他豢养的议员，议员接信后马上行动，于是一场举世罕见的贩买华工的丑剧就此搬上了历史舞台。

一大批美国船只驶到了广州和上海，成千上万的贫苦农民被人贩子们用哄骗或劫持的办法送上海船，直驶圣弗朗西斯科。

从语法上讲，“上海”是一个专门名词，但在英文词汇中“上海”

一词可以当动词用。譬如说，某某人被“上海”了，那是什么意思呢？那就是说，某某人被蒙汗药酒灌迷后绑上海船劫走了。为何这个字要这样用呢？原来这也算是美国人贩子们的一种发明，他们把上海动词化，从而使他们的绑架合法化。

一次，有一位被骗的农民在上海地方法庭控诉一个美国人贩子把他骗绑到美国。人贩子的律师在法庭上辩护说：“原告说被告骗了他，这是不确实的，被告和原告在初次见面时就讲得一清二楚，绝无欺骗可言。原告当初曾询问被告要他干什么，被告再三明确地回答：‘上海！上海！’根据美国人对‘上海’一词的理解，他早已毫不掩盖地把真实意图告诉了原告，这是非常诚实的交易，并不是欺骗。”于是法庭宣布此案不能成立。

当时中国正值太平天国事败之时，清朝政府对太平天国的士兵迫害未已，士兵的处境非常困难，美国人贩子稍以薄利引诱，他们便不过多考虑，欣然而至。

被骗上船的华工处境怎么样呢？一位侥幸生还的广东华工追忆道，东方既白，美国人勃来格带了一个总工头、四个大工头，揭开舱板。那些华工饥肠睡眼，人人惊醒。洋人们从小房内搬出无数铁镣，只见两人锁一双，顷刻间全部锁住，不得动弹。

船开以后，一路上有晴天也有风浪之日。华工们躺在舱下，暗无天日，吃的是烂洋米和臭咸肉，天天如此，餐餐如此。头一两天还凑合着，日子久了，哪个还受得了。特别是风浪之日，那些不习风浪的人，早已呕吐大作，满舱腥臭，更兼尿臭粪臭，加在一起，构成了一副人间活地狱。

到了圣弗朗西斯科，只见洋人令一名小工下舱来，从华工脚上卸下铁链，喊他们起来。那些人骤然觉得脚下轻松了许多，只是站不起来。洋人们等得不耐烦，呼呼地把鞭子抽得怪响。华工们好容易忍着痛，你挨着我，我挨着你，凑合着站了起来。洋人们喝声“走”！又见没有人动腿，洋人就叫水手们上来，连拖带赶，把华工一个个拉到梯子边。

最后一批人还是不见动腿，水手们看到这情景有些纳闷，但闻到一股恶臭从下面冲出来，就向洋人汇报。洋人叫水手下去拖，不拖尚可，一拖真叫铁石心肠的人也要落泪。原来下面七八十个人横躺着，满面都是血污，身上也辨不出是衣服还是皮肉，只见血堆里混着一套套脚镣。洋人俯身一看，才知道是断了气的，立刻下令叫水手拿来八九个大竹篓，用铁铣把腐尸铲入篓内，抛入大海喂鱼去了。其中也有几个没有完全断气的，也当作已死看待，享受同样“待遇”。

上得岸来，华工们全被命令赤身裸体，所有衣服俱送硫碘锅蒸之。另有洋人用药水像浇菜似地喷射裸体之华工，谓之防疫。然后引入一个房屋，把华工用大麻袋一个一个分别装了进去，于是便有人前来讲价钱购买，逐个过磅。亦有买主用脚乱踢麻袋，以检验袋内之货色是否还活着。

可怜这一批华工，举目无亲，语言不通，就像牛马一样被洋人用鞭子驱入高山做苦役去了。

由于美国当时没有横贯铁路，筑铁路的器材都是从纽约装上轮船，绕道南美洲的合恩角，由海上运输至圣弗朗西斯科的。而圣弗朗西斯科本身就是山地，整个铁路要穿过洛矶山脉，工程艰巨但又要抢时间，怎么办呢？唯一的办法就是加强华工的劳动强度。因此，筑路华工每日要工作 14 个小时。

此辈华工虽然被白人视为无文化之野蛮人，但卑贱者最聪明，他们屡次出点子，解决白人工程师所想不到的高山运输问题。有一年冬天，风雪交加，气温降至零下二三十度，工程因运输困难而陷入停顿。工程师们连续商讨，也没有善策。这时，有一位华工出来讲了一个故事，顷刻把死棋救了过来。

他说：“昔日我国北京城内铸得一巨钟，重几千斤，欲置于郊外宗庙中，但无运输工具能运此庞然大物者。直到冬天，始有工人建议从城内至宗庙路上铺一浅沟，灌以水，因天气严寒，滴水成冰，浅沟之水马上成了一冰道，乃置钟于冰上，轻易拉至目的地。”

工程师们大喜，乃请华工设计，赶制了一长达 37 英里的冰道，不但恢复了运输而且还加快了工程进度。

就这样，在内战后的 10 年中，运往美国的华工有近 10 万人。他们帮助建成了美国第一条横贯铁路，即联邦中央太平洋铁路，随后又帮助建成了另外两条横贯铁路，即北太平洋铁路和南太平洋铁路。

华工在从中国运往美国的途中，本来就在船内死了近十分之一。在铁路施工过程中，因疾病、事故、疲劳致死者，又有十分之四五。幸而能熬过难关，积下一点钱财的人，则又遭到白人的公开抢劫，最后还是落得不名分文。

原来中国人在美国做工的，莫不克勤克俭。做小买卖的，也莫不买卖公平，信用卓著。按一般常理讲，他们应当有权过太平的日子。但美国社会是一个讲“丛林法则”的社会，中国工人在那里无钱又无势，因此，不管你个人怎么奋斗，也是要被压迫的。

当三大横贯铁路完成后，对华工的需要大为减少，于是美国政府就策动了一个惨无人道的排华运动，美其名曰消除“黄祸”。

华盛顿政府的手段是多样的：

其一曰强迫驱逐出境，在北方的被驱至加拿大，在南方的被驱至墨西哥。有一位亲历其境的华侨写道，“本年 11 月 2 日，洋人数十，手执火枪，勒令华侨离埠，限期两日。11 月 3 日，来了火车，扬言不要车票，送至西岸。车至美加边境，忽停车迫令华人下车，驱华人入加拿大。值大雨，华人衣衫尽湿，有抗命者，洋人以火枪击之，惨不忍睹”。

其二曰找借口破坏华人做生意，使其无以为生。有一位华侨商人描写道，“唐人街华人因病死了人，其他洋人也有死人的，本来世界上日日有生的，天天有死的，没有什么稀奇。偏偏这个时候，美国一般生意人眼看自己的生意一日一日衰败下去，而唐人街中国商人的生意却一日一日兴隆起来，早就准备破坏华商的业务。于是他们急不待择，把死人作为借口，政府立即派出警察封住唐人街街口，外头不许进去，里头不许出来，名曰“防疫”，这样关闭了一个多月，试想，商人一个多月不做生意，哪有不垮的。”

其三曰绝其子断其孙。美国在华所招华工，十之八九是小伙子。他们只会说中国话，不会说外国话。他们的思想感情也都是中国的。因此，他们要想成亲也只能找中国女子结婚。美国政府看准了这一点，故意不让中国女子入境。这样，成千上万的华工就被迫过一辈子的单身生活，若要娶亲，只有回国，而这正是美国政府所期望的。

其四曰制定法律公开排华。美国当年敢于以如此手段对待华工，原因是在美国统治者眼内，中国只是一个地理名词，中国人比黑奴还不如。是以任凭他们如何虐华排华，都不会有人出头说话。这就牵扯到当时谁统治中国的问题。原来 19 世纪那个清朝政府，曾公然扬言，“大清天下宁赠外邦不予家奴”。它把外国人当作亲爸，把中国人当作眼中钉；它兴师动众，围剿太平天国，逼得那些爱国的中国人无路可走，只得流亡国外。清朝政府对这些华工唯求其死，不求其活，哪里还谈得上保护华工的利益，哪里还谈得上向美国政府表示抗议！所以美国排华，中国的卖国政府也要担当一部分责任。

新中国是一个欣欣向荣而团结的国家，40 多年来，中美关系又发生了许多变化，我们在独立自主的前提下寻求平等，中国人民坚决抵抗外辱，同时希望和平。

“让草叶放声歌唱”——惠特曼

《草叶集》是“美国诗歌之父”惠特曼唯一的一部诗集。它初版时只有 95 页，是一本仅收录诗歌 12 首的小册子。它的出现虽未倍受关注，却也小有名气了。在这以后，诗人惠特曼笔耕不辍。《草叶集》在 30 多年的时间内不断再版，每一次都增添进去不少新作，直至 1892 年诗人临终前出了最后一版。《草叶集》已脱去当初那单薄的躯壳，变得丰满、茂盛起来。近 400 首精致的诗篇以其独具的韵律合奏着一曲“草叶之歌”。这歌声像春风吹拂之下蓬勃生长的春草一般迅速地传遍全世界。

“草叶”之名，有它独特的寓意。

《自己的歌》是《草叶集》中最长的一首诗，在第六节中有一段诗人与孩子的问答。

孩子问：“草是什么呢?”

诗人从三个方面作出了回答。

首先，它代表了理想、希望；

“我猜想它必是我理想的旗帜，由代表希望的碧绿色的物质织成。”

其次，它代表着平等、公正和博爱；

“……在宽广的地方和狭窄的地方都一样发芽，在黑人和白人中都一样生长。”

最后，它还象征着发展和生生不息，象征着发展中的美国和人类。

“一切都向前和向外发展，没有什么东西会消灭。”

总之，惠特曼心目中的“草叶”是最普通、最富于生命力的东西，是整个民族中普通劳动者的形象。惠特曼以“草叶诗”来赞美人，歌颂人的创造性劳动，赞美大自然，更着力于歌颂民主和自由，同情受压迫奴役的黑人和印地安人，反对奴隶制度。1848 年在欧洲大陆上发生的风起云涌的民族民主革命也得到了他热情的讴歌。

由此，惠特曼被称为“人民的诗人”。他的成长有赖于他的家庭赋予他的独特气质。1819年5月31日，惠特曼出生于美国纽约州的一个农村下层家庭中。父亲是一个木匠，母亲是一个温和的农家妇女。他的家中还有一位给他造成深刻影响的人物，就是他的曾祖母。这个老妇人富有传奇色彩，她语言粗鲁、举止粗俗地叼着大烟斗，经常破口大骂。她是村里威慑着流氓恶少、保护黑奴孩子的庇护女神。惠特曼自幼从这位曾祖母身上继承了倔强耿直的脾气和对压迫者的憎恶，以及对被压迫者真挚的关切与同情。普通劳动者的家庭培养了他许多优秀的品质，在思想上，他受到斯宾诺莎《泛神论》的影响，坚信在茫茫的生命之海中，人人都是同等的不容忽视的浪花。

诗人不遗余力地歌颂劳动者，在他的眼中，劳动者的美是无以伦比的。《我听见美洲在歌唱》是一首著名的诗歌。惠特曼在诗中写道：

我听见美洲在歌唱，我听见各种不同的颂歌：

机械工在唱着，他们每人歌唱着他的愉快而强健的歌；

木匠歌唱着，一边比量着他的木板和梁木；

泥瓦匠在歌唱着，当他准备工作或停止工作的时候；

船家歌唱着，他的船里所有的一切水手在汽艇的甲板上歌唱着；

鞋匠坐在他的工作凳上歌唱，帽匠唱着歌站在那里工作；

伐木者、犁田青年们歌唱着，当他们每天早晨走在路上，或者午间歇息，或到了日落的时候；

我更听到母亲美妙的歌，在工作着的年轻妻子们的、或缝衣或洗衣的女孩子们的歌；

每人歌唱属于他或她而不是属于任何别人的一切；

白昼歌唱白昼所有的，晚间，强壮而友爱的青年们集会，

张嘴唱着他们的强健而和谐的歌。

这首诗是惠特曼妙手描绘的一幅包罗众生的画卷，透过它，我们依然能在200年后感受到那欢快跳动着的时代脉搏，那蒸蒸日上的繁荣景象，而这一切都是通过作者对劳动者热情的赞美表现出来的。

惠特曼坚持自由民主的思想，在诗歌中抨击资本主义的罪恶，渴望理想社会的到来。这一类诗作很多，如《为你，啊，民主哟!》、《起义之歌》、《法兰西》等等。在《自由之歌》中，他讲述了一个白人收留并款待逃亡黑奴的故事。主人公用“我”来代表，其实代表的是每一

个普通的美国人。“我”让“他在我这里住了一星期，等养好伤了才上路去了北方”。“我”还在墙角安放了一支火枪，准备随时对付追捕这个黑奴的人。作者把黑人看作是与自己平等的人，在给予救助之外还结下兄弟般的情谊。更为难能可贵的是，惠特曼并不把民主平等的思想局限于此，而是推而广之：

我的精神环游了整个世界，深情、坚定。

我寻求人们爱我，和我平等，在世界各地到处都是这样的人……

向世界致敬！

凡是光和热能进去的任何城市我自己都要进去。

凡是鸟儿所能飞去的一切岛屿我自己都要飞去。

1861 年美国内战的爆发对惠特曼的诗歌创作起到了决定性的影响。他把战争中的经历、见闻、思考、感悟都写成诗歌，分别编入《桴鼓集》和《林肯总统纪念集》，最后都以组诗的形式收入《草叶集》。

《桴鼓集》中，惠特曼号召人民起来战斗，鼓舞士气，也讲述哀伤凄凉的战争故事。如：《敲呀！敲呀！鼓啊!》、《父亲，快从田地里上来》都是其中的名篇。

在惠特曼所有的诗篇中，最为感人至深的是两首哀悼诗：《啊，船长，我的船长哟!》和《当紫丁香最近在庭园中开放的时候》。这两首诗用以纪念当时不幸遇刺身亡的美国人民的伟大领袖林肯总统，是诗人创作的最高成就。

惠特曼本人对林肯钦佩备至，他以少有的铿锵低沉的严谨格律写作了《啊，船长，我的船长哟!》，表达了深切的哀悼和追念。诗人把林肯比作一位经历了千难万险到达目的地的大船船长，当大船即将靠岸时，他却在众人的欢呼和无数鲜花的欢迎中倒下了，“就在那甲板上，我的船长躺下了，他已浑身冰凉，停止了呼吸”。在《当紫丁香最近在庭园中开放的时候》一诗中，作者以庞大的交响乐般的篇幅抒写了人们无尽的悲悼之情，对林肯作了崇高的赞誉。

总之，惠特曼的《草叶集》，以其进步民主的思想、博大宏深的气度和自然纯朴的风格感染了一代代的读者，对世界文坛和诗坛产生了深远的、弥足珍贵的影响。

“发动南北战争的妇人”——斯陀夫人

1860 年，旨在废除奴隶制度的南北战争在美国轰轰烈烈地爆发了。情绪高昂的北方士兵势如破竹一般攻克了南方要塞。1863 年，美国总统林肯颁布了《黑奴解放令》。所有黑奴一夜间成为了自由人。南北战争取得了决定性胜利。当胜利的喜悦荡漾在每一个黑人脸上时，人们不约而同地记起那位可敬的夫人——哈丽叶特·伊丽莎白·比彻·斯陀。因为这位夫人一部伟大的作品导致了这场如火如荼的废奴战争，也引起了世界被压迫民族的觉醒。林肯不无敬意地称她为“发动南北战争的妇人”。

哈丽叶特·伊丽莎白·比彻·斯陀于 1811 年 6 月 14 日出生于美国东北康涅狄格州列奇斐市。她的父亲是个基督教牧师，后来在中北部俄亥俄州辛辛那提市担任兰氏神学院院长，是当时美国最有权威的清教徒教士。哈丽叶特姐弟五个从小在父亲的教导下长大，都笃信上帝，关心道德、宗教与社会问题，她的三个兄弟后来成为美国著名的传教士。她的姐姐凯赛琳在哈特福德市办小学，哈丽叶特先在那里读书，后来就在姐姐的学校当教师。

在哈丽叶特幼年时，她跟随父亲居住在辛辛那提市。辛辛那提市与南方的蓄奴州仅隔一条俄亥俄河，经常看到黑奴从南方逃过来。在 18 年里，纯真善良的哈丽叶特耳濡目染了大量关于黑奴的悲惨故事。从小，哈丽叶特就从心底厌恶奴隶制度，看到一对对黑人妻离子散，哈丽叶特幼小的心灵在滴血。后来，哈丽叶特与兰氏神学院教授卡尔文·斯陀结婚。当自己的七个儿女幸福地围在自己与丈夫身边时，斯陀夫人又想起了少年时所见到听到的一幕幕黑人父母、儿女生离死别的凄惨画面。斯陀夫人决定要为解放黑奴制度做点什么。在一位朋友的鼓励下，在丈夫的支持下，斯陀夫人开始了一部伟大著作的创作，终于在 1851 年完成，书取名为《汤姆大伯的小屋》。我国翻译界先驱林纾与魏易曾译为《黑奴吁天录》，也有的译为《汤姆叔叔的小屋》。

当时，美国北方已掀起废奴运动高潮，“地下铁路”活动日益频繁，引起南方大地主的强烈不满。1850 年，国会通过“安协议案”，南北各作让步，矛盾又平缓下来。1851 年，斯陀夫人的《汤姆大伯的小屋》出版，像一颗重磅炸弹一样，震动了整个美国。小说对于南方奴隶制度的真实描写，重新激起了北方人民的愤怒，使南北矛盾更加尖锐。1859 年 10 月 16 日，废奴派英雄约翰·布朗率领 18 名游击队员攻击弗吉尼亚州的哈柏津国家军火库，企图武装黑人发动起义。这件事更是火上浇油，内战如箭在弦上，一触即发。1860 年，林肯当选总统，南方各州宣布独立，南北战争终于爆发了。两方史学家都认为，《汤姆大伯的小屋》是美国南北战争的导火线之一。此书刚一出版，销售就达到30 万册，前所未见。同年，美国作家乔治·艾肯把它改编为话剧，在美国各地上演，盛况空前。后来，《汤姆大伯的小屋》被译成 20 多种语言，改编为各种语言的剧本，在世界各地演出，对于世界被压迫民族的觉醒，起了很大作用。1853 年，斯陀夫人访问欧洲，受到人们的热烈欢迎。《汤姆大伯的小屋》已成为世界闻名的著作。

小说展示了一幅幅凄惨的黑奴生活画卷。汤姆大伯是坎特基州一个善良的庄园主家的黑奴管家。主仆原来过着快活融洽的生活。但是，主人谢尔贝因负债累累，受制于人，不得不卖掉庄园中最得力、最忠实可靠的汤姆以及女奴伊丽莎的儿子小哈利来抵债。因为汤姆大伯最值钱，如果不卖他就要拍卖全庄所有的黑奴，汤姆大伯宁愿一个人承担厄运。第二天，汤姆大伯含泪离别妻子与自己早已熟悉的庄园。主人谢尔贝答应将来一定要赎他回来，但谁知此去还有没有生存的可能？汤姆大伯被奴隶贩子海利带走了。而头天晚上女奴伊丽莎不忍儿子被卖，连夜携子逃走。伊丽莎在爱子之心的鼓舞下，几次险里逃生。特别是在俄亥俄河边时，海利的追兵近在咫尺，前面是冰雪融化的大河，伊丽莎以一线求生的希望，抱着爱子从浮冰上飞奔过俄亥俄河，逃离了魔爪。伊丽莎的丈夫乔治·哈里斯也因不堪其东家的虐待，乔装逃走，途中夫妻二人不期而遇。在废奴派人士的帮助下，终于胜利地逃到加拿大，一家三口取得了自由。而汤姆则在被运到南方的船上，救了一个落水的小姑娘伊娃。小姑娘的父亲圣·克莱亚见他忠厚老实，就买下了他，待他如谢尔贝一家一样宽厚，汤姆与伊娃一家结下了情深，尤其是对伊娃，他像父亲一样照顾纯洁的伊娃。但是，不幸的事终于发生了，体弱多病的伊娃夭折，主人圣·克莱亚因为劝架也不幸受伤而死，一个家败落下来，主母不得不把汤姆卖掉。这次汤姆落到残暴的庄园主雷格里手中。很多奴隶已被他折磨而死。能干的汤姆开始很让雷格里高兴，打算让他当监工，但正直、善良的汤姆却不愿意欺负与自己同样命运的人。雷格里勃然大怒，发疯般地毒打汤姆。这时，汤姆原来的小主人乔治·谢尔贝寻到这里，要赎买他回家，但是汤姆已经不行了，他微笑着死在小主人的怀里。

斯陀夫人从基督教教义出发，以客观的笔触描写了黑人奴隶的悲惨命运，同时也写了黑人奴隶的反抗及正直的白人的帮助，控诉了奴隶制度的罪恶，第一次用现实主义的手法展示美国的社会风情。《汤姆大伯的小屋》是美国第一部具有鲜明的民主倾向的现实主义作品。

斯陀夫人还写过其他的小说，如《居雷德·大荒泽的故事》，也是反对奴隶制度的作品。还有其他如《牧师求婚记》等几部表现清教徒生活的小说。

1896 年 7 月 1 日，斯陀夫人在哈特福德逝世。虽然斯陀夫人在世界文坛上并不算大家，但她与她的《汤姆大伯的小屋》一起早已世界闻名。被压迫、被奴役的人们永远不会忘记这位受人尊敬的夫人。

捕捉雷电的人——富兰克林

1752 年 7 月 4 的一个雷雨天，狂风呼啸，电闪雷鸣，大家都躲在屋中，以防发生危险。

这时，有两个人却顶风冒雨在野外工作，他们是富兰克林父子二人。

正在美国费城的富兰克林，带着他的儿子冒雨捕捉雷电。富兰克林设计了一个大风筝，为了不让风筝损坏，他用丝绸做原料。在风筝的顶端，富兰克林特意装上了长长的触须一样的铁丝，风筝用细长的麻绳系牢。

这天，雷电交加，富兰克林高兴地说：“机会来了！”于是他把风筝放飞到天空中。一个闪电过来，一声巨响，击在风筝上。风筝在雨中淋湿，带上了电，而麻绳由于浸了雨，也成了导体。这样，一瞬间，闪电通过风筝上的铁丝，沿风筝线直向地面上传导而来。

富兰克林在线的端处挂了金属钥匙，导电的一霎那，只见绳子上的纤维全都立了起来，用手和导体接近钥匙，发出耀眼的火花。雷电频繁不止，富兰克林用储电瓶接触了钥匙，迅速把雷电储存了起来。

科学家为了研究自然奥秘是不惜牺牲的。以上过程虽然简单，但对富兰克林来说，却侥幸之极。这是一项直接危及生命的实验。死伤的危险性比健康安全的可能性要大得多。

在研究电的早期，很多科学家献出了自己的生命。富兰克林有一次连接了几个储电瓶，准备用强电杀死一只火鸡，但是操作中失误，他自己碰上了导电处，于是被击昏过去。醒来之后的富兰克林还乐观地说："本来想电死一只火鸡，没想到搭上一个傻瓜。"

富莱克林的"捉电"实验证明了天电与地电是一样的，性质相同，这成为富兰克林的著名发现。

富兰克林是美国历史上人所共知的著名人物。他 1706 年生于麻省的波士顿市。他的父亲是一位肥皂商，由于子女众多，家境贫寒，富兰克林年轻时做过印刷业的学徒工，后来在费城地区创办了报纸。

在 18 世纪下半叶，富兰克林成为美国独立运动的领导人之一，成为家喻户晓的英雄和领袖，而在此之前，他早以科学家的身份闻名欧洲了。

18 世纪上半叶，电学研究基本上没有开展，富兰克林也是晚年才研究电，并取得了重大发现的，可见他的科研才能十分出众。人们把他的著名实验称为"费城实验"。

1746 年，他得到了伦敦朋友送来的莱顿瓶，这是当时新发明的储电瓶。由此，富兰克林开始更好地研究雷电了。

通过很多试验，富兰克林发现电可以传导，也就是转移，从一个物体到另一个物体，连续不绝。在莱顿瓶内侧与外侧，一边有电另一边则必然不带电，把电释放，但总的电量保持不变。不同性质的电相接触时，会放射火花。

富兰克林提出"电荷守恒"的概念，后来就成为"电荷守恒定律"。正电与负电的概念是富兰克林提出来的。

1747 年，富兰克林在致朋友的信中写到："电是某种电液体构成的，这些电液体渗透在一切物体之中，但是分布并不均匀。只有一个物体内部的电液体与外界的电液体处于平衡时，这个物体才呈现不带电的中性。如果内部的电液体多于外界时，则为正电，反之则为负电"。

富兰克林认为，电荷总量不变，电不会被创生而只能转移。这一观念极其正确。虽然他的电液体理论不准确，而且他把正电负电的形成弄反了，但是他对电的转移的认识是至关重要的发现。富兰克林的“缺失”和“多余”的思路被大多数科学家发展，推动了电的理论研究。

富兰克林证明了天电与地电的统一性，破除了迷信说法。他还发明了避雷针。他发现尖端处更易放电，所以想到利用尖端处引电，把天电引入地面，建筑物就不会遭受电击。

1760 年，世界首次应用避雷针。富兰克林在费城一座大楼上竖起一根避雷针，人们目睹了避雷针的神奇效力。到 1782 年，全城安装了四百多处避雷针。据说，教会极力反对避雷针，因为他们认为这样会违反上帝的旨意。

有趣的是，到了 19 世纪，有个教堂不想装避雷针，去请教爱迪生。爱迪生说到：“上帝也有大意之时，你们说怎么办?”教会终于还是装上了避雷针。

电的研究打破了“上帝的灵光”说，更有力地瓦解了宗教神学的理论。电的研究如同火的应用，给人类文明带来长远深刻的影响。

富兰克林，全名本杰明·富兰克林，是美国 18 世纪科学家、社会活动家。

他靠自学成才，在电、光、热、化学、医学等领域贡献杰出；参加了《独立宣言》和《美国宪法》的起草；担任过美驻法大使及宾夕法尼亚州最高行政会议议长等职。1790 年，因病去世。

法国经济学家杜尔哥颂扬他：“他从天空抓到雷电，从专制统治者手中夺回权力”。

火车之父——史蒂芬逊

1769 年，瓦特发明了蒸汽机，动力机器的极大改进使人类进入蒸汽时代。

在世界范围内掀起了轰轰烈烈的工业革命。

在矿山，原来主要靠用马拉矿石进行运输，费时又费力，所以矿上的人们首先迅速地换上了蒸汽机车。人们专门修建了蒸汽机车的轨道，用来顺利地运送矿石及其他物品。

有些人开始研究，既然能运输货物，应该一样可以运输人才对。英国的矿山技师特莱维茨克开始琢磨这个问题。1803 年，世界上第一台蒸汽机车诞生了，这种机车每小时可以行驶 6000 米左右。

但它面临的危险是出轨，特莱维茨克反复试验都没能很好地解决因震动引起的零件松动脱落以及出轨问题。

1812 年，人们认识到了一点：铁轨打滑是机车出轨的主要原因。于是英国的两位技师提出新的方案，他们在铁轨中间又加了一条轨，使两轨道路变成了三轨道路。这第三条轨是锯齿状的，与机车底部的齿轮互相咬合，这样防止出轨，但是仍然没有什么实际进展。

1799 年，史蒂芬逊上了夜校。

他是一名矿工的子弟，他本人 14 岁时也当过煤矿矿工。史蒂芬逊对煤矿工人的苦难生活有极深的体会。

工人们挖煤、运煤，受苦受累不说，而且相当危险。

蒸汽机发明后，应用在煤矿上，虽然减轻了人们一定的负担，但是机车的性能并不是十分优良。

史蒂芬逊决心为工人们制造出更高效率的机车，为大家谋福利。他凭着四年矿工生活积累的对机车构造和性能的经验，努力补充科技文化知识，好进一步研究。

1814 年，史蒂芬逊研制的第一辆蒸汽机车在达林顿的矿区铁路上试运行，效果比较理想，速度和动力明显进步了。

但是机车就像一头怪兽，疯狂叫嚣，浓烟滚滚。

火车开动的时候，地动山摇一般，轨道摇摇晃晃，车子异常颠簸，烟筒冒出滚滚黑烟，火星四射。

这个场面太吓人了，附近的树都被烟筒冒出的火焰烧着了，熏得漆黑。

最危险的是，锅炉的温度散不出去，急剧升高，有爆炸的危险。

据说，周围的人们被吵得不能休息，就连牛、马、鸡、狗等家畜也被吓得不吃草、不干活、不听使唤了。人们纷纷表示抗议。

史蒂芬逊开始解决这个问题。

他用导气管把喷出的蒸汽废气引到烟筒里，就把噪声减小了。由于废气排得快，因此加快了炉内的空气循环，使炉内的煤燃烧加快，发出更多的功率，使机车的牵引力变得更大了。

不仅如此，史蒂芬逊还改进了车厢，增加了弹簧以防止震动过于猛烈，他还用熟铁来代替生铁用作路轨，并且在枕木下加铺小石块，增加车轮用来分散压力。史蒂芬逊还想到了要把锅炉安装在车头，这样可以减少爆炸带来的损失和伤害。

从1823年起，在英国的“煤都”达林顿和海港城市斯多顿之间修建了一条商用铁路，政府让史蒂芬逊主持修建。

1825年9月27日，史蒂芬逊劝服了政府，在这条路上行驶蒸汽机车，开始试车。

很多人认为，铁路和火车不是搭配使用的吗？怎么史蒂芬逊还要劝服政府在路上通行机车呢？

原来这条铁路是给马车准备的。

历史上，铁路的出现比火车早。在欧洲，马车的使用非常广泛，是陆地上主要的交通运输工具。渐渐地，随着矿业的发展，矿产品越来越多，燃料、原料以及成品都需要运输。

在山岭中，在矿井里，人们铺设了木制专线，这是专用轨道，行驶起来要快一些。后来伴随着铁的大量使用，人们为了减少磨损，增大速度，在木制轨道上包上铁皮，逐渐演变，铁轨就代替了木轨。

试车那天，史蒂芬逊的“旅行号”列车拉着6节车厢的煤，20节车厢的乘客，重达90吨，时速15000米。人们都围观欢呼，人山人海，热闹非凡。

1830年，利物浦至曼彻斯特的铁路贯通了，史蒂芬逊的“火箭号”使用蒸汽动力，平均时速达到了29000米，没有出现任何异常。

据说，当时有一场比赛，三台蒸汽机车中“火箭号”载重14吨，速度第一。

航运史上的新时代

人类文明的发展依赖交通工具的进步。五湖四海，山河茫茫，一去经年，数载不回的场面是古代所有人都经历过的痛苦。

人是陆地动物，在水上更是无法全力施展自身的能力，大江大河、大洋大海阻断了陆上交流，但自古就有勇敢的人漂洋过海，凭借木制、铁制等等原始的船，以风力这种自然力为动力，航海远行。

然而这样的水上航运费时费力，危险极大。

人们在科技进步的同时，没有忘记努力改进水上交通工具。

瓦特发明了蒸汽机，为动力提供了广阔的天地。瓦特本人有很多天才的创见，他指出应用新的蒸汽机会改进车辆、船只和很多动力设备带动的工具，但是瓦特的主要精力放在蒸汽机的改进上，他自己没有过多的时间和精力去设想蒸汽机的应用。

这些应用的任务有待后人进一步探索并实现。于是各行各业有了很多发明，矿山、冶金及纺织、机械等部门不断地利用蒸汽机带动设备，获得极大的效率。

第一个航运改革值得纪念的人是美国人菲奇，他没能产生影响，作为一名致力研究的人，没能受到重视，他的经历带给后人很多思索。

菲奇于1743年出生于美国。他利用瓦特的新产品——双向式蒸汽机来结合帆船，研究了将近三年。他设想过螺旋器可以起推进作用，并且制做了推进器的模型。

经过多方面努力，出身普通的菲奇艰难地筹措到了一部分资金，研制出了四艘汽船。他的桨式汽船成为世界上第一代汽船。但是他没有雄厚的资金作保障，也没有人帮助，只好投诸实用想挣一些钱以供研究。

投入使用的汽船却没有引起人们的关注，乘客也十分稀少。船只还需要维护修理，他的营业越来越困难。1790年，菲奇最先进的一艘汽船在载客途中失灵，更加使人们不满。要知道，新发明哪有一帆风顺的！但是没有人支持菲奇了，人们对他的研究十分漠然。

菲奇中断了他的事业，1798年，在穷困潦倒中死去。

在菲奇之后，有一个人投入到汽船的研究，他产生了巨大的影响，并最终将蒸汽动力用于航运，使航运开始跟上蒸汽时代的脚步。

他就是“轮船的发明人”——罗伯特·富尔顿。

1797年，富尔顿在法国曾经研制了潜水艇，但是实际使用起来很不理想，因此也没能继续下去。

在法国时，富尔顿研制好了一艘轮船，它用瓦特蒸汽机做动力，用明轮桨做助推工具。一天，富尔顿在塞纳河上试航，人们听说研制了水面“怪物”，纷纷跑来观看。船开动了，顶风逆水而行，船缓缓地前移，发出轰轰的声音。

人群中突然有人笑了起来：“哈哈，瞧它慢得像什么？”

“蜗牛！”

“又笨又重！”

“又呆又傻!”

人们七嘴八舌讥讽着这艘刚刚起步的汽船。

还有一人大叫:“看我的!”

只见他在岸边，竟然与轮船一起行走，不一会儿，他超过了汽船，而船却落在后面了!

人们更加开心，哄然大笑。

富尔顿毫不气馁，他对人们说，新发明需要人爱护，要有向前看的眼光，才能有正确的意识。

但是没有人感兴趣。为此，富尔顿向拿破仑建议，希望政府能出资金帮助他。可是拿破仑一见富尔顿，哈哈大笑:“尊敬的先生，您让我用它来做什么?打仗?我的军队会在船里饿死的!”

拿破仑这位军事天才也不是全能的，没有想到汽船今后的重大作用，而只顾了眼前利益。

富尔顿同菲奇一样，遭受了打击。

更为沉痛的是，狂风摧毁了轮船，富尔顿只好从头开始。

1806 年，富尔顿回到美国，寻找支持者。幸运的是他遇上了发明家列文斯顿。列文斯顿很富有，是一位农场主。在他的资助下，富尔顿解决了吨位、重量与推动力的难题，提高了船的速度。

成功的日子到来了。

1807 年 7 月 4 日，富尔顿成功制造的一艘新汽船停泊在美国纽约附近的哈得逊河上。

这艘船样子十分奇怪，表面上看去是木制结构，在船上有一个冒着浓烟的烟囱，船上有船帆，但却没有摇橹的人，当然也没有橹。

富尔顿把这艘船命名为“克莱蒙特”，这次来观看的人依然是人山人海。

人们听说在法国富尔顿曾经失败，都想看看这位发明家的新成果如何。

富尔顿邀请了一些有名望的人，有学者，还有贵族，其中还有很多是他的朋友。富尔顿为大家讲解轮船的性能，并且介绍了它的稳定性。

这回的试航十分成功。人们惊奇地发现，新轮船比帆船要快，而且乘客们感觉很平稳，让人十分舒适。

这艘船运行了 32 个小时，从纽约到奥尔巴尼共行程 240 公里。

一时间，搭乘这艘“克莱蒙特”号成为时尚。

不久，美国的史蒂芬逊工程师也发明了“菲尼克斯”号汽船，但富尔顿成为世界上第一位发明汽船的人，人们把菲奇忘记了。

这时的轮船还不是真正的轮船。

因为设计师采用的是明轮推进，而不是螺旋桨。明轮就像车轮，所以，汽船就像车在地面上行驶一样在水面上行驶。

1814 年，富尔顿采用明轮为美国海军制造出了蒸汽军舰，威力无比。拿破仑后悔也没有办法了。人们的重大发明往往会被首先用于装备军事力量，轮船也不例外。

1836 年，螺旋桨研制成功，船真的成为了“轮船”。1838 年，商船“天狼星号”完全利用蒸汽动力横渡大西洋，航运终于全面进入蒸汽时代。

画家的物理发明

莫尔斯是一位画家，他对绘画很熟悉，已经从事多年并小有名气。

莫尔斯已经 41 岁了。

莫尔斯对电学和机械一窍不通。

但是，莫尔斯改行了。

改学了电学与机械。

最后，他发明了电报！

事情要从 1832 年那个美丽的秋天说起。

“萨丽”号游客轮在大西洋海面上乘风破浪，赶赴美国的纽约。人们互相攀谈闲聊。有一位青年人的谈话吸引了很多人。这位青年人是杰克逊。他不知道，由于他的一次很普通的旅行谈话，促使了近代一个重大发明的诞生。

莫尔斯虽然听不懂杰克逊的一些术语，但是电的奇妙却深深地打动了他。他放弃了自己的艺术领域，开始研究“电报”。

莫尔斯把自己的工作间变成了研究室。他在大学担任美术教授，以挣得必要的钱，同时向大电学家亨利学习电学知识。

对于一个 41 岁的人来说，这是多么不易呀！

莫尔斯先了解了前人的发现：最早的是安培。

安培用26根导线连接两处26个相对应的字母，利用发报端控制电流的开关，利用收报端的字母旁的小磁针感应联接字母的导线是否通电，从而确定信息。

后来就是莫尔斯的老师，美国物理学家亨利了。亨利提出接力赛式的传导，在线路的中间加装电源，以增强电流从而远距离传输。

莫尔斯从亨利那里学习技术与电报理论。他很快就制造了自己的电磁铁，发明了“继电器”。

三年时间一晃而逝，莫尔斯的积蓄不多了，但是发明还是没能成功。一个关键的问题没有解决：26个字母符号太复杂。

终于有一天，莫尔斯看到飞溅的电火花想到了这些：“电火花是一种信号，没有电火花是另一种信号，时间间隔也是一种信号，有电与没有电，时间间隔的有无，可以用字母与数字互相组合表示，从而传递信息，双方都知道编码规则，就可以互相翻译了。”

电码与电路的对应关系被解决了。莫尔斯发明了只用点和横两种符号的电报系统，人们称为“莫尔斯码”。

莫尔斯的数学进制与编码知识十分薄弱，他能想到这一点，难能可贵。

莫尔斯特意求助一位机械学知识较丰富的青年人，经过一段时间的紧张研制，莫尔斯终于在自己经济最拮据的时期研制成功了电报机。

1837年9月4日，莫尔斯的电报机在500米范围内工作了，当助手从另一端接收到信号，两人的内容准确无误没有丝毫出入的时候，莫尔斯兴奋极了。

但是国会的议员们认为电报无用。通信即可，为什么要架设专线呢？当时没有发现无线电波，人们认为架设专线发报是费力不讨好的事情。1843年，在莫尔斯的鼓动和再三提议下，又看到别的国家也在进行电报研究，美国国会终于动心了。

经过两年多的铺设，一条由华盛顿到巴尔的摩的60公里实验电报线路成功开通。

1845年5月24日，第一份有线电报成功发出。美、英先后成立了电报公司。电报事业迅速在欧洲发展。人们远距离迅速通讯的时代到来了。

世界上下五千年
shijie shangxia wuqiannian

俄国故事

彼得大帝的海上强国梦

现代的俄罗斯是一个海上强国，这是一个不争的事实。它的海军实力是世界上唯一的一支可以和美国海军相媲美的。但距现在300多年之前，俄罗斯却是一个内陆国。为什么俄国的海军现在能够如此的强大？这样的功劳应该归功于被世人称为彼得大帝的彼得·阿列克塞那维奇·罗曼诺夫。

彼得大帝出生于1672年，他是俄国罗曼诺夫王朝的第九代沙皇。他10岁的时候就已经登基了，但是当时的政权落在他同父异母的姐姐索菲娅公主的手中。彼得从小就喜欢军事，经常和一群小伙伴玩军事游戏，把他们变成娃娃兵团。他在军事游戏中接受了最初的军事训练，娃娃兵团也成了他日后组建近卫军时最早创设的两个团。

彼得一世身体强壮，精力充沛，性情粗野，对待反对他的人残酷无情。但是他非常聪明，系统地向西方人学习数学、科学和军事。他一生中学会了许多手艺，大约会20种不同的技艺，从造船到拔牙几乎样样都会做。1689年，彼得一世从他的姐姐手中夺回政权。

彼得一世生平热爱大海，羡慕西欧的先进技术，他要使俄国由一个贫穷的内陆国家变成一个海上强国，他要使俄国的海军悬挂着俄国的国旗，在一望无际的海上游弋。为此他做了一系列让当时俄国人所震惊的事。

首先，他宣布在阿尔汉格尔斯克就地制造战舰，这是俄国历史上前所未有的。为了寻找通向欧洲的窗户，1695年1月，彼得一世亲自率领3万大军进攻土耳其，企图占领亚速海。但是因为俄国没有海军，不能够从海上包围亚速城堡，而土耳其的舰队却可以经常从海上提供支援，彼得的第一次远征失败了。但是在一年之后，彼得一世组建了一支舰队。1696年春，30艘俄国的战舰出现在亚速海上。这一次俄国水陆两军并进，一举攻破了亚速城堡，土耳其战败求和，亚速海落到了俄国人的手中。亚速海战后，俄国海军一举成名。

其次，彼得一世毅然决定组织一个庞大的使团出国参观访问。因为在攻下亚速城堡之后，彼得更加看清了俄国在军事方面的落后，要使俄国成为军事强国必须向西欧学习。所以彼得在1697年组建使团出访西欧。他自己装扮成随行人员随团出访。在荷兰的阿姆斯特丹，他进入一家最大的造船厂当学徒工，一直干了4个多月。空闲的时候，他总是去参观手工工场、博物馆，访问著名的学者、科学家，许以重金聘请他们去俄国工作。但正当他在国外考察时，国内射击军发动兵变，要求立索菲娅为沙皇。彼得闻讯急忙赶回国内，迅速镇压了叛乱。

第三，平息叛乱之后，彼得一世开始在俄国进行全面改革。他大力发展工商业，鼓励工业发展，给工厂主许多的优惠条件。他还派遣大批留学生去西欧学习，学习西方的科学文化及工程技术。在政治方面，为了提高政府的工作效率，他参照了西方的模式进行行政改革，把一切权力都集中到沙皇的手中。彼得在生活习俗方面也进行了改革，提出了生活方式西欧化。但是他的这些改革都是以增强沙皇俄国的军事力量为目标的，所以，在军事方面的改革也就成为了改革中的重中之重。彼得一世在军事方面的改革有：创建新军，实行义务兵制。为了训练军官，他开办炮兵学校、海军学院和军医学院等。他引进国外的新式武器与战略战术，建立俄国第一支海军。他为了发展军火生产，甚至连教堂里的钢钟都用来筑造大炮。他于1704年开始，决定在波罗的海的海岸建造新都圣彼得堡。在海滨修建新都的同时，彼得大帝又在科特林岛修筑防御工事，兴建喀朗施塔得海军基地，建造船坞和要塞。这些对于俄国取得波罗的海的出海口，使俄国走向世界，向外扩张，成为一个军事强国、海上强国，都有重要的意义。

第四，彼得大帝决定同波罗的海的霸主、欧洲强国之一的瑞典开战。因为俄国虽然在亚速海战役之后，夺得了亚速城堡使俄国海军一举成名，但是俄国还是没有得到他们梦寐以求的出海口——“朝向欧洲的窗户”。所以被历史上称之为北方战争的一场长达21年的战争开始了。

当时瑞典是波罗的海的霸主，它有一支强大的军队。在战争的初期，彼得大帝亲率大军进攻纳尔瓦。他的部队从莫斯科一路行进了两个多月，才到达这个瑞典在波罗的海的重要城堡。一连猛攻了两个多星期，俄国军队的弹药都快要打完了，但是纳尔瓦依然牢牢地掌握在瑞典人的手里。而且此时瑞典18岁的国王查理十二，已经率领一万多瑞典军人先后击败了俄国的盟友波兰和丹麦，然后闪电般地来到纳尔瓦，增援瑞典军队。这时俄军已经疲惫不堪。瑞典军队突然在清晨时发动进攻，俄国大败。这一仗下来俄军几乎全军覆灭，彼得一世侥幸逃脱。

彼得一世回国之后，卧薪尝胆，重新组建自己的军队。他下令全国每25户农民出一名终身服役的军人，很快重建了一支拥有20万人的陆军，铸造了300门大炮，是在纳尔瓦损失大炮的三倍。他命令每一万个农民要缴纳一艘战舰的钱，迅速地造出了40多艘大船和200多只小船，建立了俄国第一支海军舰队——波罗的海舰队。之后彼得又开始了第二次远征纳尔瓦。他先攻占了纳尔瓦附近的尼恩尚茨堡要塞和吉诺特要塞。第二次纳尔瓦大战开始了，俄军先用炮火轰击纳尔瓦，100多门大炮猛烈地轰击纳尔瓦一天一夜，纳尔瓦的将军戈恩感到纳尔瓦快要守不住了，决定向瑞典国王救援。但是信使被俄军捉住，彼得一世决定将计就计，让一队俄军扮成瑞典军人，里应外合一举攻破了纳尔瓦。俄军大获全胜，凯旋而归。彼得夺取了出海口，迈出了“朝向欧洲的窗户”的第一步计划。彼得一世决定在叶尼萨利岛上建立彼得-保罗要塞。彼得-保罗要塞地处于大涅瓦河、小涅瓦河的汇合点，控制着通向波罗的海的水路。彼得选中这地方作为未来的首都。1712年，彼得在涅瓦河两岸的荒岛上建立了一座新城市，取名为彼得堡，并作为新的首都。

经过彼得一世多年的努力，使得俄国日益强大、富强，俄国终于成为一个海上强国，建立了强大的海军，圆了彼得的海上强国梦，也使俄国成为西方列强之一。

“贵族的女皇”——叶卡杰琳娜二世

在俄国的近代历史上，有一位地位非常重要的女沙皇，她以残忍、荒淫、反动而著称于世，她就是叶卡杰琳娜二世。她在一次宫廷政变中杀死了她的丈夫——彼得三世之后，登上了俄国沙皇的宝座。之后，俄国人民在她的残酷统治下生活了35年。

叶卡杰琳娜是德意志一个小公爵的女儿，本名叫索菲娅·奥古斯塔，1729年生于德国。她在15岁时，跟随她的未婚夫俄国的皇储——彼得三世来到了俄国。年轻的叶卡杰琳娜当时不懂俄语，也不懂得俄国的规矩，但是她非常聪明，又机智好学，很快就学会了俄语，并且深入地研究了俄国的历史和风俗。她能够察言观色，生活在宫廷之中逐渐地掌握了贵族之间争权夺势的手段。

俄国在彼得一世改革之后，虽然取得了一些成果，但是彼得死了之后，有一些成果也失去了。其中贵族成了不受约束的特权阶层。不同的贵族派系因为各自的利益，在1725—1762年发动了多次政变，推出对自己有利的人担任沙皇。在历次的政变中，由贵族组成的近卫军都起到了重大的作用。

叶卡杰琳娜与彼得三世结婚之后，两人的关系一直不好，所以她一直生活在一个孤独的环境之中。但是随着她对俄国宫廷权术的了解，逐渐增长了她在政治上的野心。1762年的宫廷政变中，她在自己的情夫奥尔洛夫（近卫军军官）的帮助之下，推翻了她丈夫彼得三世的统治，自己当上了女皇，开始了她长达35年的统治。

叶卡杰琳娜当上沙皇之后，在经济和统治上实行了一些“开明”的政策。因为俄国是一个农业国，她强调农业生产，为了很好地发展农业，她还允许发表一些批评农奴制的言论。她还接纳许多的外国移民，把他们安置在南方新征服的土地之上。她还允许自由贸易，逐步地放弃重农抑商的政策，实行了一些有利于资本主义发展的政策。

叶卡杰琳娜在政治上的“开明”主要是在口头上，她为了表示要对国家制度进行全面改革，于1767年召开了一个立法委员会会议，并且为会议的召开精心地拟定了一个《训谕》，其中大量引用启蒙思想家的言论。《训谕》在欧洲各国引起了强烈的震动，法国甚至禁止它的传播。但是这些都是只说不做而已，到1768年，女皇以对土耳其开战为理由，解散了会议，就连这样口头上的“开明”也都取消了。

叶卡杰琳娜被称为“贵族的女皇”，她竭力加强封建农奴制的专制制度，以扩大贵族的特权。她经常把土地和土地上的农奴一同赐给贵族，以示她的恩赏，最多一次赏赐的农奴高达80万人。1765年，叶卡杰琳娜赐给贵族可以任意放逐农奴去服苦役的权力，并在两年之后禁止农奴对贵族作任何的控告。就是因为叶卡杰琳娜给予了贵族这种为所欲为的权力，所以贵族才能够放手施为，任意地对待农奴。女贵族萨尔蒂娃在十年中亲手折磨致死的农奴多达140人，其中大部分是妇女和孩子。叶卡杰琳娜的专制统治就是建立在这样一种落后野蛮的基础之上的。

在叶卡杰琳娜二世这种野蛮、残酷的统治之下，于1773年终于爆发了大规模的农民起义——普加乔夫起义。这是俄国历史上最大的农民起义，起义从乌拉尔山区扩大到伏尔加河流域，并在占领的地方建立起农民政权，处死贵族农奴主和官吏，取消了封建义务，使农民获得了土地和自由。叶卡杰琳娜二世使用非常残酷的手段对农民起义军进行镇压，由于农民起义军是由农民领导的，没有先进的思想作指导，而且起义军过于分散，所以，在1775年2月起义失败了，普加乔夫被捕，送往莫斯科处死。声势浩大的农民起义虽然失败了，但是起义军沉重地打击了封建农奴制的统治。叶卡杰琳娜二世在镇压了普加乔夫起义之后，在1775年对地方行政机构进行了一次重大的改革，集中了行政权力，加强了贵族的国家机器。在10年之后，叶卡杰琳娜二世颁布“敕书”，确保了贵族占有土地和农奴的权力和以前所赐的一切特权，使农奴主贵族专政进一步加强起来。

叶卡杰琳娜二世在加强对本国农奴统治的同时，也力图把农奴制扩展到国外，她充分地利用当时欧洲大国之间的相互争夺和不和，来实现“俄国从不改变、从不忽视的目标——俄国的世界霸权”。叶卡杰琳娜的政策是：兼并波兰；把德国变成未来的瓜分对象；占领君士坦丁堡；夺取芬兰；用国际法的限制性条款来削弱英国的海上优势；在土耳其帝国的基督教徒中煽动起义，以及用“开明”和“进步”的口号来掠夺领土，使用暴力进行镇压。叶卡杰琳娜二世为了她的这个目的，同普鲁士和奥匈帝国三次瓜分了波兰，攫取了从德维纳河到涅瓦河的大片领土，在波兰建立起了血腥的殖民统治，向欧洲打入了一个楔子。与此同时，叶卡杰琳娜二世又在南方同土耳其发动战争，兼并了克里米亚，把俄国的西南界从第聂伯河推进到德涅斯特河，把黑海北岸大片土地并入俄国版图，并且俄国船队还获得通过博斯普鲁斯海峡和达达尼尔海峡出地中海的权利。叶卡杰琳娜二世在欧洲疯狂扩张的同时，还在亚洲进行蚕食和鲸吞，先后吞并了高加索、哈萨克草原，并且在北美洲的阿拉斯加和加利福尼亚建立了殖民地。直到叶卡杰琳娜二世快要死的时候，她还在吼叫：“假如我能活到200岁，欧洲全部会落到俄国脚下。”这是一个至死不改的疯狂的沙文主义者。

叶卡杰琳娜二世以革命的敌人自居。当1789年法国大革命时，她派出10万大军镇压了受法国影响的波兰起义。从那时起，叶卡杰琳娜和她的后继者一直都奉行着追求世界霸权的目标，而沙俄一直都充当着欧洲反动势力的堡垒和镇压革命的世界宪兵的角色。

普加乔夫起义

普加乔夫起义是俄国历史上规模最大的反农奴制的农民战争。

1773—1775 年，起义的烈火燃遍了今乌拉尔河沿岸、乌拉尔南部和中部、西西伯利亚、长马河沿岸和伏尔加河中下游广大地区，波及当时的奥伦堡等 6 个省，总面积达 60 万平方公里，人口约 300 万。

“有压迫就有反抗”，起义的爆发是有其历史原因的。18 世纪中叶，受资本主义经济发展影响的俄国农奴制度开始瓦解，各族劳动人民受到严重的政治压迫和经济掠夺。

农奴制法令规定，农奴属于农奴主的财产，农奴主对农奴拥有绝对权力。农奴主可以任意流放、监禁农奴，蹂躏女农奴，也可以将农奴赠与、买卖、抵押。农奴失去了最基本的人身自由，处于完全无权的地位。另外，农奴的土地不断被贵族地主兼并，各种形式的封建剥削增加。

农民的境遇也在恶化。农民在名义上是自由的，不归属于农奴主，但照样要负担日益沉重的徭役、赋税。工人在极其恶劣的劳动条件下，冬季每天要工作 10 小时，夏季则是 14—15 小时，所得的工资非常微薄。工厂主大量使用女工和童工。

地主和工厂主侵占农奴和工人的土地、草场、林场来兴建工厂和矿场，把许多人强迫编入工厂劳动。除沙皇政府向农奴和工人征收皮毛实物税外，地方官府和寺院还勒索名目繁多的杂税，把人逼到了破产和毁灭的悲惨境地。

在阶级矛盾极端尖锐的情况下，俄国各族农民的反抗斗争连绵不断。

在 1762—1772 年 10 年间，仅俄罗斯欧洲地区的农民起义就有 160 余次。

劳动人民的斗争在遭到沙皇政府残酷镇压的同时，反抗越来越激烈。起义人数之多、范围之广，使整个社会处于危机之中。

终于，1773 年爆发了伊·普加乔夫领导的全国规模的农民起义。

1773 年 9 月，农民战争首先在俄国东南部地区爆发。普加乔夫组成一支由 60 人组成的武装队伍，在托尔长乔夫农庄举起义旗。他以彼得三世的身份发表讲话，号召哥萨克人要像祖辈效忠先帝那样效忠于他，他赐予他们“从上源至河口的河流、青草、土地以及钱饷、铅弹、火药和粮食”，让他们自由生息。

起义开始后，普加乔夫的队伍很快扩充到400多人。接连胜利的起义军政治影响迅速扩大，军队人数急增。

10月5日，起义军开始攻打沙皇政府在乌拉尔地区的统治中心奥伦堡城，双方多次发生激战。驻守该城的3000名城防军屡次反扑，企图突破包围，没有得逞。由于冬季早临，普加乔夫不得不安营扎寨，采取了围困该城的策略，期待守军弹尽粮绝。

沙皇政府在数月之后才知发生动乱，迅速调集步兵、骑兵和大炮。甚至从与土耳其交战的前线抽调两个骠骑中队，指派卡尔将军率领，紧急支援奥伦堡。

卡尔率领的讨伐军军心不稳，起义军由于得到群众的帮助，得知讨伐军的行踪，于11月7日至9日三次袭击，击溃了卡尔的部队，粉碎了沙皇讨伐军救援的计划。

起义军声威大振，影响遍及全国各地。以几个地方为中心，由普加乔夫派遣将领组织起义。起义军所到之处，得到农民的拥护，农民积极响应。

为了满足广大农奴和农民的要求，普加乔夫提出了更彻底、更激烈的反农奴制纲领。“不召募他们当兵，免除人头税和货币税”。要把受害的农民“从贵族和城市贪官”等凶手手中解放出来，把“贵族逮捕，处以绞杀”。

1774年，农民起义席卷伏尔加河沿岸。农民纷纷派代表并组织队伍迎接普加乔夫，争相传阅他的文告。几乎没有一处村庄的农民不参加暴动。

普加乔夫的队伍从7月17日急驰南进，20多天内，未经战斗就先后占领了几个重要城市。各城督军、贵族、地主闻风丧胆，多弃城而逃。

面对如火如荼的农民起义，惊恐万状的沙皇政府急忙与土耳其缔结和约，从前线调回大批部队，派往伏尔加河左岸和顿河地区镇压起义军。莫斯科和邻近各省的城市都加强了防卫。

起义军于8月6日攻占了萨拉托夫城，接着又占领了其他一些城市，继而向伏尔加河下游挺进。当起义军迫近顿河地区时，普加乔夫派代表同顿河哥萨克举行谈判，希望他们参加起义。哥萨克内部的阶级分化使其上层已成为沙皇政府的爪牙，同时，沙皇政府在顿河地区派有重兵，对顿河哥萨克控制极严。因此，在萨尔尼柯夫村，起义军遭到政府军的毁灭性攻击，几乎全军覆灭。在这次战斗中，意欲叛变的炮兵统领丘马科夫故意放错炮位，不战而逃。9 月 14 日，当普加乔夫东渡伏尔加河，撤至乌晋河时，丘马科夫、特沃罗戈夫等将他骗到河边，逮捕了他。然后，又逮捕了他的妻子和子女。

1774 年 11 月，普加乔夫被装在特制的笼子里送至莫斯科，被判处极刑。普加乔夫先遭砍头，后被裂尸焚毁，壮烈就义。

各地的起义队伍到 1775 年秋，被沙皇政府全部打垮和消灭。

俄国最后一次轰轰烈烈的农民战争被封建统治者血腥地镇压下去了，但农民的斗争并没有停止。

普加乔夫起义规模之大，地区之广，反农奴制斗争之坚决和彻底，在俄国历史上都是空前的。但因历史和阶级的局限，没有代表新生产力的先进阶级的领导，起义军的失败是必然的。

虽然起义失败了，但农民起义的觉悟性和组织性比以前的农民起义更强，起义军提出的要求和社会口号更为明确。这次农民起义的意义和影响，比俄国以前几次农民起义的影响要大。它沉重地打击了封建的农奴制度，客观上为新社会经济制度的发展和成长开拓了道路。

“周期王国”的建立者——门捷列夫

俄国的科学不是很发达，这种现象一直持续到 19 世纪。

在 1724 年，彼得大帝听从莱布尼茨的建议，成立了圣彼得堡科学院。第一批院士从欧洲聘请而来，著名的伯努利家族和大数学家欧拉都在俄国工作并定居。

然而俄国内政动荡，政权更迭频繁。直到 1762 年叶卡杰琳娜二世时，才促使科学向前发展，欧拉也是于此时重返彼得堡的。

俄国科学的最伟大奠基人是罗蒙诺索夫。他生于 1711 年，卒于 1765 年。到 19 世纪，罗巴切夫斯基于 1826 年创罗氏几何；19 世纪 60 年代时，季米里亚捷夫揭开了光合作用之谜；化学家门捷列夫发现了元素周期律，使俄国在近代科学的舞台上全新登场，展示了其取得的世界性成就。

门捷列夫是1834年出生的，他是家中孩子里最小的一个。在他前面有13个哥哥姐姐，这是一个负担很重的家庭。

门捷列夫的父亲是西伯利亚托博尔斯克市一所高中的校长。但是门捷列夫出生后不久，他的父亲就双目失明而退休，全家人的重担落在了母亲一人的身上。她要照顾14个孩子，还开办了一家小玻璃厂以维持生计，在艰难的条件下，千辛万苦把14个儿女全部养大成人。

门捷列夫高中毕业时，父亲已经去世了。祸不单行的是，小玻璃厂着了火，被迫关闭。为了能使儿子进入大学学习，母亲带着门捷列夫来到了莫斯科，但是由于条件限制，莫斯科大学不能招收门捷列夫所在地区的学生。

1805年，母亲又带着门捷列夫去了彼得堡。在朋友们的帮助下，门捷列夫终于进了彼得堡师范学院，这位伟大的母亲看到小儿子已经安排稳妥，放心地闭上了双眼，告别了人世。

门捷列夫深爱着母亲，他将著作献给自己的母亲时这样说："她通过示范进行教育，用爱来纠正错误，她为了使儿子能献身科学，远离西伯利亚陪伴着他，花掉了最后的钱财，耗尽了最后的精力"。

门捷列夫于1855年以第一名的成绩获得金奖，正是母亲的爱使他获得永恒的动力。

1857年，门捷列夫取得了硕士学位，在彼得堡大学讲课。1859年赴法、德留学深造。欧洲一行使他大开眼界，尤其是1860年卡尔斯鲁化学大会上康查罗的论文对他影响至深。他还结识了许多著名科学家，受到了物理化学方面精确的训练。

1865年，门捷列夫成为彼得堡大学的化学教授。

早在18世纪，随着各种方法的改进，新的化学元素层出不穷，平均每两年半左右的时间就会发现新元素，化学家们探索元素的联系也在逐渐展开。

1789年，拉尼锡在自己编写的化学课本中列出了化学史上第一张元素表，并且把当时的33种元素分为气体元素、金属元素、非金属元素、土质元素，开创化学分类方法的先河。

1814年，瑞典化学家从大量化学反应实验中，测定了许多元素的相对原子量，原子量的测定走上正规。贝采留斯是做这项工作的重要人物，他画出第一张原子量表。

1815年，英国医师普劳特发现了一些元素的原子量近似于氢原子量的整数倍，提出“氢原子构成一切元素”的假想。这种设想虽然是错误的，但却启发人们深入思考元素间的联系。

1829年，德国的德伯莱纳从当时已知的54种元素中抽取15种，按照类似性分为三组，提出“三素组”假设。结果发现，同一组的元素的原子量排列具有规律性。

1843年，盖墨林制成了一张按元素性质分类的化学元素表。

1862年，法国地质学家尚古多按元素原子量的递增顺序排在一个螺旋柱上，提出元素性质变化就是数的变化，并且发现了约以16为周期，元素性质重复近似。这是第一次认识了“周期性”。

1864年，奥德林发现，元素性质随原子量递增而呈周期性规律，但他只是看到了这种现象，没有详细深入下去。

同年，德国化学家迈耶尔建立“六元素”表。

这一系列的工作，正在逼近元素周期律的本质发现，为门捷列夫的伟大发现创造了前提条件。

但其中有一件事我们却要注意到，当1866年纽兰茨认为“从一指定的元素起，第八个元素是第一个元素的某种重复，就像音乐中八度音程的第八个音符一样”，把自己《八音八律与原子量数字关系的起因》论文在英国伦敦召开的化学学会上宣读时，引起了人们的普遍嘲笑，除此之外没有任何人再注意他的理论了。

1868年，门捷列夫要为《化学原理》课程写讲义、编教材，他开始思考元素排列问题。他认为，元素不能混乱排列，教课也不能胡讲。于是，他开始探索其中的规律。

人们发现，这个大教授在玩牌。他把元素写在一张张的卡片上，颠过来倒过去，排列着并且思考着。大家觉得奇怪又好笑，以为门捷列夫想化学想出毛病来了呢。

当他说明是在研究周期与性质时，人们更加嘲笑他，老师们和一些知名的教授都不支持他，说他“异想天开”、“不务正业”。因为在人们的心目中，一个化学家不去做实验，老是摆弄一些花架子，怎么能行呢？

其实，他们是走向了极端，一个人老是空想当然不对，但是埋头实验不总结也是错误的。别看门捷列夫在摆弄数字，他的很多实验是建立在对这些数字的深刻认识基础之上的。

1869 年 3 月 1 日，门捷列夫完成了周期表，化学史上“伟大的一天”到来了。门捷列夫在深思熟虑之后，把当时已知的 63 种元素的主要性质和原子量写在卡片上，排列出了元素周期表。

1869 年 4 月，门捷列夫用俄文发表了《元素性质和原子量的关系》的论文，阐述了元素周期律的基本观点：

其一，按照原子量的大小排列起来的元素，在性质上呈现明显的周期性。

其二，原子量的大小决定元素的特征，正像质点的大小决定复杂物质的性质一样。

其三，元素的某些同类元素将按它们的原子量大小而被发现。

其四，由某元素的同类元素已知，可以推测并修正该元素的原子量。

1871 年，门捷列夫又修改和完善了周期表，就是我们现在所见的周期表。

然而，和英国的纽兰茨相同，门捷列夫遭到嘲笑，继而，人们竟然把这件事忘记了。只有一个人没有忘，他就是门捷列夫本人，他不怕嘲笑，义无反顾地在科学的道路上继续前行。

门捷列夫把已知的 63 种元素排好之后，还空下了许多位置，这是预言新元素的发现。门捷列夫还留下了类硼、类铝、类硅的空位，并且是在人们没有发现这些元素之前。

1876 年 8 月 27 日，法国化学家布瓦博德朗在庇里牛斯山用光谱分析闪锌矿，他意外地发现了一种新元素，比重是 4. 7。

他十分高兴，因为这种元素小到只能在显微镜下才能看清。由于法国古称“高卢”，所以，布瓦博德朗取了“高卢”发音的第一个字母，命名新元素为镓，现在我们把它记作 Ga。

成果发表在《巴黎科学院院报》上，学术界十分注目。

然而不久，布瓦博德朗收到了一封信。

信中说：“您发现的镓，就是我预言的类铝。四年前我预言它的原子量接近 68，比重约在 5. 9 左右，而不应是 4. 7，请您详细核查。”

布瓦博德朗大吃一惊，因为他知道这种新元素只有他自己拥有，而且仅有一毫克在实验室中存放，难道他是先知？陌生的门捷列夫？

不是门捷列夫先知，而是科学规律是先知。布瓦博德朗重新测量了镓的比重与原子量，结果发现，门捷列夫预言极其准确！

布瓦博德朗向化学界说：“我认为没有必要再来说明门捷列夫先生

的这一理论的伟大意义了。”

至此，化学界把遗忘了数年的门捷列夫元素周期论重新想起，门捷列夫成为世界级大化学家。

之后四年，“类硼”被发现，1886 年“类硅”被发现，而且数据预言得相当准确，人们叹为观止。

恩格斯评价：“门捷列夫不自觉地应用黑格尔量转化为质的规律，完成了科学上的一个勋业，这个勋业可以和维勒列计算尚未知的海王星轨道业绩同等。”

取得了这样大的功绩和地位，门捷列夫没有骄傲。当时迈耶尔几乎也同时与他一起提出元素周期律，并且迈耶尔还略早于门捷列夫。不过他没有勇气面对嘲讽和不信任，因而错失良机。

门捷列夫与迈耶尔没有丝毫争执，二人互相尊重，十分友好地会面交谈，这与门捷列夫的优秀品质是分不开的。

门氏曾经公开地抗议沙皇迫害学生的行为，据说这使他在诺贝尔奖的投票中以一票之差被不公平地排除。有人找理由说他的成果相当陈旧，又过了若干年，诺贝尔评奖委员会决定授予门捷列夫奖项时，他已经去世了。

然而在科学史上的门捷列夫永远活在人们心中。为了纪念他，第 101 号元素命名为“钔”。

俄罗斯科学之父——罗蒙诺索夫

M. B. 罗蒙诺索夫，在俄国堪称伟大的学者。他是一个百科全书式的科学家。在他二十余年的研究生涯中，取得了多种学科成就。他的研究遍及化学、矿物学、物理学、天文学、冶金学、航海、地质、语言、历史、教育、哲学和文学等广大领域。

他 1711 年生于俄罗斯北方的一个小岛，父亲是渔民，家境贫寒。19 岁之后，他去莫斯科上学，1936 年进圣彼得堡学院并去德国留学。

1745 年，成为俄国科学院的教授。他独立提出了“物质和能量的守恒定律”，并且创办了莫斯科大学。正是他为俄罗斯科学打下了基础，成为“俄罗斯科学之父”。

在18世纪以前，俄罗斯的化学登不上大雅之堂，正是罗蒙诺索夫使俄国化学在世界拥有了自己的位置。

我们知道，“燃素说”是从斯塔尔那里系统起来的，一直影响到18世纪。

“燃素说”认为物体中含有燃素，燃素逃离的过程就是物体燃烧的过程。为什么能冶金，就是因为矿石里没有燃素，木炭里有燃素，加热后矿石从木炭中夺走了燃素，所以矿石变成了金属。怎样证明金属中也含有燃素呢？可以用煅烧来证明，经过煅烧，可以发现有灰渣，灰渣不能燃烧。证明燃素逃离出去了。

1748年，罗蒙诺索夫建立了俄国第一个化学实验室，开始着手研究“燃素说”。他要通过实验来证明“燃素”到底存在与否。

在此之前，罗蒙诺索夫在德国留学时，就开始怀疑“燃素说”。

罗蒙诺索夫用了专用的容器，把称好重量的金属装入容器中。有铅、铁、铜等物。这些金属装入不同的容器，开始加热。渐渐地金属熔化了，之后慢慢冷却。在整个实验过程中，罗蒙诺索夫把容器全都封死了，别的东西进不来，空气也不可能流通。

按照“燃素说”的说法，燃烧是外界的火微粒进入物体之后才产生的。而罗蒙诺索夫把容器封死后，依然能燃烧，假如火微粒不能进入容器，燃烧就不应该发生。有人说，火微粒是可以穿墙越壁的。

那么好办，燃素应该逃离出去，称量一下冷却后的灰渣就可以了。结果发现灰渣不仅没有减少重量，反而更加重了。

这样，罗蒙诺索夫就找到答案了。原因就在空气之中。果真，空气的重量比原来减轻了。

1760年，罗蒙诺索夫在《论固体和液体》一书中写道：“自然界中的所有化学变化，是一种物质失去多少，另一种物质就增加多少的过程。也就是说，一个地方失去了多少东西，另一个地方就增加多少东西。世界万物只有从一种现象变为另一种现象，只有变化，没有无中生有，也没有从有到无。物质是转化的。”

这之后，拉瓦锡取得了更大进步，建立了燃烧理论。

罗蒙诺索夫是世界上第一个观测并记下水银凝结现象的人，还是第一个发现金星有大气存在的人。

俄国大诗人普希金称他为“俄罗斯的第一所大学”。

俄国天文学的奠基人——斯特鲁维

19 世纪，方位天文学进入天体物理学。天体物理学标志着人类探索宇宙的新进展，这是一次质的飞跃。

在观测天文学中，恒星视差的发现具有无与伦比的意义。

什么是恒星视差呢？正如天才的布鲁诺所预言的那样，恒星不是看起来一成不变的，它们也在移动，不过恒星离我们实在是太遥远了，所以，在基础观察阶段，尤其是用肉眼，是无法看到这些移动的。

英国的天文学教授布拉德雷想证明恒星视差，但是却没有成功，然而却意外地发现了光行差。他所能分辨的精度相当于离 1 万米之外看一根 1 米长的棍棒。可是恒星离我们出奇的遥远，单凭发现光行差所能分辨的精度根本无法准确地识别恒星视差。

恒星视差，就是地球与恒星之间的距离问题。在观测天文学阶段，这是一道难题。1834 年，德国血统的俄籍天文学家斯特鲁维着手研究这一问题。

斯特鲁维 1793 年出生，他一直学习的是文科课程，以至到了 30 岁时还是语言学的准博士生。1825 年，32 岁的斯特鲁维递交了一篇论文名为《杰尔宾特天文台的地理位置》。就是这篇论文被导师们所欣赏，理科教授予以承认，从此，他开始了真正热爱的工作——天文研究的生涯。

斯特鲁维用自己新制的天文望远镜观测织女星，天文学中称阿耳法星。整整观测了三年，他发现了织女星 0.25 角秒的周年视差。同时，1784 年出生的德国天文学家贝塞尔也在观测视差。

他使用的方法比斯特鲁维更为先进，所以他的测量也更加准确。他使用了测量被测恒星与它附近恒星之间夹角的方法。斯特鲁维的方法是：选定了一个固定的时间、固定的地点观测，然后隔一段时间就在同一地点再观测。这样就会发现恒星的位置发生了移动。

英国人亨德林也观测到了一些恒星的视差。

这里面最准确的当属贝塞尔。但是因为他晚一年发表研究成果，所以世界上最早发现恒星视差的人是斯特鲁维。

恒星周年视差的发现有一个突出的贡献，即测定日地距离。也就是说，找到了一把“量天尺”。

半人马座的阿耳法星，它的视差最大，那么就可得知它是第一次测出的离地球最近的一颗恒星，因为越远的恒星越不易察觉出它的移动。人们把离地球最近的这颗恒星称作比邻星。就是这样，如果和太阳离我们的距离相比，也是远得多。

宇宙中离地球最近的恒星是太阳，比邻星到地球的距离是日地距离的 272000 倍！太阳系在宇宙中真是沙粒一般。

斯特鲁维发现并测量了双星和聚星。和赫舍尔相同，他发表了双星表。

斯特鲁维的观测达到当时世界的先进水平，在天体物理学时代到来之前，他做出了旧时代后期巨大的贡献之一，和海王星的发现一起载入史册。

斯特鲁维创立了当时世界最先进的天文台即普尔科夫天文台，使此地成为“世界天文学之都”。他奠基了俄国天体测量学。

俄国最伟大的诗人——普希金

亚历山大·塞尔盖耶维奇·普希金是俄国最伟大的诗人，也是俄国现实主义文学的奠基人，是“俄国文学之始祖”。普希金开创了俄国文学的辉煌时代，他的《叶甫盖尼·奥涅金》的光辉形象成为世界文学中的瑰宝。

普希金于 1799 年 6 月 6 日出生在莫斯科的一个古老的贵族世家。他父亲是个军官，经常不在家。母亲性格怪僻。年幼的普希金被农奴出身的奶妈带在身边。普希金从小在优美的民间故事中长大。年幼的普希金便表现出惊人的天赋，在他 8 岁时就开始写诗，获得当时一位老诗人的称赞。1811 年，普希金入贵族子弟学校学习，受到法国启蒙思想的影响，与一些十二月党人走得很近。青年时代，普希金被俄国战胜拿破仑大军的激情鼓舞，写了很多歌颂自由、反对专制暴政的抒情诗。如《自由颂》、《童话》、《致恰达耶夫》、《乡村》等。在《致普柳斯科娃》中，普希金这样写道：

“我只愿歌颂自由，

只向自由奉献诗篇，
我诞生到世上，而不是为了
用羞怯的竖琴讨取帝王的欢心。”

普希金的诗歌迅速传播开来，引起沙皇的恐慌。1820 年，普希金被流放南俄。在那里，普希金同十二月党人更加接近，参加他们的秘密集会，写下了更为激进的诗篇，有《短剑》、《囚徒》、《致大海》、《强盗兄弟》等。其中较为著名的是叙事长诗《茨冈》，是作者由浪漫主义向现实主义转变期间的作品。诗中讲述了这样一个故事：主人公阿乐哥是一个贵族青年，因与文明社会发生冲突，逃到自由的茨冈游牧人中间，并与他们一起流浪。流浪生活中，阿乐哥与茨冈姑娘真妃儿相爱并结婚。但两年后的一天，阿乐哥发现真妃儿另有新欢，他怀着自私与嫉妒的心情杀死了真妃儿与她的情人。阿乐哥的残暴行为遭到茨冈人的唾弃，被茨冈人抛弃在荒原上。诗人以茨冈原始纯朴的美德与文明社会的“美德”相对比，揭露了贵族阶级自私的本性。

1824 年，普希金因与南俄总督产生冲突，被放逐到父亲的领地来哈依洛夫斯科耶村。在这里，普希金阅读了大量历史文学著作，深入民间生活，创作出历史剧《鲍利斯·戈都诺夫》，揭示出人民群众的巨大力量，痛斥了与人民为敌的专制统治与背叛祖国的丑恶行径。

十二月党人起义失败后，俄皇尼古拉一世为了笼络人心，把著名的诗人普希金召回莫斯科。但是普希金并没有被这种假象所迷惑。当十二月党人被大批地杀害与流放时，普希金写下了《致西伯利亚的囚徒》，托一个十二月党人的妻子带到西伯利亚，这首诗在囚徒中间广为传诵：

“沉重的枷锁会掉下，
阴暗的牢狱会覆亡，
自由会在门口欢快地迎接你们，
弟兄们会把利剑送交你们手上。”

1830 年，普希金创作了他最为著名的诗体小说《叶甫盖尼·奥涅金》。叶甫盖尼·奥涅金是一个俄国贵族青年，他生活在一个优裕的环境中，受过大学教育，读过大量西方经典著作。他什么都学过，但什么都半途而废，因为他不知道干这些事有什么意义。他只觉得贵族生活无聊，他厌倦了每天的歌酒舞会，干别的又不愿意受苦，结果他的生活更无聊，心里也更苦闷。于是他又不得不去参加那些聚会，以打发无聊的时间。有一次，奥涅金为了继承教父的财产来到一处乡下农庄。在这里他结识了一位乡下小地主的女儿达吉雅娜。奥涅金城里人的潇洒气质吸引了达吉雅娜。达吉雅娜大胆地吐露自己的爱情，但是已厌倦了红粉交际的奥涅金对达吉雅娜的真爱不屑一顾，谁会爱上一个乡下丫头？奥涅金拒绝了达吉雅娜。后来，有一次奥涅金的好友连斯基邀请奥涅金去参加自己的舞会。在这次舞会上，连斯基要与达吉雅娜的妹妹奥尔加举行订婚仪式。奥涅金衣着华丽地去了。他怀着恶作剧的心情频频邀请奥尔加跳舞，结果奥涅金反而成了舞会的主角。风流倜傥的奥涅金故意让奥尔加为之着迷。结果把连斯基的订婚舞会给搅了。奥涅金却像无事人一般回了家，这使连斯基受到莫大的污辱，提出与奥涅金决斗。奥涅金知道这都是自己造成的错，他毫不犹豫地走上决斗场，而且给自己找了个冠冕堂皇的理由“为家族的荣誉而战”，并且毫不犹豫地杀死了自己的好友连斯基。决斗之后，他也感到羞愧，远游他乡。在外面同样一事无成。游荡的心消退之后，他回到家里，听说社交界又出了一位有名的贵妇人。他因无聊又去参加舞会，谁知那位气度不凡、美若天仙、温文尔雅的贵族妇人竟是当年被他拒绝的达吉雅娜。奥涅金被达吉雅娜迷住了。他想依靠当年的旧情得到达吉雅娜，但是，如今的达吉雅娜虽然心里仍有当年奥涅金的影子，但她知道，奥涅金追求的不是过去的达吉雅娜，而是光彩夺人的贵妇人。达吉雅娜拒绝了奥涅金的爱。普希金成功地塑造了贵族青年奥涅金的形象，是对当时苦闷彷徨的一代觉醒的贵族青年的真实写照。奥涅金成为俄国文学史上著名的“多余人”形象。此外，普希金还塑造了一个大胆追求自由爱情的俄国女性形象达吉雅娜。达吉雅娜具有俄国女性一切优良的品质，但在当时的社会条件下，她的追求必然成为幻影。《叶甫盖尼·奥涅金》描绘了一幅真实的俄国生活画，成为俄国文学史上的开山之作。

除了《叶甫盖尼·奥涅金》之外，这一时期普希金还写了《别尔金小说集》、《石客》、《吝啬的骑士》、《莫扎特和沙莱里》、《瘟疫流行日的宴会》等4个剧本以及30多首抒情诗。其中最为著名的是短篇小说《驿站长》。小说讲述了一个小人物的悲惨命运。小驿站长维林，善良老实，每天辛辛苦苦地为旅客服务，但遭到往来官吏的辱骂欺侮。还好，他有一个美丽纯洁的小女儿在身边，能够给他许多安慰。可是一天，小女儿被过路军官拐走，从此不知下落。维林十分伤心，不顾年老体弱，凑足盘缠到彼得堡去寻找女儿。但是在俄皇的脚下，他却有冤无处申，无门可入，终于病倒，孤零零地死去。

1831 年 2 月，普希金与一位莫斯科的少女娜尼·冈察罗娃结婚。随后回彼得堡，依旧在外交部任职。由于这时普希金遭到反动势力的极端仇视，夫妻两个经常受到打扰，但普希金更加努力地写作，以充沛的精力反对沙皇的专制统治。他写了《渔夫与金鱼的故事》、《黑桃皇后》、《上尉的女儿》等，最后一部是普希金又一力著。1836 年，普希金创办了杂志《现代人》，刊载一些激进的文章。普希金更让反动势力坐卧不安。后来，他们唆使人挑拨普希金夫妇的关系，让一个下等军官调戏诗人的妻子。普希金不能忍受如此侮辱，在 1837 年 2 月 8 日，普希金以一个文人的身份与丹特士男爵决斗，结果身负重伤而死。他的妻子隐居乡下，寡居一生。

普希金是俄国最伟大的诗人，是他让俄国文学走上世界。普希金是俄国民族的骄傲，也是世界人民的骄傲。他曾经写过的一首诗《纪念碑》成为他自己一生的写照：

“我所以永远能为人民敬爱，
是因为我曾用我的诗歌，
唤起人民善良的情感。
在这残酷的世纪，
我歌颂过自由，
并且还为那些倒下去的人们，
祈求过怜悯同情。”

果戈理与“贩卖死人灵魂”的人

在一辆飞驰的马车上，一个面目清秀、贵族打扮的先生在沉思：“唉，我这个老实人！……趁新的人口调查还没完成之前，我去买了所有死掉的人们来，一下子弄它一千个，然后到救济局里去抵押，那么，每个灵魂我就能得到二百卢布，我总共能得到二十万卢布了?”他脸上露出了微笑，细小的眼睛因兴奋而闪闪发光。他叫乞乞科夫，这辆马车是驶向某省省会的。

这一天，某省省会上流社会出现了一位谦谦君子，他以惊人的谦虚、周到的应酬、优雅的举止博得了所有官吏地主的一致好评，他来这里是“办差”的。几天以后，他开始遍访地主。

这一天，他要去拜访一位拥有上千农奴的巨富。他东打听西打听，来到了一幢与地窖一般的黑屋子前，这位衣着华丽的先生高声叫道：“有人在家吗？有人在家吗？”但是没有一点回音，先生提起乌黑发亮的皮鞋，踏着厚厚的积土走到屋里。显然已经很久没有人来过了。在一堆堆破鞋、锈铁钉、碎瓷片中安下脚之后，先生渐渐适应了屋子里的黑暗与腐烂的气息。他看见了桌子旁有一双贼亮的眼睛，上面是一顶破烂的乡下女仆用的小圆帽，乌黑的脖子上系着不知是袜子还是吊带的东西，可能是领带，身上是零乱不堪的女人睡袍，这是个人，他一动不动地呆望着这位高贵的来访者。“我要找你们的老爷波留希金先生！”我们的来访者小心翼翼地向这个不知是人是鬼的家伙问道。“什么事？”声音如同在地狱中回荡，高贵的来访者惊恐地朝后退了退。“我……我……来同波留希金老爷谈谈购买死去的农奴户口的事。”来访者低着头，一副老实人的样子。“我不怕吃亏，我情愿负担死农奴的人头税。”那双发亮的眼睛突然笑起来：“我就是，您快请坐，我去给您备饭。”一顿忙乱之后，华衣先生望着桌子上的酒菜目瞪口呆。面包是一块块的，上面长满了绿霉菌。甜酒脏乎乎的，里面一个个不知名的小虫在蠕动……

这位男不男、女不女装扮的老爷正是世界四大吝啬鬼之最的富翁波留希金，那位华衣先生就是我们开篇提到的要买死魂灵的“老实人”——乞乞科夫。他们都是震撼了整个俄罗斯的《死魂灵》中的重要角色。而这部伟大作品的作者就是俄罗斯现实主义文学的第一人——尼古拉·华西里耶维奇·果戈理。

果戈理出生于1809年3月19日，他父亲是乌克兰的一个地主。果戈理12岁时上中学，喜爱文学艺术。19岁时，果戈理独自到彼得堡谋生。起初当小公务员，生活的贫困，卑微的职业，使他对现实生活产生不满，他痛恨周围肮脏的环境，痛恨上层社会那种猥琐的生活。在普希金、别林斯基的帮助与影响下，他更加向往自由，憎恨专制，对现实生活有了深刻的理解。他开始学习创作，并以之为终生职业。果戈理是个天赋很高的作家。1832年，他完成的《狄康卡近乡夜话》使他一举成名。书中描绘了恬静迷人的乌克兰风光，纯朴的社会风气，都充满着浓郁的诗意与传奇色彩。果戈理乘胜追击，1835年至1842年，果戈理发表了《密尔格拉得》与《彼得堡故事》。这两部现实主义的力作，给果戈理带来“文坛盟主”的声誉。从此，果戈理转向现实主义，转向对现实阴暗面的讽刺与揭露。他含着眼泪，描写了当时地主们那种丑恶的、动物般的庸俗生活，也表达了对小人物不幸命运的深切同情。

1836年，果戈理的剧本《钦差大臣》发表，引起社会极大震动。这部揭露官僚权贵丑恶生活的剧本，一经上演，就遭到了反动派的攻击与诽谤。果戈理不得不出国，侨居罗马。

《钦差大臣》描写了一个偏远外省城市的官僚们听说钦差大臣要来视察，他们自信以做官三十年，有骗过三个省长的经验，要再一次上演他们的手段，却不知为何错把一个爱吹牛、撒谎、摆架子的赫列斯塔柯夫当作了钦差大臣。而赫列斯塔柯夫本来只是一个平时没人理睬、一文不值的十二等文官，他从彼得堡来，路过这里却被当作钦差大臣来对待，当然乐得接受了。一时间市长、警察署长、邮政局长等等各级官吏纷纷登门拜访，呈上贿赂，市长大人甚至献上自己的妻女。这个小文官当然假戏真做，大捞特捞。人民群众得知“钦差大臣”来了，如潮水般涌来告状，揭露了这个城市黑暗的统治。最终，这幕剧以真正钦差大臣的到来，所有官员目瞪口呆而结束。

《钦差大臣》是俄国现实主义戏剧发展史上重要的里程碑，标志着果戈理的现实主义讽刺艺术已完全成熟。在这个基础上，最终诞生了世界闻名的《死魂灵》。

《死魂灵》早在《钦差大臣》之前就已着手写作。在罗马又经过5年的努力，终于在1842年出版。“《死魂灵》震撼了整个俄罗斯！”著名文学评论家赫尔岑这样评价。反动势力叫嚷果戈理是俄国的敌人，应当把他绞死。而民主阵营把它评为“划时代的巨著”，揭露了农奴制的黑暗。果戈理虽然预料到这场激烈的论争，但面对现实的斗争，他还是动摇了。果戈理本以含泪的微笑向人民展示了他们自己愚昧的生活，期望统治者能够变革，从而更好地维护统治。他以善良的心却换来那伪善的麻木的判决，这是他所不想要的，他不想与权贵阶级为敌。因此，他退让、妥协，否定了自己的作品。1842至1852年，果戈理全力写作《死魂灵》第二部，企图创造一些道德高尚、热爱劳动的理想人物，他要描写地主、农民亲密合作，共同富裕的理想社会。但是，果戈理终究是个优秀的现实主义作家。他写了改，改了写，始终觉得写得不真实，形象苍白无力，长期处在痛苦的精神挣扎中。1852年，果戈理在病中痛苦地烧毁了已完成的《死魂灵》第二部，不久，这位颇受争议的伟大作家因病去世。

虽然果戈理本人颇受争议，但他留下的伟大作品《死魂灵》第一部的价值是不容怀疑的。因为这部著作，奠定了果戈理在文学史上的位置，他是俄国批判现实主义的奠基人，为19世纪俄国文学的批判倾向建立了不朽功勋。

《死魂灵》是俄国现实主义文学第一部具有高度思想艺术水平的长篇小说。果戈理以高超的讽刺艺术描绘了19世纪俄国广阔的生活画卷。他以一个骗子乞乞科夫为中心线索，由此展开了对俄国地主阶层的深刻描绘。在这里果戈理极力刻画了五个典型地主形象：有庸俗无聊、故作高雅的玛尼罗夫。作者这样评价他：在最初一见面，他会说："一个多么可爱而出色的人啊！"但过了一会儿，你会想："呸！这是什么东西啊！"如果你还不离开，过一会儿你会无聊得要命；第二个是女地主科罗皤契加。她是一个愚蠢多疑的女地主婆，小心翼翼地管理自己的财产，又贪图钱财又怕被人欺骗；第三个是地主罗士特来夫。他是一个地方恶少，每天喝酒胡闹，玩鹰逗狗，滋事打架。任凭我们的乞乞科夫手段多么高明，恶少全不理这一套，几乎把乞乞科夫打死，生意也没成交；第四个是地主梭巴开维支。他有熊一样壮实的身材，性格也像熊一样残暴，而且与乞乞科夫一样是个精明的骗子，乞乞科夫在这里花了最高的价钱才买到死魂灵，而且还是一个女的；第五个就是我们开篇提到的地主大吝啬鬼波留希金。果戈理通过五个地主的形象展示了俄国农奴制的黑暗，人民生活的困苦，同时还描绘了官吏的丑恶行径。《死魂灵》以其伟大的现实主义典型形象震惊了整个俄罗斯。同时，它也是世界人民所喜爱的无价珍宝。

俄国革命时期最伟大的思想家——赫尔岑

赫尔岑是俄国19世纪解放运动中突出的作家、革命家、思想家。他的一生对于俄国革命起了伟大的推动作用。

亚历山大·伊凡诺维奇·赫尔岑于1812年4月6日出生在莫斯科一个显赫的大贵族家庭。其父伊·阿·雅科甫列夫是沙皇禁卫军的上尉，其母是一个外籍女佣，两人由于相爱而走到一起，但是由于身份相差悬殊，父母一直没有举行正式仪式。但是两人相亲相爱共同爱护这个宝贝儿子，这是他们爱情的见证。“赫尔岑”原是德文中“心”字的音译字。

小赫尔岑在如此优越的环境中生活，但由于缺少玩伴和父母太爱他对他管教不严，所以，他就经常跑到农奴家中，跟下等人家的孩子一起嬉戏。他从小就感受到下层劳动人民生活的凄苦与不幸，经常从厨房中偷一些东西给朋友们吃。小赫尔岑很小就懂事了。

后来，赫尔岑渐渐长大，父亲不能再让他这样玩下去了。于是给赫尔岑请来两位家庭教师，开始让赫尔岑学习。这两位教师对赫尔岑的一生影响非常大。一位是叫布梭的法国人，他曾经参加了法国资产阶级大革命，他经常向赫尔岑讲述法国人民为了民主、自由而奋勇斗争的事迹。另一位是叫普罗托波波夫的俄国大学生，他经常给赫尔岑讲述革命性的、充满激情的诗歌。此外，赫尔岑的玩伴中，有几个他的亲戚朋友，也非常喜欢现代的科学与民主思想。在他们共同的成长中，小赫尔岑开始向往革命。

当时的俄国依然是沙皇统治下的封建农奴专制制度的国家。由于统治阶级的残酷剥削，广大人民不堪这种牛马不如的生活，纷纷揭竿而起。1825 年，十二月党人在首都彼得堡的参政院广场举行了公开的武装起义，但很快被镇压下去。1826 年 7 月 13 日，十二月党人的 5 个重要领导者被绞死，其他大批的起义者被流亡到遥远的西伯利亚。但是，这场战争拉开了俄国解放斗争的帷幕。赫尔岑当时只有 13 岁，这一声“为自由而斗争”的惊雷在赫尔岑幼小的心中留下了深刻的印象。

1829 年，赫尔岑考入莫斯科大学哲学系数理科学习。在大学里，赫尔岑与社会上的革命组织有了更多的接触。他自称为“十二月党人的儿子”，并自己组织了一个政治小组，举行秘密的会议，热烈地讨论世界各国的政治活动，揭露俄国与世界各国统治阶级的种种罪恶行为。渐渐地，赫尔岑成为小组中的领袖人物。

赫尔岑在学校中学习很刻苦。由于对俄国社会很多现象、制度产生怀疑，赫尔岑把自己埋入书的海洋中去寻找理论依据。他刻苦地研究社会学、自然科学、政治经济学，从而用完整的理论武装了自己的头脑，开始对人类社会进行思索。

1833 年 7 月，赫尔岑以优异的成绩毕业。他的毕业论文《哥白尼太阳学说的分析》，获得了硕士学位与银质奖章。

毕业之后，赫尔岑依然参加政治小组秘密的集会，探讨各种新的社会思想。但是，由于被人告密，1834 年 7 月，赫尔岑被捕入狱，同时被捕的还有小组中的奥加辽夫。由于这时沙皇反动统治已如惊弓之鸟，一有风吹草动，马上惊恐不安。因此，赫尔岑在没有一项确切罪名的情况下被流放到比尔姆省，后来又被送到维亚特加省。由此，赫尔岑对沙皇统治更为痛恨，经常愤愤不平，发誓要推翻它。1841 年，沙皇特务截获了赫尔岑给他父亲的一封信，信中，赫尔岑痛斥沙皇统治下的罪恶与黑暗，因此又被流放到诺夫哥罗德。

1842 年，赫尔岑回到莫斯科。经历了苦难的流放生活，赫尔岑更为成熟了。他接连不断地在进步杂志《现代人》与《祖国纪事》上发表政论、文学作品与哲学论文，抨击农奴制的罪恶，号召人们起来投入到“为自由而斗争”的战斗中去。这一时期，赫尔岑还发表了小说《谁之罪》与《偷东西的喜鹊》等小说。

早在 1841 年，赫尔岑就开始创作长篇小说《谁之罪》。小说分为上下两部：上部以平民知识分子克鲁齐费尔斯基为主人公，他应聘担任地主涅格洛夫家的家庭教师，指导地主的儿子莱沙的功课。因为他潇洒的仪表、富有磁性的声音，充满青春的智慧与热情的眼神，地主涅格洛夫年轻漂亮的妻子对他产生好感，经常主动关心克鲁齐费尔斯基的生活。但是克鲁齐费尔斯基不爱她，而是爱上地主涅格洛夫的女儿柳博尼卡。柳邦卡也被他丰富的知识与先进的思想所吸引，两人相爱了，这引起涅格洛夫妻子的嫉妒。她总找一些小事给克鲁齐费尔斯基制造麻烦。涅格洛夫一直把克鲁齐费尔斯基看作情敌，巴不得他有个喜欢的女子，于是很快答应了他与自己女儿柳博尼卡的婚事，并且在城里替克鲁齐费尔斯基找到一个中学教员的职业。下部以贵族青年别尔托夫为主人公，别尔托夫是一个热情的具有革命精神的贵族青年，他与克鲁齐费尔斯基一家认识，并且爱上了柳博尼卡，他认为柳博尼卡身上有一种非凡的力量。她第一次让他认识到什么是爱情的力量，什么是一种幸福。柳博尼卡虽然是真心爱着克鲁齐费尔斯基，但现在由于贵族青年别尔托夫的出现，她发现了别尔托夫身上具有一些克鲁齐费尔斯基身上所没有的东西，而这些东西能让她产生新的思想和感情，为她的心展开一个新的世界，她忍受着精神的折磨。而克鲁齐费尔斯基由于深爱着柳博尼卡，把其他的一切都荒废了。出现了这种情况，他也十分抑郁，每天借酒消愁。别尔托夫爱上了不该爱的人，破坏了别人的幸福，也非常的苦闷，不得不出国去逃避这种矛盾。小说最后以一种悲剧性的忧伤情绪结束。小说提出了一个问题“谁之罪”？把矛头指向了罪恶的社会制度。

而另一部《偷东西的喜鹊》以一个农奴出身的演员安涅塔为主人公。她的主人赏识她的才能，出钱让她学习，带她去意大利与巴黎学艺并演出。但由于主人突然死去，剧团被另一个地主斯卡林斯基公爵买了下来。他垂涎于安涅塔的美色，想占有她。他用物质引诱安涅塔，被严辞拒绝。这个人面兽心的老家伙意欲闯入安涅塔的卧室，想用暴力占有她。安涅塔把他引到镜子面前，让这个公爵看着自己丑陋的面目，说宁愿自杀也不要他这样丑恶的人。公爵恼羞成怒，大骂安涅塔，说农奴是主人的财产，她只是他随意摆布的东西。后来安涅塔爱上一个农奴演员并怀了孕。她不愿意自己的孩子再成为一个让人随意摆布的奴隶，她服毒自杀了。

赫尔岑在他的小说中以下层劳动人民为主人公，赞扬了劳动人民的优秀品质，同时谴责了上层统治阶级的丑恶面目。

1847 年，赫尔岑的父亲病故。他继承了巨大的遗产，成为一个富裕者。他更加渴望着革命的自由，但是在俄国，各种思想言论控制得更为严密。赫尔岑为了寻找革命的出路，于 1847 年 3 月底来到了法国巴黎。

后来意大利爆发了青年意大利党的领袖马志尼与加里波领导的革命运动，赫尔岑赶到意大利参加了意大利人民所进行的罗马大游行。后来，1848 年法国也爆发了革命，赫尔岑得到这个消息后，马上赶回法国，参加了法国人民举行的巴黎示威大游行。但是，起义被反动势力残酷地镇压下去了。由于赫尔岑参加了罗马和巴黎的大游行，法兰西政府把他当作危险分子，将他驱逐出境。这时，沙皇勒令赫尔岑回国。赫尔岑明白回国之后必然受到监视甚至流放，于是，他不听从沙皇的命令，全家迁到了瑞士，并加入了瑞士当地的农民协会。

赫尔岑经过大量的理论、经验总结，认为人民才是社会的根本力量，不能把政府与人民混为一谈。他要让世界了解俄国，认识俄国人民斗争的现状。他写了《俄国人民和社会主义》、《论俄国革命思想的发展》、《旧世界与俄罗斯》等等介绍俄国的作品。由于赫尔岑与俄国沙皇专制统治一直为敌，俄国政府决定，从 1851 年 3 月 22 日起，剥夺赫尔岑的一切权利，终生驱逐出境。从此，赫尔岑丢掉了贵族身份及各种荣耀，他成了一个没有祖国的人。但是，赫尔岑却非常高兴，他觉得自己为俄国解放事业所做的努力取得了效果。“这是让人兴奋的事”，他这样说。

1851 年 6 月，赫尔岑一家又搬到法国南部定居下来。由于家庭连遭不幸，母亲与儿子因沉船而丧生，妻子又病逝，赫尔岑伤心至极。但他很快从灾难的哀痛中恢复过来，投入到斗争中去。

1852 年 8 月，赫尔岑来到伦敦。首先，他创办了一个自由俄罗斯印刷所，专印宣传用的俄文刊物。

1855 年，赫尔岑着手创办了一种定期刊物杂志《北极星》。在创刊号上，赫尔岑以十二月党人五领袖的侧面像作为封面，继承十二月党人的传统，刊印了大量在沙皇严密监控下不能发表的作品，例如普希金等人的政治诗等。

1856 年，赫尔岑的战友奥加辽夫也来到此地。在他的帮助下，又增加了一个定期文集，主要刊登来自俄国的信件，称之为《俄罗斯之声》。但是，随着革命形势的发展，这些刊物仍不能满足斗争的需要。1857 年 7 月 1 日，赫尔岑又创办了《钟声》。在这个革命的火焰正慢慢燃烧起来的日子里，赫尔岑以深刻的理念为指导，紧密配合国内的革命斗争，发表了许多专论文章，如《俄国的革命》、《解放的果实》、《给未来朋友的信》等等。这些刊物取得了巨大的成功，吸引了无数追求自由与解放的人民读者。同时，它竟能越过沙皇边防警戒的重重封锁，送到俄国各阶层手中，甚至连主教与沙皇的宠臣也都人人一份。由此可以看到这些刊物的巨大力量。

但是，在俄国革命热情逐渐高涨时期，由于赫尔岑远居国外，不了解俄国革命的真实动向，曾经与国内以车尔尼雪夫斯基为首的《现代人》杂志产生了一些分歧。1859 年，车尔尼雪夫斯基带着和解的心情来到伦敦与赫尔岑亲切地交谈，交换了彼此的意见，最终达成共识。这之后，车尔尼雪夫斯基与赫尔岑联手合作，一个在国内，一个在国外，更加地发挥了斗争的力量，终于迫使沙皇进行改革。但是改革之后，赫尔岑清醒地看到沙皇改革的实质。他在《钟声》中写道："解放是一种骗局"，"沙皇用虚构的解放使人民开了眼界。"从此，他同沙皇统治制度进行更为激烈的斗争，号召人民起来斗争，号召士兵转到人民的一边，强调组织革命秘密团体的必要性。赫尔岑利用《钟声》对人民的斗争起了指导性作用。

此外，赫尔岑清楚地看到了自由派的反人民性，对之进行了深刻的批判与揭露。果然，以卡维林之流为代表的自由派看到日益壮大的革命力量感到害怕。他们就以造谣诬蔑、叛变投敌的方式挑拨政府迫害民主派。1862 年，政府封闭了《现代人》与《俄语报》等进步报刊。车尔尼雪夫斯基等人被逮捕、流放。

1867 年，在《钟声》创刊十周年的时候，这个刊物与读者告别了。赫尔岑说："每一代都有他自己要做的事，我们这一代所应当做的是准备革命的工作。"又说："新的一代已经成年，找到了自己的道路，他们不需要我们的言论，我们没有什么对他们好说的了。"

《钟声》停刊之后，赫尔岑开始研究学习马克思主义。他认为，俄国革命的胜利，必然应是社会主义革命的胜利。他已认识到农民革命的局限性与资产阶级革命的剥削性。到了晚年，赫尔岑终于成为一个马克思主义者了，他还要坚持起来继续进行斗争。但是，长期的革命工作已损害了他的身体。

1870 年 1 月 21 日，赫尔岑因患肺炎在巴黎与世长辞了。

这位出身贵族的平民革命家以其一生不懈的革命斗争为俄国革命开辟了一条道路，把革命斗争的种子播入每一个受压迫的人的心中。他的功绩将被历史所牢记。

贵族作家——屠格涅夫

屠格涅夫是俄国 19 世纪一位优秀的现实主义作家，全名为伊凡·谢尔盖耶维奇·屠格涅夫。他出身贵族，一生锦衣玉食，写的作品中的主人公也多为贵族，并且在他的作品中最早出现了俄国文学中著名的"多余人"形象，如《罗亭》中的贵族罗亭、《贵族之家》中的贵族拉夫列茨基等。屠格涅夫写作不为名，不为利，因为他什么也不缺，他纯粹是出于爱好，贵族式的爱好。这使得天赋很高的屠格涅夫能以敏锐观察、冷静的笔触去写自己感兴趣的事，自由表达自己的观点、情感。屠格涅夫一生与贵族分不开，称之为"贵族作家"是恰如其分的。

屠格涅夫于 1818 年 10 月 28 日出生在俄国奥勒市的一个贵族家庭。父亲是个退役军人，很早就去世了。这使得其母的性格变的乖戾，常常无故责打下人。屠格涅夫因此觉得母亲是个可怕的人，母子不太亲近。在屠格涅夫 9 岁时，全家迁到莫斯科。聪明勤奋的屠格涅夫中学毕业后，于 1833 年进入莫斯科大学学习。因为不喜欢那里的环境，1834 年转入彼得堡大学。大学中的屠格涅夫爱好广泛，曾参加进步的学生组织，思想倾向于民主，这时的屠格涅夫表现出对文学的偏爱，曾写过诗。大学毕业后，屠格涅夫到德国柏林大学留学，乘机到附近各国去旅行，了解了不少风俗民情。

1842年，屠格涅夫结识了对他文坛一生至关重要的文艺批评家别林斯基。在别林斯基的影响与鼓励下，屠格涅夫开始写作。从1847年开始，屠格涅夫经常在《祖国纪事》与《现代人》杂志上发表作品。他的第一部小说《猎人笔记》以连载的形式发表，获得文坛上的广泛关注。屠格涅夫以其独特的风格一举成名。《猎人笔记》以一个贵族猎人在俄国中部山村打猎为线索，描绘了一幅俄国农奴制统治下的真实生活画卷，表达了作者对农奴制的不满。这部作品的发表触怒了沙皇政府，但苦于没有理由发作，终于在1852年果戈理逝世后，反动当局明文禁止发表悼念文章。一向自由惯了的贵族屠格涅夫丝毫不把禁令放在眼里，依然发表文章表达对果戈理的深切哀悼。这件事被反动当局抓住把柄，屠格涅夫被逮捕并遭到流放。但是，屠格涅夫毫不屈服，依然创作反对农奴制度的作品，他的中篇小说《木木》就是他在彼得堡拘留所里写成的。

从50年代开始，屠格涅夫开始创作长篇小说。1856年，屠格涅夫塑造出俄国文学史上第一个“多余人”形象——罗亭。“多余人”是俄国文学史上独特的产物，是指那些出身贵族、对现实极度不满，而又不去实际做点什么的脱离人民的所谓“贵族革命家”，他们都是“语言上的巨人，行动上的矮子”。1859年，屠格涅夫完成他的“多余人”系列的顶峰之作《贵族之家》。

小说的主人公拉夫列茨基是个总想干一番事业的正直的贵族知识分子，他出生在古老的贵族之家，父母早逝。在拉夫列茨基上大学时，在剧院中遇到一位美貌姑娘，堕入情网。这位姑娘是科罗宾将军的女儿瓦尔瓦拉。婚后，拉夫列茨基沉醉在个人幸福之中，往日的抱负与决心全都烟消云散了。谁知科罗宾将军把女儿嫁给他，完全是看上了他家里的财产，想依靠女儿攫取在自己手里。父女俩成功了。婚后不久，瓦尔瓦拉的本性逐渐暴露出来，她的放纵奢华让拉夫列茨基感到厌倦，他又专心于自己的学业，总想回俄国去干一番事业，但是，这种想法总因某个无关的小事而停顿，不能付诸行动。偶然的一天，拉夫列茨基发现妻子对自己不忠，他一下子像掉入了冰窖。他禁不住这样的打击，通知管家从科罗宾那里收回产业管理权，自己却独身隐居在意大利一个小镇上。

4年之后，他一事无成地回到故乡，住在姑姑给他留下的小庄园里，结识了表姐卡里金娜的女儿丽莎。拉夫列茨基与丽莎在一起很自由，两人相爱了，当时还有一个浮华的年轻军官也在追求丽莎。一次他们在谈话时为俄国的未来争论起来。年轻的军官鼓吹全盘西化，认为俄国一无是处，而丽莎与拉夫列茨基的观点一致，认为俄国的未来在人民手中。从此两个人的心更加贴近。但是，传闻已经死掉的瓦尔瓦拉突然归来，让宗教观念很强的丽莎感到沉重的负罪感。她心灰意冷，皈依上帝，进了修道院，而拉夫列茨基却毫无办法。瓦尔瓦拉得到一大笔钱后，又去巴黎寻欢作乐去了。拉夫列茨基后来在他的庄园里努力改善农民的生活，后来，他重回表姐家里，老一辈都已逝去，只有一群朝气蓬勃的青年人。拉夫列茨基坐在与丽莎曾经同坐过的那张椅子上，回忆着自己无功的一生，他想着青年一代应该比他有作为。同时，也对自己说道："毁掉吧，无用的生命！"颓然离去。

《贵族之家》以悲凉的笔触描写了贵族在历史舞台上的悄然退场。

1860年，屠格涅夫发表了长篇小说《前夜》，描写了俄国贵族小姐叶琳娜爱上保加利亚爱国英雄英沙罗夫，二人一同去参加保加利亚的解放斗争。英沙罗夫在路上病死，坚强的叶琳娜仍然去了保加利亚，并在起义军中当了护士。但是由于当时的评论家杜勃罗留波夫以《真正的白天何时到来?》为题对《前夜》作了自己的解释，向来自由的屠格涅夫不喜欢别人任意拆解自己的作品，二人发生争论。屠格涅夫愤然退出《现代人》刊物，与革命民主主义者决裂。

1862年，屠格涅夫又完成了他的另一部长篇巨著《父与子》。小说主人公巴札罗夫出身平民，他推崇实用科学，重视实践，信奉唯物主义，他以革命民主主义的立场坚决反对贵族自由主义思想。巴札罗夫在医科大学毕业后，到贵族出身的同学阿尔卡狄家中小住。一次偶然的机会，巴札罗夫与持贵族自由主义观点的阿尔卡狄的伯父巴威尔争论起来，结果巴札罗夫大获全胜。不久，巴札罗夫同阿尔卡狄到省城去玩，碰到贵族遗孀奥津左娃。巴札罗夫对成熟漂亮的奥津左娃一见倾心，但遭到拒绝，而阿尔卡狄则热恋上奥津左娃的妹妹。两人回家之后，阿尔卡狄抛弃了曾经有过的革命民主主义思想，安然享用祖上的产业，巴札罗夫则专心干自己的事业。由于上次辩论的失败，巴威尔耿耿于怀，找个机会与巴札罗夫挑起一场决斗。巴威尔负了轻伤，而巴札罗夫随即回到父亲家里。后来，在一次解剖伤寒病人尸体时不小心割破手指，受到感染而死去。

屠格涅夫以清醒的眼睛看到了贵族与平民思想上的隔阂与距离，看到了民主主义必将战胜贵族主义，塑造了俄国文学史上著名的“新人”——巴札罗夫。

后来，屠格涅夫又陆续发表了一些文章。其中《烟》最能反映他的贵族主义庸懒、倦怠的思想，而《处女地》则又体现出贵族革命家对政治的看法。1882 年，屠格涅夫出版了他最后一部作品《散文诗》，表达了自己思想上的苦闷之情。

1883 年 9 月 3 日，屠格涅夫因病在巴黎去世。依照他的遗言，遗体运回他的祖国，在彼得堡安葬。从此，俄国消失了一位普通的贵族，而俄国文坛却损失了一位独具风格的贵族作家。

古典芭蕾之父——彼季帕

19 世纪，在俄国有一位天才的芭蕾大师，他不仅编写了许多著名的剧目，而且塑造了一颗又一颗芭蕾巨星。他就是深为世人敬重的马里尤斯·彼季帕，是他让俄罗斯成为芭蕾第二故乡，是他让俄罗斯芭蕾在世界舞台上呈现了无比的辉煌。

马里尤斯·彼季帕为俄国艺术作出了巨大贡献，但是马里尤斯·彼季帕却是个法国人。

1819 年 3 月 1 日，马里尤斯·彼季帕在法国马赛出生。这是一个艺术氛围浓厚的家庭：父亲是一位芭蕾名师，当时正在布鲁塞尔的蒙奈耶剧院做男主演，并且开始编写剧本；母亲是一位很有才华的戏剧演员。这个家庭有四个孩子，马里尤斯·彼季帕是最小的一个。父亲从小就注意培养孩子们对艺术的兴趣。结果，功夫不负有心人，他的独女成为了杰出的歌剧演员，长子吕西安与最小的儿子马里尤斯则接过了父亲的衣钵，成为了著名的芭蕾演员。特别是马里尤斯最终成为了芭蕾大师。在芭蕾史上留下了自己完美的足迹。

马里尤斯·彼季帕大器晚成。青年时也曾与大明星格丽希同台演出，也获得了成功，但终究不及其兄的表演才华。马里尤斯隐身于偏远小城南特，成为当地一个芭蕾舞团的男主演。在这里，马里尤斯第一次开始了自己的独立创作生涯，如《神权》、《波希米亚少年》、《布特婚礼》等。

1839 年，父亲带着马里尤斯·彼季帕应邀到美国闯荡新世界，结果大败而归，一连几场演出全部亏本。父子两人灰溜溜地回到欧洲。父亲又回到蒙奈耶剧院，而马里尤斯·彼季帕却大为惭愧，回来之后，一头拜在名师奥古斯特·维斯特里名下学艺。凭他的天赋与刻苦，很快舞技大增，做了波尔多舞团的男主演。在这里，他潜心学习研究芭蕾舞及大量的民间舞蹈，创作了许多作品，而且风格渐为成熟。主要有《波尔多美人》、《私通》、《摘葡萄》、《鲜花的语言》等等。

1843 年，马里尤斯前往西班牙，在那里，马里尤斯得到进一步深造。他创作了 5 部西班牙题材的芭蕾舞剧：《石榴花》、《马德里少女历险记》、《塞维利亚的珍珠》、《知难而进》、《卡门与她的托雷洛》。

1847 年，马里尤斯·彼季帕前往俄国彼得堡，被玛林斯基剧院聘为男主演。在这里，马里尤斯开始了他一生最辉煌的时代。

1858 年，马里尤斯凭着自己几十年积累的丰富经验，开始了他创作生涯的高峰。他先后创作了《摄政时代的婚礼》、《老实人的契约》、《蓝色的大丽菊》、《法老的女儿》、《唐·吉诃德》等。这些芭蕾舞剧一部比一部出色，马里尤斯·彼季帕以自己出众的才华赢得了巨大声誉。

1869 年，玛林斯基剧院的芭蕾大师圣莱昂离职而去，马里尤斯·彼季帕顺理成章地接替了他的位子。

1872 年 12 月 27 日，玛林斯基剧院的芭蕾演员为庆祝马里尤斯·彼季帕赴俄国首演 25 周年，举行了盛大的宴会，而且赠给他一顶金冠，来表达对这位法国人为俄罗斯所作出的巨大贡献的谢意。

马里尤斯·彼季帕最为杰出的作品是与俄国作曲家柴可夫斯基合作完成的，那就是《天鹅湖》、《睡美人》、《胡桃夹子》，这三部作品成为了古典芭蕾舞剧的代表作。

《天鹅湖》由意大利著名演员莱妮娅妮作女主演，从而创下了女子“挥鞭转”达 32 圈的纪录。

《睡美人》更成为马里尤斯·彼季帕的杰作。该剧由许多著名芭蕾演员共同完成。该剧于 1890 年 1 月 3 日公演，马里尤斯·彼季帕在剧中串演了一位仙女。演出取得了空前的成功。著名的芭蕾演员安娜·巴甫洛娃就是随母亲看了这部巨著才决然走上天鹅之路的。

1904 年，在俄罗斯青年一代芭蕾演员都成长起来之后，马里尤斯·彼季帕无憾地退了休，从此过着平静的晚年生活，直到 1910 年安祥地逝去。

马里尤斯·彼季帕一生共创作了54部完整的芭蕾舞剧，复排了17部传统芭蕾舞剧，并且为35部歌剧编排了插舞，而且还完善了古典芭蕾舞剧中双人舞ABA模式与性格舞，从而使古典芭蕾舞剧更为规范。

马里尤斯·彼季帕不仅在芭蕾舞剧的编导上作出最大贡献，而且，他以自己的耐心与热情教导出了一大批优秀的芭蕾艺术家。其中最为优秀的就是后来著名的女芭蕾演员安娜·巴甫洛娃，以及著名的编导福金。

马里尤斯·彼季帕以其一生伟大的成就，无愧于“古典芭蕾之父”的称誉。

现代主义作家的鼻祖
——陀思妥耶夫斯基

1849年12月22日，阴云笼罩着彼得堡，寒冷的北风呼啸着卷过灰色的原野，撼动着这个腐朽的城市。刑场上，一排整齐的士兵正端起步枪，瞄准着不远处一排衣衫褴褛的死刑犯们。监刑的军官漠然地望着那群囚犯，今天天气真冷，他竖起了大衣领子，随手下达了行刑命令。一个班长站在士兵旁边，高声喊道：“准备，一——二——”……这一套他早已烂熟于心。那群囚犯面色苍白，绝望地闭上了眼睛。那个班长也闭着眼睛高喊：“——三！”话音还未出口，一个骑兵身跨烈马，气喘吁吁地奔驰而来，手挥令旗，远远地高声喊道：“大赦了！大赦了！停止行刑，大赦了！”所有的人为之一愣，班长愤怒地瞪了一眼满脸汗水的传令兵，只见他掏出一张纸递给监刑的军官。他挥挥手，士兵们失望地退出了枪弹。

那群死里逃生的囚犯们，茫然地睁开眼，等明白事情的经过之后，惊喜之余便瘫倒在地上。只有一个身体粗壮、面色忧郁的年轻人木然地立在那儿。他叫陀思妥耶夫斯基，因为在集会上宣读别林斯基致果戈理的信，企图反对宗教与政府而被逮捕，并作为主要分子判了死刑。

现在，死刑已免掉了。不久之后，这一群幸运的死囚犯被押往千里之外的西伯利亚流放地。陀思妥耶夫斯基被判服4年苦役。

费奥多尔·米哈伊洛维奇·陀思妥耶夫斯基于1821年出生在莫斯

科一个平民医生的家庭。

他的父亲虽然有贵族称号，但并不是富翁。陀思妥耶夫斯基从小待在父亲工作的玛丽娅贫民医院中，跟父亲住在一起。下层劳动人民贫苦的生活从小便深深印在了他的脑海里，挥之不去。

13 岁时，小陀思妥耶夫斯基开始在一所寄宿学校读书，他非常喜爱文学，自己找来无数的俄国与西欧的著名作品来读。1837 年，陀思妥耶夫斯基来到彼得堡，不久，他进入了公费的彼得堡军事工程学校。在这里，他更如鱼得水，痴迷于文学的海洋之中，竟然忘了自己的正式功课。结果，除了文学课一直优秀之外，其他的都是不及格。老师们都特别奇怪，只有他自己毫不在意。最后，他总算毕了业，只不过是已降了两次级。

1843 年，陀思妥耶夫斯基从学校毕业，被安排到彼得堡工程兵团工程局绘图处工作了一年，被称为最白痴的绘图员。本来陀思妥耶夫斯基便无心于绘图工作，一气之下，便辞了职，这下更有充裕的时间专心搞文学创作了。《穷人》是陀思妥耶夫斯基的成名作，也是其中篇小说的代表作。

小说以一个凄惨的爱情故事为主线，展示了俄国现实主义生活的阴暗面。陀思妥耶夫斯基采用书信体的形式，尽情地让主人公展示了自己的内心世界。主人公杰符什金出身于平民，文化水平不高，好容易找到一个小公务员的职位。他虽然薪俸微薄，生活清贫，但他依然有自己人格上的强烈自尊。在他的隔壁住着一位善良的姑娘，由于生活贫困，她不得不靠卖淫维生，善良的杰符什金对这位贫苦的姑娘瓦尔瓦拉充满同情，于是他便有意地关心瓦尔瓦拉，因为他自己生活贫困，所以这种关心只能是情感上的，但这足以打动这位身处困境中的姑娘。在杰符什金面前，她才觉得自己是个人，还有人的尊严。于是，她便渐渐对杰符什金产生了感情。这使杰符什金觉得自己总算还有些用处，在瓦尔瓦拉面前，他寻回了自信，于是两个贫苦的人相爱了。但是，他们却不能结婚，因为，杰符什金自己赚钱勉强度日，根本养不了家。后来，瓦尔瓦拉无以为生，只好嫁给了主贝科夫。两个有情人最终痛苦地分离，默默忍受着命运的捉弄。

这时，陀思妥耶夫斯基还写了《双重人格》、《女房东》、《白夜》、《涅朵奇卡 · 涅兹万诺娃》等小说，继续发挥他的心理描写的特长。只是由于他过分渲染人物的病态心理，引起评论界的非议，导致同别林斯基等人的分裂。但是，陀思妥耶夫斯基仍然是追求革命的。他参加了进步学生团体彼特拉舍夫斯基的活动小组，积极倡导农奴制废除运动，要求改革不合理的社会制度。最终，导致了他 1849 年 4 月 23 日的被捕，经历了死刑赦免之后被流放西伯利亚。

陀思妥耶夫斯基在西伯利亚的鄂木斯克服了 4 年苦役，1854 年刑满后又罚为边防士兵。经历了近 10 年的非人折磨，陀思妥耶夫斯基于 1859 年才获准回俄国中部的特维尔居住。但是，他的性情已大变，冷漠、孤僻、脾气暴躁易怒，且时常发作癫痫病。

回来之后，陀思妥耶夫斯基一直努力写作，因为他已耽误了 10 年。开始时，他的作品丝毫没能引起人们的注意，因为他已退出文坛 10 年，人们早已淡忘了他，而且他 10 年未摸笔，这支武器也有些生疏了。直到他发表了《舅舅的梦》、《斯捷潘契科沃及其居民们》、《死屋手记》等，才重新登上文坛，重新寻回了观众们热烈的目光。这一时期，陀思妥耶夫斯基完成了他的绝世名作《被侮辱与被损害的》。

60 年代后期，陀思妥耶夫斯基的风格已经成熟，从而完成了他几部著名的长篇小说，如《地下室手记》、《罪与罚》、《白痴》、《群魔》、《卡拉马佐夫兄弟》等。

其中最完整，给陀思妥耶夫斯基带来巨大声誉的是《罪与罚》，陀思妥耶夫斯基以一件触目惊心的凶杀案为背暴，成功地运用了人物的心理描写。

50 多岁的小官吏马美拉多夫因政府裁员而失业，从此一家六口生活失去了经济来源。妻子每天卧病在床，早已病入膏肓，一直无钱医治，亲生女儿索菲娅刚满 18 岁，其他三个寄养的儿女尚且年幼。全家人拥挤在狭窄的过道中，别人家的垃圾污秽都堆积在他们门前。然而，这样恶劣的居所也住不下去了，女房东声称如再不交房租，就把他们赶出去。他们全家人衣衫褴褛，女人们外出只有一条公用披巾，他们没有一件可供换洗的衣服，只好在脱衣入睡之后，病弱中的妻子把脱下的衣服洗干净，夜里晾干，以备明天穿用，食物更是可怜，常常一连几天都在挨饿。马美拉多夫每天更是借酒消愁，使得本来就已疲惫的家庭更是雪上加霜。无奈之际，索菲娅只好出去卖淫以挣些钱敷衍家用，但终究不能挽救这个败落的家庭。马美拉多夫醉酒被马车撞死，埋葬他之后，一家人流浪街头，妻子又心力交瘁，吐血而亡。一个善良的家庭就这样毁灭了。而这一切都被另一个穷困的年轻大学生拉斯柯尼科夫看在眼里，记在心里，又加上自身对贫困的真切体验，联想到社会上的富人们的丑恶行径，于是在义愤之下，他杀死了放高利贷的老太婆。他要用这个蛀虫的钱为穷苦人办上几千件好事。但是，他终究是一个杀人犯。从此，他心里忍受着良心的煎熬经常做恶梦。这件事压在他心里，几乎把他弄疯了。最后，在索菲娅圣洁的灵魂的关爱下，他去警察局自首，并且被判为苦役犯。索菲娅陪伴着他，踏上了苦役之路，两人开始了新的生活。

由于陀思妥耶夫斯基出色的心理描写，他被称为“现代主义小说的鼻祖”。他开创的“意识流”手法，被后辈作家纷纷效仿。

陀思妥耶夫斯基最后一部巨著便是《卡拉马佐夫兄弟》。他以一家三代极端的人性显现，揭露批判了人性中的弱点，如淫欲、暴虐、贪婪等。陀思妥耶夫斯基以广阔的社会历史场景演绎了人性之间的大碰撞。这部书没有最终完成，成为陀思妥耶夫斯基的终生遗憾，世界文学宝库中也因而少了一部辉煌的杰作。

1881 年，陀思妥耶夫斯基因病逝世。

陀思妥耶夫斯基以其独特的人格魅力以及他那惊心动魄的心理描写，屹立于文学的峰巅之上。他以其小说中丰富的内容、题材的多样、深刻的分析而越来越引起世人的瞩目，曾经几次出现“陀思妥耶夫斯基热”。有的人尊他为批判现实主义大师，有的人尊他为现代主义的鼻祖，荣誉真是光彩夺目。但这些都说明了一点，那就是陀思妥耶夫斯基在文学史上具有不可估量的重要地位。

世上最美的坟墓——托尔斯泰墓

有这样一座坟墓，它没有高大坚硬、雕刻精美的墓碑可以留存千年，也没有威武雄壮的外观可以吸引他人的注意，更没有占据显眼地位以显示其非凡的身价，它甚至连记载墓主名姓的文字都没有留下一个，但却被举世公认为最美的坟墓。它静静地躺在一片郁郁葱葱的桦树林中，春天，它周身开满繁星似的小花；夏天，代之以萋萋的芳草在微风中轻轻摇摆；秋天，片片黄叶飞来，覆盖住它那小小的身躯；冬天，这是一片白茫茫的世界，已分辨不出哪里是它的墓地。然而，这条小小的土埂却使全世界的人在靠近它时都放轻脚步，摒弃一切喧嚣，向它凝神致敬，因为，这里躺着一位巨人，他叫列夫·尼古拉耶维奇·托尔斯泰。

托尔斯泰生于1828年9月9日，他的父亲是一位伯爵，后来托尔斯泰承袭了爵位。生活在这样的一个贵族家庭中，托尔斯泰并没有成长为一名游手好闲的花花公子，相反，他从小就表现出对贵族生活的天然反叛。他鄙视贵族社会的繁文缛节，厌烦上流社会的生活，甚至憎恶家族的财产，对下层人民尤其是广大的农奴表现出同情之心，认为这是社会黑暗和不公的产物。

托尔斯泰在大学期间接触到卢梭、孟德斯鸠的著作，退学后回到故乡经营自己的田庄。他的大半生都是在自己的庄园雅斯纳雅·波良纳度过的。在23岁的时候，他加入军队到高加索服役，并参加了克里米亚战争中的塞瓦斯托波尔战役，任炮兵连长。28岁时，他退役回家。这段亲身经历的战争生活成为日后不朽著作《战争与和平》的创作素材。

托尔斯泰的早期创作是从高加索开始的。从1852年开始，他陆续发表了自传性三部曲：《童年》、《少年》和《青年》，显示出了他的心理分析的才能，同时说明他已具有民主思想。车尔尼雪夫斯基曾称这种心理分析为“心灵辩证法”。此后，托尔斯泰创作了不少中短篇小说：《一个地主的早晨》、《卢塞恩》、《哥萨克》。从这些作品中可以看出，托尔斯泰的思想一开始就处在矛盾之中，他进行着艰苦的思想探索，既不满贵族社会，也厌恶资本主义，可又找不到理想的途径解决这些问题。在19世纪60年代和70年代，文学史上诞生了两部光耀千秋的著作：《战争与和平》、《安娜·卡列尼娜》。这是托尔斯泰呕心沥血的思想结晶，他试图从历史与现实两方面来探索俄国社会的出路。

历史题材的《战争与和平》是一部四卷本，约120万字的宏篇巨作。它以1812年俄国卫国战争为中心，写出了战争年代与和平年代交替出现的广阔社会生活，是一幅气势磅礴的历史画卷。这部小说总共描写了559个人物，各个阶层都涉猎到了，上至王公、贵族，下至平民、士兵，而以包尔康斯基、别竺豪夫、罗斯托夫和库拉金四大贵族为主线，反映出各阶层的思想情绪，提出许多重大问题，诸如政治、哲学、社会、道德等。在宫廷贵族与庄园贵族的对比之中表达作者的政治理想，颂扬了作为俄国先进贵族典型的安德烈和彼尔。《战争与和平》庞大严整的结构布局展现了人民战争的宏伟规模，具有了史诗的性质。不足之处是作者竟然把国家前途寄希望于先进贵族的身上，而且流露出鲜明的宿命论思想。

《安娜·卡列尼娜》是作者1870年开始构思，1873年动笔，历时5

年于1877年完成的一部现实生活题材的著作。剧中的女主人公安娜·卡列尼娜出身贵族，良好的教养，非凡的气质，加之以美仑美奂、倾国倾城的外貌，使她近于幻想中的完美。（据说安娜的形象塑造并非凭空虚设，而是作者托尔斯泰曾经邂逅过大诗人普希金的大女儿，就以她为原型创造出来的。）难能可贵的是，安娜还具有一颗求真向善的心灵，她性格倔强，意志坚定，对真正的爱情抱着纯真的信仰和追求。然而在她还是少女的时候，姑母把她嫁给了卡列宁，一个大她20岁的思想僵化、呆板冷漠的男人。安娜与他毫无感情可言，只是在封建礼教的维系下保持了8年的家庭生活，直到安娜遇到了她所钟爱的情人沃伦斯基。沃伦斯基年轻英俊的外表、潇洒的气质使安娜着迷，以为找到了爱情的寄托。安娜勇敢地走了出来，然而上流社会虚伪的礼教不能容忍安娜大胆的行为，而沃伦斯基也逐渐暴露出他那花花公子的本来面目，他只是迷恋于安娜的美貌，并不能接受安娜真正的感情。当现实全部展现出狰狞可憎的面目时，安娜选择了自杀。她从容地离去了，是的，这个肮脏虚伪的世界是容不下安娜这样品质高洁的人的。

小说另外安排了一对青年的婚姻作为安娜的对比，反映了俄国社会存在的众多问题，如政治、宗教、家庭、妇女等等方面的问题。这是俄国文学史上的又一座丰碑。

托尔斯泰的一生笃信基督教。到了晚年，在仍然没有找到社会出路的情况下，他更加寄希望于基督教的博爱思想，以期能拯救人的灵魂，达到生命的和谐与纯净，从而形成“托尔斯泰主义”。他晚年写的长篇小说《复活》，表现出对俄国旧社会空前激烈的揭露和批判，而对“托尔斯泰主义”的宣传也更加集中。

《复活》的写作基础源于真人真事。故事梗概是：作为法庭陪审员的贵族聂赫留朵夫，惊异地发现站在被告席上被指控为杀人犯的妓女玛丝洛娃，竟是他十年前诱骗过的农奴少女卡秋莎。他在良心上深受谴责，并开始忏悔自己的罪过。良心未泯的他四处奔走，尽全力为被诬告的玛丝洛娃申冤辩白。在上诉失败之后，聂赫留朵夫自愿陪同玛丝洛娃去西伯利亚流放。他真诚的举动终于使心如死灰、面如霜雪的玛丝洛娃感动了。聂赫留朵夫获得了心灵的解脱，而玛丝洛娃则重新树立起人格的尊严，他们两人都得以在精神和道德上的“复活”。

小说以这一故事为线索，全面暴露了沙皇专制制度的黑暗，在法庭上找不到公正，因为那些执法官员一个个都是寡廉鲜耻、昏庸自私的人，各怀鬼胎，无所事事，由此引申到沙皇政权的各个机构，都是无一例外的。此外，贵族地主的腐败、寄生的生活以及资本主义所造成的祸患都在小说中得以充分暴露。农民们穷困窘迫，凄凉破落的生活，正是由于土地的私有制造成的。托尔斯泰在为人民大声地呼喊，他提出的问题正是当时俄国社会迫切需要解决的重大社会问题。由此，列宁称赞他是“最清醒的现实主义者”。

但是，这部小说的缺陷是明显的。从某种程度上来说，它是“托尔斯泰主义”的一种图解。宣传“不以暴力抗恶”、“道德上的自我修养”、“宽恕”和“爱”等观念，降低了它的思想价值。

托尔斯泰的人格无疑是非常高尚的。这当然源于他的世界观和人生观。他试图抛弃一切自私自利、寄生压迫的生活方式，在晚年他专心致力于“平民化”的生活：拒绝任何人的服侍照顾，拒绝昂贵的衣物食品，坚持吃素，坚持从事体力劳动，自己动手耕地、浇水、种莱、做鞋，甚至于还打算放弃他贵族的身份、特权和私有财产，为此他和家人激烈冲突起来，几乎达到众叛亲离的地步。他对家人忍无可忍，终于做出了离家出走的决定。

1910 年 11 月，82 岁高龄的老人第二次离家出走，年迈体衰的他不幸染上感冒，病倒在阿斯塔波沃火车站。11 月 20 日，一代文豪在那里溘然长逝。

托尔斯泰认为，种树可以给一个人带来幸福，他的坟墓就安置在少年时他种过的几棵树之间。那样朴素、那样静谧，而这正是托尔斯泰高洁心灵的表现。

死亡·焦虑·惶惑——柴柯夫斯基

彼得·伊里奇·柴柯夫斯基于 1840 年 5 月 7 日诞生于维亚特斯基省的一个贵族家庭。10 岁时，他被送到彼德堡学习法律，并于 1859 年从法律学校毕业。

但他对法律根本就不感兴趣，只有音乐才能使他感动。于是，从 1862 年起，他便进入彼德堡音乐学院跟随鲁宾斯坦学习作曲。在音乐学院学习期间，柴柯夫斯基开始了自己的创作，至 1865 年秋从彼德堡音乐学院毕业。柴柯夫斯基在此期间创作了交响序曲《大雷雨》等一批早期作品。

柴柯夫斯基从彼德堡音乐学院毕业后，受院长尼古拉·鲁宾斯坦之邀，到该院担任教授。他同鲁宾斯坦保持了终生的友谊，他的许多作品都由鲁宾斯坦弹奏或指挥演出。

但在当时，他的许多作品是得不到人们认可的，作为作曲家的柴柯夫斯基很是沮丧，并且由于音乐学院繁忙的教学工作，使他很难静下心来创作。但自从他结识了梅克夫人并得到她的资助后，事情便逐渐有了转机。

柴柯夫斯基与梅克夫人的关系是极富传奇色彩的。梅克夫人是一个富孀，有大量的财产并且非常喜欢音乐，她经常资助一些穷困的艺术家。

1876 年冬天的一个夜晚，尼古拉·鲁宾斯坦来到他的友人梅克夫人的寓所，请求她资助一位年轻的作曲家柴柯夫斯基。梅克夫人在她的寓所聆听了鲁宾斯坦弹奏的柴柯夫斯基的《暴风雨》。

《暴风雨》是柴柯夫斯基于 1873 年 10 月，根据莎士比亚的同名戏剧创作的一部交响幻想曲，这部作品在同年的 12 月 19 日首演于莫斯科，但除了“五人团”给予这部作品充分的肯定外，听众却对此很不以为然。

然而这部作品在这里却戏剧性地改变了作曲家的命运。梅克夫人一边聆听鲁宾斯坦的演奏，一边在嘴里呢喃着柴柯夫斯基的名字。当鲁宾斯坦演奏完之后，梅克夫人神情激动得对他说：“你也不必替他说那么多的好话，你没有说之前，他的音乐早已说过了。”梅克夫人愿意每年资助 6000 卢布，让年轻的作曲家安心创作。从此便开始了他们传奇的友谊。

梅克夫人对柴柯夫斯基的帮助是巨大的。在音乐上，她能听懂他的作品，她常常写信告诉柴柯夫斯基他的音乐如何深深地打动了她，对他的创作给予充分肯定，在精神上给柴柯夫斯基以巨大的安慰。柴柯夫斯基多愁善感，情绪极不稳定，他写给梅克夫人的信常常是沮丧的、悲观的。这时，梅克夫人又像母亲与情人一样，以惊人的耐心与细致为他分解忧愁，鼓起他生活的勇气。柴柯夫斯基对音乐敏感、忠诚，但对繁琐的生活却又相当冷淡，甚感无聊，在他经历了自己失败的婚姻之后，梅克夫人对他的感情更是产生了质的飞跃，并且把柴柯夫斯基的事业当作自己生活的中心内容：为他提供经济上的资助，给他提供住房，让他出国去安心创作……

但他们之间的感情只是精神上的，基本上都是靠通信保持联系，且从未谋面。梅克夫人直到有一次去法国旅行时，才告诉柴柯夫斯基让他去自己的寓所看一下自己的藏品，柴柯夫斯基也委婉地拒绝了对他很感兴趣的梅克夫人的小女儿想去拜访他的要求。只是有一次，两人的马车在一条路上不期而遇。他们两个各怀复杂的心情，相互微微地鞠了个躬，又一言不发地相互走开了。

梅克夫人的资助与关怀对柴柯夫斯基的创作起到了不可估量的作用。在此期间，他乐思奔涌，创作了大量的优秀作品，还屡次出国作巡回演出。他的作品终于为世人所认可，所到之处，无不受到热烈的欢迎，并渐渐被人们公认为俄罗斯首屈一指的大作曲家。美国人在著名的卡内基音乐厅竣工之后，还特地邀请柴柯夫斯基参加落成典礼，并在美国作巡回演出。

然而就在柴柯夫斯基的事业如日中天的时候，梅克夫人却突然中断了与他的关系，无论柴柯夫斯基如何努力都无济于事。

柴柯夫斯基生活在后期浪漫派特别是民族乐派逐渐深入的时期。当时，艺术家的民族意识逐渐凸出，俄罗斯的音乐与文学正迅速崛起。这些思想无疑都影响到了柴柯夫斯基并在他的作品中得到体现。同时，他与俄罗斯民族乐派的代表“强力集团”的五个音乐家关系很好，他们之间相互推崇。在文学上，柴柯夫斯基极为推崇托尔斯泰的作品，并对托尔斯泰本人一直心怀敬仰。在一次柴柯夫斯基的作品音乐会上，托尔斯泰应邀来欣赏，而柴柯夫斯基就坐在他的旁边，当《如歌的行板》奏响之后，柴柯夫斯基看见托尔斯泰的眼里滚出了激动的泪珠，文学大师被音乐大师的作品深深地感动了，这令柴柯夫斯基激动万分。

在柴柯夫斯基成名之后，他对上层社会越来越绝望，甚至发出了“到人民中间去吧”的呼声。所以，柴柯夫斯基的许多作品，都与俄罗斯联系紧密，具有深刻的民族性。他还经常从民间采风，借用了民间音乐的很多素材，比如他著名的《第四交响曲》的末乐章就是如此。

《第四交响曲》是题献给梅克夫人的，并且当时柴柯夫斯基正经历着婚姻的不幸。但《第四交响曲》的内容远比梅柴之交与婚姻不幸重大得多，广阔得多，深刻得多。在这部作品中，有作者对生存意义的深刻关注。这部伟大的交响曲末乐章的第二主题，那优美凄伤的旋律便出自一首名字叫作《一棵白桦树静悄悄地挺立在原野上》的俄罗斯民歌。这首民歌的“孤独”与“个人”等象征意义深刻地触动了柴柯夫斯基的内心，便把它写在了自己这部重要的曲子里面了。

柴柯夫斯基的作品旋律非常优美，许多人都把他奉为旋律写作的大师，并且在一部作品中，精彩优美的旋律几乎比比皆是。也正因为柴柯夫斯基作品的优美旋律，使很多人忽视了他更是一个出色的配器大师。在音乐史上，许多人对俄罗斯“强力集团”中里姆斯基—科萨科夫的配器推崇备至，尤其认为他在交响组曲《含赫拉查达》中的配器更是无与伦比。但如果我们细心倾听柴柯夫斯基的作品，就会发现他对配器法的运用绝不会比里姆斯基—科萨科夫逊色。

很多人只是把柴柯夫斯基作为晚期浪漫派的作曲家来谈论，但实际上，他的作品更契合现代人的心灵。他的作品是为自己的内心创作的，里面充满了他在19世纪末期对那一个世纪的深刻绝望，也充满了现代人的惶惑、焦虑、内心的分裂与破碎，体现在这些作品中的这些情绪，正是柴柯夫斯基精神情绪向其中的渗透。

柴柯夫斯基常常会有一种莫名的烦躁与忧郁，他在1875年3月写给他弟弟阿纳托的一封信中说：“没有一个人可以向他倾诉我的灵魂。……我正在患忧郁症，没有密友是很糟的。差不多整个冬天我老是不愉快，有时简直是绝望，我期待着死。”与其说这是一种忧郁症，更不如说是现代主义以及绝望的情绪向他内心的渗透。他有许多次精神濒于崩溃，都想到了自杀，以解脱自己烦躁的灵魂。

他的这种情绪自然会影响到他的创作活动，他自己常有一种自卑感、怀疑感。对一部作品，他会反复修改而不知所措；他会无端地担心自己会有一天江郎才尽，乐思枯竭。由于自卑，他常常不能对自己的作品做出应有的评价而过分在乎别人对他作品的看法。

也正因为如此，在他的作品中出现了很多断裂，往往一些优美的旋律在进行中就被突然打断而出现跳跃不定的不稳定音型。有时，在弦乐优美的进行中，会有铜管突然出来发泄，并且在其创作的后期，这种断裂日渐明显、突出。但这绝不会是作曲家技术上的原因，因为他早年的许多作品都是连贯明快的，那么，这只能是心理上的焦虑与惶惑在作品中的反映，这种断裂是不合逻辑，但也是最合逻辑的。

柴柯夫斯基的作品在交响乐、室内乐、歌剧、艺术歌曲等许多领域都达到了很高的成就。他的六部交响曲可以说是他一生的写照，尤其是他的后三部，被人们称为“悲剧三部曲”。这三部作品都深刻地揭示了柴柯夫斯基的内心世界，也涉及到了人和现实的相互关系。《第四交响曲》可以说是对他自己和外部世界关系的描摹，而《第五交响曲》可以说是一个人的斗争，写出了两个分裂的自我的深刻斗争，在他的交响曲中，最突出的，就应该是他的第六部《悲怆交响曲》了。

《第六交响曲》是柴柯夫斯基的天鹅之歌，最初产生写这部交响曲的想法是在1889年。在这一年的10月29日，他致克·克·罗马诺夫的信中说："我非常想写一部宏大的交响曲，它仿佛是我整个创作事业的完结……"但直到1893年，作曲家才开始他的这项工作。那时，作曲家好像知道他剩下的日子不多了，他立下了遗嘱，做完了认为该做的一切事情，接下来就是写这部交响曲。

但这部交响曲的写作却不是一帆风顺的，问题首先出现在这部交响曲的名字上。开始他想把这部交响曲叫做《生命》，但后来觉得甚是不妥。后来他又想把这部交响曲写得跟《第五交响曲》的旋律一样，并且就叫做《e小调交响曲》，但在这部交响曲中，依然有许多困惑无法解决，最后，所谓的《e小调交响曲》也只能成了泡影。无奈，在1893年2月，柴柯夫斯基不得不开始动手写这部早已构思、但还没有名字的交响曲。他很快写完了第一乐章，干脆把曲名就叫做《标题交响曲》，在这一年的10月，这部交响曲完成了。

1893年10月16日，这部作品在莫斯科首演。首演之后的10月22日，他见到了他的外甥达维多夫，随后和他谈到了这部曲子的标题问题。他感觉叫标题交响曲没有什么意义，而简单地叫它《第六交响曲》又不能暗示这部作品的构思。在一筹莫展之际，在场的他的小弟弟莫德斯特提议用"悲怆"这个名字，柴柯夫斯基听后欣然同意，并决定把这部作品献给达维多夫。

《悲怆交响曲》可以说是柴柯夫斯基一生的自传，从第一乐章柔板那轻弱暗哑的开始到末乐章最后一个乐句奄奄而息，中间刻画了作曲家整个一生中的焦虑与绝望。第一乐章可以说是对作曲家生活常态的写照，有他一以贯之的警醒、善良、孤独、自疑。第二乐章的旋律轻松优美，是作曲家的最后一首圆舞曲，写尽了自己的梦想与幸福。第三乐章写出了一个分裂的自我，写出了作曲家面对生存的压力而产生的心理异化。末乐章是告别和悲哀，是以疲惫的垂死之声向这个谜一样的世界作最后的询问，而整部交响曲就是一部关于"死"的描摹。

1893年10月28日，作曲家在彼得堡亲自指挥了《第六交响曲》的再度演出，这是柴柯夫斯基生前第一次也是最后一次指挥演出这部作品。11月6日凌晨，他便在彼德堡去世。沙皇亚历山大三世获悉后说：

“俄国有这么多人，但偏偏死了柴柯夫斯基!”

柴柯夫斯基已离去一个多世纪了，但他那充满对普通人欢乐与痛苦的内心体验的音乐，那表现出无限的爱与信赖的音乐将与我们同在。

俄国的女帕斯卡——柯瓦列芙斯卡娅

帕斯卡是法国数学家、物理学家。他制造了世界第一台手摇计算机，曾经发现了让笛卡尔惊叹的定理，当时笛卡尔说：“17 岁的少年不会发现这个定理!”

1850 年出生的俄国女数学家柯瓦列芙斯卡娅是一位“新的帕斯卡”。

她是一位罕见的在数学史上留名的俄国女数学家。

她的父亲是俄罗斯的将军。当她出生时，父亲还在任上，过了几年，全家搬到靠近立陶宛的帕里彼那庄园。

8 岁的柯瓦列芙斯卡娅的房间与众不同。因为搬家时要裱糊新房，但人们发现纸不够了，于是四处寻找，结果发现将军的笔记纸的质量很好，于是大家就用将军笔记的纸糊了柯瓦列芙斯卡娅的房间。

这些笔记是将军听数学的笔记，就这样，柯瓦列芙斯卡娅从小浸泡在数学里长大。

奇异的是，她从认字开始就自学数学，不久，她在上中学时就学会了父亲笔记里的高等数学内容。

在 15 岁以前，她的数学才能就展现出来，但是父亲是很不希望她学习数学的，因为在那时，学数学是男孩子的事，女孩子不要学什么理工科，这是俄国人的普遍观点。

柯瓦列芙斯卡娅 13 岁时，就偷偷地在房间里读数学书，14 岁时，她居然能自己推导三角函数了。一位物理教授看到了她的草稿纸十分赞赏，说服了柯瓦列芙斯卡娅的父亲，于是父亲让她去彼得堡学习。

但这样是不够的，俄国许多学校不收女生，而彼得堡的数学远远没有欧洲发达。

但是父亲不同意女儿出国，怎么办呢?

当时俄国有一项规定，没结婚的女孩出国必须经父母同意方才准发护照，但结了婚的人可以有自主权。就这样，柯瓦列芙斯卡娅开始“假结婚”。她的假扮丈夫是一位大学生，名叫弗拉基米尔。

然而出了国门后，她直奔德国，却梦想落空，因为柏林、海德堡的大学不收女生。

柯瓦列芙斯卡娅回忆说：“普鲁士的首都是落后的，我的一切恳求和努力都落空了，我没能进入柏林大学学习。”

柯瓦列芙斯卡娅很崇拜“椭圆积分论”的著名数学家魏尔斯特拉斯，曾亲自去找这位数学大师。

魏尔斯特拉斯想试一试她的才能，便出了几道题，结果她很快就解出来了，而且解题方法非常漂亮。

教授被打动了，亲自与学校联系，但是学校始终不同意。于是魏尔斯特拉斯教授亲自教她，有时是在教授家中，有时在柯瓦列芙斯卡娅那里，如此一星期两次，共教了四年。

四年学成，柯瓦列芙斯卡娅写了三篇论文，教授看后十分满意，便与哥廷根大学联系。结果哥廷根大学既没有让柯瓦列芙斯卡娅到场答辩，也没有让她进学校深入考试，就认定论文的水平已经很高，同意授予博士学位。

她成为哥廷根大学第二位女博士。

博士学位得到了，论文的水平也很高，导师也很有名望，但是柯瓦列芙斯卡娅仍然没有工作，因为当时在学术中是没有女子地位的。

1875 年，柯瓦列芙斯卡娅回到了俄国，但情况没有什么好转，俄国的数学只能由男性教授来教，女性只能教小学。

后来，彼得堡召开科学大会，在数学家兼科学院院士的切比雪夫推荐下，柯瓦列芙斯卡娅发表了一篇论文，其实那是她 6 年前的论文，然而一点都没有过时。

瑞典数学家利弗勒与柯瓦列芙斯卡娅的老师魏尔斯特拉斯教授相识。最后在他们的帮助下，柯瓦列芙斯卡娅进了斯德哥尔摩大学教学。

学校要试验她的教书能力，而男士不会有这么一关的，试验期是一年，这一年没有任何报酬而且只能算是临时工。

尽管如此，柯瓦列芙斯卡娅还是接受了这苛刻的条件。1883 年秋，熟练用德语进行教学的她深受学生欢迎，成为正式讲师。

1884 年、1885 年两年间，柯瓦列芙斯卡娅成为教授，而且是高等分析与力学两门课程的教授，这在整个欧洲，仅此一例。

1888 年，法国科学院悬赏解题，题目是“钢体绕固定点旋转的问题”，这是欧拉和拉格朗日都没能解决的问题。在评审时，名字是封上的，专家们发现一个人的解答十分出色，于是决定把奖金由 3000 法郎加至 5000 法郎。

打开一看，是女教授柯瓦列芙斯卡娅。

科学院院长评价说：“我们的成员发现了她的工作不仅证明她拥有广博深刻的知识，而且显示了她巨大的创造才智。”

柯瓦列芙斯卡娅的成绩是突出的，偏微分方程的一个重要定理就被命名为“柯西·柯瓦列芙斯卡娅定理”。

1891 年初，柯瓦列芙斯卡娅从法国回来，途中病倒。

她深受瑞典和北欧的教授们青睐。据说，仅用一年，她已会用瑞典语进行深刻研究了。

1891 年 2 月 19 日，由于医生误诊，柯瓦列芙斯卡娅病逝，年仅 41 岁。她曾经在俄国做过小说及戏剧评论工作，魏尔斯特拉斯教授悲痛地说：“虽然人已经离世，但她的思想永存，对这样杰出的人来说，她在数学与文学上留给后代子孙的已经足够了。”

柯瓦列芙斯卡娅被安葬在斯德哥尔摩。

柏林大学克罗内克教授说：“她是一位罕见的探索者”。

“从病房洞透人世”——契诃夫

在俄罗斯外省一座小城的医院里，有一间第六病室，这是专门用来关“精神病患者”的房间。屋子里阴暗潮湿，臭气薰天，并且拥挤、混乱不堪，毫无卫生可言。病室的看门人像狱吏一般凶暴，他们面目狰狞，心肠狠毒，对待病人像对待猪狗一般，肆意地殴打，克扣病人那点可怜的食物。“患者”在这里非但得不到半点治疗，反而像入了地狱一般遭受着非人的虐待。医生拉京是这里唯一的具有同情心的人，他看不惯许多现象，对这种状况表示不满，但他又是托尔斯泰“不以暴力抗恶”理论的信奉者，所以他内心充满的激愤都被压了下去。他不采取任何有效的行动进行斗争，而是对身边的一切采取视而不见、充耳不闻的态度。一个偶然的机会，当他值班巡视病房时，一个名叫格罗莫夫的“病人”引起了他的注意。这个人其实并未患上精神病，只是因为他反抗专制的革命行动为反动统治阶层所不容，将他当作精神病人关押了起来，以期将他折磨至疯、至死。格罗莫夫的言论、激情使拉京深受感染，他们两人谈得很投机，拉京从此经常与格罗莫夫交流。然而，这却给那些图谋不轨，企图陷害拉京的人一个极好的契机，他们很快便顺水推舟地诬告拉京为精神病人，把他也关进了第六病室。此时，往日那些对他很恭敬的看门人也恶狠狠地对他举起凶器，一阵毒打过后，拉京悲惨地死去了。在临死之前，拉京顿悟到，“不以暴力抗恶”是坚决行不通的，可一切都为时已晚。

上面这个故事的名字叫《第六病室》，这是著名短篇小说家契诃夫的作品。小说描写的那间牢狱一般专横野蛮、阴森恐怖的第六病室，是作者对俄国专制社会的艺术缩影，由此使沙皇俄国的黑暗反动暴露无疑。这篇作品写于1890年，在契诃夫千里迢迢奔赴库页岛考察流刑犯和当地居民的生活之后，作者以一间病室折射整个俄国社会，显示了他对人世的关怀。

安东·巴甫洛维奇·契诃夫是俄国19世纪批判现实主义的最后一位杰出作家。他以其短篇小说创作的杰出成就，被誉为“俄国短篇小说之王”。

1860年契诃夫生于一个小商人家庭，童年时期生活困苦。上中学时，家中那赖以生存的小杂货铺也倒闭了，契诃夫只得早早就自谋生路。他一面求学，一面去做收入微薄的家庭教师。生活的独立培养了他深入思考问题和认真观察周围事物的良好习惯，这为他日后的短篇小说创作打下了必不可少的主观和客观基础。

契诃夫1880年在莫斯科医学系求学时，开始发表作品，最早的两篇登在幽默杂志《蜻蜓》上，从此开始了他自己的文学创作。为了赚钱和供自己上学，他在创作时保持着惊人的速度，从某种意义上来说，他这个小说家是被生活逼迫出来的。创作数量之巨，令人吃惊，从1883年到1885年，每年都有100篇以上的小说问世，在他一生创作的470多篇小说中，约有400多篇写于此时，多是短篇。

当然，这种状况下写出的小说有不可避免的失误。因为求的是速成，所以作品多显得粗糙，缺乏精心的提炼，又因为是为了赚钱，作品内容比较媚俗，很多没有价值的笑料和趣事也是创作的素材，以期能够在幽默休闲之类的杂志上发表。后来，契诃夫在整理出版自己的文集时，毫不吝啬地抛弃了这样的作品，表现了一个真正的作家对文学的严肃认真的态度。

但是这些早期的作品中也有不少优秀之作，具有深刻的社会意义和积极的思想内容。主要分为两类：一类表面上写的是俄国社会日常生活中的笑话，实际上却无情地嘲笑和揭露了专制警察制度和小市民的奴性心理，如《小公务员之死》、《变色龙》、《普里希别叶夫中士》等；另一类反映了劳动人民的贫困和痛苦的生活，如《哀伤》、《苦恼》、《万卡》等。

《小公务员之死》描写了一个卑微的小公务员在看戏时打了个喷嚏，把唾沫星溅在了前排一个秃顶的将军头上，他顿时吓得魂飞魄散，虽然他已经三番五次向那位将军道了歉，但他依然惊惧于幻想中的灾难——他怕将军大人怀恨在心对他施以报复。他终日里战战兢兢，神经过敏，不久便一命呜呼了。通过这个可悲又可笑的故事，我们不难想像当时的俄国社会等级制度有多么森严可怕，有权势的人飞扬跋扈，不可一世，而小人物则是卑怯鄙陋、谨小慎微地过日子。

《变色龙》通过一条狗的归属，把警官奥楚涅洛夫的变色龙嘴脸勾画出来。狗咬人后，有人说狗是将军家的，奥楚涅洛夫就极尽谄媚讨好之词夸赞起狗来，而说被咬的人是活该。一会儿又有人说狗不是将军家的，奥楚涅洛夫的嘴脸立刻变换，骂起狗来，并假惺惺地对被咬伤的人表示同情。如此三番两次的变化，奥楚涅洛夫专横愚蠢的奴才嘴脸暴露无遗。小说在夸张中又带有合理性，这些优点显示了契诃夫的写作才华。

契诃夫特别憎恨庸俗和奴性，终其一生，都在与这二者做不倦的斗争。他用他那支犀利而又冷静的笔，揭露和讽刺了形形色色的市侩，揭露了现实生活中的霉块和毒菌。高尔基说："他能够随时发现'庸俗'的霉臭，就是在那些第一眼好像很好、很舒服并且甚至光辉灿烂的地方，他也能够找出那种霉臭来。"

《哀伤》是一篇简短而又扣人心弦的小说。贫穷的镟匠赶着车送病重的老婆到医院去，结果还没到达，老婆就断了气。镟匠摸到老婆冰凉的手并明白她已经死了时，他哀伤地哭了起来。因为他还没有来得及跟他的老婆好好生活，也没有来得及向她表明心迹，怜惜她，她就死了。他跟她过了四十年了，可是那四十年都如同雾里，尽是醺醉啦，打架啦，贫穷啦，根本没有觉着是在生活。事情多么不巧，正在他觉得可怜老婆时，觉得没有她就活不下去，觉得对她十分抱歉时，她偏偏死了。他的唯一希望是："再从头活一回才好。"然而老镟匠在风雪中冻坏了手脚，很快也死去了。死前他还苦苦向医生哀求，让他再活五六年，因为他还得把那匹拉车的马还给人家，还得给老婆下葬。

镟匠的话虽然很可笑，但却让人笑不起来，仔细一想，是很可悲的。契诃夫的幽默就是这样特别，往往喜剧因素中包含着更多的悲剧因素。

《苦恼》写一个孤苦伶仃的老马车夫，在儿子死后整整一个星期，好几次都想找人倾吐一下他内心的痛苦，但是谁也不理睬他，他只好向他的老马倾诉。契诃夫在这里对劳动人民悲苦的命运表示深深的同情，为他们不幸的遭遇鸣不平。同时，对人们相互之间的淡漠、麻木不仁感到痛心。但这个问题似乎无法解决，作者也没有指出一条出路。

对于一些小知识分子庸俗猥琐的生活，契诃夫以他的笔加以不遗余力的揭露。《套中人》是契诃夫这方面内容的代表作。作者在短短的篇幅内，以讽刺的手法，入木三分地刻画了别里科夫这个沙皇专制制度下被扭曲了的奴性十足的“小人物”。

别里科夫企图尽一切可能与外界事物隔绝，以避免外来灾祸，达到保全自己的目的。他的一切日常用品都装在套子里，还要带雨伞、穿雨鞋，裹上棉大衣，戴上黑眼镜，耳朵用棉花堵住，上车要支起车篷，一切都那样令人窒息。别里科夫把他的思想也极力藏在一个套子里，还要用“套子”去套别人的思想，以至于大家看见他就害怕。这个古怪猥琐的人思想荒谬至极，语言却一本正经。他看不惯骑自行车的人，就说：如果教师骑自行车，那么“学生就要倒过来用脑袋走路了”。别里科夫死掉后，作者辛辣地讽刺道：“他躺在棺材里，神情温和、愉快，甚至高兴，原来他‘仿佛是暗自庆幸自己终于装进了一个套子里，从此再也不必出来了’。是啊！他的理想实现了。”

契诃夫的短篇小说最显著的特色是：简洁、朴素、真实、生动。他说：“简洁是才力的姊妹”。契诃夫以少胜多的反映生活的卓越技巧，使得他在文坛独树一帜。

现代芭蕾之父——福金

1880 年 5 月 5 日，俄国彼得堡一位大商人喜得贵子，这是这个家庭中第五个孩子。为了能够让孩子们得到健康全面的发展，父亲从来不阻止他们干什么。这不但是因为生意兴隆，忙不过来，而且更是因为他相信妻子比自己更能教导好孩子们。于是，孩子们在这位喜爱文学艺术的母亲的关怀下，都生长得活泼可爱，父亲一看见这么多可爱的小东西，更任其自由发展了。

在这样一个环境中，小福金也渐渐地喜欢上了艺术。后来兄弟姐妹们都长大了，让老福金失望的是，谁也不能在生意上帮他，各自忙各自的事去了。但这一群孩子都有一个相同的特点，那就是都喜爱表演艺术，而其中最为突出的就是老五——米哈依尔·福金。

老福金是很开通的，他赚的家业孩子们一辈子也用不完，他们喜爱什么就让他们干什么。既然小米哈依尔·福金喜欢芭蕾，于是，他便被送进当时俄国最为著名的帝国芭蕾舞校。

从此，小福金开始了他辉煌的艺术生涯的第一步。这一年是1889年，他才仅仅9岁。

芭蕾舞学校的生活是非常严格的。小福金又天生地喜爱芭蕾，所以他门门课程都学得很好，例如音乐与美术，他不仅很熟练地学会了钢琴和小提琴，而且还学会画一手好画。芭蕾自不必说，学生们主要练的就是这个。最让小福金遗憾的是文学，因为学校里不注重这门课，没有什么好教师，所以他得不到适当的指点。虽然这门功课不好，但小福金依然自己去找一些文学名著来自学，从而也奠定了一些文化基础。

小福金先后跟过许多老师。

第一位老师是卡尔萨文，是他为这个小家伙启蒙的。卡尔萨文有自己独特的一套教学法，不但培养了众多的大明星，更使自己的女儿卡尔萨文娜名扬天下。在这样的老师指导下，福金学得很轻松，他轻而易举地升入三年级，而且由于成绩优秀，成为了免费的住读生。

以后，福金又遇到一些老师，各有特色，也让福金学到不少东西。

1898年，福金毕业了，因为他学习成绩一直优秀，毕业汇报时又得了一等奖，因此轻而易举地进入了玛林斯基剧院，这时的福金已成为一个各方面才能都十分优异的好演员了。进入玛林斯基剧院后，他便拜在名师约翰逊的门下，继续深造。福金虽然是独舞演员，但他跳过的角色很少，只在《雷蒙达》中扮过行吟诗人，在《睡美人》中扮过蓝鸟。《天鹅湖》中的三人舞中也有他一个，福金还成为“最美的天鹅”——巴甫洛娃的第一位男舞伴。除此之外，福金拥有许多空闲时间。

好学的福金并不会坐等岁月空逝，他有自己的目标。在没有演出任务的时候，福金自己经常出入于图书馆、博物馆之中，由此，他为自己日后的创作打下了深厚的基础。

1902年，福金担任帝国芭蕾舞校的教师。他先从低年级教起，后来由于工作出色，胜任高年级的教师。这里，有后来成为著名芭蕾舞星的尼金斯卡、洛波科娃等。

1905年，福金为了给学生的表演课考试编导一部作品，从而开始了自己的创作生涯。

福金的第一部芭蕾舞剧是《亚西斯与该拉忒亚》，故事取材于希腊神话。年轻的福金使用了许多非传统的方式，并且对古典芭蕾进行了很多改革，这种新式芭蕾当然遭到了人们的反对。最终，福金不得不用另一部传统的舞剧去应付，但自此已显示出了自己的创作倾向。

1906年，福金在本剧团演员的邀请下，为他们在一个募捐大会上演出编导了《葡萄》，继续采用了许多新的处理方式。演出得到广泛的好评，当时的“古典芭蕾之父”彼季帕为他写来贺信：“亲爱的同事，为你的作品感到高兴。继续干下去，你将成为一位伟大的芭蕾大师。”

伟大的马里尤斯·彼季帕没有说错，这位“古典芭蕾之父”预言了“现代芭蕾之父”的成功。

伟大前辈的赞誉让年轻的福金兴奋不已，这更坚定了他的方向。

1907年，福金应邀为一次慈善演出编导一整台晚会，他充满自信地编导了《欧妮丝》与一部独幕舞剧《肖邦组曲》。

《欧妮丝》是一部二幕芭蕾舞剧，其情节淡化，突出了欢乐的气氛，讲的是一位罗马贵族举行盛大的宴会，一群美貌的女奴献舞助兴。其中有巴甫洛娃在羊皮酒囊上表演的七层面纱舞；有切辛斯卡娅表演的剑器舞；还有一段火炬群舞及三位化妆成黑皮肤的女演员表演的埃及少女三人舞等，最后这出埃及少女三人舞尤为让人耳目一新。

1907年，福金又为毕业学生设计了考试作品《阿尔迷达之宫》第二幕中的一场。这出剧讲述了一个怪异的故事，一位名叫维孔特的年轻人出门旅行，中途遇雨，只得借宿于一位老侯爵家里，这位老侯爵却是一个巫师。小伙子被安置在“阿尔迷达之宫”的拱顶偏殿过夜，殿中悬挂着一幅漂亮的女妖壁毯，这个女妖就是侯爵供奉的本家女始祖阿尔迷达，壁毯下是一座由“爱情”与“时间”两个角色支撑的大钟。午夜时分，睡梦中的维孔特被“爱情”追求“时间”及“时间”出现的吵闹声惊醒。他看见漂亮的女妖阿尔迷达现出人形，便不由自主地加入了群魔的舞蹈中，并且一下子爱上了阿尔迷达。正当两个人沉浸于爱河之中时，“时间”征服了“爱情”——黎明到来了，人群消失得无影无踪。女妖阿尔迷达又回到壁毯之上，维孔特恍惚中也回到睡梦中。这时老侯爵进来催小伙子赶路，小伙子却看出了老侯爵竟是昨夜狂欢之国的国王。现实与梦幻让他迷惑了，他冲向壁毯去寻找昨夜的情人，但马上如触电般拼命逃走，他已中了老侯爵的巫术，倒在大地上凄惨地死去。

1908 年 3 月 8 日，福金在玛林斯基剧院又推出了自己的新作《埃及之夜》与《肖邦组曲》的第二个版本。《埃及之夜》展示了一幕迷人的爱情悲剧。在迷人的尼罗河畔，有一座庙宇，远处是雄伟神秘的大金字塔与狮身人面像，猎手阿蒙与少女贝蕾妮深深相爱，并且已订婚。但是，一次偶然的机会使阿蒙碰到了埃及女王克勒奥帕特拉，并且对女王一见钟情，心甘情愿得以生命换取一夜的云雨。黎明，女王的丈夫罗马大帝安东尼即将归来，女王准备了毒酒，已被迷惑的阿蒙一饮而尽，倒在地上。女王与安东尼乘船远去，贝蕾妮在她的未婚夫身旁独泣，并原谅了阿蒙。这时阿蒙突然醒来，原来是慈悲的大祭司早已将女王的毒酒换成美酒，阿蒙仿佛做了一场梦。

福金的新式芭蕾获得了成功，得到众多观众的好评。但一些嫉妒的人与保守人士则对他大肆攻击，福金的日子也很不好过。

这时，天才的舞蹈管理家佳吉列夫有备而来，邀请了玛林斯基剧院的杰出人物组建了俄罗斯芭蕾舞团进军巴黎。这批人士包括福金、巴甫洛娃、卡尔萨文娜、尼金斯卡以及贝尼金斯基等。这批杰出的艺术家创造了芭蕾史上最大的辉煌，成为福金创作的鼎盛时期。他先后为佳吉列夫俄罗斯芭蕾舞团创作了许多部芭蕾舞剧，其中大多为福金一生的代表作，例如《阿尔迷达之宫》、《仙女们》、《克勒奥帕特拉》、《伊格尔王子》、《火鸟》、《天方夜谭》、《彼得鲁什卡》、《玫瑰花魂》以及《狂欢节》等尤为著名。俄罗斯芭蕾舞团一举倾倒了巴黎观众，震惊了世界，福金也因此成为最负盛名的编导。尤其是《仙女们》这部舞剧，开创了无情节交响芭蕾之先河，福金也因而戴上了“现代芭蕾之父”的桂冠。

1914 年，福金总结了自己这十几年的创作经验，在英国《泰晤士报》上发表了著名的现代芭蕾宣言，提出了这种新型芭蕾编导的五项基本原则，为后者指明了芭蕾的前进之路。

福金这时正处在最辉煌的时期，但是，福金这时却决意离开佳吉列夫俄罗斯芭蕾舞团，因为他已忍受不了佳吉列夫对尼金斯基的过分宠爱与扶持。他觉得自己不应只为一个人设计作品，那样会毁了他。

福金离开了这个群星聚集的俄罗斯芭蕾舞团，这个决定不仅让俄罗斯芭蕾团走向衰落，也使他自己走向了衰落。也许，只有拥有杰出的演员才能创作出杰出的作品。

这之后，福金到处流浪。他到过许多地方，又写了许多作品，但其艺术水平已大为降低。最后，福金与夫人定居美国纽约。

1942 年，米哈依尔·福金在纽约去世。没有隆重的悼念，没有成群的子嗣，只有孤单的灵车载着他孤单地离去。但他那往昔的辉煌，那“现代芭蕾之父”的名字将被人们永远追忆。

革命预言家和宣传者——高尔基

提起高尔基，人们可以一口气列出他的许多著作：《俄罗斯童话》、《列宁》、《母亲》、自传体三部曲——《童年》、《在人间》、《我的大学》、《伊则吉尔老婆子》和《鹰之歌》等等。但给大多数人留下深刻印象的还要数那篇脍炙人口的散文诗——《海燕之歌》。

《海燕之歌》是高尔基创作的短篇小说《春天的旋律》的结尾部分。《海燕之歌》采用象征性手法表现了革命风暴到来前夕，革命人民与反动势力英勇搏斗的壮丽图景：在苍茫的大海上，狂风卷集着乌云。乌云越来越密，越来越低，不断地压向海面，雷声隆隆，狂风怒吼，闪电如火蛇一般在游窜，愤怒的大海掀起巨浪冲向高空，同它们进行激烈的搏斗。在乌云与大海之间，海燕在勇敢地飞翔，它高兴地、嘹亮地叫着，像胜利的预言家一样大声呼喊着：“让暴风雨来得更猛烈些吧！”这句名言作为一个时代的号角永远定格于历史之中，无论是谁读到它都会被这高扬的热情、壮烈的场面所深深打动。显然，在作品中，海燕是无产阶级革命战士的化身，在革命的高潮即将到来之际，他满怀豪情地投入战斗之中，乐观而又坚定自信地迎接革命暴风雨的洗礼。这种从海燕身上透露出来的大无畏的英雄精神和革命的乐观主义，深深鼓舞了处在黑暗统治之下的俄国人民，起到了巨大的宣传作用，这种影响波及到全世界无产阶级革命。

高尔基创作如此一部洋溢着革命激情的浪漫主义作品，正处在俄国工人运动、农民运动和学生运动蓬勃发展的新时期。高尔基就像那只勇敢的海燕，站在时代的前列，充当了革命的预言家和宣传者。

列宁称高尔基为“无产阶级艺术的最杰出代表”。的确，他以丰富的艺术创作开创了无产阶级文学的新纪元。高尔基原名阿历克塞·马克西姆维奇·彼什科夫，1868 年 3 月 28 日生于俄罗斯伏尔加河畔的一座小城，父母是清贫的手工劳动者，又都早早地离他而去。童年时期在外祖父家的寄居生活也未能维持多久，年仅 10 岁时，高尔基便流落人间，拣破烂，做学徒，当杂工，受尽欺凌侮辱，备尝生活的艰辛。但是高尔基酷爱读书，尽管只上过两年小学，但他通过勤奋自学也具备了相当的文化素质。长期底层社会的漂流生活使他积累了丰富的素材，早期的革命运动和对马克思主义著作的学习，开阔了他的眼界，并且树立了人生的目标，指引他走上革命作家的道路。

高尔基早期作品中占较大比重的是现实主义作品，如《切尔卡什》、《玛莉娃》等。这些作品真实地再现了资本主义重压之下各种类型的社会底层人物的生活状态，诸如农民、工人、乞丐、小偷、妓女等，而以描写流浪汉的题材最为成功，代表作为《叶美良·皮里雅依》。主人公叶美良是一个生活得猪狗不如的流浪汉，一天晚上，当他准备抢劫一个商人时却救了一位少女。这位少女因为失恋而意欲自杀，而叶美良真诚地劝慰她，并鼓起少女生活的勇气。高尔基的创作表现了这些底层人精神上的明暗两面。作为资本主义社会的畸形产物，流浪汉一方面粗野下流，自暴自弃；另一方面还保持着人性中闪光的一面，即他们的正直善良的个性。流浪汉非人的生活是对吃人的资本主义制度发出的愤怒控诉。

高尔基早期的浪漫主义代表作是《伊则吉尔老婆子》和《鹰之歌》。在《鹰之歌》里，有鹰和蛇这两个形象。鹰在战斗中身负重伤，但却不悲观沮丧，它渴望新的斗争给它带来自豪和幸福，最后它在万里长空中张开翅膀，壮烈地死去。而蛇却对鹰的壮举加以嘲笑和不屑，它终日爬行于气味腐朽的阴暗之处，不觉其低，也不嫌其暗，这是庸俗和卑琐思想的化身。

《母亲》是高尔基最重要的作品，列宁称赞它是“一本非常及时的书”。这部小说第一次生动描写了工人阶级反对地主、资产阶级专制统治的革命斗争，歌颂了无产阶级革命精神和英雄气概，塑造了具有相当社会主义觉悟的先进分子的光辉形象。这部小说在世界文学史上具有划时代的意义。

小说的中心人物是尼洛夫娜，即“母亲”。她本是一个胆小怕事、卑怯懦弱的家庭妇女，迷信宗教，不敢反抗丈夫的虐待。然而，当马克思主义革命思想和蓬勃发展的工人运动闯进她的生活天地后，她的思想感情发生了巨大的变化。在革命的洗礼之中，她大胆地迈了出去，直至献出自己的生命。而她也终于不再落后无知、柔弱可欺，而是更加勇敢、坚定和成熟。

这个故事取材于1902年索尔莫夫镇的工人“五一”游行事件，来自于生活，但经过了艺术的典型化加工，具有深刻的普遍意义。

十月革命的“总演习”

当日俄战争在远东打响时，革命正在战线后面的俄国内部传播开来。革命的根源可以在农民、城市工人和中产阶级的长期不满中找到。这种不满由于与日本的战争而更趋严重，因为与日本的战争一开始就不得人心，在遭受一连串失败后愈来愈如此。最后，发生了1905年1月22日所谓的“流血星期日”，这一事件是使第一次俄国革命爆发的火星。

1905年初，彼得堡最大的普梯洛夫工厂的工人举行罢工，抗议厂方无理开除工人。罢工得到其他工厂工人的支持，很快发展成为全城总罢工。沙皇政府企图在罢工兴起之时就把革命火种扑灭掉，它指使加邦牧师诱骗工人列队前往冬宫，向沙皇尼古拉二世呈递请愿书，以便乘机把工人淹没在血泊之中。布尔什维克党人看穿了敌人的阴谋，反复向工人说明：向沙皇请愿是不会获得自由的，自由必须靠自己拿起武器来争取。但是，很大一部分工人认为困苦是下面的官吏造成的，他们仍相信“慈父沙皇”会帮助他们。

1月22日（俄历1月9日）星期日，由数千人组成的一大群人，平静地朝圣彼得堡的冬宫行进。这是一次独特的示威，实际上是一支宗教队伍，以教士乔治·加邦神父为首，后面跟随带着圣像、唱着俄国赞美诗、手无寸铁的男人、妇女和儿童。他们的请愿包括恭敬地请求实现诸如代议制议会、免费教育、八小时工作日、涨工资和较好的工作条件之类的改革。如果当时沙皇或其代表接受请愿，答应予以仔细的考虑，那么人群很可能会平静地散去。相反，沙皇的姑父莫名其妙地命令皇家禁卫军向聚集的群众开枪，75 人至 11000 人被枪杀，200 人至 2000 人受伤。伤亡数字之所以会有这么大的差异，是因为某些目击者仅报告了星期日的伤亡人数，而骚乱在首都又持续了两天。

无缘无故的大屠杀在全国激起猛烈的反应。向来爱好和平的加邦神父立场发生了转变是很有代表性的，他在“流血星期日”傍晚的一次演讲中宣称：

“亲爱的亲兄弟们，帝国士兵的枪弹已毁掉了我们对沙皇的信任，让我们向他和他的整个家族报仇，向他的所有大臣和俄国土地上的所有剥削者报仇。去吧，去劫掠帝国宫殿！所有杀死我们无辜的妻子和儿女的士兵和军官、所有的暴君、俄国人民所有的压迫者，我要用教士的诅咒惩罚你们。”

“流血星期日”无可挽救地打碎了许多俄国人历来所珍爱的沙皇仁慈的“小父亲”形象，整个帝国的公民转而反对沙皇政权，1905 年俄国大革命必然地发生了。

革命的迅猛发展把社会上的各阶级各政党都发动起来了。他们从本阶级的利益出发，制定各自的策略方针和行动路线。沙皇政府深感单用暴力不足以维持摇摇欲坠的统治，因此，它一方面残酷镇压，极力破坏人民内部的团结，挑唆俄国各族人民互相残杀；另一方面又答应召开咨询性质的国家杜马（代表会议），妄图用反革命的两手扑灭革命。自由资产阶级在沙皇专制和民主力量之间动摇，它们一方面拿革命来恐吓沙皇，要求它实现一些改良，自己也可以从中分享一些权力；另一方面，它们更害怕革命，极力与沙皇妥协，共同扼杀革命。俄国资产阶级的这种反革命本性决定它根本无法领导这场革命。

无产阶级是这次革命的领导力量，但是，无产阶级的政党这时分为两派。以列宁为首的布尔什维克主张：无产阶级应积极领导当前的资产阶级民主革命，用武装起义推翻沙皇统治，实现工农民主专政，然后不失时机地把它转变为社会主义革命。而另一派孟什维克却主张：革命应当由资产阶级领导，反对武装起义，主张用和平方式改良沙皇制度。孟什维克的行径分裂了工人队伍，给革命带来了极大的危害。为了彻底批判孟什维克的错误，列宁在 7 月写了《社会民主党在民主革命中的两个策略》一书。这部光辉著作对党的路线作了精辟的论证，它进一步武装了党和无产阶级。

在 1905 年五一劳动节，全国几乎有 200 个城市爆发了工人罢工。5

月末，俄国最大的纺织工业中心伊万诺沃—沃兹涅先斯克的700名工人举行罢工。在斗争中，工人们发挥了首创精神，选出自己的代表，建立了俄国最早的工人代表苏维埃。6月在波兰的重要工业中心洛兹，工人同沙皇军队进行了三天的巷战。6月中，沙皇的最后支柱——军队也发生了动摇，黑海舰队“波将金”铁甲舰爆发起义。在革命蓬勃开展的情况下，沙皇政府慌忙与日本签订了和约，以便腾出手来镇压革命。8月19日，又正式发布诏书，召集咨询性质的国家杜马，布尔什维克领导人民抵制了这届杜马。

1905年秋，革命发展到了一个新阶段。首先是莫斯科工人大罢工。10月初，全国主要铁路的职工宣布总罢工，随即扩展到各大城市，形成了全俄政治总罢工。参加这次总罢工的工人有100多万，此外，低级官员、学生、民主知识分子也参加了运动。总罢工使工厂停工、学校停课、商店停业、邮电不通、社会生活陷于停顿，政府机构也大多陷于瘫痪。在总罢工过程中，各地纷纷建立起苏维埃，它不仅领导罢工斗争，而且自行颁布命令，推行各种革命措施。

10月总罢工吓得沙皇魂不附体，他躲到彼得堡郊外，准备一旦情况紧急，就从海路逃亡国外，同时被迫作出一些重大让步。10月30日（俄历10月17日），尼古拉二世签署宣言，答应召集立法杜马和给人民以言论、出版、集会的自由。资产阶级、孟什维克和社会革命党人欢天喜地接受了这个宣言，说“革命已经完成”，开始了“民主宪制”。布尔什维克驳斥了这种谎言，指出10月17日宣言只是斗争的第一个胜利，沙皇统治并没有崩溃，必须进一步开展革命，用武装起义推翻它。

11月，列宁从瑞士回国，直接领导起义的准备工作。12月20日，莫斯科工人举行总罢工，参加人数达到15万。声势浩大的罢工到了23日发展成为武装起义，工人修筑起近千座街垒，同沙皇军队展开了英勇的搏斗。在勃列斯尼亚区战斗进行得特别激烈，400多名战士顽强地保卫着自己的阵地，使沙皇军队不能前进一步。最后，沙皇调来炮队，向这个地区发射了600多发炮弹，才占领了这个地区。由于敌我力量过分悬殊，最后莫斯科苏维埃决定从1906年1月1日起，停止武装斗争，以保存革命力量。继莫斯科起义之后，格鲁吉亚、乌克兰、波罗的海沿岸的拉脱维亚、西伯利亚的赤塔和克拉斯诺雅尔斯克也先后爆发了起义。由于起义的时间参差不齐，缺乏共同的领导中心和统一的计划，缺乏武装斗争的经验，以及孟什维克的妥协投降，起义都被镇压下去了。

12 月武装起义是 1905 年革命的顶点。起义失败后，革命高潮渐入低潮时期，劳动人民是一边战斗一边退却的。从罢工人数看，1905 年有 280 多万，1906 年有 110 多万，1907 年还有 70 多万。农民运动在 1906 年上半年继续开展，席卷俄国（欧洲部分）一半左右县份，军队骚动也不断发生。在这种情况下，沙皇不得不继续玩弄反革命两面手法：一面加强对革命者的迫害，一面主持召开国家杜马。布尔什维克看到革命已转入低潮，就参加了 1907 年 1 月召开的第二届国家杜马，利用杜马讲坛揭露了沙皇各项政策的反动本质，引起反动派的恐惧。于是，沙皇政府捏造罪名，把社会民主工党杜马党团全体成员流放到西伯利亚，并在 1907 年 6 月 16 日（俄历 6 月 3 日）解散了国家杜马。这在历史上称为“六·三政变”，它标志着俄国第一次人民革命的结束。

革命虽然失败了，但它具有重大意义。它沉重地打击了沙皇专制制度，锻炼和教育了劳动大众和布尔什维克党，为十月革命的胜利作了良好的准备。列宁指出：“没有 1905 年的‘总演习’，就不可能有 1917 年十月革命的胜利。”

“学院暴动”与列宾

19 世纪的俄国依然是黑暗的沙皇专制的封建农奴制国家，但是革命的浪潮早已悄悄逼近了这个腐朽高贵的王位，因为资产阶级的民主、自由的思想早已深植于青年一代的内心深处。1861 年，俄国沙皇为了保护自己的利益，迫不得已进行了自上而下的废奴运动，但其结果是对广大劳动人民更大的欺骗。人民愤怒了，高举民主与自由的大旗宣布追求自身的解放，与统治阶级展开了如火如荼的斗争。1863 年，俄国彼得堡皇家美术学院里发生了一件震动整个美术界的大事，有 14 名毕业生拒绝官方规定的创作题目《瓦尔加列的宴会》。他们集体向院务委员会提出申请，要求允许他们自己选题、创作来参加毕业竞赛。院方震惊了，知道如果同意他们自由选题，就等于承认了民主及民族主义权利。校方为了维护这一百年来权力至上的规矩，断然拒绝了他们的要求。毕业生中除了一人之外，13 名油画系学生与一名雕塑系学生拒绝毕业，愤然离校，以表示对官僚制度的反抗，这件事在当时被称为“学院暴动”。这些青年随即被作为“嫌疑分子”而列入暗探局的黑名单。

这14个人推选出富有理论与组织才能的克拉姆斯柯依作为自己的领袖，组成了“彼得堡自由美术家协会”。他们共同学习，共同斗争。1870年，协会迫于社会与经济的压力，不得不解散。随后，克拉姆斯柯依与莫斯科的画家彼洛夫等人组成了另一个团体——“巡回展览画派”。由于众多杰出人士的加入，渐渐成为一个全国性的美术家组织，他们以优秀的作品为俄国在世界画坛上争得一席之地，其中，列宾则为之作出了巨大贡献。

伊里亚·叶菲莫维奇·列宾于1844年7月24日在哈尔科夫省楚古叶夫镇一个移民军人家中诞生。开始时他在军事地形测量学校读书，后来表现出惊人的绘画天赋，被父母送到画家布那科夫那里学习。1863年，一家人移民彼得堡，列宾进入绘画学校，不久又进入了美术学院学习。经过系统的理论充实及实践经验，列宾的天才很快显露出来。在此期间，克拉姆斯柯依非常欣赏这个天才的青年，并对列宾进行了悉心指导。1871年，列宾毕业时以一幅油画作品《睚鲁的女儿复活》摘得了学院的金质大奖章，从而获得了出国学习的机会。在出国之前，列宾完成了他第一幅伟大杰作《伏尔加河上的纤夫》。

《伏尔加河上的纤夫》是列宾的第一幅以社会现实为题材的杰作。为了创作这幅画，列宾搬到了伏尔加河边居住，与纤夫们交朋友，仔细了解了他们的思想、情感与生活状况。画中的11个贫苦辛劳的纤夫，个性极其鲜明，列宾以稍加夸张的笔触使画中人物从背景中凸立出来，虽然有些损害了画面空间的真实性，但人物形象本身在重压之下苦难的眼神及力的表现，的确能给人以强烈的震撼力，使人想到民歌《船夫曲》那种低沉、雄壮而又悲怆的旋律。这是人与社会的抗争，也是人与自然的抗争。

在国外，列宾深入研究了前辈们的巨作，把它们融入到自己的风格中去。这期间他创作了《巴黎咖啡馆》、《女乞丐》、《捕鱼女》等作品。

1876年，列宾回到祖国，当时他已经是个成熟的现实主义画家了。评论家说：“列宾是通过眼睛与手势反映人物内心世界的肖像大师”，这是很有道理的。这期间，列宾画了许多优秀的肖像画，如《胆怯的庄稼汉》、《眼神邪恶的庄稼汉》，尤其是他的《司祭长》，成为了他肖像中的杰作。

列宾善于以真实的场景反映真实的人物，尤其善于抓住人物内心的心理特质，从而创作出许许多多优秀的作品。1878年，列宾正式加入了“巡回展览画家协会”，投身于革命的斗争行列中去，从而迎来了他创作的辉煌时代，为后人留下了光辉的巨作。

例如《突然归来》便是其中的代表作之一。画面取了一位因从事革命而被流放多年的政治犯，在亲人们早已绝望的情况下突然回到了家，他径直踏入了房门，这一刹那间，屋里平静的氛围被打破了：背向观众坐在桌前的老母亲很快认出了久别的儿子，悲喜交加，但她木然地呆立在那；正在弹钢琴的背向丈夫的妻子转过身来看了一下这个不速之客，突然见到自己熟悉的丈夫的脸，惊喜交加，使她忘了站起来；稍大一些的儿子认出了父亲，也高兴地望着他，张着嘴巴忘了叫爸爸；小女儿没见过父亲，以胆怯的目光注视着这个高大的陌生人；而门口的女仆一手扶着门，以一种狐疑的眼神盯着这个大胆闯入房中的男士；而这个历经沧桑的政治犯，在一副冰冷的面孔、一双机警的眼中，流露出内心无比激动的神情。画家通过一瞬间的家庭生活场面，表现了当时革命者悲壮的经历，尤其是对这位革命者面容的刻画，达到了完美的境界。列宾曾多次修改这个人物，开始时把他画得很激动，后来又改为面含笑容，都觉不满意，最后才改成这副“外冷内热”的形象，达到了十分传神的效果。当作品展出时，引起官方不满的首先就是这个归来的政治犯，“你看，他一点儿悔改的意思都没有！”一位审查大员恶狠狠地说。

另一幅《伊凡雷帝与儿子伊凡》也是这方面的杰作。据历史传说，16 世纪的沙皇伊凡雷帝，性情十分暴虐，因为怀疑其子伊凡篡权，盛怒之下用权杖击死了自己的儿子。列宾的画面取景于伊凡被击死之后的事，沙皇把垂死的儿子抱在怀中，企图用手捂住儿子额头上的伤口，这个残暴的皇帝因悔恨而陷入恐惧之中。王子垂死时虚弱的形象与沙皇精神狂乱的形象构成了强烈的对比，权力欲与亲子之情的矛盾冲突，得到了惊心动魄的表现。列宾选择了这样一个“宫廷喋血”的故事，是因为当时沙皇亚历山大二世被刺后，发生了一连串的流血事件，列宾为之激动不已，从而创作了这幅画以揭露统治阶级的黑暗与残暴，以及在权力欲望下人性的变态。

列宾说：“只有伟大的思想才是永垂不朽的。”

在 20 世纪初，列宾又创作了许多作品，如《决斗》、《红色葬礼》、《国务会议》、《多么辽阔》、《果戈理焚稿》等，都是优秀的作品。

1930 年 9 月 29 日，这位伟大的现实主义画家在彼得堡附近的别纳德与世长辞。为了纪念这位伟大的俄罗斯艺术家，人们在这里为他修建了博物馆，无数追求真理与艺术的人们都来过这里，为这位伟大的艺术家献上洁白的鲜花。

世界上下五千年

shijie shangxia wuqiannian

亚非拉星火

古代美洲印第安人的灿烂文明

亚洲的东北部与美洲的阿拉斯加十分靠近，中间仅隔着一道白令海峡，其最窄处只有86公里。地质学的研究证明，在第四纪最后一次冰川期来临的时候，海水大量被蒸发并以降雪的形式积聚在陆地上，因而导致海面下降，其幅度达150米至200米，结果，白令海峡的海底山脊露出了海面，成为可以通行的“陆桥”。

大约5万年以前，印第安人的祖先——亚洲的黄种人，就是通过这座“陆桥”，陆陆续续从亚洲进入阿拉斯加，从北到南散布于整个美洲，使美洲这片万古荒原开始印上人类的足迹。

据估计，在15世纪末叶，印第安人的人数约为3000万，分成许多部落、部族或民族，所用语言和方言有1700多种。在社会发展阶段上，各支印第安人很不一致，有的尚处在氏族制度的全盛时期，有的已进入原始社会末期。但就是他们创造了灿烂的文化，建立了文明的古国，为人类作出了不可磨灭的贡献。

墨西哥的印第安人从古代起，相继创造了辉煌的奥尔梅克文化、玛雅文化、托尔特克文化和阿兹特克文化。

奥尔梅克文化可以看作是墨西哥文化的前驱，出现于公元前一千年代中期。奥尔梅克人创造了象形文字、计算法和历法，他们会用整块石头雕凿祭坛和人头像。

玛雅人于公元初在尤卡坦半岛上建立了作为政治和宗教中心的城邦，约公元4至9世纪，是玛雅文化的昌盛时期。100多年前，考古学家在墨西哥的尤卡坦半岛的热带丛林中，发现了一座玛雅废墟，里面建造有庄严的庙宇和雄伟的宫殿。

玛雅人是勤恳的农艺家。他们从野生植物中培育了玉米作为主要粮食，此外还种植甘薯、蕃茄、南瓜及豆类等。由于农业生产的需要，玛雅人很早就建立了天文台，细心观察天象，他们判定的太阳历1年有18个月，每月26天，外加5天作为禁忌日，共365天，闰年加1天，1星期为5天，4星期为1月，月份的名称都是按“播种”、“收割”等农时命名的。

玛雅人在公元初就创造了自己的象形文字。玛雅文献有两种：一种是以毛发制笔，树皮制纸，记述有关宗教、神话、历史、天文等内容；此外，玛雅人大约每隔20年就建立一些纪年柱，记载重要文件和日期。

玛雅人的建筑十分壮观。1600多年前玛雅人建造的一座神殿，高60多米，分作15层，而且在第一、五、八及十一层处各有一间石室，整座神殿是由几万块重达一吨的花岗岩堆砌而成的。

到了9世纪，由于某种至今尚未明了的原因，玛雅文化突然中断了，尽管如此，玛雅文化对后来墨西哥文化的影响还是相当大的。

9世纪后，托尔特克人征服了墨西哥盆地。他们在建筑、雕刻和绘画方面都取得了出色的成就。他们建造的“太阳金字塔”，高64.5米，底边宽220米，上面建筑有庙宇和太阳神雕像，并有石梯由底部一直通向塔的顶端。“太阳金字塔”无论在占地面积和规模上，都超过了埃及的金字塔。托尔特克人也已使用象形文字，并制定了历法。

13世纪中叶，另一支印第安人部落——阿兹特克人又征服了墨西哥盆地，并在铁希尔戈湖中的两个岛上建立了自己的都城——铁诺奇第特兰城。在这座城中建有金字塔形的坛庙共40座，其中最大的一座有144级台阶，另外还有雄伟的宫殿建筑等。

阿兹特克人也是杰出的雕刻家，他们制作的一尊印第安人的雕像屈膝蹲坐，双手环抱于膝前，两眼注视着前方，栩栩如生。

在医学上，阿兹特克人已知道用奎宁、毛地黄等药物治疗疾病，还掌握了原始的麻醉术。

除墨西哥外，秘鲁是印第安人的另一个文明发祥地。

秘鲁中部有个名叫查文的小山村，面对湍急的莫斯纳河，背倚巍峨的群山。在20世纪初，考古学家曾在这里发掘出一座古庙，据考证，约建于公元前1800年至公元前1000年，庙内一块大石头上凿有7个不太深的圆洞，其构图很像猎户星座，这表明秘鲁人很早就研究天文了。在两根圆柱上，各雕着一只鹰，虽然历经了数千年，纤细的纹理仍清晰可辨。另外还有许多石板，上面刻着凶猛的美洲虎，手持兵器，形象十分逼真。查文文化凝结了古代秘鲁人高度的智慧和辛勤的劳动。

公元2至6世纪，秘鲁进入了阶级社会。从出土的许多墓葬品中，发现了服饰不相同的陶俑，这说明已出现了明显的阶级分化。

13世纪左右，印加人崛起于秘鲁高原，印加人是安第斯山区印第安人的一支。“印加”一词，印第安语的意思是“太阳的子孙”。14至

15世纪，印加人征服了周围各部落，以秘鲁为中心建立了中央集权制的奴隶制国家，其疆域北抵厄瓜多尔和哥伦比亚南境，南至智利及阿根廷北部，统辖的人口达600万。

印加人虽然不会冶铁，但已大量使用铜、青铜、金、银、铅等多种金属，并擅长使用金银、铜制成各种器皿。在印加帝国首都库斯科的花园里，独具匠心的印加人用金银制作的花朵，几乎与天然的一样。出土的贵族墓葬中，往往有几十磅到几百磅用金、银制成的各种器皿和装饰品。印加人制作的陶壶不仅造型优美，而且色彩也十分绚丽。印加人还擅长纺织，尤以毛纺织品著称。

印加人也是伟大的石工建筑家。首都库斯科的城墙、城内的宫殿、庙宇等建筑都是用巨石砌成的。这些石块都经过仔细的打磨，以致石缝间连刀片都插不进。库斯科以北有一座保存得十分完整的重镇，坐落在深山之中，整个镇上的建筑几乎都是用一至三米见方的巨石砌成。镇内有居民点、作坊、庙宇、堡垒，还有用整块大石磨成的日晷。

印加人曾培育了近40种植物，最著名的是马铃薯。他们已知道用鸟兽的粪便作肥料，修筑梯田，建立灌溉系统。

为了加强国内的联系，印加人修筑了两条纵贯全国的南北大道，每条长达二三千公里，大道在穿过河流峡谷时架有桥梁，遇到河面过宽则利用浮桥和渡船。路面平坦坚固，路旁绿树成荫。整个工程十分浩大而艰巨，无怪乎有人惊叹地说，这两条大道的建筑，“可以吓倒现代最勇敢的工程师”。大道沿途相隔不远就设一驿站，有专人以接力的方式传递公文书信。

在计算和记事方面，印加人创造了一种独特的称为“基布”的结绳文字。做法是在一根粗长的绳子上，系上一条条不同颜色的细短绳，细短绳上编结的形式和多少表示数字，细短绳的颜色则表示各种物品，如褐色表示马铃署，白色表示银子，黄色表示金子，红色表示战士等。印加帝国就是通过这种“基布”，保留了关于人口、税收等记录。印加人还有一种各地都通用的公用语，以克服各部落在语言上的障碍，加强帝国境内各地区之间的联系。在医学上，印加人已懂得使用麻醉药，据说，甚至还能动脑外科手术。

从以上大量生动的史实中可以看出，美洲印第安人是富有创造性的人民，他们在没有任何外来文化影响的情况下，独立谱写了美洲的历史，创造了灿烂的文明。

然而，1492 年哥伦布开辟了通往美洲的新航路后，欧洲各国的殖民者为了寻求黄金，抢夺殖民地，一批又一批地横渡大西洋，侵入美洲，中断了印第安人独立发展的历史，毁灭了印第安人的文明。而印第安人为了自己的独立和自由，与殖民者进行了长达三四十年的武装斗争。

复活节岛上的巨人石像

复活节岛是玻利尼西亚海域东端的一个孤岛，总面积 175 平方公里，人口约1000 名左右。这个岛的名称来得很偶然，也很奇特，因为复活节是基督教耶稣复活的节日，但是岛上的原有居民根本不知道这个欧洲最大的宗教，更不知道耶稣为何许人。那么为什么这个小岛却有着这么一个宗教性的名称呢？原来，这个小岛本不叫复活节岛，岛上居民自称为“拉帕努伲”，意思是“地球的中心”或“地球的肚脐”。1722 年 4 月 5 日复活节这一天，荷兰某总督率舰队偶然经过这个小岛，为了好记，于是称之为“复活节岛”。

在这个小小的孤岛上，最令人震惊的是沿着海岸线那为数众多的排列的整整齐齐的巨人石像，他们像守卫海岛的卫士，但更像是威仪的神灵。

这些石像被安置在海边的石砌平台上，总数曾超过 600 个。石像高大，一般从 6 英尺到 30 英尺不等，最重的竟达 40 吨。石像造型大体相同，均为长脸、高鼻、凹眼、嘴巴噘起。但岛上的居民却不是这种模样，这真是一个谜。而且，这些石像制造的原因，为什么把他们都安置在海边，这更是不可理解，因为，岛上的原有居民几乎死光了。不是被贩卖到远处做奴隶，便是被抓去当苦工，已经全部被劳累、疾病害死。1955 年至 1956 年有一个探险家来到岛上考古探险，据考证，这些石像是秘鲁人来此修建的。在公元 380 年左右，这个拥有前印加文化的部族来到该岛，修建了这些石像。巨人石像及祭台都与前印加文化有类似之处，但后来考古发掘的结果却显示，现在遗留下来的石像群是第二次来自秘鲁的部族建造的，他们毁坏了以前部族的造像，是在废墟上重新建造起来的。这些石像是用整块巨大的灰褐色熔岩雕刻而成的，石料来自拉诺·拉拉科地方火山斜坡的采石场中。石像被雕成之后，运到几英里远的海岸线上，并在那里给石像戴上巨大的红色岩石雕成的顶冠，装上石砌平台，最后安上眼睛。根据发掘出来的眼睛碎片看，石像的眼睛巨大，做得很精致，眼白是用白色的珊瑚石雕成，眼睛宽约 14 英寸，眼球就如一个直径 5 英寸的大圆球，它是用红色熔岩做成的。这种石料与制造石像顶冠的红色熔岩均来自另一个地方的采石场。据专家考证，这些石像建造于旧石器时代晚期，当时没有任何金属工具，这些数目庞大的巨像真不知是怎么建成的，而且雕刻得如此形象、逼真，这也是一个未解之谜。在岛上火山腹中，还有一些未完成的作品，有的高达 21 米。这里建有祭台，可以想像在建造石像时，仪式是多么的隆重、神秘。在 17 世纪时，岛上的居民达到 5000 多人。但是，盛世不久，岛上遭受自然灾害，食物奇缺，各部族互相争战，并且出现吃人的恶习，使该岛高度发展的文明遭受极大破坏。后来，约在 1680 年，玻利尼西亚人移居该岛，将所有石像推倒，石像的平台也遭到破坏。随着岁月的流逝，它们渐渐被风沙所掩埋，那精雕细琢的眼睛，那巨大的红色顶冠也不知去向。巨人成了无眼的呆子，独自在海风中怀念那逝去的辉煌。

直到后来，随着世界考古学的发展，复活节岛上的巨人才重新为世人所注意，但是已成了一个千古之谜。尽管随着考古科学的发展，人们对于其历史有了更深一步的了解，但是很大一部分只能凭一些残片去遐想。后来，在岛上又发掘出一些与石像一样的木雕像，眼睛是用白色骨头与黑曜石做成。这又给我们造成了一个谜。这些木雕像是谁造的？既然有了那么多巨型石像，为什么还有木雕呢？而最难解的依然是这些石像制造的原因，为什么把如此众多的石像都整齐地立在海边？难道真是为了守卫神圣的海岛吗？有人猜测这些石像是原始崇拜的产物，但是原始人为什么历时几个世纪造了一个又一个巨大的石像？有人猜测这些石像是外星文明的遗迹，作为飞行器着陆的标志；也有人说这是原始人与外星文明交流的产物，原始人造成如此多的巨像，企盼引起外星人（原始人以之为神）的注意，呼唤他们的到来，如此等等。但是这些石像同埃及金字塔、玛雅文明一样，依然是个不解之谜，因而被誉为世界十大无法解释的奇迹之一。

海地黑人独立

1804年1月1日，海地人民正式宣布独立，世界人民为之震惊，这是拉美历史的新篇章，鼓舞了世界黑人为争取独立而战斗。

“海地”，本为印第安人所起，意思是多山之地。海地位于加勒比海海地岛的西部，1492年西班牙在圣多明各岛建立了第一个殖民地，到1502年海地沦为西班牙的殖民地。1697年，西班牙同法国签订合约，又把海地岛的西部割让给了法国。从此，海地人民受西班牙和法国殖民者的残酷压迫。

西班牙殖民者实行残忍的种族灭绝政策，在16世纪30年代，岛上的印第安人几乎全被杀害，西班牙殖民者甚至从非洲引进大批黑奴到海地去种植甘蔗、棉花、咖啡等经济作物。法国殖民者更是残酷压榨黑奴，他们强迫黑奴从事繁重的劳动，开辟种植园。许多黑奴不得不露宿野地，海地成为黑人的地狱，许多黑人在西班牙和法国殖民者惨无人道的压迫下死去。黑白混血人和一些自由黑人同样也受到统治者的剥削、歧视和压迫。他们不能和白人穿相同的衣服，不能乘马车，不能在军队和政府机关中供职。广大混血种人和自由黑人对殖民统治者进行了强烈反抗，黑人争取民主权力的斗争此起彼伏。

同时，美国独立战争和法国大革命对海地人民也产生了强烈的影响，大大激发了海地人民的革命觉悟，由此导致海地黑人奴隶革命的开始。

1790年，混血种人文森特·奥热率领250名混血种人和自由黑人起义军举行起义，海地革命正式开始。起义军打击法国殖民者，烧毁种植园，猛烈袭击法国殖民上校马杜特的殖民军，法国殖民者派兵力支援，起义军终于失败。西班牙殖民当局把奥热的军队引渡到海地岛，奥热被车裂而死。这次起义失败，是由于没有充分的准备，没有提出反映广大黑奴要求的革命口号，所以缺乏广泛的群众基础。

1791年8月，在黑人布克曼的领导下，广大黑白混血人和自由黑人又发动武装起义，黑奴也积极加入了起义队伍。8月22日，黑人奴隶在“争取自由”、“宁死不当奴隶”的口号下起义。他们放火焚烧咖啡和甘蔗种植园，捕杀法国殖民官吏和白人奴隶主。起义中，黑人领袖杜桑·

卢维杜尔带领千余名奴隶参加了起义军。

杜桑·卢维杜尔原是奴隶出身的马车夫，受过法国启蒙思想的影响，他成了英勇的起义军领导者。

杜桑组织了一支纪律严明、战斗力很强的起义军，把起义推向了一个新的高潮，奴隶主和种植园主受到沉重打击。西部的里戈率领混血种人在太子港举行起义，提出“争取圣多明各独立”的口号，吸引大批混血种人。起义军队伍不断壮大。

1793 年春，西班牙和英国组成反法同盟，决定联合夺取圣多明各。杜桑为了反抗殖民者的进攻，曾动员说：“我正在从事报仇雪耻的事业，我要让圣多明各实现自由和平等，我们都是骨肉兄弟，让我们团结在一起，为共同的事业奋斗吧。”奴隶们受到极大的鼓舞，杜桑的队伍不断壮大，他们连续攻占了冬冬、戈纳伊和阿卡哈耶夫等重镇，起义人数也增加到 4000 余人。

由于受西班牙统治者的欺骗，杜桑暂时和西班牙进行了合作。后来当西班牙拒绝在占领区废除奴隶制时，他正式同西班牙当局决裂，并开始对西班牙军队发动进攻。西班牙军队节节败退，不得已同法军签订合约，从圣多明各撤出全部军队，西属圣多明各割让给法国。起义军又开始了反对英国武装的斗争。

英国于 1793 年派兵入侵圣多明各，先后派兵达到 8000 多人，占领了圣多明各西部和南海沿海地区，并占领了莱奥甘纳、太子港和马尔·圣尼古拉港等重要城镇。

里戈领导的混血人种起义军在反英斗争中起了重要作用，先后击退英军 7000 多人，里戈被誉为“莱奥甘纳的英雄”。杜桑领导部队西进，加强了西部地区的反英力量，取得了重大胜利，为此，他被任命为圣多明各的副总督。

1794 年法国派兵攻打英军占领的地瓜德罗普，宣布解放该岛，推动了加勒比地区英属殖民地奴隶的解放斗争。同时，由于英国军队内部发生了流行病，给英军带来很大困难，英国政府不得不于 1796 年作出撤军的决定。1798 年，杜桑分两路进攻英军，英国处于被动挨打的地位，英军司令官梅特兰根据英政府的旨意，和杜桑起义军进行了谈判。协议规定，英军立即撤出太子港和圣马克等重镇，放弃一切军事设施。10 月 1 日，英军正式向杜桑投降，结束了在圣多明各的殖民统治。

法国大资产阶级企图继续维持法国在圣多明各的殖民统治，但杜桑坚决反对法国对圣多明各的干涉，1797 年，杜桑控制了圣多明各的行政和军事大权，使圣多明各实际上成了一个独立的国家。

1801 年，海地召开制宪会议，制定了一部宪法。宪法正式废除了奴隶制度，规定居民不分肤色一律平等、贸易自由。海地成为了独立的国家，杜桑被选为终身总统。法国诱骗杜桑进行谈判，把杜桑押送到法国。1803 年，这位杰出的海地英雄领袖死于法国。海地人民不断抗击法军，法军内部又发生了黄热病，不得不撤回。1804 年 1 月，海地人民正式宣布独立。

海地革命是拉美第一次取得胜利的黑人革命。在海地革命中涌现出了一批英雄人物，他们为海地人民的解放作出重要贡献。

爪哇蒂博尼哥罗起义

长期以来，亚非拉地区人民处于殖民和半殖民地统治之下。

19 世纪末 20 世纪初，亚非拉各地出现了资产阶级民主运动的高潮，沉睡在中世纪的各国人民觉醒了，他们为争取民主和独立英勇地斗争，作为争取自由独立的英雄们被载入史册。

随着西方殖民主义对亚洲各国侵略的深入，19 世纪中期亚洲各国人民掀起了反殖民反封建的高潮，这包括 1825—1830 年印尼爪哇岛上爆发的反荷兰殖民者起义。

这次起义的主力军是爪哇农民，他们不堪忍受荷兰殖民者和爪哇封建主的双重压迫，愤然揭竿而起。1816 年，荷兰从英国手中接管印度尼西亚，重新恢复了贸易垄断制度，进行关税保护，继续荷兰东印度公司时期的旧剥削方式，强迫农民种植咖啡等；荷兰人还沿用英国的货币地租制，加重了爪哇人民的负担。更为残酷的是，荷兰殖民者强迫农民交纳土地税、关卡税、门户税、人头税等 30 多种苛捐杂税，从事各种无偿徭役，农民在残酷的压榨下，负债累累。农民忍无可忍，早在蒂博尼哥罗起义之前就不断零星地进行起义，反抗荷兰殖民统治。1822 年，葛都·巴格连地区发生农民起义；1823—1825 年，三宝垅和加拉横地区也发生了农民起义。蒂博尼哥罗起义实际上就是上述起义的总爆发。荷兰殖民者的入侵也使爪哇封建地主的利益受到侵害，尤其是经济利益。

所以，一批爱国之士为了维护封建主的权利、实现自己国家的独立，也参加了这次以蒂博尼哥罗为首的大起义。

蒂博尼哥罗领导人民反抗荷兰殖民者的统治，并想继承马塔兰王位，企图把马塔兰重建成为一个独立强盛的伊斯兰封建王国，所以荷兰殖民者害怕蒂博尼哥罗的反抗，不断破坏蒂博尼哥罗的领地。荷兰殖民者甚至企图逮捕蒂博尼哥罗，为此，1825 年 7 月 20 日蒂博尼哥罗在斯拉朗发动了武装起义。在蒂博尼哥罗的领导下，广大农民和其他领地的大部分封建主，以及梭罗著名的伊斯兰阿奇阿依·摩佐也参加了起义。蒂博尼哥罗采用灵活的游击战术，不断重创敌军，取得了一系列伟大的胜利。荷兰总督连忙增派部队进行支援，但抵抗不住起义军的进攻，被迫全线后退。在蒂博尼哥罗起义的鼓舞下，起义烈火蔓延到整个中爪哇和东爪哇的一部分地区。

1825 年 10 月，蒂博尼哥罗在德格索建立起伊斯兰封建王国，并且开始称为苏丹。从此，他开始整顿军队，着手建立严密的正规军队。

1826 年，蒂博尼哥罗起义部队向克拉顿到马吉冷的荷军防线发动进攻，在勃兰班南、卡拉珊和班都兰等地多次取得胜利。1826 年 7 月，荷军向德格索进攻，经过激烈的战斗，起义军于 8 月 2 日大获全胜。荷兰殖民者于 1826 年 9 月 21 日恢复了蒂博尼哥罗祖父的王位，以此来引诱蒂博尼哥罗停止战斗，但蒂博尼哥罗依旧坚持战斗。

1827 年，南望地区起义出现高涨局面。荷兰殖民者调集大量兵力镇压南望地区人民起义，起义军重创荷兰皇家军队，但终因寡不敌众，而于 1828 年 3 月失败。南望起义失败之后，荷兰军队把总部从梭罗迁到马吉冷，加紧对起义军进行包围，荷兰殖民者掌握了战争主动权，起义步入衰落时期。荷兰殖民者一方面开始收买封建主，分化起义军，另一方面加紧围困和孤立起义军。起义军内部开始出现矛盾，起义军中另一领导人——奇阿依·摩佐同荷兰殖民者进行了三次谈判，最终投降了，起义军的力量被大大削弱了。

此后进行了多次战斗，荷兰殖民者甚至用杀害其子来威胁蒂博尼哥罗，但蒂博尼哥罗仍然继续坚持斗争。

1830 年 3 月 8 日，蒂博尼哥罗轻信了荷兰殖民者的谎言，带领随从人员前往马吉冷进行谈判。实际上蒂博尼哥罗已经步入荷兰殖民者精心布置的陷阱，他们解散了蒂博尼哥罗的随从人员，并把蒂博尼哥罗押往了巴达维亚。1830 年 5 月 3 日，蒂博尼哥罗被放逐到苏拉威西的望加锡，1855 年死于流放地，至此，蒂博尼哥罗领导的印尼人民反荷大起义失败了。

蒂博尼哥罗在起义中英勇牺牲了，他不愧为印度尼西亚杰出的民族英雄，他的名字将永远留在人们的心中。这次起义不仅沉重打击了荷兰殖民者，也激发了其他各国反殖民的运动。因此，蒂博尼哥罗起义不仅在印度尼西亚历史上写下了光辉的一页，而且在世界近代史上也占有重要地位。

传奇人物玻利瓦尔和圣马丁

西班牙南美洲殖民地包括秘鲁、新格拉纳达和拉普拉塔三个总督区及委内瑞拉、智利。

西班牙和葡萄牙长期对南美洲实行殖民统治，南美洲的人民强烈要求推翻反动腐朽的西班牙、葡萄牙等国殖民统治，建立独立的民族国家，因此，在拉美地区进行了一系列的民族独立战争。

西蒙·波利瓦尔生于委内瑞拉的加拉加斯，从小目睹了西班牙殖民者、天主教会和垄断商人对人民的剥削，希望摆脱殖民统治，实现民族独立。波利瓦尔曾先后在西班牙、法国和意大利等国留学和旅行，在法国深受法国大革命的影响。1806 年，波利瓦尔从欧洲返回委内瑞拉，投身到民族独立运动中，1810—1812 年，波利瓦尔积极领导民族运动。1811 年 3 月 2 日，委内瑞拉首届国民代表大会在加拉加斯举行，会议通过了《独立宣言》，宣告委内瑞拉共和国诞生。但西班牙殖民者调集大量兵力进犯加拉加斯。于是共和国政府派米兰达统掌军政大权，进行抵抗，但不幸惨遭失败，被迫同敌人议和，于 1812 年 7 月 25 日同敌人签署了“协议书”。后来，米兰达率领一批爱国人士离开加拉加斯，第一共和国被扼杀。

波利瓦尔重整旗鼓，继续坚持战斗，1813 年率领革命军解放了加拉加斯大片土地，并建立了第二共和国。波利瓦尔被任命为爱国武装总司令，掌握军政大权，并被授予“解放者”称号。

一批流亡在奥里诺科河沿岸草原地区的西班牙殖民军纠合在一起，组成了“保王军”。1814 年 6 月，保王军在拉普埃尔塔击败了波利瓦尔的爱国军，第二共和国再次失败，波利瓦尔流亡牙买加和海地。海地总统支持波利瓦尔的斗争，提供给他船只和武器装备，期间几次遭到失败。于是波利瓦尔总结经验教训，深入到奥里诺科河流域农村地区，革命力量得以壮大，解放了重镇安戈斯图拉，并在这里设立了总部，召开国民代表会议。1819 年成立了委内瑞拉第三共和国，玻利瓦尔被选为共和国总统和爱国武装的最高统帅。欧洲志愿军 1500 多人补充了波利瓦尔的革命军，特别是草原自由牧民也转入了革命一边，大大加强了革命军的战斗力。1819 年，波利瓦尔率领大军进攻新格拉纳达，全歼敌军，并迅速南下，收复了波哥大，解放了大片领土。同年 12 月，玻利瓦尔在代表会议上提议委内瑞拉和新格拉纳达合并，成立了哥伦比亚共和国，波利瓦尔被选为这个共和国的总统和最高统帅，革命军扫除了西班牙殖民军残余势力，解放了南美北部地区。1822 年 7 月，新格拉纳达、委内瑞拉和厄瓜多尔联合起来组成了大哥伦比亚共和国，推选波利瓦尔为大共和国总统。

圣马丁在南美洲南部领导革命，主张精练部队，纪律严明。1814 年，智利爱国军失败，并入库约省，与圣马丁会合。1816 年，拉普拉塔地区国民代表会议召开，在会议上宣布正式独立，选举普埃雷东为最高执政官。普埃雷东积极支持圣马丁的战略方案，将圣马丁组织起来的部队命名为“安第斯山军”，任命圣马丁为总司令。圣马丁对军队进行了严格的训练。1817 年，圣马丁和奥希金斯率主力直插圣地亚哥城，西班牙殖民军溃败，革命军占领了圣地亚哥城，并推选奥希金斯为智利最高执政官。接着，圣马丁和奥希金斯在迈普同西班牙军队展开大战，俘虏了敌军官兵 3000 余人。迈普战役胜利之后，爱国军又向南推进，解放了大片领土。为了进一步扩大战果，圣马丁组织了自己的海军，并兼任总司令和陆军司令。

1820 年，圣马丁开始进攻秘鲁。在圣马丁的领导下，革命军在秘鲁南海港帕拉卡斯登陆，迅速占领了附近的皮斯科镇。接着，圣马丁封锁了沿海港口，切断了敌人的海上支援和与内地的联系，使敌军陷入孤立。后来，圣马丁又亲自率领部队在秘鲁北部进行作战。经过英勇斗争，1820 年底秘鲁北部地区基本上已经全部解放。殖民军队不得不退出利马，退往内地山区，圣马丁率军进驻利马，正式宣告秘鲁独立，并出任护国公，成立新政府。为实现西班牙南美洲殖民地的完全独立，圣马丁决定和玻利瓦尔共商大计。但双方存在分歧，圣马丁悄然离去，并于1822年9月召开国民代表会议，发表了辞职演说，把政权交给代表会议。圣马丁离开了秘鲁，经智利回到阿根廷，随后又辗转欧洲，移居法国，1850年8月在法国病逝。

玻利瓦尔在秘鲁政府的邀请下率军进军秘鲁，秘鲁国民代表会议授予他全部政权，处理军政事务。玻利瓦尔和圣马丁的旧部汇合，组成了“解放联军”，一起进攻在内地山区的殖民军残部，殖民总督被迫签署投降协议。1825年2月底，秘鲁游击队也先后收复了复拉巴斯、圣克鲁斯、科恰班巴等重要城市。4月份，秘鲁全部解放。

1825年8月，秘鲁宣告独立，成立共和国并改名称为“玻利瓦尔共和国”，随后又改名为玻利维亚共和国。

波利瓦尔一生参加了无数次战斗，立下了不朽的功勋，在拉丁美洲争取独立的事业中作出了不可磨灭的贡献。但由于本身阶级的局限，玻利瓦尔掌握政权之后，农民没有分到土地，剥削反而加重了，从而失去了人民群众的支持。1830年5月，波利瓦尔辞去了大共和国总统的职务，同年12月病逝。

巴布教徒起义

19世纪40年代末，帝国列强侵入带来的沉重灾难，伊朗人民起义不断发生。

“巴布”的意思是门，表示即将降临人世的救世主的意志通过北门传达于人民，这是巴布教的创始人赛义德·阿里·穆罕默德提出的神秘学说。他号召人们相信救世主——马赫迪的力量，能够拯救处于水深火热的人们。后来，他干脆自称为马赫迪，并著一部《默示录》论述自己的学说。

伊朗在19世纪中叶处于卡扎尔王朝统治之下，内部统治极其混乱，人民生活困苦不堪。俄、英、法、美等国列强先后强迫伊朗签订了不平等条约，瓜分了它的领土并侵占了它的主权。其中仅俄国就占领了格鲁吉亚、北阿塞拜疆等大片领土。伊朗赔款两千万卢布，俄国还取得了一系列特权，如领事裁判权、自由贸易权、减免税等特权。随后，英国也强迫伊朗签订此类条约。从此伊朗变成了半殖民地半封建国家。

内部受封建主的横征暴敛，外部受列强的烧杀抢掠，各个国家不断向伊朗输出商品，使伊朗的手工业和农业遭到严重破坏，农民和手工业者陷入贫困；封建统治者内部出卖官爵，贵族和官吏把土地出卖给商人高利贷者，土地私有化进一步盛行；封建主为了维护自身的利益，加强对人民的剥削，促使农民阶级和地主矛盾不断激化；一些商人和小手工业者由于社会地位低下，不断受到排挤，生活条件不断恶化等等，导致了伊朗各地不断爆发起义，其中规模最大的就是巴布教徒起义。

巴布教徒分为两大派：以巴布为首的代表城市和新地主阶级的一派。他们幻想建立一个没有封建暴政和外来侵略的国家，梦想着人人平等的和平王国。巴布要求财产要人人平等，平分封建统治者和外国资本家的财产。废除一切刑法和苛捐杂税，保护私有财产不受侵犯，保障人身自由，严守商业通信秘密等一系列的政策。巴布教徒反对暴力，主张用和平的方式，说服封建统治者进行改革。1847 年封建统治者逮捕了巴布；另一派是人民派。这一派主张用暴力武装推翻封建统治，建立一个人人平等，没有剥削，没有压迫的国家。这一派的领导人是穆罕默德·阿里·巴尔福鲁升。

1848 年 9 月，穆罕默德·阿里·巴尔福鲁升领导巴布教徒在伊朗北部的马赞德兰省发动起义。两万多起义军英勇抗战，打败了王军的进攻。后来王军用欺骗手段使起义者放下了武器，起义者遭到大肆屠杀，大批巴布教徒死于王军的屠刀之下。但巴布教徒继续坚持斗争，队伍又不断壮大起来，到 1849 年，全国的巴布教徒已经达到 10 多万人。第二年 5 月，巴布教徒在赞兼再次发动起义，建筑堡垒和防御工事，灭敌人 8000 多人。

1850 年 6 月，尼里兹也曾爆发巴布教徒起义。为了打击巴布教徒起义，国王下令处死了巴布。巴布教徒也遭到了血腥镇压，他们只好采取隐蔽的恐怖活动。

巴布教徒起义虽然失败了，但给封建王朝以沉重的打击，它在客观上也是一次反封建、反殖民主义的农民起义。巴布教徒起义最终的失败也有其主、客观原因：起义的队伍中，主要是手工业者、城市贫民和一部分郊区农民，没有带动起广大的人民群众；起义不是在全国范围内开展起来的；起义时各个组织联系不够紧密，并且在战略上主张消极防守，没有采取进攻和灵活的游击战；封建统治者身后有外国殖民国家的支持，使起义者寡不敌众；巴布教徒相信封建统治者的伪善诺言，自动放下武器。巴布教徒起义告诉人们，不要轻信封建统治者的诺言，人民只有彻底推翻封建主义的统治，才能获得真正的自由和独立。

非洲人民的反帝运动

从 1415 年葡萄牙在非洲建立第一个殖民据点起，西方殖民者开始侵入非洲大陆。17 世纪起，荷、英、法开始在西非、南非进行角逐。

最先完成工业革命、并有“日不落帝国”之称的英国，开始由掠卖黑奴转向掠夺原材料，其后各国也相继开始对非洲的经济掠夺。在拿破仑战争中，英国占领了荷兰在南非的开普殖民地。战后，又通过一系列条约将其攫为已有，进一步向南非地区扩张。

南非居住着许多民族，其中包括桑人、科伊人。班图部落中还有祖鲁人、科萨人、赫雷罗人、贝专纳人、巴苏陀人、马达尔列人和马绍纳人。西方殖民者称这些人为“卡弗尔人”，意思是“异教徒”或“不信教者”。他们对待黑人极其暴虐，因此激起了南非各族黑人的坚决反抗。

南非人民是向往和平和自由的民族。为了反抗白人殖民者的统治，祖鲁人进行了顽强的斗争。18 世纪末，祖鲁各部落逐渐联合成一个强大的部落联盟，在首领恰卡和丁干的领导下，祖鲁部落联盟曾拥有一支 10 万余人的部队。军队训练有素，组织严密，有很强的战斗力。

恰卡出生于南非纳塔尔地区姆利彻河畔的一个小村寨，他的部落本是一个小部落。父亲康纳是个有两千人的氏族小酋长。童年时期的恰卡寄居在母亲的氏族，牧童的生活和坎坷的境遇使他炼就了坚强勇猛的性格。1803 年，他离开本部落，投奔一个由丁吉斯瓦纳领导的部落，丁吉斯瓦纳是纳塔尔地区最杰出的酋长，他联合了附近各部落，组成一个部落联盟。

1809 年，恰卡应召入伍，他勇敢善战，不久便担任了指挥官。1816 年，恰卡的父亲死亡，他率领一支部队杀回本部落，夺回了祖鲁氏族酋长的宝座，然后以本氏族青年为主，建立一支很有威慑力的部队。丁吉斯瓦纳在一次征战时被俘处死。恰卡重建了姆塞思瓦联盟集团，自己充当联盟首领，成为附近地区最大的盟主。

他经过一系列的改革措施来发展本部落的经济，并促进各部落之间贸易往来，稳定了各部落的联系，为南非祖鲁人民反抗殖民侵略奠定了坚实的基础。

1838 年 12 月，布尔殖民者用猛烈的炮火击败了祖鲁人的英勇抵抗，屠杀了大量祖鲁人。祖鲁人经过这次打击，以及内部混乱，力量日益削弱，不得不退守纳塔尔最北部地区。

1870 年，祖鲁人在开支瓦约的带领下，再次进行武装起义，重建了一支 4 万人的精锐军队，并且加强了武器装备。英国殖民者要求祖鲁人解散军队并接受英国总督的管理，但祖鲁各部的酋长坚决反对，主张积极抵抗英军的入侵。

1879 年，英军大举进攻祖鲁军，企图彻底消灭祖鲁军队。但祖鲁军有着强烈的爱国精神，战士士气高昂，同敌人的部队展开肉搏战，祖鲁军击毙敌军 1300 余人，大获全胜。可是祖鲁人幻想英帝国主义者会回心转意，所以没有追杀英军，反而不断向英军求和。英军趁机增援部队，再次进攻祖鲁。

祖鲁军英勇奋战，屡屡挫败英军，但终因寡不敌众，最后失败。

英军在祖鲁部落地区进行更加残酷的统治，各部落酋长被剥夺了权利。因此，各部落准备联合起来，最后发动起义，消灭英军，恢复他们的统治权力。1906 年 3 月起，他们在格雷敦、英姆峡谷等地同英军进行了激烈的战斗，几千名祖鲁士兵死于英军的屠刀下。从此，祖鲁部落一蹶不振，南非黑人部落起义也暂告结束。

马赫迪大起义

非洲抗英殖民统治斗争中，马赫迪起义是最著名的一次大起义。

马赫迪起义领导人是穆罕默德·艾哈迈德。他从小居无定所，过着流浪的造船工人生活。

19 世纪 20 年代，埃及统治了苏丹。70 年代，英国控制了埃及，打着埃及的旗号对苏丹进行扩张。苏丹实际上沦为英国的殖民地。从此，英国侵略者、埃及封建王朝和苏丹的统治者不断对苏丹人民进行残酷的政治压迫和经济剥削。英国殖民者垄断了苏丹的象牙、驼鸟毛和阿拉伯胶等商品的贸易，并进行惨无人道的奴隶贸易，残酷地压榨苏丹人民。

艾哈迈德为了拯救苏丹人民，号召人民进行“圣战”。他从1871年开始在民间宣传他的政治宗教思想。1881年，他自称为马赫迪，号召人民停止纳税，打击外来侵略者，推翻苏丹封建统治，消灭不平等和“邪恶势力”，建立一个“普遍平等、处处公正的美好社会”。马赫迪提出“宁拼千条命，不缴一文税”的战斗口号，深得苏丹人民的热烈拥护。

马赫迪领导起义军英勇抵抗英埃联军，并取得了巨大胜利，在科尔多凡省境内的卡迪尔山区建立了根据地。这时人们纷纷加入到起义队伍中来。

1881年12月，起义军再次击败了敌军，并缴获大量武器弹药。1882年6月，英埃军队再次受挫，起义军不断得以壮大。

1883年1月，起义军攻下苏丹第二大城市乌拜伊德。这时，英国派出万人大军征伐起义军，企图彻底消灭马赫迪的部队。但由于起义军队伍十分壮大，英军几乎全部被消灭。乌拜伊德战役的胜利，使起义军名声大振。1884年，起义军占领了整个南部地区，同时又解放了红海地区。

1883年3月，马赫迪派兵围攻英国驻苏丹总督所在地喀土穆。马赫迪采取围而不攻的方式，切断了英军的后备支援，许多英国士兵忍不住饥饿，不断逃跑或投降起义军。1885年1月26日，起义军向喀土穆发动了进攻，经过短暂的战斗，起义军就攻下了整个城市，英国殖民头子戈登被起义战士用长矛刺死。同年9月，除了沿海的萨瓦金港外，苏丹已全部解放。

马赫迪起义军在反抗殖民统治的斗争中作出了巨大贡献。但由于马赫迪死后，国家变成了一个统一的封建神权国家，起义军的力量被大大削弱。由此，1898年起义军在柏柏尔地区的阿特巴拉河畔被英军打败，起义战士遭到了英军的大肆屠杀。到1900年1月，马赫迪起义以失败告终。

埃塞俄比亚争取独立的斗争

在帝国主义侵略埃塞俄比亚之前，埃塞俄比亚实际上是处于分裂割据的局面，各大公国割据一方，不断进行征战和对外掠夺，国力衰落，人民困苦不堪。分裂割据的形势和帝国主义列强的入侵，使狄奥多尔二世不得不开始进行改革，消除封建割据、建立统一的中央集权国家、建立军队、改革税制、由中央统一管理全国财政收入、禁止奴隶贸易，大力发展经济。但狄奥多尔二世不得不进行的改革，触怒了封建割据势力的统治者，他们强烈反对改革。英国侵略者也不断地进行破坏活动，1867 年乘机派兵侵略埃塞俄比亚。大封建地主纷纷反叛，致使狄奥多尔寡不敌众，在抗英斗争中兵败自杀，从而使埃塞俄比亚陷入混乱状态。

这时，苏伊士运河开通，红海地区的商业地位和战略地位使其成为列强角逐的焦点。英国、法国、意大利和俄国纷纷进行瓜分埃塞俄比亚的活动。英国支持傀儡皇帝约翰攻打麦纳利克，意大利支持麦纳利克反对约翰。英国从约翰手中得到许多经济特权，并且通过约翰和王公麦纳利克的斗争来削弱埃塞俄比亚的国力。英国还唆使埃及两次入侵埃塞俄比亚，后来又让约翰去攻打苏丹马赫迪国，导演出非洲人打非洲人的一幕，而列强却站在一边看热闹。

1882 年，意大利占领厄立特里亚的阿萨布后，也企图吞并埃塞俄比亚。列强在埃塞俄比亚的争夺尤其激烈。英国为了防止法国的进一步入侵，控制非洲东北部，反过来去支持意大利吞并埃塞俄比亚。在英国的唆使下，意大利迅速占领了马萨瓦和厄立特里亚全境，并逐渐向埃塞俄比亚内陆入侵。

1887 年，入侵提格雷省的意军被埃及军队击溃，不得不后退到马萨瓦，开始同王公麦纳利克结盟，支持麦纳利克夺取皇位，从而统治埃塞俄比亚。由于约翰四世在进攻苏丹马赫迪起义军时不幸被击毙，麦纳利克二世继承王位，意大利实现了利用麦纳利克统治埃塞俄比亚的梦想。意大利支持麦纳利克扩充军队，镇压各地割据势力的反叛，统一整个埃塞俄比亚，建立中央集权。

麦纳利克打算借助意大利的帮助先加强埃塞俄比亚的势力，然后再打击意大利，而意大利则想利用麦纳利克统治埃塞俄比亚。双方的矛盾在签订《乌西阿利条约》时激化。意大利想通过这个条约使埃塞俄比亚成为它的保护国，而麦纳利克却坚决反对，并宣称废除《乌西阿利条约》。

麦纳利克为了同意大利的斗争，加强了中央集权和全国团结，建立了一支 11 万人组成的正规军，并征收特别税以购置武器，不断促进商品经济的发展。欧洲列强根据各自利益支持战争的双方。英国与法国是宿敌，并一直支持意大利来控制法国的扩张。法国和俄国又对抗英国，支持麦纳利克的斗争。1895年，意大利向埃塞俄比亚发出最后通牒，并扬言要迅速占领埃塞俄比亚。麦纳利克号召全国人民起来抗击意大利侵略军，全国人民志气高昂，纷纷进行抵抗侵略者的斗争。

1895年12月，埃塞俄比亚的军队击退了两股意大利军，夺回了马卡累要塞。后来，在阿杜瓦战役中，埃塞俄比亚军队又依靠优势兵力，正确的战略方法和人民的支持，一举歼灭敌人1.7万多人，沉重地打击了意大利军。意大利无力再进行反攻，战斗结束。

1896年10月，埃意两国在亚的斯亚贝巴签订和约。意大利承认埃塞俄比亚完全独立，并废除了《乌西阿利条约》，自动放弃侵占的土地，保证不将厄立特里亚转让他国，并赔款1000万里拉。

埃塞俄比亚依靠强大的军队和正确的领导，以及人民群众的拥护和支持赢得了这场战争。这是帝国主义瓜分非洲时期非洲人民取得的唯一一次民族卫国战争的胜利。埃塞俄比亚从此保持独立，成为非洲仅存的两个独立的国家之一。

埃塞俄比亚抗意斗争的胜利让世界人民认识到，只有坚持斗争才能取得独立。

帝国的生命线——苏伊士运河

埃及是一个文明古国，地处要道，东临亚非交界的红海，北濒地中海，隔海相望的是小亚细亚半岛，在红海北端陆地处与西亚相通，地中海又是欧洲和东方通商必经的水路。所以，埃及实为亚、非、欧三大洲的交通枢纽。远在古埃及时的中王国时期，人们就开凿了沟通尼罗河和红海的运河，从而沟通了红海和地中海，这是苏伊士运河最古老的前驱。其后，苏伊士运河几经修浚和废弃。

公元7世纪上半期，阿拉伯人侵占埃及，为了便于运输，曾修筑过这条运河。但公元8世纪时，哈里发阿里·曼苏尔出于军事的需要，把运河再次堵塞。1798—1801年法国殖民者占领埃及时，曾经计划开通地中海和红海的这条运河，但由于某种原因，还未开始就被迫离开了埃及。19世纪穆罕默德·阿里统治时期，许多欧洲人曾经劝说阿里开通运河，但由于他害怕埃及成为列强争夺的焦点而没有同意。

后来，阿里在国内进行了改革，国力大增，并且派兵攻占了苏丹、叙利亚、黎巴嫩等地。埃及的日渐兴旺，使各列强国家纷纷想据为己有。英国指使奥斯曼帝国攻打埃及，埃及最终失败，同英国签订条约。法国乘机攫取了苏伊士运河的开采权。

1854年11月，法国取得了开凿运河的租让权，双方签订了《关于修建和使用苏伊士运河的租让合同》。决定成立“国际苏伊士运河公司”，资本约2亿法郎。合同中规定：1. 租让期为99年，期满后，运河全部归埃及政府所有；2. 埃及政府必须无偿出让公司开凿运河所需的土地，并提供必要的劳动力；3. 公司有权输入运河开凿工程所需要的机器；4. 埃及获得纯利的百分之十五。这个合同明显是对埃及的剥削，租期太长，获利少，并且免税进口，影响埃及的财政收入。

1859年4月，苏伊士运河正式破土动工。在当时的条件下，要开凿这样长的运河绝非易事。埃及人民冒着酷暑，忍饥挨饿，从事繁重的劳动。

苏伊士运河的开凿，是成千上万埃及人民的血汗筑成的。苏伊士运河全长共190.25公里，比巴拿马运河长两倍。到1869年末实际耗资4亿多法郎，花了整整10年时间才修建成功。

1869年11月，苏伊士运河正式通航。从此苏伊士运河成为沟通亚非欧三大洲的交通枢纽，从欧洲到印度的航程大约缩短了一半，伦敦到孟买的航程缩短了4840公里，马赛到孟买的航程缩短了5940公里。

运河开通以后，通过运河的各国船只不断增加。1870年480艘，1880年有2026艘，1890年增加到3370艘，公司的利润不断增加，法国获利很大。

法国控制运河的同时，英国极力要将其据为已有，因为苏伊士运河对其向外扩张的大英殖民地具有十分重要的地位。这时，埃及政府财政发生危机，1847年11月不得不决定出卖它所掌握的苏伊士运河公司44%的股票。英国闻讯后，阻止埃及把股票卖给法国，连压带敲，把埃及的股票弄到了自己的手中。

英国只以1亿法郎就购得原价4亿法郎的股票，议会对首相狄斯累嘉奖备至。此后，英国又零星买下了苏伊士运河的一些股票。英国侵占苏伊士运河之后，下一个目标就是吞并整个埃及，从而牢牢抓住苏伊士运河，控制亚欧非三大洲的交通要道。

1882 年，英国侵占埃及，控制整个苏伊士运河的梦想终于实现了。

由于苏伊士运河的重要地理位置，各国政府都十分关注运河的控制权。

1888 年 10 月，英、德、奥匈帝国、西班牙、法国、意大利、荷兰、俄国和土耳其等国的代表在君士坦丁堡召开会议，签订了《君士坦丁堡公约》。公约中规定：苏伊士运河在战时和平时一样，对任何国家的商船和军舰开放，不许封锁，禁止任何国家在运河水域打仗。英国出于自身利益的需要，没有完全同意《君士坦丁堡公约》的规定，直到 1904 年签订《英法协定》后才宣布完全同意上述公约。事实上，各国并没有遵照公约去做。1898 年美西战争时，英国为了美国，曾禁止西班牙舰队通过苏伊士运河。1905 年日俄战争时，英国准许俄舰队通过苏伊士运河。1911 ~ 1912 年意土战争时，英国也允许意大利军舰通过。苏伊士运河至今仍起着重要的作用，是连接欧亚非的交通大动脉。

埃及的阿拉比起义

阿拉比起义是 19 世纪埃及半殖民地化日益加深的必然产物。

1879 年 2 月，埃及 2500 名被裁汰军官在总督府阿比西门前示威游行。示威人痛打了首相努巴尔和英国财务大臣，国王伊斯梅尔常受英法限制，并看到众怒难犯，乘机将努巴尔首相免职。英国人迫使奥斯曼帝国废黜了伊斯梅尔，而由其长子继位。其子恢复了原来的统治，又回到英法“双重监督”的统治下。由此爆发了阿拉比起义。

1879 年 11 月，以爱国军官和知识分子为骨干的祖国党正式成立。祖国党代表埃及地主资产阶级的利益，它提出了“埃及是埃及人的埃及”的口号，主张建立独立国家，维护民族主权和独立，实行宪政，排除外国势力的干涉，扩充军队。阿拉比被推选为祖国党的领袖。

杜菲克国王见阿拉比英勇善战，害怕其对自己不利，便决定将包括阿拉比在内的三名上校逮捕入狱。由于阿拉比受众人爱戴，广大官兵听说阿拉比等三个上校被捕，纷纷冲入陆军大楼。杜菲克害怕官兵，不得不将陆军大臣里夫斯免职，改为巴鲁迪，同时放出阿拉比等三个上校。但半年后，杜菲克再次免去巴鲁迪的职位，把阿拉比等三个上校调离到外地。

阿拉比注意到，要实现独立不但要靠军队，同时还要实施宪政，建立议会。所以阿拉比带领军队4000多人来到阿拉丁宫前示威，对杜菲克进行兵谏，杜菲克不得已再次命谢里夫组阁。然而谢里夫是祖国党温和派的首领，素来不喜欢阿拉比等激进派，只在原有制度上稍加了改良。1879年再次组阁时，他没有按事先议定的议会审议权举行，而是按旧时之制选举议会，致使激进派大部分人未能进入议会。阿拉比和议会中大部分议员都强烈反对。

英、法见祖国党内发生内讧，便趁机出面干涉，阿拉比领导军官包围了王宫，逼迫杜菲克解散反动内阁。开罗人民举行声势浩大的示威游行来声援阿拉比。英、法的逼迫，使祖国党内举棋不定的人都倒向了激进派，谢里夫只得辞职，由巴鲁迪重新组阁。1882年，巴鲁迪重新组阁。命阿拉比为陆军部长，重新通过了1879年宪法，废除“双重监督”制度，同时宪法中还规定内阁只对议会负责，而不对国君负责，从而取消了专制制度，并从司法、商业和教育诸方面施行改革，兴修水利。

国君杜菲克没有了实权，常常违背宪法对改革进行阻挠。英、法也不想让埃及强大起来，所以英国照会埃及，逼迫埃及解除巴鲁迪内阁，并将阿拉比驱逐出境。为此，英、法舰队开进埃及的亚历山大港进行武力威胁，并在君士坦丁召开会议，商讨武力干涉埃及之事。接着，英军派25000人强行登陆，洗劫亚历山大。国王杜菲克见局势已乱，连忙来到亚历山大寻求英法舰队保护，并要求阿拉比停止抗战。但阿拉比坚决反抗，并派兵至亚历山大，修筑防御工事。

英法由于多年矛盾，并为争夺埃及之事不合，法国舰队撤离了亚历山大。英国认为这样就可独吞埃及了，于是用大炮轰炸亚历山大，将亚历山大轰炸成了一片废墟。阿拉比带领军民约15万人到城东南的一个村子布防，并号召举国上下同英国侵略者决一死战。埃及人民纷纷响应阿拉比的号召，支持民族政府，踊跃参军，奋勇抗敌，英军一连20余日，终不能攻破阿拉比部队。

英国急忙下令把驻印度的兵力调到开罗来增援。阿拉比撤出亚历山大港之后，率埃及军队坚守开罗北部防线，多次击退英军的进攻，使英军无法深入到内地，但阿拉比犯了严重的战略错误。他认为英国人根本不会在苏伊士运河方面用兵，所以只派五分之一的新兵进行防守，放松了对东线的防守。而英军佯装进攻西线，却集中兵力去攻打东线，阿拉比立刻率军前往抵御敌人的进攻，并派巴鲁连率兵支援，但英国人买通了当地酋长，援军受阻，致使阿拉比孤立无援。

1882年9月13日，英军在泰尔——厄尔——卡比尔战役击溃了贝督因部落的防线，并于9月15日攻陷了开罗，阿拉比及其战友被俘。

阿拉比起义最终失败了。除了阿拉比战略上的错误外，其重要的原因是：贝督因部落酋长和开罗封建集团动摇叛变；地主阶级害怕抗英战争发展成为全民抗战，只希望正规军作战，没有发动群众参加战斗；此外，埃及政府没有把派去攻打苏丹马赫迪起义的埃军调回来，使抗英力量大为削弱。

阿拉比抗英失败后，英国直接对埃及进行统治，埃及名义上还属土耳其帝国，保留自己的王朝，但实际上却沦为英国的殖民地，直到1914年才宣布埃及为保护国。

印度百年屈辱史

16世纪以前的印度本是一个封建国家，随着地理大发现，西方殖民者的魔爪首先伸向印度。

印度当时正处于莫卧儿王朝的统治之下，阿克巴大帝在北印度建立了稳固的统治中心，并且逐步向南扩展。他采取了鼓励发展农业和手工业的政策，使印度的封建经济在一定程度上得到了迅猛的发展。然而，欧洲国家远远超过印度的发展水平，因此，印度成为了他们侵略的对象。

西班牙和葡萄牙为了资本原始积累的需要，掠夺东方国家的财富来促进本国资本主义的发展，满足封建地主阶级的需要。他们首先瞄准了印度。当时西班牙和葡萄牙势力较强，西班牙素有“无敌舰队”之称，他们凭借着强大的海上优势，切断了印度和波斯湾传统的海上贸易，并不时在印度周边沿海地区进行掠夺，使莫卧儿王朝感到不安，印度人民生活不能安定。

法国人也很快侵入了印度。他们在沿海城市建立商馆，收买棉纺织品、香料、蓝靛、硝石等。

当时，英国的工场手工业、商业和航运业也已达到相当高的水平。随着本国资本主义的发展，于1600年，在印度建立了东印度公司，并得到了对印度洋贸易的垄断权。1702 年，东印度公司和另一个获得印度洋特许权的公司合并为联合东印度公司。这个公司不仅有贸易等商业特权，同时还在国王那里得到建立军队，宣战媾和，占领土地和对所属地居民进行审判等特权。

英国商人来到印度，本来是想做印度棉织品和香料的贸易。但莫卧儿皇帝当时没有把英国人放在眼里，所以没有批准与其通商，直到 1613 年，才允许在苏拉特改立商馆。1615 年，英王又派使臣托马斯·罗来印，要求在整个莫卧儿帝国进行通商。由于莫卧儿皇帝想利用英国来抑制葡萄牙的势力，所以就答应了。

17 世纪中期，英法在世界范围内的商战开始进行。经过三次卡纳蒂克战争，英国人成了印度的主要外国势力。东印度公司在印度已经占有了绝对优势地位。

当时，印度内部四分五裂，封建统治阶级争夺皇位、互相倾轧，内战不断。人民不能忍受贫困和压迫，不断进行农民起义。错综复杂的阶级、民族、宗教和种姓矛盾，促使了莫卧儿帝国的衰落。这正好为英国的入侵提供了便利条件。因为没有一个统一的国家，就不能进行全国范围内的抵抗，所以英国人没有后顾之忧。而各割据诸侯为保存自己的实力，反而纷纷求助英侵略者的庇护。更为可笑的是，英国入侵之地反而被看作是对另一个诸侯的削弱，因而对英国的入侵漠不关心。

英国就是利用这一有利时机开始侵占印度的。东印度公司征服印度是从孟加拉开始的。孟加拉是印度富庶的省份，当时的统治者为争夺王位而互相争斗，英国人从中挑拨，并寻找借口侵占了孟加拉。

英国人在孟加拉还保留了纳瓦布（王位）的傀儡统治，这有利于其掩饰侵略目的，便于统治。英国掌权后，把孟加拉的国库洗劫一空，并用强硬手段榨取田赋。另外，英国还从莫卧儿皇帝那里得到了收税权，纳瓦布的税收机构开始由英国人掌管，这使英国人的收入从开始的 817. 55 万卢比提到 1470. 49 万卢比，增加了 80% 。田赋成为公司掠夺的首要财源。东印度公司还颁布法令强迫手工业者为公司生产，对产品只付半价，或干脆不给任何钱，强行买卖，把贸易变成了掠夺。印度商人遭到排挤，纷纷破产，最为残忍的是，英国诱使农民种植鸦片，然后走私运进中国，毒害中国人民，公司从中获取暴利。英国在印度的掠夺，在 1757 —1815 年期间共 10 亿英镑，致使孟加拉国人民不聊生，生活贫困，大量居民被饿死，许多地方变成荒野，无人居住。

英国在印度的统治，激起了人民的强烈反抗，各地不断爆发起义，其中包括米尔·卡西姆领导的反英起义。1763 年，针对公司职员滥用免税权逃避税收，于是，米尔下令豁免一切商人的内地贸易税，东印度公司强烈反对，企图以武力压制。于是，米尔领导人民进行反英起义，广大农民、手工业者和部分商人积极支持。但由于起义队伍成份复杂，缺乏军事训练，最后遭到失败。米尔逃到奥德，得到莫卧儿皇帝的支持。1764 年，他组织联军发动对英进攻，但又惨遭失败。东印度公司于是又借机侵占了欠拿勒斯地区，从而控制了整个恒河下游地区。

英国的入侵，致使纳瓦布丧失了政权。1750 年4 月，年轻的西拉杰继承了外祖父的职位。纳瓦布曾写信给英国:“我以万能的上帝和先哲的名义发誓，除非英国人同意填平堑壕，夷平防御工事，并根据与扎法尔汗纳瓦布时代相同的条件进行贸易，否则，我将拒绝考虑英国人的利益，还要把他们完全驱逐出我的国家。”

1756 年6 月初，西拉杰攻占了英国在卡西姆区的商馆。6 月 16 日，又统率5 万大军包围了加尔各答。4 天后，东印度公司的加尔各答参事携儿带女逃离法尔塔，留守的霍尔威尔只抵抗一天就投降了。

英国当局派遣海军上将沃森和尉官罗伯特·克莱武率军远征，再次入侵加尔各答。远征军队伍由 900 名欧籍士兵和 1500 名土著雇佣军组成。克莱武收卖了守将，攻下加尔各答，并劫掠了胡格里城及周围地区。西拉杰率军英勇抵抗，但最终考虑到各方面的原因，于2 月9 日和英国签订了和约，和约恢复了英国以前的一切特权，并进而拥有了在加尔各答建立防御工事和铸币的权力。

英国人时刻都梦想着占领孟加拉，推翻西拉杰。西拉杰是阿里瓦迪汗三女的后代，在继位后不久，姨母伽西蒂公主和表弟肖卡特·詹就分别向他的王位进行挑战，举行了叛乱，并得到英国人的支持。西拉杰控制了伽西蒂，镇压了肖卡特·詹。几个大地主也反对西拉杰的反印度教政策，曾密谋取代西拉杰，都没有成功。另外，纳瓦布的军队多数是波斯和阿富汗的亡命徒，很容易被金钱所利用。克莱武利用这种形势，同意和密谋者一起推翻西拉杰的统治。

克莱武和密谋者奥米昌德签订了密约，但秘密被泄漏了。西拉杰召集军官准备抵抗。克莱武于6 月 23 日把军队开到普拉西，军队包括 613 名欧洲步兵、100 名左右欧亚混栖士兵、171 名炮兵和 2100 名土著雇佣兵，总兵力达 3000 人，武器装备有 10 门野战炮和两门榴弹炮。英军迅速占领了位于河堤的纳瓦布的猪舍和附近的花果园。猪舍面积较大、用砖砌成、比较坚固，克莱武利用地势在这里设立司令部。

西拉杰在离猪舍北方约一公里的地方设置了军事大营，他有步兵约3.5万名，大部分没有经过训练，武器粗劣，纪律松弛；骑兵约1.5万人，绝大部分是西北的阿富汗的优秀骑手；炮兵装备有53门野战炮，大部分是大口径的。

纳瓦布的军队开始包围英军，克莱武采取有力的反击。双方激战了约半小时，由于纳瓦布手下的三个叛将按兵不动，没有攻下英军的军营。

由于天降大雨，纳瓦布的忠实战将米尔·马丹以为英军弹药被淋湿，想乘夜偷袭英军，结果被英军大炮打死。纳瓦布失去了唯一忠实的战将，走投无路，不得不求助于米尔·贾法尔，但米尔·贾法尔把一切情况都通知了克莱武，并要求克莱武发起进攻。

西拉杰的部将建议其撤军，西拉杰只好撤回军队并带领自己的2000名士兵向木升达巴德方向逃去。途中受到英军的猛烈炮轰，伤亡惨重。最后，普拉西战役以印军失败而告终。

普拉西战争结束了，印度人民陷入了更贫苦的境地。

在印度历史上，1857—1859年印度反英民族大起义是重大的历史事件，是英国在印度推行的殖民政策的必然产物，是英国殖民者同印度人民之间矛盾尖锐化的结果。

19世纪初的英国资产阶级不断取得优势，对殖民地取得支配权，以自由贸易代替了东印度公司的垄断贸易政策。英国殖民政策的改变，对印度产生了极其深远的影响。印度从此变为英国的商品销售市场和原料产地，受英国的奴役和掠夺进一步加剧。

英国殖民者直接剥削印度佃农。佃农几乎把收成的三分之一到二分之一作为土地税上交殖民政府，同时农民还要受印度封建地主的剥削。英国手工业品等商品却不断涌入印度，但却严禁印度纺织品输入英国。致使印度的手工业彻底被摧毁，成千上万的手工业者失去了饭碗。印度雇佣军本是英国殖民者的侵略工具，但1849年英国统治印度后却改变了对印度雇佣兵的政策，遣散了大批印度士兵，减少薪饷，取消免税权，命令印度士兵绝对服从英国军官，强迫印度士兵渡海或到伊斯兰教国家作战，还让印度士兵把猪油抹在子弹上，这大大激怒了印度士兵。英国殖民者原来把印度各封建王公当作殖民统治的重要支柱，但到19世纪上半期，随着工业资本主义的发展，英国迫切想消灭印度的封建割据状态，直接统治印度，用以开辟广阔的原料产地和产品销售市场。于是采取兼并王公领地的政策，规定没有直系后裔的封建王公，死后其领地即“丧失”，归东印度公司所有。各邦王公对此普遍不满，他们本来不愿反抗英国，但人民大起义后，大势所趋，他们中的许多人也就卷进了起义的洪流之中。

1856 年，印度农村中开始传递烤薄饼，据说是反英起义的信号。婆罗门、伊斯兰传教士、民间艺人等走遍全国各地，到处宣传反英的口号，不断鼓舞农民起来反抗英殖民统治。印度士兵也组织地下军人委员会，传递荷兰花，密谋起义。一些封建王公也暗中商讨反英对策。

1857 年 3 月，印度士兵曼加尔·迪开枪打死了三个英国军官，次日被英军处死，这些事件便成了印度民族大起义的导火线。

1857 年 5 月 10 日，米鲁特士兵起义，杀死了英国殖民者，烧毁了兵营和殖民官府。第二天，起义者攻陷了德里，拥立德里皇帝巴哈杜尔沙为印度皇帝，但却没有实权，实权由行政议会掌管。行政议会的成员大部分是下级军官和士兵，他们号召人民消灭英国殖民者，宣布废除柴朋达尔制度，豁免贫民捐税，逮捕通敌的富商高利贷者，并没收他们的财富和存粮，对地主、富商和高利贷者征收特别税。

起义火焰迅速蔓延到奥德、康普尔、詹西等印度北部和中部大部分地区。英国殖民者赶紧派兵支援，企图消灭起义军，占领德里。据守德里的几万起义军英勇抵抗，几次打败英军的进攻，但到 9 月，起义军抵抗不了英军的不断进攻，最终被攻破。英军进入德里之后进行烧杀抢掠，无恶不做。

德里失陷之后，起义中心转移到勒克瑙和詹西，英军迅速集中优势兵力围攻勒克瑙。在坦堤亚·托比的领导下，起义军民浴血奋战，多次击退英军进攻。但由于敌我力量相差悬殊，1858 年 3 月下旬起义军被迫撤出勒克瑙。英国又开始进攻詹西，詹西女王拉克开米巴伊亲自率军保卫詹西，同英军激战了 8 天，重创英军。由于英军力量强大和各封建王公的投降，詹西最后被攻陷。詹西女王和坦提亚·托比退往瓜辽尔，6 月中旬在瓜辽尔城郊外战争中，詹西女王不幸阵亡。

由于两次起义都被镇压，起义军实力受到削弱，特别是詹西和瓜辽尔失守之后，起义军不得不放弃阵地战，采取游击战术来打击敌人。但是，英国殖民者利用起义军的内部矛盾，采取分压的政策，致使印度民族大起义最终失败。印度民族起义虽然失败了，但是，它是印度民族解放历史上最光辉的一页。

东方“诗哲”——泰戈尔

1861 年 5 月 7 日，在印度半岛上那片温暖湿润，绿树成荫的孟加拉地区，诞生了一名男婴，他成为这个家庭中的第 14 个孩子，并且在日后成为他们当中最杰出的一位。他就是享誉世界的东方“诗哲”——罗宾德拉纳特·泰戈尔。

在 19 世纪印度孟加拉文化复兴过程中，泰戈尔家族的名字占据着显赫地位。这一家族自 18 世纪下半期以来，至今两个多世纪里，涌现了无数文化人，可谓群英荟萃，人才辈出。他们中有宗教改革家、社会活动家、哲学家、文学家、艺术家、诗人、画家和音乐家等等。泰戈尔家族本身属印度人种最高级的婆罗门种族，再加之以丰厚的文化教养，家族成员中人才济济，而罗·泰戈尔——这位印度文坛巨擘、诗圣、诺贝尔文学奖获得者，无疑更使这一家族名垂青史。

天资聪颖的泰戈尔，自幼便生活在浓郁的文化氛围中，家族中良好的教育条件和开明的思想使泰戈尔的天才得以自由地发展并较早显露出来。他从童年时代就开始写诗、写剧本，十四五岁就开始发表诗歌、小说作品。尽管泰戈尔后来曾留学西欧，但他的思想深深植根于印度传统文化的土壤之中，他从欧洲进步文化中吸取的是民主思想和人道主义。这两者加以融和，使他的作品充满浓厚的爱国主义思想和民族主义情感。

泰戈尔是新孟加拉文学的奠基人和最伟大的代表。他思想开放，知识渊博，多才多艺。他的早期诗集作品《晚歌集》（1882）、《晨歌集》（1883）、《画与歌集》（1884）、《刚与柔集》（1886），充满爱国激情，表达了诗人反对封建礼教、宗教和种姓对立，反对暴君，赞颂自由和生命，赞颂大自然与爱情，具有浓郁的浪漫主义抒情色彩，又富于民族特色。这些作品激动过无数青年的心灵，被称为“精神生活的灯塔”。

泰戈尔的诗充满浪漫的风情和深邃的哲思，语言像流畅的溪水，自然、开放而又奔涌不息。在他的中期诗作中又涌现出大量优秀之作，如《缤纷集》、《江河集》、《瞬息集》、《故事诗》等等。试看《缤纷集》中的一段诗：

“就是这股生命的泉水，日夜流穿过我的血管，也流穿过世界，有节奏地跳舞。

就是这同一的生命，从大地的尘土里快乐地伸放出无数的芳香，迸发出繁花密叶的波纹。

就是这同一的生命，在潮汐里摇动着生和死的大海的摇篮。

我觉得我的四肢因受着生命世界的爱抚而光荣。我的骄傲，是因为时代的脉搏此刻在我的血液中跳动。”

诗人礼赞生命，浅吟低唱着生命之歌，表达了诗人热爱人生、热爱自然、不断追求、不断进取的人生哲学。

泰戈尔享年 80 岁，在一生长达 60 多年的文学创作中，总共留下了 50 多部诗集、多部中篇和长篇小说、100 多部短篇小说、30 多部散文作品、20 多部剧本、1500 多幅美术作品和 2000 多首歌曲。其中，《祖国致敬》的歌曲，在印度独立后，被定为国歌。此外，还有哲学、政治、历史、宗教方面的论著，以及大量书简，这一连串令人眼花缭乱的数字，是泰戈尔留给印度人民和世界文化宝库中最丰富、最珍贵的精神遗产。而其本人不仅成为印度文学史上，也可以说是世界文学史上，方面最广、产量最高的作家之一。

泰戈尔小说中的《沉船》和《戈拉》为其代表作。《沉船》描写的是刚刚大学毕业的青年知识分子罗梅西的曲折复杂的恋爱婚姻故事。情节带有传奇色彩，悬念叠生，引人入胜，然而决不是荒诞不经的，而是有它深厚的生活基础。正如作者之言：“这种极端离奇的事，只可能出现在现实生活中。”《沉船》标志着孟加拉文学中现实主义创作方法的成熟，而《戈拉》则是泰戈尔现实主义创作的最光辉成就。这是一部可以称得上是史诗式的小说，它反映社会的深度和广度，艺术上的精湛程度可以说在同类作品中是无以伦比的。它在印度文学中的地位，如同托尔斯泰的《战争与和平》在俄罗斯文学中的地位一样。

作为“诗哲”，泰戈尔最负盛名的作品还要数诗集《吉檀迦利》。1913 年，泰戈尔以这部作品荣获诺贝尔文学奖，成为第一个获得世界文学最高奖项的亚洲人。所以，泰戈尔不仅是印度，也是整个东方人的骄傲。

《吉檀迦利》在印度孟加拉语和印地语中都是“献歌”的意思，因为，这些诗歌是献给神的。但这些诗又不是一般的宗教颂神诗，而是一曲曲的“生命之歌”，作者歌唱的是生命的荣枯和现实世界的欢乐与悲哀。《吉檀迦利》实际上是一部抒情哲理诗，表达了诗人对祖国前途的关怀，对人生的思考和追求。

诗人所景仰的神并不是那些高高在上但又死气沉沉的泥胎木塑，而是无处不在、无所不是、化为万物的神。这位神从来不与钱财势力相交结，它终日游走于那最为贫贱的人群之中，它是在“锄着枯地的农夫那里，在敲石的造路工人那里，太阳下，阴雨里，它和他们同在，衣袍上蒙着尘土”。显然，这位神品质高贵，同情劳动人民，又是光明和自由的象征。

《吉檀迦利》韵律优美，语言朴实无华，具有高度的情感性，抒情味道很浓厚。随着时间的推移，这部诗集中那些金子般闪闪发光的哲理，那股奔流不息的生命力量，将历久弥新，与泰戈尔的名字一起永存。

值得一提的是，泰戈尔曾于20世纪20年代访问过中国，是由中国现代著名诗人徐志摩等接待的，在文学史上留下了一段佳话。

明治维新

1868年1月，倒幕派利用人民的力量，通过国内战争（鸟羽、伏见战役）推翻了德川幕府的统治后，成立了由明治天皇亲政的新中央政府，明治政府是地主资产阶级的联合专政。它成立后实行一系列资产阶级改革，史称“明治维新”。

1869年3月，明治政府颁布了内政、外交基本纲领——五条誓文。它规定：1. 广兴会议，决万机于公论（实际上国家事务由列侯会议讨论决策）；2. 上下一心，盛行经纶（即政府和民众共同过问国事）；3. 官武一途以至庶民，各遂其志，人心不倦（即上自宫廷贵族、封建武士，下至平民百姓，各守本分，履行职责）；4. 破旧有之陋习，基于天地立之公道（即破除封建的旧制度，实行改革，务求公道）；5. 求知识于世界，大振皇基（即向西方先进资本主义国家学习，输入近代资本主义文化知识，促进天皇统治下的日本民族国家的繁荣富强）。

为了实现上述基本纲领，明治政府实行了一系列资产阶级改革，其中比较重要的有以下几个方面：

1. 废藩置县，消除封建割据，加强以天皇为中心统一的中央集权国家。

1869年，各地藩主被迫先后奉还版籍，即把领地和户籍（人民）奉还给天皇。旧藩主成为新中央政府任命的藩知事，藩政基本方针必须服从中央。接着，1871年政府强行废藩置县。所有藩知事被解除职务，移居东京，领受俸禄。取消藩国，将全国划分为3府72县，由中央委派知事直接管辖。这个措施大大地加强了国家的统一和中央集权。

同时，新政府作为地主资产阶级的国家机器，发挥了镇压人民的作用。它宣布永远禁止农民结党聚众。当农民要求把反封建斗争进行到底，在许多地方发动起义时，新政府悍然镇压这些起义。

2. 改革封建等级制度，以适应资本主义经济的发展。

新政府在废除纯粹的封建土地所有制的基础上，改革了封建等级制度，废除武士等级的部分特权。大名公卿改称华族，一般武士改称士族，农、工、商和贱民皆称平民。1873年后，政府以公债代替各种俸禄。领受公债者达31.1万人，发放的公债达1.75万余元。华族用公债购买土地，成为地主，或投资于工商业，成为资本家。这种赎买政策实际上使封建私有财产制度变成资本主义私有财产制。

政府取消对农、工、商的限制，承认土地私有权，允许自由买卖土地和种植作物，允许一切人自由选择职业和迁居。这些措施意味着农民摆脱了对封建主的人身依附关系，为日本资本家提供大量的自由劳动力，从而为资本主义的发展提供有利的条件。

3. 地税改革，保证政府的财政收入。

土地税占新政府收入的80%。为了固定和保证这项收入，1873年政府颁布了地税改革条例。条例规定：只对土地所有者征税；地税为法定地价（按五年内平均产量折合米价，作为法定地价）的3%，不管丰欠如何，地税不变，地税一律以货币缴纳。

地税改革丝毫没有减轻农民的负担。政府始终站在地主方面，保护地主对佃农的剥削。好容易取得土地的自耕农，大部分由于交纳不起税，纷纷丧失土地，沦为佃农。地税改革是促使封建经济转化为资本主义而强制推行原始积累的重要手段。这个改革使政府的财政收入得到保证，使政府有足够的财力供养军队和补贴近代军事工业（财阀）。同时，地税改革使作为天皇政府重要社会支柱的半封建地主制迅速地确定下来。

4. 实行征兵制，建立近代常备军。

明治政府成立初期，提出了“富国强兵”的口号，努力建立一支强大的近代常备军。其目的是为了镇压士族叛乱和人民起义，也是为了对外侵略扩张。政府首先建立由亲政府的士族组成的近卫军，各县在整顿旧藩兵的基础上建立士族军队。1872年11月，开始实行征兵制，向全国人民征兵，建立近代常备军。

天皇制度从一开始就具有浓厚的军国主义色彩。日本地主资产阶级羽毛尚未丰满，就依靠这支常备军，开始对中国的台湾（1874年）和朝鲜（1875年）进行侵略。

5. 扶植资本主义工商业，积极引进外国先进技术。

为了扩大国内市场和促进资本主义的发展，新政府采取了许多经济措施，例如：废除各藩设立的关卡；统一全国币制和邮政；建立示范企业；聘请外国技师，积极引进外国先进技术等等。政府为了军事上的需要，特别重视和大力发展军事工业。政府把一些厂矿企业廉价转让给三井、三菱、安田、住友等财阀，促使日本垄断资本急剧形成。

天皇制政府、军阀和财阀紧密勾结，是明治维新后一个十分突出的现象。因此，从一开始，日本资本主义的发展就带有鲜明的军事特征和军国主义的倾向。日本资本主义迅速过渡为军事封建帝国主义。

6. 与列强交涉，收回国权。

新政府成立后，努力与列强交涉，力争修改不平等条约，收回国权。1871年政府派出以岩仓县视为团长的代表团到美欧各国，进行关于修改不平条约的谈判，但遭到欧美各国的蛮横拒绝。尽管如此，在70年代新政府先后收回了租借地及铁路修筑权、采矿权、驻军权和租借地警察权等。直到90年代末，日本才成功地修改了不平等条约，获得与欧美各国基本上平等的地位（只有关税自主权等未收回）。

明治维新是日本历史上一个转折点。它标志着日本从封建主义社会过渡到资本主义社会，从封建割据国家变成统一的国家，从半殖民地国家逐渐变成独立的资本主义强国。明治维新之所以能够取得这些成就，绝非偶然。倒幕派利用人民的力量，建立了广泛的反幕阵线，通过国内战争推翻了与外国殖民势力相勾结的反动幕府封建统治，建立了地主资产阶级联合专政的新政权是实行上述资产阶级改革的首要前提。当时，美国忙于国内的南北战争，英法等国忙于侵略和争夺，使日本得以乘隙自强。西方资本主义国家各怀鬼胎，对日政策各异，对日未能采取统一行动和联合武装干涉。当时中国等亚洲人民反封建反殖民主义的斗争方兴未艾，也牵制了西方殖民势力，使它们不能抽调大量兵力进一步干涉日本。这些就是明治维新能够成功的内外条件。但是，明治维新是一次极不彻底的资产阶级革命，它没有完成资产阶级革命的任务。从上层建筑到经济基础，保留了许多封建残余。天皇制和半封建寄生地主制就是封建残余的突出表现。尽管如此，明治维新在历史上所起的进步作用是不容抹杀的。它改造了日本社会，使日本走上资本主义道路，资本主义生产力快速发展。它促进了日本近代民族的形成。日本通过明治维新第一个摆脱了半殖民地的束缚。明治维新的道路，鼓舞了近代亚洲各国被压迫民族，特别是亚洲各国民族资产阶级，争取民族独立和重建祖国的信念。

日本近代文学的开山鼻祖——“该死”

日本近代文学的开山鼻祖二叶亭四迷是一个伟大的现实主义作家，但由于他英年早逝，最初的这一时代巨人只能湮灭于世界文化名人的瀚海之中。但是，从他仅留的作品中，我们仍能感觉到一个天才巨人的风范，他的早逝对于日本文学是一个惨痛的损失，对于世界文学也是一个永久的缺憾，热爱和平的世界人民将永远怀念他。

既然二叶亭四迷是一位如此受人尊敬的巨人，为什么又骂他“该死”呢？这里有一个令人崇敬的故事。

1886 年 1 月 19 日，二叶亭四迷因为厌恶庸俗的商业学校的风气，毅然退学，凭自己对文艺理论的深刻造诣，开始从事文学创作。经过几个月的努力，二叶亭四迷完成了他的长篇小说《浮云》的第一篇，他送给自己的好友、当时日本文坛的领袖人物坪内逍遥审读。坪内逍遥读后异常兴奋，连自己也写不出这样出色的小说，于是两人开始忙着出版发表。但是，当时的日本国内，论资排辈等许多丑恶的现象充斥于各行各业，文坛之中风气更盛。一个人如果没有靠山，没有名气，即使才华出众，也会因为年轻、没有资历而被人看不起。所以，虽然二叶亭四迷写了一部后来一致公认为日本近代批判现实主义开山之作的《浮云》，同样不被人理睬，他们忙了几个月，大小书店、出版社就是不给出版。

后来，两人想了一个“借鸡生卵”的计策，在《浮云》的封面、扉面和封底上统统署上大名鼎鼎的坪内逍遥的大名“坪内雄藏”。而在卷首的《浮云序》中，点明本书作者是“二叶亭四迷”，然后又由坪内逍遥写了《浮云第一篇序》。这样一来，各出名的书店、出版社一见到“坪内雄藏”的大名，争夺着要出版这本书，当时财大气粗的金港堂最终抢到了第一出版权。《浮云》很快出版了，而且其中还有当时大画家大苏芳年所作的插图。虽然读者最终知道了这篇大作的作者不是文坛著名人物坪内逍遥，而是一个很有才气的新人，但是，二叶亭四迷却被这种虚伪的风气激怒了，他在即将付印的《浮云集》中，大骂“该死”。在日语中“该死”与“二叶亭四迷”谐音，于是他在《浮云序》中所写的“该死”便成了他的笔名，我们尊敬他称他为“二叶亭四迷”。但在日语中，直呼“二叶亭四迷”就是“该死”。对此，二叶亭四迷丝毫不以为意，他看透了这个虚伪的社会，他的笔名“二叶亭四迷”便是对当时那些的所谓采菊山人、前田香雪、山田美妙等一派文雅之庸俗虚伪风气痛骂“该死”。由此可见这位青年后生的气魄。

二叶亭四迷原名长谷川辰之助。他生于日本东京尾张藩邸的一所武士住宅中，在今东京名古屋一带。有人说他生于 1864 年 2 月 3 日，也有人说他生于 1864 年 2 月 28 日，此事已不可考。其父长谷川吉数原为卑寒之士，后来凭其才华与容貌得到尾张藩主的宠爱，成为藩王德川庆胜的近身家臣，那时他才 20 岁，后一直留居江户（今东京）。由于父母的才华，小长谷川辰之助受到很好的教育，他对文学艺术产生浓厚的兴趣。1868 年，日本明治维新开始了，小长谷川辰之助同母亲搬到外祖母家里，开始读书识字。

虽然当时日本开始教育改革，重点是学习西方近代文明知识，但由于长谷川辰之助家是士族，保持传统，依然以汉学为主。1869 年，小长谷川辰之助被送入汉学私塾，开始正式学习。由于他聪明伶俐，学习又刻苦，成绩非常好。后来，由于父亲不断改任，小长谷川辰之助经常换学校，这让他从小接触了众多的知识，见识过很多的地方，长谷川辰之助长期接受汉学的熏陶，很注重个人的修养。他把“俯仰天地，问心无愧”作为自己的人生准则。在先生讲课时，小长谷川辰之助总是正襟危坐，恭恭敬敬地听讲。从来不像别的学生一样，累了就趴在桌子上睡一会儿，小长谷川辰之助再累也是直直地坐着，连用两肘支在课桌上稍微休息一下也不。他从小就注重在学习的同时培养自己的品德。他认为上课不好好听讲是对先生与知识的侮辱，因此，在如此的毅力信念支持下，小长谷川辰之助到哪里都学习很好。此外，读书之余，他还研究

“武道”，弹琴唱歌，学习剑术。青年时代的长谷川辰之助接受了西方近代的平等、民主思想。此后，他目睹耳闻世界列强对于日本的欺凌，这激起了他强烈的民族意识与爱国精神，总想干一番轰轰烈烈的事业。

开始的时候，长谷川辰之助想当一名军人。他从1878年至1880年先后三次投考陆军士官学校，成绩优秀，但终因眼睛近视而未被录取。于是他又打算从政，做外交工作。1881年，长谷川辰之助考入东京外国语学校俄语系。

由于有伟大的抱负，长谷川辰之助学习非常刻苦认真，学习成绩一直名列前茅，而且各门功课均为满分。但长谷川辰之助不死读课本，他涉猎非常广泛，尤其对政治、历史、经济、文学研究最为深刻，成为学校中引人注目的高材生。本来，他可以成为一名很好的外交官，但上天偏偏要让他作文学家。

1885年5月，父亲被罢官回家，家庭生活条件急剧变化。接着，1885年9月，东京外国语学校突然宣布解散，俄语系并入东京商业学校。这让长谷川辰之助非常恼火，他愤然退学。当时，校长亲自挽留这位品学兼优的学生，但他去意已定，无可挽回了。

长谷川辰之助想从事文学，用一只笔来挑起养家的重担。

当时，日本文坛仍然是一个被人轻视的群体，写小说更被人不齿。但是长谷川辰之助却不管这些，他有自己独特的观点，他完全不认为小说是消谴、宣传的玩艺。他认为小说是负载使命的神圣的东西，是用来表达严肃社会思想的东西。他自己研读小说时也是抱着探索社会问题的目标。因此，年轻的长谷川辰之助一开始就是以现实主义的立场来走进文学的。

当时，坪内逍遥已成为文坛著名的领袖，被称为“新进的文学指导者”。刚刚退学的长谷川辰之助抱着坪内逍遥的文学理论著作《小说神髓》走进了坪内逍遥的家，他以批判与怀疑的言辞开始了对这位名人的拜访，坪内逍遥非常欣赏这位才华横溢的年轻人。两人亲切地交谈，激烈地争论，最终，两人成为亲密的朋友。回到家之后，长谷川辰之助很快完成了一篇文艺评论《小说总论》，提出了现实主义小说的真谛，指明了现实主义小说的方向。这篇《小说总论》，长谷川辰之助以“冷冷亭主人杏雨”为笔名，经过坪内逍遥的帮助，在《中央学术杂志》上发表，文学界为之震动。不仅仅是由于这篇文章是批判坪内逍遥的《小说神髓》的，也不仅仅是因为这样一篇与著名的人物坪内逍遥对着干的文章竟是经坪内逍遥自己的手发表的，更为重要的是，这篇文章所显示出的文学造诣竟比领袖人物坪内逍遥还高，而且出于一个名不见经传的年轻后生之手，确实令人惊讶。

在坪内逍遥的鼓励与帮助下，长谷川辰之助开始踏进了文学殿堂。他翻译了俄国各著名文学家的小说与文艺理论著作，并开始写作长篇小说《浮云》。经过艰苦的努力，《浮云》于1887年6月出版。从此，日本文坛上出现了一位新人“二叶亭四迷”（“该死”）。文质儒雅的长谷川辰之助这么叫骂着开始了文学之路。

《浮云》主人公是叫做内海文三的一个破落士族子弟，父亲早逝，母亲节衣缩食供内海文三进城求学，寄住在婶婶家里。由于刻苦的学习，内海文三以优异的成绩毕业，顺利成为某机关的科员。阿政一家见内海文三年轻、漂亮，为人诚实、正直，便想招他为女婿。小姐阿势也对他情意有加，正当一切都应圆满结束时，由于内海文三不屑于逢迎拍马，触怒了上司，被开除公职。本来就是贪图内海文三职位的阿势与其母亲一下子就对他变为冷言冷语。这时，内海文三的同事本田升乘机向阿势大献殷勤，使内海文三更受冷落，阿势一下子就把秋波转送到本田升身上，而且伙同本田升一起凌辱内海文三。于是内海文三只能在苦闷、怅惘以及无奈的愤恨中消磨时日，成了一个社会的“多余人”。

二叶亭四迷着力塑造了这种在明治专制政权下被压制、打击的小资产阶级知识分子形象。他们不满现实，宁折不弯，但又没有力量，找不到反抗的方向，结果郁闷彷徨，无事一生。内海文三就是这一类人的典型代表。

1888年与1889年，《浮云》第二篇、第三篇陆续出版，仍然是借坪内逍遥的旗号，直到第三篇在《都之花》小说半月刊上连载时，才单独署了“二叶亭四迷”著。小说到此就没有写下去，读者一般都以为小说结束了。但后来在二叶亭四迷的杂记《炻叶集》中，人们发现原来小说并没有结束，二叶亭四迷在第19回之后又设计了三四回以结束全书，并拟了主要情节：

第20回阿政的丈夫归来，阿政欺骗他。

第21回阿势的父亲劝说内海文三并与他商谈，内海文三尾随阿势，发现阿势走进本田升的住所。本田升与阿势的“幽会”使内海文三十分绝望，他回到家，婶母阿政又催要食宿费，大吵大闹。

第22回母亲死讯传来。

第23回内海文三成了醉汉与疯子，此处插入阿势被遗弃的内容，阿势之死。

但是，这最后几篇最终没有完成。因为，二叶亭四迷又升起了当政治家的伟大抱负。1889年，二叶亭四迷为生计所迫，又看不惯当时日本文坛无能为力的风气，最终决定退出文坛。因为他批判现实、追求真理的抱负在当时享乐主义盛行的文坛根本没有地位，他还受到那些所谓大家的压制、打击，无奈之际，他转而跨入政界。

1889年8月19日，在《浮云》等3篇的最后一部分付印之后，二叶亭四迷在外国语学校老师古川常一郎的帮助下，走进了内阁官报局的大门，开始了他长达8年之久的“官报局时代”。

日本的官报局是当时日本各政府部门中最为清廉的一个。二叶亭四迷选择这个部门，既发挥了他外语的特长，同时也是他得以修身养性，不与污浊的官僚之气相往来的地方。二叶亭四迷开始先担任英文译员，后来又兼任俄文译员。每天的工作是从世界各重要报纸中摘录文章，翻译过来载入每期官报的专栏中。他还负责编辑属于新书评论一类的杂志《出版月译》，并在上面撰文。这里的工作很适合二叶亭四迷。每天大家品诗、评画、讲政治、说道德，大到世界格局，小到风流韵事，无所不谈。二叶亭四迷在这里也自得其乐。

但是这种生活只持续了8年。1897年，天皇政府任命了新的局长，将官报局完全纳入天皇专制体系，这种世外桃源似的生活便结束了。1897年12月27日，二叶亭四迷忍受不了这种官僚风气，又辞职不干了。其后几年间，二叶亭四迷漂泊不定，陆续任过陆军大学特约教授、海军省编修书记、海军大学特约教授等职，直到1902年5月2日，新婚的二叶亭四迷才受聘为德永茂太郎商会顾问，动身来到中国哈尔滨。但是当时，日俄正在争夺中国东北，商业活动无法进行，于是他不久辞职，并受聘为京师警务学堂提调。过了一年多，他辞职归国。他辗转不定，找不到一个适合自己施展抱负的地方。在心无所依的时候，二叶亭四迷翻译了几位大作家的著名作品。如屠格涅夫的《阿霞》、《幽会》、《奇遇》、《罗亭》；果戈理的《肖像》、《旧式地主》、《狂人日记》；安德烈夫的《红笑》；冈奈洛夫的《断崖》；托尔斯泰的《伐林》；高尔基的著作《犹太人尘世》、《郁闷》、《灰色人》、《二狂人》、《乞食》等等许多作品。二叶亭四迷以忠于原作的现实主义态度，为日本文学引了一股清流，二叶亭四迷的翻译工作，在日本文学史上同他的小说创作一样，具有开创性的、划时代的重大意义。二叶亭四迷精通汉语、俄语，通晓法语、英语。他还学习研究了波兰犹太人柴门霍夫所创的世界语。1906年，二叶亭四迷公开出版了自己编的《世界语》、《世界语读本》两种入门书，一经出版，被抢购一空，紧接着连续出版了6次，二叶亭四迷不仅是日本近代文学的奠基人与卓越的文学翻译家，而且是日本世界语的先驱。

20世纪初，日本文坛出现了繁盛局面。这时，二叶亭四迷担任大阪朝日新闻社东京驻在员，但由于日本政府对新闻工作强加干涉，二叶亭四迷不能把战争的真相传达给人民群众，他非常气愤，不久辞职。这时，二叶亭四迷的朋友东京朝日新闻中心主笔池边三山吉太郎非常敬佩二叶亭四迷的才能，挽留他为东京朝日新闻撰写小说或翻译文学作品，二叶亭四迷盛情难却，又开始了他的文学之路。这一次被迫性的工作竟成为他一生中最为辉煌的一页。

1906年10月10日，二叶亭四迷发表了长篇小说《面影》。主人公小野哲也，是一个贫寒的农家子弟，他以优秀的成绩考入大学。但由于家境不好，无力缴纳学费。后来小野一家为了有一个大学生的女婿增加荣耀，于是收小野哲也作入赘女婿，由小野家出钱供他上学。但小野哲也毕业后在一所私立大学当讲师，收入微薄，丝毫不能满足岳母与妻子挥霍的生活。于是岳母、妻子开始瞧不起他，责骂他，侮辱他……小野哲也的情绪日益低落，本来就没有爱情的婚姻出现裂痕，而且日益增大。在这个没有感情、没有温暖的家里，只有小野哲也妻子的异母妹妹小夜子同情他、安慰他，两人同病相连，最终小野哲也与贤淑的小夜子产生爱情。但是，小野哲也始终没有勇气提出与妻子离婚，然后娶小夜子为妻。经受这种长久的矛盾折磨后，小野哲也终于不能再忍受，于是离开日本，独自去了中国教书，最终在平凡的人群中消逝。二叶亭四迷在这里为旧作《浮云》中那没有完成的结局作了交待，指出在资本主义制度下，如果不反抗、奋斗，再有才华也只能是沉寂一生，屈辱一世。

事隔仅一年多，紧接着《面影》之后，二叶亭四迷又创作出一部批判现实主义的杰作《平凡》。小说于1907年10月30日发表，小说主人公以第一人称“我”自述为主要手法，揭露了这个罪恶的世界没有一块净土，充满了对人世的厌恶与仇恨，表达了作者在现实生活中无力的反抗。在二叶亭四迷复回文坛的这两年中，他取得了丰盛的成果，除了这两部长篇小说之外，还发表了其他作品30余篇。仅仅这两年的时间，二叶亭四迷就已成为文坛大将，日本人民还期待着更为惊人的巨作，他们对二叶亭四迷充满了期望。

但是，二叶亭四迷又让人们失望了。

1908年朝日新闻社任命二叶亭四迷为驻彼得堡特派员。在他离开日本将去彼得堡的日子里，他在《文章世界》上发表了长篇散文《我来生的忏悔》，回顾自己前半生的事迹。

1908年6月6日黄昏时分，日本文艺界“长谷川二叶亭氏送别会”在上野市精养轩召开。有40多位名人出席，大家合影留念。二叶亭四迷致答谢辞。他说：

“日俄两国人民——不，全世界任何国家的人民，都决不是嗜杀好战的，所以，避免未来战争的唯一办法，就是要创造出一种即使政府想战而人民也不肯战的局面来，除此别无他法。为此必须沟通人民之间的意志。如果说要通过什么好的途径实现这一点，那么应该说文学就是一个最好的途径。”

虽然二叶亭四迷又离开了文坛，但是他依然对现实主义文学充满了信心，他已看透了政府的反人民性，对此已不再抱任何幻想。只有人民，只有苦难的劳动人民才能让这位伟大的作家对未来充满希望。

1908年6月12日，二叶亭四迷离开东京，踏上了彼得堡之旅。

到达彼得堡之后，二叶亭四迷就被疾病困绕。但他在重病缠身之际，依然坚持写作，写了《人俄记》、《俄都杂记》等文章。

1909年，他的病越来越重，不得不考虑回国事宜。于是，他开始四处求购新出版的各种书籍，以备将来使用，但是他再也没能使用。

1909年4月5日，被重病折磨得不成人形的二叶亭四迷踏上回归之路，他的病因旅途的劳累更加恶化，每天，他的体温基本都在39℃以上，身体一天比一天衰弱。

1909年5月10日午后5时15分，二叶亭四迷在“贺茂丸”邮船上长眠。是时，“贺茂丸”正在孟加拉湾南部的印度洋上乘风破浪，飞奔故园。

一个伟大的人——纪伯伦

“一个伟大的人，有两颗心：一颗心承受痛苦，另一颗心则在沉思。”

“一个伟大的人，有两颗心：一颗心流血，另一颗心宽容。”

纪伯伦·哈利勒·纪伯伦——黎巴嫩最著名的诗人、散文家、画家，阿拉伯海外文学最杰出的代表，阿拉伯近、现代文学的奠基者——就是这样一个伟大的人。他以自己深沉的情感、高远的理想，深刻的哲理去诉诸世人的理智、灵魂，以自己伟大的灵魂关爱世人。

“被钉在十字架的人呵，你是钉在我的心上，那刺透你双手的铁钉也刺透了我的心房，明天，当远方来客路经各各他（即髑髅地，圣子耶稣被钉死在十字架上的地方）时，他绝不会认为曾有两个人在这里流血，而只认为那血是从你一个人身上流出来的。”

这个现代的“圣子耶稣”于1883年12月6日在黎巴嫩北部山区一个小农庄中降生。

这里，洋溢着浓郁的东方伊斯兰文化的气息，但同时，纪伯伦又是一个小天主教徒。他从小便沉浸于东西方文化的交汇、融合的文化氛围内。父亲是个牧民，贪杯好酒，生活十分贫困。生活其中的小纪伯伦深刻地感受到封建统给者对人民的残酷压榨，以及教会利用宗教对人民的欺诈与剥削。还好，瘦小的母亲以一颗仁慈的心为孩子们在艰难与贫苦中撑起一方温暖的天空，母亲的爱护与鼓励让纪伯伦感受到圣母一般的温暖，这让他至死不忘。

“伟大的母亲对于儿子的爱，会比玛丽亚对耶稣的爱少些吗？”

由于生活日渐贫困，为了谋求生路，母亲携带着哥哥、两个妹妹与12岁的纪伯伦于1895年去了美国波士顿，落脚在唐人街。在这里，纪伯伦依靠母亲与妹妹的辛勤劳动，进了当地一家侨民学校学习。他开始更多地接受了西方的文化。同时，他在绘画与文学上的天赋开始显露出来。此后他一直坚持学习文学与绘画，并且得到许多赏识他才华的人的帮助。同时，纪伯伦也开始试着进行诗歌创作，并且在祖国的《觉醒》刊物上开始发表他早期诗歌作品。

1901年，纪伯伦在祖国学习之后又回到了美国的亲人身边。但是由于长期艰苦生活的折磨，纪伯伦的小妹妹、哥哥与母亲在一年多的时间里相继病逝，这给他带来极大的痛苦，更加深了他对祖国的怀念。1903年，他在波士顿的侨民报纸上发表散文诗，得到社会的好评。1905年，他又举行了自己的首次画展，很受当地一位女校长的赏识。此后，这位女校长一直给予他很大的帮助。1908年，纪伯伦发表了他的短篇小说集《叛逆的灵魂》。其中的作品揭露了封建统治者，特别是教会的黑暗与虚伪。尤其是其中的一篇《不信教的赫里勒》更是充满对教会、封建统治的憎恶情感。纪伯伦的这种态度触怒了当局，小说被当众销毁，纪伯伦也被开除了教籍，驱逐出境。在那位女校长的资助下，纪伯伦逃到法国去学习绘画。在当时的艺术大师罗丹的指导下，纪伯伦在艺术上有了长足的进步。他的油画作品《秋》，在法国春季画展上获得银奖。

在法国的日子，纪伯伦游览了各地名胜古迹，广泛接触了西方文明。同时，他也深入研究了古代大师们的艺术作品。他十分崇拜米开朗基罗。此外，纪伯伦还涉猎了欧洲著名作家及其作品，他深受 19 世纪初诗人兼画家的英国浪漫主义作家布莱克的影响。罗丹称他为“20 世纪的布莱克”，当然，纪伯伦的成就比布莱克高多了。这时的纪伯伦已经融汇了东西方文化于内心。这使得他能够站在更高处以自己的深刻思想分析世人的思想、灵魂。

“倘若你高坐于云端，你就看不见两国之间的界线，也看不见庄园之间的界石。

“可惜，你不能高坐云端。”

“他们对我说：一鸟在手胜过十鸟在树。

而我则对他们说：一鸟在树胜过十鸟在手。”

“20 名骑着马的猎人带着 20 条猎狗追逐着一只狐狸，那狐狸说：他们肯定会把我杀死。但是，他们也真够笨、真够傻的，我想，即使我们狐狸也不会傻到以 20 只狐狸骑着 20 头驴带着 20 只狼去追打一个人的地步。”

“我曾对一条小溪谈到大海，小溪认为我只是一个幻想的夸张者；

“我也曾对大海谈到小溪，大海认为我只是一个低估的诽谤者。”

“当智慧骄傲到不肯哭泣，庄严到不肯欢笑，自满到不肯看人的时候，就不成为智慧了。”

1911 年，纪伯伦又回到美国波士顿，完成了中篇小说《折断的翅膀》之后，他迁到纽约，专心致力于文学创作。

《折断的翅膀》是纪伯伦小说作品的代表作，是一篇带有自传色彩的作品，小说以主人公“我”与富家小姐萨勒玛恋爱故事为中心情节。“我”与萨勒玛一见钟情，俩人很快坠入爱河。但是大主教保罗垂涎萨勒玛的巨资家财，让自己的侄儿——一个恶棍曼功尔贝克与她成了亲。萨勒玛的父亲出于传统观念，答允了这门婚事。萨勒玛被迫嫁给了她不爱的人。婚后，她丈夫整日问柳寻花，不关心她的死活，生活十分痛苦。五年之后，萨勒玛怀孕，她把生活希望全部寄托在这还没出世的孩子身上。但是，孩子刚生下来便死了。萨勒玛在极度悲痛中，对生活绝望了，不久，她也默默死去。而“我”失去萨勒玛之后，一直忍受着相思之苦，此后曾与萨勒玛相见过几次，也只能徒增心中的哀痛。

小说中弥漫着深切的哀婉之情，表达了作者对于社会陈腐的反动势力的强烈不满与深刻的批判。

1916 年，纪伯伦与旅美作家米哈依尔·努埃曼相见，成为挚友。在他们两人的努力下，广泛结交在北美的阿拉伯作家，成立“笔会”，即 1920 年的“旅美派”。他们集结起来，取得了很大成就，为阿拉伯文学在世界文坛上取得了一席之地。

纪伯伦在文学上的成就更主要的集中在散文诗方面。开始时，纪伯伦主要用阿拉伯语写作。他的第一部散文诗集《泪与笑》，共计 56 篇，全部是用阿拉伯语写成，发表于 1913 年。1918 年，纪伯伦发表了他第一部英文散文诗集《疯人》。这之后，他的作品用英文写成的还有《先驱》、《先知》、《沙与沫》、《人子耶稣》、《流浪者》、《先知国》等。其他用阿拉伯语写成的有《暴风雨》、《珍趣篇》以及诗歌《行列圣歌》与戏剧《大地之神》等。

《疯人》描写了一个在真理的阳光下敢于反抗与呐喊的离经叛道者。他无视传统，猛烈地向腐朽的旧世界冲击。例如《聪明的小狗》中写道：“一天，聪明的小狗碰到一群猫，这时，它听到从猫群中走出的一只肥壮的大猫对群猫说道：‘虔诚的弟兄们，快祈祷吧，倘若你们不断地祈祷，你们的祈求一定会得到回报，天上一定会掉下老鼠来。’聪明的小狗听到这里笑了，他一边转身离去一边暗自说：‘这些猫该有多蠢呀！书籍上写着的东西，它们竟不知晓，书本与祖辈们告诉我的明明是祈祷所降临的并不是老鼠，而是肉骨头。’”

又如《正义!》篇中，纪伯伦以惊人的笔触描写他看到的正义：

一天夜晚，王子的宫殿里正举行着宴会，嘉宾熙熙攘攘，出出进进，在入宫者中有一个男子，他恭敬而又庄重地向王子施礼。这时，众人的目光都惊愕地注视着他，原来他的一只眼睛已被剜去，空空的眼眶中正不停地流着血。

王子问道：“朋友，怎么回事?”男子回答说道：“我是一个窃贼，今晚我趁天黑去行窃，打算去偷钱庄。谁知，因为天太黑，我误入隔壁机织工的屋子，不小心一下撞在机杼上，把眼球撞了出来，我请求殿下在我与机杼之间作出正义的判决。”

王子听后派人去把机织工叫来，下令剜去他的一只眼。

机织工说：“殿下，您判得很对，是正义让我失去一只眼，可是，为了看清织物的两边，我需要两只眼。我的鞋匠邻居，他有两只眼，但他的职业只需一只眼就足够了，为了维护正义的尊严，不妨把他的一只眼也剜去。”

于是，王子派人叫来鞋匠，剜去了一只眼。

就这样，正义得到了伸张！

《先驱者》发挥了《疯人》的思想，指出人人都可以成为人类的先行者，只要能够发现自己身上的“神性”。纪伯伦有力地批判了人类的奴性、愚昧与虚伪。

《先知》是纪伯伦的代表作，其中第一批诗稿是作者18岁时用阿拉伯语写的。后来受到母亲的鼓励，继续创作。1923年用英文正式出版，整个创作过程长达30年。这篇散文诗描写了先知在即将离开时，对来拜者提出的问题进行解答。全诗共28节，探讨了人类生活中的26个问题，显示了纪伯伦深刻的思想及对人民的热爱之情。此外，《先知国》同《先知》一样，也以赠言的方式写出。作品包括16节，是先知回到故乡，与亲人朋友相聚时的谈话录，用深刻的哲理解答众人的疑问，指出“我们就是上帝！”

《沙与沫》是部作品集，汇录了300多首妙语格言，也有短小的寓言故事，是对人生、艺术深刻思索的结晶，它与《先知》齐名，也是纪伯伦的代表作之一。作品饱含了纪伯伦的哲理思想，例如：

“人性是一条光河，从永久以前流向永久。
我永远在沙岸上行走，
在沙土与泡沫之间，
浪潮会抹去我的脚印，
风也会把泡沫吹走，
但是海洋与沙岸
却将永远存在。”

晚年的纪伯伦身体很不好，但他依然坚持着写作，与死神的争夺，一直持续到他生命的最后一刻。

1931 年 4 月 10 日，纪伯伦因肺病而去逝。按照他的遗愿，人们把他运回祖国，安葬在他的故乡。

这位伟大的诗人哲学家便这样孤单地去了。但是，他给我们留下的富含哲理的诗篇，却让人感觉到他永远生活在我们中间。

“一会儿的工夫，你们不会见到我；再过一会儿，你们又会见到我。

因为另一个妇女又将怀上我，将我生出。”

米哈依尔 · 努埃曼说：

“纪伯伦不需要别人用石雕、铜像来纪念他，作为一个人，他比石雕、铜像都是更为不朽的！

“最好的纪念，便是在人民中传播他的文学艺术作品。”

是的，人们做到了。他的作品被译成 20 多种文字，到处都受到热烈的欢迎。这位东西方文化共同浇灌的圣洁的鲜花，已经在世界各地人民心中生根发芽。

“1000 年以前，我的一个邻人对我说，他厌恶生命，因为生命中只有痛苦。

“昨天，我经过一座坟墓，我看见生命正在他的坟上跳舞。”

世界上下五千年

shijie shangxia wuqiannian

壮丽的事业

社会主义从空想开始：三位先驱者

17、18 世纪英、法两国先后爆发了资产阶级革命，两国也相继成为了资本主义国家，开辟了确立世界资本主义国家政权的先河。资产阶级革命刚刚爆发的时候，人们都异常欣喜，争相投身革命，轰轰烈烈的革命之后，资产阶级政权正式确立起来。等革命结束后，人们渐渐发现：资本主义并不是启蒙思想者所设想的理想社会，它虽然强于封建社会，但剥削关系并没有消除，贫富分化愈发加剧。人们认识到所谓资本主义只不过是以金钱即“资本”代替了封建社会的等级特权和土地所有制来压榨人民，“换汤不换药”，人民依旧没有得到解放。产业革命之后，工人大批失业，民不聊生，于是人们开始寻求一种真正理想的社会制度。19 世纪中叶出现了空想社会主义思潮和学说，它批判资本主义社会，幻想建立一个消除贫富对立的美好社会。但是，这种社会主义不能指明真正的出路。它既不能阐明资本主义制度下雇佣奴隶制的本质，又不能发现资本主义发展的规律，也不能找到新社会创造者的社会力量。所以说，这是一种批判的然而是空想的社会主义。它的最著名的代表人物是法国的圣西门、傅立叶和英国的欧文。

昂利·圣西门（1760—1825 年）出身于法国贵族家庭，深受 18 世纪启蒙学者的影响。早在少年时代，他就幻想建立伟大的功业。他命令仆人每天用这样的话唤醒他：“起来吧，伯爵，伟大的事业在等着你啊！”19 岁时，他前往北美参加美国独立战争，作战很英勇。战后，圣西门带着上校头衔回到法国，并被任命为麦茨要塞的警备司令。但是圣西门抛弃军职，在欧洲旅行了很长时间，直到法国大革命开始才回到法国。他并不反对法国大革命，但并没有参加革命。经历法国大革命的洗礼后，圣西门陷入沉思，终于悟出，资本主义比神学和封建制度要优越，但贫富差距越来越大，更加重了对人民的剥削。他认为，最应关切的是“人数最多与最贫穷的阶级”，于是便设想出一种理想社会，叫做“实业社会”。在这种社会里，将以科学的发展，艺术的进步，手工艺的发达等手段赢得社会的发展，从而满足人们日益增长的欲望；将按科学计划去安排生产，按人们的才能及贡献分配其所得；原来对人们进行政治管理的国家政府，将被对生产与分配进行物事管理的部门所代替。这就是说，人与人之间不再有阶级差别。

40岁的圣西门觉得自己缺乏知识，于是进入高等工艺学校听课，沉浸于科学研究之中，他为此花尽了最后一点钱。妻子离开了，圣西门不得不去当抄写员，后来就靠以前的仆人施舍度日。他看到革命后建立起来的资本主义并没有解决社会的矛盾和人民的贫困，仍然充满着罪恶和灾难，他苦思冥想，渴望建立一个人人平等和幸福的社会——即“实业社会”。他整天整夜都在设计改造人类社会的方案。圣西门亲手抄写自己的作品，分发给各种各样的人。但是富人们甚至连看都不看他的手抄本。临终前他对学生说：“要完成伟大的事业就要鼓起勇气……我毕生所追求的就是如何保证人们自由地发展他们的才能”，他补充说，“不久，工人政党将会形成起来，而未来是属于这个政党的”。

沙利·傅立叶（1772—1837年），出身于法国布商之家，幼年辍学，随父经商，后因为破产陷于贫困。傅立叶当过店员、推销员、交易所经纪人，熟悉了整个商界的见利忘义、尔虞我诈的劣迹，开始寻找怎样消除剥削造福人类的道路。他把资本主义叫“文明制度”，他认为资本主义与以往的社会制度相比具有其先进性，使工业兴盛，科学技术发展起来，但仍旧是“反社会的工业主义制度”。傅立叶怒斥文明制度“是颠倒世界，是社会地狱”。他说：“我的目标不是改善文明制度，而是把这一制度消灭。”他推测，在消灭文明制度以后，要经过两个过渡阶段才可以达到理想的“和谐制度”。和谐制度由许多的“法朗吉”所构成。“法朗吉”是由工、农、商、家务、教育、科学、艺术等7种劳动联合与协作的团体。在法朗吉内，所有的产业都归全体成员共同所有，人人都参加劳动，以农业为主，人人自由地选择职业，使劳动成为乐趣。他重视发展文艺，主张男女平等，他认为，女权的发展是一个社会进步与否的评定标准。他写了很多文章，揭露与抨击资本主义制度，探求社会改革的道路和拟订未来理想社会的计划。他主张通过宣传教育，说服资本家接受他的社会改革方案。他认为，欧洲有4000个富人会接受他的学说。他写信给拿破仑和大银行家，指定他们访问他的时间。他登出了广告呼吁资本家资助他搞试验，宣布每天12点到1点在家里等候他的支持者来访，但是等了一生，也没有一个富有者上门来。他理想中的“法朗吉”由于没有物质依托终于成了可望不可及的空中楼阁。

罗伯特·欧文（1771—1858年），一个手工业者的儿子，贫苦出身，7 岁就开始劳动，10 岁被送到伦敦的小店里当学徒，从小目睹资本主义给广大工人和劳动人民带来的苦难。他说，世界充满财富，但到处笼罩着贫困。他企图建立一个消灭贫困和阶级对立、共同劳动、财产共有的新社会。1800 年欧文同苏格兰某工厂厂主的女儿结婚，担任了该厂经理。他没有像圣西门和傅立叶那样著书立说，对世人宣教，而是从慈善事业做起。他所经营的工厂，工资高、工时短，有医疗福利和住房福利制度。因此工厂的生产日渐发展起来，股东所获的红利也远比其他厂多。所以欧文被人们称为“善人”。欧文不以慈善事业而满足。有一次，他偶尔读到了经济学大师李嘉图的书，其中有个重要观点是“万物的价值是由劳动创造出来的”。这一观点提醒了欧文，于是他想：“价值是由劳动所创造出来的，劳动者就应当享有全部价值。工人过得贫寒清苦，全是因为资本家剥夺了他们所创造的财富。”从此，他成了一个空想社会主义者。他开始写作并宣传批判资本主义的言论。他说，资产阶级剥削了工人又制造了“公平交易”的假象，工人得到的远比他们所付出的劳动要少，究其根源，就是资本家攫取了巨额财富和厂房机器。于是欧文斥责私有制是资本主义剥削的根源。这一观点是圣西门、傅立叶没有想到的。因此欧文对空想社会主义学说有着更重要的贡献。1823 年，他提出建立共产主义新村的计划，即建立劳动者“公社”。一年以后，他在美洲印第安纳州买了一块土地，带着一群志同道合的人到那里建立起一个共产主义新村——新和谐村，进行示范试验，以便吸引全人类的关注。在公社中，产业公有，各尽所能，按需分配。但是他并未想到，美国是资本主义国家，周围处在资本主义的包围之中，一个小小的社会主义“和谐公社”怎么能存活下去？以欧文计划为基础的“村落”，不是很快崩溃，就是变成剥削他人的富农企业。四年后公社全然瓦解，欧文只得返回英国。以后，欧文又在伦敦创立“公平交换银行”，结果又告失败。欧文的试验，一生中一无所成。

圣西门、傅立叶、欧文的“空想社会主义”梦想虽然在资本主义大潮中覆灭，但他们却是时代的伟人，他们以济世为己任，光明磊落，敢向方兴未艾的资本主义宣战，设想出社会主义的前景和蓝图，为整个世界建立了不朽的功勋。但当时他们并不懂唯物论和辩证法，只不过从善意出发，济世救贫，难免陷于空想。

这三大空想社会主义者的思想归纳起来，有两个突出方面，也是他们的重要贡献。第一，尖锐地揭露了资本主义的矛盾，批判了资本主义制度的罪恶现象。圣西门把资本主义社会叫做“本末倒置的世界”，社会财富的创造者处于最贫困受压迫的地位，而政治上占统治地位的人却过着荒淫无耻的寄生生活。傅立叶对资本主义的剥削关系作了辛辣的讽刺，指出一部分人的幸福是建立在另一部分人的痛苦、灾难和死亡之上的。他把资本主义文明叫作“新成立的奴隶制”、“社会的地狱”。欧文生活在资本主义生产当时最发达的英国，因而批判更深刻些。他明确讲到，资本主义制度的一切矛盾是由分不开的三种祸害——私有制度、宗教制度和婚姻制度产生的，而其中私有制度又是敌对、欺骗、舞弊、卖淫、贫困、犯罪和痛苦的根源。他把批判指向私有制，他指出，私有制把人变成魔鬼，把世界变成地狱，当私有制还存在的时候，人类要获得幸福是不可能的。他主张消灭雇佣奴隶制和私有财产，确信资本主义必然由社会主义所代替。第二，设想了未来“理想”的人类社会，第一次把社会主义作为一种新的生产体系提出来，并预测到未来共产主义的一些特点如城乡对立的消灭，脑力劳动与体力劳动对立的消灭，国家的消亡等。在圣西门的未来社会中，“人人应当劳动”，生产的无政府状态将为有计划有组织的生产所代替，对人的统治由对物的管理和对生产的领导所代替。傅立叶把他的理想社会设想为由许多工农业相结合的“法伦斯泰尔”（即“公社”）所组成的集体，在“法伦斯泰尔”中自给自足、共同劳动和生活，男女平等，普及免费教育。欧文的共产主义新村要彻底废除私有制，土地和其他生产资料应为集体所有。三位空想家都在不同程度上提出在未来社会应该实行按劳分配的思想。

空想社会主义者对资本主义“文明制度”的揭露和批判，成为启发工人觉悟的极为宝贵的材料，他们关于未来社会的积极主张和学说，为社会主义理论的产生提供了宝贵的材料。空想社会主义成为马克思主义的三个来源之一。所以马克思、恩格斯把他们称为“三个伟大的空想主义者”，承认他们“在许多方面是革命的”，肯定了他们的历史功绩。

此外，空想社会主义者还受唯心主义世界观的限制，他们不承认自己是一个阶级的代表，而把自己看成是整个社会历史的代表，不把社会主义看作是社会历史发展的必然结果，而是看作绝对真理、理性和正义的表现。因此，空想社会主义学说是与历史的发展成反比的。当马克思主义产生以后，它就变为一种反动的和保守的社会主义，空想社会主义的信徒们，总是组成一些反动的宗派。

因此，“空想社会主义”与“科学社会主义”着实相去甚远。把社会主义从空想变为科学的伟大历史任务，就落到了马克思和恩格斯的头上。

里昂工人运动

随着资本主义的发展，工人运动在日益残酷的剥削下勃然兴起。较早的是把愤恨寄予在机器身上，人称“鲁德运动”，捣毁大量机器。

久而久之，工人开始觉悟，机器不过是个工具，造成他们苦难的真正根源是工厂主的剥削，并且政府总是代表资本家的利益来镇压他们捣毁机器的运动。于是工人开始把矛头指向直接对他们进行剥削的资本家。到19世纪前期，工人由最初毁坏机器的运动转为直接同资产者斗争、向政府和资产阶级争民主、要人权，工人运动取得了巨大的进步，在整个世界范围内掀起了工人运动的高潮。

在诸多工人运动中尤数法国里昂丝织工人起义、英国的宪章运动和德国西里西亚纺织工人起义。这三次起义的伟大历史功绩至今仍为人们所称道。

浴血的工人，悲壮的歌。

法国里昂工人起义共有两次，分别在1831年和1834年。那时，统治法国的已是“七月王朝”。原来，自拿破仑帝国最终灭亡之后，复辟王朝又统治了45年之久。其间，资产者自由派与妄图恢复大革命前旧制度的极端派保王党也曾反复较量。一个要守住革命的成果，让法国沿资本主义道路演进；一个则要复辟原来的旧王朝。这被人们称之为“两个法国”之争。1824年，复辟王朝的第二任国王，也就是当年路易十六的弟弟阿图瓦伯爵，在路易十八死后继位，两派势力针锋相对，水火不融。阿图瓦伯爵即位后，称查理十世。王位本应由他的儿子贝里公爵继承，因1820年贝里王储遇刺身亡，他才代子继位。他和保王党都认定贝里遇刺是自由派干的，于是把丧子之仇记在了自由派身上。查里十世本来就是极为执拗的复旧派，和他哥哥路易十八的主张完全不同，是极端派保王党的首脑。继位后他胡作非为，倒行逆施，最后官逼民反，引发了巴黎民众的革命。因为革命于1830年7月爆发，所以历史上称为“七月革命”。“七月革命”推翻了复辟王朝，查理十世亡命国外，资产阶级把自己建立起的王朝称为“七月王朝”。自由派把18世纪以来就素以自由主义者著称的奥尔良公爵路易·菲力浦请出来，推上宝座。所以“七月王朝”又叫“奥尔良王朝”。从1831年3月开始，卡西米尔·佩里埃出任王朝首相。他是个有万贯家财的金融巨头，向来以强硬著称，里昂起义就发生在他执政的时期。

里昂是法国的第二大城，其以丝织业冠绝法国和欧洲已有数百年的历史了。当时有丝织工人约四五万人，是全城人口的1/3。从1826年起的五年里，工人的工资竟从四法郎降到一法郎。为挣得这一法郎，工人每天得劳动15个小时。于是工人中怨声载道，纷纷请愿，要求企业主提高工资。这时的里昂城是罗讷省的首府，省长怕激起民众愤怒，出面为劳资双方调停。1831年10月，调停成功，双方定下协议，工资略有提高。但是，当朝首相卡西米尔·佩里埃却以官府不应干预雇佣自由为名，取消了罗讷省长所作的调停协议。这引起了工人的极大愤怒，马上起来罢工，到11月21日罢工演变为起义。工人义军树起黑旗，上书：“以劳动去求活命，毋宁战斗而死！”工人们久积的怨恨一下子爆发出来，把警察打得落花流水，抱头鼠窜。起义军占领了市府和省府，把省长扣押起来。这次事件完全是因愤怒引起的，并没有人预先谋划过，所以是自发的起义。工人在当时没有文化，只知道挣钱糊口，不知道怎样处理政务，所以在占领了全城之后竟不知道下一步该如何是好。这就给了政府以可乘之机。12月，巴黎派苏尔特元帅率领3万人马来到里昂。苏尔特元帅是当年在拿破仑麾下驰骋疆场的老将，能征惯战。起义的工人怎么能是他的对手，虽然奋力抵抗，还是遭到失败，被镇压了下去。

佩里埃内阁虽然能镇压里昂工人的起义，但却阻挡不了突如其来的霍乱瘟疫。这场霍乱肆虐，波及了巴黎、波尔多等许多大城市，每天都有成千的人丧命。当然，死者大多数是贫苦百姓，殷实富户早就躲到乡间别墅里去了。贫富不均竟然在瘟疫面前也得不到平等，以致于在1832年4月，巴黎发生拾破烂人的暴动，佩里埃内阁又予以镇压。但令他万万都没想到的是自己虽贵为首相，霍乱病竟然不分贵贱尊卑降临到他的头上，5月他就因霍乱一命呜呼了。

这时，复辟王朝的余孽也要趁机行事。1820年遇刺身亡的贝里公爵的妻子正住在意大利，她得知国内大乱以后，偷渡回国，想要煽起叛乱，重新复辟王朝，把她的儿子推上王位。但因响应的人不多而没有成功，反倒在11月时被抓了起来。谁知她已经怀了孕，居然在押期间生下了一个女婴。原来她和意大利一个贵族有染，才生下这个私生女。这一丑闻真是让正统王朝丢尽了脸。

6 月，巴黎共和派人士又和数万群众一起游行示威，因为遭到警方的镇压而演变为起义。虽然起义失败，但从那以后共和派和工人的联系却越来越紧密了。1833 年出现了首批工人团体，共和派组织起“人权社”，其中也不乏工人代表。人权社和工人团体联手，于 1834 年 2 月在里昂掀起罢工，被镇压。于是，他们又开始筹划第二次起义。

1834 年 4 月 9 日，里昂工人和共和主义者举行大示威，示威迅速演变为起义。这一次起义已经不再是自发的了，起义者不完全是出于生计没有着落，而是预先有谋划、有政治目标、有口号的。他们举出“不共和，毋宁死”的旗帜，公开反对政府。但是，这次起义虽然是早有谋划的，却没有像 1831 年那样顺利占领全城。因为政府也早有准备，早在里昂驻扎了一万几千人的部队。所以，起义刚刚爆发，军队就攻了上来，赤手空拳的工人当然不是军队的对手，但工人们却不甘示弱，誓死与官兵拼杀，浴血奋战了 4 天。可叹的是工人的血肉之躯怎么抵得住官兵的枪杀！在死伤一千多人后，第二次里昂工人起义又被镇压下去。

宪章运动与德国工潮

19 世纪 20—30 年代，英国完成了工业革命。英国资产阶级的经济力量壮大起来，他们洋洋得意，政治上的要求也越来越要得到满足。1832 年的议会改革，使资产阶级的要求得到满足，登上了统治地位，工人阶级在议会改革运动中支持了资产阶级，但是结果一无所得，政治上仍处于无权地位。

这就是宪章运动的历史背景。

就在里昂工人遭到镇压这一年，英国的工人建立了“全国工人大同盟”。主席就是声名远播的空想社会主义者欧文，加入同盟的工人达 50 万。那时，大同盟率领工人不时起来罢工，要厂主提高工资，缩减长达十几个小时的工作日，并要求政府承诺，给所有工会合法的权利。英国政府怎么能容忍工人这样闹事？派出部队警察大肆镇压，各地的工厂主也把参加同盟的工人革除出厂，致使大同盟成立不到一年就宣告瓦解。

通过这一次，英国工人领悟到，只要求提高工资是不行的，要想取得革命的成功必须在政府中有自己的代表，为工人说话。几十年前资产者争得国会选举制度改革，使资产阶级代表进入国会就是先例。

英国伦敦有一名叫洛维特的木匠，早就有志于为工人争得普选权，以便让工人有自己选出的可信赖的代表去做议员。1830 年时他就创建了工人及劳动者的“全国联盟”，传播普选的言论。1836 年他又建立起“伦敦工人协会”，第二年就和同会中激进的议员商讨拟定了有关普选的 6 项主张：第一，凡满 21 岁的成年男子均应享有选举权；第二，选举时必须是秘密投票；第三，全国各选区应当按居民的人数排定，各选区选出的议员名额也应相等；第四，国会应当每年改选一次；第五，取消对候选者的资格限制；第六，当选的议员应当支给薪金。1838 年 5 月，这 6 项主张以法案的形式公布，并命名为《人民宪章》，因此，为实现宪章内容的斗争就称为“宪章运动”。

宪章运动产生的根本原因，是由于英国资本主义的发展而造成无产阶级经济上的赤贫和政治上的毫无权利。19 世纪 30 年代，英国基本上完成了工业革命，生产机械化了，工业发展起来，工业品猛烈增长，经济危机加剧。破产的农民、手工业者和资产阶级纷纷涌向城市，涌向西部和北部的工业区。曼彻斯特、伯明翰以及其他工业中心的人口迅速增加起来。英国的重要社会阶级，已经不是农民和地主，而是无产阶级和资产阶级了。工业革命带给无产阶级的是什么呢？是贫困不堪的生活，极其低下的工资，每天 16 至 18 小时的劳动。女工和童工的劳动排挤男工的劳动，工人们居住在极其肮脏和破烂的屋子里，受到伤寒、疟疾、肺病的折磨。有一个政府巡视员这样描写格拉斯哥城的工人区：“每间小屋里挤住着 15 ~ 20 个工人，躺在地板上，他们的被子是一束半腐烂的麦秸混着破布条，房屋肮脏、潮湿、破陋到马都不能拴在里边。”从 20 年代以来，英国工人阶级就开始组织工会和进行罢工。30 年代初，新兴的工业资产阶级不满意政权被地主和金融商业资产阶级所垄断，要求参与政权，发起争取改革选举制度的运动。英国工人阶级也曾参加了这个运动，这也是前文提到的英国工人吸取的教训之一。1832 年，议会在工人的压力下实行选举改革，降低选举资格，使选民人数增加了 22 万。这次选举改革部分地满足了工业资产阶级的要求，而工人得到的是资产阶级的欺骗以及对工人罢工和工人运动的镇压。工人得到了经验教训，从这时起，他们开始了反对资产阶级国家的政治斗争。

宪章运动经历了三次高潮，这三次高潮发生在1839年、1842年和1848年。

1836年6月木匠洛维特领导创立“伦敦工人协会”，就是第一次高潮的开端。归纳《人民宪章》的六条，其基本要求就是普选权。但是，在工人的实际斗争中，要求却逐渐超出原来的范围。

宪章运动从伦敦很快就扩展到外地，一开始便具有群众性的、人民运动的性质。这个时期，虽然资产阶级的激进派，如以阿特乌德为首的伯明翰政治协会和以科伯登为首的反各物法协会被卷入运动，但宪章运动的主体是工人。全国各地举行盛大的群众集会，动则四五万人，有时达十万人。工人们晚间在火炬下开会，发表战斗性的演说，甚至公开号召“武装起来，武装起来，武装起来!”一个宪章派在演说中指出：“普选权问题，归结起来就是刀子和叉子的问题，面包和乳酪的问题。”

在立宪派内部，对如何实现宪章的斗争策略问题上从一开始就发生分歧。以欧文的信徒洛维特为首的一派，主张同资产阶级联合，用道义力量，即宣传、集会、请愿等温和的合法手段争取政治权利和实现各阶级的社会平等。这一主张被称为“道义派”，是右翼。与此相对立的是以奥康瑙尔、哈尼为领导的“暴力派”，主张采用革命手段争取宪章的实现，是左翼。身材魁梧、嗓门洪亮、精于拳击的爱尔兰律师兼记者奥康瑙尔（1794~1855年），在1837年创办了《北极星报》，1838年春又在北部工业区组织了“北方大同盟”，因此，他在宪章运动中占据显著地位。但是他不是社会主义者，而是一个小资产阶级激进派，一个口头上的革命暴力派，他真正的主张是工人集资购买土地，成为小土地所有者，以此避免贫困。在他的报纸上可以读到这样的诗句：“我希望有座小房，每年收入不必超过一百镑。在茵绿的小牧场上，牧人赶着牛羊，在那里放牧。”马拉的崇拜者、当过水手的青年记者哈尼（1817—1897年）和他的少数支持者，形成真正的革命左派。1838年，哈尼同洛维特决裂，退出伦敦工人协会，创立“伦敦民主协会”。他曾指出：“只有一个方法能实现宪章，这便是起义。”从1843年起，哈尼就受到马克思和恩格斯的影响，但是哈尼没有能提出一个明确的行动纲领。

1839年2月4日，第一届宪章派代表大会在伦敦召开，定名为宪章派工会会议。会议决定在5月5日采用和平请愿方法，向议会递呈请愿书。哈尼派则提出一旦议会拒绝请愿书，就采取武装行动。宪章运动进入了第一次高潮。在请愿书上签名的人数超过125万人，请愿书的重量达300公斤，放在装饰着彩旗的长担架上抬到议会。7月12日，议会否决了请愿书，政府派出大量军警对群众的抗议集会进行弹压。宪章派工会在洛维特派控制下，取消了原定于8月12日举行的总罢工决定，并在9月14日自行解散。各地运动相继失败，运动进入低潮。

40年代初，宪章运动迅速恢复。经济危机和农业歉收引起的饥荒，再度引起工人斗争的高涨。1840年7月，宪章派在曼彻斯特召开新的代表大会，成立了“全国宪章派协会”，到1842年，“宪章派协会”会员总数达5万多人。协会实际上是宪章派的政党组织。

1842年2月，宪章派提出新的请愿书，运动进入第二次高潮。这次请愿书比第一次进了一步，除原先六条外，还陈述了劳动人民的苦难，谴责政府的警察统治与暴政，支持爱尔兰人民争取独立的斗争。这次高潮的特点是清一色的工人运动，激进派资产阶级已经分离出去。在请愿书上签名的达300万人以上。但请愿书又一次被议会否决。全国许多地区出现罢工，形成8月罢工浪潮。但是“宪章派协会”仍然没有明确的行动纲领和斗争策略。9月份，罢工遭到镇压，政府实行大逮逋，1500多名宪章运动领导人和活动分子被投入监狱。

宪章运动最后一次高潮发生于1848年。1847年开始的经济危机和法国开始的革命，给宪章运动以新的刺激。1848年4月3日，宪章派又举行代表大会，决定再次递交请愿书，并提出了建立民主共和国的要求。4月10日，成千上万工人群众集会在肯曼顿广场，准备向议会进发。政府调集大量军队到首都实行戒严，还把15万资产阶级子弟组成志愿兵，发给武器，对付工人。在这样严峻的关头，宪章派主要的组织者奥康瑙尔不敢发出起义的信号，而是劝告工人解散回家。议会第三次否决了请愿书，宪章运动自此进入低潮。

宪章运动失败的主要原因，是英国工人阶级政治上还不成熟，还没有一个用正确革命理论武装起来的工人政党的领导，工人中还普遍存在改良主义的幻想，组织上也很薄弱。但是，宪章运动在英国以至整个国际工人运动史上仍然具有重要的历史意义。列宁称它为“世界上第一次广泛的、真正群众性的、政治性的无产阶级革命运动。”宪章运动中还第一次形成了具有政党形式的全国性政治组织，为国际工人运动提供了范例。它是当时世界上唯一具有全国性的工人运动，极为可贵。

法、英两国工人奋起起义，在为自己的阶级大事而奋争的时候，1844年德意志普鲁士境内的西里西亚地区也闹起了工潮，这就是当地麻纺织工人的起义。这里还没有进行产业革命，起义者是手工工人，当然不如英法两国的工人运动影响力大。但对于封建割据的德意志来说却是一件大事。只是因为起义的人数少、为时短、又马上遭到了政府的镇压，没有更多的人响应，更没有波及全国其他城市。

世界著名的三大工人运动虽都未取得成功，但对世界历史的影响却是巨大和深远的。自从三大工人运动发生后，世界历史上便有了国际工人运动这一历史新潮流，为马克思主义理论的发展奠定了坚实的实践基础。

伟大导师马克思的青年时代

马克思不仅仅是无产阶级的伟大导师，也是人类历史上杰出的精神与文明向导。他是一座人格与思想的丰碑，永远令各国人民缅怀和敬仰。

法、英、德三国的工人运动，引起了当时一位年轻人的极大关注。这个人就是少年的卡尔·马克思。马克思是普鲁士莱茵省特利尔城人。第一次里昂工人起义时，马克思刚刚 13 岁，还在中学里读书。他的父亲亨利希·马克思，博学多才，当时任当地律师工会会长。亨利希看见儿子生性聪明过人，是块天生的奇才，所以对儿子寄予厚望，盼望着他将来子承父业，成为一名好律师。小卡尔也的确聪明伶俐，才华隽拔，17 岁时就读完了中学，升入波恩大学就读。因为父亲一心想让他成为律师就让他在大学专修法律。但年轻的马克思却另有所好，他更喜欢读诗和研究哲学，并没有安下心来研究法律。提起读诗，还有个鲜为人知的原因呢！

原来，亨利希·马克思既为出名的律师，平素与他交往的人里，自然少不了官员。其中老马克思与参事官威斯特华伦的关系特别好，两家结下了深厚的友谊。马克思很小的时候就常到威斯特华伦家玩。参事官很喜欢马克思的聪颖机智，就常教他读古希腊荷马史诗以及近代英国莎士比亚的诗作。马克思对诗歌的喜爱就是从这时开始的。威斯特华伦的子女也和马克思交往甚厚。在嬉戏之间，马克思对比他大四岁的燕妮小姐产生了一种朦朦胧胧的爱慕之情。燕妮长得温雅秀美，楚楚动人，娇态可掬之中又带着富贵与端庄，清灵脱俗。马克思当时稚气未脱，还未能过多地去感受这种隐隐的情愫。就在这时，他被父亲送到了波恩大学就读。

少年马克思初次离开家门，去大学就读，就像出笼的小鸟，自由地在天空飞翔。到波恩大学以后，他曾发奋攻读，竟同时选听9门课程。亨利希怕儿子负担过重，劝他改为6门。但是一个学期过后，情况就不同了。那个时候大学里的学子，不是出身名门也是富家子弟，当然就少不了放荡的纨绔习性。马克思正处在少年时期，难以把持自己，不免效仿起来。他曾因为常去酒吧，又下饭馆，违反了大学的纪律，被学校罚关禁闭。他因为喜爱诗歌还加入了“青年作家协会”，诗兴发作的时候就得意忘形起来。由于花费无度，欠了不少债务。不得不为他还债的父亲，既舐犊情深，又忧心忡忡，连连在信中告诫他，一定要为人正直，勤勉学习，喜欢诗歌是好事，但不要荒废了学业。马克思在兴头上，父亲的话怎么听得进去？

父亲看到马克思不听教诲，就决定把他送到以学风勤苦著称的柏林大学去学习。当时唯物哲学的卓越代表费尔巴哈曾经说过：“要是和柏林大学深入钻研的学风相比，别处的大学简直就是酒馆”。于是，马克思在1836年夏天离开波恩，回到了故乡特利尔城。

18岁的马克思已经是情窦初开，当他看到燕妮的时候，就再也难以抑制爱恋之心。不过，燕妮比他大四岁，威斯特华伦家的地位又比马克思家显贵得多。想到这一客观现实，马克思料想此事难成，心里十分痛苦。他实在抑郁难耐，最后还是忍不住鼓起勇气向燕妮表白了自己的爱慕之心，并向燕妮提出求婚。燕妮虽然是名门闺秀，却通情达理，没有门第观念。她慧眼识人，对马克思也早有爱恋之情。等燕妮向他表白了苦心，马克思几近狂喜。于是，两个人私定了终身，双方的父母并不知道。随后马克思把这件事禀告了父母。亨利希曾考虑到门第的差别，觉得高枝难攀，而迟疑不决。但他看见马克思对燕妮情有独钟，自己也很喜欢燕妮的温雅慧洁，就答应下来，不过对燕妮父亲的态度还是有些担心，这件事就瞒着威斯特华伦参事官定了下来。暑期过后，马克思满心欢喜，恋恋不舍，又有些隐忧地离家去了柏林。柏林大学的确就像费尔巴哈所说的那样，教授严于施教，学生勤于用功，绝对没有饮酒作乐、决斗、恣意闹事的事情发生。马克思来到这里，也决心要收心向学，在信中他向父亲禀告说他已经“打算埋头科学和艺术”。不过他还是常常想念燕妮，可是燕妮还是拘泥于旧礼，在婚约未经双亲允许公诸亲友之前，不肯与卡尔有书信往来。马克思爱恋之情难抑，就借诗抒情，写下了三部诗稿。他的父亲得知这件事后，写信给他说："你在诗中所显示出来的对爱情的夸张和过度的亢奋，并不能使你要为之献身的那个人得到平静。只有用模范的品行，英勇和坚定，能赢得众人好感的举止，才能使你们亲密，才可以使她在心里和在别人眼里，深感自信和安定。"信中还要马克思做一个"令世人尊敬与折服的堂堂男子汉"。这一次，马克思听从了父亲的善言相劝和谆谆教诲，立志勤学成才，所以他以异乎寻常的毅力开始了他的学业。

马克思选听的课程不多，但教课的老师都是著名人物。那个时候，在德意志尤其是在普鲁士，哲学家黑格尔的学说最为盛行。马克思进入柏林大学的时候，黑格尔已经故去5年了，但是他的学说却依然受到人们的钦佩和景仰，他的学生也都在极力地宣扬他的学说。黑格尔也的确不愧为哲学史上的一代宗师。他学识渊博，触类旁通，创下了辩证法哲学的学派，在欧洲可以称得上是史无前例。黑格尔把自然、历史和精神都看作是活动着的过程，永远都处在运动、演变、改造和发展之中，没有静止的时候。他解释说，人和自然是统一并相互作用的。在人类历史中，人总是把劳动当成手段去自我创造，而人的自我创造也就构成了历史。这样解释历史，黑格尔还是古往今来第一人。不过他的整体哲学观点却陷入了唯心主义，他认为万事万物皆由"绝对精神"产生。黑格尔还宣称，他的自然哲学就是通晓了"绝对精神"，所以也就是绝对真理。在政治上，黑格尔虽然也主张君主立宪制，但却更加看重君权。对四分五裂的德意志将怎样完成统一，他全然寄希望于普鲁士。他的"绝对精神"、"君权学说"以及由普鲁士统一全德的论点，使他的辩证法以及人的自我创造权利等闪光的人类哲学观点变得暗淡多了。所以普鲁士政府对黑格尔的学说很是欣赏，视为官方哲学。柏林大学本是黑格尔生前执教达12年之久的高等学府，是他的弟子聚集的地方，自然也成为研究黑格尔哲学的中心。马克思的老师中，很多都是黑格尔的传人。

黑格尔学说中既有精华又有糟粕，那些黑格尔的门徒，现在作为柏林大学教授的人中也是各有选择地继承他的学说，渐渐地分了派别。有些倾向自由主义的激进学者，建起了"青年黑格尔派"，专门用黑格尔学说去抒发自由主义的观点。教马克思《刑法》的甘斯教授就属于这一派别。甘斯教课的时候，赞颂了法国大革命，甚至称圣西门的社会主义学说也"说得很对"。马克思极细心地聆听甘斯教授所讲的课，获得了甘斯给予的“极为勤勉”的评语。出于对自由主义的向往，马克思也加入了青年黑格尔派，结识了该派代表人物之一的布鲁诺·鲍威尔。较马克思年长9岁的鲍威尔及另一位该派首要人物科本，那时都已著书立说，小有名气，但却平等地看待马克思，相处十分和谐。从此以后，马克思手不释卷研读黑格尔的学说。马克思不仅把他的学说熟记于心，而且更把他的辩证法全都记在心里。就是因为有了辩证法，马克思对黑格尔学说的剖析高出了鲍威尔他们很多。更重要的，是他用辩证的目光鉴察自然、历史和世事，为人类理解自然、开发自然开辟了新的道路。马克思从黑格尔哲学中学到了辩证法，却扬弃了唯心主义。而后他又在费尔巴哈哲学中吸取了唯物主义，成了唯物主义和辩证法的集大成者。

由于马克思心智大开，学业精进，1841年在柏林大学毕业的时候，他以一篇关于希腊哲学的优秀论文获得了哲学博士学位。马克思申明自己信奉无神论，并在论文的序言中极力推崇普罗米修斯，称颂普罗米修斯为自由和人类而献身的精神，这实际上是向普鲁士国家和封建制度开火。马克思本想在大学里执教，但是普鲁士政府驱逐大学里的进步学者，因而马克思也不能在大学工作。1842年，一些激进的资产阶级活动家在科伦创办《莱茵报》，24岁的马克思最初被聘为该报的编辑，不久担任该报的主编。这样，马克思就直接投身了社会政治活动。在马克思的影响下，该报日益带有民主主义的性质。马克思通过每天的斗争和亲身体会，彻底认清了普鲁士贵族地主的本质和这个国家官僚政治的腐败及专横。他在文章中以犀利的笔调反对普鲁士秩序，反对普鲁士的地主私有制和专制统治。他赞成社会进步，要求自由和民主权利，特别为贫苦的劳动人民辩护。他强调指出，没有人民群众的武装起义，自由是不可能获得的。那时，马克思依然发奋研读，把费尔巴哈以及法国许多社会主义者的论著详细剖析，如傅立叶、卡贝、德萨米、勒鲁、孔西德朗、蒲鲁东等人的论著。在这个时期，马克思已发展成一个彻底的革命民主主义者，已开始提出用革命方法消灭私有财产制度和过渡到共产主义的思想。由于《莱茵报》宣扬民主思想，普鲁士政府对《莱茵报》越来越憎恶。1843年1月，普鲁士政府决定从4月1日起封闭该报，并通知报社只可以出版到3月31日，并且须经过政府的严格检查。该报的股东们想改变报纸的言论方向，以顺从政府，保全报纸。马克思自然不能容忍，3月便声明退出编辑部。但仍无济于事，马克思仍遭到普鲁士政府的追害，迁居到巴黎。在巴黎，他和友人卢格商量创办新刊的大事，决定邀请德、法两国的民主人士共同办好此报，并把刊名定为《德法年鉴》，在巴黎出版。巴黎给马克思带来强有力的感受和经历。他面对着的是一个新的世界。马克思迫切希望熟悉这个新世界包括它的进步之处和各种矛盾。巴黎是当时工人运动非常活跃的城市，马克思积极参加法国工人运动，同流亡在法国的德国工人团体保持经常接触。就在这个时期，马克思完成从革命民主主义者到共产主义者的转变。这从他在1844年发表的《论犹太问题》和《黑格尔法哲学批判》文章中能够看出，新的哲学——无产阶级的哲学建立起来了。他在对黑格尔哲学作系统批判时，得到了这样的见解：在阶级社会中，基于物质利益的阶级斗争是推动历史发展的动力；只有无产阶级才有能力摧毁资产阶级社会、资产阶级国家及其经济基础——私有制，并通过摧毁这一切实现社会革命。

1843年夏天，马克思回到克罗茨纳赫小城暂住。那时，燕妮的父亲威斯特华伦参事官早已答应把女儿嫁给马克思，婚约在1837年，且已经公布亲友。不过燕妮的兄弟们，特别是她异母的哥哥斐迪南，对这件亲事极为反对。燕妮却对马克思情有独钟，虽然因为少女的羞怯极少和马克思有书信往来，但两情相许，相惜相怜的感情与日俱增。于是燕妮终于一个人来到克罗茨纳赫，在6月19日和马克思完婚。从此他们就相濡以沫，白头携老，再也没有分开。新婚之际，马克思仍在奋笔疾书，剖析黑格尔的法哲学。《德法年鉴》出版的事已经大致备办完毕。婚后4个月，马克思就决定迁居巴黎。这时的马克思已较以前大有进步了。他在剖析黑格尔哲学关于国家与法的唯心主义观念时，以锐利的眼光看出，黑格尔实际上是把整个世界全都颠倒了。马克思回首历史，明察现实，判断出国家与法的特征原来是由社会形态所决定，而不是由国家决定的。于是他把黑格尔的哲学翻过来，使自己踏上了唯物主义历史观的道路。他首次明确地分析了以前英法的革命，指出他们所求的只不过是“政治解放”，落入了国家决定社会的窠臼。只有谋求“人类解放”的革命才堪称彻底，而能够进行这种革命的，就是不久前在里昂起义和宪章运动中显示出无穷力量的无产阶级。所以，哲学必须依托无产阶级，并且为无产阶级指明道路；而无产阶级也必须懂得哲学，把它作为斗争的武器。两者结合就可以产生无穷的力量，就可以改造整个世界。当马克思的思想深入到这一步的时候，也就把自己变成了一个全新的自我，完全摒弃了唯心主义，树起辩证唯物主义和历史唯物主义的世界观，同时也在政治观念上由革命民主主义升华到科学社会主义。

马克思偕爱妻燕妮迁到法国首都巴黎并安顿下来之后，就全力以赴去筹办《德法年鉴》出版的事了。1844年2月，年鉴头两期合刊问世，载入了马克思的贯穿历史唯物主义的科学社会主义文章，篇名为《〈黑格尔法哲学批判〉导言》。那时马克思还不满26岁。虽然这篇文章寓意极深，字字珠玑，马克思还是感到不足。他觉得自己的知识还有很多缺憾。他能洞见是市民社会决定国家，而不是国家决定市民社会，指明了社会发展规律的真理，但怎样去剖析市民社会，却需要有政治经济学的根基，马克思对于这一领域了解不多。就在这时，从英国寄来的一份文稿却正好弥补了马克思的缺憾。文稿的题目是《政治经济学批判大纲》，见解十分深邃，赫然又是一篇科学社会主义的雄文。文后署名就是马克思在两年前曾与之谋面的弗里德里希·恩格斯，也是后来与他并肩战斗一生的亲密战友。从此，马、恩开始了伟大的合作与战斗历程。

文明世界的导师恩格斯的故事

在马克思去世之后，恩格斯是人类文明世界最杰出的导师。

他与马克思建立了伟大的友谊，他把自己的智慧和能力，统统投入到志同道合的友谊与事业中。恩格斯的一生，是有其独特价值意义的一生。

恩格斯比马克思小两岁，论起来，马、恩两人还是同乡，都是普鲁士莱茵省人。恩格斯祖籍巴门市，出身于工业界的大户人家，祖产“欧门·恩格斯公司”，在莱茵省工业界名声很高。恩格斯的父亲是商业资产者，但却为人古板，恪守旧礼，专门用清教徒式的虔诚主义作为持家之道。他在恩格斯书箱中看到一本叙述中世纪骑士的小说，就认为是犯禁、不检点。所以，恩格斯从小就不喜欢刻板的父亲，却和母亲很有感情。他的母亲是教授的女儿，性情开朗，言谈幽默，曾经把虔诚主义信徒视为禁书的《歌德全集》当作生日礼物送给恩格斯。因此，在慈母的熏陶下，恩格斯养成了豁达不羁、喜爱自由的性格。又因为他自幼好学、资质聪明，13岁之前在巴门实验中学已经是同窗中的佼佼者。14岁转到爱北斐特市立中学求学，文学、历史、化学、物理等许多科目都学得十分扎实。在拉丁语、法语上尤其显示出了他的天才，成绩优秀。

不过因为恩格斯的父亲并不像马克思的父亲那样倾向自由，把爱子送入大学深造，而是一身商人的习气，只想让恩格斯子承父业，尽快步入商界。所以在恩格斯还有一年就毕业的时候，强令他辍学，回到巴门市到自己家的工厂当学徒，一年后又转到布来梅贸易公司。

一心向学的恩格斯在 17 岁风华正茂之年就得弃读经商，当然是十分不情愿的。但是迫于父命，也只能这样。那时候他还不敢违抗父亲，只是暗中立下志愿，只要有闲暇时间，就用来读书自学。所以恩格斯虽然连中学都没读完，后来却和马克思一样学识渊博，这都是他在闲暇的时候自学的结果。他在 20 岁的时候，已经可以娴熟地运用英、法两种语言写信撰文了，对于西班牙、葡萄牙、意大利、荷兰等几种语言文字也能较熟练地运用。他博学强记，对诗歌文学都很喜好，且更喜欢研读黑格尔哲学，21 岁时已经把黑格尔以及黑格尔派的著作大部分读完，差不多和马克思同时具有了革命民主主义观念。恩格斯既勤学又好动，善于游泳、射击。1841 年 10 月，他竟志愿入伍服役，到了柏林近卫炮兵旅。服役虽然只有一年，恩格斯却从此喜欢上了军事科学，直到晚年他一直对此情有独钟。服役的时候，恩格斯常到柏林大学旁听，并结识了青年黑格尔派的鲍威尔兄弟和科本等人，还研读了费尔巴哈的名著《基督的本质》，哲学见识大大拓展。役满后回到故乡，被父亲派往英国曼彻斯特，到那里开办的“欧门·恩格斯沙龙”学习经商管理。1842 年 11 月在前往英国途中，他路经多伦，曾经拜访过《莱茵报》编辑部，首次和马克思相见。只是因为彼此间了解甚少，并未深谈，随后就到了英国。

到 1844 年 9 月之前，恩格斯一直住在曼彻斯特。曼彻斯特是产业革命中兴起的工业都市，工厂林立，工人聚居，显示出工业资本主义的各种特征。恩格斯在这段时间内真是大开眼界，目睹了资本主义社会的情景。他渐渐分析得出，在以往的史籍中从来没有记载过好的经济状况，而这实际上是具有决定力的东西。现在工人阶级和资产阶级之间的对立，显然是因经济地位的差别而形成的，如果不是产业革命产生大工业，怎么能变成现在的状况呢？就是政坛上的党派之争，也是因为各自的经济利益不同。于是，恩格斯开始研读各经济学者的论著，亚当·斯密、大卫·李嘉图和许多其他派别的书，这使恩格斯在政治经济学上的学识广博起来。同时，他还研读了许多空想社会主义和共产主义者的著述。圣西门、傅立叶、欧文、巴贝夫、卡贝，乃至蒲鲁东的书都是他案头的必备之物，这些书他都读得很熟。他边读边想，最终领悟出，原来经济状况才是基础，国家、法、阶级对立、党派纷争等诸多政治现象都源于这一基础。于是，恩格斯也步入了历史唯物主义的坦途。所不同的是，马克思从哲学之路辩证地达到这一境地，而恩格斯却是由研究经济入手而获得同样的结论。

恩格斯在博览群书的同时，从来没忘实践活动。那时，有不少德国工人领袖流亡英国，结成了秘密团体“正义者同盟”。沙佩尔、莫尔等人是团体的领头人。恩格斯曾经在1843年因为商业上的原因去伦敦旅行，就和这些人有了交往，结下了友情。他从这些人立志为工人解放而斗争的勇气中，已经看出了无产阶级的力量。他还曾前往军旅，专程拜访英国宪章派报纸《北极星报》编辑部，结识了宪章派首领哈尼。他更无数次径直来到工人聚居的脏乱的棚户区，和工人们交谈。后来就据此写下了《英国工人阶级的状况》一书。恩格斯就是这样转变为信仰辩证唯物主义和历史唯物主义的共产主义者。他把研读和观察所得，写成文章，投到《莱茵报》、《北极星报》、欧文社会主义者的《新道德世界报》，以及后来创刊的《德法年鉴》。《政治经济学批判大纲》一文就是投给《德法年鉴》多篇稿件中的一篇精品，马克思称它为“天才的大纲”。

1842年恩格斯在莱茵报社初次见到马克思时，和青年黑格尔派还时常通信，而那时的马克思却已经和该派决裂。所以恩格斯对马克思心存芥蒂，未曾深谈。等到《德法年鉴》出版后，恩格斯也已经在思想上摆脱了青年黑格尔派，并转变为科学社会主义者，当然更对马克思油然生出敬慕之心。而马克思从看到恩格斯的《政治经济学批判大纲》，就如获至宝，并受到启示，决定研读经济学说。于是，两个人开始了信件往来，所谈论的许多观点都不谋而合。

1844年8月底，恩格斯在从英国返回德国的途中，来到巴黎，造访了马克思。这次巴黎的会见，是一次历史性的会见。马克思高兴地欢迎恩格斯，把自己在巴黎的战友介绍给他，和他一起参加工人的集会和聚会。他们每天不停地进行讨论，交流思想，而且惊喜地发现，他们彼此对于资本主义的起源、它的性质、它的发展前途以及一切理论问题上意见完全一致。恩格斯在马克思家一住10天，达到了真正的互相了解，他们决定，为创立科学的社会主义理论共同战斗。为了立即表明这一点，他们决定共同撰写第一部著作《神圣家族》，共同阐明他们的观点。恩格斯在巴黎时就写完了他所分到的章节。从此以后，开始了马克思和恩格斯毕生创造性的合作。后来列宁这样写道：“古老的传说中有各种非常动人的友谊的故事。欧洲无产阶级可以说，它的科学是由两位学者和战士创造的，他们的关系超过了古人关于人类友谊的一切最动人的传说。”

并肩战斗

马克思、恩格斯的并肩战斗要从19世纪30年代说起。当时，资本主义在欧洲，尤其在一些先进国家有了很大的发展，使用机器生产的大工厂整批建立起来。近代的工业无产阶级产生了，科学研究的领域扩大了，技术革命发挥了威力。这种情况，就为人们对社会历史的发展做全面的了解、对社会作科学的认识提供了可能。

资本主义的这种发展，是建立在无产阶级的苦难的基础上的。资本家对工人的压迫和剥削日益深重，工人组织起来，从个别自发的斗争开始走向有组织的斗争，从单纯的经济斗争发展为政治斗争。1831年和1834年，法国里昂工人举行两次武装起义；1836年到1848年，英国爆发著名的宪章运动；1844年，德国的西里西亚组织工人反抗资本家压迫，并同军警发生武装冲突。这三次早期的无产阶级大起义，标志着无产阶级已经作为独立的政治力量登上了历史舞台。

但是，这一时期的工人运动基本上还是自发的，没有革命的理论武装来摸索自己的道路。20年代以来出现的形形色色的社会主义，是脱离工人群众和革命运动的，是陷于空想的，他们对终极真理的企求和拯救人类的奇妙药方，没有一个能给无产阶级指明正确的道路。三次早期的无产阶级起义都失败了，鲜血在西欧的大地上流淌，可是悲哀仍然没有消散，创伤还是如此刺痛，并且一天比一天更加难以忍受。无产阶级迫切需要科学的理论来指明方向。因此，创立科学的社会主义，并使这种理论和工人运动结合起来，就成为时代的迫切需要。马克思和恩格斯正是在这样的历史时刻投入火热的革命斗争实践。他们作为战士，对旧社会和旧制度进行战斗；他们作为学者，对旧世界和旧观念进行批判。在这个基础上，他们继承了人类先进思想的优秀成果并加以革命的改造和发展，光辉地完成了时代所赋予的历史使命。

马克思和恩格斯两位伟大的导师，自从结交以后并肩作战，写下了许多不朽的光辉著作。

他们的首次合作，就是《神圣家族》一书。这本书将近 20 万字，从动笔到出版，总计不到半年的时光，真可谓神速。这本书的精髓就在于对历史唯物主义学说的阐述。书中首次运用了“生产方式”一词，借以阐明经济是基础的道理。他们还提到“历史活动是群众的事业”，又说无产阶级一定能够自己解放自己。

马克思在巴黎的行动，让普鲁士政府十分气恼，于是颁布命令，要是马克思回国，就在边界上把他抓起来。后来因为见马克思并没有要回国的意思，就又说服法国七月王朝，把马克思驱逐出边境。1845 年 1 月，法国政府真下了驱逐令，马克思只好在 2 月 3 日迁居比利时的布鲁塞尔。两个月之后，恩格斯也去了布鲁塞尔。两个人潜心研究政治学、经济学以及社会主义学说，不断写文章，还结识了当地的民主主义者和社会主义者。7 月，两个人共同前往伦敦和曼彻斯特，再去研读英国经济学论著并实地考察英国状况。在伦敦期间再次和研究学派的哈尼及正义者同盟的沙佩尔、莫尔等交谈，还参加了宪章派、正义者同盟及各国民主主义者代表在那里的集会。约莫在 8 月下旬，两个人从英国返回布鲁塞尔。

回到布鲁塞尔后，两个人又开始撰写他们合作的第二部著作，定名为《德意志意识形态》。这本书比《神圣家族》又有很大进展，不仅把流行于德意志的黑格尔哲学、青年黑格尔派学说及费尔巴哈哲学等一一加以剖析，并指责其中的弊端，而且他们把自己以前的见闻观点也做了整理。更可贵的就是直接使用了“唯物主义历史观”的说法，并条理清楚地作了剖析。除了两个人合著的书，他们也分别出版了自己的著作。马克思写的《关于费尔巴哈的提纲》、《哲学的贫困》、《雇佣劳动与资本》以及恩格斯写的《英国工人阶级状况》等书，从哲学、经济学、政治学等方面，把历史唯物主义、认识上的实践理论、工人运动必须和社会主义相结合的理论叙述表达得很清楚。马克思还萌生出有关剩余价值的经济学观念，只是还没有直接用“剩余价值”一词。

就是因为马克思、恩格斯智慧超群，论证科学，全部以理服人，的确令众多的工人领袖和社会主义者折服，从而也使当时流传的种种社会主义流派显得黯然失色。其中就有正义者同盟领袖之一魏特林的“平均共产主义”、克利盖宣扬的“真正的社会主义”、法国蒲鲁东的“小资产阶级社会主义”等等。马克思、恩格斯也从中看出，这个时候是把科学原理传播到各地的最佳时机，既可以把国际工人运动引上正路，又可以把世界无产阶级联合在一起。于是在 1846 年 2 月，在布鲁塞尔建立起共产主义通讯委员会。委员会立即和德、法、英以及比利时的无产阶级同盟取得了联络，以信件互通讯息，研究讨论各种宣传共产主义的事宜。在通讯活动中，马克思、恩格斯很看重正义者同盟。就是因为这个同盟虽然是由德国人建立的，但不久就有瑞士、北欧各国、荷兰、匈牙利、捷克、俄国等国家的人加入，同盟就变成了国际性的团体。通讯委员会与同盟交往甚多，同盟中人对马克思、恩格斯之学说也日趋感佩。1847 年 1 月，同盟相邀马克思、恩格斯入盟并帮助同盟改组。马克思、恩格斯欣然接受。1847 年 6 月间，同盟召开首次代表大会，恩格斯亲自到会。恩格斯以他与马克思之名义，倡议将正义者同盟改名为“共产主义者同盟”，并以“全世界无产者，联合起来”的口号，取代“人人皆兄弟”的原始口号。众人听此言含意隽永，甚是有理，便议决按此意改过了名称及口号，并且在会上还决定，须以恩格斯所写的《共产主义信条草案》为同盟制定纲领的要旨，还将马克思、恩格斯参与拟定的同盟章程草案发放到各个分部商议。到 11 月底至 12 月初之时，同盟者又召开了第二次代表大会。会上通过了同盟章程，宣告了同盟的目标是推翻资产阶级政权，让无产阶级来统治，建立没有阶级、没有私有制的新社会。与会人员还议定，从此以后，同盟必须以“共产党”的名称对外来处理事务，并委托马克思、恩格斯草拟一份宣言，用来指明同盟的纲领。马克思、恩格斯受托后不久就写了出来，并于 1848 年 12 月公诸于世。这便是举世闻名的《共产党宣言》，它的问世标志着科学社会主义的诞生。

马克思和恩格斯就其出身来说，都属于资产阶级知识分子，他们在革命的实践中得到了自我的完善，从唯心主义转变为唯物主义，从反封建的革命民主主义者转变为反资本主义的共产主义者。从而为创立科学的社会主义即马克思主义奠定了坚实的基础。但就事物发展的规律来说，一切都是变化发展的，没有固定不变的学说，一切都是在批判与继承中得到完善。马克思、恩格斯正是适应了这一规律，批判地改造了人类优秀成果，使它得到了继承和发展。他们利用自己渊博的知识，在哲学、政治经济学和社会主义领域内作了大量的科学研究，成为“人类在 19 世纪所创造的优秀成果——德国的哲学、英国的政治经济学和法国的社会主义的当然继承者”。

从 19 世纪 40 年代中叶起，马克思和恩格斯就致力于把科学的社会主义理论灌输到工人中去，使科学的理论与工人运动相结合起来。因此，他们同工人运动中流行的各种非马克思主义学说展开争论，使自己的理论在斗争中得到检验和发展。在19世纪40年代他们共同执笔写了《神圣家族》、《德意志意识形态》、《哲学的贫困》等书来同资产阶级进行斗争。

就这样，马克思、恩格斯并肩作战，批判地继承了人类先进思想的优秀成果，批判了形形色色的非科学的社会主义流派，总结了国际工人运动的斗争经验，从而创立了科学的社会主义——马克思主义。

《共产党宣言》和《资本论》

《共产党宣言》标志着马克思主义的科学社会主义诞生；《资本论》更是马克思主义的头等巨著。了解它们，是了解人类思想宝库的重要部分。

1848年2月出版的《共产党宣言》是马克思、恩格斯吸收了《共产主义原理》的基本观点而写成的。它是科学社会主义的第一个纲领性文件，它对马克思主义的三个组成部分——哲学、政治经济学和空想社会主义，作了有机而完整的叙述。

《共产党宣言》的主要内容为：

一、宣告了资本主义必然灭亡，社会主义必然胜利。这是马克思和恩格斯运用辩证唯物主义分析资本主义发展规律得出的科学结论。指出生产关系一定要适合生产力性质的规律是人类社会发展的客观规律。并且预言道："资产阶级的灭亡和无产阶级的胜利是同样不可避免的。"

二、《宣言》指出无产阶级的伟大使命即：推翻资本主义、建设社会主义和共产主义。这是由无产阶级在资本主义社会里的阶级地位所决定的。因为它具有彻底的革命精神，是新生产方式的代表，是资本主义的掘墓人。《宣言》揭示了无产阶级进行暴力革命和建立无产阶级专政是实现无产阶级历史使命的必由之路。

三、《宣言》提供了关于建立无产阶级政党学说的基本要点，指明共产党是无产阶级的先锋队，无产阶级没有共产党就不能获得解放。

四、《宣言》给那些以社会主义旗帜为掩护的封建的、小资产阶级的和资产阶级的政治思想进行阶级的分析、评价和批判，指明了这些流派实际上都是敌视无产阶级而为剥削阶级利益服务的。《宣言》对空想社会主义作了分析，指出这些思想家的体系的空想性质，但同时也承认了这些观点中所包含的合理成分。

五、《宣言》宣布了共产党人在对当前反动统治的社会斗争中的方针和策略，声明“共产党人到处都支持一切反对现存的社会制度和政治制度的革命运动”，“共产党人到处都努力争取全世界的民主政党之间的团结和协议。”

《宣言》豪迈地宣称：“让统治阶级在共产主义革命面前发抖吧。无产者在这个革命中丢失的只是锁链。他们获得的将是整个世界。”并且《宣言》以“全世界无产者，联合起来!”这个伟大的号召作为庄严的结束语。

《宣言》的问世，标志着科学社会主义的诞生，标志着人类思想史上的一次伟大革命。它解决了马克思主义诞生以前的社会主义者和共产主义者所难以解决的问题，使社会主义同具体的工人运动相结合，使国际共产主义运动从此开始了一个新的历史阶段。它像一盏永久不息的明灯，为全世界无产阶级照亮了解放的大路。自此之后，国际工人运动与国际共产主义运动结合在一起，成为世界历史中一股不可阻挡的大潮。

正是：资本社会多弊病，工人运动起鹏程；马恩创出科学论，《宣言》问世照苍穹。

从 19 世纪 40 年代到如今，一直有很多人存在着这样一个问题，那就是：为什么有的人要受苦受难？资本家到底为什么能够剥削工人？无产者们的前途又在何方呢？对于这个问题，在 19 世纪 40 年代一些社会主义者曾试图加以回答，但却都以失败而告终，也就在这时，当时的两位伟人马克思、恩格斯，对资本主义社会作出了深刻的剖析和科学的解释。从而产生了这部气势恢宏，将资本主义剖析得入木三分的《资本论》。

1867 年 3 月，《资本论》第一卷完稿，《资本论》是无产阶级的科学的战斗武器，正像马克思自己指出的：“《资本论》在理论方面给资产阶级一个使它永远翻不了身的打击。”《资本论》是马克思在深入研究了许多学科，阅读大量材料的基础上而著成的。它的写作过程反映出了马克思严谨的治学态度。马克思曾经说过，他宁愿将手稿烧毁，也不愿将不成熟的作品留给世人。但是《资本论》却是在他生活非常贫困的情况下完成的。据记载，当马克思的《资本论》脱稿后，需要亲自把手稿送到汉堡出版时，他却无法办到，因为他的衣服和表都在当铺中，只有恩格斯送来钱后，才如愿完成这项工作。《资本论》的完成是离不开恩格斯的帮助的。恩格斯对马克思在精神上和物质上给予巨大支持，他帮助马克思了解了资本主义生产过程和工厂管理等情况，并且同他探讨重大理论问题。《资本论》的二、三卷的整理和出版均是由恩格斯完成的，因为马克思在写完第二卷和第三卷的手稿时就与世长辞了。

《资本论》的最终目的就是揭示现代社会的经济运动规律。《资本论》的第一卷分析了资本主义的生产过程；第二卷论述了资本的流通过程；第三卷阐述了资本主义生产的总过程。《资本论》的主要基础是剩余价值理论，它揭示了资产阶级存在的基础是对工人阶级剩余价值的占有，从而揭露了资本主义剥削的实质和秘密。无产阶级同资产阶级是两个在根本利益上对立的阶级，无产阶级的历史使命就是彻底推翻资本主义剥削制度。它科学地论述了资本主义必然灭亡和共产主义一定胜利的客观历史规律，向全世界无产阶级指明了斗争方向。1868 年 9 月，第一国际的布鲁塞尔代表大会通过专门决议，号召全世界无产者学习《资本论》。决议指出：“卡尔·马克思作出了不可估量的贡献，他是经济学家当中第一个对资本进行科学分析并把它分解为原始成分的人”。《资本论》是马克思主义的百科全书，是无产阶级进行革命斗争的锐利武器。

六月起义

1848 年 2 月，法国七月王朝被推翻了。刚刚登上历史舞台的无产阶级，在革命中是真正主力，他们已武装起来。在巴黎和法国其他城市出现了许多革命的、无产阶级的俱乐部，其中最著名的是布朗基领导的“中央共和社”。二月革命时期，资产阶级一反常态对工人阿谀谄媚，企图独占政权，最后二月革命的胜利果实被资产阶级所窃取，资产阶级成立了临时政府。表面上，临时政府是参加革命各阶级的联合，实际上则垄断了政府的一切要职，便在这时产生了法国历史上的第二共和国，同时，它也打上了工人阶级的烙印。

工人阶级原想争得一个不仅能给人民政治自由，而且能摆脱资产阶级统治的共和国。但是临时政府已被资产阶级控制，这也就决定了共和国的性质。法国的资产阶级企图抹去工人阶级打上的“社会共和国”的烙印，暗中开始准备另一场战斗，阴谋用武力来取消工人阶级的要求。临时政府整顿和扩充了反革命的武装，建立了24营反革命别动队，他们想方设法，把路易·波拿巴和阿尔伯工人阶级的代表排挤出政府。

2月底，临时政府开办国家工场，收容大批失业工人，工场采用半军事化的组织形式，从事植树、挖土一类非生产性劳动，每个工作日发给两个法郎，劳动组织故意搞得很坏。它这样无非是要控制大量的失业工人，防止工人的革命行为，并极力破坏社会主义的声誉。资产阶级用挑拨离间的方法，使无产阶级得不到农民的支持而陷于孤立。资产阶级在造成这些有利的条件后，就决心对工人下手，迫使工人应战。4月，资产阶级在里昂城残酷地镇压了工人起义。5月4日，临时政府解散了由工人组成的新政府——执行委员会，并把许多优秀的无产阶级领袖投入监狱。6月22日，执行委员会宣布解散国家工场，把11.3万名工人抛到街头。形势的发展已使工人们没有选择的余地：若不甘心饿死，就要展开斗争。他们在6月22日进行了大规模的起义。

但是由于它是自发性的，没有革命政党的领导和明确的纲领，因此一开始就面临着失败的危险。但是在起义中它提出了自己的口号和要求，其中“民主的和社会的共和国”成了起义的总口号，把巴黎无产阶级团结起来。在6月的决战中，尽管力量悬殊，但是工人阶级却表现了空前的英勇、坚决、沉着和机智，他们以大无畏的精神，抗击六倍于自己的敌人。

6月22日晚，一夜之间起义的工人在巴黎东城和东郊构起600座街垒，他们看清了路易·波拿巴要他们“立即放下武器”向资产阶级屈服的丑恶嘴脸，坚定地拿起武器，直到26日黄昏，政府军才攻占起义者最后的根据地圣安东区。接着而来的是疯狂的白色恐怖。有11000多工人被屠杀，25000名的工人被监禁、流放和服各种苦役。在1848年，资产阶级第一次表明了，当无产阶级敢于作为独立的阶级为自己利益和要求反抗它的时候，它会以何等疯狂的残暴手段向无产阶级报复。

六月起义的血腥教训，使工人们认清无产阶级同资产阶级的利益是根本对立的，工人阶级想要迫使二月革命后的共和国予以满足他们提出的那些要求，只能通过推翻资产阶级的统治来达到。六月起义揭示了路易·勃朗及其他小资产阶级社会主义代表人物在理论上和策略上的错误和危害，最终证明了只有无产阶级具有“社会主义本性”。六月起义后，出现了一个新的革命战斗口号：推翻资产阶级，建立工人阶级专政！

六月起义先后一共5天，但是这是现代资本主义社会中无产阶级反对资产阶级的“第一次伟大战斗”，这是为保存或消灭资产阶级制度而进行的战斗，因而在历史上具有重大的意义。

第一国际史话

列宁曾经说：“第一国际奠定了国际无产阶级争取社会主义斗争的基础。”

1848 年“革命风暴席卷欧洲的时候，各国工人成为革命的先锋，奋起抵抗，但最终却都以失败而告终，自此欧洲革命暂时转入低潮。直至 60 年代，工人运动才再次旺盛起来，但由于当时资本主义市场已趋于形成，所以工人运动也要求进行国际联合。

马克思和恩格斯没有因革命失败而失去信心，而是对革命充满信心。他们利用美国的《纽约每月论坛报》和其他报刊，就当时的国际重大事件发表了许多政论文章，抨击资产阶级反动统治和殖民主义罪恶。并且他们为了迎接新的革命高潮的到来，还做了各方面的组织准备。他们在英国先进工人中积极进行宣传和教育工作，争取了职工工会活动家和宪章派左翼领导人哈尼、琼斯等人，通过他们去影响广大的英国工人群众。他们特别注意培养国际工人运动的领导骨干，想方设法同各地的革命老战士建立联系，把原共产主义者同盟成员埃卡留斯、列斯约以及威廉·李卜克内西等团结在自己的周围，教育他们努力学习、刻苦钻研革命理论，掌握战斗武器，迎接必将到来的新的革命高潮。

在这个时期，资本主义经济在西欧和北美各国都已得到很大发展。在这些国家中出现了反封建的人民革命运动，它们同中欧和东欧被压迫民族为争取民族独立的斗争汇成了广泛的民族民主运动。工人运动蓬勃发展起来，工人组织也陆续建立，并开展了有组织的活动和罢工斗争。工人阶级的国际团结愿望日益增强，国际上一系列的重大革命事件也要求各国无产阶级加强支援和团结战斗，支持被压迫民族斗争的统一行动。

直接促成第一国际诞生的重大事件是 1863 年波兰人民反对沙皇统治的民族起义。马、恩认为，波兰的独立将是对沙皇、反动势力的沉重打击，也是欧洲无产阶级解放斗争的重要条件。他们动员全欧无产阶级全力支援波兰的革命运动。当时沙皇出动了十倍于波兰起义者的军队，对起义进行血腥的镇压，这激起了欧洲无产阶级和民主派的愤怒。1863年11月10日，英国工人会议通过致法国工人的《呼吁书》，呼吁团结起来共同战斗，并建议召开有各国代表参加的国际会议，建立各国人民之间的团结。1864年9月28日，在伦敦圣马丁堂召开了盛大的国际性会议，再次讨论声援波兰人民共和国国际工人联合斗争的问题。马克思出席了大会，并正确估计到他和恩格斯的国际无产阶级团结和建立国际无产阶级战斗组织的愿望已有可能实现，因此他积极参加并引导。大会通过法国工人的倡仪，决定成立国际性的工人组织，并选出一个由英、法、德、意等国工人代表组成的临时中央委员会。马克思作为德国工人代表被选入中央委员会，担任德通社书记。在临时中央委员会1864年10月11日的会议上，这个组织正式定名为“国际工人协会”。从此诞生了第一国际，它是一个国际性的无产阶级的战斗组织。它是欧美各国无产阶级运动的发展和马克思、恩格斯不倦的理论和实践活动的结果。

自从第一国际成立，欧洲的工人运动如虎添翼，比以前更为蓬勃地发展起来。但是在国际内部存在着分歧，时常出现争执，诸多派别各执己意，互不相让。当时法国的蒲鲁东主义最为厉害。那时，国际巴黎各支部几乎全由蒲鲁东主义者把持，托伦就是那时的首要人物。他们在国际会议上诋毁马克思拟定的宣言与章程，反对革命，反对罢工，反对解放妇女，甚至对民族独立也持有异议。但它却难以服人，大部分代表摒弃他们，最终认为宣言才是国际的正确道路。

第一国际成立后，最主要的任务是制定国际的纲领和章程，为此还成立了专门的九人起草委员会。起草委员会的成员对国际的目的和任务存在着根本不同的看法，并发生了激烈的争论，最后，起草委员会决定把起草任务交给马克思。

第一国际成立一年后又在洛桑召开了代表大会，在会上蒲鲁东派的代表又出面反对政治斗争。但因为他的错误百出，大部分人认为：“工人的社会解放与其政治解放不可分割。”这便给蒲鲁东派当头一棒。在这次大会上争执最为激烈的还是怎样看待所有制问题。蒲鲁东派的头目托伦曾说：“我们的公式便是：土地归农民，贷款给工人。”他狂妄地说工人是“自由的拥护者，因而也便是私有制的拥护者”。并且他们执意要大会对此作出决议。由于争论相当激烈，因此未能作出定论。一年后在布鲁塞尔议论此事时，因当时第一国际到了鼎盛之时，而蒲鲁东派在国际中已大不如前，因此大会最终通过了公有制的决议。

自从蒲鲁东主义在国际上遭失败以后，又出现了巴枯宁主义。与蒲鲁东主义不同的是：它仇视工人运动，并且图谋不轨。他的主要领导者——巴枯宁出身于俄国贵族世家，年轻时也曾崇尚民主，甚是向往“自由、平等、博爱”。1847 年时，他在巴黎演说，直言责骂沙皇专制，因此被逐出国境。1848 年投身于革命，成为当时的领导者之一。但遭失败而坐牢后，其革命意志也随之而毁，转而投向沙皇。1864 年第一国际建立后骗得马克思的信任，借此加入国际，进而组织了所谓的“和平与自由同盟”，破坏第一国际的性质。通过马克思和恩格斯的不断与其斗争，才使其“退出斗争舞台”。但在第二年又跑到意大利去参加了一次暴动，失败以后才到瑞士隐居，两年后，因重病不治，被阴司把魂勾了去。

马克思及其支持者，要求把国际建设成一个团结、教育、组织和领导欧美无产阶级进行反对资本主义斗争的工具，认为国际的纲领必须建立在科学社会主义的基础上，但是纲领又必须能够被当时不同水平的工人运动所接受。马克思用“实质上坚决，形式上温和”的办法，即没有用“共产主义”、“共产党”一类的字眼，而是通过回顾无产阶级反对资产阶级的斗争的发展，来阐明无产阶级争取解放的道路，把《共产党宣言》中的基本思想包括到第一国际的《成立宣言》和《共同章程》中。

马克思名义上只是委员会的一名委员，实际上领导了第一国际的全部日常工作。

当国际在海牙开会的时候，处境就很艰难了。自巴黎公社遭到镇压后，欧洲各国政府都迁怒于国际。即便是那“拯救人类灵魂”的罗马教皇，也直言国际为“神的死敌”，呼唤众教徒反对国际，还扬言要绞死国际会员。在欧洲大陆上，国际已经步履维艰。鉴于这种情况，恩格斯在大会上提出，将总委员会驻地迁往美国，并得到通过，迁于美国纽约。

第一国际的根基在欧洲，它是在欧洲工人运动发展的基础上建立的。所以自迁往美国后，其活动也终止了，最终于 1876 年解散。

第一国际自成立之日起，大展雄威，援助了各国工人，获得多次罢工胜利。在内部先后将蒲鲁东主义、巴枯宁主义击败，且培育出很多工人领袖，并且日趋老练，更使马克思主义学说深入人心。这便为日后各国建立工人政党创下条件。第一国际虽是自行解散，却已然为国际工人运动的发展做出了卓越贡献。

永垂史册的“五月流血周”

“生命诚可贵，
爱情价更高，
若为自由故，
二者皆可抛！”

这样的诗最适合那些为了千千万万人的自由而牺牲的人。

位于法国巴黎市东区的拉雪兹神甫公墓地区，耸立着一堵墙，墙上的花岗岩浮雕，再现了巴黎公社战士浴血奋战的悲壮情景：1871 年 5 月 27 日，公社战士在墓地上同凡尔塞匪徒进行殊死搏斗之后，最后在这堵墙垣下，迎着敌人的子弹，一个个刚毅不屈，视死如归，全部壮烈牺牲。这座墙就是震惊世界的公社社员墙。这是一座用公社烈士的血肉砌成的人类历史上第一个无产阶级政权——巴黎公社的纪念碑。

1871 年 3 月 18 日巴黎人民起义，推翻了梯也尔政府，万人欢呼。国民自卫军中央委员会阐述这一革命时，曾明白地说：“无产阶级……已知晓，夺得政府权力，掌握自家命运，乃是他们必须立时履行之职责，亦是绝对之权利。”从这句话我们可以知道，3 月 18 日革命是一次无产阶级革命。

革命胜利的当天晚上，中央委员会的众委员便纷纷来到市政厅。第二天早晨，委员会开会决议，要及早选举公社。这时中央委员会已夺得了政权，并组成了临时政府。临时政府在这时做了很多有益的事，把很多大事办得井井有条，并且使混乱的巴黎秩序稳定了下来。中央委员会深知民间的疾苦，不等选举公社，就先颁布了法令：将价值 15 法郎以内的典押物归还原主，并不得再拍卖典押物品；一应到期的债务都延期半年再还；房租则向后推一年再付。还从银库中拨出 100 万法郎用于补贴最艰难、生活极度贫困的人。原来国民议会已停止发放许久的国民自卫军军饷，也重新发放给个人。

中央委员会处事谨慎，对城外的德国军队也采取了妥善的措施。他们明知和约丧权辱国，但是为了保住革命果实，不再使人民再遭战争之苦，他们对德国作出了让步。并且中央委员会还接连两次将反革命示威平息下去，又挫败了各区区长夺取政权的企图，将政权牢牢握在了手中。因此国民自卫军中央委员会得到了巴黎人民的拥戴。中央委员会也公告即将选举公社委员会，并且明确指出这个委员会将不断受舆论的检查、督促与批评，它是可信的，对人民负责，受人民监督，人民有权撤换不合格的委员。3 月 26 日进行选举，在选举的公社委员中共有 81 人，其中布朗基派人数较多，新雅各宾派常与他们意见相同，所以他们为“多数派”。

3 月 28 日，在市政厅广场上，数十万的巴黎人民欢聚在一起，来庆祝公社的成立。下午 4 时，当选的公社委员及国民自卫军中央委员，在人民的欢呼声中走上了主席台。布西埃代表中央委员会宣读当选的公社委员名单后，大声地宣告：“我以人民的名义宣告，公社成立了！”人类历史上第一个无产阶级的政权诞生了！巴黎公社是新型的国家机器，是民主的，它来自民间，因此可与人民融为一体。公社掌握政权之后，百业待兴，急需得到国际方面的支持。

和平只是一时的。梯也尔政府在失败逃往凡尔塞以后，对巴黎起义恨之入骨，下定决心不惜一切力量也要将革命镇压下去。他到凡尔塞之后四处调集军队，在 4 月 2 日便派 1 万人向巴黎进攻。凡尔塞军的进攻，激怒了巴黎人民，国民自卫军战士自行集结起来，在 4 月 3 日分别由杜瓦尔、埃德、佛路朗斯统率的左、中、右三路向凡尔塞军进攻。但那时凡尔塞军早已集结四五万人。国民自卫军由于指挥官多有失误，寡不敌众，所以，战事失利，遂由进攻转入防守，不敢轻易出击。面对外敌，公社内部出现了分歧，并建立了“救国委员会”，本以为在通过调整之后分歧会终止，但多个派别还是不能达成一致意见。就在巴黎内部纷争的时候，凡尔塞军又大举进攻。5 月 3 日，夺占穆兰——萨克棱堡。5 日又攻下克拉马尔，巴黎失去了南部阵地。从 6 日起，官军发动总攻，公社寡不敌众，伊西炮台几乎被炸成废墟。当时巴黎西南各城门都已暴露在敌人的面前。而此时公社内部屡起纷争，终在 5 月 21 日，公社两派少数派和多数派和解，但是凡尔塞军已于 5 月 13 日占领了旺夫炮台。5 月 21 日，公社委员勒弗郎塞在路过正面的圣克卢城门时，发现此门竟无人把守。21 日下午，还不知大难临头的巴黎民众在伊勒里宫举办音乐会时，早有凡尔塞敌军探入，并利用此机，占领了圣克卢门，总攻巴黎。巴黎军民见敌人已进入城内，奋起抵抗。从 21 日起，公社战士与敌人一街一巷地展开了激战。28 日，公社只剩下贝尔维尔林荫道一带的最后一处阵地。正午公社战士打出了最后一颗炮弹。到下午2时左右，一位不曾留下姓名的战士独自一人坚守街垒，与敌人对射，三次将敌人军旗砍断，尔后机智逃离。这也是公社最后的枪声。3时左右因激战数日而精疲力竭的瓦尔兰落入敌手，在眼珠被打出眼眶时高呼“公社万岁!”最后饮弹捐躯，这便是永垂史册的“五月流血周”。

自3月18日革命至5月28日遭镇压失败，巴黎公社在72天内创下了前所未有的光辉业绩。

列宁与他的绿色办公室

列宁原名弗拉基米尔·伊里奇·乌里扬诺夫。1870年4月22日，生于俄国伏尔加河畔的辛比尔斯克。他生长在一个知识分子家庭里，父亲长期教中学的数学和物理，后来担任了辛比尔斯克省的国民教育总监，家中充满了民主主义气氛。可是，当时的俄国到处都是赤裸裸的暴力统治，人民享受不到任何民主自由。沙皇的反动统治也使列宁走上了反抗的道路。

1887年秋，列宁进入喀山大学法律系学习，发奋研究各种社会学说。列宁参加了青年学生小组和学生的反抗斗争，被政府逮捕。在解往监狱的途中，警官用教训的口吻对列宁说：“小伙子，你为什么造反？要知道你的面前是一堵墙”。年轻的列宁勇敢地回答说：“但这不过是一堵朽墙，只要一推就会塌的”。在监狱里，被捕的同学相互交谈，问到列宁出狱后想做什么时，列宁说，在他面前只有一条道路——进行革命斗争。

1887年12月19日，列宁被放逐到离喀山40多公里的柯库什基诺村，并受警察的暗中监视。在村中，列宁按周密考虑过的方案，博览群书，潜心自修，表现了他善于有计划有系统地进行工作的能力。1891年春天和秋天，列宁以校外生资格参加了彼得堡大学法律系的国家考试。在参加考试的人中间，只有他一个人每门功课都得了最高分数，被授予最优等毕业生文凭。通过考试后，列宁注册为助理律师。

然而，列宁感兴趣的不是律师的职业，他把主要精力用在研究马克思、恩格斯的著作上。当时马克思、恩格斯的著作大部分没有翻译成俄文，列宁就刻苦学习德文、法文和英文，认真钻研经典作家的原著，从而最终形成了他的马克思主义信念。与此同时，他组织了萨马拉的第一个马克思主义小组，宣传科学社会主义思想。

列宁不仅在理论上作出了巨大贡献，而且努力把理论和实践紧密结合起来。在此以前，马克思主义理论只在少数先进分子中研究讨论，而列宁开始把这个伟大学说带到工人群众中去。他同彼得堡各大工厂建立了联系，经常参加工人的会议，给工人讲课。有人回忆列宁讲授政治经济学时说："讲课人不用任何讲稿给我们口述这门课程，他常常设法引起我们的反驳，或是使我们展开争论。那时候，他就激发一方向另一方证明自己对那个问题的观点的正确性。这样，我们的课程就十分活跃、有趣……我们大家对这些课都很满意，经常叹服我们讲师的智慧。"

1895 年秋，列宁把彼得堡的 20 多个马克思主义工人小组联合成一个统一的政治组织，这个组织被命名为"工人阶级解放斗争协会"。

工人运动的开展吓坏了沙皇政府，它决定拿斗争协会开刀。1895 年 12 月 20 日晚上，列宁和斗争协会的大部分同志都被捕了，但是，监狱并不能阻止列宁进行革命活动：他秘密同其他被捕同志通信，鼓舞他们的斗志；他同狱外的同志联系，指导他们的工作；他还起草了党的纲领草案，筹备建党。列宁采用巧妙办法把各种指示、信件传出狱外。他用牛奶把字写在书籍的行文中间，同志们收到后，用火一烤，无色的牛奶字就变黑，显露出来。为了避免被发现，列宁把牛奶放在用面包做成的小"墨水瓶"里。当看守一开门，列宁就把面包连同牛奶一起吃下去。列宁曾在一封信里诙谐地写道："我今天吃了六个'墨水瓶'。"

列宁一生遭流放数次，飘泊转徙，风餐露宿，但他始终没有改变对革命的执著信念。

在离芬兰边界不远的拉兹里夫湖畔，至今还保留着一间小草棚，旁边有一块花岗石纪念碑，对这间草棚的不平凡来历作了说明：

1917 年 7 月 8 日，有世界意义的十月革命的领袖为了躲避资产阶级的迫害，曾经隐居在这个用树枝架起来的草棚里，并在这里写了《国家与革命》一书。

1917 年 7 月 24 日，彼得格勒充满着白色恐怖的气氛。列宁匆匆地剃了下须，修剪了上髭，换了衣服，打扮成一个芬兰农民的样子，于当晚 11 时乘从彼得格勒海滨火车站开出的最后一班客车，在拉兹里夫下了车，就住在湖边这个草棚里。草棚门口放有镰刀、犁耙、斧头等农具，让人看去就像是芬兰割草人住的茅屋。草棚前面，清理出一块空地，放着两个树墩，一个当桌子，一个作凳子。列宁就在这个他风趣地称做“我的绿色办公室”里，写下了马克思主义的重要文献——《国家与革命》。

尽管当时的环境那样困难和危险，列宁的工作又十分紧张，他正在指导即将爆发的伟大的十月社会主义革命。可是，列宁还是以巨大的革命毅力从事理论研究。他先是隐居在拉兹里夫的草棚里，后又装扮成火车司炉移居芬兰，并完成了这一著作。列宁在当时为什么要如此紧迫地写作《国家与革命》一书呢？这个问题，他在该书“初版序言”一开头作了明确回答。列宁写道：“国家问题，现在无论在理论方面或在政治实践方面，都具有特别重大的意义”。

《国家与革命》一书是马克思主义文献中第一本系统论述马克思主义国家学说的伟大著作。列宁在本书中，系统地、全面地总结了1848至1917年70年来马克思主义国家学说的发展进程，并根据新的革命经验发展了马克思主义的国家学说。

列宁强调指出：“资产阶级国家由无产阶级国家（无产阶级专政）代替，不能通过‘自行消亡’，根据一般规律，只能通过暴力革命。必须不断地教育群众这样来认识而且正是这样来认识暴力革命，这就是马克思和恩格斯全部学说的基础。”

列宁还论述了无产阶级只有依靠强有力的国家政权即无产阶级专政，才能镇压剥削者的反抗并领导广大群众从事社会主义建设，实现由资本主义向共产主义过渡的任务。列宁说：“无产阶级需要国家政权。集中的强力组织，暴力组织，既为的是镇压剥削者的反抗，也为的是领导广大民众即农民、小资产阶级和半无产阶级来‘调整’社会主义经济。”

列宁的《国家与革命》粉碎了修正主义对马克思主义国家学说的歪曲和进攻，保卫和发展了马克思主义关于无产阶级革命和无产阶级专政的学说，为布尔什维克党领导俄国无产阶级胜利进行武装起义，夺取十月革命伟大胜利奠定了理论基础。这部著作至今仍具有重大的指导意义。

世界上下五千年

shijie shangxia wuqiannian

残酷的战争

一战中两大战争集团

第一次世界大战中对立的两个军事集团分别是以德国、奥匈帝国、意大利为核心的三国同盟和以英、法、俄为核心的三国协约。这两个集团为了各自的利益在全球战场上展开了拼命的厮杀。

大家不禁要产生一个疑问？在一战前那个矛盾日趋激化的时代，面对错综复杂的历史背景和国际关系，这些帝国主义列强是怎样沆瀣一气，勾结到一起的呢？

1871 年 1 月 18 日，法国皇宫——凡尔赛宫的大厅里出现了普鲁士的国王威廉一世。这不是两国之间的互访。威廉一世头戴皇冠，身披五彩王袍坐在皇帝宝座上宣布德意志帝国建立，自己就任德国皇帝之位。

从此，法国人把这一日订为“国耻日”，与德国结下了深仇。

德国凭借普法战争的胜利，从法国获得了 50 亿法郎的巨额赔款和阿尔萨斯与洛林两地丰富的资源，经济迅速发展，不久就跃居世界第二位。

但是，法国虽在普法战争中遭受重创，但并没有像德国宰相俾斯麦想象的那样“流尽了血”。他们经过几年努力很快就恢复了元气，并四处寻找伙伴，企图对抗德国，以雪当年之耻。德国一看这种情形，大吃一惊，也马上开始行动，拉拢盟友，孤立法国。这样，法国和德国就成了两大对立阵营的基本成员。

这时，1878 年柏林会议召开，俄国和奥匈帝国都很想在会议中分割到波斯尼亚与黑塞哥维那这两块肥肉，其中俄国比较占优势。德国发现，如果俄国一旦得逞，对自己极为不利，况且奥匈帝国与德国都属日耳曼民族，怎能替外人说话，于是就给俄国使了一个小小的绊子，结果俄国是竹篮打水一场空。从此，俄德关系恶化。而奥匈帝国得到好处，马上就忘记了以前与德国的不快，1879 年 10 月两国签订了《德奥同盟条约》。条约规定：两国中如一方受到俄国进攻，则双方互相支援；如遭别的国家（暗指法国）进攻，则另一方持善意之中立，如遭俄法联合攻击，则双方要共同作战。就这样，德国和奥匈帝国就成了“结拜兄弟”，互相支持。

德国发现，仅他们二者，力量还稍显单薄，决心拉拢正在迅速崛起的帝国主义国家意大利。于是狡猾的德国宰相俾斯麦在柏林会议上又使出一招诡计。

他找到法国代表谈话，暗示法国自己将支持他们夺取北非明珠突尼斯。法国人果然喜出望外，1881 年就出兵吞并了突尼斯。

俗话说：心急吃不了热豆腐。突尼斯可不是谁随便就能占领的，那里有意大利的两万侨民和大量企业，意大利早将突尼斯视为自己囊中之物，怎能咽下这口气，于是便和德国接近，共同对抗法国。但是意、奥之间素有冲突，这时老大德国发话了：我们之间要互相团结，通往柏林的路必须经过维也纳。于是意奥只好把各自矛盾放在一边，于 1882 年 5 月三国订立盟约：如意被法攻击，则德奥相助；如德被法攻击，意则相助；如缔约国中一方或两方受到两个或两个以上大国进攻，则其他国家相助。“三国同盟”就宣告成立了。

法国看到这三个国家结盟，矛头对准自己，心里也是又急又怕，急忙开始拉帮结派，增强自己的力量。

这时法国发现，俄国与德国交恶，并且沙俄的军火、公债都依赖法国，于是就决定拉拢俄国。用什么拉拢呢？还是钱好使。1888 年底法国借给了俄国 5 亿法郎，第二年，也不管俄有没有偿还能力，又借给了 19 亿法郎。到他们签订协议的 1893 年，法国在俄国的总投资额，已高达 100 亿法郎。俄国欠法国那么多钱，再说法国对自己近几十年也不错，于是就“以身相许”，死心塌地跟了法国。两国在 1893 年签订了《俄法协定》，两国也宣告正式联盟。

找到俄国这个伙伴，法国就不再那么惊慌了。但对手有三个国家，俄国虽大，实力确实比较落后，于是法国放眼四周，准备再选择一个强有力的伙伴，以便使自己能完全有实力和三国同盟对抗。

法国找来找去，发现欧洲大陆除英国外似乎已没有什么值得拉拢的国家。英国的条件的确优越，是一个老牌的殖民强国，无论是经济实力还是军事力量都十分强大，并且占有十分广阔的殖民地，后备力量充足，是个好帮手。

但是法国也感到这事十分麻烦。英法之间别看只隔一条英吉利海峡，实际上已是好几个世纪的老冤家了。

没发现新大陆之时，他们两国之间就经常交兵开战。从欧洲强国开始分割全球殖民地的狂潮开始，两国的战火又从国内拉到了全球各地，无论是亚洲、非洲，还是美洲、澳洲，到处都有战火发生。

就在法国想拉拢英国之时，两国还在亚洲，尤其是非洲的争夺中发生着激烈的冲突。英国想把自己的殖民地从北非到南非联成一片。这个计划恰好和法国从西非的佛得角贯穿大陆与东非索马里连成一片的计划相冲突，两军在交叉地区剑拔弩张，形势十分紧张。

自己的事还好说，更令法国头痛的是英国与俄国之间也有很深的矛盾。英俄之间也是处处冲突：在欧洲、沙俄打算侵占土耳其的君士坦丁堡，控制博斯普鲁斯海峡，以打通俄国向地中海的出海口，而苏伊士运河通航后，地中海、运河、红海就成了英国的生命线，哪能容俄国在此称王称霸；俄国还打算侵略伊朗、阿富汗，再南下威胁印度，英国又怎能容许别人对自己的老牌殖民地虎视眈眈而自己坐视不理；在中国，俄英之间也发生了冲突，于是 1902 年英日签订同盟条约，致使俄军在英国支持的日军炮火下失败，俄国也不能咽下这口气。

于是，英国就采取了狡猾的“光荣孤立”政策，表面上是不和别的国家结盟，以显自己道德高尚，实则是隔岸观火，想着鹬蚌相争渔翁得利。

但是随着德国经济的发展，这个新起的帝国主义国家正要在全球强占自己殖民地的时候，却发现全球能占领的土地几乎被老牌强国瓜分光了，尤其是英国，光殖民地就有几千万平方公里，号称“日不落”帝国。德国觉得自己的殖民地少得可怜，和自己的国力不符，又发现英国的实力鼎盛期已过，正是抢夺殖民地的好时机，于是德国宰相皮洛夫道出了德国政府的心里话：“我们不能容忍任何外国，任何外国的主神向我们说：‘怎么办？世界已分割完了！’……让别的民族去分割大陆和海洋，而我们德国人只满足于蓝色天空的时代已过去了，我们也要为自己要求日光下的地盘。”这样，德国在 20 世纪初把矛头对向了英国。

于是，德国商品在世界各地排挤英国，给英国带来了严重的损失。更令英国恼火的是德国还直接出兵四处抢夺英国人的殖民地：在亚洲，德国强占我国胶州湾；在非洲，德国吞并了坦噶尼喀，并向英国人在南非的统治挑战；尤其在中东，德国从土耳其手中获得修筑巴格达铁路的权力，成为“架在英属印度上面的一把利剑”。

陆地上争斗以外，德国认为他们的“未来在海上”，在 1898 年通过海军大建设法案，1900 年又通过更为庞大的海军建设案，疯狂地扩大海军装备，矛头直指海上霸主英国。

英德矛盾的发展终于超过了英法和英俄之间的矛盾，成为主要矛盾，也成为英国必须马上解决的矛盾。

这样，英、法就有了共同的利益、共同的敌人，因此，英国外交政策逐渐地向法、俄倾斜。在1904年，英法达成谅解，签订了英法协定。然后经过法国斡旋，英、俄之间也开始互相接近。

1905年俄国革命发生后，沙俄的实力之虚弱暴露无遗，已不足以对英构成危胁，并且英国为了自己在东亚利益，还得支持俄国。于是，1907年英国和俄国签订了《英俄协定》，至此三国协约也宣告成立。两大军事集团对峙局面正式形成。

从此，两大军事集团疯狂地扩军备战，全球局势越来越紧张，世界大战一触即发。

1914年6月28日，“萨拉热窝事件”的发生正式点燃了一战的导火索。之后不久，欧洲各国纷纷寻找借口，急不可待地投入了这场大厮杀之中，人类历史上第一次惨绝人寰的战争在全球范围内缓缓拉开了序幕……

萨拉热窝的枪声

第一次世界大战的导火线是人人皆知的“萨拉热窝枪声”。1914年6月28日，奥匈帝国王储费兰兹·斐迪南大公及其妻子在新近吞并的波斯尼亚省首府萨拉热窝遇刺，第一次世界大战的枪声从此响起。

刺客是波斯尼亚的塞尔维亚青年学生，名叫加弗里洛·普林西普。在事后的审判中，普林西普说：“我毫不后悔，因为我坚信我消灭了一个给我们带来灾难的人，做了一件好事。……我知道他（大公）是德国人，是斯拉夫民族的敌人。……作为未来的君主，他会阻止我们联合，实行某些显然违背我们利益的改革。”以普林西普为首的至少6人，是塞尔维亚秘密组织“黑手社”成员。黑手社1911年成立于贝尔格莱德，其公开宣称的目的是实现“民族理想——团结所有塞尔维亚人”。它的社章规定了这个组织是一个宁愿采取恐怖行动也不愿进行理性宣传的地下革命组织。同这一秘密命令相一致，该组织吸收新成员是在一个阴暗的房间里的一张小桌子上进行的。房间里点一根蜡烛，小桌子上铺一块黑布，上面放一个十字架，一把匕首和一支左轮手枪。狂热与忠心的黑手社成员在波斯尼亚尤为活跃，他们只想用炸弹、暗杀、炸药来毁掉一切，消灭一切。

斐迪南大公来塞尔维亚首府萨拉热窝巡视，激起了塞尔维亚人民的极大愤恨，更激起了黑手社成员强烈的民族意识。当时，奥地利与匈牙利已合并为奥匈帝国，6年前，他们用武力吞并了波斯尼亚。斐迪南大公，这位奥匈帝国王储带有极端的军国主义色彩，他对塞尔维亚垂涎三尺，想把这块富饶的土地划入自己的国土。在来萨拉热窝之前，他指挥的军事演习的假设进攻对象，就是萨拉热窝。

在1389年6月28日的这一天，土耳其人征服了中世纪的塞尔维亚帝国。斐迪南大公在这一天访问塞尔维亚，这是一个缺乏远见的错误决定。塞尔维亚人的民族感情受到强烈刺激，尤其是黑手社当时的鼓动。当大公及其妻子在阳光灿烂的星期天早晨进行访问时，至少有6位黑手社成员身带炸弹和左轮手枪等候在指定的路线上。当队伍在街的拐角处停下来时，普林西普正好站在那，他掏出左轮手枪，连开两枪，一枪射向弗兰兹·斐迪南，一枪射向波斯尼亚总督波西奥莱壳将军，可第二枪射偏，击中了大公夫人，大公及其妻子当场死去。

塞尔维亚和奥匈帝国两国之间的矛盾迅速演变成三国协约和三国同盟两大联盟体系的矛盾。首先，德国保证，不论奥匈帝国决定采取什么行动它都给予全力支持。德国以为俄国未必敢支持塞尔维亚反对德国和奥地利，以为一开始就十分明确地摆出这种通常姿态正是为了和平；德国以为萨拉热窝的危机只会局限于某一地区，还不知大变动时期已经来临。

7月23日，奥地利向塞尔维亚提出了条件苛刻的最后通牒，要求塞尔维亚对事件进行解释和道歉，禁止反奥刊物，镇压反奥组织，追究罪犯的责任，对罪犯及同谋起诉。塞尔维亚于7月25日答复奥地利，却无法令其满意。奥地利立刻与塞尔维亚断绝了外交关系，在7月28日向塞尔维亚宣战。

俄国于7月30日命令全国总动员，7月31日，德国向俄国发出为期12个小时的最后通牒，要求停止总动员。德国没有得到答复，于8月1日向俄国宣战，8月3日又向俄国的同盟国法国宣战。就在这一天，德国入侵比利时，战争进入了实质阶段。这一侵略行为为英国在8月4日对德宣战提供了一个很好的借口。欧洲各强国在萨拉热窝谋杀事件过去5个星期后开始了相互进攻，世界历史上第一次世界大战从此开始。

德军入侵比利时

德国参谋总长阿尔弗雷德·冯·施利芬伯爵，设计了一个通过广阔的比利时平原进入法国的战略，从而攻破法国军事工程师在法德边界构筑的一系列坚固的混凝土堡垒。侵入比利时成为德国实施施利芬计划的第一步。

按施利芬计划，德国有120万士兵将要横扫比利时和卢森堡，成为进入法国的旋转的一翼。巨大的人流要在短时间内迅速通过一块大约75英里宽的地区。

攻克比利时的军事重地列日成为战斗的关键。在列日这个坚强设防的入口那一边，横陈着广阔的平原和法国。而且有四条来自德国的铁路线在这个战略城市集中，然后扇形展开。列日建在横跨默兹河的一个高高的斜坡上，对所有的道路一览无遗。有12座威力强大的炮台把一块直径约十英里的地区包围起来。

1914年8月4日早晨，德国前进部队逼近墨兹河上的维塞，击退比利时守军。傍晚，德国步兵紧随骑兵渡过了墨兹河，向列日的堡垒进发。

德国人的战略设想是几乎不停顿地通过比利时，预计没有或很少抵抗。然而，德国人想错了。列日的筑垒是由一位杰出的军事工程师亨利·布里亚尔蒙特将军设计的，花了大约25年的时间才完成。它是由装有装甲炮塔的、形状像平坦的三角形小孤山的钢筋混凝土构成，拥有400件武器，从机枪到大炮都有。三角形的每一角，都装备着较小口径的速射炮的炮塔。每座炮台的周围，都是30英尺深的干燥深沟；加上强光的探照灯，以防止夜间的奇袭。所有的大炮都俯视着由德国来的四条铁路。

德军指挥官冯·埃米希认为比利时人会不战而降，竟派一位使者打着休战的旗帜，要求列日投降。但比利时指挥官热拉尔·勒芒将军奉命将列日防守到底。

德军大炮开始狂轰东面炮台和城市本身，但仅仅削去一些混凝土而已。第二天，从附近科隆起飞的用内燃机推动的齐柏林飞船飞临上空，丢了13颗炸弹，仅炸死了9个平民。德军像潮涌般地反复冲锋，特别对东面的弗莱龙炮台和埃夫涅炮台，但被火炮和机枪的联合火力所击退，炮台前的尸体堆积到齐腰高。所有墨兹河上的列日南面和北面的桥梁都已被毁，企图用浮桥渡过墨兹河的德国部队遭到炮火的扫射。

当德军第十四步兵旅的指挥官换为第二集团军的副参谋长埃里希·鲁登道夫将军后，由他率领的部队经弗莱龙和埃夫涅之间的缺口进入列日。但炮台仍都在比利时人手里，列日被侵入而没有被攻克。

直到 8 月 10 日，冯·埃米希攻占了第一座炮台。24 小时后，第二座炮台也陷落了。到了 8 月 16 日，12 座炮台中的 11 座遭到巨型炮的连续猛轰后屈服了。

8 月 20 日胜利的德军开进了比利时的布鲁塞尔。

战略重地列日指挥官勒芒的抵抗，推迟了德国军队的进攻，使入侵者比预定时间晚了一天或两天。英国的官方历史记载，“列日是丢失了，但由于推迟了德国进军，它对比利时和协约国的事业，作出了卓越的贡献。”

空中雏鹰——飞机

飞机，这一先进科技在一战的开始并没有像我们想象的那样威力无比。交战国的军事当局对飞机作为一种武器的威力，都同样抱有怀疑态度。

欧洲进入战争时，最多有 375 架可用的战斗机。德国有 180 架执行观测任务的飞机、300 架教练机和 13 只齐柏林飞船。法国只有 130 架，英国是 65 架。这些飞机不是为军用而设计的，没有武装，全都是木料和金属线制造，机翼和机身用涂上胶的布覆盖。

飞机开始在战争中执行侦察任务，但空中观测是一种前所未知的技术。飞行员在飞机上看到地面上模糊的轮廓时，完全不熟悉行进中的部队、大炮装置、弹药堆集等等形状。由于飞机设计上的原因，要准确地看出敌军集中或运动就更复杂了。

在 1914 年，空中士兵的生活是愉快的。飞越敌区是愉快的插曲，那时敌对的驾驶员相互轻快地招招手，因为哪一方都没有能力做更多别的事情。飞机上没有装备武器，驾驶员的随身武器只是用来表明他们是在服军役。后来的一位驾驶员认识到战争是残酷的，他拔出手枪，向一架飞过去的敌机射击，而不是招招手。有些飞行员开始携带步枪，但烈风和发动机的震动，使准确率大大降低。有的飞行员带了砖头去扔德国的螺旋桨——甚至去扔驾驶员；有些飞行员则用一筒筒的投箭——铅笔形的小钢箭，投掷敌机飞行员。

随着步枪和手枪相互射击的日益增加，有些协约国驾驶员开始装置机枪，飞机也进一步改进，交战国开始生产专门设计军用的飞机。飞行员的驾驶技术也进一步趋于熟练。伊梅尔曼转，就是在一战中设计出来的最著名的机身动作，这可以使飞机迅速改变航向，转守为攻。

英国空军开始派飞机去德国齐柏林的国内基地，消灭德国的齐柏林飞船。因为德国的齐柏林飞船开始空袭英国伦敦，在英国的大城市投下炸弹，迫使英国政府把部队和武器撤离法国。英国军方发现飞机是齐柏林飞船的克星，于是由英国中尉利夫·鲁宾逊驾驶飞机，在埃塞克斯上空用装有开花弹和燃烧弹的机枪，击落了一艘齐柏林飞船，齐柏林飞船在一片火焰中垂直落向地面。由于这一功勋，鲁宾逊获得了维多利亚十字勋章。

德国战略家也早已制定计划，制造比空气还重的轰炸机。1917 年 6 月，德国已有足够的新轰炸机来轰炸袭击了。戈嗒式飞机是当时的巨型飞机，可载一个驾驶员和两个炮手，其中一个兼任投弹手，能载半吨炸弹飞到 12000 英尺的高度。

德国 14 架轰炸机飞离比利时根特基地，编成菱形队形，飞往有 175 英里航程的伦敦。在中午的明朗阳光下，它们投下了炸弹，造成近 600 人的死伤。约有 95 架英国驱逐机起飞，但已卸掉重担的戈塔机迅速获得速度和高度，逃之夭夭。由于连续袭击，飞机的损失增加，最后迫使德国人停止所有的白昼轰炸。改进了的驱逐机和更有力的高射炮，使戈塔式飞机不得不飞得很高，以致轰炸机又回复到早期的丢下炸弹就跑的状态。接着英国人制造了四架大轰炸机，以资报复。

到停战日，已有 50 多架飞机轰击伦敦，投下 73 吨炸弹，炸死了差不多 860 人，伤了 2060 人，但德国也几乎没有得到好处。

飞机在第一次世界大战中没有扮演主要角色，可是，它在以后的战争中引发了立体战争。

一战中的水下战船——潜艇

第一次世界大战中，飞机、坦克、潜艇和毒气等新式武器大量装备部队，登上了战争的舞台，开始扮演重要角色。

德国是交战国家中第一个认识潜艇威力的国家。潜艇最初被德国军官用于侦察部队，或保卫港口对付来自海上进攻的船只。大战的最初几个星期，德国共有28艘潜艇装备部队，有10艘能巡航到2000英里的地方。

潜艇的能耐是奥托·韦迪根指挥的V—9显示出来的。1914年9月22日，32岁的韦迪根在航海日志上记着200英里平静无事。躺在荷兰海岸外水面下6英尺的韦迪根，决定在返回威廉港之前，通过潜望镜作最后一瞥，从朦胧的轮廓立刻辨认出是3艘英国装甲巡洋舰的形态。当英国战舰“阿布柯尔号”驶入潜艇射线时，韦迪根发射了一枚鱼雷，这只船下沉得太快，甚至还没有来得及放下救生船。韦迪根没有移动方位，在向英国战舰“克雷西号”发射一枚鱼雷以后，又把第三枚鱼雷射向了英国战舰“霍格号”。V—9艇长使潜艇浮上水面，把半浮在水面上的“克雷西号”消灭了。直到这时，幸存者方才明白发生了什么事情，这次战斗有1600多人丧生。

潜艇的威力一经被发现，就势不可当。1915年5月7日星期六。德国潜艇V—20搜捕到一艘驶向英国利物浦的“卢西塔尼亚号”巨型邮船。“卢西塔尼亚号”是“现在在大西洋中航行的最快和最大的轮船”，王纳德轮船公司自豪地这样认为。它的最高速度比任何潜艇都快两倍。英国海军部队船长的一份机密备忘录中强调指出：“快速轮船可以靠曲折的航行，大大减少潜艇突击成功的机会。潜艇的水下速度很低，除非它能预知被攻击船只的航线，否则要进入发动攻击的方位是非常困难的。”但由于某种原因，船长威廉·特纳忽视了在显然危险的水域里采取曲折的航线。

指挥V—20的瓦尔特·施魏格尔潜到水下44英尺，全速前进，开到轮船前面的攻击方位。施魏格尔发射了一枚鱼雷，击中了右舷门后面，看到非常强烈的爆炸，引起一片巨大的烟云，喷得比烟囱还高。随着鱼雷爆炸之后，很可能发生了第二次爆炸，中弹点上面的上层结构和舰桥，都被炸得粉碎，燃起了大火，船首很快下沉。“卢西塔尼亚号”沉没了，在1198名牺牲者中，有291名妇女，94名婴孩和儿童。

当德国接连凭借新式武器潜艇取得战斗的胜利时，急得英国海军束手无策，他们拒绝了无数建议。一位无名英雄提供了解决的办法，由于德国的无限制潜艇战针对的是武装商船，对非武装商船特别是帆船，在船员登上救生艇之前是不击沉的，掠夺完战利品后，用炮火把船击沉，还能节省鱼雷。伪装猎潜艇就是设计出来反击这种做法的。一只陈旧的不定期货船沿着贸易航线笨重地缓缓航行时，德国潜艇升上水面，向货船的船首开一炮，令它停航。事前经过排练的“惊慌”的军官和水手急忙冲到救生艇那边。与此同时，隐藏的 12 磅炮都瞄准了靠近过来的潜艇。当潜艇进入射程时，大炮周围伪装的护墙随着铰链倒下，英国皇家海军军旗也扯上了桅杆。在潜艇能够发射它的甲板炮或急速潜没之前，它已成为致命的炮火的攻击目标。

伪装船 Q—5 沿着贸易航线曲曲折折地航向利物浦，那时一枚不告而发的鱼雷在它的船壳上打了一道裂缝，严重灼伤的人在机器舱里坚守岗位，直到涌进来的海水迫使他们登上甲板，他们隐蔽地躺在那里。在将近半个小时的时间里，炮手们站在深水中，那时 Q—5 在徐徐下沉，没有人做过一个错误的动作，炮手们把火炮瞄准了慢慢开过来的潜艇。

仍潜在水里的潜艇 V—83 对于没有危险威胁感到满意，然后在射程内浮上水面。潜艇舰长刚从驾驶指挥塔里露出身来，第一发炮弹就把他打死了。潜艇中了 30 多发炮弹，很快沉没。直到潜艇被送往海底之后，被淹没的 Q—5 方才呼救。附近的驱逐舰和单桅小帆船赶来营救，驱逐舰把这个半沉没的胜利者拖回港口。

有 180 多只各式各样和大小不一的伪装船被装备起来，同潜艇斗争，等到海军部完全承认伪装船的价值时，德国人也知道了这个秘密。但从 1915 年 7 月到 1918 年 11 月，伪装猎潜艇仍然击沉了 11 艘潜艇，击伤了至少 60 艘。大战期间，约有 200 艘德国潜艇被击沉，为此英国皇家海军动用了 5000 多只伪装船。

“使法国把血流尽”之地——凡尔登

在 1915 年就快要结束的时候，中欧的列强指望即将到来的一年能够给他们带来希望。在 1915 年，他们已经打败了东线的俄国和塞尔维亚的军队，使得德国能够把近 50 万军队调往西线，放心地用它的力量来进攻法国在防守上的战术据点。

1915 年圣诞节前夜，德国参谋总长法尔肯海因将军起草了一份致德皇的备忘录。他把英国作为德国的主要敌人，但是认为对英国进行大规模的入侵，距离太远了。所以他认为应该首先集中力量进攻法国，选择一个法国人在情感上奉为神圣的地区，“使法国把血流尽”。为了保住这个地区，法国将不得不投入他们所有的每一个人。他选择了凡尔登，因为凡尔登由一个凸入德国防线的大规模堡垒综合体保卫着，假如法国选择从这里发动进攻的话，这里只离德国主要铁路系统 12 英里。但是如果德国从这里突破的话，那么德国的军队将会离法国的首都——巴黎 135 英里，所以凡尔登对双方的意义都非常巨大。

为了使这个代号为“处决地”的战役为德皇同意，法尔肯海因建议：由德国皇储指挥的第五集团军领先进攻，关键性的决定由 18 岁的陆军元帅戈特利布·冯·黑泽勒和克诺贝尔斯多夫将军作出，整个战役的中心战略由法尔肯海因将军制订。

为了给这个庞大的攻势作准备，德国先是把数量惊人的大炮从俄国、巴尔干半岛和克虏伯工厂等处集中起来，排列在进攻现场的周围。这其中有 524 个掷雷器和 1400 多门大炮，在这些大炮中有 13 尊震天动地的 420 毫米的攻城榴弹炮。正在德国积极为进攻凡尔登作准备的时候，法国的指挥官霞飞将军却忽视了法国情报军官给他提供的情报，他全神贯注于他即将发动的索姆河战役，他认为凡尔登在军事上已经全无用处。法国从凡尔登上的炮台上撤走了 4000 多门炮，其中有 2300 多门是大口径火炮。所以，在凡尔登战役之前，法国已经基本上拆除了他们最坚固的要塞的全部防卫措施。

在 1916 年 2 月 21 日清晨 7 时 15 分，德国开始了这次屠杀两国军士生命的战役。首先发起进攻的是隐蔽的德国炮群，它们以每小时 10 万发炮弹的速度，在凡尔登、奥尔内和布拉邦特的 14 英里左右的三角地区中投下了 200 多万发炮弹，摧毁了法国前沿的战壕。经过 12 个小时的轰击之后，德军开始了进攻。尽管他们在火炮方面和军队方面的优势为 7∶1 和 3∶1，但是直到 24 日他们才攻破了法国的主要防线，俘虏了 1 万名俘虏，缴获 65 门大炮和大量机枪。法军的形势十分危急。

25 日，法国任命贝当为凡尔登要塞的总指挥官，并给他们以 19 万军队的援助。但是就在当天，德军攻陷了凡尔登非常重要的杜奥蒙炮台，法国拼死守住了要塞。

战场上经过几日的沉寂之后，德国的第五集团军在默兹河的西岸发动了新的攻势。后来法国作家 A. 巴比斯在他的作品《战火》中描述了有关于凡尔登战役的场景："今天我才懂得轰击是什么样子呀！整个森林像麦秸被割似的倒下，一切掩护的东西都被炸得粉碎，即使这些掩护物有三重大桩与泥土紧盖着。在所有的十字路口，炮弹横飞，倾泻如雨。路面好像被犁翻过，凹凸起伏，就像联起来的无数骆驼背脊。到处散布着破碎了的弹片，折断了的武器以及成堆的尸体。每颗炮弹可以杀死 30 个人，其中有些人被抛到约 15 公尺高，断腿残肢挂在那些幸存的树枝上。在凡尔登镇内，炮弹穿入屋顶，通过两三层楼面然后爆炸，一切小屋飞到空中化为乌有。地上的弹片有的厚如手掌，大片的要 4 个士兵才能抬起来。战场上好多天来都是这个样子……"

在这次战役中，有两件事对这次战役起了决定性作用，其一是一个法国的新炮手在无意中击中了一个德国非常隐蔽的弹药库，这个弹药库中藏有 45 万颗大口径炮弹。这是法军不知的一批弹药，被隐藏在斯潘库尔森林里，但是不小心装上了引信。其二，到 4 月初，在德国的防区内的每一门 15 英寸和 16 英寸的大炮都被法国炮兵所摧毁。这两件事被后来的军事分析家和历史家认为是对法国击败德国入侵者起了决定性作用的因素。

在 10 月 24 日，法国军队开始了大规模的反击，他们动用了 17 万部队、700 多门火炮和 150 多架飞机，夺回了杜奥蒙炮台。这一胜利属于夏尔·芒将军和尼韦尔将军。从那时起法军便一寸一寸地夺回他们的阵地，而德军被一码一码地打了回去。到了 12 月 18 日，法军终于夺回了凡尔登。在这 10 个月残酷的厮杀中，双方军队共发射了 4000 多万颗炮弹，以及难以数计的成百万发子弹。在连续不断的炮击、喷火器、毒气和白刃战的步兵冲锋中都不能够冲下法军阵地的时候，德国工兵在法国阵地底下挖洞，引爆了威力巨大的爆破地雷，炸出了许多有十层楼深的大坑。

在这 10 个多月的厮杀中，法军被打死、打伤、被俘和失踪的人数合计在 55 万人以上；德国类似的伤亡报告中，也损失了 45 万人以上。到仲夏，德皇已经很明白了，法尔肯海因的战术，不仅是使凡尔登成为法国人血流尽的地方，也是使德国军队血流尽的地方。在一个难得的机会之后，法尔肯海因被迫辞去了总参谋长的职务，降级到了罗马尼亚战线的集团军指挥官的职位。

凡尔登战役是第一次世界大战中同盟国和协约国之间的一次大的正面的战役，双方投入兵力百万，总共伤亡百万军士的生命，使凡尔登成为了人间的地狱，给法国、德国、奥匈帝国、俄国等国家都带来了沉重的灾难，使人民进一步认清了帝国主义战争的实质。

日德兰大海战

在第一次世界大战中，有一次发生在北海的大海战，这就是在世界海战史中有重要地位的日德兰大战。

第一次世界大战之前，英国是世界上的海上霸主。德国要同英国争夺世界霸权，英国的皇家海军无疑是德国称霸的最大阻碍。因为德国陆军对战争处之泰然，它们从腓特烈大帝时代就是欧洲闻名的常胜军队。

但是一个深受马汉制海权理论影响的人，用他的理论和行动，为德国造就了一支世界第二位的大舰队。为了和当时猛将如林、舰船如云的英国皇家海军决一雌雄，他以日尔曼民族的倔劲和不屈不挠的实干，把一艘艘战舰从船台上推入了寒气森森的北海和波罗的海中，他就是“德国海军之父”——阿尔弗雷德·冯·提尔皮茨伯爵。

当时的英国皇家海军正处于全盛时代，它捍卫着从加拿大到澳大利亚几千万平方公里的英国殖民地。“日不落帝国”的神话已经流传了数百年了，但是这个普鲁士人向这个神话提出了挑战。

冯·提尔皮茨，1849 年3 月生于勃兰登堡一个职员家庭。他毕业于凯尔海军学校，历任鱼雷艇舰队督察和德国东亚巡洋舰队司令。1897 年6 月，提尔皮茨海军少将升任德意志帝国海军发展部大臣。通过他的努力，第二年，德国国会通过扩充海军法案：建立一支包括 38 艘战列舰和 20 艘装甲巡洋舰的大舰队。同时声称：“新建这种大海军的目的，是要使最伟大的海权国家都不敢向它挑战，否则就有使自己优势遭到破坏的危险。”德国的这种行为震撼了英国海军部。德国制造新舰这关系着英国海军，而海军关系英国的安危。作为回应，英国对外宣布它将要制造“无畏”级战舰，并且第一艘“无畏”级战舰于 1905 年从英国船台下水。它的排水量 17900 吨，安装 10 门 305 毫米巨炮，水线部分、司令塔和主炮塔均有 279 毫米厚装甲，航速 21 节。它的出现使世界上以往的巨舰都形同玩偶。

德国虽然落后了，但是冯·提尔皮茨将军还是认准了潮流。一年后，德国下水了 4 艘“无畏”级战舰，它们的标准排水量 18873 吨，主炮口径 280 毫米，航速 19.05 节。德国军舰的显著特点是侧重防御：司令塔有400毫米的装甲，水下部分装甲300毫米。为此，德国军舰牺牲了火炮口径和航速，而英国军舰的制造继承了英国的攻击传统，他们认为“高速就是最大的防御力”。所以这时期同级的英舰，火炮一般比德国火炮口径大20~40毫米，航速快2—7节，但这却是以牺牲装甲厚度为前提而实现的。英舰致命部位的装甲比德舰薄50~100毫米。提尔皮茨的理论认为：军舰的浮力有限，这个程度决定了生存力和战斗力，所以德国战舰的设计目标是追求舰艇在战斗中的浮航生存性。

英德两国在战舰制造上互不相让，十几年里它们的海军发展非常迅速，战舰数量急剧增加。到第一次世界大战爆发时，英国拥有新旧战列舰68艘、巡洋舰58艘、驱逐舰和鱼雷艇301艘以及78艘潜艇。德国有各种战列艘40艘、巡洋舰7艘、驱逐艇和鱼雷艇144艘、潜艇28艘。但是双方的赌注都押在当时最强大的海上霸主——战列巡洋舰上，英国有9艘，而德国只有4艘。从以上数字中可以看出，英国皇家海军在数量上占据了绝对优势，所以其能够保卫英国的海上运输线。

战争初期，德国的海军行动主要是在海上袭击舰方面。这是弱方海军往往采取的“海上游击战”战术，专门劫掠和击沉交战国商船。德国海军取得了一些成绩，德国潜艇先后把英国的“帕斯菲德”、“阿布克尔”、“克莱西”、“胡格”等等一系列战舰击毁，但是德国也损失了号称“德国海军军魂”的冯·斯佩海军上将以及一系列的战舰。

1915年，英德海军在北海的多格尔沙洲举行了一次日德兰海战的预演。1月下旬的一个大雾天里，北海上的能见度很差，德国的海军中将希佩尔率领德国大洋舰队的主力离开威廉港海军基地，前往多格尔沙洲，去袭击那里没有武装的英国渔船。但是突然之间，英国“主力舰队”出其不意地出现了。原来英国海军中将戴维·贝蒂早已得到了情报，早就在这里等德国人了。英国打击舰队的核心是5艘战列巡洋舰。旗舰是英国最新的超无畏级战列舰“雄狮”号（排水量26270吨，舰速27节，8门343毫米大炮）。德国希佩尔的旗舰也是德国数一数二的巨舰——“塞德利茨”号（排水量25000吨，武装8门280毫米大炮）。德国中将希佩尔不想在英舰的威胁下屈辱地撤走，下令攻击。

狡猾的贝蒂，利用英舰火炮口径和射程上的优势，命令在2万米的超远距离上射击，企图在德舰的射程之外就给予重创。德舰在英舰发射的炮弹中向英舰发起了攻击。德军中的“布吕歇尔”号中了弹，直到15000米时，希佩尔才命令“塞德利茨”主炮开火。德舰重创英舰队旗舰“雄狮”号，迫使其退出了战斗。德舰在逼近英国主力舰队时，英国人已准备多时了，德舰“布吕歇尔”号被击沉。希佩尔冷静地分析了战斗的局势，看到了英舰占有明显的火力优势，再打下去会损失更大，只得忍痛撤退。

多格尔沙洲海战之后，德军从中吸取教训：防止炮塔起火爆炸是确保海战中生存的关键。他马上采取相应的措施，把炮弹和发射药分开，分别装在两个薄钢筒内严加防护，以控制火灾发生。而英方得出“大口径炮是胜利关键”的结论，对火灾的发生掉以轻心。

经过一年多的沉寂之后，德国新上任的大洋舰队司令官冯·舍尔海军上将决心打一场会战，摆脱英国主力舰队远程封锁给德国海军造成的困难。而英方目的是重创德国大洋舰队，然后撤走主力舰队全力以赴对付德潜艇。这样，大规模的海战——日德兰海战爆发了。双方的战术不谋而合，就是派出一支诱敌舰队，佯败诱敌深入，把整个舰队主力埋伏在伏击圈中像一把重锤一样砸烂敌人。英德双方都派出了很强的诱敌舰队阵容。英国诱敌阵容不单有一、二战列巡洋舰队，还有作为支援的第五战列舰队。英国第五战列舰队，由当时世界最大的快速战列舰组成，它由4艘刚下水的“伊丽莎白女皇”级战列舰组战。这种海上巨霸每艘有8门381毫米大炮，足能将25000米远的敌舰炸成齑粉。德方的诱敌舰队也是海军的精锐部队：第一侦察舰队全是清一色的无畏级和超无畏级战列巡洋舰。两国海军为了这次海上的大会战都在紧锣密鼓地准备着。

1916年5月30日夜，英国诱敌舰队借着黑夜的掩护，在贝蒂将军的指挥之下，拔锚驶离了苏格兰港口罗赛斯。第一、第二战列巡洋舰舰队灭灯先行，第五战列舰队在距离它们5海里的地方尾随。当夜，英国主力的舰队的司令官、海军上将约翰·杰利科勋爵率领主力舰队从苏格兰北方奥克群岛斯卡帕费洛海军基地出发，悄悄地驶向东南方向的伏击地点。就在贝蒂的舰队刚刚驶出港口时，就被德国的巡潜艇发现了，并向德海军指挥部发电报告这一敌情。但是该电文又被英国主力舰队所截获并被破译。德国的诱敌舰队司令官希佩尔将军率领舰队从杰得河口基地向日德兰半岛两岸进发，舍尔将军的大洋舰队同时也驶向了伏击海域。就这样，双方都认为对方上了当，进入了战斗。

5月31日下午2时15分，英国军舰“盖德利尔”号首先发现德国军舰，与此同时，德国军舰也认出了英舰，双方节节逼近。就在这个时候，英国的6艘战列舰从正西方向插向德国侦察舰队后部，想切断德国军舰的后路，它们并不知道德国的大洋舰队就在他们的后边。

这种行动使英国舰队进入了德军的南北夹击的处境，但是德国军舰并没有发现这种情况而将计就计地发动进攻，而是刻板地按照原来的计划行动，结果失去了消灭这些舰队的良机。在下午的3时40分，分散的英国第一、第二舰队汇合成战斗队形，根据英国海军的传统，驶向东南上风方向，准备进行攻击。

15时48分，双方开始用大炮进行攻击。双方舰船在距离16000码左右的距离进行对轰。无数的炮弹，在双方的舰船周围爆炸，在海面上掀起了巨浪。英国军舰并没有暴进，而是依据在多格尔浅滩战斗的经验，在远距离射击德国军舰。英德两国舰艇数量为6∶5，双方的差距不是很大，但是德国军舰依据计划开始边打边撤。而此时英国的第五舰队害怕受到德国巡逻潜艇的袭击，走“Z”字形航线，一直没有到达战场。

德国的重型水面舰艇在一战开始之后，采用了全舰统一方位射击指挥系统，所有火炮齐射时，弹着点分布小，这种新的指挥系统在战斗中发挥了优势。

15时51分，德舰“吕措夫”号打了几次齐射，将“雄狮”号的副炮塔炸得粉碎，接着，德舰“毛特克”号的一发炮弹也打中了“雄狮”号的前甲板，接着“雄狮”的X、Y两炮塔也相继被打哑。（英舰前方两个主炮塔命名为A、B；中部为P、Q；后部为X、Y。）在16时整，从德国“卢瑟福”号打来了一发穿甲弹，钻透了Q炮塔，并在炮塔内爆炸。所有的操炮官兵非死即伤，并且引燃了英军乱堆在炮塔内的发射药。熊熊的大火包围了升弹机，如果火顺着升弹机烧到弹药舱，就会引爆炮弹和发射药，从而引起大爆，那么26000吨的英国旗舰连同舰队司令贝蒂就会呼啸着飞上蓝天。这时被炸断双腿的炮台指挥官哈维少校，挣扎着打开了进水阀，放进了海水，把自己连同炮塔一起淹没，才扑灭了大火，避免了雄狮号的灭顶之灾。因为他的英勇，哈维少校死后被授予维多利亚十字勋章。

英德舰队的后卫也投入了激战，英国19000吨的战列巡洋舰“坚决”号同德国同等级的战舰“冯·德·塔恩”号进行决斗，最后一枚德国穿甲弹穿透炮塔装甲，在炮塔内爆炸，立刻引燃了乱堆的发射药，终于在30秒之后发生了大爆炸，上千吨的炮塔像玩具一样被抛上了60米的高空。“坚决”号立刻左倾，随即翻转沉没。1017名皇家海军随舰葬身海底。英国的另一艘战列巡洋舰“玛丽女皇”号，先是被打中了Q炮塔，接着又被炮弹穿过重重装甲，直落到舰底之后才爆炸，27000吨的超级无畏战列舰“玛丽女皇”号竟如同木制的模型一样一折为二。它沉入水中时舰尾的螺旋桨还支到空中，无可奈何地打着转，像是在为1266名英国官兵祈祷。

在不到1个小时之内，英国皇家海军的精华——战列巡洋舰，竟然损失了3艘，（其中两艘被击沉，1艘被摧毁），沉重地打击了英军的士气。由于战舰数量减少，火力削弱，英军的处境越来越不好。这时德国的舰队突然反扑向英舰，眼看英国就要支持不住，一边还击一边后退。就在这千钧一发之际，姗姗来迟的英国第五舰队终于出现了。

第五舰队的出现，逆转了战斗的形势。看到英国战列舰前来助阵，德国舰队的驱逐舰分队出动攻击。英国的驱逐舰为了保护重型水面舰艇也冲到阵前，双方轻型舰艇展开搏斗，互放鱼雷但又被躲过。德舰受到大口径火炮的威胁，重新向东撤退。德军为此付出了巨大的代价，“冯·德·塔恩”号舰艇被击中，被迫退出了战斗，“塞德利茨”号也受了伤，它的一座炮塔被击穿起火，希佩尔的舰队在英国如同雨点般的炮弹攻击下，狼狈后撤，所有的士兵都惊慌了，只有他本身还保持着镇静，并且号召官兵勇敢地忍受由于敌众我寡的悬殊对比而带来的牺牲，因为他在等待。这时一位德国观测兵终于看到了他们的希望——大洋舰队。

与此同时，英国的“南安普敦”号上的观测兵发现了德国的大洋舰队，它们大多是无畏级舰以前的战列舰和巡洋舰，大小共有70多艘，贝蒂向杰利科海军上将报告了这一情况，同时贝蒂怕舍尔不敢上钩，下令全体英舰投入战斗。英国旗舰“雄狮”号经过修补之后，继续进行舰队的指挥。一群英舰向德受伤减速的“塞德利茨”号发射了鱼雷，“塞德利茨”躲闪不及，舰首被炸开了一个大洞。

英国海军上将杰利科指挥的庞大的主力舰队组成6队纵列，由于天气恶劣、躲避德国的潜艇和导航系统的精确度不高，未能及时的赶到战场。当他收到贝蒂的求救信号时，让全舰队全部由16节提高到20节，快速向战场前进。第三舰队率先到达战场，指挥官是胡德，他把指挥权交给了贝蒂，他自己乘旗舰“无敌”号投入炮战。

直到晚上6时15分，杰利科上将的大舰队才从东北方向杀入已被炮火搅沸的交战区。杰利科上将见德国的大洋艇队的阵型为线型纵列，决定采用“T”字形战术。这种把突破点选择在敌人旗舰，以摧毁敌舰队的指挥中枢的战术，是纳尔逊上将在特拉法加海战中首先使用的，从那以后，英国的海军军官一直对此津津乐道。杰利科的命令下达之后，

6 艘英舰并成一条长的横列逼近德舰，但是德国驱逐舰如一群狼一般冲向英国舰队，准备齐射鱼雷，这就破坏了英舰的队形和企图，所以英军只好在远距离和德舰对轰。

晚 6 时 45 分，德国舰队开始向南撤离，它们边打边撤。负伤的德舰“吕措夫”号因伤落在后面，成了英国军舰远程大炮的靶子，最后打得如同蜂窝一般瘫在海面上。而英艇“无敌”号却因位置冲得太靠前，受到了德军如同暴雨般的打击，一枚穿甲弹引爆了“无敌”号的火药库，在一阵剧烈的爆炸之后，“无敌”号沉没了。另一艘英国装甲巡洋舰“防御”号也被彻底摧毁，同时德军也损失了一些轻型巡洋舰和驱逐舰。

晚 7 时，坐镇于“镇公爵”号上的英国海军上将杰利科看无法在天黑之前全歼大西洋舰队，决定先包围德舰，再吃掉德舰，于是利用英舰的快速优势，截断了德舰的退路，形成了包围。

5 月 31 日晚在日德兰海上是一个鱼雷之夜。英国的驱逐艇和鱼雷艇，就着黑夜的掩护袭击德军。而德军的军舰全部熄灭了灯光，并且不停变换位置来逃避鱼雷的攻击。而德国的驱逐舰也对英舰进行攻击，并且击毁了几艘英舰。舍尔海军上将完全明白，如果不能乘机突围，那么德国大洋舰队的命运一定很悲惨，所以他下了突围命令：“航向东南，突破英国舰队的封锁。”

德国舰队遵照舍尔上将的命令，于夜里 1 时 45 分，冒着英舰上的炮火和鱼雷开始突围，他们在损失了“波迈仑”号，自沉了“埃尔宾”号、“吕措夫”号，抛弃了“黑王子”号战舰之后，终于冲破了英国舰队的封锁。在 6 月 1 日凌晨 3 时，全部德国舰队向杰得河口和威廉港撤离，而杰利科率领英国艇队在后面穷追猛打。

德国舰队小心地通过赫尔戈兰湾的水雷区之后，杰利科上将才下令返航，浩大的日德兰海战就此结束了。

战后双方都称自己是战争的胜利者，德国说它在整个海战中击沉英国 3 艘战列巡洋舰、3 艘巡洋舰、3 艘驱逐舰，自己损失了 2 艘战列巡洋舰、4 艘巡洋舰、4 艘驱逐艘。但是从战略上，英国说它是胜利者，它完全实现了围困大洋舰队的目的，大洋舰队完全被困在海港之中，成了马汉所说的那种“存在的舰队”。所以说，日德兰海战，很难说哪一方胜利了，但是从战略的角度来看，还是英国占据了主动。让德国海军聊以自慰的是：日德兰战火的考验证明提尔皮茨的理论是正确的，即只有注重生存力的战舰才能在海战中存活下来。

第一次世界大战的影响

第一次世界大战是人类历史上一次空前的具有全球性的战斗，卷入这场战争的有各大洲的28个国家，差不多动员了6500多万人口。它造成的死亡人数永远也不能确知，但是根据研究估计，直接因为这次大战而战死或伤病致死的战斗人员在1000万至1300万之间，不同程度地严重负伤的人员约有2100万人。它给世界人民带来了巨大的灾难，对世界的政治经济等各个方面都有巨大的影响。

这次世界性的战争从1914年6月28日，哈普斯堡皇位的继承人（也就是奥匈帝国的继承人）弗兰西斯·斐迪南大公在萨拉热窝被刺开始，奥匈帝国、德国、英国、法国、俄国等主要的帝国主义国家都先后投入了这场战争，他们投入了大量的战斗人员，同时也在这次前所未有的世界大战中投入了他们最新研制的武器。在1915年的伊普雷战役中，德国军队对阿尔及利亚狙击兵和非洲轻骑兵使用了毒气——氯气。毒气的使用大大增加了双方战斗人员的伤亡。在1916年9月15日，英国在索姆河战斗中使用了他们的秘密武器——坦克。使现代战争中又多了一项矛与盾的斗争——坦克和反坦克武器的斗争，使得现代战争更加残酷。潜艇战，德国是第一个认识潜艇能力并用潜艇作战的国家。德国用潜艇攻击商船和敌艇，使现代战争由海上进入到水面之下，开拓了现代战争的新领域。空战，在一战刚刚开始的时候，飞机的作用还没有被战斗双方所认识，但随着战争的深入，双方对飞机的使用越来越广泛，从此战斗真正实现了海陆空三维战争。除了这些新式武器之外，还用到了远程大炮、破甲弹等。总之，一战是现代战争的一次各种武器的大实战。

一战使欧洲各国列强的经济实力受到了巨大的挫伤。法国、德国的主要工业区和农业区经过战争的破坏，几乎都成了废墟。英国虽然没有受到战火之灾，但是战争使其损失了经济发展的主要劳动力——青壮年工人，从此经济一蹶不振。而这时的美国却是利用第一次世界大战的机会，大发战争财。一战期间，美国利用其中立国的身份，和交战双方进行贸易，大大地增加了它本身的经济实力，又由于美国是在一战后期才加入战争，这样又使其能够参加利益的分配。所以可以说，美国是一战最大的赢家，一战之后，美国一跃成为世界经济实力第一的国家。

在政治方面，一战使得战前因为各种利益而结合在一起的两大集团：协约国和同盟国，一个被完全摧毁，另一个也因为战争而元气大伤。所以一战之后，英、法、美等战胜国，举行了针对战败国家的巴黎和会，它们重新分配了各自在战争中夺取的政治经济权力。由于战争的打击，使各国的反动统治也受到了重大影响：奥匈帝国覆灭，德国的皇帝被德国人民赶下了台，英国和法国的无产阶级运动空前高涨。第一次世界大战也产生了一个积极的后果，就是在一战后期，俄国发生了十月革命，俄国人民在列宁的领导下推翻了沙皇的统治，建立了世界上第一个社会主义国家。

第一次世界大战是一次帝国主义国家因为划分世界利益而发起的战争，它完全是一场非正义的战争，给全世界的人民带来了无穷的灾难，而战后巴黎和会形成的政治经济势力范围，又为第二次世界大战埋下了隐患。

二战史话——敦刻尔克的奇迹

1940 年 5 月 10 日，晨雾从法兰西的江河上向着葱郁的草地和鲜花盛开的果园弥漫开来，似乎正在预示着一个欢乐明媚的春日即将来临。然而就在这时，一场可怕的战争暴风雨席卷了大地，就在英国首相张伯伦令人宽慰地断言“希特勒已错过时机”之后五个星期，德国纳粹对西方发动了闪电进攻。

希特勒集中了 136 个训练有素的师，3000 辆坦克的大量装甲车、重型轰炸机、战斗机等以排山倒海之势向英、法、比、荷等国家发起了猛攻。

兵贵神速，德军以迅雷不及掩耳之势推进，数十万英、法军被压缩在法国北部狭小地带；只剩下敦刻尔克这样一个小港可以作为海上退路。

敦刻尔克本身原是座古代城堡，1000 年来一直用作港口，到 1939 年成了法国第三大港。它是一个宏伟的现代化港口，有 7 个适于停泊大船的大型船渠、四个船坞和五里长的码头，巨大的凸式码头和防波堤保护入口处不受英吉利海峡湍流急潮和北海涌来的洪波巨浪的冲击。

如果所有港口设备都能加以利用，并且出口处也未被封锁的话，那么远征军就可以在短短几天之内携带着全副装备逃出虎口。然而两个多星期以来，敦刻尔克一直遭到不断加剧的轰炸，船坞尽遭毁坏，码头被炸成一堆乱石，大半个城市已成为一片浓烟弥漫的废墟。只有一条1400码长的东堤可供救生船只停靠之用，可是这条堤道不过是座木桩木板搭起来的狭长建筑物，堤面的狭窄过道只能容三个人并排通过。堤道临海的一端有一块混凝土地基，支撑着一座低矮的灯塔。有一些木桩，在紧急时可用来系船，但是木桩周围水涌潮急，船只停靠时相当危险。

在这千钧一发的危急时刻，眼看数十万英法联军将束手就擒。美国驻英大使肯尼迪向华盛顿报告说："只有奇迹才能拯救英国远征军免于全军覆没。"可是奇迹终于发生了：5月26日开始的撤退工作进行得很顺利，英国海军部动用了870多艘船只，其中包括300艘法国船进行撤退工作。到6月3日深夜的短短数天之内，总共从敦刻尔克撤走了34.6万名士兵，其中法军11.2万人。第二天清晨德军开进敦刻尔克时，剩下的几万法军被迫投降。

这一奇迹震惊了世人，英国首相邱吉尔得知这一消息时也不无激动地对议员们说："我们必须极其小心，不要把这次救援行动涂上一层胜利的色彩，战争不是靠撤退来打赢的……"

这次大撤退被誉为英国海军史上的一次宏伟战绩，即所谓"敦刻尔克奇迹"。

战后查明，原来数十万英、法军队所以能从敦刻尔克撤往英国，完全是由于希特勒亲自下令德国坦克师停止进军3天，故意放跑了英军的缘故。就在5月24日早晨这个关键时刻，希特勒来到夏尔维尔巡视龙德施泰特司令部，下令坦克师停驻原地3天。德国指挥官们认为这道命令极为荒唐，纷纷连珠炮地向上级抗议和质问，得到的答复是"元首亲自下的命令，不得违抗!"5月26日，坦克师刚要重新投入战斗时，又受命去执行其他任务，同时希特勒也不让纳粹空军发挥最大威力。希特勒的命令拯救了数十万英、法军队。

希特勒为什么会这样做呢？答案一直被人们所关注，从二战以来一直到今天，史学界就把它作为热点来研究，可以说是众说纷纭、莫衷一是。有人认为希特勒首先想同英国媾和，认为当时让英军撤走是在政治上最适宜的，这样就便于同英国政府进行谈判。并且考虑到当时法国中部和南部尚有66个法国师，1940年的主要任务就是给法国最后一击，使之退出战争，随后调头对付苏联。也有人认为，希特勒对英国有着天然的好感，认为可从希特勒的部下描述希特勒当时巡视司令部时的神态中找到答案：

“希特勒出乎意外地用赞许的口吻谈到英国，说英国有必要存在下去，英国给世界带来了文明。他耸耸肩膀说，英国建成帝国往往使用残暴手段，但是‘刨木头总要得飞出刨花来’。他把英帝国比拟为天主教，说他们都是世界的要素……”

持这种观点的人还认为可以追溯到希特勒的青年时代，因为希特勒早年在《我的奋斗》一书中，也表示了对英国有一种爱恨交织的感情。

总之，敦刻尔克大撤退是二战中的奇迹。本来历史是人民的历史，每一个人站在滚滚逝去的历史长河面前都是微乎其微的，但具体到每一段历史时期，每个人所留下的痕迹又有轻有重，这就构成了集权者和普通人之别。集权者的一句话或一举动就有可能会左右某段历史的进程，或许根本没有什么逻辑上的前因后果，以至留下很多难以解释的“历史之谜”。所以，人们遇到此类事件时颇有兴趣地争来议去就不足为怪了。

二战史话——莫斯科大会战

1941 年 6 月 22 日拂晓，疯狂的希特勒撕毁了《苏德互不侵犯条约》，调集了 190 个师，550 万人的兵力，并配备了 4000 多辆坦克、5000 架作战飞机、192 艘战斗舰艇和近 5 万门大炮向苏联发动了突然袭击，妄图用“闪电战”在几个月内消灭世界第一大国，也是世界上第一个社会主义国家苏联。

气势汹汹的德军依靠优势兵力和突然袭击的手法轻而易举地冲破了苏军的防线，兵分三路，直指列宁格勒、莫斯科和基辅，苏联处在万分危急之中。

当时苏联的兵力和装备大大弱于德国，再加上各方面（日本、土耳其）的牵制，对抗德国的兵力更是不足。苏联人民经过紧急动员，在苏联武装部队最高统帅斯大林的率领下，展开了伟大的苏联卫国战争。

经过了初期的列宁格勒、基辅、敖德萨、塞瓦斯托波尔保卫战和斯摩棱斯克会战，英勇的苏联军民粉碎了德军通过“闪电战”灭亡苏联的计划，把敌人极不情愿地拖入了长期战争中。

但这些战役只是延缓而没有阻止住德军前进的步伐，他们的目标是苏联的首都——莫斯科。

希特勒德军指挥部认为，莫斯科在政治和战略上都具有极为重要的意义，能否占领莫斯科关系到战争的成败。迅速占领首都的计划失败后，他们筹划了代号为“台风”的大规模进攻计划。计划从南北两面用强大兵力包围莫斯科，同时步兵兵团从正面实施攻击，攻占莫斯科。为此，希特勒调集了74.5个师、官兵180万人、坦克1700辆、火炮1.4万余门、飞机1390架，疯狂地扑向了莫斯科。此次行动步兵占了苏德战场总兵力的38%，坦克师和摩托化师的64%。对于莫斯科，德军志在必得。

而当时苏军的境况异常艰难，许多企业向东部地区撤退，因此在军需等各方面还不能够完全满足作战部队的需要；第一阶段的防御战，军队遭到严重削弱；日军和土耳其军队在边境对苏军造成巨大压力，使得苏联不得不在边境驻扎重兵，分散了不少兵力。

当时苏军最高统帅部也计划通过莫斯科会战，依托有利地区阻止敌人前进，以便争取时间，为大反攻创造条件。为此，苏军配给了西方面军、预备队方面军、布良斯克方面军共125万人、坦克990辆、火炮7600门、飞机677架的兵力在西线展开了防御。

双方对比不难发现，德军比苏军人员多40%，火炮和迫击炮多80%，坦克多70%，作战飞机多1倍。敌军不仅在数量上，而且在质量上也占优势。苏军的坦克和飞机有一半以上是旧式的，德军在坦克、飞机、反坦克炮、高射炮以及摩托化部队方面的优势尤为明显。

根据“台风”计划，德军于1941年9月30日在布良斯克方向，10月2日在维亚济马方向先后发起进攻。尽管苏军进行了顽强抵抗，敌人仍然突破了防御。苏军的反突击虽迟滞了敌军的前进，但未能阻止其进攻。在维亚济马战役中（1941年），西方面军和预备队方面军在维亚济马方向斯帕斯——杰缅斯克方向进行了艰苦的防御战斗。10月4日，敌人占领了斯帕斯——杰缅斯克和基洛夫，10月5日占领尤赫诺夫，10月7日进抵维亚济马地域，两个方面军相当大的一部分兵力在此被围，一直英勇抵抗到10月12～13日，牵制了敌人28个师，陷入战役合围困境的布良斯克方面军也进行了退却，莫扎伊斯克防线成了莫斯科附近的主要抵抗地区。在从莫斯科海至卡卢加这一地区（共230公里），4个集团军总共只有9万人左右，这些兵力不足以在整个地带内建立起坚固的防御。为了改进对军队的指挥，大本营于10月10日将西方面军和预备队方面军合编为西方面军，由朱可夫大将负责指挥。复杂的形势要求：从莫斯科疏散大批政府机关和最重要的企业；留下的企业则生产军用品；部队和劳动人民在莫斯科近郊构筑新的防御地区；组建新的民兵师；使全市做好巷战准备等等。为修筑防御工事，苏军动员了45万首都居民，其中75%是妇女。10月20日，国防委员会在莫斯科及其毗邻地区实行特别戒严。莫斯科的防空部队同敌机进行了顽强的斗争：10月间，敌人对莫斯科进行了多次空袭，共出动飞机2000架，其中278架被击落，只有72架闯入莫斯科上空。

10月中至11月初，在莫扎伊斯克地区，苏军对德军优势兵力进行了顽强抵抗，把其阻隔在拉马河、鲁扎河、纳拉河地区。

1941年的加里宁战役同样激烈。10月14日，德军坦克突入加里宁，10月17日由科涅夫上将率领的加里宁方面军同其展开殊死搏斗，敌人想从此地突破，插向西方面军后方的企图被挫败。10月底和11月初，最高统帅部大本营预备队、第50集团军和图拉市劳动人民把敌军坦克第2集团军进攻图拉的计划挫败。

敌军屡次受挫，但仍不放弃攻占莫斯科的野心，并计划在冬季到来之前拿下莫斯科。于是又增加兵力，单是攻击莫斯科的兵力就有51个师，其中有13个坦克师和7个摩托化师，比苏军各项都多出一倍以上。其计划并未变动，仍计划合围夹击莫斯科。

以斯大林为首的苏军最高统帅部看清了德军阴谋，重新布置了军队。11月10日，撤销了驻扎在布良斯克方向的军队，第50集团军并入西方面军，第3、13集团军并入西南方面军。11月17日，加里宁地区的第30集团军编入西方面军，并下令各方面要死守阵地，阻止敌人从西北和西南迂回包围莫斯科。

1941年11月15日至18日，德军重新向莫斯科发起了疯狂进攻，企图从克林、罗加切沃方向和图拉、卡希拉方向突破，从北面和南面包围莫斯科，但受到了苏军的顽强抵抗，潘菲洛夫少将等许多将士自始至终坚守阵地，不曾后退一步。

“俄罗斯虽大，但已无处可退，后面就是莫斯科！”这就是首都保卫者的口号。

11月底至12月初，德军在付出巨大代价的情况下，在亚赫罗马地方前进到了莫斯科运河，在纳罗—福明斯克以北以南强渡了纳拉河，从南逼近了卡希拉。但是，苏军11月27日在卡希拉，11月29日在首都以北对敌军相继实施了强大的反突击，使敌军未能再前进一步。

12月3日至5日，第1突击集团军、第16、20集团军在亚赫罗马、红波利亚纳、克留科沃等地域实施了反突击，敌人被迫开始撤退。第33集团军的突击军团在第5集团军的协助下恢复了纳拉河上的态势。第50集团军击退了德军在图拉以北发起的多次冲击。作战的主动权又开始转入苏军手中。

经过苏军11月底至12月初的顽强抵抗，粉碎了敌军向莫斯科的几次进攻，消耗了敌人不小的军事力量。仅11月16日至12月5日死伤在莫斯科的德军就有15.5万余人，损失坦克约800辆、火炮300门、飞机约1500架。从此，德军的士气急剧下降，苏军转入反攻和粉碎莫斯科附近敌军的条件已经具备。

最高统帅部打算反击的同时击破“中央”集团军分别在南、北两面对莫斯科构成威胁的突击集团。反击的主要任务由西方面军执行，而加里宁方面军和西南方面军分别在其北面和南面实施反击。其他方面军队配合完成这一任务。在夺取制空权的斗争中，西方向总指挥部预备队航空兵和首都防空军的航空兵与前线航空兵联合作战。

当时，苏军的飞机虽略占优势，可炮兵几乎少一半，坦克少1/3，人员也少于对方。但是苏军战士个个士气高涨，指挥部指挥准备充分，德军疲惫不堪，没有预先构筑好防御阵地，也没有预备队，并且缺乏冬季作战训练，反攻就是在这种情况下进行的。

1941年12月5日至6日反攻开始。这时敌人的攻击力由于天寒地冻、积雪甚深而明显下降，反攻进展顺利。

在加里宁战役、克林—索尔涅奇诺戈尔斯克战役、图拉战役、卡卢加战役、耶列次战役中，苏军均取得胜利，把战争的主动权从敌军手中夺了回来。

12月8日，希特勒不得不签署了在苏德战场包括莫斯科方向全面转入防御的命令。12月9日，苏军解放罗加切沃，11日解放伊斯特拉，12日解放索尔涅奇诺戈尔斯克，15日解放克林，16日解放加里宁，20日又解放沃洛科拉姆斯克。

苏军总指挥部面对有利情况，决定乘胜追击，要求各方面集团军扩大进攻阵线，彻底打击侵略者。1月初，西方战略反攻已告结束。苏军从侵略者手中夺回了11000多个据点，消除了对图拉的危胁。反攻的苏军把战线推到了勒热夫、拉马河、鲁扎河、博罗夫斯克、莫萨尔斯克、别列夫、韦尔霍维郁一线，将敌击退了100到250公里。德军的38个师，包括15个坦克师和摩托化师遭受重创。希特勒下令部队要死守每一个据点，寸步不许撤退，直到最后一兵一卒。

最高统帅部在总结了1月初的战况后，决心命令苏军在列宁格勒和西南两个战略方向转入总攻。西方向各部队的任务是粉碎“中央”集团军主力，但是此时西方向双方兵力和兵器力量对比大致相等，不足以完成任务。

1月8日至4月20日，西方面军、加里宁方面军和布良斯克方面军实施了瑟乔夫卡—维亚济马进攻战役、托马佩茨—霍耳姆进攻战役、勒热夫进攻战役和博尔霍夫进攻战役。1942年1、2月间苏军还在维亚济马以南地域使用了空降兵。但是由于缺乏实施大规模进攻的经验以及兵力兵器缺乏，未能全部围歼“中央”集团军。但总休上游，西线的总攻是顺利的。

这次反攻，迫使德军向西退却100到350公里。莫斯科州、加里宁州、图拉州、梁赞州的全部以及斯摩棱斯克州和奥廖尔州一部分地区宣告解放。

苏军在莫斯科会战中的胜利，大大改善了苏联的军事、政治地位和国际地位，打破了德军不可战胜的神话，使敌军遭到无法弥补的物质损失和精神打击，为战争的根本转折奠定了基础。

在这场战争中，德军损失了50余万人、坦克1300辆、火炮2500门、汽车15000余辆，以及许多其他技术装备。在冬季战局中，有62000名德国官兵因犯临阵脱逃、擅自退却、违抗军令等罪名而判罪。35名高级将领，其中包括布劳希奇元帅、博克元帅、古德里安将军、施特劳斯将军等被撤职。

莫斯科会战具有巨大的国际意义，它使反法西斯同盟更加巩固，使得日本和土耳其两个法西斯国家不敢肆意追随德国，为欧洲各国人民反抗法西斯暴政的解放运动开辟了新的道路。另一方面，苏军还积累了大量的军事战争经验，使得军队在战略和战术上不断成熟，军人战斗技能有了很大提高。

战后，苏联约有40个部队和兵团因模范地完成战斗任务和英勇善战而被授予近卫军称号，100多万名莫斯科保卫者被授予1944年颁发的“保卫莫斯科”奖章，362.6万名军人被授予勋章和奖章。1965年5月，为庆祝苏联人民卫国战争胜利20周年，莫斯科市被授予“英雄城”的荣誉称号。

二战史话——偷袭珍珠港

1941年12月7日，夏威夷珍珠港，阳光旖旎，波平如镜。因为这一天正是星期日，驻扎在这里的美国太平洋舰队的官兵们度过了愉快的周末，有的还正在酣睡，有的准备去吃饭，有的已上岸度假去了。教堂的钟声已徐徐响起，电台播放的清晨音乐也正悠扬地荡漾在港湾，舰艇星罗棋布地停泊在湾内，战机也鳞次栉比地排在瓦胡岛的7个机场上。就在这“黑云压城城欲摧”的时刻，珍珠港到处还是一片歌舞升平的景象。

两个值班的美国兵在雷达监视器前悠闲地摆弄着仪器。突然，荧光屏上显示出东北方向130海里外，一群飞机正朝珍珠港方向飞来，他们机敏地拿起电话报告了陆军基地。

“别过敏了，那是自己的飞机。”值班军官不无戏谑地说。

原来，值班军官早已接到通知，今天早晨将有一队美国空军飞机从本土飞来。

实际上，雷达屏上显示的机群正是从日本航空母舰上起飞的183架日本飞机，它们袭击的目标正是珍珠港。

袭击珍珠港美国海军是日本蓄谋已久的策划。苏德战争爆发后，东方的日本军国主义也急不可待地想扩大侵略战果，把占领印度支那和南太平洋诸国，夺取石油资源，作为了主要目标。而驻守夏威夷群岛上的美国太平洋舰队就成为日本军国主义南进太平洋的最大障碍。而美国由于历来奉行利益至上的原则，再加上本国所占地理位置的优越，所以和第一次世界大战一样，它不想卷入战争，而想坐收渔人之利。罗斯福总统同伍德罗·威尔逊总统一样，都公开表明了要保持中立的决心。1939年9月3日，他向全国宣布：“和平不会停止”。但是，希特勒出人意料的胜利，尤其是法国的沦陷，迫使美国的决策人开始提出疑问：中立态度能否自动提供保护免受卷入战争之害，如果希特勒征服英国，然后控制大西洋——这在当时似乎不是不可能的事——征服计划中的下一个目标会不会是美洲大陆？

这些因素使美国政府决定，避免卷入战争的最好办法是向那些仍在与德国作战的国家提供除战争外的一切援助。这就解释了为什么美国会签订《驱逐舰与基地的交换协议》（1940 年 9 月 2 日）、从中立立场逐步转入非交战立场，为什么美国会制订《租借法》（（1941 年 3 月 11 日）、签署《大西洋宪章》（1941 年 8 月 12 日）和发布若干命令（1941 年 8 ~9 月，这些命令要求美国海军为纽芬兰和冰岛之间的所有交战国和中立国的商船护航，并要求美国海军一看到出现在这些水域中的轴心国军舰就立即向它们开火），以非交战立场转入不宣而战立场。

罗斯福总统在努力限制轴心国在西方扩张的同时，还试图制止日本在太平洋的侵略。然而，一届又一届的东京政府由于欧洲事态的发展所提供的所谓良机而变得越来越好战。希特勒的胜利使法国、英国和荷兰在东亚和东南亚的富饶领地几乎没有设防，因此，1940 年 9 月 27 日，日本、德国和意大利签订了《三国条约》。这一条约承认德国和意大利在欧洲、日本在亚洲的霸权，要求在任何一个签约国遭到美国进攻时互相提供充分的援助。

日本领导人在与美国的关系这一问题上意见不一。陆军准备直接向英国、法国和美国挑战，但海军、外交家和实业家多半不同意这种做法。1941 年 10 月，赞成与美国和解的首相近卫文辞职，于是出现了转折点。“剃刀脑袋”东条英机将军接替了近卫，组织了一个由陆、海军军官组成的内阁——据说这是一个“充满火药味的内阁”。东条决定，通过外交或武力手段，在这年年底之前跟美国算账。日本驻华盛顿大使野村吉三郎海军上将和来栖三郎特使一起同美国国务卿科德尔·赫尔在这最后时刻举行了系列会谈。双方的立场相差甚远，因此，达成和解根本不可能。

就这样，珍珠港事件的爆发强行使一向靠战争发横财的美国，被迫卷入到了战争的漩涡中来。

7 时 50 分左右，偷袭珍珠港机群的指挥官渊田中佐发出攻击命令。他的身后是 49 架水平轰炸机、40 架鱼雷轰炸机、51 架俯冲轰炸机和 43 架制空战斗机，刹那间，炸弹如倾盆大雨，希凯姆机场、福特岛机场、惠列尔机场大火熊熊，黑烟腾空，军舰四周水柱冲天。坐阵在万里之外广岛“长门”号旗舰上的山本五十六海军大将的攻击命令一个接一个地下达。作战日军如鱼得水，丧心病狂地进行狂轰滥炸，珠珍港顿时成为一片火海。

闪电式的攻击战确实令美国兵猝不及防，以至各个官兵都惊呆了。

“空袭！空袭！”不知是谁第一个声嘶力竭地哭喊出来，这时舰队司令部的军官们似乎才醒过神来，这不是“特殊演习！”

日机的第一次攻击进行了大约半个小时，随后171架日机进行了第二次攻击，直到9时15分才全部撤离珍珠港上空。

日本这次偷袭，总计击沉击伤美国太平洋舰队各类舰艇40余艘，扫射和轰炸使450架飞机毁伤，机场全部炸毁，美军官兵死伤4500多名，而日本方面仅损失飞机29架、飞行员55人、特种潜艇5艘。

当时，其实东京政府每天的决定赫尔都知道，因为日本的电台密码已被破译，一份份“注意戒备”的警告送到了珍珠港，送到了驻扎在菲律宾的美国远东军司令道格拉斯·麦克阿瑟将军的手中。12月7日，参谋长乔治·C·马歇尔将军从华盛顿向珍珠港发出了最后一份警告。但由于静电故障妨碍了美军电台的使用，这一消息只得通过商业渠道传送。在火奴鲁鲁岛，这份电报交给了一位骑自行车的邮差，当他还在送信途中，即上午7点刚过，日本的炸弹已开始落在这座岛屿上了。

兵不厌诈，无独有偶。

早在此年3月，日本海军部为了取得美国舰队活动情况的情报，就指令海军少尉吉川化名森村，以日本驻夏威夷总领事馆工作人员的名义到檀香山进行间谍活动，吉川的重要情报对日军袭击珍珠港起了重要作用。而日本在第一轮空袭扬长而去后，日本驻华盛顿代表野村和来栖以“和平使者”的身份来到美国国务卿赫尔的办公室，递交了一份“最后通牒”。赫尔气愤地说：“我在50年的公职中，从未见过这样厚颜无耻的文件！”日本元首玩弄的这套和平伎俩，终于在历史性的大空袭中收场了。

遵照《三国条约》的条款，德国和意大利向美国宣战。这样，美国不但在欧洲，而且在亚洲，完全卷入了这场战争。此时，在华盛顿围绕要战争还是要和平这一问题展开的激烈争论突然停止了。总统向这时已团结起来的全国人民发表了讲话，他宣布：“我们现在已处在战争之中。我们一直都在这场战争之中。每一个男人、女人和孩子都是我们美国历史上这一最巨大的事业的参与者。”美国作为参与者的作用就是成为“各民主国家的兵工厂”。1943—1944年，这家“兵工厂”的最高生产纪录是每天生产一艘船，每五分钟制造一架飞机；6年的战争中，它生产了87000辆坦克、296000架飞机和5300万吨位的船只。

日本偷袭珍珠港，宣告了太平洋战争的全面爆发。本来，第二次世界大战同第一次世界大战一样，是由东欧少数民族争端挑起的欧洲各国间的冲突开始的，诸战役只在欧洲战场上进行，但由于日本偷袭了珍珠港，从而使第二次世界大战变成了全球性的战争，正如美国 1917 年的参战改变了第一次世界大战的性质一样。正是因为这次珍珠港事件的爆发，使美国坚决地加入到了世界反法西斯战争中来，使第二次世界大战的范围更加扩大。

二战史话——中途岛战役

1941 年 12 月 7 日，日本偷袭珍珠港，以微不足道的代价，给美国太平洋舰队以重创，轻取了太平洋地区的制海权。日本举国上下沉溺于胜利的狂欢中，只有几个将军清醒地看到美国的军事和经济潜力，深深忧虑战争的前途，亲自筹划珍珠港战役的日本联合舰队司令山本五十六就是其中之一。山本大将知道：珍珠港里并无一艘航空母舰；美军潜艇部队在西太平洋地区的实力未受损失；金元帝国的庞大工业体系还会制造出大量飞机、坦克和军舰来。当部下向他表示庆贺时，他忧郁地回答：我们只是唤醒了一个昏睡的巨人。

事实上美国停泊在珍珠港内的战舰共有 94 艘。或许是巧合，通常停在港内的三艘航空母舰和一支强大的巡洋舰队，当时外出执行任务去了。但日本人对自己一手造成的巨大破坏感到心满意足，以致无意再去搜索处于他们航程范围之内的三艘美国大型航空母舰企业号、列克星顿号和萨拉托加号。这三艘幸存的航空母舰在以后几个月里，使日本海军付出了高昂的代价。

就在珍珠港事件的当天，日军又开始了对东南亚的狂轰滥炸，香港、新加坡、苏门答腊、爪哇等相继失陷。

日本海军的战略目的，是建立从千岛起，经威克岛、马绍尔群岛、吉尔伯特群岛、所罗门群岛、苏门答腊，直到缅甸为止的大防御圈；以岛屿机场的空军为主，配合航空母舰机动打击兵力，消灭任何敢于闯入防圈的盟军舰队；保证日本帝国慢慢消化掉它仓促吞下的大片别国领土。山本大将认为日本工业是根本无法和美国匹敌的，必须在美国军火工业重新武装太平洋舰队前，采取攻势行动，诱歼美国残余舰队，这就要在北路的阿留申群岛、中路的中途岛和南路的新几内亚发动入侵。由于利害重大，美军必然投入战斗。

山本想引诱美国人出战，而进攻位于珍珠港西北1136里的美军中途岛基地，将能实现这一设想。山本选择中途岛自有他的道理，中途岛到美国旧金山和日本横滨都约5000公里，恰好横在太平洋航线正中，战略地位一目了然。占领中途岛，就可以利用它和它东面的几个小火山岛和珊瑚礁进攻美国太平洋主要基地夏威夷，把防御圈向东推进，而美军为确保防线，也必将把太平洋舰队投入中途岛进行决战，这样，就可诱而歼之。

经过周密部署，于1942年5月20日日军集结兵力完毕，共有大小舰艇20余艘，并且在5月21日在公海举行了规模宏大的演习，日本舰队好不气派。

日本大本营精心制定的联合舰队中途岛作战计划被命名为“米号作战”。看起来堂皇威武，实际上有不少弱点，但山本一厢情愿地指靠珍珠港式的战术奇袭。由于美国情报机构的一些惊人成就，美军早已成功地破译了日本海军当时使用的主要密码，从中得知日本关于中途岛攻略的详尽计划。美国太平洋舰队司令尼米兹海军上将将计就计，火速调兵遣将，从陆海空三方面保卫中途岛。铁丝网、沙袋、水泥、大炮、弹药源源不断地运到岛上；日夜加修工事；夏仑上校的海军陆战队第6防御营每天在滩头阵地演习。2个B－17远程轰炸机中队在中途岛机场着陆，接着又飞来4个中队B－25型飞机，它们改装后可以做为鱼雷机攻击军舰；一整船的战斗机和俯冲轰炸机运到中途岛并且很快装配起来，使中途岛上的飞机达到120架之多。珍珠港的空中力量也得到了加强。

一场鏖战开始了，6月3日，云层上飞翔着标有太阳旗的35架日本飞机，它们冒着恶劣气候条件袭击了阿留申唯一的港口荷兰港，同日下午，中途岛起飞的9架美军B－17轰炸机空袭了田中赖三少将指挥的运兵船队，这些“空中堡垒”的投弹手们技术欠佳，一艘船也没炸沉。

6月4日拂晓，连日来笼罩在洋面上的海雾散尽了，一轮艳红的旭日跃出中太平洋的碧水，“飞龙”、“赤城”等舰的飞行甲板上响起震耳欲聋的马达声，108架日本战斗机和轰炸机吼叫着飞上天空。飞行员技术熟练，击毁了大部分美军战斗机，日轰炸机未受任何损失就到达了中途岛上空投下炸弹，可惜机场上空空如野，日军炸弹只给跑道和供油系统造成一些破坏。

作为南云忠一对手的雷·艾·斯普鲁恩斯少将多谋善断，他初次指挥航空母舰特混舰队就显示了惊人的才华。当他从监视日本舰队的卡塔利那式水上飞机那里得知南云处于不利形势的报告后，立刻命令美机从他指挥的第16特混舰队的两艘航空母舰上起飞。“企业”号和“大黄蜂”号上的蒸汽弹射机嘶叫着，把一架架满载炸弹和鱼雷的飞机弹到空中，升降机又把新的飞机提升到甲板上，从7时20分起用了一个小时，使67架俯冲轰炸机、29架鱼雷机和20架战斗机升空完毕。第17特混舰队的弗莱彻将军也命令飞机升空，他担心日本母舰不止一队，所以留下一半俯冲轰炸机。上午9时6分，“约克城”号的17架俯冲轰炸机、12架鱼雷机和6架战斗机也全部升空向中途岛飞去。

在南云第一机动航空母舰部队四周的卡塔利那水上飞机先后有32架之多，叫日本海军极为恼火，南云的零式机不断地追逐、收拾它们，而水上飞机在云层中钻来钻去和零式机纠缠，最后还是叫零式机赶跑了。结果，斯普鲁恩斯失去了和南云的接触，他并不知道日本舰队北撤的情形，美机假定南云还是在去中途岛的方向。“大黄蜂”号的第一批先头俯冲轰炸机共35架，扑到敌舰预想的方位上并没有找到它们，这批美机便顺着日舰可能的航线向中途岛飞去，和日本舰队正好南辕北辙，越飞越远。这批飞机部分在中途岛着陆，有些则燃油烧完掉到海中。上午9时25分，沃尔德伦惊叫一声，日本舰队在海上环绕成巨大的钢铁花环，航空母舰正在其中。虽然美国劫掠者鱼雷机已经陈旧过时，又没有一架战斗机护航，沃尔德伦上尉还是决然投入攻击。美机毫无畏惧地掠过波浪起伏的海面，不顾零式机的机关枪和水面舰艇的高射炮，用单薄的机翼劈开火网向日本母舰投下鱼雷。这是一场自杀性的悲剧式进攻，所有美机全被击落，包括沃尔德伦在内的30名空勤人员仅活下来一人。

10时整，该轮到“约克城”号的鱼雷机来进行毫无希望的攻击了。梅西少校领导了这次敢死行动，虽然他有6架战斗机掩护，但下场同样悲惨，12架鱼雷机在零式机痛打下仅有2架死里逃生，全部出击的41架美国鱼雷机竟然只有6架生还！而且居然未能射中一条鱼雷。美军飞行员这种舍生忘死的牺牲精神，在美国海军航空兵史上尚无先例。撰写美国海军战史的塞缪尔·莫里森教授就此评论说：“正是由于驾驶着老式鱼雷机的青年人们，具有过人的英勇和牺牲精神，才使后续的胜利具有可能性。这种视死如归的疯狂攻击，纠缠住了日本航空母舰，阻止它们使更多的飞机升空……”

正当日本水兵拍着刚刚归来的飞行员的肩膀伸出大拇指时，突然惊叫起来："俯冲轰炸机！"

那正是37架美国俯冲轰炸机。它们从"企业"号上起飞，由梅克拉斯基少校指挥。他果断地把所有飞机分成两队，向日舰扑去。这正是日本母舰旧机回收新机未飞的关键性5分钟，日本航空母舰活像是海上的死靶子，零式机在低空追鱼雷机，尚未拉起。

美军无畏式俯冲轰炸机吼叫着穿空而下，重磅炸弹凄厉地摇晃着从机翼下斜落，并引爆了给日本航空母舰准备的鱼雷，顿时"加贺"号航空母舰成为一片火海，这艘为日本海军在珍珠港和南洋立下赫赫战功的航空母舰成了焚烧的废船。19时25分，在两声天崩地裂的大爆炸后，38200吨的"加贺"舰翻转着它巨大的躯体沉入太平洋，水兵战死者800人。

"赤城"也未幸免，而且情况越来越严重。它到处起火，舷梯和甲板被烧得通红，完全失去了战斗能力。发电机停机后，消防水泵无法使用。紧接着大火封锁了中层甲板，烧毁了所有通讯设施，轮机舱虽然完好，但所有通道上都大火熊熊。后来火焰烧入通气孔，将机舱水兵全部闷死。18时，青木舰长决定弃舰，幸存者转移到驱逐舰上，19时20分，青木请求用驱逐舰将"赤城"舰击毁。6月5日凌晨，山本下令炸沉"赤城"号。4时55分，太平洋上的朝阳还没升起，36500吨的"赤城"舰就沉没了，它的水下爆炸连驱逐舰都感到震动。

17架从"约克城"号起飞的美军俯冲轰炸机在莱斯利少校指挥下又勇猛地袭击了"苍龙"舰，3颗1000磅炸弹命中该舰。6月4日上午10时30分，"苍龙"舰中弹5分钟后，完全变成了一片火海，20分钟后，舰长柳本柳作下令弃船，19时13分，15900吨的"苍龙"舰沉入了海底，这是中途岛海战中沉没的又一艘日本航空母舰。美军取得如此辉煌的战果仅付出16架俯冲轰炸机的代价，其中"企业"号的飞机被击落14架。"约克城"有2架俯冲轰炸机未能收回。

山本大将正幻想着诱出美国航空母舰进行炮击时，突然接到南云的电报"……加贺、苍龙和赤城三舰全身起火，我们正在向北撤退，并重新组织力量。"他面对噩耗，脸色铁青，无言以对。所谓"组织力量"就是指使用空袭中唯一幸存的"飞龙"舰为整个舰队复仇。

指挥着"飞龙"舰向北撤退的是山口多闻海军少将，他是日本海军第一流的将才，他毫不犹豫地命令日军飞行员准备好对美舰的空袭。6月4日10时40分，"飞龙"舰飞行分队长小林道雄海军大尉带领18

架俯冲轰炸机和6架零式机起飞攻击美舰。但遭到美12架战斗机和高射炮的有力拦截，包括小林在内的13架Val式俯冲轰炸机和3架零式战斗机被击落。

山口派出轰炸“约克城”的飞机后，接到侦察机飞行员的报告：敌部队中有“企业”、“大黄蜂”和“约克城”三艘航空母舰。他大吃一惊：自己已处于明显的劣势，他没有退缩，选了空袭中途岛归来的友永丈市大尉带领“飞龙”号上仅有的10架鱼雷机和6架战斗机对“约克城”发动第二次攻击。但很快也被美军击败。

中途岛海战的最后一幕是“约克城”号的沉没。

中途岛海战以美军胜利、日军惨败而告终，日本海军自1592年朝鲜壬辰战争以来，未遭大败，从甲午中日战争、日俄战争起，横行西太平洋，更是所向披靡。美国海军上将欧内斯特·金在评价中途岛海战的意义时说：“中途岛之战是350年以来，日本海军遭受的第一次决定性的失败。”美国海军以1艘航空母舰、1艘驱逐舰和147架飞机的代价，击沉了4艘日本舰队航空母舰和1艘重巡洋舰，52架飞机被击落，280架飞机随舰沉入大海。中途岛海战是太平洋战争的转折点，从此之后，日本军阀开始走向下坡路。

二战史话——重水之战

“最新消息，德国法西斯头子希特勒昨天下令对美国、英国、苏联分别投掷数枚神秘炸弹，这种炸弹威力十分巨大，一枚就摧毁了一座城市，爆炸后天空上升起一束蘑菇状烟云，光线十分耀眼。目前，华盛顿、伦敦、莫斯科已成为一片废墟，反法西斯同盟遭到毁灭性打击，法西斯统治地球的日子将不会太远了。”

大家一定知道这种炸弹就是原子弹。不知你是否想过，假如不是美国对日本投掷原子弹而是出现上面那种情景，那么世界将会是什么样子呢？

大家难道真的以为美国是第一个研究并单独掌握原子弹秘密的国家吗？

其实，法西斯德国才是第一个，并且几乎制造出原子弹来。那么是什么原因致使德国直到灭亡还制造不出这个杀手锏武器呢？是因为1943年2月在挪威发生的改变二战结局的“重水之战”。

重水，是使原子反应堆的中子得以减速的缓冲材料。有了重水，就能控制原子反应堆，就有制造原子弹的可能。

弗穆尔克是挪威的一个小镇，风景优美，环境宜人，似乎是远离战场的世外桃源，谁也想不到，就是这个小镇和整个全世界的命运联系在了一起。因为这里有一座工厂，它不是一般工厂，名字叫诺克斯电解氢工厂，它的产品就是重水，而且这个工厂又是40年代全球能大量生产重水的极少数工厂之一。

1940年5月占领挪威的德国法西斯立即命令弗穆尔克的诺克斯工厂每年提供一吨半重水，到了1942年2月，希特勒命令该厂每年必须向德国提供5吨重水，需要量大大增加。

与此同时，英、美也正在研究原子弹，还没有掌握这种技术，但也知道了重水的重要性。1942年6月，他们获得了德国重水需求量增加的消息，内心十分震惊，这可真是关系全球安危的大事。罗斯福和邱吉尔两个巨头马上会晤，对情报进行分析，得出结论是德国正在加紧研制原子弹，并且估计很快就要成功。

于是，二人密谋了很久，决心先下手为强，先消灭其重水产地，尽量推迟其生产原子弹的日期。

1942年11月18日夜晚，皓月当空，一架英国轰炸机越过海峡，飞到挪威哈尔唐吉高原上空，4名自由挪威抵抗运动的战士跳伞降落，揭开了“重水之战”的序幕。

这是4名受过严格训练的挪威籍特工人员，他们的任务是在天寒地冻的挪威土地上降落后，迅速展开工作，为随后而至的突击队准备条件。

挪威地处北欧，10月份天气已十分寒冷，下起了大雪。空降虽然迅速，人员可以控制降落方向，但空投的装备却不知飘向何处。

降落后，首先要找齐队员，但装备可不是一时之间就能寻得到的。4名队员，用了两天时间，反复在降落地附近搜寻，终于找全了装备。

降落后，队员们并不知自己身在何地，于是他们便用装备测试，结果令人失望，他们降落的地点距斯科点沼泽地约100公里，以他们4人之力，根本无法将300公斤重的装备运到目的地。

“出师不利，这该怎么办呢？”队员们犯了嘀咕。

“没办法，只好放弃部分装备了。”队长坚定地说。

减轻了一些食品和不太重要的装备，于是他们就轻装上阵了。

他们一边走，一边搜索，寻找一块能让突击队的滑翔机安全降落的场地，但又要小心翼翼地前进，不能让德军发现。终于，在快到目的地的距穆斯湖水坝5公里的地方，找到了一块长达700公尺、适合滑翔机降落的场地。历尽艰辛的队员们兴奋不已，马上令报务员向伦敦发报，汇报情况。

报务员马上取出发报机，但却怎么也发不出讯号，仔细一检查，却发现，发报机的电池不知怎的在中途突然损坏了，无法使用。

好在4名突击队员都是挪威籍的，不久之后，他们就和当地的抵抗运动人员取得了联系，在他们的帮助之下，才和伦敦取得联系，汇报了这里的情况。

伦敦方面对这里的情况也并非一无所知，在二战初期，希特勒用闪电战进攻挪威之时，一名著名的挪威科学家特隆斯特教授就逃出了法西斯军队的魔爪，逃到了英国。就是这名科学家在当年主持设计并建造了诺克斯工厂，因此他对诺克斯工厂的情况了如指掌。在他得知英美两巨头决定对诺克斯工厂采取行动时，马上向英国有关部门提供情报，具体安排行动步骤。

1942年11月19晚上，苏格兰威克机场。

“快……快……快，小心点”，在一片细小而急促的催促声中，34人组成的一支突击队登上了两架霍尔萨式滑翔机，由两架哈里法克斯轰炸机牵引，向挪威方向进发。

由于晚上光线很暗，第一架轰炸机刚刚深入挪威内地15公里，突然发现前面露出了一座已来不及逾越的高山，飞行员大惊失色，马上解开滑翔机，和突击队员一起准备跳伞，最后，轰炸机和滑翔机都撞山坠毁。次日清晨，德军赶到了出事现场，发现了幸存的14名队员并将他们押送到德军参谋部审讯，然后枪决。

那么第二架飞机的命运又是怎样的呢?

他们升空后不久，就失去了第一架飞机的踪影，但幸运的是，他们没有撞在山上，而是顺利地飞到挪威上空，寻找先遣队为他们准备的着落地点。

先遣队这时在着落地点起了火把，等待飞机降落。不久，报务员听到了飞机传来的讯号，并且其他队员也听到了飞机的引擎声，飞机已快接近降落地了。

这时，飞机上的人却没有先遣队那么兴奋，也许是天气太恶劣了，也许是先遣队的火光不够亮，他们焦急地四处搜寻，就是发现不了降落地点，巡行数圈后，燃料就不足了，只好返回苏格兰基地。

谁也没想到，飞机会在返回途中出事。当时挪威的天气太恶劣了，连结轰炸机和滑翔机的缆绳经受不了这么低的温度，被冻折了，滑翔机脱离母机坠毁，坐在滑翔机内的队员还不知怎么回事，就已经爆炸了。8个人死亡，其余的人都受了重伤，不久，赶到出事地点的德军捕获了幸存者。

德军也深感怀疑，英国接连派两架飞机运送突击队员至挪威内地，到底有什么企图呢？于是就对幸存者严加审讯，队员顽强不屈，至死也不说出行动的目的。但不久，队员们的努力就白费了，德军从他们身上搜出了一张弗穆尔克的地图，图中用蓝色铅笔做了标记，德军也深知此地重要，马上对弗穆尔克和诺克斯工厂派重兵把守，加强了警戒。

英美第一次突袭就如此不利，不但机毁人亡，还失去了先机。

得到失败的消息后，英国马上开始制定下一步的行动计划。先期逃到英国的诺克斯厂厂长勃伦博士、特隆斯特德和威尔逊上校3人详细讨论了下一步该如何行动。

他们决定再派一支突击队空降和先遣队会合，采取行动。这是一个危险的计划。两起滑翔机坠毁事件后，德国纳粹在挪威大肆搜捕抵抗运动战士，4名先遣队员安全也不能保障，更别提6名跳伞队员了。

艺高人胆大，英方委任了隆纳贝尔中尉为突击队队长，并由他选择了5名经验丰富的滑雪能手组成突击队。他们在出发前，都到专门学校进行了强化训练，学习怎样在伸手不见五指的黑夜往模拟反应堆上放置炸药，他们对空中拍摄的重水工厂照片进行深入研究，做好了充分准备，并且勃伦博士还告诉他们，万一重水工厂的大门无法打开，可利用工厂的一个通道进入。

1943年1月22日，以隆纳贝尔为首的突击队在苏格兰登上飞机，朝挪威方向飞去。由于恰逢冬季，茫茫欧洲大陆盖上一层厚厚的白雪。先遣队事先布置的L字型降落地点标记已被埋灭，突击队只好无功而返。

但是时间不容一次次拖延，最高指挥部果断下出指令，在下次飞行中，全体队员不再依靠地面标志，而是必须依靠自己的经验跳伞降落，然后再设法和先遣队会合。

2月17日，午夜一点钟，突击队在挪威哈尔唐吉高原空降，降落地点距先遣队营地50公里，队员们只好冒着暴风雪，忍受着零下25摄氏度严寒滑雪前进。

几天后，他们正在行进中，忽然前面传来狗叫声，隐隐约约看到几个人端着枪朝他们走过来。

“糟了，莫非我们暴露了？”队长一边命队员埋伏好，一面心里犯嘀咕。

队员穿着白色伪装服，几乎与背景融为一体，那几个人竟不知这趴着几个已拔出武器的战士，径直朝这里走了过来。

待靠近隐藏地点时，队长一个眼神，队员们马上跃起，枪口对准了来人。

“不准动！”

这样站立了几秒钟之后，突然他们互相拥抱起来，原来这几人正是出来打猎的先遣队员，战友们在敌后胜利会师，士气大为高涨。

经过一晚休息，他们决定第二天采取行动由突击队长率领3名队员组成爆破组，其余队员组成掩护小组。

他们通过实地侦察发现，重水工厂设在山坡上，管道从山顶铺到厂区，下面有一道楼梯，假如从山背后抄过去走到山顶就可顺着楼梯下来到达厂区，但途中布满了地雷，每一段楼梯都有埋伏，并且下面厂区还有一个德军岗哨和一个机枪阵地，根本不可能进入。

在工厂下方300米处，有一个峡谷，若从那儿进入工厂需要通过一条横跨峡谷的吊桥，全副武装的德国哨兵对吊桥日夜监视，这条路又被堵死了。

隆纳贝尔和队员们正在束手无策之时，突然发现，在空中拍摄的照片上厂区附近的山腰里有一条细线，仔细一看，原来是一条铁路，是德军运送物资的通道。但是铁路边上就是300公尺高的悬崖，只有下到峡谷，并爬上悬崖才能到达铁路，这是常人难以做到的，因而没有德军看守。但是突击队员都个个身怀绝技，他们发现峭壁上长着灌木，可以攀登而上，隆纳贝尔最后选择了这条线路。

晚上8点，突击队出发了，风虽很大，但天气晴朗，天空中露出了月亮，他们趁着月光在雪地上滑行到预定地点，然后脱去了身上的白色伪装衣，露出英国军队的制服。他们这样做的目的，就是在万一被发现时，告诉敌方，这是纯粹的军事行动，不要对当地平民百姓采取报复措施。

一切都准备好之后，队员们顺着固定好的缆绳全部安全到达峡谷下面。然后，又马不停蹄地向对面悬崖冲去，找好地点，顺着灌木树丛向上攀登。这对于突击队员来说简直是小菜一碟，但他们丝毫不敢大意，个个紧绷着脸，手脚并用，飞速向上攀爬，不一会儿，就到达了崖顶。

队员们的神经十分紧张，已经不知道过了多长时间，周围万籁俱寂，大家谨慎地顺着铁路向工厂行进，不久，工厂的机器声就清晰可闻了。

深夜 11 点半钟，爆破组和掩护组相继到达距工厂 500 公尺的地方。11 点 57 分，两名德国士兵离开工厂院子中间的木屋到吊桥处换岗，几分钟后，另外几个哨兵就要从吊桥处返回，时间紧迫，突击队员马上抓住这个空档向工厂铁门走去，走近才发现，铁门上拴着拇指粗的大铁链。已不容再想别的办法，突击队员硬是用工具绞断了铁链，悄无声息地潜入工厂院内。

这时，配合娴熟的掩护组成员迅速占领角落里的有利地形进行掩护，爆破组顺着掩体朝生产重水的主厂房运动。他们走到通向地下室的钢门旁边，门紧紧锁着无法打开。隆纳贝尔和一名队员向右跨了几步，发现紧贴着地面有一个窗子，玻璃上涂着黑漆，但是从黑漆脱落的地方可以清楚看到生产和贮存重水的大厅。

怎样才能进入大厅呢？时间不多了。

他们迅速绕着房子走了一周，发现了一道梯子和一个洞口，事不宜迟，他们迅即钻入管道，向厂房里爬行。

大家都在默默地向前爬行，已不容考虑进去后自己会不会活着出来，彼此都能听到紧张的喘息声。突然“咝”的一声传来，队员们马上停下来，心头一阵悸动，“发生了什么事?”原来是一名队员的手枪不慎掉了下来，好在厂房内声音嘈杂，并没有引起敌军注意。

进入厂房后，两个爆破队员迅速潜入重水车间。“不准动!”枪口已抵住了一名守夜的挪威士兵的后脑壳，这名士兵看到不知从何处钻出的全副武装的英军士兵，早已吓得说不出话来，只好乖乖放下武器，站到一边。隆纳贝尔马上从背囊中取出 20 块炸药，把它们贴在重水桶的桶板上，用导火线连到一起，这时另两名爆炸队员也钻了进来，站在车间外面放哨。隆纳贝尔正准备点燃导火线，从外面楼梯处又传出脚步声，好在外面放哨队员很快处理掉了这名士兵。点燃之后，突击队员马上跑出楼房，向外飞奔，他们背后的厂房里传来了一阵爆炸声。但声音并不大，以至于其他的纳粹军人没有注意到。后来他们才知道，这厂房每次点炉、熄炉时，机器都会发出爆炸般的声音，炸重水炉的声音还不如平时的响亮。爆炸组和掩护组利用这一有利时机，迅速撤出现场，任务胜利完成。

不久，纳粹终于发现出了情况，马上在工厂搜查，这时厂房里重水桶已被炸裂，重水流了一地，已不能使用，而突击队员早已不知去向。

据特隆斯特德估计，这次偷袭成功，使工厂至少停工一年，生产不出一滴重水来，这就为第二次世界大战反法西斯同盟由防守转入反攻争取了时间，避免了文章开头一幕的出现。

二战史话——诺曼底登陆

在第二次世界大战的后期，盟军为了彻底消灭德国法西斯，必须在欧洲大陆开辟新的战场，即所谓的第二战场。盟军最后决定在法国的诺曼底海岸登陆，突破德军的沿海防线。

为什么盟军要选择在诺曼底登陆呢？因为这个登陆点必须离英国的空军基地相当近，这样部队才能取得空军掩护，陆续上岸，建立牢固的桥头堡。再有一个原因就是登陆点的附近必须有港口，这样才能使登陆部队得到各种后勤物资和后续部队的支援。

盟军为了在诺曼底登陆准备了一年多时间。为了登陆诺曼底，盟军不仅需要准备大量的兵力和作战工具，还要了解德军的沿海防御及守军的情况，以及德国军舰的停泊场所。除了这些之外，还必须对欧陆各处沿海的地形、风向、潮汐、海滩深浅和纵深地带的情况，做仔细调查。为登陆还制造了许多新式的武器，如各种各样的坦克，还制造了许多种类繁多的登陆器具。他们还研制了一种预制堤岸，用来制造防波堤。这是一种用钢筋混凝土浇制的如箱子一样巨大的空心块，用来船只停靠。总之，盟军为了诺曼底登陆进行了各种各样充分的准备。

不仅如此，盟军为了不让德军摸清他们的意图，不让德军知道他们登陆的时间、地点和兵力，他们还使用了疑兵之计。为此，英国首相邱吉尔专门设立了一个叫做“伦敦控制小组”的机构，专门从事欺骗德国人的工作。“伦敦控制小组”制定了一个叫做“刚毅行动”的一整套欺骗德军的行动。“刚毅行动”的计划目标是要把德军西线90个师的兵力，以及海军、空军吸引到离诺曼底海岸较远的地方去。“刚毅行动”

主要要使德军相信，盟军在诺曼底登陆并非真正的进攻，而只是盟军声东击西的手段，真正的进攻是在加莱海岸。英国为此还派中立国去收购加莱海岸的地图，另外又假装组织一支兵力达 100 万人的集团军，驻在英国东南沿海一带，佯装进攻加莱，并且任命美国著名的巴顿将军为该集团军的司令。为此英国电影制片厂的布景师们制造了不少假的登陆艇，把它们从泰晤士河运到东南沿海，又用帆布制造了许多假的建筑，如假的弹药库、假医院、假兵营、假炮、假飞机等等，这一切都放在东南沿海岸非常明显的地带。

盟军以上的种种手段，果然骗过了德军，希特勒真的以为英法盟军在英国东南部已经集结了 92 至 97 个师的兵力，准备在 7 月份进攻加莱，因此，他把德军最精锐的 15 个军团集结在加莱，而诺曼底却只有一个装甲师驻防。

1944 年 6 月 5 日晚，海面上狂风呼啸，波涛汹涌，人类历史上最强大的舰队从英国的南部海岸启航，驶向了诺曼底，这一天距敦刻尔克撤离正好隔了 4 年。这次英美舰队的组织者正好是当年出色地组织了敦刻尔克撤退的海军上将伯特伦·拉姆齐爵士。整个舰队拥有 5000 艘舰船，其中不少是特意为今天的战斗而设计的。为舰队打头阵的是数百架皇家空军重型轰炸机以及准备占领重要桥梁、公路的 2.3 万名伞兵和滑翔机运载的突击部队；紧随其后的是 17.6 万人的进攻部队和 2 万辆军车，所有这些部队和军车要在 48 小时之内登上诺曼底海岸。

6 月 6 日破晓，英国皇家空军的重型轰炸机携带 5200 吨炸弹狂轰敌军海防炮群和工事，美国的中型轰炸机和战斗轰炸机连续猛烈轰炸敌军阵地，诺曼底登陆战打响了。

就在英美轰炸机轰炸德军阵地的同时，英军一个空降师和美军两个空降师在被德军誉为“大西洋铁壁”之后陆续降落。英第六空降师降落在盟军入侵战线东翼冈城东面一带，而美军空降部队则降落在入侵战线的西端科汤坦半岛之上。英空降部队的目标是夺取从冈城到海滨这一段奥恩河两岸重要的桥头堡。美军空降部队的任务是与半岛上的敌军交锋，使其无暇向美军登陆的滩头发动反扑，同时还将控制住卡朗坦面洪水区内的堤道，接应由海路登陆的入侵部队。这两支空降部队中英国空降兵的作用至关重要，因为它靠近德国装甲反击部队的主力，它必须在大部队登陆之前顶住德国部队的进攻，否则，桥头堡就有可能被迅速地拔掉。

英美空降兵落到了陆地之后，他们就开始相互寻找，开始往往是个人单独行动，后来结成小队，陆续地赶到指定地点集合。但是他们这些行动却因以前的“刚毅行动”使德国认为这只不过是英美联军的佯攻而已，所以并未引起包括德国著名的陆战之神隆美尔的注意。

6月5日，盟军还有不少新式武器用于登陆战争，最主要的是多种坦克，颇使德军惊诧不已。这些专门设计的坦克，可以分别用来扫除地雷、克服障碍物对付混凝土防御工事。1943年以来，英国第七十九师装甲部队就成了一支实验坦克部队，它设计制造了功能各异的坦克。当两栖坦克与第一批步兵上岸的同时，使德军大吃一惊。同时盟军还配备了多管火箭船，并在登陆船的船头上安装了大炮和迫击炮，这样就能在德军利用盟国海军炮火攻击之后重新进入炮位的这段时间内，始终为登陆部队提供密集的火力掩护。

J·T·克罗克中将指挥的英第一军顽强地抵挡住了德第二十一装甲师和第十二装甲师的进攻。英军第三师在一阵密集的炮击之后，一鼓作气地冲破了敌军步兵和第二十一装甲师的阻击，冲过了海滩，经过了8个小时的奋战，与伞兵部队会合。第三十军在英军的更西登陆地段发起攻势，主战三十军的三个师都在北非战场久经沙场考验，它们迅速地突破了敌军的阵地，并且牢牢地站住了脚跟。

与此同时，朱诺滩外的加拿大军却遇到了困难，当时海面上狂风怒吼，巨浪滔天，再加上海岸上暗礁丛生、地形险要，使他们的登陆行动推迟了半个小时，虽然没有装甲部队的掩护，加拿大士兵还是从敌军手中夺得了敌军的主要据点。但是由于没有特种装甲部队的配合，他们无法为海滩上的车辆打开通路，沙滩上挤满了坦克、大炮和运输车辆。事实上加军在6月5日的进展超过了其他部队，在离冈城三里的地方与英第五十师会合后，建立起了一个横宽20里、纵深近七里的英—加滩头阵地。

美军在两艘战列舰、两艘巡洋舰和12艘驱逐舰的炮火掩护之下，向滩头发起了进攻，参加突击的有32辆两栖坦克。说来美军非常走运，由于航行出现了偏差，他们登上了另一个滩头，一个德国驻军战斗力比较差的滩头，而德国军队却认为盟军根本不会从这里发起进攻，所以不到三个小时，美军就突破了“大西洋铁壁”；潮水般的步兵、炮兵、坦克不断地涌上滩头。

英美联军终于在极其恶劣的气候条件之下顽强地登上了诺曼底的沙滩，并开始进一步向纵深地区进发。

在英军攻占滩头之后，蒙哥马利就在滩头设立了前进司令部，不久，邱吉尔亲自进行视察。但英军战线的进展就显得微不足道了，而美军夺下了大片土地，战果赫赫。但是6月19日灾祸从天而降，整个英美滩头阵地经受了半个世纪以来没有过的六月大风暴，造成了军队的补给锐减，蒙哥马利不得不将战争向后推迟，这显然给德国一个机会，但是隆美尔却无所作为。

6月底，每日的运输量已经恢复到了原来的水平。英军终于于6月26日首次发起了夺取冈城的大规模进攻，这种攻势无疑告诉了德军向何处增加支援，但是这样有利于美军在右翼取得突破。英军强大的火力击毁了德国从俄国和法国南部调来的装甲部队，德国残余的装甲部队，从三个方面向英军的突出阵地紧逼过来，战斗双方在“112高地”进行激烈的争夺战。

由于英美两国军队在欧洲大陆上的进攻十分缓慢，受到两国民众的指责。美国占领瑟堡之后，一时打不开局面，这时也不能不顽强地进攻。经过三个星期的鏖战，以伤亡1.1万人的代价进入到已经成为废墟的圣洛，这样就可以进行大规模的装甲进攻了。

这次攻势代号为“眼镜蛇”，将由美国富于冒险精神的坦克专家乔治·巴顿负责指挥。7月6日，巴顿将军渡过海峡，同时美军第三军团的首批部队也开始在于塔滩登陆。为了配合巴顿将军的行动，蒙哥马利一方面将敌人牵制在“112高地”附近，一方面在冈城东面和南面发动一场代号为“赛马会”的大规模攻势，诱使德军最大限度地将装甲力量用来对付英军。

7月25日，这场旨在为巴顿闪击部队迅猛突进而打开突破口的“眼镜蛇”攻势开始了。盟军对圣洛西面一块长五里、宽一里的长方形敌军防御阵地实施了大规模炮击。此外还出动大约3000架美国空军轰炸机，朝它扔下4000吨高爆炸弹、杀伤炸弹和凝固汽油弹，这个突进口突破了三个强悍的美军步兵师。7月27日的战斗具有决定性意义，德军退却了，库汤斯库落入到了盟军之手，德国第七军团的撤退很快。7月30日，美军进入阿弗朗什，盟军终于取得了突破。

现在，巴顿的任务是横扫布列塔尼，攻占半岛上各主要港口。与此同时，蒙哥马利的第二军团攻打冈城—圣洛一线，加军从冈城南面向法莱兹方向发动进攻，继续牵制德军的大部分装甲力量和炮兵部队。巴顿的第三军团几乎不费吹灰之力，就打开了局面，大军所到之处，势如破竹，进展极为神速，其战果非常辉煌。第三军团沿着莱塞——库汤斯公路轰鸣着向前挺进，通过莱塞山隘，穿过库汤斯和阿弗朗什。这样，第三军团闯过了进入法国心脏地区的大门。到8月6日，巴顿将军的部队向南方和东南方进击连克马延和拉瓦耳，向西面已经将德军赶出了布列塔尼半岛的内陆，把他们堵死在半岛的各港口内。

就这样，美军在巴顿的指挥下向德军发起了最快的进攻，并且进一步深入。有一段时间之内，包括巴顿本身在内，都不知道第三军团所属各部队的行踪，但是巴顿的军队却取得了惊人的战绩。

到8月18日，德军撤退之时，它已经损失了总共逾40万的兵力、1300辆坦克、军车2万辆，1500门大炮，盟军也损失了209672人，其中36976人阵亡。

诺曼底战役是西欧战场上牺牲最为惨重的战役之一，但是它的战功使得德军暴露在苏联军队和英美联军的强大攻势的夹击之下，加速了德国法西斯的覆灭。

战争狂魔——希特勒的覆灭

希特勒是第二次世界大战的元凶。自从1934年他自封为国家元首后，他不惜使用一切卑鄙手段，对内实行恐怖独裁，对外实行侵略扩张，企图实现他独占全球的野心。而且他还对犹太人进行了惨绝人寰的血腥屠杀，他给全世界人民带来了无尽的灾难、痛苦和眼泪，他的名字几乎成了独裁统治者、战争狂魔的代名词了。

下面，我们看看这个战争狂魔是如何走向自取灭亡的道路的。

在最后的36小时中，希特勒的战务会议既不按时又不庄重，很简短，因为阴森森的消息封锁开始了：他军队的发报机哑了，几天都没收到外交事务电报。柏林的巷战一停止，就得狂乱地拨一阵电话，而接电话的常常是俄国人。夜里，大雨已经把放入空中的最高统帅部的气球打落，所以高频无线电电话联系被截断了。4月29日中午，约德尔简略地报告说，温克裹足不前，而且12时15分，高频无线电频道也完了。

从这时开始，只有敌人的重要新闻公报才给希特勒提供他军队的消息了。从意大利电台收听到描述墨索里尼及其他一些法西斯领导人受刑的情景，他们被“从身后击毙”，然后用绳子绑起来挂在米兰广场的那个标准加油站上陈尸。伏斯海军上将下午4时从掩蔽部给邓尼茨打电报：“和外边军事机关的联系完全被切断了，紧急要求通过海军信号渠道了解柏林以外的战斗情报。”现在希特勒那些无所事事的联络人员开始慢慢地离开，克莱勃斯的副手格哈特·博尔特建议要同两个军官同事去和第十二军团联系。希特勒很高兴地把他们派走，“给温克问好——告诉他行动再快点，否则就太晚了！”希特勒把三份遗嘱委托给另外三名果敢的人，他们奉命偷偷带给邓尼茨、舒埃纳尔和伯格霍夫。布格道夫将军给舒埃纳尔写信说：“接到元首命令或者已经证明元首死去，就要立即把遗嘱公诸于众。”

在安霍尔特火车站正在用重型武器交战。希特勒手里攥着已经破碎了的街道地图和他的司机埃里希·肯普卡讲话，这位司机从1933年以来曾在许多有历史意义的旅途上给他开车。肯普卡告诉他，他的汽车调度场正为守卫总理府的部队运送给养，从勃兰登堡门运到波茨坦玛广场；“他们有非凡的勇气，他们等待温克将军的救援队伍到来。”希特勒沉静地回答：“我们都在等待温克。”希特勒在自己的书房里给凯特尔写了最后一封信：战斗很快就要结束，他马上就要自杀了，邓尼茨将继承他当帝国总统，凯特尔要支持这位海军上将，直到最后一刻。“我的人民和武装部队在长期的艰苦的斗争中献出了一切，牺牲是巨大的，许多人辜负了我对他们的信任，不忠和背信弃义削弱我们把战争打到底的坚强意志，这就是我不能凭借个人能力把人民领导到胜利的原因。”他不相信如此巨大的牺牲将付诸东流。“将来目标必将是为德国人在东方赢得土地。”

俄军正沿萨尔大街和威廉街推进，接近空军部了。傍晚7时52分，希特勒打电报给约德尔，提出三个急待回答的问题。“立刻向我报告：1. 温克的先头部队在哪里？2. 他们什么时候进攻？3. 第九军团在哪里？”几个小时过去了，没有回音。鲍曼又用密码发出两则电文，第一则电文反映出掩蔽部里的可怕气氛，内容是：“给我们的印象越来越清楚了，几天以来柏林战区的几个师在裹足不前，而不是英勇厮杀以拯救元首，我们只能收到一些在凯特尔监督下封锁的消息、篡改的消息，而且我们只能通过凯特尔才能向外发送消息，元首命令你们采取迅猛行为对付叛徒。”第二个信号简单：“元首活着，正在指挥柏林的防御战。”

在29日最后一次战务会议上，威德林将军说，在波茨坦车站发生激战，德军火箭筒已经用光了，坦克已无法修复再用。他预言战斗24小时之内就要结束，接下来便是一段长时间的沉默。希特勒用不耐烦的声音问城堡司令官莫恩克，是否同意这个估计，莫恩克说他同意。希特勒用了很大劲才从椅子上站起来，转身要走。威德林询问如果弹药打光了，他的部队将怎么办好，希特勒回答，“我不能允许柏林投降，你们的人要分成小股。”希特勒夜里在写给威德林和莫恩克的信中又重申了这一观点。不久他收到了凯特尔打给他的电报，回答了这几个问题，柏林无论如何也没有解救的希望了。“1. 温克的先锋队在施维洛湖之南受阻。2. 第十二军团无法继续攻打柏林。3. 第九军团大部分被围困。4. 霍尔斯特军团被迫进行防御战。”

经爱娃（希特勒的情妇）建议，在总理府掩蔽部的妇女——躲避俄军的居民，来自人民防空洞医院里的护士、炊事员，以及军官夫人——被带进一个走廊里，看不清东西的希特勒眼前模模糊糊，他走过去和这些人握手，同每个人低声说几句话。一个护士发起歇斯底里来，大讲特讲无论如何要让希特勒赢得胜利，可是希特勒粗鲁地让她闭嘴。“你们也要像男人一样听从命运安排。”希特勒知道自己故意留在柏林是在进行一场赌注，可是他的赌注失败了。1945 年 4 月 30 日，他决定于下午 3 时死去。

希特勒按照以往的习惯，最后一次认真地刮了胡子，换了衣服，上身是那件橄榄绿的衫衣，下身换了裤子、袜子和一双黑鞋。爱娃脸色苍白，但很镇静，她穿着蓝色的上边有白色装饰的礼服，戴上一副十分珍贵、对她来说意义重大的镶着绿宝石的镯子。俄军现正在弗里德里希大街和人民大街的地下道里打仗，在魏登达姆齐和在波茨坦玛广场边上已经发起了反攻。

希特勒把鲍曼找来，然后又把他的私人副官奥托·根舍找来，告诉他俩，他和夫人要在那天下午自杀，根舍要确保俩人都真正死掉——如果需要，可以补上致命的一击——然后把两具尸体焚烧成灰。“我不想让我的尸体在将来某一天被当作蜡烛点着示众。”他的掩蔽部要保持原封不动。“我想让俄军知道我在这里战到了最后一刻。”根舍悲哀地哽咽着说，“是的，我的元首，我能做到。”戈培尔夫人跪下来求他不要这样，可是他轻轻扶起她，解释说，他的死可以挪走邓尼茨道路上的最后一道障碍，好让德国得救。他把女随从人员召集在一起，进行最后一次晚餐。当他走过掩蔽部，在爱娃的陪同下和人们诀别时，他大概也注意到他的警卫队中的几个军官正在出口处抬着两副担架等着。

大约 3 时 30 分，希特勒和爱娃回到那间墙上镶嵌着白绿两色瓷砖的书房里，希特勒把两扇门关上，让戈培尔、克莱勃斯、布格道夫和鲍曼留在会议室里。两扇门隔住了所有的声音，只能听到空调设备的嗡嗡声和炮弹爆炸的回声。爱娃坐在那张很窄的床上，用脚踢掉鞋子，双腿提起来放到旁边褪色的白底蓝花的垫子上。希特勒靠着她坐下来，右边摆着他母亲的照片，前方是腓特烈大帝皱着眉头的画像。他俩打开药品包装——样子和口红盒盖不多——拿出装着琥珀色液体的小玻璃瓶。爱娃在嘴里咬碎玻璃瓶，把头靠在希特勒的肩上。他的双膝痛苦地迅速抽搐起来。阿道夫·希特勒控制住颤抖的手，举起重型 7.65 毫米瓦尔特手枪，对准右太阳穴，咬碎了嘴里的小瓶，又扣动了板机。听到尖锐的枪声后，卫队长和随从军官立即用毛毯裹起希特勒和爱娃的尸体，一起抬着走出地下室，放在总理府花园的一个小坑里，浇上汽油，然后把点燃的纸卷扔了上去，火焰熊熊烧燃起来。

就这样，希特勒和他那自吹是“千秋帝国”的法西斯德国一齐灰飞烟灭了。

三国轴心的形成及其灭亡

在第一次世界大战之后，帝国主义国家重新划分了它们的势力范围。但是德国、意大利、日本三个国家都有着很强的军国主义和扩张主义的历史传统，他们都不满意一战后所划分的势力范围，要求用武力改变现状和重新瓜分世界。但是由于他们三个国家经济上都比较脆弱，军事上也都不是很强大，没有单独发动世界性战争的力量，所以，它们三个国家就结成了以“柏林、罗马、东京”为核心的轴心国家。

德国是三国轴心的首领和缔结侵略同盟的主动者。第一次世界大战，德国是战败国，战胜国在巴黎和会上瓜分了德国全部的殖民地，并且解除了它的武装，严格地限制了它的军备（陆军不过 10 万人，废除普遍义务兵制，禁止保留海空军和装甲兵），还剥夺了它 1/8 的领土，对此，德国的军国主义者是绝对不能够忍受的。

1933 年 1 月，是一个对德国和全世界都有重大影响的时间，现代社会中最大的战争狂人希特勒和他的纳粹党上台执政。希特勒是一个具有极大野心的人，他就是以夺取世界霸权为目的，叫嚣必须重划欧洲和世界地图，以满足和扩大优秀的日尔曼民族生存空间的需要。他计划首先夺取中欧、东欧等有日尔曼人居住的地区，建立起大德意志帝国的核心；然后东西两面扩张，夺取整个欧洲大陆，以此作为称霸世界的基础；最后，向海洋发展，战胜英美，称雄全球。

但是德国此时受到凡尔赛条约的束缚，军事力量十分弱小，外交也十分的孤立。希特勒为了实现他称霸世界的梦想，提出了德国当前主要的任务是“铸造神剑”（即扩军备战）和“寻觅战友”（即组织军事集团）。扩军备战并非易事，但是希特勒抓住了西方列强反苏反对共产主义的这个机会。希特勒强调：“必须利用布尔什维克主义的幽灵，来遏制凡尔赛诸国，使它们相信，德国是反对赤祸的‘决定性堡垒”’，并说这是“渡过危机，摆脱凡尔赛束缚和重新武装的唯一方式”。从1933年10月起，他借口“苏联威胁”，防御单薄和军备不足，先后退出了裁军会议和国联。1935年3月，他宣布重建空军并实行普遍义务兵役制，挣脱了凡尔赛条约的枷锁，德国开始了疯狂的扩军备战，这一年的总兵力已达90万人。为了麻痹和迎合英法的反苏心理，希特勒发誓说他保证除苏联以外所有德国邻国的安全。

1936年3月7日，希特勒公开宣布，不再受凡尔赛条约和其他有关条约的约束，同时派出三个营的军队占领了战略地位重要的莱茵非军事区，借以巩固西部边界，准备向东发动侵略战争。考虑到法国的强大，他小心翼翼地命令部队，如果“遇到法军抵抗，立即撤退”，后来他承认这是“一生中神经最紧张的时刻”。可是，拥有100个师的法国对此无任何对抗行动，希特勒的军事冒险得逞，他就更加肆无忌惮了。

希特勒在执行“铸造神剑”计划的同时，“寻觅战友”的活动也开始了，他找上了日本和意大利。

日本称霸东亚和太平洋之志已久。1931年日本向中国东北扩张，发动“九·一八”事变，破坏第一次世界大战后所建立的新秩序，加剧了同欧美列强的矛盾。日本为了摆脱孤立处境，增强同欧美诸强抗衡的力量，扩大对中国和苏联的侵略，急需寻找盟友，眼光也自然投向同英法美苏矛盾日益激化的欧洲强国——德国。日本法西斯头目之一的真崎甚三郎大将说：“应该注视西方，为进行大战必须从那里寻找朋友，日本孤立作战是困难的。”日本开始了同德国进行积极的接触，两国在1936年12月25日，签订了《德日关于反共产国际协定》，这样，“柏林—东京轴心”就结成了。

在日德进行谈判的同时，德意也开始调整关系，意大利自从墨索里尼及其黑衫党上台之后就开始了法西斯的统治。本来意大利因和德国争夺奥地利有冲突，但是自1935年10月，意大利武力入侵东非的埃塞俄比亚，与英法利益冲突，遭到国联的经济制裁后，意大利财政状况恶化，1935—1936年度预算赤字高达127亿里拉，比上一年（64亿）增加了一倍。意大利想借助德国力量对抗英法，有意向德国靠拢，德国乘机笼络意大利，扩大对意大利的出口，在政治、经济上支持意大利向非洲扩张，以换取意大利放弃在中欧、巴尔干和多瑙河流域的争夺，意大利则在中欧对德国让步。1936年10月25日德意签订秘密议定书，“柏林、罗马轴心”组成。以后经德国中间拉拢，1936年12月日意两国签订了相应的协议书。1937年11月6日，意大利加入《反共产国际协定》，德意日三国轴心初步形成。

1937年是二次世界大战前由和平转向战争的关键一年。在亚洲，日本发动了全面侵华战争的“七·七”事变，第二次世界大战的帷幕在亚洲拉开。1937年6月，德军总司令冯·勃洛姆堡向德军下达了准备对法作战的“红色方案”，袭击捷克斯洛伐克的“绿色方案”，吞并奥地利的“奥托方案”。1938年3月，德国吞并了奥地利，一年以后又占领了捷克全境。同样早欲称霸地中海的意大利，也是为了称霸蠢蠢欲动。

欧洲的大战已是迫在眉睫了，但是法西斯国家之间仅有政治联盟已经显得不够了，需要在《反共产国际协定》的基础上，结成军事同盟。但是这时德国和日本之间却出现了危机。在对中国和苏联的态度上，两国出现了矛盾，关系有所冷淡，但德意之间的军事同盟谈判却十分顺利。1939年，意大利侵占了巴尔干的阿尔巴尼亚，因损害了英法利益而矛盾激化，急需得到德国强有力的支持，并于1939年5月22日，在柏林签订了《德意钢铁同盟》。

在德国发动对法国、英国的战斗之后，由于形势向着有利于德国方向发展，德国又要进攻苏联。在这种情况之下，德、意、日三国需要各自对敌国军事力量进行牵制，所以，1940年9月27日，德、意、日在柏林签订为期10年的《三国同盟条约》，到这时，“柏林—罗马—东京轴心”正式形成。这三国同盟实质上就是反对俄国和美国的。

三国轴心的形成，使第二次世界大战的战斗更加扩大化了，使德、意、日三国狂妄的认为他们能够征服世界。德国在1941年6月22日以190个师、3700辆坦克、4900架飞机、47000门大炮进攻苏联，日本于

1941 年 12 月 8 日袭击珍珠港，发动了太平洋战争，但是在世界人民的抗击下，终于在 1945 年全部覆灭了。

三国轴心的覆灭，证明了一个真理，即：一切反动派都是纸老虎。

南斯拉夫的战魂——铁托

1941 年 4 月 6 日南斯拉夫遭到法西斯德国的突然袭击，平时耀武扬威的国王和政府要员都吓破了胆，纷纷逃亡国外，11 天后，全部国土都陷于德军的铁蹄之下。但是素来勇敢善战、坚强不屈的南斯拉夫人民决不甘作亡国奴，他们在南斯拉夫共产党领导下奋起抵抗，全国各地到处是南斯拉夫卫国战士打击德寇的无畏身影。他们的领导人就是二战期间令德国法西斯又恨又怕，却又无可奈何的铁托。

约瑟夫·布罗兹·铁托是南斯拉夫共产党的领袖，他 1892 年出生于克罗地亚的一个农民家庭，在他读完两年中学后即到一个制锁厂当了工人。1911 年他进了捷克斯洛伐克的一家金属厂做工，后来他又曾到德国“奔驰”厂和奥地利汽车厂做工。在当工人期间，他深刻地体会到贫苦人民所受的压迫和剥削，对他们深表同情，但同时，他也看到了在这些贫穷的人身上所具有的善良、勇敢、无畏、乐观无私的高贵品质。在外国的阅历，使他拓宽了视野，增加了许多的见识，这就为他日后从事无产阶级的解放事业奠定了阶级基础。

1913 年，他应征入伍，在 1914 年 8 月到了塞尔维亚前线，次年被派往俄国前线。1915 年 4 月 12 日，他被俄国军队俘虏了。1916 年秋，他同其他战俘一起被派往乌拉尔，在铁路上干活。1917 年逃到列宁格勒，在普梯洛夫厂做工。

十月革命爆发后，他在苏俄参加了红色国际纵队。1918 年由于越境去芬兰而被捕，11 月被送到西伯利亚，干着管磨坊的活计，就在这一年，他与 P·D·别洛乌索娃结为夫妻，别洛乌索娃当时是联共（布）党员。

1920 年，他回到了自己的祖国并加入了南斯拉夫共产党，次年，南斯拉夫共产党被查禁，铁托与一些同志到别洛瓦尔州成立了地下党组织，成为州委委员。从 1927 年 7 月起，他任萨格勒布党的地方委员会书记，此外，他多次被捕、受刑，又多次逃跑，1928 年被判五年徒刑。

直到1934年3月才出狱，又开始了地下工作。1934年7月，他被选入南共中央政治局。1935年1月中，他在共产国际巴尔干书记处工作。1936年8月底，征得共产国际领导的同意，受南斯拉夫共产党中央的委托，回国直接领导南共国内工作。

1936年以后，德国法西斯不断扩大战争，把魔爪伸向西班牙、捷克斯洛伐克，战争阴云也笼罩在南斯拉夫的上空，铁托多次往返于莫斯科。

1937年，铁托开始担任南共总书记，他根据马列主义原则对党进行了整顿，并从本国实际出发提出了一系列方针政策，使南斯拉夫共产党成为革命的坚强领导核心。

1940年，作为党的总书记，铁托开始同军队发生了联系。1941年，德寇进攻南斯拉夫，南共决定建立军事委员会，同年6月22日德军进攻苏联，南共号召各民族人民起义。起义的烽火很快燃遍了全国，全国很快建立了游击队、武工队。

就在6月23日至24日夜间，游击队首先在贝尔格莱德到萨格勒布的铁路线进行破坏活动，接着年轻的共产党员在首都组成100个三人小组，他们走近各个报摊，一个人抓起报纸，第二个人倒上汽油，第三个人擦火柴，点燃报纸，一天的时间，几个生意最好的大报摊都不见了。焚烧法西斯报纸的行动产生了巨大影响，各种形式的反抗斗争从此蓬勃开展起来了。

1941年9月26至27日，在斯托利策会议上，成立了南斯拉夫人民解放游击队总司令部和最高统帅部，并在乌日策建立人民政权。11月底，德军在飞机坦克的掩护下大举进攻乌日策，铁托和游击队奋力抵抗后，撤到山区。1942年游击队在没有任何外援的情况下，孤军奋战，它采用机动灵活的战术，不断袭扰敌军，同时极力扩大自己的力量，到秋天，民族解放军达到了15万人，铁托还亲自组建了第一支正规军——无产者第一旅。

1943年，德国和意大利共调集了9个师及伪军，以优势兵力从四面围攻解放区，民族解放军被迫转移，行军过程经历了许多难以想象的困难，由于缺医少药，因病伤亡的人数竟然超过了战场牺牲的数目。

有一次，一个游击队员在矮树丛面前停下来，竟然把这里当成是野战厨房，拿出他的饭匙，等着轮到他来吃饭。还有一次，一个队员指着远处一棵树叫道："那里有一个烟囱，让我们到那间温暖的房子里去休息一下吧。"于是，整个一队人就朝着那棵树跑去。正是在这样的艰苦条件下，战士们凭借着大无畏的英雄气概和对侵略者的满腔仇恨，在一场生死决斗中，突破了意大利和切特尼克的防线。

民族解放军跳出包围圈不久，法西斯又调动12个师于1943年5月向民族解放军的新驻地发起进攻。敌人的进攻使游击队8000名优秀战士牺牲了，铁托在战斗中也受了伤，但敌人要消灭游击队的企图失败了。几个月后，南共领导下的游击队在人民支持下又恢复了元气。

1943年9月，意大利投降了，民族解放军的装备和人员都得到了很好的补充，铁托决定把民族解放战争同人民革命运动结合起来，他不顾外国的反对，决定立即成立全国性的人民政权。

1943年11月，反法西斯会议在亚伊策召开了第二次会议，会议建立了人民委员会，执行临时内阁的职权，铁托被任命为人民委员会主席。1944年9月，铁托的部队正式被国际承认为南斯拉夫国内的唯一反法西斯力量。

1944年10月14日，西苏联军向驻守在贝尔格莱德的2万德军发起猛烈的进攻，经过7天的激战，解放了贝尔格莱德。

1945年，铁托领导的民族解放军扩大为80万人，并于5月15日解放了全部国土。

铁托领导的南斯拉夫人民，以昂贵的血的代价为全世界人民的反法西斯斗争作出了重大贡献。

战争刚战束，苏联在没有征得南共同意的情况下，决定把有争议的领土里亚斯持划成甲乙两区，甲区交给英美管辖，乙区由南管辖，这引起了铁托的不满。

1946年3月，邱吉尔发表了反苏演说，呼吁英美联合起来抵制苏联，东西方关系趋于紧张。在这种情况下，苏联建立欧洲各国共产党的联合组织——情报局，以便加强联系，共同对抗西方阵营。

南共是这一组织的最早发起者。1947年9月，南、保、罗、匈、捷、意等欧洲九个国家共产主义政党，各派2个人在波兰举行秘密会议。这是情报局的第一次会议，情报局设在贝尔格莱德，任务是负责组织经验交流，协调各国党的活动，并出版机关报。

但是由于南、苏两国在战时就埋下了矛盾的种子，战后苏、南矛盾继续加深，主要是在经济、外交和意识形态领域两国存在着不小的分歧。苏联凭借其强大的经济和军事力量，试图把南斯拉夫变为它的一个附属国，这是渴望独立的南斯拉夫所不能容忍的，两国的矛盾逐渐激化甚至到了白热化的程度。

1948年6月20日，情报局会议在布加勒斯特召开，南共拒绝参加会议，在这次会议上，南共被开除出情报局。情报局6月28日决议向全世界公布后，南斯拉夫极为震惊。铁托当时正在散步，他听到广播，盛怒至极，从此，苏南矛盾又发展到新阶段，并导致了东欧各国一系列悲剧发生。

东欧和苏联阵营抛弃了南斯拉夫，但南斯拉夫没有屈服，而是以行动来驳斥情报局的指责，表明自己并不反苏，始终未放弃社会主义道路。他们开始独立地寻找自己发展的道路，在经济政治体制改革中，摆脱了苏联的模式，开辟了一条建设社会主义的新道路。

为南斯拉夫英勇献身，为缔造南斯拉夫党、军队、共和国作出杰出贡献的铁托，也赢得了人们的尊敬，毛泽东说："铁托是铁"。

青霉素的发明与应用

弗莱明这样说："如果我的实验室也像我参观过的实验室那样现代化，我就可能永远也发现不了青霉素。"

弗莱明全名亚历山大·弗莱明，1928年他发现了青霉素。

弗莱明的实验室与众不同，杂乱的实验设备乱七八糟。他的实验室在伦敦的圣玛丽医院，但是却像一个旧货店，他经常在初步研究了所培养的细菌之后，就把那些小玻璃器皿扔在那里，过一星期左右，再去看看它们发生了什么有趣的变化没有，他正是这样在有意无意之间找到了他最伟大的发现。

1928年夏末，弗莱明研究葡萄球菌，和他往常的习惯一样，他把葡萄球菌搁置在培养器皿中，然后就去做别的了。葡萄球菌是一种引起传染性皮肤病和脓肿的常见细菌。

9月的一个下午，弗莱明正在与一位同事闲谈，他突然注意到有点什么东西异乎寻常，他话没有说完就凑上前去观察其中的一个培养皿，过了一会儿，弗莱明说："太奇怪了！"原来，培养液中大片大片的黄色细菌不见了，而是代之以青色霉菌，与青色霉菌接触的地方，都变得干干净净了。

弗莱明开始细心地研究，他已经有了一个隐隐的意识：这是一种很有价值的生物。

他把培养皿中青色物刮下来一点点，开始用显微镜观察，这些青色的斑斑点点具有青霉素属霉菌——青霉葡萄球菌氧化酶的特征，然后，弗莱明把剩下的霉菌弄出来，放在一个装满营养液的罐子里，几天以后，青霉素长成菌落，清汤呈淡黄色。

弗莱明开始着力研究这种奇怪的霉菌。他认定这种霉菌向液里释放出呈小金珠状的杀菌物质，这些黄色的液体在杀菌方面与霉菌本身同样有效。这是单株真菌，与面包或奶酪里的霉菌并没有什么不同，它对传染病菌有致命的效果。然而他的有限的试验表明，这种真菌对人体细胞无害，而且即使稀释 1000 倍，也能保持原来的杀菌力。

弗莱明在医学院时，曾接触过帕斯特的发现。法国帕斯特证明，某些疾病和传染病是由微小的生命体，或者说是微生物引起的，它们侵入人体，吞噬人体细胞。1877 年，帕斯特又提出了一个看法：某些微生物攫食另一些微生物，就像某些动物攫食另一些动物一样。甚至最低级的微生物也在为生存而斗争，帕斯特最后说："生命阻止生命"。

"抗生"一词就是由帕斯特创造出来描述这种现象的。

免疫学和细菌学这两门相互关联的科学就是由帕斯特奠定的。

弗莱明上学时，科学家们在这两个领域里都取得了重大进展，研究人员已经查明了大多数致病微生物，并研制出预防天花、霍乱、白喉以及其他疾病的疫苗。

但是还没有人找到治疗传染病的一般消炎方法，弗莱明的发现，结束了对治疗致命传染病的漫长探索。

弗莱明最初的工作是和洒尔佛散打交道，这是法国埃尔利希医生发现的，有一定的抵抗炎菌作用。埃尔利希最后得出结论，科学家可以研制出对特定病菌有相似亲和力的各种化学物质，即攻击并消灭病菌但不伤害人体其他细胞的药物。埃尔利希解释说："可以这么说，抗毒素和抗菌剂是一些魔弹，它们专打那些需要它们去消灭的细菌。"

一战的时候，弗莱明在赖特领导下去法国的布洛涅建立一个战地研究实验室，研究并治疗协约国伤员所患的传染病，经常发生的是感染。弗莱明说："那时我站在那些受了感染的伤员中间，站在那些痛苦不堪和垂死的人中间，却爱莫能助，我心里充满了一个愿望，就是希望发现一种能够杀死那些病菌的药物，一种像洒尔弗散那样的药物。"

1922 年，弗莱明有了第一个突破，他患了感冒，回到实验室后，向培养皿里加了一点儿感冒粘液，结果发现，微生物被溶解了，也就是说，粘液里有什么东西对某些细菌有致命效果，用眼泪、甚至唾液进行的其他试验，也产生了同样的效果。

6 年以后，当他终于找到这种物质——青霉素，正是他对溶菌酶的研究帮助他认识到青霉素的巨大重要性。青霉素像溶菌酶一样，能够溶解细菌的细胞壁，此外，它还是葡萄球菌、链球菌和其他传染性细菌的天然敌人。

1932 年 2 月 13 日，弗莱明向伦敦医学研究俱乐部提交了一份关于青霉素的论文，听众们有礼貌地听着，然后就转向其他问题，他的研究成果报告也没有引起很大的兴趣。弗莱明失望地恢复了他的其他工作，但是他仍然小心翼翼地保留着所培养的青霉素，等待着人们迟早使用。

几乎 10 年之后，才使得青霉素运用在病人身上。1939 年，钱恩与弗洛里开始分离和试验一株样品，他们在牛津发现了一株首次在弗莱明实验室里发现的那种青霉葡萄菌氧化酶培养物。那年底，钱恩已经成功地分离出像玉米淀粉似的黄色粉末，并把它提纯为药剂。

钱恩是一名德国出生的犹太人，他曾在弗莱明的实验室工作，因此，他是在弗莱明的基础上作出研究的。

1940 年春天，牛津研究小组在一些老鼠身上试验了这一药物的奇效，结果是惊人的。他们先给 50 只老鼠注射致命剂量的链球菌，然后给其中的一半注射青霉素，在 16 个小时内，25 只没有注射青霉素的老鼠全部死亡，而在 25 只注射了青霉素的老鼠中，除一只以外全部存活。

弗莱明看到了牛津大学的实验报告，去见钱恩和弗洛里，钱恩早就没和弗莱明联系了，看到这位老人，他们很惊讶。

牛津的研究人员从弗莱明提供的试样中培养出效力更大的青霉素菌株，然而，提纯的过程耗时费力，而且收获甚小。他们慢慢地积累了少量的药物，把它储存在实验室的冰箱里，以备急用。

1941 年 2 月，一位警察因为刮破了脸而患上了链球菌感染和急性中毒，在毫无希望的情况下，医院同意让弗洛里和钱恩试一下新药。他们拿出全部的青霉素，仅仅一茶匙，每隔三小时为病人注射一次，不到 24 小时，病人的情况稳定下来，随后竟然降温消肿，只可惜，药太少了，警察最后还是死了。

药是用来救人的，这种青霉素的大批量生产是因为杀人而促进的。

第二次世界大战起到了为大规模生产所需的促进作用。本来，弗洛里和钱恩是恳请祖国提供经费来生产青霉素的，但是英国没有意识到这一点，没有理睬这两位医生，最后，弗洛里和钱恩找到了美国，美国立即定为优质军用品。

人们刚一开始生产青霉素时，这种霉菌只在一种容器中生长，而且还需要昂贵的营养液，并且只长在营养液的表面，所以，即使数百瓶的产量都不够一个病人用一天。

1942 年，发现了一种来源广泛而且价格低廉的营养液，同时，找到了一种金菌青霉素的霉菌，它的生长比青霉葡萄球菌氧化酶高 200 倍，而人们摸索到了制取方法：

用可以充气的巨大容器使霉菌不只是在营养液表面生长，而是在整个营养液中生长。制药商们开始建造约两层楼高、可以装 25000 加仑营养液的人容罐，像飞机螺旋桨一样大的搅棒使空气通过容器内的营养液，霉菌生长时释放出的热量相当于一所房子一冬天的暖气量。

亚历山大·弗莱明在 1944 年受封为爵士，1945 年，他与弗洛里和钱恩获诺贝尔医学奖。1955 年，弗莱明逝世。

让我们用钱恩的评价结束对这位有道德而且谦虚的人的事迹之叙述：“他给我的印象是，他是个不善于表达自己的人，然而他使人感到虽然他竭力装出冷漠的样子，却有一颗火热的心。”

科学与战争

在二战中，科学家和技术发明起了重大作用。

战争中出现了大批新产品、新武器和新的技术，当然，最重要的是原子弹。另外就是德国人研制出的弹道导弹，这种导弹是用喷气引擎（就是火箭）推动的武器，可以用来轰炸远在许多英里以外的目标。

V—1 型导弹是一种小型无人驾驶的飞机，靠用汽油作燃料的脉动式空气喷气发动机来推动，它能沿着预定的路线以每小时 350～400 英里的速度前进，导弹前端的弹头装有一吨重的炸药，当导弹击中目标时，弹头就爆炸。

后来，德国人又使用了体积较大的 V—2 导弹，这种火箭没有飞机那样的翅膀，只在尾端周围安装一系列长12英尺11英寸的稳定尾翼，它的引擎用马铃薯制成的乙基酒精作为燃料。V—2型导弹的速度为每小时3000～3500英里，航程约为200英里。

幸运的是，德国把原子裂变的研究和改进雷达的工作放在了较次要的地位。

的确，德国科学家科研能力很强，由于第一次世界大战结束后签订了凡尔赛条约，很多技术被禁，火箭却不在其中。

德国人从20世纪20年代起即积极研究火箭，所以取得了喷气推进的V—1和超音速V—2火箭的成功开发，然而到1944年年底德国才使用这些先进武器，为时已晚。

美国总统罗斯福于1940年设立了国防研究委员会，开始实行一项研制新式武器的计划，在美国历史上，这是第一次由这么高级别的机构负责研制武器工作。

1941年，美国成立了科学研究与发展办公室，用来指导与战争相关的研究工作。然而竟然涉及到语言学等学科，可见战争的综合技术性，它不仅仅是机械、医药等竞争，也是交流信息方式以及快速反应等竞争。

在20世纪30年代，美国开始研制雷达。1940年12月，德国的狂轰滥炸肆虐欧洲，英国皇家空军负责人只说了一句话："夜间轰炸开春即将急剧减少。"

不久，德国飞机被陆续从空中击落，不列颠之战就结束了，原因在于英国皇家空军的战斗机配备了新式雷达。

加拿大和美国共同研制了近发引信就是以雷达为基础的，这是战争中别具心裁的发明之一，这种引信装有一个小型的雷达系统，当高射炮或大炮发出的炮弹接近目标足以造成破坏时，引信就通过电子作用引爆炸弹。

在战争期间，要杀人也要救人，青霉素第一次大规模生产是在战场上。战争期间还成功地研制了滴滴涕（DDT），这是一种杀虫剂，当时它能十分有效地杀死传染疟疾的蚊虫和传染斑疹伤寒的跳蚤，从而控制了斑疹伤寒和疟疾的蔓延。

后来，DDT被大规模地应用在农业生产上，使世界粮食产量大幅度增长，然而到今天，DDT已经成了污染源。

麻醉治疗方法得到了广泛应用，这并不是完全的生理麻醉，而是一种心理性治疗。这种方法首先施麻酸，然后引导患者回忆，使他谈到痛苦的往事，心内郁积的恐惧与苦闷在如梦般的境界中得以渲泄。

许多战争中退下来的军人患弹震症，他们失眠不安、痛苦慌乱，这种治疗方法为他们解除了很多痛苦。

在二战中，电子装置、微波发射、橡胶工业、冶金铸造、石油加工等飞速发展，所谓“福祸相生”，这就是战争内涵。

中国有句古话：“福兮祸所依，祸兮福所伏。”战争中技术带来更大的伤亡，战后技术又为人类的经济和平做贡献，技术是一把双刃剑，关键在于人的意识。

要是没有支配社会政治的人文意识，就好比原子弹研究中心奥本海默所说：“一个新情况使新事物层出不穷，而衡量变化的尺度本身也在变化，因而，我们一面在这个世界漫步，一面世界在改变着面目，这样，一个人经历了漫长岁月后，他幼年时所认识的那个世界既不是略有发展，也不是重新安排或受到节制，而是出现了大动乱。”

哈定在第一次世界大战阵亡将士遗体面前讲了下面的话：

“在这里有千万件伤心的事触动着我的心弦，有一个迫切的呼吁像一个永恒的告诫在我的耳边萦回不绝：‘决不能让历史旧事重演！’”

然而他讲完话之后，二战仍然爆发了。科学家在战争中的角色引起了人们的深思：当今社会，人类应该以什么样的精神和动力去研究和工作呢?

和平在稳定地提高人的生存质量和身心质量。

战争与和平

原子弹爆炸时，发出一道耀眼的闪光，其后是一个越来越大的火球，使广岛市中心一带成千上万的人化为灰烬，远达2.5英里的人也处于熊熊大火之中，然后出现了冲击波，其冲击力相当于每小时500英里的巨风，在两英里以上的半径范围内，几乎将一切夷为平地，满天横飞的木块、碎砖、瓦片和玻璃变成了置人死命的飞弹，正好处于爆炸点下方的一所医院的大石柱被笔直地冲压进土里。自来水管道被炸成碎片。成千上万正在烧早饭的炭火炉子被掀翻了，引起的火灾继续完成热浪和冲击波所开始的灾难，爆炸中心方圆5英里内的所有建筑物被夷为平地，广岛市荡然无存。

蘑菇云中落下大滴大滴凝聚的水珠，好像从5万英尺的高空落下的油腻的黑雨，最后，刮向市中心的巨大“火风”吞没了那些为躲避大火而逃到河里和公园里的人，树木被连根拔起，在河里掀起惊涛巨浪，淹死了许多躲在河里的人。

原子弹爆炸后的第二天，日本最高统帅部派有未精三将军到广岛，有未这样描述：“飞机飞过广岛后，那里只剩下一棵黑色的死树，犹如一只在城市栖息的乌鸦，除此之外，空空如也。我们在机场着陆时，草地一片通红，好像被烤过似的，火已经熄灭了，一切都同时被烧得精光……城市本身已不复存在。”

在波茨坦会议上，杜鲁门收到了关于在“三位一体”试验成功的详细报告。1945年7月26日，美、英、中同时发布了波茨坦公告，警告日本人要么无条件投降，否则就会面临“迅速而彻底的灭亡。”

但是，7月28日，首相铃木贯太郎虽然没有拒绝盟国的条件，但却公然轻视这些条件，日本人在拖延时机，结果美国却认为这是一再拒绝，于是原子弹的投掷开始了。

8月6日凌晨2时45分，B—29型飞机埃诺拉·盖伊号从提尼安岛起飞，蒂尔茨上校用自己母亲的名字为自己的架机命名，这一次明显超负荷，同一架仪表飞盘和摄影飞机一起飞赴日本。

侦察机给他们传来密码电报：广岛上空天气晴朗。

当时，日本已发现了这几架飞机，但没有出动飞机去拦截31600英尺高空的敌机，他们认为不值得动用战斗机。

就这样，上午8时15分17秒，埃诺拉·盖伊号扔下了原子弹，戴着特殊保护眼镜的机组人员看到了紫色的闪光，他们意识到他们扔下了灾难。

广岛一片火海，出现了我们开头描述的场面，8万人立即丧生，而当时没有死去的幸存者在废墟中寻找自己的亲属时，他们根本不知道自己已经受到了致命的放射性辐射，在重建广岛后的漫长岁月里还不断有人死亡。

3天以后，又一朵蘑菇云在长崎升起，长崎遭到了毁灭性打击，7万人立时毙命，至于因污染辐射在痛苦中慢慢死去的人，难以胜数。

即使如此，天皇还是在压服他的两名高级军事顾问，并经历皇家卫队以他的名义发动的一次小小的暴动之后，才宣布了投降。

文雅的宫廷体语言说："朕亦深知尔等臣民之衷情，然时运所趋，朕欲忍其所难处，堪及所难堪，以为万世开太平。"

广岛、长崎是自原子弹研制出来使用于实际杀伤场合下至今为止的第一次也是唯一一次受害者。

后来，当人们懂得原子弹的性质时，日本人用奇怪的富有诗意的名字"婴儿弹"来称呼它。甚至到现在，人们提到"幸存者"时还使用"被炸的人"和"伤员"这两个词，而很少用"幸存者"，因为他们认为"幸存者"强调了存的结果，而这对那些炸死的人是不公平的，爆炸辐射直到今天也未完全散尽，长达10年的严重影响贻患无穷。

日本人树立了死难者纪念碑，来纪念自己死难的同胞。是的，战争带来的后果是将无数生命自愿与不自愿地卷入灾难，生命无常，然而我们在哀叹之余，面对今天的某些残存势力的死灰复燃却要问一句，你们悼念死亡同胞时，可曾想到，那些樱花不在的地方呻吟着几多冤魂！又何止长崎、广岛之人数，而是数以倍计的苦难者死于日本军刀之下。

和平不是一个人、一个民族、一个种族的，和平是共同的，狭隘只有死路一条。

珍珠港事件发生三年零八个月后，这个曾发誓要战斗到死的国家终于投降了。和平似乎到来了，然而核军备竞赛、核扩军等系列政治举措使和平的系数越来越低。

美国建立了自己的秘密发展核能的非军事机构——原子能委员会，并在太平洋的比基环礁岛上试验了第四颗原子弹。到1947年，"铁幕"和"冷战"等词已普遍流行。1948年，美国和苏联由于柏林问题似乎已到战争边缘。1949年，苏联爆炸了它的第一个原子弹装置。

保密和国际间的猜疑与日俱增，可以与之相提并论的是核技术的发展也在与日俱增。热核"超级炸弹"的爆炸力已不是以吨计，而是上百万倍，以百万吨TNT计，精密制导与运载系统也越来越先进了。

投在广岛和长崎的原子弹使第二次世界大战在恐怖气氛中宣告结束。自那时以来，在美国、苏联、英国、德国、加拿大和其他国家，研究原子能的工作大规模地继续进行着。新型的原子弹也已经研制成功，其中有氢弹、钴弹、"没放射性尘埃的"炸弹和裂变——聚变——裂变炸弹。

当然，核能并没有完全应用于军事，它正在而且也应该为人类造福。但是，核武器是悬在人类头上的达摩克利斯之剑，有一天，突然间核按钮的启动，会带来无数生命的灾难性毁灭。

制止的路不是没有，需要人类共同建设自己美好的家园。

有下面这样类似的话，人们说是爱因斯坦的预言，其实这也是所有的良知和智慧与理智所看到的：

有人问，第三次世界大战将是怎样？

答：我不知道第三次，只知道第四次世界大战一定是使用皮弹弓与石头子。

也许，第四次不可能发生了。

这是战争的悲惨结局。今天，令人欣慰的是，核能也正在和平地利用，人们最关注的是从核分裂中获得能量，即使是燃料资源丰富的资本主义国家也十分重视核能利用问题。

苏联在第一座核反应堆投入运行后的八年之内，于 1954 年 6 月 27 日把世界上第一座核电站并入了输电网，这座电站主要是供试验用的，因此功率只有 5000 千瓦，即使如此，两年之内，只消耗了几千克铀，却省下了 75000 吨煤。

继第一座核电站建成之后，苏、英、美等国都相继建成了许多性能更好、功率更大的核电站。同时德意志民主共和国也在 1966 年建成了类似的核电站。开始时，核电力在世界发电量中所占的比例是微乎其微的，但是逐年都在增加。1972 年，世界上已投入运行的核电站有 125 座，总容量约为 3500 万千瓦，此外还有大约 170 座在建造或设计中。

核能可用来作为船舶动力。美国在基尔建造了第一艘“原子潜艇”。1957 年 12 月，苏联的第一艘“列宁”号核破冰船下水，多年来这艘 44000 匹马力的破冰船一直在苏联北部海路航行。1962 年美国的第一艘原子货船“萨凡纳”号首次试航成功。

核武器拥有国的增多打破了核垄断，造成了一种压力之下的平衡，人们将核利用在经济生活之中。

初始的核能研究是裂变，但是裂变反应会产生大量的核废料，而这些核废料会产生严重的放射性污染，随着核电的利用，核废料会越来越多，污染也会越来越严重，所以，现在核能的利用危险很大，甚至会有后患，起码就现在来说，是不能有效处理核污染的。

1938 年，美国物理学家贝特证明了，在太阳的高温下，失去了电子的氢核会结合成一个双质子，但这种核不稳定，其中的一个质子会立即释放出一个正电子而变成中子，使双质子核变成氢的同位素——氘，在高温动能的驱使下，两个氘核又会合成一个氦核，并放出巨大的能量，这种反应不仅能量更大，而且反应生成物是稳定的元素，没有放射性污染，这就是核聚变。

核聚变就是氢弹的原理，和历史上曾经上演的一样，核聚变的武器研究很快也很容易，但是，和平利用的稳妥途径正在开发。

战争中的科学家

原子能时代是伴随着第一颗原子弹的爆炸而到来的。

提到原子弹，人们马上会联想到“曼哈顿计划”，也就是“曼哈顿工程”。曼哈顿的生活与工作是一大群有血有肉的人创造的，在这里，我们将从核能讲起，在这个发展里探索科学与社会和人的微妙关系。

二战之后，制造原子弹是为具有第二次世界大战特点的规模庞大的工程作业，没有办法一一提到对制成第一枚原子弹起过作用的每一个科学家、工程师、军人和企业经理。几乎每一家规模较大的美国制造业公司，都对修建和管理分别位于田纳西州橡树谷和位于华盛顿州哥伦比亚河畔的汉福德工程公司的原子弹工厂贡献出他们的某些专业知识。

早在20世纪30年代，回旋加速器和静电发生器就已经研制成功，这些机器能使带电粒子加速，并把它们飞速地射向靶原子，从而把原子核击碎，并在这个过程中释放出大量的能量，但是这不是使原子里的能量释放出来的一种实际可行的办法，因为只有极少量的原子子弹击中原子。

如果阿道夫·希特勒把重心放在核研究上，也许世界将会有更加的多灾多难。1938年12月，奥托·哈恩和弗里茨·施特拉斯曼经过6年的实验，终于在柏林的威廉皇家化学研究所成功地分裂了铀原子，这是一个以前认为违背自然法则的过程，他们的工作意味着，有可能进行受控链式反应，爱因斯坦的理论已经预言了巨大的能量。

哈恩二人使用慢中子来轰击重化学元素铀，他们出乎意料地发现这种轰击的最后一种产物是元素钦，它的比重仅为铀的3/5。一位犹太血统的奥地利物理学家梅特涅曾同哈恩一起工作过，为了躲避纳粹迫害，她逃往哥本哈根。

1939年1月16日，梅特涅小姐给友人写了一封信，收信人也是一位流亡的伙伴。英国科学期刊《自然》公开发表，其中写道：“铀原子核在中子的轰击下会分裂为体积大体相等的两个核子，他们说其中一个是钦原子的核，原子核的这种分裂被叫做原子裂变。”

到了哥本哈根，梅特涅与朋友弗利希和著名的玻尔讨论了这项重大发现。玻尔在1939年初到美国访问时，把这一极其重要的情报告诉了许多美国物理学家，于是，他们中有些人开始研究原子核的裂变问题。他们发现，当一个铀原子的原子核吸纳了一个中子时，它便分裂为钡、氩和某些别的东西，在这些东西中包括有多余的中子，而这些多余的中子又可以作为原子子弹来使更多的铀原子分裂，这就可以形成一种裂变连锁反应——在一秒的若干分之一的时间使原子一个接着一个地分裂。法国和德国的科学家们也证实了在裂变过程中会释放出中子的现象。人们认识到，在一次涉及到几十亿个原子的这种连锁反应中所释放出来的总能量是非常巨大的，根据这种连锁反应的原理而制成的炸弹，威力之巨难以想象。

1939年底，罗斯福任命了一个委员会来专门研究原子能用于军事目的的问题。1942年，根据科学研究和发展署的建议，把这项计划移交给了陆军部，并任命格罗斯少将来负责这项工作，于是，有关原子弹的研制工作从这时迅速展开。

但这件事与流亡的科学家有关，希特勒的种族灭绝政策迫害了大批犹太科学家，他实在太忽略这些人的价值了，以致他最终仍然败于他所迫害的犹太人士以及其他进步人士手中。

二战爆发后，匈牙利物理学家西拉德逃亡到美国，他得知德国禁止铀矿石出口，便敏锐地意识到原子弹研究的急迫性。费米也是流亡物理学家，他们草拟了建议信，恳请美国集中财力人力研究原子武器。

爱因斯坦在信上签了名，他们把信交给罗斯福总统的朋友萨克斯。萨克斯劝说罗斯福，但是罗斯福没有认识到严重性和紧迫性，萨克斯殚精竭虑，想到这样的话：

“在拿破仑战争年代，一个年轻的美国发明家富尔顿求见皇帝，建议他组建一支舰队，用蒸汽机作动力，他说，这样的舰队可以天下无敌。但是对拿破仑来说是天方夜谭般的事，所以把富尔顿赶走了。根据英国历史学家阿克顿爵士的意见，这是由于敌人缺乏见识而使英国得以幸免的一个例子。如果当时拿破仑稍稍动一动脑筋，再慎重考虑一下，那么19世纪的历史进程也许完全是另外一个样子。”

于是，1939 年 12 月，“曼哈顿工程”实施了。

1942 年 12 月 2 日，费米解决了第一步，他在芝加哥大学体育场底下一个临时建成的实验室中主持了世界第一次受控链式反应，真正的原子时代到来了。

费米反应堆用石墨作为中子的减速剂，用镉棒来吸收中子以控制裂变反应的速度，从而实现了输出能大于输入能的核反应。

原子弹的研制工作由美国物理学家奥本海默负责，在新墨西哥州一个叫洛斯阿拉莫斯的荒凉高地上秘密进行，这是 1943 年开始的工作，这项工作是最主要、最危险和最绝密的。

格罗斯征集了工业界的头子和获得诺贝尔奖金的科学家，连哄带骗地从财政部搞到 20 亿美元的秘密资金，要求参与核计划的成千上万的雇佣工要保守机密，实际上很多地方都实施了封闭的保密制度，与世隔绝的场所进行关键的工程。在华盛顿州的汉福德，平地崛起一座生产钚的城市，原本是田纳西州的乡村橡树岭，成为分离铀的基地，也成为该州第五大城市。在美国的数所大学，理论工作已经开始进行。

1943 年 12 月前后，丹麦哥本哈根的玻尔也到了新墨西哥州的洛斯阿拉莫斯。如玻尔一样，科学巨匠们在曼哈顿计划中不过是些普普通通的人：土生土长的美国人中有奥米海默、劳伦斯、阿瑟·康普顿和卡尔·康普顿，欧洲被希特勒法西斯迫害和流亡的科学家有西拉德、费米、玻尔、詹姆斯·弗兰克和爱德华·特勒。他们在紧急、兴奋和秘密的气氛中工作，计划的各个部分，特别是洛斯阿拉莫斯部分，都是严格独立的，几乎没有哪个科学家知道他们的同事在做些什么，每个人、每件东西都有代号。费米叫“农夫亨利”，原子弹叫“野兽”或简单地叫“它”，而英国的原子弹计划——开始于 1941 年，相当不情愿与美国的计划协作，叫管道合金董事会。

洛斯阿拉莫斯的许多科学家过去是玻尔的学生和同事，仍留在希特勒统治下的欧洲的许多同行也是如此，没有人能够像玻尔那样熟悉世界各地的核研究，或者能够像他那样准确地估计德国在原子弹方面的进展。

不仅如此，约上万名不同程度的科技人员投入了不同的工作。曼哈顿工程拥有世界上最强大的科学家阵容，投入了巨大人力物力，动员的人员约 50 万，仅科研人员就达 15 万，全国近 1/3 电力投入了各项研究工作，仅试验方法就建了三座大型工厂。

奥托·弗里希回忆说：“大房子现在不存在了，当时许多刚从大学毕业的科学家住在这里从事原子弹研究。”

美国军队在短期内，用约一年的时间把洛斯阿拉莫斯的私立农场男校建成了一座实验基地。奥托·弗里希在秘密已经过去数十年后从著作中提到：“到战争快结束时，这里的人口已经增加到了约 8000 人，数百个科学家和他们的家庭以及大量的后勤人员在这里工作，炸弹的原料、铀 235 和钚在其他地方生产。洛斯阿拉莫斯的任务是把数学家、物理学家、化学家和工程学家集中到一起，决定需要原料的数量和最有效的构成形式。他们还设计和检验所有的装置，这些装置被装配成一个爆炸单元，在这个单元中，一个中子引发的链式反应以闪电般的速度进行着，选定的地点位于靠近美国中部的墨西哥州，在四壁陡峭的峡谷之中，仅有一条崎岖的山路与外界相通，正如人们所能想象的那种最秘密的军事基地所在的隔离区一样。”

罗伯特·奥本海默被称为“原子弹之父”，他于 1942 年正式担任洛斯阿拉莫斯实验室主任，他会对新来的人说：“欢迎你到洛斯阿拉莫斯来，那么你到底是谁?”他常戴一顶宽边的平顶帽，实验基地是他亲手挑选的。

最有意思的是，奥本海默认为这么多顶尖人物构成的文明社会不应该是残缺的，所以，基地里不仅有数学、物理、化学、工程专家，还有几位画家、哲学家以及其他专业的学者，美国各大学的精华在一个小山镇里吹拉弹唱，高谈阔论，场面十分热闹。

在洛斯阿拉莫斯，有一些趣事，各种各样的人物都有，大显神通。

里查德·费曼被认为是正在形成的天才，他在研究出了密码锁的原理之后，能靠听转盘转时发出的轻微咔哒声把别人的保险柜打开，然后，他会放进一张奇怪的留言或者让别人的保险柜敞开。当然，安全部门会对他提出批评的。

今天，大洋两岸的物理学生都用费曼的教材，谁能知道他曾经在“狗洞”爬来爬去呢?弗里希回忆到：“所有的小孩都知道基地的围墙上有一个洞，那个洞口离有士兵把守的官方入口不远。”有一天，费曼从洞口爬出去。然后由哨兵把守处亮证件进去，几分钟后他又出来，再进去，就这样，哨兵一直没弄明白为什么一个人在没有出去的情况下不断地进来。

斯坦·乌拉姆是波兰数学家，他对大家说他是纯数学家，完全用符号工作，但是他认为他慢慢地沉沦了，他最近的一篇论文居然带有真正的数字，真正的带小数点的数字，他宣布那将是他最后的耻辱！他的特长是能用高超的技巧和非常抽象的高深数学手法来预测原子弹的反应。

当然，有些实验很危险，有的科学家因为反应失去控制而牺牲了生命。

然而最终原子弹研制成功了。

这时，二战已接近尾声，德国节节败退，但是曼哈顿计划照旧进行，因为这是一项要得到结果的秘密工作。

1945 年 6 月 16 日，第一颗钚弹爆炸成功。因为滚圆的形状像邱吉尔，所以它的代号叫“胖子”。随即，以詹姆斯·弗兰克为首的科学委员会提交了请愿书，声称对日本使用原子弹将使美国在道义上站不住脚，但是这一请愿被否决了。

科学家中大部分人不认为第二颗原子弹有什么道义上的理由，当然，明显的结果是战争迅速结束了。军界普遍认为：“至少需要两颗原子弹——第一颗使日本相信这一武器的威力，第二颗表明美国手头还有更多的原子弹。”

战争结束了，大批科学家把技术应用于新的研究，使它们在和平年代发挥着巨大的作用。

最后我们谈谈爱因斯坦，他是一个代表，他签署了那封著名的致富兰克林·罗斯福总统的信，说服美国研制核武器并取得成功，然而也是他在战后从事阻止核战争的和平事业，这是一个科学家的轨迹，事实上有一大群人如此。

爱因斯坦的一生用他自己的话来形容是：“踌躇于政治和方程之间。”他致力于和平的活动，效果不是显著的，甚至很可怜，然而他仍然在做。至于从事政治，他自己却说：“方程对我而言更重要些，因为政治是当前，而一个方程却是一种永恒的东西。”

世界上下五千年

shijie shangxia wuqiannian

苏维埃风云

1917 年的俄国革命

1917 年，欧洲各民族进入历史上最具有毁灭性、最残酷的战争的第四个年头。各国人民作出了种种牺牲，遭受了种种灾难，但还是看不见战争的尽头。战壕里的反战情绪在一首歌中这样表达：

我要回家！我要回家！

子弹嘘嘘，大炮隆隆，

我不想再呆在这里……

这种厌战和失败主义情绪在俄国表现得最为强烈、最为普遍。在俄国，3 月和 11 月爆发了两次大革命，深刻地影响了战争的进程。俄国革命和美国参战改变了战争性质，欧洲的战争转变为全球范围的战争。1917 年是第一次世界大战中具有决定性的一年。

1914 年 8 月 1 日，当俄国对德国开战时，俄国各阶层都团结在政府周围，俄国人团结一致同德国人作战，确信他们将在短期内赢得这场战争的胜利。俄国人认为这是一场反对日耳曼仇敌侵略的保卫战。一向对政府极端不满的立宪民主党领导人米留可夫教授声称："我们必须集中一切力量保护我们的国家免受外国仇敌的侵略。……我们要为我们的祖国不受外国侵略而斗争，为欧洲和斯拉夫民族不受日耳曼人（德国人）统治而斗争……"

唯一唱反调的是激进的布尔什维克党人，他们的领袖列宁将这次战争视为帝国主义对市场和殖民地的争夺，全世界的工人没有任何理由为这一场冲突而献身。他反复不断地提出"变帝国主义战争为国内战争!"的口号。然而，由于布尔什维克那时是俄国一个极小的党派，现在被我们认为的杰出领导人列宁流亡国外，列宁的这一口号在当时不受人注意，也没有产生什么影响。

随着战争的进行，1914 年侵入东普鲁士的俄国两支军队遭到了毁灭性的失败。1915 年，当俄国军队面对德、奥的强大进攻而向后退却时，出现了大溃败。抽人口最稠密、工业化程度最高的省份丢给了同盟国。俄国再也没有能力从军事失败中恢复过来，它完全没有能力来进行反对一流工业强国的现代化战争。1915 年，一位俄国将军生动地描述了俄国当时的惨像：“最近几次战斗中的几个步兵团，他们中 1/3 的人没有步枪！这些可怜的家伙在暴风雨般的榴霰弹片中耐心等待，等待着拾起倒下的同伴的步枪。”

此外，无能的军事领导者也妨碍了俄国为一战所作的努力。沙皇尼古拉挑选他的叔叔尼古拉大公担任总司令。在战争中，每当他接到皇帝的命令，他总要花很长时间喊一通，因为他不知道怎样对待他的新任务。俄国大后方的政治分歧也妨碍了俄国战斗的胜利。杜马和帝国官僚机构经常为各自的辖权和特权争执不休。他们为军需品匮乏以及前线失败的责任问题而与军方发生冲突。这些上层领导之间互争权力，勾心斗角。1915 年 8 月，当前线陷于灾难之中时，沙皇尼古拉解除了尼古拉大公的职务，亲自掌握军事指挥权。他是一个令人讨厌的人物，战争也没有因为沙皇尼古拉担任军事指挥而逐步取得胜利。

终于，在 1917 年 3 月 8 日，彼得格勒爆发了罢工和暴动，士兵与示威者联合起来反对沙皇专制统治。沙皇政府无力控制局面，成为名义上的政府。沙皇尼古拉于 3 月 15 日让位给他的兄弟米哈伊尔，第二天，米哈伊尔就放弃了王位。

为了避免街上的激进分子取代沙皇专制，在 3 月 12 日成立的临时政府试图改革沙皇专制。临时政府宣布言论自由、出版自由和集会自由；宣布大赦政治犯和宗教犯；承认公民在法律上一律平等，不受社会、宗教或种族方面的歧视；规定了八个小时工作日的劳动法规。但改革措施效果不大，因为改革从未扎根于这个国家。

与此同时，苏维埃却响应人民大众的心声，给予俄国人所需要的和平和土地。苏维埃的起源追溯到 1905 年的革命，工人们选举产生了工人代表会议即苏维埃，以协调他们反沙皇专制统治的斗争。苏维埃一出现就得到了越来越多的人民群众的支持。在乡村、城市、军队，苏维埃运动遍及全国，成为一种不断向政权挑战的基层组织。布尔什维克在列宁的领导下成为苏维埃的主要代表。4 月 16 日，列宁发表了著名的“四月提纲”，提出了立即实现和平、将土地分给农民和全部政权归苏维埃的要求。时间证明他是正确的，因为战争持续得越久，公众的不满情绪就越大，他的要求也就越得人心。

1917 年 3 月至 11 月是临时政府和苏维埃之间权力斗争的时期。在这场斗争中，临时政府处于极其不利的地位，因为它从一开始就拒绝考虑绝大多数俄国人所需要的和平和土地。在苏维埃中，布尔什维克变得越来越有影响，他们断定推翻临时政府、实现社会主义革命的时机已经成熟，准备在 11 月 7 日发动起义。

实际的革命高潮突降，几乎没有遇到任何抵抗的布尔什维克军队，占领了彼得格勒的重要地点——火车站、桥梁、银行和政府大厦。只在冬宫发生了流血事件，伤亡人数共计一个红军战士和五个红军水兵，临时政府就垮台了。

布尔什维克的轻易胜利，并不意味着他们得到所有俄国人民或至少多数俄国人民的支持，但已掌握军权的布尔什维克力量逐渐强大。1918 年 1 月 18 日，在彼得格勒召开的立宪会议被布尔什维克驱散了，因为这次会议代表了社会革命党的利益，而不是布尔什维克的利益。

11 月 25 日，布尔什维克党人在电台上向所有交战国发表讲话，请求它们立即缔结停战协定，提出“不割地，不赔款”的口号。协约国对此避而不答，但同盟国却愿意谈判。12 月 5 日，它们同布尔什维克签订了停战协定。谈判中，德国人要求割让波兰和波罗的海沿岸各省，这种割让以民族自决为基础。面对德国人向彼得格勒继续推进，列宁为了争取和平，决定妥协。这样做是因为缺乏抵抗的手段，而且是因为他推测德国人很可能战败，无法保住他们所征服的地区。

1918 年 3 月 3 日，列宁接受了《布列斯特——立陶夫斯克和约》。他不但放弃了波兰和波罗的海沿岸各省，还放弃了芬兰、乌克兰和高加索部分地区。

这时，第一次世界大战还在继续，俄国便退出了战争的深渊。列宁的决定是正确的。新的布尔什维克创立了苏维埃社会主义共和国联盟。

血染的顿河

《静静的顿河》是苏联作家肖洛霍夫的代表作。它历来以结构的庞大复杂、富有历史感而被世人称道。这部作品使肖洛霍夫当之无愧地跨进了世界杰出作家的行列。同时各种荣誉纷至沓来，1941 年获斯大林文学奖一等奖，1965 年又摘取了诺贝尔奖的桂冠。

《静静的顿河》主要是以 1918—1920 年苏联的国内战争为背景的。发生在顿河边上的残酷战争成为作家选取的特写镜头，是此次国内战争的一个缩影。

顿河两岸生长着一个特殊社会阶层——哥萨克。这可追溯到15世纪，大批不堪忍受农奴制压迫的农奴、仆役、流犯和市民，纷纷从俄国内地逃亡到边远的顿河、库班河大草原上成为“自由民”，逐步建立起具有自治性质的哥萨克组织。哥萨克酷爱自由，英勇善战，性格粗犷强悍。后来沙皇对哥萨克采取怀柔和镇压相结合的政策，授予一定“特权”、“荣誉”，灌输“忠君爱国”的思想，使之效忠沙皇。哥萨克一面务农，一面习武，过着一种传统的近乎中世纪宗法制的生活方式。

由于长期生活在闭塞的环境里，远离俄国的民主运动，加之沙皇的欺骗收买，哥萨克逐渐变得愚昧粗野，狭隘偏执，充当起沙皇镇压革命的刽子手和国际宪兵的角色，顿河也从自由的根据地变成反动的堡垒。

十月革命一声炮响，建立了世界上第一个无产阶级专政的国家。面对这一新生事物，国内外的地主资产阶级都极端仇视它。他们从四面八方反扑过来，企图把新生的苏维埃政权扼杀在摇篮里。

这样，建国之初，苏维埃政权便陷于四面重重包围之中。它所控制的地区主要是莫斯科周围的地方，面积只有全国土地的1/4。苏维埃失去了粮食和煤炭的主要产地。由于原料缺乏，铁路瘫痪，40%的工厂停了工。劳动大众生活困苦，长期忍受着饥饿的折磨。莫斯科和彼得格勒的工人每人每天只能领到一两面包。与此同时，暗藏的敌人还不断在苏维埃地区制造颠覆破坏事件。1918年7月，莫斯科、雅罗斯拉夫里等城市相继发生叛乱。8月30日当列宁离开他发表讲演的米赫里逊工厂的时候，社会革命党的女党员卡普兰乘机向列宁开枪，这位无产阶级领袖的身上中了两颗毒头子弹，伤势很重。

1919年春，协约国改变了反苏策略，把白军推到第一战线，组织他们统一进攻莫斯科。

苏俄的处境十分危急，可谓危机四伏。

十月革命爆发后，被推翻的各种反动势力纷纷逃亡到顿河流域，妄图把顿河变成他们颠覆年轻苏维埃政权的反革命根据地。“静静的顿河”开始“波浪翻滚”，哥萨克面临着革命与叛乱、真理与偏见、红军与白军的根本抉择。

作品主人公葛利高里身上流淌着哥萨克的血液。他从小接受了古老的哥萨克传统生活方式的熏陶，青年时代应征入伍，参加了帝国主义战争。亲身的经历、现实的教育，同共产党人和革命哥萨克的接触，使他开始有所觉悟。十月革命后内战一开始，他参加了红军赤卫队，英勇地同白匪作战。1918 年春，形势突然逆转，白匪利用红军执行政策上的过“左”错误，煽动顿河哥萨克暴动。葛利高里不能容忍所在部队不经审判就处决了全部白军俘虏，在白匪的“哥萨克自治论”的影响下，他脱离了红军，和哥哥彼得罗夫一起参加了反革命暴动。在白军中，他不断和白匪军官发生冲突。

1918 年底，当白匪溃败时，他怀疑自己的道路走错了，便退出白军回到村里，想从此解甲务农。但红军和村苏维埃政权仍然对哥萨克实行过火政策，胡乱捕人杀人，葛利高里也被列入了被捕人员名单，他闻讯后逃跑了。1919 年 3 月，顿河哥萨克再次暴动，葛利高里的哥哥在搏斗中被红军杀死。葛利高里怀着复仇的心理再次参加叛军，并爬到白军师长的高位，成了统率 3000 人马同苏维埃作战的叛军骨干。同年 10 月，红军很快打垮了南线白军，葛利高里带着情妇婀克西妮娅想随白军逃到海外去，但未成功。在对白军失望的情况下，他再次参加了红军，在布琼尼骑兵任连长、副团长，为赎罪奋不顾身地同乌克兰和波兰的白匪英勇作战。然而，他终究得不到红军的信任，1921 年内战刚结束，他便被复员回村。这时，他的妻子娜塔莉娅死于小产，嫂嫂妲丽亚自杀溺死于顿河，父母也先后病故，只有妹妹杜妮娅已和村苏维埃主席珂晒伏依结了婚。葛利高里回村后想同妹夫珂晒伏依和平共处，但后者不信任他，声言要将他逮捕，他又听信了残余叛匪头目佛明的谣言，害怕受到苏维埃政权的惩罚，于是投入了佛明匪帮。1922 年春，佛明的叛乱彻底失败，他潜回村中带上婀克西妮娅想远走他乡。潜逃时，婀克西妮娅半途中弹身亡，葛利高里心碎肝裂，独自一人在草原上走了三天三夜，然后把武器抛入开始解冻的顿河，孤身一人回到了村里。在家门口的石阶上看到唯一的儿子米沙特。“这就是在他的生活上所残留的全部东西”，“这就是使他暂时还能和大地……相联系的东西”。

《静静的顿河》正是借助这一特定的历史时期、特定的地理环境而演绎出的动人的故事，主人公葛利高里是有很大的可读性的。他在重大的历史转折关头，不自觉地卷入历史事件的强大漩涡之中，一直动摇在两个敌对阵营之间，这是有着深刻的社会历史根源和个人的主观原因的。

葛利高里出身于殷实的哥萨克中农家庭，这就天然地决定了其性格的两重性，即既是劳动者，又是私有者。在政治上具有小资产阶级左右摇摆的全部劣根性，尤其是对几世纪遗留下来的保守落后的哥萨克传统观念的偏见，以及哥萨克军官的特权思想，他一直顽固地坚持，不愿舍弃。因此他站在冰炭不容的敌对阵营之间动摇徘徊，在白军与红军中三进两出，竭力寻找一条超越革命与反革命的“哥萨克中间道路”——“第三条道路”。然而，哥萨克中农是没有独立的政治路线的。葛利高里顽固坚持“第三条道路”的结果，只能越来越背离人民，最后以自己的彻底毁灭而告终。葛利高里悲剧的实质，是在阶级搏斗尖锐化的革命年代，企图追求和探索实际上不存在的“第三条道路”的“理想”遭到彻底破灭的悲剧；是在艰难困苦的动荡时期，既要顽强地表现自己，又找不到自身的真正地位和道路的人的悲剧。

葛利高里作为一个个体的人，作为有个人“追求”和“理想”的人是不幸的，他在历史面前是多么的渺小，多么的无力。他双手沾满了战争的鲜血，只身一人站在被鲜血染红的顿河，似乎顿悟出了什么。作家抓住了这一瞬间，也是作家的某种理想的寄托，更是作家的伟大之处的具体体现。

顿河边上刀光剑影的战场厮杀是苏联国内战争的一个缩影。知一斑可窥全豹，新生事物得以存在是异常艰难的。苏联人民终于经受住了考验，克服了各种困难，挫败了国内外敌人的进攻，胜利地保卫了新生的社会主义国家。

新经济政策

1920 年，苏维埃人民在布尔什维克党的领导下打退了外国武装干涉，平定了国内叛乱，赢得了举世瞩目的胜利。可是，当国家转向和平建设的时候，却遇到了意想不到的巨大困难。

1921 年初，国家大工业的产量仅及战前的 1/5；燃料、冶金、机器制造部门几乎完全遭到破坏；棉织品的产量减少到战前的 1/20。农业也很不景气。播种面积缩小，土地耕种粗糙，谷物收成减产，牲畜头数下降。农业产量只有战前的 60%。人民生活十分困苦，连最起码的生活用品都感到缺乏。

在这种困难情况下，部分工人中出现动摇不满的情绪，甚至发生了罢工事件。农民的不满情绪更为严重，他们原来接受余粮收集制，愿意用自己生产的粮食支援苏维埃打败白匪，以保住分到的土地。内战结束后，地主复辟危险消失，农民不肯再把粮食无偿地献给国家。不少农民减少播种面积，逃避余粮收集。一些中农甚至参加反苏维埃叛乱。农民的不满也波及到军队。1921 年 2 月底，波罗的海舰队的重要基地喀琅施塔得发生了水兵叛乱。

所有这些情况说明，苏维埃政权实行的经济政策已不适合当今经济发展的需要了。

为了克服危机，人们纷纷献策献计。不少人主张进一步加强国家干预，建议把贫农变为国家农业大军，由国家直接组织农业生产。列宁面对这种情形，仔细地分析了国内的情况，认为恢复经济，稳定政权，必须从改善无产阶级国家同农民的关系入手。列宁正是用这种政治家敏锐的洞察力，审时度势地废除了农民不满意的战时共产主义的政策，实行新的经济政策。

1921 年 3 月，俄国共产党召开了第十次代表大会。根据列宁的报告，大会决定用粮食税代替余粮收集制。从此，农民不必把全部余粮交给国家，而只需交纳一定的粮食税。同时，税额大大低于余粮收集额。超过税额的余粮都归农民个人所有。粮食税政策受到农民的欢迎。农民看到，扩大耕种多打粮食就能多得粮食，生产积极性大大提高。

在流通方面，内战后期多数产品或是凭证供应或是免费分配，商品买卖大多是在黑市秘密进行的。现在，政府允许农民和小手工业者把自己的劳动产品拿到市场自由买卖，恢复国内的自由贸易。这一决定深得私有者的拥护。

在工业方面，内战时期宣布把中小工业都收归国有。实行新经济政策后，一切涉及国家经济命脉的重要厂矿企业仍然归国家所有，由国家经营。而那些中小企业和国家暂时无力兴办的企业则允许本国和外国的资本家经营。

实行新经济政策后，国有企业和合作社的管理制度也有很大改变。原来，国家设总管局，统一管理各个企业。实行新经济政策后，合作社成为独立的机构，它可以按自定的价格采购农产品，也可以按自己的意愿出售日用品。

新经济政策是列宁的英明决策，它使 1921 年春天的危机迅速消失，生产稳步恢复。新经济政策满足了小私有者的经济要求，受到广大农民的欢迎，也得到了工人和其他劳动者的拥护。在新经济政策的基础上，工农联日益巩固，苏维埃政权不断加强。到 1925 年，粮食总产量大体恢复到战前水平，工业总产量达到战前的 3/4。国民经济恢复工作基本完成。

新经济政策的实行更为俄国人民指明了走向社会主义的正确道路。以列宁同志为代表的苏维埃政权正确地认识到，用战时共产主义政策的办法直接过渡到社会主义是行不通的。列宁曾精辟地说，实行新经济政策会使资本主义因素有一定增长，也确实存在着无产阶级和资产阶级谁战胜谁的问题。但是，苏维埃国家拥有强大的政权，掌握着重要经济命脉，完全可以把资本主义因素限制在一定范围之内，还可以利用它来为苏维埃服务，在这种情况下，资本主义复辟绝不是必然的。相反，无产阶级国家一定能够通过新经济政策战胜资本主义，实现社会主义。

列宁提出的新经济政策是对马克思主义思想的重大发展，对中国和其他国家的社会主义建设事业具有重人指导意义。

为共产主义敲响战鼓的年轻人
——马雅可夫斯基

“党——
是工人阶级的脊梁
党——
是我们事业的永生。
……
党和列宁——
一对双生的兄弟，——
在母亲——历史看来
谁个更为贵重？
我们说——
就是指的——
党，
我们说——

党，

就是指的——

列宁。

……

活着的列宁

又发出号召：

无产者，

整起队伍来，

走向最后的决斗！”

是谁用如此嘹亮的声音歌颂列宁？是谁用如此坚定有力的战鼓为初生的党的事业壮行？是谁义无反顾地投入党的战斗？是谁对共产主义充满了信心，却又对共产主义的蛀虫万分厌恶？

他就是：马雅可夫斯基。坚决地选择了战斗，又坚决地选择了死亡！

1893年7月19日，在格鲁吉亚的库塔伊西省巴格达吉村，弗拉基米尔·弗拉基米罗维奇·马雅可夫斯基降生了。他父亲是一个林务官，家境很好，一家五口人生活的非常幸福。

马雅可夫斯基的母亲很有文学修养，在她的教导下，马雅可夫斯基喜欢上了文学。1900年，马雅可夫斯基被母亲送到库塔斯。1907年，马雅可夫斯基考入了库塔斯中学。在这里，马雅可夫斯基学习非常努力，每门功课都很优秀。在休息的时候，小马雅可夫斯基参加他大姐柳德米拉·弗拉基米罗夫娜与朋友们组织的文学小组。大家一起读各种文学著作，一起热烈地讨论。这时小马雅可夫斯基显示了他的文学天赋，他的观点常常比别人的更新奇、更深刻。

1905年，俄国第一次革命风暴很快波及到格鲁吉亚。小马雅可夫斯基兴奋地参加了当时的示威游行与集会，成为学生运动的中坚。1906年，马雅可夫斯基的父亲不幸病故。从此，一家人的生活陷入了困顿。一家人搬到了莫斯科，虽然生活非常清贫，但母亲仍然坚持让孩子们上学。为了减轻母亲的负担，懂事的马雅可夫斯基同姐姐一起制作一些小工艺品卖。

莫斯科的政治斗争更为激烈。马雅可夫斯基家里经常住进一些革命者。他们虽然都大骂沙皇政府，但对马雅可夫斯基一家却非常温和。小马雅可夫斯基跟他们非常熟悉，由于马雅可夫斯基非常喜爱读书，在那些革命者手里，常常得到一些革命进步书刊。渐渐地，小马雅可夫斯基弄懂了布尔什维克的革命目的，并且也看出了沙皇统治下人民的苦难。他接受并拥护党的斗争。1908 年，小马雅可夫斯基坚决要求参加了俄国社会民主工党，开始为党的事业而工作。他先后三次入狱，恶劣的狱中生活激起他更大的热情投入到党的事业中去。

1911 年，马雅可夫斯基考入莫斯科绘画雕刻建筑学校。在这里，他开始学着写诗。一开始他的作品深受未来派的影响，并不出众，但是马雅可夫斯基依然努力地学习，坚决地与专制势力的压迫、剥削作斗争。他说："今天的诗仍是斗争的诗"。1912 年，马雅可夫斯基发表了《夜》与《早晨》，编入俄国未来派诗人布尔柳克的《给社会趣味一记耳光》，这是俄国未来派的第一部诗集。1915 年，马雅可夫斯基完成了他的第一部长诗《穿裤子的云》，对资本主义进行了揭露与批判。1915 年 7 月，马雅可夫斯基应征入伍。残酷的战争让他认清了帝国主义的本质。1916 年，他又完成了另一部长诗《战争与世界》，诗中揭露了帝国主义战争给人民带来的沉重灾难与不幸。在日渐壮大的无产阶级文学的影响下，特别是在俄国杰出作家高尔基的帮助下，马雅可夫斯基进步很快。

1916 年，马雅可夫斯基出版了他的反战诗集《像牛叫一样简单》，高尔基非常欣赏马雅可夫斯基，称他的诗是真实的文学，只是还没有发挥出来。在高尔基的指导下，马雅可夫斯基在 1917 年完成了长诗《人》。俄国二月革命之后，马雅可夫斯基坚定地站到布尔什维克一边，投入了对资产阶级临时政府的战斗中去，他写了一些著名的小诗在舆论上为共产主义加油、助威，如《关于小红帽的故事》、《给我们回答》等。

十月革命胜利之后，马雅可夫斯基见到了俄国革命领袖列宁，给他留下了深刻的印象，这一时期，他激情飞扬，热烈地歌颂工人阶级取得的胜利。如《我们的进行曲》、《给艺术大军的命令》、《革命颂》等。

俄国十月革命的伟大胜利，击溃了资本主义阵营，建立了第一个无产阶级国家，鼓舞了世界各国被奴役被压迫的民族起来反抗。革命的火燃遍了全球。帝国主义反动势力对新生的无产阶级政权痛恨至极，集结反共联盟，力图把新生的红色政权扼死在摇篮里。马雅可夫斯基用充满战斗激情的声音，高声唱出了著名的政治鼓动诗《向左进行曲》。诗中写道：

"我们厌恶
亚当和夏娃留下的法律
赶开历史这些瘦弱的老马！

向左！
向左！
向左！
……
俄罗斯决不向协约国屈服。
向左！
向左！
向左！
无产阶级的手指
掐紧
世界的喉咙！
挺直英勇的胸脯前进！
看无数旗帜满天飞舞！
谁在那里向右转？
向左！
向左！
向左！”

马雅可夫斯基在这里完美地展现了他的艺术风格。他以节奏鲜明、铿锵有力的语言，如战鼓一般激励着俄罗斯军民奋勇向前。

1919年9月，马雅可夫斯基参加俄罗斯通讯社——“罗斯塔”的宣传工作。他与画家切列姆内赫合作，编辑《罗斯塔讽刺之窗》，以通俗易懂的形式谴责敌人的暴行，号召人民起来反抗。《罗斯塔讽刺之窗》为俄国击败帝国主义反动势力做出了贡献。1920年，马雅可夫斯基完成了长诗《一亿五千万》，歌颂了俄罗斯人民不畏强暴，顽强捍卫自己政权的斗争精神。

在社会主义建设时期，马雅可夫斯基一面被广大人民的英勇顽强的献身精神所鼓舞，一面又被无产阶级阵营内部的丑恶现象所激怒，他义正辞严地指出这些现象的反人民性，尖刻地讽刺了这种好大喜功，追求浮华的寄生性。1922年3月5日，马雅可夫斯基发表了一首名为《开会迷》的讽刺小诗，非常出色，其中这样写道：

“一天
要赶去参加
二十个会。

不得已，才把身子斩断！

齐腰以上留在这里，

下半截

在那里。”

同时，在这一年，马雅可夫斯基出版了他第一本《讽刺诗集》。对社会主义中的阴暗面进行了尖锐的讽刺、抨击，受到人民群众的欢迎。但同时，由于他这种不肯同流合污的态度，被党中很多的官僚所痛恨，受到不断的诬陷、迫害。但光明磊落的马雅可夫斯基毫不屈服，一心一意地为共产主义事业而努力奋斗。

1924 年 1 月 22 日，伟大的革命导师列宁逝世。整个苏联被哀伤的阴云笼罩。马雅可夫斯基悲痛之余，历时 4 个多月，完成了著名的长诗《列宁》。他歌颂了列宁伟大的一生，鼓舞人们在列宁光辉思想的指导下继续前进。他描绘了一幅世界人民大团结的共产主义世界：

“所有的国家都站起来了。

一个接着一个——

伊里奇的手

正确地指示着

各民族的人民——

黑的，

白的，

有色的——

都站到

共产国际的旗帜下。”

马雅可夫斯基关注着世界各族人民的反帝解放斗争。1924 年初期，英帝国主义干涉中国的革命斗争，马雅可夫斯基写了《不准干涉中国》。其中写道：

“中国人，大声喊吧：

‘不准

干涉中国！’

是时候啦，

赶走这批混蛋，

把他们

摔下

中国的城墙。

横行世界的海盗们，

不准

干涉中国！”

此外马雅可夫斯基还写了《莫斯科的中国》、《阴惨的幽默》、《你来念念这首诗，上巴黎、中国去一次》等鼓舞世界人民斗争的诗篇。

1927年，为了庆祝十月革命胜利10周年，马雅可夫斯基历时8个月创作了长诗《好!》，副标题是《十月的长诗》。诗中表达了对在革命中逝去同志的缅怀，赞扬了他们英勇奋斗的精神，歌颂了伟大的十月革命的胜利。

马雅可夫斯基不仅仅赞扬在各个岗位上奋战的劳动者，而且也为青年一代、儿童一代写诗。如他的儿童诗《什么叫做好，什么叫做不好?》、《火马》、《长大了做什么好》等等都是优秀的作品。他给青年们写的《共青团之歌》、《给我们的青年》、《青春的秘密》也都被青年朋友广为传诵。

随着社会主义苏联的逐渐发展，原来沙皇专制的封建思想与资产阶级的利己、享乐的风气又死灰复燃了。马雅可夫斯基对之进行了有力的揭露与鞭挞。从而引起许多人的反感与痛恨，于是他们组织各种力量打击、压制马雅可夫斯基。从而使马雅可夫斯基再也没有一个安宁的创作环境。马雅可夫斯基绝望了，从而更为怀念伟大的导师列宁。1930年2月，马雅可夫斯基顶着巨大的压力举办了“20年创作生活展览会”。把共产主义的伟大使命寄托在青年一代身上，他要以这些展览会教育青年人，同时也以此回复那些攻击他的人。这次展览会展出了马雅可夫斯基自己20年来的所有创作，20年来他共出版了86种著作。他曾给莫斯科、列宁格勒的30多种报纸与50多种杂志以及国内各地区的100多种报纸、18种杂志撰稿。在编辑《罗斯塔之窗》时，展出的1600多幅招贴画、宣传画中，有1/3的画是他作的，画配诗中有9/10是他写的。20年，马雅可夫斯基写了诗歌1300多首，长诗14首，剧本3部，电影剧本12部。如此辉煌的成就是马雅可夫斯基为社会主义事业辛劳的证据。这次展览会，取得了很大成功，受到广大人民的欢迎，不但很好地教育了青年人，同时也是对社会主义的蛀虫一个有力的反击。

马雅可夫斯基在一切都做完之后，便对这个污浊的环境没有什么留恋了。既然许多领导都恨他，希望他死，他就死吧。但愿他死之后，那些人能够专心于社会主义事业。反正只要他活着，那些人就不安心，自己也不可能继续工作。于是，高尚的马雅可夫斯基选择了死亡。1930年4月14日，马雅可夫斯基在自己的寓所自杀身亡。在他留下的遗书《给大家》中，他这样写道：

“关于我的死，别埋怨任何人，也请你们不要造谣生事。死者最不喜欢这一套。

妈妈、两位姐姐和同志们，原谅我吧。——这不是什么办法（我不劝别人这样做），但我没有别的出路。

莉丽娅——爱我吧。

政府同志，我的家属就是莉丽娅·勃里克、妈妈、两位姐姐和维洛尼佳·维陀尔多芙娜·波隆斯卡雅。

假如你能为他们解决生活问题，——谢谢。

祝你们幸福。”

年仅37岁的马雅可夫斯基逝去了，这是对于共产主义社会阴暗势力的最后反击。

高贵的马雅可夫斯基将永远活在俄罗斯人民心里。

自由万岁

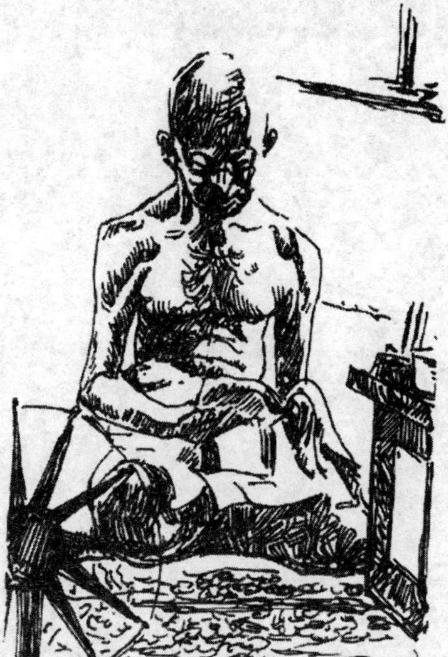

朝鲜三·一人民起义

在1904至1905年日俄战争之后，沙俄战败，至此日本把沙俄的势力完全从朝鲜排挤了出去，使朝鲜成为了日本的“保护国”，并且让后来为世界所知的伊藤博文作朝鲜的统监。他解散了朝鲜的军队，并且集朝鲜的立法、行政及人事等大权于一身。1910年，汉城日本军队冲入朝鲜皇宫，朝鲜的国君在日军的刺刀之下与日本签订了《日韩合邦条约》。至此，朝鲜完全沦为日本的殖民地。

日本完全地吞并朝鲜之后，对朝鲜进行了“武断政治”。列宁对这时日本在朝鲜的统治有精辟的论述：“日本把沙皇的一切办法，一切最新技术发明和纯粹亚洲结合在一起，空前残酷地掠夺着朝鲜”。朝鲜的总督由陆海军大将担任，直属天皇，独揽朝鲜的立法、司法和军政大权。被日本天皇任命的朝鲜首任总督陆军大将寺内正公开叫嚷：“朝鲜人顺我者生，逆我者死。”日本宪兵、警察遍布朝鲜各地，并且有两个日军师团和两支海军分遣队常驻朝鲜，以便用来镇压朝鲜人民反抗。为了防止朝鲜人民的反抗，日本侵略军强制收取了朝鲜民间的武器，强迫几家合用一把菜刀，就连这一把菜刀也要用铁链拴在案板之上。

日本侵略者在疯狂镇压朝鲜人民反抗的同时，也对朝鲜实行野蛮的殖民掠夺。殖民当局颁布了许多法令，强行霸占朝鲜的土地、森林和矿产资源，并且压制朝鲜民族工商业的发展，占有了朝鲜的绝大部分工厂企业和矿山，把朝鲜变成日本粮食、原料的供应地和日本商品的市场。

日本还在朝鲜实行愚民奴化的政策。禁止朝鲜人民学习和使用本民族语言，而改用日语，并且宣扬朝鲜人民是“劣等民族”，禁止朝鲜学校开设朝鲜历史和地理课程，并对朝鲜实施“皇民化运动”，想要从根本上灭绝朝鲜。

日本的殖民统治给朝鲜人民带来了深重的灾难，使许多农民流浪国外，不少人被迫逃进深山老林，变成刀耕火种的“火田民”。朝鲜的工人阶级大多在日本殖民者的工厂、矿山、铁路和港口劳动，一般都从事长达12～14小时的繁重劳动，但是依然不够养家糊口。所以，朝鲜人民反抗日本侵略者的斗争一直都延绵不断。在1910年前后，朝鲜人民的反日起义持续了大约有10年左右，起义军最多时发展到14万人，给日本侵略军以沉重的打击。1917年俄国十月革命的胜利，鼓舞了朝鲜人民争取民族独立的信心和决心，终于在1919年3月1日爆发了反抗日本侵略者的民族大起义——三·一人民起义。

这次宏大的朝鲜人民全国起义，是由于朝鲜的太上皇李熙被害而引发的。李熙在位时因为不满日本的控制，幻想依靠别的帝国主义国家的支持，来摆脱日本的“监护”。1896年逃到俄国使馆，又于1907年在第二届万国和平会议举行之时，派遣密使在会议上发出呼吁，要求各国承认朝鲜独立，解除日本对朝鲜的保护制度，但是失败了，日本废黜了李熙，让其儿子李拓为王。此后李熙一直被幽禁在德寿宫中，但是1919年1月21日，李熙被日本总督长谷川指使朝奸毒死，并对外宣称李熙死于脑溢血，并要为其举行按日本古礼的国葬。这件事深深地伤害了朝鲜人民的民族感情，激起了各阶层群众的愤慨。

由于朝鲜人民反日情绪高涨，朝鲜民族主义者利用李熙遇害事件，决定在国葬日展开示威活动。他们推选了天道教教主孙秉照为首的宗教领袖33人，组成了“民族代表”，起草《独立宣言》，并提出“大众化，一元化，非暴力”的方针，控制了运动的领导权，而且和学生团体联合，形成一个松散的反日爱国主义阵线。1919年2月8日，留日的朝鲜学生首先在东京集会，发表独立宣言，揭开了斗争的序幕。

与日本的朝鲜留学生相呼应的是在汉城的学生。在1919年3月1日下午，汉城的学生纷纷涌向市中心的塔洞公园，他们同前来参加国葬的工人、市民和农民一同宣读完《独立宣言》之后，开始了示威游行。30万群众分成几路，奔上街头。他们受到的是日本军队宪兵和警察的镇压。在示威游行的人群中，有一位爱国的女学生，手持国旗，高呼着反对日本侵略者的口号。凶残的日本兵砍断了她的右臂，她不顾伤痛，用左手拾起国旗，继续呼喊着口号，日本兵又野蛮地砍断了她的左臂。尽管她两臂血流如注，但毫无惧色。当日本兵用刀猛刺她的心窝时，仍用最后一息，喊出了“独立万岁”的呼声，充分表现了朝鲜人民争取民族独立的不屈不挠的精神。

而这时期朝鲜的资产阶级领袖们却被这种血流满街的场面吓破了胆，他们不敢把自己暴露在日本侵略军面前，只是在一个饭馆里把《宣言》念了一遍，小声地喊了几声口号之后，就打电话向日本警务总监部主动自首了。

同资产阶级的妥协投降不同的是朝鲜人民群众的英勇抗争。朝鲜人民看到殖民强盗的血腥屠杀，使他们明白和平请愿的办法行不通，必须用革命的斗争、采用武装斗争的方式。3 月 5 日，汉城青年学生首先举行暴动，与日本宪警展开了殊死的斗争。广大工农群众投入了斗争，他们袭击日本官厅、公团，并且处死了许多的日本官吏、亲日朝奸和地主恶霸，朝鲜各行各业的人民群众都参加了斗争。三·一人民起义是朝鲜现代史上具有广泛群众性的民族大起义，除了一小撮亲日的大官僚、大地主和买办资本家之外，在朝鲜 218 个府、郡中的 217 个府、郡共发生了 3200 多次示威和暴动，沉重地打击了日本的殖民统治。

三·一人民起义爆发后，受到了日本侵略军野蛮的屠杀。在短短的 3 个月内，就屠杀了 7500 多人，打伤了 15000 多人，逮捕了 46900 余人，焚毁和破坏了 49 所学校和教堂及 715 户民房，犯下了滔天罪行，残酷镇压了朝鲜人民的反抗斗争。

由于缺乏坚强的领导，在日本的血腥镇压之下，朝鲜三·一人民起义最后失败了，但是这次起义充分显示了朝鲜人民的力量，迫使日本侵略者作出了一些让步。从此，朝鲜人民的解放斗争由原来的资产阶级领导转变为更为革命的自觉、自发的行动。

化玉帛为干戈——印巴分治

时至今日，南亚次大陆上仍时不时散发出战争的气味，其主要大国——印度和巴基斯坦仍然对对方恨之入骨，他们之间的军备竞赛不但影响周边政局，亦使世界关注。究其原因，是历史遗留的克什米尔问题，使得他们无法尽释前嫌。

印度是以印度教徒为主的国家，而巴基斯坦则以穆斯林为主，在独立之前，它们同属英国的殖民地——印度殖民地。印度是英帝国主义最大的殖民地，被称为“英王皇冠上最亮的一颗宝石”。自从被英国入侵的那天，印度人的斗争就从来没有停止过。19 世纪末、20 世纪初，反英斗争的领导权掌握在国大党手里，而许多穆斯林都站在这一旗帜下，首先起来的是巴基斯坦之父真纳。真纳此时的职务是国大党领导人的秘书，他支持国大党提出的在英帝国范围内实现“印度自治”（斯瓦拉吉）的宗旨。

20世纪初，随着印度伊斯兰教派自治主义的发展，1906年全印穆斯林联盟成立，英国当局企图使它成为抗衡国大党的政治组织，但它并没有导致两大组织的对立与分裂。许多人同时是两个组织的成员，真纳也在1913年加入穆斯林联盟。在一战前后，两个组织关系较好，力图消除两派的分歧。1916年，两组织达成协议，即著名的《勒克瑙公约》。在一战后，甘地领导了非暴力不合作运动，印度两大教派并肩作战，空前团结。

但是好日子不长，毕竟是信仰不同，分歧难以弥合，教派很快出现冲突。印度教徒想让印度教一统天下，而穆斯林则要求有自己的生存空间。1923年，印度教极端分子的组织——印度教大斋会成立，它提出“印度教的国家，穆斯林改宗”等极端口号，并发起“护牛”运动，这严重伤害了广大穆斯林的宗教情感，于是下层群众的冲突加剧。而作为国大党和穆斯林联盟的领导层亦发生了分歧，穆斯林联盟主教真纳不赞成非暴力不合作运动，认为印度教色彩太厚，采用印度教苦修的方法，于是退出国大党。

虽然两组织领导人都曾致力于团结，但是在三次圆桌会议、真纳和甘地18天“艰苦会议”均告失败后，两组织的分歧完全没有找到契合点，而穆斯林联盟的纲领渐渐明晰起来，正如真纳所言：“穆斯林印度不能接受任何必将导致一个由印度教徒占多数的政府的宪法。众所周知，穆斯林不是一个少数派。根据任何有关民族的定义，都可说穆斯林是一个民族，他们应当拥有自己的家园、自己的领土和自己的国家。”穆斯林联盟在国大党领导人被监禁、国大党陷入困境之际，迅速发展了自己的组织，增强了与国大党相抗衡的力量。

两大教派的分歧并没有阻碍印度的独立斗争，在二战之后，印度的民族解放斗争迅速高涨是不争的事实。

1945年，印度爆发了800多次罢工，1946年又增加到1600多次，农民运动也汹涌澎湃，席卷了孟加拉、旁遮普省、比哈尔地区，并深入一向沉寂的土邦，1946年还出现了农民起义。在工农斗争的推动下，印度籍士兵也投入了斗争，1946年2月爆发了孟买印度士兵起义，起义士兵达两万人，得到了人民群众的支援，但由于没有得到国大党和穆斯林联盟支持，终被殖民当局镇压。

风起云涌的民族解放斗争，使得英国在印度的统治岌岌可危，迫使其无法再延续原来的统治方式。

战争期间，印度行政机构已愈来愈多地由印度人充任，而英国在印度的投资则大大减少，英国人在印度所拥有的利益愈来愈少，英国人对没完没了的印度问题已厌倦起来。1945 年 7 月，工党在英国大选中的胜利，是印度事务决定性的转折点，艾德礼首相也主张让印度独立。这些，都成为印度独立的有利条件。

但是，在具体以什么方式来独立却发生了分歧，国大党和穆斯林联盟各有算计，而且对立很尖锐。

国大党向英国使团提出：立即采取步骤实现它宣布过的计划，成立临时政府和制宪议会，要求规定英国“离开印度”的期限。穆斯林联盟则坚决要求首先承认建立巴基斯坦的原则，反对首先成立全国性临时政府和制宪会议，主张英国人“分治后离开”。

而英国人却玩“分而治之”的故伎，利用两党的矛盾，力图继续控制印度，将印度划分为三大区，即印度教、穆斯林为主的省及有穆斯林居民的省份。在临时政府方案中，国大党占六席，穆斯林联盟五个席位，其他方面三个席位。这引起了穆斯林联盟的不满，它宣布 1946 年 8 月 6 日为争取建立巴基斯坦的“直接行动日”，结果发生了两派教众的流血冲突，仇杀呈蔓延趋势。

在教派冲突加剧的情况之下，英当局仓促成立临时政府，由总督兼任总理，尼赫鲁任副总理，真纳拒绝入阁，并抵制制宪议会。显然，一个统一的印度是不可能形成的，如果不分治则可能演变为内战。

这种形势令英国当局十分恐慌，在无力镇压的情况下，必须迅速解决印度独立问题。

1947 年 2 月，艾德礼发表《白皮书》，宣称至迟在 1948 年 6 月以前把政权转让到负责的印度人手里，同时任命蒙巴顿为印度总督，办理移交政权事务。6 月 3 日，蒙巴顿通过紧张的活动提出了“印度独立法案”，即“蒙巴顿方案”：印度分为印度斯坦和巴基斯坦两个自治领，分别设立政府和制宪议会，各土邦有权决定加入哪一个自治领。真纳虽不满分治后被分割为两部分，但基本上满足了要求，于是便接受了。而国大党迫于形势，也同意了该方案。英国两大党亦同意了该方案，并于 1947 年 7 月通过了《印度独立法案》。

1947 年 8 月 15 日，英国将政权分别移交给国大党和穆斯林联盟，印度和巴基斯坦宣告独立。贾·尼赫鲁为印度自治领第一任总理，真纳任巴基斯坦自治领第一任总督和制宪会议主席。1950 年 1 月 26 日，印度宣布成立共和国，仍留在英联邦内。1956 年 3 月 23 日，巴基斯坦成立巴基斯坦伊斯兰共和国，也仍为英联邦成员国。

但并不是一独立就万事大吉的，教派斗争仍在持续，甘地奔走各地，反对教派斗争，但是最终成为了教派斗争的牺牲品，为印度教极右分子刺死，而克什米尔则一直处在矛盾的焦点之上。

克什米尔就是殖民时期的查谟土邦，该土邦王公是印度教徒。克什米尔党的领袖穆罕默德·阿布杜拉的观点与国大党相近，主张建立一个统一的印度，但是该土邦的臣民大部分是伊斯兰教徒，他们要求加入巴基斯坦。

1948 年 10 月，巴基斯坦鼓励边界上的帕坦人进攻克什米尔，很快占领整个克什米尔，克什米尔王公向印度求救，尼赫鲁派军将帕坦人赶走，这导致了巴基斯坦正规军参战，印巴战争开始。由于联合国的干预，双方于 1949 年 1 月 1 日签订了停战协定。但是，这并未能消除危机，双方仍怀敌意，并企图占领克什米尔。

1957 年 1 月，印度单方面宣布克什米尔正式并于印度联邦，于是第二次印巴克什米尔战争开始了。这场战争在联合国的调解下，由于苏联的斡旋，于 1966 年 2 月双方在联合国监督下实现撤军，但是克什米尔争端并未得到解决。

由并肩作战、风雨同舟到兵戎相见、仇恨刻骨，使人不得不感慨历史无情。印巴仍然还在虎视对方，时常发动互相指责、不知谁为肇事者的冲突，不知何时才能相逢一笑泯恩仇。

印度“圣雄”——甘地

1869 年 10 月 2 日，在印度西部的皮尔班达土邦的一个贵族家庭里降生了一个小男孩，又黑又瘦，一点儿也不起眼，谁也想不到这个小男孩将来会成为印度民族解放运动的伟大领袖。

这个小男孩就是莫罕达斯·卡拉姆昌德·甘地（1869—1948 年）。他的祖父和父亲都曾在土邦中当过首相，家里很富有，再加上他们都信奉印度教，于是就经常救济穷人，这使得小甘地从小就喜欢助人为乐，深得乡里人喜欢。

小甘地还十分爱国，从小就十分痛恨英国殖民者。当时印度国内有一首儿歌十分流行："瞧那强大的英国佬，他统治着矮小的印度人；因为他是肉食者，所以有五尺高！"于是小甘地就天真地认为："只要我国人人都能吃肉，那就可以把英国人打败了。"从此，他便以身作则，开始偷偷地吃肉。

由于出身贵族，甘地在1887年中学毕业后，便被送到了英国伦敦大学学习法律。初到伦敦，没见过世面的甘地真觉得自己到了花花世界，眼前不再是印度贫瘠的土地和饥饿的村民。再加上自己又富有，于是年轻的甘地不自觉就开始放纵自己，整日寻欢作乐，置学习于脑后。若是照此下去，一代"圣雄"就不会出现在世界上了。

这样的生活维持了不久，甘地忽然想起了自己心爱的祖国，想起了让自己学有所成的家人和全印度无数受苦的穷人，作为一名教徒的他，内心受到了严厉的谴责。

从此，他决心不饮酒、不食肉、不近女色，严格按母亲的约法三章安排生活，发奋读书，一定要有所作为。他积极参加了许多社会活动，从事反对种族歧视的斗争。

1891年，学业有成的甘地回到祖国，在孟买和拉杰科特先后当了律师。在当律师时，他就运用法律手段进行反歧视斗争，为穷苦百姓主持公道、伸张正义，同英国殖民者针锋相对。为此，他就得罪了许多恶霸豪绅以及英国的殖民当局，以至于他在国内竟无立足之地。一气之下，甘地离开印度，来到南非，在一家印度富商开的公司做事。

大家不要以为南非就是太平盛世，没有歧视和压迫。英国号称"日不落"帝国，南非亦是其殖民地。那里光印度侨民就10多万，并且大多以卖苦力为生。劳动条件恶劣，工作繁重，一有不慎，就要被当地白人毒打一顿，克扣工钱。

年轻气盛的甘地哪能受得了这种事，马上就投身到印度侨民的反种族歧视的斗争当中。

当时南非规定，印度侨民必须拥有50英磅的不动产才能具有选举权。50英磅现在看来不多，但对于当时大多数温饱都不能保证的印度侨民来说，拥有50英镑的不动产简直是天方夜谭。1894年，甘地再也忍不住怒火，他为南非杜尔班侨民起草了请愿书，并递交给了纳塔尔立法方会，为取消歧视规定，争取选举权而努力。

甘地同时还发现，印度侨民如果不团结起来，只靠个人力量，那只是蚍蜉撼大树，不起作用。1894 年 5 月 22 日，他组织成立了南非印度侨民的第一个政治团体——纳塔尔印度人大会，并多次奔回祖国，多方宣传、呼吁，诉说南非侨民的不幸，寻求国内政治力量的支持。

甘地是印度历史上有名的非暴力不合作运动的倡导者。其非暴力思想就是在南非生活的 21 年间形成并开始实践的。

他的非暴力思想主要是来源于宗教，家里世代信奉印度教。毗湿奴派对甘地影响重大，它要求教徒讲究仁爱、不杀生灵、素食。早在少年时期，甘地就熟读了印度教经典，并以“逢恶报以善，用德报以怨”作为自己的处世格言。以后，他又研读了基督教的《圣经》和伊斯兰教的《古兰经》，并受到了托尔斯泰的“非暴力抵抗”思想之作用，认为所有的政治斗争都要体现出“仁爱”精神来，不提倡暴力革命。从此，这种思想观点陪伴了甘地一生，也影响了无数人。

当时，有人认为甘地的这种思想只是空谈，不会实现的。为了证明自己的观点是可行的，1904 年甘地在杜尔班附近买了 10 英亩土地，建造了一座反映其心中理想的村庄——“凤凰新村”。这个村子吸收那些无家可归和失去工作的穷苦人为村民，大家自食其力，简朴生活。甘地也以身作则，带了家人来此居住，大家一块干活，一起休息，产品均分。后来，这里便成为甘地在南非领导非暴力斗争的一个基地。

甘地说：“我不对任何人怀恶意，我也不对任何人的不义屈膝，我要以真理战胜非真理，为了抵抗非真理，我愿意忍受一切痛苦。”他坚信通过非暴力抵抗和自己忍受的苦难，可以使不义之人改邪归正。

南非白人政府并不理睬甘地，我行我素，继续加强对印度侨民的压迫和歧视。他们对印度工人抽取人头税并制定了许多歧视印度侨民的法律法规。以甘地为首的印度侨民为了维护自己的利益，分别在 1907 年、1908 年、1911 年、1913 年举行了示威游行。甘地也多次被捕，他既不畏惧，也不屈服，自始至终以非暴力形式向“不义”的南非政府抗议。他的事迹传到国内，震动很大，许多富裕的印度商人纷纷给他以强有力的经济支援，而印度的劳动群众更是纷纷举行群众大会，声援甘地。

1913 年，南非政府突然做出规定，禁止印度人向南非移民，并且不承认按印度宗教仪式结婚的合法性。这些歧视性法规使得甘地领导的非暴力抵抗运动达到了高潮，罢工人数达到了几万人，声势十分浩大，人山人海。迫于压力，南非当局只好释放了已被捕的甘地，并取消了这些规定。非暴力抵抗运动取得了一定的成绩。

这时，第一次世界大战爆发了，英国及其殖民地也卷入了战争之中。这次，一向反对英国殖民者的甘地，以大局为重，积极支持英国作战。虽然当时他已是闻名天下，但他仍头戴白巾，身穿印度土制粗布衣服，赤着脚到印度各地游说，为英国招募军队。白天赶路，晚上就睡在地板上，只吃米饭和果实。他希望能以自己的行动感化英国政府，一战后能允许印度自治。他曾经充满希望地说："我知道印度采取了这个行动之后，就会成为帝国最得宠的伙伴。"

在漫长的游历过程中，甘地也掌握许多殖民政府为非作歹的事实，于是在第一次世界大战期间又组织了五次"坚持真理"运动，取得了不小的成绩：迫使殖民政府取消了过境税；禁止贩卖印度苦力出国；惩处罪恶的英国种植园主等等。从此，甘地成了印度人心目中的英雄，也得到了国大党各主要集团的支持，成为印度民族解放运动最有权威的领导者。无论甘地去到哪里，都会有一批仰慕之人自愿随行，有时甚至达到几千人。

一战期间，英国政府也很担心，害怕印度人趁自己无暇专注国内事务之机，掀起民族独立运动高潮，于是对印度人采取了"怀柔政策"，欺骗他们，答应改革印度政府，把省政府内一些次要部门如教育、卫生等部门交给印度人管理，并声称要逐步实现印度自治。

大战结束了，英国人把这些承诺都抛在了脑后，露出其本来面目。不但不改善印度人处境，反而颁布了罗拉特法案，使得殖民当局可以随意逮捕印度人，不加审讯就可以不定期地监禁印度人，并且被捕者不能聘请律师或让人为其辩护。这个法案也证明了一个事实：在英国人眼里，印度人不是人，只是任自己摆弄的"东西"。

但是，英国人想错了，印度人民举国上下，民心振奋，共同强烈抗议罗拉特法案，就连甘地也不得不失望地说："人们要求一块面包，得到的却是石头"。愤怒的甘地从对英当局的合作转向了不合作，他号召全印度人民实行总罢工，进行非暴力抵抗。

1919 年 4 月 13 日，在印度旁遮普省的阿姆利则城，数千名群众集合在一起向殖民政府抗议。英国殖民者竟然泯灭人性地对这些手无寸铁的群众开枪射击，当场就死伤了 3000 多人，造成了震惊世界的"阿姆利则大惨案"。

这时，愤怒人们已经难以抑制心头的怒火，他们不顾甘地非暴力抵抗的号召，拿起了石头和棍棒抵抗军队。他们焚毁政府机关、邮局和警局，用暴力来发泄心头的怒火。然而甘地却指责人们采取的暴力行动。

甘地所领导的国大党机关越来越感觉到必须把日益高涨的工人运动控制在自己的能力范围之内，1920年6月，国大党发动全国各阶层人士要积极响应甘地的非暴力不合作纲领。他们辞去英国人授予的公职和爵位；不参加殖民政府的任何集会；不接受英国教育，以自设的私立学校代替英国统治者的公立学校；抵制英货，自己动手织布，穿印度传统服饰；不买英国公债，不在英国银行存款等等。

随着“不合作”运动进入高潮，人们的情绪也越来越难以控制。1922年2月被警察枪击的乔里乔拉村村民愤怒地烧毁了当地的警察局，并把警局团团围住，1名警官和21名警察被烧死。这次运动已经远远超出了“非暴力”的范围。

甘地却不支持这次事件，反而认为自己没有制止群众的暴力行动，是“最惨痛的耻辱”，并在国大党工作会议上提出停止不合作运动。这引起了党内外人士的强烈不满，众多人士认为“当人民的热情达到沸点的时候，下达退却的命令是真正的民族灾难”。从此，全国反英运动也进入了低潮。

甘地并没有因为众人反对而修改自己的斗争原则，1924年2月当选为国大党主席的他继续推行“非暴力不合作”计划。并且不顾党内人士反对，反复和英国当局蹉商，要求给予印度自治领地地位，但是强硬的英国政府对甘地的呼吁根本不予理睬。这时，国大党内以贾瓦哈拉尔·尼赫鲁为代表的激进民族主义者和甘地产生了分歧，提出了印度独立和反对英帝国主义的要求。甘地虽然认为自治尚未达到，独立只是侈谈，但是他无法控制局势，只好推荐贾·尼赫鲁为国大党主席。紧接着贾·尼赫鲁提出了“完全独立”的纲领，并把1930年1月26日定为全国“独立日”，在全国发动了大规模的示威活动。

就在这时，英国殖民当局制定和颁布了食盐专营法，垄断了印度的食盐生产，并凭此垄断地位肆意抬高盐价，这引起了人民的强烈不满。

甘地这时已60多岁，仍然身体力行，反抗食盐专营法。从3月起，他就带领来自全国的78名信徒，从印度北部阿默达巴德修道院出发，步行向南前往古吉拉特海岸。一路上栉风沐雨跋山涉水，甘地却毫不在意，沿途向经过的村庄村民发表演说，宣传自己的思想。24天后，跟随他到达海边的群众已有上千人。

在4月13日，纪念阿姆利则大屠杀牺牲者那一天，甘地一行不经当局许可就用海水熬起盐来。他们引来海水，然后经过蒸煮、分馏、过滤、沉淀，才能生出盐来，这对于因多次绝食斗争而疾病缠身的甘地来讲极不轻松，但他自始至终参加劳动，一直坚持了三个星期。

甘地的“食盐进军”行动，在全印度迅速得到响应，全国各地群众纷纷开始自制食盐，并且掀起了反抗热潮，罢工、罢课，请愿运动一浪高过一浪。殖民当局惊慌失措，马上派兵镇压，甚至逮捕了甘地和国大党其他领导人，并下令取缔国大党。

当全国人民听到甘地被捕的消息，举国沸腾，出现了全国性的革命高潮，竟然有数万名自愿者要求与甘地一同坐牢。不久，各地就爆发了武装起义，有的地方宣布独立，建立了自治政权。

可是甘地这次又怕斗争激化，经过和总督三次会谈，签署了“休战协议”，规定国大党停止不合作运动，政府方面停止镇压。这个协议引起群众对甘地的不满，不少青年手拿黑旗与黑花进行示威，对甘地向英国的屈服表示“哀悼”。

第二次世界大战爆发后，在全国反战运动的影响下，甘地也站到反战一边，但仍然用非暴力不合作的老办法。1940 至 1941 年间，他先后发动了四次反战不合作运动，均遭残酷镇压。到 1941 年 10 月，国大党各级领导人几乎全部被捕入狱。甘地于 1942 年提出英国“退出印度”的口号，要求殖民者交出政权。这一次甘地终于觉醒了。

由于群众革命运动的高涨，英国感到再也无法在印度统治下去，但又不甘心默默退出，于是便玩弄起印巴分治的阴谋，调拨印度教徒和穆斯林教徒之间的矛盾。甘地一向主张印度教徒与伊斯兰教团结，于是 77 岁高龄的甘地在比哈尔进行一日一村的徒步旅行，呼吁教派团结，反对印巴分治。可是他的心血白费了，1947 年 8 月 14 日，巴基斯坦自治领成立。8 月 15 日印度联邦成立，英国达到了其不可告人的目的。

甘地曾说他将因教派冲突而牺牲，1948 年 1 月 30 日，在一次调解教派纷争的活动中，甘地被一极端印度教徒枪杀，享年 78 岁。

甘地一生节俭，遗物总共只有一架木纺车，一双拖鞋，三只小猴雕像，一个痰盂，一只怀表和一个从耶拉伏达监狱带回来的金属洗脚盆。从这遗物我们就能体会到甘地极其朴素的本色和一生艰辛的历程。

甘地的非暴力不合作运动虽然有其一定的落后性，但他一生千辛万苦，不屈不挠，在吸引印度人民参加民族解放运动方面起了巨大的作用。因此，印度人民尊称他为“圣雄”，印度联邦成立后第一届制宪会议就称甘地为“过去 30 年的向导和科学家，印度自由的灯塔”！甚至英国驻印度总督蒙巴顿都称他为“印度自由的建筑师”。

能有如此高之评价，甘地一生无憾！

土耳其国父——凯末尔

现代土耳其的缔造者——加齐·穆斯塔法·凯末尔·阿塔图尔克帕夏于1881年5月19日出生在奥斯曼帝国境内萨洛尼卡城（今属希腊）。他的父亲阿里·李查当过海关职员，又做过木材商和盐商。凯末尔7岁那年丧父，一直跟随他的祖母一起生活。12岁的凯末尔进入萨洛尼卡幼年军事学校，14岁升入玛纳斯提尔军事预备学校，因为他和这里的一个老师穆斯塔法同名，老师为了便于区别，在他名字的后面加上了“凯末尔”（Kemal意思为“完美”，“完善”）。毕业之后，凯末尔到首都进入伊斯坦布尔军官学校，1902年毕业后又继续在参谋学院学习，1905年毕业时，被授予上尉军衔，从此带兵作战，并晋升到校官直至将军、元帅。

凯末尔为了土耳其的新生奋斗了一生。在他生活的时期，土耳其正处于内忧外患时期，已经沦为半殖民地的国家。法国和英国掌握了奥斯曼帝国的经济命脉，德国则控制了帝国的政治和军事。德国里曼将军率领的70名德国军官组成的军事代表团，操纵着土耳其的政府和军队，并于1914年8月迫使土耳其签订《德土军事同盟条约》，把土耳其拖入对协约国的战争，最后土耳其战败。

土耳其战败，标志着50年庞大帝国的崩溃。根据签定的战败和约：土耳其军队立即复员；交出全部军舰；由协约国军队占领黑海海峡各处要塞等等。随后，协约国军队先后侵占了土耳其几乎全部的国土。1919年底，占领军达10万多人，其中英、法军队均在4万以上。1920年8月，英、法、日、意、希腊等国同土耳其苏丹政府在巴黎附近的色佛尔签订和约，共433条，基本精神就是肢解和灭亡土耳其，不仅把土耳其原有属地削减了3/4，而且对本土进行瓜分，仅剩下的安那托利亚高原地区（即小亚细亚半岛）也丧失了政治和经济主权。条约把土耳其推向了亡国的边缘。这时凯末尔承担了拯救土耳其的重担。

在凯末尔的学生时代，由于欧洲列强的入侵，苏丹政府的腐败，民族受压迫，同胞被奴役，这一切凯末尔都看在眼里，他无法忍受，所以他便积极串连校友，出版进步刊物，宣传民主思想。在毕业之后，他被捕入狱，后因没有任何证据，经过长时间的审讯之后把他释放了。出来以后，因在监狱中看到了苏丹反动统治的腐朽，他就在大马士革和一些具有进步思想的青年军官、医生、知识分子中组成了“祖国与自由社”。后来这一组织与青年土耳其党人合并，凯末尔本人也积极地参加了青年土耳其党人在1908年组织的革命，并且在反对封建势力进攻的军事斗争中表现出色。但因凯末尔不同意青年土耳其党人保留帝制主张，所以他受到了排挤。

第一次世界大战爆发后，执政的青年土耳其党人拒不听从凯末尔的正确建议，跟随德国参加了反对协约国的作战。凯末尔在国家的危险之际，毅然担负起了保卫祖国的重担。在这场战争中他成了名将。凯末尔在1915年担任了人数少、装备差的新编19师的师长，他以机动灵活的战略战术，击溃了英国军队从海上和陆上的进攻，打碎了英国通往俄国的企图，保住了伊斯坦布尔的安全。这场战争使凯末尔名声大振，为此他获得了“伊斯坦布尔救星”和帕夏的称号，并且被晋升为军长。

一战之后，按照停战协议，土耳其要交出它的军队。而在叙利亚前线的凯末尔，拒绝交出军队。但是从伊斯坦布尔传来了不许抵抗的命令。凯末尔愤然辞职，回到伊斯坦布尔之后向苏丹表示，只要成立由凯末尔自己担任军事大臣的强硬政府，就能够把侵略军赶出土耳其，并拯救土耳其。但是，苏丹拒绝了他的要求，他对买办阶级封建势力组成的政府完全失望了，他决定前往爱国力量集中和民族运动高涨的安那托利亚。

安那托利亚在第一次世界大战中是土耳其民族资本主义快速发展的地方，这里新兴了许多的中小型企业，资产阶级逐渐成为一股新兴的政治力量，战败后签订的和约使他们失去既得利益，所以安那托利亚成为土耳其民主主义的发源地，民主主义蓬勃发展。

凯末尔在萨姆拉就任第九军团检阅使。安那托利亚的人民给了凯末尔战胜敌人的信心和决心。1919年，在锡瓦斯召开安那托利亚和罗姆里护权协会代表大会，成立了全国性的代表大会，凯末尔当选为领导机构代表委员会的主席。大会坚决要求外国占领军撤退和恢复土耳其民族主权。有土耳其独立宣言之称的《国民公约》也在这次大会的基础上形成。他还成立了土耳其国民革命军，为进行反对帝国主义侵略和国内反动势力准备了力量。凯末尔在大会上大声疾呼，要土耳其人民为了民族的独立而奋斗，并提出了“不独立，毋宁死”的口号。从此，土耳其人民在凯末尔的领导之下为民族的独立展开了艰苦的奋斗。

1920年开始，希腊在英国的支持下向土耳其进军，进入到安那托利亚的腹地。凯末尔利用这一时机，开始组建土耳其国民军。他号召复员的军人起来为祖国的生存而战，以复员军人为主建立起国民军的骨干，凯末尔还注意和农民武装建立联系。在凯末尔为民族独立的强大号召力之下，许多官兵脱离旧政权参加国民军，各地的农民游击队和自卫军也先后加入了国民军。

1921 年初，15000 人的国民军，在伊诺努战役中，面对四倍于自己的敌军顽强斗争，打败了希腊入侵军。到 8 月份，凯末尔亲自指挥 5 万国民军，同 10 万希腊军在距安卡拉 40 公里的萨卡里亚河岸进行了一场大会战。凯末尔提出了一切为了前线的号召，动员全体军人不惜一切，英勇抗敌。所有男子都上了前线，运输弹药的任务就几乎全交给了妇女。她们冒着枪林弹雨，将一发发炮弹送入战壕。成千上万土耳其儿女的血汗遍洒了萨里卡亚河畔。凯末尔后来回忆这次战争时说："阵地的防线是没有的，有的是肉体的防线。这肉体的防线是由全体人民组成的。人民的每一寸领土，都是用人民的鲜血换来的。"在凯末尔亲自指挥下，经过 22 昼夜的血战，击溃了进犯的希腊军，取得了民族解放战争的决定性胜利。凯末尔因这次胜利被大国民议会授予"加齐"（胜利者）的称号，并晋升为土耳其国家元帅。

1924 年 8 月 26 日，经过充分的准备之后，土耳其国民军开始反攻。两周之内把英国支持的希腊军全部赶出了安那托利亚，收复了伊兹密尔，俘虏了希腊军的总司令库皮奇将军，迫使苏丹逃亡国外。1923 年，英、法、意、希等协约国成员同土耳其在瑞士洛桑签定了《洛桑条约》，废除了治外法权，确认了土耳其领土和主权的完整。

1923 年 10 月，土耳其国民军进军伊斯坦布尔，实现了全国统一，并且召开大国民议会，宣告土耳其共和国成立，通过宪法，定都安卡拉，凯末尔当选为第一任总统。1924 年 3 月 3 日，神职哈里发被废除。1928 年 4 月 10 日，宪法删除了"伊斯兰教为国教"的条文。土耳其至此完全成为世俗的共和国。

在土耳其共和国成立之后，凯末尔在政治经济、文化教育等各个方面进行改革，他努力使土耳其成为资产阶级共和国，并且使土耳其世俗化，反对伊斯兰教神权势力对社会政治文化生活的控制和束缚等等，这一切后来被人民称为凯末尔主义。凯末尔主义说来就是建立资产阶级共和国，对外反对帝国主义，对内反对封建主义专制的土耳其民族资产阶级的思想体系。凯末尔的改革使土耳其获得了新生，并且致力于建设富强的新土耳其。

世界上下五千年
shijie shangxia wuqiannian

科学前沿

被埋没了35年的遗传学家

20世纪的第一个年头，一项在生物学界足以引起不小震动的理论就要诞生了。

这项成果是有关研究遗传规律的。

有三位不同国籍、从不同角度、用不同方法进行研究的科学家，用不同的材料得到了这个定律。他们是荷兰的德佛里斯，用月见草和罂粟研究，在阿姆斯特丹得出；奥地利的切尔马克，通过豌豆实验，在比利时根特得出；德国的柯伦斯，通过玉米实验，在耻纳得出。

然而，一件意想不到的事情发生了。

就当这三位中的一位像往常一样走进图书馆，平静地坐下来开始查阅资料时，他抑制不住内心的喜悦，因为自己的研究将会带来又一次飞跃，他决定查阅一下资料，以确定一下自己成果的意义。由于资料太多，平时忙于做实验，有些不著名的文章都没有来得及看。

于是他认真地翻阅资料，这次他有意地向前翻，来到一架较旧的书桌旁，那里都是过去的资料了。书堆满了尘土，已经有很多年、很长时间没有人动过了。他按索引看着文献的名字，寻找自己需要的，果然找到了几篇，于是翻开看了看，这仍和往常一样，没有达到他的论述水平，于是心里更加高兴了。

渐渐地快找完了，缓口气接着查检，“这是一项划时代意义的工作啊!”他这样对自己说。到了最后，一篇《植物杂交》论文题目跃入眼帘。他漫不经心地瞟了一眼：植物杂交？跟我做的是一种工作，估计和那些差不多，让我随便翻一翻吧。

随手一翻，他忽然被一些词语吸引了：这好熟悉，噢！这是我的论文用词！此时，这位年轻的学者不那么悠闲了，他急匆匆地阅读下去。

这一下，如同冷水浇身!

他翻查了发表日期：1866年。也就是说，30多年前，有人已发表了论文，他没有见到过这篇论文，可是论文中已经做出了他将要发表的结论！这个打击太大了，辛辛苦苦的发现却是一场白忙活，对一个科研人来说，这会使他异常沮丧和悲哀!

最后的结果是，三个兴冲冲的科学家全都得知了这一消息，他们全都被这不愿意相信而又不得不相信的消息打击得失望之极。

三人仔细查阅资料，得知这篇被人忽略了35年的论文是神父孟德尔所写。德佛里斯想隐瞒孟德尔论文以保持自己成果的优先权，柯伦斯和切尔马克则一致推崇孟德尔，认为自己的工作不过是对孟德尔定律的证实并在某些方面还不及孟德尔。

柯伦斯和切尔马克尊重他人成果，这种高尚的品质打动了德佛里斯，最终也使“孟德尔定律”获得人们的承认。

孟德尔生于一个贫苦农民的家里，出生地是奥地利海钦多夫西列西亚村（现属捷克，叫海因塞斯）。他是家中5个孩子中唯一的男孩。

孟德尔很有才智，然而由于家境原因，使他没能接受更进一步的教育。1840年中学毕业后，孟德尔进大学攻读哲学，然而被迫中途辍学。他的妹妹为了让他上学，把自己的嫁妆费拿出来供他使用。就这样，孟德尔坚持上了前两年。

1843年10月，孟德尔的父亲积劳成疾，丧失了劳动能力。而孟德尔的身体也是每况愈下，在物理教师弗朗茨的建议下，孟德尔换了个名字叫“格雷戈尔”，进了修道院做一名修道士。

1851年，他被修道院选派进维也纳大学学习自然科学，于是他得以学习到数学、物理、化学、动物、植物以及昆虫学等科学知识，并且认识了几位著名科学家，还发表了关于生物学的论文。1853年，孟德尔成为一名神父。

在修道院，农业种植是一项重要的经济收入，而修道院似乎是“摩拉维亚”文化和科学研究的中心。修道院里的许多成员，不是布尔诺哲学学院的老师就是大学预科学校的老师，他们之中有人在修道院呆了几年之后进入大学做教授去了。

孟德尔在这个环境下，开始研究植物的杂交试验，并且于1854年5月成为中学的博物学老师，直至1868年被选为修道院院长。

1856至1863年，在长达8年的时间里，孟德尔做了豌豆试验。

他发现，矮株结的种子再种植，就只能生出矮株，所以孟德尔认定矮株豌豆是纯种。高株豌豆则情况明显不同，约有1/3的高株是代代均高，而还有2/3的高株种子长成矮株。

孟德尔想到用纯种高株和纯种的矮株杂交。他得到的第一代全是高株，而第二代却有1/4的纯矮种、1/4的纯高种、2/4的非纯种。

孟德尔还考察了花的颜色。他终于得出了显性与隐性的3∶1的事实，然而这事实背后是什么呢?

孟德尔提出了关于生物遗传的假说：生物性状是由遗传因子决定的，遗传因子是颗粒式遗传。植物种子内稳定的遗传因子，控制着物种的性状。每一种性状由父本和母本的一对遗传因子控制，但只有一方表现出来，而另一方并不表现出来，然而在下一代，不表现出来的一方会以1/4的数量比表现。

孟德尔连续提出两大遗传定律，1865年2月8日和3月8日，孟德尔在布隆自然科学会上宣读，后来又出版单行本，被欧洲100多个图书馆收藏。奇怪的是，竟然没有人对这篇论文产生注意，也许是作者太不出名，又是一个业余研究者之故吧。

1868年后，孟德尔没有时间研究了。1884年1月6日，这位现代遗传学之父，患了肾病而与世长辞。他生前是人们尊敬和爱戴的神父，而他遗憾而又坚定地说："我相信，人们承认我的时代很快会到来的。"他的预言实现了，他不仅是一位令人尊敬的慈蔼的神父，更是一位真正的科学家。

孟德尔的工作，正好是达尔文进化学说关于遗传学方面的有效证据。可惜的是，孟德尔读过《物种起源》，但是他没能认识到这一点，而达尔文竟然一直没有看到孟德尔的论文，就这样过去了36年。

孟德尔默默无闻地种来种去，人们对神父古怪的行径颇感有趣。实际上，孟德尔成功之处就在于他选择了种豌豆。

豌豆是白花传粉的植物，用它做试验可以尽可能地去除外来因素的干扰，从而使性状十分明显。而孟德尔采取的是当时非主流的实验方法，没有从传统的培根方法出发，而是走了统计和归纳的道路，这和实证是不同的。

孟德尔在别的科学家把整个物种的全部性状均作为一个单位来研究的时候，独辟蹊径地采用纯种系进行工作，研究那些分离的单一性状，从而使数据可靠明了，简单而有效。

如此一来，孟德尔定律第一次结束了两千年来生物遗传的各种假说，揭示了真正的奥秘，人们称他为"植物学上的拉瓦锡"，把遗传定律与道尔顿原子论、普朗克量子论并提，以表示对这项重大意义之成果的追认。

基因与遗传工程是现代化的一个伟大时代，沿着孟德尔的道路，人们突飞猛进。

紫外线灾难

“普朗克是一位保守的物理学家”，人们常常可以这样评价。

正是这样一个保守的物理学家，是 20 世纪杰出的自然学者之一。如果以重要性而论的话，继伽利略与牛顿、爱因斯坦之后，开启物理学新时代的正是普朗克。

在 18 世纪末，很多科学家没有意识到原子的存在。到了 19 世纪中期，人们得到了原子的重量，但是无法对原子观测。

还有一个实际困难，即如果原子组成物体，那么无限细分物体的观念就要受到限制，而原子的自由度也要受限制，不然就会出现即使是寻常的温度升高也需要无限大的能量。为了解决这样的问题，很多理论在经典力学与电磁理论下谨慎地说明了一些现象，没有脱离人们的传统认识。

然而，有一个问题却久久地困扰着人们。

这不是一个原子问题，而是一个古典的热力学难题——黑体辐射。

1893 年，威廉·维恩提出一个数学公式。这种公式在光谱的短波部分使测定值与计算值完全相一致，然而用在中波和长波部分却无效。

1900 年，英国物理学家为长波找到了一个规律。瑞利根据经典统计力学和电磁理论，推导出黑体辐射的能量分布公式，这个数学式子适用于长波，在短波部分却是无穷值，可相反的是，实验结果是零。

这个反差强烈的严重问题，被称为“紫外灾难”，因为紫外线是长波、中波与短波的分界波。

所谓黑体辐射，就是热学中一种对加热物的辐射研究。这种辐射具有较长的红外线到可见光在内的很宽的波长范围，是许多物理学家感兴趣的地方。

人们提出一系列问题：辐射的能量与温度相关吗？辐射是平均分布在整个波谱范围内的吗？波谱的某些部分能量是否有多少的区别呢？

经过精密的测量，科学家发现，在波谱的一条窄带上辐射能量达到了最高值。人们用曲线描述辐射与波长的关系，精确的图形得出之后，就是为图形找到合适的数学描述了。上面两个数学公式就是想表达曲线的走向，然而全部能量分布的表达方式却始终找不到。

于是，普朗克开始着手研究这个问题。

1900 年，马克斯·普朗克用拼凑的方法，得出一个适用于长波和短波的公式。但是他仍没有弄清这样做的理论原理。他说：“它开始时只有一个意义，即可能是被猜对了的一个定律，我后面的工作就是找出真正的物理意义。”

普朗克假定物体的辐射不是连续变化，而是整数倍跳跃变化，要是这个前提满足了，则一切问题就可以迎刃而解了。

他先引入一个不变数，就是普朗克常数。能量是一份一份以能量包的形式传递的，普朗克常数是能量和时间的乘积。加热体的辐射始终只能以这一常数的整数倍进行。

能量的传输是一份一份的，不是平稳和连续的，这一份普朗克命名为 guanta，出自拉丁词 guantum，意为“量”。

量子理论的基本思想就是这么简洁。能量是以各含“多少”能量的粒子或粒子束的形式来传导。用一个通俗生动的比喻，即能量不是水管里流出来的持续水流，而是从机关枪里射出的子弹，每一个子弹里包含若干小粒。

1900 年 12 月 14 日，普朗克向柏林物理学会阐明了辐射公式，量子论正式诞生。仍然如原来提出的原子学说一样，普朗克将最小的不可分的能量块称为“量子”，也就是“能量子”。多少年来，在经典物理学的观念里“自然界是不会跳跃”的，自然现象是连续的。这是力学、热学和电磁场等都证实了的基本规律，微积分正是基于这种连续性思想的数学方法。

1918 年，普朗克获得了诺贝尔物理学奖，他在领奖大会上谈到：“如果作用量子仅仅是个虚构的量，那么辐射定律的全部推论在原则上也就是幻觉，仅仅是毫无内容的公式游戏。与此相反，假若辐射定律的推导是建立在真实的物理思想基础上的，那么作用量子必然要在物理学中起重大作用。作用量子的出现宣告了前所未闻的崭新事物，自从莱布尼茨和牛顿创立微积分以来，我们的物理思考便建立在一切因果关系都是连续的假设上，看来新事物要彻底改造我们的物理思考了。”

尽管实验证明了普朗克理论的很多预言，但是这个奇特的思想仍然得不到公认。因为普朗克对于给定颜色的光波，是用每秒钟的振动次数（频率）乘以普朗克常数来计算能量的，人们认为他“用一个不可理解的假设——光波由振动产生，‘解释’了一个无法理解的现象。”

量子假说与人们几百年来的观念不符，连普朗克本人也在一片反对声中没敢向前走，甚至放弃了继续深入运用量子理论。

他曾经致力于将量子（作用量子）纳入古典物理学范围，但是毫无成效。

普朗克后来回忆说：“我想以某种方式把作用量子纳入古典理论的徒劳工作占去了好几年时间，耗费了我许多劳动。某些专业同行把它当作一种悲剧。我对此持不同意见，因为我认为通过这类彻底澄清而得到的收获是更为宝贵的。现在我了解到作用量子在物理学中所起的作用比我原先所设想的要大得多，从而充分理解到在处理原子问题时采用全新的观察和计算方法的必要性。”

爱因斯坦在 1905 年的论文中就有一篇是以普朗克的理论为基础的。后来沿着他们的思路和角度，出现的是量子力学一个又一个辉煌的名字：波尔、德布罗意、海森堡、薛定谔、狄拉克。

尽管作为先驱者的普朗克由于动摇而没能用充足时间深入研究，而爱因斯坦坚持自己的理念最终远离了热闹的量子力学，甚至成为量子力学的反对者，但是从相对论到量子力学一个又一个的观念被打破，一个又一个的迷惑随解随生，量子论也日益呈现了巨大的理论价值和谜趣。

放射性的发现

在伦琴进行初期试验时，X 射线是从阴极射线管的荧光闪闪的玻璃管里放射出来的。在物理学上，伦琴射线和荧光之间的关系究竟是什么？如果发出荧光的物质在碰到光时或碰到光以后怎样？

1896 年 1 月，法国物理学家亨利·贝克雷尔在得知伦琴的研究成果后提出了这一问题。贝克雷尔和他的父亲长期以来一直在研究某些在遇到光时能自己发荧光或是在光照射以后可以较长时间继续发光的物质。

贝克雷尔从伦琴射线可以使照相底片曝光这个现象出发开始研究。他把实验室里的许多能发出荧光和磷光的物质收集在一起，把它们放在一块四周不透光的照相板上，接着放在阳光下晒，如果试验材料中出现 X 射线，那么它们一定能使照相底板变黑，从而可以断定它的存在。

实验结果是大多数胶片底片没有被曝光，只有那些上面放着铀化合物的底板上才有些发黑，这下引起了实验者的注意，因为这个现象好像比贝克雷尔想象得更复杂。最让人注意的是，铀化合物在没有阳光照射的情况下仍然能够辐射。

一个偶然的机会使得研究更加深入。贝克雷尔把观点集中在与阳光的关系上，便恰恰赶上连绵阴雨，不见一丝阳光，于是他感到十分烦闷，便随手把感光板扔到一边，和铀化合物放在了一起。过了几天，天气晴朗，贝克雷尔冲洗了底片。意想不到的结果出现了，和铀化合物在黑暗处放了几天的底片曝光的程度十分严重。这使得贝克雷继续研究，寻找辐射源。

他用黑暗中的化合物——某些铀盐作材料，研究了那些没有注意的铀化合物，冲洗了数百张底片。最后发现，铀和铀化合物有一种性质，能始终发出一种不可见的、在各个方面同伦琴射线相似的射线，它能透过近似真空的空间，使空气导电。并且，铀材料的辐射强度几乎不见变弱。他提出了“贝克雷尔”辐射现象，这种辐射是从原子本身发出的，不受外界条件的影响。但是铀盐放射性的光线没有像“X”射线那样产生轰动现象，因为得到铀盐很不容易，而铀盐的放射性没有直接利用的价值。

待到一位世界著名的女科学家出现，放射性的研究达到了世界高度。“放射性”这个词是这位女科学家首先提出的，她就是玛丽·斯克罗多夫斯卡，大家熟悉的名字是居里夫人。

1867 年 11 月 7 日，玛丽生于波兰华沙。这位波兰血统的姑娘父母都是教师。1891 年，她进入巴黎索邦大学攻读物理，而与著名的法国实验物理学家皮埃尔·居里相识。1895 年他们组成幸福和谐的家庭，成为全世界最有名的科学家夫妇。

玛丽·居里在贝克雷尔的基础上研究。她为了寻找辐射，对所有的元素逐一检验。后来她找到了一种叫钍的元素，具有放射性。而在大量的深入分析中，她还发现了更强的放射性，于是居里夫人开始寻找这种物质。皮埃尔本来继续研究自己的专业——晶体物理，这时也来帮助居里夫人共同提纯物质，研究放射性。

他们已经充分地估计过，可有在 1% 的沥青铀矿中有 1% 的这种新元素，而没有料到，从此以后他们走上了一条艰辛的道路，因为这种新元素其实连十万分之一都不到。

居里夫妇利用不满一杯的沥青铀矿，进行细致的分离和提纯化验。

他们先把含铀的沥青矿物质研碎，弄成粉末状，然后放入酸中溶解，接下来就是反复蒸煮的过程。要凝固和淀析，把酸性溶液分解成不同成分。他们先除掉一切含铀物质，接着分离并剔除所有已知的元素，每进行一道工序，都要检查一下剩余物质，看看是不是把放射性物质剔出去了。

经过繁忙劳累的工作，从1898年4月份开始的工作持续了近百天才有了眉目。6月份或7月份时，居里夫妇得到了微小的细细的黑色粉末。这种粉末的放射性是铀的150倍。

他们再次提炼去渣，放射性更加强烈了，“几个月后，我们成功地从沥青铀矿中提炼了一种铋的伴生物质，这一种物质要比铀的放射性大很多倍，并具备十分典型的化学性。1898年7月，我们宣布发现了这一物质。为了纪念我的祖国，我把它称之为“钋”。这是居里夫人所宣布的。她是波兰人，“钋”的原文第一个音节与“波兰”的发音开始是一样的。

然而，当数月后居里夫妇把钋从粉末中分离出来时，剩余的粉末仍然是有放射性的。他们很快就意识到了：沥青铀矿中所含的未知而具有放射性的元素不是一种，至少是两种！

这种物质的含量比钋要稀少得多，但放射性竟然能达到钋的600倍！夫妇二人继续从事艰苦的工作，他们这次用了好几个月，每天工作到凌晨，然后是教书理家。

最初他们连做实验用的矿物都没有，后来皮埃尔·居里把一车皮沥青铀矿的废料买下来，才算有了原料。1899年，一吨又一吨装满矿渣的大麻包从捷克斯洛伐克运到他们的实验室，里面有碎石块、泥土、树叶及大量杂物。

他们在上课的学院院子里找了一间仓库，简陋的实验室就在这里建成了。这是一间大木棚，几吨的沥青就堆在这里。同事们都说这间实验室像马厩，还像马铃薯窖。

居里夫妇在如此简陋的条件下，开始从成吨的沥青中寻找放射性元素，伟大的世界发现就是他们用铁棒搅出来的。这是十分艰苦的工作，他们用几个大铁槽先把沥青铀矿渣煮开，然后用酸加以处理和蒸发，接连无数个小时是用铁棍搅拌。

居里夫人说：“我每次都要用到多达20公斤的矿石。棚子里到处是盛满溶液和沉淀物的大罐子，工作时，既要搬容器，又要倒溶液，还要一连几小时地搅拌溶炼池中滚烫的溶液，简直把人累得死去活来。”

科学家不是都用精巧的溶液器皿和玻璃棒工作的，由于他们十分贫穷，一切都是自己完成。这还不算什么，当时人们并未意识到放射性物质的可怕。他们每天受到放射性物质的辐射，常常感到头晕、恶心和指尖破裂。但奋不顾身的居里夫妇什么也不顾，持续工作，从提炼到分析测量，他们整整受了3年的辐射，终于获得了巨大的成功。

当他们做实验时，一开始有很多人对他们的猜测抱怀疑态度。甚至有人说，不要找什么镭了，镭只不过是野心勃勃的居里夫人从脑子里幻想出来的。

事实上，被提炼的物质显出一种纯化学特体所具有的各种特性的时刻终于到来了。这种物体，即镭，开辟了一个特殊领域。“我能确定它的原子量比钡的原子量大得多。我于1902年完成了这项工作。当时，我有10克纯氯化镭，我花了四年时间按化学的要求证明镭确实是一种新元素。”

这是居里夫人对物理学界讲的话，她不无遗憾地说：“如果我当时能得到一笔钱，那么一年时间也就足够了。”但是一开始没有人看到利益，而国家大部分钱用来扩充军费，忙着战争侵略，致使一项真正的科学研究被冷落。

镭的发现使这对夫妇名扬四海，一举震惊世界科学界。1903年，44岁的皮埃尔与36岁的玛丽接到瑞典科学院的邀请，他们获得了诺贝尔物理学奖。贝克雷尔·居里夫妇分获了巨额奖金，居里夫妇终于得到了一大笔资金。

但是居里夫妇病情十分严重，他们都不能亲自去领奖了。人们把居里夫妇的工作与生活当成传奇来讲述，他们之间的深情厚意也为人们所赞扬。然而他们一如既往地谦虚沉默和平凡。有同事去居里的家，带去的孩子摸起居里夫人的金质诺贝尔奖章玩要，同事十分惊恐，连忙从孩子手中夺回，居里夫人却淡淡地说：“这不过是一个玩具，让孩子高兴就好了。”

1903年6月，居里夫人被授予名誉博士，后来被聘担任教职。1905年，皮埃尔成为院士。

幸福的生活没有多久，惨剧发生了。1906年4月19日，皮埃尔在巴黎街头过马路时，天黑路滑，不幸被一辆货车撞伤，立即身亡。

在皮埃尔死前，他们还没有实现建立一个大实验室的愿望。

玛丽·居里接替了丈夫在巴黎大学的物理学教授职务，完成他们未竟的事业。在巴黎，这是第一位女大学教授，这是一项殊荣。在悲痛之下，玛丽·居里没有消沉，在困难面前，她也决不低头。

1911 年，居里夫人再次获得诺贝尔奖，全球最高的自然科学奖两次授予这位品质崇高、业绩辉煌的女性，一次是物理，一次是化学。

1934 年，居里夫人的女儿伊琳及其丈夫德里克·约里奥在巴黎科学院作了放射性研究的报告。1935 年，这对年轻的物理学家同他们的长辈一样，获得了诺贝尔奖金。

此时，玛丽·斯克罗多夫斯卡——居里夫人，已经先于喜悦到来之前故去了。1934 年 7 月，居里夫人由于贫血病恶化而告别人世。他们夫妇为了科学研究而献出了自己的生命。

第一次世界大战期间，镭和 X 射线在治疗和诊断方面得到了广泛应用。

镭射线是铀放射性的 200 万倍，它的医疗效果是：引起生理变化。烧灼皮肤，摧毁细胞，从而对带病细胞具有强大的杀伤力，因此是治疗癌症的化疗方法。

还在皮埃尔·居里同医务人员进行动物试验时，人们对镭的效应已经议论纷纷了。很多公司这时发现了利益，纷纷向居里夫人购买技术，申请专利。

居里夫妇没有同意，他们把技术无偿地公开，以使人类获得广泛的幸福。

居里夫人去世后，与皮埃尔安葬在一起。他们在巴黎郊外的斯克克斯长眠。居里夫人一生质朴，她拥有的纯镭价值连城，而她把镭无偿地留给了人类。

光电效应

普朗克的量子假说提出后，第一个认真考虑他的观点的是阿尔伯特·爱因斯坦。

普朗克的假设违反“连续性”的经典物理，并且以“假设光波振动的解释”解释不连贯的量子能量传递，使多数科学家不能接受。

以上问题在爱因斯坦解决“光电效应”问题之后，变得明晰起来。而爱因斯坦也因此获得1922年诺贝尔物理学奖。

光电效应是在光的照射下金属表面发射电子的现象。

1887年，威廉·哈尔瓦克斯发现了一种现象，用紫外线照射带负电压的验电器金属板，验电器就放电，光线由金属“打出”电子，现在的光电管原理就在于此。

继1887之后，俄国学者斯托列托夫等人也做了多次同类型的实验，确证了这个事实，并证明被光照过的金属板带的是正电。

人们开始定量地研究这种现象并测试“光电子”所带能量。结果发生矛盾。根据经典物理学定律，光电子的能量会随光度增加而逐渐增加，但实验中发现，光的强度虽然增加了，光电子的数量增加了，但能量却没有变化。令人们百思不得其解的是，光电子的能量和照射光的频率有关。照射光的频率越高，光电子能量越大。这就是爱因斯坦的观点所在。

1905年，爱因斯坦发表了3篇论文。其中一篇《关于光的产生和转化的一个启发性观点》的论文认为，在1899—1902年之间，德国学者赫兹的助手勒纳德提出，光电效应中经典波动理论无法解释的三点是光的微粒性质的实验证据。

勒纳德提出：其一，每一种金属表面都存在一个特征截止频率，频率再小，不管光强多大，都不能发生光电效应。其二，射出的光电子动能只同入射光频率有关，同光强无关。其三，只要入射光频率超过截止的那个频率，无论怎样强弱，都会立即引发光电效应。

在论文中，爱因斯坦把普朗克的量子说和光的微粒观点相结合，提出光量子假说。光是由光子也是能束和能粒子所组成。牛顿曾经想到过的粒子观点被波说取代后，在爱因斯坦这里吸收了他的有益思考。

爱因斯坦认为，一束单色光，是一束以光速运动的粒子流，这些粒子称为光量子，也就是光子。每个光子都有一定的能量，这个以通过频率计算，用普朗克常数与频率相乘，可得出每个光子的能量。

一束光的能量就是发射出的光子能量之总和，一定频率的光，光子的数目越多，光的强度就越大。

光电子能量和入射光频率之间的关系对古典经典物理学而言，是无法解释的。频率和能量的紧密关系要求人们利用普朗克常数。

爱因斯坦正是在普朗克的基础上而比普朗克更革命。爱因斯坦考虑了途中发生的事情，也就是说量子是否按波的形式传播或是一成不变。爱因斯坦假设能量按一个量子传播，光辐射也是由微粒子，即一种“能量小包”组成的。这些微粒子以光速飞越空间，粒子能量是由频率和作用量子的乘积得出，意味着频率对光电子的影响。

光电效应是由于金属中的自由电子吸收了光子能量从金属中溢出而发生的。电子吸收一个光子便获得了一份能量，这能量一部分被消耗，因为电子从金属表面溢出要做功，一部分就是电子逃离时的动能。

h 为普朗克常数，电子从金属表面溢出所做的功为 A，速度为 v，则有：

hv = A + 1/2mv2，这就是爱因斯坦方程。

爱因斯坦的光量子理论，虽然能正确地解释光电效应，但仍然没能广泛承认，就连普朗克这位最早提出量子论的人，也认为爱因斯坦的理论“太过份”了。

原因就在于我们前面所说的“途中”。普朗克只认为电磁波在发射和吸收能量时是一份一份的，而爱因斯坦认为在传播过程中也具有这样的性质。

爱因斯坦理论的提出，使人们对光本质的认识前进了一大步。他重新引入微粒观，又肯定了波动的意义。主要是由于爱因斯坦的工作，使得光的波粒二象性确立，即光有时表现有波动性，有时表现为粒子性。

实验中的“斯托克斯定律”是爱因斯坦理论的证明。斯托克斯定律是：如果光碰上一块发荧光的平面，那么荧光的频率几乎总是比较低的，决不会高过引发辐射的频率。如果用波动理论，则无法解释，在光量子的假说中，通过爱因斯坦方程可以看到，打在屏幕上的量子放出一部分能量，因此被反射的量子能量较小，频率也较小。

另外，照相底板受到光照时，即使光线强度极弱，感光层的某些小颗粒也会起变化，而感光层的其他部分则依旧如故。这证明是光量子命中的部分引起变化。

美国物理学家密立根，他激烈地反对光量子理论，花了 10 年时间，企图用实验来否定爱因斯坦。为了研究爱因斯坦方程，他把频率已知的单色光落到一块板上，然后尽量准确地测出放出的光电子能量。他用这种方法得出的普朗克常数与普朗克公式的常数完全一致。

根据这种实验，光既有波的性质，又有粒子的性质，爱因斯坦的关于光是粒子组成的理论，没有让现代科学家放弃光的波动，而是有机统一且辩证地结合起来，即光的波粒二象征得到确立。

时空与质能

1879年，犹太血统的爱因斯坦出生了。那天是3月14日，很平常的一天，在德国南部的小城乌尔姆。

和牛顿一样，爱因斯坦也没有表现出什么超群的地方，到了几岁时还不大会说话。爱因斯坦数学很好，但是语言学得不好，尤其是古文更糟。有趣的是，老师劝他："阿尔伯特，你还是退学吧。"就这样，人类历史上最伟大的天才中途退学了。

爱因斯坦的父亲数学才能很好，因为家境贫寒而失学，爱因斯坦的母亲有着很优秀的音乐能力，这些在爱因斯坦的身上都表现出来了。

不过现在也有人说，音乐和数学好也是说明与众不同，爱因斯坦也是"神童"。不错，无论怎样，爱因斯坦是一个有特点的孩子，一直到少年、青年、老年，爱因斯坦始终有他独特的个性和见解。

后来，16岁的爱因斯坦考大学，但是没考上，原因是那些需要记忆的课程他搞得一塌糊涂。1896年1月28日，爱因斯坦厌倦了从小受到的死板的军国主义和神学束缚，宣布成为一名无国籍者，就在这一年，爱因斯坦考进了联邦工业大学。

早在1895年，爱因斯坦就写出了《关于磁场的以太研究》。大学毕业之前，爱因斯坦确定了理论物理的研究兴趣。

爱因斯坦在26岁以前没有进入专业物理学科学习，他的所有物理知识都是自学的。在学校里，爱因斯坦结识了好朋友——格罗斯曼。

大学毕业之后，我们的人类最伟大的天才失业了。他本想在母校找个教书的工作，但是他没能得到自己那些老师的赏识，因为他大部分课都缺席，而是经常独自研究物理。顺便说一下，他的其他学科后来证明不是差劲，相反带有天才的禀赋。在大学里，爱因斯坦主要依靠格罗斯曼的笔记才得以及格。

在失业的岁月里，爱因斯坦帮别人承担演算任务、抄写、家教，在中专代课达一年左右。但即使是这样仅能糊口的岁月，爱因斯坦仍然写出了一篇论文《由毛细管现象所得的推论》，发表在 1901 年的莱比锡《物理学杂志》上，这是爱因斯坦的第一篇学术论文。

1902 年，爱因斯坦终于找到了一份稳定的工作，这都要归功于朋友格罗斯曼的帮助。格罗斯曼的父亲有一位朋友是伯尔尼专利局的局长，就这样，爱因斯坦有了得到工作的机会。爱因斯坦这样说："马尔塞尔·格罗斯曼作为我的朋友给我的最大帮助就是这样一件事：在我毕业后大约一年左右，他通过他的父亲把我介绍给瑞士专利局局长费里德里希·哈勒，经过一次详尽的口试之后，哈勒先生把我安置在那儿了。这样，在我最富于创造性活动的 1902—1909 这几年中，我就不用为生活而操心了。"

从此以后，爱因斯坦有了一份稳定的工作，担任一个普通的三级技术员，而在此之前，1901 年 2 月爱因斯坦取得了瑞士国籍。

爱因斯坦于 1903 年 1 月结婚。米列娃·玛丽琦成为爱因斯坦的妻子，她也十分喜爱物理学，是爱因斯坦的大学同学。

就是在基本全是自学、毫无正规训练的业余研究下，一个普通的伯尔尼专利局的技术工人在 1905 年发表了 5 篇论文，这其中的 3 篇是划时代的成就，提出的深刻思想改变了人类的科学命运。

爱因斯坦那年 26 岁。

5 篇论文分别是：《关于光的产生和转化的一个启发性观点》、《分子体积的新测定方法》、《论动体的电动力学》、《动体的惯性同它的能量有关吗?》、《布朗运动的一些检视》。

其中在相对论、光电效应、布朗运动领域的 3 篇论文任何一篇都足以获得诺贝尔奖。

《论动体的电动力学》是著名的"狭义相对论"。1907 年，朋友们建议爱因斯坦依靠论文谋得编外讲师的职位，但是没有人能够理解。

在德国，普朗克十分重视爱因斯坦的工作，称他是"新时代的哥白尼"，这两位对早期量子发展作出巨大贡献而又都走入另一方向的伟大科学家可谓"心有灵犀"。

相对论认为运动的钟会变慢，这是天才而又超前的思想领域内的大革命，已经超出了物理学意义，影响到人类哲学的广阔范畴。

普朗克委托一名学生到伯尔尼寻找爱因斯坦，但是学生直奔伯尔尼大学，打听一位叫爱因斯坦的教授，谁能知道，普朗克称赞的举足轻重的人物竟然是一个发明专利局的“外行”工人！

在德国，爱因斯坦被大家越来越重视，但在瑞士他还不被人理解。于是，有三位世界著名的科学家联合签名，写了一封推荐信，就这样，爱因斯坦先担任了编外讲师，不久任副教授。1911 年，任苏黎士联邦工业大学理论物理学教授。到 1914 年前，他先后在布拉格大学、苏黎士大学、柏林大学等任教。这期间，爱因斯坦开始享有世界声誉，各大学术团体纷纷给他最高荣誉奖励。

此时，爱因斯坦在能量与质量上认为：

物质和能量是同一现象的两个不同侧面，两者可以互相转变。为了说明这种转变发生时会出现什么情况，爱因斯坦写出了著名的质能方程：$E = mc^2$。原子能的利用就是以此为根据的。

狭义相对论更是举座皆惊：

宇宙中不可能探测到任何绝对的运动，因为一切运动都是相对的，它取决于观察者的位置。

1915 年到 1916 年，革命性的广义相对论提出了。“世界上只有十个人能够懂得爱因斯坦。”这成了科学界的名言。

狭义相对论只适合匀速直线运动，无法处理“双生子佯谬”说。双生子佯谬是说同年同月同时的兄弟，哥哥坐宇宙飞船旅行，飞船以光速飞行，根据相对论效应，飞船上的钟会慢下来，当地球上过去几十年后，哥哥回来，在他的概念里才不过是几天。

到底二人的时间怎么算呢？

这涉及到变速问题，狭义相对论对这个问题的解决是无法尽善尽美的。

到了广义相对论阶段，爱因斯坦已经突破物理学，成为大思想家，他是以智者的身份对人类发言的。

这个理论以一切运动都是相对的这样一个假设作为基础。例如，从地球上的一个观察者看来，我们这个行星似乎是静止不动的，而火星这个行星则在运动。相反，一个在火星上的观察者则会认为，地球在运动，而火星却是静止不动的。所以，参照系很重要。在这个不断变化的宇宙中，有一个量恒定，即光速不变，光的速度是绝对的物理常数。

三维空间（长、宽、高）似乎不足以说明物质世界，因为每件事物的发生不仅仅具备长、宽、高三要素，还有时间这一维。一个物体在三维长宽高的空间里呆一段时间，就是四维。空间和时间的关系很重要，以致它构成了第四要素，即时空。

在四度空间的宇宙中，点与点连接的是曲线，不再是直线。爱因斯坦广义相对论的重要数学基础是非欧几何。宇宙本身就是弯曲的，能够理解数学基础之上的相对论的人是少之又少，但是其中蕴含的自然哲学思想都是精致而深刻的。质量可变，时间也可变。

理论之所以显示它的神奇性，还因为有实践的结果来验证。爱因斯坦如先知一样，预言了宇宙的神奇：

第一预言与解释：水是近日点的旋进。水的近日点有无法解释的 43 秒（角度）偏差，利用引力使空间弯曲的理论，可以很好地解释这一点。

第二预言：引入红移。即太阳光谱线的红向移动。

第三预言：光线在引力场中的偏转。爱因斯坦预言，星光经过太阳表面，会发生偏转，准确数字是 1.7 秒。等到日全食时，正是验证星光偏移的时刻。在伟大的天体物理学家爱丁顿的支持下，他和克劳姆林各带队伍奔赴非洲和南美，观测并拍摄照片，得出最终结论，即爱因斯坦的预言完全正确。

爱因斯坦成为轰动全球的明星。

人们竞相邀请爱因斯坦讲学，每到一处，爱因斯坦都成为传奇人物。

1933 年，希特勒上台后，爱因斯坦受到威胁和迫害，他不得不被迫移居美国。德国的排犹运动也日益高涨，右翼科学家阻挠诺贝尔奖颁给爱因斯坦，爱因斯坦在美国得知家被抄并且财产被冻结，著作被烧毁，他没能再回到德国。

随着岁月流逝，爱因斯坦成为传奇，但是他永远是一个耐心、谦虚、慷慨的人。

他还十分的幽默和有趣。他在晚年总爱穿着高领套衫，他对很多礼节感到难以忍受，虽然他似乎可以忍受。他去英国时，那时为了躲避希特勒迫害，英国朋友们热情地邀请他参加晚会，晚会上每个人都穿着绅士般的燕尾服，还有正规的晚礼服，服务生穿着标准制服上菜。爱因斯坦觉得礼节繁琐，所以还是去了美国。

据说，有一位女作家对爱因斯坦说：“您多么有头脑，爱因斯坦教授！当时那些生气勃勃的年轻人在学术讨论会上报告某些崭新的理论时，你怎么立刻就指出那些理论的弱点呢？”

爱因斯坦回答：“亲爱的姑娘，我是骗人的，我对这些理论知道得一清二楚，我自己已经考虑过它们，所以我确切地知道它们的症结在哪里！”

霍金在著作中提到，面对纳粹威胁，爱因斯坦放弃了和平主义，忧虑到德国科学家会制造炸弹，建议美国发展核弹。

是的，爱因斯坦亲自写信给罗斯福，建议早些研究核弹，从而导致了曼哈顿工程。而正是爱因斯坦忧心忡忡，四方奔走制止核扩张。

爱因斯坦说：“从日常生活的观点来看，我们知道一件事，那就是，人是为了别人而存在的。”他还说，如果没有在科学研究中和志同道合的人进行合作和感觉，他的生命就会是空虚的。

爱因斯坦是一个真正的人，真正的科学家。

他对理论有自己理想的信仰。19 世纪末的物理学其实只剩下两部分：电磁理论与引力理论。由于不知道强相互作用和弱相互作用，爱因斯坦的经典世界里只有前两个，他完成广义相对论之后，置身统一论的研究。现在人们认为这是悲剧式的。涅利曾对爱因斯坦说：“上帝分开的，任何人还是不要把它结合起来好。”

然而，爱因斯坦的统一论至今使人浮想联翩。

目前世界已发展到电磁与强、弱相互作用的统一，从某种意义上，正是爱因斯坦精神——世界的简单与可理解之美。

对于一个方程，爱因斯坦会说：这不美！也许令后代人深思的正是这一点。

1955 年 4 月 18 日，爱因斯坦因病去世。如同另一个世界伟大而朴素的人物——托尔斯泰的平凡一样，爱因斯坦没有举行公开葬礼，他的骨灰被秘密保存，不设坟墓，不立纪念碑。

托尔斯泰的坟墓是世界最美的坟墓，爱因斯坦的归宿是世间最美的归宿，这两个人类杰出的精神导师在自然与心灵的认识上达到沟通。为了人类，他们永远是孜孜不倦的探索者和献身者。

波动力学

欧文·薛定谔是奥地利物理学家，理论物理研究者，他提出了波动力方程。

量子力学有两种不同的数学形式，一种是波动力学，一种是矩阵力学，到了狄拉克发展成为广义相对论的量子力学。1926 年 3 月，薛定谔发现理论是等价的，而 1926 年，狄拉克用变换理论从矩阵力学导出波动力学，这两个理论的建议者也不再互相敌视，统一的量子力学也确立了。

薛定谔于 1887 年出生在维也纳。还是一个学生的时候，薛定谔就是十分出色的，充满文学才能的。他学的是物理，但却写诗，而且还出过诗集。

在大学里，有一位老师对薛定谔影响很大。这位老师是玻耳兹曼的继承者，名叫哈泽诺尔，讲课十分出众。薛定谔在哈泽诺尔的影响下，迷上了理论物理。后来，自 1921 年到 1926 年，薛定谔在瑞士苏黎士高等工业学校执教 6 年，在这期间，他提出了波动力学。

他的波动方程的出发点是：粒子同时是波。

这个理论是沿着德布罗意的思路向下延续的。当薛定谔看到了爱因斯坦对德布罗意的评价时，得知了“物质波”的概念，他当时正在研究热力学中的统计问题，马上认识到物质波的观点，并且认为粒子就像波动辐射上的泡沫。他基于波动的基础认识波粒二象性，着手研究宏观世界的力学与微观世界的力学，他认为德布罗意尚未指出普遍规律。

后来，德国物理学家德拜指出，如果电子是波的话，应该满足一个关系式，即波动方程。薛定谔开始深入思考方程问题，1925 年的时候，薛定谔推出了一个相对论的波动方程，但是与实验结果相比有一定出入。

1926 年，薛定谔发表了《量子化作为本征值问题》，提出了氢原子波函数所遵循的著名方程，以微分方程的形式表现出来，人们称为薛定谔方程。薛定谔在这一时期共发表了 6 篇论文，奠定了波动力学的基础，宣告了量子论力学中波动一支的诞生。

薛定谔方程进一步解决了玻尔原子说中的困难，对氢原子的能级也给出了正确的结果。

电子看起来更像脉动的云而不是沿轨道运行的小行星。从数学上看，波动力学的薛定谔方程与海森堡提出的矩阵力学方程等价。

这一点在1926年被薛定谔认识到，也因此使得量子力学两种形式得以贯通。现在的人们根据实际情况选择应该使用的方程。

薛定谔是一个什么样的人呢？

学生们回忆说：他的文学修养很高，是一个真正的哲学家。他语言雅致、概念清晰，有很大的数学天赋。

薛定谔的课程，可以让人从凳子上跳起来拍手称妙，灵光忽现。他经常提出和普通人相反的观点。当时柏林的教授很严肃古板，但是薛定谔却有时穿着网球鞋去上课。

薛定谔的方程对认识和计算原子中的电子状态起了重大作用。他提出无须像玻尔那样假设一系列条件，而根据波动方程处理一些定态问题即可收到良好效果。

薛定谔创建了波动力学，其目的如他自己所说：

“在用波动力学描述代替通常的力学描述时，我们的目的是要得到这样一种理论，它既能处理量子条件在其中不起显著作用的力学现象，也能处理典型的量子现象……。因此，在用波动力学代替通常力学时，我们可以一方面把通常力学作为一种近似保留下来，它只对于粗略的‘宏观力学’现象才是有效的；而另一方面，又有那些精细的‘微观力学’现象（原子中电子的运动），关于这种现象通常的力学完全不能给出任何知识……”

薛定谔方程是波动力学的核心，是反映低速微观物理现象的波动力学的最为基本的方程。这个方程提供了处理原子结构问题上的系统和定量方法。量子力学是从研究原子结构而引发的，自从卢瑟福——玻尔模型以来，人们不断修正模型并且发展玻尔的量子力学观点，从而形成第一个量子力学系统理论——波动理论。

1933年，薛定谔获诺贝尔奖。

他后来通过量子力学研究生物学与物理学，使得这一方向上的分子生物学诞生很多人才，1953年DNA双螺旋结构的提出，诞生了真正意义上的分子生物学。

粒子与波的统一

在20世纪以前的经典物理学里，粒子和波是两个不同的概念，粒子是断开的，存在于空间某一处，和不连续性相联系。

描述粒子用体积、长度、动量、能量等术语，而波是弥漫在空间里的，是连续的。描述波用波长、频率、位相、强度。

人们在光本质的争论中一直处在波与粒子的对立上。不管是光还是其他物质，物理学家们认为是粒子就不能是波，是波就不能是粒子，波与粒子是相互排斥，相互对立的。

18世纪以后，尤其体现在光本质的论争上。麦克斯韦的电磁场理论，加强了波动学说。但是爱因斯坦的“光量子”（光子）学说又加入了微粒说的合理成分，并且在某些方面运用波动原理来解释。

人们此后从光的干射、光的衍射、光的偏振等等认识到光的波动，又在光与其他物质相互作用中认识到了粒子性，从而认识到光的波粒二象性。

真正使粒子与波概念相统一的是德布罗意。他不仅指出光，而且指出二象性同样适用于电子，应当把电子看成粒子，而它们的运动则应作为波来分析。

在德布罗意之前，旧的量子论也出现了危机。玻尔提出的量子化的原子结构仍然有许多缺陷，在解释多电子的原子光谱时遇到困难。

玻尔的模型有着严重的缺陷，在很多方面是经典理论与量子概念的拼接。后来的量子力学的建立者们不断完善，使得量子理论得以确立。迈出第一步的是德布罗意。

他提出了物质波说：物质粒子（比如电子）同时有波的性质。这样，光子也好，电磁辐射也好，均是波粒二象的，它们是粒子，也以波的性质运动。

路易·德布罗意1892年8月15日出生。他的家族是一个大家族，与法国王室关系很密切，这个家族在17世纪中叶，被法国国王路易十四封为公爵，并且爵位世袭。

德布罗意本来在大学学习历史，后来在他的兄长莫利斯影响下，开始研究放射线的波动性与粒子性，莫利斯是一位著名的 X 射线物理学家。

可能是因为学历史出身吧，他更善于历史总结，他把各种已经确认的现象加以联系思考，终于认识到粒子与波的协调性。

1922 年，在一篇研究气体辐射的论文中，德布罗意运用热力学、分子运动论、光量子假设导出了维思辐射定量。在此，他已经认识到光是微粒，把它们称为“光原子”。

1923 年，在爱因斯坦光量子理论的影响下，德布罗意认识到，应该推广理论，把这种波粒二象的思想扩展到一切物质粒子，电子更应该是这样。

1923 年 9 月至 10 月，德布罗意连续发表了三篇论文，明确提出电子也是一种波。他还做出预言，电子束穿过小孔时也会发生衍射现象。1924 年，德布罗意完成了博士论文《关于量子理论的研究》，系统地阐述了物质波理论。

德布罗意的论文公开发表之后，法国科学家朗之万建议爱因斯坦发表意见，爱因斯坦看了之后，赞叹说“揭开了巨大帷幕的一角”。

《关于量子理论的研究》认为：

“整个世纪以来，在光学上重视了波动研究方程，而过于忽视了粒子的研究方法，在物质粒子的理论上，同样也是忽略了波的研究。”

二象性是光作为实物粒子的本性，所以爱因斯坦的公式 $E = h\nu$，适用于光及电子等一切粒子，电子的波长也可以求出。德布罗意提出了波长公式，被称为德布罗意关系式。

正是德布罗意第一次完善了玻尔理论并且促使薛定谔方程的诞生，人们开始用实验检验德布罗意的理论。1927 年，在美国贝尔实验室，戴维逊、革末和英国的汤姆逊（发现电子的汤姆逊之子）对晶体的电子衍射完成了实验，证实了德布罗意的理论。

德布罗意因为博士论文而直接获得了诺贝尔奖，成为世界上第一位获此奖的物理学家。1929 年，德布罗意获奖。1937 年，三名证实理论的实验者也获得了诺贝尔奖金。

世界海上无线电服务日

你知道“世界海上无线电服务日”吗？

是4月25日。

这是为了纪念“无线电之父”——马可尼而由国际海上无线电协会设立的。

1865年，麦克斯韦预言了电磁波；1886年，德国物理学家赫兹在实验室里证实了电磁波的存在，但是，1894年赫兹英年早逝，所以他还没来得及具体研究电磁波。

赫兹做实验时，马可尼正在帕多瓦大学学习，专业是物理学。当报纸上刊载赫兹逝世的消息时，马可尼读到了赫兹具体工作和成就的相关文章，他很受感动并且也很受启发。那时，有些发明家已经开始意识到无线电波与通讯问题。英国的物理学家洛奇研制了一种电磁波接受器，能够接收800米远的电波，法国物理学家布冉利也做了早期的有益试验。

马可尼了解到赫兹的工作，就专心研究无线电通讯，他的父亲有一座庄园，他就在庄园里置办了许多设备，进行实验。

1894年，马可尼制成了一种金属粉波检测器，并且在发射机和接收机上安装了天线与地线。这种天线的使用，增强了接收与发射的准确性。马可尼成功地在自己的住处向1700米远的山丘上发射无线电波并准确地进行了接收。

马可尼实验需要资金，但他的父亲不支持他的研究，这使得他无法继续下去。于是，马可尼想求助于政府。他写信给邮政部长，讲明了无线通讯的广阔前景和实用价值。但是当时的意大利政府官员们很不合格，堕落腐化，腐败的政府并不重视什么新技术，什么造福百姓。就这样，马可尼的要求没能实现，愿望落空，实验被迫中断。于是，马可尼离开祖国意大利，到英国寻找发展机会。他向英国邮电部门递交了同样的建议书并恳请合作研究，提供经费支持，英国的邮电部十分支持他的发明工作，马可尼得以继续研究。

1896年时，他实现了9公里远的无线通讯。不久，他为了扩大影响，引起人们的重视和支持，特意做了一次公开表演。在这次表演中，他又进步了，做到了12英里外准确发射和接收，人们被这项新发明吸引了。

1897年，马可尼改进了装置，充分利用上了天线，天线能够更为集中地发射和收集信号。如此一来，马可尼的无线发报距离又增加了，而且几乎没有什么错误。1898年时，马可尼的装置通讯距离已达近二三十英里。

在他刚刚取得成绩时，英国的报纸就报道了这件事："年轻的意大利发明家马可尼成功地把无线电报通过空间发送到两英里外。马可尼是在邮局电气总工程师善里斯爵士的同意和协助下，在伦敦邮政大楼架设他的无线电报机的，这位颇有才华的年轻发明家希望最后能把无线电报拍发到大西洋彼岸。"

马可尼确实满怀壮志。他的发明受到了英国军事部门的重视，对他大加赞赏，全力支持，这使得马可尼成功很快。

1896年，马可尼申请了专利，号码为7777。

1897年，伦敦成立了马可尼电报公司。

1898年，马可尼的无线电投入使用，步入商业领域。

马可尼开始向新的困难挑战，他要开创全新的事业：跨越大西洋。人们听到之后，纷纷摇头，因为人们普遍认为，波是直线传播的，怎么能弯曲前进，绕着大弧奔向美洲呢？无线电的长距离传送，使人们觉得不可思议。

在各种压力下，马可尼毫不退缩，而是专心实验。他要在实验里找到答案，无论能还是不能，都不能臆想猜测，而应该从实验中检测或推算。他不停地试验改进，过了两年，装置的抗干扰能力明显提高。同时，马可尼研制了调节长短波的装置，能够根据情况调节波长。

1901年，一座52米的发射塔建成，坐落在牙买加的康沃尔。马可尼准备发报跨越大西洋了！消息传来，人们争先恐后来围观。只见巨大的风筝在空中飘着，闪闪发光的金属天线被风筝带到高空。马可尼向人们解释说，天线约在120多米的高度，这样会使信号十分清楚。马可尼内心有些激动地发出信号，远在牙买加的助手接到信号，反馈回来，马可尼高兴地叫起来："成功了！"

人们终于实现了远距离无线通讯，世界被缩短了，这年，马可尼27岁。

1909年，马可尼获诺贝尔奖金。1937年7月20日，马可尼病逝。

与他基本同时，俄国物理学家波波夫也独立地发明了无线电通讯，在政府支持下，波波夫的成果投入使用。

无线电应用是人类通讯事业的一场革命。

射电天文学四大发现

20 世纪，是天体物理学成为天文学主流的世纪。天文学家们利用无线电波的接收技术，发现了来自遥远星系的微弱信号所带来的无限神秘气息。

20 世纪是射电天文学的时代，射电天文打破了光学天文的古老观念，使观测进入了全新时代。

无线电取得成功之后，1924 年人们利用无线电反射测定电离层的厚度。在这次实验中，人们无意中发现若是星体发射的电波波长小于40米，电波便接收不到了。后来人们知道，电波这时不能被电离层反射，而是穿过大气层，射向遥远的宇宙空间了。

1923 年，美国有一位通讯技术人员央斯基，偶然接收到了来自银河系深处的人马星座的电波辐射，他公布了这个发现。

以上两件事当时并没有让人们重视，因为那时的仪器灵敏度不高，而且人们对如何排除干扰也不很在行。

射电望远镜的建成使射电天文学真正开始登上天文学舞台并成为热门研究。

在 20 世纪 60 年代，天文学射电领域有四大发现，为宇宙学和天体研究带来了无限崭新的课题。

第一大发现是类星体。

类星体是一种和恒星类似的物体，被认为是由向一颗巨大并且旋转的黑洞落上去以及正在落上去的那些物质组成。在物质落到黑洞里面之前，会变成非常热并且发射出大量能量的物质。类星体非常遥远，但是由于它们的功率十分强大，所以可以被观测到。

1963 年，正在美国的荷兰天文学家首先发现了一种光源，这种光源在几十亿光年处，发射出极强的紫外线与红外线。这种星体和星系是同一层次上的，但它不是恒星，体积非常小，但辐射量却极大，而且，它们的红移量十分巨大。

这种新天体的发现为天文学带来一个至今尚在讨论的问题：如此远的天体辐射巨大的能量，是我们已知的任何物理学定律都不能解释的。要是按照多普勒效应解释，类星体离我们可以达到200亿光年之远，然而运行速度却是每秒近30亿千米，比光速惊人的快！

类星体发现越来越多，红移量都十分巨大。1963年那位荷兰天文学家施密特发现的类星体命名为“射电源3C273”，是第一个被发现的类星体。最远的类星体是我们所测试到的宇宙边界，达200亿光年，最近的离我们也有8亿光年，它们的体积不过是普遍恒星的十万分之一或百万分之一，然而却可以具备恒星20亿倍的能量，这用地球上的物理学 $E = mn^2$ 是解释不了的。

第二大发现是宇宙微波背景辐射。

1965年，美国新泽西州的克劳福德山上架设了天线，这是一个极其灵敏的微波探测器。微波的频率只有每秒100亿次振动的数量级，所以微波探测精度之高可想而知。

射电天文学家彭齐亚斯和威尔逊调试天线，检测仪器，想测定银河系平面以外区域的射电波强度。然而当他们一步一步排除噪声之后，包括地面上的以及各种已知情况后，却始终有一个噪声消除不掉。

他们检查探测器上的额外干扰，还清除了天线上的鸟粪等杂物，但是噪声依然存在。他们把天线的方向改变，以检测噪声干扰的位置。比如，把探测器倾斜，如果是大气层里来的噪声则应该更强。但是不管探测器的方向怎样改变，这个噪声十分恒定，相当于3.5K的射电辐射温度。

1929年哈勃的结果证明了宇宙的膨胀。宇宙从一点大爆炸中产生，直到现在还在膨胀。我们的星体都像附着在一只汽球上，汽球在膨胀，离我们越远的星系以越快的速度远离我们。

俄国物理学家和数学家亚历山大·弗利德曼用广义相对论原理提出了大爆炸说，并且预言：我们不论往哪个方向看，也不论在哪个地方看，宇宙看起来都是一样的。按照大爆炸理论，宇宙爆炸之初应该有遗留的黑体辐射，温度约为3K。

而彭齐亚斯和威尔逊的发现，不管什么方向，噪声均一样，所以它必须是来自大气层以外的，不论时间，也不受太阳系影响，这表明不仅仅是大气层以外，甚至应该是星系以外。现在我们知道，这种辐射引起的噪声变化在各个方向上相差不到万分之一。

一开始彭齐亚斯和威尔逊不明白这是怎么回事，所以没有以论文形式加以总结。但是消息传到了普林斯顿，那里的罗伯特·狄克和詹姆士·皮帕尔斯正在研究微波，他们知道伽莫夫的宇宙大爆炸理论，认为这个理论认为早期宇宙的白热到现在应该能看到，光作为微波辐射应该能被检测到。听到贝尔实验室的工作，他们致力研究，找到了微波辐射。而此时彭齐亚斯和威尔逊从狄克和皮帕尔斯的研究中也清醒过来，从而意识到自己获得了重大的发现，就这样，他们获得了1978年诺贝尔奖。

微波背景的辐射有力地支持了大爆炸理论。

第三大发现是脉冲星。

脉冲星是旋转的中子星，当它的磁场和围绕的磁场之间发生相互作用时就发射出射电波的脉冲。

脉冲星的发现是乔丝琳·贝尔小姐。脉冲以极其精确的间隔发射信号被接收到，人们认为只能是人工才有可能，因此人们幻想是科幻中的“小绿人”所为，是来自天外的讯号，由智慧生命所发。乔丝琳·贝尔说：“我在这儿搞一项新技术来拿博士学位，可一帮傻乎乎的小绿人却选择了我的天线和我的频率来同我们通讯。”

1967年，乔丝琳·贝尔接受了导师安抚尼·休伊斯交给的任务，检查并改进一种射电望远镜，用来测量遥远的射电电源，那时她是剑桥大学的研究生。在分析记录器打出来的几百米长的图纸时，她发现了一个周期信号，这个信号每隔1.33730133秒就出现一次，这正是一颗发射电脉冲的星：脉冲星。

天文学家们当然知道这里面的详情，幽默地管这些星叫“小绿人”，结果让人们激动不已，纷纷传扬。

天体物理学家进行了研究，1968年，弗兰科·帕齐尼和托马斯·歌尔德提出，脉冲星是快速旋转的中子星。中子星是超高温、超高压、超高密、超强磁场、超强辐射的，完全由中子组成。

中子星又是理论预言了观测的美好例证之一。朗道以及美国的蒋维持和巴德都做过预言，而奥本海默和沃尔科夫提出了严格系统的中子星。

由于中子星的发现，乔丝琳·贝尔的老师安抚尼·休伊斯获得了诺贝尔奖，因为他设计了新的射电望远镜。中子星之密度可达每立方厘米10亿吨物质，其表面有1万亿度高斯的磁场，中子星的力强到使原子中的大部分电质和质子结合而形成中子。

第四大发现是星际分子。

这是生命科学的重大发现。1963 年，射电天文学家在仙后座发现羟基分子的光谱，这是被发现的第一个星际分子。1968 年，美国科学家在人马座方向发现了氨和水分子谱线。1969 年又发现了多原有机分子：甲醛分子。

甲醛分子在条件适宜的情况下可以转化为氨基酸——生命物质的基本组织形式。这个重大发现为地外生命的探寻提供了宝贵资料，这说明，宇宙空间起码存在着与我们生命起源相关联的重要物质，星际分子天文学从研究生命在宇宙中的存现及演化为其任务之一，随此而诞生。

射电天文学是在二战后蓬勃发展起来的，人们不断利用光学望远镜和射电望远镜观测遥远星空。随着空间时代到来，天文学家冲破了大气，将探测器送入太空，探索了更多的奇异景色，随即创建了 X 射线天文、Y 射线天文、红外天文、紫外天文学科，踏入了全波段探索宇宙的旅程。

宇宙诞生的第一秒钟

1929 年，哈勃定律提出：星系的红移量与它们离地球的距离成正比。这一定律被随后的进一步观测所证实。哈勃定律展示了宇宙在退移，也就是说，现在的宇宙在膨胀。从宇宙中任何一点看，观察者所见的天体都在远离观察者而去，就好比站在一个正在膨胀的气球上看气球上的任意一点。

红移是由于多普勒效应，从离开我们而去的恒星发出的光线红化。可见光即是电磁场的起伏或波动，它的频率（每秒的振动数）高达 400 ~ 700 万亿次，对不同频率的光，人的眼睛看起来为不同颜色，最低的频率出现在光谱红端，而最高频率在蓝端。

如果恒星光源固定，星系的引力场不会对其有足够强的明显作用，那么我们接收到波频率和发出时的频率一样。如果恒星向观察者运动，当光源发出第二个波峰时，它离开我们更近一些，这样波峰到达我们所用的时间会缩短。两个波峰到达我们的时间间隔变小了，那么我们接收到的频率比恒星固定不动时的波频率要高。如果光源离观察者逐渐远去，我们接收到的波频率就变低了。

因此，恒星离我们不断远去时，其光谱向红端移动，接收频率减弱，称之为红移。反之，恒星离我们越来越近，光谱则会出现蓝移情况。

哈勃发现的就是红移律。不仅如此，他还发现，离我们越远的恒星其退行速度越快，这不像正在膨胀的气球吗？

这种发现，使宇宙大爆炸理论显出优势地位，宇宙论成为实验科学是由于微波背景的辐射。

关于宇宙的起源和形成，是哲学和神学最关注的问题，科学家们并没有表现出多大的热情，但是20世纪中后期，宇宙学的研究却成为显学，这是由于理论与技术设备的共同发展而导致的，两种互相争论的宇宙论也就应运而生了。

通俗的宇宙大爆炸论，简言之，就是假定宇宙在原初状态时，温度高到无穷大，密度大到无穷高，只有辐射和基本粒子存在，随着乒乓一声，宇宙开始膨胀的冷却降温，星云、恒星、星系就诞生了，宇宙现在正在膨胀。稳恒态理论认为，宇宙自始至终就存在，目前观察到的宇宙膨胀所引起的物质分散，由不断产生的物质来补偿。

在公元前4世纪的古希腊，亚里士多德在《天论》中论证了大地为球形并且处于宇宙中心，整个宇宙环绕着地球，由7个同心球组成，直到托勒密体系，空间位置是绝对的。

哥白尼指出，太阳是宇宙的中心，而伽利略最早指出相对性原理，地球说被否定了，绝对空间也不存在了。

到了牛顿，他认为宇宙是无边无限的，宇宙的体积无限，也没有边界。宇宙空间是三维欧氏几何空间，在各个方向上延直线可以延伸到正无穷，在这个空间中，星体密布，无论怎么测量，任何方向上都存在星体。

从哥白尼到牛顿，推翻了地球为宇宙中心的观念，但是牛顿的时空观也是一种绝对时空观，直到爱因斯坦，才根据相对论创立了有限无边的静态宇宙模型。

爱因斯坦的宇宙模型，既不是亚里士多德的有限有边说，也不是牛顿的无限无边型，而是一个有限无边的体质。即空间体积有限，也就是说宇宙体积是有大小的，在这个大小之外任何物质都不存在，这就是无边。

1823年、1894年分别由奥尔勃斯和塞里格尔提出光度悖论与引力悖论，都是对牛顿宇宙模型的责难。

光度学悖论是：如果宇宙无限，那么空间中均匀分布的恒量也应无限，即人们在任何方向上看到的星星应该是无限多，但是实际不是这样。

引力悖论是：如果宇宙中的恒星是无限的，那么任何一个物体就会受到无限多恒星的无限大的引力作用，产生的加速度也会无限大，但是实际上也不是这样。

有些科学家放弃了物质均匀分布的假设，比如在1908年，瑞典的沙利叶改善了等级模型，认为物质的密度随着分布系统的级的增加而减少。

爱因斯坦却坚持认为物质均匀分布，他认为应该放弃宇宙无限的概念。在1917年，爱因斯坦发表了《根据广义相对论对宇宙学所作的考查》的文章，提出：其一，各向同性。即从空间大尺度上说，在任意时刻观测任意方向，结果应当一致。其二，均匀性假定。即仍然是从空间大尺度上看，天体的分布保持均称，星系的平均密度和光度以及相互间的距离都是一样的。

由此，爱因斯坦从广义相对论的引力方程中企图求得静态结果，但是这种静态解始终寻不出来。1916年，爱因斯坦提出引进一个“宇宙常数”，他在引力方程中引进常数，用这个常数所具有的斥力与引力平衡，使宇宙是静态的。从哲学上看，这是物质的，而不是运动的。荷兰天文学家同理而提出一个近似模型，区别在于，荷兰人的模型是物质且运动的。

静态，就是说从大的空间、时间来看，宇宙是静止的。爱因斯坦说：“由于这个讨论的结果，对天文学家和物理学家提出了一个很有兴趣的问题：我们所居住的宇宙是无限的，还是像球形那样是有限的？我们的经验使我们远远不能回答这个问题。但是广义相对论使人们得以在一定程度上可靠地回答了这个问题。”

为宇宙引入静态常数，可能是一个极大的错误，但这是爱因斯坦的一种自然美学意识，他崇尚理解对称和协调。

科学史专家说：“从亚里士多德到牛顿，再到爱因斯坦，宇宙理论经历了一个否定之否定的发展过程。爱因斯坦在某些方面又回到了亚里士多德，但又不是简单地重复亚里士多德的观点，从亚里士多德的宇宙有限有边，到牛顿的无限无边，又到爱因斯坦的宇宙有限无边；从亚里士多德承认水晶球般的实在天球，到牛顿否定天球，又到爱因斯坦承认空间弯曲构成天球；从亚里士多德认为空间关系（自然位置）决定天体的运动，到牛顿认为引力决定天体的运动，又到爱因斯坦认为空间的几何性质决定天体的运动，但这种空间的几何性质又是由物质的分布决定的。”

爱因斯坦提出了第一个现代宇宙模型，在他的广义相对论和模型上，科学家们或质疑或遵从，提出了两种较大影响的模型。

在伽莫夫之前，美国的天文学家已经提出了星系似乎彼此退行，且最远的星系退行速度最大。这时，30 年代的宇宙大爆炸论才开始受到重视，这是由弗里德曼和勒梅特提出的。

1915 年，广义相对论影响了科学界，建立了引力方程。1922 年，俄国数学家弗里德曼在广义相对论的研究中，解决爱因斯坦引力方程问题，得到了均匀的、各向同性的宇宙动态时空观。什么意思呢？就是说弗里德曼在去掉爱因斯坦的“宇宙常数”后，又推出了一个或多个宇宙模型，这些模型或膨胀或收缩，总之不是静态的，这时弗里德曼就已经猜测大爆炸之类的起源了。

1927 年，比利时天文学家勒梅特在宇宙膨胀的观念上，创立了宇宙学模型。他利用弗里德曼解爱因斯坦引力方程的结果，加以发展，从广义相对论出发，提出在大尺度下，空间随时间膨胀。这个宇宙模型是均匀的，各向同性的，宇宙常数不为零，不断膨胀。

勒梅特宇宙模型的初始密度极大，最初膨胀得快，之后膨胀得慢，一直到停止，形成星系，接着再膨胀。在这里，我们已经看到现代大爆炸的影子了。

无论是大爆炸还是稳恒态，物理学家在理论方面贡献了基本粒子以及合成元素的模拟学说。

从爱因斯坦和马克斯·普朗克那里，阐明了黑体辐射的物理过程。黑体是因为它能吸引全部射入辐射，然后又把这些辐射再辐射出去的理想性质而得名。据普朗克的理论推测，再辐射出来的辐射能分布在整个光谱区，特性线十分明显。由于原始火球在其初期阶段会使能量和物质进入精确的热平衡，所以首次从爆炸冷却释放出来的辐射一事显示出黑体型。

在这个火球开始膨胀和冷却后数十亿年的今天，会出现什么样的能量分布和光谱型还需要精确定量的计算，这一直等到大爆炸定量演化理论的提出。

一开始，人们认为：宇宙是膨胀的，那么过去的宇宙应该比现在的宇宙要小，物质的密度也应该更大。这种基本思路就是宇宙大爆炸论。

然而起初的宇宙是怎样的呢?

1930 年，英国杰出的天体物理学家爱丁顿把哈勒定律与勒梅特的宇宙膨胀论联系起来，人们发现了这种学说的重要性。由星系红移的多普勒效应，可以观测到宇宙的整体膨胀。勒梅特在 1927 年认为，如果把时间反推回去，就可以想像各个星系越来越靠拢在一起，直到它们开始存在，是一个“宇宙蛋”，或“原初蛋子”。这个“蛋”里容纳了宇宙间所有的物质。

这就是太一。

奇妙的是，在中国可以找到类似的词语，就是伏羲八卦中的“太极”，恩格斯的《自然辩证法》中把宇宙之起点叫“混沌”，宇宙学家叫“奇点”。

这里面集中了全部物质能量，甚至时间和空间，这个点之外，什么都没有，没有天体，没有粒子和辐射，没有时间也没有空间，所有这一切在这个“宇宙蛋”里才有效。

这种物质有着惊人的密度，每立方厘米超过 1 亿吨。而这个“奇点”十分不稳定，像一个超放射物的巨核一样，发生猛烈的爆炸，于是，物质向四面八方扩散，元素开始形成。

在这里，我们介绍几个过程和数据。宇宙演化：

第一层次是物理进化。从大爆炸到开始 3 万年。这段时间里，是太极生两仪，两仪生四象。原初的“太极”（奇点）分化为四种作用力场和两种物质粒子（夸克和电子等轻子）。然后由夸克结合成中子和质子，再结合成核子，并和电子结合成原子。

太极生两仪表现在由大爆炸中产生时间和空间分化，物质和场的分化，正反物质的分化，阴和阳或负和正的分化。两仪生四象的表现形式形成四种基本作用力，即引力作用、强力作用、弱力作用和电磁作用。

宇宙演化第二层次是天体演化，从 3 万年到现在的 150 亿年。在大爆炸后 10 至 30 亿年里，是原星系和原星系团的形成，此后是第一代恒星形成，约占了 10 亿年。依次是第二代恒星、星系等等形成。约从大爆炸开始用了 50 亿年，从而形成我们现在的样子。

当前宇宙有哪些天体呢?

卫星、行星、恒星、星系、星系团、超星系团、类星体、星际物质、背景辐射、暗物质。

依据目前科学家的计算，从大爆炸开始到现在约150亿年，就是宇宙的年龄，那么它的大小也可算出来，就是150亿年中光所走过的距离。宇宙共分为八层次结构进化。

以上已经是当代科学家的成果了，而在大爆炸理论中，历史上起最重大作用的是苏联的伽莫夫。他是美籍俄裔科学家，由于解释了放射性衰变而出名。他于20世纪30年代在华盛顿任教，后来转至科罗拉多大学，他曾经与玻尔和卢瑟福在一起工作。

伽莫夫把宇宙的起源和化学元素的起源联系起来，运用基本粒子物理学知识，提出了宇宙大爆炸论。

他指出：宇宙物质和辐射都有质量，在今天的宇宙中，物质的质量比辐射的质量大，但是在过去不是这样，在宇宙演化的早期，辐射能曾经比普通物质更占优势。

伽莫夫指出："从热辐射时代到物质时代的过渡，必定有一个非常重要的事件作为标志，即巨大的气状云块的形成。现代的星系就是从这些'星系胚'发展而成的。在这以后，由于气体的凝聚而又形成各个恒星。"

伽莫夫还认为，在宇宙开始膨胀的前30分钟，所有化学元素形成。

他的学说与我们在前面介绍的当代科学家对宇宙爆炸的总结相对比，便可以得知宇宙大爆炸的前后发展。

当代科学认为，在宇宙进化的婴儿时期，即从大爆炸到3万年，这又可以分为9个过程，前8个过程只有3分钟。这就是宇宙进化的3分钟。

在火球刚爆炸时，时间开始流动。1秒中不到的第一阶段即10的44次方分之一秒至10的36次方分之一秒之内，发生了"超统一真空相变"，宇宙是由此力体用场和大统一作用场与夸克的轻子组成。

第二阶段是10的36次方分之一秒至10的12次方分之一秒间，发生了"大统一真空相变"。宇宙变为引力作用场、强力作用场、电弱作用场和夸克轻子组成。

第三阶段是在10的12次方分之一秒到10的6次方分之一秒之间，发生"电弱场相变"。之后的宇宙由引力作用场、强力作用场、弱力作用场、电磁作用场和夸克与轻子组成。

第四阶段是夸克结合成中子与质子，约在10的6次方分之一秒发生。

第五阶段是正反质子和正反中子几乎完全湮灭的时期，是稍大于第四阶段时间的时候发生的。约 100 亿分之一的质子和中子侥幸存下来，构成我们今天的物质，其他的都以湮灭告终。

第六阶段是核子时期，时间在 10 的 6 次方分之一秒到 1 秒，这时宇宙中有光子、中微子、正负电子、质子、中子。

整整前六个阶段的发生，不过是从大爆炸开始 1 秒间的事情，所以著名的物理理论和科学家常常研究宇宙爆炸第一秒，有很多人是“一秒钟专家”。

第七个阶段是正负电子对的湮灭期。约在爆炸后 5 秒钟，正负电子相遇而湮灭，变成两个伽马光子，宇宙总电荷为零。

第八阶段是轻核合成期。这时距大爆炸是 3 分钟，大约 1 小时，轻核合成的早期阶段完成了，电荷的电子是等离子状态。

前八个阶段总共约 3 分钟。

第九个阶段是中性原子的形成时期。大爆炸后 3 万年时期，宇宙主要由氢原子和氦原子组成，还有光子和中微子。

这就是奇妙的大爆炸论，经过许多科学家的努力，虽然在很多地方还要改进，但基本的雏形就是如此。物理学家们已经总结了宇宙的演化，我们在这里就不再介绍了。

与大爆炸相对立的学说主要是稳恒态理论。

1946 年的一天晚上，英国剑桥的三位年轻科学家霍伊尔、邦迪、戈尔德，看了一部名叫“夜魂”的鬼怪故事片，霍伊尔说“它以这样的方式巧妙地把 4 个独立的部分连在一起，使它变成一个圆，即结尾和开头一样”。于是大家想到宇宙是不是也可以如此。

邦迪 1919 年生，1944 年成为剑桥大学硕士。戈尔德是 1945 年获得剑桥硕士的，他 1920 年生。二人都是从希特勒的统治下逃出来的，他们那时很年轻，都在剑桥同霍伊尔相识。

霍伊尔以变更爱因斯坦场方程中的能量——动量向量的结构为基础，提出和邦迪、戈尔德同样的模型。

宇宙没有开始的时候，星系看上去在远离我们并不一定代表物质的变稀，而是新的物质正在连续不断地产生，产生的速度正好足够补偿从可见宇宙消失的物质。这种新的物质最终会形成恒星和星系，因此，观察者会在任何时刻都把宇宙看成一样的。

在大爆炸与稳恒态的争论中，一种意见认为物质无中生有违背质量与能量守恒定律，但是反驳意见是，大爆炸也是违反的，而且物质是在开始时刻突然产生，开始时刻无法研究无法解释，只能从开始时刻的第1秒内开始研究，始终研究不了那个“零”时间。

霍伊尔认为背景物质中还会不断有新的物质产生出来，弥补由于不断凝聚成新的星系所引起的耗损。

不断创生的物质从何而来呢？这是不断创生的关键。霍伊尔认为：物质就是出现了——它们被创造了。在某个时刻，组成这些物质的各种原子并不存在，而过了一些时候，它们就出来了。在霍伊尔等人的观点中，从事实出发有两种可能，事实是宇宙在膨胀，那么两个结果都是可能的，要么是宇宙消失，要么是物质创生，他们理所当然选择后者。

后来，霍伊尔又提出了重力能产生物质，这样保证了质能的守恒，但也引发别的困难。总之，稳恒态理论认为：

“当宇宙不断地膨胀时，新的物质便接连创造出来以填补空隙，新形成的物质就是构成星系团的氢。每个星系团将随着宇宙的不断膨胀而逐渐衰老以至死亡，但又形成了新的星系团。新星系形成，老星系衰亡，但宇宙的总密度始终不变，并且总是存在有各种各样年龄的星系。因此，宇宙不论在任何时候检验都是一样的，尽管个别星系和星系团有变化，但整体图像是始终如一的，这就是所谓无论年龄上还是在空间上都是无限的稳恒态宇宙。”

相比来说，大爆炸理论认为太空温度开始很高，现在只比绝对零度高几度；稳恒态理论认为是零度（无辐射）。从宇宙年龄上说，大爆炸可以计算出宇宙年龄；而稳恒态理论认为是无限的。大爆炸理论认为物质突然产生；稳恒态认为物质连续自始至终创生；大爆炸认为元素是爆炸后马上形成的；稳恒态理论认为元素自始自终出现在恒量中。

可是自20世纪70年代后，稳恒态理论变得没有支持率了，因为一系列的观测事实被大爆炸理论预言并解释：

第一，宇宙年龄问题。

大爆炸理论认为，天体的年龄应小于宇宙年龄。起初有计算为20亿年的，但都被观测所否定。继而，当代大爆炸论认为150亿年这是宇宙年龄，基于此，目前发现的天体可以纳入演化轨道。

第二，微波辐射。

大爆炸理论预言了残余爆炸的辐射，均匀分布在宇宙空间，结果约3K的微波背景辐射的发现强有力地支持了大爆炸。

第三，宇宙中氦的丰度。

天文学中，一直不能解释为什么天体中有相同的氦丰度，并且也不能解释为什么一些恒星的氦丰度（也就是氦含量）是30%左右。在英格利斯的著作中是这样解释的：

“大爆炸宇宙学可以定量地解释氦的丰度问题。因此，在宇宙早期高温的几十分钟里，生成氦元素的效率很高。根据宇宙膨胀速度的测量，以及热辐射温度的测量，我们可以计算出宇宙早期产生的氦丰度，这个数值恰好是30%。这就是说，今天我们看到不同天体上都约有30%的氦，这可能正是100多亿年前的一次事件所留下来的痕迹。”

第四，河外星系的普遍退行，也就是红移现象。

以上事实有些地方还有争议，但是比起稳恒态宇宙论预测的事实来看，大爆炸理论已十分占优势。

1965年以后，稳恒态理论迅速退让，但是大爆炸理论受到的严重挑战依然很多，新的问题不断出现，比如说，微波辐射是否真的各向同性，星系红移分布的周期性等等，严峻的形势不容乐观。

科学探索是不惧怕严峻的。

科学家们自我询问：宇宙会永远持续膨胀吗？会最终坍塌成黑洞吗？这一系列的问题要深入研究，而宇宙论这门学科的性质也变为了实验科学，当然主要是因为微波辐射的原因。

上帝掷骰子

反映微观粒子运动的量子学说用数学描述的一种途径是薛定谔所建立的波动力学，一种就是矩阵力学。

1925年5月，刚刚24岁的海森堡从哥廷根大学请了假，暂时居住在海茹兰小岛。他正担任德国著名物理学家玻尔的助教，着手解决原子谱线的问题。因为当时正在流行枯草热病，这是一种花粉过敏症，而海森堡也得了过敏症，所以告假疗养，这次静养使他有充分的时间解决久久萦绕在脑海里的理论难题。

海森堡也是在玻尔量子化理论上开始考虑问题的。他思索怎样使玻尔的理论达到质的飞跃。

这个小岛景色宜人，而且经常电闪雷鸣，在这样的环境里海森堡产生了灵感，有人说在一昼夜之间，海森堡就创建了新理论。其实在科学探索达到成功的瞬间，是有思如潮水这种情况的，但是若没有长期的冥思苦想和自我修正、改进，怎么能来灵感呢？

海森堡写出了《关于运动学和力学关系的量子论的重新解释》，创立了解决量子波动理论的矩阵方法。

在他这里，使玻尔的不精确概念得到完全修正，他彻底放弃了玻尔理论中那些和经典力学相拼凑的概念，诸如电子轨道、运动周期之类的观点，他用辐射频率以及强度这些科学的并且易实验观测的概念来建立起理论体系。

玻尔在审查海森堡的论文时，发现海森堡所用的高度抽象繁难的方法正是数学中已经存在的矩阵运算。

这个理论的特点是两个矩阵相乘是不可交换的。与一般的代数不同，在矩阵理论中，两个量的乘积与两个量互换以后的乘积是不同的，所以海森堡得出了把经典力学方程中所有的量都看成矩阵就会出现新的力学理论的数学方案。

玻尔和约尔丹合作，从数学理论出发，探讨了海森堡的理论，发表了《关于量子力学》论文，建立了“矩阵力学”的最简单的特征，紧接着海森堡又与他们合作写了又一篇《关于量子力学》，由此建立了量子力学的系统理论，这就是矩阵力学。

矩阵力学采用代数中的矩阵运算，创立了描述电子运动规律的又一种量子力学体系。反映原子内部关系的两种量子力学思路基本上同时诞生，各自成为完整的体系。

1925 年，矩阵力学；1926 年，波动力学。

在两种力学之间，人们开始互相争论，纠纷四起。海森堡和薛定谔，都是为了克服玻尔理论的弱点而从波粒二象性来考察建立起力学体系的。

他们的出发点不同，数学方法不同，所以描述运动使用的概念和关系也不一样，但这两个表面上看是截然不同的体系却殊途同归。

一开始，物理学家互相认为对方的体系有缺陷，都标榜自己的理论是完善可靠的，但是薛定谔最先醒悟过来，他首先发现了这两种体系在数学上具有等价性。后来泡利又较为完整和详细地论证了这一观点。

1926 年，狄拉克修定了薛定谔方程，改进了海森堡理论形式，并从矩阵力学导出了波动力学的薛定谔方程，证明了波动力学与矩阵力学的等价性，统一的量子力学建立了。

1930 年，更进一步，狄拉克系统总结了量子力学的发展过程，完成了《量子力学原理》著作，提出了完整的数学方法，以优美简洁而深刻的表达方式讲述了量子力学。这部著作被人们称为量子力学的《圣经》，进入了高速微观物理的世界。在他以前的量子力学是狭义相对论的量子力学，而他发展到了广义相对论的量子力学。

量子力学建立了，真正的难题出来了：上帝是否投骰子。

量子力学是以概率和统计论为基础的，讲求可能性。这就是“掷骰子”，然而世界竟然是建立在不确定基础上的吗?

关于对量子力学的物理意义的认识，激烈的两派一直争论。

矩阵力学派的代表人物是与爱因斯坦并驾齐驱的玻尔，丹麦哥本哈根学派领袖，他认为微观粒子运动遵从的是统计规律，是在概率的基础上发生的。

而爱因斯坦和薛定谔认为，原子微观世界的粒子运动，必然是因果关系，是决定论，统计的解释肯定有重大缺陷。

1926 年 9 月，薛定谔受玻尔邀请去哥本哈根讲学，他们的争论达到了高峰，薛定谔认为微观世界的连续性无所不在，玻尔提出的量子跃迁是不对的，而玻尔却用 1919 年爱因斯坦跃迁几率的论文观点来作说明。

海森堡于 1927 年初提出了著名的“测不准原理”：

对于微观粒子来说，要想精确地测定其位置，就无法精确地测定其速度；反之，要想精确地测定其速度，就无法精确地测定其位置。

比如日常测量水的温度，要用温度计放入水中，但是水的热量被温度计吸收了一部分，温度已经发生改变。那么电子呢？如果有一台能看见电子的显微镜，想看到电子就要有光，但是光子如果打中电子，就会移动位置，这样任何时候都测不准它的真实位置，除非让电子“停住”。这样一来，电子的速度又会受影响，仍然不能速度和位置兼而测之。

测不准关系划分了经典力学和量子力学的界限。如果在具体问题中普朗克常数微不足道到忽略不计的地步，那么就可以在经典力学中测出速度和位置，如果普朗克常数不能忽略时，则应用量子力学的测不准原理。

海森堡的测不准原理提出了数学上和逻辑上的证据证明：任何科学的准确性和完整性都是有局限性的。

量子论揭示了原子的迷人性质，海森堡代数方法具有深远的哲学意义，薛定谔把原子看作是到处振动的宇宙中的多难折皱。

在这个世界上，粒子和反粒子自发产生和湮灭，由质转为能，由能转为质。

玻尔与爱因斯坦的交往也为量子力学的发展提供了检验。

爱因斯坦与玻尔争论了近半个世纪，直到两人逝世，谁也没能说服谁。爱因斯坦坚持认为测不准原理表明量子力学存在重大缺陷，但是他一直没想出可以绕开测不准原理的实验。

量子理论预言了许多新粒子，均获得实验上的证明，目前已知的各种粒子，其数目已远远超过元素数，这显示了量子论的理论威力同时带来更大疑惑。

量子论已经成为物理学和技术中的关键领域，如果没有量子论、激光、等离子研究，固体电子学、低温物理等等就将失去研究根据，从而无法进行。

有些仪器可接受几万光年以外的光子，而灵敏的光存储电子计算机更加威力无穷、精确迅速。世界微观领域还等待人们去探索，宇宙正更加奇妙地展示在人们眼前。

20 世纪又一位导师——玻尔

爱因斯坦和玻尔在争论：

“上帝不和宇宙玩骰子。”

“用不着你来教训上帝该怎样!”

第一句话是爱因斯坦说的，第二句话是玻尔的回答。

20 世纪的当代物理学成就是量子理论的建立和深入，量子力学是相对论之后的又一发展。

在量子理论的建立过程中，爱因斯坦对量子理论早期的建立起到了巨大作用，甚至说正是他推动了量子论的发展。然而，爱因斯坦最终拒绝了量子物理，走入一种个人的另一理想寻求——电磁性和引力的统一。

这个问题直到现在仍是物理学界及科学史学界的争论焦点。但是在量子理论发展中，功勋卓著的天才们的革命性设想已成为当代世界的一大变革基础。

玻尔终身从事量子物理的实践和基本理论工作，他是20世纪的一位导师型人物，当然，爱因斯坦是永远保持令人尊敬的地位的。

玻尔是量子力学真正的旗手。在1913年至1943年，尤其是前10年，原子物理的大部分内容只不过是在卢瑟福和玻尔的基础上修正。

1943年12月，玻尔在美国的新墨西哥州进行原子弹的研究工作。卢瑟福提出的原子结构模型不能解释的突出问题是：随电子绕转速度的不同，可以有任意多的电子轨道，但是像光谱表明所示，原子为什么只辐射一定波长的光，而且为什么会辐射光呢？

并且，原子外旋转的电子必定向外发射电磁波，从而损失能量，使电子被原子核吸引进去，可事实为什么不是如此呢？

由于无法直接观察原子结构，所以只能根据大量原子的光谱分析或粒子轰击来确定原子模型。

玻尔本来是去参加汤姆逊的研究的，但汤姆逊已经改变了研究，所以他就到了曼彻斯特的卢瑟福处，那是在1913年。

当时数十年之久的研究方法就是考虑原子受高温激发产生的电磁辐射。各种元素的辐射各有不同，光谱可以鉴定物质成分。炽热物质的光或白光透过某一未加特质，被分光镜（棱镜）分解成发射线光谱成吸收线光谱。

卢瑟福参加了普朗克与爱因斯坦出席的一个会议，他将问题及时地向玻尔转述并讨论。玻尔具有优秀的数学基础和卓越的抽象才能，在曼彻斯特不过四个月，他提出了最杰出的理论：量子化的原子结构。

玻尔受普朗克的理论影响，这种量子论认为能量传输并非人们认为的那样连续不断，而是一份一份地进行。由不能连续这一思想以及爱因斯坦的深入理解，玻尔建立的原子模型称为卢瑟福—玻尔模型。

玻尔认为，电子不能有任意的轨道，它们绕核运动的距离也不是任意的。电子的轨道是一定的，电子在轨道上稳定地运动，而不辐射能量，电子在任何一个轨道动能不变，但是会发生“能级跃迁”。也就是说，如果从外部把能量供给原子，能量达到普朗克理论规定的量，那么在靠近核的低能轨道上的电子会进入外圈的较高能量的轨道，并且将跃回低能轨道，并以电磁辐射的形式释放能量。

某个特定轨道电子不会随外力加快或减慢，也不会处于轨道之间，电子不会掉入原子核中，因为最低能量级（轨道）的电子一般只有特别微弱的动能，甚至连一个量子都发不出，所以也不会丧失能量。

一条光谱线就是一个电子从某一级轨道进入另一级轨道跃迁而成，原子核逐步向各能级填充可能是形成元素化学性周期律的原因。

这个神奇的理论明显违背了古典经典理论，有很大的缺陷，但是后来的发展却不断出现令人激动的正确预言。

当时很多物理学家都表示反对，爱因斯坦就说："像玻尔那样绝顶聪明和敏感的人物竟然满足于这种自相矛盾、不可靠的理论基础，在我看来真是不可思议。"

然而在解释光谱分析上有关氢原子问题时，玻尔的理论却是完全符合实验结果的，这使得量子力学名声大振。

计算氢谱线是玻尔学说的成功。1914 年在一次权威的实验指出，原子的确只能接受和放出一定份额的能量，而作用量子对份额大小有决定性作用，反之，可以从实验结果导出普朗克常数。

玻尔于 1922 年获得诺贝尔奖金。他是量子论发展的奠基人，后来的天才们正是在他的基础上改进并使理论迈进现代的。

他是丹麦哥本哈根大学理论物理研究所的主任。在 1943 年，丹麦地下组织得到情报说盖世太保要到研究所逮捕玻尔，于是玻尔提前一天上了小渔船，离开纳粹占领的丹麦，乘上英国空军的轰炸机飞抵英国，随即到了美国，参加了原子弹的研究。

玻尔的组织是年轻人活跃的地方。还在丹麦时，就有许多后来成为大物理学家的人对他很尊重也很热爱他。奥托·弗里希是原子核"裂变"一词的发明者，他现在是剑桥大学教授，回忆起 20 世纪二三十年代来，他还记忆犹新。

他生动地回忆了一些有趣的场景："也许除了爱因斯坦之外，再没有其他同时代的科学家，不仅仅是在物理学的范围内，能如此强烈地影响我们的思维。我提到过他的原子模型，……这个图像当时是惊人的，不正统的。还有一些物理学家，我在汉堡的老师斯特恩也在其中，曾发誓说如果这种废话是真实的话，他们将放弃物理学（没有哪个照做了）。"

有意思的是，玻尔外表像一个北欧的农民。他的手多毛，大大的脑袋，浓密的眉毛完全符合 50 岁人的毛发特征，那时弗里希所见的确实是 50 岁的玻尔。"他体重很重，但当他一步跨两级台阶、大踏步地上楼时，我们这些年轻人都比不上他。"玻尔的弟弟是数学家，颇为著名，然而人们夸奖他的数学时，他却说道："我算不了什么，你们应该见一见我的哥哥尼尔斯。"尼尔斯就是尼尔斯·玻尔。

玻尔爱体育，年轻时是积极的足球分子。他还划船，滑雪，有时扛着伐木斧去砍树。

一次，玻尔骑自行车回家，由于刚从苏联回来，时间稍长，把密码忘了。大家每人根据自己所看到的部分动作再加上玻尔自己的记忆，用了半个小时把密码锁打开了，方才回家。

丹麦科学院把嘉士伯啤酒厂创始人雅可布森修建的别墅奖给玻尔，因此，大家常喝着高级啤酒探讨问题。

晚上，年轻人常去玻尔那里聚会，饭后，人们开始倾听。"有些人就坐在他脚边的地板上，看着他装上第一斗烟并听他说些什么。他的嗓音柔和，带有丹麦口音，我们一直无法确定他讲的到底是英语还是德语，他两种语言都说得很流利并不停地在它们之间换来换去"。

弗里希记道："这时，我感到苏格拉底又复活了，用他柔和的方式对我们诘难，把每次谈论提升到一个更高的境界，把我们的智慧给激发出来。"

玻尔不总是对的，但是他常常使人陶醉，让人思考而觉得乐趣无穷。

量子理论自海森堡提出测不准原理后，"上帝就开始投骰子"。20世纪物理学两位大师的争论显得更加激烈。他们在思想上的交流为量子力学的发展提供了某些最严格的检验，爱因斯坦一直认为测不准原理肯定说明在我们的理论上存在某些欠缺。而他一直没能设计出可以绕开测不准原理的实验，尽管如此，由于爱因斯坦的反对，更成为有价值的研究角度，开拓了量子力学创建人的思想。

玻尔于1885年10月7日生于丹麦哥本哈根，父亲是哥本哈根大学生理学教授。1903年时，玻尔攻读物理学，大学三年级就发表论文《表面张力的精确测量》而获得了丹麦皇家学院金质奖章。

1920年起，他担任哥本哈根理论物理研究所所长。他诲人不倦，海森堡、泡利、弗米都受过他的指导，形成"哥本哈根学派"。

1937年，玻尔访问中国，他选择自己的金质奖章图案为中国的太极图，因为他认为量子力学互补理论是他的重大理论，正和中国古代的道家哲学和物理思想相契合。

在他的创办和领导下，哥本哈根成为世界物理学的圣地，玻尔本人被誉为"科学国际化之父"。

电影的诞生

第一部真正的电影摄影机和放映机是在新泽西州爱迪生的实验室里制作出来的。

人类的视觉具有暂留性。比如夜间挥动点着的烟头，就会看到一个完整的圆圈，电影的原理也在这里。

19 世纪 30 年代，在欧洲有一种娱乐游戏，经常放置在客厅里的一种装置，叫做“魔盘”，转动其中一个圆盘，透过另一个固定圆盘的缝隙往里看，就会觉得排在活动圆盘边缘上的小画似乎活动起来。

经过改进，人们又利用反光镜和“幻灯”——一种特制灯箱，把绘制的图像投射到银幕上。

最先把这种摄影新技术同转动的魔盘联系在一起的人是费城工程师科曼·赛勒斯。在 1860 年的时候，他曾经做过一个娱乐项目，即把几张照片贴在转轮的轮叶上，这六幅照片是一个动作的前后相连的分段。

赛勒斯把两个儿子钉铁钉时的活动连续拍了 6 张照片，贴在轮叶上后，开始旋转轮子，结果人们看了，就跟看见一个连续钉铁钉的动作一样，活灵活现。

10 年过去了，费城人亨利利用动作的分节静态照片，把一对翩翩起舞的男女形象投射到银幕上。在同一时期，埃维德·梅布里奇利用24 架拉线快门照像机拍摄活动中的动物和人的静态照片。

1882 年，法国艾蒂安·马雷用一枝带有枪托、扳机和速射快门的单筒“摄影枪”在一卷转动的像纸上拍下鸟儿飞翔的静态照片。英国的威廉·弗里斯格林试验了纪录动作的摄影机和银幕上再现动作的放映机。

爱迪生发明了电灯泡和留声机。他想增加销路，于是决定联系起图像与声音，这样肯定会使他研制的声像设备销路大增。

在影像与声音的配合研究上，爱迪生投资了 24000 美元。1889 年，他的助手威廉·肯尼迪·狄克逊终于设计成功一种链轮系统，可利用一条 50 英尺长、由伊斯曼发明的赛璐珞胶卷进行拍摄。

1891 年，爱迪生申请了发明专利——窥孔式“动画镜”，这就是各种各样摄影机的前身。这种动画镜的胶片宽度成为直到现在仍通行的国际标准宽度35毫米，可是声音与图像难以同步配合，因此爱迪生中断了这项发明，并且也没有申请国际专利，而申请国际专利只需150美元手续费。

正是这150美元的“手续费”，结果使爱迪生失去了数万倍的巨额钱财。因为他断言这项发明无用，放弃了申请专利，结果欧洲人免费竞相模仿，开始发展并生产、制作。

动画馆就是这样诞生的。过往行人只须花上几个零钱儿，就可以透过一个小孔，观看15秒钟的生动动作节目。这样的游戏传到我国，人称“西洋景”，直到20世纪80年代还可在街头见到。

人们特别对一个节目注意：爱迪生研究所的工人弗雷德·奥特张开大嘴打喷嚏。继而，摄影师们创作各种节目，比如杂技过程等等，也吸引了很多观众。

世界电影史的起点是1895年12月28日，这是人们公认的世界上正式放映电影的开端。路易·鲁米埃尔和奥古斯持·鲁米埃尔是两兄弟，法国摄影师，他们在巴黎卡普西尼大街14号租了间地下室，摆了100把椅子，开始收费放映，电影放映就这样在一个寒冷的星期六晚上诞生了。

早期的影片拍的是什么呢?

进站的火车，下班吃饭的女工，吃奶的婴儿等等，而且十分短暂，但是这种新鲜东西却倾刻间迷倒了无数市民。人们争先恐后去看“动画”，这些动画是没有声音的，因为爱迪生的研究没能成功，所以一直没有声影同步。

1896年4月23日，活动电影在美国首次公演，地点是科斯特和比亚尔合开的纽约音乐堂。人们对这些不超过两分钟的活动画面兴趣盎然，记者报道中说：“滑稽可笑的拳击比赛”，“汹涌的怒涛”，“婀娜的金发少女”。

但是因为这时的电影毕竟过于简单，所以很快就失去了魅力。

电影逐渐冷落下来。

到梅里埃的出现，拍摄技术有了巨大的革新。

梅里埃是一名魔术师，1896年，他也赶时髦购置了放映机，自已摆设把玩。一天，他在自我欣赏地观看自己的一部近作，突然间看到了一个心惊的画面：马车拉着灵柩，这是怎么回事?

梅里埃从椅子上蹦了起来，他惊恐万分，忽然想起拍摄时确有一辆马车拉着灵柩经过，但是那时是机器不转之后刚刚恢复，也就是说，这部突然插入的画面是机器停止之后重拍造成的。

这个新的发现使梅里埃试验了一系列的拍法，他停机，然后再拍景物，再停机，又拍一些动作，就这样，画面切换组合，异常奇妙。

就要夭折的电影在梅里埃手里起死回生了。他成功地创办了制片厂和“明星电影公司”，开创了电影工业化的道路。1899 年，他拍摄了新闻片《德莱孚斯事件》。这部影片是根据真实的法国社会事件用现实主义手法制作的，开创了电影业中“再现历史”之先河。

梅里埃最先发现电影可以讲故事。他的影片采用新奇的特技，华丽夺目的服饰，吸引了很多观众。他影片中所采用的很多技术是现在为止仍在使用的基本技巧：溶暗、淡入、淡出、慢镜头、快镜头等等，他的杰出作品是《月球旅行》、《艰难的历程》。

但是有盛有衰，梅里埃风行 15 年，他创办的处于世界电影中心地位的公司开始破败，因为他严重脱离了生活并且拍摄角度极其死板。

百代公司兼并了明星公司，1938 年，潦倒的梅里埃度过数年摆摊卖玩具的生涯，在医院孤独地死去了。巴黎是繁华的，他什么也带不走。巴黎依旧繁华，即使再有个梅里埃，巴黎也是如此。

1915 年，波特等人的才能繁荣了大洋两岸的电影事业。

1903 年的《火车大劫案》是世界上第一部引人入胜的故事影片，它开创了一种影响非常巨大的大众娱乐的新方式。豪华影院随之崛起，好莱坞逐渐成为电影业的“西方不败”。

电影从朴素直白的拍摄事件到成为艺术性的东西，主要是格里菲斯，他导演的电影剪辑艺术十分高超，1915 年，他摄制了《一个国家的诞生》。这部长达三小时的影片介绍了美国南方的重建，他把三 K 党塑造成英雄，把奴隶丑化成强盗，虽然电影很具感染力，但却使许多正直的人愤怒。

无声电影就这样逐渐发展起来，“默片时代”就是这个时期。此时人们习惯的是一边看电影一边听现场乐队伴奏。

1927 年，沃纳兄弟制成第一部有声艺术片《爵士乐歌唱家》。主演约尔森本来只是唱几首歌，但是却偶然地即兴加入一段讲话，结果开启了一个电影大发展时期，他说：“你们还什么都没有听见过。”

人们从电影中听到的第一句话就是这句，它结束了一段历史。

飞行的梦想

从古代开始，人们就梦想“像鸟儿那样飞翔”。达·芬奇这位文艺复兴时的天才人物，也研究过鸟的构造，试图制造出翅膀。

1783 年，法国人约瑟夫·艾蒂安·蒙哥勒费埃和雅克·艾蒂安·蒙哥勒费埃首次发明了热气球，开创了一种新的飞行途径。

早在 1766 年，卡文迪许发现了氢气，后来的人们用氢气替代热空气，气球飞行便流行开来。

很多著名的科学家研究气球飞行。英国的乔治·凯利爵士是空气动力学的创始人，他对比空气重的物体飞行发生了浓厚兴趣。他抛开了陈旧的翅膀想法，发明了一种滑翔机，这种滑翔机是带有固定尾翼并且有两个侧翼的装置。

1804 年，在约克郡的庄园中进行了世界第一次滑翔机飞行，人们通常认为这是世界上第一架飞机。然而这种飞机只能借地势和风力滑行一段时间，而不能自己在空中操纵飞行，人能做的只是适当改变方向，至于控制速度及停止与否都谈不上。

莱特兄弟的父亲是基督教兄弟联合会的一位主教。莱特一家有 5 个孩子，1867 年，威尔伯出生；1871 年，奥维尔出生。

很小的时候，他们就十分喜欢摆弄各种机器零件。在他们童年时，还得到了一件玩具，即父亲赠给他们的竹蜻蜓。这架竹蜻蜓是一只以拧紧的皮筋为动力垂直起飞的，十分有趣，它激发了两个孩子童年的梦想。

兄弟俩敢想敢做，敢说敢干，他们一贯勇于实践。

上中学时，奥维尔和威尔伯办过报纸，效果很好，都发展成一天一出的日报了。后来在 1890 年骑自行车热席卷美国的时候，兄弟二人又开办了“莱特自行车公司”。谁又能想到，这个公司是他们从修车铺发展起来的呢。

他们俩最感兴趣的依然是飞行。

多少年来，人们一直神往着像鸟儿一样在空中飞行。中世纪时，许多人模仿鸟类给自己也安了翅膀，然后开始从悬崖上向下跳，结果十分悲惨，很多人因此被摔得粉身碎骨。

莱特兄弟知道，做翅膀来使人飞行是实现不了的，只能从研制载人飞行器入手。

他们找来了大量资料，其中在德国和芝加哥的两个人做的试验吸引了他们。这些人的试验给他们带来了经验也带来压力，谁先研制出来谁就成功了。

1899 年，莱特兄弟投了第一笔钱，造了一架 5 英尺长的双翼飞机，并像放风筝似地把这架飞机送飞到空中，他们要研究在有风条件下如何改变方向的问题。威尔伯得出结论说，只要用与拉线相连的小棍调节，使翼梢保持不同的迎风角度，就可以控制飞机的航向，这次得出的成功结论影响了以后研究。

兄弟二人的第一架滑翔机是 1900 年造出来的。为了寻找试验场地，他们询问美国国家气象局，气象部门告诉他们北卡罗莱纳州基蒂霍克村的沙滩比较适合，因为那里的气流较平稳而且可以托起滑翔机，地势开阔，没有森林和灌木丛。那一带的行人也很稀少，安全性较大。但是对于飞行员来说，安全条件只是一个极小的减少危险的因素，真正的危险来自设计本身。

一旦落地发生事故，那就会造成无可挽回的损失。

莱特兄弟成功地进行了滑翔机的载人飞行试验。

1900 至 1903 年，莱特兄弟孜孜不倦地进行飞行和研究，他们仅在 1902 年 8 月至 10 月期间就飞行了 1000 次。他们达到了在风力下每小时飞行 36 英里的速度，当然，他们飞不了很长的时间。

根据实验得出，过去的一些气压计算方法是错误的，他们开始自己制造仪器并利用新的物理上的新仪器来测量。

沙努提对他们帮助很大。

当时已经 70 岁的老人奥塔维·沙努提无私而耐心地帮助他们。老人是世界上第一流的滑翔机制作和飞行权威，他还亲自到莱特兄弟的试飞场进行指导。

1903 年 12 月 17 日，世界上第一架动力飞机制作出来摆在了试飞场上。

还是在几个月前，莱特兄弟认为进行动力飞行试验的条件已经成熟，开始制造各种零件，当时没有轻便的汽油发动机，他们自己做了一个十分粗笨的 12 马力 4 缸冷水式发动机，并且安装了两只 8 英尺长的木制螺旋桨。

这其中有一个小小的花絮。

本来，飞机定在12月14日试飞，这可是人类世界一件大事，谁能成为荣幸的第一人呢？况且不仅是荣幸，也有很大的危险，一旦发生事故，轻则伤残，重则毙命，可不是闹着玩儿的。

莱特兄弟性格相近，对于危险，他们都想让自己承担，对于荣誉也想竞争。这可怎么办呢？于是两人抽签，结果是威尔伯驾驶。他欣喜而又紧张地做好准备，12月14日起飞。不料起飞出了故障，飞机立即坠落，大家手忙脚乱地抢救抢修，威尔伯幸好没有受伤。

经过3天紧张抢修，飞机又好了，但是飞行员轮到了奥维尔，就这样，奥维尔荣幸地成为驾驶世界上第一架飞机飞行的人。

12月17日是星期四，天气晴朗，能见度很好。仍然是在基蒂霍克村的空旷沙滩上，“飞人号”停在那里，它看上去很奇怪，活像一个大箱子风筝。

助手们和莱特兄弟最后又做了一次检查，弟弟就要试飞了，哥哥微笑着说：“祝您成功，我的兄弟。”助手们也都为奥维尔祝福。

10点35分，奥维尔解开了绳子，飞机是被装在一辆滑车上的，可以沿着一条单轨的轨道滑行。在轨道上是涂得均匀的润滑油，绳子一解开，“飞人号”开始缓缓地向前滑动，它摇摇晃晃、跌跌撞撞，然而速度仍然在加大，奥维尔慢慢地把12马力4缸发动机加到最大油门。

飞机升空了！

依然摇晃，奥维尔尽力保持平稳。

突然，飞机栽了下来！

这次栽下来却非同小可，因为它在空中持续飞行了12秒，飞行120英尺。虽然距地面高度不过10英尺，但却是雏鹰的成长，从此开启了人类飞行的新程。

一天之中，他们一共试飞了4次，奥维尔两次，威尔伯两次。飞机向下栽不是坠落，而是滑行撞到沙滩上，所以没有造成什么伤害。最长的一次是威尔伯飞行创下的：59秒内飞行852英尺。

然而这次飞行却受到人们的漠视，人们以为是个骗局，报纸上也没有怎样报道。第二次更倒霉，兄弟二人制出“飞人二号”，结果由于发动机过重，在演示时怎样都飞不起来。

这下成新闻了。人们一时间纷纷传说两个骗子的事迹。

莱特兄弟毫不气馁，他们不停地试验，人们在很多时候亲眼目睹了他们的试飞，但都不表示注意。

1905 年，莱特兄弟在 35 分钟内飞了 24 英里，完成了当时所带燃料支持的最远飞行。莱特兄弟开始申请专利，他们于 1906 年得到了飞行机器的专利。

直到 1908 年，美国政府才意识到了他们的研究价值，罗斯福执政期间，政府购买了莱特兄弟的飞机。接着法国有人邀请他们开设公司，莱特兄弟赴法表演，世界承认了莱特兄弟。

成绩越来越好，莱特兄弟在 1909 年飞出了两小时 135 千米的记录，他们还首次在双座飞机中运载了乘客。

法、英、俄、德的工厂开始研制飞机，随之而来的是科学理论的提出、发动机的改进等等。

航空时代到来了。

火箭的诞生

世界上第一枚火箭出现得很早，但是真正的液体燃料火箭是 1926 年制造出来的。

火箭可能是古代中国的发明，1232 年开封之战的史料就已经记载了蒙古军对中国人的“飞火箭”的恐惧。

早在 1241 年，鞑靼人在莱格尼查之战中曾用火箭打过波兰人，1288 年，阿拉伯人进攻西班牙城市巴伦西亚时也动用了火箭。

人们并不知火箭是怎样具体地制造出来，但是应该确定是火药发明之后的事。到了 18 世纪，火箭仍然使用于战争。

1792 年和 1797 年塞林加帕坦周围的战斗，印度米索莱苏丹蒂普的军队使用了火箭，这使得英国军队伤亡惨重。

1812 年，美国人也利用曾使自己吃过亏的火箭攻打麦克亨利堡，《星条旗》里有“火箭耀眼的红色光芒”就是指此而言。

1405 年，被人们认为是世界第一位真正的火箭技术理论家的康拉德·凯泽·冯·艾希施泰特发表了一篇关于筑城设防的论文，文中谈到几种不同的火箭。1605 年，波兰火炮专家卡奇米尔兹·谢米埃诺维奇发表了很有价值的创新设计，谈到了多级火箭。

但是火箭发展始终跟不上大炮的改进。19 世纪，自从人们研制了复式炮弹以后，发现它比火箭要射得准确，以后，人们逐渐不再发展火箭。

火箭靠的是反冲，有意思的是文学作品最先奠定了反冲思想。在法国人西朗·德贝尔热拉克的著作《月球各国奇遇记》和《太阳各国奇遇记》两本书中描绘了用火箭推动“航天车箱”的宇宙航行。

20 世纪，火箭科学有了转机。

首先是一个十分不起眼的俄国教师齐奥柯夫斯基，是他奠定了火箭飞行的理论基础。在 1903 年和 1911 年，他曾经发表了论文，他计算得出，理论上是可以到达其他天体的。他认识到用固体做火箭的燃料是错误的，而应研究液体火箭。他还设想了宇宙飞船，建立了多级火箭系统。

然而齐奥柯夫斯基的理论当时对欧洲没有很大影响，他一生经常遭人讽刺和嘲笑，直到列宁建立了新的苏维埃政权，齐奥柯夫斯基才当选为科学院院士。

“现代火箭技术之父”是戈达德。

美国物理学教授罗伯特·戈达德进行了液体燃料火箭的试验。他曾经成为人们关注的焦点，但是新鲜劲过去之后，没有人资助这位教授，因为人们和政府组织都没有意识到他的巨大研究潜力。

罗伯特·戈达德还是马萨诸塞伍斯特城一个十六七岁中学生的时候，曾经有过很多幻想。他身体很不好，经常由于肺结核不能根治导致卧床不起。就在一次长达两年之久的卧床之中，1899 年 10 月 19 日，戈达德称为纪念日，他产生了一个“幻想”。

戈达德这样说：

“这是新英格兰 10 月里一个宁静的下午，周围景色美丽极了，五彩缤纷。我在眺望东面的田野时心想，要是制造出有可能登上火星的装置该有多好啊！我想象着有一架机器从树下的草地飞起来，直上天空。

从这以后，我和以前判若两人。”

这时，戈达德刚刚过了 17 岁生日，他决心使人类飞出地球。

在学校里，他首先自学牛顿的著作，牛顿的理论提供了反冲依据。戈达德是一名成绩优异的学生，在 1907 年，他曾建议飞机用陀螺仪来稳定。

1912 年，戈达德成为普林斯顿大学的研究员，他一直利用业余时间研制火箭，谁也不知道。1913 年时，戈达德计算得出：一枚重 200 磅、能将 1 磅重的物体送出大气层的火箭可以研制出来。

戈达德一个人做的工作是现在冶金、热力学、空气动力、结构学、水力学、机械等方面专家联合而做的工作，而且他没有足够的资金，因此没能迅速地把火箭研制出来。

在 1916 年，史密斯学会支援了 5000 美元。

1917 年 4 月，戈达德参与军事火箭研究。后来，他研制了可由普通战士使用的无后座力火箭发射器，但是 4 天之后，战争结束，因此戈达德没有继续得到经济支持。

更糟的是，他的论文发表了，人们对他的一个玩笑似的想法当了真：将镁光灯送上月球，使其发光照射全世界。

人们纷纷嘲笑他。

戈达德就是没钱，如果有充足的资金，他早就实施了很多富有创见的计划了。

1920 年 7 月到 1923 年 3 月，戈达德得到了海军军械局的每月 100 美元经费。这时，德国人正在大力研究火箭，并已经取得了很大的进展，但这个时期的液体推进试验未能成功。

后来，戈达德去克拉克大学教书，得到了大学的资助，在这里他成了家，继续研究液体推进火箭。

1925 年，一种轻型火箭飞行达 24 秒，混合液体初显奇效。

1926 年 3 月 16 日，火箭飞行实验就要开始了。

美国马萨诸塞州奥本老伍德农场的旷野上，薄雪覆盖着平原，戈达德和助手们把火箭发射台上的金属架支好。火箭的模样很怪，10 英尺长，没有遮盖也没有罩子，发动机和喷嘴不是装在后面而是装在前面，两条细金属管从发动机通向火箭底部的一对小油箱，其中一个装了汽油而另一个装的是液体氧气——臭氧。

这时戈达德经历了许多风霜，已经 44 岁了，他自 17 岁以来梦想飞向太空，到今天终于迈出了一大步。

从固定燃料开始试验，改成爆发力巨大的汽油与液氧的混合液体燃料，凝结了多少艰辛。

下午 1 点，戈达德与助手开始准备，又过了一个半小时，一切就绪，助手亨利·萨克斯拿着一根长 6 英尺，顶端的喷灯正喷着火焰的棍子，得到戈达德发出的信号后，他把喷枪凑近火箭点火器，酒精炉被点着，他迅速躲在远处薄钢板后边。

过了 90 秒，戈达德拉动了一个开关，氧和汽油混合，喷出高速火焰，第一枚液体燃料火箭起飞了。

这就是V－2型弹道导弹的雏形，也是阿特拉斯火箭的前身，它飞了184英尺，飞了短短的2秒，最高高度只达41英尺。

戈达德记录到：“火箭掉在冰雪地后仍然高速向前窜，简直不可思议，火箭升起时，既听不见任何噪音也看不见火焰。”

戈达德激动地联想到“一个仙女，一个舞姿优美的舞蹈家”。

是啊，正是这优美的舞蹈家，使人们步入航天时代，开始优美的宇宙旅程。

1945年8月10日，戈达德因病去世。

20世纪的智者——罗素

在20世纪，有一位百科全书式的智者，自西方世界亚里士多德以来，真正的百科全书式人物越来越少，而要在19—20世纪成为令人尊敬的有巨大建树的百科全书式学者，更是难上加难，可望不可及。

罗素就是20世纪的智者、大师级百科全书学者。他是哲学家，然而又是数学家，1950年，获得诺贝尔文学奖，这一切已经初步使人窥见他的伟大。

他首先是真正的哲学家。

作为分析哲学的创始人和奠基者，罗素和摩尔是分析运动的实际缔造者，他用自己精深的符号逻辑，开创了理想语言学派的分析方法。罗素在整个20世纪的精神与思想文化历程上，留下了不可磨灭的印记。

100年来的哲学家，没有一位声称自己完全不受罗素影响，相反，人们认为自己在不同程度上受到了罗素的影响。罗素是哲学家、数学家、逻辑学家、社会活动家和和平主义者。

他自己说过，一生为三种激情所支配：对真理的不可遏制的探求，对人类苦难不可遏制的同情，对爱情的不可遏制的追求。罗素的哲学观点在现代有些已经落后，但是从他的一生中，人们看到了从善如流、幽默机智、学识渊博、仗义执言的伟大学者形象。

他从1900年起经历了对黑格尔唯心论的反叛，尊重科学、尊重逻辑、尊重经验是他的终生作风。他严肃甚至古板地认为，我们一切信念都必须放在哲学的审判台上，并证明它是合理的。他要在经验主义哲学的基础上，依靠现代高度发展了的逻辑分析技术，寻求人类知识牢固而坚实的基础以及科学可靠无误的根据。

1872年，罗素生于英国南威尔士莫矛斯郡特雷莱克一个贵族世家。

他的父母是自由主义者，思想极为激进，积极参加各种革命活动。罗素的祖父是伯爵，在辉格党中很有名望，是一位极著名的政治家。辉格党就是英国自由党的前身，在维多利亚女王时代，罗素的祖父曾两次出任首相。

罗素年幼时，父母相继离他而去，因此，祖母照看罗素长大。祖母身上具有独立不羁的顽强性格，她以及她所在家族的自由主义传统深深地影响了罗素的成长。

罗素的童年十分孤寂，他经常在家中荒凉失修的大花园里独自观察大自然，思索人生的意义和自然的秘密。正是大自然、书本和数学把他从孤独和绝望中拯救出来，特别是数学，是罗素的兴趣所在。

1890年，罗素考入了剑桥大学。前三年，罗素专攻数学，获数学荣誉学位考试的第七名，第四年转攻哲学，获伦理学荣誉考试第一名。1908年，罗素被选为皇家学会会员。1910年，任剑桥大学讲师，1914年成为剑桥三一学院研究员，1949年成为英国皇家学会的荣誉研究员。罗素曾经到过中国，讲学达一年之久，他对东方的热情和研究在西方世界也是典范。在20世纪50年代后，罗素主要从事社会政治活动。

罗素自己总结过：

按照我所关心的一些问题，按照做过对我有影响的研究工作的人，我的哲学发展可以分为不同的阶段。只有一件事我念念不忘，没有改变：我始终是要急于发现，有多少东西我们能说是知道，以及知道的确定性或未定性究竟到什么程度。在我的哲学研究中，有一个主要的分界：在1899—1900这两年之中，我采用了逻辑原子主义哲学和数理逻辑中的皮亚诺技术，这个变革是太大了，简直使我此前所做的研究（除去纯数学的以外）与我后来所做的一切全不相干。

这两年的改变是一次革命，以后的一些改变是演进发展的性质。

起初，罗素的哲学兴趣有两个来源：一方面，他要急于发现，对于任何可以称为宗教信仰的东西，哲学是否可以提供辩护，不管是多么笼统；另一方面，他想让他自己相信，如果不在别的领域里，至少是在纯数学里，有些东西人是可以知道的。

在罗素没有接受高等教育之前，就已经在思考以上问题了。他对宗教的看法由不相信自由意志到不相信永生到不相信上帝。

剑桥学到的是康德和黑格尔哲学。在深信黑格尔反对这个或那个的那些论证都是不能成立的之后，他的反应是走到相反的极端，开始相信，凡不能证明为伪的东西都是真的。

在 1910 年以后，罗素做完所有他想做的关于纯粹数学的研究之后，开始考虑物理学界。受到怀特海的影响，二人共同研究了很多问题，从 1910 年到 1914 年，罗素开始认识物理世界。

约在 1917 年，罗素注意到语言与事实的关系问题，对逻辑的研究是罗素的一大巨变。他的思想大致经历了绝对唯心主义、逻辑原子论、新实在论、中立一元论等几个阶段。罗素在数理逻辑方面，由数理逻辑出发，建立起逻辑原子论和新实在论，成为现代分析哲学的创始人。他善于博采众长，自我省察，不断修正。

罗素一生兼有学者和社会活动家的双重身份，以追求真理和正义为终生职业和志向。他不是躲在书斋里不问人间死活的学者，从青年时代起，他就继承家庭的优良传统，积极参加社会、政治活动，追求并捍卫社会主义。

1895 年，罗素曾经两次访问德国，研究“德国社会主义运动”，同倍倍尔、李卜克内西等人交流。1920 年访问苏联，与列宁晤谈。罗素是举世闻名的和平主义者，第一次世界大战时，由于进行反战宣传，被判刑入狱六个月。20 世纪 50 年代，爱因斯坦和罗素共同发表“罗素—爱因斯坦宣言”，用来反对氢弹的研制。

1961 年，罗素已 89 岁高龄，但是他仍为和平奔走。他主持了一个静坐示威，抗议战争的活动，结果夫妇二人以老迈之躯被判刑入狱两个月。罗素支持希腊和巴基斯坦人民的解放运动，反对美国侵略越南的战争。1966 年他与萨特等人组织“国际战犯审判法庭”。1968 年，罗素发表声明，抗议苏联入侵捷克。1970 年，罗素抗议以色列发动中东战争。这是一个和平主义者的牺牲精神的体现。

罗素的著作理性、凝重、深刻，但是文笔优美流利，思辨与文采在他那里天然浑成，感人心肺而又启人心智。在英国文学中，他的清新散文享有盛誉。

罗素的著述有七八十种，论文数千篇。他涉及到哲学、数学、科学、伦理学、社会学、政治、教育、历史、宗教等诸多方面。

1949 年，罗素获得英王六世颁发的最高“荣誉勋章”。

1950 年，罗素获诺贝尔文学奖。

瑞典学院认为罗素体现了人道主义与思想自由的捍卫者的斗争精神。“表彰他所写的捍卫人道主义理想和思想自由的多种多样意义重大的作品。”颁奖辞中的一段话可以作为我们的结尾：“罗素的哲学具体地体现了诺贝尔先生创立这个奖的初衷，他们对人生的看法是十分近似的，两个人不但都接受怀疑论，而且都怀有乌托邦理想，并且由于对当前世局的共同忧虑而共同强调人类行为的理性化。”

电子计算机之父——诺伊曼

“约翰毫无疑问地被认为是计算机之父，那时他已经在普林斯顿造了一个。他居然邀请我参加那次讨论，实在让人难以置信，很大程度上不是出于友好，而是怀着微弱的希望让我能提出新的想法，结果我辜负了他的期望。但我从没有停止过对计算机的好奇，并且使我感到荣誉的是我竟然受到了大师的启蒙教育，他的数学成就和技术对我来说太高深，无法用语言来描述。但我知道他的大脑是坚强有力的，因为有一次我亲眼看见他连续喝下了 16 杯马丁尼还能清醒地只靠双脚站着，尽管说话的语气带点儿悲观的味道。”

以上是剑桥大学著名教授奥托 · 弗里希回忆冯 · 诺伊曼的情况，那时他们在洛斯。阿拉莫斯研究原子弹，他评价道：“约翰 · 冯 · 诺伊曼，匈牙利出生的数学家，他发明了竞赛（包括经济的和政治的）规则的理论及第一个电子计算机后面的指导思想。”

的确，正如弗里希所说，诺伊曼是计算机思想的系统提出者。

冯 · 诺伊曼的运算能力很强，人们在研制导弹时要大量计算，有些数学家用笔，有些数学家用计算尺，但是他只用脑子，常常是和大家同步说出答案，甚至先于大家得到结果。

约翰 · 冯 · 诺伊曼是 20 世纪杰出的数学家之一，他在第一台电子数字计算机的制造中作出了巨大的贡献，然而他是一个真正的数学学者和富有创造的专家。

熟悉德国名字的人会在他的译名中得知他出身贵族。不错，他是犹太血统。他的父亲是一位银行家，曾被皇帝授予贵族封号，“冯”就是贵族的标志。

诺伊曼从小就很有才能，记忆力极强，他6岁时据说就已会七位数的除法。十多岁时，冯·诺伊曼已经会高等数学的许多方法和概念了。数学家菲克特在老师和家长的邀请下做了冯·诺伊曼的家庭教师。在中学毕业的时候，这个天才少年就和自己的数学家老师写了第一篇数学论文。

关于冯·诺伊曼的心算能力，他的老师、著名数学家波利亚曾经这样说过：“约翰·冯·诺伊曼是我唯一感到害怕的学生。如果我在讲演中列出一道难题，那么当我讲演结束时，他总会手持一张写得很潦草的纸片，说他已把难题解出来了。”

冯·诺伊曼1927年至1929年担任柏林大学义务讲师，1929年10月到美国讲学，1931年起为世界著名的普林斯顿大学聘任，授予终身教授职位。他精通英语、法语、德语，对拉丁语和希腊语十分熟练。

在美国，冯·诺伊曼结识了爱因斯坦、维纳等人，维纳是世界著名的神童，天才的控制论创始人。冯·诺伊曼与维纳合著了《博弈论与经济行为》一书，成为数理经济的权威之作。

1940年后，冯·诺伊曼参与了军工研究，他于1933年加入了美国国籍，在军工研究中担任了美军弹道研制室的顾问。

他参加了正在研制的第一台电子计算机工作，说来机会很偶然。

1944年夏天，冯·诺伊曼已经是一位十分著名的人物了，身为阿伯丁弹道实验顾问的他被人传说得十分神奇。

他参加了ENIAC的研制工作，ENIAC的研制使莫尔学院成为当时美国的计算机研究中心之一。在冯·诺伊曼到来后不久，经过对ENIAC不足之处的认真和细致的对话，研究小组很快又开始研制另一台电子计算机。

当ENIAC——世界第一台电子计算机尚未完成之时，1945年3月冯·诺伊曼又参加了另一种新型计算机的研究。在他的主持下，根据图灵提出的存储程度式计算机的思想，研究小组完成了EDVAC的设计方案初稿。1945年6月，全新的存储程序式通用电子计算机的设计方案——EDVAC诞生了，而这时第一台ENIAC机还未完成。

1945年3月，冯·诺伊曼针对ENAIC提出了改进报告，确定计算机采用二进制，用电子元件开与关表示“0”和“1”，用这两个数字的组合表示任何数，可以充分发挥电子元件的开关变换，实现高速运算。

有一个有意思的事情。

冯·诺伊曼本来是数学家，他在此之前对计算机的研制甚至有关的技术都是一无所知，为什么他能够提出改进方案并且确定计算机基本结构和工作原理呢？

冯·诺伊曼提出计算机应有五大部分，即：计算器、控制器、存储器、输入设备、输出设备。

他提出的正是逻辑装置的关键，明确反映出现代电子数字计算机的存储程序控制工作原理和基本结构。

当他刚一开始进入电子计算机研制小组的时候，小组的负责人莫克利和艾克特并不十分热情，他们想要考一考这位来自普林斯顿高等研究院的数学天才，他们声称，只要从冯·诺伊曼提的第一个问题就知道他是否是真正的天才！

结果是可想而知的，冯·诺伊曼到达莫尔学院的计算机研究室看了研制中的计算机之后，提的第一个问题就是这台计算机的逻辑装置和结构，这恰恰是莫克利等人用来判定天才的标志。

1946 年之后，冯·诺伊曼领导了普林斯顿高等研究所的现代大型电子计算机的研制。后来制成每秒百万次的计算机，成功地应用于计算导弹数据与天气预报上。

1955 年，他检查出癌症，正在扩散，他更加夜以继日地工作，写出了人工智能的著作《计算机与人脑》。

1957 年 2 月 8 日，冯·诺伊曼去世。

宇宙中有多少个电子

1920 年，爱丁顿在英国学术协会演讲中讲述了蒂达洛斯和伊卡洛斯的故事，从这里我们窥见到一位伟大探索者的灵魂。

钱德拉塞卡教授这样评价："在今天，我们怀着极其崇拜的心情，纪念一位曾朝向太阳勇敢高飞的伟大灵魂。"

爱丁顿是这样说的：

"古代有两位飞行员，他们给自己装上翅膀，蒂达洛斯在不太高的空中安全地飞越了大海，着陆的时候理所当然地受到赞誉。年轻的伊卡洛斯迎着太阳高飞，最后捆绑翅膀的蜡熔化了，飞行也就因此彻底失败。在衡量他们的成就时，也许要为伊卡洛斯说几句话。第一流的权威们告诉我们说他仅仅是在“玩特技飞行表演”，可我更愿意这样看：是他明确地暴露出他所处时代的飞行器在结构上存在着缺陷，所以，在科学中，谨慎的蒂达洛斯也会将自己的理论应用到他确信非常安全的地方，可它们的潜在弱点不会被他的过分小心揭露出来。伊卡洛斯会将其理论拉至强度极限，直到脆弱的接合点裂开，仅仅是作一次壮观的特技吗？也许有几分道理，他也是一个普通的人嘛。但是，虽然他命中注定到不了太阳，无法彻底解开飞机的构造之谜，但我们可以希望从他的失败中得到一些启发，去建造一个更好的飞行器。”

阿瑟·斯坦利·爱丁顿于 1882 年 12 月 20 日出生在威斯特摩兰的肯特尔。父亲阿瑟·亨利·爱丁顿是一位校长，学校是肯特尔镇的斯特拉蒙加特校。这个学校历史很悠久，100 年前道尔顿曾经任教于此。

肯特尔的学术传统影响了爱丁顿，那里，科学工作被认为是最重要的公共服务，不是从实际利益出发，而是从社会贡献上说的。

1884 年，爱丁顿还不到两岁时，他的父亲因病去世。母亲带着姐弟二人迁往滨流韦斯顿。

童年时期，爱丁顿表现的和普通孩子不一样，他特别迷恋数，尤其是大数。有一次，他数《圣经》共有多少字。他还学会了 24×24 的乘法表。

这个爱好一直保持到爱丁顿成为著名的科学家。1939 年爱丁顿出版了《物理科学的哲学》，在其中一章的第一句话提到：

我相信宇宙中有 15 747 724 136 275 002 577 605 53 961 181 555 468044 717 914 527 116 709 366 231 425 076 185 631 031 296 个质子和相同数目的电子。

这比数恒河沙数还要不可思议。诚然，这里的对和错不一定区分出来，但它表明了物理学家一种推算问题的乐趣。

著名的罗素曾经问过爱丁顿，是他自己算的还是把式子列好请别人算的，爱丁顿说那是在他一次旅行途中自己动手得出的结果。

1926 年，爱丁顿在牛津给英国学术协会做晚会演讲，他的开头是这样的：

恒星具有相当稳定的质量，太阳的质量为——我把它写在黑板上：

2000000000000000000000000000 吨。

但愿没有写错数字零的个数，我知道你们不会介意多或者少一两个零，可大自然在乎。

1907 年，爱丁顿应皇家天文学家克里斯蒂爵士之邀，进入格林威治天文台任高级助手，他做了 5 年，1912 年被选为剑桥的普卢米安讲座教授，接替乔治·达尔文爵士。罗伯特·伯尔爵士 1914 年去世后，爱丁顿担任了剑桥天文台台长，这项引人注目的工作，他做了 30 年。

爱丁顿对物理学最重要的贡献是创立了现代理论天体物理学，开辟了恒星结构、组织和演化的新学科。1916 年，为了研究造父变星亮度，爱丁顿开始研究恒星结构，他出版了《恒星的内部结构》一书，并且对爱因斯坦的理论多加注意。正是在他的提议下，两支队伍，一支由爱丁顿本人率领，到非洲西部的普林西比岛，一支由天文学家克劳姆林带领，到南美的索布腊尔，把结果反复核对后，证实了爱因斯坦的伟大预言。

爱丁顿另有著作：《相对性的数学理论》（1923），《关于引力相对论的报告》（1915），《空间，时间与引力》（1920），《恒星与原子》（1927）。后两本书是特别受到欢迎的两本书。

爱丁顿对天体物理学的主要贡献是在恒星结构领域。不仅如此，在其他的领域他仍然硕果累累，他提出了“爱丁顿近似”，这是辐射转移问题的一种近似解决办法。他还解决了恒星大气中谱线的形成，这对研究恒星大气理论的起步阶段尤其重要。爱丁顿根据双星的星线分析光线弯曲，确定单个恒星的质量。这个问题是分层平面大气中有关光的散射与透射这一更大问题的原则。

爱丁顿最先修正了“生长曲线”方法，将这种方法应用于星际吸收谱线问题，爱丁顿引入了“稀释因子”概念，沿用至今。

他还认为：由星际吸收谱线确定的径向速度与银河纬度有一定关系，由这种关系确定的径向速度存在一个幅度，这个幅度应是恒星吸收线所表现出的一半，这个猜测被实际观测所证实。

有意思的是，爱丁顿和琼斯及米尔恩有过很大的争执，他们连续论战。作为一个不完美的人，爱丁顿表现出他争斗的强烈性。

爱丁顿说：“米尔恩教授没有详细谈及为什么他的结论与我的有如此天壤之别。我对文章其余部分兴味索然，若对它的正确性还存有丝毫幻想的话，那太荒谬了。”

这可以看出，爱丁顿不是心平气和且公平地对待争论的，但是有一件小事似乎表明爱丁顿对争论的态度：

爱丁顿和他的姐姐常常去参加纽马克赛马大会，哈代问爱丁顿是否赌过马，爱丁顿回答说没有，但是他强调只有一次，哈代便问那一次是怎样的，爱丁顿说有一匹名叫琼斯的马飞跑着，他无法抗拒这匹马的矫健丰姿，于是就下了一次注。结果大家问他赢了没有，爱丁顿以他特有的微笑说：

“没有！”

这个轶事被人们传说至今。

爱丁顿本人身上有很多优秀品质，比如为了信仰不怕暴力，这也是他在科学上追求太阳的体现。

1917 年，世界大战仍在进行，英国制订了征兵法，爱丁顿完全符合条件。但爱丁顿本人是一个反战者，他热心笃信教友派。

朋友们知道爱丁顿是因为自己的信仰而反对服兵役的，但这样就麻烦了，因为以这个理由来反抗政府只能被抓入兵营，强制服役。政府对人道主义立场的反战人士是不欢迎的，而且十分厌恶。社会潮流也认为拒服兵役的人是可耻的人，不管你是否真诚希望和平。

于是，剑桥大学的好朋友们便想办法让内政部下命令使爱丁顿能够缓服兵役。他们提出来的理由是：爱丁顿在科学事业上有举足轻重的作用，从长远利益来看，让他参军是一项重大损失。整个科学界因为著名科学家莫斯利在加里波利阵亡的事都感到遗憾和痛心。

本来，拉莫爵士等人的建议就要成功了，内政部给了爱丁顿一封信，只要爱丁顿在信上签名就可以了。但是，直言不讳的爱丁顿却又在信上添了附注，说如果不能缓服兵役的话，他就要用另外一个理由来拒绝兵役，那就是他崇信的教友派教义。军方当然对此十分生气了，这使得缓服兵役一事遇到了阻力。

爱丁顿认为，他的许多教友派朋友正在北英格兰的军营里削马铃薯皮，他没有任何理由不和朋友们在一起，最后，经过皇家天文学家戴逊的周旋，爱丁顿终于缓服了兵役，而且还确定，如果 1919 年 5 月前结束战争，他将率领考察队去验证爱因斯坦预言。事情发展正如后来发生的那样顺利。

爱丁顿是相对论的阐述者和提倡者，他做出了巨大贡献，并且发现了爱因斯坦的一些错误。

晚年，爱丁顿对于他关于宇宙常数、宇宙模型、相对论简并、黑洞的形成以及“统一量子论和相对论”方法的观点过于自信，但某种程度上也是一种自负和糊涂。

他说：“我相信，当人们认识到必须理解我，并且‘解释爱丁顿’成为时尚时，他们会理解我的。”然而人们记叙的却是：“在他最后的日子里，由于长时间的想入非非，他脸色如死人般苍白，显得痛苦不堪。”

1944 年 11 月，62 岁的爱丁顿离开人间。20 世纪杰出的百科全书式的人物罗素写道：“爱丁顿爵士逝世，天体物理学因此失去了自己最杰出的代表。”

数学危机

数学被人们认为是严密而精确的推理学科，它有系统而严格的思维特点。然而从数学发展的角度看，这最精确的科学也发生过很多次动摇，到 20 世纪，它的严密再一次受到怀疑。

如果回顾过去的话，数学最少有三次危机。

第一次是和谋杀案联系在一起的。

公元前的 6 世纪，毕达哥拉新学派认为：“任意两条线段的比都是整数比”。他说的既有整数也有分数，分数也可以表示成两个整数之比。

结果后来出现了一个问题：如果正方形边长是 1 的话，那么对角线值是多少？

毕达哥拉斯发现了勾股定理，问题同样可以改成：直角三角形，两条直角边都是 1，那么斜边长是多少？

毕达哥拉斯冥思苦想，埋头细算，熬过许多不眠之夜，竟然得不出来！最后，他认为这个数太可怕了，于是下了禁令：任何人都不许提这件事，也不许研究。

在学派中有一名成员叫希伯索斯，他对未知充满探索的兴趣，他不顾禁令，偷偷研究这个正方形对角线与边长的比例问题。这个问题扩展后，就是求正方形对角线长度与边长的比例。

希伯索斯进一步研究了正五角形，结果发现，当正五边形的边长为 1 时，对角线既不是整数也不是分数，这可怎么办？

当时，人们的数只有整数和用整数比来表示的分数，没有其他的数了，而希伯索斯发现的这个数竟然不是个“数”！

这个发现在学派的内部流传开来，人们惶恐不安，毕达哥拉斯学派的首脑们得知以后，研究了希伯索斯的发现，认为这真是“荒谬”的东西，简直是魔鬼的化身！

当时的毕达哥拉斯学派宗教色彩十分严重，他们对自然的看法也是人们中最权威的。毕达哥拉斯“万物皆数”的话成为毕达哥拉斯学派的真理和教规，但是希伯索斯的发现竟然让“物”不能用数来表示！于是学派内部封锁这个发现，以免动摇人们对他们的权威信仰，并且不允许任何人研究这方面的数，不管是正方形还是正五边形。

然而希伯索斯仍在探索，毕达哥拉斯学派被惹火了，把这个“异教徒”投入大海，希伯索斯可能是第一位为研究思维和自然的奥秘而不幸献身的人。

第一次数学危机就是这件事，希伯索斯发现的是无理数。无理数被后人所证明存在。现在，我们轻易地知道正方形对角线与边长之比。

第二次数学危机是微积分发明之后。

微积分对自然科学的有力描述引起了贝克莱大主教的恐惧，他也精通数学，对牛顿提出了种种反驳。

这些矛盾主要体现在无穷小概念上。无穷小是微积分的基本概念，在牛顿的推导中，他用了无穷小作分母进行除法运算，之后他又把无穷小量看成零，去掉了它们，得出了公式。这些公式经物理学使用，证明是正确的，但是推导过程却是自相矛盾的。

无穷小到底是零还是非零？用作除法中的除数，证明不是零，可是后来又消去，近似于看成零，这怎么说得通呢？不能任意变动一个数，随心所欲是不对的。

18 世纪，人们一直陷在微积分的矛盾恐慌之中，这就是数学史第二次危机，它让人们迷失了数学的确定性，直到 19 世纪柯西提出极限的系统理论后，这次危机告以结束。

20 世纪初，智者罗素出现在哲学、数学、文学等各个领域。罗素提出集合中的一个悖论，用通俗语言来说，他在 1912 年提出了理发师问题，引发了第三次数学危机。

理发师悖论是：

某村一位理发师有一个声明，他只给村子里那些自己不给自己理发的人理发。那么问：理发师本人的头发谁来理呢？

要是理发师不给自己理，他就符合自己所声称的，那么他就应该给自己理；可是他给自己理，就成了给自己理发的人，那么他不应该给这种人理发，所以又不该给自己理。

两面都不是，怎么办？

罗素提出的悖论是集合悖论，用数学来表达，就是集合有两种：

第一种集：集本身不是它的元素；

第二种集：集本身是它的一个元素，比如一切概念构成的集合，一切集合构成的集合。

如果按照上面的前提，每一种集合不是第一种就是第二种。如果设第一种集的全体构成一个集合，那么这个集合属于哪一种呢？

要是属于第一种，那么就是可以认为集合本身是它的一个元素，则应归第二种。若是归到第二种，则又该归到第一种。

这就是集合悖论，人们的数学基础之一就是集合论，集合的确定性等性质是现代数学的几乎全部基础，但罗素悖论直到现在仍然是人们争论的问题。哥德尔提出了“公理集合”，这都是现代数学的复杂问题。

人脑的延伸

人贵在使用和制造工具。一般的工具都可找到原型，延伸的原型。例如，望远镜是目力的延伸，起重机是体力的延伸。

在古代，欧洲以及东方和远东各国的算盘是很盛行的。为了进行反复的计算，人们编制了各种数表，早在埃及和古代西亚，天文学家和丈量土地的人以及商人、高利贷者都使用数表计算。

17 世纪，纳皮尔发明了对数，对数表是数学家、技术人员和各业工程人员的必备手册。

英国的埃德蒙·冈特于 1624 年设计了对数计算尺。计算尺的工作原理十分新颖，使用者没有必要动用算珠或石子以及金属片，对数计算尺将数与对应的长度相邻排列，形象极了。

已知传世最早的机械计算机是法国物理学家和数学家帕斯卡设计的，是一台加法机。

这台加法机像钟表那样，利用齿轮传动来实现计算。计算时要用小钥匙逐个拨动各个数位上的齿轮，计算结果则在带字小轮的另一个读数窗孔中显示出来，计算结束后，还要逐个恢复零位。

这台简单的加法机是计算工具变革的起点。当然，人们传说开普勒设计了一台用于天文计算的计算机，可以做乘法和除法，并且可以进位，但是没有传到后世。

戈特弗里德·威廉·莱布尼茨制造了一台能够运算加减乘除的计算机，在1673年，莱布尼茨展出了实验装置。

历史上，第一次能大批量生产计算机的是科尔马城的保险商人卡尔·托马斯。他自己设计了一台计算机，于1820年应用在巴黎办事处——他的工作处。那里有很多计算人员，托马斯为了减轻工作量而设计了能大批量生产的计算机。这种计算机能使快速度的计算员在18秒内得出两个16位数的积。

奥德纳是一个很有名望的计算机设计师。在1874年，奥德纳展出了他的发明，这位彼得堡的机械师设计的一些重要零件仍然用在今天的计算机上。奥德纳的计算机生产了数千台，并且出口，多次获得国际奖励。

我们今天还使用的台式计算机有很多构造是从机械计算机发展而来。

机械计算机是落后而复杂的。法国在18世纪末为推行百进位角度制而重编三角函数表和三角函数对数表时，使用的还是大量人力，这个浩大的计算工程由三个层次的许多人员共同完成。首先由五六名数学家确定所用的最佳数学方法，其次由8到10名计算人员计算出“主要数值”，最后由100多名计算员按照制定好的规则进行计算，而这些人的技术要求不需要很高。

这种办法启发人们制造自动计算机。

在18世纪末以来，人们开始不断试制各种机器，使得他们能按程序自动操作。一位法国织布工人约瑟夫·玛丽·雅各德在织布机上安装了穿孔卡控制装置，代替织布工人的手工操作。在硬纸卡上的是系统穿孔，再把它们排成一串，通过针来探孔，引线则根据针尖是否在孔里决定，用这个办法可以很快地和准确地织出极为复杂的图样，只要更换穿孔卡就可织出另一种花样，如果需要一种已停产的花样，只须把老的穿孔卡找出来。

这个机器启发了英国数学家查尔斯·巴贝奇，他想到制造一台这样的计算机。

法国的几个科学家编制了一种程序，把一切计算分解，使之成为各简单步骤的组合，而这些简单步骤的计算所使用的人员要求并不高，只要懂得基本四则运算的人都能办到。

1822 年，巴贝奇发表了《致戴维爵士关于应用机器编制数学用表的信》，提出了“分析机”的思想和计划。这台计算机已经包括了现代程序控制计算机的各种组成部分，它具有一台执行真正运算操作的运算器，一台决定运算程序的控制器，一台保存数据以便在运算过程中取用的存贮器。

只可惜由于种种条件，这个十分接近现代计算机的方案没能成功实施。

在计算机的研制史中，物理学的发展曾经吸引了一批探索者从另一个角度研制运算工具即模拟机。我们以上提到的都是数字机，模拟机最具代表性的是布什的微分分析仪，但是模拟机在通用性、精确度以及速度方面存在局限性，当数字计算机的研究取得成功后，人们的注意力便转到了电子数字计算机的研究中，但是现在的模拟机在许多测量和控制问题中仍然有着广泛的应用。

19 世纪，布尔研究了逻辑思维的一般规律，他成功地将形式逻辑归结为一种代数演算，即布尔代数。虽然他从来没有考虑过布尔代数与计算机的联系，但这却是现代计算机重要的理论。

在模拟计算机中，1904 年俄国有人提出了这种思想。1914 年，德国设计了一台类似的装置，用来编制行车时刻表。几年以后制成的微分分析器已拥有上百台电动机和传动结构，而且还有继电器和放大器。

1936 年，图灵设计了一种“理想计算机”，即图灵机。1939 年，图灵又将它改进，使之带有外部信息源，图灵的工作正是把人们在进行计算时的动作分解为比较简单的动作。我们可以分析一下平常计算的步骤和需要：其一，纸张，一种贮存结果的存贮器；其二，表示加减乘除的一套符号和规则；其三，每次看到的范围和多少；其四，下一步要做什么；其五，执行下一步，其中不过是变符号与数字，变计算意向不扫瞄区域等等。

图灵把计算过程转化到一条线性的纸带上进行。例如竖式演算的乘法改成横式书写，而且每个数字全用二进制表示，这样，“0”与“1”构成数串。

图灵机就是基于以上原理制造而出的，可以按照人们指定的算法程序进行计算。利用这个原理和图灵机，图灵根据已解密的英国二次大战绝密档案记载，与同事们一起研制了多台专门用来破译密码的计算机，并成功地破译了德军的密码。战争期间，图灵在破译敌军密码的工作中作出了重要贡献，战后被授予大英帝国荣誉勋章。

1941 年，美国的霍华德·哈德威·艾肯和德国工程师康拉德·祖塞两人先后在相隔不到几个月的时间里展出了他们的程序控制继电器计算机。对于不懂之人来说，这台计算机看上去有点像电话交换机，不少于 13000 个继电器的大设备。

达到极限的继电器计算机在一分钟大概能完成 100 次运算，因为断开一个继电器到接通它，需要千分之几秒。要想算得快，继电器必须被电子管替代，因为电子管没有机械惯性和不会产生接触磨损，在一分钟可以处理变化几亿次以上的电压或电流。

二战期间，直接原因是计算炮弹的轨道数据，莫尔学院开始研制电子管计算机，第一台真正的电子计算机诞生了。

第一台电子计算机是 ENIAC，它是采用电子线路技术研制成功的通用电子数字计算机，由美国宾夕法尼亚大学莫尔学院的莫克利和艾克特负责在 1945 年年底制造成功。

这是一个庞然大物，占满了一个大厅。机柜中装有 18000 个电子管，1500 个继电器，几千个其他电气和电子元件。“ENIAC”消耗的电力，可以使一辆电车运行，大部分能都要转为热能，所以，为了防止机器温度过高，还要配备为这台计算机进行降温的设备。

尽管如此，ENIAC 可以 1 秒钟进行 5000 次加减法运算。这台电子计算机在基本结构上和原来的机电式计算机差别不大，程序不能存储，大大降低了效率。

不管怎样，第一台电子计算机诞生了，证明了广阔的发展前景。

ENIAC 诞生了，但是研究小组的成员因为发明权之争而引起种种纠纷，小组最终分裂解体，致使研究工作中断。在政府和军方的支持下，冯·诺伊曼、戈德斯坦、勃克斯等人离开了宾西法尼亚大学莫尔学院，到普林斯顿高等研究所工作，继续研究，1952 年，EDVAC 机建造成功。

自 ENIAC 和 EDVAC 诞生后，美国、英国、苏联、法国等国迅速研究，电子计算机的研究以极高的速度进展，在 20 世纪 50 年代，生产已成规模。

一般认为，到 20 世纪 80 年代，由主要元器件不同而区分，电子计算机约经历了四代发展。

第一代电子计算机用的是电子管或继电器，主要用来解决数学、物理和技术领域内的数值计算问题。第一代计算机的运算速度可达每秒上千次，存储器主要采用磁芯、磁鼓，容量较小，数据一般使用穿孔卡和穿孔带或电传机输入和输出。

在第一代时期，美国计算机的发展实现了三步曲：军用扩展至民用；实验室研制转为工业生产；由科学计算扩展到数据处理。

不久，晶体管技术成熟了。电子管寿命短、体积大、能量消耗和冷却都需要巨大花费，所以人们开始考虑研制新一代计算机。

1959 年开始使用第二代晶体管电子计算机，主要采用半导体。晶体管电子计算机首先产生在美国，其后英、法、日、西德均进入晶体管开发时期。

1958 年，当第二代计算机还处于刚刚准备批量生产的时候，美国德克萨斯州仪器公司制成了第一块半导体集成电路。三年后，德克萨斯仪器公司在军方的支持下，研制成功了第一台试验性的集成电路计算机。然而，初期的集成电路由于集成度不高和价格昂贵，没有能够马上应用于计算机的工业生产。随着集成电路工艺技术的改进和生产成本的降低，到 1964 年 IBM 公司才成功地研制出大型集成电路通用计算机 IBM360 系统，拉开了第三代集成电路计算机的序幕。

IBM360 计算机系统，在系列化、通用性和标准化方面极大影响了世界各国的通用系列计算机的发展，成为计算机发展史上一个重要的里程碑。

第三代计算机是集成电路计算机，到了第四代，发展为超大规模集成电路计算机。今天的微型机速度和容量比过去的中型、小型都要高出许多，计算机技术日新月异。

从 80 年代开始，在超大规模集成电路技术发展和各种应用背景的强劲支持下，第五代计算机的研究开始了。

因为目前四五十年以来，成熟的电子计算机技术都遵循冯·诺伊曼提出的方案结构，所以，科学家们要突破这个结构，取得新的进展，于是，人工智能计算机研究开始了。

80 年代，计算机出现了 20 世纪激动人心的可喜成果：精简指令系统计算技术 RISC 使多处理商品化，产生了第一批大容量并行计算机。

然而，传统硬件技术与理论指导的 20 世纪电子计算机方向似乎已经走到了极限，新的道路在 21 世纪展开。

航天时代

飞机使人类进入航空时代，火箭使人类进入航天时代。被“现代火箭技术之父”戈达德称为“空中仙女和优美的舞蹈家”的火箭，拉开了人类航天序幕。

1957 年 10 月 4 日，人类进入航天时代。

苏联科学家成功地发射了一个金属球，它用一颗火箭冲破地球吸引和大气阻挡，停留在地外空间，不停地绕地球旋转。

报纸上报道：“从苏联领土上成功地发射了世界第一颗人造地球卫星。……运载火箭使卫星具有大约每秒 25000 英尺的速度。

“卫星正以椭圆形轨道绕地球运行，在日出和日落时，可以用最简单的光学仪器观察到卫星的航行。根据目前借助直接观察而进一步校正计算，卫星将在离地面高达 500 英里上空飞行。轨道平面同赤道平面的倾角是 65°啊“1957 年 10 月 5 日，卫星将两次通过莫斯科上空。……卫星为球形、直径约 22.8 英寸，重 184 磅。卫星上安装有两架无线电发射机，以便持续不断地发射出无线电信号。”

以上是苏联塔斯社的报道摘录。

这颗卫星就是“卫星一号”或称“旅行者一号”，它其实是一个空心的球，什么都没有，只有一个能发射电码的发报机和最简单仪器。

这时，美国可着急了，航空竞争从很大程度上看是军事和国威的竞争，在空间竞争的第一阶段，美国就落败了，岂不太丢面子了吗?

随着世界各地的收音机和电视机都收到那神秘的“嘟嘟”声，到真相大白之时，美国党政要员的心也被嘟嘟声搅得心神不宁。

20 世纪以来，美国人第一次感到抬不起头来。

各大首脑急急布置，迎头赶上。谁知话音未落，1957 年 12 月 4 日，苏联又发射了一颗卫星，这一次重达 500 千克，而且竟然装了一只活的生物——小狗“莱伊卡”。

美国人急匆匆试验，欲发射一枚先锋号，但是“先锋”出师未捷，在卡纳维拉尔角升空不到2米，一声巨响，七零八落。

1958年1月31日，由美国陆军的导弹顾问冯·布劳恩教授设计的“丘比特·C”型火箭将美国的第一颗人造地球卫星送上了天，这使得美国稍稍挽回了一些面子。

但是苏联明显是这一阶段的胜利者，因为美国人的卫星又小又轻，我们也看到美国雄厚的科技实力。

这些竞争的前身就是大战中火箭的研制。冯·布劳恩是德国一个富裕的地主家庭后裔，他的家人曾经因为他愿意献身火箭研究而感到很不满意。

1932年，他被任命为德军火箭研究计划的第一助理。德国的“皮奈蒙德工程”就是火箭的军事研究，所谓V·2号弹就是二战令人恐慌的新式火箭。

然而，冯·布劳恩曾一度被纳粹逮捕并警告，因为他“一直研究航天飞行，而不是发展武器。”

后来，冯·布劳恩加入美国国籍，成为主要的火箭负责人之一。

本来在1955年，美国总统艾森豪威尔宣布美国计划发射人造地球卫星，作为对将于1957年7月1日开始的国际地球物理年的一项重大贡献。

美苏竞争，苏联紧接着也宣布于1957年发射，两国默默研制，没想到在人们拭目以待的时候，苏联走在了前面，赢得了宣传上的大胜仗。

1958年3月15日，苏联发射第3颗人造卫星；美国随即发射第2颗即“先锋1号”。

接下来苏联一直领先，回收技术也不断精确。1960年，苏联发射了月球卫星，在这之前苏联的卫星有一颗已经撞在了月球上。1960年8月15日，苏联将载有两条狗以及一些植物的“太空舱2号”回收。

1960年，苏联发射了第一颗气象卫星。自此之后，苏、美以及其他国家的卫星任务日益复杂，有军事卫星、气象卫星、地质考察卫星、传播信息卫星。人造地球卫星可以观测到植物生长区、融雪、矿藏甚至森林大火。

气象卫星可以很好地观测台风，特别适合观察大海与荒漠。通讯卫星可以传播数万千米之外的电视节目。

自从 1959 年以来，苏联的“月球 1 号”成为第一颗太阳系人造行星；1970 年“月球 16 号”在月球着陆，收集土样；同年“月球车 1 号”从地球摇控的月球车在月球着陆。美国也研制了火星、月球探测器，这些，都为人类进一步走向太空打开了一条通路。

发射卫星这只是航空时代的一个基础技术，人类真正的梦想是冲出地球。

美苏竞争中，美国一直稍稍落后于苏联，这已经使它很着急了，甚至开始从根本教育制度找原因。顺便说一下，这使得美国对科技的重视大大增加，使它受益不少。

1961 年，美国正苦苦追赶苏联的时候，又一件事情发生了：苏联宇航员加加林少校驾驶着“东方 1 号”飞上了太空，在 327 千米的高空上，他渐渐地适应了失重情况，并完成了各种科学实验。

太空漫步不再是梦想。

1961 年 4 月 21 日上午 9 时 7 分到 10 时 25 分，加加林开始返回地球。离地面 7700 米时，加加林与座椅一起弹出，成功地落地，实现了人类第一次太空飞行。

美国总统肯尼迪说：“看到苏联在太空比我们领先一步，没有人比我们更泄气了。……无论如何，加加林的飞行终止了人是否能在太空生存的争论。”

美苏两国均加紧实验，不断有宇航员进入太空，漫步遨游，在卫星的基础上，宇宙飞船使人类有了太空列车，1969 年，人类成功登月。

现在，飞船与卫星可以被设计成各种尺寸和形状，以便完成各种特定的科学任务。它们并不都是金属球状的，有的像地窑，有的是圆柱状，进入宇宙空间后，由于它的太阳能翼板、天线和其他部件都将从卫星主体上伸展出去，所以形状也会更复杂。

五六十年代开始，人们一边发展载人研究，一边发展无人探测技术，都取得丰硕的成果。例如小型的天文台，资源分析中心，实验室，美国的空间技术从登月开始超过了苏联。

1973 年 5 月，天空试验室——空间站使人在较长时间中体验失重的感觉，并进行更深入的研究。航天飞机与空间站的诞生，使人类移民太空成为可能。

“我们在月球上散步了！”

“这一步，对一个人来说，是小小的一步，对整个人类来说，却是巨大的飞跃。”

1969年7月20日美国东部时间下午10时56分，阿姆斯特朗在月球松软的土壤上踏下了人类第一个脚印。

奥尔德林紧随其后登上月球。他们看到故乡地球像一个明亮的圆盘悬挂在星球林立的高山丛中，二人将一块特别的金属牌竖立在月面上，并默念：“公元1969年7月，来自行星地球上的人类首次登上月球，我们为和平而来。”

金属牌下放置了5个遇难宇航员的金质像章，他们是苏联的加加林、科马罗夫和美国的格里索姆、怀特和查菲。

苏联的两位勇士牺牲在飞船坠毁的事故中，美国的三位勇敢者牺牲于实验事故，在人类一大步的迈进中，应该永远记住他们。

把人送上月球的美国计划，从一开始就是较量，证明美国技术永远优胜于苏联。在总是被苏联赶超一步的情况下，加加林飞出地球之后的第43天，美国总统肯尼迪宣布：“美国要在十年内，把一个美国人送上月球，并使他安全返回地面”。

这就是阿波罗登月计划。

一个首要的问题是，要研制推力极其巨大的火箭，足以把飞船的45吨重有效载荷推出地球的引力。另一问题是要充分了解月球地形，另外还有精密的制导系统，完善的操作技术以及宇航员避免重返大气层时的高温伤害。

“阿波罗计划”的第一步是“水星计划”。在这以前接连发射了三个探测器：“突击者”，“勘察者”和“月球轨道勘测器”。

水星计划较为顺利，取得了成功。1961年5月5日，艾伦·谢泼德成了第一个飞人空间的美国人，他乘坐“自由7号”在空中停留了15分钟23秒，虽然只是在空中划了一个大弧而不是圆满的轨道，这已经足以成为美国心目中的英雄。

9个月之后，约翰·格林乘坐1680千克重的“友谊7号”水星宇宙飞行器，进行了美国第一次环绕轨道一圈的飞行。

水星计划以戈登·库珀的环绕轨道22周飞行而告结束。

从这一计划中，宇航员总共获得约50个小时的飞行经验，并且适应和探索了在失重状态下的活动状况，检验了宇航员耐受加速度的情况。

此时的苏联，不公开声称竞赛，而是暗暗地升空，进行多人飞行试验。美国加快研究，实施第二步“双子星计划”。

1965年3月23日，弗吉尔·格里森和约翰·扬进行了第一次“双子星座”双人飞行。“双子星座”双人飞行共进行了10次，在这期间，美国宇航员掌握了轨道调整技术并且初步处理一些故障，比如双子星座8号推进器不发火，被宇航员处理解决。

1966年11月，双子星座计划结束，证明了双子星座飞船比苏联发射的载人飞船“东方”号要先进一筹。

而在1965年4月，冯·布劳恩领导研制了“土星5号”火箭，它总长85米，竖起来约30层楼。这是一种三级火箭，第一级推力3500吨。这种火箭的出现，使美国在运载技术上具备了实施阿波罗计划的能力。

在搜集月球资料上，美国也有所突破，经过六次失败，美国有了个“突击型”探测器在坠毁之前发回的成千上万张近距离月球表面图片。

1966年和1968年，美国有7个“勘察者”探测器在月球上软着陆，成功地接触月球而无损伤，它们考察月球土壤的质地和结构，并在月球表面拍摄景色。

一切就绪，“土星5号”试飞。这种火箭第一级有5个燃烧煤油和液氧混合物的F·1发动机，第二级有5个氢氧混合的J·2发动机，第三级有1个J·2发动机。三级分管不同空段和时段，能运载重达千吨的重物。

阿波罗飞船由三个舱体组成：机械舱、指令舱、登月舱。指令舱是飞船的中心部分，飞行期间，主要靠指令舱的设备来工作。指令舱是圆锥形的，里面空间很大，所装置的微翠计算机的存储量超过了水星计划中的主要工作计算机。在指令舱外面是一层金属树脂纤维材料，呈蜂窝结构，因为宇航员最终将乘指令舱返回地球。

机械舱最大，在指令舱的下方。机械舱里安装了发动机，能使阿波罗在外层空间改变方向，进入飞向月球的轨道，并且从月球陆地返回。机械舱里有各种动力装置，尽量可能并且易有：两种用来燃烧的燃料不是靠原来混合，而是靠气压使之接触即燃；燃烧室有喷嘴所敷的深层，可以逐渐烧掉，不需要额外冷却系统。电池有 3 个，每一个都可供飞一个来回之用。

最怪的是登月舱，人们称之为“甲虫”。登月舱是最终登上月球的部分，而它的任务还有将登月的宇航员送回到指令舱。登月舱外面是金属箔，有 4 条腿，这样可以支撑着地。

因为登月舱要从月球上起飞，设计人员绞尽脑汁，精益求精地将登月舱减到最轻。舱里面没有可坐或可躺之处，宇航员利用一些绳索控制平衡。登月舱在由飞船分离而向月球着陆时，约一万多千克，这里面很大部分是燃料。返航时，舱的下半节是着陆平台，丢在月球上，上半节飞回指令飞船所在处，据估计，在起飞时登月舱的重量不会超过一辆大汽车。

设想初步实现，1967 年 1 月 27 日，第一艘飞船造成，开始模拟实验并准备 2 月份发射，然而装满加压纯氧的密封舱突然着火，3 位宇航员在不到一分钟时间内全部因高温灼烧和窒息而遇难，他们就是奥尔德林两人安放的 3 枚金像所示的牺牲者。

检查结果发现，是一根导线出了毛病，使线皮着火。舱内都是纯氧而救急开关缺乏，并且还有许多其他可燃物。

于是，阿波罗计划暂缓，指令舱重新研制。在这期间，苏联的科马罗夫于 1967 年 4 月 24 日驾驶“联盟号”返航失利，坠毁而献身。

经过了近一年多的努力，1968 年 7 月 16 日早上，佛罗里达州省尼迪角一带的道路上人山人海，将近 100 万观众拭目以待。

巨大的土星 5 号拖着长长的轰鸣冲上云霄，然后折向大海飞去，3 天以后，宇航员开始绕月飞行。其中阿姆斯特朗担任飞行文职指令长；奥尔德林职衔是空军上校、航天学博士；科林斯是空军中校，他的任务是在阿姆斯特朗和奥尔德林降落在月球上时留守指令舱。

7 月 20 日中午将过，“鹰号”（登月舱号）载着两名宇航员与指令舱分离，发生了我们所见的登月过程，在降临在月球时，阿姆斯特朗向美国报告了这一消息。

月球上没有空气，温度差异极大，冷时达零下 150 摄氏度；热时温度可到零上 120 摄氏度。另外，还会下微小的陨石雨，石头以每小时十多万千米的速度倾泻下来。

宇航员的服装带有加压隔热层，周身围裹，而且带有方便的袖珍型维持生命装置。两位宇航员在月球上停留了 21 个多小时，有两个小时是野外作业。

在月球上，他们展示了负重而轻的奇妙现象，因为月球引力是地球的六分之一，厚重的达 85 千克的服装设备只相当于 14.5 千克物体在地球上的重量。

7 月 24 日，安全返回地球。为了预防月球微生物携带，他们被隔离了近半个月，然后受到了欢迎英雄一样的热烈接待。自 1969 年 7 月到 1972 年 12 月，“阿波罗”登月飞行共进行了七次，其中六次成功，宇航员共勘察月球 80 小时，带回 384.6 千克岩石，并且安置了精密的科学仪器。

值得一提的是阿波罗 15 号登月，宇航员斯科特驾驶月球车行驶了 28 千米，并且表演了铁球和鸡毛从同一高度下落、同时落地的奇特实验。

月球上没有生命，也没有微生物。月球主要是钾与钠组成，某些地方留下的外物撞击深坑直径达一千多米，我们对月球背面知之甚少。

奥尔德林说月球是“极为孤寂的世界”。阿姆斯特朗说“月球上有一种荒凉独特的美，很像美国许多荒凉的高原地带。”

在登月之前，美国政府交给阿姆斯特朗一项任务，即把两面美国国旗插在月球表面。

然而，回到地球之后，阿姆斯特朗做了一个著名的演讲：

“太阳只升到地平线上 10 度，在我们停留期间，地球自转了将近一圈，静海基地上的太阳仅仅上升了 11 度，这只是月球上长达一月的太阳日的一小段，这令人有一种双重时间的奇特感觉，一种是人间争分夺秒的紧迫感，另一种是宇宙变迁的冗长步伐。

……

我们是为了全人类的和平而来的。

……

现在我们荣幸地在大厦里奉还国旗，国会大厅象征着人类最崇高的目标：为自己的同胞服务。”

基本粒子“不基本”

在 20 世纪 30 年代时，人们的眼光突破了原子到达了电子、质子、中子和光子，人们似乎又一次满足了，称它们是基本粒子。

岂不知，大自然又在给人们开了一个玩笑。没过多久，先是在宇宙辐射中，后是在粒子加速器中，发现了一大批所谓“基本粒子”。自从60年代以后，更加巨大的高能加速器建立了起来，许许多多只在一瞬间湮灭的粒子被人们发现了，一大批基本粒子出现了。“基本”有这么多吗？这是现在物理学家仍在思索的问题。

1928年，狄拉克预言了正电子的存在。一般来说，电子只带负电，然而相对论的电子运动方程却预言了正的电子荷。

1932年，美国物理学家安德森在宇宙线中证实正电子确实存在，后来发现正负电子相遇而迅速转化为两个光子。

1922年，在研究原子核衰变时出现了问题。30年代时，英国物理学家C. D. 埃利斯仔细地测量了从衰变的放射性核发射出的电子的速度，发现有些能量莫名其妙地消失了。

说起埃利斯，又有一个有趣的事。

本来他不是物理爱好者，在一战中他当军官而被俘，在监狱里，他碰上了一名狱友，二人攀谈很投机。这个倒霉的年轻人被当成间谍成为德国监狱里的囚犯，他就是后来物理学界大名鼎鼎的詹姆斯·查德威克。

查德威克本来是去柏林跟弗里兹·盖革学习放射性问题的，没想到被投入监狱。

就这样，埃利斯跟查德威克学习物理以打发无聊的时间，没想到一发不可收拾，他竟然放弃了军人生涯，成为一名尖端物理研究者。

在埃利斯做实验时，他曾用相对论理论计算了放射性核的质量和它衰变后的核（子核）的质量。运用简单的减法和爱因斯坦的公式就可以算出跑出的电子所应有的能量。

然而埃利斯发现，跑出来的电子能量是不相同的，在一个衰变中离逸的电子速度可能慢一些，而在另一个衰变中速度加快。

这一快一慢，证明能量在失落，爱因斯坦是否有错？能量守恒不适用微观粒子世界？

玻尔曾一度想过这个问题，他是量子力学的建立者。

1931年，玻尔的学生，奥地利物理学家沃尔夫冈·泡利提出假说。1933年，他认为有一种至今未知的粒子，它既不参与强作用，也不参与电磁作用，能带走能量而逃逸。

这就是“黑衣窃贼”中微子。

中微子的原文被人们当成了意大利语，它可真正算被理论预言而后被实验证实的粒子。在物理学上，理论预言实践的重大发现还属于凤毛麟角，爱因斯坦是为数不多的对过一次的人。

泡利这个人很有意思，他在某些方面代表了当代尖端理论物理学家的幽默习惯，他是一个快活的胖子，被人称为“说风凉话的大师”。

据说每当他听说一个新的物理成果、理论体系或验证过程等等，他就会十分悲哀地说：“老天，他居然没什么错。”这句口头禅在物理学界被开成一个善意的玩笑，说泡利死后见了上帝，会恳求上帝透露造物的设计与秘密。

接下来发生了什么呢?

在上帝陈述完秘密之后，威严地看着泡利，只见他悲痛地说：“老天，这居然没什么错”。

泡利得出中微子如幽灵一样穿行，没有质量。在量子物理中，人们最注意机率，也就是可能性。

在推测中，微子只通过弱力参与相互作用，与核或电子相遇并相互作用的机率很小。泡利认为“一个中微子可以像幽灵一样穿过整个地球而不与之发生相互作用。”反过来，我们这些有血有肉的人就不能穿过一道墙，因为我们身体的原子肯定会与墙中的原子发生电磁相互作用。

当代著名的物理学家和教授阿·热在他的著作中征引了一首关于中微子的诗，据他所说，美国小说家约翰·阿普戴克对中微子着了迷，写下这首诗，很可能是唯一的一首文学家对亚核粒子的诗歌：

中微子啊多么小，
无电荷来又无质量，
完全不受谁影响。
对它们地球是只大笨球，
穿过它犹如散步，
像仆人通过客厅，
如光透过玻璃。
它们冷落精心装扮的气体，
无视厚实的墙
冷漠的钢和坚硬的铜。
它们凌辱厩里的种马，
蔑视阶级的壁垒，
穿过你和我！就像那离悬的
无痛铡刀，它们落下，

切过我们的头又进到草地，
在夜里，它们进到了尼泊尔，
从床底窥视
一对热恋的情侣。
你呼其奇妙！
我呼其非凡！
——约翰·阿普戴克《宇宙的尖刻》

与中微子撞击相当于遍天撒网。为了能验证它的存在，物理学家要在粒子加速器中产生中微子来，设法与数不清的核相撞。

泡利曾说，他犯下了一个物理学家所能犯下的最严重的错误：“推测出一种不能被实验证明的东西”。然而 20 年后，美国物理学家 F·雷尼斯和 C·考万设法证实了中微子的存在。

在宇宙线中，人们更多地观测了这一点。1987 年 2 月 22 日，神冈的日本物理质子探测器突然在 11 秒内触发了不下 11 次，在地球的另一侧，美国的俄亥俄州一座盐矿里的相似的探测器也记录到八次探测结果。

这是 19 个质子的质量同时自行消失，物理学家们认为，这些质子毁灭是质子与中微子碰撞造成的。

原来在当时，发生了一起天文事件：超新星的爆发。

在大麦哲伦会（LMC）的附近，天文学家命名为超新星 1987A 的爆发，使不可见的中微子风暴瞬间充斥了无比巨大的宇宙空间。

中微子是恒星在最后的核嬗变时期突然释放出来的。恒星内原子的电子和质子被挤压在一起而形成中子球，一个恒星核区就是巨大的中子球，在数天时间内，这颗恒星的亮度会达到太阳的 100 亿倍。

正是如此，这个强度极大的脉冲到达了地球。要知道、地球距 1987A 有 17 万光年之远，但每平方厘米却能穿过近 1000 亿个中微子。我们知道数学史上有过许多大数，阿基米德曾经发明大数来超过恒河沙数，要是请他来超过中微子数，可真要伤脑筋啊！

就是这些无数的中微子，地球上的仪器只拦截了 19 个。

基本粒子在中微子之后层出不穷，人们先想到区别它们。1961 年，盖尔排出了基本粒子的“周期表”。1964 年，正式提出了“夸克模型”。使人们的认识层面又深入到基本粒子的模型。

大物质→元素→原子→原子核→电子→核内质子→中子→光子→中微子等等，进入了神奇的微观粒子夸克世界。

夸克预言

1969年的诺贝尔物理奖获得者是M·盖尔曼教授，他因为“基本粒子分类及其相互作用方面的贡献和发现”而获得当年的物理学奖。

盖尔曼是世界著名物理学家。1961年，他根据自己的理论预言有两个新粒子存在，在三年后，这两个粒子被实验证明，盖尔曼因此而名声鹊起。

盖尔曼多才多艺，是一位理论物理学家。与霍金一样，在他们身上体现了当代自然科学家探讨世界各种事物现象与本质的联系。

他的著作涉及到宇宙论、基本粒子物理学、量子场论、生物学、经济学、语言学、社会学、人类学、考古和文化艺术多种领域，而且思维异常深刻，这和盖尔曼从小的兴趣有关。

1929年，盖尔曼出生在纽约。他有一个比他大9岁的哥哥，名叫本，在盖尔曼3岁的时候，本就带他一起游戏。

那时，他们住在纽约的曼哈顿，哥哥教他认阳光饼干盒上的字，并观察鸟类以及其他小动物。

盖尔曼认为，纽约是一片被砍伐过了的森林，他们经常去布隆克斯的动物园，那里有一片没有被破坏的小树林。正是这片幸存的天然环境，使盖尔曼接近了自然，对大自然的无穷奥秘产生了兴趣。

他开始观察多姿多彩的大自然，发现大自然是极其惊人的。

美国著名作家、诗人、思想家爱默生在1837年说过：“大自然对于学者的心灵起着最早和最重要的影响。每天有太阳，太阳落山后有星星和夜晚，风总在吹，草总在长，学者是所有的人中最被这种现象强烈吸引的人。

在他看来，大自然这种由上帝缔造的巨网的不可思议地周而复始，这种现象同他自己的心灵十分相似，他永远不能找到心灵的开始和终结。”

如上所言，盖尔曼在自然中受到了深刻的熏陶并有所领悟。

作者自己说：很早的时候在大自然中散步留给他的深刻印象是动物严格的分类。哥哥本和作为弟弟的盖尔曼经常讨论物种如何通过进化而全部联系在一起，两个不同物种之间的关系到底有多近，取决于它们须向下沿进化树回溯，直到找到一个共同点。

本和盖尔曼经常去参观艺术博物馆，还有大量保存着文物的博物馆，他们还爱读历史书，学会了埃及象形文字的一些意义。

他们在兴趣十足的情况下学会了拉丁语、法语、西班牙语，他们还领悟到语言的进化，语系的分支及具体语言的亲属关系。

我们应该注意的是盖尔曼对文化与知识的看法，他认为自然科学、社会行为科学和古典语言与文学及艺术领域并没有显著的差异，他关注的是文化的统一性。

盖尔曼的父亲是20世纪初举家搬到美国的，因此，盖尔曼在美国出生，而他一出生就赶上了美国限制移民，父亲开办的语言学校由于缺少生源而倒闭了。

但是父亲在银行找了一份稳定的工作，收入勉强可以养家，他鼓励孩子们学习自然科学，他本身对数学、物理和天文很感兴趣，经常自学狭义广义相对论及宇宙膨胀理论。

有趣的是，盖尔曼一开始并未采纳父亲的建议去学物理，因为他对语言和考古感兴趣，而父亲认为这样会挨饿。

最后，父亲向盖尔曼保证前沿物理优美迷人，会令人得到美的感受。盖尔曼带着将来改行的想法学了物理，没料到他进入了神异的世界而乐不知返。

夸克是什么呢？很长一段时间，人们认为原子就是电子及原子核内部的质子和中子了。

但中子和质子不是最基本的。物理学家知道，以前人们认为基本的东西后来被证明是由更小的东西组成。分子是由原子组成的，原子虽被希腊人认为是不可分割的，但也被证明是由核和绕核旋转的电子组成。后来，核又被证明是由中子和质子组成，这是在1932年发现中子后才开始明白的。

现在，科学家认为中子和质子也有它们自己的组成部分，它们是由夸克组成的，现在理论物理学家们确信夸克类似于电子。1963年，盖尔曼把核子的基本成分命名为夸克，其原文是quark，这是他读到大作家乔伊斯的小说《芬尼根彻夜祭》时，在一句话里得到这个词的。这句话是“对着马斯特·马克的三声夸克”，“夸克”只代表了一种鸥的叫声。

质子由2个“u夸克”（也叫上夸克）和1个“d夸克”（也叫下夸克）组成。而中子由两个“d夸克”和1个“u夸克”组成。

有趣的是 u 和 d 夸克有色有味。

这是什么样的色与味呢？请你走入科学的殿堂去品尝吧。

爱因斯坦之后的开创者——霍金

他克服了残废之患而成为国际物理界的超新星。他不能写，甚至口齿不清，但他超越了相对论、量子力学、大爆炸等理论而迈入创造宇宙的“几何之舞”。

他就是史蒂芬·霍金。

他是一位宇宙的探索者，他惊天动地的学说彻底改变了人类的宇宙观。

1942 年 1 月 8 日，刚好是伽利略的 300 年忌日，霍金出生了。霍金教授自己说：“我估计大约有 20 万个婴儿在同日诞生，我不知道他们是否有人在长大后对天文学感兴趣，虽然我的父母当时住在伦敦，但我却是在牛津出生的。

这是由于第二次世界大战的时候德国承诺不轰炸牛津和剑桥，所以当时牛津是个安全的出生地。英国也把不轰炸海德堡和哥廷根作为回报，可惜的是，英德两国这类文明的协议却不能惠及更多的城市。”

现在的霍金是怎样呢？

1979 年，第一次见到霍金教授的中国学生回忆到：“那是我们第一次参加剑桥霍金广义相对论小组的讨论班时，门打开后，忽然脑后响起了一种非常微弱的电器声音，回头一看，只见一个骨瘦如柴的人斜躺在电动轮椅上，他自己驱动着电开关。”

为了保持礼貌，第一次见到他的人尽量“不显得过分吃惊”，但是霍金对首次见到自己的人们的吃惊早就很习惯了。

他的头几乎不能动，他要用极大的力气，费很大劲儿才能稍稍抬起头来。在他彻底不能说话之前，他还能发声，能用一种十分微弱而和平常发出不同的变形音来与人交谈，必须花大力气琢磨，反复询问解释才能明白他说的话。

现在他依靠电子发音机，他当然也早就不能动手书写了，就是看书，他自己也不能翻动，而是靠翻书页的机器。他把书让人平摊在一张大的办公桌上，用轮椅上的按键进行操作，每看一页，几乎都是全身在努力，比蚂蚁搬家、蚕吃桑叶还要艰难。

他拥有顽强的意志。

他拥有一颗无与伦比的大脑。

史蒂芬·霍金是20世纪的国际名人，他被人们广泛地推崇为20世纪最杰出的理论物理学家，是继爱因斯坦之后的一个全新时代的革命者和开创者。

他是一位享有盛誉的人，一个富有传奇的人。他因为患有卢伽雷氏症（肌萎缩性侧索硬化症），被禁锢在轮椅上已长达20余年，但正是他把宇宙认识推向了最前沿的阵地，跨过亚里士多德、伽利略、牛顿、爱因斯坦，使世界走向询问自身之谜的思考。

无论是牛顿还是爱因斯坦，都提供了上帝的存在。牛顿给了上帝“第一推动”的权力，爱因斯坦为上帝提供了宇宙的空间。

到了霍金，空间和时间从物理上而不是从哲学上走向无边无垠。

霍金得出了“一个空间上无缘，时间上无始无终，并且造物主无所事事的宇宙”。宇宙学和思维学是当代最迷人的科学，霍金的无边界宇宙模型是人类探索宇宙的第一次提出的自给自足的宇宙模型。

在这个宇宙中，不存在宇宙之外的生命，当然也没有神。

这些结论只有在量子引力论中才可以得出，霍金认为宇宙的量子态是处于一种基态，空间——时间是有限无界的四维，好像地球的表面再增加两个维数。

宇宙中的所有结构都可归结于量子力学的测不准原理范围内的最小起伏。

1973年，霍金发现黑洞会像黑体一样发出辐射，其辐射的温度和黑洞的质量成反比，这样一来，黑洞会越来越小而温度越来越高，结果是瞬间爆炸消亡。

这种关于黑洞辐射的发现把引力、量子力学、统计力学统一在了一起。

霍金认为，宇宙未来的关键问题是：平均密度问题。如果平均密度比临界值小，宇宙就会永远膨胀，如果比临界值大，宇宙就会发生坍缩，时间也会终结，在最后坍缩中消亡。

但是霍金满怀信心地说，即便宇宙要坍缩，也不是像有神论那样散布的世界末日，因为上帝降临的末世日一开始被说成1843年3月21日和1844年3月21日之间，后来又找理由推迟到1844年10月份，然而又没有实现。所以新的理由认为，1844年第二次回归开始，首先要数出获救者的名单，只有当名单数完之后，审判的末日才会到来，那些不在名单上的人将接受最终裁决。

霍金预言，宇宙在100亿年内还将继续膨胀。

霍金教授为人类撰写了一本通俗读物《时间简史》。所谓通俗，就是说读者可以在很多不懂中得到一种冥冥地暗示、一种科学无涯无尽的吸引，这本书荣登畅销书榜100多周，当时售出500万册以上，翻译为30多种文字。

霍金神奇的思维飞向大尺度的时空，在《时间简史》中对极其遥远的星系、黑洞、夸克、大统一理论和“带味”粒子以及“自旋”粒子、反物质、“时间箭头”作了一一阐述，最后得出宇宙分裂成11维空间。

1970年，霍金研究了宇宙论，其后四年他考虑黑洞问题。1974年后，从事广大相对论与量子力学的统一论。

从1985年左右起，霍金教授的病情恶化，那时他就一直不能讲话了，最严重时，全身均不能动，只能扬眉毛。

得病之后，孩子们不能同父亲做游戏了，而且父亲需要照顾。霍金教授自己说：“我实际上在运动神经细胞病中度过了整个成年，但是它并未能够阻碍我有个非常温暖的家庭和成功的事业。”

“很幸运的是，我的病况比通常情形恶化得更缓慢，这表明一个人永远不要绝望”。

或许我们从中得到的这是最重要的。

史蒂芬·霍金，现在在剑桥大学任教，他每天驱动轮椅从剑桥西路5号穿过美丽的剑河和学院，去应用数学和理论物理办公室上班。

现在他担任的职务是最有份量的教授职务——卢卡逊教学教授。牛顿、狄拉克就是这个职务的两位先任。

科学发展到宏观宇宙与微观粒子的世界，漫长而遥远，无数粒子瞬间湮灭转化，无数天体生生不息。

“是先有鸡，还是先有蛋？

宇宙有开端吗？

如果有的话，在此之前发生过什么？

宇宙从何处来，

又往何处去？”

——史蒂芬·霍金。

遗传密码

生命如何起源?

生命怎样延续?

20 世纪的生物学诞生了分子生物学，从而使人们在分子层次上认识了生物。

数百年来，人们认识身外比认识自身要简单一些。我们可以画出各种星图分析各种物体，然而对“人从哪里来，又怎样去”这样的问题却一无所知。

简单无非是“神创”说，然而这不是解释，物理学家研究考察物质的基本属性，而生物学家却没有找出类似的带普遍性的东西来建立学科。

研究哪一种现象都看不出线索，谁也归纳不出来生物学的一个共同之处、共通之处。研究青蛙的饮食就和玉米的病没有关系；研究猫头鹰的习性和松树怎样发育也看不出一个角度。

物理学怎样呢?有一系列的概念，有力、运动、质量等等；化学怎样呢?反应、能、原子与分子的组合；唯独生物学不知何物，有进化论，有解剖学，有神经，有化石等等。

这个情况逐渐改观要从孟德尔的重新发现说起。其实，把笼统的知识和具体的知识相沟通就是分子生物学的建立。

即地球上的一切生命实际上都是同一种复杂的分子储存和传递遗传信息。

在遗传学这门科学中，人们研究的是生物的繁殖和发育的遗传基础，核酸在这里起着至关重要的作用。

第一个把遗传建立在科学研究基础上的就是孟德尔。他发现，遗传可以按照动植物的遗传特征，其中包括用显性性状和隐性性状的简单数学比例关系来理解。

孟德尔被埋没了 36 年，直到 1900 年他的论文才被重新发现，但是他只开创了遗传研究的方向，后来的工作还需后人来完成。

孟德尔神父并没有能够说明遗传性状是如何遗传的，这其中的奥秘，留给人们无尽的探索空间。

孟德尔学说的中心观念是“遗传因子”，这个思想虽然粗糙，但是还有他正确的思路。

寻找遗传因子或否定它，成为人们研究的重要目标。

1879 年，身为德国解剖学家的弗莱明观察细胞，他使用染色的方法，结果发现，细胞还有未被染过的地方，而染上色的物质集中在细胞核里，这些物质大量吸收碱性苯胺染料。

1882 年，弗莱明发现这些被染色的物质（当时还没有命名）分裂，分裂之后，两个子细胞各分得与母体细胞相同数目的染色质，这其实就是我们称的染色体。

当时弗莱明没有得知孟德尔的成果，因此他不能认识到染色体的重要意义。

1904 年，美国生物学家萨顿证明了染色体的成对存在并猜想染色体上带有遗传因子。

1906 年，贝特森发现碗豆的某些特征总是与另一些特征一起遗传。

1909 年，丹麦植物学家提出“基因”一词。

到了 20 世纪 20 年代，以肯塔基州人摩尔极为首的一批哥伦比亚大学研究人员提出了一种解释。

摩尔根使用了果蝇，这种昆虫在很短的时期内能繁殖许多代，特别利于观察基因的遗传。

1916 年，摩尔根宣布：“我们现在知道父代所携带的遗传因子是怎样进到生殖细胞里面去的。”他证明这些遗传因子包含在一种叫做基因的东西里，而基因则在活细胞的染色体链中，在细胞的染色体中有分别控制各种遗传特征的基因。

例如，其中有一些专管树叶和花的形状，有一些专管头发和眼睛的颜色，有一些则专管翅膀的长短等。

摩尔根是染色体及基因遗传理论的一个链，他上接遗传下启分子生物学。

摩尔根青年时是一位博物专家，后来开始转变成实验专家，1908 年，他受《突变论》一书影响开始遗传研究。

他的贡献在于建立了基因遗传学说，他证明了一条染色体上可以有多个基因，他还发明了可以测定基因相对位置的方法，做出了果蝇染色体的连锁图，即确定了每一特定性状的基因在染色体上的位置，从而确立了基因作为遗传基本单位的概念。

1933 年，摩尔根获得了诺贝尔生理和医学奖。

然而这还没有获得突破，“究竟基因是什么?”这个问题一直萦绕在人们的脑海里。

也有许多人在这个问题之前做出了贡献。

1836 年，贝采留斯提出“蛋白质”，这是他从细胞化学研究中得到的。

进而，1842 年，李比希证明蛋白质是生命的基本构成物，蛋白质其实是一种活细胞内非常重要的化学物质，在自然界有几百种互不相同、各自起着特定作用的蛋白质。每种蛋白质都是由一定数目的、称为氨基酸的基砖所组成，氨基酸共有二十几种，这些氨基酸以不同的方式组合起来而成为各种蛋白质。

1869 年，瑞士生物化学家米歇尔发现了与蛋白质不同的东西，称之为核素，后来就是核酸，很显然，它呈现酸性。

1911 年，列文分出两种核酸，一种是核糖核酸，就是 RNA；一种是脱氧核糖核酸，就是 DNA。

遗传物质的两个领域就要相接了，一是生物提出的遗传，一是化学的细胞研究。

摩尔根的一名学生比尔，后来是加利福尼亚理工学院的生物系主任和芝加哥大学校长，他和同事塔特姆研究构造极简单的红色面包霉，进行了一代传一代的研究，认识到基因实际是分子，它们是核蛋白，同核酸有紧密的联系。

而此前人们发现很多病毒也属于核蛋白这一化学族类，德国土宾根的马克斯·普朗克病毒研究所的希兰姆和吉耶伯二人及其他科学家对于病毒晶体中存在的核酸都特别感兴趣。

洛克菲勒研究所的米尔斯基和阿尔弗利证明了 DNA 不论是对于复制细胞中的 RNA 还是对于合成细胞核中的蛋白质，都是非常重要的。

科学家们于是开始作如下推测：

（1）生命和生长都与核酸和蛋白质分子的相互作用密切相关；

（2）核酸是生长中的蛋白质分子所以会具有某种形状和其他特性的模板。

由这里我们看到，生命是一种化学反应，这种反应之原料是什么呢?

仍然是洛克菲勒研究所的李普曼和约翰·霍普金斯大学的麦克埃尔

罗伊曾经指出，蛋白质形成过程所需要的能量是由一种称为三磷酸腺苷（ATP）的高能化合物提供的，这种化合物可以在一种称为线粒体的细胞内找到。麦克埃尔罗伊还通过实验证明了 ATP 可以使萤火虫开亮或者关闭荧光。

1939 年，美国科学家鲍林和科里开始研究氨基酸的晶体结构，他们通过把 X 光射入这些晶体内部的办法，绘制了核酸分子的结构图。

1951 年，英国生物物理学家维尔金斯研究了 DNA 纤维的 X 射线衍射情况，得出图形。

伟大的工作在这样的基础上做出来了。

1953 年，剑桥大学的生物学家沃森和物理化学家克里克为核酸的分子结构提出了一个颇为合理的模型，他们认为，DNA 分子是由两股呈螺旋状的、按互补的顺序排列的核苷酸链所构成，而这个互补顺序似乎代表一种密码。

RNA 的结构和 DNA 的结构非常类似，也是由两股呈螺旋状、按特定顺序排列的核苷酸所组成。

这个学说标志着生物研究进入了分子生物学阶段。

从此，生物学各个领域发生了突变。

1962 年，维尔金斯、沃森、克里克获诺贝尔医学与生理学奖。

仍在进展的克隆技术

早在 100 多年前，就有人研究克隆了。

有一个生物学家名叫汉斯·施佩曼，他想了一个办法，过程很简单。

他找到一种很古老的动物——蝾螈。用婴儿的头发做成一个套环，把蝾螈的胚胎用头发丝割开，就这么简单，他以为割开之后就能各自形成小蝾螈，而且绝对一模一样。

现在我们知道，他的做法不正确，这只能把胚胎割坏，或者生出两个残缺的怪物，当然，一般情况是割坏而不能发展。

后来有两个人在 1952 年宣布克隆动物取得初步进展，结果到底怎么样呢？

他们用一只青蛙的卵子，将其中的 DNA 分离出来，然后把另一只青蛙的卵子去掉DNA，将一开始提取出的DNA注入到失去DNA的卵子中，这种所谓的克隆并不是真正的克隆，但是也是一种实验。他们一心要克隆人，疯狂地研究，结果未能成功。有一人进了农业研究所，一个人进了精神病医院。

在20世纪60年代，英国生物学家认为克隆动物可以给人类带来好处，比如说克隆肥美的牛羊，而进一步，生物学家霍尔丹认为，克隆人更好。他想要把思想家、哲学家、大教授以及大艺术家和漂亮的男人女人克隆出来，人类就会丰富多彩，不再会因为一个人的死而有很多遗憾。

但是在20世纪30年代，英国作家发表了一篇小说《一个更美的新世界》，里面描写了一群标准的人，这些人遵守一切该遵守的，犯错误一样，取得成果也一样，该想到的都能想到，而若有遗漏没有一个人能补充，他们是一个模子里的人。

霍尔凡见到这本书后，便放弃了研究。

在20世纪70年代，德国的卡尔·伊尔门斯宣称他克隆了老鼠，但是后来被专家否定了。权威人士干脆说，研究克隆纯粹是浪费精力，这根本是无法行得通的。

在20世纪80年代，研究人员偷偷地实验，丹麦人斯泰恩·威拉德森有了一步小小的进展，他做成了转基因实验。他把绵羊的基因植入牛的体内，结果这种牛带有了绵羊基因，据说就是他指点过威尔穆特克隆绵羊，导致成功。

1990年，荷兰成功地通过基因嵌入技术将人的某种基因植入牛的胚胎中。

以上表明，转基因是成功的，真正的克隆还没有实现，人们把克隆技术和转基因统称为克隆，是因为转基因技术里有克隆的成分。

1997年2月，英国的罗斯林研究所动物学博士威尔穆特宣布了克隆羊的诞生，小羊名叫多利，一时间这只羊成为世界最出名的动物。

1998年1月6日，美国芝加哥一名物理学家公开声称他要克隆人，他认为克隆人可以帮助不养育后代的人解除心头之患，还可以使得了绝症的人通过克隆获得新生。

更有价值的是，克隆人可以使人类的免疫系统更新，可以使人抵御癌症和其他疾病的困扰，从而使人延年益寿，甚至长生不老。

查理德·锡德计划用18个月的时间克隆出第一个人，然后每年在美国克隆500人，再过一段时间让全世界的克隆人达到20万。他还要创办克隆医院，在美国成立多家分院，最后他宣称还要扩展成国际公司。

结果很多专家反对，人们的理由很多，人们认为两个优秀的人结婚都不一定保证生出天才的，只克隆一个人，他的缺点得不到弥补，这样的后代是不能适应进化方向的。

1998年1月13日，欧洲19个国家在巴黎签署了一项严格禁止克隆人的协议，这个协议称为《人权与生物医学公约》，明确提出禁止克隆人。

有意思的是文学家的小说，奥米·米金森写了一本《第三种解决方案》，讲了无性繁殖的社会。

故事说，人类突然遭受了核战争，这场战争使得大部分人死了，只有一小部分人侥幸活了下来。这少数人认为，不能再有战争了，于是用无性繁殖也就是克隆的方法繁殖后代，正是用这种方法，人们挑选那些最善良最富有同情心的人来克隆。

结果，克隆人长大后出人意料，全反过来了，个个极具进攻性，好战好杀，对同类十分残忍。

1976年，《来自巴西的孩子们》出版。书中描写的是希特勒又复活。是说在二战时德国纳粹分子已经失败，一个医生保留了希特勒的血样，结果他逃到巴西，在一个十分秘密的实验室里复制希特勒，这些希特勒都奔向世界各地去疯狂占领。

这些故事表现了人们对克隆的恐惧。

其实，克隆一个人的肉体是可能的，但是现在要想克隆一个人的思想，还根本办不到。

不管怎样，克隆和转基因技术正在改善着人类的生活。那么到底什么是克隆呢，简单来说就是无性繁殖的一种复制。

当代著名剑桥科学家巴里·E·齐然尔曼与戴维·J·齐然尔曼认为：克隆人是基因的复制品，克隆一般见于物种，生物无性再生，克隆是单亲的产物。

尽管克隆被人们议论，或赞赏或禁止或主张在一定范围内限制，但是科学家却仍然各自研究各自的。

从胚胎学发展到现在，在克隆的前沿还没有出现完全突破，生物学家始终不能提取成年动物的细胞核。

但是人们不自我检讨就不会进步，“知识就是力量”，关键在于人的运用。

世界上下五千年
shijie shangxia wuqiannian

当代社会

联合国的诞生

二战终于结束了，硝烟散尽，天空现出一抹轻松的蔚蓝色。仰望苍穹，昨日的恶梦还时时惊扰着人类的心灵，碧空浩渺，明天的人类将何去何从？洁白的鸽子衔来绿色的橄榄枝，在晴空下展翅自由地飞翔，这是人类心中最美丽的图景，全世界爱好和平的人们愿意携起手来，共建美好的家园。

联合国便应运而生了。

它孕育于反法西斯战争年代，是在反法西斯联盟基础上建立起来的崭新的、普遍性的国际组织。

早在1941年，二战正激烈地进行着，胜负未决，在英国伦敦的圣詹姆斯宫汇集了来自加拿大、澳大利亚、新西兰、南非以及欧洲数国政府的代表，他们同英国一起签署了《同盟国宣言》，表示愿与各国自由人民联合起来，共同实现持久和平，使各国自由人民志愿在一个已经摆脱侵略威胁，人人享有经济和社会安全的世界中互相合作。

1942年元旦，在美国华盛顿，26个反法西斯的国家签订了《联合国宣言》，根据罗斯福总统的建议，第一次出现了“联合国家”这个名词。

1943年10月30日，中、苏、美、英四国共同发表声明，将根据一切爱好和平的国家主权平等的原则，建立一个普遍性的国际组织，以维持国际和平与安全，这是首次正式提出建立联合国的问题。

1944年7月18日，美国政府拟定了一份《普通国际组织暂定草案》，邀请中、英、苏三国代表到华盛顿近郊的敦巴顿橡树园举行会议，讨论美国的建议，并草拟联合国宪章。同年8月到10月，中、苏、美、英四国通过了《关于建立普遍性国际组织的建议案》，提出了“联合国”这一名称，并详细规定了联合国的宗旨、原则和组织机构等，联合国的蓝图基本勾画了出来。

此次会议存在的分歧点主要在创始会员国的资格问题和未来的核心机构——安理会的表决程序，即否决权的问题上。苏联主张否决权的绝对化，即大国在任何情况下都享有否决权，大国的一致应成为采取任何行动的一项绝对必要条件。而英美则主张大国否决权应有一定限度，如果大国是争端的当事国，则应取消它的否决权。

1945 年 2 月，美、英、苏三国雅尔塔会议决定与中国共同发起建立联合国，并决定于同年 4 月 25 日在美国旧金山召开联合国成立大会。此次会议上，在否决权问题上苏联的意见得到一致赞同，通过了“雅尔塔公式”，即安理会理事国关于程序问题的决议只需简单多数票通过即可；关于实质性问题的决议，理事会的多数票中必须包括五个常任理事国的同意票方为有效。当常任理事国为争端当事国时，如果决议考虑采取出兵、断交等手段时，可以行使否决权；如果是采取和平手段解决争端，或是安理会为解决争端而进行调查时，不得行使否决权。这就是“大国一致原则”，关于创始会员国的问题，也规定为凡在 1942 年《联合国家宣言》上签字的国家或 1945 年 3 月 1 日前向法西斯宣战的国家均为创始会员国。

1945 年 3 月 5 日，一份《召开联合国家国际组织会议邀请书》拟定成功，开始飞向世界各国，邀请来自五洲四海的朋友共商大事。4 月 25 日，美国旧金山歌剧院聚集了来自 50 个国家的 282 名代表、1726 名顾问、专家及其他人员。美、苏、英、中做为四个发起国，首席代表分别为美国国务卿斯特蒂纽斯、苏联外交人民委员莫洛托夫、英国外交大臣艾登、中国政府代理行政院长宋子文。四个发起国中，苏联代表团仅 14 人，为数最少；其余三国则阵容庞大，达七八十人之多。中国代表团中还有非执政党人士 3 人，无党派人士 3 人，中国共产党代表董必武即为其中一员，此外还有胡适、顾维钧、吴贻芳等。

大会史无前例，盛况空前。25 日下午 3 时，歌剧院内人头攒动、摩肩接踵，各路人士带着共同的心愿和不同的心事纷至沓来。千百年来漂泊无依又惨遭法西斯种族大屠杀的犹太人希望能为本民族谋取一块栖身之地；有志于自由解放的朝鲜人盼望砸碎日本占领者套在他们头上的枷锁，从而光复祖国；北美印第安人部落的代表共同渴望着数百年来他们遭遇的冤仇和苦难能在新成立的联合国中讨个说法。一片喧嚣扰攘之中，不露声色的是大批的警卫力量，他们机警地把守着每一处岗哨，有效地保障了全场的安全。

数十面五彩缤纷的国旗和轻松欢快的喜庆乐曲一起，构成了前所未有的一幅绚丽场景。4 点 30 分，乐队演奏嘎然而止，会场立时肃穆庄严起来，担任大会主席的美国国务卿斯特蒂纽斯走上台去，庄严宣布：首届联合国大会正式开幕。全世界为之欢呼。紧接着，美国总统杜鲁门在首府华盛顿通过广播致词："有史以来，从无任何会议有如诸君今日旧金山会议之重要和必要者，我谨代表美国人民向诸君表示衷心欢迎，向诸君热切呼吁超越个人之利益，而皈依惠及全人类之崇高原则。"人们报以热烈的掌声。接下来是斯特蒂纽斯致词："和平必须全世界之合作力量，在此无折衷之余地，我们必须负起世界合作之责任，否则我们势必将负起另一次世界大战之责任。人类最深切之希望，最崇高之目的——现在在此间托付于我们之手。"

"和平"与"合作"是与会发言者的两大主题，开幕大会洋溢着和谐、友善的气氛。

会议进行了两个多月，大大小小的国家经过激烈的争论，于6月25日通过了《联合国宪章》和作为宪章组成部分的《国际法院规约》。26日，50个国家的代表在退伍军人纪念堂举行签字仪式，由于有些国家授予多人以全权代表资格，因此签字者总共达到153人之多，共进行了8个小时才完成。中国代表团第一个在宪章上签了字。波兰政府由于改组问题错过了签字时间，而于会后补签。因此，联合国的创始会员国总数为51个。10月24日，联合国宪章正式生效，从此这一天就被定为"联合国日"。

联合国的宗旨是：维持国际和平及安全；发展国际间以尊重人民平等权利自决原则为根据的友好关系；促成国际合作，以解决国际间经济、社会、文化及人类福利性质的国际问题，增进并激励对于全体人类的人权和基本自由的尊重；构成一协调各国行动的中心，以达到上述共同目的。

联合国的主要机构共6个：（1）大会。由全体会员国组成，是主要审议机构；（2）安理会。是对维护和平与安全负主要责任的机构，具有首要的政治地位；（3）经济及社会理事会；（4）托管理事会；（5）国际法院。设于荷兰海牙，由15名不代表任何国家的"独立法官"组成，依照《国际法院规约》而工作；（6）秘书处。联合国秘书长是联合国的行政首脑，由安理会推荐，大会委派，任期5年，可以连任。

《联合国宪章》庄严宣布：

"我联合国民众同兹决心：

欲免后世再遭此代人类两度身历惨不堪言之战祸，重申基本人权、人权尊严与价值，以男女与大小各国平等权利之信念，创造适当环境，维持正义、尊重由条约与国际法其他渊源而起之义务久而弗懈，促进大自由中之社会进步及较善之民生，并为此目的。

力行宽恕，彼此以善邻之道，和睦相处；

集中力量，以维持国际和平与安全；

接受原则，确立方法，以保证非为公共利益，不得使用武力；

运用国际机构，以促进全球人民经济及社会之进展；

同是发愤立志，务当同心协力，以竟厥功。”

这宣言中表明的宗旨和原则是符合世界人民求和平、求发展的意愿的，然而在实际运作上，往往出现违背甚至践踏这一宗旨的情况。联合国有时竟成了强权国家手中操纵的工具，这不得不令所有向往公正和平的人们寒透了心，但联合国也确实为人类的和平与进步做出了不可磨灭的贡献。

1946 年 1 月 10 日至 2 月 14 日，联合国第一届大会在英国伦敦召开，秘密投票诞生了联合国的第一任秘书长——挪威外长吕格耳·赖伊。联合国会徽设计为一幅从北极看去的世界地图，周围绕以橄榄枝。

联合国总部应美国之邀设在纽约，大会接受了小约翰·D·洛克菲勒的 850 万美元赠款，由 10 个国家的设计师联手设计的联合国总部大厦在纽约曼哈顿东区的东河之滨上建造起来，巍峨壮观的大厦自 1946 年起，一直矗立至今。

“格局取决我们”——杜鲁门主义和马歇尔计划

“没有永远的敌人，也没有永远的盟友，有的只是永远的利益”。国际斗争永远都是这样，敌敌友友，变化莫测，昨日还是坚定的盟友，针扎不透，水泼不进，可是现在却完全恢复老样子，没有别的原因，只是因为利益。

利益的冲突导致了同盟国之间迅速变脸，演化出了冷战。

战后美国的实力膨胀开来，英、法、德、意、日等老牌帝国主义非死即伤，而蓬勃发展的殖民地争取独立的斗争使它们的境遇雪上加霜，苏联又因为元气大伤而难与美国争一日之短长。无论从政治、经济还是军事、科技方面，美国都达到了极盛，在这种优势下，很难想象这个“牛仔国家”不做世界霸主。

1947 年 3 月 6 日，杜鲁门演讲说：“我们是世界经济巨人，不管我们喜欢与否，未来的经济格局将取决于我们，世界正期待我们的行为。”其实，杜鲁门的经济格局只是美国野心的冰山一角，从之后的历史发展可以看出来，美国的雄心所在是在政治上独霸世界。

在苏联军队席卷东欧的形势下，欧洲各国的无产阶级先后夺取了政权，而在希腊也出现了这种迹象。共产党的游击队在 1946 年出现在希腊北部的山区，爆发内战的起因是经济状况恶化，许多穷困的农民加入了起义者队伍，起义从北部山区扩大蔓延到伯罗奔尼撒半岛和一些较大的岛屿，胜利的天平逐步转向起义者一方。这时，英国政府宣布它不能提供确保战胜起义者所必需的大规模援助。

在这个时候，杜鲁门主义出现了。

1947 年 3 月 12 日，杜鲁门在国会两院联席会议上宣读了一篇咨文。杜鲁门夸张了“希土危机”，渲染了起义者对社会秩序的破坏，并说：“混乱和无秩序状态将可能扩及整个中东地区。”并认为这“对全世界都具有灾难性”，将之归结为“极权制度对自由制度的侵犯”。他在讲话中给了美国以全新的定位，“美国的外交政策，必须支持那些正在抵抗拥有武装的少数派集团或外来压力的自由民族。”接着又说：“希腊的生存如今正受到威胁，”国会应拨出 4 亿美元援助希腊和土耳其，这样，英国交出了它在希腊维持了一个世纪的首要地位，而美国则负起了阻止共产党在地中海东部扩大其影响的责任。

在 1947 年 3 月至 1949 年 6 月间，美国为希腊提供了 4 亿美元的军事援助和 3 亿美元的经济援助，再加上南斯拉夫与苏联发生矛盾，封锁了南斯拉夫边境，希腊政府军于 1949 年将游击队赶出了山区据点。

这次援助希腊的成功增强了美国的信心，并且同时成为冷战的先声，它标志着美国与苏联战时的蜜月时期业已结束，美、苏在欧洲的争夺已经开始。

杜鲁门主义表达了美国称霸世界的雄心，它扯起反对“共产主义威胁”的大旗，打出“保卫自由制度”的口号，军事和经济双管齐下，以遏制苏联的势力。

但是，二战留给欧洲的是一场废墟，如果一直像支援希腊那样，无疑是杯水车薪，因为经济状况恶化，各国均对本国政府不满。为了恢复欧洲各国的经济，以稳定欧洲这个争霸的基地，于是美国又出台了“马歇尔计划”。

马歇尔计划又称欧洲复兴计划。1947年6月5日，美国国务卿乔治·马歇尔在哈佛大学毕业典礼上指出，“至少在以后几年中，欧洲的需要大大超过了它的支付能力，而美国应尽最大努力帮助恢复世界正常的经济繁荣，如果不这样做，就不会有政治上的稳定和有保证的和平”，他宣布了庞大的资助欧洲的复兴计划。美国国会于1948年4月通过了《经济合作法案》，将马歇尔计划法律化，其内容是：

美国对西欧各国进行财政援助，用以恢复战后经济；

受援国必须购买一定数量的美国产品，尽快撤除关税壁垒并取消或放松外汇限制，接受美国对使用美援的监督；

受援国应将本国及殖民地的战略物资提供给美国，设立由美国所控制的“对等基金”，保障美国人投资及开发的各项权利；

受援国削减同社会主义国家的贸易额、放弃国有化政策。

本来这个计划是面向所有欧洲国家，但由于其具有反共产主义倾向，因此捷克和波兰在苏联的授意下，拒绝接受。

到1951年12月31日这一计划终止时，美国为支持马歇尔计划共支付了125亿美元。这一巨大的投资起了十分重要的作用，使欧洲迅速恢复了元气，使欧洲的生产水平和生活水平超过了战前水平，同时也稳定了资本主义社会秩序，抑制了共产主义的向西发展。客观地说，马歇尔计划对欧洲经济的发展功不可没。但是，马歇尔计划附有许多条件，使美国对欧洲事务的介入日益加深，使得欧美的关系出现矛盾，欧洲以法国为首的国家强烈要求摆脱对美国的依附。

为了与马歇尔计划相抗衡，苏联宣布实行“莫洛托夫计划”，力图在经济援助的基础上左右东欧国家，并恢复东欧国家的经济实力以增强抗衡美国的力量，但效果远不及马歇尔计划。

杜鲁门主义和马歇尔计划，标志着美国的欧洲战略已不同于以往任何时期。过去，美国历来都不愿卷入纷繁复杂的欧洲事务，一是因为其实力在当时还无法和法、德等老牌帝国主义相抗衡，二是因为欧洲各国也不喜欢别人干涉欧洲事务。但是现在不同了，美国实力雄居各国之首，欧洲各国又伸出求援之手，于是美国便迫不及待地介入了欧洲事务。

但是这些却和苏联的既定计划相违背，苏联一方面扩张领土，一方面增强自己在欧洲事务说话的份量。

于是，东西方的分裂和对立成了必然。

1946 年 3 月 5 日，那位始终不渝地反共产主义的英国首相邱吉尔在富尔敦的演讲最终还是成了事实：

“从波罗的海边的什切青到亚德里亚海边的里雅斯特，一幅横贯欧洲大陆的铁幕已经降落下来。”

白色恐怖的化身——麦卡锡主义

何为麦卡锡主义？它是美国在 20 世纪四五十年代的反共、反民主浪潮发展到极端之后掀起的一场白色恐怖。

早在二战结束之前，美国政府就已露出反共反苏情绪的端倪。随着二战的结束，美、苏对抗加剧，冷战骤起。美国内政上大大强化了反动统治，统治集团力图把那些反对其对外政策方针的民主进步力量压制下去，以保证自己在夺取世界霸权的斗争中有巩固的后方，在反苏冷战中增加自己的筹码。

共和党和民主党趁着美国国内对苏联产生的恐惧和“共产主义威胁”的呼声，相互利用共产党问题攻击对方，制造了大量的反共宣传舆论，一场空前规模的政治迫害开始了。

美国进步人士在战争结束前夕就受到了统治集团以“叛国”、“间谍”为名的政治攻击。1945 年 6 月，美国战略情报局指控享有声誉的学术性刊物《亚美》杂志窃取并披露它内部的“机密”报告，并贯以“叛国大罪”的罪名，而事实上那些材料只是前一时期国务院对美国驻中国记者所作的无关紧要的简况介绍。

1946 年 10 月，联邦调查局局长埃德加·胡佛在美国军团代表大会上宣称：共产党人已经渗透到各个角落，国家面临着“实现共产党人可怕阴谋”的危险。这一耸人听闻的宣言源自加拿大发生的一起“苏联间谍案”并涉及到了美国的原子弹研究部门。由此，美国舆论界喧嚣着苏联“极权主义”和国内共产主义威胁两大话题。

建立于 1945 年的众议院非美活动委员会，早已下手搜集所谓共产党渗透的情报了。美国社会各界人士上至总统下至好莱坞电影制片商都遭到该委员会的大肆攻击诬陷，仿佛赤色威胁已遍布了美国社会各个角落。司法部公布的“颠覆性”团体有160个，而非美委员会列入黑名单的则达608个，成千上万人遭受审讯和迫害。

1947年6月，美国共产党总书记尤金·丹尼斯以“藐视国会”的罪名被判刑一年并罚款1000美元。1948年7月，最高法院逮捕了美国共产党全国政治局委员12人，指控他们“密谋教唆和鼓吹”用暴力推翻美国政府。当时在政界颇有声望的卡内基国际和平基金会主席阿尔杰·希斯也被告曾从事过地下党活动，被判刑5年。多年以后人们发现，当时的审判整个就是圈套，所谓人证物证全是捏造出来的。

1947年3月22日，杜鲁门签署了9835号行政命令，即为害甚广的“忠诚调查会”，命令要求美国所有的机关职员、学校教员和研究人员共计250万人都要通过忠诚检验。这一调查进行了5年，400万左右的联邦政府雇员和申请政府职位的人都接受了联邦调查局的审查，2000多人被解雇或被迫辞职。由于杜鲁门的命令没有对“忠诚”作出任何明确的定义和解释，因此，关于一个人是否忠诚完全由有关部门的领导擅自决定，谁的官大谁就有权决定一个人是否“忠诚”，调查的范围也远远大于计划的数目。一般以一个人参加所谓“颠覆组织”或对该组织抱同情态度为不忠诚，而被列入“颠覆组织”的，包括美国共产党在内，还有其他一些进步组织。这种作法侵犯了美国宪法中关于结社自由和集会自由的规定，然而却无人敢来问津。

1950年，全国忠诚复审委员会主席塞思·理查森承认：“一个间谍案件的证据也没发现。”而美国社会已是鸡飞狗跳，人心惶惶，占全国劳动力1/5的1350万人口都受到某种形式的忠诚或安全调查，只要某人一受到全面调查，立刻成为嫌疑分子，邻里不安，子孙受难。于是乎，工人参加工会必先声明自己不是共产党；教师要想保住饭碗，必须在讲台上大骂共产主义；学校里的学生也必须做出忠诚宣誓；码头工人和轮船水手因为“海外关系”而严格受到“安全检查”；退休老人必先忠诚宣誓一番才可能领到退休金；就连辛辛那提棒球队的名字——“红队”也因谈红色而做了更改。

与反共浪潮相呼应的是美国当局的反劳工活动也在加紧进行。1947年6月，参众两院通过了《塔夫脱—哈特莱法》，即《1947年劳资关系法》。其主要特点是从根本上修改了1935年的《华格纳法》，取消了工人阶级在第二次世界大战前夕通过顽强斗争获得的那些工会权利，这一法案遭到了美国进步工会领袖们的愤怒谴责，指出《塔夫脱－哈特莱法》旨在重新建立对劳工的“禁令统治”，是一场资方掀起的“精心策划的、穷凶极恶的、以摧毁或者摧残劳工的运动”。广大工人谴责该法是“奴隶劳工法”，并为废除该法坚持了多年的斗争。

1950年国会通过了《国内安全法》，即《麦卡伦法》，其矛头对准以共产党为首的进步组织。该法宣称共产主义是一个外国政府领导下的，要在世界各国建立共产主义极权独裁制度的一种阴谋，并法定在紧急状态时可以无限期地关押“共产主义组织”的成员。《国内安全法》可以说是对共产主义进行了极尽能事的诬蔑诋毁，公然践踏了美国宪法规定的公民权利。

正是在反共主义的一片叫嚣声中，麦卡锡主义应运而生。

麦卡锡于1908年11月生于威斯康星州的一个小农场主家族，属爱尔兰后裔。他继承了祖先能言善辩、夸夸其谈的特点，凭着一条三寸不烂之舌，从律师、法官做起，一步步青云直上。他人品卑劣，声名狼藉，凭着花言巧语和瞒天过海的手段当上了参议员，史学家们把“恶棍”、“酗酒者”、“谎言家”、“投机分子”等等诸如此类的帽子毫不客气地给他戴在头上，而他确实是当之无愧的。

1950年2月9日，在西弗吉尼亚州的惠林市，共和党议员约瑟夫·麦卡锡发表演说，指责国务院中“充斥着共产党人”，声称205个共产党人的名单已掌握在他手中，并且都是在国务院中从事着颠覆活动的。后来由于拿不出证据，人数多次更改，时而57，时而81，经过他信誓旦旦、言之凿凿的蛊惑，人们信以为真，从此，以他的名字命名的“麦卡锡主义”在美国国内开始了为期多年的法西斯政治迫害。

麦卡锡以民族义士、护国英雄的姿态，到处煽风点火，捕风捉影，疯狂攻击“共产主义”。他所到之处，人人胆战心寒，生怕莫明其妙的灾祸从天而降。他不断地揭露出一个又一个“黑幕”，挖掘出一批又一批藏在政府里、军队里的“共产党分子”，麦卡锡成为白色恐怖的化身。数不清的民主进步人士和科学家都遭遇横祸，就连奥本海默也成了攻击对象。

罗伯特·奥本海默是举世闻名的理论物理学家、原子弹之父，他生于纽约，哈佛大学毕业后曾到英国剑桥大学和德国格丁根大学深造。由于他在原子核研究上的辉煌成就，美国委任他制造首批原子武器，并出任原子能委员会的总统咨询委员会主席。他对美国的国家安全和军事力量做出了无与伦比的贡献，但他因为反对制造更新颖、更有威力的核武器，尽管奥本海默反复声明他同共产主义事业毫无关系，但最终还是被蛮横无理地解除了咨询委员会主席的职务，科技界泰斗的下场如此，许多科学家纷纷各寻出路。

麦卡锡主义四面出击，大肆杀伐。到1953年底，艾森豪威尔政府也受到攻击，紧接着美国陆军也受到指控。杜鲁门政府的反动政策是麦卡锡主义生长的温床，但最终自食恶果。国内外的舆论纷纷对麦卡锡主义发出正义的谴责，许多城市爆发了抗议示威运动。

最终由于麦卡锡主义危及了统治阶级的根本利益，为当局所不容，1954年12月，参议院通过了谴责麦卡锡的决议，麦卡锡丢掉了他在参议院的所有主席职位，这个历史的丑角被一脚踢进了历史的垃圾堆，从此麦卡锡一蹶不振，三年后悄悄死于酗酒过度。

犹太复国——千年等一回

1948年5月14日，下午4点钟，从地中海汹涌澎湃的浪潮之巅刮来了阵阵温和的风，轻轻吹拂着巴勒斯坦的城镇和村庄。在特拉维夫城的现代艺术博物馆中，人头攒动，空气中涌动着一股按捺不住的激情。人人都激动异常，他们不住地默默祈祷着，捧着一颗诚惶诚恐的心企盼着，因为，一个等待了数千年的重大时刻就要到来了。

少顷，一位精神矍烁的老者在众望所归的目光中健步走上讲台，他首先慷慨地做了一番历史的回顾，随即庄严宣布："怀着对全能上帝的崇信，谨此宣布，我们于今日，在巴勒斯坦建立犹太人国家——以色列！"

雷鸣般的掌声霎时响彻云霄，欢呼声排山倒海般此起彼伏，人们喜极而泣，不禁泪如泉涌。千百年来颠沛流离、灾难深重的犹太人终于获得了一块栖身之地，重建犹太国家这个燃烧了数十个世纪的梦想竟然就在此刻变成了现实，怎能不让他们欣喜至极！然而为了这一刻，犹太人千百年来都在抛洒着鲜血。

一切都得从头说起。

犹太人古称希伯莱人，是古代西亚闪族的后裔，阿拉伯人、迦南人与他们是同宗共祖的兄弟民族，曾共同在巴勒斯坦这块土地上生息繁衍。公元前2000年左右的一段时间内，巴勒斯坦地区遭遇了罕见的旱灾，水源枯竭，草木不生，从前的乐园变成了焦土。无以为生的希伯莱人便举族迁徙，寻求生路。他们离开阿拉伯半岛之后，来到了人类文明的发源地之一的尼罗河畔，这里水草丰美、四季如春，希伯莱人便定居了下来，希望过上安宁富足的日子。然而，埃及法老残酷地奴役着他们，犹太人忍气吞声地过了四百年，四百年后，头人摩西率领着不堪重压的犹太部族又踏上了重返巴勒斯坦的崎岖坎坷之路，这在《圣经》中留下了一段充满血泪的故事——《出埃及》。经过40余年的颠沛流离，犹太人终于回到了祖居之地，并创立了犹太教，他们于公元前1205年建立了最早的犹太人国家——希伯莱王国。这个王国在所罗门时代臻于极盛，开疆扩土，威慑四方，后来又分裂成以色列王国和犹太王国，这两个王国又先后被亚述帝国和巴比伦王国所灭，从此，犹太人又开始了多灾多难的日子。他们告别了化为断壁残垣的所罗门圣殿，膜拜了凋零在苍烟落照中的耶路撒冷圣城，天涯浪迹，各奔东西，犹太人的国家消失了，巴勒斯坦成为阿拉伯人的独属之地。

犹太民族最值得人钦佩的是他们那种百折不挠、桀骜不驯的民族精神，无论遭遇多大的天灾人祸，他们都能顽强不屈地生存下去。最令人称奇的是，尽管2000年来犹太民族散居在世界各地，同其他的民族长期生活在一起，但犹太人始终保持着自己独特的文化和宗教，甚至语言。犹太民族不仅没有从地球上消失掉，反而以自己鲜明的民族特色保存了下来，几乎无一例外（除东汉时期迁往中国洛阳的一支被中国人同化）。艰难的生活磨砺着这个民族，上天又赋予他们精明的头脑，长于经商谋生，他们是富有的，然而又是最贫穷的，因为他们没有一块属于自己的土地。在世界各国，犹太人时常被当作异类而遭受歧视、驱赶，甚至杀戮。1391年，西班牙反犹时杀戮了6、7万犹太人，并且20余万人遭到了驱逐。二战中，纳粹德国更是惨绝人寰地对犹太人实行种族灭绝政策，约522万犹太人惨死于法西斯的魔掌之中。犹太人渴望建立自己的国家，复国主义思潮像烈火一般地点燃，他们又回忆起千百年前的故乡——巴勒斯坦。

此时的巴勒斯坦已是阿拉伯人的家园。第一次世界大战期间，英国占领了巴勒斯坦，1922年在这里实行委任统治，各种利害关系盘根错节地纠缠在一起。犹太人复国谈何容易！

到了1917年，英国突然发表了一个《贝尔福宣言》，表示英国政府“赞成在巴勒斯坦为犹太人建立一个民族之家，并将尽最大努力实现这个目标”。这是怎么回事呢？

原来，英、美等大国在中东的殖民利益争夺异常激烈，英国人急于寻求势力支持。犹太复国主义领导人魏茨曼博士因为曾为英国发明一种廉价炸药而与英国政府有一定交情，他看准英国的心思，积极活动起来，暗示英国政府如果支持犹太人建国，则可使英国在中东有“一道坚强有效的防线”。于是双方各取所需，一拍即合，世界各地思归心切的犹太人纷纷慕名而来。1918 年，巴勒斯坦的犹太人为 5.6 万，占居民总数的 7%；1922 年增加到 8.4 万，占 11.1%；1939 年剧增到 44.5 万，占 29.7%。

英国人打着利用阿拉伯人与犹太人矛盾冲突而实行“分而治之”政策的主意，大力支持犹太移民。《贝尔福宣言》中煞有介事地宣称此举不会损害巴勒斯坦阿拉伯人的权利，而且认为犹太复国主义无论对错好坏，都比此地 70 万阿拉伯人的愿望和“偏见”重要得多。“在巴勒斯坦，我们甚至在形式上也未打算去征询这个国家现有居民的愿望。”

由于英国委任统治当局奉行的“扶犹排阿”政策，犹太人有恃无恐地向巴勒斯坦大规模移民。在政府唆使下，有财有势的犹太资本家排挤阿拉伯人的手工业和工商业，大量收购土地。1927 年，犹太人占地 9 万公顷，1947 年增至 18.5 万公顷。被驱赶的阿拉伯农民怨恨异常，两个民族由于宗教、政治、经济等各方面的原因始终冲突不断，连年厮杀。

犹太人建立了地下武装，实行恐怖主义，“哈加纳”、“伊尔贡”令人闻风丧胆。阿拉伯人也组织了武装游击队，不断起义反抗英国统治和犹太人侵扰。1928 年 8 月 23 日，双方为争夺宗教圣地而又一次刀兵相向，在英国军警的镇压干预下，共有 133 名犹太人和 116 名阿拉伯人丧命。

阿拉伯世界诸国纷纷支持巴勒斯坦的阿拉伯人，要求停止犹太移民，坚决反对把巴勒斯坦变成一个犹太人的国家，并要求英国结束其在巴勒斯坦的统治。第二次世界大战爆发后，英国为争取阿拉伯世界的支持，于 1939 年发表白皮书，宣布“把巴勒斯坦变成一个犹太国并非英国政策的一部分”，于是转而限制犹太人的移民和土地转让，并提出让阿拉伯人政府“掌管”巴勒斯坦 10 年。此时，纳粹德国正在大规模地屠杀迫害犹太人，英国此举可谓落井下石、雪上加霜。战后，英国工党上台后更加注重维护与阿拉伯人的“友谊”，致使犹太人产生强烈不满。

1945 年 5 月，犹太复国主义者建立的“犹太建国协会执行机构”在主席本·古里安的领导下提出让英国同意 10 万犹太人迁入巴勒斯坦，并建立犹太国，遭到了拒绝，而此时的美国却支持建立犹太国家。原来，美国有500万犹太人，绝大部分都有钱有势，位居高官显职，在政治上颇有影响力，而美国统治集团为了扩大它在中东的利益，需要在中东寻找支持，因此积极支持犹太复国主义运动不失为最佳选择。

在美国的压力之下，英国同意组成英美联合调查组解决巴勒斯坦问题。1940年，这个调查组搞出一个“分省自治计划”，即签发10万张犹太人移民证，并将巴勒斯坦划分为4个省，此举遭到阿拉伯人和犹太人的双重反对。1946年，犹太建国会通过了“在巴勒斯坦适当地区建立有活力的犹太国”的新计划，拟定的犹太国占巴勒斯坦总面积的65%，即从加利利和特拉维夫到阿克的沿海平原，再加上整个内格夫沙漠这个计划得到了美国的支持。

英国以退为进，把巴勒斯坦问题提交联合国裁决，却不成想美、苏取得了一致的立场，要求结束英国的委托统治，把巴勒斯坦分为犹太国和阿拉伯国。联合国大会于1947年11月29日以多数票通过了《巴勒斯坦将来治理问题的决议》，决议规定犹太国面积1.5万平方公里，占总面积的55%，其中犹太人49.8万，阿拉伯人40.7万；阿拉伯国，面积1.1万平方公里，占总面积45%，其中阿拉伯人72.5万，犹太人1万。

这一决定令阿拉伯人不满，他们举行会议决定建立“阿拉伯解放军”，再图新变；而犹太人则喜出望外，同时也加强武装力量，警备森严，以保护这一成果。巴勒斯坦丝毫没有因为这一决议的出笼而得到片刻安宁，仅仅一天之后，便爆发了阿以战争。双方互相围攻，报复仇杀，许多无辜的平民在战争中惨遭杀害。

在战争进行的间隙，本·古里安积极策划着犹太建国这一中心大事。终于，1948年5月14日，本·古里安在特拉维夫现代艺术博物馆中宣告了以色列国的诞生，了却了犹太人千百年来的心愿。仅16分钟之后，美国总统杜鲁门就宣布正式承认以色列。两天之后，苏联也宣布承认以色列，本·古里安出任以色列首位总理。

然而战争更为激烈了，阿拉伯人始终认为“在阿拉伯区域内建立一个异教徒国家是对阿拉伯人的侵略行为”。就在以色列建国后的第二天，阿拉伯联盟宣布对以色列进行“圣战”。

由埃及、约旦、叙利亚、黎巴嫩、伊拉克等国组成阿拉伯联军，以4.2万兵力和包括飞机、大炮、坦克等重武器在内的强大武装包围了以色列，只有3万人且武器装备单薄的以军抱着破釜沉舟、背水一战的决心，誓死捍卫崭新的国家。

战争一开始，阿拉伯军队节节胜利，埃及兵迅速控制了巴勒斯坦西南部，约旦军控制了中部，叙利亚、伊拉克和黎巴嫩联军控制了北部。迫不得已，守卫耶路撒冷旧城的以色列军投降了，被迫撤退到沿海一带。

本·古里安见势不妙，立即要求停火几周，以期调整人马。在美国的推动下，联合国通过了 1 个月时间的停火决议，并对参战国实行军火禁运。以军得到了生死攸关的喘息机会，大量进口了欧美的武器，兵力重新壮大起来。

当战事重新展开时，以军精力弥满、志气旺盛，迅速扭转了颓势，攻城掠地，好不得意！7 月 15 日，安理会又通过了“无限期停火”决议。以色列又乘机招兵买马，扩大军备，并于 10 月 15 日单方撕毁了停战协议，开始集中优势兵力猛攻埃及军队。不久，埃及军队不胜其力，宣布投降，双方于 1949 年 2 月 4 日签订了停战协定。紧接着，阿拉伯联军的各个成员都先后宣布停战。

这场战争以以色列的胜利告终，但 70 多万巴勒斯坦人因此而失去家园，沦为难民，而且数目逐年增加。难民问题成为困扰中东的久治不愈的顽疾。

越南独立战争

越南的来历，曾经有一个神奇的传说：帝明同山精结合，生出泾阳王，泾阳王之子貉龙君与妪姬结合，生出雄王。这位雄王在越南就相当于中国古代传说中华夏民族的祖先尧舜，是越南人崇敬的远祖。

事实上，早在 5 万年前，就有美拉尼西亚种的矮黑人来到印度支那半岛的这片肥沃土地上居住，后来，印度尼西亚人带来中国的青铜器，越人与泰人也纷纷移居于此地，他们之间互相通婚，逐渐融合，形成越南民族，并具备了自己独特的风俗习惯与文化传统。公元 10 世纪以后，他们建立了封建主义的国家。历史上曾出现过 12 使君纷争、天下大乱的局面，到了近代，随着西方列强世界范围内的侵犯，殖民主义也把魔爪伸入了越南的土地。

1857 年，拿破仑三世派兵入侵。由于当时的阮氏王朝是依靠法国的军事援助而于1802年登上王位的，法国不费吹灰之力便在1874年同越南签订了和约，越南的南部被法国割占。1884年，越南顺理成章地成为法国保护国。1897年法国总督杜梅到任，建立了法国的直接统治。然而，无数的仁人志士怎能眼睁睁看着自己的祖国沦为法国刀俎之下的鱼肉？他们纷纷揭竿而起，奋起反抗，前仆后继，但一次次的行动均以失败而告终。

所谓江山代有才人出，1925年，一个名叫阮爱国的民族革命家登上了历史舞台，他即是多年以后威名远播的胡志明。他创建了越南青年革命同盟，1930年组建了印度支那共产党。

1940年，越南又遭日本入侵，以胡志明为首的共产党顽强抗战，同日本侵略者进行了旷日持久的殊死搏斗。越南共产党数十年间反法又抗日，争取民族独立，而国家政权还掌握在皇帝手里，于是他们便趁着二战结束、日本投降之际，夺取了国家政权。1945年9月2日，河内巴亭广场上，数十万人欢欣鼓舞，游行集会，越南共产党的领袖胡志明宣读了《独立宣言》，正式宣告越南民主共和国成立。

然而，这个政权在当时的国际上没有任何人承认，胡志明政府处在四顾茫茫、无依无靠的境地里，举步维艰。当时，日本侵略者已经宣布投降，但还没有撤出。法军又派出大批力量前来搅扰，他们决不能接受越南独立这一事实。尽管法国也是刚刚从纳粹德国的铁蹄下解放出来，刚刚结束了自己受外国侵略者奴役、压迫、凌辱的苦难生活，但面对比自己弱小的越南，却露出了弱肉强食的丑恶嘴脸。

1945年9月23日清晨，法军突然袭击西贡市政厅，遭到城防部队的激烈反击。这一枪打响了越南的抗法战争，越南人民再次卷入了一场血雨腥风之中。法国方面多方周旋，取得国际势力支持的绝对优势，切断了越南所有的外援，置越南于自己的股掌之间。正当法国殖民者心花怒放，决意细细品尝这道美味之际，却迎头碰上了胡志明的抗法武装这块难啃的硬骨头。胡志明领导的越南共产党经过多年的战斗，积累了相当的经验。战争初期，他们处于势单力孤的不利境地，于是便表面宣布解散，实则转入地下从事秘密斗争，采取灵活态度，向越南国民党表示同意携手合作，并同意国民党加入共和国政府。这样，越南国内的抗法力量立刻活跃起来，北方有他们建立的广泛根据地，屯积粮草，招兵买马，一天天壮大起来。在力量对比悬殊的情况下，他们依然能够屡挫法军，使敌人难以达到预想的目的。

面对这种情况，法国又出一招儿，提议双方坐下谈判。经过多个回合的交锋，在以胡志明为首的越南方面做出重大让步的情况下，分别于1946年的3月、9月签订了两次协定。胡志明从国家民族的根本利益出发，认为暂时的让步是必要的，也因此蒙受过民众的误解。而贪婪的法军仍不能满足，一面利用各种政治和外交手腕颠覆共和国政府，一面暗地里加紧增兵。

不久，法军兵力达10万之众，在占据明显的军事优势之后便立即撕毁了墨迹未干的协定，悍然发动全面侵越战争。1946年12月20日，胡志明发出告全国人民书，号召全国不分男女老少，不分宗教党派，一致行动起来，背水一战。越南人民宁肯牺牲一切，绝不做亡国奴，一场更为激烈的战争拉开了序幕。

力量的悬殊是显而易见的，法军配备有精良的美式装备，而越军大部分使用的还是古老的刀、枪、矛、弓箭，胡志明曾叹道："我们只能用棍棒对抗敌人的飞机、大炮!"果真，战事初起，法军便以迅雷不及掩耳之势席卷全国。尽管法军攻城掠地，气势逼人，但战争毕竟还是在越南的国土上进行，正义之师终会胜利。这场"蚂蚁踩大象"之战，谁也不能肯定蚂蚁必然败在大象脚下，成群结队同心协力的蚂蚁同样可以消灭一头小山般的大象。

1947年10月，越北战役中，越军以日趋成熟的游击战术击退了2万法军的大举进攻，站稳了阵脚，然而此时最需要的是外援。这时，中华人民共和国成立了。1950年1月18日，中国政府率先承认了越南民主政府在国际社会上的合法地位。

胡志明立即秘密访华，对中国政府提出支援的请求，而且也如愿以偿地得到了中国的无私援助。在中国军队强有力的帮助下，抗法战争取得了巨大进展，法军大规模向南撤退，越南北部1000多公里的中越边界被打通了。

越南人民越战越勇，他们在艰难困苦的条件下发挥集体的智慧和力量，团结一致，信心倍增。于此同时，法国尽管又得到美国的支持，但法国国内掀起了史无前例的反战风潮，法国人民已厌倦了战争，以各种形式的活动阻止这场战争的继续，反战情绪也在法国士兵中不断扩散。

胡志明此时趁热打铁，决定全力以赴，与法军展开决战。奠边府是法军最后的守地，越军便以巨大的火力攻势打开法军的外围防线，步步逼近要塞。法军面对兵临城下，弹尽粮绝的境地，于1954年5月7日全体投降了，持续9年的抗法战争至此结束。

谁令战后德国起死回生

法西斯的阴魂烟消云散了，然而二战后的德国却被推到了万丈悬崖的边沿。山河破碎，百孔千疮，再加上战胜国的严厉制裁，德国被彻底打翻在地，当胸还被踩上几双沉重的大皮靴。

然而，德意志民族毕竟还是一个值得人敬重的民族，他们有深厚的科学文化素养，更有可贵的民族精神。正如1947年尼克松以议员身份访问德国时的所见所闻：他看到数以千计的家庭挤在倒塌的楼房废墟和地堡里，面黄肌瘦、衣衫褴褛的孩子们向他们走去，然而却不是乞讨什么，而是向他们出售父亲的战争勋章或者用它们来换些东西吃。当随行的一位议员把身上最后一块巧克力给了一个怀抱着一个1岁多婴孩的10岁小女孩时，小女孩自己不吃，而是把巧克力小心翼翼地放在小孩嘴里，告诉他这是什么东西，叫他吃。当议员们参观一座煤矿时，看到这里工人的午餐只是一点稀溜溜的浸肉的汤，可他们还是把它节省下来，带回家让家属也能够分享一些，这就是德意志民族，这样的民族绝不可能灭亡。

当此之际，德意志民族中涌现出两位重整山河的人物，一个叫康纳德·阿登纳，一个叫路德维希·艾哈德。此二人一呼一应，同心协力，挽狂澜于既倒，扶大厦之将倾，利用国际风云的翻飞之势，得心应手地游刃其间，山穷水尽的西德居然又现出柳暗花明之色。

阿登纳被英国首相温斯顿·邱吉尔称为“自俾斯麦以来德国最英明的政治家”。他的一生富于传奇色彩。

1876年，阿登纳生于科隆市法院一名书记官的家庭，他的家庭有良好的品德教养传统。当初他的父亲为了娶他母亲而放弃了军队中一个有前途的职位，甘愿一生过俭朴的日子，一家人身居陋巷，箪食瓢饮而不失其志。在一个经济最拮据的圣诞节，父亲征求孩子们的意见，是用仅有的一点钱吃一顿肉还是买一株圣诞树？阿登纳和兄弟姐妹们选择了后者。

学生时代，阿登纳是个毫不起眼的学生，在大学攻读政治和法律时，学业平平，入世之初，诸事坎坷，没有人能料到如此一个布衣能够在日后有腾蛟起凤的本领。恰在此时，阿登纳结识了科隆市议会的一名党魁，拜其门下，时来运转，他又攀上一门贵亲，成为名门望族的乘龙快婿。如此这般乘风破浪，阿登纳投身政治，由议员、市长，长驱直入成为普鲁士邦议长。然而挫折又到来了。

阿登纳坚决反对法西斯主义。在他任科隆市市长时，希特勒来访，明知希特勒当时权势已经是炙手可热，阿登纳却直截了当地拒绝去机场迎接他。两天后，正当希特勒发表讲话的时机，阿登纳下令将莱茵河桥上的纳粹旗取下来。他的种种做为，使他逐渐成为政府的对头，不仅仕途很快中断，而且屡次遭到监禁。

然而挫折打不倒阿登纳，童年时严峻而俭朴的生活，天主教堂的精神浸濡，使他成为一个意志如铁的人。出狱后阿登纳隐居乡里，养花，读书，倒也悠闲自在，同时他在这一时期的韬光养晦，成就了他在日后政治上的大展鸿图。41 岁那年，阿登纳和司机驾车出游，不巧遭遇车祸，血流满面的他从破损的汽车中爬出来，却像没事人似地不慌不忙向医院走去，而那位年轻司机虽然只擦破了些皮，却躺在担架上被抬到了医院，这也许就是阿登纳的不同凡俗之处吧。

纳粹德国崩溃之际，正是阿登纳东山再起之时。他先当上大党基督教民主联盟的主席，接着就任联邦德国首任总理。数十年的政治生涯和多年的韬光养晦，他的政治艺术已达到炉火纯青的境界。对外，他力争民族权益，在多国军队占领国土的情况下，审时度势，纵横捭阖，绝不放过任何时机，也绝不鲁莽行事，进退有据，不卑不亢；对内，他实行务实的“肚皮政治”，即根据当时社会经济状况和人民心理，号召人民集中精力恢复经济，埋头苦干，重建家园。

当时，占领国为索取战争赔偿，计划拆除 1500 多座德国工厂，这无异于要将德国的工业基础彻底铲除。阿登纳深知这些工厂是德国经济复兴万不可少的根基，他于是同占领国谈判，在准确抓住对方心理的情况下，以绝妙的外交辞令保住了这批工厂。他说，羊毛出在羊身上，拆迁这些工厂，无疑等于宰杀了德国这只羊，羊既不存在，羊毛将何由以出？德国永无出头之日事小，占领诸国的战争赔款如何偿还？此外，他还四处奔走，多方游说，使联邦德国跻身于美国援助欧洲的“马歇尔计划”受援国之列，从而获得大量资金投入德国的经济恢复之中。

战后不久，东西方对抗，冷战骤起。为了对付苏联，西方大国开始改变对德政策，需要利用德国了，这无疑是德国重振的天赐良机。阿登纳瞅准机会提高德国地位，先是与宿敌法国修好，结成欧洲煤钢联营，进而参与组织欧洲共同体，使联邦德国在现代化工业国中占有一席之地。不久朝鲜战争爆发，美国等国家对军火的需求激增，订单雪片般飞往联邦德国，德国的工业受到刺激，迅速发展起来，同时得以重新武装起来。废除了占领法规，获得了独立主权，加入了北约组织，将战败国的耻辱印记渐渐洗掉，重新获得了世界上的一席之地。

阿登纳的功勋足以彪炳史册，他成功的政治活动得益于他多方面的才干，其中之一，就是知人善任。他大胆起用了一批经济才干，路德维希·艾哈德便是其中的佼佼者。阿登纳又深知“疑人不用，用人不疑”之理，放手让他们施展才华，不加干涉，这样才得以天高海阔、鱼跃鸢飞。

经济学家艾哈德的理论使德国平心静气地创造出了新的辉煌。多年以来，德国的统治者都妄图通过领土扩张强大起来，无论是俾斯麦的“铁血”政策，还是威廉二世提出的“太阳下的生存空间”，亦或希特勒的法西斯侵略战争，都是顺着相同的思路，虽费尽移山心力，到头来终化作了暮雨朝云。然而战后的联邦德国却另辟蹊径，在艾哈德的理论指导下，不费一枪一弹、一刀一马，而是以百万计的“大众”牌汽车、机床、机车、发动机商品在全球各地大做商业生意。新的“经济政策”代替了“战争政治”，正依赖的是艾哈德教授的“社会市场经济”学说。

艾哈德家世贫寒，少时患过小儿麻痹症，第一次世界大战中又负重伤，身体很差，在纳粹统治时期，艾哈德吃了不少苦头，险些坐牢。但艾哈德慧眼独具地看到了法西斯必败的下场，于是，1943 年他在德国弗赖堡大学同几位教授组成了一个抵抗法西斯的地下小组。虽为一介书生，手无寸铁，但位卑未敢忘忧国，他们奋笔于书斋，策划于密室，为国家的未来设计经济的蓝图。

起初，艾哈德的经济哲学只是在民间流传，一个偶然的机会，莱比锡市长戈台勒——这位曾经参与谋刺希特勒的进步人士发现了艾哈德的研究，他大加赞赏艾哈德的成果。应他之邀，艾哈德拟就一份战后发展经济的建议书，并从邮局寄去，万没料到此时的戈台勒正遭到希特勒逮捕，这封信若送到，艾哈德必死无疑。正当此际，好心的邮差在邮件上注明“收信人迁走”，将信退还了艾哈德，使他免遭杀身之祸。

艾哈德深信：“只有当每一个德国人自由选择自己的职业和消费时，他们才能在国家经济生活中发挥作用。”阿登纳重用他主管经济，他便大刀阔斧地实行自由经济政策，取消物价控制配给制，旨在闯过难关，大幅度提高生产，增加商品，从而振兴经济。

然而，在政策推行之初，市场物价由于自由竞争而明显上涨，这掀起了狂涛巨浪，全国一片愤怒之声，几乎把艾哈德吞没，就连阿登纳也替他捏一把汗。政府官员们愤怒地围攻艾哈德，占领军官员也责问道："你怎么敢在普遍缺粮的时候放宽我们的配给制？"艾哈德平静地回答道："我并没有放宽配给，我把它取消了！从今以后，人们惟一需要的配给证是西德马克，他们会努力工作以赚得这些马克的，你等着瞧吧"。

几乎所有人都认为，重建一座被炸毁的铁路桥梁比重建一家小商店重要，而艾哈德不这么看。他认为只要有利可图，又能提供就业机会，并为消费者提供服务，任何一个项目都是重要的。开小商店与修建发电站同等重要，让所有人重新干起来，尽力生产，购买或出售，国家一定会很快富起来。

果然，没过多久，物价开始下跌，大众汽车公司经理诺德夫对艾哈德的政策有一句精辟的评语："从那以后，一切都运转起来了。"

阿登纳和艾哈德的携手合作，取长补短，默契无间，堪称典范。阿登纳有如明智的船长，胸有韬略，指挥若定，将德国这艘搁浅的船由云遮雾罩的河湖港汊间引向碧波万顷的海面。艾哈德则是舱中司炉运筹帷幄，添煤加火，推动轮机，加足马力，全速前进。短短 10 年间，联邦德国就从战后的深渊中爬起来，重新成为西方经济强国。

经济发展的奇迹——战后日本

二战的发动者之一——日本，在战争中不仅给亚洲各国人民带来沉重的灾难，而且日本本身也深受了战争之苦。二战给日本人民带来了空前的灾难，战争中日本丧失了 250 多万人的生命，经济倒退了 25 年。战后初期的日本，广大的人民群众生活困苦，过着衣不蔽体、食不果腹的生活，大街上到处是乞讨的人，贫困的生活使得他们只有饿死或自杀。在日本的许多公园中都可以见到写着"园内禁止自杀"的牌子。但是日本却如何创造了它经济上的奇迹呢？这就要归功于其自己在经济上的自我发展和吸收外国的先进技术，以及美国的扶植。

在二战之后，日本为了迅速恢复国民经济，日本国民作出了艰苦的努力。1950年日本的经济已经恢复到战前水平；1955年超过了第二次大战前的最高水平；1965年以后，经济发展速度超过了主要发达资本主义国家。国民生产总值年平均增长率50年代为9.1%，60年代达到11.3%，1968年国民生产总值达到了1400多亿美元，超过了英、法和联邦德国，在资本主义世界中仅次于美国。这样，从50年代中期起，日本大体上花了20年左右的时间，基本上实现了国民经济现代化，从一个后进的工业国家发展成为工业技术高度发达，在当今世界上举足轻重的资本主义国家。日本经济发展如此之迅速，除了日本国民的本身努力之外，还有一个重要因素是受到美国的扶植，美国的扶植对日本战后创造“经济奇迹”起了重要作用。

日本战后经济的高速发展，使我们不得不考虑到日本和美国之间的关系。二战之后，美军在占领日本本土时，强制性地对日本进行了民主化改革，铲除了日本社会的封建残余势力，客观上为日本经济的高速发展开辟了道路。

美国对日本的政策随着国际形势的发展，由对日本限制转向了扶植日本垄断资本。美国取消了对日本的一切赔偿要求，使原来已经被作为赔偿美国在战争期间损失的大批军需工业和其他工业部门的大企业基本上被保存了下来。同时，美国向日本提供了各种各样的经济援助，尤其是在美国发动侵朝战争之后，美国的军事特需对日本的经济刺激也起了重大作用，挽救了日本许多濒临破产的大型企业，如三菱重工、三井财团等。1951年至1953年，日本通过美国的“特需”订货得到了22.1亿美元，占日本商品出口总额的50%。此外，美国的各种投资也接踵而来，同时，美国的技术也开始输入到日本，这些都为日本的经济发展提了充分的条件。

由于二战之后美国在日本驻军，日本处于美国军事力量的保护范围，使日本摆脱了沉重的军事负担。在二战之前，日本由于推行军国主义，军费开支十分浩大，在1937年军费开支竟然占到国家预算支出的89.8%，是国民生产总值的14.1%。而二战之后，日本处于美国军事力量的保卫之下，军费开支由50年代占国民生产总值的3%降到1%，这就为日本的经济发展提供了充分的资金。

二战后日本经济的发展，还得益于引进新技术。日本民族在历史上就以吸取外国的先进文化而著称，但是世界上所有国家都没有像日本这样大规模的引进外国的先进技术。在1951年就制定了《引进补助制度》，对引进国外先进技术的企业进行非常优惠的补助。在日本政府的大力号召之下，日本的企业不仅引进尖端技术，如电子、电动化等，还引进一些基础部门的先进技术，如钢铁、机械、电力等，甚至连一般部门的新技术它都引进，如纺织、食品等。日本引进先进技术不只是从西方发达的国家引进，也从发展中国家引进，只要是对其本国生产有利的技术，日本企业都予以吸收和利用。

日本在引进先进技术的同时还注意消化吸收，并给予创新，使其生产出来的产品在国际市场更加具有竞争力。积极引进先进技术，使日本的经济发展走了捷径。1950年日本的工业技术比美国落后二三十年，到1960年缩短了10～15年，60年代末期日本已经赶上了西欧各国。据资料统计，1950～1960年制造业平均增长率为21%，而依靠外国技术生产的产品增长率高达72%。

日本还对企业的管理体制进行改革，对企业管理实现现代化。现代化企业包括生产技术和经营管理两个方面，日本人称之为经济高速成长的两个车轮。日本的企业实现企业所有权和经营权进行分离的政策，这造就了一代新型的经营家，他们是一批学有专长、精通业务而又野心勃勃的人，他们富有资本主义进取精神，拼命追求现代化。这批经营者的主要特点在于他们与公司的所有权几乎无关，一文不名的人照样可以成为一个大企业的经理和董事长；而一个资本家由于个人原因，也可能在自己持最多股份的公司里不承担任何职务。这种体制的改革，在日本被称之为“经营者革命”，使日本建立起了一套用先进科学技术设备武装起来的、高效率的经营管理体制。

同时，日本的企业还积极推行经营管理技术的自动化。从60年代中期以来，日本企业把电子技术广泛应用于生产过程和经营管理过程，使日本成为世界上应用工业机器人最多的国家。在企业订货、成本计算、生产计划、人事工资、财务管理中，广泛地使用计算机，大大缩短了生产过程的周期。

同时，日本还改善教育制度，为经济的发展提供了大量高素质的人才。在1930～1950年间，日本每年用大量的资金来发展教育，这期间国民收入增加部分中的25%是由于增加教育资金而取得的。由于日本非常重视教育，所以日本有一支为世界所称道的技术熟练、掌握专业知识、训练有素的高素质的劳动力大军，这些高素质人才为日本的腾飞贡献着他们的聪明才智和力量。

日本经济发展的奇迹为世人所称道，并且为世界各国所效仿，日本的影响在东南亚国家中尤为明显。

古巴导弹危机

1959年元旦前夕，对于加勒比海中的岛国古巴来说，是一个永远值得纪念的时刻，在古巴盘踞7年的巴蒂斯塔独裁政权彻底垮台，革命领导人卡斯特罗宣布古巴临时革命政府成立。随后卡斯特罗掌握了政权，他出任国家总理并兼任军队总司令，在古巴大刀阔斧地实行社会主义政策。

然而，这一壮举令自诩为古巴“顶头上司”的资本主义大国美国恼羞成怒。原来，古巴的社会经济改革实行经济独立，没收外国资本，自古以来，美国的垄断资本都控制着古巴的经济命脉。这一下，美国的土地、公司企业、矿山工厂都归于古巴政府，这还了得！于是，1960年美国政府立即宣布：停止进口古巴食糖。他们以为这一招便卡住了卡斯特罗的脖子，可以令他乖乖就范。要知道，古巴要靠食糖的出口换取进口物资和外汇才能发展本国经济，而食糖的出口量中占60%的份额输往美国，美国就是这样控制了古巴的经济轴心。

卡斯特罗毕竟非同等闲之辈，在这关键时刻，他请动了苏联这一“援助之手”，获得了他们的大批食糖订单，解决了燃眉之急，将趾高气扬的美国轻蔑地甩在脑后。苏联早就想扩大自己在西半球的影响，趁此机会，苏联宣布：古巴如遇到威胁，苏联不会坐视不管，如有必要，苏联军队可以用导弹支援古巴。

美国哪肯善罢甘休，暗地里制定了代号为“颠覆”的详细计划，内容主要包括颠覆古巴政权、暗杀卡斯特罗、美军全面入侵等等。1961年4月17日凌晨，一支由千余名反卡斯特罗政府的武装古巴人从美国佛罗里达海军基地启航。这批人是美国中央情报局以重金秘密招募来的，经过西点军校一年多的严格军事训练，此行正是奔赴他们自己的祖国去推翻卡斯特罗政权。不料刚一上岸便遭到古巴军队的迎头痛击，被打得溃不成军，向美国呼救，却遭到被遗弃的下场，尽管美国事先曾答应给予强大军队的增援，但事实上这批反政府的古巴人都命丧黄泉了。

卡斯特罗一面对美国一如既往的强硬，一面加紧同苏联交往。赫鲁晓夫等苏联领导人得知美国的颠覆阴谋后，立即应允提供大量军事援助，包括牵一发而动千钧的导弹。在塔斯社的对外宣传上当然只能说仅仅提供给古巴防御性的武器，古巴开始在神不知鬼不觉的情况下建立导弹发射基地。

肯尼迪总统对古巴与苏联的交往心生疑窦，恰巧此时美国中央情报局获悉苏联用货船向古巴运送导弹，立刻，美国的U—2型高空侦察飞机悄悄地在古巴上空盘旋。不久，真相大白，美国人大惊失色，现在的古巴对他们存在着毁灭性的威胁。美国政府高级官员们通宵难眠，由于苏联的插手，他们不得不仔细权衡自己的对策，最终，他们决定对古巴进行封锁，美其名曰“海上隔离”。

立刻，加勒比海的海水沸腾了，整个北美洲笼罩在战争的恐怖气氛下。大批陆军、军需物资和最新的重型武器向基地集结，大型军用运输机、专列频繁往来，核导弹潜艇、轰炸机都各就各位。海面上战列舰、驱逐舰、鱼雷快艇往来如梭，庞大的航空母舰各守一方，古巴导弹危机公开爆发了。

战争一触即发，全世界为之震惊。令人们深为恐惧的是，这次导弹危机很可能引发全球核大战，全人类面临着毁灭的危险。古巴方面，卡斯特罗姿态强硬，号召全国总动员，决意要与美国这个国际海盗抗争到底，中国人民对他表示了极大的同情与支持。美、苏两大国在联合国各执一词，互不相让，双方都加紧战争准备。气氛紧张到了极点，但大家都明白一旦打起来，对谁都不利，只是已经骑虎难下。

关键时刻，苏美在外交场上有了转折。苏联驻美国使馆参赞亚历山大·福明在同一名美国记者的会谈中，试探性地问道：“假如苏联答应撤走导弹并保证不再把进攻性武器运进古巴，美国是否可以放弃对古巴的入侵计划?”，这名资深记者立即向肯尼迪反映了这一信息，肯尼迪抓住机会，顺坡下驴立即答应可以接受，苏联方面也很快表示不再发动战争。

一场迫在眉睫的战争眼看就缓解了，突然又出现了一个波澜。苏联向美国提出一份正式外交文件，要求美国撤走部署在苏联近邻土耳其的导弹，他才肯撤走古巴的导弹。因为，美国的远程导弹数目远远多于苏联，这一心腹大患如何解决，困扰了苏联多年，而古巴导弹危机不失为解决此问题的绝佳时机，苏联人牢牢地把握住了。而美国面对这一苛刻条件，自有对策，他们公开场面表示只要拆除古巴导弹基地，就不入侵古巴，私下里答应愿在危机过后撤走土耳其境内的导弹。

最终，双方都很满意，达成了妥协，古巴在两大国之间被摆布了一番，搁在了一边。

“六·一八英雄”——戴高乐将军

1940年6月，希特勒的铁蹄像洪水一样涌入法国，一路势如破竹、长驱直入，直扑法国首都巴黎。在这民族危亡的关键时刻，许多平时耀武扬威、夸夸其谈的军政界要员都吓破了胆，他们认为在强大的德军面前，一切反抗都只不过是以卵击石，因此力主停战，向法西斯屈膝投降，甘做亡国的奴隶。一时间，投降卖国的空气笼罩了整个法国，法国人个个都垂头丧气，没有一点昂扬的激情。

法国难道真要灭亡了吗？6月18日，伦敦英国广播电台播发了一个法国人的讲话：

“我告诉你们，法国并没有完！”

“无论发生什么事，法国抵抗的火焰决不能熄灭，也决不会熄灭！”

这充满爱国热情和战斗激情的声音，极大地鼓舞了法国人民的斗志，表达了法国人民救亡图存的愿望，并为法国的爱国者指明了一条救国之路。

是谁发出了这震聋发聩的抗德的呼声？

是谁力图挽救法兰西大厦于将倾？

他就是后来被法国人称颂为“六·一八”英雄的戴高乐将军。

夏尔·戴高乐是法国著名的政治家、军事理论家和法兰西第五共和国的创始人、首任总统。1890年11月22日，他出生于法国里尔一个天主教的家庭，他的父亲亨利·戴高乐参加过普法战争，是一个大学教授。戴高乐受到父亲强烈的法兰西民族主义思想的熏陶，从小嗜好军事。1909年他考人圣西尔军校，在1912年军校毕业后任陆军少尉，开始进入法国军界。

1914年第一次世界大战爆发以后，他参加了战争，曾经负过好几次伤，受到嘉奖，并且升为上尉。1916年他负伤被俘，5次试图逃跑但均未成功，战争结束时才获释。

1919 年，他升为少校，参加法国军事代表团到达波兰，帮助波兰白军对苏俄进行武装干涉。1921 年 10 月回国，被调到圣西尔军校任讲师，翌年考入军事学院深造。

在二三十年代，戴高乐对军事战略和理论进行研究，出版了几部军事著作。

1931 年底，他开始担任国防常设委员会最高军事会议秘书至 1936 年，在此期间他发表了《建立职业军》、《法国及其军队》等书，阐述了机械化部队在作战中的重要性，提出在法国建立一支由 10 万人组成的机械部队的主张。他反对消极的阵地防御战略，这使他遭到保守的军界上层人士的冷遇，直到 1937 年才晋升为上校坦克团团长。他热衷于自己的事业，被称为“摩托上校”。

在二战爆发以前，他一直反对对德国妥协的政策。大战爆发后，他上书总参谋部要求建立装甲部队，后又向雷诺总理建议改组军队。这些都证明了他是一个富有远见的、卓越的军事指挥者。但是，由于上层不能采纳他的意见，所以他的部队虽取得了一定战果，却并不能改变整个战局。并且由于雷诺内阁软弱无力，失败主义的气氛笼罩了整个法国军、政界，法国面临着亡国的危险。在这种情况下，戴高乐决定独自实施他联英抗德的计划。

6 月 17 日，一位访问法国的英国将军将要离开法国，戴高乐到机场送行，当飞机发动时，他突然跨上这架飞机，腾空而去直接到了伦敦。可以说，戴高乐将军走出这一步也是迫不得已的行为，因为当时贝当政府已经组阁，并向德国屈膝投降，要置整个法兰西人民的尊严于不顾。

6 月 18 日，戴高乐通过英国电台发表了前述著名的《告法国人民书》，重新吹响了战斗的号角，号召法国人民奋起抵抗，要求逃亡英国的官兵和军工厂的工程师、技术工人紧密团结起来。不久，他成立了“自由法国”，组建了武装部队。

然而美国认为戴高乐在非洲有负众望，当地的法国移民和阿拉伯人只忠于维希政府首脑贝当而反对戴高乐，因而更多地想拉拢维希政府。1941 年，美国与维希政府达成协议，维持法国在非洲殖民地的现状。1941 年 12 月戴高乐提议由“自由法国”部队去摧毁圣皮埃尔岛和密克隆岛上维希政府的无线电发射台，遭到美国总统罗斯福的拒绝。但是戴高乐将军仍然命令部队消灭了岛上的维希政权，此举激怒了美国。1942

年 11 月 8 日，美军在北非登陆。事先却没有通知戴高乐，这使他感到大为恼火。

但是，为了光复法国，为了拯救千千万万处于法西斯铁蹄蹂躏下的法国人民，戴高乐将军忍辱负重，积极开展光复活动。

1941 年 9 月，他联合法国各界一些知名人士，组成法兰西民族委员会，形成抗战的中心。1942 年 1 月，他派遣自己的代表让穆兰回国活动，与国内抵抗运动各派别进行联系，并力图将法共领导的抵抗组织置于自已的控制之下。1943 年 5 月成立了全国抵抗委员会，戴高乐成为国内抵抗运动的领袖。同时，戴高乐还通过各种手段，将法国海外殖民地纳入“自由法国”运动。同年 6 月，在阿尔及尔建立了以他为首的法兰西民族解放委员会，它实际上成了与贝当为首的维希政府相对立的抗战政权。在戴高乐的努力周旋之下，他领导下的“自由法国”受到了英国政府的承认，并且与苏联等国家建立了同盟关系。

法国光复前夕，“法兰西民族解放委员会”认为，光复后的法国以一个什么样的姿态出现在国际社会舞台上，取决于自己在光复法国中所起的作用多少。但美国为了控制法国，竭力阻止法国正规大部队参加解放法国的战争，所以直到诺曼底登陆的前一天，戴高乐才被告知这一计划。为此，法国军事代表与盟军司令部进行了艰苦的谈判，但没有取得成果。1944 年 1 月，美国发表关于法国问题的政策声明草案，规定“法兰西民族解放委员会”不得参加在法国领土上建立的民政机构，除非它与美国的观点趋于一致。由此我们可以看出，在这时，美国即已经开始饰演“世界警察”这样的角色，试图让整个世界都听从它的指挥。

3 月 14 日，戴高乐发布与美国声明草案背道而驰的命令，竭立保持自己的独立自主政策。

5 月，美国政府声明它不可能以任何方式承认“法兰西民族解放委员会”。

1944 年 6 月，盟军在诺曼底登陆，法国人民举行大规模的起义，积极与同盟军的进攻相配合，很快就将德国侵略者赶出了法国，光复了法国。

6 月 2 日，以戴高乐为首的法兰西共和国临时政府宣告成立。

9 月 10 日，戴高乐回到法国，宣布组成“全国统一政府”，要求各大国给予承认，但是，美国一直拖延到 10 月中旬才勉强表示承认。

1945 年 1 月 27 日，霍普金斯受罗斯福委派，到巴黎拜会了戴高乐，在会晤过程中，戴高乐历数了美国在第二次世界大战中对法国的态度，表示法国不信任美国，也不会屈服于它的任何压力。

1958 年 5 月，阿尔及利亚法国驻军的叛乱触发了法国国内政治危机，在 1946 年被迫下野的戴高乐重新上台。他在阐述对外政策时直言：我们所说的和所做的必须保持独立性。法国必须站在前列，不然就不规其为法国了。可见，恢复因战争而失去的大国地位已成了戴高乐对外政策的总目标。

1958 年 9 月，戴高乐分别向美国总统艾森豪威尔和英国首相麦克米伦提出了一份秘密备忘录，提出了要参与欧洲事务的要求。这就意味着戴高乐想要与美国和英国在北约组织中平起平坐，让各国也要听一听法兰西的声音，戴高乐威胁说，如果法国的要求被拒绝，它可能会退出北约组织。但是，出于各自利益的要求，美国和英国均表示不能接受法国提出的成立美、英、法三国理事会的要求。在这种情况下，1959 年 3 月 6 日，法国政府宣布撤出由北约组织控制的地中海舰队，美国也只得把 200 架飞机从法国基地撤到英国和联邦德国。法国政府的这一行动不仅意味着向美、英政府施加压力而且意味着这是法国反对北约一体化的重大步骤的开端。

戴高乐在退出北约组织“一体化”机构的同时，十分注意发展自己的核威慑力量，为此，法国与美国发生了尖锐的矛盾。戴高乐宣布说，在美、英、苏三国拥有核武器的情况下，法国绝不会使自己的防务处于长期的悬殊劣势中。

1960 年 2 月 13 日，法国第一颗原子弹在撒哈拉地区的雷冈爆炸成功，戴高乐欣喜若狂，欢呼法兰西从此跨入了核大国的行列。这样，法、美在核力量问题上的矛盾日益激化。

戴高乐认为欧洲是欧洲人的，必须营造一个多极世界格局，才能保证法国和世界的安全。于是，在外交上，他奉行联德遏英的政策，但由于各国都出于各自利益的考虑而不能真诚地合作，所以，两极“冷战”的格局并不能有更多的改变。但法国在诸如越南问题、中东问题、与社会主义国家关系等问题上，也都与美国处处唱对台戏，保持自己独立自主的外交政策。

法国是帝国主义国家中第一个与社会主义中国建立大使级外交关系的国家。1963 年，戴高乐委派总理埃德加·富尔以私人身份访华，探寻中法建交的可能性，取得了圆满成功。1964 年 1 月 27 日，法国宣布与中国建交，同时断绝了与台湾当局的“外交关系”。戴高乐认为应当承认世界的现实，他说：“在亚洲如果没有中国的参加，任何协定，任何重要条约都是无效的。”

1969年4月，戴高乐自动辞职，退居科隆贝，撰写回忆录。

1970年11月9日，戴高乐心脏病突然发作，不幸驾鹤西游，终年80岁。按照他的遗嘱，没有为他举行国葬，没有任何排场，只有少数反法西斯时期的老战友参加了在科隆贝城镇教堂举行的葬礼。

但是这一天，还是有4万多人专程从法国各地赶来，与这位法国的英雄告别，在巴黎的凯旋门前有50万人冒着风雨聚集在那里肃立致哀。

毛泽东也发去了唁电，称他为“反法西斯侵略和维护法兰西民族独立的不屈战士”。

美国黑人不了的梦想

“我梦想有一天，这个国家将会觉醒，真正信守它的箴言，人人生而平等。

“我梦想有一天，从前奴隶的儿子和奴隶主的儿子将会像兄弟一样同坐在友爱的桌前……

“我梦想我的四个孩子生活在这个国家，有一天将不再根据他们的肤色，而是根据他们的品行来评定他们的为人……

“除非黑人获得公民权利，否则美国就不会有安宁和平静。”

时间是1963年8月28日，美国华盛顿林肯纪念碑下，一位神采俊逸的年轻人，身着一袭黑色长袍，庄严肃穆地发表了这一篇名垂青史的演说——《我有一个梦想》。他的声音铿锵顿挫，饱含激情，掷地有声。台下，来自全国各地的25万黑人和白人游行者如山似海，铺天盖地，此刻都在屏息倾听他的演说，人们心中涌动的激情随着他的举动而波澜壮阔。“取消种族隔离！”“立即自由！”“我们要工作！”人群中爆发出山呼海啸般的口号声。年轻人颇有意味地看看身后，在那里，高高矗立的林肯纪念碑上，100年前那逝去的伟人正神情忧郁地默默注视着他们，100年前是他为黑人砸碎了奴隶的枷锁，100年后黑人还在为平等和自由而抗争，他的脸颊削瘦、神色凝重，年轻人似乎读懂了林肯。

而他，正是马丁·路德·金，卓越的民权运动领导人，著名学者、牧师、社会活动家，1964 年诺贝尔和平奖的获得者。1929 年，马丁·路德·金出生于美国南部亚特兰大城的一个牧师家庭。15 岁进入大学，后获得文学学士学位、神学学士学位和博士学位，博学多识，才华横溢，雄辩滔滔，年纪轻轻，却已成为浸礼会教堂颇有声望的牧师。他在布道时，旁征博引，纵论古今，信手拈来，妙趣横生，他的影响逐渐扩大。恰逢黑人反抗歧视的浪潮兴起，年仅 26 岁的马丁·路德·金被推举为公众的领袖，以他强大的凝聚力领导黑人向不平等的社会抗争。

本来在美国，歧视黑人已有几百年的历史。自 1619 年第一批黑人奴隶被掳掠到美洲大陆之后，源源不断的罪恶便开始积累起来，黑人像牲畜一样被随意驱使和杀戮，他们从未被当作人来看待。尽管南北战争爆发后，废除了奴隶制，黑人不再是奴隶了，却仍然饱受歧视和压迫，人身安全仍无保障。专门残杀黑人的三 K 党是种族歧视的恶魔化身，尽管宪法规定禁止歧视黑人，但在根深蒂固的种族偏见面前，那不过只是一纸空文。美国实际上存在着白人和黑人两个社会，黑人基本上被排斥在正常的社会生活之外。黑人不得与白人上车同座、上学同校、就餐同桌。此外还不得同厕，就业时受雇在后，解雇优先。无处不在的种族歧视，伤害了一代代黑人的情感，也扭曲了一代代白人的心灵，积怨日深，终于有一天爆发了。

1955 年 12 月 1 日，美国南方亚拉巴马州的蒙哥马利市，一位 42 岁的黑人妇女罗莎·帕克斯匆匆走在下班的人流中，她要乘公共汽车赶快回到家里应付大堆的家务。上车之后，她很高兴地找到一个座位坐下，松弛一下她因一整天的裁缝工作而腰酸背疼、四肢乏力的身体。“起来!”突然间一声粗暴的喝斥声把困乏的帕克斯太太惊醒，原来这声音正冲她而来，是那名白人司机叫她给刚刚上车的白人让座。而这，已是美国南方的老规矩了。帕克斯太太很明白，因为她从小就给白人让惯了座。然而今天，也许是因为太累，她看看那理所当然地等着她让座的白人，突然觉得这不应该，于是她稳稳地坐定了，平平静静地吐出一个字：“NO”这个字坚决果敢，更是惊天动地，帕克斯太太决没有想到，她的这个“NO”会在日后掀起何等的一场轩然大波。

她走下汽车后，便被警察逮捕，法院宣判她违反了隔离法，判处罚金 14 美元或监禁 14 天。没想到帕克斯太太却是倔强的，她提起上诉，却又丢掉了饭碗。此事立刻在蒙哥马利市引起强烈反响，黑人居住区出现一份传单，号召黑人抵制公共汽车，举行了5000人的抗议大会，宣布要为正义事业而斗争。占全市人口40%的黑人宁肯步行也不坐白人的公共汽车，他们组织了一个拥有300辆汽车的运输队，专门运送需要乘车上下班的黑人。一晃3个月过去了，黑人的斗争仍在坚持，不可一世的汽车公司遭受到惨重的损失。而黑人依然组织严密，毫不气馁，因为他们迎来了自己的领袖——马丁·路德·金。

事态往下发展，当局逮捕了马丁·路德·金和百余名黑人，在审讯时，他据理力争、义正辞严指出了事实的不公正，却遭到罚款1000元的处罚，这反倒更激起了黑人的愤怒。一年后，金牧师诸人再次被捕入狱，官司打到美国最高法院。终于，1956年11月13日，最高法院的终审判决表明："在公共汽车上实行种族隔离，即为违反宪法。"

正义终于获胜，汽车公司不得不取消了种族隔离制。12月21日，罗莎·帕克斯夫人作为第一名黑人搭乘了该市首班汽车，美国历史上第一次大规模民权运动的首场斗争胜利闭幕。金牧师以他的冷静沉着、雍容大度获得了社会各界的爱戴，成为黑人运动的精神领袖。

一波方平，一波又起，阿肯色州的小石城又爆发了种族冲突。1957年，9名黑人学生经过法院判决获得了在中心中学的学习机会，就因为他们将同2000名白人学生同校，阿肯色州的州长竟出动国民警卫队去阻止他们入学。200名荷枪实弹的士兵团团包围住学校，把9名黑人少年拒之门外。一大批种族主义暴徒趁机大搅浑水，上千人在市内到处行凶，追打黑人，事态至此，当局不是镇压暴徒，反而勒令可怜的黑人学生离开学校，此事惊动了中央。

艾森豪威尔宣布：美国宪法决不容许任何恃强行凶的暴徒任意轻侮，却不想引发了更大的事故。暴徒日益嚣张，竟占领了中心学校，引起了社会动乱，联邦政府出动了101空降师经过数日坚守，耗资405万美元，才平息了风波。

马丁·路德·金作为黑人运动的精神领袖，他接受的是印度圣雄甘地的"非暴力，不合作"的思想和斗争方式，主张以"爱"克敌。在黑人反对种族歧视的斗争过程中，他是以这一思想为指导的。

60年代，黑人实行了一种静坐的示威运动形式，成群结队的黑人到实行种族歧视的餐馆"入坐"，到图书馆"入读"，到旅馆"入睡"，到澡堂"入浴"，到公园"入游"，这种和平示威形式形成一股巨大的力量，取得了一定成效，但还是有顽固的种族主义分子制造流血事件。

密西西比州曾发生过白人乘私人飞机向黑人会场投掷炸弹的血腥事件，金牧师本人也曾因到餐馆“入坐”而被捕下狱。

非暴力哲学受到严重挑战，1964 年以后，黑人逐步走上武装抗暴斗争的道路。1965 年 2 月，主张“流血的战斗”的杰出黑人民主人士、激进派领袖马尔科姆·爱克斯遇害。1968 年 4 月 4 日，马丁·路德·金这位德高望重的黑人民权领袖被暗枪杀害。

全世界齐声谴责，约翰逊总统命令全国下半旗致哀，黑人的怒火被熊熊地点燃了，美国 68 个城镇遍布着冲突的火光和枪声。

年仅 39 岁的金牧师的墓碑上刻着一首古老的赞歌：

到底解放了，到底解放了。

感谢上帝，到底解放了。

对于他来说，也许已经解放，但他那金色的梦想还常驻在美国黑人的心目中，他们会为这一不了的梦想而时刻奋斗。

一个传奇式的非洲巨人——卢蒙巴

以利奥波德维尔（现金沙萨）为首都的刚果，拥有丰富的农业、矿产、森林和水利等资源，美丽而富饶，所以很早就引起欧洲列强的激烈争夺，1908 年，比利时把刚果变成了它的殖民地。

1925 年 7 月 2 日，卢蒙巴·帕特里斯·埃墨齐出生于刚果开赛省（今东开赛区）东北部卡塔科孔风镇附近的奥那努瓦村一个农民家庭，他的父母笃信天主教，他们把卢蒙巴送到教会学校读了 6 年书，13 岁时因家贫辍学，卢蒙巴又进了基督教新教的一所学校，接受了两年的护士职业训练后，离校谋生。

卢蒙巴在利奥波德维尔和斯坦利维尔先后当了一段时间的邮局职员，其间他曾在一家矿业公司作文书。在工作之余，卢蒙巴广泛阅读了各类书籍，特别是读了许多法国思想家的作品，受到欧洲资产阶级民主思想的很大影响。并且，由于他广泛地接触到了各阶层人士，所以对整个社会状况有一个比较清晰、准确的了解。

从这时开始，卢蒙巴就经常在报刊上撰写文章；猛烈抨击残酷的殖民统治，积极宣扬民族独立的思想，试图鼓动刚果和非洲人民独立自主的民族意识。

第二次世界大战之后，比利时政府制造所谓“比属刚果经济发展十年计划”，加紧对刚果资源的掠夺，引起刚果人民的激愤，刚果人民纷纷组织起来反抗外来掠夺。卢蒙巴当时所在的斯坦利维尔是群众运动的中心之一。1955 年，他在这里组织了斯坦利维尔邮政工会，并被推选为非洲雇员工会东方省分会的主席。在他的鼓动和组织之下，他们取得了不小的胜利。在不断的斗争中，卢蒙巴注意吸取斗争的经验和教训，这就使他在以后的政治斗争中脱颖而出，越来越引起世人的注目。

1956 年，卢蒙巴到比利时考察访问，欧洲之行使他看到那儿的人民群众为争取自由权利和改善生活条件所进行的不懈的斗争，这使他深受鼓舞和启发，决定回国以后，也要积极组织刚果人民进行斗争，以争取民族的独立和自由民主。

但是，他万万没有想到，他成了一场阴暗的政治斗争的牺牲品。卢蒙巴刚从欧洲返回刚果，一下飞机就遭到了逮捕。他的罪名是在邮局工作期间利用职务之便进行贪污，被判 12 个月的徒刑。

1956 年 6 月 23 日，一些刚果的知识分子在他们自己创办的《非洲的觉醒》上发表宣言，要求民族的独立和自主。但是他们却把独立的希望寄托在统治者身上，妄想通过统治者的良心发现来实现自己的独立自主，所以他们同意某些开明的比利时人士所主张的 30 年计划，即在 30 年内逐步实现刚果的民族独立。但这无异于痴人说梦、水中捞月，是不可能实现的。面对这种情况，“刚果人协会”的领导人卡萨武布于 9 月 23 日表示：“必须立即给我们独立，不应拖延 30 年。我们已经忍无可忍了”。此时，蒙受不白之冤的卢蒙巴尚在狱中，但他并没有消沉，而是一直关注着祖国的命运，对于卡萨武布的观点，他深表赞同。

1957 年，卢蒙巴出狱，他到了首都利奥波德维尔并在一家私营啤酒公司任推销经理，同时积极参加各种政治集会。在此期间，他与非洲著名的民族解放运动领袖恩克鲁玛建立了通信联系。

由于刚果的一些政党带有浓厚的部族色彩，各个政党独立作战，不能紧紧团结在一起，统一领导全国的民族解放运动，所以在 1958 午 10 月，卢蒙巴创建了刚果民族运动党，并且亲自担任主席。这是刚果第一个全国性的资产阶级民族主义政党，虽然它的成分十分复杂，但是他们都是为了求得民族独立自主这一共同目标而走到一起来的，所以还是为以后的政治斗争提供了有利的条件。这一政党有它明确的政治目标，那就是：反对殖民主义和部族主义，要求建立一个独立、统一、民主的新刚果。

1958 年 12 月 8 日，第一届全非人民大会在加纳首都阿克拉举行。在这次会议之后，卢蒙巴的思想认识又有了新的提升，他认识到：只有联合和团结全非洲的力量，才能打倒殖民主义和帝国主义，才能打倒种族主义。

1959 年 1 月 4 日，由于比利时殖民当局禁止“刚果人协会”集会，导致数万名示威群众与军警发生冲突，死伤达 300 人。（独立后，这一天被定为刚果的“独立烈士节”）。

虽然“刚果人协会”被当局下令解散，但刚果人民的不屈斗争迫使比利时国王于 1 月 13 日发表文告提出了一个所谓的“分阶段独立计划”，规定从当年举行地方选举开始，年内实现刚果独立。这无疑是个骗局，卢蒙巴联合 8 个政党的代表于 4 月 7 日至 12 日在卢卢阿堡举行会议，商定要于 1960 年 1 月成立一个政府，并且向比利时政府递交了关于走向独立的备忘录。

比利时殖民当局见一计不成，又生一计，当局采取挑拨离间的政策来分化反抗的分量，使斗争的力量严重地削弱了。

1959 年 10 月 23 日至 29 日，卢蒙巴一派在斯坦利维尔举行代表大会，提出“立即独立”的要求。由于在闭幕式上发生骚乱，死伤百余人，殖民当局以“唆使骚乱罪”于 11 月 1 日逮捕了卢蒙巴。

1960 年 1 月 8 日，比利时决定 20 日在布鲁塞尔举行由刚果各党派领导人参加的圆桌会议，讨论刚果独立问题。卢蒙巴因在狱中，无法赴会，21 日又被当局在斯坦利维尔判处徒刑 6 个月，他的党拒绝在卢蒙巴缺席的情况下参加圆桌会议。而其他各个部族党派之间由于矛盾和利益冲突，使他们只能接受超脱部族的卢蒙巴作为全国代表。因此，出席圆桌会议的全体刚果代表和比利时社会党都要求释放卢蒙巴。1 月 26 日，获释的卢蒙巴带着手铐的伤痕来到了布鲁塞尔的会议大厅，在这里，他受到了隆重、热烈的欢迎。

经过十分激烈的争吵之后，2 月 20 日会议最终通过 16 项议案，体现了卢蒙巴历来主张的既反对殖民主义又反对部落分裂主义的精神，会议决定在 1960 年 6 月 30 日实现刚果独立。

1960 年 5 月刚果举行了全国议会选举，坚持独立、统一的卢蒙巴派成为议会中的第一大党。6 月，卢蒙巴当选为刚果总理兼任国防部长，并在重重困难中组建了独立后刚果的首届政府，而卡萨武布当选为刚果总统。

6 月 27 日，卢蒙巴在政府会议上宣布，独立后的刚果为“刚果共和国”，并强调要建设一个“民主的而不是集权主义的”国家；建立新的国家机关和军队；对外奉行中立政策，团结非洲人民，同一切国家友好共处；对内限制外国资本的剥削；动员一切力量开发自然资源，改善人民生活。

1960 年 6 月 30 日，刚果正式独立。在庆典上，面对傲慢的比利时国王博杜安的挑衅，气愤的卢蒙巴给予了义正辞严而又充满激情的反驳“刚果的独立充满了泪与火的斗争”，“我们决不会忘记80 年来在殖民统治下遭受的苦难。”

殖民者并不甘心他们的失败，他们勾结封建势力和破坏分子，利用旧官吏控制的行政和办事机构，进行分裂活动，国家面临着分裂的危险。面临危机的卢蒙巴政府要求联合国给予军事干预，并向赫鲁晓夫求救，但事与愿违，联合国并不承认卢蒙巴政府。

卢蒙巴在极其困难的情况下，准备进行民主改革，努力促进国家政治和社会生活的正常化，并派出军队讨伐分裂势力。正当这内外交困的关键时刻，却祸起萧墙，兄弟阋于墙内，卡萨武布总统为了独揽大权，处处与卢蒙巴作对，最终引发了全国的内乱。

11 月 27 日，卢蒙巴欲前往斯坦利维尔与基赞加等会合，29 日被追兵截获，12 月 2 日被送到利奥波德维尔的一个机场，3 日被押解到蒂斯维尔的哈迪兵营。次年 1 月 17 日，又被转移到加丹加，不久，卢蒙巴即遭冲来的宪兵和比利时顾问秘密杀害。

卢蒙巴为刚果的独立和统一而献身，震惊了非洲，1961 年3 月，第三届全非人民大会宣布卢蒙巴为“非洲英雄”。他的追随者一直在国内坚持斗争，1963 年底发动了武装斗争，并取得了相当进展，还联合其他力量在斯坦利维尔成立了刚果人民共和国，组成了刚果人民解放军。1967 年 2 月，卢蒙巴夫人在流亡 7 年后，回到刚果，受到了热烈欢迎。社会舆论公认卢蒙巴为刚果第一“民族英雄”。

卢蒙巴的名字，在非洲成为传奇式巨人的称号，他以争取刚果独立的英勇斗争为第二次世界大战后亚、非、拉被压迫人民的解放事业谱写了光辉的篇章，并激励着非洲人民向着自主、统一、繁荣迈进。

巴拿马运河史话

从太平洋到大西洋，走海路可有两种选择，一种是绕道南美洲南端的合恩角，走风波叠起的麦哲伦海峡，可以达到目的地；另一种行程则简短快速，安全可靠了许多，那就是取道巴拿马运河。

巴拿马运河西起克里斯托巴尔，东至巴尔博亚，全长 68 公里，加上连接两洋的深水段，长 81.3 公里，掘土 1.8 亿立方米，花费了 3 亿美元。运河高出海平面 25 米，船只须升高 25 米才能进入运河，驶至另一端再降低 25 米，然后出海。一升一降，全靠三座巨型水闸来完成，扇门重达 300 至 700 吨。运河沿岸及 22 个拐弯处均有夜船设备，昼夜均可通航，船只通过约需 8 小时。8 小时似乎并不算短，但比起绕道南美洲，在时间与航程上真有天渊之别。举个例子：19 世纪末，美西战争中，美国西海岸军舰“俄勒风号”绕道南美洲，费时 66 天，航程 2.15 万公里才到达古巴战场。而与之形成鲜明对照的是，1938 年第二次世界大战爆发前夕，美国两洋舰队举行军事演习，全部军舰两天之内就通过了运河。

巴拿马运河 1903 年开工，费时 10 年才基本完工，1915 年通航，1920 年正式开放。围绕巴拿马运河建成的前前后后，充斥着数不清的斗争，各个不同的利益集团在这里争来夺去。

在未建运河之前，人们苦于绕道南美洲的艰辛航程，积极寻找便捷的通道。人们煞费苦心地研究南北美洲的地理形势，发现在南北美的大陆之间，北起危地马拉，南至巴拿马，有一条从西北向东南延伸、长达 2900 公里的狭长地带，命名为中美地峡。这一地峡南端，从中美洲的哥斯达黎加到南美洲的哥伦比亚，横亘着一条东西走向、长 740 公里、宽 60 至 180 公里的地带，叫做巴拿马地峡。巴拿马地峡的最低最窄之处就是太平洋岸的巴拿马城到大西洋水滨的科隆城之间的一片蜂腰地带。

西班牙人最先发现了这一令人惊喜的地理优势。16 世纪，他们以巴拿马城为据点，修建起一条连接两洋，横贯地峡的石板大道，用以转运货物。1523 年，西班牙国王理查五世曾计划开凿运河，但未能实现。19 世纪后，随着人们调查研究的增加，欧美各国摩拳擦掌，纷纷绘制运河蓝图。1826 年，拉丁美洲民族解放领袖、大哥伦比亚总统波利瓦尔提议由美洲各国协力合作开凿运河。

美国于1850年至1855年筑起了横贯拿马地峡的铁路，又得寸进尺地要求修筑和控制地峡运河。英国闻讯也立即赶到，与美国订约：共同保证运河中立，任何一方不得独吞。法国人派出地峡探险队，研究运河线路与造价问题。

1881年，法国运河公司破土动工。先期工作历时7年，掘土5.5千万立方米，但由于前景渺茫，经费枯竭而被迫停工。5年后，法国人又投入二期工程，耗时6年，花费3亿美元，只建成了1/3工程再一次破产，法国人败兴而归。1901年，美国以其头号强国的姿态签订《海·庞斯福特条约》，废除了英国对运河的支配权。至此，美国人全权掌握了运河的命运。

只剩下哥伦比亚政府这一点障碍了，美国自有高招，他策划出一个独立的巴拿马共和国，由美军支持和保护的阿玛多尔宣布巴拿马脱离哥伦比亚政府，就任共和国首届总统，他自然效命于美国。

运河就这样开工了，数万黑人及部分意大利、西班牙、菲律宾和中国工人历尽艰险，创造了这个奇迹。在热带雨林的烈日暴雨肆虐下，在遍布猛兽毒蛇、悬崖沼泽的原始地带，在蚊虫猖獗、病毒广布的条件中，这些工人以血肉之躯筑成了这条运河。平均每米运河一条人命，整个运河，夺去7万人的生命，其中有400名中国劳工的冤魂筑在这条运河里。

巴拿马运河不仅是交通咽喉要道，更是一条流淌着财富的“黄金通道”。美国每年都可以从这里得到巨额通行税，仅1921年至1959年间便收入25亿美元，此外由于航程缩短，美国政府节省了数百亿的经费，因此，美国把巴拿马运河区设为它最重要的海外军事基地，50年代后，这里又部署了导弹核武器和细菌武器。

20世纪中期，巴拿马政府开始就运河的主权问题对美国提出坚决抗议，巴拿马一位官员严正指出：“应当提醒美国，它在运河区仅仅是一个客人，运河区仍是自主的巴拿马领土。”

于是，不懈的抗争开始了。爱国的巴拿马大学生首先冒着生命危险将国旗插上运河码头，继而，大规模的游行示威不断发生，在美国军警的棍棒子弹之下，巴拿马人毫不退缩。形势所迫，美国人一面增兵，一面施以小恩小惠，即艾森豪威尔的九点建议。但美国的伎俩很快露出本来面目，激起更大规模的群众和学生的示威游行，美国方面出动坦克进行血腥镇压，手无寸铁的巴拿马平民死伤300多人，震惊世界。

事态已严重恶化。200 万巴拿马人举国一心，同仇敌忾，要求收回运河。拉美各民族都举行了声势浩大的群众集会和示威游行，全世界一致谴责美国的强盗行径，毛泽东主席代表中国人民支持他们的正义行动。

迫于各方面的压力，美国政府只得表示愿意废除 1903 年签订的《海埃兰条约》中规定的美国对运河拥有最高权力，但又要求对运河拥有“管理”和“保卫”权。

1968 年 10 月，巴拿马的亲美政权被托里霍斯上校推翻，从此打破了美国的如意算盘。1977 年 9 月 7 日，美国终于同巴拿马签订了新的运河条约，规定巴拿马收回运河主权，运河区由巴美两国共管。2000 年巴拿马逐步收回全部运河主权和管理权，托里霍斯使巴拿马问题得到了最终解决。

地下世界大战——恐怖主义活动

20 世纪下半叶，疲倦的人类社会在刚刚经历了两次世界大战后，共同憧憬着和平安定的生活。虽然再也没有世界性的战争爆发，可是人类似乎并没有一天真正和平安宁的日子。不仅世界各地风波迭起，战乱频仍，而且在少有的没有硝烟的日子里，总会听见各式各样、五花八门的恐怖消息。今日有人被杀，他日某地爆炸、飞机遭劫、轮船遇难，打开电视，天天有凶险，展读报纸，日日有命案，这一切让人时时处处有朝不保夕之感。史学家们声称，这是一场无休无止的“地下世界大战”。

这场战争既不宣战，也不停止，不期而至，悄然而逝，神出鬼没不可防，这就是国际恐怖主义。

恐怖主义组织在世界上形形色色，林林总总，多如牛毛。他们的成员绝非人们想象中的青面獠牙、狰狞可怖，相反，绝大多数都是西装革履、文质彬彬的“正人君子”形象或者是姿容俏丽、楚楚动人的妙龄女郎。这些人个个可谓“人中俊杰”，青春年少，机智伶俐，艺高胆大，绝非凡俗之人可比。恐怖活动门类繁多，诸如绑架、爆炸、投毒、偷袭、劫机、沉船等等，往往惊世骇俗，耸人听闻。

爆炸是恐怖主义分子最乐于采用的手段。爆炸物已经发展到具有相当高科技含量的五花八门的品类，如：手表炸弹，用一块破旧手表制成定时炸弹，简便而有效，而且很难被查出；电话炸弹，事先将炸弹置于预定房间，被害人只要听到铃声拿起话筒，就会引起爆炸，立即成为无头鬼，以色列的摩萨德最擅长此道；圆珠笔炸弹，当使用者旋开笔套时，笔芯的黄色炸药就会爆炸；酒瓶炸弹，一批伊朗杀手曾将爆炸力很强的液体炸药灌进酒瓶，将商标贴好，瓶口封严，只要启开瓶盖，当事人就会被炸成肉末，法国警方曾缴获了一大批这样的炸弹；啤酒桶炸弹，爱尔兰共和军的发明，它的桶壳远比一般的厚，一旦爆炸，无数棱形钢片向四周射出，杀伤力极大；毛驴炸弹，阿富汗人常常将毛驴轰到巴基斯坦境内，毛驴窜进村庄城镇，驮子里的定时炸弹就响了，这无疑是中国古代火牛阵的现代变种；相比之下，最危险的可算是邮件炸弹了。它也许是一份贺年卡，也许是一封情书，或者是一本畅销书，只要你一拆开，里边的线路就会自动接通，那一点炸药足以将人的上身炸烂。60年代埃及雇用一批西德导弹专家为其研制远程导弹，以色列的邮件炸弹纷纷雪片般飞到专家们的办公桌上，接连炸死数人，数百名专家慌忙逃回德国，埃及的导弹研制计划便流产了。

更可怕的是，恐怖分子对常规的固体炸药、液体炸药已不满足，于是一种新型的爆炸物——可塑炸药被普遍采用起来。这种炸药具有无限的可塑性，可被制成任何形状的器物。一位乘客手提公文包走上飞机，警务人员从包中发现不了任何疑点，而这公文包本身就是炸弹；一个没装炸弹的包裹在被打开时会发生爆炸，包裹的包皮就是炸弹；两棵树之间绑着一条晾衣绳，这绳子便是炸药，绳钩则是雷管；烟灰缸、衣服皮鞋后跟、可口的糖果糕点都可能发生爆炸。最令保安人员大伤脑筋的是塑料炸弹，因为这种非金属制品，传统的X光机根本无法辨别，罪犯携带着它可以自由出入机场、车站等要害部门。

恐怖活动遍及全球，成为社会一大公害。恐怖组织难以计数，有几个倒是具有名满天下的赫赫声威。

如美国三K党。“三K”是ku——kluk——klan的缩写，ku——kluk来自希腊语，意为帮会；klan是苏格兰民族的意思，因为其创始人是苏格兰后裔。三K党自1865年成立，至今已近140年，分为“无形帝国”和“骑士派”两个派别。全盛期的三K党曾拥有500万党徒，势力渗透到政府各部门，甚至有两人爬上总统宝座——这就是美国总统哈定和杜鲁门。至今虽然人数已不多，但能量极大，经常公开骚乱滋事，杀人越货。三K党有黄底红边黑龙飞舞的三角形党旗，百余年来，这面旗帜飘扬之处，血雨腥风，鬼哭狼嚎，一片恐怖气氛，深受其害的是广大黑人。本世纪以后，犹太人、天主教徒及共产党人亦成其打击对象。

意大利黑手党的历史更早于三K党，19世纪初已在西西里岛出现。成立之初，它的活动以敲诈勒索、绑架、走私、贩卖人口为主，活动地盘主要在农村。现代黑手党已由刑事犯罪集团发展为以恐怖活动为主的政治经济组织，暴力、经济、权力三位一体，实际上是另一个政府，他们的活动地盘也由农村转向城市。他们办旅馆、赌场、承包工程、买卖土地、贩卖毒品，有雄厚的经济实力。“逆我者亡”是其行动准则，无论是谁，只要敢于挡道，下场只有一个死。1982年，西西里岛每48小时便有一人死于黑手党的魔掌。

与极右的黑手党殊途同归的是意大利“红色旅”，红色旅自称是“革命无产阶级领导的马克思主义暴动”。他们以推翻资本主义统治、建立无产阶级“自治区”为己任，却采取早为马克思和列宁所否定的暗杀、绑架手段，他们是从极左的方向踏入恐怖世界的。红色旅由大学生R·库尔乔和玛格丽特·卡哥尔夫妻二人创建，其徽号是一颗五角星和一挺机枪，象征“用革命的暴力夺取政权”。

无独有偶，另一对“恐怖夫妻”也创立了一个极左恐怖组织，名为“直接行动”。他们每次行动之后都要发表长篇声明，论证“打击资本主义”的必要性。

“红色军团”是一个独具特色的联邦德国恐怖组织，其成员大部分是20出头的美貌女子，其首领通常由一位美艳绝伦而又杀人不眨眼的女子担当。红色军团的恐怖活动成功率极高，因为年轻美貌的女子比别人更容易接近目标，事成后也更容易逃避。

此外，希腊的“11·17”组织、西班牙的“埃塔”组织和“爱尔兰共和军”，都是诡秘无踪、令人毛骨悚然的恐怖组织。至于多如牛毛的新法西斯恐怖组织，则更是心黑手狠、嗜血成性。

上述各恐怖组织若与国家恐怖主义相比，又成了小巫见大巫。国家恐怖主义是指政府组织策划恐怖活动并把它当作实现内外政策的工具。

以色列是这方面的代表，专门设有特工部门摩萨德，干出过一系列全世界震惊的暗杀行动。曾担任以色列总理的贝京，就是当年恐怖组织“伊尔贡”的头子。

南非同以色列一样，设有专门从事恐怖活动的特务机构，即军事情报局和国家情报局。它不仅在国内实行种族入义的恐怖统治，而且在国外也到处伸手，进行恐怖活动。

恐怖主义往往具有强烈的政治色彩，凡是有政治危机、经济困境、民族冲突和宗教矛盾处，便会有铤而走险的恐怖分子。中东、西欧、拉美、南亚便是当今世界四大恐怖热点，恐怖分子大都置生死于度外，有极坚定的信仰和献身精神，他们往往与谋杀对象同归于尽，含笑赴死。

意大利“红色旅”的头目库尔乔被捕后多次受审，每次都在法庭上侃侃而谈，进行政治宣传，俨然一位替天行道的忠勇之士。1987 年 3 月又一次审讯，囚车驶到后，身体单薄的库尔乔拒绝别人帮助，自己跳下汽车，手铐铁镣叮当作响，在 9 名冲锋枪手押送下昂首挺胸步入法庭，然后被推进一个坚固的牢笼。他仰天大笑：“你们这样怕我，实在可怜!”法官巴巴诺正襟危坐，照着一张纸念道：“被告库尔乔，你被指控……”话刚出口，就被库尔乔大声打断：“听着，你们无权审判我，应该受审的是你们这些资产阶级老爷!”巴巴诺早就领教过这一套，不加理睬地继续往下念。库尔乔见阻挠不住便大声喝道：“你们若不全体离开法庭，我们的人会将你们一个个杀死，就像杀狗一样，请记住，红色旅说话算数!”陪审团成员本来已心虚胆寒，哪能受得住这一吓，纷纷申请退席，溜之大吉，这次审判只好不了了之。

但是，恐怖主义毕竟对社会造成极大危害，搅得全世界不得安宁。面对这种状况，专业化的反恐怖部队应运而生。

德国的第九大队可以算得上是当今世界最精锐的反恐怖部队，它有最精良的尖端武器和充足的财政拨款、雄厚的技术实力、严格的纪律、高超的战略技术和杰出的实战技能。

美国共有 4 支反恐怖特种部队，其中代号为“蓝光”的“三角洲”特种部队最负盛名。蓝光作战员仅 100 名，但经过精细的挑选和残酷的训练，除一般军事技能和体能训练外，还有多项专门技能，包括熟练掌握 80 余种武器的性能，定向爆破、照相、指纹检查、潜水、滑雪、跳伞、通讯等技术，可谓上天入地无所不能。

法国的反恐怖部队叫“国家宪兵干涉组”，擅长智取；英国的叫“特别空勤团”；中国也有一支反恐怖部队，叫做“中国特警部队”，其中有全国散打冠军、气功大师、赛车能手等等各路奇人，可谓英豪荟萃。

反恐怖部队屡建奇功，但也有马失前蹄的时候。恐怖主义是世界性的顽症，恐怖与反恐怖的斗争将会长期存在。

“星球大战”终成游戏

“星球大战”原本是一部美国科幻故事影片的题名，其涵义是指宇宙星球惊心动魄的一场战争。1977年风靡全国，1978年荣获6项奥斯卡金像奖。这部由900人参与制作、耗资近千万美元的巨片，故事梗概是一个圣诞之夜，美国太空司令接到敌方“杀手卫星”击毁美侦察卫星的信号，他立即发出一号警报，把消息通知总统及国防部有关机构，总统当机立断向太空司令部等指挥机关下达迎击和报复的命令。美国的一切战争机器立即开动：F－15战斗机编队旋风般起飞，向敌低轨道卫星发起攻击，刹那间，各种先进导弹如飞星般射出，激光武器、粒子束武器、微波武器发射出高能射束，电磁轨道炮发起高速炮弹击中敌卫星……这就是“未来星际战争”的一幕。

由于影片展示的星际飞行和宇宙大战的奇幻景象引人入胜，很快便风靡全世界，并掀起相当长一段时间的科幻热。

正当人们还处在神思遐想之中时，美国传出一条爆炸性的新闻：1983年3月23日。里根总统发表了一次电视演说，提出了新空间导弹防御体系的构想。新闻记者给这个演说贴上了“星球大战”的标签，实在是恰如其分的，因为这一构想是要建立以宇宙空间为主要基地的弹道导弹防御系统，采用的武器是最新式的激光或粒子束动能武器，其作战方式颇像电影中描写的那样。

提出“星球大战”构想的美国总统里根，是个别具一格的人。他自小在伊利落伊镇长大，20岁出头做了体育电台广播员，后来进驻好莱坞，成为一度走红的明星，在25年的演艺生涯中出演了50多部电影。加入共和党后，他开始步入政坛，当选加利福尼亚州长，随即又入主白宫。丰富多彩的人生经历使这位极具艺术细胞和想象力的总统办起事来显得老练、灵活、果断、自信。他信奉两条哲学原则：一是真理，二是必要。了解他的人对他的评价是：“总统的一种真正力量是他的内在指南针，他对某些事情不仅笃信不疑，而且坚持不渝。”

里根提出“星球大战”的构想，是有它的历史背景的。一方面当时世界上存在着以美国和苏联为首的两大对垒军事集团，无休止的军备竞赛成为它们武器力量发展的基本动力。自20世纪60年代中期到80年代初期，苏联和华约组织的军事力量急剧增长，在许多方面已超过美国和北约组织的力量，这使美国和其他北约国家深感不安。

另一方面，航天技术的发展正在使外层空间变成新的战略要地，自1982年美国提出“高边疆”计划之后，一场大规模开发和利用宇宙空间的活动正在美国兴起。新的空间战略成为美国谋求世界霸权、夺取军事优势和振兴经济实力的基本战略。

再有一点就是，80年代初，美国在微电子、计算机、自动控制、结构材料等技术方面都有了飞跃发展，大幅度提高了信息处理、数据通信和自动化指挥作战的能力。

“星球大战”计划是美国继“曼哈顿”原子弹计划和“阿波罗”登月计划之后提出的第三个方面的高技术开拓计划。它以庞大的国防预算为支柱，以开发高技术为中心，来实现美国争夺军事优势的政治目标。里根想通过“星球大战”计划重振美国军威，把竞争转移到美国技术上占优势的战略防御领域，并以此为突破口，推动国防、经济、科技全面发展。

里根对他的“星球大战”计划作了如下解释：推行一套新的太空战争战略，是要它来取代实施多年的核报复战略。美国的太空战略就是建立反弹道导弹防御系统，在苏联战略导弹飞抵美国本土之前，就以有效手段将其拦截。

这种建立太空安全网的新战略仍然是一种“威胁战略”，但采取的却是一种全新的手段，因为苏联已经拥有的核武器足以摧毁美国的全部陆基导弹，美国要在这方面与苏联争锋，将面临严峻挑战，只能扬长避短，另辟蹊径。

新战略的技术任务将空前艰巨，也许几十年才能完成。新战略是为明天的战争着想，在实施的同时，战略核力量与常规力量应得到改进和加强，为同苏联在谈判桌上的较量提供依托。实施太空战略时，美国继续承担保护邻国领土的义务，使之不受苏联导弹的袭击。

“星球大战”计划制定的过程中有一个关键人物值得一提，他叫爱德华·特勒，1908年1月15日生于匈牙利布达佩斯一个犹太人家庭里，父亲是一名律师。1926年，18岁的特勒到德国卡城工学院攻读化学工程，获硕士学位，后来又到慕尼黑大学继续深造。1931年，他到德国哥廷根大学，在著名科学家波恩手下工作。二战前夕，他被纳粹德国驱逐出境后，经伦敦逃经哥本哈根，1935年移居美国。

他一生致力于核武器的研究工作，为美国研制原子弹和氢弹作出了重要贡献，并在美国军内许多重要部门担任要职，里根总统对他尤为器重，1981年任命他为总统的科学顾问。他的思想和胆略一直影响着美国的决策，尤其是他对空间武器的设想引起了里根极大的兴趣：利用核爆炸诱发强大的激光击毁来袭导弹，这一设想就是后来“星球大战”计划的雏形。

特勒曾在1982年美国民防协会的年会上以一种权威的口气说：“防御不仅是可能的，而且你们能够得到真正有希望的武器系统。如果你们在这方面有足够新颖的设想，不要使自己的思路只限于像中子弹这样明显的方法。

特勒主张研制的这些有希望的武器系统有三种：一种是能探测，攻击敌洲际弹道导弹的空间站；一种是空基激光和粒子束武器；一种是先进的反弹道导弹。

随着里根总统电视演说的发表，美国国防部制订了一项“战略防御倡议”，简称SDI，并于1984年4月正式开始予以实施。这项战略防御计划所需费用预计在1万亿美元以上。

美国朝野上下议论纷纷，全世界也反响强烈。

当时的苏共中央总书记戈尔巴乔夫指出：美国的“战略防御倡议”宣扬的是宇宙盾牌，而实际上是在铸造宇宙之剑。他表示：“如果美国使太空军事化，从而破坏了现在军事上的战略均势，苏联除将采取相应措施之外，别无其他选择。”苏联在加紧经济与科技发展的同时，在与美国的裁军谈判中做出一系列积极姿态和让步，并表示不首先向宇宙空间发射任何类型的反卫星武器，在一定程度上放慢了苏美军备竞赛的步伐。

西欧许多国家也十分不安和不满。1985年7月17日，西欧17国外交部长和科研部长在巴黎会议上正式通过了法国提出的“尤里卡”计划，企图通过西欧各国密切合作，推动欧洲的经济复兴，与美国、日本争夺高技术的国际市场，并谋求太空防务独立地位。

日本政府对“星球大战”计划基本上采取支持态度，并希望通过参加这项计划培养日本的军事技术队伍，提高日本的防务水平。

美国国内持怀疑和反对态度的也大有人在，包括几名诺贝尔奖获得者、前总统科学顾问、布鲁金斯学会专家、麻省理工学院教授、前总统卡特和防务专家等等。因为要研究、试验、部署、完善一整套空间防御体系，不仅耗资巨大，而且孕育着许多难以预测的风险，首先在技术上就是个未知数，美国政府是否应该下此大赌注是人们争论的焦点。

但是，美国政府不管来自四面八方的反对声浪有多大，它的“星球计划”依然执著地全面推行开来。

1984年1月，里根签署119号国家安全决定指令，命令着手研制激光和粒子束等空间武器，以截击苏联战略导弹；不久又命令建造永久载人太空站；3月，詹姆斯·亚伯拉罕将军受命负责“星球大战”计划；1985年2月，里根在国情咨文中将开拓太空称作美国第二次革命，称“这是一场把知识和空间的边疆向后移，从而使我们达到进步的新高度的革命，一场把世界和平和人类自由美好的希望带到我们国界之外的革命”；3月，成立美国太空问题全国委员会。

正当美国的战略防御计划如火如荼地开展之时，苏联宣布解体了。作为这项计划针对目标的“苏联发动全面核进攻”的说法已化为子虚乌有，美国这一声势浩大的工程突然间因失去了对手而显得很是尴尬。

惊世骇俗的“星球大战”计划最终成了一场虎头蛇尾的游戏，不了了之。

力胜须眉的铁娘子——撒切尔夫人

“如果你想夸夸其谈，请教男人去；

如果你想有所作为，请教女人来。”

这是英国第50任首相撒切尔夫人的名言。

1925年10月，英国一户普通的杂货铺店主家里喜得千金，取名叫玛格丽特，这位小姑娘从小就聪颖过人、沉着伶俐。上学后，玛格丽特学习刻苦，用心专一，显示出过人的才华。她从来不甘落于人后，门门课程都是优等，而且天生带来一股凌厉的豪气。

9岁时，玛格丽特在一次诗歌比赛中获得第一名奖励，校长热情地祝贺她：“小姑娘，你真走运！”不料“小姑娘”却冷冷地回答道：“校长先生，不是我走运，这是我应该得到的。”真可谓胆气十足。1979年5月，英国举行新的议会选举，保守党取得胜利，获339席，当选首相的便是保守党领袖玛格丽特·撒切尔，时年54岁，她是英国历史上第一位女首相。有一位记者问她，“作为一位女性，你何以能成为大党领袖?”撒切尔夫人脱口答道:“因为我受之无愧。”此语令记者连连咋舌。

撒切尔夫人早年在牛津大学专攻化学，却志在政治，年纪轻轻便崭露头角，出任牛津大学保守党协会主席，毕业后数年觅夫，可谓非梧桐不栖，终于才貌双全、家底丰厚的丹尼斯·撒切尔跃入她的眼帘，二人于1951年成婚。1959年，撒切尔夫人当选议员，在希思内阁任教育和科学大臣，开始在政治旋涡中搏击风浪，施展本领。她深知女人要想出头，必须比男人更精明、更强干，因此她总是踏踏实实、深谋远虑。她既有女性天生的阴柔魅力，又有当仁不让的阳刚之气，深信天生我才必堪大用。1975年，年届50岁的撒切尔夫人当选保守党领袖。“好风凭借力，送我上青云”，1979年5月工党政府陷入危机倒台之后，保守党组阁，撒切尔夫人跨上联合王国首相宝座，并且一口气连任12年，达到她事业的顶峰。

撒切尔夫人秉性刚毅倔强，自认为负有恢复和振兴英国的使命。她的奋斗目标是恢复英国的传统，使“每个人有工作的权利，花他赚来的钱的权利，拥有财产的权利以及使国家成为仆人而不是主人的权利。”

执政伊始，新首相便风格独异，面对庞然大物般的苏联，她勇于指责，并且针锋相对，丝毫不让。对撒切尔夫人来说，一旦主意拿定，无论威逼利诱，都休想使她低头，苏联报刊反过头来攻击撒切尔夫人，说她是“可怕的冷战巫婆”，是“铁女人”。对于“铁女人”的雅号，撒切尔夫人倒是欣然接受，丝毫不以为意。从此，这个绰号不胫而走，成为招牌似的符号，伴随她驰骋政坛十几载。

撒切尔夫人果真铁腕如山，爱尔兰共和党极端派恐怖主义者横行之时，她毫不手软，以暴制暴。共和军犯人在狱中绝食抗议，她宁肯看着他们活活饿死、骚乱蜂起，也不后退半步。恐怖分子朝朝暮暮算计拿她的性命，她却泰然处之、行若无事，她在国内实行新政、力排众议、大刀阔斧，敢作敢为，虽为女流，却有重振大英帝国雄风之势。

撒切尔夫人面对英国经济江河日下的现实局面，主张放弃凯恩斯主义政策，即西方主要资本主义国家奉行的扩大政府开支、高福利以刺激需求。她认为这一政策已不能起到明显的成效，因而她要对英国的社会经济进行一场“激烈的改革”。这就是通常所说的“撒切尔主义”，即包括:货币主义的宏观经济政策，国有化企业的私有化，改革福利制度，限制工会权力等。

撒切尔夫人的改革从一开始就成为英国朝野两党斗争的焦点。她的改革政策付出了很大代价，诸如失业率急剧上升，工业基础严重萎缩，工业竞争力下降等等问题接踵而来。1981 年 3 月 30 日，英国 364 名经济学家发表声明，谴责撒切尔夫人的货币主义政策，在保守党内部也造成了日益扩大的分歧，人们普遍认为应该先解决失业问题。在如此严峻的形势下，撒切尔夫人依然顶住压力，和一批支持者坚持了下去。

终于，撒切尔夫人的改革使英国的情况有了好转：英国的经济年增长率超过了当时世界上任何一个工业大国，名列第一；通货膨胀率大幅度下降；财政方面 1987 年度起由赤字转为盈余。这一系列成功使保守党获得崇高的威信，于 1983 年 6 月和 1987 年 6 月两次大选中都战胜了工党。为此，撒切尔夫人两度蝉联首相，打破了本世纪英国政治史的记录。

“撒切尔主义”成效辉煌，曾一度被当作医治经济上积重难返的“英国病”的一剂良方。然而，它却并非万能，资本主义社会的根本矛盾是它解决不了的，英国经济依然面临众多棘手的问题，通货膨胀、财政赤字、严重的失业率，这些资本主义的痼疾不久以后便又卷土重来。撒切尔夫人当政 11 年来，更切实地享受到“实惠”的是富人，而穷人则更穷了。因为，撒切尔主义是以加剧社会对立和矛盾为代价的，形势日益严峻了，撒切尔夫人纵有三头六臂，也难以独挡一面。于是，她只好在 1990 年 11 月份的竞选中激流勇退，无可奈何地退了出来。大势已去，英国历史上的撒切尔时代就这样宣告终结了。

马岛之战

在南美洲的最南端，有一块星罗棋布的群岛，叫做马尔维纳斯群岛，简称马岛。马岛总共有大大小小 200 个左右的岛屿，面积不过万余平方公里，岛上企鹅成群，人迹罕至，比起地球上众多的美丽家园来说，马岛不值一提，但是到了公元 1982 年，一场现代的战争却为争夺马岛而打响，从而震惊了世界。

马岛从地理位置上看紧靠阿根廷。由于历史上的原因，马岛被英国长期占据。虽然阿根廷就此问题多次向联合国申诉，但问题没有丝毫进展，英阿两国始终处在毫无成效的谈判之中。马岛问题虽未解决，但始终也没有激化。

随着20世纪科学技术的发展，马岛爆出一个惊人的新闻，这片看上去荒凉凄冷的不毛之地居然蕴藏着丰富的石油，据勘察预计在20亿至60亿桶之间。同时，随着世界航运技术的发展，位于南大西洋与南太平洋交汇处的马岛越来越显示出宝贵的战略地位，这引起阿根廷与英国与日俱增的争夺。一方面英国沾不到便宜就绝不放手，一方面阿根廷收不回主权誓不罢休。

双方的当权人物正好棋逢对手，极其强硬。阿根廷的领导是利奥波尔多·加尔铁里，号称“铁将军”；英国的首相玛格丽特·撒切尔，举世闻名的“铁娘子”。原本“铁娘子”棋高一着，曾提出两项听起来很公正的解决方案：一是仿照中国香港方式，租用马岛99年，主权归阿根廷；二是由岛上居民来投票表决马岛的归属。但“铁将军”很快识破这里的骗局：其一，阿根廷空有主权，一切实利都归了英国；其二，马岛上居民都是英国移民的后裔。谈判不成，战争很快就打响了。

1982年4月2日凌晨，4000名阿根廷海军陆战队队员在航空母舰“五月花”号统领下，乘坐数艘军舰浩浩荡荡地奔赴马岛。而此刻岛上只有英国总督亨特率领的80名守军。很快，阿根廷首战告捷，举国欢庆，阿根廷人斗志昂扬，士气高涨。“铁将军”加尔铁里趁热打铁地宣称：不惜一切代价去恢复民族的骄傲与尊严！

英国国内一片议论纷纷，众人都为丧失“领土”而相互指责。铁娘子立即设法稳住国内阵脚，转头就下令大批军舰火速直奔马岛。英国的万余名陆战队员以两艘航空母舰为核心，乘坐40多艘军舰、60余艘辅助船只，历经整个北大西洋的寒带、温带、热带和整个南大西洋的热带、温带、寒带，历经20余天，航程1.5万公里，终于到达了南乔治岛。

4月25日，英军旗开得胜，击毁阿根廷数艘潜艇、巡洋舰，马岛被英国飞机疯狂轰炸。阿根廷的加尔铁里将军立即派出最新式的武器——“超级军旗”飞机，果然出手不凡，英国最新建造的花费两亿多美元的“谢菲尔德”号军舰被“超级军旗”发射的导弹击沉了。

5月25日，阿根廷的“超级军旗”又立战功，英国被当作“第三艘航空母舰”用的大型运输商船——“大西洋运送者”号连同运载的9架直升机、一座淡水加工厂和大批军需物资一起被摧毁。“超级军旗”在这次战斗中名声大振。

原来，这种飞机是70年代末才由法国制造出来并装备到法军中的新式战斗机。它集“军旗”IVM攻击机与“军旗”IVP侦察机之大成，又有多项重大改进，耗油降低，升力增强，功率更大，可以空中加油。机上配备的AM39型“飞鱼”式空对舰导弹是其最拿手的好戏。“飞鱼”39型是空中发射的反舰导弹，弹长近5米，直径0.35米，射程可达70公里以上，命中率达95%。此外，机上配有30毫米火炮两门，并可装载炸弹、火箭、战术核武器。

然而，总体实力上阿根廷毕竟不能与英国相抗衡。当阿根廷最后一枚“飞鱼”导弹飞出去以后，再也拿不出更新的力量了。此时，英国仗着人多势众，牢牢掌握了马岛的海空控制权，封锁了马岛。

英国司令桑迪·伍德沃德少将决定把全面进攻马岛的首次登陆点定在圣卡洛斯岛。因为这里避开了阿军的重点兵力，虽然航道狭窄，地形错综，但阿军防守薄弱，一旦登陆成功，就会迅速站稳脚跟，扩大战果。但是，英军的舰队和潜艇依然在阿军重兵把守的斯坦利港频繁出动，伍德沃德虚晃一枪，致使阿军调集重兵于此地，而彻底忽略了圣卡洛斯岛。

于是，英军于5月20日深夜轻而易举地控制了圣卡洛斯岛，既而攻城掠地，占领了直逼斯坦利港的重要军事据点。6月13日晚至14日，英军调集火力，飞机、导弹、大炮立体交叉对斯坦利港进行了12小时的轰击，1.4万发炮弹将阿军阵地夷为平地。

阿军惨遭重创，一场激烈的白刃战发生了。英国一位官员后来评论这场战斗是疯狂的、邪恶的和令人发指的，总之酷烈异常，双方都伤亡惨重。

终于，阿军再也支持不住了。6月14日晚7时30分，马岛阿军司令梅内迪斯将军举旗投降，英军司令穆尔将军接受了阿军的投降，双方在前线达成停火协议，为期74天的马岛之战终于结束了。

6月16日，英军占领马岛，举国欢庆；阿根廷国内，加尔铁里垂头丧气地下台了。

东欧剧变之一——波兰

提起东欧剧变，首先要从波兰说起。

波兰是东欧诸国中局势最不稳定的一个国家，中心原因在于经济问题，因此，波兰政府多年来一直致力于经济建设。然而，无论是50～60年代的哥穆尔卡改革，还是70年代的盖莱克改革，亦或是80年代的雅鲁泽尔斯基改革，都未能从根本上调整好国家经济，这导致了社会动荡，人心不稳。

终于，大的麻烦出现了。1980年7月，经济困难的波兰政府宣布肉价上涨40%～60%。当天便有一座小城里的交通设备厂率先罢工。从此，罢工浪潮席卷各地，人们抗议肉价上涨，要求增加工资，成为波兰战后数次风潮中规模最大、持续时间最长的群众抗议活动。

在这次活动中，一个名叫瓦文萨的人广泛联络，四处奔走，获得上万人的支持响应，成立了著名的团结工会，瓦文萨本人担任工会主席。团结工会应时而出，发展迅猛，很快在总人口不足3700万的波兰就有950万人成为团结工会的会员，且执政的统一工人党300万党员中就有100万加入了团结工会，连中央委员中都有团结工会的会员。

1981年9月至10月，团结工会召开的第一次大会通过了《纲领决议》，明确提出“不承认波兰统一工人党的领导和社会主义”，要“改建国家机构”，打碎现行经济组织结构，公开提出夺权问题。紧接着，瓦文萨开始准备武装夺取政权，波兰局势立刻剧烈动荡起来，无休止的罢工令全国经济瘫痪，日用品奇缺。不久人们便对团结工会的罢工指令产生厌倦。

此时，手段强硬的雅鲁泽尔斯基将军出任统一工人党第一书记。面对暴露无遗的团结工会“完全肢解社会主义波兰国体”的意图，1981年12月13日零时，雅鲁泽尔斯基宣布全国实行军管。团结工会领导人包括瓦文萨在内几乎被一网打尽。在遏制了罢工浪潮之后，波兰国内经济开始复苏，政府使社会各方面都得到了安抚。可惜好景不长，几年后的雅鲁泽尔斯基第二阶段经济改革失败，再次引起物价暴涨，罢工浪潮再度掀起。

迫不得已，统一工人党于1988年12月至1989年1月举行十届十中全会，决定在波兰实行政治多元化和工会多元化，有条件地承认团结工会为合法组织。

瓦文萨东山再起，在美国等西方国家资金、物质各方面支持的有利条件下，改进了斗争方式。他表示团结工会“不想推翻当局”，而是要“帮助政府摆脱困境”。1989年2月，波兰统一工人党、团结工会、各政党以及社会团体、教会、群众组织的57名代表举行了一次圆桌会议。

这次会议上，波兰党在两个根本问题上向团结工会作了原则性让步。第一是放弃了三项“至高无上的原则”，使团结工会获得合法地位；第二是改变国家最高权力机构的体制：增设参议院，议席全部自由竞选；第三是改变议员席位的分配比例，统一工人党的议席由占总数53.3%降至37.6%，其他一些党派团体结成的“执政联盟”议席也由83.9%降至65%，其余35%的席位留给独立人士自由竞选。

1989年6月份，波兰举行议会选举。波兰统一工人党获得了议会中按比例分配的299席，由此获胜并上台组阁，但在完全自由选举产生的参议院中却未获一席。而团结工会获得了参议院100个议席中的99个，并囊括了议会中供自由选举的全部35%的议席。

7月9日至11日，在波兰正式访问的美国总统布什对波兰进行的经济和政治多元化改革深表赞赏，并宣布了新的援助计划，这实际上是团结工会的巨大后台。

在接下来新的议会投票中，当选总统的虽然还是波党第一书记雅鲁泽尔斯基，但只是以微弱的优势获胜。当选总理的波兰政治局委员基什查克遭到瓦文萨强烈反对，不得不放弃组阁。议会在8月24日通过了雅鲁泽尔斯基提名的团结工会顾问马佐维耶斯基为总理。9月12日，波兰新政府组成，在23名内阁成员中，团结工会占12席，而统一工人党仅得4席。这样，在东欧国家中出现了第一个由非共产党人领导的政府。

统一工人党就这样节节败退，不久以后，波兰议会通过了宪法修正案，删去了统一工人党在国家中起领导作用和波兰是社会主义国家的条文，波兰人民共和国被更名为波兰共和国。瓦文萨于1990年12月9日当选为波兰共和国总统。

波兰的政变在东欧仿佛推倒了多米诺骨牌的头一块儿，东欧各国一个接一个地相继发生巨大变化。

第二个就轮到了匈牙利。

匈牙利素有“国家小、名望高、人口少、能量大”的评价，因为在匈牙利不足9万平方公里的土地上，1000万人口中，人才辈出，群星璀璨，举世闻名的大诗人裴多菲、“钢琴之王”李斯特都是匈牙利人，在为数不多的诺贝尔奖金获得者中有9名是匈牙利的科学家。

1989年初开始，匈牙利社会主义工人党内部围绕1956年事件的性质及纳吉的个人功过是非等问题发生了分歧。2月，社会主义工人党提出了政治多元化和多党制的政治主张。

这种多元化主张源于1987年。一些人认为，社会主义条件下存在着各种不同的利益。利益的多元化必然导致意识形态多元化，再进一步就是政治多元化，多元化的终点是多党制，这是一种超阶级的理论。当年9月，匈牙利150名著名知识分子就国家现状及命运前途召开了“洛基泰莱克”会议。会后产生的各种政治组织如“匈牙利青年联盟”、“公开性俱乐部”等，以人权、自由、民主为旗号，到处鼓动宣传。这种影响逐渐渗透到执政党的高级官员中，形成了一股强大的势力。

1989年3月，匈牙利总理内梅特在访问莫斯科时，苏共中央总书记戈尔巴乔夫对他表示不对匈牙利选择多党制执有异议。由此，匈牙利的激进改革派获得了苏共领导的支持。于是1989年3月，匈牙利国民议会讨论新宪法原则时明确地表示：新宪法将不再提匈牙利工人阶级政党在社会中的领导作用，主动提出把有关共产党领导权的条款从宪法中删去。

5月8日，匈党中央解除了卡达尔党中央主席和中央委员的职务。随后，涅尔什出任主席，执掌实权的中央主席团由涅尔什、内梅特、波日高伊和格罗斯四人组成。

1989年6月，匈牙利社会主义工人党、9个反对派组织和7个社会组织（包括工会、爱国人民阵线等）召开了全国政治协商的圆桌会议。三方面代表享有平等权利，另外保留了供观察员参加的第四方的席位。经过近百天的谈判，先后就修改宪法、实行总统制、代表名额分配等达成协议，并拟订了准备提交国会通过的6个法律草案。在协议书中，工人阶级政党的领导作用被删除，国家的社会主义性质也被抹掉，“匈牙利人民共和国”的国名被改为“匈牙利共和国。”匈牙利工人卫队被指为社会主义工人党和党卫队而遭解散。

匈牙利的圆桌会议期间，美国总统布什来访，并表示美国愿作为匈牙利继续变革的伙伴，宣布了对匈的援助计划。

1989年10月，匈牙利社会主义工人党第十四次代表大会提前召开。大会的焦点集中在是否建立新党、建立什么样的新党问题上，共产党被说得一无是处，1956年的事件被重新界定为“人民起义”，对当时事件负有重大政治责任的纳吉被称为“民主战士”、“民族英雄”。党中央主席涅尔什在开幕词中说，匈党的历史作用已经完结，要建立一个新型的党，既不是共产党也不是单纯的社会民主党，而是继承两者传统与价值的左派社会党。大会以1005票赞成、159票反对和38票弃权通过了将社会主义工人党改建为“匈牙利社会党”的决议。涅尔什当选社会党主席。

社会党党章取消了以马克思列宁主义为指导思想及共产主义为最终目标和民主集中制的内容，宣布总目标为建立民主社会主义，政治上实行多党制为主的议会民主，经济上建立以混合制为基础的市场经济。

美国对匈牙利的国会表示欢迎，因为此举是为了“在东欧推翻共产主义”，所以美国不遗余力地通过了向匈牙利和波兰提供 8.37 亿美元经济援助的法案。

此后，匈牙利的政局并不稳定，多党林立的政治局面使得社会党在 1990 年的大选中名落孙山，“民主论坛”获胜，任“民主论坛”主席的安托尔组成新政府，自由民主主义者联盟的领导人根茨为国会主席，并兼任共和国临时总统。

东欧剧变之二——捷克斯洛伐克

在东欧剧变的多米诺骨牌中，捷克斯洛伐克也是一块。

1968 年 10 月 27 日，捷克斯洛伐克议会通过法律规定，捷克斯洛伐克为联邦制国家，由享有平等地位的捷克社会主义共和国和斯洛伐克社会主义共和国组成。

1969 年 4 月，捷共中央全会改选胡萨克为党中央第一书记。杜布切克被取而代之，一年之后的 6 月又被开除出党。捷共中央全会在《从捷共十三大以后党内和社会危机发展中吸取的教训》的决议中批评了诺沃提尼的政策，更全面否定了“布拉格之春”。

所谓“布拉格之春”是捷克斯洛伐克于 1968 年实行的一次政治经济体制的全面改革，通过的《行动纲领》宣布“将进行试验，给予社会主义发展以新的形式”。政治方面提出要改造整个政治制度，主要包括：改变党的领导体制，实行党政分离；将国家体制由集中的共和国改为捷克斯洛伐克两个共和国的联邦制；主张民族阵线内各政党和团体“都参与国家政策的制订”，实行政治协商和联合执政；主张工会独立于国家政权；执行独立的外交政策。经济方面提出实行有计划的市场经济。主要包括：改革计划体制；规定工商企业和农业合作社都有独立自主权；成立工厂委员会；取消外贸垄断，企业有权进行外贸活动，国家只根据市场情况采取调节措施。

捷共当时的领导认为，他们主张的这种社会主义是“民主的社会主义”，“具有充满活力的经济体制的社会主义”。但捷共总书记胡萨克坚持认为它是一场“反革命”事件，而不顾社会上一直要求肯定“布拉格之春”的呼声。

在胡萨克的领导下，捷共按照“发达社会主义”的总路线走了一段，几年内经济形势稍好，人民生活有所提高，胡萨克也于1975年当选捷克斯洛伐克总统。但到了70年代中后期，随着国际市场形势的恶化，捷克斯洛伐克的经济又不断出现新的困难和问题，群众日益不满。1977年，社会上要求为1968年事件平反的各种力量以维护人权为旗号，发起“七七宪章民权运动”，正式形成了捷共政治上的反对派。苏联贯彻戈尔巴乔夫的“新思维”外交后，捷共领导同反对派之间的斗争日趋激烈，捷共领导层内部也出现了分歧。

1989年，捷克斯洛伐克政治风暴迭起。利用为1968年“布拉格之春”事件平反，反对派掀起大规模的反政府风潮。1月到11月，布拉格连续爆发数万至数十万人参加的反政府示威游行。捷克政府对各反对派的活动采取坚决反对的态度，派遣武力镇压，逮捕了众多示威者，其中包括“七七宪章”发言人、“独立作家协会”主席哈维尔。

但是反对派不仅得到了美、英、法等西方国家的大力支持，而且也得到波、匈当局的公开支持。在11月风暴中，“七七宪章”等十几个组织联合成立“公民论坛”，在斯洛伐克也成立起反政府的“公众反暴力组织”。

迫于形势，捷共中央于1989年11月24日召开非常全会，以雅克什为首的领导班子辞职，改选与1968年事件无甚牵连的乌尔班内克为总书记。接下来，捷共中央主席团宣布，1968年苏联等华约5国出兵捷克斯洛伐克是错误的。同时，苏联、保加利亚、匈牙利、波兰及民主德国5国领导人也承认那是“对捷克斯洛伐克内政的干预，应当受到谴责”。

这样，1968年事件彻底翻案，捷政局发生急剧变动。1989年11月29日，联邦议会通过的修正法案取消了关于捷共在社会和国家中的领导作用的条款。12月3日，阿达麦茨总理宣布改组政府，吸收5名非共产党人参加内阁。公民论坛不满于此，次日组织了20万人大游行，导致阿达麦茨辞职。不久，胡萨克辞去总统职务。12月，联邦议会选举杜布切克为议会主席，选举哈维尔为共和国总统。1990年6月的议会选举中，公民论坛以170席战胜仅获47席的共产党，捷共失去了执政党地位。

1990年3月29日，捷联邦议会决定将国名由“捷克斯洛伐克社会主义共和国”改为“捷克和斯洛伐克联邦共和国”，仍简称为捷克斯洛伐克。

“公民论坛”虽然获胜，但它本身是一个松散的组织，内部分歧不断。1991年联邦政府推出激进的经济改革措施，致使斯洛伐克地区遭受到比捷克地区更大的冲击，激化了民族矛盾。最终，1993年1月1日，捷克和斯洛伐克联邦共和国正式分成为捷克共和国和斯洛伐克共和国两个独立的主权国家。

东欧剧变之三——民主德国

最为引人深思的是民主德国的剧变。

民主德国的经济发展在东欧最好。由于70年代实行了卓有成效的国民经济平衡法，加强了中央集中管理，民主德国推行发展经济同改善人民生活相统一的方针，并把生产集约化作为经济发展的主要途径。到了1988年，民主德国人均收入达8500美元，人均住房达26平方米，家庭普遍实现电器化，每百户居民有小轿车53辆，全国粮食自给。

如此景况可谓欣欣向荣、硕果累累，民主德国应该一片形势大好了。可是，事实上民主德国的百姓千方百计、绞尽脑汁地逃离他们本应算得上安乐的家园，纷纷奔向柏林墙以西的联邦德国。1989年9月，随着近邻匈牙利开放了西部边界，两天之内就有1万多民德居民利用去匈牙利度假之机，取道奥地利去了联邦德国。10月初，又有近万名公民涌进西德驻捷使馆，民德被迫同意这些人的移民要求。

这到底是怎么回事呢？原来正是人往高处走、水向低处流，尽管民德的经济发展卓有成效，是东欧各国的佼佼者，但是与联邦德国相比，则又不可同日而语了。民德的人均国民产值仅及西德的一半，高水平的生活条件如巨大的磁石强有力地吸引着民德的百姓。而且西德的法律规定，民德人只要越过西德边境，便自动取得了西德公民权，这无异于给民德的流动人口大潮推波助澜。

除了经济上的原因，还有政治上的原因。民德在建国后长期处于东西方和两个德国的对立之中，处境十分艰难。政治上它受苏联控制较深，其领导人思想日趋僵化，难有更大作为，自从柏林一分为二之后，民德公民还利用西柏林为桥梁不断流往联邦德国，对民德的发展产生不利影响。为防止居民外流和其他非法活动，在苏联支持下，民德于 1961 年 8 月沿西柏林边界修筑起一条“柏林墙”，全长 165 公里，指靠它与西德相隔离。1963 年，民德的领导人还宣称民德与西德是两个国家、两个民族，要实现两德的统一是不现实的。而联邦德国虽然承认两个德国的现实，却一直未放弃谋求统一的立场。这两种截然相反的主张恐怕在德国人民心目中自有取舍，人心向背也是显而易见的。

1989 年 10 月 7 日，民德庆祝建国 40 周年，柏林、莱比锡等城市爆发示威游行，要求扩大民主，实行改革，放宽出国旅行。在苏联推行的“新思维”政策和东欧各国相继剧变的影响下，民德政局急剧动荡，国内的反政府示威游行此起彼伏。

1989 年 10 月 18 日，在德国统一社会党召开的十一届九中全会上，总书记昂纳克在任职第 18 年上被迫辞职，52 岁的政治局委员克伦茨接替了昂纳克的全部职务。上台之初，克伦茨表示民主德国要继续走社会主义道路，反对政治多元化和市场经济。此后，他前往苏联和波兰，表示要学苏联“新思维”中的改革成分和波兰的改革经验。11 月 8 日，克伦茨在德国统一社会党的十一届十中全会上再度当选为党的总书记。

11 月 9 日，民主德国政府决定，对私人出国旅行不再附加任何条件，宣布开放柏林墙和两德边界，而且立即生效。数以万计的东柏林人拥向西柏林，无数西柏林人拥到东边看热闹，人流来往昼夜不息。民主德国经历了好一番混乱的场面，生产活动陷于瘫痪。绵延百里的柏林墙在历经了 28 年的风雨之后终于倒塌了，人们把其中 300 多米的较有历史价值的部分切割成块，以每块 40 万美元的价格卖给有心收藏的人。

柏林墙一倒塌，立刻诱发了两德实现统一的强烈愿望。联邦德国总理科尔抓住这一历史性时机，在群众大会上宣布：“我们现在所处的形势是：本属于一体的东西正在结合到一起!”随后于 11 月 28 日提出了关于德国统一的十点计划。此时的民主德国政局正处在翻江倒海的变化之中。12 月初，人民议院通过宪法修正案，删去了关于工人阶级及其马列主义政党领导国家生活的内容；昂纳克、斯多夫等 12 名前领导人被开除出党；国家党政领导机构连续变动。12 月 8 日至 16 日，在德国统一社会党举行的特别代表大会上，德国统一社会党被更名为“德国统一社会党——民主社会主义党”，居西当选为党的主席。1990 年 2 月 4 日，党名又改为“民主社会主义党”，以示与过去的决裂。

1990 年 3 月，民德政府和各反对派组织在圆桌会议上商定进行首次多党制的自由选举。结果民德基督教民主联盟获胜，德梅齐埃任联合政府总理，民主社会主义党丧失了执政党地位。

民德新政府与联邦德国先后签署了“国家条约”和双边“统一条约”，于 1990 年 10 月 3 日加入联邦德国，统一的德国首都定在柏林。

东欧剧变之四——南斯拉夫

1990 年底，一份来自美国中央情报局的报告作出了一个震惊世界的预言：南斯拉夫将在今后的 18 个月内垮台！

美国怎能如此大话惊天？这可不是随便说着玩的。但看美国一副郑重其事、言之凿凿的姿态，这在国际范围内引起了一场轩然大波。尽管人们纷纷议论这是无稽之谈，而且南斯拉夫当局也对此提出了强烈的抗议和谴责，然而事实上，南斯拉夫不幸被美国言中了。

事情得从头说起，南斯拉夫战后在极具威望和魄力的领袖铁托的领导下，在东欧各国中称得上是一枝独秀。政治上，南斯拉夫是一个长期保持独立的国家，较长时间内并未受戈尔巴乔夫改革和周边国家局势变化的影响。南斯拉夫是最早抛弃苏联模式而实行社会主义经济政治体制改革的国家。

南斯拉夫的改革主要是实行社会主义自治制度，经历了工人自治时期（1950～1963）、社会自治时期（1963～1970）、联合劳动自治时期（自 1971 年开始）。南斯拉夫自治制度建立初期，取得了明显的成效。工业产值和农业产值年均增长率在欧洲诸国中名列前茅，人民生活水平显著提高。在社会自治时期，由于联邦权力下放和在社会自治条件下实行市场经济，导致在市场自发势力冲击下社会计划宏观失控，国民经济比例严重失调，继而通货膨胀、失业等问题接踵出现。由于地方主义、民族主义和自由主义的抬头，1971 年春曾爆发过克罗地亚地区的社会动乱，好在铁托果断地采取措施制止了。到了联合劳动自治时期，南斯拉夫吸取上一时期的经验教训，针对市场自发作用的盲目发展，1976

年颁布了“社会计划法”，强调市场经济与社会计划相结合。为维护民族团结，铁托于 1970 年 9 月提出在各共和国对等的原则基础上实行“国家集体元首制”和“议会代表团制”，并于 1971 年 6 月的宪法修正案中规定设立联邦主席团作为“国家集体元首”。

南斯拉夫共有 6 个共和国和 2 个自治省，各部分代表轮流担任联邦主席团主席。1980 年 5 月 4 日，铁托逝世，南斯拉夫政局群龙无首。虽然 70 年代的政策调整使南斯拉夫政局稳定，经济回升，1982 年人均产值达 2800 美元，但各个共和国的独立性不断增强，使整个南斯拉夫的宏观经济局面难以控制。因此，到了 80 年代中期，局面发展到难以收拾的地步：社会产值逐年降低，通货膨胀率飞涨，社会秩序混乱，罢工闹事、民族冲突层出不穷。同时出现了持不同政见者成立的反对党。

80 年代末期，东欧各国掀起多党制的狂潮。南斯拉夫国内的反对党派在西方国家的支持下开始向现行党政领导和政治体制公开挑战。本来南党政领导一开始就不主张实行多党制，只赞成搞“政治多元化”，但迫于形势，只得步步退让。1989 年 10 月，南共联盟表示愿意放弃“一党垄断”，引进多党制政治模式。此话一出，形形色色的政党纷纷冒出头来，大多数为民族主义政党，一些反共反社会主义的极右政党也趁机打出招牌，致使南斯拉夫社会局面严重动荡起来。

1990 年 1 月，南共联盟召开“十四大”，诀议宣布：南共联盟“放弃它受宪法保证的社会领导作用”，并将向议会建议“通过一项实行多党制在内的政治多元化法律”。紧接着，斯洛文尼亚代表提出把南共联盟改组为各自独立的共和国组成的联盟，但遭到否决。于是，斯洛文尼亚以此为借口退出了大会。此后，南斯拉夫的党中央领导机构瘫痪了，南共联盟陷入四分五裂的局面。

4 月到 12 月，各共和国举行了多党制选举。原以为稳操胜券的南斯拉夫共产党遭到惨重打击，多数民族主义政党取得了胜利。在斯洛文尼亚，获胜的是反对党联盟“德莫斯”，于是南斯拉夫战后历史上第一个非共产党政府成立了；在克罗地亚获胜的是“克罗地亚民主共同体”；在波黑，共盟遭到三个民族主义政党的排挤；在马其顿，由民族统一民主党组织了以该党为主的联合政府；只有塞尔维亚和黑山两个共和国继续由原共盟（后分别改称“塞尔维亚社会党”和“黑山社会民主党”）的领导人执政。

在西方国家鼓动和支持下，南斯拉夫各共和国下一步就走到了分道扬镳的路口。

首先，斯洛文尼亚共和国于1990年12月26日举行了一次全民公决，然后正式宣布斯洛文尼亚为“独立自主的国家”，并为独立做了一些准备。这无异于火上浇油，本来就不堪一击的南斯拉夫政权立刻被蜂拥而起的独立宣言瓦解了。

1991年5月29日，克罗地亚共和国总统图季曼发表独立宣言：“克罗地亚不再属于统一的南斯拉夫联邦国家。”但同时也宣称克罗地亚共和国可以作为一个主权国家加入同其他共和国一起组成的一个主权国家的邦联。6月25日，斯洛文尼亚和克罗地亚两个共和国正式宣布独立。

9月，马其顿共和国举行公民投票，结果于11月20日宣布独立。波黑共和国议会以穆斯林和克罗地亚族占多数，不顾占少数的塞族人反对，于10月15日通过《波黑主权问题备忘录》，强调波黑是“主权国家”，并在不久后得到欧共体的承认。但是波黑境内的三个民族由于在独立问题上的意见分歧，展开了一场大规模内战，冲突各方都有国外支持，因而成为第二次世界大战后，欧洲规模最大、最残酷的一场战争。

1992年4月27日，塞尔维亚和黑山两个共和国宣布组成新的南斯拉夫联盟共和国，并支持所有塞尔维亚族人成立自治区。这样，原南斯拉夫就分裂成了5个独立的国家。

美国的预言终于实现了。

东欧剧变之五——罗马尼亚

随着多米诺骨牌的连续倒塌，保加利亚、阿尔巴尼亚也被卷入进去。罗马尼亚更是经历了一场荷枪实弹的武斗后，江山易手。

罗马尼亚在东欧的经济排行榜中名次也不错。因为自1965年开始，罗马尼亚就提出了到2000年建成“全面发展的社会主义”的目标，从而着手于本国完整的工业体系的建设。长期以来，罗马尼亚国民收入的1/3左右都用于积累并优先发展重工业，因而自1965年到1980年，工业增长率达到11.4%，人均国民收入在15年间翻了五番。然而进入80年代后，传统的集中计划体制成为经济发展的严重束缚，领导人更没有认真执行一些宝贵的改革决议，致使人民基本生活供应出现紧张局面，社会随之动荡起来。

1989年12月，罗马尼亚西部的蒂米什瓦拉城出了一件事，引发了罗马尼亚的政治风暴。该城一名持不同政见的神职人员——匈牙利族新教神父拉斯洛·特凯什因曾对外界发表过批评罗马尼亚政府及其总统的言论，被当局解除了神父职务，地方法院作出令其迁出专供神职人员居住的公宅的判决，并于12月12日强制执行。16日晚，在不足30万人口的蒂米什瓦拉城就有数千名教徒举行示威游行，抗议政府的这一举动。随后市民、工厂和学生都加入了游行队伍，很快发展成反政府的示威游行，人们占领了政府大楼，捣毁了里面的设施，撕扯国旗，并喊出了“打倒暴力”，“打倒齐奥塞斯库”的口号，并扯下齐奥塞斯库的肖像用脚乱踩一气。

齐奥塞斯库何许人也？原来他就是罗共中央第一书记，1965年3月起成为国家最高领导人，1967年12月起兼任国务委员会主席，1973年当选罗马尼亚首任总统，坚持走一条维护国家独立自主的基本路线使齐奥塞斯库获得了广泛支持，在位时间达24年之久。但到了他的执政末期，他开始借积极捍卫罗马尼亚主权之机独揽大权，排斥异已，培植亲信，严重挫伤了人民的感情。他任命自己的妻子为政府第一副总理，同时任命自己的弟弟和妻子的妹妹为副总理，他的儿子尼库更是被内定为他的继承人，在党、政、军及一些群众组织中，遍布着齐奥塞斯库家族的成员。这种明目张胆的独裁专制最终导致了齐奥塞斯库的可悲下场。

还得说到蒂米什瓦拉的示威游行，几天之后，人数发展到数万，又爆发了全国总罢工。当时正在伊朗访问的齐奥塞斯库闻讯立即赶回国内。12月20日19时，齐奥塞斯库发表电视讲话，谴责国内外反动势力企图搅乱罗马尼亚的政局和经济，因为当时国内外一些新闻媒介对这次示威游行进行了煽动性的报道。他说：“在蒂米什瓦拉市发生的恐怖主义行动与反动势力，与帝国主义、领土收复主义和沙文主义集团以及一些外国间谍机构有密切关系。”并宣布该地区进入紧急状态，然而事情愈演愈烈。12月21日上午，齐奥塞斯库在首都布加勒斯特中心共和国广场召开的万人大会上发表演说，重申他对蒂米什瓦拉事件的强硬态度，并表示要马上增加福利、提高工资，企图以此来缓和紧张局势。然而事态已不可收拾，有人在台下高呼“打倒齐奥塞斯库”，并当场焚烧他的画像，随后发展到与军警的武装冲突，造成人员伤亡。

22日中午，齐奥塞斯库宣布全国进入紧急状态。他命令国防部长朱列亚将军派兵镇压事变，但朱列亚将军拒绝领受命令，稍后，罗马尼亚电台宣布国防部长是“叛徒”，并且已经自杀。这时，国防部军队已经接到了不向示威者开枪、“撤回营区”的命令。

首都群众随即冲进罗共中央和政府大厦，并占领了电台和电视台，宣布人民取得了胜利。齐奥塞斯库见大势已去，于是携夫人乘直升飞机从中央大厦顶平台起飞，逃至一处别墅，打算改乘飞机逃往外国。当天下午，在距首都约70公里的特尔维什泰附近，齐奥塞斯库夫妇被捕。

12月25日上午，特别军事法庭进行了秘密审判，齐奥塞斯库夫妇被指控犯有大屠杀、危害国家政权、破坏经济、畏罪叛逃等罪行，终审判决为：没收齐奥塞斯库夫妇全部财产和处以死刑，立即执行。1989年12月25日16时，随着几声枪响，这对罗马尼亚的显贵夫妇便告别了人世。

事变中的22日深夜，前罗共中央书记杨·伊利埃斯库成立了“救国阵线委员会”，成员39人，宣布接管政府的一切权力，实行多党制和经济改革。28日，罗马尼亚社会主义共和国被救国阵线委员会改名为罗马尼亚。

罗马尼亚共产党自此以后停止了一切活动。在1990年5月20日自由大选中，救亡阵线以占总数2/3的多数票获胜，伊利埃斯库当选为总统。

然而罗马尼亚的政局并未因此而平静下来。对大选不满的国家农民党和国家自由党在西方国家支持下以“反共产主义”为名，掀起了一次反伊利埃斯库的大规模动乱，直到6月中旬，在出动了军队武装力量之后，才渐渐有所好转。

东欧剧变总体看来，是以美国为首的西方国家实施和平演变战略的结果。否定马列主义的意识形态，推翻共产党的领导，颠覆社会主义国家，恢复资本主义的一统世界，这是西方一些国家的根本战略目标。

苏联解体

苏联，世界上的第一个社会主义国家，由伟大的无产阶级革命导师列宁亲手缔造而成，自1922年12月29日起，那面有着镰刀和锤子图案的苏联国旗便在克里姆林宫上空骄傲地飘扬着。在它红色光辉的笼罩下，是15个加盟共和国：俄罗斯联邦、乌克兰、白俄罗斯、外高加索苏维埃社会主义联邦共和国（包括格鲁吉亚、阿塞拜疆、亚美尼亚）、乌兹别克斯坦、土库曼斯坦、塔吉克斯坦、立陶宛、拉脱维亚、爱沙尼亚、比萨拉比亚（即摩尔多瓦共和国）、吉尔吉斯斯坦、哈萨克斯坦。

这面绘着镰刀和锤子图案的红色旗帜，经历了 69 年的风和雨之后，于 1991 年 12 月 25 日 19 时 32 分，在沉沉暮色的掩映中徐徐降落，象征着世界上第一个社会主义国家消逝在历史之中。目送着它的下降，一个人无语而立，他就是苏联的第八任也是最后一任领导人——戈尔巴乔夫。

戈尔巴乔夫 1931 年 3 月 2 日出生于一户农民家中，他的故乡在俄罗斯联邦南部的斯塔夫罗波尔的边疆区。从小他聪明过人，学习勤奋，而且待人和善，在他还是一名优秀的小学生的时候，第二次世界大战爆发了，他的学业不得不因此而中止。从 14 岁开始，他就在家乡的农机站当农机手。业余时间他一点儿也没有浪费，凭着聪明才智和刻苦自学，他掌握了全部中学课程的知识。同时作为一名农机手，他也因工作认真勤奋而表现出色。1950 年，戈尔巴乔夫的命运出现了转机，经推荐他考上了莫斯科大学法律系，正应了那句老话，机会只青睐那些有准备的人。高等的正规教育使戈尔巴乔夫的个人素质得到突飞猛进的提高，铺就了他今后政治道路的基石。大学毕业后，戈尔巴乔夫从事共青团工作，历任斯塔夫罗波尔市团委书记、边疆区团委宣传部副部长、第二书记、第一书记，可谓步步高升，青云直上。难能可贵的是，戈尔巴乔夫在仕途的间隙读完了农艺学和经济学的函授课程并获得学位，而且工作上成绩卓著，特别在领导农业发展上颇有创造和建树，被誉为“有魄力的地方党组织领导人和得力的、富有灵感的组织家”。50 岁时，戈尔巴乔夫已担任了多年的中央农业部书记，他踏实干练、敏锐灵活、精力充沛、人品持重，被勃列日涅夫授予列宁勋章，并晋升为政治局委员兼中央书记。安德罗波夫时期，他已开始直接参与到国内外重大问题的决策中来，紧接着成为契尔年科时期的第二把手，随着他外交活动的增多，西方世界普遍对他形成了一种平易近人又思辩超群的印象。

1985 年，54 岁的米哈伊尔·谢尔盖耶维奇·戈尔巴乔夫在苏共中央召开的非常全会上当选为总书记，由此开始他的改革直到苏联解体。

戈尔巴乔夫的治国方略在他还未上台之前便已形成。他主张进行深刻的经济体制改革，以提高人民生活水平为重要任务，重视科技发展，强调在科技进步的基础上提高生产效率；重视社会主义民主和人民自治的发展，主张对外关系上的矛盾缓和与和平共处，并在此基础上逐渐形成了他的“新思维”主张。

1985年4月，苏共召开中央全会，认为“国家已处在濒临危机的状态”，“必须进行根本性的改革和改造”，同时提出了在科学技术进步的基础上“加速国家社会经济发展的战略方针”。

戈尔巴乔夫上台后，便进行了一系列的改革，首先是进行了重大人事调整。戈尔巴乔夫非常重视对年轻干部的提拔，因为他认为要保持党的领导的稳定性必须同提拔富有进取精神、具有现代管理知识的年轻干部结合起来。7月，当了28年外交部长的葛罗米柯当选为苏联最高苏维埃主席，原格鲁吉亚共和国中央第一书记谢瓦尔德纳泽担任外交部长；9月，雷日科夫替代吉洪诺夫出任部长会议主席；12月，叶利钦当选为莫斯科市委第一书记。经过一番调整，使一批年轻干部得到起用从而担当起关键性的领导职务，新的上层领导核心已基本形成。

其次，在改造社会方面，戈尔巴戈夫第一个开展的便是全国性的严厉的反酗酒斗争。他认为酗酒是苏联社会中普遍存在的丑恶现象，必须要消除掉。但由于方法不当，准备不足，产生了很大的副作用，没能起到预期的效果，最后以失败告终。

再次，在经济改革方面提出了实现加速战略的“主要手段是科技进步和对社会生产力进行根本改革”，要求改进经营管理机制，扩大企业自主权，并从法律上打破了单一的公有制。1987年6月，苏联公布了“根本改革经济体制的基本原则”，明确要求国家对经济的管理主要依靠行政方法转向依靠经济方法。然而，遗憾的是，由于操之过急，苏联长期形成的畸形经济结构和农业体制又未受到重视，改革受到了巨大的阻力，效果令人大失所望。

1987年11月，戈尔巴乔夫在国内外同时发行了《改革与新思维》一书，书中阐述了戈尔巴乔夫政治改革的民主社会主义思想倾向。他说：“改革的最终目标”就是要“最充分地展现出我们制度的人道主义性质”，“改革的实质就恰恰在于，它把社会主义和民主结合起来”。他突出地强调了“新思维的核心就是承认全人类的价值观的优先地位”，即“承认人类的生存”。紧接着，在半年之后举行的苏共第十九次代表大会上，戈尔巴乔夫明确地提出“人道的、民主的社会主义”的概念，此外还提出三大“革命性倡议”，即“社会主义多元论”、“公开性”、“民主化”。在这次会议上，各种不同的政治观点和改革意见都纷纷提了出来，并进行了激烈的争论，拥护戈尔巴乔夫的最终形成新思维“主流派”，与之意见相左的有以利加乔夫为代表的坚持党领导的“传统派”和以叶利钦为代表的“民主激进派”。

《改革与新思维》展示了戈尔巴乔夫对外政策上的新思维。他认为世界在很大程度上是一个整体，各个国家是世界大家庭中的成员，相互依存、相互联系，苏联的外交任务是为国内建设创造和平的国际环境，因此在核武器时代，通过全球裁军建立一个无所不包的国际安全体系是十分必要的，也是有现实可能的。他的建议受到西方世界的普遍欢迎，同时，苏联也做出了相当的努力：如主动裁军，和美国签署消除部署在欧洲的中程导弹条约；主动从东欧撤军，逐步消除中苏关系正常化的障碍，并于1989年在和平共处五项原则基础上恢复了中苏关系正常化。同时，“新思维外交”积极追求苏美合作和同发达国家的交往，多方争取经济合作和援助。为此，戈尔巴乔夫作出了一些不切实际的妥协和退让，如对西方干预东欧各国的“自由化”改革开绿灯，从而加速了东欧剧变，最终导致华沙条约的崩溃，引起苏联国际地位的下降，许多人开始对戈尔巴乔夫表示不满。

苏联的政治体制也进行了根本的变革。1990年3月，在苏联第三次人代会上，宪法作出重大修改，取消了苏共的法定领导地位，实行多党制和总统制，戈尔巴乔夫当选为苏联首任总统。在随后7月份召开的苏共二十八大上，领导层中的激进派、传统派和主流派分别提出自己的纲领：《苏共中央纲领》、《马克思主义纲领》、《民主纲领》。最终，大会通过了以戈尔巴乔夫为代表的主流派的纲领，并确定了向市场经济过渡的方针，叶利钦宣布退党，利加乔夫退休。

随着这场改革，苏联政局严重失控。无政府状态假借“公开性”、“民主化”和“政治多元化”的口号迅速蔓延，罢工、犯罪事件蜂拥而起，反对党林立。这些党派大多公开反共反社会主义，加之苏共党内思想已达到十分混乱的地步，苏联社会已日益动乱起来。经济发展出现负增长，供应短缺，通货膨胀，人民生活水平严重下滑，民族主义势力抬头，矛盾斗争激化。到1990年，全苏境内蔓延着民族冲突，数十万人无家可归。

1989年8月，民族分离主义势力组织“人民阵线”策划了上万人在波罗的海沿岸三国举行抗议活动，公开提出“脱离苏联”；紧接着，1990年，立陶宛率先宣布独立；于是，拉脱维亚、爱沙尼亚、格鲁吉亚、亚美尼亚和摩尔瓦多也要退出苏联；俄罗斯于6月12日发表主权宣言，引起一批加盟共和国纷纷效仿，甚至有更改国名、国旗和国徽的。

苏联已到了解体的边缘，无论戈尔巴乔夫和中央政府采取什么措施，都以妥协退让而告终，因为此时国内外的反动敌对势力已联合起来，对苏联中央产生了不可抗拒的压力。

事已至此，联盟存在与否已成为一个值得商榷的问题。经过全民公决，占 76.4% 的大多数还是赞成保留联盟，只是国名将于 1991 年 8 月 20 日改为“苏维埃主权共和国联盟”，不再强调“社会主义”。苏联将成为一个自由、松散的联邦。可是，新联盟还未成立，又爆发出一件恶性事变，使全国统一的最后希望也破灭了。

1991 年 8 月 19 日，副总统亚纳耶夫等 8 人组成“国家紧急状态委员会”，取代戈尔巴乔夫管理国家，呼吁公民支持他们“采取重大措施，使国家和社会尽快摆脱危机。”事实上，戈尔巴乔夫已被软禁。很快，在叶利钦等人的活动下，“八·一九”事变被定为“反宪法的反动政变”。经过武装冲突，事变得到了控制，戈尔巴乔夫获救，叶利钦获得极高威望，逐渐掌握中央机构的大权。

1991 年 8 月 24 日，戈尔巴乔夫宣布辞去苏共中央总书记职务并要求苏共中央自行解散。由于叶利钦的暗中活动，俄罗斯联邦、乌克兰、白俄罗斯三国公布了关于建立“独立联合体”的“明斯克宣言”，并宣称自协议签署之日起，包括苏联在内的第三国的准则在此三国领土上作废，联盟机构在三国境内停止活动，“苏联作为国际法主体和地缘政治实体将停止存在。”12 月 21 日，除格鲁吉亚外的苏联 11 个加盟共和国在阿拉木图又签署了《关于建立独立国家联合体协议议定书》，并发表了《阿拉木图宣言》。

1991 年 12 月 25 日晚，戈尔巴乔夫宣布辞去总统职务，将手中的核按钮交给了叶利钦，并在中央电视台发表了历时 12 分钟的最后演说。

12 月 26 日，克里姆林宫上空已飘扬着一面红、白、蓝三色相间的俄罗斯国旗。苏联最高苏维埃举行最后一次会议，代表们举手通过一项宣言，从法律上宣布，苏联作为一个国家已不复存在。

南非革命

在非洲大陆的最南端，有一个由印度洋和大西洋环抱着的三面临海的半岛国家，它叫南非。与辽阔的非洲大陆遍布的热带雨林、绿色草原和品种繁多的动植物形成鲜明反差的是，南非的自然条件并不好。由于地处副热带高压带，这里常年气候干燥、降水稀少，不像是为人类所青睐的生存乐土。然而数百年来，为了争夺这块土地，欧洲的殖民者之间，以及殖民者与当地的土著黑人之间展开了骇人听闻的血腥斗争。

事情是这样发生的，1488 年，葡萄牙探险家迪亚士首先发现了好望角，他在这里树起了航标，看着这里贫瘠的土地和荒无人烟的旷野，他率领着葡萄牙人匆匆离去，去寻找美丽富饶的地方。17 世纪一批荷兰人首次定居于此，不久便迎来了一批逃避宗教迫害的法国移民。19 世纪，强横的英国殖民者占领了这里。

真正使南非成为殖民者争相抢夺对象的是一块小小的石头，它静静地躺在南非的土地上，没有什么东西来理睬它，千万年过去了，沧海桑田，转眼一瞬间。1870 年的一天，难得有一群羊从它身旁走过，羊群旁边跟着个小孩，就在那一瞬间，它身上闪烁的光泽跃入了小孩子明亮的眼眸中。它被一双小手托起来了，第一次接受人的赞赏：多么美丽的小石头啊！

后来，这块小石头被欧洲人以 500 只羊、10 头牛和一匹马的代价换走。那是一块稀世罕见的金刚石，经过能工巧匠的妙手琢磨，成为净重 48 克拉的“南非之星”，骄傲地嵌在英国王冠的正中。这个消息不胫而走，伴随着德兰士瓦黄金的发现，无数的欧洲冒险家远涉重洋争先恐后地赶来了。

原来，南非果真是一块“金玉其内”的宝地。非洲的煤炭 80% 埋在南非地下，黄金矿藏占全世界储量的一半，称得上是名副其实的黄金海岸。铀矿储量达 22.5 万吨，是世界七大铀矿产地之一。最吸引人的是南非“钻石王国”的美名，金伯利岩筒所产的宝石级金刚石，其辉度和光彩是无与伦比的，透明无色的或淡蓝色的金刚石是宝石中的极品，此外还出产大量工业用金刚石，得天独厚的矿藏条件却给南非引来了灾难。

疯狂的抢夺和无情的残杀围绕着黄金和宝石展开了。最终，武力强盛的英国殖民军粉碎了所有障碍，据南非为已有。大量的白人蜂拥而来，世代定居，不忍离去，逐渐自封为这块土地的主人，而占人口大多数的土著黑人则被视为化外之民、野蛮部族，只配做生产工具使用。

1961 年 5 月，南非共和国在非洲众多的黑人国家争取独立自由的洪流中，做为一个白人种族主义政权也宣布脱离英联邦而独立了。自独立伊始，便是白人为统治者，黑人为被统治者，实行种族隔离制，并被列入宪法。“种族隔离”（Apartheid）在阿非里卡语中是“分开”的意思，即不同的种族必须在指定的地区内分别存在，各自发展。种族主义者按照荷兰教会改革后的教义宣称：上帝支持种族隔离，因为每一种族都应该支持纯种的发展。

马兰政府打着“维护白种人的纯洁性”的旗号，首先从禁止不同种族之间的通婚开始，建立起不可逾越的肤色壁垒。1950 年颁布的《人口登记法》将全体居民按肤色划分为白人、黑人、有色人、印度人四种，规定他们必须到各自所属的种族内注册，区分人种的主要标志是按外形来规定的，如发型是否卷曲、皮肤颜色如何等。白人作为高贵人种归为一类，黑人则作为下贱人种归为一类，有色人及亚裔人同样遭受歧视。而种族区分的棘手问题是，当时南非已有 100 多万黑白混血种人，尽管规定中是否白人“取决于他的外貌、也取决于一般的认可和声誉”，但许多的混血白人也因洗不清自己血液中的黑色因子而遭受歧视。

1951 年实施的《集团住区法》规定城市中一个住区只能居住一种民族，禁止不同种族的人混杂居住，实际上是严厉地排斥黑人的一种做法。1953 年通过了《公共场所隔离保留法》，规定不同肤色的人只能进入不同的公共场所，使用不同的公用设施。还有“班图教育法”，把黑人教育与白人教育分开，黑人只能到适合他们身份的学校去上学。

此外，1950 年的《镇压共产主义条例》、1952 年的《土著人（城市地区）法修正案》和《通行证法》等多如牛毛的种族隔离法令详细地规定了不同种族人的不同待遇。在南非社会，人们的社会地位、居住地点、从事的职业、所受的教育、个人的前途等等都由肤色来决定。黑人动辄得咎，一旦下狱，就可能被“出租”给矿山和种植园做苦工。一道道无形的枷锁牢牢地套在他们身上。20 世纪以来，南非政权被世界舆论公认为最野蛮最反动的种族主义政权，正因如此，南非的犯罪率和处死刑率都保持着世界上的最高纪录。

为使隔离制度永久化，南非当局从 1959 年起又炮制了所谓“黑人家园计划”，又称“班图斯坦计划”。政府拨出 13% 的贫瘠土地设立 10 个“独立国家”，把黑人强行按部族分到这些所谓的“黑人家园”中，占总人口 73% 的黑人被白人驱逐到“家园”里，剥夺了他们的南非国籍和受南非法律保护的权利。

如此反动的统治必然激起南非人民的反抗。领导黑人斗争的是 1912 年成立的“非洲人国民大会”（简称 ANC），1958 年又从这个组织中分裂出一个“泛非主义者大会”（简称 PAC），主张通过暴力斗争建立非洲人统治的南非共和国，该组织成为南非黑人民族主义的第二大政党。

1960 年 3 月 21 日，在约翰内斯堡附近的沙佩维尔，PAC 组织了数万群众集合，反对通行证法。人们焚毁通行证，整个行动都是非暴力的。可是警察却向示威者开枪，打死 70 人，伤 240 人，数千人被捕，这就是震惊世界的沙佩维尔惨案。这一事件激起全国性的抗议怒潮，黑人的反抗斗争更加猛烈。在顽强不屈的抗争中，涌现出了著名的黑人领袖纳尔逊·曼德拉。

曼德拉生于 1918 年，父亲是地位显赫、富甲一方的部落酋长。作为一名独生子，曼德拉的童年很幸福，很早就接受了良好的教育。10 岁时，父亲去世，从此曼德拉的境遇急转直下，饱受生活的磨砺。但他的学业并未终止，在叔父的帮助下，他以优异的成绩读到了大学，但由于领导学生罢课被开除学籍。年轻的曼德拉时刻关注着国际时事，思考着黑人的命运，不久他便结识了非洲人国民大会领导人华尔特·西苏鲁。后来与西苏鲁、坦博一起创建了非洲人国民大会青年团，由此开始了他的民权运动生涯。由于他领导黑人以非暴力方式对抗政府的六项种族歧视法令，受到政府指控，转入地下继续活动。1955 年，政府以“站在国际共产主义方面企图颠覆南非政府”为罪名将曼德拉和其他 155 个民族不同和思想倾向不同的南非人逮捕。在法庭上，曼德拉为自己辩护，他义正辞严，慷慨激昂，语惊四座，法庭终于无法判他罪行。

沙佩维尔惨案发生后，曼德拉开始对非暴力抗恶的原则产生怀疑。1967 年 11 月，曼德拉创立了武装反抗组织——“民族之矛”，并出任总司令。12 月 26 日，首次袭击活动选在约翰内斯堡，炸弹摧毁了部分政府机关、电站，在德班和伊丽莎白港都进行了一系列的爆炸活动。与此同时，泛非主义者大会组织了名为“波戈”（意为“非洲至上”）的武装力量。这两个组织在一年多的时间里制造了 200 多次爆炸和武装袭击活动，专门攻击反动政府的生产设施和杀死警察、密探及黑人傀儡。他们的活动极大地震慑了白人统治当局，也鼓舞了黑人的斗志。

1962 年 8 月 5 日，曼德拉被人告密，当局将其逮捕并判终身监禁。各解放组织也一度后撤，但游击斗争始终没有间断。在印度洋荒凉的罗本岛上，关押着黑人运动的领袖曼德拉。他在那里度过了近 20 年的铁窗生涯，而他始终坚持不懈地保持着昂扬的斗志，丝毫没有让苦闷的铁窗囚禁住他的身心。他在狱中生活非常有规律，年轻时他是以左勾拳而闻名的出色拳击手，每天的体育锻炼是他生活中的必备内容，早晨3点30分起床后，做两个小时体育锻炼，然后开始工作和学习，年复一年。他钻研法律、南非公用语言，并阅读诗歌，这使得他在非人的待遇下还能保持强健的体魄和敏锐的思想。由于他经常向广大犯人进行宣传鼓励，整个监狱仿佛成了一座“曼德拉大学”，政府见状，立即把他转移到开普敦附近的波尔斯摩尔监狱。其间，政府曾对他诱降，只要他保证放弃武装斗争，就可获得自由，但曼德拉坚决地拒绝了，他的精神鼓舞了所有争取平等权利的人。

南非国内的反种族主义斗争经过一段低潮之后，于70年代中期再掀高潮。1976年7月16日，黑人城镇索委托爆发了上万名学生的游行示威，抗议当局强制黑人学校用南非荷兰语讲课，军警当场打死170余人，打伤1000多人，这次惨案激起了以学生为主力的黑人觉醒运动的高涨。这一运动的第一领导人是纳塔尔大学的学生斯蒂夫·比科，他于1977年被捕，后惨死狱中。消息传出，全世界人都为之震怒，各种暴力反抗此起彼伏，层出不穷。

南非人民的正义斗争得到国际社会的广泛同情和支持。国际社会要求南非当局释放黑人领袖曼德拉和所有政治犯，并尽快与黑人解放组织谈判，并在经济上制裁南非。联合国把1982年定为“动员制裁南非种族主义国际年”，翌年又宣布了“反对种族主义和种族歧视的十点行动计划”。在各种力量的共同作用下，南非白人社会出现前所未有的分化，离心和思变倾向明显增加。

1989年9月，德克勒克继任南非总统。他为摆脱政治经济困境，加快了政治谈判的准备，作出了一些努力：无条件释放西苏鲁等8名长期监禁的黑人领袖；会见大主教图吐等黑人宗教领袖；允许和平示威和集会；取消一些居住区域的种族限制等等。1990年2月又迈出了实质性的一步：取消对非洲人国民大会和泛非主义者大会的禁令，无条件释放黑人领袖曼德拉。1991年，南非议会废除了包括“土著人土地法”、“集团住区法”、“人口登记法”等80多项种族主义立法。1991年12月，南非19个政党开始多党制宪谈判，着手筹备建立临时政府和议会。

1994年，南非大选隆重举行，2800万黑人获得政治权利，曼德拉众望所归，当选总统。全世界为之举杯相庆，黑人经过数十年的艰苦斗争，终于迎得了自己的解放。

足球——世界第一运动

足球是球中之王，在世界上普及范围之广，影响之大，还没有哪一项体育运动项目能与之媲美，被誉为“世界第一运动”。

足球运动起源于哪个国家？至今众说纷纭。如果说足球游戏也可称为足球运动的话，中国就是足球的鼻祖了。据说在殷商时代就有了足球似的游戏，到了战国时代，足球活动开展得已经较为普遍了，那时的足球叫“蹴鞠”。“蹴”就是用脚踢，“鞠”就是用革做外皮，内充毛发的球。足球场叫“鞠城”，两端附有“鞠室”，比赛时以踢进对方“鞠室”的球数来决定胜负。如果认为制定足球规则以后才算是真正的足球运动，那么就得让位于英国人了。据史料记载，约公元476年，英国便有了类似今天的足球活动，经过了1000多年的发展，在1823年，足球终于从橄榄球中分离出来，形成了现在这种形式的足球运动。1848年，英国的威廉·爱尔斯首先为足球制定了规则。1863年10月26日在伦敦成立了英国足球协会，标志着现代运动的诞生。正是因为这种鼻祖地位，至今英国在国际足球界享有不小的特权：参加世界杯预选赛，其他国家只能以国家队出战，而英国却可以派出英格兰队、苏格兰队、威尔士队和北爱尔兰队4个地区队参赛。

足球运动先是在欧洲普及，然后随着近代殖民运动的发展，足球的火焰就蔓延到除南极洲外的6个大洲，并迅速发展开来，世界各地也先后成立了足球协会，领导着足球运动的发展。

1904年，英、法、乌拉圭等国在巴黎集会，建立了国际足球联合会。到目前为止，已有150多个国家和地区加入了国际足联，国际足联已成为世界上最大的和最有权威性的体育运动机构。

由于历史的原因，欧洲和南美洲的足球运动水平在世界处于绝对领先地位，以至于在已经举办的16届世界杯赛中，金杯全为这两大洲国家夺得。中北美和非洲的足球水平处在第二个档次，亚洲和大洋洲则是足球水平的“第三世界”。

足球水平发达的欧洲和南美的一些国家，如英、法、西班牙、葡萄牙、巴西、阿根廷、巴拉圭等国，早在上世纪末就开展了自己的职业足球联赛。事实证明，正是这种高水平比赛的不断进行，才使得各国涌现出一批批足球天才来，推动了本国，也促进了世界足球运动的发展。北美和亚洲开展职业联赛的时间较晚，美国在20世纪70年代曾经开展过职业联赛，但因管理者运作不当，破产了，到了90年代，又重新复兴。亚洲国家，韩国在20世纪80代率先开展了自己的职业联赛，使得韩国足球水平迅速提高，称霸亚洲十数年之久，连续四次闯入了世界杯决赛圈，直至近年，才有被日本赶超之势。日本、中国、沙特、伊朗等一些国家相继在90年代开展了各自的足球职业联赛，足球运动在亚洲蓬勃发展起来了。

非洲国家无论是政治还是经济，在世界中绝对处于“第三世界”，但非洲的足球水平仅次于欧洲和南美洲，绝对高于亚洲和大洋洲。如尼日利亚、喀麦隆都是世界知名的足球强国，其水平发展迅速的原因何在呢？

首先是群众性足球运动在非洲蓬勃发展，人民都酷爱足球运动，在非洲正式登记的足球队就有近两万支，足球运动员更是有五六十万人。其次是非洲各国政府对足球极为关注，为其发展提供了不少帮助。而最重要的是非洲和其他洲（主要是欧洲）在教练员和运动员上的互相交流，促进了非洲足球水平的发展。由于非洲国家多为欧洲国家的殖民地，彼此之间联系紧密，不存在语言障碍，欧洲许多著名教练都曾到非洲执教，而非洲的球员更是可以直接输送到欧洲顶级职业联赛中进行锤炼，水平增长很快，也出现了一大批球星，如曾在国际米兰效力的球星卡努，曾在AC米兰长期效力的威阿，都来自非洲，而后者甚至曾被评为“世界足球先生”。这种借鸡生蛋的方法已经引起亚洲、大洋洲等落后国家注意，近几年来，纷纷将自己国家的有潜力的年轻球员送到欧美顶级联赛中去磨砺，以图早日增强自己的足球水平。像日本的中田英寿在罗马效力，中国的杨晨、范志毅、谢晖都曾在国外效力，伊朗、沙特的不少球员也在欧洲联赛中踢球。

足球，这一世界第一大运动，每四年一次都有它自己的节日，那就是世界杯赛，这世界上最高水平的足球赛事迄今为止共举行了17届，从预选赛到决赛，举办时间之长，范围之大，在世界范围内绝无仅有。

1928年8月5日，以英国为首的一些国家在阿姆斯特丹举行国际足联代表会议，与会者一致通过举办世界足球锦标赛决议。1930年，首届比赛在乌拉圭举行，以后每隔四年举行一次，至2002年日、韩世界杯，共举办了17届。

世界杯的奖杯称为雷米特杯，为了纪念德国籍的国际足球协会会长而命名。金杯以希腊神话中的胜利女神——长翅膀的尼凯为象征，她身着古罗马式的束腰紧身衣，伸直双臂，将杯子高高举起。杯用纯金铸造雕刻而成，重1.8公斤，高30厘米，立在大理石的底座上。国际足联规定，谁获得冠军，金杯就由谁保存，直到下一届比赛之前交还国际足联，再颁发给新的世界冠军。

这个金杯命运多舛，几经风雨，1966年在伦敦失窃，后来在伦敦郊区一花园中发现。巴西队因三次获得世界杯冠军，而永久保留雷米特杯之后，1983年12月20日凌晨被窃，待抓到疑犯时，金杯已经熔掉了，变卖成黄金，现在的雷米特杯是当时第一只杯子的复制品。

历届世界杯赛中，巴西队以五次冠军的骄人战绩，名列各队之首，其次是意大利和德国各三次，阿根廷和乌拉圭各两次，英格兰一次，法国一次。

除了世界杯赛外，世界上著名的足球赛事还有世界青年足球锦标赛、欧洲杯赛、美洲杯赛、非洲杯赛、北美及加勒比地区金杯赛、亚洲杯赛等大型洲际比赛。

世界各国职业俱乐部之间也组织了许多足球赛事，一般由各大洲足联管理。最著名的要算是欧洲俱乐部冠军杯赛，在这项赛事中，欧洲各国职业联赛的冠军（强国可派前二名或前三名参加）分成几个小组，展开厮杀，水平之高，场面之精彩激烈，丝毫不亚于世界杯赛。欧洲还有欧洲俱乐部优胜者杯赛（已被冠军杯和联盟杯合并）、欧洲俱乐部联盟杯赛、南美解放杯赛、非洲俱乐部冠军杯赛、亚洲俱乐部冠军杯赛、亚洲俱乐部优胜者杯赛等赛事。每年欧洲俱乐部冠军杯赛冠军又要和南美解放者杯赛冠军在日本进行一场激战，争夺丰田杯，以决出谁是世界所有俱乐部中真正的霸主，这项传统赛事由日本丰田公司出资赞助，因此称为“丰田杯”赛。

由此可见，世界无时无刻不在关注着足球，而足球也无时无刻不把快乐奉献给世界人民。

足球运动虽然给人们带来很大的欢悦，但不时也会发生一幕幕毛骨悚然的灾难。

早在1946年英足协杯赛上，在伯恩登公园赛场的一场比赛中就因暴力造成33人死亡、400多人受伤；1964年5月24日在秘鲁首都利马的国民体育场，在秘鲁队和阿根廷队争夺奥运会出线权的一场比赛中，由于秘鲁观众的骚乱，造成18人丧生、500余人受伤；足球史上被认为是有史以来“最恐怖的球场暴乱事件”发生在1985年5月29日比利时布鲁塞尔的海塞尔体育场，那是意大利尤文图斯队对英国利物浦队争夺欧洲冠军杯的一场比赛，双方球迷互相攻击造成球场看台倒塌，许多人被砖头水泥块砸死，更悲惨地是许多人被打死、踩死，事件中共死亡38人（包括儿童和老人）、受伤425人。事件发生后，各大媒体纷纷以“黑色星期三”、“体育场内的大屠杀”、“恐怖的足球之夜”、“足球走向坟墓……”等为标题作文章，向世界披露足球流氓令人发指的暴行。事件的主要责任方英国被欧洲足联处以“不定期地禁止英格兰所属各职业俱乐部足球队参加欧洲的比赛”，直至90年代初才被解禁。这一决定使英格兰足球水平发展落后于欧洲其他国家许多，到90年代后期才逐渐恢复起来。

足球暴力问题一直是困扰足球发展的一个顽疾，目前世界各国人民正齐心协力，制止足球暴力的发生，以保护给人们带来欢乐和享受的足球运动，使它能以健康的方式发展。

《罗马假日》与赫本的演艺生涯

1952年的夏天，著名导演威廉·惠勒执导的喜剧片《罗马假日》开拍了。

影片描述了一位现代欧洲某国的公主访问罗马，被官场的繁文缛节和侍从的管束弄得心烦意乱，十分向往外界的自由生活。入夜，御医给她服用安眠药，宫女服侍她睡下后，她趁机换上便装偷偷溜出了迎宾馆。正当她走到大街上为自己的行动欣喜不已的时候，刚刚吃下的安眠药发作了，她站立不稳，倒在坐在公园长椅上的一名美国记者身上。记者以为她是无家可归的流浪者，便把她扶回自己家里，公主困倦不堪，一头栽倒在床上，而这名记者厌恶地把她扔到沙发上，自己舒舒服服地睡在大床上。翌日，他翻开早报，公主失踪的消息和照片赫然跃入眼帘！他赶快跳起来，恭恭敬敬地将熟睡的公主抱回大床。记者的职业感使他赶忙叫来摄影师，还要带领公主去游玩，这可正中公主下怀。三人在罗马城尽兴而游，尽情拍照，不亦乐乎。而那边却急坏了罗马当局和某国使馆，大批人马被派出四处搜寻公主下落。直到晚上，玩得筋疲力尽的公主才回到使馆，一场虚惊才落下帷幕。数天之后，在招待会上，公主与记者不期而遇，二人对望两心相爱，情意绵绵。但皇族和平民的地位悬殊，双方都不敢做非分之想，虽说是两心相印，却只得抱憾而别。

这部影片播出之后，欧美影坛为之轰动。剧中那位秀色清奇、娇憨可爱的公主令影迷们如痴如醉，她的扮演者正是奥黛丽·赫本。

奥黛丽·赫本于1929年生于比利时的布鲁塞尔。父亲是爱尔兰裔的英国商人，母亲是个荷兰的女男爵，家庭教养的熏陶，在赫本身上留下了优雅迷人的贵族气派。她四岁时便被送到英国一家私立学校接受良好教育，六岁时父母离异，但她一直在那里长到十岁。

当时的欧洲已被战争的烟云笼罩，母亲把赫本接回老家荷兰，本以为这样会安全些，没想到她们全家都陷入了法西斯的铁蹄之下。十几岁的赫本正是长身体的时候，可她却终日徘徊在饥饿和贫困之间。那时，全家人都时刻面临着死亡的威胁，赫本仍用自己参加芭蕾舞演出挣来的钱捐助荷兰的抵抗运动。在艰苦的战争环境中，她在当地一家艺术学校里勤奋地学习芭蕾舞，并醉心于这项高雅的艺术。战争结束时，她以优异的成绩获得去英国深造的资格，以后便做了职业芭蕾舞演员。

然而，多年的饥饿贫病侵蚀了她的身体，赫本一直是瘦弱的，而要做职业的芭蕾舞演员，没有过硬的身体素质是不行的。由于体力不支，她只得忍痛放弃了自己心爱的职业，为生活所迫做过时装模特和歌舞女郎。

1951年，联邦影片公司的导演札姆皮看中赫本，邀请她出演《天堂里的笑声》，由于名气太小等原因，最终只演了一个毫不起眼的女侍角色，但从此以后，她便开始了影艺生涯。

初入影坛，由于赫本多年悉心专注于舞蹈艺术而忽略了表演技巧，她表现平平，虽然拥有出众的姿容，却常常被影片公司拒绝在门外，最多演点小角色。可是聪明而坚韧的赫本对自己充满信心，她利用业余时间参加了著名影星费里克斯·埃尔默举办的表演训练班，潜心钻研演技，逐渐显露出才华的赫本在一部部影片中节节高升，由一个毫不起眼的小演员变成一颗耀眼的新星。

《罗马假日》的成功，使赫本声名鹊起。出身于贵族之家的赫本生性活泼开朗，再加上老天赋予的娇好姿容，她演公主可谓如鱼得水，更重要的是聪慧好学的她经过一年的磨炼，演技大大改观。初登银幕时的拘谨、凝涩的感觉没有了，她发挥出爽朗欢快的天性，正与角色和剧情相吻合。赫本把公主那种对虚伪礼节的憎恶，对自由的渴望，对平民世界的新奇感都把握得很准确，一个充满青春活力、天真任性、不谙世情的公主被演活了。赫本也因此而获得了 1953 年度的奥斯卡金像奖和纽约影评家的最佳女演员桂冠。她在片中亮相的那种秀美的短发型以“赫本式”的名称被争相仿效，风靡一时。

赫本所引起的轰动是不容易说清楚的。曾执导过赫本任主角的影片《莎勃琳娜》的导演比利·怀特曾这样表示：“自从嘉宝以来还不曾出现过这样的人物：导演见了会忍不住再三为她大拍特写镜头——拍她那端庄的大眼睛，拍她那诱人的甜蜜微笑，拍她活泼的举止，拍她炽烈的感情。你离开了影院，但她的音容笑貌时常出现在你眼前，挥之不去，欲忘不能。”的确，赫本是摄影师的宠儿，因为她无论从哪个角度看上去都是美丽的。

1955 年，赫本在英美影坛上独领风骚，无人可敌。这一年，赫本出演了一部史诗般的彩色巨片——《战争与和平》，这是派拉蒙公司根据托尔斯泰的同名著作改编而成的，从此轰动影坛，久演不衰，无人再敢涉足这个题材。赫本饰演的娜塔莎造型清丽脱俗、明艳照人，性格把握细腻贴切，贵族少女娜塔莎性格发展的各个断面，从初恋安德烈时的欣喜热盼到受浪荡公子阿那托尔诱惑时的意乱情迷、醒悟后的羞愧悔恨，再到安德烈将死时的哀伤茫然、颠沛流离之后最终嫁给彼埃尔时的深沉持重，无不真切、传神、富有层次感，值得细细玩味。观众写信反映说：“赫本演得如此出色，以致于每当我翻开小说《战争与和平》，一副赫本面孔的娜塔莎就跃然纸上。”

此外，赫本还出演了一系列的作品：如《蒙特卡罗宝宝》、《俏人儿》、《修女传》、《第凡内早餐》、《窈窕淑女》、《罗宾汉和玛利安》等等，抒写了电影史上独特的一页。

天使一般的赫本可称得上德艺双馨。首先在家庭生活方面，赫本对爱情很专一，对家庭很尽心，可她的婚姻并不顺利。自拍完《翁迪娜》后，赫本与男演员梅尔·费勒假戏真做，嫁给了他，尽管他曾多次离婚。赫本眼中只有自己心爱的丈夫和孩子，而不久之后，竟发现费勒迷上了一个西班牙女郎，她真诚的秉性不能容忍这种欺骗，于是毅然地结束了第一次婚姻。当她躲到意大利休养的时候，一位罗马的心理医生安德列亚·道蒂用真诚的爱慰藉和医治了赫本心上的创伤，于是，赫本在生活中上演了一部《罗马假日》，并且以欢乐的婚礼进行曲做了结尾，为此，赫本放弃了十几年的影艺事业。

其次在职业道德上，赫本也是令人钦佩的。在她近30年的影艺生涯中总共拍了26部影片（包括一部电视片），主演了20部，这在欧美影坛的著名演员中几乎是最少的。她抱定宁缺毋滥的原则，对剧本精挑细选，只要自己满意，片酬少些也无妨。在拍摄《如何盗窃一百万》时，赫本还主动地把自己的片酬由100万美元减为75万美元，与那些争相渔利的人形成鲜明对比。赫本为人很有教养，从不摆出大明星的架子，她把自己的一切成就归功于导演的扶掖，其实她的光彩源自她的勤奋敬业。她的表演功力深厚、真切感人，她是真正的表演艺术家。她从不在摄影机前搔首弄姿，更不用裸露镜头和挑逗性的动作神色来取悦观众，在她身上似乎有一股化腐朽为神奇的魔力。一些商业性很浓的导演如扬·杜宁和爱德华等，一经与赫本合作，便得以净化、升华，拍出艺术水准很高的电影。

赫本的美是清新雅洁、由内至外的真美。她的形象毋庸置疑满足了人们心中对至美的追求。她的银幕造型多是天真无邪、活泼善良的少女，正如一种评论所说：“男人把她视为最理想的女性，女人把她看成羡慕的对象。”然而，她的这一突出特点也是她的不足之处，她始终没能跳出清新可爱的形象框子，从而显得缺乏创新。

她的影片大部分是供人玩赏消遣的小品，人物都像是从神话中走出来的，缺乏发人深省的内涵。赫本表示：“我并不要求有多高的艺术价值，电影只要具有趣味性和娱乐性就够了。”这样的观念必然使她的表演艺术带有一定的局限性。

可见，一位杰出的演员必须具备多方面的才能，毕竟，赫本为银幕创造了一个美的时代，人们永远不会忘记她。

悉尼歌剧院

1955年9月，澳大利亚新南威尔士州的总理宣布举行一次世界范围的歌剧院设计方案竞赛。澳大利亚政府决定出资在奔尼浪岛上建一座歌剧院，这首先要归功于一名叫做古申斯的乐团指挥。

古申斯常常参加乐团演出，敬业爱业的他总是苦恼于没有一个合适的演出场所与他钟爱的艺术相得益彰。他想，要是能有一个造型优美，功能齐全的大型歌剧院让他和他的乐团来演绎那些艺术珍品，那该多好啊。这个梦想要变成现实谈何容易，古申斯清楚地知道，依自己微薄的个人力量要想实现它，那无异于痴人说梦，这将是多么庞大的一项工程啊。只有依靠政府的力量，他想起了自己的好友，当时担任澳大利亚总理的凯希尔，通过他把这个意见反映出去。凯希尔是个热爱艺术的人，听到这个提议，他立刻举双手赞成，于是，悉尼歌剧院才有了诞生的可能。

当设计方案竞赛公布之后，在丹麦，一位名不见经传的建筑师耶尔恩·乌特松为之动心，他积极投入了构思设计之中。在乌特松居住的丹麦农村附近，有一座古老的城堡，据说莎士比亚的名剧《哈姆雷特》就是以这座城堡为背景创造出来的。这座城堡幽深奇谲，尤其是它那奇特的构造，散发着诱人的魅力。乌特松常常在这里徘徊，仔细地品味着城堡的建筑艺术，终于，一套绝妙的设计方案便整理出来了，他满怀希望，把它投向了遥远的澳大利亚……

这次竞赛一共收到了来自英、法、德、美和日本 32 个国家的 233 位建筑师的设计图纸。美国著名建筑师沙里宁被任命为评委会主席，由评委会共同评选。可是当时沙里宁有事缠身，没能及时赶到，当评委会的初评工作已经结束并选出 10 个人围方案后，他才匆匆赶来。看过这 10 个方案，沙里宁表示不很满意，他重新找来被淘汰的 223 个方案，一一审查。突然，他眼睛一亮，一份构思奇异的设计令他拍案叫绝，他力排众议，极力推荐这个方案，他认为如果它能通过，必将为世界留下一座足以彪炳千古的伟大建筑，这个方案当然就是丹麦建筑师耶尔恩·乌特松的设计啦！他如愿以偿了。

悉尼歌剧院正式破土动工于 1959 年 3 月。工程宏伟，耗资巨大。当工程进行到第 9 年时，总理凯希尔——这个坚定不移的支持者猝然去世了。工程的主体结构此时已经建成，出乎人们意料的是，它的造价已经超过了原估价的 5 倍之巨，于是，新上台的自由党便以此为借口，表示经费方面无法承受，因此拒付所欠的其余设计费。于此，原本顺利进展的工程出现了搁置局面。可是，面对这样庞大的半成品，面对舆论的指责，何去何从？最终政府组织了一个 3 人工作小组，使工程得以延续。1973 年 10 月，在历时 14 个春秋，耗资 1 亿多澳元之后，悉尼歌剧院终于落成了，英国女王伊丽莎白二世专程前来助兴。

悉尼歌剧院整体建筑由一个大基座和 3 组拱顶组成。使用的建筑材料全部是乳白色的大理石。总体占地 1. 84 公顷，高 67 米，相当于一座 20 多层高的大楼，煞是雄伟壮观。

用混凝土制成的大基座高出海面 19 米，使整个歌剧院居高临下，气势逼人。世界上最大最长的一条室外水泥阶梯就建在基座临街的一面，铺着赭红色的花岗岩，宽 91 米。4 块巍峨的贝壳状的拱顶分成两组，分别覆盖着一个音乐厅、一个歌剧院厅和那些附属于它们的前厅和休息厅。这 4 块“贝壳”是这样排列的：有 3 块面向着海湾，它们有秩序地依次覆盖着，仿佛偎依在一起的亲密伙伴；另一块则背对着海湾，打破了前 3 块形成的固定秩序，独具一格地傲立着，这一个变化使整个建筑充满活泼的生趣，总体看来，和谐无比。

这美丽的“贝壳”是歌剧院独有的亮彩，在建筑时，它是难度最大的地方。贝壳的尖顶是由 2194 块弯曲形混凝土预制件用钢缆拉紧拼成的，每块重 15. 3 吨，外表粘贴着 105 万块乳白色的釉面瓷砖，远远望去，闪着白玉般的光泽。

歌剧院是一个以两个演出大厅为中心的多功能游艺场所，此外还包括休息室、餐厅和酒吧，休息室设在贝壳开敞着的大口处。2000 多块高 4 米、宽 2. 5 米的法制玻璃板镶在大口上，形成一面晶莹闪烁的玻璃墙。于是，休息室成为人们放眼海天，纵览胜景的最佳去处，悉尼湾的海港风光、悉尼城的万家灯火尽收眼底。

歌剧院的室内装饰选取高级木材料贴饰房顶墙面和地面，华丽考究。歌剧院的音乐厅和剧场再加上其他 900 多个大小厅室在一起，可同时容纳 7000 余人。它每天开放 16 个小时，吸引着层出不穷的游人，更吸引着全世界所有的乐队、歌唱家和剧团。人们都以能够在这里有过演出的经历而自豪。

自打歌剧院建成后，美丽的悉尼湾又平添了一道诱人的风光，仿佛一只振翅欲飞的白天鹅，又似一朵冉冉开放的白莲花，更像一艘鼓足了风帆的小船，悉尼歌剧院以它独特的外貌赋予人们以艺术的感受和丰富的想象。

孤独的川端康成

历史转瞬间到了1968年，在那久享盛誉的瑞典文学院的庄严肃穆的典礼大厅内，刚刚宣布了本届诺贝尔文学奖的得主——日本作家川端康成，大厅内顿时沸腾了，人们真诚的掌声伴着祝福将一位白发苍苍的瘦弱老人送上领奖台去，这就是诺贝尔获奖作品《雪国》、《千羽鹤》、《古都》的作者——川端康成。

川端康成是日本现代著名小说家，日本的第一位诺贝尔文学奖获得者。

1899年6月14日，川端康成出生在日本大阪，他幼年生活极其凄苦，两岁丧父，三岁丧母。父母双亡对他的影响很大，他曾在《致父母的信》一文中写道“深深刻入我幼小心灵的，便是对疾病和夭折的恐惧。”这以后，他被祖父母收养了。然而极其不幸的事接踵而来，7岁那年，祖母死了；10岁那年，唯一的姐姐死了；15岁，最后一位亲人——祖父也辞别人世了。极端的孤独和不幸遭遇，乃是形成川端康成孤僻性格的主要原因，更是他的作品格调悲凉的重要根源。

川端康成秉性孤独，但同时上天赐予他一颗善感的心灵，他对文学的爱好自幼便显示出来。小时候他很喜欢读书，入中学后，对文学作品更显敏感，同时投入更多的热情。他将自作的新诗、文章和书信编为《谷堂集》，积极投稿。1917年，川端康成考入东京第一高等学校英文科。1920年，进入东京大学英文科，随后转入国文科。他在这一时期接触了大量国内外优秀作品，对俄国的陀思妥耶夫斯基、契诃夫和日本的志贺直哉、芥川龙之介等大家进行了认真的研读，为日后走上文坛奠定了坚实的基础。

大学毕业后，川端决心走专业作家的道路，他和同仁一起创办过一系列的文学杂志，进行了有益的探索和实践。难能可贵的是，在30年代日本军国主义势力横行一时之际，川端康成保持着一名理智作家的超然态度，没有狂热地卷入鼓吹“圣战”和投入战争的风潮中，他大部分时间过着半隐居的生活。

日本战败后，现实令川端康成感到不满和失望，他的作品反映出他的这一思想基础。创作的成果日益丰盛，这使他获得了多种头衔和荣誉，直至诺贝尔文学奖。然而随着盛誉的累积，川端康成渐感压力无比并出现创作危机，加之晚年虚无主义思想的影响，他的生命如风中之烛，1972 年 4 月 16 日，川端康成在工作室中口含煤气管自杀，终年 72 岁。

川端康成一生创作丰富，一生留下一百余部长篇、中篇和短篇小说，此外还写了许多散文、随笔、讲演、评论、诗歌等。他的作品体现出现代派的手法同日本传统审美情趣的融合，作品整体风貌优美流畅和新奇别致。

川端康成在 20 年代中期曾发起新感觉派运动，一度单纯模仿表现主义和达达主义等西方现代派手法，极力强调主观感觉，热心追求新颖形式。30 年代又一度被乔伊斯的新心理主义和意识流所吸引，后来感到此路不通，于是决心另辟新径——即将日本文学传统与新心理主义以及意识流结合起来，写出了《雪国》这样的好作品。由此，川端康成形成了自己独具一格的特色，即心理刻画纤细入微，意境描绘缠绵凄迷，结构安排自由灵活，语言表达简约含蓄，文章情调既美且悲。

《雪国》是川端康成费时 15 年创作的一部力作，然而却是一部中篇小说，可见其精审的态度。小说写的是东京一位舞蹈艺术研究家岛村三次到雪国与驹子交往的故事。岛村与身为艺妓的驹子邂逅并相爱，中途又被一位萍水相逢的姑娘——叶子所吸引。岛村本身是一个思想充满虚无色彩和感伤情调的孱弱文人，对驹子的身世爱莫能助，只得中断与驹子的交往，而叶子自有意中人，并在意中人病逝后丧身于火海。生活比较认真，意志比较顽强的驹子追求纯真的爱情，然而她可怜的身份和境遇使她的感情扭曲。她的爱情既有纯真的一面，又有畸型、病态的一面。《雪国》的创作方法和艺术表现方面比较充分地体现了川端康成的创作特色。他认为美与悲是相辅相成、密不可分的。因此，他总是把美与悲联系起来加以表现，构成一种既美且悲、愈美愈悲、因悲方美、因美方悲的独特格调，抒情味浓，感染力强，因此被誉为“近代文学史上抒情文学的顶峰”。

此外，川端康成的其他作品如《古都》、《千羽鹤》、《伊豆的舞女》等，也是值得玩味的。日本的四时风物、人情习俗、文化情趣，如一张张鲜亮的图片，一例例展现出来。可以称之为一系列的日本风情画。作者在这些作品中不同程度地表达了他对社会、对人生的理解及对下层人物遭遇的同情，同时表现了他对爱情和艺术的追求。

存在主义的萨特

“我的生活是从书开始的，它无疑也将以书结束。”这是萨特对自己作为一个执著的知识分子的生平概括。

让·保罗·萨特是法国著名的作家、社会活动家、存在主义的最伟大代表。1905年他出生于法国巴黎一个海军军官家庭，两岁的时候父亲就去世了，他只好随着他的母亲迁居于巴黎外祖父家。他的外祖父是一个德语教师，在这里他开始进入书的世界。

1915年萨特进了亨利四世学校六年级读书。但两年后，因母亲改嫁，他又随母到了继父所在的拉罗舍尔的一家船厂。

1920年，他回到巴黎，继续读中学，这时他已经开始对哲学产生兴趣。最早开启他走进哲学大门并对他产生长远影响的是非理性主义哲学家叔本华、尼采，特别是柏格森的著作使他受益匪浅。

1924年，他进入著名的巴黎高等师范学校攻读哲学，五年以后，他以第一名的成绩通过哲学教师学衔考试，遂任中学教师多年。

1929年，萨特与波伏娃相识，共同的志趣使他们碰撞出爱情的火花，并且相伴终生。西蒙娜·德·波伏娃也是法国著名的作家，代表作品有《女客》(1943)、《他人的血》(1945) 和四部回忆录等。她的女权主义论著《第二性》(1949) 产生了较大的影响。她虽然从未跟萨特举行过正式婚礼，但却是萨特的忠实追随者和终生伴侣。

在服了一年半的兵役之后，1931年起萨特开始任勒阿弗尔中学哲学教员，这时他开始接触胡塞尔哲学，很受鼓舞。

1933年至1934年，他赴德国柏林法兰西学院研究海德格尔的存在主义哲学和胡塞尔的现象学，还读了克尔凯郭尔、雅斯贝尔斯以及黑格尔等人的著作。这时他已形成存在主义思想，特别是现象学本体论的思想。他在当时写成的《自我的超越》、《胡塞尔现象学的一个基本思想：意向性》两篇文章就是对他的存在主义的一些基本观念作了初步的论述。

萨特在1934年10月回到法国后继续做中学教师。从这时开始，他陆续发表作品，有哲学著作《影像论》、短篇小说《墙》和著名的中篇小说《恶心》，这标志着他写作生涯的开端，而且是起点很高的一个开端。

萨特的文学处女作，短篇小说《墙》是存在主义的文学名篇。小说以第一人称为叙述视角，主人公是西班牙内战时期的反法西斯战士伊比塔·汤姆和无辜群众朱安，他们被捕后都被反动派判处了死刑。作者详尽描写了他们在临刑前夜生理上的恐惧：朱安尖声叫喊，变颜变色；汤姆唠叨不休，小便失禁；“我”头痛欲裂，汗如雨下。不过，在心理上“我”依然保持着镇静，认为生与死只有一“墙”之隔，它就是对死亡的恐惧，当意识到“生存即死亡”，生与死毫无差别时，就可以超越隔墙，获得自由，所以“我”的“自由选择”就是宁死不出卖战友雷蒙·格里。萨特完全是从存在主义的角度去理解革命者的。临刑前，伊比塔为了戏弄敌人，提供了格里藏在墓地的假口供，因为他知道格里隐藏在堂兄家。谁知格里因为与堂兄发生口角而出走，他又不愿连累别人，鬼使神差地竟然转移到了墓地，敌人果真捉到并杀害了他，伊比塔则得以活命。当“我”听到这一消息后昏倒在地，醒来后不禁“狂笑起来，笑声如嚎哭一样凄厉”，最后“笑出了眼泪”，世界就是如此荒诞，不可理喻。

发表于1938年的日记体长篇小说《恶心》也是萨特的代表作。它被称为“哲学日记”，是一部直接阐述存在主义思想的典型作品。小说没有什么故事情节，主要写青年历史学家安东尼·洛根丁的恶心感——对荒诞世界的深深厌恶。

二战爆发以后，从小患眼疾的萨特像一只“社会动物”被送上了战场。次年5月，恰好在他35岁生日那天，萨特在洛林被俘，在集中营关了10个月后因视力不佳获释。回国后，他参加了抵抗运动。

“战争使我必须干预生活”，在这场莫名其妙的战争中的这段莫名其妙的经历，对萨特日后对待政治生活的态度发生了重要影响。令人惊叹的是，在枪林弹雨的战场上，萨特仍能潜心阅读和写作，动手创作了长篇小说《懂事的年龄》，并写下大量的哲学笔记，成为后来《存在与虚无》的基础。

从1943年起，萨特开始专门进行创作，并且在同一年，写成了他的哲学代表作《存在与虚无》，奠定了他存在主义哲学大师的地位。

1945年，他创办传播存在主义思想的杂志《现代》。从50年代起，萨特积极投身于世界和平运动，旗帜鲜明地反对侵略行径，如美国侵朝、侵越，苏联出兵匈牙利、捷克、阿富汗等。

在战后法国和世界各种社会政治势力的斗争中，萨特尽管时有摇摆，总的说走的是一条中间偏左的道路。他不赞成苏联模式的社会主义，但也不反对社会主义。1945 年，他拒绝接受法国官方授予他的荣誉团勋章。

1964 年，他更做出了一个令世人瞠目结舌的决定，拒绝接受瑞典科学院所授予的诺贝尔文学奖。

在 50 至 60 年代，他对法国政府所进行的阿尔及利亚殖民战争进行了激烈的谴责。萨特的存在主义哲学思想战后有所变化，这主要表现在他力图冲谈《存在与虚无》等著作中所表述的个人具有绝对自由的观点，强调维护个人自由要与尊重他人自由结合起来，把自由与责任联系起来，甚至认为要在一定的社会历史背景下来理解个人自由，甚至还想调和存在主义和马克思主义。

1956 年以后，萨特将存在主义和马克思主义融合起来的倾向更加强烈，他 1957 年开始写作的《辩证理性批判》便是反映他这种倾向的代表作，此观点成了西方马克思主义思潮中所谓存在主义的马克思主义的最主要代表。

萨特晚年仍积极参加社会政治活动，特别是支持资本主义社会中左派学生和青年的反抗运动。他是 1968 年发生于法国的所谓五月风暴的积极支持者。

在哲学上，他有不断更新自己理论的愿望，但他既没有投入无产阶级的社会主义革命运动，也没有真正接受马克思主义。他承认自己始终是个无政府主义者，在马克思主义和存在主义中宁肯选择存在主义。

作为一个存在主义的哲学家，萨特在理论上的建树并不高于他的先行者海德格尔、雅斯贝尔斯。然而，由于他同时是西方声望卓著的作家和社会活动家，他善于用戏剧、小说等文艺形式通俗地表达晦涩艰深的存在主义哲学内容，也善于使存在主义适应西方广大资产阶级和青年学生反抗现实、维护个人自由和尊严的政治要求，这就使他在哲学上的实际影响远远超出了其他存在主义者。

作为存在主义哲学的形象解说，萨特的戏剧比小说影响更大。《苍蝇》是他的第一个剧本，也是他最享有盛誉的剧本之一，也正是因为这个剧本创作的成功，瑞典学院授予萨特诺贝尔文学奖。这个剧本取材于古希腊埃斯库罗斯的悲剧《俄瑞斯忒斯》。但那是一些个人存在屈从于命运安排的悲剧，而《苍蝇》则不然，这是一出个人存在敢于反抗命运、自由选择、自我创造的悲剧。也就是说，作者在古希腊悲剧中注入了存在主义哲理，用以说明：尽管生活是荒诞的、不合理的，但是自我选择是不可阻挡的，只要是为自己的自由采取行动，就能获得肯定的意义。

虽然，萨特拒绝了诺贝尔文学奖，但是瑞典学院对他的评价却是相当准确而深刻的。“因为他那思想丰富、充满自由气息和探求真理精神的作品，已对我们时代发生了深远影响。”

1980年4月15日萨特病逝，数十万人沿街伫立为他送葬，其盛况只有雨果的葬礼可与之相比。

东西方文化融汇的舞蹈之花

一位英俊而强壮的男子在一束红光中伫立，脚下躺着一位圣洁美丽的女子，四周飘荡着遥远而又真切的乐声，神秘而且安宁，亚当与夏娃就这样长久地静默。这时，威严而又静穆的圣母身着拖地长袍缓步登台，身后还跟着一个小姑娘，小姑娘推着一辆古旧的自行车同样缓缓地跟上台……

这篇名作叫做《小岛》，这部舞蹈诗剧是由一个富有神秘色彩的东方女性编导的。剧中融汇了东方传统文化与西方古典艺术及现代气息，成为世界著名的舞剧之一。

这位具传奇色彩的杰出女性就是洪信子。她独立创办了“笑石舞剧团”，并以亚裔身份跻身于纽约杰出的舞蹈家之列。她说：“万物有灵，即使是块石头也会笑，一切全在于你内心的认识。”

洪信子于1940年出生于南朝鲜，在那个能歌善舞的民族中，洪信子自幼便是一个佼佼者，但她又是一个反叛者，她以自己的心来体会音乐，不拘泥于传统的固定模式。

洪信子从来没有接受过正规、专业的舞蹈教育。从小至大，她一直在认真地对待普通学校教育，从而为自己的人格奠定了坚实的文化基础。60年代初，洪信子从肃明女子大学毕业，并获得了英国文学学士学位。由于朝鲜深受中国传统汉学的影响，洪信子对于儒学与佛学深有研究，这使得她的性格上集中体现了东方人超脱自然之外的神秘感。

1966年，洪信子不顾父母的劝阻，毅然拒绝了在当地人眼中看来极为美满的婚姻，只带了简单的行李独自迁往美国。她有自己的愿望与生活方式，而这些是身为农民的父母与邻居们所无法理解的。

洪信子为了心中那“自由的舞蹈”的理想开始系统地学习美国舞蹈。她选择了艾尔文·尼古莱这位提倡创新的现代舞名师为自己的舞蹈生涯启蒙，此后，洪信子又以无比的自信与热情遍访名师，习得各流派所长。最后，洪信子又走进了哥伦比亚大学与俄亥俄州辛辛那提市联合研究生院，最终成了舞蹈教育硕士与宗教舞蹈博士。经过这30多年的充分准备，洪信子最终成了有着深刻文化内涵的舞蹈家。

1973年，洪信子在纽约市著名的现代舞试验剧场——“舞剧工作室”初露锋芒，她自编自导了许多作品，随后，洪信子只身前往印度、香港、夏威夷、南朝鲜各地巡回演出。在这次演出中，佛教圣地——印度对她有着强烈的吸引力。于是，洪信子于1975年重返印度，她在那里深入地研究了佛经，并系统地研究了印度的传统舞蹈、音乐与文化哲学。

1979年，洪信子返回祖国，在青州艺术学院担任舞蹈系主任。但是，她渐渐感到说教远不如形体动作传达得直接、真实。两年之后，洪信子重返纽约。

1981年，洪信子毅然创建了“笑石舞剧团”。她自己编写剧本，自己排练导演，终于使这支小舞团在短短几年内成为世界舞坛上一支独具特色的著名舞团。她先后编导了《从嘴到尾》、《合二为一》、《三翅果》、《螺旋姿态》、《四面墙》、《小岛》、《事实上》、《天使》、《尘埃》等众多的世界著名的舞剧。

《螺旋姿态》分为两部分。

第一部分由洪信子独立表演。她身穿深色长袍、两脚与肩同宽地立在舞台中央，左手将一颗人的骷髅头骨捧在腰间，右手不时缓慢地向着观众挥舞，右手手指不时地旋转颤栗，身体如同陀螺一样前后左右地慢慢晃动不止。很久、很久，好像一个人就是这样的一世，死亡与生命在无意义地回复、休止。

第二部分是由4个女人共同表演的群舞。她们自始至终一直在不停地旋转，开始是缓慢的，然后渐渐变快、变快，直到舞台上只有旋转的暗影，最终结束。

《小岛》是洪信子出于对人类历史及人际关系的反思而创作的一部长剧。它以一位圣母与一个年幼少女的五次登场以及切光暗场与明场的转换将全剧自然地分为四个篇章，这部舞剧于1986年在纽约的“妈妈剧院”首演。以简洁凝练的形式表达了深重的人生思考，给人以强大的震撼力，发人深省。该剧获得极大成功，并于 1989 年获得南朝鲜最佳表演艺术大奖。

洪信子以自己丰富的文化内涵为基础，以健全的人格为后盾，以探索人类生存的困境为永久主题，大胆地把东西方文化融汇为一体，以现代的舞蹈方式表达出这一整体的效果，获得了巨大成功。她的艺术才是真的艺术，她的舞蹈才是真的舞蹈。

也正因此，洪信子获得了众多观众的赞誉。她连续四年获得美国全国艺术基金会的编舞奖金，两次获得纽约州艺术基金会奖金，一次获得纽约市艺术基金会奖金。1987 年，洪信子获得纽约的“亚洲文化委员会”研究奖金，1989 年，洪信子又获得华盛顿的“富尔布莱特奖金”。

如此多的声誉，对于她——洪信子来说只不过是人世浮云。但在这个世俗的世界中，这也算是她工作成绩的证据。这位博学的妇人，以其真正的艺术向人民传达了自己生活的世界。她说：“儒学与佛教对任何事物都无绝对化的定义，一切会看上去像某种东西，却可能是别的什么东西。一个动作对于某个人来说，可以意义颇多，亦可以意义很少，即使两个人一起观看某个东西，也可能感知到截然不同的东西。时间是一种概念，我们无法称什么太慢或太快——数千年可以看上去只是一瞬间，一天可以看上去像几辈子，还是在于你的背景与感知能力。”

“人们到剧场来总想得到愉悦，他们只喜欢生活中甜味的东西，但我们也需要苦味的东西。我们常常明知良药苦口，却又总想回避这苦口良药，因为这苦药让人不快。在我的舞蹈中，我想让人们深刻地正视自己，感觉自己，体验自己。我们像机器人那样回避自己真实的生活，他们不敢正视自己，他们只想看到自己那张外表漂亮的脸。”

“我是靠汲取东西方文化的精华来工作的。东方的美学与哲学和西方的美学与哲学是可以融为一体的，并最终貌似合一的。但我对东方的哲学与美学更加亲近，因为归根结底，我是个东方人。”

洪信子无疑是个最标准的东方人，但又不仅仅是东方人。她超出了东方人，融汇了西方文化，从而成为一个人。

这个人了解了太多的真实，表达出来的都是残酷的实在。

人群在半醒半睡之间不知是幸运，亦或是不幸。

故事仍在继续，这朵东西方文化共同培育的花朵永远美丽。

影坛伉俪

在日本影坛上，有一对耀眼的明星，他们以杰出的演技彼此辉映着，为日本、也为世界影坛奉献了一部部优秀的作品，他们就是山口百惠和三浦友和。

山口百惠在“触电”之前就早以闻名全日本，只是当时的身份是日本流行歌曲界最受欢迎的新星。她 13 岁时初登舞台便一鸣惊人，她演唱的《蓝色的果实》获得了 1973 年第 6 届新宿音乐节的银奖、第四届日本流行歌曲大奖的联盟奖、广播音乐新人奖等等，荣誉接踵而来。第二年，她又以《一个夏天的经历》，获得了第五届日本流行歌曲大奖的广播音乐奖、优秀流行歌曲奖，以及第 16 届日本唱片大奖的大众奖。

她闪闪的星光立刻被日本各大制片公司捕捉到了。从此，舞台上的“百惠热”传到了电影界。1974 年，日本东宝公司首先大胆起用了对电影几乎毫无经验的山口百惠，让她主演影片《伊豆舞女》。

在征求男主角时，此时已小有名气的三浦友和中选了。三浦友和生于 1952 年，原名三浦稔。20 岁时，他第一次在电视片《秘密部队》中饰演角色而崭露头角，很快，他凭借艺术才华和美男子的相貌引起人们的注意。在《伊豆舞女》一片中，三浦友和与山口百惠初次联手合作，并从此结下不解之缘。

《伊豆舞女》系根据日本著名作家川端康成的同名小说改编而成。故事发生在 20 年代的日本。一个外出旅游的大学生在旅途中和一队流浪人同行，一名出身贫寒但美丽多情、能歌善舞的舞女，引起大学生的同情和赞叹，二人彼此欣赏，关系和谐、默契，并渐渐心心相映，产生了爱情。但这爱情却是短暂的，到了旅游终点，他们就不得不分手了，彼此各奔前程。大学生留下自己心爱的笔作纪念，舞女则满含热泪目送情人远去，故事在凄婉、惆怅的氛围中结束了。

这部作品已是第六次搬上银幕，它几乎成了日本历届女演员登上明星宝座的阶梯：如田中涓代、美空云雀、鳄渊晴子、吉永小百合、内藤洋子等都曾主演过此片。这一次，山口百惠和三浦友和的演绎又一次深深打动了日本观众。他们的形象纯真、可爱，表演生动、真切，特别是山口百惠发挥她演唱的专长，以婉转、悲切的歌声给影片增添了更为感人的效果。

《伊豆舞女》一片的感动，使山口百惠和三浦友和声誉鹊起，他们两人也在电影艺术上迈出了可喜的第一步。此后，他们合作演出了一系列生动感人的爱情故事，如《海涛》、《绝唱》、《风雪黄昏》、《春琴抄》、《炎之舞》、《污泥中的纯情》、《雾之旗》、《风筝恋》、《洁白的爱情》、《天使的诱惑》等等。

《绝唱》以第二次世界大战为时代背景，描写了一对青年恋人在日本乡村中发生的悲剧。三浦友和饰演地主少爷顺吉，顺吉是一个思想纯洁、品德高尚的青年，他性格倔强，情感真挚、深沉，富于反抗精神。他热烈地爱上了出身贫寒的农家少女小雪（山口百惠饰），面对来自家族的阻力，他毫不畏惧、毫不退缩，勇敢地为自己的真情而斗争。小雪的形象纯真、可爱、朴实、善良、灵心意性，对爱情忠贞不二，对生活给她制造的各种磨难，她都默默地忍受着，含辛茹苦，但又很坚强，体现了日本民族坚忍的精神。这部影片使三浦友和与山口百惠在艺术上更趋成熟。

《风雪黄昏》是一个感人至深的故事。山口百惠饰演的节子是一个纯真的姑娘，她爱上了多年的同窗达郎，并勇敢地向他表白了自己的爱情，三浦友和饰演的达郎接受了节子的爱。正当一场美丽的爱情即将上演之时，达郎却因为要去参加战争而又不得不拒绝了节子的爱，因为他清醒地意识到一个男人在战争中的命运，他不愿意将这种命运所带来的不幸加到自己心爱的人身上，他拒绝爱情恰恰是因为他爱得深沉。三浦友和的表演很见功力，达郎的内心矛盾被他揭示得真实而又生动。故事的结束是令人扼腕痛惜的：节子在焦急的盼望和日益沉重的病痛中无声地死去了，而达郎却侥幸从战场上活着回来了，当他得知节子死去的消息后，瞬间，他的目光凝滞了，面部表情愕然而又凄烈，让人感到战争残酷到了令人发指的地步。所有经历过战争或体味过爱情的人都能与这部影片产生强烈的共鸣。

《春琴抄》是山口百惠花了相当大精力才完成的一部力作。这部影片根据日本著名作家谷崎润一郎的同名原著改编的，并且是第五次搬上银幕。女主角是个性格古怪、暴躁的盲女，名叫阿琴，山口百惠饰演。三浦友和饰演一名忠实的男仆，名叫佐助，他性格温顺、心地善良，每天的任务就是领着阿琴到琴师家学艺。他们的关系默契、和谐，在别人眼中却是神秘费解的。阿琴不知为何有了身孕，众人都怀疑是佐助所为，但他们俩都矢口否认。后来，阿琴被人用开水烫伤了脸面，她不愿再让佐助见他。当佐助得知后，竟出人意料地用针刺瞎了自己的双眼，从此永远留在主人身旁，一对有情人最终得以朝朝暮暮相厮守。山口百惠为了演好盲女阿琴这个角色，经常用手巾蒙起双眼，反复体会盲人的动作、心理，并且亲自到老艺人家中去学习琴艺，每天都要扶琴一连端坐几个小时，功夫下得深，形象才动人。山口百惠的表演不仅形体动作真实可信，而且在性格刻画、心理和情感的表露上也达到情真意切，称得上是没有表演的表演。

三浦友和曾获得过“日本的阿兰·德龙”的美称，这源于他在《污泥中的纯情》一片中的表演。不同于以往任何一个忠厚正直的形象，这回他扮演了一名自私自利、玩世不恭的阿飞，这可是一次截然不同的新体验。为了演好这个角色，他专门把自己从外形上打扮得同阿飞一样：穿上稀奇古怪的装束，晒得黑黑的，剃个怪发型，并且混迹于阿飞出没的饭店、酒吧、舞厅、赌场，仔细地观察和体会这些人的神态、气质，以及每一个细小的动作。终于，他以天才和勤奋成功地塑造出一个日本现代社会堕落的青年形象。

该片中，山口百惠饰演的富家小姐对这个阿飞一见钟情，不顾世俗的门第和偏见，义无反顾地苦苦追求他，并希望通过自己的爱情和努力把她的爱人从泥潭中解救出来，然而事实却是残酷的，她不但没有实现自己的理想，反而随着阿飞一起陷入了可怖的黑社会之中。山口百惠的形象也一反往日的单纯质朴，而是显得浪漫、矜持又大方，这正好符合富家小姐的角色需要。

山口百惠和三浦友和最成功的作品应数《雾之旗》。自幼失去双亲、同哥哥相依为命的桐子是个恬静、老实的女孩，然而一件突如其来的事情彻底改变了她的性格。她哥哥被人诬告杀人，并被判死刑，桐子含着巨大的悲愤下决心要救出无罪的哥哥。她千里迢迢赶到东京，求救于大律师大塚先生。然而大塚却是个唯利是图的人，穷苦的桐子根本付不起他提出的高昂辩护费，被拒之门外。哥哥含冤死去，桐子决意复仇。这期间她认识了一名正直的记者（三浦友和饰），为她奔走呼告，花了很大力气，但终于无效。桐子很感激他，并且他们相爱了，但此时桐子已被复仇的火焰点燃，她埋藏了爱情，在东京做了下贱酒女，等待报复的时机。终于桐子抓到了机会：大塚律师的情妇被告为杀人犯，而桐子掌握着唯一能证明她清白的证据，不论大塚如何向她求情，始终没能动摇桐子，并且她继续使出种种手段把大塚搞得身败名裂。

桐子的角色很复杂，山口百惠准确地把握住了人物情感的变化，每一个动作都表达得自然、真切、流畅，三浦友和与之成功地搭配，达到了珠联璧合的效果。

随着一部部爱情剧的出演，山口百惠与三浦友和在现实生活中也逐渐达到了爱情的圣殿。这一对影坛伉俪在影坛之下结成了百年之好，人们纷纷为他们的结合感到欣喜。

然而遗憾的是，结婚后的山口百惠为了把全部精力和爱情献给她的丈夫和家庭，放弃了电影事业，从此消逝在影坛上。

魔幻现实主义的扛鼎者——马尔克斯

1982 年 10 月，又一位拉丁美洲作家登上了瑞典皇家学院的领奖台，来领取本年度的诺贝尔文学奖，他就是哥伦比亚小说家加西亚 · 马尔克斯。他虽然不是拉丁美洲第一个获此殊荣的作家，但可以肯定地说，他是最有趣味的拉美作家，他的《百年孤独》是世界上拥有读者最多的拉丁美洲小说，20 世纪拉美文学的中流砥柱“魔幻现实主义”派，也因有了《百年孤独》而更放异彩。那么马尔克斯是怎样一步步走向诺贝尔文学奖奖台的呢？下面就让我们追本溯源来看一下他走过的路。

马尔克斯于 1928 年 3 月 6 日出生于哥伦比亚的一个微不足道的小镇——阿拉卡塔卡镇。他的父亲加夫列宁 · 埃利希奥 · 加西亚小的时候也曾废寝忘食地刻苦学习，学习成绩名列班级之首，但是由于家庭经济状况不佳，亲友中没有一个有多余的财力接济他，所以只好中途辍学。后来，他东奔西走，不辞劳苦，终于在傍海的热闹小镇阿拉卡塔卡邮电所谋到了当电报报务员的差事。

他的母亲路易莎 · 圣地亚哥 · 马尔克斯 · 伊瓜兰，出身名门。其父是遐迩闻名的尼古拉斯 · 马尔克斯 · 伊瓜兰上校，他是哥伦比亚历史上有名的自由派将领拉法埃尔 · 乌里维 · 乌里维的亲密战友。他以大无畏的献身精神和赫赫战功荣升上校军衔，作为一位名副其实的英雄度过了一生。

加夫列尔·埃利希奥·加西亚夫妇几经迁居，最后终于在加勒比海边的古城卡塔赫纳定居下来。

这对夫妇虽不富裕，人丁却很兴旺。他们一共生了 12 个孩子：加西亚·马尔克斯是长子，下面有六个弟弟和五个妹妹。

由于小时候父母居无定所，所以马尔克斯的童年是在他的外祖父家中度过的。这位老上校的家里常常高朋满座，高谈阔论，在这样的环境中小马尔克斯增长了不少见识。哥伦比亚大西洋沿岸历时四分之一个世纪之久的“香蕉热”、1928 年在西埃纳加火车站发生的 3000 香蕉工人大罢工及其惨遭政府军大屠杀的悲剧，他就是在这个时候听说的。这些故事对他以后的创作起了很大的影响。

他的外祖母是一位讲故事能手，对他讲了许多印第安人的神话传说。她相信人死以后灵魂还将继续存在，为了不让亡灵们感到孤独，她特地为他们安排了两间空房，经常与他们谈话。马尔克斯的姨妈也笃信鬼神，有一天，她感到自己将要死亡，便坦然地躲进自己的房间，成天在里面织寿衣，寿衣缝完后果然躺在床上死了。

这一切的一切，给童年时代的马尔克斯留下了终身难忘的记忆。后来他常常回忆那时的生活，那幢他住过的大房子，那个梦幻般的世界：“那幢大房子每个角落都死过人，都有难忘的往事。每天下午六点钟后，人们就不能在院子里走动了。那真是一个既恐怖又神奇的世界，常常可以听到莫名其妙的喃喃声。”，“那幢房子里有一个空房间，佩德拉姨妈就死在里头。还有一个空房间，拉萨罗舅舅在那里咽了气。那时候，一到夜幕降临，就没有人敢到院子里去了，因为这时死鬼比活人还要多。一到下午六点，大人就让我坐在一个旮旯里，对我说：‘你别乱走乱动，不然的话，佩德拉姨妈或拉萨罗舅舅的鬼魂就会从他们的屋间里走到这儿来。’所以我那时总是乖乖地坐着……”

在后来的岁月里，那幢房子一直是加西亚·马尔克斯神魂牵绕的一种梦境。古老的大房子、外祖母的故事、夜晚恐惧的心情，像恶梦一般永远留在加西亚·马尔克斯的记忆里。但是，这一切，特别是外祖母讲的故事和讲故事的方式，都使他得益匪浅。从某种程度上说，为他日后的小说创作提供了源泉，奠定了基础。孤独而带有神秘色彩的阿拉卡塔卡给作家留下了深刻的印象，培养了他独有的审美情趣。

12 岁时，马尔克斯来到首都波哥大教会学校读书。

18 岁时，他进入了哥伦比亚国立大学攻读法律，他虽然只在大学学习了一年，但是这一年对他来说是难以忘怀的，因为正是这一年他的名字第一次和哥伦比亚文学发生了联系：《观察家报》文学版主编、小说家爱德华多·萨拉梅亚·博尔达（1907—1963）在报刊上发表了他的第一个短篇小说《第三次无奈》。

正当加西亚·马尔克斯初露头角，决计在文学上百尺竿头更进一步之时，一桩使他震惊不已的事件发生了。

1948 年 4 月 9 日，在野的自由党领袖豪尔赫·埃利埃塞尔·加伊坦在首都波哥大市中区遇刺，使波哥大和哥伦比亚全国经历了本世纪最为惊心动魄的时刻。

加伊坦被害，震撼了全国。加西亚·马尔克斯和一切目睹国家和人民遭难的人一样，心中燃起了义愤的火焰。他和同学们参加了游行，国立大学校园和全城一样掀起了抗议浪潮，因而校门被当局封闭，马尔克斯不得不离开首都，不久进报界工作。

1948 年 5 月 20 日，《宇宙报》编辑部主任克莱门特·曼努埃尔·萨巴拉在该报上刊登了一篇他亲自写的《欢迎加西亚·马尔克斯》的文章，同时预言他“将不会保持沉默，他将在报纸的栏目上发表世界上每天发生的事件在他那不平静的脑海里引起的一切见解。”

果不其然，从 1948 年 5 月到 1949 年 10 月，仅专栏文章他就发表了 38 篇，不失为一位忠于职守尽职尽责的新闻工作者。

他在卡塔赫纳工作学习了两年，直到 1950 年一个偶然的机会使他的生活发生了一次新的重要变化，他辞掉了《宇宙报》的工作，彻底放弃了法律专业的学习。

情况是这样的：有一次他去巴兰基利亚办事，结识了一位老人和几个青年，他们跟马尔克斯一见如故，就把当时在他们手中传阅的乔伊斯、威廉·福克纳、维吉尼娅·伍尔芙和海明威等著名作家的小说借给他，这些小说的创作理念和创作手法等令马尔克斯感到新奇不已，所以马尔克斯立刻就觉得自己将成为这个小小的文学圈子里的一个成员。在交往过程中，他感到，他们对世界上的小说无所不知，他们的文学修养十分渊博。对他们来说，生活就是一种冒险，文学更是应该怀着对生活的热情来品尝的美味佳肴。马尔克斯经常同他们聚会，高谈阔论文学，并不时聆听博学的导师拉蒙·宾耶斯的教诲和讲座，往往通宵达旦。

这个时期的生活对他产生了很大影响，给他留下难忘的记忆。在巴兰基利亚，他开了一家书店，专售西班牙、意大利、英国、法国等欧洲诸国的优秀文学作品，为传播西方文学到拉美做了大量工作，是一位广为人知的文化名人。

1954年，他任《观察家报》记者兼电影专栏负责人。

1955年，加西亚·马尔克斯的第一部长篇小说《枯枝败叶》在波哥大出版，被认为是“哥伦比亚的一桩重要事件”，“他以引人入胜、生动有力的风格如此迅速赢得广泛的声誉。”

但是这部作品从写作到出版是非常艰难的。马尔克斯17岁时就想写一部这样的作品，后因种种原因拖了下来，22岁时又重整旗鼓。当时他住在巴兰基利亚一家妓女出入的旅馆里，房费虽低廉，但他的收入极其微薄，他要是交不出房租，就得把书稿抵押给看门人。他深夜躲在编辑部里拼命工作，虽然头上有扇吹风，房间仍然热似蒸笼，当他疲劳地从打字机前站起来时，天色已近破晓。

从1955年7月开始，马尔克斯羁旅欧洲，他曾经到过意大利、法国、英国、苏联、波兰、捷克、匈牙利等国。在游历的岁月当中，他广泛地吸收欧洲文学的营养，学习各种创作技巧。这些都为他的创作注入了一股新鲜血液。

在羁旅巴黎期间，有一件事给他留下了难忘的记忆，那就是他见到了崇拜已久的美国作家海明威。

1957年春天的一个阴雨连绵的日子，马尔克斯在巴黎街头游荡，在圣米歇尔大街，他忽然看见海明威和他的妻子玛丽·威尔希正在向卢森堡公园走去，当时海明威已58岁，但是依然步履稳健。看到这位文学大师，他竟惑然不知所措，因为他那时只不过是一个新闻记者，虽发表过一些短篇小说，得过一次大奖，但知名度有限。所以，他只是站在远处，把双手凑成一个喇叭放在嘴上，对着海明威大声喊：“艺—术—大—师！”听见这声叫喊，海明威转过身来，举起手用西班牙语回答：“再见了，朋友！”

这是他第一次也是最后一次看到海明威，因为在4年后，海明威自杀身亡。

这次会见，在马尔克斯的脑海里激起了一阵阵波澜。

1959年，马尔克斯回国，担任古巴“拉丁社”驻哥伦比亚办事处的负责人。他对古巴革命表示坚决支持和拥护，并且以实际行动履行了他支持古巴的诺言。

1961年他任该社驻联合国记者，后来迁居墨西哥，至1976年才返回哥伦比亚。为了抗议军人政权，他曾于当年举行“文学罢工”。

在这期间他写了长篇小说《恶时辰》，获美国埃索石油公司在波哥大举办的埃索文学奖。

同年，他发表了自认为是写得最好的小说——中篇小说《没有人给他写信的上校》。其中上校的形象融入了他外祖父的经历和作家自己在《观察家报》被封后生活艰难时的切身体验，因而这一形象塑造得极为成功。作家用幽默诙谐的笔法来写他忧郁沉重的心情，使作品具有一种独特的艺术感染力。

1967 年，马尔克斯发表了他的代表作——长篇小说《百年孤独》，达到了他创作的辉煌时期，而且也奠定了他作为拉美魔幻现实主义文学大师的地位。

《百年孤独》是魔幻现实主义的扛鼎之作，它的问世在拉丁美洲引发了“一场文学地震”，作品主要描写了生活在马孔多的布恩蒂亚家族六代人的历史。

“百年”与“孤独”就是小说的主要内容。“百年”是时间的概念，历史的概念，马孔多从创建到消亡正好是百年，实际上它浓缩了拉丁美洲的历史沧桑。

“孤独”是精神状态，是小说的基本色调，是小说的主题，是造成拉美不幸的根本原因。

《百年孤独》具有非凡奇特的艺术魅力。小说按照拉美人民的传统观念去反映现实，形成浓郁的魔幻氛围。作家基于拉美人民传统的时间轮回观念，采用了环形结构方式，布恩蒂亚家族几代人的名字、性格、动作在不断地重复，他们的精神历程都是一个圆形的轨迹：孤独——行动——更沉重的孤独。

马尔克斯既扎根于民族的沃土中，又能积极吸收西方现代派文学的精华。他打破时空，有意地把现在时、过去时和将来时混合在一起使用，起到了一种独特的艺术效果。

小说还极具象征性，如俏姑娘升天，象征着爱与美的消失；集体健忘症暗指人们忘记了自己的根，不知道总结历史教训，以谋求变革。黄色是不吉祥的象征，黄花、黄蝴蝶、黄色火车、黄色水果——香蕉、黄色的小金鱼、黄色的衣服、黄色的头发，都与衰败、死亡、灾难相连。总之，作者以神奇的手法绝妙地反映了拉丁美洲神奇的现实，不愧是一部伟大的传世之作。

70年代以后，马尔克斯的创作虽然没有离开魔幻现实主义的轨道，然而现实主义成分显著增强。

1975年发表的《家长的没落》是他用8年的时间写成的一部长篇小说，1976年就被美国《时代》周刊评为当年世界十大优秀作品之一。

1976年9月11日，马尔克斯作出一个不同寻常的决定：只要奥古斯托·皮诺切特不倒台，他就不再出版一本小说。他说，他作这一决定的目的是想把他的读者变成那个名叫皮诺切特的刽子手的反对者。

后来，在认识到“文学罢工”的消极效果后，他于1981年出版了一部纪实小说《一桩事先张扬的凶杀案》。

1981年，受军政府迫害的马尔克斯流亡墨西哥。1982年，哥伦比亚新政府成立，他得以返回故土，从事文学创作，当年获诺贝尔文学奖。同年，应法国总统密特朗的邀请，他担任法国——西班牙国家文化交流委员会主席。

作为一名文坛巨擘，马尔克斯对我国的文学事业也有极为重大的影响，我国当代著名的作家苏童、莫言等都受到他作品启发。作家们曾说，读了马尔克斯，才知道小说可以这样写。

马尔克斯1982年获诺贝尔文学奖，获奖词为：“由于其长短篇小说结构丰富的想象世界，其中糅混着魔幻与现实，反映出整个大陆的生命矛盾。”

可以脚踏南北半球的地方——厄瓜多尔

厄瓜多尔，西班牙文的意思是“赤道”。因而，厄瓜多尔这个地球上不起眼的小国就以它“赤道之国”的名声传遍世界。

凭借其独特的地理位置，厄瓜多尔有许多奇异的自然现象为身居南北半球的人们所罕见。因此，尽管这里因为得天独厚地享受着太阳的格外恩赐而显得天气过分炎热，它依然吸引着来自全世界各个地方的游览者。

有一年春天的一个阳光灿烂的日子，一群游人为了缓解天气炎热，纷纷聚集在厄瓜多尔首都基多的一口水井旁，其中有一名摄影工作者，凭着他的工作习惯，悉心观察着周围。到了中午时分，突然，这名摄影工作者惊奇地叫了一声，原来他发现身旁的井被照得亮堂堂的，井底一清二楚地展现在人们眼前，原来是阳光垂直照射到了井底。摄影师立刻举起照像机把这一场景拍摄了下来，游人们也纷纷表示惊奇，因为这同人们惯常印象中的黑洞洞的井底形成鲜明反差，原来这一天正是3月21日，春分时刻，太阳正在垂直照射赤道。

每年的春分和秋分时刻，这里都会有这样的奇观。与此同时，如果人们在阳光下行走，就会找不到自己的影子，可谓是又一奇观。在每年的3月21日和9月23日，厄瓜多尔人都会举行盛大的迎接太阳神的活动，以感激太阳赐给人类温暖和光明。

这一活动有它悠久的历史渊源，当地印第安人的祖先在很久以前就崇拜太阳神。为了能长久地得到太阳神普照的光明，人们建造了一座无顶的圆形建筑，作为观测站来长期观察阳光投影的运动和变化。现在，这座圆形建筑位于厄瓜多尔首都基多的卡央贝一带。

经过常年观察，人们终于发现：那里就是太阳一年两度跨过南北半球的必经路线。于是，人们称之为“太阳之路”，并及时地立下了标志，这反映了辉煌灿烂的古代印加文化的一个侧面，后来的赤道纪念碑便以此为雏形建造起来。

直到18世纪，赤道的位置被法国、西班牙和厄瓜多尔的科学家正式测定出来，恰恰就是数百年前印地安人设立标志的地方。旧的赤道纪念碑于1936年建于距该标志南面不远的圣安东尼奥镇，在首都基多以北24公里。碑身由赭红色花岗岩建成，高10米，呈正方形。碑身四面用醒目的4个西班牙字母标示着——“E、S、O、N（东西南北）”几个镀金大字，“这里是地球的中心”刻在碑面上。最引人注目的是碑顶上那个石刻的地球仪，它的南极朝南，北极朝北，中间用一条白色分界线代表赤道。这条白线向东西两个方向分别延伸，直到同碑身两侧台阶上的红白两色线相连，如果继续延长，就会在地球的另一面汇合起来。

游客们可以自豪地把两脚分踏在赤道线的两侧，这时他就是脚踏南北半球的人了。

1982年8月9日，一座极其壮观的新赤道纪念碑建立起来了，它高30米，位于厄瓜多尔首都基多。